PESSOA: UMA BIOGRAFIA

RICHARD ZENITH

Pessoa: Uma biografia

Tradução
Pedro Maia Soares

Companhia Das Letras

Grafia atualizada segundo o Acordo Ortográfico da Língua Portuguesa de 1990, que entrou em vigor no Brasil em 2009.

Título original
Pessoa: A Biography

Capa
Alceu Chiesorin Nunes

Imagem de capa
Pessoa, de Daniel Lannes, óleo sobre lona, 40 × 50 cm, 2022. Reprodução de Filipe Berndt

Mapas
David Lindroth Inc.

Preparação
Alexandre Boide

Índice remissivo
Luciano Marchiori

Revisão
Ana Maria Barbosa
Camila Saraiva
Clara Diament

Dados Internacionais de Catalogação na Publicação (CIP)
(Câmara Brasileira do Livro, SP, Brasil)

Zenith, Richard
Pessoa : Uma biografia / Richard Zenith ; tradução Pedro Maia Soares. — 1ª ed. — São Paulo : Companhia das Letras, 2022.

Título original: Pessoa : A Biography.
ISBN 978-65-5921-148-7

1. Pessoa, Fernando, 1888-1935 2. Escritores portugueses – Biografia 3. Poetas portugueses – Biografia I. Título.

22-125100 CDD-928.69

Índice para catálogo sistemático:
1. Escritores portugueses : Biografia 928.69

Cibele Maria Dias – Bibliotecária – CRB-8/9427

[2022]

EDITORA SCHWARCZ S.A.
Rua Bandeira Paulista, 702, cj. 32
04532-002 — São Paulo — SP
Telefone: (11) 3707-3500
www.companhiadasletras.com.br
www.blogdacompanhia.com.br
facebook.com/companhiadasletras
instagram.com/companhiadasletras
twitter.com/cialetras

Sumário

Durban, c. 1900

(1) Primeira casa de Pessoa em Durban, 1896-7.

(2) Escola do Convento de São José, onde Pessoa estudou entre 1896 e 1899.

(3) Casa da família de 1898 a 1901. O consulado de Portugal tinha uma entrada separada no mesmo prédio.

(4) Durban High School, onde Pessoa estudou em 1899-1901 e de novo em 1904.

(5) Última casa de Pessoa em Durban, 1902-5.

(6) Escola de Comércio, onde Pessoa estudou em 1903.

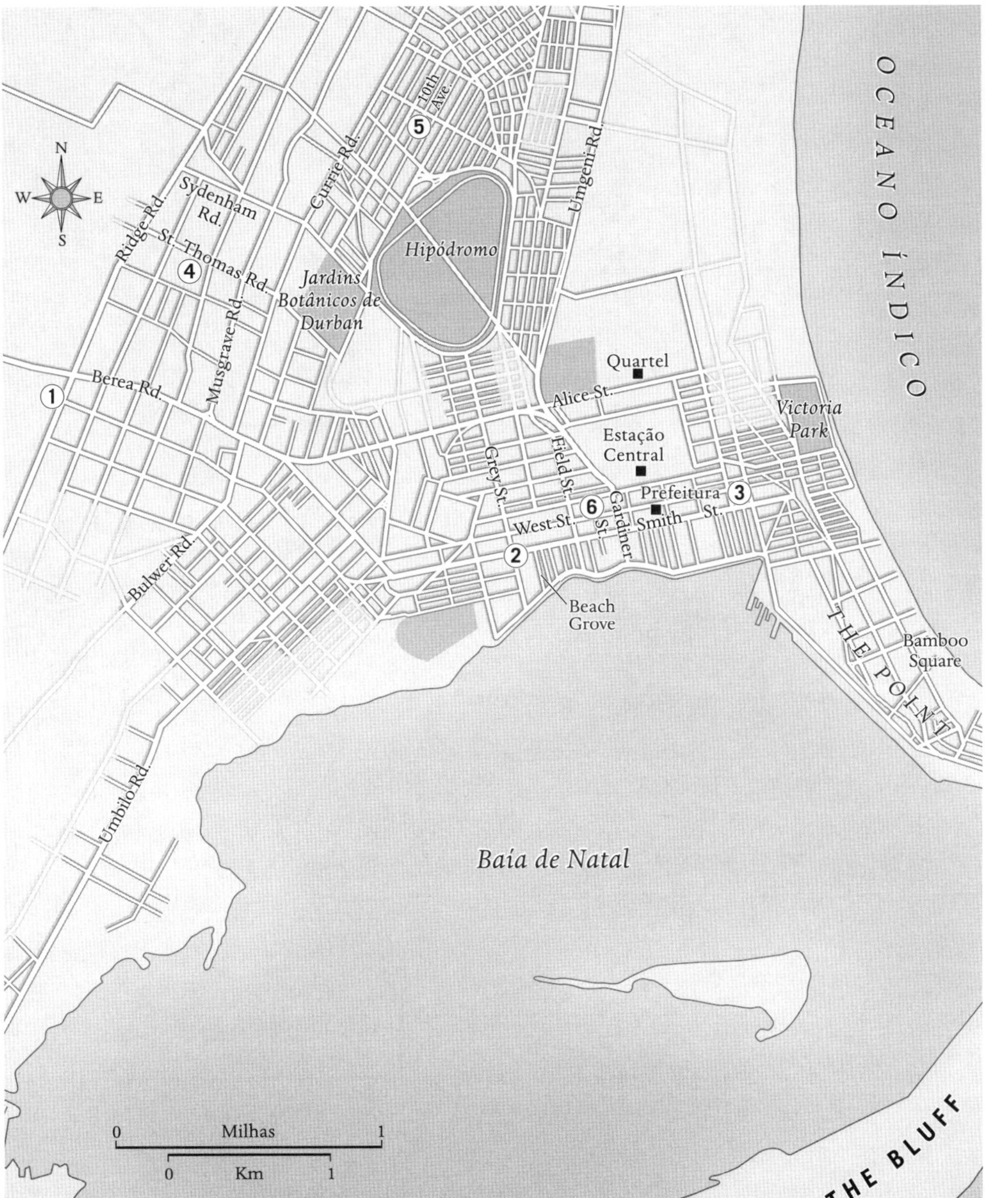

Portugal*
0 Milhas 50
0 Km 50
* Portugal continental
(Açores e Madeira estão
fora do mapa)
N
W
E
S
MINHO
TRÁS-OS-MONTES
Costa Verde
DOURO LITORAL
Porto
DOURO ALTO
Rio Douro
BEIRA ALTA
BEIRA LITORAL
Costa da Prata
OCEANO ATLÂNTICO
Coimbra
Fundão
BEIRA BAIXA
Fátima
Tomar
ESTREMADURA
Rio Tejo
RIBATEJO
Portalegre
ESPANHA
Sintra
Estoril
Cascais
Lisboa
Évora
ALENTEJO
Costa Azul
Costa Dourada
ALGARVE
Sagres
Tavira
Faro

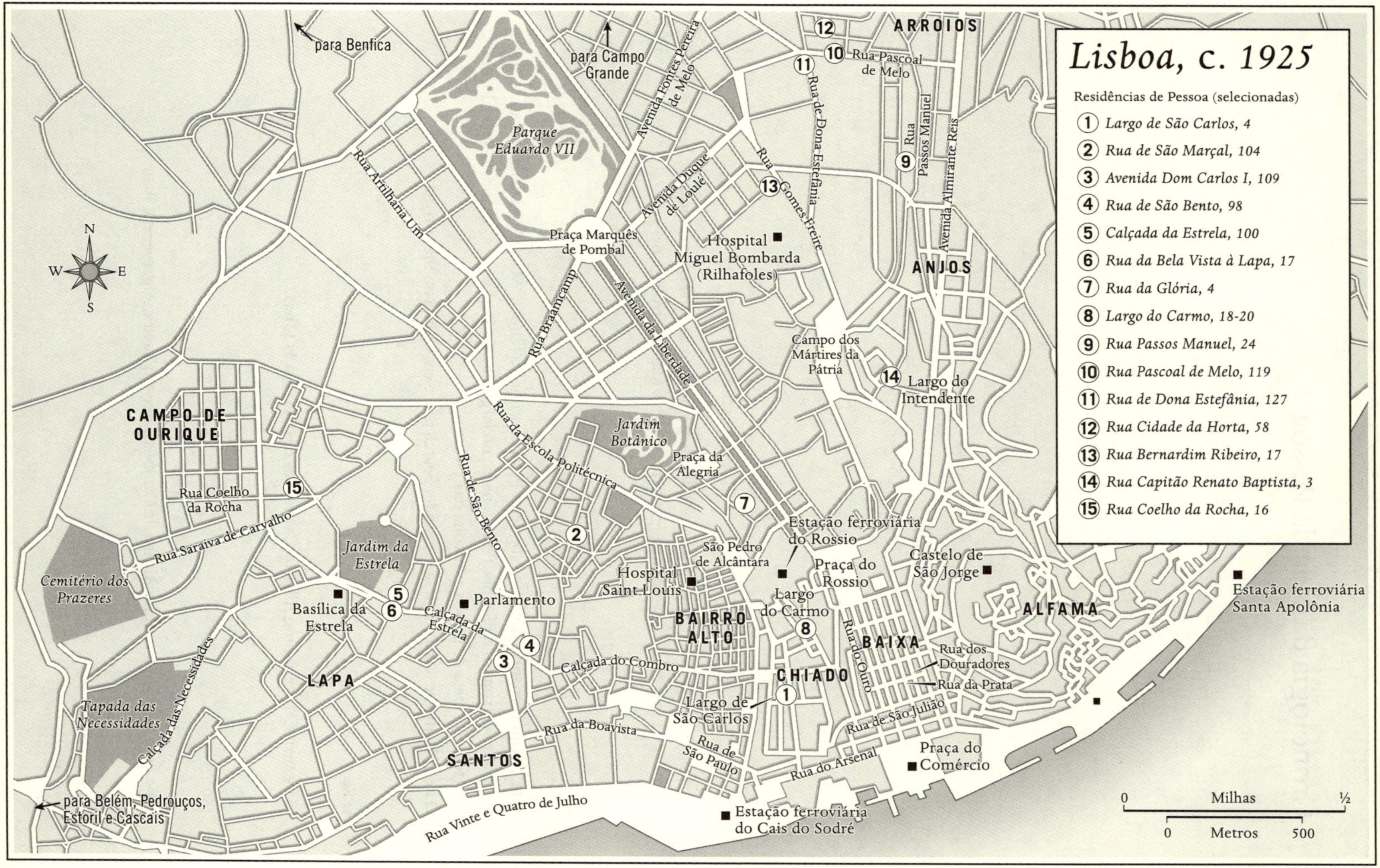

Lisboa, c. 1925
Residências de Pessoa (selecionadas)
1 Largo de São Carlos, 4
2 Rua de São Marçal, 104
3 Avenida Dom Carlos I, 109
4 Rua de São Bento, 98
5 Calçada da Estrela, 100
6 Rua da Bela Vista à Lapa, 17
7 Rua da Glória, 4
8 Largo do Carmo, 18-20
9 Rua Passos Manuel, 24
10 Rua Pascoal de Melo, 119
11 Rua de Dona Estefânia, 127
12 Rua Cidade da Horta, 58
13 Rua Bernardim Ribeiro, 17
14 Rua Capitão Renato Baptista, 3
15 Rua Coelho da Rocha, 16
para Benfica
para Campo Grande
ARROIOS
Rua Pascoal de Melo
Rua de Dona Estefânia
Avenida Fontes Pereira de Melo
Parque Eduardo VII
Rua Passos Manuel
Avenida Almirante Reis
Rua Artilharia Um
Avenida Duque de Loulé
Rua Gomes Freire
Praça Marquês de Pombal
Hospital Miguel Bombarda (Rilhafoles)
ANJOS
N
W
E
S
Rua Braamcamp
Avenida da Liberdade
Campo dos Mártires da Pátria
Largo do Intendente
CAMPO DE OURIQUE
Jardim Botânico
Praça da Alegria
Rua da Escola Politécnica
Rua de São Bento
Rua Coelho da Rocha
Rua Saraiva de Carvalho
Estação ferroviária do Rossio
São Pedro de Alcântara
Castelo de São Jorge
Praça do Rossio
Jardim da Estrela
Cemitério dos Prazeres
Hospital Saint-Louis
Largo do Carmo
Parlamento
Basílica da Estrela
Calçada da Estrela
BAIRRO ALTO
ALFAMA
Estação ferroviária Santa Apolônia
Rua do Ouro
BAIXA
Rua dos Douradores
Calçada do Combro
CHIADO
Rua da Prata
LAPA
Largo de São Carlos
Rua de São Julião
Tapada das Necessidades
Calçada das Necessidades
Rua da Boavista
Rua de São Paulo
Praça do Comércio
SANTOS
Rua do Arsenal
para Belém, Pedrouços, Estoril e Cascais
Rua Vinte e Quatro de Julho
Estação ferroviária do Cais do Sodré
Milhas
0
½
Metros
0
500

Cronologia da vida de Pessoa

1887

19 DE SETEMBRO O heterônimo Ricardo Reis nasce no Porto às 16h05, cerca de nove horas e meia antes da concepção de Pessoa, segundo um de seus mapas astrológicos.

1888

13 DE JUNHO Fernando Antônio Nogueira Pessoa, primeiro filho de Maria Madalena Pinheiro Nogueira e Joaquim de Seabra Pessoa, nasce no largo de São Carlos, nº 4, 4º andar esquerdo, em frente à Ópera de Lisboa, por volta das 15h20.

O heterônimo de língua inglesa Alexander Search nasce em Lisboa no mesmo dia.

1889

16 DE ABRIL O heterônimo Alberto Caeiro nasce em Lisboa às 13h45.

1890

15 DE OUTUBRO O heterônimo Álvaro de Campos nasce em Tavira, Algarve, às 13h30.

1893

21 DE JANEIRO Nasce o irmão de Pessoa, Jorge.

13 DE JULHO Seu pai morre de tuberculose.

15 DE NOVEMBRO A família, que inclui Dionísia, avó paterna de Pessoa, muda-se para um apartamento menor, na rua de São Marçal, nº 104, 3º andar.

1894

2 DE JANEIRO Morre seu irmão Jorge. Nesse mesmo mês, sua mãe conhece João Miguel Rosa, capitão de navio.

1895

26 DE JULHO Recita uma quadra dirigida a sua mãe, que escreve as palavras.

30 DE DEZEMBRO A mãe casa-se, por procuração, com João Miguel Rosa, recentemente nomeado cônsul de Portugal em Durban, maior cidade da colônia britânica de Natal.

1896

20 DE JANEIRO Embarca com a mãe para Durban, África do Sul.

MARÇO Matricula-se na Escola do Convento de São José. A família mora na Casa Tresilian, na Berea, localidade preferida dos moradores brancos de Durban.

27 DE NOVEMBRO A mãe dá à luz Henriqueta Madalena, cujo apelido familiar será Teca.

1898

JANEIRO A família de Pessoa muda-se para o número 157 da West Street, no centro de Durban.

1899

7 DE ABRIL Matricula-se na Durban High School.

11 DE OUTUBRO Início da Segunda Guerra dos Bôeres, que provocará a chegada de milhares de refugiados a Durban.

1901

11 DE JANEIRO Sua mãe dá à luz Luís Miguel.

12 DE MAIO Escreve seu primeiro poema em inglês, "Separated from thee".

JUNHO É aprovado com distinção no Exame do Ensino Secundário.

1º DE AGOSTO Parte com a família para um ano de férias em Portugal, onde passarão a maior parte do tempo em Lisboa, alojados num apartamento na rua de Pedrouços, nº 45, térreo. Em algum momento, Pessoa, talvez com o resto da família, viaja ao Algarve para visitar parentes paternos.

1902

2 DE MAIO Viaja com a família para a ilha Terceira, nos Açores, a fim de visitar parentes maternos.

26 DE JUNHO A família regressa a Durban, enquanto ele permanece em Lisboa para se preparar para o exame nacional do ensino básico. Reside na avenida Dom Carlos I, nº 109, 3º andar à esquerda, sem dúvida com parentes.

18 DE JULHO Publica seu primeiro poema, no jornal lisboeta *O Imparcial*.

19 DE SETEMBRO Parte para Durban, sozinho, a bordo do *Herzog*.

OUTUBRO Matricula-se na Escola de Comércio. Mora com a família numa casa na Tenth Avenue, nº 25, outra vez na Berea.

1903

17 DE JANEIRO A mãe dá à luz João Maria.

11 DE JULHO Publica um poema em inglês, "The Miner's Song", assinado por Karl P. Effield, no jornal *The Natal Mercury*.

NOVEMBRO Faz o exame de admissão da Universidade do Cabo da Boa Esperança e ganha o prêmio Queen Victoria Memorial pela melhor redação em inglês.

1904

FEVEREIRO Retorna à Durban High School, onde faz seu primeiro ano de estudos de nível universitário.

9 DE JULHO Publica, no *Natal Mercury*, um poema satírico assinado por Charles Robert Anon.

NOVEMBRO Inscreve-se no Exame Intermediário em Artes, administrado pela Universidade do Cabo da Boa Esperança, e obtém a maior pontuação na província de Natal.

1905

20 DE AGOSTO Parte para Lisboa, onde vai morar com tia Anica e os primos Mário e Maria, na rua de São Bento, nº 98, 2º andar à esquerda.

2 DE OUTUBRO Matricula-se no Curso Superior de Letras.

1906

Surgimento de Alexander Search, escritor de poemas, contos e ensaios.

JULHO Muda-se para a Calçada da Estrela, nº 100, 1º andar, para estar com a família, que se encontra em mais uma longa licença de Durban.

Deixa de fazer exames, por motivo de doença.

SETEMBRO Rematricula-se no primeiro ano do Curso Superior de Letras.

1907

Surgimento de dr. Faustino Antunes, psiquiatra, e frei Maurice, monge em crise de fé.

25 DE ABRIL Sua família retorna a Durban. Passa a morar com duas tias-avós maternas, Rita e Maria, e sua avó Dionísia, na rua Bela Vista à Lapa, nº 17, 1º andar.

MAIO OU JUNHO Abandona o Curso Superior de Letras.

6 DE SETEMBRO Morre Dionísia, deixando ao neto uma herança considerável.

1908

Surgimento de Jean Seul, autor de textos em francês.

1º DE FEVEREIRO Assassinato do rei Carlos I de Portugal.

14 DE DEZEMBRO Primeiro trecho datado de seu *Fausto*, um drama em versos inspirado no *Fausto* de Goethe.

1909

Joaquim Moura-Costa, Vicente Guedes, Carlos Otto e outros autores fictícios surgem no contexto dos planos de Pessoa para uma editora.

AGOSTO Viaja para Portalegre, perto da fronteira com a Espanha, a fim de comprar um prelo.

NOVEMBRO A Empreza Ibis — Typographica e Editora abre em Lisboa, na rua da Conceição da Glória, nº 38-40. No mesmo mês, Pessoa muda-se para um apartamento na rua da Glória, nº 4, térreo.

1910

JUNHO A tipografia Íbis, que fez algumas impressões, mas nenhuma publicação, fecha as portas.
5 DE OUTUBRO Cai a monarquia e proclama-se a República portuguesa.

1911

Forçado a entregar o apartamento, reside alguns meses no escritório do primo Mário, no largo do Carmo, nº 18-20, 1º andar.
JUNHO OU JULHO Muda-se para o apartamento de tia Anica, na rua Passos Manuel, nº 24, 3º andar à esquerda.
SETEMBRO Depois que seu padrasto é nomeado cônsul-geral de Portugal para a nação recém-formada da África do Sul, sua família muda-se de Durban para Pretória.

1912

Conhece o poeta e escritor de ficção Mário de Sá-Carneiro, que será seu melhor amigo e aliado literário.
ABRIL Publica seu primeiro artigo de crítica literária, "A nova poesia portuguesa sociologicamente considerada", na revista portuense *A Águia*.

1913

AGOSTO Publica, em *A Águia*, seu primeiro texto de prosa criativa, um trecho do *Livro do desassossego*, assinado com seu próprio nome.

1914

FEVEREIRO Publica seus primeiros poemas maduros, "Ó sino da minha aldeia" e "Pauis", em *A Renascença*, periódico literário efêmero.
4 DE MARÇO Primeiro poema datado de Alberto Caeiro.
ABRIL Muda-se com sua tia Anica e a filha dela, Maria, para a rua Pascoal de Melo, nº 119, 3º andar à direita.
JUNHO Surgimento de Álvaro de Campos.
12 DE JUNHO Primeiras odes datadas de Ricardo Reis.
NOVEMBRO Tia Anica muda-se para a Suíça com a filha e o genro. Pessoa aluga um quarto na rua de Dona Estefânia, nº 127, térreo à direita.
DEZEMBRO Surgimento de Raphael Baldaya, astrólogo e estudante do ocultismo.

1915

Surgimento de Antônio Mora, teórico e promotor do neopaganismo.

Morte de Alberto Caeiro, de tuberculose.

24 DE MARÇO Publicação do primeiro número de *Orpheu*, que inclui o "drama estático" *O marinheiro*, de Pessoa, e "Opiário" e "Ode triunfal", de Álvaro de Campos.

JUNHO Publicação do número 2 de *Orpheu*, que contém "Chuva oblíqua", de Pessoa, e a "Ode marítima" de Campos.

SETEMBRO Conclui a primeira de seis traduções de obras de Helena Blavatsky, C. W. Leadbeater e outros escritores teosóficos (publicadas em 1915-6).

NOVEMBRO Sua mãe, ainda na África do Sul, sofre um grave derrame, que afeta o lado esquerdo do corpo.

1916

9 DE MARÇO A Alemanha declara guerra a Portugal, que por sua vez declara guerra à Alemanha no dia seguinte.

26 DE ABRIL Mário de Sá-Carneiro suicida-se num hotel de Paris.

MAIO (?) Pessoa aluga um quarto na rua Antero de Quental.

JUNHO Primeiras escritas mediúnicas documentadas, supostamente ditadas a Pessoa por espíritos astrais.

SETEMBRO (?) Hospeda-se por breve período numa sala da rua Almirante Barroso, nº 12.

OUTUBRO Aluga cômodos na rua Cidade da Horta, nº 58, 1º andar à direita.

1917

JANEIRO Primeiro contingente de tropas portuguesas embarca para a França a fim de lutar ao lado dos Aliados.

12 DE MAIO Envia *The Mad Fiddler*, uma coletânea de poemas, a uma editora inglesa, que rejeita o manuscrito.

21 DE AGOSTO Pessoa e dois amigos abrem a F. A. Pessoa, firma que atuará como intermediária em transações comerciais. Ela encerra as operações nove meses depois.

31 DE OUTUBRO Publica, em *Portugal Futurista*, "Ultimatum", de Álvaro de Campos, um manifesto que difama os líderes políticos e luminares culturais da Europa.

OUTUBRO OU NOVEMBRO Muda-se para um apartamento espaçoso na rua Bernardim Ribeiro, nº 17, 1º andar.

5 DE DEZEMBRO Um golpe de Estado instala Sidônio Pais à frente de uma ditadura.

1918

JULHO Publica por conta própria dois livretos de seus poemas anglófonos, *Antinous* (escrito em 1915) e *35 Sonnets*, que recebem resenhas favoráveis na imprensa britânica.

NOVEMBRO OU DEZEMBRO Muda-se para um apartamento mobiliado na rua de Santo Antônio dos Capuchos.

14 DE DEZEMBRO Sidônio Pais é assassinado.

1919

FEVEREIRO Uma insurreição monarquista que eclodira um mês antes é subjugada pelas forças republicanas; o monarquista Ricardo Reis emigra para o Brasil.

JUNHO OU JULHO (?) Pessoa muda-se para a rua Capitão Renato Baptista, nº 3, térreo à esquerda.

7 DE OUTUBRO Seu padrasto morre em Pretória.

8 DE OUTUBRO Ofélia Queiroz é entrevistada para um emprego de secretária numa empresa onde Pessoa cuida da correspondência comercial.

OUTUBRO OU NOVEMBRO Aluga cômodos de uma família na av. Gomes Pereira, Vila Gonçalves de Azevedo, térreo, Benfica.

1920

30 DE JANEIRO Publica "Meantime", um poema de *The Mad Fiddler*, na revista londrina *The Athenaeum*.

1º DE MARÇO Escreve sua primeira carta de amor a Ofélia Queiroz.

30 DE MARÇO A mãe e os três filhos adultos do segundo casamento chegam a Lisboa. Seus dois meios--irmãos logo partirão para a Inglaterra, onde obterão diplomas universitários em Londres, se casarão e se estabelecerão. Pessoa, a mãe e a meia-irmã Teca ocupam um apartamento na rua Coelho da Rocha, nº 16, 1º andar à direita. Pessoa viverá nesse endereço até a morte.

OUTUBRO Funda a pequena agência Olisipo, que atuará a princípio como corretora no negócio de mineração e posteriormente como editora.

29 DE NOVEMBRO Rompe com Ofélia Queiroz por carta.

1921

DEZEMBRO A Olisipo publica seus *English Poems I-II* (que inclui "Inscriptions" e uma versão revisada de "Antinous") e *English Poems III* ("Epithalamium", escrito em 1913). Publica também *A invenção do dia claro*, de José de Almada Negreiros.

1922

OUTUBRO Pessoa publica, em *Contemporânea*, "Mar português", uma sequência de doze poemas, onze dos quais farão parte de *Mensagem*.

NOVEMBRO A Olisipo publica uma versão revista e ampliada de *Canções*, livro de poemas do abertamente homossexual Antônio Botto.

1923

FEVEREIRO A Olisipo publica *Sodoma divinizada*, de Raul Leal.

MARÇO Em resposta a uma campanha de estudantes conservadores contra a chamada "literatura de Sodoma", o governo proíbe vários livros considerados imorais, inclusive *Sodoma divinizada*, de Leal, e *Canções*, de Botto. Pessoa publica dois manifestos — um em seu nome e outro assinado por Álvaro de Campos — criticando os estudantes e defendendo Leal dos ataques pessoais.

21 DE JULHO A irmã de Pessoa casa-se com Francisco Caetano Dias, conhecido como Chico, e leva a mãe semi-inválida para morar com ela e o marido.

1924

OUTUBRO Ricardo Reis faz sua primeira aparição pública com vinte odes publicadas em *Athena: Revista de Arte*. Pessoa é o editor literário da revista.

1925

MARÇO O quarto número de *Athena* (de janeiro) apresenta ao público Alberto Caeiro, com 23 poemas de *O guardador de rebanhos*.

17 DE MARÇO Morre a mãe de Pessoa.

JUNHO O quinto e último número de *Athena* (datado de fevereiro) traz dezesseis dos *Poemas inconjuntos* de Caeiro.

16 DE NOVEMBRO Nascimento de Manuela Nogueira Rosa Dias, única sobrinha de Pessoa a sobreviver à infância.

1926

JANEIRO Funda com o cunhado a *Revista de Comércio e Contabilidade*, que terá seis números.

28 DE MAIO Um golpe de Estado estabelece uma ditadura militar em Portugal.

1927

4 DE JUNHO Torna-se colaborador de *Presença*, revista de arte e literatura em que publicará alguns de seus melhores poemas e textos em prosa ao longo dos anos seguintes. Apesar de Pessoa ainda não ser muito conhecido, os jovens editores dessa revista o consideram o escritor vivo mais relevante de Portugal.

1928

15 DE JANEIRO Escreve "Tabacaria", atribuído a Álvaro de Campos.

MARÇO Publica *O interregno*, um panfleto que defende e justifica a ditadura militar como um "Estado de Transição" necessário num Portugal politicamente instável. (Pessoa repudiará esse texto em 1935.)

26 DE ABRIL Antônio de Oliveira Salazar é nomeado ministro das Finanças, com amplos poderes.

AGOSTO Pessoa começa a escrever textos em prosa em nome do suicida Barão de Teive.

1929

22 DE MARÇO Primeiro trecho datado da fase final e mais intensa do *Livro do desassossego*, atribuído ao "semi-heterônimo" Bernardo Soares. Onze trechos aparecerão em periódicos entre 1929 e 1932. Centenas de outros não serão publicados até décadas depois da morte de Pessoa.

SETEMBRO Reacende sua relação com Ofélia Queiroz.

DEZEMBRO Inicia correspondência com Aleister Crowley, o mago inglês e mestre ocultista, depois de ler seu texto autobiográfico *Confessions*.

1930

11 DE JANEIRO Escreve sua última carta a Ofélia Queiroz. Eles continuarão a se ver, e ela continuará lhe escrevendo cartas por mais um ano.

23 DE JULHO Escreve os dois últimos poemas datados de Alberto Caeiro.

2 DE SETEMBRO Aleister Crowley chega a Lisboa com uma namorada e encontra-se com Pessoa.

23 DE SETEMBRO Ajuda Crowley a encenar um falso suicídio, que recebe considerável cobertura jornalística.

1931

1º DE JANEIRO Nascimento de Luís Miguel Rosa Dias, único sobrinho de Pessoa.

1º DE ABRIL Escreve "Autopsicografia".

1932

5 DE JULHO Antônio de Oliveira Salazar é nomeado primeiro-ministro e torna-se um ditador de facto.
16 DE SETEMBRO Pessoa se candidata (sem sucesso) ao cargo de conservador-bibliotecário do Museu-Biblioteca Condes de Castro Guimarães, em Cascais.

1933

JANEIRO Cinco de seus poemas, traduzidos para o francês, são publicados em *Cahiers du Sud* (Marselha).
19 DE MARÇO Um referendo nacional aprova uma nova Constituição, que marca o início do assim chamado Estado Novo de Salazar.

1934

JULHO Pessoa começa a escrever uma longa série de quadras populares portuguesas — mais de 350.
1º DE DEZEMBRO Publica *Mensagem*, seu único livro de poesias em português impresso em vida. O livro é premiado pelo Secretariado de Propaganda Nacional.

1935

4 DE FEVEREIRO Publica, no *Diário de Lisboa*, artigo contra uma proposta de lei de proibição da maçonaria. A Assembleia Nacional ratificará a lei por unanimidade em abril.
16 DE MARÇO Data de "Liberdade", seu primeiro poema contra Salazar e o Estado Novo.
21 DE OUTUBRO Escreve "Todas as cartas de amor são ridículas", último poema datado de Álvaro de Campos.
13 DE NOVEMBRO Escreve "Vivem em nós inúmeros", último poema datado de Ricardo Reis.
19 DE NOVEMBRO Escreve "Há doenças piores que as doenças", seu último poema datado em português.
22 DE NOVEMBRO Escreve "The Happy Sun Is Shining", seu último poema datado em inglês.
29 DE NOVEMBRO É internado no hospital francês de Lisboa com fortes dores abdominais. Lá escreve suas últimas palavras, em inglês: "*I know not what to-morrow will bring*" ("Não sei o que o amanhã trará").
30 DE NOVEMBRO Morre por volta das 20h30, provavelmente de obstrução intestinal.
2 DE DEZEMBRO É enterrado em Lisboa, no cemitério dos Prazeres, onde Luís de Montalvor, do grupo de *Orpheu*, faz um breve discurso para um grupo de cerca de sessenta pessoas.

Árvore genealógica materna de Pessoa

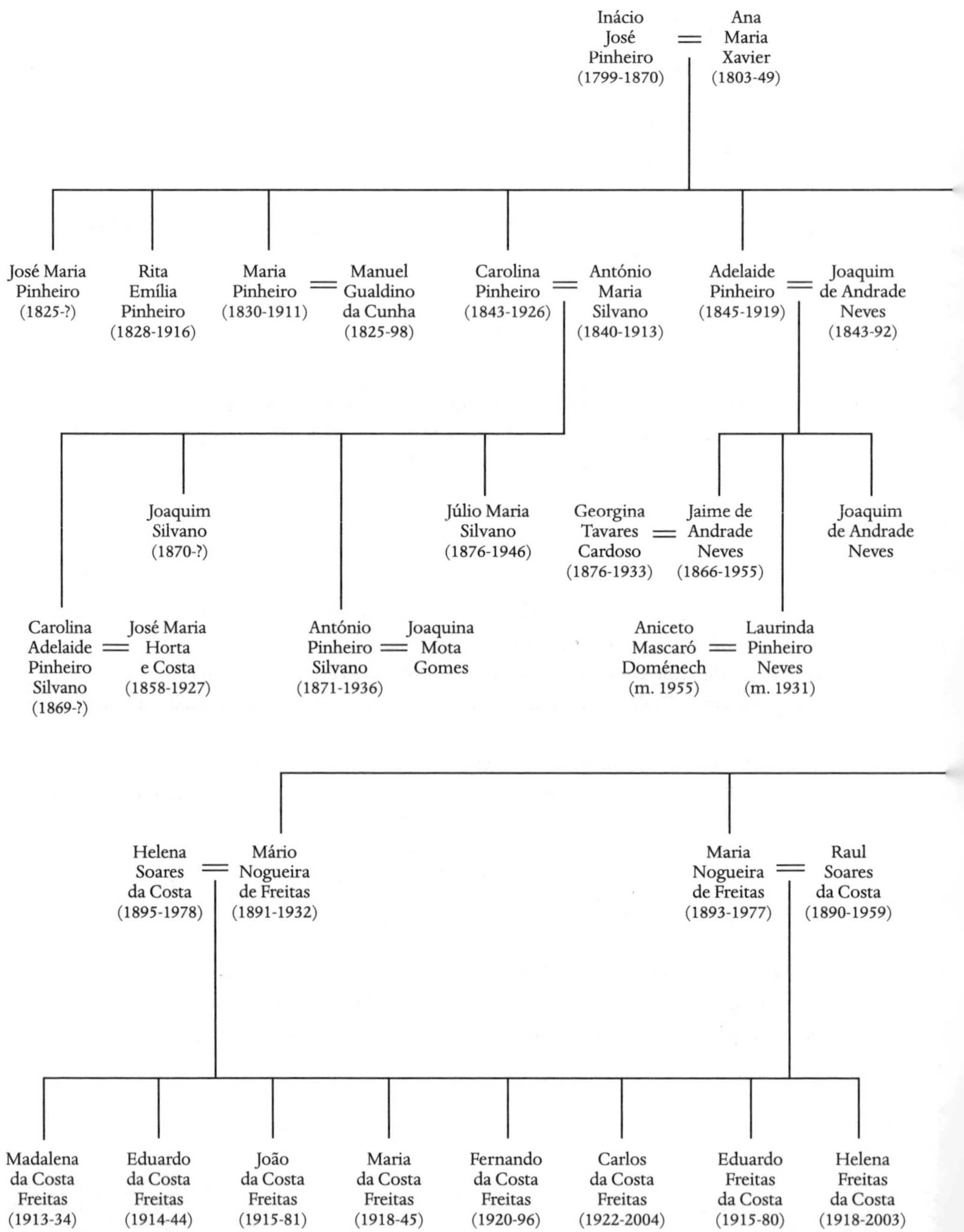

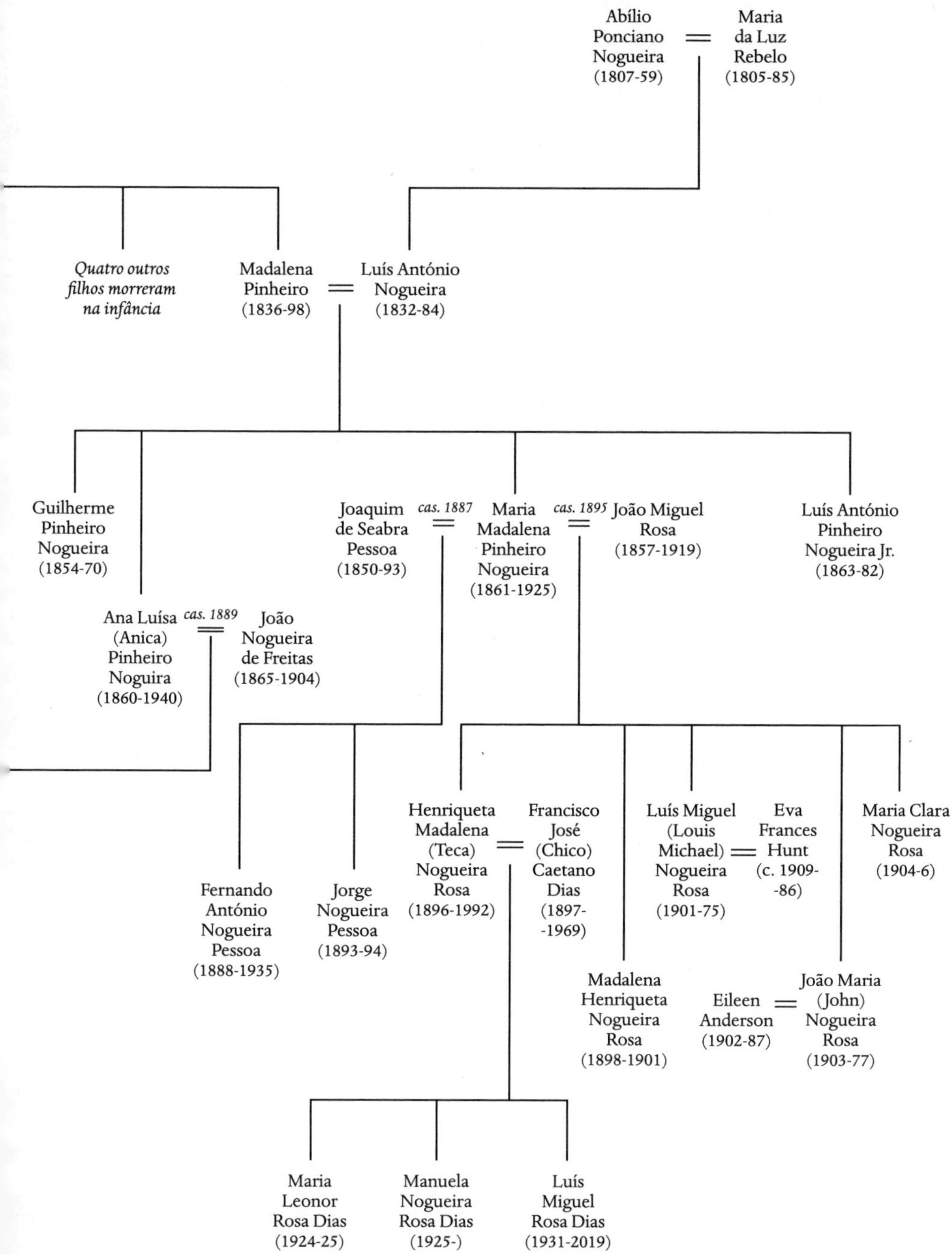
Abílio Ponciano Nogueira (1807-59)
Maria da Luz Rebelo (1805-85)
Quatro outros filhos morreram na infância
Madalena Pinheiro (1836-98)
Luís António Nogueira (1832-84)
Guilherme Pinheiro Nogueira (1854-70)
Joaquim de Seabra Pessoa (1850-93)
cas. 1887
Maria Madalena Pinheiro Nogueira (1861-1925)
cas. 1895
João Miguel Rosa (1857-1919)
Luís António Pinheiro Nogueira Jr. (1863-82)
Ana Luísa (Anica) Pinheiro Noguira (1860-1940)
cas. 1889
João Nogueira de Freitas (1865-1904)
Henriqueta Madalena (Teca) Nogueira Rosa (1896-1992)
Francisco José (Chico) Caetano Dias (1897--1969)
Luís Miguel (Louis Michael) Nogueira Rosa (1901-75)
Eva Frances Hunt (c. 1909--86)
Maria Clara Nogueira Rosa (1904-6)
Fernando António Nogueira Pessoa (1888-1935)
Jorge Nogueira Pessoa (1893-94)
Madalena Henriqueta Nogueira Rosa (1898-1901)
Eileen Anderson (1902-87)
João Maria (John) Nogueira Rosa (1903-77)
Maria Leonor Rosa Dias (1924-25)
Manuela Nogueira Rosa Dias (1925-)
Luís Miguel Rosa Dias (1931-2019)

Prólogo

Quando o sempre esquivo Fernando Pessoa morreu em Lisboa, no final de 1935, poucos em Portugal perceberam o grande escritor que haviam perdido. Ninguém tinha ideia do que o mundo ganharia: uma das obras literárias mais ricas e estranhas produzidas no século XX. Embora tenha vivido para escrever e aspirado, como poetas de Ovídio a Walt Whitman, à imortalidade literária, Pessoa guardou no armário suas ambições, juntamente com a maior parte de seu universo literário. Havia publicado apenas um livro de sua poesia em português, *Mensagem*, com 44 poemas, em 1934. O livro ganhou um prêmio duvidoso do regime autocrático de Antônio Salazar, para obras poéticas que denotassem "um alto sentido de exaltação nacionalista", e dominava seu currículo literário à época de sua morte.

Alguns dos admiradores de Pessoa — outros poetas, principalmente — ficaram perplexos com a publicação de *Mensagem*, cuja visão mística da história e do destino de Portugal parecia surgir do nada. Em periódicos, ele havia publicado outros tipos bem diferentes de poemas, mais da metade dos quais assinada por um dos três alter egos, todos vindos ao mundo em 1914, pouco antes do início da Primeira Guerra Mundial. O primeiro a surgir foi Alberto Caeiro, um homem pouco letrado, mas de inclinação filosófica, que vivia numa casinha branca no campo, onde escrevia poemas em versos livres proclamando que as coisas deviam ser vistas como são, sem interpretações. Ricardo Reis, um médico formado e ardente classicista, escrevia odes inspiradas em Horácio que recomendavam a aceitação estoica de tudo o que os deuses nos dão. Um terceiro acúmulo de forças e sentimentos assumiu a forma de Álvaro de Campos, um engenheiro naval dândi que viajava pelo mundo, encantava-se tanto com homens jovens quanto com mulheres, desejava uma vida de extremos e assinava poemas desenfreados que desabafavam suas sensações exaltadas, mas traía, ao mesmo tempo, sua consciência melancólica de que a vida, por mais intensa que fosse, nunca era suficiente. Campos, o mais inquieto dos três alter egos, não se limitava à seção de poesia de revistas e jornais. Em entrevistas, artigos, manifestos e cartas ao editor, comentava com vigor cáustico sobre política e cultura e tinha especial prazer em contradizer as opiniões logicamente formuladas de Fernando Pessoa, de quem zombou por sua "mania [...] de julgar que as coisas se provam".[1]

Apesar de sua personalidade assertiva, Campos reconhecia com deferência que seu mestre era Alberto Caeiro, o poeta sublime e sereno da natureza. Assim como o dr. Reis. E também Fernando Pessoa, que inventou o prodigioso trio, providenciando para todos biografias, psicologias individualizadas, pontos de vista religiosos e políticos e estilos literários distintos. Demasiado diferentes de seu criador para serem considerados simples pseudônimos (como se apenas seus nomes tivessem mudado), Pessoa os chamou de heterônimos, e em uma "Tábua bibliográfica" de suas obras, publicada em 1928, explicou a distinção conceitual: "A obra pseudônima é do autor em sua própria pessoa, no nome que ele assina; a heterônima é do autor fora de sua pessoa, é de uma individualidade completa fabricada por ele, como seriam os dizeres de qualquer personagem de qualquer drama seu".

Além de seus amigos escritores, quase ninguém havia notado a extraordinária diversidade da poesia publicada em português por Pessoa, a maioria em periódicos literários com tiragens pequenas. E nem mesmo os amigos, com uma ou duas exceções, haviam lido os livretos que ele mesmo publicara com sua poesia escrita em inglês. Pessoa, que nasceu em Lisboa em 1888, mas passou nove anos de sua infância e fez a maior parte de sua formação escolar em Durban, cidade então governada pelos britânicos na África do Sul, aspirava originalmente a ser um poeta anglófono, e seus *35 Sonnets* e *Antinous: A Poem*, ambos publicados em 1918, receberam uma crítica favorável no *Times Literary Supplement*. O resenhista advertiu, entretanto, que a maioria dos leitores ingleses deploraria o tema de "Antinous", em que o imperador Adriano relembra com ternura o amor sensual de seu jovem acompanhante que se afogou no Nilo. A advertência era desnecessária, uma vez que nenhum dos livretos foi distribuído no Reino Unido e todos foram ignorados em Portugal, onde a elite cultural tinha o francês, e não o inglês, como segunda língua.

Pessoa foi também um autor ocasional de críticas literárias e artigos de opinião sobre questões políticas e sociais. Na época de sua morte, muita gente, mesmo sem nunca ter lido nenhum de seus poemas, conhecia bem seu nome, já que ele causara um rebuliço no início daquele ano com um audacioso artigo de primeira página em que se opunha a um projeto de proibição da maçonaria, que a Assembleia fantoche de Salazar transformaria por unanimidade em lei. E, no entanto, apenas um mês antes de publicar seu artigo, Pessoa ganhara um prêmio do governo por seu livro de poemas "nacionalistas". De que lado estava? Ninguém parecia saber com certeza.

Até mesmo entre os amigos, que costumava encontrar nos cafés de Lisboa, Pessoa, um solteirão convicto, era um tanto misterioso. Adorava falar sobre literatura, filosofia, política e religião, mas era muito reservado a respeito de sua vida pessoal. Era raro que convidasse alguém para ir ao seu apartamento, onde, segundo rumores, tinha um grande baú de madeira com centenas, talvez milhares, de poemas e textos em prosa inéditos.

O baú realmente existia e, cerca de dez anos após a morte de Pessoa, mais de trezentos dos poemas que continha foram reunidos numa bela edição, com volumes separados para Alberto Caeiro, Ricardo Reis, Álvaro de Campos e o próprio Fernando Pessoa. Como cada um dos três heterônimos ostentava uma grande e requintada obra estilisticamente distinta da poesia de seus colegas de heteronímia ou do próprio Pessoa, pode-se dizer que os quatro maiores poetas de Portugal do século XX foram Fernando Pessoa. Mas, embora alguns indivíduos tenham ficado impressionados com a façanha de autodivisão — ou automultiplicação — poética de Pessoa, sua obra ainda não era muito lida. E o tão prolífico poeta continuava sendo uma figura mais misteriosa do que nunca. Seu sobrenome era Pessoa, mas parecia não haver nenhuma pessoa ali, apenas poemas e personas.

Uma imagem vívida do homem Pessoa materializou-se finalmente em 1950, com a publicação de uma biografia de setecentas páginas escrita por João Gaspar

Simões, crítico e antigo coeditor da revista *Presença*, na qual Pessoa publicara vários dos seus melhores poemas, como "Tabacaria" e "Autopsicografia". A obra de Gaspar Simões surpreendeu os leitores, pois ainda não estava claro para a maioria que o poeta merecesse tamanha atenção. Através de suas páginas, muitos tomaram conhecimento pela primeira vez da infância turbulenta de Pessoa, marcada pela morte do pai e do irmão mais novo, pelo segundo casamento da mãe e pelos anos passados na África do Sul; de sua carreira abortada de estudante universitário em Lisboa, da tentativa fracassada de abrir uma editora e do trabalho como redator autônomo de correspondência comercial em inglês e francês; de sua única namorada, Ofélia Queiroz, secretária de um dos escritórios onde trabalhava; de seu interesse pelo ocultismo e do encontro com Aleister Crowley, um mago inglês vilipendiado no país de origem como pregador do satanismo; e de sua vida literária e seus amigos.

Gaspar Simões também analisou a obra literária de Pessoa, vendo-a através de uma lente freudiana, e dedicou capítulos separados a cada um dos três heterônimos. Apesar de admirar a poesia de cada um deles, considerava-os sintomáticos da incapacidade ou da relutância do autor de concentrar todo o seu ser no ato de escrever. Os heterônimos, em sua opinião, eram uma espécie de subterfúgio ou artifício. Instrumentos engenhosos para produzir uma literatura inegavelmente sedutora, eram, em última análise, um sinal das limitações do autor. Talvez seja uma tese defensável, mas, se os heterônimos fossem um artifício, então a própria personalidade de Pessoa seria meramente performática. O que faltava ao poeta não era concentração, mas uma noção enraizada de um eu coeso e unificado. Esse era o "problema", e seus heterônimos eram seu indício mais flagrante.

Depois que ofendeu a gramática ao anunciar que *Je est un autre*, "Eu é um outro", Rimbaud, na época ainda um poeta emergente, foi além e se comparou a um pedaço de madeira que o destino transformara em um violino.[2] Fernando Pessoa, que poderia ter dito "Eu somos muitos outros", descreveu-se como uma "orquestra secreta" composta de numerosos instrumentos — cordas, harpas, timbales, tambores.[3] A história da literatura contém alguns tênues paralelos com sua performance de autoria múltipla. William Butler Yeats (1865-1939) criou Michael Robartes e Owen Aherne, uma dupla de "colaboradores" com personalidades contrastantes. O poeta espanhol Antonio Machado (1875-1939) também assinou alguns de seus poemas e textos em prosa com os nomes de dois alter egos: Juan de Mairena e Abel Martín, que foi o "mestre" de Mairena. Mas nenhum escritor pode rivalizar com a façanha de Pessoa de configurar, por meio de seus heterônimos, atitudes poéticas e filosóficas radicalmente diversas, que formaram um conjunto musical glorioso, embora nem sempre harmonioso.

O primeiro biógrafo de Pessoa não analisou a fundo o famoso baú, o que é compreensível, já que isso tomaria o resto de sua vida, e ele não era um homem rico, precisava ganhar a vida. Alguns dos mais de 25 mil papéis deixados por Pessoa — a grande maioria deles hoje na Biblioteca Nacional de Portugal — estavam bem organizados e haviam sido cuidadosamente manuscritos ou datilografados, mas muitos outros continham textos escritos pela metade, fragmentários e difíceis de decifrar. Pessoa era um escritor vulcânico e, quando as palavras começavam a fluir, usava qualquer tipo de papel que estivesse à mão — folhas soltas, cadernos, papéis timbrados dos cafés que frequentava, páginas arrancadas de agendas ou calendários, o verso de histórias em quadrinhos e folhetos, capas de livros, cartões de visita, envelopes e as margens de manuscritos redigidos dias ou anos antes. Tudo isso era depositado no grande baú de madeira, seu legado para o mundo. Seriam necessárias décadas de trabalho dedicado de acadêmicos e bibliotecários para que esse tesouro textual fosse inventariado e amplamente publicado, surpreendendo-nos com sua quantidade, qualidade e heterogeneidade. Além de muitos poemas, peças de teatro, contos e ficção policial, Pessoa produziu traduções, comentários políticos, textos de história, tratados sociológicos, estudos filosóficos, teoria linguística, teoria econômica, ensaios sobre religião e sobre psicologia, autoanálises, escrita mediúnica e centenas de mapas astrais.

Ainda mais espantosas do que os copiosos escritos exumados do baú eram as dezenas de alter egos desconhecidos que, depois de permanecerem ali durante anos, de repente vieram ao mundo como se tivessem despertado de um sono encantado. Alguns deles, como o astrólogo de longas barbas e filósofo esotérico Raphael Baldaya, estavam apenas vagamente definidos. Outros, como o ultrarracional Barão de Teive, cuja insistência em viver apenas de acordo com a razão o levou ao suicídio, eram dotados de psicologias complexas. Baldaya escreveu várias páginas para panfletos e tratados de astrologia. O Barão de Teive deixou uma longa reflexão, semelhante a um diário, sobre a razão por que tirara a própria vida. E Antônio Mora, filósofo e apologista do neopaganismo, deixou centenas de páginas para vários livros longos, porém inacabados. Os projetos de escrita de várias outras personas não avançaram, ou essas personas simplesmente não foram criadas para ter ambições literárias. Maria José, uma patética corcunda morrendo de tuberculose (e único pseudônimo feminino gerado por Pessoa), escreveu apenas uma apaixonada carta de amor dirigida a um belo serralheiro que todos os dias passava por sua janela a caminho do trabalho. A maioria das personalidades literárias escrevia em português; algumas o faziam em inglês; e o solitário Jean Seul de Méluret, em francês. Todas eram projeções, desdobramentos ou metamorfoses do próprio Fernando Pessoa.

Ou será que o controlavam e o definiam? Devemos levar a sério sua alegação de que não tinha personalidade própria, de que era apenas um "médium" para os muitos escritores que surgiram nele e a quem servia de "executor literário"? Seria ele de fato "menos real" do que seus alter egos, "menos uno, menos pessoal, eminentemente influenciável por eles todos"?[4] A resposta mais curta e aparentemente óbvia a essas perguntas é não. Mas, embora isso sem dúvida tenha feito Pessoa se divertir um pouco ao imaginar como nós, seus futuros leitores, reagiríamos a suas afirmações provocadoras sobre quem ele era ou não era, não podemos descartar sua autodivisão em personalidades subsidiárias como uma mera farsa literária. Era um jogo, sim, mas que teve início na infância, assim que ele começou a escrever, e persistiu com vigor crescente na adolescência e na idade adulta.

E o jogo não dizia respeito somente à literatura. Pessoa ancorou sua própria identidade no sistema de heterônimos. Ao fazer isso, não apenas reconheceu a natureza instável de quem era, mas abraçou e encarnou, por meio da linguagem, essa instabilidade. Foi capaz de dar substância e contornos verbais à própria noção de eu sem falsificar sua incerteza inerente, uma vez que os heterônimos — como partículas em um campo quântico — existiam em tensão dinâmica uns com os outros. Correndo às vezes paralelamente, embora quase sempre em direções distintas, eles se complementavam, se contradiziam e competiam entre si. Por meio de seus poemas contrastantes e das ocasionais discussões acaloradas em prosa, os heterônimos estavam em diálogo contínuo, entre si e com seu criador.

Se incluirmos os criadores de enigmas e humoristas de sua infância, Pessoa criou mais de cem autores fictícios em cujo nome escreveu ou pelo menos planejou escrever *alguma* coisa. Cerca de trinta desses pseudoautores assinaram pelo menos uma obra literária significativa, mas houve somente três heterônimos de fato: Alberto Caeiro, Ricardo Reis e Álvaro de Campos. Trata-se de uma distinção importante, ainda que Pessoa, em carta a um poeta e editor de revista, tivesse declarado que seu "primeiro heterônimo" fora o Chevalier de Pas, um cavaleiro imaginário em cujo nome escrevia cartas para si próprio com apenas seis anos de idade. Autorizado pelo exemplo de Pessoa, também usarei a palavra "heterônimo" de maneira bastante livre nas páginas que se seguem.

Mais importante do que a terminologia usada para designar o círculo de escritores inventados de Pessoa é o *fenômeno* da autoria fragmentada, que encontramos refletido na natureza irregular e desconexa de sua escrita. Antes de terminar uma coisa, ele já estava em outra, e no rastro de sua caneta inquieta deixou milhares de redações alternativas, que os estudiosos chamam de "variantes", sem alcançar consenso sobre como devem ser tratadas em edições publicadas. A despeito de sua personalidade e de seus hábitos de escrita indisciplinados, Pessoa conseguiu produzir um número substancial de poemas e textos em prosa perfeitos. Mas esta biografia citará igualmente os escombros de suas obras fragmentadas e semiacabadas, que em seu conjunto formam uma espécie de Pompeia literária, escondendo um número incontável de ideias curiosas, observações brilhantes e confissões inesperadas à espera de serem descobertas. Na verdade, mesmo passados 87 anos da morte de Pessoa, grande parte de sua prosa e vários de seus poemas inacabados ainda não foram transcritos e publicados.

Pessoa lamentava a hesitação e a incompletude que tanto atormentavam o que escrevia, principalmente em seus projetos literários maiores, mas tudo o que podia fazer era continuar escrevendo. Em anotações feitas em inglês aos dezenove anos, ele comenta sobre seu ódio instintivo "por atos decisivos, por pensamentos definidos". Assim que algo passa por sua mente, "dez mil pensamentos e dez mil interassociações desses dez mil pensamentos surgem, e não tenho vontade de eliminá-los ou prendê-los, nem os agrupar em um pensamento central, onde seus detalhes sem importância, mas associados, possam ser perdidos".[5]

A obra em prosa mais importante de Pessoa, o *Livro do desassossego*, ilustra de forma magnífica o princípio da incerteza que percorre todo o seu universo escrito. É também o melhor exemplo da capacidade do autor de se expandir e nos surpreender em sua vida após a morte. Diário semificcional composto de cerca de quinhentos trechos sobre assuntos diversificados usando vários registros estilísticos e tonais, sua edição inaugural em português só foi publicada em 1982, 47 anos após a morte do autor. Baseava-se em cerca de trezentos textos — datilografados, escritos ou praticamente rabiscados de forma quase ilegível nos mais variados tipos de papel imagináveis — que o próprio Pessoa reuniu em um grande envelope e em dezenas de trechos adicionais que os pesquisadores desencavaram de seus notoriamente labirínticos arquivos. As edições subsequentes, inclusive a minha, acrescentaram materiais novos, mas, como o autor nem sempre nomeava seus textos, os editores discordam sobre o que realmente pertence ao *Livro do desassossego*. Além disso, Pessoa deixou apenas indicações vagas e contraditórias de como poderia ter ordenado seu conteúdo, e as diversas edições organizaram os textos de maneiras bem diferentes. Dizer que se trata de um livro para o qual nenhuma edição definitiva é possível seria um flagrante eufemismo se não fosse uma afirmação conceitualmente errônea, uma vez que não há um livro primordial implorando por definição. O que Pessoa de fato produziu é um não livro por excelência: uma grande mas incerta quantidade de textos separados, em sua maioria não datados, deixados sem ordem sequencial, de modo que cada edição publicada — em um processo que exige uma imensa intervenção editorial — é necessariamente infiel ao "original" inexistente.

Nenhuma outra publicação póstuma com o nome de Fernando Pessoa causou maior sensação, alterando radicalmente nossa percepção crítica do autor e de seu lugar no panorama literário e cultural do século XX. Como grande parte de sua poesia — só que de forma mais direta —, o *Livro do desassossego* fala-nos com uma franqueza desconcertante sobre os pensamentos e sentimentos humanos mais secretos. O orador corajoso é Bernardo Soares, o suposto autor do livro, a quem Pessoa apelidou de "semi-heterônimo" — uma variação de sua própria personalidade. Mas, à medida que lemos a obra, quase parece que Fernando Pessoa, e até nós mesmos, somos variações desse eu inventado, que expressa com uma precisão assombrosa nossos sentimentos impronunciados de inquietação e instabilidade existencial, falando não só *para* nós, mas também *por* nós. "O único modo de estarmos de acordo com a vida é estarmos em desacordo com nós próprios", observa Bernardo Soares, que se recusa a adaptar-se ao mundo. Ele também, felizmente, nega-se a se entregar à autopiedade e até brinca, um pouco soturnamente, sobre sua condição: "Doem-me a cabeça e o universo".[6]

O *Livro do desassossego* pode ser comparado a outra obra literária estranhamente maravilhosa do século XX: *O homem sem qualidades*, de Robert Musil, um romance inacabado cujo primeiro volume foi publicado em 1930. Essas duas obras-primas improváveis são movidas por ideias, em vez de uma trama, e seus respectivos protagonistas são observadores meticulosos que carecem da força de vontade necessária para ser homens de ação. Mas a natureza de sua passividade não é a mesma. "A vida prática sempre me pareceu o menos cômodo dos suicídios", brinca Bernardo Soares,[7] e, ainda que esse seja o tipo de comentário que o desprovido de qualidades Ulrich também poderia fazer, o anti-herói de Musil quer ser um grande homem — ele só não sabe o que isso quer dizer; sua passividade deriva dessa incerteza. É como se ele e seus muitos pensamentos estivessem sempre esperando, numa antessala cujo nome é Hesitação, o início de uma vida real e decisiva. Seus devaneios são um empecilho. Soares, embora seja uma figura mais solitária e melancólica, está satisfeito consigo mesmo e vive momentos de considerável euforia. É ativa e militantemente passivo. Sonhar não é um vício que o impeça de realizar seus objetivos; sonhar é seu propósito na vida, e ele organiza sua existência de acordo com isso. "Sonhar" inclui o mundo imaginativo da escrita e também a imaginação espiritual.

Ulrich e Bernardo Soares são igualmente inadequados para a tarefa de viver na sociedade moderna, mas o matemático austríaco faz algumas tentativas de se conectar e ser alguém no mundo real. Para Soares, contador assistente de profissão, qualquer tentativa desse tipo seria não apenas inútil, mas também equivocada. A realidade, de acordo com sua maneira de pensar, é o que *imaginativamente* fazemos dela. Enquanto as circunstâncias externas moldam e determinam Ulrich, são apenas o combustível para a vida verdadeira — a vida pensante e sonhadora — de Bernardo Soares e de seu progenitor, Fernando Pessoa. Longe de ser uma alma perdida em busca das qualidades que o definiriam, Pessoa, como seu "semi-heterônimo", detinha uma abundância de qualidades incoerentes entre si e que não se acomodavam em uma só alma.

Pessoa começou a fazer planos para publicar o *Livro do desassossego* já em 1913, ano em que começou a trabalhar no livro, e as centenas de projetos de publicação que elaborou para sua miríade de obras poéticas e em prosa preencheriam por si sós um volume robusto. Mas, paradoxalmente, ele não tinha pressa em publicar, e apenas aos poucos, depois do falecimento do escritor, é que sua sorte editorial mudou. O caótico estado do baú, a difícil caligrafia de Pessoa e os caprichos do mercado de livros conspiraram para torná-lo, editorialmente falando, um autor da segunda metade do século XX, pois só então sua enorme produção de prosa inédita, inclusive *o Livro do desassossego*, começou a ser impressa. Embora seja verdade que boa parte de sua poesia tenha sido publicada na década de 1940, os primeiros editores de Pessoa ignoraram não apenas poemas fragmentários e inacabados, o que era razoável, mas também aqueles que não coincidiam com a estética pessoal desses indivíduos, bastante conservadora. Uma série de poemas fascinantes, inclusive alguns que revelam o lado mais íntimo do autor, veio à tona somente nas últimas décadas, reconfigurando em diversos e importantíssimos sentidos o panorama poético de sua obra.

Pode-se lamentar que tenha demorado tanto para que algumas das melhores obras de Pessoa se tornassem disponíveis aos leitores, mas prefiro considerar esse atraso um acaso feliz. O fato é que seus contemporâneos não estavam preparados para uma poética da individualidade fragmentada, o que Pessoa sabia e explicou de modo profético para nós, seus leitores póstumos. Em *Erostratus*, um ensaio longo, mas inacabado, escrito em inglês por volta de 1930, ele argumentou com eloquência que o gênio literário, por estar um passo adiante em relação ao status quo, nunca é reconhecido em seu próprio tempo. Apenas as gerações futuras podem devidamente vê-lo e apreciá-lo. Shakespeare, segundo o ensaio, era estimado pelos frequentadores de teatro da época pela inteligência e sagacidade; mas eles apenas vislumbravam, vagamente, o gênio psicológico e linguístico que se tornaria o assunto de milhares de livros e teses de doutorado nos séculos seguintes. O raciocínio de Pessoa não é universalmente válido. Existem escritores — como James Joyce, nascido seis anos antes de Pessoa e falecido seis anos depois — cujo gênio é reconhecido e até estudado e analisado enquanto ainda estão vivos.

O gênio de Pessoa, por sua vez, estava à frente de seu tempo de tal forma que nem mesmo ele conseguia compreendê-lo inteiramente. Ele sabia que havia realizado algo maravilhoso e sem precedentes com a criação de seus três principais heterônimos, mas não parece ter entendido a importância de todas as personalidades fictícias menores que gerou. Considerava que "a natureza é partes sem um todo" era o insight crucial de Alberto Caeiro, o poeta mestre e seu heterônimo mais lúcido, mas muitas vezes Pessoa se censurou por não ser capaz de criar obras literárias inteiras. Seu *Fausto* inspirado em Goethe (do qual deixou várias centenas de fragmentos), o poema "Saudação a Walt Whitman" (mais de vinte partes desconectadas) e o ensaio *Erostratus* (cinco ou seis dezenas de trechos não articulados) são emblemáticos nesse sentido. E eles transbordam genialidade. Sua obra mais lida, *Livro do desassossego*, é a mais fragmentária de todas.

Pessoa não imaginava que sua dispersão literária — que espelha fielmente nossa instabilidade ontológica e a ausência de unidade intrínseca ao mundo que habitamos — o tornasse uma leitura obrigatória quando chegasse o século seguinte. Sem saber exatamente o que estava fazendo, ele nos pré-diagnosticou, já que seus escritos falam de nosso senso contemporâneo de autoestranhamento (quando paramos e pensamos sobre nós mesmos). Seu universo de partes desconexas prefigurou nossa própria visão de mundo, com os desenvolvimentos na história, na ciência e na filosofia que nos desiludiram de qualquer todo harmonioso que outrora valorizávamos. Evidentemente, tudo o que existe deve, em última instância, estar conectado, uma vez que é parte do existente, e os atuais cosmólogos e filósofos da origem do mundo desenvolveram algumas teorias elegantes desse panorama mais amplo, no qual o Big Bang talvez seja apenas um evento isolado. De forma semelhante, Fernando Pessoa teve uma visão surpreendentemente ampla do que constitui um eu, uma vida, um sentido.

Ainda assim, Pessoa era um produto de seu tempo e de sua geografia. Por mais disperso, nebuloso ou incerto que fosse seu eu, ele sabia que só tinha significado em relação aos outros eus e ao resto do mundo. Embora abominasse a ideia de colaborar com os outros para transformar o mundo, observou de perto seus dramas políticos e sociais, escrevendo a respeito em dezenas de ensaios inacabados, além dos artigos que publicou de fato. Uma vez que sua vida transcorreu em tempos instáveis, os dramas que testemunhou tendiam a ser ideológica e/ou fisicamente violentos, a começar pela segregação racial em Durban, seu lar durante a Segunda Guerra dos Bôeres, que eclodiu em 1899. Milhares de combatentes, inclusive muitos soldados feridos e prisioneiros de guerra, passaram pelas ruas da cidade, onde multidões de refugiados se abrigaram. Após Pessoa retornar a Lisboa, em 1905, um ditador logo ascendeu ao poder, o rei foi assassinado e, em 1910, uma revolução republicana derrubou a monarquia. Houve então a Grande Guerra, com a participação imprudente de Portugal, que trouxe desastrosas consequências humanas e econômicas e fez do país terreno propício para as ideias autoritárias adotadas em outros pontos da Europa. Uma ditadura militar assumiu o controle do país em 1926, desaguando no regime de Salazar e no chamado Estado Novo, proclamado em março de 1933, mesmo mês em que a Lei de Concessão de Plenos Poderes transformou na prática Adolf Hitler em ditador da Alemanha.

Em nome próprio e como Álvaro de Campos, Pessoa declarou o anseio de sentir tudo de todas as formas possíveis. Também queria ver tudo de todos os pontos de vista possíveis, motivo pelo qual suas opiniões sobre política, questões sociais e acontecimentos da época nem sempre eram coerentes. Nas centenas de páginas que escreveu sobre a Primeira Guerra Mundial, por exemplo, encontramos o heterônimo Antônio Mora em defesa da causa alemã, enquanto textos assinados pelo próprio Pessoa costumavam apoiar os Aliados, embora sem entusiasmo. Mas, em meio a todas as suas ideias variáveis sobre política, que incluíam algumas teorias francamente reacionárias, além de formas de governo idealizadas e semimísticas, podemos traçar uma evolução que o mostra, em última instância, de fato solidário à raça humana, apesar de sua preferência por trilhar um caminho solitário.

Interessado pelo mundo visível que habitava, Pessoa sentia-se ainda mais atraído pela realidade invisível. Quando criança, refletia sobre o desconhecido, a que às vezes se referia provisoriamente como Verdade, e isso se tornou objeto de uma busca centrada na poesia e na prosa juvenil assinada por Alexander Search, seu heterônimo inglês mais prolífico. Essa busca foi posteriormente retomada por outras personalidades literárias de Pessoa, ou assumiu a forma de reações a ela (Caeiro, por exemplo, negava que houvesse alguma realidade ou "verdade" além do que vemos), e preocupações metafísicas permeiam o vasto corpo da obra que ele assinou com seu próprio nome. As reflexões de Pessoa eram informadas por suas extensas e variadas leituras sobre filosofia e religião — desde as grandes tradições pagãs, judaicas, cristãs e budistas a sistemas esotéricos como gnosticismo, cabala, rosacrucianismo, maçonaria, teosofia e magia.

O interesse de Pessoa pelo ocultismo se tornou uma obsessão em seus últimos anos de vida, quando escreveu uma série de poemas abertamente esotéricos, e as alusões a realidades ocultas são frequentes mesmo em seus primeiros trabalhos. Na verdade, sua busca obstinada pela literatura também era, no fundo, uma busca espiritual, um meio de procurar a verdade, e mesmo de criá-la. Seus heterônimos podem ser interpretados como um ato religioso, como sua forma de homenagear Deus, realizando seu potencial divino como um cocriador, à imagem e semelhança de Deus. Não só isso: Pessoa sugeriu fortemente que os heterônimos eram um meio para a transformação alquímica do eu, permitindo-lhe progredir em sua jornada espiritual.

E seu eu sexual? Pessoa afirmou não ter muito interesse em sexo, e por meio de suas anotações pessoais sabemos que quase certamente morreu virgem. É então ainda mais notável que tenha escrito e publicado não apenas o mencionado "Antinous", mas também um lascivo "Epithalamium", no qual uma noiva espera ansiosamente ser deflorada em sua noite de núpcias. Não eram poemas curtos

— cada um contém mais de trezentos versos. Pessoa escreveu outros poemas sobre o amor e a atração sexual — em português, inglês e francês — e referências sexuais surgem diversas vezes em sua ficção, seus ensaios e suas notas autobiográficas. No caso vacilante que teve com Ofélia Queiroz, houve beijos e carícias, e dois dos amigos íntimos de Pessoa eram homossexuais declarados, defendidos por ele de ataques difamatórios da imprensa. Mas foi principalmente por meio de seus escritos que ele aos poucos lidou com sua própria sexualidade. Não pretendo afirmar que Pessoa "perdeu" simbolicamente sua virgindade, e sim que perdeu a vergonha, os preconceitos e passou a aceitar sua vida casta com serenidade.

As histórias de como Pessoa evoluiu como ser sexual, como alguém em busca de espiritualidade e como pensador político e social formam uma espécie de trama entrelaçada com a elaboração de sua escrita, com todos os fios colaborando para formar uma tapeçaria com muitos matizes; mas mesmo esse tecido amplo e inclusivo é esmagadoramente literário, já que sua sexualidade, sua espiritualidade e sua visão política foram expressas e vividas acima de tudo por meio das palavras. Pessoa não teve relações sexuais com nenhum homem ou mulher, não rezou a nenhum deus e não se filiou a nenhum partido político. E, depois de regressar da África do Sul para Lisboa, raramente se afastou dessa cidade. Escreveu e escreveu, em vários gêneros, sobre incontáveis assuntos. Mas e o Fernando Pessoa de carne e osso — que tinha apetites, medos, pesares e dores de cabeça, que cortava o cabelo e lidava com memórias e esperanças frustradas? Qual é a relação entre esse homem cotidiano e o escritor compulsivo?

Na primeira metade do século XIX e num país do outro lado da Europa, Søren Kierkegaard (1813-55) experimentou uma dicotomia semelhante. Sua existência mundana era ainda mais circunscrita que a de Pessoa — as viagens para fora de Copenhague o levaram no máximo até Berlim. Como Pessoa, acabou renunciando ao amor romântico, tinha hábitos solitários e levou uma vida aparentemente monótona. Por outro lado, sua vida de escritor estava em perpétua fermentação. Mais hábil do que Pessoa em canalizar seu gênio inquieto, o filósofo dinamarquês concluiu e publicou livros e mais livros de pensamentos provocativos expressos em uma prosa cintilante e muitas vezes assinados por pseudônimos: Victor Eremita, Constantin Constantius, Johannes Climacus... Havia mais de uma dúzia desses colaboradores fictícios, com pontos de vista individualizados e que às vezes criticavam uns aos outros. Como Pessoa não conhecia a obra de Kierkegaard (inicialmente traduzida para o alemão, idioma que o autor português não dominava, e para o inglês e francês somente na década de 1930), a semelhança entre seus universos criativos é ainda mais notável.

A automultiplicação foi para os dois um meio de autorrealização, e a individualidade foi um tópico que ambos abordaram em seus escritos. Kierkegaard, no entanto, era um homem de fé e um teólogo, bastante religioso e especificamente cristão. Considerava o sofrimento uma condição necessária ao progresso espiritual e defendia o martírio — dar a vida pelos outros, ou por Deus — como o bem supremo. Pessoa, que rejeitou sua formação católica, nunca considerou o sofrimento uma virtude. Mas sabia tudo a esse respeito por experiência própria e foi uma espécie de mártir acidental — ou talvez até um mártir voluntário e deliberado. Um dia copiou, numa folha de papel depois jogada no baú e só descoberta pelos pesquisadores no atual milênio, um único versículo do capítulo nono da Primeira Epístola de São Paulo aos Coríntios: "Fiz-me tudo para todos, a fim de salvar a todos".[8] Essa inscrição, que pode servir como uma entre várias outras explicações para a criação de heterônimos por Pessoa, sugere que o autor estava convencido de que ele e sua obra não eram nada se não fossem para outros. De um modo ou de outro, o projeto literário multifacetado de Pessoa tinha algo profundamente em comum com o projeto essencialmente religioso de Kierkegaard.

Portugal não tem uma forte tradição em biografias, e João Gaspar Simões merece elogios por se empenhar em escrever uma sobre Pessoa, cujo peculiar empreendimento literário ele ajudou a iluminar para várias gerações de leitores de língua portuguesa. Gaspar Simões foi criticado por traçar um retrato um tanto fantasioso de Pessoa como um poeta maldito beberrão e sem um centavo, e por entrevistar apenas alguns amigos e parentes do autor, muitos dos quais ainda eram vivos na época em que a biografia foi escrita. Com uma pesquisa mais completa e rigorosa, poderia ter evitado muitos dos erros factuais de seu livro, que infelizmente foram repetidos por outros. Mas não estou absolutamente seguro de que entrevistas adicionais com aqueles que conheceram Pessoa teriam aproximado muito o biógrafo de seu biografado. Observando as entrevistas com amigos de Pessoa publicadas em jornais antigos ou veiculadas na televisão, fiquei impressionado com o pouco que eles tinham a dizer. Pessoa era tímido e de fala mansa — todos concordavam —, mas com um bom senso de humor, e educadíssimo, impecavelmente vestido, um perfeito cavalheiro. Mais úteis são as entrevistas com a meia-irmã de Pessoa, que viveu com ele quando criança em Durban e de novo quando adulta em Lisboa. Ele nunca lhe contou, no entanto, sobre sua ex-namorada Ofélia, de cuja existência ela só soube depois que o irmão morreu. Ele era fanaticamente reservado. As dezenas de cartas que escreveu ao amigo mais próximo, Mário de Sá-Carneiro, poeta que se suicidou, talvez fossem uma mina de ouro, mas quase todas se perderam. As cartas que restaram, enviadas a outros amigos e familiares, são relativamente poucas. Pessoa começou três diários que consistiam em anotações sucintas e factuais que revelam muito pouco sobre seu estado emocional, e todos foram abandonados por ele menos de três meses depois de iniciados.

A fonte de informação mais valiosa para o biógrafo é o baú, hoje chamado de Espólio de Fernando Pessoa, que reúne cadernos e papéis que remontam à infância do escritor em Durban. Alguns dos manuscritos contêm rabiscos estranhos e biograficamente úteis: listas de coisas a fazer ou comprar, datas e horários de compromissos e lembretes para escrever a fulano ou comprar determinado livro, ou saldar uma dívida pendente. Pessoa elaborou para si muitos mapas astrais, com notas interpretativas que lançam luz sobre momentos marcantes de sua vida. E há cartas reveladoras que redigiu, mas não enviou.

Mais esclarecedoras do que cartas, anotações ou diários de curta duração são a poesia e a prosa literária de Pessoa, em boa parte autobiográfica, embora geralmente apenas de modo parcial ou distorcido. O mais crucial dos recursos para chegar ao coração do homem também é, portanto, o mais traiçoeiro. Em "Tabacaria", o heterônimo Álvaro de Campos, em meio a divagações poéticas sobre o sentido de sua vida na Terra e no Universo, comenta com ironia: "Se eu casasse com a filha da minha lavadeira, talvez fosse feliz". Eu não me atreveria a inferir dessas palavras que o autor em última instância do poema, Fernando Pessoa, tivesse algum interesse pela filha da *sua* lavadeira e talvez até flertasse com ela e fantasiasse um casamento, mas outros presumiram que era esse o caso, e para justificar sua interpretação podem apontar para o fato de que, no final do mesmo poema, Campos olha pela janela e acena para um amigo chamado Esteves, o mesmo sobrenome de um homem que Pessoa de fato conheceu.

Tentei construir, com tantos detalhes confiáveis quantos pude reunir, uma vida "cinematográfica" — como era Pessoa e como se comportava, para onde seus passos o levaram, com quem interagiu e os cenários animados onde sua vida decorreu. Mas esse filme, por si só, pouco nos diria sobre o escritor Pessoa, cuja vida essencial se passava no imaginário. E, portanto, minha maior ambição é mapear, na medida do possível, sua vida imaginativa.

"A vida de um homem de algum valor é uma alegoria contínua", escreveu John Keats em carta a seu irmão e sua cunhada. "Lorde Byron é uma figura, mas não é figurativo — Shakespeare levou uma vida de alegoria; suas obras são os comentários sobre ela." Shakespeare, ao contrário de Byron, não apenas falhou em ser uma figura intrigante — ele não deixou para a posteridade quase nenhuma figura. Não sabemos quase nada sobre o homem. É aí que reside a alegoria. Ele deixou, em vez disso, uma profusão de personagens dramáticos muito mais vívidos do que a maioria das personalidades humanas. O legado de Pessoa não é comparável ao de Shakespeare, pelo menos não em termos de suas realizações. Mas o que ele imaginou, visualizou e projetou era excepcionalmente vasto e variado. "Sê plural como o universo!", escreveu ele imperativamente num pedaço de papel encontrado em seu baú na década de 1960.

Sua vida, não menos que a de Shakespeare, foi uma alegoria.

PARTE I

O ESTRANGEIRO NATO (1888-1905)

Passei entre eles estrangeiro porém ninguém viu que eu o era. Vivi entre eles espião e ninguém, nem eu, suspeitou que eu o fosse. Todos me tinham por parente: nenhum sabia que me haviam trocado à nascença. Assim fui igual aos outros sem semelhança, irmão de todos sem ser da família.

Livro do desassossego (trecho 433)

Fernando Pessoa vestido de marinheiro, que era o traje quase obrigatório para retratos de estúdio dos meninos portugueses de sete anos. (*Cortesia da Casa Fernando Pessoa*)

I.

Numa tarde agradavelmente quente, mas com rajadas de vento que arrancavam o chapéu dos pedestres lá embaixo, Fernando Antônio Nogueira Pessôa nasceu de uma jovem mãe entusiasmada — era seu primeiro filho — num apartamento de quarto andar na cidade de Lisboa. Era 13 de junho de 1888, dia da festa de santo Antônio de Lisboa, e a festança não era apenas religiosa. Em alguns anos a folia enchia as ruas, principalmente em torno da praça da Figueira, ficava turbulenta demais, até violenta, com brigas e crimes estragando a diversão, mas não em 1888. O jornal noticiou que "A noite de santo Antônio se passou pacatamente, dando pouco trabalho à polícia" — apenas alguns desentendimentos, dois ou três bêbados que tiveram de ser trancafiados durante a noite e uma dupla de ladrões que foram presos por tentarem roubar um anel de ouro.[1]

Hoje em dia, o aniversário do santo é comemorado com mais pompa e variedade. A festança começa na noite de 12 de junho com um enorme desfile formado por grupos de dançarinos fantasiados advindos dos cerca de vinte bairros de Lisboa. As ruas e praças dos bairros mais antigos, enfeitadas com serpentinas coloridas e flores de papel, ficam apinhadas de gente mexendo as ancas ou apenas ouvindo música tradicional portuguesa tocada por bandas profissionais e amadoras. Barracas improvisadas vendem sardinhas e carne de porco, cerveja e sangria. Nas primeiras horas da madrugada, alguns bêbados às vezes saem do controle e muitos passam mal por terem exagerado na dose. Na manhã do dia 13, depois que os últimos festeiros regressaram cambaleantes para casa, celebram-se as primeiras missas em honra de santo Antônio, que continuam ao longo do dia, e uma procissão de fiéis encerra a homenagem religiosa no final da tarde. E, em anos recentes, uma nova tradição se desenvolveu: há palestras, leituras e performances dramáticas para comemorar o nascimento de Fernando Pessoa. O poeta teria ficado satisfeito em saber que ele, ou nossa lembrança dele, mistura-se a tão reverente e turbulenta companhia.

Pessoa (ele tirou o circunflexo de seu sobrenome em 1916) tinha o mesmo segundo nome de seus avós, mas sua mãe devia estar mais preocupada em homenagear o santo preferido de Lisboa, para que este guardasse e abençoasse seu filho. Ela era moderadamente religiosa, de uma forma um tanto supersticiosa. O primeiro nome de Pessoa também pode ter sido uma homenagem a santo Antônio, que se chamou Fernando por mais da metade de sua vida. Nascido no crepúsculo do século XII numa família abastada, o futuro santo abdicou à facilidade e ao conforto de seu direito de nascença para ser frade, adotando o nome Antônio quando se tornou franciscano. Aos 25 anos, trocou Lisboa pelo Marrocos, acabou indo parar na Itália e morreu perto de Pádua, onde passou seus últimos anos. Fora de Portugal, é mais conhecido como santo Antônio de Pádua. Fernando Pessoa, que cresceu em condições materiais confortáveis, também pouco se importava com as riquezas do mundo, mas era visceralmente apegado a Lisboa. Sua trajetória geográfica foi um pouco oposta à de santo Antônio, pois aos dezessete anos regressou a Lisboa depois de nove anos no estrangeiro, e durante o resto da vida raramente se aventurou a sair da cidade e seus arredores.

Lisboa era uma cidade imperial em declínio aparentemente perpétuo. Embora fosse difícil imaginar, os historiadores garantiam que já havia sido uma capital próspera e até luxuosa. Em meados do século XVI, era classificada como um dos principais centros de comércio internacional do mundo, graças à rede de feitorias e alianças que os portugueses estabeleceram na África, na Ásia e no Brasil. O vasto império de Portugal era mais mercantil do que político, e Lisboa se tornou um inigualável empório de pimenta, canela e outras especiarias, além de mirra, ébano e pau-brasil, papagaios, macacos e peles de animais, sedas e porcelanas da China, tecidos e produtos manufaturados da Europa, marfim e africanos escravizados. Os leilões de pessoas escravizadas começaram em Lisboa no século xv, e os comerciantes portugueses — pioneiros do tráfico negreiro no Atlântico — transportaram entre 5 milhões e 6 milhões de indivíduos escravizados da África para o Novo Mundo, principalmente para o Brasil. A receita considerável das atividades comerciais diversificadas do país não chegou às mãos do povo, nem foi investida em seu próprio território. Espraiado por lugares distantes, o império começou a ruir, permitindo que a Coroa espanhola governasse um Portugal enfraquecido de 1580 a 1640.

Na primeira metade do século xviii, o ouro e os diamantes da colônia do Brasil não conseguiram reverter a sorte do dilapidado império, mas trouxeram novas riquezas para a metrópole. Era uma riqueza que entrava e saía, movimentando economias no resto da Europa. A Inglaterra, grande exportadora de lã para Portugal, foi a maior destinatária final do ouro brasileiro. O minério também pagou pelo aumento dos embarques de grãos de cereais vindos do norte da Europa, enquanto a agricultura nacional continuava a definhar. A pequena mas mimada classe alta de Lisboa comprava lençóis de Flandres, veludos de Veneza, talheres, artigos de latão e relógios da Alemanha, e tapeçarias e roupas finas da França. D. João v, que reinou de 1706 a 1750, gastou somas imensas na construção de luxuosas igrejas e mosteiros, com destaque para o complexo conventual de Mafra, decorado com arte religiosa importada da Itália.* Praticamente nenhum dinheiro foi gasto na melhoria da infraestrutura ou no desenvolvimento da indústria local. As ruas de Lisboa eram estreitas e sujas, e o crime abundava.

Em seu *Journal of a Voyage to Lisbon*, escrito em 1754, Henry Fielding descreveu o destino final de sua viagem marítima de seis semanas como "a cidade mais horrível do mundo". Foi um julgamento precipitado e sem conhecimento de causa suficiente para sustentá-lo, mas quase todos os visitantes estrangeiros avaliavam mal Lisboa em comparação com outras capitais europeias. Fielding, é preciso lembrar, estava em péssimo estado de saúde, tendo navegado da Inglaterra a Portugal na esperança de que o clima mais ameno pudesse aliviar sua terrível gota. Em outubro, dois meses após o desembarque, ele morreu e foi enterrado no cemitério inglês da cidade.

* A construção do convento suntuosamente monstruoso é o pano de fundo de *Memorial do convento*, de José Saramago. (Todas as notas são do autor, a não ser quando houver indicação contrária.)

Um ano depois, o calamitoso terremoto de 1755, com o tsunami e os incêndios galopantes que se seguiram, destruiu grande parte de Lisboa e matou mais de 10 mil de seus moradores, levando Voltaire — em *Cândido* e em seu "Poema sobre o desastre de Lisboa" — a zombar ruidosamente da noção de que tudo corria muito bem naquilo que Leibniz e outros otimistas presumiam ser o melhor de todos os mundos possíveis. E, no entanto, é provável que a catástrofe tenha sido uma bênção urbana no longo prazo. O futuro marquês de Pombal (1699-1782), ministro-chefe de d. José I, que reinou de 1750 a 1777, baseou-se nos ideais iluministas e métodos construtivos inovadores e antissísmicos para reconstruir a cidade de forma despótica, porém enérgica. Pombal incentivou a manufatura e fundou várias indústrias subsidiadas pelo Estado. Também refreou o poder da aristocracia, expulsou os jesuítas, enfraqueceu a Inquisição (que se estabelecera em Portugal em 1536) e aboliu as leis de "limpeza de sangue" que impediam os cristãos-novos — como eram chamados os judeus convertidos por coerção e seus descendentes — de ocupar cargos no governo e exercer certas profissões.

Pombal conseguiu inibir, mas não eliminar, a velha guarda, o velho dinheiro e os velhos hábitos. Enquanto uma guerra revolucionária de independência se desenrolava nos Estados Unidos da América, Portugal dava as costas à mudança. Tão logo faleceu d. José I, em 1777, Pombal foi destituído de seus poderes, e muitas de suas políticas reformistas foram atenuadas ou revertidas. O clero católico conservador e a indolente aristocracia recuperaram prestígio, e Portugal seguiu se arrastando a passos lentos e inseguros durante as invasões napoleônicas (1807-10) e uma guerra civil (1828-34), ficando para trás em relação ao resto da Europa em quase todas as medidas de progresso. Mas essa mesma disparidade acabou por incitar os governantes da nação a tentar se recuperar do atraso, e quando Pessoa nasceu, a capital tinha um sistema de esgoto funcional, iluminação a gás nas ruas principais e nos bairros mais ricos, e uma ampla avenida da Liberdade voltada para o futuro, inaugurada em 1886 e inspirada na Champs-Élysées.

Portugal tinha um aspecto — ou verniz — moderno, e sua classe dominante e sua elite cultural anteviam com ansiedade a modernidade total, mas a visão era nublada por uma suspeita persistente de que o país estava destinado a ser sempre um imitador, copiando a vanguarda de nações como a França e fazendo o jogo político da Grã-Bretanha, sua mais antiga aliada e protetora. Em 1887, um grupo de intelectuais notáveis, aos quais se juntariam mais tarde o poeta

Guerra Junqueiro (1850-1923) e o romancista Eça de Queiroz (1845-1900), passou a denominar-se Vencidos da Vida. O que os unia, para além da comida suculenta nos bons restaurantes onde se encontravam, não era um sentimento de fracasso em sua carreira como escritores e artistas, mas a convicção de que, apesar dos melhores esforços para fomentar reformas, Portugal fracassara e continuaria a fracassar em ser *organicamente* progressista, original e autodeterminado.

Esse fracasso maior era tanto causa como consequência da *saudade*, termo que então ia além de um estado de espírito ou mental temporário para denotar também uma condição existencial. Seu significado era semelhante ao de *Sehnsucht*, mas a palavra alemã nunca serviu, por si só, como base para uma identidade coletiva. A saudade, promovida como um sentimento exclusivamente português, tornou-se uma obsessão nacional no final do século XIX e início do XX. O objeto histórico específico dessa obsessão focava a chamada Era dos Descobrimentos, quando Portugal controlou vastas extensões de oceano e inúmeros portos marítimos em todo o mundo. Conquistada a despeito de todas as probabilidades, essa supremacia marítima poderia ter transformado a vida do país se metade da riqueza resultante não fosse tão mal administrada e a outra metade desperdiçada, deixando as gerações futuras a ansiar por dias de glória que nunca existiram, exceto para um grupo exíguo de aproveitadores, investidores e aristocratas. Pessoa nasceu em um mundo no qual sombras fantasmagóricas de antigos esplendores pairavam em meio à pobreza e à decadência palpáveis.

Mas Lisboa foi e continua a ser, em pleno século XXI, majestosa. Construída, assim como Roma, sobre sete colinas — ou seis, ou oito, dependendo do que se chama de colina —, a cidade se estende ao longo do amplo estuário do rio Tejo, que às vezes é chamado de mar da Palha, devido à cintilância dourada do sol em suas águas ao entardecer, e oferece um espetáculo de luz em constante mudança oriundo do reflexo nos prédios em tons pastel de suas encostas. E o céu em Lisboa é mais dinâmico do que em outras capitais europeias, onde sol, nuvens e chuva entram e saem de cena em rápida sucessão, como se os deuses pagãos ainda estivessem vivos, competindo pelo controle do tempo. A cidade é um banquete natural para os olhos, e Pessoa imortalizou seu prazer visual ao registrar suas impressões particularizadas no *Livro do desassossego*, no qual usa palavras como se fossem tinta. Por exemplo: "Um azul esbranquiçado de verde noturno punha em recorte castanho negro, vagamente aureolado de cinzento amarelecido, a irregularidade fria dos edifícios que estavam de encontro ao horizonte do estio".[2]

Fernando Pessoa é um desses escritores, como James Joyce, que associamos automaticamente à cidade onde nasceram, como se um fosse o equivalente reconfigurado da outra. Talvez porque tal identificação fosse tão forte, com Dublin sempre presente em tudo o que escreveu, Joyce não suportou viver lá quando adulto. Pessoa, por outro lado, carregava consigo o exílio. Vivia em Lisboa, mas a certa distância, e não só porque flutuava nas alturas da literatura. Sua Lisboa era um símbolo vivo e vívido do mundo como um todo. Um passeio de bonde do centro da cidade até seus arredores poderia, alegou, proporcionar uma sensação maior de liberdade do que uma viagem à China, desde que o passageiro soubesse, como ele, senti-lo com intrincada intensidade.[3]

A capacidade de Pessoa de ser português ao mesmo tempo de forma íntima e distanciada — portanto universal — se deve em parte à língua inglesa, que ele continuou a usar em obras literárias e em anotações pessoais muito depois de a infância passada na África do Sul ter ficado para trás. Em seu diário mais revelador, mantido por apenas dois meses em 1915, e em seus poemas mais carregados de teor sexual, Pessoa escolheu, de forma significativa, o inglês como meio de expressão. Mas qualquer língua, não importa onde ele estivesse, poderia servir-lhe de refúgio ou esconderijo, reforçando seu sentimento de alteridade. "Minha nação é a língua portuguesa", escreveu em 1931, afirmando um patriotismo que era linguístico antes de ser geográfico. Bem menos citada, uma vez que é política ou socialmente incorreta, é a seguinte admissão: "Vale mais para mim um adjetivo que um pranto real da alma".[4] O que não quer dizer que Pessoa fosse insensível às lágrimas humanas. Ele derramou muitas delas. Mas era para as palavras — e o que elas podiam representar — que ele vivia.

O caso de amor de Pessoa com a língua começou quando ainda era menino, mas primeiro houve o amor que havia na família. Ambos estavam relacionados, pois seus pais eram, em certo sentido, escritores — ainda que sem grandes ambições ou talento superior — e incentivaram o filho, que seguiu o exemplo com fervor inusitado, como certos indivíduos seguem uma vocação religiosa.

Sua mãe, Maria Madalena Pinheiro Nogueira, nasceu na ilha da Terceira, nos Açores, em 30 de dezembro de 1861, mas mudou-se para o continente quando tinha pouco mais de três anos. O pai dela, Luís Antônio Nogueira, bacharel em direito pela Universidade de Coimbra, fora indicado a um cargo governamental no Porto e, alguns anos mais tarde, nomeado diretor-geral da Administração Política e Civil do Ministério do Reino, quando então levou a família para Lisboa. Maria, que cresceu entre essas duas cidades, nunca mais voltou a morar nos Açores. De acordo com relatos familiares, era uma jovem inteligente e vivaz, não inteiramente convencional. Aprendeu francês cedo, o que era típico da classe letrada em Portugal, e era proficiente ao piano, como tantas outras moças, mas também se tornou fluente em inglês, graças aos estudos no Colégio Britânico de Lisboa, dirigido por uma mulher chamada Miss Calf, e aprendeu um pouco de latim com o pai. Os influentes amigos do pai da menina ficavam impressionados com sua inteligência e lamentavam que ela não tivesse nascido menino, pois assim poderia ter aspirado a uma carreira brilhante.[5]

A preocupação de Luís Antônio Nogueira em proporcionar uma educação de primeira classe aos filhos, o que incluía "até mesmo" as filhas (um de seus obituários definiu as duas jovens como "esmeradamente educadas"), decorria da importância que atribuía à erudição em sua própria carreira. Além de desempenhar com dedicação suas funções como funcionário do governo, era um estudioso e também escritor — não de assuntos literários, mas jurídicos. Desde a data da fundação de *O Direito*, no final de 1868, escreveu prolificamente sobre direito administrativo para a revista, que até hoje é o principal periódico de jurisprudência de Portugal. Seu nome logo apareceu no cabeçalho da publicação, lá permanecendo até sua morte, devastado pelo diabetes e pelo falecimento, dois anos antes, de seu filho de dezenove anos. Não foi um pai de sorte, pois já havia perdido o filho mais velho, também adolescente, fazia doze anos.[6]

Maria Madalena tinha 22 anos quando o pai morreu. Ainda tinha a mãe e a irmã Ana Luísa, ou Anica, dois anos mais velha. A família era muito unida, e a morte dos dois irmãos e depois do pai aproximou ainda mais as duas irmãs. Ambas eram atraentes, porém Maria, mais autoconfiante, era quem se destacava. Era uma romântica que lia romances e poesia, e escreveu os próprios poemas, principalmente autobiográficos, cujos exemplos remanescentes trazem o emprego de uma variedade considerável de formas de versos, embora sem muita originalidade ou brilhantismo técnico. Ela falava livremente o que pensava e demonstrava uma inclinação à rebeldia. Quando era moda as mulheres jovens prenderem os cabelos, uma espécie de ritual da maioridade, ela cortava os seus curtos.[7] Suas transgressões eram desse tipo caprichoso, não ameaçador. Ela podia fazer o barco balançar, porém jamais o viraria. A não ser, talvez, por um grande amor. O amor e a família definiam o horizonte dela e de quase todas as portuguesas.

Se soubéssemos em que circunstâncias essa jovem inteligente, talentosa e bonita conheceu seu primeiro marido, o pai de Pessoa, isso talvez ajudasse a explicar por que o escolheu, em vez de outro pretendente. Joaquim de Seabra Pessoa era onze anos mais velho do que ela, mas sem a brilhante carreira que alguém de sua idade já poderia ter conquistado. De dia, trabalhava no Ministério da Justiça, onde havia subido na hierarquia do serviço público até um posto enfadonho e respeitável: subchefe da repartição de contabilidade. À noite tinha uma ocupação diametralmente oposta: era crítico de música e teatro do *Diário de Notícias*, um dos principais jornais de Lisboa, tanto à época como hoje. Ali também havia progredido, tendo começado com apenas dezoito anos, provavelmente como repórter iniciante. Quer houvesse de fato aspirado a escrever sobre música, quer as necessidades do jornal o tivessem levado nessa direção, era um trabalho que o agradava muito, apesar de o salário ser baixo — ele era apaixonado por música, em especial por ópera. Entre 1876 e 1892, publicou mais de oitocentos artigos longos e curtos sobre apresentações musicais e teatrais em Lisboa. Sua paixão por Wagner era tamanha que escreveu um livreto sobre a primeira ópera da fase madura do compositor alemão, *O holandês voador*, cuja história se baseia na lenda do navio-fantasma de mesmo nome. O livreto, como tudo o que Joaquim escreveu, foi publicado de forma anônima.[8] Ele também colecionava fotos autografadas de cantores famosos. E quando Sarah Bernhardt, na época a atriz mais famosa da Europa, foi a Lisboa em abril de 1888, ele levou a esposa — grávida de sete meses — para vê-la apresentar-se.[9]

Joaquim de Seabra Pessoa nasceu em Lisboa, em 28 de maio de 1850, mas suas raízes paternas estavam na cidade de Tavira, no Algarve. Um de seus bisavôs, um capitão do Exército descendente de uma ilustre família de militares, foi agraciado com um título de nobreza em 1799. A tradição militar chegou até o pai, Joaquim Antônio de Araújo Pessoa (1813-85), general altamente condecorado que se destacou ainda jovem na guerra civil que eclodiu em 1828. Abençoado com a sorte de ter lutado do lado vencedor, mudou-se do Algarve para Lisboa e casou-se com Dionísia Rosa Estrela de Seabra (1823-1907), que vinha de uma família menos ilustre, mas igualmente próspera, algarvia por parte de pai. O casal teve uma filha, que morreu ainda criança, e dois filhos, um dos quais também morreu jovem. O filho sobrevivente, pai de Pessoa, não tinha inclinação nem resistência física para as Forças Armadas. Era consumptivo, para usar uma palavra antiquada que tem a virtude de evocar de maneira bastante explícita o efeito da tuberculose pulmonar. A doença havia fulminado seu irmão antes e também o estava consumindo — de modo mais lento, porém tão inexorável quanto.[10] É possível perceber isso nas fotos, e a mãe de Pessoa não pode ter deixado de vê-lo claramente. Um editor e bibliógrafo da época, escrevendo num livro de memórias sobre seu trabalho como jovem colaborador de um dicionário de português, lembrou que a redação incluía "um certo Pessoa, outro nome não sei, redator do *Diário de Notícias*, uma criatura magra, chupada, com aspecto de tuberculoso, de quem nunca mais tive notícias". A recordação data de 1877-80, sete anos antes do casamento dos pais de Pessoa. Embora nunca tenha frequentado a universidade, Joaquim era um tipo estudioso, fluente em francês e italiano.[11] Adorava livros, e havia muitos deles no espaçoso apartamento que ocupava com a mãe no elegante bairro do Chiado, em Lisboa.[12]

Num obituário simpático impresso no dia seguinte à sua morte, o *Diário de Notícias* assinalou que seu antigo crítico de música e teatro era "apreciado pela sua modéstia, pelo seu ânimo reto, pelo seu caráter lhano, pela sua crítica desapaixonada e imparcial. As suas análises foram sempre delicadas e corretas". De fato, suas resenhas de recitais, concertos, óperas e peças não eram ousadas ou estilisticamente dignas de nota, mas faziam uma crítica inteligente, equilibrada e sincera. Eram a maior fonte de satisfação profissional de Joaquim. Ele as recortou e colou em dezesseis grandes álbuns.[13]

Talvez a modéstia, a retidão e a falta de interesse em fazer estardalhaço de Joaquim tenham impressionado favoravelmente a mãe de Pessoa. Mas o que de fato a encantou no noivo, creio, foi a sensibilidade estética, e, ao que parece, não apenas em sua paixão pela música: ele cultivava um estilo de vida cheio de coisas bonitas. O casamento, celebrado em 5 de setembro de 1887, em Santos-o-Velho, igreja paroquial da família da noiva, teve um início auspicioso. Maria foi morar com Joaquim e a mãe dele, e antes do fim do mês já estava grávida. O apartamento de Pessoa, no último andar de um prédio elegante que dava para uma pequena praça, era confortável e até um pouco chique, pois Joaquim fazia questão de móveis finos, sendo especialmente apaixonado por seu conjunto de porcelanas chinesas.[14] Havia um piano que Maria gostava de tocar, e o fazia bem. As janelas da varanda proporcionavam uma vista excepcional do Tejo, e, do outro lado da praça, ficava o exteriormente sóbrio mas interiormente luxuoso Teatro São Carlos, o auditório lírico de Lisboa, inspirado no Scala de Milão e no Teatro San Carlo de Nápoles. Bastava o crítico e aficionado por música caminhar meros trinta metros para chegar ao que pode ser justificadamente chamado de seu templo de devoção — ele era católico, mas não praticante; a música era a coisa mais próxima que tinha de uma religião.

Parte da indiferença de Joaquim em relação à Igreja era genealogicamente determinada. Entre seus antepassados dos séculos XVII e XVIII estavam vários cristãos-novos de sobrenome Cunha, nativos do centro do país, em particular da cidadezinha de Fundão, onde houvera uma grande comunidade judaica. Duvidando da sinceridade de suas conversões, a Inquisição, estabelecida em Portugal em 1536, prendeu e julgou sucessivas gerações de membros da família Cunha por continuar a praticar o judaísmo em segredo. Sancho Pessoa da Cunha, preso por volta de 1705, foi o primeiro ancestral masculino a usar o nome Pessoa, que herdou da mãe, Madalena Pessoa, cujo marido cristão-novo (do clã Cunha) fora preso pela Inquisição em 1669. Fernando Pessoa, em notas autobiográficas escritas no final da vida, definiu sua ancestralidade como "uma mistura de aristocratas e judeus".[15] No entanto, a maioria de seus ancestrais não era nem judia nem aristocrata.

Qualquer criptojudaísmo que a Inquisição possa ter detectado corretamente entre os ancestrais de Joaquim Pessoa se dissipara muito tempo antes, mas pouquíssimo cristianismo tomara o lugar. A maior parte de seus antepassados paternos nem sequer foi batizada, e um dos tios, Jacques Cesário de Araújo Pessoa (1816-85), era ateu assumido.[16] Joaquim, senão ateu ou agnóstico, era totalmente secular. Nas muitas cartas que escreveria quando estava morrendo de tuberculose, não há uma única súplica a Deus ou expressão de sentimento religioso. Sua esposa Maria orava a Deus, pelo menos retoricamente, em seus poemas e em algumas de suas cartas a parentes, e criou todos os seus filhos como católicos — porque assim fora criada, e não por ser uma fiel fervorosa. Não foi dos pais que Fernando ganhou sua inquieta curiosidade religiosa.

O nascimento de Fernando Pessoa foi notícia de primeira página no número de 14 de junho de 1888 do *Correio da Noite*. Naquela época, diversas pequenas notícias amontoavam-se na primeira página, mas o fato de o acontecimento chegar ao jornal era prova da estima dos editores por "nosso amigo e colega do *Diário de Notícias*, Joaquim Pessoa", e sugestivo de certo status social desfrutado pelo jovem casal. O filho deles viera ao mundo no dia anterior "pelas três horas e vinte minutos", de acordo com seu registro de nascimento. Já adulto, a inexatidão da hora relatada produzia em Pessoa certa ansiedade, já que era um astrólogo dedicado que fazia periodicamente mapas sobre seu caráter e seu destino. Se tivesse nascido alguns minutos antes, ou vários minutos depois, toda a trajetória de sua vida poderia, de acordo com as estrelas, ter sido diferente. Essa hipótese, que parecerá absurda para a maioria dos leitores, pode soar um pouco menos absurda se considerarmos que outros eventos minúsculos que ocorrem em momentos fundamentais da impressionabilidade infantil — uma imagem vista fugazmente, um som assustador ou calmante, uma sensação de calor, um cheiro, até mesmo as pressões no útero antes do nascimento da criança — podem moldar de forma definitiva um indivíduo. Se esses acontecimentos são apenas o acaso em ação, isso em si é um mistério, e o mistério é uma porta para a possibilidade de outras forças, como os astros, atuarem em outros níveis.

Como muitos defensores da astrologia, Pessoa afirmava que ela independia da fé, mas não supunha, como alguns fazem, que as estrelas governam nossas vidas em virtude de leis magnéticas ou outras leis físicas. Quando já tinha mais de quarenta anos, explicou, em inglês, seu ponto de vista:

> A astrologia é verificável, se alguém se der ao trabalho de verificá-la. Por que as estrelas nos influenciam é uma questão difícil de responder, mas não é uma questão científica. A questão científica é: elas influenciam ou não? A razão disso é metafísica e não precisa perturbar o fato, depois que descobrimos que é um fato.[17]

Era uma maneira elegante de admitir que a astrologia não tem absolutamente nenhuma base científica: depende da metafísica. Quanto ao momento exato de seu nascimento, Pessoa passou a suspeitar que ocorrera pouco antes das 15h15, segundo carta de 1918 que enviou ao *British Journal of Astrology*, junto com um vale postal de dois xelins e seis pence, a taxa para ter sua hora de nascimento retificada e sua "época pré-natal", ou data de concepção, calculada.[18]

O batismo de Pessoa aconteceu no dia 21 de julho na igreja de Nossa Senhora dos Mártires, a uma curta quadra de distância de onde morava a família. Das mais antigas de Lisboa — reconstruída, no entanto, em outro lugar após o terremoto de 1755 —, a igreja foi fundada em 1147, mesmo ano em que Lisboa foi reconquistada dos mouros. Os "mártires" eram os soldados cristãos que morreram nos quatro meses de batalha. O site na internet da venerável igreja indica que muitas pessoas ilustres foram batizadas ali ao longo dos séculos, entre elas Fernando Pessoa. A ironia dessa pequena ostentação mereceria uma risada do famoso escritor, que, um mês antes de completar dezoito anos, redigiu uma carta aberta ao prior da igreja manifestando indignação por ter sido batizado ali sem ter sido consultado.

O batismo, afirma a carta sem rodeios, implica "a integração da vítima na Igreja católica; obriga o indivíduo, quando ainda ente irracional, a fazer parte duma associação demasiado humana com as teorias da qual o seu raciocínio mais viril talvez não queira concordar". Sem deixar dúvidas sobre o que sua "razão viril" concluíra, o autor da carta descreve a Igreja como "poderosa e estúpida, irracional e decrépita".[19] Na época em que escreveu a carta, que pretendia publicar como panfleto — embora não tenha conseguido concluí-lo —, Pessoa já devia saber de sua ascendência judaica, mas a rejeição do batismo católico pouco tinha a ver com suas crenças religiosas, que àquela altura da vida estavam mal definidas. Ele culpava a Igreja, parceira próxima da monarquia, por ajudar a alimentar a mentalidade conservadora e provinciana que impedia Portugal de prosperar intelectual, política e economicamente.

Na escola primária, aprendeu o catecismo católico como aprendeu a tabuada. E, embora os sentimentos calorosos que sentia por Jesus, pela Virgem Maria e por certos santos cujas histórias de vida admirava não tenham permanecido consigo na adolescência, ele conservou vários santinhos, como lembranças daquela época de sua vida em que a fé sincera e acrítica ainda era possível. Um deles representava santo Antônio com um halo. Outro, de sua primeira comunhão, trazia no verso as palavras de uma freira da Escola do Convento de São José: "Ao meu bom menino Fernando, uma pequena lembrança de dia mais feliz". Tal dia ocorreu em Durban, na África do Sul, quando ele tinha oito ou nove anos.[20]

Da igreja dos Mártires, sua lembrança mais querida era o sino que ele e o resto da família ouviam com clareza retumbante, mesmo quando as janelas do apartamento estavam fechadas. A memória inspirou um dos dois primeiros poemas que publicou na idade adulta, em fevereiro de 1914:

Ó sino da minha aldeia,
Dolente na tarde calma,
Cada tua badalada
Soa dentro da minha alma.

Numa carta de dezembro de 1931 a João Gaspar Simões, seu futuro biógrafo, Pessoa identificou o sino poeticamente invocado como aquele que dobrava na igreja dos Mártires, e a "aldeia" como o largo de São Carlos, a praça onde nasceu. O sino parece assombrar o eu poético daqueles versos:

Por mais que me tanjas perto
Quando passo, sempre errante,
És para mim como um sonho,
Soas-me na alma distante.

A cada pancada tua,
Vibrante a céu aberto,
Sinto mais longe o passado,
Sinto a saudade mais perto.

Já sentia o escritor, aos 22 anos, saudades ardentes de uma infância idílica e irrecuperável? O poema sugere isso, e Gaspar Simões o citou na biografia que publicou em 1950, para sustentar a tese de que a nostalgia da infância perdida e a pura felicidade que representava eram a chave mestra para a compreensão do homem e de sua obra. Ele desconsiderou a afirmação de Pessoa, na carta de 1931, de que a saudade transmitida de forma tão poderosa pelo poema era apenas uma "atitude literária" e que ele, Pessoa, nunca sentira nostalgia da infância ou de qualquer outra coisa. A verdade absoluta da questão é impossível de apurar, pois Pessoa era por natureza um fingidor que nunca deixava de dissimular, tanto no poema como na carta. Ele certamente sentia *alguma* saudade da infância, e sem dúvida a explorou para fins literários.

Se mesmo quem teve uma infância infeliz pode, às vezes, sentir falta da condição infantil de não ter responsabilidades, então Pessoa deve ter estimado bastante a memória de sua infância despreocupada, quando era inundado de afeto e confortos materiais. As fotos de seus primeiros anos não o mostram sorrindo (ainda não era costume sorrir para a câmera), mas ele parece sereno. O mundo ao seu redor, porém, não era totalmente harmonioso. A principal fonte de dissonância — muitas vezes literalmente — era sua avó Dionísia, que sofria de um transtorno mental diagnosticado como "demência rotativa". Os períodos de calmaria se alternavam com ataques de "alienação" pronunciada, durante os quais ela podia ficar desconcertantemente irascível. Esses ciclos ocorriam em um processo contínuo de declínio cognitivo.

Na idade adulta, Pessoa temeria pela própria saúde mental, acreditando que poderia ter uma predisposição herdada para a loucura. Quando criança, não ficou traumatizado — apenas profundamente perplexo — com o comportamento de Dionísia. Embora ela não gostasse da companhia da maioria das crianças, familiares relataram que gostava muito de Fernando, que nasceu quatro dias antes de a avó completar 65 anos, e é difícil imaginar como poderia ser de outra forma, a menos que ela tivesse perdido toda a capacidade de ternura humana. Sem irmãos ou irmãs, sobrinhos ou sobrinhas, os únicos laços de sangue estreitos de Dionísia eram com o filho e o neto.[21] A afeição que sentia por eles estendia-se à nora, mas vovó Dionísia era uma presença inquietante e fantasmagórica em casa. Às vezes vociferava, a qualquer hora do dia ou da noite, e, já em 1892, seu filho Joaquim teve de interná-la numa clínica, onde ela se acalmou um pouco.[22] Logo estaria de volta ao apartamento.

Não eram apenas a falta de disciplina e os acessos de raiva periódicos de Dionísia que arruinavam a paz doméstica — a tosse de Joaquim ecoava pelos quartos sempre que sua tuberculose se manifestava. As duas empregadas idosas, Joana e Emília, pouco ajudavam para manter as coisas tranquilas e sob controle, e a própria Joana ficava com frequência de cama. Todos os problemas e as pressões do mundo doméstico da família recaíam diretamente sobre os ombros de Maria Madalena Nogueira Pessoa. Apesar da enfermidade do marido, que naturalmente o tornava um pouco autocentrado, e apesar do declínio mental da sogra, o primeiro ano de casamento teve a aura de uma aventura nova e até glamorosa; poucos meses depois do nascimento do primeiro filho, porém, o brilho se apagou e o entusiasmo deu lugar ao cumprimento resignado do dever. Maria só derramava lágrimas de frustração nos cantos sombrios do grande e belo apartamento. Em outros lugares, fingia estar bem, fazendo tudo o que se poderia esperar de uma esposa, mãe e nora.[23] Ela se agarrava à esperança de que a situação de sua nova família pudesse mudar. Algumas pessoas com tuberculose lutavam contra a doença e se curavam, ou então seu estado se estabilizava. O marido de sua tia Adelaide, Joaquim de Andrade Neves, era um médico homeopata cujos remédios não convencionais pareciam fazer bem a Joaquim. E Dionísia não seria internada em caráter permanente caso não melhorasse?[24]

Joaquim Pessoa é uma figura enigmática. Talvez Maria tenha se apaixonado por um homem que percebia como um tipo de artista, mas ele nunca tentou fazer arte, música ou escrever de modo criativo. Precisaria de audácia para isso. E de uma disposição para encarar, moldar e transformar a matéria bruta de seus pensamentos e emoções profundas. Se ele confirmou a noção romântica do século XIX de que as pessoas com tuberculose tinham uma sensibilidade elevada, foi em parte porque "elevada", em seu caso, significava certo afastamento do mundo, como se seus pés não estivessem firmemente ancorados no chão. Ele tinha dois empregos para poder proporcionar sustento e um pouco de luxo a si mesmo e a sua família; cuidava daqueles que dependiam dele; tinha alguns amigos íntimos. Mas ao mesmo tempo se mostrava abstraído, fácil e deliciosamente perdido no mundo da música, dos livros, de sua porcelana fina e outros objetos bonitos.

Algo dessa abstração — talvez não alheia à "alienação" de Dionísia — foi repassado a Fernando, se não pela genética, ao menos pelo exemplo. Com sua imaginação fértil, o garotinho, com poucos companheiros de brincadeiras, habitava estranhos cenários povoados por personagens irreais — uma prática que ele reproduziria em sua escrita. A primeira obra de prosa criativa publicada por Pessoa, em 1913, é apropriadamente intitulada "Na floresta do alheamento". Nada para seu narrador sonâmbulo é real de fato, inclusive a mulher sem voz que o acompanha na floresta estranhamente luxuriante. Um ano depois, ele publicou seu segundo texto de prosa criativa, no qual o narrador em primeira pessoa conta como conheceu um professor "escandalosamente humano" da Universidade de Tóquio, que lhe deu uma aula sobre industrialização e o movimento operário socialista no Japão. Explicando ao leitor que suas próprias ideias e impressões a respeito do Japão "derivam de um estudo demorado de vários bules e chávenas", o narrador se recusa a acreditar no país real descrito pelo professor japonês, que suspeita ser um impostor, ou mera ilusão. Prefere o Japão bidimensional de seu serviço de chá de porcelana, com suas figuras azuis "eternamente sentadas" ao lado de "lagos absurdos", "aquém de montanhas totalmente irreais".

Não temos como saber o quanto os olhos de Fernando se detiveram nas figuras retratadas na porcelana do pai, espiando com imaginação a vida privada deles e viajando para um Extremo Oriente tingido de azul, mas sabemos que, desde cedo, era adepto de imaginar realidades em dimensões espaciais diferentes daquelas nas quais nossos corpos humanos se movem. Já adulto, defendeu a ideia de que outros universos podem coexistir com o nosso.[25]

Os pais de Pessoa eram membros consolidados da burguesia semiesclarecida de Portugal — uma classe que abraçava novas ideias e a ideologia do progresso, desde que seus próprios interesses não fossem afetados negativamente. O casal compartilhava, com seu meio econômico e social, um otimismo cauteloso de que seu país estava se modernizando e se tornando europeu em espírito, além de geografia. Eles se casaram durante o que mais tarde seria conhecido como a belle époque[26] — um período de prosperidade para grande parte do mundo, que lidava com sérias disparidades de riqueza e gritante discriminação de classe, mas também com crescimento real dos salários e melhores padrões de vida para muitos trabalhadores. Disseminava-se o uso da eletricidade e do telefone, e já se produziam os primeiros automóveis, fonógrafos e câmeras de cinema.

Muitas das novas invenções vinham dos Estados Unidos, cuja economia dinâmica, com empregos de melhor remuneração tanto para a mão de obra especializada como para os trabalhadores sem qualificação, atraía milhões de imigrantes europeus. Mas a Europa também se sentia vigorosa e olhava para o futuro com otimismo. O Império Britânico estava em seu apogeu, e o Reino Unido, com sua chamada Pax Britannica, assumia o papel de polícia mundial e oferecia proteção em troca de subserviência. Portugal, como outros países pequenos e dependentes, foi posto de joelhos quando entrou em conflito com as regras internacionais estabelecidas pela Grã-Bretanha. Na vizinha Espanha, que fora uma república com vida curta entre 1873 e 1874, as reformas liberais e uma economia em crescimento garantiam, por ora, amplo apoio à monarquia constitucional. A França, quase vizinha de Portugal ao norte, experimentou uma crise existencial de confiança ao perder a Alsácia-Lorena na Guerra Franco-Prussiana (1870-1), mas se recuperou para dar o tom ao espírito audacioso e empreendedor da época. A Torre Eiffel, quase concluída na época do nascimento de Pessoa, seria inaugurada para a Feira Mundial de Paris de 1889. Essa maravilha da engenharia de ferro forjado, embora tivesse seus detratores entre a elite francesa, tornou-se o símbolo europeu da modernidade industrial, tecnológica e artística.

Em Portugal, o investimento estrangeiro e os gastos governamentais possibilitaram a construção de ferrovias e a melhoria considerável da infraestrutura, criando condições para a modernização da agricultura e o desenvolvimento da indústria. Os resultados esperados demoravam a chegar, mas as expectativas eram altas, e a nação se orgulhava do caminho que estava tomando. Em 7 de junho, seis dias antes do nascimento de Pessoa, inaugurou-se na avenida da Liberdade, em Lisboa, a ambiciosa Exposição Industrial Portuguesa, em prédios erguidos especialmente para a ocasião. Tratava-se de uma exposição muito maior do que as anteriores realizadas na capital do reino em 1838 e em 1849, e era a primeira "com um programa definido e científico", segundo um importante jornal da época.[27] Nela exibiram-se produtos manufaturados de todo o país, como louças, ferragens, equipamentos de destilaria, torneiras, bombas, lanternas, têxteis, sapatos, papel, licores, produtos enlatados, aparelhos elétricos e produtos farmacêuticos — nada que pudesse ser classificado como de ponta. Houve também um salão dedicado às artes plásticas, com uma exposição de pinturas e instrumentos musicais, além de um programa de concertos. O evento de gala foi promovido com alarde — d. Luís presidiu a inauguração com um discurso —, mas sua relevância prática foi insignificante. Distribuíram-se alguns prêmios, e alguns fabricantes encontraram um mercado doméstico para seus produtos. Não houve presença nem interesse internacional na feira, embora os organizadores pretendessem claramente que os participantes, vindos de lugares tão distantes como os Açores, se sentissem parte de um projeto nacional de respeito que tinha seu lugar no tabuleiro europeu.

Esse lugar, no entanto, era na borda do tabuleiro. Havia um desenvolvimento muito gradual da indústria, mas nenhuma "revolução" industrial em Portugal, cuja economia ainda era fundamentalmente agrícola. Setenta e cinco por cento da população do país com mais de sete anos era analfabeta, e a produção interna per capita era metade da francesa e apenas um terço da britânica. E, embora a Espanha também demorasse a se industrializar, sua produção per capita ainda era 50% maior que a de Portugal. A vida da burguesia, porém, era tão confortável em Lisboa quanto em Madri, Paris ou Londres.

A economia de Portugal derrapou no início da década de 1890, mas Joaquim

Pessoa estava seguro em seu emprego público, e seu trabalho noturno de crítico de música continuava, com a classe abastada ainda enchendo o Teatro São Carlos para ouvir cantores de ópera da Itália, Espanha e França. As óperas eram também encenadas no Coliseu, muito maior, inaugurado em 1890, para um público diversificado e a preços mais acessíveis. A vida continuava quase igual para os Pessoa, com foco na família que estavam formando.

Uma vez que ambos os pais tinham inclinações literárias, cada um a seu modo, não estranharam que Fernando escolhesse as palavras como seus brinquedos favoritos. Ao andar de bonde com a mãe quando ainda era bem pequeno, ele se divertia falando cada letra das placas pelas quais passavam. Isso fez com que outra passageira comentasse sobre a habilidade incomum do garoto de recitar de memória o que ouvira a mãe soletrar. Não, ela corrigiu: o menino já reconhecia todas as letras do alfabeto.[28] Aos quatro anos, lia frases inteiras.[29] Como a maioria dos leitores infantis, Fernando amava os quadrinhos — tradição iniciada em Portugal pelo talentoso caricaturista e ceramista Rafael Bordalo Pinheiro (1846-1905) —, bem como as histórias de aventura, e seu gosto pela aventura ficcional nunca se perdeu. Ele desenvolveria um apetite insaciável por romances policiais britânicos e americanos, engolindo-os como um petisco mental entre refeições mais pesadas, como poesia, crítica e livros sobre religião, história ou filosofia. Seu gosto pelo cômico e pelo lúdico também se estendeu até a idade adulta, manifestando-se fortemente em suas cartas, em seu comportamento às vezes travesso junto aos parentes e em sua "família" privada de colaboradores literários fictícios.

Se por um lado o Pessoa adulto conservaria certos traços infantis, o menino chamado Fernando já possuía um senso desenvolvido da sua própria dignidade. Tímido, mas não facilmente intimidado, odiava ser tratado com condescendência, por mais inocente ou bem-humorada que fosse. Quando um amigo da família dos Açores enfim pôs os olhos no brilhante menino de cinco anos de quem tanto ouvira falar, ergueu-o nos braços e disse: "Ainda bem que o encontro. Tinha muita curiosidade de o conhecer". Fernando, com os pés de volta ao chão, alisou os babados de sua roupa e comentou com uma pitada de ressentimento na voz: "Pois... está satisfeita a sua curiosidade!".[30] Orgulhoso e independente, às vezes até insolente, Fernando era ao mesmo tempo tranquilo, introvertido e preferia brincadeiras dentro de casa aos jogos mais brutos ao ar livre. Ele podia ser violento em suas palavras, nunca em ações. E também já era um indivíduo muito reservado.

2.

Em meio a um coro previsível de vivas e parabéns familiares, o único irmão de pai e mãe de Fernando, Jorge Nogueira Pessoa, nasceu em 21 de janeiro de 1893. Ninguém poderia imaginar que isso seria o começo do fim da família Pessoa. Lá está ele rindo numa foto de bebê, parecendo mais robusto que Fernando na mesma idade — mas logo seria diagnosticado com tuberculose, contraída do pai, cujo estado de saúde havia sofrido uma piora acentuada da qual não se recuperaria. Sem uma cura verdadeiramente eficaz até a descoberta dos antibióticos, a tuberculose era tristemente comum em quase todo o mundo. Entre os sintomas da piora de Joaquim estava uma tosse obstinada que atrapalhava seu sono e, sem dúvida, o de sua esposa.

Foi um ano angustiante para ela e Fernando, rodeados como estavam por doença, demência e morte iminente. Enquanto ela cuidava do bebê, da sogra e do marido, Fernando se refugiava ainda mais em si mesmo. Em maio, já era óbvio que Joaquim, que havia parado de trabalhar de vez, não resistiria muito mais. Uma de suas primas, Lisbela Pessoa Machado (1845-1929), veio do Algarve para ficar com a família e ajudar. Ela era capaz de compreender o sentimento de todos, pois se casara com um homem com tuberculose — um soldado de 22 anos morto em 1873, catorze meses depois do casamento. A filha que tivera com o soldado também morrera, poucas semanas depois. Lisbela, abastada mas pouco atraente, acabou viúva e sem filhos. Ficou contentíssima ao se tornar madrinha de Jorge, batizado no dia 13 de maio, e aprofundou sua relação com o primogênito Fernando, que, quando tinha perto de três anos, visitara a prima com os pais em Tavira, onde ela vivia entre uma casa na vila e uma quinta nos arredores, empoleirada no topo de uma colina. Foi a única familiar por parte de pai de quem Pessoa permaneceria próximo na idade adulta — proximidade assegurada, como veremos, pelo patrocínio financeiro.[1]

O pai de Pessoa desempenhou pacientemente o papel de homem condenado a travar uma batalha perdida, recorrendo a tratamentos alternativos, além de alguns dos remédios usuais então em voga para combater a tuberculose, como quinino, arsênico e o ar salubre do campo. Foi para uma mudança de ares que seu médico e amigo pessoal, João Korth, o mandou para Caneças, uma vila a noroeste de Lisboa que era uma versão humilde, sem as montanhas nem a magia, da vila suíça cujo sanatório fora imortalizado por Thomas Mann. Suas águas minerais — vendidas em jarras de barro em toda a capital — tinham a fama de aliviar todos os tipos de doenças, e seu ar puro e revigorante era recomendado para pulmões afetados pela doença.

Caneças era um vilarejo pobre, sem nada parecido com um sanatório, mas os convalescentes podiam se hospedar no Hotel Progresso, que se destacava pela limpeza, pela boa comida e pela simpatia dos empregados.[2] Joaquim deu entrada no hotel no dia 19 de maio, acompanhado por Fernando e pela avó materna do menino, Madalena, que na maior parte do tempo morava com a família de sua filha mais velha, Anica. Um ano após o nascimento de Fernando, tia Anica casara-se com um primo da ilha Terceira, João Nogueira de Freitas. Moravam no continente havia dezoito meses, mas preparavam-se para regressar aos Açores com a avó Madalena e os dois filhos: Mário, de dois anos, e Maria, de menos de dois meses. Eram os únicos primos-irmãos de Fernando. Quando crescessem, ele e Mário seriam quase como irmãos, ainda que com poucos interesses em comum.

Joaquim Pessoa escrevia diariamente de Caneças à esposa, dando notícias de seu estado de saúde, de Fernando e da sogra. Maria mantinha-o informado a respeito do pequenino Jorge e da sogra Dionísia, que passava por um de seus maus períodos, ensimesmada, mas ao mesmo tempo dada a acessos de nervosismo. Esses ataques eram mais frequentes quando ela ficava sozinha com as empregadas, e Maria, compreensivelmente, sentia-se um tanto exasperada. De início, preferira falar pouco sobre Dionísia nas cartas que enviava ao marido, que a repreendeu por isso. "A minha Mãe *sabe* que eu *vim* para aqui e Nada me tens dito", escreveu ele em 23 de maio, ao que ela respondeu questionando se a mãe dele tinha consciência para tanto. A carta de Joaquim para ela de 26 de maio começa assim:

> Recebi há pouco o teu bilhete e fiquei em muito cuidado por causa da minha Mãe. Afinal, apesar de dizeres que ela está parvinha e demente, não deixa de ter essas grandes agitações, que é o que eu mais temo e mais a prostram. Se ao menos estava sossegada, ainda havia essa triste consolação, mas afinal são ambos os males.

Dionísia estava fadada a receber pouca atenção da nora, que se preocupava com o marido, atendendo a seus pedidos quase diários de mandar uma coisa ou outra para Caneças.

Em 28 de maio, Maria e o bebê Jorge embarcaram numa carruagem puxada por cavalos para Caneças e regressaram a Lisboa naquela mesma noite com Fernando. Joaquim começou a ficar impaciente com a cura. Agora, tinha somente a sogra com quem conversar ou jogar cartas, o tempo estava muito frio e úmido para ele fazer caminhadas, e seu estado físico não melhorava. O dr. Korth, tal como seu médico anterior, era homeopata, mas as coisas que prescrevia estavam perturbando o estômago do paciente, sem afetar todavia sua febre, que teimosamente permanecia acima de 38°C, deixando-o fraco e apático. Contrariando as ordens do médico, Joaquim se medicou com soluções de quinino e arsênico. A febre baixou um pouco, depois voltou a subir. Decidiu finalmente regressar a Lisboa, aonde chegou em 3 de junho, um sábado. Instruíra a mulher a comprar peixe fresco ou então fazer o tradicional bacalhau à portuguesa para o almoço, mas que não se preocupasse com a sobremesa, pois poderia comprar excelentes bolos e biscoitos perto de Caneças. Todos fizeram o possível para ignorar sua palidez crescente, seu olhar espectral, a tosse ora suave e intermitente, ora incontrolável.[3]

Em 13 de junho, Fernando completou cinco anos. O aniversário foi celebrado em grande estilo, com muita comida, muitas sobremesas e mais gente do que ele jamais vira a sala de jantar acomodar. Estavam presentes todos os parentes próximos: os pais, o irmão caçula, as duas avós, a tia Anica e o tio João e os primos Mário e Maria. Lá estavam sua tia-avó preferida — chamada Maria, como sua mãe — e o marido dela, Manuel Gualdino da Cunha. O casal sem filhos morava em Pedrouços, um bairro periférico, e era apaixonado por Fernando. Estavam também outras tias-avós, com marido e filhos. E "tia" Lisbela, como era chamada pelo primo em segundo grau, com certeza ainda estava em Lisboa para ajudar a comemorar o dia especial, que se tornou cada vez mais especial com o passar dos anos. Em 1930, ao completar 42 anos, Pessoa escreveria um poema que retratava dramaticamente os aniversários de sua infância, quando ainda "tinha a grande saúde de não perceber coisa nenhuma". A sexta estrofe é particularmente evocativa:

> *Vejo tudo outra vez com uma nitidez que me cega para o que há aqui...*
> *A mesa posta com mais lugares, com melhores desenhos na loiça, com mais*
> *[copos,*
> *O aparador com muitas coisas — doces, frutas o resto na sombra debaixo do*
> *[alçado —,*
> *As tias velhas, os primos diferentes, e tudo era por minha causa,*
> *No tempo em que festejavam o dia dos meus anos...*

Os dois primeiros versos do poema — o segundo dos quais soa como uma declaração de lógica, como se a felicidade do menino fosse o corolário de ninguém ter morrido ainda — deixam claro que o autor tinha em mente seu quinto aniversário:

> *No tempo em que festejavam o dia dos meus anos,*
> *Eu era feliz e ninguém estava morto.*

Dois dias depois, em 15 de junho, Joaquim procurou um ar mais saudável em Telheiras, ao norte de Lisboa, onde se hospedou na casa do amigo dr. Korth, que estava lá para monitorar seu estado. Em 17 de junho, comentou numa breve carta à esposa: "Hoje são anos da minha Mãe. Que tristeza! Se ela se lembrará do dia!". É bem provável que não tenha se lembrado. Mais ou menos uma semana depois, ele foi passar o dia em Lisboa e, no início de julho, ficou na cidade durante um fim de semana para se despedir de Anica e sua família, inclusive a sogra, antes de partirem para a ilha Terceira, no dia 5 de julho. No dia 10, Maria Nogueira Pessoa levou os dois meninos para visitar o pai em Telheiras. No dia seguinte, ele lhe escreveu relatando uma dor de cabeça terrível que o impedira de dormir nas quatro noites anteriores. Sua carta de 12 de julho de 1893 queixava-se da mesma dor de cabeça e de calafrios. "Tenho tido febre e não sei o que isto será", acrescentou ele, e lhe falou sobre sua intenção de voltar para casa no dia seguinte, embora desejasse poder partir no mesmo dia. "Não sei o que isto será, sei que estou muito incomodado e que sinto muita febre."

Seu desejo foi atendido, e ele regressou, não no dia seguinte, mas naquele mesmo dia a Lisboa e à família no largo de São Carlos, nº 4. Arrastar seu corpo debilitado pelos quatro lances de escada, mesmo com ajuda, foi como subir quatro colinas íngremes. Por mais que quisesse abraçar os entes queridos, estava tossindo e teria evitado se aproximar muito de Fernando. Naquela época, já se sabia que a tuberculose era uma doença infecciosa, e não hereditária. Ele naturalmente olhou em volta para o ambiente familiar, já se sentindo longe dos móveis sólidos e bem-feitos, do piano, das estantes cheias de livros, de sua porcelana azul e branca, da esposa e dos dois filhos. Seu corpo sempre esguio parecia agora ainda mais magro, emaciado, e o rosto — também esguio, com um nariz proeminente, olhos escuros, lábios bem formados e um bigode ralo — parecia inegavelmente macilento. Talvez tenha sido nesse momento que Fernando, olhando para ele sentado ali, a poucos metros de distância e ainda assim irrevogavelmente distante, perdeu a "grande saúde de não perceber coisa nenhuma". Joaquim deitou-se, mas com certeza não esperava dormir — afligido pela mesma dor de cabeça das noites anteriores, acompanhada de calafrios, suores e uma tosse úmida. Maria Madalena perguntou se deveria mandar chamar um padre. Ele negou com a cabeça. Como seu pai livre-pensador, recusou os últimos ritos da Igreja. A tosse cedeu, o líquido encheu seus pulmões em frangalhos e às 5h15 da manhã ele morreu.[4]

Embora não fosse grande consolo, a mãe de Pessoa ficou satisfeita ao ver o obituário do marido exibido com destaque na primeira página do *Diário de Notícias*. A mesma edição do jornal anunciava a chegada iminente da rainha viúva da Espanha, que seria recebida por seu filho, o rei Carlos I; publicava um artigo sobre a tourada no dia anterior na nova praça de touros de Lisboa, no Campo Pequeno; havia a variedade habitual de notícias políticas, nenhuma das quais interessante, e um anúncio sobre uma apresentação naquela noite de Ida Fuller, uma americana radicada em Paris que era famosa por sua dança "serpentina", que envolvia agitar uma profusão de longas saias de tule no ar enquanto luzes coloridas brilhavam através do tecido transparente em movimento, criando efeitos visuais impressionantes.[5] Maria Madalena teria gostado de assistir àquele espetáculo, que acontecia no Coliseu, se a vida de casada com Joaquim tivesse sido diferente. O funeral foi naquele mesmo dia, às onze horas, sem dúvida seguido de um almoço com tias, tios e primos que queriam saber dos últimos dias de Joaquim. Provavelmente discutiu-se como ela daria conta de cuidar dos dois filhos, da sogra enlouquecida e das despesas consideráveis de manutenção de um apartamento tão grande. Fernando deve ter ouvido, ou entreouvido, pela primeira vez muitas coisas a respeito do pai, da avó e das finanças da família.

O apartamento com vista invejável para o plácido e indiferente Tejo ficou de repente muito mais vazio, e o pai de Pessoa não era a única coisa que faltava. Todas as idas e vindas entre Lisboa e Caneças, depois Telheiras, toda a busca da mãe por determinada peça de roupa e por certa medicação pedida por Joaquim em suas cartas, os olhares ansiosos dela ao abrir e ler a correspondência, a presença reconfortante de Lisbela em maio e junho, e as visitas regulares de vovó Madalena, de tia Anica e dos primos, que até dez dias antes moravam ali perto — tudo tinha acabado. Com vovó Dionísia em silêncio ou dizendo coisas absurdas, a jovem viúva alternando entre a dor e uma assustadora sensação de liberdade e o pequenino Jorge incapaz de fazer mais do que rir ou choramingar, Fernando vagava distraidamente pelos quartos, ou refugiava-se nos brinquedos, nos jogos ou na imaginação. Seu comportamento emocional nessas novas circunstâncias é sugerido por um trecho do *Livro do desassossego*, em que o narrador Bernardo Soares descreve sua reação aos três anos de idade à notícia da morte do pai:

> Lembro-me da notícia de sua morte como de uma grande seriedade às primeiras refeições que comemos depois de se saber. Olhavam, lembro-me, de vez em quando para mim. E eu olhava de troco, entendendo estupidamente. Depois comia com mais regra, pois talvez, sem eu ver, continuassem a olhar-me.[6]

As circunstâncias não são exatamente as mesmas, já que o pai de Soares se suicidou e morava longe do filho, mas Fernando era reservado como a criança descrita e provavelmente demonstrava pouca emoção exterior, apesar dos esforços de sua mãe para incitá-lo e dissipar a melancolia. Talvez já estivesse usando palavras — silenciosamente, em sua cabeça — para construir mundos fictícios que eram mais de seu agrado que a realidade.

E o que ele achava da avó meio louca? A loucura absoluta é mais fácil de ignorar, de relegar ao reino de todas aquelas coisas que não podem nos tocar, já que não podemos nos identificar com elas. Mas alguém que é em parte são, meio como nós, nos desafia a parar e pensar sobre a parte insana, e o fato de que pode haver duas metades tão diferentes, como duas pessoas em uma. E o estado mental de Dionísia não era uma simples dicotomia. Ela tinha mais de duas faces, já que mesmo em seus períodos "ruins" alternava entre retraimento taciturno e erupções verbais exaltadas. Quem era ou onde estava, em tudo isso, a verdadeira Dionísia? Ou seriam várias Dionísias, diferentes, mas todas genuínas? Para as pessoas que moravam com ela, inclusive Fernando, Dionísia era uma demonstração inquietante e convincente de que múltiplas personalidades podem habitar em um mesmo corpo humano.

Embora não gastasse além do que podia, a família Pessoa vivia confortavelmente com a renda que Joaquim obtinha de seus dois empregos, complementada por uma contribuição mensal de sua mãe, que tinha uma renda de poupança e uma pensão de viúva. Agora, com menos dinheiro entrando, Maria foi forçada a reduzir as despesas. Em meados de novembro, ela se mudou com os dois filhos, as duas empregadas e a sogra doente para um apartamento menor, na rua de São Marçal, nº 104, 3º andar — um prédio decente, mas num bairro de menos prestígio e sem uma boa vista do Tejo. Levou o piano, o jogo de mesa e cadeiras combinadas que pertencera aos pais e móveis suficientes para mobiliar confortavelmente os novos aposentos. Todo o resto, inclusive os livros do falecido marido e sua fina porcelana chinesa, foi vendido em leilão.[7]

A jovem viúva gostou do novo lar, menos imponente, mais aconchegante, e a mudança ajudou a animar sua alma. A sogra, infelizmente, começou a agitar-se novamente em dezembro, gritando incoerências no meio da noite, mas os dois meninos estavam bem. Jorge, que reagira mal a uma vacina contra a varíola em junho, agora parecia forte e feliz. Era um bebê fofo, de acordo com todos os parentes. "O Jorge já tem quase onze meses e todos nos dizem que está muito bonito", comentou Anica à irmã numa carta escrita da ilha Terceira naquele mês.

Mas, pouco depois de a mãe do bebê ler essas palavras, ele ficou repentinamente muito doente — não estava claro se era meningite ou outra coisa.[8] Em vez de poder relaxar em todos os almoços e jantares organizados pela família entre o Natal e o Ano-Novo, Maria Madalena tentou desesperadamente consolar e curar Jorge, seguindo de perto as instruções do médico e questionando como era possível que tantas coisas pudessem dar errado em sua vida. Pelo menos Fernando era saudável e inteligente, e sabia se divertir sozinho quando ela não podia lhe dar a devida atenção. Todos os seus esforços, porém, nada puderam fazer para salvar Jorge, que faleceu em 2 de janeiro de 1894. O obituário do leal *Diário de Notícias* afirmava o óbvio: que isso iria redobrar a dor da família ainda em luto pela morte, seis meses antes, do crítico musical de longa data do jornal.[9]

Maria Nogueira Pessoa, que era pragmática, além de romântica, conseguira superar a dor do falecimento do marido, porém a perda mais recente, dessa vez do próprio filho, teve de fato um efeito agravante, fazendo o infortúnio lhe parecer uma sina da qual nunca escaparia. E havia algo além da morte que a perseguia. Tinha deixado o antigo apartamento e o antigo bairro, mas ainda precisava lidar com uma pesada e absurda herança: a velha e demente Dionísia, cujos únicos parentes próximos eram o neto e a nora. Na verdade, a situação de Maria era um pouco pior, pois dependia da renda da sogra para sobreviver.[10]

E então, como acontece nos contos de fadas e também, com menos frequência, na vida real, sua sorte mudou de repente. Naquele mesmo mês de janeiro, enquanto fazia compras, ela embarcou em um dos *americanos* que cruzavam Lisboa. Assim chamados porque eram importados dos Estados Unidos, os americanos eram bondes abertos puxados por cavalos, que viajavam mais rápido e com mais suavidade do que as carruagens que trafegavam por ruas pavimentadas com pedras irregulares. (Os bondes motorizados, também importados dos Estados Unidos, só começaram a circular em 1901.) Sentada em um dos bancos de madeira do bonde, Maria Madalena observava as vitrines e a mistura heterogênea de pedestres passarem lentamente. As classes elegantes, cujas luvas e chapéus da moda, incluindo plumas para mulheres, eram indicadores de status social, misturavam-se livremente nas ruas com os pobres vestidos com roupas simples, às vezes descalços. A certa altura, ela percebeu que um homem sentado à sua frente no bonde a observava, discretamente, mas nem tanto: queria que ela percebesse que estava sendo observada. Ela olhou rapidamente, virou a cabeça para o outro lado, depois se voltou para ele de novo. Tinha uma testa larga e bochechas redondas, uma tez radiante, olhos azuis e um bigode ao estilo inglês, com longas pontas puxadas para os lados. Ele deve ter feito um comentário casual para iniciar uma conversa, e ela logo descobriu que se tratava do capitão de um navio que havia navegado todo o mundo para a Marinha portuguesa. Que diferença em relação a seu falecido marido! Ela sem dúvida explicou por que estava vestida de preto, e ele respondeu com as habituais condolências. Maria Madalena gostou do som da voz dele e de seus modos educados, mas autoconfiantes. Seu nome era João Miguel Rosa.[11] Ela concordou em revê-lo, provavelmente no mesmo bonde — um expediente que Fernando Pessoa também utilizaria, muitos anos depois, para se encontrar com uma jovem.

O decoro da época não permitia que mulheres desacompanhadas se encontrassem com homens, e Maria Madalena era uma viúva ainda enlutada, o que tornava tudo ainda mais complicado. O problema não era apenas como a sociedade poderia julgá-la, mas como ele, um pretendente inesperado, interpretaria cada movimento seu. De acordo com um antigo estereótipo, era provável que as viúvas fossem sexualmente vorazes e capazes de dominar qualquer homem menos precavido. Assim sendo, ela e o capitão procederam devagar, mas a atração era magnética, e em pouco tempo declararam seu amor um ao outro. O novo namorado de Maria era muitas coisas que seu primeiro marido não era: mais jovem (quatro anos mais velho que ela, em vez de onze), forte e um pouco robusto, extrovertido, jovial e sereno. Aos olhos dela, todo o seu ser irradiava serenidade, segurança. Embora não fosse intelectual ou escritor, inspirou Maria a escrever uma série de poemas de adoração, um dos quais forneceu a base para minha descrição da aparência física dele.

Os poemas que porventura Maria Madalena tenha escrito ao primeiro marido, ou à sua memória, não sobreviveram.[12] Ela fora uma fiel companheira de Joaquim Pessoa e muito apaixonada por ele no início, mas o homem que se tornaria seu segundo marido, João Miguel Rosa, foi o grande amor de sua vida. Como justificar para o mundo e para si mesma um apego tão repentino e apaixonado? A moral convencional interpretaria isso como uma espécie de adultério espiritual, já que Joaquim morrera havia menos de um ano. E se casar com aquele cavalheiro sem deixar passar um ou dois anos seria, conforme a mesma lógica moral, considerado bigamia espiritual. Acima de tudo, como ela poderia contar à sua mãe?

Ela não contou. Porém os parentes lisboetas logo descobriram que Maria tinha uma nova relação amorosa e a encorajaram. Entre um primeiro marido cujo corpo havia definhado, uma sogra cuja mente estava se desintegrando e um bebê que lhe fora arrancado por uma doença indefinida, ela já havia sofrido mais do que o suficiente. João Rosa era um indivíduo confiável, simpático e bem-sucedido profissionalmente, que tinha boas chances de fazê-la feliz. A única desvantagem era a natureza itinerante de seu trabalho. Para onde, no vasto Império Português, ele seria enviado a seguir? Certos postos na África e na Ásia eram considerados inóspitos para mulheres, sem dúvida com boas razões. Para Fernando, seriam ainda menos aconselháveis. Ele tinha o físico do pai — um pouco frágil e inadequado para esforços extenuantes ou ambientes hostis.

Nascido em Lisboa em 1857, João Miguel Rosa ingressou na Marinha portuguesa aos catorze anos e iniciou a vida no mar dois anos depois. Após inúmeras incumbências que o levaram por todo o mundo — Macau, Angola, Guiné portuguesa, Inglaterra, América do Sul e, por último, Moçambique, onde fez parte da divisão naval da África Oriental —, o capitão Rosa e seu navio, o *Liberal*, voltaram por um ano ao país de origem, aportando em Lisboa em 24 de dezembro de 1893. Um mês depois, ele conheceu a mãe de Pessoa. Teve quatro ou cinco semanas para cortejá-la antes de embarcar para o Porto, onde participou das festividades em homenagem ao grande patrono e promotor das explorações marítimas de Portugal, o infante d. Henrique, o Navegador, nascido naquela cidade a 4 de março de 1394, exatamente quinhentos anos antes. Erguida havia muitos séculos nas margens do rio Douro, na altura em que desagua no mar, a cidade do Porto era também, tal como Lisboa, um importante centro de navegação, e o navio de Rosa, que precisava de reparos e manutenção geral, ali permaneceu durante seis meses. Isso deu ao capitão tempo suficiente para continuar cortejando a nova amada.

A corte era uma formalidade, uma encenação teatral com desfecho já definido, uma vez que já estavam seguros do amor um do outro. A mãe de Maria percebeu que o romance estava no ar e, no dia 5 de março, escreveu dos Açores à filha para advertir que, por ser uma viúva jovem e atraente, deveria zelar por sua reputação, tomando cuidado para não fazer nada que pudesse atrair para si uma atenção negativa. Em abril, Maria finalmente revelou em carta à irmã Anica que tinha um namorado sério. A mãe delas, que vivia sob o mesmo teto de Anica em Angra do Heroísmo, capital da Terceira, leu a carta e disparou de imediato uma missiva advertindo a filha viúva para proceder com cautela, aos poucos, pois as pessoas fariam comentários se soubessem que, meros nove meses depois de enterrar o primeiro marido, ela já estava de olho em outro. Na opinião da mãe, ainda era cedo para a filha namorar outro homem, mas todos os parentes de Lisboa falavam muito bem de João Miguel Rosa, cujo único defeito óbvio de caráter — um ciúme feroz quando outro homem sequer olhava de relance para Maria — lhes era facilmente perdoável.[13]

Em junho, soube-se que João Rosa seria promovido de capitão de navio a capitão de porto, e a mãe e a irmã de Maria sugeriram que ele tentasse ser designado para Angra do Heroísmo, uma cidade bonita e bem preservada que outrora fora um importante porto de escala para navios mercantes que navegavam entre a Europa, a África e as Américas. Desabitadas quando os portugueses as exploraram e colonizaram no século XV, as ilhas de Açores foram uma das primeiras histórias de sucesso do programa de expansão ultramarina de Portugal, e Angra tinha sido o primeiro assentamento do arquipélago elevado à categoria de cidade. Vários membros da realeza portuguesa haviam ali passado um tempo ou se refugiado, e a arquitetura de seu centro histórico refletia a prosperidade mercantil de outrora. Com seu clima temperado e a proximidade dos familiares entre os moradores, Angra seria um lar ideal para Fernando. Os futuros noivos pareciam receptivos à ideia de se mudarem para lá. Ele fez algumas consultas ao órgão da Marinha encarregado das designações, e ela perguntou à mãe e a Anica sobre o mercado de aluguel de casas, mas a ideia logo arrefeceu, pelo menos do lado lisboeta do intercâmbio epistolar com a Terceira. A mãe e a irmã de Maria Madalena mantiveram as esperanças.

Em meados de setembro, o *Liberal* estava mais uma vez em condições de navegar, e durante vários meses foi colocado a serviço de d. Carlos I, indo e vindo entre Lisboa e o palácio real na vizinha Cascais. Em novembro, o rei emitiu uma nota oficial de louvor pelo desempenho exemplar de Rosa e sua tripulação. Por fim, em 14 de dezembro, João Rosa recebeu seus novos título e posto: capitão do porto moçambicano de Lourenço Marques (hoje Maputo).[14] Tratava-se de um dos "lugares insalubres" que a mãe de Maria considerava inadequado para mulheres,[15] mas isso não deteve a noiva, que provavelmente teria seguido seu capitão para qualquer lugar do mundo — mesmo que isso significasse deixar seu filho para trás.

Maria enviou um telegrama para a ilha Terceira anunciando seu casamento iminente e a partida para o estrangeiro, sem revelar exatamente onde iria viver com o marido. Madalena Pinheiro Nogueira, que não completara ainda sessenta anos, mas tinha problemas de saúde, embarcou no vapor seguinte para o continente, ansiosa por despedir-se da filha e do neto. Embora o navio fosse razoavelmente confortável, a viagem levou cinco dias, com uma escala na ilha de São Miguel. As instalações portuárias de Lisboa ainda não eram das melhores, de modo que os navios de grande porte costumavam fundear no Tejo, e passageiros e carga eram transportados para terra em pequenas embarcações. Depois que seu navio ancorou, na manhã de 28 de dezembro, a mãe de Maria ficou surpresa ao ser recebida por seu futuro genro — como um capitão Nemo português vindo em seu socorro. Mobilizando todo o seu considerável charme para a ocasião, ele se apresentou com uma reverência, pediu a um marinheiro de sua tripulação que pegasse a bagagem dela e ajudou-a a embarcar no escaler de seu próprio navio, o *Liberal*, e logo chegaram ao Cais das Colunas, no Terreiro do Paço. Com tamanha demonstração de cavalheirismo, ele conquistou-a facilmente, assim como havia feito com todos os parentes lisboetas de Maria, alguns dos quais a esperavam no cais, mas não a própria, que estava gripada. Todos foram para o apartamento dela, onde Fernando esperava ansiosamente pela avó.[16]

Os noivos queriam casar-se no mês seguinte, janeiro de 1895, e partir juntos para Lourenço Marques, mas a agitação dos nativos nas áreas vizinhas da cidade fez com que os planos malograssem. Ainda sem saneamento adequado e com a maior parte de suas edificações aglomerada em torno do porto, Lourenço Marques — que tinha menos de 3 mil habitantes, cerca de metade dos quais portugueses — parecia uma vila de fronteira junto ao mar, isolada e vulnerável. Portugal nunca estabelecera um controle completo e seguro sobre Angola, a Guiné portuguesa (hoje Guiné-Bissau) ou Moçambique, suas três colônias no continente africano. Por vários séculos, o país só se interessou na administração do comércio — de escravizados, de marfim e de outras mercadorias lucrativas.

Com o fim do tráfico negreiro, e tendo em vista sua posição declinante no comércio mundial em geral, Portugal mudou lentamente sua estratégia na África para usar a mão de obra nativa na extração de minerais e no cultivo de produtos para exportação. Esse mesmo modelo já havia sido usado com sucesso no Brasil e nas ilhas de São Tomé e Príncipe, onde escravizados africanos garimpavam ouro ou então cultivavam açúcar, cacau e café. (São Tomé e Príncipe, como as ilhas de Cabo Verde, eram desabitadas quando foram descobertas pelos portugueses, que as povoaram com africanos do continente e judeus exilados de Portugal.) Embora a escravidão houvesse sido por fim abolida no Brasil exatamente um mês antes de Pessoa nascer, o uso de mão de obra africana em condições às vezes similares à dos escravizados continuaria.

Além de considerações econômicas, a crescente ameaça de invasão por outras potências coloniais induziu os portugueses a estabelecer com mais força, de forma mais visível, sua autoridade sobre os africanos nativos. Essa política encontrou resistência armada no sul de Moçambique, região em sua maior parte ocupada pelo poderoso Império de Gaza, governado pelo rei Ngungunhane (1850--1906). Uma revolta de várias tribos moçambicanas parecia ter sido sufocada no final de 1894, mas em 7 de janeiro 3 mil rebeldes atacaram e mataram dois feitores brancos e vários trabalhadores da linha férrea que saía de Lourenço Marques, ligando-a a Pretória e às minas do Transvaal.[17] Surpreendidos por essa inesperada demonstração de força, os portugueses decidiram mobilizar mais tropas e montar uma missão de combate em grande escala contra os insurgentes nativos. Com Lourenço Marques se preparando para a guerra, a cidade não era, na visão de ninguém, um bom lugar para uma jovem esposa europeia. Em 17 de janeiro, Maria Madalena manifestou sua decepção numa carta ao primo Jaime de Andrade Neves, que estudava medicina em Paris e viria a se tornar o médico de Fernando Pessoa:

> A Mamã está agora em Lisboa, veio para o meu casamento, que estava para se efetuar este mês, mas como já deves saber, eu tencionava ir para Lourenço Marques e estes acontecimentos agora, as revoltas dos pretos, obstam a que eu possa ir por enquanto. Isto apoquenta-me deveras, porque o meu noivo terá que ir e a separação causa-me uma dor, cuja intensidade me dilacera o coração. É sina minha, como esquivar-me a ela?[18]

Como praticamente todas as outras pessoas em Portugal e no resto da Europa, Maria Madalena jamais questionou a decência moral de usar todos os meios necessários para impor o controle estrangeiro sobre as terras ancestrais dos africanos. Seu filho acabaria por se tornar um crítico do colonialismo português, afirmando tratar-se de um sintoma da decadência nacional, mas apenas raramente mostraria alguma preocupação pelos direitos e pelo bem-estar dos colonizados.

O capitão Rosa receberia uma medalha de ouro por sua participação na campanha para subjugar os rebeldes moçambicanos, embora ele próprio não portasse armas — seu papel era de apoio logístico. Após sair de Lisboa em meados de fevereiro de 1895, em 16 de março assumiu as funções de capitão do porto em Lourenço Marques, onde sua primeira tarefa foi ampliar a capacidade portuária para atender ao crescimento do tráfego de tropas e equipamentos vindos da Europa, o que fez comprando e transportando barcaças dos portos sul-africanos de Durban e Port Elizabeth, que serviam às colônias britânicas. João Rosa deveria ficar em Moçambique por pelo menos seis meses, quando então esperava obter uma transferência e regressar a Lisboa entre uma incumbência e outra para se casar. A mãe da noiva, instalada em Lisboa, estava determinada a ver a filha casada antes de regressar aos Açores.[19] Boas notícias chegaram em setembro, quando o capitão do porto foi escolhido para ser o cônsul português em Durban, a maior cidade da colônia britânica de Natal. Rosa partiu de Lourenço Marques para o sul no dia 3 de outubro, chegando a Durban dois dias depois, e logo em seguida foi marcada a data do casamento: 30 de dezembro de 1895, que coincidia com o 34º aniversário de Maria.[20]

Enquanto isso, as forças portuguesas em Moçambique, com a missão de resolver o problema da resistência nativa de uma vez por todas, continuaram a batalha até que, em dezembro, finalmente capturaram o rei Ngungunhane, que foi despachado para a metrópole a fim de ser exibido como um troféu, junto com seu cozinheiro, vários outros homens e sete de suas esposas favoritas. Numa reviravolta que deve ter espantado a mãe de Pessoa, cujos planos de ir com seu amado para Moçambique foram frustrados pelas "revoltas dos pretos", o derrotado rei africano foi exilado para a cidade natal dela, Angra do Heroísmo, onde viveu de 1896 até sua morte, dez anos depois — sem nenhuma das esposas, já que a moral católica não estava disposta a tolerar a poligamia. Ele aprendeu a falar, ler e escrever em português, adotou roupas de estilo europeu, foi batizado pelo bispo local e bebeu muito. As sete esposas foram exiladas em São Tomé.*

* Ngungunhane, um dos reis mais poderosos da África, tinha mais de duzentas esposas, quarenta das quais viviam em sua corte. Ao ser capturado, teve permissão para escolher sete delas para acompanhá-lo no exílio — sem esperar que fossem separadas dele mais tarde. Três das sete esposas escolhidas morreram em São Tomé; as outras quatro foram repatriadas para Moçambique. Ver Maria da Conceição Vilhena, "As mulheres do Gungunhana", *Arquipélago-História*, 2ª série, v. 3, pp. 407-16, 1999.

3.

Ver sua mãe tão apaixonada foi uma experiência profundamente perturbadora para Fernando. No final de janeiro de 1894, seis meses depois da perda do pai e poucas semanas após a morte do irmão caçula, lá estava ela cantarolando pela casa da rua de São Marçal num estado de, no mínimo, euforia moderada, o que para uma pessoa apaixonada é inevitável, não importa quantas roupas de luto esteja usando. Era uma visão estranha, ainda mais porque, no início, ele não sabia nada sobre o homem que a mãe conhecera e o que significava para ela. Se alguma vez ela mencionou o oficial da Marinha, foi com indiferença fingida. O menino pode tê-la ouvido sussurrar animadamente para Joana, a empregada mais antiga, com quem mantinha uma relação próxima, mas não fazia ideia do que se tratava. Só depois de vê-los juntos algumas vezes percebeu que o capitão era especial para sua mãe, o que demorou alguns meses para acontecer. Mulheres solteiras de boa reputação não recebiam visitantes do sexo masculino sozinhas, e Maria Madalena, mesmo acompanhada, só convidou João Rosa a sua casa no final do ano, quando a mãe dela chegou.[1] Namorados em início de relacionamento combinavam de se encontrar em lugares públicos ou em reuniões familiares. Foi, sem dúvida, num encontro desse tipo que Fernando conheceu o homem atlético e afável que viria a ser seu padrasto, mas só compreendeu bem que a mãe o amava pouco depois de seu aniversário de seis anos, em junho. Ele fez uma anotação escrita daquela consciência momentosa, possivelmente arrasadora, mais de trinta anos depois, numa folha de papel em que correlacionava as conjunções planetárias de seu mapa astral com os principais acontecimentos de sua vida.[2]

João Gaspar Simões, o primeiro biógrafo de Pessoa, foi criticado por encaixá-lo numa narrativa de desenvolvimento pessoal rigidamente freudiana. Em um de seus primeiros capítulos,[3] o jovem Fernando compete com João Miguel Rosa pelo carinho da mãe, o que certamente foi o caso. Não teria como reagir de outra forma. Agora que ele havia perdido o pai e o único irmão, sua mãe passara de objeto privilegiado a quase exclusivo de seu amor. As empregadas idosas faziam companhia ao menino quando a mãe estava ausente, mas essa atenção não era uma compensação à altura. Na verdade, ele talvez preferisse brincar sozinho, ler, o que já sabia fazer muito bem, ir a lugares de sua imaginação e ruminar. Qualquer criança normal na situação de Fernando reagiria com ciúme àquele recém-chegado que tinha a capacidade de alterar o estado de espírito de sua mãe de uma forma que ele mesmo nunca poderia. E Fernando Pessoa, apesar de seu comportamento social às vezes idiossincrático, tinha reações emocionais perfeitamente normais.

O único problema com a leitura de Gaspar Simões sobre essa questão em particular foi sua ênfase exagerada, como se o ciúme de Fernando fosse de algum modo fora do comum, ou como se ele alimentasse pensamentos homicidas em relação ao rival pela atenção da mãe. Uma vaga ideia de pôr um pouco de veneno de rato no café do capitão pode ter surgido na imaginação efervescente do menino, mas João Rosa fez um grande esforço para conquistar Fernando, e em pouco tempo eles já eram amigos e se davam bem. Foi isso o que Maria escreveu aos seus parentes na Terceira, sem dúvida com um otimismo exagerado, vendo uma harmonia imperturbada onde havia acomodação estratégica e aceitação relutante — a rotina normal das relações humanas que funcionam sob tensão.[4]

Menos normal foi a reação intelectual de Fernando a tudo o que havia acontecido nos meses anteriores — as duas mortes na família, a mudança de endereço e as transformações de sua mãe, de apática e abatida a animada e alegre, cheia de energia inquieta. É estranho, e talvez não rigorosamente correto, usar a palavra "intelectual" para tratar de um menino de cinco ou seis anos, mas Fernando, além de reagir aos acontecimentos no plano emocional, já respondia a eles como um pensador, contemplando-os com distanciamento, observando comportamentos específicos — seus e de outras pessoas — e fazendo extrapolações para chegar a regras mais gerais da conduta humana. E ele aprendeu muito cedo que por trás de todo comportamento humano havia um impulso instintivo de sobreviver, de seguir em frente, o que Schopenhauer, um filósofo que ele viria a admirar anos depois, caracterizou como vontade cega, esforço cego. Não menos estranho para Fernando do que o fato de as coisas acabarem — inclusive coisas tão enormes e profundas quanto a alma de seu pai — era o fato de a vida inexoravelmente continuar. Sua mãe já havia encontrado outro marido para substituir o que perdera. Quanto ao pequeno Jorge, tia Anica comentou em carta enviada à irmã várias semanas depois da morte do bebê que o coitado estava tuberculoso e que, se Deus tivesse permitido que sobrevivesse, isso significaria um "contínuo martírio" para a criança e a mãe até que o fim inevitável chegasse, então era melhor que tivesse morrido agora. Em seguida, Anica passava, com naturalidade, a contar sobre seus dois filhos — Mário com as botas novas e Maria com seus sapatinhos novos.[5]

Os escritos de Pessoa referem-se várias vezes ao sofrimento extraordinário de uma mãe que perde um filho. Também mencionam a rapidez com que esse sofrimento está fadado a passar e a memória do filho a se desvanecer no fundo desbotado do pensamento consciente. Um poema tragicômico sem data, assinado por Álvaro de Campos, conta a história de uma família que, graças a uma boa quantia de dinheiro recebida do seguro, ri e comemora depois que o bebê da mãe é atropelado e morto por um carro.

Com isso se forrou a papel uma casa.
Com isso se pagou a última prestação da mobília.
Coitadito do Bebé.
Mas, se não tivesse sido morto por atropelamento, que seria das contas?[6]

E mesmo sem o dinheiro do seguro, a humanidade, de acordo com o *Livro do desassossego*, "continua comendo e amando", "chorando só o preciso e no menos tempo que pode — quando lhe morre o filho que esquecerá pelos anos fora, salvo nos aniversários". Outro trecho do mesmo livro observa como uma mãe que perde o filho "meses depois já ri e é a mesma".[7] E um poema de Campos de 1929 transforma essa mãe teórica em uma específica:

A vizinha do número quatorze ria hoje da porta
De onde há um mês saiu o enterro do filho pequeno.

Ria naturalmente com a alma na cara.
Está certo: é a vida.
A dor não dura porque a dor não dura.[8]

O número do prédio, 14, é suspeitamente parecido com o 104 do endereço onde Fernando morava com a mãe viúva. Ela era a senhora que ria enquanto ainda estava de luto. Um mês após a morte do pequenino Jorge, Maria estava feliz demais com seu amor pelo capitão para ter algum espaço no coração para a dor.

Apesar do sarcasmo do poema de Campos sobre o lucrativo bebê morto, Pessoa nunca condenou a mãe por não ter permanecido viúva e enlutada, tristemente "fiel" às memórias do marido e do segundo filho. Aos cinco ou seis anos de idade, ainda não teria lhe ocorrido que sua mãe era falível, e depois que cresceu ele considerou o comportamento dela tipicamente humano e saudável: "Está certo: é a vida". Tampouco seu próprio comportamento foi muito diferente. Não perdia muito tempo lamentando os mortos. Seguia em frente, embora mais devagar, com relutância. Incomodava-o seguir em frente, que todos fizessem isso, e nada permanecesse em um lugar ou estado por muito tempo.

Mais ou menos um ano após a perda do pai e do irmão, o que Fernando sentia não seria provavelmente classificável como "pesar". Parecia mais perplexidade, como se, de uma forma um tanto obscura, a rápida reviravolta dos acontecimentos e dos sentimentos, em particular os que notou na mãe depois que ela conhecera o capitão João Rosa, o tivesse levado a se perguntar: "Existe algo sagrado? Alguma coisa permanente?". Eram perguntas que ele faria sem rodeios quando mais velho. A primeira, mais difícil de responder, motivaria sua busca espiritual. A resposta à segunda, que era um não definitivo, geraria vários conjuntos de outras perguntas. Por um lado: "Como algo pode ser e depois deixar de ser? Se algo para de existir, teve alguma vez verdadeira existência?". E inversamente: "Como algo pode não ser e de repente ser? Teve algum tipo de preexistência? O potencial de existir já é uma forma de existência?". É claro que, em 1894, todo esse questionamento ainda era incipiente, mas o ímpeto por trás dessas reflexões era poderoso, incitando-o a aprender mais palavras, mais gramática e mais conceitos, junto com a arte de combiná-los em ferramentas de precisão para a exploração mental e a autoexpressão.

Dois retratos de estúdio de Fernando por volta dos seis anos mostram um menino que parece deslocado, como se não pertencesse mais à infância. Na foto em que posa num triciclo, ele olha para a câmera com ar estupefato, como se não soubesse onde estava nem por quê. Em outra imagem da mesma sessão, sua expressão é incomodamente séria — não chega a ser triste, mas é taciturna, preocupada.[9] No entanto, apesar de seus modos pensativos de adulto, Fernando ainda era uma criança e sabia desfrutar disso. Gostava de ler, mas também de brincar: com bolas, soldadinhos de chumbo e outros brinquedos. Apreciava especialmente os jogos de tabuleiro — e inventaria alguns deles quando adolescente e depois adulto. No segundo semestre de 1894, sua mãe mencionou numa carta à família que ele estava indo "muito bem nas aulas",[10] às quais poderia ter assistido numa escola, porém o mais provável é que lhe fossem ministradas em casa por ela ou por um professor particular. E possivelmente ela o ajudou a aprender a ler, embora ele afirmasse que aprendera sozinho.[11]

Sua tia-avó Maria também contribuiu para a sua educação inicial. Fernando ficava com frequência com ela e seu marido, conhecido na família como tio Cunha, na casa deles em Pedrouços, no extremo oeste de Lisboa, onde tinha seu próprio quarto, cheio de brinquedos, e um quintal para brincar. Mais tarde, descreveria a tia-avó como uma mulher culta no estilo do século XVIII — "cética em religião, aristocrática e monárquica e não admitindo no povo o ceticismo" — e deixou uma cópia de um dos sonetos dela que sabia de cor.[12] O terceto final diz:

Sabei que na minh'alma um verdadeiro,
Um íntimo descrer, há muitos anos
Me torna num deserto o mundo inteiro.

Essa aridez parece confirmar a afirmação de Pessoa de que ela tinha pouca "ternura feminina", mas ele também notou que era o destinatário privilegiado de seus afetos. Na verdade, tanto ela como o tio Cunha tratavam Fernando como um príncipe.

Enquanto a esposa fomentava o desenvolvimento intelectual de Fernando, o tio Cunha, um sujeito gregário, gostava de levar o sobrinho junto para fazer compras ou visitar amigos. Uma de suas paradas habituais era a redação do *Correio da Noite*, jornal oficial do Partido Progressista, que Cunha apoiava com fervor. Enquanto a equipe de jornalistas redigia as matérias que seriam publicadas no final da tarde, ele conversava sobre os acontecimentos do dia e exibia o sobrinho, a quem todos ali adotaram como uma espécie de mascote. Mostravam-lhe como as matérias eram produzidas em colunas e como as páginas eram dispostas para impressão. Completamente fascinado, Fernando guardou o que aprendeu para uso futuro.

Tio Cunha, que passava longas horas jogando com Fernando em Pedrouços, também o apresentou a uma diversão mais visceral: as touradas no Campo Pequeno. A tourada em Portugal já se havia transformado no espetáculo que é hoje, bem diferente da praticada na Espanha. Depois de ser apunhalado nas costas por várias bandarilhas, o touro enfraquecido enfrenta oito homens desarmados e desprotegidos, os "forcados", um dos quais agarra a cabeça do animal, segurando firme enquanto os outros o derrubam. O touro não é morto na arena, tornando o espetáculo menos horrível de assistir, porém não menos doloroso para o animal ferido, que será levado para um matadouro e suportará, com toda probabilidade, mais sofrimento do que se fosse morto de imediato. Em Portugal como na Espanha, a tourada está associada a uma subcultura que valoriza as tradições nacionais, a linhagem familiar, a bravura, a honra, a nobreza e a masculinidade. Embora não pertencessem necessariamente a essa subcultura, alguns parentes maternos de Pessoa eram aficionados da tourada, um passatempo popular na ilha Terceira. Pessoa não se tornou fã desse espetáculo.

O rapaz apreciava mais a música. Com o tio Cunha, às vezes com a tia Maria, ia a concertos e à ópera, o que podia parecer exagero para um menino, mas naquela época se tratava de um divertimento popular, e inclusive os espectadores adultos nem sempre se comportavam bem — eram capazes de continuar conversando ou até mesmo jogar cartas enquanto uma diva alcançava as notas agudas de uma ária; se ela fosse boa, também podiam irromper em aplausos. Quando Pessoa tinha seis anos e meio, o tio o levou a uma ópera italiana que um crítico de um jornal de Lisboa declarou ter sido praticamente inaudível. "O chinfrim e a gritaria dos espectadores foi tal que ninguém pôde saber o que se cantava, senão vagamente."[13]

Graças à tia Maria e ao tio Cunha, não menos do que aos próprios pais, Fernando foi criado em meio a uma dose incomum de cultura — literatura e música, mas também touradas, jornalismo e política. Mais importantes para seu desenvolvimento futuro, porém, foram o talento e o gosto desse tio-avô para inventar histórias complexas que imitavam e corriam paralelas à vida real, como dramas em série sem um fim à vista. Numa das histórias, Fernando concorria ao cargo de deputado de uma cidade imaginária. O mais espantoso, porém, é que essa narrativa seria levada adiante por Pessoa até o início de sua vida adulta, quando utilizou um mimeógrafo para produzir alguns "jornais" ligados a partidos políticos fictícios e repletos de reportagens jocosas sobre as atividades do "deputado" Pessoa e de vários primos e amigos da família convertidos em pseudopolíticos.[14]

Quando chega à puberdade, a maioria das crianças perde a capacidade de acreditar, ou de agir apaixonadamente *como* se acreditasse, em coisas que sabem ser irreais. Não foi o caso do futuro inventor de heterônimos, descendentes de uma longa linhagem de alter egos literários que remontava à sua primeira infância. Pessoa escreveu dois relatos sobre como os heterônimos surgiram. O primeiro data de cerca de 1930:

> Tive sempre, desde criança, a necessidade de aumentar o mundo com personalidades fictícias, sonhos meus rigorosamente construídos, visionados com clareza fotográfica, compreendidos por dentro das suas almas. Não tinha eu mais que cinco anos, e, criança isolada e não desejando senão assim estar, já me acompanhavam algumas figuras de meu sonho — um capitão Thibeaut, um Chevalier de Pas e outros que já me esqueceram, e cujo esquecimento, como a imperfeita lembrança daqueles, é uma das grandes saudades da minha vida.
>
> Isto parece simplesmente aquela imaginação infantil que se entretém com a atribuição de vida a bonecos ou bonecas. Era porém mais: eu não precisava de bonecas para conceber intensamente essas figuras. Claras e visíveis no meu sonho constante, realidades exatamente humanas para mim, qualquer boneco, por irreal, as estragaria. Eram gente.[15]

Esses sonhos "rigorosamente construídos" com dois franceses eram, é claro, devaneios, que juntos formavam um "sonho constante" tão vívido e satisfatório quanto a própria vida, razão pela qual a criança se sentia "isolada e não desejando senão assim estar". Ou se trataria de uma explicação retrospectiva de Pessoa para seus devaneios que foi cuidadosamente elaborada e hiperbolizada? As pessoas e situações de nossos sonhos *adormecidos* podem fazer nosso coração disparar, nos aterrorizar, nos excitar sexualmente ou instilar em nós uma paz religiosa. Pessoa quer que acreditemos que seus sonhos acordados também eram assim realistas e emocionalmente impactantes. Talvez fossem. Mais difícil de acreditar é que seu poder de competir com a realidade não só continuou como aumentou, a ponto de redefinir sua realidade:

> Além disso, esta tendência não passou com a infância, desenvolveu-se na minha adolescência, radicou-se com o crescimento dela, tornou-se finalmente a forma natural do meu espírito. Hoje já não tenho personalidade: quanto em mim haja de humano, eu o dividi entre os autores vários de cuja obra tenho sido o executor. Sou hoje o ponto de encontro de uma pequena humanidade só minha.

A segunda explicação de Pessoa para a gênese dos heterônimos é de 1935. Afirma que Chevalier de Pas surgiu quando ele tinha seis anos, em vez de cinco, e que o cavaleiro tinha uma espécie de rival cujo nome também estrangeiro ele já não lembrava — presumivelmente o Capitão Thibeaut, mencionado no relato anterior. Inspirado em histórias de aventuras, e com a colaboração do brincalhão tio Cunha, Fernando, ao que parece, colocou o cavaleiro contra o capitão num combate fantástico. E, o que é mais significativo, o menino de seis anos teria redigido cartas para si mesmo em nome do cavaleiro, iniciando assim uma prática de toda a vida de escrever *como outra pessoa*. Em francês, *pas* pode significar "não" ou "passo", e os estudiosos divergem sobre o que exatamente o jovem Fernando tinha em mente para o Chevalier de Pas — se era um cavaleiro em movimento ou o "Cavaleiro do Não". O mais provável é que não fosse nada tão conscientemente elaborado. Como Thibeaut, De Pas é um sobrenome que ele pode ter encontrado em um dos livros de seu pai, muitos deles em idioma francês. A origem mais provável do Chevalier, no entanto, era a imaginação fértil de tio Cunha.

Nenhuma carta do cavaleiro francês imaginário sobreviveu, mas Fernando inscreveu seu nome no *The Floral Birthday Book*, livro de criação vitoriana que pertenceu à mãe e que está agora na Casa Fernando Pessoa.* Para cada dia do ano há uma flor gravada, um pequeno poema e um espaço para inserir os nomes de amigos e parentes nascidos naquele dia. Entre os muitos nomes do livro esmeradamente registrados por Maria Madalena estão dois, em 1º de julho e em 11 de julho,

* Museu, biblioteca e centro cultural, a Casa ocupa o prédio em que Pessoa viveu durante os últimos quinze anos.

na caligrafia infantil de seu filho pequeno: "Cavalier de pá" e "le Chavalier de pá". São os exemplares mais antigos da caligrafia de Pessoa e datam de 1894 ou 1895.

Pessoa não fez alegações extravagantes e místicas concernindo a sua heteronímia incipiente. Seus companheiros inventados eram imaginados e vivenciados com uma intensidade incomum até mesmo para uma criança ("realidades exatamente humanas para mim"), e escrever cartas para si mesmo em nome de outra pessoa é uma atividade incomum em qualquer idade. Mas muitas crianças antes e depois de Fernando Pessoa conversaram e passaram seu tempo com amigos que eram pura fabricação mental, sem nenhuma boneca ou outro suporte físico. O que era incomum, ainda que talvez não extraordinário para um menino que via a mãe o tempo todo escrevendo e recebendo cartas — havia um fluxo constante delas entre Maria Madalena Pessoa e sua família nos Açores —, era imitar o gesto criando para si sua própria correspondência. Porém, foi o irreprimível tio Cunha quem inspirou e fomentou diretamente o universo imaginário de Fernando. Além de inventar políticos, aristocratas e militares fictícios, esse parente idoso regalou o sobrinho-neto com histórias de guerras internacionais entre grilos, besouros, formigas e macacos humanizados. Fernando não se limitava a sentar e ouvir — ele ajudava a inventar os personagens e seus feitos.

A posteridade foi injusta para com a memória de Manuel Gualdino da Cunha. João Gaspar Simões, em sua biografia de 1950, relatou que esse sujeito jovial era muito querido por todos os familiares, mas semianalfabeto, a ponto de quase ter de assinar documentos com um X. Essa imagem concisa, cuja segunda metade é completamente equivocada, foi passada ao biógrafo pela meia-irmã de Pessoa, que nunca conheceu o tio Cunha, mas soube dele por Fernando. Talvez ele tenha sido o responsável por induzi-la ao erro. Pessoa devia muito a esse tio-avô e pode ter desejado esconder sua dívida. Em 1914, ele explicou a um amigo interessado em suas primeiras influências literárias que tia Maria, esposa de Cunha, era uma intelectual e escrevia poesia, mas nunca contou a ninguém que tio Cunha o levava à ópera e o apresentara aos bastidores do mundo do jornalismo. E, quando mais tarde revelou que um Capitão Thibeaut e um Chevalier de Pas haviam animado sua infância solitária, esqueceu de mencionar que eles faziam parte de um mundo de faz de conta construído com a ajuda do tio. O papel crucial desse homem para o desenvolvimento de Pessoa e de seu parauniverso de personagens ficcionais só veio à tona no século XXI, quando a sobrinha do poeta, Manuela Nogueira, encontrou e publicou algumas das cartas que tio Cunha enviara a Fernando.[16]

* * *

Além do mundo invisível de seus personagens inventados, Fernando tinha bonecos e soldadinhos de chumbo com quem conversar e para colocar em ação, batizando alguns deles com nomes próprios. E durante o Carnaval, assim como outras crianças portuguesas, ele se fantasiava e se tornava alguém exótico. Quando tinha de cinco para seis anos, foi uma senhora espanhola e, no ano seguinte, um zuavo, com bombachas, espada, mochila, mosquete e bigode. Era sua mãe quem costurava as fantasias e o enfeitava. O amor pelo capitão não a tornava menos dedicada ao filho. Embora não lhe desse aulas de piano formais, ensinou-lhe algumas melodias simples e o deixava tocar qualquer música que conseguisse. Nos meses de verão, ela o levava ao campo e à praia, para que o menino pudesse respirar ar puro e se banhar na água do mar, que então se acreditava capaz de estimular as funções corporais e ajudar a evitar doenças. E quando, aos sete anos, ele começou a colecionar selos, ela transmitiu seu pedido de emissões antigas e raras aos familiares da ilha Terceira.

A mãe de Fernando e a irmã dela, Anica, trocavam pacotes e também cartas pelos vapores bimestrais que ligavam os Açores ao continente. Maria Madalena enviava roupas, sapatos e chapéus. Da Terceira, recebia carregamentos de manteiga, linguiças, salsichas e morcelas, laranjas e outros alimentos. Fernando pedia e recebia especificamente batatas-doces.[17]

Embora gostasse muito de jogos de tabuleiro, cartas e leitura, Fernando não tinha nada contra brincar fora de casa. No poema parcialmente autobiográfico que conclui "Chuva oblíqua", uma sequência de poesias que data de 1914, o eu poético relembra ter jogado uma bola contra um muro de um quintal. Isso teria acontecido na casa de sua tia-avó Maria e do tio-avô Cunha, em Pedrouços. Há fotos de família do menino, sua mãe e várias de suas parentes — sem outras crianças — posando na varanda dos fundos da casa, com o jardim aparecendo mais atrás. Tio Cunha foi o provável fotógrafo.

Fernando tinha outras três tias-avós além de Maria.* Todas nasceram e cresceram nos Açores mas acabaram em Lisboa. Naquela época, havia uma

* As quatro tias-avós — Rita, Maria, Carolina e Adelaide — eram irmãs de Madalena, a avó materna de Pessoa. Elas também tinham um irmão que emigrara para o Brasil.

tradição antiga de deixar aquelas ilhas remotas para tentar uma vida melhor em outro lugar. Grande número de açorianos havia partido para o Brasil, atendendo à demanda de colonos europeus nos séculos XVII e XVIII. Um número menor emigrou para a Nova Inglaterra, onde os primeiros açorianos a criar raízes trabalharam em navios baleeiros em New Bedford e Nantucket. Melville, em *Moby Dick*, observou que os baleeiros muitas vezes paravam nos Açores para preencher suas tripulações com "os resistentes camponeses daquelas costas rochosas". A pobreza, decorrente do isolamento do arquipélago e das pragas periódicas que devastavam as plantações, era o principal fator por trás das ondas migratórias, que também levaram os ilhéus para a Califórnia, as Bermudas e o Havaí. Os açorianos em melhor situação, como os antepassados maternos de Pessoa, tinham pouco incentivo para aderir a esses movimentos de massa, mas muitas vezes saíam de casa para fazer seus estudos universitários em Coimbra ou Paris e para construir suas carreiras em lugares com mais oportunidades. Uns poucos iam para o Brasil, porém um destino mais frequente era Portugal continental.

A maioria dos parentes maternos de Fernando — as tias-avós, os homens com quem elas se casaram e seus filhos — vivia em Lisboa, e ele via quase todos com regularidade, mas seus primos Mário e Maria, que eram os únicos parentes de idade próxima à sua, cresceram nos Açores. Assim, seus companheiros em Lisboa eram em sua maioria adultos, e não adultos quaisquer. Todos os homens se destacavam em suas respectivas profissões, e as mulheres eram donas de casa excepcionalmente bem instruídas. O menino precisava estar sempre atento e bem informado para participar das conversas. Quase como uma questão de sobrevivência social, desenvolveu a capacidade de processar e responder às ideias de outras pessoas numa idade em que outras crianças ainda estão aprendendo a expressar verbalmente informações básicas e sentimentos imediatos. O que ele não aprendeu foi a interagir com pessoas de sua idade, o que significaria confiar mais no instinto do que na inteligência. É como se sua capacidade de pensar, refletir e raciocinar fosse adquirida em detrimento da espontaneidade.

4.

O escândalo conhecido como Caso Dreyfus tornou-se uma *cause célèbre* em dezembro de 1894, quando Alfred Dreyfus, um capitão judeu do Exército francês acusado de traição, foi condenado com base em provas frágeis. Nos doze anos seguintes, até que ele fosse inocentado, defensores da inocência do capitão — e dos valores republicanos seculares, como a tolerância religiosa — se opuseram aos católicos de direita cujos ânimos foram exaltados por uma retórica abertamente antissemita. Em sua cobertura contínua da cáustica guerra de palavras na França, a imprensa portuguesa, em especial os jornais republicanos, se manteve sempre ao lado de Dreyfus e denunciou o antissemitismo francês. Mas, apesar da ausência de um movimento antijudaico em Portugal no final do século XIX, crescia uma divisão acentuada, assim como na França, entre os republicanos anticlericais e os tradicionalistas católicos.[1]

A mãe de Pessoa, uma tradicionalista apática, naqueles dias dava ainda menos atenção à política do que o normal. No mesmo mês de dezembro em que Dreyfus foi injustamente condenado, ela estava ocupada com os planos para seu casamento iminente e uma nova vida em Moçambique, examinava seu guarda-roupa para decidir que roupas levaria para lidar com o clima mais quente e ponderava se deveria vender os móveis ou armazená-los. A ideia de começar tudo de novo, num lugar diferente, com um tipo diferente de marido, devia ser um pouco inebriante, mas a perspectiva sonhadora era interrompida de tempos em tempos por outra, mais sombria: ela achava que não podia correr o risco de levar seu adorado filho para a África e detestava a ideia de ir sem ele. Fernando tivera a sorte de não contrair tuberculose e sua saúde em geral era boa, mas o corpo magro o tornava mais suscetível do que a maioria a gripes e resfriados. E se perguntava: como ele reagiria às febres tropicais? Tinha muito medo da resposta. Numa carta enviada à irmã Anica em 4 de janeiro de 1895, uma semana depois da chegada da mãe a Lisboa e três semanas depois de João Miguel Rosa ter sido nomeado capitão do porto de Lourenço Marques, ela estava decidida sobre o que deveria ser feito:

> O Fernando irá para a ilha com a Mamã. Faz de conta que tens mais um filho e tenho a certeza que ele será tão querido como se o fosse realmente, lembrando-te que o pobre inocente não tem pai e vai viver durante tanto tempo longe da sua mãe. Nem te imaginas o que me custa separar-me do pequeno, é uma dor tão intensa, tão profunda que nem sei como resistir-lhe. Enfim, Deus que para tudo me tem dado coragem, há-de dar-me também para mais este golpe, que me rouba com certeza anos de vida. Eu sou assim, nunca as coisas decorrem bem de todo.

A avó Madalena, em carta da mesma época para Anica, afirmava que Fernando estava entusiasmado em voltar com ela para os Açores, o que parece abusar da credulidade. Se ele demonstrou um pouco de entusiasmo, foi porque não lhe contaram que a separação da mãe duraria provavelmente anos. Tia Maria e tio Cunha pressionavam para que o menino fosse morar com eles, o que vovó Madalena julgava uma péssima ideia — achava que eles o mimavam demais, o que provavelmente era verdade. Quando Fernando visitava o casal idoso em Pedrouços, sua indulgente tia-avó dizia: "Tudo o que está nesta casa é teu, podes brincar e partir o que quiseres".[2] Criado pela família de Anica, Fernando receberia cuidado amoroso, mas também uma dose necessária de disciplina — explicou Madalena à filha mais velha.

Se os nativos moçambicanos não tivessem escolhido aquele momento para pegar em armas contra os colonizadores portugueses, obrigando a mãe de Pessoa a adiar o casamento e a partida para África, Fernando Pessoa poderia ter passado o resto da infância na ilha Terceira, o que tornaria o resto dessa história muito diferente — ou, com maior probabilidade, não haveria uma história que fizesse jus a uma biografia. A genialidade não é apenas uma questão de genes. Uma miríade de contribuições do entorno se combina para moldar um desses espécimes de ocorrência rara conhecidos como gênios. Mas será que por trás dos dotes genéticos de um gênio e dos acasos acarretados pelo tempo e pelo espaço há forças superiores em ação? Afinal, poderia a genialidade ser uma questão de destino? Essa pergunta importunou Pessoa quando ficou mais velho, como uma mosca que não se consegue apanhar nem espantar. Trata-se de uma questão que aparece na sexta estrofe do que muitos consideram seu poema maior, "Tabacaria":

Gênio? Neste momento
Cem mil cérebros se concebem em sonho gênios como eu,
E a história não marcará, quem sabe?, nem um,
Nem haverá senão estrume de tantas conquistas futuras.
Não, não creio em mim.
Em todos os manicômios há doidos malucos com tantas certezas!
Eu, que não tenho nenhuma certeza, sou mais certo ou menos certo?
Não, nem em mim...
Em quantas mansardas e não-mansardas do mundo
Não estão nesta hora gênios-para-si-mesmos sonhando?

O poema era assinado pelo desinibido Álvaro de Campos, o heterônimo a que Pessoa recorria quando tinha algo chocante para dizer ou embaraçoso para expressar — no caso, seu próprio sentimento de genialidade. Eu me pergunto, no entanto, se essa dúvida declarada se aplica a alguém além do próprio Campos. Noutro lugar, Pessoa, escrevendo com o próprio nome e em inglês, descreveu o gênio como sendo "a maior maldição com que os deuses nos abençoam"; obviamente, considerava-se um desses bem-aventurados. A bênção era uma maldição por causa da responsabilidade que implicava. "Que homem de gênio é aquele que não é assombrado por um senso de uma *missão*?", rabiscou o poeta retoricamente, de novo em inglês, no verso de um envelope datando de 1910.[3] É natural que um homem de gênio que acredita que seu dom vem de Deus, ou dos deuses, possa sentir-se moralmente obrigado a usá-lo em benefício de outros, mas também é possível que o fervor missionário de Pessoa tenha contribuído para a formação de seu gênio, sem o qual sua missão não poderia ser levada a cabo. Na verdade, esse fervor já estava muito bem instalado no final da adolescência, quando o gênio ainda estava amadurecendo. A genialidade de Pessoa, segundo essa linha de raciocínio, pode ter resultado de uma necessidade ardente, de uma *vontade* de genialidade.

A primeira composição literária de Fernando Pessoa não foi um indicador óbvio do futuro gênio, mas mostrava como ele era engenhoso para um menino que acabava de completar sete anos. Embora os planos da sua mãe para a África tivessem sido adiados, ela continuava empenhada em ir para lá — ou para onde o noivo pudesse ser destacado — e ainda tinha em mente mandar o filho aos Açores, para morar com tia Anica e os primos Mário e Maria. Não seria isso melhor do que levá-lo para um lugar totalmente estranho, sujeito a moléstias tropicais? Era uma questão que ela discutia às vezes com a mãe, que continuaria a morar em sua casa até o final de 1895, e provavelmente com o filho também, explicando a ele as dificuldades da vida no além-mar, em especial para uma criança. Fernando não ficou convencido. Em 26 de julho, aproximou-se da mãe com as mãos nas costas. Ela gostava de romances franceses, e talvez estivesse lendo um deles quando, interrompida pelo filho, ergueu os olhos e sorriu. "Sim, querido?" Nela, apenas alguns fios de cabelos brancos eram visíveis aqui e ali entre seus cachos um tanto indisciplinados, mas sua pele ainda era perfeitamente lisa, seu olhar tão caloroso como sempre.[4] Voltando os olhos tímidos para o chão antes de encará-la, ele recitou:

À MINHA QUERIDA MAMÃ

Eis-me aqui em Portugal,
Nas terras onde nasci.
Por mais que goste delas,
*Ainda gosto mais de ti.**

* Assim era a quadra que a mãe de Pessoa registrou em papel e datou, mas o poeta recordava-se, em 1914, de uma versão um tanto diferente dos dois primeiros versos: "Ó terras de Portugal / Ó terras onde eu nasci". Contou ainda a Armando Côrtes-Rodrigues, por um evidente lapso de memória, que escrevera a quadra aos cinco anos de idade.

Como qualquer mãe faria, ela abraçou o filho brilhante e lhe disse para não se preocupar, que o amava muito. E copiou a quadra em um pedaço de papel e a datou, convertendo as palavras do filho em uma súplica por escrito que não podia ignorar. Embora parte dela ainda hesitasse, a vontade do menino prevaleceu. Juntos, embarcariam (como ficaram sabendo meses depois) para a cidade de Durban, no litoral leste da África do Sul, onde Fernando se sentiria sempre um pouco deslocado, não de todo presente, irremediavelmente estrangeiro. Mas era justo daquele solo desconhecido, afinal, que ele precisava para ver seu tipo de gênio florescer.

João Miguel Rosa assumiu o cargo de cônsul de Portugal em Durban em 5 de outubro de 1895. Seu novo lar ficava a apenas quinhentos quilômetros ao sul de Lourenço Marques, mas como era diferente! Durban tinha dez vezes mais habitantes, excelentes instalações portuárias, ruas bem projetadas, eficiência inglesa e um ar de prosperidade. A cidade não era inteiramente nova para Rosa, pois em julho de 1893, quando ainda era capitão da frota portuguesa na África Oriental, navegara até lá com o *Liberal* e ficara por um mês inteiro, um pouco mais do que estava previsto. O atraso deveu-se ao fato de o então cônsul português não ter expedido a tempo o atestado de saúde necessário para o regresso do navio a Lourenço Marques. Com efeito, uma das principais funções do consulado em Durban era fornecer aos navios com destino aos portos portugueses toda a documentação necessária. Além de emitir atestados de saúde, que certificavam que o porto de embarque estava livre de doenças contagiosas e que nenhum tripulante apresentava sinais visíveis de problemas médicos, o consulado precisava autenticar os conhecimentos de embarque e as listas de passageiros. Os atrasos nas partidas podiam custar muito caro, e, após uma série de cônsules de vida curta que não se destacaram nessa parte do trabalho, o Ministério das Relações Exteriores português decidiu experimentar um capitão de navio e administrador portuário com enorme experiência prática em questões marítimas.[5]

Em 30 de dezembro de 1895, o tão desejado e adiado casamento da mãe de Pessoa com João Miguel Rosa enfim se deu em Lisboa, na barroca igreja de Nossa Senhora das Mercês — sem a presença do noivo. Foi mais um golpe para a exausta noiva, que sonhava em usar um vestido chique de veludo preto para a ocasião; todavia, como o capitão que se tornara cônsul não pôde voltar para casa logo após assumir seu novo posto, ela teve de se contentar com uma cerimônia de casamento com o irmão mais velho dele, um cavalheiro de olhar exaltado e bigode de morsa que ela mal conhecia, que serviu de substituto.[6] Em outras palavras, esse irmão mais velho representou legalmente o noivo, arruinando todo o romantismo da ocasião. Igualmente oficial militar, mas do Exército, e não da Marinha, Henrique Rosa também era poeta e intelectual, cheio de curiosidade por questões filosóficas, pela origem e pelo significado da vida, pela teoria evolucionista e pelos novos movimentos políticos como socialismo, anarquismo e republicanismo. Viria a ser uma influência importante sobre Fernando, que àquela altura nada sabia sobre o sujeito, embora deva ter ficado impressionado com a intensidade penetrante de seus olhos.

Satisfeita por ver a filha voltar a casar-se com um homem de boa posição, Madalena Pinheiro Nogueira regressou para a Terceira no dia 5 de janeiro. A estada em Lisboa durara um ano inteiro, aproximando-a muito mais de Fernando, seu neto mais velho, agora com sete anos e meio. No fim acabou concordando que era melhor para ele partir com a mãe rumo à África do que voltar com a avó para os Açores, mas será que ela o veria de novo? Isso dependeria de sua saúde precária. A despedida provavelmente foi ainda mais triste para Fernando. Se Madalena tinha outros netos, Mário e Maria, que a esperavam na Terceira, a outra avó do rapaz, Dionísia, habitava um mundo só seu, acessível a mais ninguém. Àquela altura, sequer estava fisicamente presente no apartamento da rua de São Marçal. Fora internada no Rilhafoles, o hospital psiquiátrico de Lisboa, em 3 de maio de 1895, depois que os vizinhos avisaram que alguma coisa precisava ser feita ou eles resolveriam o assunto por conta própria. Seus acessos tinham se tornado tão extremados que, numa noite de abril, a mãe de Fernando e as duas empregadas precisaram tirar Dionísia do quarto e amarrá-la a uma cadeira da sala. Sua mãe foi chutada e machucada no processo.

Depois de dois meses no hospital, Dionísia teve alta, mas os ataques de gritos incontroláveis recomeçaram e, em 3 de setembro, precisou ser readmitida na instituição. Dessa vez, ficaria por mais de um ano, e foi a tia-avó de Pessoa, Maria, quem cuidou das necessidades de Dionísia e administrou suas finanças. Embora a pensão de viúva e os rendimentos dos investimentos de Dionísia fossem mais do que suficientes para cobrir as contas do hospital e outras despesas, tia Maria era uma administradora especialmente cuidadosa, fazendo tudo o que podia para fazer crescer o modesto patrimônio em benefício do único herdeiro: Fernando Pessoa. Em novembro de 1896, ela levaria Dionísia para morar com ela e tio

Cunha na casa deles em Pedrouços, onde também residia tia Rita, a única tia-avó que nunca se casou.[7]

Maria Madalena Nogueira Rosa, como passou a assinar, armazenou seu piano e outros móveis, doou algumas coisas, vendeu outras, e em 20 de janeiro de 1896, junto com Fernando e tio Cunha — que os acompanharia na longa viagem —, estavam prontos para partir no *SS Funchal* com destino à Madeira, onde continuariam a viagem rumo ao sul num vapor proveniente da Inglaterra. O tempo estava fresco, mas não frio, era um bom dia para zarpar. Vários parentes de Lisboa — as tias-avós Rita, Maria, Carolina e Adelaide, vários primos e esposas — subiram a bordo do navio para se despedir dos três viajantes. Tio Cunha voltaria em breve, mas talvez levasse anos até que Fernando e a mãe retornassem a Portugal. Eles se manteriam em contato por meio de cartas, certificando-se de escrever "via London" no envelope (caso contrário, as correspondências poderiam se extraviar), e era importante enviar fotos, principalmente de Fernando, já que crianças dessa idade mudam muito depressa. Sem dúvida, seria um aprendizado maravilhoso para o menino. Mas, enquanto os parentes conversavam, alguém notou subitamente que Fernando não estava à vista, e se seguiu um breve momento de pânico. Eles procuraram de cima a baixo no convés, depois dentro do navio e, para grande alívio, o encontraram esparramado em seu beliche na cabine, concentrado em tentar resolver um jogo de palavras de um jornal ou um livro de passatempos.[8] Deveriam ter adivinhado. Como não havia ninguém com quem brincar, o menino escapou para se divertir com as palavras, suas companheiras sempre confiáveis. Mais do que qualquer uma das pessoas que viria a conhecer ou do que as coisas que veria durante sua experiência sul-africana, Fernando apreciaria o novo mundo das palavras que a língua inglesa lhe abriu.

Os primeiros versos de Fernando Pessoa, na quadra para sua "querida mamã", não se destacam pela qualidade poética, mesmo levando em conta a idade do autor, mas são marcantes pelo sentimento patriótico que encarnam. Algumas crianças de sete anos já têm uma ideia clara do que constitui um país, mas pouquíssimas sentem um apego afetivo a ele. É verdade que essas quatro linhas nasceram de um objetivo específico, e o amor declarado de Fernando por Portugal serve para acentuar o sentimento muito mais forte que nutria pela mãe. Mas o amor à pátria era um conceito que ele compreendia perfeitamente e um sentimento que já abraçara, graças ao tio Cunha, que era apaixonado por política. Os pais de Pessoa não tinham muito interesse no assunto, embora lessem o jornal e se mantivessem atualizados sobre os assuntos nacionais e mundiais. Quando adulto, Pessoa seria um cidadão muito mais bem informado do que eles, devorando muitas vezes três ou quatro jornais por dia. No entanto, era capaz de se mostrar indiferente aos acontecimentos mundiais que enchiam a primeira página, a menos que dissessem respeito a Portugal. Ele escreveria no *Livro do desassossego*: "Nunca me pesou o que de trágico se passasse na China. É decoração longínqua, ainda que a sangue e peste".[9]

Pessoa sentia uma ligação emocional profunda com Portugal, e é justo chamá-lo de nacionalista. Mas seu nacionalismo era mais reformador do que laudatório. Seus escritos políticos — inclusive uma série de artigos publicados em jornais e revistas — criticavam a classe governante de Portugal, seu provincianismo e sua tendência a confiar em ideias estrangeiras em vez de se valer da engenhosidade nacional para encontrar um caminho a seguir. O único livro de poemas em português que publicou, *Mensagem*, era um apelo à nação para que pesquisasse em sua própria história as virtudes e os ensinamentos que poderiam ajudá-la a sair de seu estado crônico de anemia, que persistia mesmo em períodos de turbulência política e econômica. Nesse sentido, Pessoa não era uma voz solitária pregando no deserto. A maioria dos escritores de sua geração sentiu-se no dever de abordar o "problema" de Portugal e assumir alguma posição política. Pessoa viveu no período mais politizado e turbulento da história portuguesa moderna, marcado por transições traumáticas da monarquia à república e da república à ditadura, o que moldou inevitavelmente tanto sua escrita como sua trajetória pessoal. Quando ele ainda era uma criança aprendendo a falar, mudanças profundas no sistema de governo de Portugal eram quase inimagináveis, mas de repente se tornaram possíveis e até prováveis, graças a um desastre diplomático que abalou a monarquia como um novo terremoto virtual: o Ultimato Britânico de 1890.

Pessoa nasceu no final de um período de décadas de rara estabilidade política em Portugal. A monarquia constitucional — em vigor desde 1822, mas interrompida em 1828-34 por uma guerra civil — se solidificara num sistema conhecido como "rotativismo", em que o poder oscilava entre duas grandes organizações políticas. Naqueles anos eram o Partido Progressista e o Partido Regenerador que se alternavam no controle do Parlamento, enquanto a Casa de Bragança continuava a ocupar o trono, como vinha fazendo desde 1640. D. Luís I, homem de ciência que usou parte de sua fortuna para promover a pesquisa oceanográfica, além de tradutor de Shakespeare para o português, morreu em outubro de 1889, após um reinado predominantemente calmo e sem intercorrências. Foi sucedido por seu filho de 26 anos, d. Carlos I. Foi então que tudo começou a desmoronar, embora nem tanto por culpa do novo monarca. Junto com a coroa, ele herdou os problemas e desafios das colônias portuguesas. Mal protegidas e mal administradas, não eram uma fonte de receita muito lucrativa e, em pouco tempo, se tornariam uma fonte de profundo desgosto, e d. Carlos nada poderia fazer a não ser tentar limitar o estrago.

A escravidão legalizada de africanos, outrora promovida — ou pelo menos tolerada — pela maior parte da Europa, bem como pelos Estados Unidos, passou a ser condenada pelos mesmos governos que, por outro lado, consideravam o controle estrangeiro das terras e dos recursos africanos aceitável e até louvável, já que significava "desenvolvimento" e "civilização". A Alemanha era relativamente novata na África, e foi a convite do chanceler Otto von Bismarck que as potências coloniais da Europa se haviam reunido em Berlim para dividir o continente africano ou, mais exatamente, para redigir um certificado conjunto de aprovação e acordo sobre quem de fato controlava o quê, ou tinha o direito legítimo a fazê-lo. Delegados de treze países europeus e dos Estados Unidos participaram da Conferência de Berlim, aberta em novembro de 1884 na residência oficial de Bismarck. Após três meses de discussões, as nações participantes assinaram o Ato de Berlim (1885), que definia as esferas de influência europeias e reconhecia apenas um pequeno punhado de nações africanas — entre elas, com notável ironia, a Libéria, país colonizado por ex-escravizados retornados da América — como independentes.

Os portugueses, que possuíam cinco das mais antigas possessões coloniais da África, também reivindicaram direitos comerciais sobre a bacia do rio Congo, com base no fato de terem sido os primeiros europeus a explorá-la, no século XV, mas, uma vez que não a ocuparam efetivamente, a Conferência resistiu à ideia. A exigência de ocupação física efetiva para alcançar o reconhecimento internacional das reivindicações coloniais também lançou uma sombra ameaçadora sobre o chamado Mapa Rosa, que apresentava uma faixa quase horizontal cor-de-rosa que se estendia da África Ocidental Portuguesa (Angola) à África Oriental Portuguesa (Moçambique) e incluía as terras localizadas entre os dois extremos, equivalente à maior parte da Zâmbia, do Zimbábue e do Malaui dos dias de hoje. Também nessas regiões os portugueses chegaram primeiro, mas não tinham povoações fixas. A pretensão de uma vasta colônia que ia do Atlântico ao oceano Índico foi rejeitada pelo Reino Unido, que tinha seus próprios interesses a defender, mas em 1886 Portugal conseguiu que França e Alemanha assinassem tratados separados que reconheciam sua reivindicação à impressionante faixa de território delimitada pelo Mapa Rosa, publicado oficialmente naquele mesmo ano.

Era como se toda a cultura política do país estivesse vendo o Sul da África através de lentes cor-de-rosa. Houve alguns dissidentes que assinalaram a improbabilidade de a Grã-Bretanha mudar de ideia a respeito da questão, bem como a dificuldade prática do pequeno e pobre Portugal em tentar administrar um território tão vasto e extrair dele vantagens materiais, porém a maioria aceitou o argumento de que a África portuguesa — em sua nova versão cor-de-rosa ampliada — poderia se tornar outro Brasil, que tinha sido uma grande dádiva para os cofres da nação. Além das considerações materiais, havia a questão do prestígio. Ali estava o pequenino Portugal sentado à mesma mesa que Grã-Bretanha e França, superando de longe a Espanha no que veio a ser conhecido, com muita propriedade, como a Partilha da África.[10] Sem o menor remorso, como se os nativos africanos fossem apenas parte da paisagem, presas locais a serem massacradas ou subjugadas, as potências coloniais se apressaram em garantir suas pretensões e agarrar quaisquer pedaços de território não reivindicado que ainda pudessem ser encontrados.

Visando cumprir o critério de ocupação física estabelecido na Conferência de Berlim, Portugal enviou expedições militares à região entre Angola e Moçambique. Uma delas aventurou-se nas terras ao longo do rio Shire, no atual Malaui, fazendo tratados e oferecendo bandeiras portuguesas a vários chefes locais. Era uma área onde David Livingstone (1813-73) e outros missionários escoceses haviam disseminado o cristianismo, e empresários britânicos, ligados aos missionários, negociavam ativamente com caçadores de marfim africanos. Embora ainda não tivesse anexado a área, a Grã-Bretanha opunha-se a qualquer tentativa de Portugal de afirmar sua soberania por lá. Em agosto de 1889, o cônsul-geral britânico para a região advertiu os expedicionários portugueses a não seguirem adiante, mas logo eles o fizeram, entrando em confronto em novembro com o grupo étnico dos makololos, sob proteção nominal britânica. As forças nativas foram derrotadas, permitindo que a expedição prosseguisse para o norte ao longo do Shire, e Portugal comemorou a vitória.

A Grã-Bretanha, envolvida numa competição feroz com a França e a Alemanha para expandir seu controle sobre o continente africano, tanto por razões estratégicas como econômicas, não aprovou o comportamento impudente de um país politicamente insignificante como Portugal. Os jornais ingleses clamaram por uma ação retaliatória e, em 11 de janeiro de 1890, após concentrar parte de sua poderosa marinha ao redor de portos importantes ao longo da costa africana, o governo britânico emitiu um ultimato: Portugal tinha de retirar imediatamente todas as suas forças da região do Shire e dois outros territórios em disputa. Se não atendesse à demanda naquele mesmo dia, os laços diplomáticos entre os dois países seriam rompidos. A consequência não declarada e concomitante de uma recusa seria uma reação militar britânica na África — a invasão e consequente ocupação de territórios em Angola ou Moçambique, por exemplo. E poderia haver ainda outras represálias. Portugal não podia se dar ao luxo de pagar para ver qual seria a retaliação dos britânicos, pois esta certamente se revelaria devastadora, nem poderia sonhar em ficar sozinho na Europa e no mundo em geral. A poderosa Grã-Bretanha, aliada de Portugal desde o século XIV,* ajudara a defendê-lo contra os espanhóis e, em tempos mais recentes, contra os franceses, durante as guerras napoleônicas. A menos que estivesse disposto a arriscar um desastre muito mais sério na África e colocar em risco a sobrevivência de sua nação a longo prazo, d. Carlos não tinha escolha a não ser aceitar a humilhação no curto prazo, concordando com a demanda britânica.

Embora não tenha abalado a economia de Portugal nem alterado sua posição no mundo como uma potência frágil que por acaso possuía colônias, o efeito interno do ultimato foi cataclísmico, pois destruiu todas as ilusões do pequeno país, materializando para os portugueses a fraqueza e a decadência que sua nação demonstrava havia muito tempo. A reação imediata da população em choque foi virulenta ao extremo e aparentemente unânime. Assim que a notícia da "traição" do rei à nação foi divulgada, as pessoas lotaram as ruas de Lisboa para protestar. Houve gritos de "Morte à Inglaterra!" e "Abaixo os Braganças!", o edifício do consulado britânico foi apedrejado e bandeiras portuguesas foram hasteadas a meio mastro. Nas semanas seguintes, houve um boicote maciço de tudo o que viesse da Grã-Bretanha. Lojas pararam de vender produtos britânicos. Alfaiates pararam de usar tecidos britânicos. Estivadores recusaram-se a carregar ou descarregar navios

* O Tratado de Windsor de 1386, ainda em vigor, obriga Inglaterra e Portugal a ajudarem-se mutuamente para garantir sua segurança. Tratados comerciais existem entre as duas nações desde 1294.

britânicos. Capitalistas retiraram seus fundos de bancos britânicos. Associações de trabalhadores, municipalidades, membros do episcopado católico, câmaras de comércio, companhias de teatro, cooperativas agrícolas, grupos estudantis e até o zoológico de Lisboa — todos manifestaram solidariedade ao movimento de protesto. Os súditos britânicos que tiveram o azar de estar em Lisboa na época tiveram dificuldade em encontrar um barbeiro que lhes cortasse o cabelo ou um jornaleiro que lhes vendesse um jornal.[11]

O principal fomentador e beneficiário de tanta indignação pública foi o Partido Republicano Português, fundado em 1876, mas até então pouco levado a sério, inclusive por seus próprios membros — o partido elegera apenas dois deputados para o Parlamento nacional. Muitos dos primeiros republicanos nem sequer sonhavam em derrubar a monarquia constitucional, que estava firmemente estabelecida e nos últimos tempos não vinha fazendo um trabalho tão ruim. Eles simplesmente queriam "republicanizá-la". O ultimato e suas consequências políticas mudaram o jogo por completo. Aproveitando-se da chance, os portugueses republicanos se apressaram em convocar o povo para a causa da honra nacional e atacar sistematicamente os dois partidos que dominavam o sistema monárquico. Em 31 de janeiro de 1891, promoveram uma revolta na cidade do Porto, rapidamente reprimida, mas suas fileiras continuaram a engrossar, em um processo ajudado pela recessão internacional do início da década de 1890, que levou Portugal à beira da falência. A mudança de regime estava agora no topo da agenda do partido. Seriam necessários muitos anos de desgaste do establishment monárquico para que eles finalmente prevalecessem, e com um jovem poeta chamado Fernando Pessoa a seu lado.

O Ultimato Britânico de 1890 não só acendeu um desencanto duradouro e no fim fatal em relação à monarquia portuguesa como também desencadeou uma intensa reflexão nacional sobre o Destino do país, com todo o peso histórico e filosófico que essa palavra com D maiúsculo pode suportar. Portugal não era um país escolhido? Seu antigo empreendimento marítimo não prevalecera milagrosamente, contrariando qualquer probabilidade, dando assim "mundos novos ao mundo"? (A expressão entre aspas é do hino nacional de Portugal, escrito em 1890 em protesto contra o Ultimato.) Será que o insulto que Portugal havia sofrido dos britânicos, tendo servido de alerta, poderia ser na verdade um "sinal de ressurgir" (citando mais uma vez o hino nacional)?

Embora o estado de estagnação nacional tivesse se tornado uma realidade incontestável, o mito de uma antiga era de grandeza ganhou novas asas. Deplorando a decadência em que o país se afundara, os novos nacionalistas se voltavam para o futuro olhando para trás, para aquele passado distante em que o diminuto Portugal tivera grande sucesso em espalhar sua influência pelo mundo. Para recuperar um pouco daquele passado glorioso, propunham reimaginar e reinvestir no Império Português, que, apesar de ter encolhido, ainda se estendia não só até Cabo Verde, São Tomé, África Ocidental e África do Sudeste, mas também às terras asiáticas de Goa, Macau e Timor Leste. Por uma curiosa reviravolta da história, os republicanos de esquerda, além de fervorosos defensores da liberdade, da igualdade e da justiça para todos os homens — o sufrágio feminino não fazia parte de seu programa —, eram também os mais ferrenhos defensores do colonialismo português, que se tornou sinônimo de patriotismo após a afronta britânica de 1890.

Seis anos depois, enquanto Portugal ainda sofria com sua humilhação coletiva, Fernando Pessoa foi levado para viver na colônia britânica de Natal, na África do Sul, cerca de 2400 quilômetros ao sul e um pouco a leste da região do Shire que Portugal reivindicara e ao qual a Grã-Bretanha o forçara a renunciar. Em Durban, o futuro poeta receberia não apenas uma educação inteiramente inglesa, mas também uma doutrinação em termos de costumes sociais, preceitos políticos e posturas imperialistas da Grã-Bretanha. Com exceção do imperialismo britânico, Fernando Pessoa parecia aceitar tudo isso e tornou-se anglicizado de várias maneiras, ainda que reivindicando lealdade a Portugal em seus escritos adolescentes. A conclusão óbvia é que se sentia dividido entre duas culturas. Porém, é possível que estivesse apenas e sempre fingindo, mudando de cor como um camaleão comprometido apenas com a própria sobrevivência. Uma coisa é certa: ele era um aprendiz rápido e intuitivo, e uma das coisas que aprendeu desde cedo, antes mesmo de ir para Durban, é que a verdade está na mente de quem crê, assim como a beleza está nos olhos de quem vê. Sua demente vovó Dionísia, de seu ponto de vista sempre mutante, tinha bons motivos para vociferar sobre o que quer que fosse. Ao menos em parte, foi o exemplo dela que inspirou a seguinte observação, escrita anos depois na língua que Fernando estava prestes a aprender: "Quando considero como são reais e verdadeiras para o louco as coisas de sua loucura, não posso deixar de concordar com a essência da declaração de Protágoras: que o homem é a medida de todas as coisas".[12]

5.

Era uma viagem de dois dias de Lisboa à ilha da Madeira, aonde Fernando, sua mãe e seu tio Cunha chegaram em 22 de janeiro de 1896. Acima da ampla baía de Funchal, a capital e principal porto, ficava uma ilha montanhosa e verdejante, cuja paisagem subtropical, além do clima ameno durante todo o ano, fez dela um destino preferido para "convalescentes" da Grã-Bretanha e do continente europeu, em particular daqueles que procuravam curar a tuberculose ou aliviar seus sintomas. Além de vários sanatórios, havia diversos hotéis para turistas comuns, um dos quais acomodou os três viajantes, cujo próximo navio a vapor partiria dentro de uma semana. Eles passaram os dias visitando os pontos de interesse e fazendo o que os turistas faziam na ilha. Entre as atrações estava um passeio num dos tobogãs de vime que desciam de um bairro no topo de uma colina até o centro do Funchal, atividade especialmente divertida para um menino de sete anos. Mas a coisa de repente se tornou assustadora quando um pedaço de madeira voou para dentro do tobogã e caiu na coxa de Maria Madalena, machucando-a o suficiente para deixá-la de cama por alguns dias.[1] Fernando e o tio Cunha continuaram a sair para ver as paisagens por conta própria até o dia 29, quando todos embarcaram no *Hawarden Castle*, que vinha de Londres e os levaria numa viagem de três semanas até Durban, contornando a extremidade meridional da África.[2]

O *Hawarden* era um dos vários vapores de médio porte (entre 4 mil e 5 mil toneladas) que transportavam correspondências, cargas e passageiros entre a Grã-Bretanha e a África do Sul. Uma vez que duas companhias marítimas concorrentes faziam essa rota, elas competiam para tornar a vida a bordo o mais agradável possível. Havia salões imponentes, atividades recreativas que incluíam críquete e quoits (um jogo de argolas), e entretenimentos noturnos, como bailes e concursos de trajes. Fernando trouxera material de leitura, e seu tio-avô era uma fonte inesgotável de aventuras inventadas. "Está vendo aqueles dois personagens de aparência suspeita na outra extremidade do deque?", disse ao sobrinho. "Espiões ingleses!" E durante o resto da viagem ele fez especulações desvairadas sobre a natureza de suas atividades secretas.[3] A mãe de Fernando, sem dúvida, passava uma parte de cada dia ensinando-lhe um pouco do inglês que aprendera quando menina.

Ao atravessar as Canárias, Fernando pôde avistar ao longe, na ilha de Tenerife, o elevado pico do Teide, o terceiro maior vulcão do mundo. Voltou a avistar a terra quando o navio passou entre as ilhas de Cabo Verde e o Senegal, mas o navio não parou por lá nem em nenhum outro lugar da costa oeste africana. A viagem para o sul foi quase sempre tranquila, até os últimos dias antes de chegar à Cidade do Cabo, quando fortes ventos de proa fizeram até mesmo um navio a vapor como o *Hawarden* balançar um pouco. Algumas horas antes de chegar à terra firme, os passageiros começaram a distinguir a ampla e plana montanha da Mesa, que assomava majestosa atrás e acima da cidade ainda invisível. Um membro da tripulação, ou outro passageiro que voltava para casa, teria explicado que ali, à esquerda do enorme planalto, estava o Pico do Diabo, enquanto o pico do lado direito era conhecido como Cabeça de Leão. Lentamente, a cidade, com sua grade de ruas estreitas ladeadas por prédios baixos, surgiu à vista.[4]

Os três viajantes de Lisboa tiveram um dia inteiro para percorrer a cidade, com suas casas com gabletes e alguns edifícios municipais no estilo mais antigo da Cidade do Cabo, embora duas das estruturas mais imponentes — a do Parlamento e a do Banco Standard — fossem de estilo neoclássico britânico. A melhor atração turística para Fernando foi o Castelo da Boa Esperança, um forte pentagonal construído em 1600 pela Companhia Holandesa das Índias Orientais, que colonizou a área para servir como um posto de reabastecimento às embarcações que navegavam entre a Holanda e as Índias Orientais Holandesas (atual Indonésia). Mais intrigante do que qualquer arquitetura era a diversidade humana da cidade, observável mesmo sem sair da zona portuária: britânicos, descendentes de holandeses, africanos nativos, como xhosas, mfengus e moçambicanos, alguns indianos e um grupo étnico diversificado conhecido como *Cape coloureds* (mestiços). Os *Cape coloureds* (como são chamados ainda hoje) eram o resultado de mais de duzentos anos de casamentos inter-raciais entre colonos europeus, nativos e cativos escravizados trazidos para a Colônia do cabo da Índia e do arquipélago Malaio, bem como de outras partes da África.

Depois de deixar alguns passageiros e receber novos a bordo, o *Hawarden* rumou para o sul e depois para o leste, circundando o cabo da Boa Esperança, um promontório imponente de pedra cinza pontiaguda que se ergue diretamente do mar. Local de traiçoeiros vendavais de inverno e fustigado em todas as estações por ondas bravias, foi a princípio batizado de cabo das Tormentas pelo português Bartolomeu Dias, o primeiro europeu a contorná-lo, em 1488. Se Fernando já não conhecia esse evento da história nacional, seu tio Cunha tratou de esclarecê-lo. Anos depois, ele escreveria um poema em homenagem ao navegador.

O navio passou por outros promontórios rochosos antes de chegar ao extremo sul do cabo das Agulhas, onde oficialmente termina o oceano Atlântico e começa o Índico. Nesse ponto, o cenário muda, com as costas acidentadas aos poucos dando lugar a longos trechos de dunas de areia à medida que o litoral faz uma curva para o nordeste, em direção a Port Elizabeth, aonde o *Hawarden* chegou dois dias depois de deixar a Cidade do Cabo. Demorou mais um dia até alcançar East London, onde ancorou ao largo do rio Buffalo, e mais um dia e meio para atracar em Durban, a maior cidade da Colônia de Natal e o último porto de escala.

Quando o navio entrou na baía de Natal, os passageiros viram do lado esquerdo o promontório verde imponente chamado Bluff [despenhadeiro], encimado por um farol branco e um mastro de sinalização que se comunicava com os navios que chegavam por meio de um sistema de bandeiras hasteadas. À direita ficavam as docas, onde amigos e parentes e carregadores de bagagem esperavam pacientemente. Se olhassem para a baía em forma de pera, os passageiros poderiam ver, ao longo de sua costa recortada, não apenas armazéns e indústrias relacionadas à navegação, mas também barcos de lazer atracados em pequenos cais, pontos para pesca e natação, bem como encostas verdes onduladas pontilhadas por casas ao fundo. Era 21 de fevereiro de 1896, uma sexta-feira.[5] Eles desembarcaram em uma das docas do Point, uma longa faixa de terra que fervilhava de guindastes movendo cargas para cima e para baixo, vagões de trem entrando e saindo, dezenas de estivadores, marinheiros de várias nacionalidades, africanos nativos escavando carvão, policiais, funcionários do porto, agentes de navegação, homens de negócios, vendedores, passageiros — o eficiente colonialismo vitoriano em ação. O que Fernando não viu foram os esquálidos barracões da vizinha Bamboo Square, que abrigavam os trabalhadores africanos e indianos mal remunerados dos quais dependia a economia portuária.

Para chegar à cidade propriamente dita, havia trens, bondes puxados por cavalos, carruagens puxadas por cavalos e riquixás puxados por seres humanos — um meio de transporte que Fernando nunca tinha visto. Introduzidas quatro anos antes pelo industrial do açúcar Marshall Campbell, essas charretes de duas rodas se tornaram rapidamente a forma preferida da população europeia de vencer uma curta distância com rapidez. Eram puxados por zulus descalços, que criaram um traje característico consistindo em capas coloridas para o tronco, desenhos caiados na parte inferior das pernas e um enfeite de cabeça extravagante que geralmente incluía penas e um par de chifres de vaca. O trabalho era bem pago, mas pesadíssimo, e a maioria dos puxadores de riquixá não conseguia suportá-lo por muito tempo. O cônsul português João Miguel Rosa quase certamente alugou uma carruagem para levar a família e toda a sua bagagem do porto até o centro de Durban e depois pela Smith Street ou West Street até a Berea Road. De lá, tomaram uma subida íngreme, com casas que se destacavam da paisagem exuberante de tulipas, flamboyants carmesins, eritrinas e arbustos floridos. No topo, viraram à esquerda e seguiram em frente até que, do lado direito, chegaram a um terreno arborizado de 4 mil metros quadrados com uma casa chamada Tresilian, na Ridge Road. Havia uma entrada para carruagens que levava à residência, logo depois dos limites da cidade. Era uma grande casa térrea com varandas em três lados. Na época, as casas de Durban costumavam ter uma estrutura de madeira e telhados de metal corrugado. Sua planta era tipicamente vitoriana, com um hall de entrada que dava acesso à sala de estar de um lado, ao quarto principal do outro, e à cozinha e outras dependências nos fundos.[6]

Fernando havia brincado num quintal com algumas árvores na casa de tio Cunha e tia Maria em Lisboa, mas agora estava cercado por uma exuberante vegetação subtropical, que deve ter considerado encantadora e, talvez, um pouco inquietante. Os primeiros europeus a explorar a região relataram ter visto manadas de cinquenta ou mais elefantes e hipopótamos pastando entre os manguezais nas margens da baía. Embora os animais grandes já tivessem sido caçados até a extinção, os macacos-vervet e as aves tropicais ainda eram abundantes na parte suburbana da cidade conhecida como Berea, que foi o primeiro bairro de Pessoa na África e o lugar da moda para moradia dos brancos de Durban. Como ficava situado acima do resto da cidade, o calor do verão era menos abafado e lá não chegava a malária das áreas pantanosas afastadas. A Berea também proporcionava vistas esplendorosas da baía, do Bluff e do oceano Índico.

O consulado de Portugal localizava-se no centro da cidade, na Gardiner Street, perto dos correios e da Estação Ferroviária Central, e perto também da Escola do Convento de São José, onde Fernando foi logo matriculado. Dirigido e cuidado pelas irmãs da Sagrada Família, uma congregação fundada em Bordeaux e dedicada à educação, a Escola do Convento já estava com três semanas de aula. Era exclusivamente feminina nas séries mais avançadas, mas recebia crianças de ambos os sexos em seu "Jardin d'Enfants". Os padrões educacionais eram elevados, e, como a instituição recebia alguma ajuda do governo, era obrigada a admitir alunos de outras religiões, não apenas católicos. Para o católico Pessoa, São José era a escolha natural. É provável que ele e o padrasto saíssem todas as manhãs da Berea juntos, o cônsul indo para o trabalho e Fernando para a escola.[7] Eles quase nunca tinham estado sozinhos, apenas os dois, e demorou para que uma relação mais natural se desenvolvesse. João Rosa era tranquilo, dedicado e generoso, enquanto Fernando era por natureza reservado e reticente, mas logo aprenderia a chamar esse novo tutor, essa nova figura paterna, de "papai".

Tio Cunha ficou três semanas em Durban, depois embarcou num vapor para regressar a Portugal, levando consigo vivas lembranças de Fernando em seu novo ambiente. No final de abril, sua esposa escreveu uma carta ao menino assinada por ambos. Depois de declarações do quanto ele era amado e da falta que sentiam dele, a missiva prossegue assim:

> E diz-me Fernando, ainda te lembras da tua casa de Pedrouços? Cá tens o teu quarto à tua espera, se Deus der vida aos teus tios até que tu voltes para a tua pátria. O tio Cunha manda-te dizer que todos os amigos que estavam acostumados a ver-te com ele, sempre lhe perguntam por ti, porque todos gostavam muito de ti. O tio Cunha está sempre a falar em ti, as suas conversas com a tua tia Maria são sempre a teu respeito, a contar-me a tua vida no Natal, em quanto ele aí esteve, o que tu dizias, o que fazias, enfim tu meu querido Fernando, és o nosso único pensamento.[8]

As cartas do tio a Fernando continham expressões de afeto ainda mais intensas. Em 22 de junho, ele escreveu que "ninguém nesta vida te quer mais que os teus tios". A mãe do menino, tomada de indignação, respondeu dizendo que na verdade o amava mais do que eles e, para enfatizar o argumento a todos os interessados, fez Fernando copiar sua carta de próprio punho. Ela postou a cópia em 22 de julho. Destemido, tio Cunha retrucou em 31 de agosto: "Eu nunca duvidei de que a tua mamã seja muito tua amiga. O que te disse e te posso afiançar é que depois da tua querida Mamã ninguém no mundo te quer tanto como a tua tia Maria e eu, pois que são os únicos corações em que tens o primeiro lugar". Aparentemente, ele considerava que Fernando tinha apenas o segundo lugar no coração de sua mãe, com o primeiro lugar indo para seu novo marido.

Tio Cunha manteve Fernando informado sobre batalhões de grilos em marcha para a guerra, sobre um navio que partia para a Amazônia a fim de ajudar bandos de besouros a afastar mosquitos e sobre outros artrópodes em batalha. Fernando, em suas cartas ao tio Cunha, relatava seus estudos na escola e sua evolução no aprendizado do inglês. Depois de apenas seis meses, conseguia ler melhor do que a maioria dos colegas. A veia criativa de sua inteligência já era evidente em seu senso de humor. Em junho, depois de vários dentes de leite caírem, ele escreveu uma carta dizendo que agora era mais velho que o tio, pois, embora tivesse apenas um 1,23 metro de altura, já estava perdendo os dentes.

A influência de Manuel Gualdino da Cunha no imaginário infantil do poeta conhecido por conviver com personalidades inventadas é inegável. As cartas do tio alternavam abruptamente entre ficção e realidade — ou melhor, não havia mudança: era como se fato e ficção fossem uma coisa só. E não apenas: ele ajustava as ficções às novas circunstâncias do sobrinho. Junto com a guerra de insetos, começou a descrever as viagens de cônsules portugueses fictícios. Em uma carta datada de 13 de setembro de 1897, escreveu que seu amigo "Tibô" — uma grafia fonética de Thibeaut, o ex-capitão e rival do Chevalier de Pas — fora dispensado de suas funções consulares na França e em breve visitaria Fernando em Durban, depois de fazer uma viagem ao México. Nessa mesma correspondência, contava que vovó Dionísia estava mais louca do que nunca e temia que ela fizesse tia Maria enlouquecer. Dionísia morava com eles havia quase um ano. A saúde do próprio tio Cunha estava piorando, e ele encerrou a carta com as seguintes palavras: "Olha meu querido Fernando, eu nunca mais te vejo. Desculpa as asneiras, porque quando a gente lida com doidos mais doida fica. Teu amigo, M. G. da Cunha". Tio

Cunha ficou doente demais para escrever mais cartas e morreu em 25 de janeiro de 1898, apenas dois anos depois de acompanhar Fernando e sua mãe a Durban.[9]

Embora nunca tenha estudado geografia em nenhuma das escolas que frequentou na África do Sul, Fernando Pessoa aprendeu muito sobre as relações das comunidades humanas com seu ambiente apenas por viver num lugar novo e desconhecido, onde várias culturas coexistiam com dificuldade, cada qual com seus costumes e comportamentos sociais. Cidade jovem e pequena, pouco sofisticada porém fervilhante de energia, Durban era a antítese da Lisboa, metrópole mais antiga, com suas igrejas ornamentadas, suas praças imponentes e seus monumentos desgastados, com uma grandeza que remetia ao passado. O traçado e a administração dessa cidade localizada no litoral do oceano Índico, o ritmo acelerado de vida, sempre olhando para a frente, os invernos frios e secos, os verões quentes e tempestuosos — nada disso tinha muito em comum com a capital de Portugal, vista e experimentada por Fernando em seus frequentes passeios com o tio Cunha. A diferença mais flagrante, no entanto, era a heterogeneidade da população. Em 1896, a colônia de Natal tinha cerca de 50 mil descendentes de europeus, um número um pouco maior de indianos e quase dez vezes mais zulus nativos. Os europeus concentravam-se nas cidades, onde eram o maior dos três grupos populacionais. Em Durban, por exemplo, havia cerca de 16 mil europeus, por volta de 10 mil indianos e pouco mais de 8 mil nativos, principalmente do sexo masculino. (Hoje, a área metropolitana da cidade tem 3,5 milhões de habitantes, dos quais os negros africanos são a maioria, e as pessoas de ascendência indiana ainda constituem um quarto da população.)

Os zulus natalenses eram contratados para fazer o trabalho braçal nas cidades e nos campos, mas, como tinham suas aldeias para onde retornar quando desejassem, podiam sair a qualquer momento e, portanto, eram menos suscetíveis à exploração. Por isso, os europeus atraíram moçambicanos e outros africanos estrangeiros com salários mais elevados do que recebiam em seu país, organizaram-nos em campos de trabalho e transformaram-nos em trabalhadores migrantes. Alguns moçambicanos vinham de navio e desembarcavam em Durban, onde seus passaportes eram controlados pelo padrasto de Pessoa.[10] Os africanos importados começaram a trabalhar nos canaviais de Natal nas décadas de 1860 e 1870, mas, na década de 1890, a grande maioria se concentrava nas minas de ouro em torno de

Johannesburgo, na República do Transvaal. Antes da Segunda Guerra dos Bôeres, cerca de 25 mil nativos moçambicanos trabalhavam todos os anos nas minas do Transvaal, aonde chegavam de trem vindos de Lourenço Marques.[11]

Os indianos vieram inicialmente para Natal como trabalhadores contratados em regime de servidão. As duas primeiras levas chegaram de Madras e Calcutá em 1860, com contratos renováveis de cinco anos para trabalhar, na maioria dos casos, nos canaviais que se estendiam ao longo da costa, ao norte de Durban. Após dez anos de serviço (período que posteriormente seria reduzido), tinham direito a uma passagem gratuita de volta para a Índia, mas a maioria optava por continuar nas lavouras ou nas minas de carvão, ou se estabeleciam em Durban, onde eram contratados como empregados domésticos e estivadores, entre outras funções. Uma nova leva de indianos foi recrutada na década de 1870, principalmente para instalar os trilhos da malha ferroviária em expansão, mas também para reabastecer a mão de obra da indústria açucareira e trabalhar nas fazendas de chá e café. Depois de completarem os anos obrigatórios de serviço, muitos desses trabalhadores, assim como seus antecessores, seguiram para Durban. À medida que a população indiana residente aumentava, também crescia a inquietação dos brancos. Em razão da pele mais clara que a dos negros africanos, os indianos tinham uma posição mais elevada que estes na hierarquia social. Isso os tornava potencialmente mais ameaçadores para a hegemonia europeia. O governo colonial passou a cobrar um imposto pessoal (*poll tax*) dos indianos sem contrato de servidão para desencorajá-los de ficar. A maioria continuou por lá mesmo assim. Tivessem pele mais clara ou mais escura, eram tidos como membros de uma "raça incivilizada" e tinham de levar consigo um passe o tempo todo, para comprovar que estavam devidamente registrados junto às autoridades.[12]

Enquanto milhares de indianos vinham como trabalhadores recrutados sob contrato, um pequeno número — muitos dos quais eram comerciantes do estado de Gujarat, no oeste da Índia — simplesmente exercia seu direito legal, na qualidade de súditos britânicos, de imigrar para Natal por iniciativa própria. Em Durban e outras cidades, abriam lojas que atendiam a seus compatriotas, à comunidade nativa zulu e, em pouco tempo, também aos europeus. Como haviam pagado do próprio bolso sua passagem em navios que partiam de Bombaim, esses imigrantes em melhor situação e com mais instrução eram chamados de indianos "passageiros". E como a maioria era muçulmana, também se tornou comum chamá-los de "árabes". No entanto, a figura de maior relevância histórica entre esses ditos árabes não era um homem muçulmano, mas hindu. Nascido na cidade de Porbandar, em Gujarat, e advogado formado em Londres, Mohandas Karamchand Gandhi era secretário do Congresso Indiano de Natal e morava num sobrado em Beach Grove, no centro de Durban. De estatura baixa, Gandhi tinha apenas 26 anos quando Pessoa chegou à cidade, e já se destacava como um defensor ardoroso e competente dos direitos civis dos indianos.

Embora muito menor que Lisboa, Durban era em certo sentido mais cosmopolita, graças à sua composição étnica internacional, com pessoas de várias cores e oriundas de quatro continentes diferentes. Fundada em 1835, a cidade recebeu o nome de Sir Benjamin D'Urban, então governador da Colônia do Cabo, de onde vieram os primeiros colonos, em 1824. Assim que os britânicos consolidaram seu domínio sobre Natal, na década de 1840, novos colonos começaram a vir da Grã-Bretanha, do Cabo e de outros lugares. Durban cresceu rapidamente e se preparou para o próprio crescimento, tornando-se um modelo de bom planejamento e governo esclarecido — para a população branca, claro, embora os indianos e africanos nativos pudessem ao menos se beneficiar de algumas das comodidades urbanas. Na época da chegada de Pessoa, em meados da década de 1890, a cidade e os subúrbios espalhavam-se por mais de duzentas ruas, conectadas por uma rede eficiente de transporte público, e seus habitantes tinham à disposição a maioria das coisas que um morador de uma cidade poderia desejar: uma biblioteca pública, parques, jardins públicos onde às vezes bandas tocavam à noite, um jardim botânico bem variado, um campo de esportes, dois jornais diários, um museu, peças de teatro e concertos, várias sociedades literárias, grupos religiosos, clubes sociais e associações para interesses especiais.

Num artigo de 1928 intitulado "O provincianismo português", Pessoa observou com consternação a facilidade com que seus compatriotas se encantavam com cidades estrangeiras como Paris, e atribuía a própria isenção dessa síndrome ao fato de ter sido educado no estrangeiro, "sob o influxo de uma grande cultura europeia". Afirmação estranha, visto que na Durban que Pessoa conheceu, com 35 mil habitantes em 1896, o que havia era uma mentalidade claramente provinciana, comprovada pelo esforço para ser o mais inglesa possível, como que para compensar o fato de tratar-se de um mero posto avançado do Império Britânico. Para Pessoa, no entanto, essa circunstância teve a grande vantagem de lhe proporcionar uma dose concentrada da cultura da Grã-Bretanha, ainda que fosse uma variedade um tanto pré-fabricada e caricatural. Como estrangeiro, ele talvez não tivesse se saído melhor em Londres, uma cidade imensa e que podia se mostrar difícil para quem vinha de fora. Apesar de uma variedade muito menor de ofertas culturais à disposição, os colonos de Durban eram mais propensos a ser cultural ou politicamente engajados do que o londrino médio. Investiam pesado na educação ao estilo britânico, celebravam os costumes britânicos e se sentiam eminentemente britânicos. Afinal, em sua maioria, eram súditos do Império, e Vitória era a sua rainha.

Não foi apenas a exposição precoce a "uma grande cultura europeia" que imunizou Pessoa contra o provincianismo português; foi também seu contato com os indianos de Durban e os africanos nativos. Ele deve ter ficado fascinado ao ouvir os zulus conversando, já que a língua deles, além de ser tonal, tem sons de estalos bastante característicos. Ou a maneira de falar deles apenas os marcaria como irrevogavelmente "exóticos", pessoas que nunca deveriam ser levadas a sério, em termos intelectuais e emocionais, quando comparadas aos brancos europeus? Em Durban, os zulus eram trabalhadores braçais, policiais e empregados domésticos. O cônsul português costumava recrutar quatro ou cinco deles para limpar, cozinhar e cuidar do jardim.[13] Os indianos, por sua vez, eram encontrados por Fernando atrás dos balcões das lojas e no mercado público da Gardiner Street, perto do consulado, onde vendiam frutas e verduras trazidas de pequenas propriedades administradas por indianos.

A vida de Fernando em Durban era privilegiada, mas não exatamente protegida. Como o restante dos moradores da cidade, qualquer que fosse sua origem nacional ou posição social, nunca estava longe de pessoas de aparência e trajes muito diferentes, que falavam outras línguas e tinham outras maneiras de se comportar. Nas largas avenidas do centro, pessoas de todas as etnias caminhavam à vontade, embora sem muita interação, e as liberdades civis dos não europeus eram limitadas. O sistema de classes racialmente definidas assegurava que os colonos brancos mantivessem sua posição econômica e social mais elevada, porém a manutenção de privilégios não era sua única preocupação. Apegavam-se também à sua identidade britânica como um cobertor de segurança, já que todos os dias eram confrontados por culturas — a "nativa", a "indiana" e as muitas subculturas distintas dentro dessas duas categorias genéricas — que pareciam um tanto ameaçadoras simplesmente por terem pouco ou nada a ver com a deles. Por mais que resistissem a se misturar e a ser influenciados por outros grupos, e por mais superiores que considerassem sua própria cultura, eram forçados a reconhecer que essa não era a única presente na cidade. Em termos culturais, nem mesmo a população branca de Durban era homogênea, pois havia um número considerável de imigrantes da Europa continental e da Austrália.

A Durban do final do século XIX era, pelo menos para algumas pessoas, uma atraente terra de oportunidades — um pouco rústica, porém já não mais agreste e nem um pouco retrógrada. O historiador e político irlandês James Bryce (1838-1922), que viajou muito pela África do Sul em 1895 e publicou um livro com suas observações detalhadas dois anos depois, fez esta avaliação extraordinária do novo lar de Pessoa: "Durban foi pioneira no que é chamado, em suas formas extremas, de socialismo municipal e goza da reputação de ser a cidade mais bem administrada e mais progressista de toda a África do Sul".[14] De fato, a cidade era bem administrada, para o conforto dos brancos; se a vida lá impressionou o escritor como um paraíso quase socialista foi porque mesmo os brancos estritamente de classe média podiam viver como reis e rainhas, graças à divisão racista do trabalho.

Em um livro de memórias intitulado *Dear Old Durban*, publicado durante a era do apartheid, uma senhora idosa descendente de uma família colonial inglesa recordaria que, nos "anos dourados" de sua infância, "mesmo pessoas com renda muito modesta podiam ter pelo menos dois criados africanos, e o 'rapaz do jardim' não se importava de ser puxador de riquixá à tarde". (Algumas famílias europeias tinham seus próprios riquixás.) Ela também se lembrava de como a vida era muito mais fácil para as donas de casa, uma vez que "os vendedores ambulantes indianos traziam verduras e legumes todos os dias em duas grandes cestas penduradas numa haste de bambu sobre um ombro".[15] Ela não mencionava o fato de que os criados africanos viviam em um galpão nos fundos do quintal ou então em favelas na periferia de Durban. Os indianos moravam em casebres apertados e com saneamento precário próximos à Gray Street, sua principal área comercial, e em outros bolsões ao redor de Durban. Barracões superlotados e mal ventilados, construídos perto do porto, ao norte do distrito comercial e em outros locais, abrigavam vários milhares de trabalhadores africanos e indianos. Muitos desses últimos trabalhavam para o município e para a companhia ferroviária. Os poucos indianos prósperos que viviam em bairros europeus mantinham-se discretos.

Ninguém jamais comentou com Fernando sobre as condições de vida da população não europeia de Durban, e seu único conhecimento em primeira mão dessas condições era proporcionado pelos empregados domésticos da família Rosa. Embora fossem provavelmente mais bem tratados do que muitos outros, é possível que seus aposentos no quintal estivessem em mau estado, sem saneamento adequado e proporcionando uma proteção ineficaz contra o frio. É provável que Fernando, apesar de ser uma criança curiosa por natureza, nunca tenha se preocupado em investigar exatamente de que modo viviam os criados da família. Como quase todos os residentes brancos da cidade, sua tendência seria a de se informar o mínimo possível. Para ele, como para muitos outros, africanos e indianos existiam na prática apenas durante o dia, como mão de obra barata.

A Durban da virada do século causou uma impressão favorável não apenas em James Bryce, mas em muitos outros visitantes do exterior, entre eles Olivia e Clara Clemens, esposa e filha de Mark Twain. O escritor e humorista norte-americano estava numa turnê mundial de palestras que o levou ao Canadá, à Austrália, à Nova Zelândia, à Índia e, por último, à África do Sul, onde Durban foi sua primeira parada. Ele e sua comitiva desembarcaram ali em 6 de maio de 1896, apenas dois meses e meio depois de Fernando Pessoa, e ficaram encantados com a cidade e com as pessoas que conheceram, em particular o conjunto social que girava em torno de Samuel George Campbell, médico e irmão mais moço do barão do açúcar Marshall Campbell.* Twain e sua família certamente não deixaram de notar a hierarquia racial que definia Durban, mas não permitiram que isso arruinasse sua diversão. Como norte-americanos, estavam bastante acostumados a conviver e se beneficiar do racismo, mesmo que reconhecessem sua injustiça. Olivia e Clara ficaram tão encantadas com Durban que lá permaneceram por mais três semanas, de 14 de maio a 6 de junho, enquanto Twain seguia para o interior a fim de fazer apresentações em Johannesburgo e em outras cidades.[16]

A turnê de Twain ajudou a aumentar o interesse local por seus livros, alguns dos quais Pessoa adquiriu na adolescência. Uma dessas edições, *Information Wanted and Other Sketches* [Pedem-se informações e outros esquetes],[17] é datada de 1903 e traz a assinatura não só de "F. A. N. Pessoa", mas também de "David

* Sam Campbell fundou o Technical College de Durban em 1907; seu filho, o poeta Roy Campbell (1901-57), foi um dos primeiros tradutores de Pessoa para o inglês.

Merrick", um heterônimo de língua inglesa autor de poemas, contos, peças e um romance, embora nenhum dos projetos tenha ido muito longe, ou tenha sido repassado a outros autores fictícios. É bem possível que o hábito de Pessoa de assinar seus textos literários juvenis com outros nomes tenha sido estimulado, se não realmente inspirado, por Samuel Clemens (Twain). Também é possível que o menino, quando ainda não tinha completado oito anos, tenha assistido a uma das palestras "At Home" proferidas por Twain no Theatre Royal de Durban nos dias 12 e 13 de maio de 1896. Parte do trabalho do cônsul português era ser sociável, e um acontecimento como esse teria atraído tanto o enteado como a esposa.

João Rosa era um diplomata diligente, destacando-se em todos os aspectos de seu trabalho. Além de defender os interesses e a imagem pública de Portugal em Natal, remetia habitualmente notícias locais ao país de origem e às autoridades portuguesas em Moçambique. Entre as informações mais preocupantes estavam os surtos periódicos de doenças tropicais e globais, como dengue, cólera, varíola e peste bubônica. Os mais atingidos eram os nativos e os indianos, em razão das moradias precárias, muitas das quais localizadas em pântanos que ainda não haviam sido adequadamente drenados. Como outras cidades portuárias, Durban estava sempre vigilante em relação a doenças contagiosas, que podiam se espalhar com muita rapidez entre marinheiros e trabalhadores do porto, devastando o comércio marítimo, uma vez que os navios estrangeiros precisavam de atestados de saúde assinados e selados antes de poderem navegar. Nenhum cônsul em Durban verificava mais desses atestados do que João Rosa, pela simples razão de Lourenço Marques, cidade controlada pelos portugueses, ser o porto estrangeiro mais próximo.

Profissional consciencioso, o padrasto de Pessoa era igualmente dedicado à família. Havia comprado um piano para a esposa e, como ele próprio tocava flauta, o casal fazia duetos depois do jantar. Fernando escreveu à avó Madalena sobre os miniconcertos noturnos, de que gostava bastante.[18] Ele estava aprendendo a compartilhar sua mãe com o cônsul, e logo teria de aprender a dividi-la com outros filhos. Em 27 de novembro de 1896, quase nove meses da chegada à África, sua mãe deu à luz uma menina, Henriqueta Madalena. Mais duas meninas e dois meninos se seguiriam, porém as duas filhas mais novas morreram na infância. Henriqueta era a irmã com quem Pessoa teria mais intimidade. Além de ter uma idade mais próxima à dele do que seus dois meios-irmãos, nascidos em 1901 e 1903, ela viveria com Pessoa sob o mesmo teto durante a maior parte dos últimos quinze anos da vida do autor, cuidando dele e tornando-se quase uma segunda mãe. Outro vínculo que compartilhavam era linguístico. João Miguel Rosa e Maria Madalena ensinaram todos os filhos a ler e escrever em português, que era a única língua falada à mesa de jantar, mas, com o passar dos anos e com a África do Sul se parecendo cada vez mais com um lar, o casal relaxou na restrição ao uso do inglês na família. Enquanto Henriqueta cresceu perfeitamente bilíngue, tanto na fala como na escrita, seus irmãos mais moços, que quando adultos viveriam na Inglaterra, escreviam em português com muitos erros e não se sentiam tão à vontade para falá-lo.

Ao contrário do que se poderia esperar, o português de Fernando, em vez de piorar, tornou-se mais proficiente. Apesar das consideráveis exigências que a Escola do Convento impunha aos jovens alunos, que começavam a estudar latim e francês no quarto ou quinto ano, ele encontrava tempo para ler livros em sua língua materna. E desde cedo, entre suas leituras de lazer, em qualquer língua, estava a poesia.[19] Mas nada ilustra melhor a precocidade intelectual do menino que seu desempenho surpreendente na escola. Estrangeiro que chegara a Durban quase sem saber inglês, logo se tornou o primeiro da classe — e não em razão de sua habilidade em matemática. Na verdade, "o primeiro da classe" é apenas metade da história, pois ele deixou a turma inicial para trás e saltou para a série seguinte. Embora tivesse estudado por um ano e meio (provavelmente em casa) em Lisboa, o desconhecimento do inglês fez com que tivesse de começar tudo do zero em Durban; ainda assim, completou o programa de cinco anos da escola primária em apenas três. Na cerimônia de formatura, em 20 de dezembro de 1898, a Escola do Convento concederia a Fernando, de dez anos, o Prêmio do Exame por excelência acadêmica geral, o Primeiro Prêmio em latim e, o mais notável, o Primeiro Prêmio em inglês.[20]

Além de latim, inglês e aritmética, o programa escolar de Fernando durante o último ano do ensino fundamental incluía geometria, história, ciências e francês. Algumas matérias eram ministradas em dias alternados; o latim era ensinado todos os dias, de segunda a sexta. O inglês também, mas as aulas de terça e quinta eram dedicadas especificamente à poesia. Duas horas semanais de aula de poesia parece ter sido uma peculiaridade da Escola do Convento, e não uma característica-padrão do currículo do quinto ano na África do Sul. Freiras católicas com batinas pretas e peitilhos brancos, embora possam não ter servido como musas inspiradoras, foram quem incutiram em Fernando o amor precoce pela poesia. Foi na forma de um poema que ele rabiscou um aviso aos possíveis ladrões na capa de *Principia latina*, sua cartilha de latim, na página oposta à folha de rosto, onde estava afixado seu horário escolar:

Don't steal this book
For fear of shame
For in it is
The owner's name.

And if I catch
Him by the tail
He'll run off
To Durban gaol.[21]*

Na quarta capa do livro, escreveu uma mensagem bilíngue em inglês e francês, instruindo quem encontrasse o volume a devolvê-lo em seu endereço residencial. Em fevereiro de 1898, Fernando, a quatro meses de seu décimo aniversário, já exibia suas habilidades ainda rudimentares de linguista e poeta.

Pode parecer que os livros e os trabalhos escolares fossem um refúgio aconchegante para um menino que se sentia um pouco deslocado não só em seu novo ambiente, mas também em sua nova família — pelo menos de início, já que era inevitável que se sentisse um tanto fora do lugar em meio à paixão amorosa que unia sua mãe com tamanha intensidade ao segundo marido. Porém, já em Lisboa, ele se refugiava na palavra impressa e na vida mental; mesmo lá, havia sido um pouco arredio. Embora soubesse o quanto seus tios e tias e vários primos o amavam, às vezes se exaltava sem motivo aparente ou, ao contrário, se fechava de repente.

Quando tinha dezenove anos, ao relembrar seu comportamento infantil caprichoso, Pessoa se diagnosticou retrospectivamente como um menino de sete

* "Não roube este livro/ Por medo da vergonha/ Pois nele está/ O nome do dono.// E se eu pegá-lo/ Pelo rabo/ Ele vai fugir/ Para a prisão de Durban." (N. T.)

anos com predisposição para a "neurastenia", uma designação então popular para um transtorno mal definido cujos sintomas variavam de ansiedade e exaustão nervosa à depressão e à apatia. Era um diagnóstico estranho para uma criança. As mesmas páginas de autoanálise afirmam que esse vago problema foi "inibido" durante seus primeiros anos em Durban, em parte graças aos estudos, que lhe tomavam muito tempo, mas que voltou com força total quando chegou à puberdade. Embora o rapaz de dezenove anos não estivesse disposto a chamá-lo pelo nome verdadeiro, dá a entender que sua ansiedade infantil derivava de uma percepção nebulosa, mas desconfortável, do sexo e da sexualidade. Mesmo assim, em seus tempos de rapaz em Durban, antes de ter experimentado qualquer "defloração mental" e, portanto, ainda abençoado por uma "virgindade de imaginação perfeita" (expressões curiosas!), Fernando era aparentemente bastante normal — mais normal e mais tranquilo, de acordo com sua autoanálise, do que quando foi de Lisboa para a África do Sul em 1896.[22]

Na verdade, em Durban, exceto pela quantidade exagerada de tempo que passava estudando e lendo, Fernando era bem parecido com as outras crianças de sua idade. Gostava de brincar depois da escola e era um participante ávido das atividades familiares, que incluíam passeios ao campo, em especial durante as férias escolares de janeiro e julho. Seu vago problema sexual permanecia, por enquanto, adormecido.

6.

Em janeiro de 1897, entre o primeiro e o segundo ano de Pessoa na Escola do Convento, Durban foi tomada por uma comoção que abriu seus olhos para a hostilidade racial que fervilhava sob o verniz pacífico da cidade. Se não leu sobre as notícias nos jornais locais, deve ter ouvido a mãe e o padrasto discutindo o assunto e, numa ida ao centro da cidade com um deles, talvez tenha visto os homens brancos furiosos reunidos em torno do Hotel Central, na West Street. Eles haviam formado um comitê para se opor ao desembarque de dois navios da Índia, um dos quais trazia de volta Mohandas K. Gandhi. Espalhou-se a notícia de que o eloquente jovem de baixa estatura e grandes orelhas vinha para Natal acompanhado por seiscentos novos imigrantes indianos indesejados. E o próprio Gandhi fora declarado persona non grata.[1]

Gandhi estivera pela primeira vez em Natal em maio de 1893, três anos antes da chegada de Fernando Pessoa. Advogado de 23 anos com energia de sobra e quase nenhuma experiência, fora contratado por Dada Abdulla, um negociante indiano em Durban, para ajudar a resolver uma disputa legal com uma firma rival com sede em Pretória, capital do Transvaal. No início de junho, depois de tomar conhecimento dos detalhes do caso, Gandhi partiu de Durban rumo ao interior numa cabine de trem de primeira classe. Viria a ser uma jornada exaustiva, e não só porque teria de usar vários meios de transporte — tanto carruagens como ferrovias — para chegar a Pretória. Seus problemas começaram em Pietermaritzburg, a capital e segunda maior cidade de Natal, onde foi instruído por funcionários da companhia ferroviária a se mudar para o compartimento onde a bagagem era guardada, depois que um passageiro europeu reclamou de ter de dividir o espaço da primeira classe com um indiano. Como Gandhi se recusou a sair, um policial o removeu à força do trem com sua bagagem. Eram nove horas de uma noite fria de inverno, e ele teve de esperar até a manhã seguinte para continuar a viagem, que seria marcada por mais incidentes semelhantes. Porém Gandhi já havia tomado uma espécie de decisão. A noite que passou tremendo de frio na estação de Pietermaritzburg marcou para ele o momento transformador de sua vida, comprometendo-o com o que mais tarde chamaria de *satyagraha*: a luta pela reforma política por meio da resistência pacífica.[2]

Gandhi permaneceu por um ano em Pretória e enfim persuadiu as duas firmas envolvidas no complicado caso a fazerem um acordo extrajudicial. Em maio de 1894, de volta a Durban e se preparando para embarcar para casa, soube de um projeto de lei apresentado à Assembleia Legislativa de Natal que privaria os indianos do direito de votar. O efeito prático no curto prazo não seria grande, já que poucos indianos atendiam ao requisito de ter alguma propriedade para poder votar e um número menor ainda exercia o privilégio, mas Gandhi viu nisso um primeiro e humilhante passo para garantir que eles permanecessem para sempre uma classe subserviente. Compartilhando de sua indignação, Dada Abdulla e outros indianos proeminentes convenceram o jovem e vivaz advogado de que deveria permanecer em Durban e organizar os compatriotas para lutarem contra o projeto de lei. Em 22 de agosto, foi fundado o Congresso Indiano de Natal, com Gandhi no comando, no cargo de secretário honorário.[3] Ele era um agitador habilidoso e uniu os indianos de diferentes religiões (muçulmanos, hindus, parses, cristãos) e categorias sociais (comerciantes, trabalhadores em condições servis e ex-servos por contrato) em um movimento coerente de protesto contra o tratamento de cidadãos de segunda classe. Em Natal, os indianos estavam sujeitos a um toque de recolher às nove da noite, não eram bem-vindos na maioria dos hotéis ou nos banhos públicos de Durban, tinham de ficar de pé no bonde ou sentar no andar superior e se tornavam vítimas frequentes de discriminação arbitrária. Sem dúvida, tudo isso parecia para Fernando, enteado de um diplomata europeu, a ordem natural das coisas.

Nessa fase inicial, a perspectiva de Gandhi sobre os direitos humanos não era muito ampla. Ele defendia especificamente a causa dos indianos, e da maneira mais pragmática possível. Mais de uma vez, em seus apelos às autoridades e em panfletos ou cartas ao editor, fez questão de distinguir racial e culturalmente o indiano do africano nativo, de modo a justificar um tratamento melhor e direitos civis plenos para os primeiros. Aliás, diferenciava também os indianos pobres e sem instrução, os trabalhadores em regime de servidão por contrato, de seus compatriotas mais instruídos e prósperos, admitindo que somente estes últimos poderiam legitimamente exigir tratamento em pé de igualdade com os europeus. Gandhi denunciava os maus-tratos dos trabalhadores em condições servis, mas sua visão social e política ainda trazia a marca da educação baseada no sistema de castas que tivera. Esse ponto de vista mudaria à medida que sua visão espiritual foi se expandindo, olhando para além das distinções externas entre as pessoas e seus credos.

O Gandhi que se tornaria símbolo da resistência pacífica desenvolveu-se em conjunto com a prática e o pensamento religiosos. Além dos textos sagrados do hinduísmo, ele leu o Alcorão e a Bíblia e foi profundamente influenciado por *O Reino de Deus está dentro de vós*, de Tolstói, uma apologia apaixonada da não violência e do não materialismo, conforme pregado por Jesus no Sermão da Montanha. Sua afinidade mais duradoura, porém, era com a religião em que nascera. Embora nunca tivesse rejeitado por completo o sistema de castas, ele se oporia fortemente à discriminação e à doutrina da intocabilidade, defendendo todos os tipos de trabalho como igualmente dignos.

Em 5 de junho de 1896, enquanto Fernando concluía seu primeiro semestre na Escola do Convento de São José, Gandhi embarcava em um navio no porto de Durban. Passaria seis meses na Índia, de onde voltaria com sua família, da qual estava separado havia três anos inteiros. Uma semana antes do Natal, estava de volta ao mesmo porto, com a esposa Kasturba, os dois filhos e um sobrinho órfão, mas o desembarque revelou-se difícil e perigoso. Eles estavam a bordo do *Courland*, que partira de Bombaim junto com o *Naderi*. Muitos dos cidadãos brancos de Durban, em particular os trabalhadores assalariados e pequenos comerciantes, haviam aderido ao chamado Comitê da Manifestação para protestar contra a chegada de mais indianos, que agora eram tão numerosos em Natal quanto os europeus. Eles se ressentiam principalmente em relação aos lojistas indianos, que trabalhavam por mais horas e com margens de lucro menores, dificultando a concorrência para os comerciantes europeus. O desprezo concentrou-se na figura de Gandhi, por ter incitado os indianos a clamar por seus direitos civis.

O *Courland* e o *Naderi* ficaram no ancoradouro externo de Durban por 24 dias. Devido a um recente surto de peste bubônica em Bombaim, o Conselho Médico de Natal ordenou uma quarentena de 21 dias, que expirou em 10 de janeiro, mas mesmo assim os navios não puderam atracar. O Comitê da Manifestação contra a chegada dos indianos realizava protestos diários na West Street com a participação de centenas de homens, e temia-se que recorressem à violência. A raiva e a má vontade que se apossaram dos manifestantes ficam evidentes lendo os jornais da época. Dia após dia, *The Natal Mercury* trazia a mesma manchete, "A invasão asiática", e informava sobre as mais recentes declarações do Comitê, o andamento de suas negociações com autoridades governamentais, as manifestações de solidariedade que o Comitê recebia de cidades de toda Natal e assim por diante, além de descrever as perspectivas de uma resolução para o impasse.

Por fim, em 13 de janeiro, os navios entraram cautelosamente no porto carregado de tensão, onde cerca de 4 mil manifestantes se reuniram no cais para "saudá-los". O Comitê da Manifestação esperava que o governo, impressionado com a quantidade de manifestantes e temendo um tumulto, interviesse e cedesse a algumas de suas demandas — garantindo, por exemplo, que apenas os indianos que estavam voltando tivessem permissão para ficar, enquanto os recém-chegados seriam mandados de volta para casa. "Gandhi, Gandhi, venha aqui para o alcatrão e as penas!", gritou uma voz na multidão. O procurador-geral, que morava no quarteirão de Gandhi em Beach Grove, fez um discurso habilidoso, explicando que os dois grupos de indianos eram inocentes e prometendo ação legislativa, na próxima sessão parlamentar, para conter o fluxo de recém-chegados. (Ele cumpriria sua promessa.)

A multidão finalmente se dispersou, e, várias horas depois, os exaustos passageiros, como a sra. Gandhi e seus filhos, começaram a desembarcar. Gandhi ficou para trás, obedecendo a uma mensagem do procurador-geral segundo a qual sua segurança estava em perigo e ele não deveria dar as caras antes do anoitecer. Um pouco mais tarde, no entanto, um colega de profissão e bom amigo, certo sr. Laughton, subiu ao *Courland* e o convenceu de que nenhum mal lhes aconteceria se descessem juntos. Assim que chegaram à terra firme, Gandhi foi avistado e algumas pessoas começaram a segui-lo. Ele e seu companheiro britânico tentaram pegar um riquixá, mas alguns jovens agarraram as rodas, então os dois não tiveram escolha a não ser caminhar com passos apressados enquanto eram seguidos por cada vez mais gente vaiando e gritando "Gandhi, Gandhi!".

Considerando que o Pessoa adulto era um grande admirador de Gandhi, é impossível resistir à tentação de especular se o precoce Fernando, que aprendera inglês tão rapidamente, leu o artigo do *Natal Mercury* que descreveu como a hostil multidão de perseguidores "começou a se manifestar, e o sr. Gandhi tornou-se objeto de chutes e socos, enquanto lama e peixes estragados eram jogados contra ele. Uma pessoa também sacou um chicote de montaria e deu-lhe um golpe, enquanto outra arrancou seu peculiar chapéu. Em consequência do ataque, ele ficou muito sujo e o sangue lhe escorria do pescoço".[4]

Quem o ajudou foi Sarah Jane Alexander, esposa do superintendente da polícia. Ela estava passando pela rua e, ao ver a confusão, abriu sua sombrinha e se colocou entre os agressores e o ferido, que reconhecera. Gandhi não prestou queixa do ataque sofrido, as coisas se acalmaram em poucos dias e ele continuou seu trabalho para o Congresso Indiano de Natal. Os jornais criticaram o assédio a que ele fora submetido.

O restante da estada de Gandhi em Durban coincidiria em parte com a do jovem estudante e futuro grande poeta de Portugal. O consulado português mudou de endereço em 1897, da Gardiner Street para a Field Street, a um quarteirão de onde Gandhi mantinha seu escritório. Quantas vezes Fernando Pessoa o viu ou quantas de suas circulares e cartas ao editor leu; se teve contato com alguma delas, nunca saberemos. Ele não fez menção a Gandhi em seus escritos juvenis. Trinta anos depois, porém, em meados da década de 1920, começou a redigir um ensaio sobre o homem de Porbandar, cujo rosto ossudo e cujos olhos penetrantes logo estariam na capa da revista *Time*.[5] Assim como a maioria das centenas de projetos de escrita de Pessoa, esse não foi muito longe, mas os dois trechos curtos que produziu constituem uma leitura extraordinária quando consideramos que seu autor quase nunca elogiava figuras vivas célebres, era fortemente ocidental nos modelos que seguia e em sua visão de mundo e tendia a zombar do próprio conceito de reforma política e social.

Um desses textos consiste em duas frases tão sucintamente completas que seu autor não soube como continuar: "O Mahatma Gandhi é a única figura grande que há hoje no mundo. E é isso porque, em certo modo, não pertence ao mundo e o nega". O outro trecho fala da humildade, da austeridade e do ascetismo do líder indiano, observando que "seu alto exemplo, inaproveitável pela nossa fraqueza, enxovalha a nossa ambiguidade". Também menciona e rejeita vários outros exemplos de grandeza pessoal: o industrial norte-americano Henry Ford e o estadista francês Georges Clemenceau, que conduziu seu país à vitória na Primeira Guerra Mundial. Sem se preocupar em apresentar nenhuma crítica ou justificativa, Pessoa condenou sumariamente os dois homens: "Metam-se no lixo que são". Quaisquer virtudes que pudessem ter, ao lado de Gandhi eles não valiam nada. Mas quanto valia Mahatma para ele? O que exatamente o tornava atraente a Pessoa?[6]

O "alto exemplo" de Gandhi pode ter influenciado a vida e a obra de Pessoa somente de forma subliminar, como um entre muitos outros exemplos sobre os quais leu ou ouviu falar enquanto crescia em Durban. E, no entanto, a admiração que manifestou por ele nos últimos anos de vida sugere que Pessoa — que não era vegetariano nem se abstinha de beber ou fumar, e tampouco era um defensor ativo das causas humanitárias — de alguma forma se identificou com Gandhi, quase de modo atávico. Havia bons motivos para essa identificação.

Por um lado, Pessoa era igualmente asceta. Não só tinha um desinteresse total pelas coisas materiais como permaneceu celibatário, e a castidade, de acordo com Gandhi, era uma das mais elevadas manifestações de desapego mundano. É verdade que se tornou um bebedor compulsivo, mas o álcool para ele era uma espécie de remédio, ou antídoto, bem como um estímulo necessário para sua escrita. "Se um homem escreve bem só quando está bêbado, dir-lhe-ei: embebede-se", escreveria ele no *Livro do desassossego*.[7]

Por outro lado, a busca espiritual de Pessoa, que remonta a Durban, era tão obstinada e eclética quanto a de Gandhi. Ele recebeu instrução religiosa na Escola do Convento de São José e fez a primeira comunhão na igreja ao lado, mas desde o início sentiu que o catolicismo era restritivo demais. Embora houvesse católicos e outros cristãos que admirava por sua fé, ele repudiava, como Gandhi, a teologia dos salvos e dos condenados. Para ambos os pensadores, era absurdo supor que a verdade transcendente pudesse ser refém de qualquer credo. Eles concebiam a salvação como uma questão privada, na medida em que cada pessoa deve encontrar e seguir seu próprio caminho para a autorrealização e, ao mesmo tempo, como uma preocupação conjunta: todos os esforços individuais deviam contribuir para o aprimoramento da humanidade. Seu ascetismo, que assumia formas diferentes, implicava em ambos os casos uma rejeição das noções convencionais de bem--estar e progresso. Mas, enquanto Gandhi adotou o hinduísmo como um veículo útil para sua jornada espiritual, Pessoa não podia praticar nenhuma religião, uma vez que os ritos e rituais não eram uma linguagem com que se sentisse confortável, embora fosse fascinado por seu significado simbólico. Tampouco poderia ser um agente efetivo de mudança política ou social, visto que estava intimamente desconectado do mundo, com sua mente vinculada demais à literatura. Veremos que suas ideias políticas, tingidas de poesia, eram tão maravilhosas quanto impraticáveis. Gandhi talvez não pertencesse ao mundo, mas entendia muito bem seu funcionamento. A dedicação intensa e persistente do ex-advogado às causas que adotou parece ter sido invejada por seu elogiador português, que se censurava por não ter força de vontade, incapaz de se comprometer e concluir o que começava. Gandhi, por outro lado, se conhecesse e lesse os escritos de Pessoa, poderia ter invejado a liberdade que seu autor alcançou neles.

Uma vez que esses dois homens realizaram o trabalho da vida deles em campos totalmente distintos — um como reformador social e o outro como poeta fora do alcance de qualquer reformismo —, pode parecer, à primeira vista, que há pouca base para comparação. Mas examinando mais de perto as motivações e as atitudes subjacentes de ambos, o desprendimento que cultivaram e o espírito missionário que os impulsionava, descobrimos semelhanças que vão além da mera circunstância de percorrerem as mesmas ruas da mesma cidade durante os mesmos anos. E essa "mera" coincidência no tempo e no espaço pode ser em parte responsável por pelo menos uma outra semelhança notável. A Durban racialmente tripartida, com suas subdivisões sobrepostas de acordo com linhas religiosas, econômicas e classistas, pode ter sido o terreno fértil ideal para o espírito de tolerância que marcou o pensamento de Pessoa, bem como o de Gandhi, posto que ambos consideravam a verdade tão variável quanto as pessoas que vivem pela verdade.[8]

7.

No início de 1898, Fernando, a mãe, o padrasto e a meia-irmã mudaram-se para uma nova casa, no número 157 da West Street, ao lado da igreja Batista Central. Era uma casa térrea quadrada, com cerca de 150 metros quadrados de área, com uma grande varanda frontal, mas parte da construção era ocupada pelo escritório consular, para o qual havia uma entrada separada. Tanto o consulado quanto a família do cônsul se mudaram para lá juntos.[1] Fernando passou a contar somente com um pequeno quintal para brincar, sem nada da vegetação luxuriante e colorida da Berea. As perdas, no entanto, foram mais do que compensadas pelas vantagens da West Street, a principal artéria do centro de Durban, com dezenas de negócios e lojas, inclusive uma livraria, a Prefeitura, os correios e outros prédios municipais. E, como morava na extremidade leste da rua, a família Rosa estava a uma curta distância do mar e a apenas duas quadras da baía de Natal, onde às vezes iam dar um mergulho ou se deitar na areia. Naquela época, os moradores de Durban raramente frequentavam as praias litorâneas.[2]

Em 22 de outubro de 1898, quando Fernando estava com dez anos, sua mãe deu à luz a segunda filha, Madalena Henriqueta, batizada com os mesmos nomes da primeira filha, Henriqueta Madalena, só que invertidos. Era uma homenagem às duas avós, uma das quais, Madalena, falecera no início do mesmo mês, embora a notícia talvez só tenha chegado a Durban depois do nascimento da nova bebê. De qualquer forma, a chegada de mais um membro à família foi uma ocasião alegre — exceto para Fernando, que já tivera de amargar a atenção dispensada à primeira meia-irmã. Ele ficou emburrado. Três dias antes do parto, sua mãe respondeu ao seu ciúme com um poema intitulado "Escuta!", no qual ela explicava que:

Queremos muito aos nossos filhos.
Todos têm igual direito,
Por todos o coração
Pulsa igualmente no peito.

Todos têm o seu lugar
E são tão iguais
Que no coração da mãe
Todos eles são rivais.

Nas estrofes seguintes do poema, ela declarava sua afeição pelo filho, mas também o repreendia por se ressentir da mesma quantidade de afeto que ela demonstrava pela filha pequena e pela criança que estava prestes a nascer. Na verdade, não havia igualdade nesse quesito. Fernando, seu primeiro filho e de longe o mais brilhante, sempre teve um lugar especial em seu coração — nenhum dos meios-irmãos poderia competir por essa vaga. Ele sabia disso. Mas essa nova família em formação, à qual ele pertencia apenas por causa da mãe, invadiu a memória da família em que ele nasceu, e, se por um lado parte dele se adaptou, a outra retirou-se para o mundo da imaginação, tornando-se uma família que ele guardava dentro de si. Talvez ele tenha encontrado consolo em seu sucesso escolar e tenha se tornado o melhor aluno da escola para lembrar à mãe — e a si mesmo — como ele era especial.

Durante a gravidez e nos meses que se seguiram ao parto, Maria Madalena escreveu outros poemas dirigidos aos familiares: ao marido, à primeira filha, à falecida mãe e à irmã Anica. Ela reuniu parte de sua poesia em uma pequena coletânea manuscrita intitulada *Flores singelas* e dedicada "ao meu adorado marido" em 30 de dezembro de 1898, o terceiro aniversário de casamento do casal. De vez em quando, durante a hora do chá ou depois do jantar, ela provavelmente lia alguns de seus poemas em voz alta — em uma época anterior ao rádio, a recitação era uma forma de entretenimento doméstico — e pode ter deixado Fernando ler tudo sozinho. Embora falte força aos poemas, raramente expressando mais do que generalidades temáticas e emocionais, o simples fato de ela escrevê-los e reuni-los em um modesto livrinho sem dúvida inspirou o rapaz. Demoraria mais dois anos, no entanto, para que ele escrevesse seu primeiro poema sério.[3]

O ano de 1898 viu a "Partilha da África" avançar ainda mais rumo à sua execrável concretização: a França consolidou suas possessões na África Ocidental, a Alemanha fortaleceu seu domínio sobre os territórios correspondentes aos atuais Burundi, Ruanda, Tanzânia, Togo, Camarões e Namíbia, e o Reino Unido assegurou o controle do Sudão por meio da terrivelmente mortal Batalha de Omdurman. A expansão imperialista não se limitou à África. Em 1898, o enclave costeiro chinês de Guangzhouwan foi incorporado à Indochina francesa; a Grã-Bretanha negociou o arrendamento de 99 anos de Hong Kong, que governava desde 1842; os Estados Unidos anexaram o Havaí; e a Guerra Hispano-Americana, embora tenha libertado Cuba, fez dos Estados Unidos o novo soberano estrangeiro das Filipinas, de Porto Rico, de Guam e da baía de Guantánamo.

Na África do Sul, tudo estava em paz até então, e nenhum lugar era mais pacífico do que a maior cidade de Natal. Entre os dois grupos governantes brancos — os bôeres e os britânicos — havia uma animosidade antiga e obstinada, como um conflito de personalidades, mas praticamente nenhum bôer (ou africâner) vivia em Durban. Para a família Rosa, o final de 1898 trouxe apenas bênçãos pelas quais deviam agradecer. A recém-nascida Madalena Henriqueta era sorridente e saudável; a primeira filha do casal completou dois anos em 27 de novembro; e Fernando, cinco dias antes do Natal, saiu da cerimônia de formação na escola como o grande conquistador estrangeiro, tendo ganhado três dos cinco prêmios concedidos à turma.*

Três dias depois, o cônsul também teve um momento de glória. Em 23 de dezembro, ajudou a inaugurar uma fonte de água de ferro fundido ricamente decorada, coberta por um dossel do mesmo material encimado por um relógio público, para comemorar os quatrocentos anos da descoberta de Natal pelo português Vasco da Gama. O navegador avistou o território em 25 de dezembro

* Ele não conseguiu ganhar os prêmios de calistenia e aritmética.

de 1497, durante sua viagem à Índia e lhe deu o nome de Natal.* Quase 401 anos depois, o cônsul de Portugal, em vez de ter de defender o país das ocasionais acusações de "insignificância" e incompetência colonial que apareciam nos jornais locais, foi convidado a falar numa cerimônia em homenagem a um de seus ilustres heróis marítimos. No discurso, ele destacou que o próprio nome de Natal era um memorial permanente e constantemente pronunciado à descoberta da colônia por Portugal.[4] Quanto ao relógio comemorativo — que se pode acusar de ser horroroso, mas é um raro sobrevivente de seu tipo, fabricado por uma fundição de Glasgow —, ainda está em Durban, embora não em seu lugar original.

A história ensinada nas escolas de Durban era basicamente a inglesa,[5] mas Fernando, fosse por meio da instrução formal ou de conversas ocasionais e de suas próprias leituras, adquiriu conhecimento suficiente sobre a África do Sul para entender por que os bôeres (*boer* significa agricultor em holandês) e os colonos recém-chegados da Grã-Bretanha se estranhavam tanto. Durante a ocupação napoleônica da Holanda (1795-1813), os britânicos conseguiram tomar a Colônia do Cabo dos holandeses. Foram trazidos para a região imigrantes recrutados no Reino Unido, e o uso do inglês se espalhou rapidamente, junto com os costumes ingleses e um estilo de vida mais secular e materialista. Os britânicos concentraram-se nas cidades, e o fato de estarem no controle político da colônia, retirado das mãos da Companhia Holandesa das Índias Orientais, que fundara a Cidade do Cabo em 1652, era indiferente para os bôeres, contanto que seu modo de vida não fosse afetado.

Mas esse período de indiferença não durou muito, devido a opiniões divergentes sobre a posição social e o tratamento dispensado aos africanos nativos. Uma vez que dominava o campo de jogo do imperialismo ultramarino, a Grã-Bretanha podia se dar ao luxo de mostrar pelo menos *algum* respeito pelos direitos dos povos originários das terras estrangeiras que governava, e o movimento abolicionista havia conseguido tornar a escravidão intragável para a consciência coletiva do público britânico. Os africanos livres na Colônia do Cabo acabaram

* As indicações no diário de bordo de Vasco da Gama sugerem que aquilo que ele de fato avistou foi Pondoland, ao sul da área que ficou conhecida como Natal.

recebendo os mesmos direitos que os europeus, pelo menos no papel, e em 1834 todas as pessoas até então escravizadas no Império Britânico foram declaradas emancipadas. Isso foi a gota d'água para os bôeres, que dependiam do trabalho escravo em suas fazendas e cuja teologia calvinista acomodava sem dificuldade a ideia de que certas raças estavam divinamente predestinadas a ser subjugadas. A indignação foi agravada pelo emaranhado de burocracia que na prática invalidava a promessa da Grã-Bretanha de pagar uma compensação aos proprietários de cativos escravizados.[6]

Sem dúvida Fernando, assim como praticamente todos os europeus na África do Sul, fossem quais fossem suas opiniões sobre a escravidão, devia crer que os nativos africanos, oriundos de várias etnias genética e culturalmente distintas, eram todos *kaffirs*, que seriam mais bem governados por membros da raça "superior" branca.* Sobre os bôeres, ele comentaria mais tarde: "São ótimos lavradores e leem a Bíblia todos os domingos".[7] Apesar do sarcasmo, ele admirava a tenacidade dos bôeres. Com o intuito de fazer as coisas à sua maneira, sem interferência externa, mais de 10 mil deles migraram para o norte e o leste da Colônia do Cabo na chamada Grande Jornada, que se estendeu aproximadamente de 1835 a 1845. Eles subjugaram os africanos nativos e ocuparam vastas extensões de terras que logo se tornariam dois países agrários, e sem saída para o mar: o Estado Livre de Orange e a República do Transvaal, que fazia fronteira com Natal em seus perímetros oeste e noroeste. A mal concebida tentativa de anexar a República do Transvaal pela Grã-Bretanha, em 1877, resultou numa derrota humilhante para o Exército britânico diante dos bôeres, que pegaram em armas em dezembro de 1880 e recuperaram o direito ao autogoverno após três meses de luta.**

Um ano e meio antes desse revés temporário, a Grã-Bretanha havia travado com sucesso uma breve mas terrível guerra contra os zulus, cujo outrora poderoso reino, que incluía um longo trecho de costa que ia até Moçambique, acabou sendo incorporado a Natal. Enquanto isso, a Colônia do Cabo, após uma série de guerras contra o povo xhosa, solidificava seu controle no sudeste, de modo que os britânicos agora controlavam todo o oeste e o sul da África do Sul, bem como a costa leste. Instigada pela lógica do imperialismo a incluir a seção centro-norte de

* Hoje este é um termo dos mais ofensivos para se referir aos negros sul-africanos, mas *kaffir* não era considerado depreciativo na época, apesar de seu caráter obviamente redutor.

** Esse conflito ficou conhecido como a Primeira Guerra dos Bôeres.

seu mapa ideal da África do Sul, a Grã-Bretanha estava praticamente predestinada a revisitar o problema dos tenazes e intratáveis bôeres e a declarar guerra contra suas duas repúblicas. Durban, que se tornara a maior cidade da África do Sul fundada pelos britânicos, seria uma importante plataforma de lançamento para deflagrar o conflito.

Ao se despedirem do ano que terminava e fazerem suas resoluções para 1899, poucas pessoas em Durban poderiam imaginar que a guerra eclodiria apenas dez meses depois, e mesmo aqueles que previram que a crescente tensão no Transvaal poderia terminar em derramamento de sangue não achavam que isso os afetaria de verdade. De certa forma, tinham razão, pois a vida cotidiana da maioria das pessoas não seria muito alterada, mas a face da cidade mudaria muitíssimo. Com o início da guerra, Durban tornou-se um corredor para milhares de soldados de todo o Império Britânico que se dirigiam para as linhas de batalha, e foi para Durban que a maioria voltou — como combatentes feridos, mortos ou então a caminho de algum outro posto avançado imperial. A cidade portuária, localizada a uma distância segura dos combates, foi também o lugar onde muitos civis das zonas de guerra se refugiaram, fazendo com que sua população — e seus problemas urbanos — se avolumasse. Deve ter sido difícil ignorar os efeitos da guerra, mas é possível que Fernando Pessoa tenha quase conseguido fazê-lo. Por não ser sul-africano nem inglês, e prestes a completar apenas onze anos em junho, estava mais preocupado com as guerras da Gália, sobretudo porque o diretor de sua nova escola era um latinista fanático.

Todas as escolas reabriram em 1º de fevereiro ou logo depois, mas Pessoa só foi matriculado na Durban High School em 7 de abril. É provável que tenha passado os primeiros dois meses do semestre na Escola do Convento de São José, onde o ensino secundário era somente para meninas, mas, como ainda era muito novo, ele pode ter continuado na escola primária, onde a essa altura devia estar um ano-luz à frente dos outros alunos. Sem dúvida, as próprias freiras recomendaram que ele fosse transferido para a melhor escola masculina de Durban. O colégio ficava na Berea, longe do centro da cidade, onde agora Pessoa e a família moravam, o que pode ter feito a mãe hesitar em mandá-lo para lá em fevereiro. E outras preocupações podem ter vindo à tona. Seu talentoso filho era tímido e franzino. Como se sairia numa escola para meninos ao estilo inglês?

A Durban High School, fundada em 1866 e bem reputada até hoje, é reconhecida há muito tempo pela qualidade de ensino, bem como por suas equipes esportivas, especialmente de rúgbi e críquete. Para a sorte de Fernando, que não tinha aptidão para o atletismo, os esportes coletivos ainda eram incipientes quando ele começou a estudar lá. A escola se mudara para prédios novos e imponentes em 1895, mas os campos de jogos ainda não estavam devidamente demarcados e nivelados, e os alunos corriam e jogavam bola com seus uniformes normais.[8] Embora a Durban High School estivesse a caminho de se tornar uma versão sul-africana de uma escola pública inglesa (chamada de "pública" por ser acessível a quem pudesse pagar as mensalidades), relatos da época sugerem que ainda não havia nenhum caso sério de bullying. Fernando Pessoa passou despercebido, a não ser por seus professores impressionados com ele — a maioria formada em Oxford ou Cambridge — e pelos poucos outros alunos que competiam por honras acadêmicas.

Havia cerca de 150 alunos na instituição em 1899, todos brancos, e um quarto deles era interno. A escola contava com uma seção preparatória para os meninos mais novos, mas Fernando, de dez anos, ingressou no colégio propriamente dito, na turma designada como série II-B, onde a maioria dos alunos tinha pelo menos treze anos. A D. H. S., como a escola era popularmente conhecida, oferecia quatro anos de instrução básica do ensino secundário, da série I à IV, em geral para meninos com idades entre doze e quinze ou dezesseis anos. A série V era um ano preparatório para a faculdade, e a VI era de nível universitário. Em junho de 1899, mesmo mês em que completou onze anos, Fernando foi promovido para a série II-A. O fato de ser dois anos mais novo que o resto da turma e de ter se matriculado dois meses depois do início do ano letivo não o impediu de ganhar o prêmio de "Excelência Geral" da série II-A em dezembro. O livro do prêmio, assinado e provavelmente selecionado pelo diretor, foi *Rome: From Earliest Times to the End of the Republic* [Roma: Dos primeiros tempos ao fim da República], de Arthur Gilman.

Wilfrid Harry Nicholas (1855-1918), diretor da D. H. S. de 1886 a 1909, já era uma figura lendária quando Fernando Pessoa entrou pela primeira vez pelos portões da escola. De pele morena devido a certo sangue espanhol na família, com feições marcantes e modos elegantes, Nicholas era a personificação da autoconfiança, generoso e autoritário, rápido no auxílio, rápido na crítica, apaixonado por literatura e principalmente pelos clássicos, intolerante à estupidez e sempre com uma resposta na ponta da língua. Em geral, andava acompanhado por Jack, um cão de caça branco que se parecia um pouco com seu dono, de cabelos e bigodes brancos. Era difícil resistir ao magnetismo da personalidade desse erudito inglês, mas nem todos os alunos apreciavam seu rigor e sua metodologia inflexíveis. Um menino que se formou na escola em 1899 e se tornou juiz disse sobre Nicholas: "Seu conhecimento era enorme, abrangente. Ele chegou perto de ser o homem mais completo que já conheci". Mas outro colega de Pessoa relatou: "Lembro-me dele como um homem muito bonito, que tinha o jeito feliz de fazer todo mundo parecer um perfeito idiota quando estava dando aulas de latim".[9] Felizmente, Pessoa era um aluno excelente em latim e parece não ter recebido nada além de um encorajamento admirado do diretor. Nicholas era conhecido por exigir demasiado dos estudantes, mas Fernando não precisava de muito incentivo.

A não ser pela ausência de ciências, a carga inicial de Pessoa na Durban High School incluía mais ou menos as mesmas matérias que havia estudado em seu último ano na Escola do Convento. Seu dia escolar era um pouco mais longo e terminava às quatro da tarde, quando ele e os outros alunos que moravam no centro se amontoavam num par de bondes puxados por cavalos e iam para casa.[10] De volta à West Street, na privacidade de seu próprio quarto, Fernando, com a ajuda de sua imaginação febril, passava um tempo com um grupo diferente de colegas de classe. É o que podemos captar de um texto escrito por ele anos depois, para o *Livro do desassossego*, no qual relembra que, quando criança, costumava colecionar velhos carretéis de algodão e peças de xadrez perdidas, dando-lhes nomes e personalidades.

> Morava um — cujo caráter eu decretara violento e *sportsman* — numa caixa que estava em cima da minha cômoda, por onde passeava, à tarde quando eu, e depois ele, regressávamos do colégio, um carro elétrico de interiores de caixas de fósforos, ligadas não sei por que arranjo de arame. Ele saltava sempre com o carro a andar.[11]

Pessoa passa a descrever como o "elétrico rudimentar" ia da cômoda ao toucador, e do toucador à cama, levando para casa todos os seus "escolares de madeira ridículos". Ele relata que alguns desses colegas de escola gostavam de espreitar as pernas das meninas; a outros atribuía "vícios", como fumar ou roubar. Às vezes, fazia um dos carretéis de madeira ou pedras de xadrez fumar papel enrolado atrás de uma grande caixa em cima de uma mala, e quando um professor de faz de conta (segurado pela outra mão) aparecia de repente, o fumante escondia o cigarro atrás das costas e agia com indiferença, enquanto o próprio Fernando ficava ansioso, com medo de que fosse apanhado.

Orgulhoso por chegar ao primeiro lugar da classe, tendo dominado perfeitamente os casos ablativos e dativos do latim, o jovem estudioso lamentava um pouco não poder, ao mesmo tempo, ser brincalhão, fumar no banheiro, roubar e ser atrevido com as meninas depois da escola, então construiu uma vida escolar alternativa e imaginária, na qual representava todos aqueles comportamentos travessos. Mas também desempenhava o papel do professor que repreende. Fazia todos os papéis e dirigia tudo. Era todo o espetáculo. "O que sou essencialmente [...] é dramaturgo", escreveria Pessoa no seu último ano de vida,[12] e de fato era, mas era também o palco e todos os que por ele passavam, bem como o único espectador na plateia.

Perto do final do trecho citado, o narrador lamenta ter perdido sua capacidade de invenção da infância:

> Por que não fiquei eu sempre criança? Por que não morri eu ali, num desses momentos, preso das astúcias dos meus escolares e da vinda como-que-inesperada dos meus mestres? Hoje não posso fazer isso... Hoje tenho só a realidade, com que não posso brincar... Pobre criança exilada na sua virilidade! Por que foi que eu tive de crescer?

Na verdade, Pessoa não cresceu, pelo menos não como a maioria das pessoas. Ele continuou a se entregar à vida fingida e a se deleitar com ela. As astúcias de seus heterônimos são notórias, e o escritor foi astuto conosco, seus leitores póstumos. Afinal de contas, não sabemos se o trecho sobre o qual me debrucei é fiel à sua experiência de infância, nem se sua alegada saudade dessa experiência era real. Mesmo que fosse uma lembrança genuína, Pessoa pode ter alterado bastante os detalhes, e é até possível que tenha inventado tudo, o que não o tornaria menos verdadeiro de seu ponto de vista, habituado a misturar imaginação e realidade.

Em agosto de 1899, quando Pessoa iniciou seu segundo semestre na Durban High School, já havia mais do que um cheiro de guerra no ar. Como a maioria dos conflitos incipientes, supunha-se que seria uma ação rápida e organizada em que a máquina militar britânica derrotaria facilmente os bôeres, que quase não tinham exército profissional e contavam somente com milicianos prontos para largar as enxadas e pegar em fuzis a qualquer momento. Havia sido falta de visão dos britânicos capitular depois de apenas três meses no primeiro confronto com os bôeres no Transvaal, dezoito anos antes, e agora precisavam corrigir seu erro de julgamento. Era possível argumentar desse modo em 1899, mas somente porque, nesse meio-tempo, o panorama havia mudado de forma muito lucrativa.

Em 1880-1, a Grã-Bretanha relutara em se atolar numa guerra cuja recompensa, se vencida, equivaleria ao controle político sobre uma terra que servia para pouca coisa além de plantar milho e pastorear ovelhas. Alguns anos depois, em 1886, descobriram-se enormes depósitos de ouro em Witwatersrand, uma longa cordilheira ao sul de Pretória, capital do Transvaal, e quase da noite para o dia nasceu uma nova cidade — Johannesburgo — povoada não por bôeres, mas por grupos de britânicos e outros estrangeiros que vieram extrair, processar, comprar e vender o minério dourado. Cinco anos após o início da corrida, os *uitlanders* (estrangeiros) no Transvaal superavam em número os bôeres, que temiam perder o controle sobre a terra pela qual haviam lutado tanto.

Em 1899, os *uitlanders* não eram apenas aventureiros e aproveitadores. Muitos que foram em busca de ouro acabaram em ramos de trabalho mais convencionais, se estabeleceram, casaram e tiveram filhos. Eles se identificavam como sul-africanos e tinham todos os motivos para protestar contra as políticas discriminatórias dos bôeres, como o requisito de residência prolongada para ser eleitor. Mas sua lista de queixas não lembrava nem remotamente um manifesto clamando por guerra. Vieram de certos generais e políticos britânicos as visões de ataques de cavalaria e disparos de canhões esmagando o inimigo enquanto o som da canção patriótica "Rule, Britannia!" reverberava em seus ouvidos. Os militares ansiavam por vingar a Batalha de Majuba Hill, de 1881, na qual os bôeres e seus filhos adolescentes derrotaram fragorosamente dois regimentos de soldados britânicos treinados, levando à retirada imperialista e à restauração da independência do Transvaal. Por sua vez, os políticos desejavam colocar toda a região sul-africana sob a administração britânica.

Os bôeres não queriam ir à guerra, e os líderes do governo de Natal também pretendiam evitá-la. Em 17 de junho de 1899, enviaram uma carta a Joseph Chamberlain, secretário de Estado para as colônias da Grã-Bretanha, na qual declaravam que "a guerra entre as duas principais raças brancas da África do Sul seria uma calamidade terrível, e não se deve recorrer a ela até que se tenha tentado todos os meios possíveis de encontrar uma solução pacífica para as dificuldades e fracassado".[13]

Cecil Rhodes (1853-1902), o mais rico e ardoroso colonialista da África do Sul, argumentava que, ao contrário, a Grã-Bretanha deveria usar todos os meios necessários para fazer as nações bôeres se submeterem à sua autoridade. Depois de acumular uma enorme fortuna em diamantes sul-africanos, acrescidos pelo ouro de Johannesburgo, Rhodes obtivera um alvará real da rainha Vitória que concedia à sua Companhia Britânica da África do Sul jurisdição sobre um vasto território correspondente aos atuais Zimbábue e Zâmbia. Batizada de Rodésia em 1895, cobria grande parte da mesma área que os portugueses tentaram anexar até o que Ultimato Britânico de 1890 destruísse tal sonho insensato. Rhodes acreditava que o mundo seria um lugar melhor na mesma medida em que a Grã-Bretanha conseguisse expandir seu império. Mais tarde, Fernando Pessoa citaria Rhodes e sua atividade colonial como o exemplo paradigmático do estilo "administrativo" e "material" de imperialismo da Grã-Bretanha, oposto ao imperialismo cultural e "espiritual" que ele imaginava para Portugal.[14]

Em 1895, Rhodes, então primeiro-ministro da Colônia do Cabo, ajudara a planejar um ataque em que cerca de seiscentos homens armados a cavalo, liderados por Leander Starr Jameson, o administrador de sua Companhia da África do Sul, dirigiram-se para Johannesburgo, onde os *uitlanders* deveriam se levantar em armas para que juntos dessem um golpe. Embora o esquema mal concebido tenha resultado apenas na captura dos invasores, o ataque de Jameson pode ser considerado a primeira salva de tiros da Segunda Guerra dos Bôeres, que começaria oficialmente quatro anos depois, em outubro de 1899.

8.

Fiéis ao padrão habitual do pré-guerra, ambos os lados se prepararam para a luta armada — os bôeres gastando abundantemente em armas para suas milícias, os britânicos despachando 10 mil soldados de todo o império para Natal —, declarando o tempo todo que se tratava apenas de medidas "defensivas", cujo objetivo era preservar a paz, desencorajando o outro lado a partir para a ofensiva. Nenhum dos lados tinha motivos legítimos para iniciar uma guerra, mas os bôeres, convencidos de que os britânicos estavam prestes a atacar, caíram na armadilha de disparar o primeiro tiro, dando a Joseph Chamberlain e Alfred Milner, nomeado para o posto de alto comissário para a África do Sul, todos os motivos de que precisavam para a guerra. Eles podiam alegar que era seu dever político e moral defender as colônias britânicas agredidas.

Analisando a guerra em retrospectiva quando tinha dezesseis anos, pareceu óbvio para Fernando Pessoa que a Inglaterra tinha sido a agressora, personificada por Joseph Chamberlain, o qual ele vilipendiou em um soneto, prevendo que o sangue derramado de todos os "filhos e maridos" bôeres mortos desnecessariamente no conflito esmagaria a "alma negra" do secretário colonial britânico.[1] Quando a guerra eclodiu, é difícil dizer se Fernando, então com onze anos, permaneceu imune ao sentimento pró-britânico que tomou conta da cidade de Durban e dominou por completo a imprensa local, mas muita gente na Europa, em especial na Irlanda, que ainda estava lutando pela autonomia política, posicionou-se espontaneamente ao lado do mais fraco. Porém nenhum país ousou ajudar o inimigo da Grã-Bretanha. A opinião pública norte-americana também era a favor dos bôeres, e várias declarações de solidariedade foram apresentadas no Senado, ainda que sem impacto sobre a decisão do governo de permanecer neutro. Como poderiam os Estados Unidos, que naquele momento estavam matando milhares de filipinos que lutavam com tanta bravura para se tornar independentes, apoiar os bôeres em sua tentativa de manter a independência? Havia paralelos incômodos entre a Guerra Filipino-Americana e a Segunda Guerra dos Bôeres, que duraram ambas de 1899 a 1902.[2]

Galopando por passagens na cordilheira do Drakensberg e através das colinas da savana em Natal e na Colônia do Cabo, os bôeres, que eram excelentes atiradores e podiam se manter bem escondidos, já que conheciam a configuração do terreno, inicialmente levaram a melhor sobre as tropas britânicas, mais bem armadas. Eles sitiaram várias cidades em ambas as colônias inglesas, atordoando seus adversários, cujas balas pareciam passar direto pelos ágeis bôeres. Muitas outras dezenas de milhares de soldados britânicos foram mobilizadas em todo o império, e logo ficou claro que aquilo que deveria ser uma guerra rápida seria um conflito prolongado.

Durante a preparação para a guerra, ocorreu a estrategistas militares e políticos locais que os bôeres do Transvaal poderiam atacar Durban antes que tropas britânicas pudessem chegar em número suficiente para repeli-los. A fim de se preparar para essa contingência, organizaram-se tropas de reserva voluntárias na Infantaria Ligeira de Durban e três unidades menores de milícia. Com os comandos bôeres entrincheirados no interior, aspirando apenas a defender seus territórios nacionais, as milícias formadas em Durban acabaram enviadas para as frentes de batalha no oeste de Natal. Chamados para o serviço ativo em 30 de setembro de 1899, um sábado, os soldados saíram do Pavilhão de Treinamento — a cerca de três quarteirões de onde a família de Pessoa morava — e marcharam pela West Street até a estação de trem, enquanto os habitantes da cidade festejavam em meio a uma garoa intermitente e um vento cortante. Eram quase mil, e embarcaram em trens abertos que os levaram para a zona de guerra, onde em duas semanas trocariam tiros com os bôeres.

Entre 10 e 15 de dezembro, no que foi rapidamente apelidado de Semana Negra, os britânicos sofreram pesadas perdas nas três frentes principais, e a terceira e mais chocante derrota ocorreu em Colenso, Natal, onde cerca de 5 mil soldados bôeres obrigaram perto de 20 mil soldados britânicos a recuar. Tal como a Batalha de Majuba Hill no conflito de 1881, a Batalha de Colenso foi a grande vergonha da Grã-Bretanha nessa guerra, como Pessoa faria questão de lembrar anos mais tarde, ao mesmo tempo que criticava Rudyard Kipling, a quem chamou de "homem prático do verso, imperialista das sucatas, épico para Majuba e Colenso".[3] No início da Guerra Filipino-Americana, em fevereiro de 1899, Kipling publicara "O fardo do homem branco", poema que exortava os Estados Unidos a cumprir seu dever imperialista de conquistar e civilizar os "povos obstinados" das Filipinas.

Os bôeres não capturaram as cidades que cercaram e não fizeram nenhuma tentativa de se embrenhar mais fundo nas colônias inglesas. Ganhar mais território não era o objetivo: tudo o que queriam era manter sua independência. Os britânicos, desde que estivessem dispostos a despejar recursos suficientes na guerra, não tinham como perdê-la, e dessa vez estavam determinados a isso. No início de 1900, cerca de 200 mil soldados britânicos já haviam sido empenhados na luta e, em dois meses, conseguiram avançar, invadindo as duas repúblicas bôeres, cujas respectivas capitais caíram em junho. A guerra parecia estar quase no fim, mas continuou como um conflito de guerrilha que durou mais dois anos, até que os bôeres finalmente se renderam, em 31 de maio de 1902.[4]

Durban, depois da Cidade do Cabo, foi a segunda maior base de operações militares britânicas, mas, embora a guerra afetasse claramente a economia local e seu tecido social, tudo acontecia como se fosse num filme. Os habitantes da cidade eram como figurantes de uma tragédia épica cuja ação central não podiam influenciar, ainda que participassem passivamente de seu desenvolvimento e testemunhassem algumas de suas consequências devastadoras. A proclamação da lei marcial, em 22 de outubro, onze dias após o início da guerra, e a imposição de um toque de recolher às onze da noite dois dias depois não tiveram efeito prático sobre Pessoa ou sua família. Assim como qualquer outro morador da cidade, eles tampouco tiveram de lidar com a escassez de alimentos, roupas ou utensílios domésticos. Os britânicos controlavam os mares, seus navios mantinham Durban bem abastecida, e muitos moradores da cidade se tornaram mais prósperos graças à guerra. Os milhares de militares e outras pessoas que passaram por lá impulsionaram as vendas dos comerciantes locais. O movimento do porto aumentou em mais de 50%, com navios mobilizados para a guerra que transportavam não apenas soldados, mas também cavalos, mulas, armas e munições. Os estivadores e carregadores de carvão nativos africanos, graças à alta demanda por seus serviços, conseguiram melhorar seu salário. E as empresas que atendiam ao porto viram suas receitas aumentarem. O porto — sempre um importante centro da economia de Durban, com seu tráfego de embarcações pontuando a paisagem marítima em todas as estações — passou a ser o coração da cidade.

Navios chegando, partindo ou em alto-mar proporcionariam o cenário ou seriam o tema de alguns dos melhores poemas assinados pelo heterônimo Álvaro de Campos, um engenheiro naval que viajara muito e às vezes se inspirava vagando pelas docas de Lisboa e relembrando suas longas viagens marítimas. Mas foi em Durban, e não na capital de Portugal, que o Pessoa da vida real acompanhou os vapores com suas chaminés coloridas e mastros embandeirados entrando e saindo o tempo todo do porto movimentado que de alguma forma conseguia se manter atemporal, ou então demorando-se no ancoradouro externo, além da barra. Em Durban, ele viu de perto marinheiros, marujos, ajudantes de convés, estivadores e funcionários do porto.

As noções de vida marítima do jovem também se deviam muito ao padrasto, que navegara por todos os oceanos durante mais de vinte anos de serviço na Marinha portuguesa. João Miguel Rosa, ainda com a mentalidade de um capitão, acompanhava de perto tudo que se referia ao mar. Os arquivos consulares de sua época em Durban sugerem que, para ele, era mais um prazer do que um trabalho atender aos oficiais dos navios que precisavam de documentos antes de seguir para o próximo destino, e alguns oficiais vinham apenas para fazer uma visita ao velho amigo. Um colega de escola na Durban High School relatou que Pessoa, aos quinze anos, escreveu-lhe uma longa carta "em estilo brilhante e principalmente sobre os tipos navegantes que conhecera no escritório de seu pai".[5]

Embora o aumento da atividade marítima no porto de Durban fosse principalmente para o transporte de soldados, animais e armas para a guerra, alguns navios, com o aprofundamento do conflito, foram transformados em hospitais ou cárceres temporários para prisioneiros de guerra bôeres. E outras embarcações também trouxeram centenas de refugiados para Durban. A maioria dos *uitlanders* europeus fugiu para a Cidade do Cabo, mas muitos outros preferiram Durban, e esses não foram os únicos a chegar à cidade portuária natalense. Em 14 de outubro, três dias após o início da guerra, Gandhi escreveu ao governo de Natal para pedir que os indianos do Transvaal fossem autorizados a vir de Lourenço Marques para Durban de navio. Seu pedido foi atendido.[6] Os africanos empregados nas minas de ouro do Transvaal também fugiram. Em 6 de outubro, quando os trens de passageiros para Natal não estavam mais circulando, mais de 7 mil zulus partiram em massa, entoando canções tradicionais enquanto avançavam, numa marcha de nove dias de Johannesburgo até a fronteira e depois para a cidade natalense de Dundee, onde a maioria embarcou em trens. Durban foi um dos principais destinos.[7]

O crescente espetáculo humano estava à vista de todos, inclusive de Fernando. No início de novembro de 1899, cerca de 4 mil refugiados brancos foram acomodados no Pavilhão de Treinamento na West Street, outros 1100 foram acampados no terreno da Sociedade Agrícola de Durban e da Costa, uma comunidade com barracas para mais quinhentos ergueu-se perto da praia, no Victoria Park, e vários prédios públicos e privados proporcionaram abrigo para um número menor de homens, mulheres e crianças. Muitos refugiados encontraram algum tipo de trabalho, e o conselho municipal coordenou esforços com várias associações de caridade para distribuir alimentos e roupas. Alguns dos europeus desalojados eram relativamente abastados e podiam pagar o aluguel de quartos ou a hospedagem em hotéis.

Durban recebeu também cerca de 4 mil refugiados indianos, pelos quais o conselho municipal nada fez, deixando à comunidade indiana local a incumbência de abrigá-los e alimentá-los. Cerca de 1500 refugiados africanos estavam acampados nos quintais de Durban, de acordo com estimativas da polícia; várias centenas foram autorizados a montar acampamento numa parte do recinto de feiras da Sociedade Agrícola e muitos outros não foram contabilizados.[8] (Os governos coloniais da época mantinham apenas registros vagos sobre a população negra.)

Centenas de refugiados não dispunham de nenhum tostão, e, embora a maioria cumprisse a lei, a corrida do ouro do Transvaal atraíra sua cota de tipos rudes que lembravam o Velho Oeste norte-americano. Atrás dos muitos *uitlanders* solteiros, vieram as prostitutas que eles frequentavam em Johannesburgo. Elas competiam por clientes andando em riquixás para exibir seus encantos, às vezes contando com os puxadores zulus para atuar como cafetões.[9] Outras refugiadas chegaram a Durban com filhos, mas sem maridos, sem saber como iriam sustentar seus dependentes. O potencial para tensão social e turbulências foi exacerbado pelo fato de que funcionários do governo no Transvaal, aproveitando-se da oportunidade, destrancaram algumas prisões, permitindo que os condenados se juntassem ao êxodo dos *uitlanders*.[10] Se não os via com os próprios olhos, Fernando ouvia falar dos diversos crimes que cresciam vertiginosamente em Durban, junto com a mendicância, a jogatina e a prostituição, subprodutos locais previsíveis do confronto mortífero que se desenrolava no interior.

Durban, apesar de tudo, permaneceu solidamente Durban. A guerra não causou grandes transformações, mas o contingente heterogêneo de refugiados enriqueceu visivelmente a paisagem social. A cidade já étnica e racialmente diversificada tornou-se também um catálogo vívido de diversos tipos de personagens e histórias de vida peculiares. Fernando Pessoa vivia com o nariz enfiado em um livro, mas, como a maioria dos outros escritores ou futuros escritores, tinha um olhar afiado, e a casa onde morava na West Street estava praticamente no epicentro da atividade intensificada da cidade e da metamorfose da comunidade, com o porto de um lado, os prédios municipais do outro e enclaves de refugiados por todos os lados. O estudante português do colégio — ele próprio dividido entre duas línguas e culturas diferentes, rodeado por toda aquela diversidade humana e situado numa passagem pela qual os homens, os bens materiais e as variadas fortunas da guerra entravam e saíam, ou então se detinham — absorveu tudo e, de forma inevitável, desenvolveu uma consciência social e política incipiente. No entanto, o resultado de tantas impressões foi apenas o de reforçar sua preferência pela imaginação literária.

Várias décadas depois, no *Livro do desassossego*, Pessoa, escrevendo como Bernardo Soares, faria alusão à "marcha multicolor dos costumes e das modas, o caminho complexo dos progressos e das civilizações, a confusão grandiosa dos impérios e das culturas"; e dois outros textos do mesmo livro contêm frases semelhantes, além de uma referência adicional à "vasta variedade das nações".[11] O desfile multicolor mencionado em todos os três trechos era um fenômeno global, mas foi em Durban que Pessoa teve contato com uma dose concentrada de diversidade cultural. No primeiro dos três trechos, o narrador do *Desassossego* chama esse desfile de "um mito e uma ficção", enquanto nos outros dois argumenta que a multifacetação da Terra pode ser vista e sentida numa boa imaginação, tornando-se desnecessário e até supérfluo viajar para o exterior. E decreta que viajar é para "quem é incapaz de sentir".

A *ideia* de viajar, e em especial tratando-se da vida marítima, encantava Pessoa, que apreciou, na idade adulta, as histórias sobre o mar e marinheiros do escritor britânico W. W. Jacobs, mas ele raramente se referia às próprias viagens, e nem mesmo seus escritos adolescentes revelam qualquer entusiasmo particular por viagens *reais*, fosse por terra ou mar. Tampouco demonstrou grande fascínio pela colorida mistura de humanidade em exibição permanente em Durban. Em termos conceituais, era um tema interessante e que o tornava mais aberto, mais consciente do mundo, mas ele preferia muito mais a literatura à antropologia. Como ver e descrever o que via, o uso imaginativo e a transformação do que via e sentia — era isso o que importava para Fernando, dominado por uma vocação literária irresistível. Nem mesmo a guerra, suas repercussões enormes e o sofrimento humano que ela sempre causa foram capazes de distraí-lo. A comoção histórica que ele testemunhou parece apenas tê-lo acostumado — se é que já não estava de alguma forma pré-adaptado — aos grandes e pequenos problemas que afligem o mundo. Ele trataria desses problemas em sua poesia, porém estava mais preocupado em acertar a rima e a métrica do que em tentar corrigir os males sociais e as injustiças.

O primeiro ano de Pessoa na Durban High School terminou em 20 de dezembro de 1899, poucos dias depois da Semana Negra, quando as pesadas baixas infligidas pelos bôeres puseram Natal num estado de agitação nervosa. Enquanto isso, um jovem correspondente de guerra chamado Winston Churchill, capturado pelos bôeres a caminho da frente de combate em novembro, conseguia escapar de uma prisão em Pretória e, depois de pular em vários trens de carvão e enfrentar outras aventuras que são a essência das vidas encantadas, apareceu em Durban, dois dias antes do Natal. Recebido como um herói por uma multidão que o ovacionava, fez alguns discursos de improviso, declarando no primeiro que "nossa causa é justa e certa, porque lutamos por direitos iguais para todos os homens brancos na África do Sul, e porque representamos as forças da civilização e do progresso". (Certamente não foi para defender a igualdade dos negros ou dos indianos que os britânicos foram à guerra.) Churchill fez seu segundo discurso na escadaria da prefeitura, três quadras adiante do número 157 da West Street. Os jornais locais comentaram o "ímpeto e o ardor esplêndidos" do orador.[12] Membro da aristocracia inglesa e defensor apaixonado do Império Britânico, o intrépido repórter voltou ao front como soldado. No ano seguinte, foi eleito para o Parlamento britânico.

As enfáticas vitórias dos bôeres em dezembro foram seguidas por vários triunfos menos espetaculares em janeiro de 1900, fazendo com que o fluxo de refugiados para Durban continuasse: cerca de 20 mil chegaram à cidade até o mês de março.[13] Então a maré da guerra mudou, e a população de refugiados começou a diminuir, ao mesmo tempo que um novo tipo de vítima de guerra aparecia. À medida que o exército britânico se aproximava dos bastiões dos bôeres, um grande número de prisioneiros de guerra enlameados começou a passar pelo porto de Durban a caminho de prisões no além-mar. Se Fernando viu algumas fileiras deles, deve ter ficado impressionado com aquela estranha cena. Sem fardas, vestidos apenas com suas roupas esfarrapadas de agricultores, eles pareciam tudo, menos soldados. E, no entanto, no início da luta, escondidos no mato, haviam devastado as bem equipadas tropas britânicas, matando soldados como se fossem coelhos. Em meados de 1900, os colonos não tinham mais nada a temer, mas os bôeres não desistiram. Eles se tornaram os coelhos — presas armadas que não eram fáceis de pegar. Empurrados para os limites a oeste e a norte de suas antigas repúblicas (anexadas pelos britânicos), continuaram atirando de tocaia, embora sem chance de montar uma ofensiva produtiva contra centenas de milhares de soldados imperiais.

Como outras guerras modernas, a que foi travada entre britânicos e bôeres gerou rapidamente uma indústria de suvenires, com heróis de guerra retratados em broches, impressos em xícaras de chá e gravados em cabos de colheres de prata. Representações visuais de heróis de guerra e de outros aspectos do conflito armado chegaram a Fernando por meio dos cartões de cigarros. Havia algum tempo que as empresas tabagistas britânicas incluíam um cartão colecionável em cada maço vendido, e os temas militares eram especialmente populares.* No final de 1900 ou início de 1901, Fernando começou a colecionar duas séries de cartões de cigarros da Segunda Guerra dos Bôeres, retratando estadistas, generais, cenas de batalha e mapas. Seu principal fornecedor era o padrasto, um fumante contumaz, e as anotações em um caderno onde mantinha o controle de sua coleção sugere que fazia algumas trocas com colegas de classe.[14]

O mesmo caderno de anotações contém o registro de outro tipo de coleção, que consistia em alguns objetos preciosos que ele guardava em lugar seguro. Um

* Os cartões de cigarros surgiram nos Estados Unidos, onde jogadores de beisebol eram o tema favorito. Os fabricantes de chicletes mais tarde acabariam substituindo as companhias de tabaco como o principal distribuidor de cartões de beisebol.

dos itens listados, "2 botões de oficial da Marinha portuguesa saídos do casaco do uniforme do sr. J. M. Rosa", remete ao interesse do menino por coisas náuticas e à natureza amistosa, ainda que um tanto formal, de sua relação com o "senhor" João Miguel Rosa, seu padrasto corado e de peito largo. Outro dos itens, um par de botões "que dizem ter sido retirados de um oficial alemão pró-bôeres em algum encontro com os ingleses", revela que o colecionador juvenil, apesar de concentrado em sua vida intelectual e imaginária, viu-se em certa medida arrebatado pela guerra travada na África do Sul, ou pela guerra em geral, visto os dois botões serem relíquias de um soldado desconhecido morto. Os alemães eram grandes simpatizantes da luta desesperada dos bôeres, e alguns pegaram em armas em sua defesa.

Os portugueses também simpatizavam com os bôeres, apesar da política do governo de colaboração com os britânicos, o que permitia a estes últimos utilizar Lourenço Marques — que oficialmente mantinha a neutralidade — como porta de entrada para chegar ao Transvaal. Em troca de sua cooperação, Portugal garantiu o reconhecimento britânico de sua soberania sobre Moçambique e Angola, territórios que a Alemanha havia proposto pouco tempo antes dividir com o Reino Unido. Porém o ódio suscitado pelo Ultimato Britânico de 1890 ainda ardia nos corações e nas mentes dos portugueses, e a facção antimonarquista, liderada pelos republicanos, não estava disposta a deixá-lo morrer. Os bôeres eram exaltados por enfrentarem o poder imperial e imperioso da Grã-Bretanha, e quando mais de mil deles chegaram como refugiados ao porto de Lisboa, no final de março de 1901, foram ovacionados por uma multidão.[15] Ninguém em Durban apoiava abertamente os bôeres — fazê-lo seria uma traição —, e o fervor patriótico de seus professores e colegas pode ter induzido Fernando a ficar do lado dos britânicos durante o conflito. Porém me parece mais provável que ele não tenha tomado partido até que, aos quinze ou dezesseis anos, alguns anos depois do conflito sangrento, refletisse sobre os custosos danos humanos e materiais e não encontrasse nenhuma justificativa razoável, além da arrogância, para a insistência da Grã-Bretanha em fazer os bôeres se submeterem. Ele simpatizava com os perdedores.

No mesmo caderno em que registrou os objetos que pertenciam a suas várias coleções, o estudante de doze anos desenhou um gráfico que listava suas notas na Durban High no segundo semestre de 1899 e nos dois semestres de 1900.[16] Ele também fez questão de anotar sua classificação na turma: primeiro lugar nos três semestres. O único aluno que, graças ao esforço dedicado ao estudo, lhe faria concorrência era Clifford Geerdts, dois anos mais velho que Pessoa. Os dois rapazes se tornaram colegas de classe em 1901, e Geerdts contaria muitos anos depois que o "sujeito pequenino de cabeça grande" se apresentara como Fernando Antônio Luís Nogueira Pessoa, explicando-lhe o significado da palavra nogueira. A recordação de Geerdts é confirmada pela assinatura de Pessoa — F. A. L. N. Pessoa — numa das primeiras páginas de *La Mare au diable* [*O charco do diabo*], romance de George Sand designado para sua turma de francês em 1901.[17] O nascimento de seu meio-irmão Luís, naquele mês de janeiro, havia despertado mais um surto de ciúme em Pessoa, agravado pelo fato de que o mais novo membro da família Rosa era um menino. Isso significava que Fernando deixara de ser o único filho homem. Com um menino e duas meninas do segundo casamento, a mãe não precisava mais dele. Sua nova família era o suficiente — ele se tornara dispensável. Assim Fernando pode ter se sentido, o que seria bastante normal, mas ele teve uma maneira originalíssima de lidar com sua insegurança. Ao inserir Luís no próprio nome, enxertou linguisticamente um pedaço da família Rosa em si e tornou-se um pouco Rosa. Como o Deus do Livro do Gênesis, que disse "Haja luz", e houve luz, Pessoa usava palavras e nomes para alterar o próprio mundo.

Era possível ver refugiados por todo o centro de Durban, onde faziam suas compras e exerciam suas atividades como todo mundo, e Pessoa deve ter visto soldados feridos retornando do front, mas não teve contato com uma classe particularmente trágica de vítimas de guerra — as várias centenas de milhares de pessoas postas em campos de concentração. Esses centros de detenção foram necessários devido à reação de "terra arrasada" do exército britânico à guerra de guerrilha encarniçada promovida pelos bôeres depois que as capitais de suas duas repúblicas caíram. As forças britânicas percorriam o campo e incendiavam lavouras, casas de fazendas e até vilarejos inteiros para remover todas as fontes de sustento dos guerrilheiros, que eram obrigados a fugir ou depor as armas. As mulheres e crianças bôeres, junto com alguns homens velhos demais para lutar, foram transferidas para várias dezenas de campos de concentração construídos às pressas. Um número ainda maior de campos acomodou as famílias negras que trabalhavam nas propriedades dos bôeres ou ganhavam a vida por conta própria nos vilarejos e campos que acabaram incinerados.

As condições nos campos eram deploráveis, o que se devia em maior parte à inépcia e à indiferença com que eram administrados, mas a política britânica era deliberadamente desumana num aspecto vergonhoso: se as rações para mulheres e crianças bôeres já eram mínimas e incluíam pouca carne e nenhuma verdura ou legume, eram ainda menores as porções dadas àquelas cujos maridos e pais ainda estavam lutando nos campos. Ao matar de fome suas esposas e filhos, os britânicos esperavam minar a determinação obstinada dos guerrilheiros bôeres.

Em 1901, Emily Hobhouse, que criara na Grã-Bretanha o Fundo de Emergência para Mulheres e Crianças da África do Sul, visitou campos de concentração na Colônia do Rio Orange, como o derrotado Estado Livre de Orange passou a ser chamado, e escreveu um relatório contundente cujos detalhes foram corroborados por uma Comissão de Damas para a África do Sul, organizada pelo governo britânico e liderada pela feminista britânica Millicent Fawcett. A situação nos campos melhorou, mas ainda faltava atendimento médico, e cerca de 28 mil mulheres e (acima de tudo) crianças bôeres morreram, principalmente de sarampo e outras doenças transmissíveis, o que equivalia a cerca de um quarto do total da população branca nos campos. As condições ainda piores nos campos para africanos nativos foram em sua maior parte ignoradas, junto com o número de mortes que sofreram, mas estima-se que de 15 mil a 20 mil dos mais de 115 mil internos negros morreram. Muitos homens negros saudáveis que estavam nos campos foram colocados para trabalhar na campanha militar britânica como batedores, trabalhadores manuais e mineiros. As minas de ouro do Transvaal, fechadas no início da guerra, reabriram em 1901.[18]

O termo "campo de concentração" na verdade surgiu para designar esses campos criados pelos britânicos durante a Guerra dos Bôeres, e, embora seja extremamente injusto comparar suas intenções ou suas condições com os campos nazistas, muitos deles também foram cenários de horrores infames — não intencionais, mas evitáveis. Menino curioso que era, e na época leitor habitual de jornais, Fernando Pessoa se informara bem sobre os campos depois que os fatos se deram, se não durante sua ocorrência, e a sinistra ironia que representavam não lhe passou despercebida. Em artigo publicado em 1919, ele destacaria que as ações dos britânicos desmentiam o tempo todo sua apregoada política de respeitar e defender os direitos humanos fundamentais. Era em nome desses direitos que os políticos britânicos justificavam a guerra contra os bôeres e, contudo (escreveu ele), "deixaram morrer as mulheres bôeres nos campos de concentração do Transvaal".[19] Embora a maioria dos campos estivesse localizada nas duas repúblicas bôeres conquistadas, o maior de todos — Merebank, que chegou a ter 9 mil internos — foi construído logo ao sul de Durban. Mas isso foi em setembro de 1901, um mês depois que Pessoa e sua família partiram para um ano de férias em Portugal. Quando voltaram, a guerra havia terminado.

Dois meses e meio antes de embarcar com a família para Lisboa, Fernando, o estudante excepcional, deu à luz repentinamente o poeta Pessoa — em inglês. Em 12 de maio de 1901, ele escreveu seu primeiro poema:[20]

Separated from thee, treasure of my heart,
By earth despised, from sympathy free,
Yet winds may quaver and hearts may waver,
But I'll never forget thee.

Soft seem the chimes of boyhood sweet
To one who is no more free,
But let winds quaver and men's hearts waver,
I'll never forget thee.

In a dim vision, from school hailing
Myself, a boyish form, I see,
And winds have quavered and men's hearts wavered,
*But I've not forgotten thee.**

O poema continua na mesma toada por mais quatro estrofes, que poeticamente não são melhores do que as três primeiras. As rimas são pobres, a métrica é inconsistente e a história contada pelos 28 versos do poema não convence.

* "Separado de ti, tesouro do meu coração,/ Pela terra desprezado, alheio a todo o querer,/ Ainda que os ventos trilem e os corações vacilem,/ Jamais eu te hei-de esquecer.// Doce parece o suave canto da juventude / A quem se deixou prender,/ Mas inda que os ventos trilem e os corações vacilem,/ Jamais eu te hei-de esquecer.// Numa esfumada visão, acenando da escola/ Criança me posso ver,/ E já os ventos trilaram e os corações vacilaram,/ Mas não te pude esquecer" (Trad. de Luísa Freire)

Não há uma amada de verdade aqui, apenas uma figura imaginada de forma vaga, envolta numa "visão turva" de um futuro distante, como se o poeta já fosse um adulto formado olhando para trás. Esse último detalhe é o que torna o poema biograficamente digno de nota. Embora insatisfatório como composição literária, é uma antecipação daquilo que se tornaria mais célebre na poesia de Pessoa: o fingimento. Esse método, ao qual a maioria dos poetas recorre pelo menos em parte, foi a base quase exclusiva de Pessoa para escrever poesia. Em 1901, fazendo-se passar por um homem maduro que não esquecera o "tesouro" de seu coração de muito, muito tempo antes, ele fingia um amor que não sentia, bem como os anos de experiência que não tinha. Portanto, já se tratava de um duplo ato de fingimento.

"O poeta é um fingidor" é o primeiro verso do poema mais traduzido de Pessoa, "Autopsicografia", escrito em 1º de abril de 1931. A data de sua composição pode nos fazer suspeitar que ele estava brincando com o leitor, recorrendo ao paradoxo do mentiroso. De acordo com as regras da sintaxe lógica, se o poeta é um fingidor, então sua afirmação "O poeta é um fingidor" deve ser fingida e, portanto, não é verdadeira. Mas Pessoa não estava tentando ser dissimulado conosco — o enigma era dele mesmo. Ele não sabia como *não* fingir, então o mais perto que poderia chegar de ser sincero era aceitar-se como um fingidor. Já em criança, Fernando estava determinado a mudar a si mesmo e ao seu mundo. Estava interessado não apenas em faz de conta, mas em fazer e refazer a realidade.

Um mês antes de escrever seu primeiro poema, Fernando produziu um jornal caseiro dedicado ao humor. "As seguintes piadas foram recebidas em 2 de abril de 1901", anunciava o jovem editor no alto da primeira página. Era o tipo de anúncio que poderia aparecer em um jornal de verdade, no cabeçalho de uma seção reservada a piadas, charadas e poemas espirituosos enviados por leitores. No jornal de Fernando, as "piadas" anunciadas consistiam em onze páginas de anedotas, um poema engraçado, diálogos cômicos e coisas desse tipo, metade em inglês, metade em francês. Alguns dos itens tinham um tom mais sério do que humorístico. Nenhum era obra sua. Todos foram copiados, com a caligrafia escolar mais caprichada de Fernando, de jornais de verdade ou de livros.

A décima segunda e última página do jornal apresentava uma seção de esportes que listava os resultados de partidas de críquete entre clubes fictícios formados por jogadores fictícios. O conteúdo dessa seção saiu da cabeça do próprio Fernando, e em breve retornarei ao seu vasto mundo de esportes virtuais.[21] O que quero salientar agora é que as aspirações de leitura, escrita e publicação do menino e o mundo particular de personagens fictícios, inclusive atletas, evoluíram todas juntas. E os jornais eram o lugar para onde convergiam todos esses interesses. O saudoso tio Cunha teria ficado comovido ao saber que o menino combinava a velha brincadeira de inventar gente imaginária com uma nova, o jornalismo, inspirado nas frequentes visitas à redação do *Correio da Noite* aos cinco, seis, sete anos. Tio Cunha também supria o sobrinho com jornais ou ao menos alguns dos cadernos dos jornais, como as páginas de humor, que um menino que gostava de ler poderia apreciar, e manteve essa prática, enviando-os pelo correio, depois que Fernando se mudou para Durban.

O livro preferido de Fernando Pessoa era *The Posthumous Papers of the Pickwick Club* [*As aventuras do sr. Pickwick*], ao qual voltou muitas vezes ao longo de sua vida.[22] Lido pela primeira vez em 1900 ou 1901, o livro de Charles Dickens inspirou-lhe um de seus primeiros projetos literários em grande escala (também nunca levado a cabo), *Papers of the Nonsense Club*, que incluiria ensaios com títulos como "Sobre o chapéu fugitivo" e "Sobre a sublimidade do obscuro".[23] *The Pickwick Papers* não é um livro típico para crianças, que tendem a ser atraídas pelos dramas de personagens como Oliver Twist ou David Copperfield. O sr. Pickwick e seus três companheiros de viagem são homens adultos com interesses adultos. É verdade que suas trapalhadas são hilariantes para qualquer idade, e a escrita cômica agradava muito a Pessoa quando criança, mas não foi graças às piadas e cenas divertidas sem nenhuma trama real que ele se apaixonou pelo romance. Pessoa ficou encantado com seus personagens excêntricos e com a *vivacidade* deles, que existia por si só, sem necessidade de um enredo. Num texto do *Livro do desassossego*, Pessoa descreveria os pickwickianos como "figuras extra-humanas" que, de uma forma diferente de nós, são igualmente reais.[24] Expandindo essa ideia, num ensaio inacabado que escreveu em inglês, ele argumentaria que o primeiro romance de Dickens, publicado em 1836-7, confere aos leitores uma "visão mística" que envolve uma "reformulação do velho ruído pagão, a velha alegria báquica pelo mundo ser nosso, ainda que transitoriamente, pela convivência e a plenitude dos homens, pelo encontro e a triste separação da humanidade perene". As palavras "homens" e "humanidade" referem-se ao gênero masculino, como o próximo parágrafo do ensaio deixa claro:

É um mundo humano e, por isso, as mulheres não têm nenhuma importância nele, como estabelece o velho critério pagão, e o faz corretamente. As mulheres de Dickens são papelão e serragem para empacotar seus homens para nós na viagem desde os espaços do sonho. A alegria e o entusiasmo da vida não incluem a mulher, e os antigos gregos, que criaram a pederastia como uma instituição de prazer social, sabiam disso até o fim.[25]

A frase do meio dessa citação é uma observação objetiva e verdadeira: as mulheres são de fato cenário ou mobília nesse romance sobre homens e as relações entre eles. Por outro lado, a primeira e a terceira frases pouco nos dizem do romance, mas muito sobre Pessoa, que excluía as mulheres de qualquer "mundo humano" de alegria viva. Juntas, as três frases parecem ser uma confissão de sua preferência por se relacionar com homens. Ele celebraria a camaradagem masculina em sua crítica literária e em comentários espalhados por todo o *Livro do desassossego*. E a sociedade de seus heterônimos era um clube quase exclusivamente masculino, em que as mulheres nem mesmo eram apreciadas como objetos sexuais em conversas. Em suas reflexões privadas, o narrador do *Livro do desassossego*, Bernardo Soares, passa algum tempo exaltando uma "Senhora dos Sonhos", a quem diz que só pode adorar porque "nunca te manchaste nem do horror de seres fecundada, nem do horror de parires",[26] mas no mundo do centro de Lisboa, onde vive e trabalha como assistente de contabilidade, prefere a companhia simpática e pouco exigente de seus colegas de trabalho, todos do sexo masculino.

Pessoa, em sua vida real, tal como Soares em sua vida inventada, tinha um pouco de medo das mulheres, mas interagia com quase todas as pessoas — de ambos os sexos — a uma distância pequena, porém intransponível. Não há provas de que tenha praticado qualquer tipo de sexo com homens, nem há muitos indícios de intensidade emocional ou paixão recíproca em suas amizades masculinas. Ele passaria centenas de horas com homens em cafés e teve amizades que duraram muitos anos, mas como que por acidente, como se ele e os amigos pertencessem por acaso ao mesmo clube. O poeta raramente abria seu coração para alguém.

O clube masculino formado por Samuel Pickwick e seus amigos serviria a Pessoa como um modelo de amabilidade social, mas a obra de Dickens causou outro impacto mais importante sobre o escritor iniciante. Sendo o primeiro romance que leu, e que conseguiu transportá-lo para seu próprio reino ficcionalmente vasto e vívido, *The Pickwick Papers* foi o livro iniciático e encantatório que revelou a Pessoa todo o potencial da literatura como uma realidade alternativa e tão grande quanto a vida.

O primeiro jornal caseiro de Fernando e a criação de seu primeiro poema juvenil acrescentaram outra dimensão ao significado prático da literatura, que deixava assim de ser uma realidade que ele poderia habitar apenas através da leitura para se tornar uma realidade que ele poderia criar — para si mesmo, para os outros e para a posteridade. Naquele momento, porém, havia pouco tempo para criar, já que sua energia mental estava concentrada na preparação para o Exame do Ensino Secundário, realizado em junho de 1901. Na verdade, tratava-se de uma bateria exaustiva de provas, na qual os alunos da série IV precisavam passar para ganhar o diploma. Nem mesmo um gênio consegue absorver o latim sem um estudo disciplinado e concentrado, e Fernando — que seria notoriamente indisciplinado como escritor e no dia a dia — ainda tinha paciência para memorizar de forma metódica as declinações, as conjugações e o vocabulário. Dentre as matérias examinadas — inglês, latim, francês, aritmética, álgebra e geometria —, seu melhor resultado foi em latim, e o pior, em aritmética. Sua pontuação combinada foi a mais alta de sua escola, e ele ficou em 48º lugar entre os 673 sul-africanos que fizeram o exame.[27] Pessoa terminara o ensino secundário eclipsando todos os colegas, e mal completara treze anos de idade.

Ele poderia relaxar no dia de seu aniversário, que caiu uma semana depois de ter feito o exame de cinco dias, mas então aconteceu uma coisa triste: a mais nova de suas irmãs, Madalena Henriqueta, contraiu meningite, com consequências fatais. Fernando faltou à última semana de aulas do semestre, que terminou em 26 de junho, um dia após o falecimento dela.[28]

No dia 7 de julho de 1901, João Miguel Rosa enviou um telegrama ao ministro dos Negócios Estrangeiros solicitando licença para viajar a Portugal por motivos de saúde. Numa carta que acompanhava a correspondência diplomática, explicou que seu médico aconselhara um descanso do clima africano e que o consulado belga cuidaria dos assuntos portugueses em sua ausência.[29] João Rosa não sofria de nenhuma enfermidade em particular, mas depois de seis anos consecutivos na África do Sul tinha direito a férias com a família no país de origem e marcou a viagem de modo que Fernando pudesse concluir antes o ensino secundário. O pedido do cônsul foi atendido, e, no dia 1º de agosto, a família Rosa e a governanta-chefe, uma moçambicana chamada Paciência (apelidada de Pá), embarcaram no vapor alemão *SS König* que os levaria a Lisboa. Na bagagem, ia um pequeno caixão com os restos mortais de Madalena Henriqueta, de dois anos e meio, para serem enterrados em solo português.[30]

A rota habitual dos navios de passageiros de Durban a Lisboa contornava os penhascos impassíveis do cabo da Boa Esperança e subia pelo lado oeste da África, numa viagem que durava cerca de 25 dias, mas o *König* subiu pela costa leste e atravessou o canal de Suez, com escalas em Lourenço Marques, Beira, Zanzibar, Dar es Salaam, Tanga, Aden, Port Said e Nápoles, antes de chegar à capital de Portugal, numa jornada de 43 dias.

Essa viagem renderia frutos poéticos por meio de um dos futuros heterônimos de Pessoa, Álvaro de Campos, o viajante do mundo e engenheiro naval. Em seu poema "A passagem das horas", escrito principalmente em 1916, o engenheiro faria uma referência enigmática à "estatura norte-africana quase de Zanzibar ao sol" e observaria que Dar es Salaam era um porto difícil de navegar. Outro poema de Campos, intitulado "Opiário" e datado de 1915, teria sido escrito no canal de Suez em sua viagem de volta do Extremo Oriente. Entre tipos que viajavam no mesmo navio estavam um "*escroc* francês, conde de fim de enterro" e um grumete com "belo modo alçado de *laird* escocês há dias em jejum". Essas descrições vívidas talvez se baseassem na realidade. Talvez o *König* tivesse dificuldades para manobrar no porto de Dar es Salaam, e talvez transportasse passageiros que voltariam a viajar, anos depois, no vapor de Álvaro de Campos. Ou talvez não. Mas, de uma forma ou de outra, direta ou indiretamente, as viagens reais do jovem Fernando foram uma inspiração para as suas viagens imaginárias.

9.

Em 13 de setembro de 1901, o *SS König* enfim chegou ao porto calmo, suavemente acidentado e familiar de Lisboa. Exceto pela novidade dos bondes movidos a eletricidade, que haviam começado a circular em agosto, a cara da cidade pouco mudara nos cinco anos e meio desde que Fernando e sua mãe emigraram para a África do Sul. O *Jornal do Comércio*, especializado em notícias de navegação e negócios, anunciou devidamente a chegada do *König* e dedicou uma notícia separada a um de seus passageiros, João Miguel Rosa, elogiando o diplomata por todo o seu bom trabalho e, em particular, por manter as autoridades portuguesas em Lourenço Marques bem informadas sobre os últimos eventos na África do Sul. "Demais, português que passasse em Durban encontrava sempre na residência do sr. Rosa, em West Street, acolhimento tão cativante, que para sempre se lhe gravava no coração a sua memória." O jornal dava as boas-vindas a ele e aos seus.[1]

A família alugou um apartamento na rua de Pedrouços, número 45, a apenas uma quadra da casa onde moravam as tias-avós de Pessoa, Maria e Rita, junto com vovó Dionísia, onde Fernando ocasionalmente ficava quando menino. Tia Maria deixara seu quarto intacto, incluindo a coleção de brinquedos com os quais ele já estava velho demais para brincar, ou talvez não completamente. E, além dos brinquedos, havia o fantasma do travesso tio Cunha, lembrando-o das histórias que inventavam, nas quais cavaleiros, capitães e políticos eram os protagonistas.

Muito em breve, o menino em férias inventaria um novo elenco de personagens imaginários para ajudá-lo a passar os dias.[2]

A certa altura, Fernando, sozinho ou acompanhado pela família, fez uma viagem a Tavira, no Algarve. Sua mãe estimulava-o a manter um bom relacionamento com os familiares paternos, em especial com sua "tia" Lisbela, que se aproximara dele durante os vários meses que passara em Lisboa em 1893, quando seu pai (primo dela) estava morrendo de tuberculose. Ela voltara a Lisboa no ano seguinte, para o aniversário de seis anos de Fernando, e continuou a manter contato com ele por meio de cartas.[3] Uma vez que vovó Dionísia não conseguia mais manter uma conversa coerente com Fernando, muito menos acompanhar e apreciar seu desenvolvimento de adolescente com talentos excepcionais, Lisbela era uma espécie de avó substituta, e a única familiar paterna com quem ele sentia uma conexão emocional.

Em Lisboa, Fernando foi imediatamente reinserido na vasta rede de parentes por parte de mãe. As várias tias e primas de Maria Madalena convidavam sempre a família Rosa para almoçar, tomar chá ou jantar. João Rosa gostava de deixar que as relações da mulher fossem o centro em torno do qual ele e os filhos gravitavam durante as férias portuguesas, mas também queria mostrar a família aos seus dois irmãos mais velhos, Júlio Leopoldo[4] e Henrique, que o representara em seu casamento por procuração com Maria Madalena. Infelizmente para Fernando e sua irmã Henriqueta, nenhum dos dois tinha filhos com quem pudessem brincar. Fernando, no entanto, ficou compreensivelmente intrigado com o irmão mais velho de João, Henrique Rosa, o oficial do Exército que *escrevia poesia*, lia livros sobre os mais diversos assuntos e passava longos períodos trancado em seu apartamento. Ele logo percebeu que esse irmão do padrasto era um exemplo clássico do tipo de indivíduo conhecido como "excêntrico". Talvez tenha se perguntado se ele próprio poderia ser um excêntrico, e se isso era uma característica que predispunha alguém a ser poeta.

Informado sobre as realizações escolares de Fernando e seu interesse pela literatura, Henrique Rosa ficou deslumbrado com ele e acabaria se tornando um amigo relevante. Mas naquele momento, o contato social limitou-se às visitas familiares, nas quais Pessoa o observava com uma curiosidade maior do que a habitual.

Livre das aulas e dos exames, Fernando passava muito tempo lendo, agora principalmente em português: clássicos da literatura, livros de conhecimento geral, poesia moderna e textos humorísticos. Como estava de férias, lia por prazer, e uma de suas publicações preferidas era *O Pimpão*, jornal quinzenal com esquetes, versos leves, anedotas, charadas e desenhos satíricos, embora também publicasse poemas sobre assuntos sérios, escritos em estilo elevado. Fernando soube do *Pimpão* através de Henrique Rosa, que foi um colaborador regular do jornal com seus poemas entre dezembro de 1901 e setembro de 1902. Assinava todos com o pseudônimo de Azor, que era seu sobrenome (originalmente "Roza") escrito de trás para a frente.[5]

Em 1902, Fernando decidiu fazer seu próprio jornal, *O Palrador*, que encheu de notícias fictícias e verdadeiras, piadas e charadas, tópicos de ciência, ficções curtas e poemas, tudo em excelente português. Ao contrário do periódico de humor que experimentara um ano antes, em Durban, *O Palrador* continha apenas obras originais suas. No entanto, os artigos, poemas e outros textos eram todos atribuídos a escritores e jornalistas fictícios. Dos números que chegaram até nós, o mais antigo é o quinto, datado de 22 de março de 1902. Foi escrito à mão com capricho numa grande folha única de papel dobrada em quatro páginas com três colunas em cada. O artigo principal, "Monstros da Antiguidade", fala sobre dinossauros, mas também fornece um resumo da teoria da evolução darwiniana. A certa altura, o ensaísta nos lembra com toda a sobriedade que "o próprio homem, que, do alto de seu orgulho, julga-se o rei da criação, não passa de um elo da cadeia imensa dos organismos que vivem na terra". Embora houvesse um debate interminável sobre seus detalhes, a teoria da evolução estava começando a ser amplamente aceita na Europa no final do século XIX.[6]

Depois do artigo sobre dinossauros, assinado por Francisco Angard, cujo sobrenome parece uma brincadeira com "En garde!", vem a segunda parte de um ensaio factual sobre mergulho em busca de pérolas, assinado pelo dr. Caloiro, cuja primeira parte fora publicada na edição anterior, infelizmente perdida. Ambos os artigos, escritos em estilo envolvente e exibindo os conhecimentos do escritor, são bem sérios. O restante da edição é dedicado a diversão e jogos, com anedotas, vários tipos de charadas, respostas para as charadas da edição anterior e um poema humorístico intitulado "Os ratos", que conta como três ratos em uma mercearia morrem por comer linguiça colorida artificialmente ou farinha e leite adulterados. O quarto camundongo da família, deixado sozinho e desconsolado, decide suicidar-se, mas o veneno de rato que encontra em uma das prateleiras e engole para cumprir seu propósito também é adulterado, de modo que em vez de morrer ele apenas engorda.

"Os ratos" era assinado por Pip, nome tomado emprestado do herói em ascensão social de *Grandes esperanças* e um dos personagens mais memoráveis de Dickens. O Pip de Fernando, além de escrever poesia, inventava charadas para *O Palrador*. Seu nome ressurgiria em Durban como uma assinatura numa cartilha latina usada por Pessoa em 1904.[7] O poeta e criador de charadas mais proeminente de *O Palrador* era o dr. Pancrácio. Outro colaborador das charadas, Diabo Azul, tirou seu nome do Diabo Azul que assinava contos e esquetes publicados em um jornal de verdade, *O Pimpão*.[8] Uma vez que não se tratava de um nome com registro legal, Fernando podia usá-lo impunemente, conferindo prestígio emprestado ao seu modesto empreendimento jornalístico. Isso talvez tenha sido uma estratégia de marketing. *O Palrador* era vendido por vinte réis, o preço de alguns jornais portugueses na época; outros custavam metade desse valor. Os primeiros quatro números, ausentes do Arquivo Pessoa, foram provavelmente adquiridos por parentes que se divertiam com eles.

Os jornais de faz de conta de Pessoa foram o catalisador para sua primeira empreitada de maior fôlego de escrita criativa, e, embora não sejam grande literatura, os poemas e textos em prosa que produziu para eles prefiguram, em miniatura, alguns traços destacados do autor mais fascinante de Portugal dos tempos modernos. O que se sobressai de imediato é o número vertiginoso de personagens escritores que assinam o que o Fernando de treze ou catorze anos escrevia. A despeito do que os estudiosos possam concluir sobre a natureza real e o significado da autodispersão de Pessoa em um grupo de autores inventados, trata-se de uma prática que se originou junto com suas primeiras tentativas de escrita séria. Na verdade, isso era tão intrínseco ao seu processo criativo que os pseudoautores de *O Palrador* às vezes tinham seus próprios pseudônimos, como se o "outrar-se"* fosse uma condição necessária para o ato de escrever, mesmo quando o próprio escritor já era uma ficção. Os jornais juvenis, além de prenunciar a complexa família de heterônimos de Pessoa, também funcionaram como uma oficina de redação de uma única pessoa, na qual o jovem autor experimentava diversos estilos e apresentava vários dos principais temas que se repetiriam em sua obra madura.

O segundo número preservado de *O Palrador*, "publicado" em 24 de maio, começava com a conclusão do artigo sobre dinossauros e trazia a variedade usual

* Termo usado pelo próprio Pessoa para referir-se à criação dos heterônimos. (N. T.)

de charadas, mas o cerne do jornal era dedicado a três poemas, dois dos quais eram assinados pelo dr. Pancrácio. Um deles era uma sátira à proposta de um lexicólogo de modernizar a grafia do português com base em princípios fonéticos. Esses princípios seriam adotados alguns anos depois, em 1911, quando o governo — como parte de uma campanha para ampliar a alfabetização — determinou muitas mudanças para simplificar a ortografia. A nova ortografia tornou mais fácil para os iniciantes aprenderem a escrever, mas também obscureceu as origens grega e latina de muitas palavras. Rejeitando a reforma ortográfica de 1911, Pessoa continuaria a escrever à maneira antiga — *rhythmo, prompto* e *philosophia* em vez de ritmo, pronto e filosofia. No *Livro do desassossego*, ele justificou sua recalcitrância com o argumento de que "o esplendor da transliteração greco-romana" veste a palavra "em seu autêntico manto real, tornando-a uma dama e rainha".

O outro poema, muito diferente, do dr. Pancrácio era um soneto — o primeiro conhecido escrito por Pessoa. Intitulado "Sonho", seu tema lembra a peça mais famosa do dramaturgo espanhol da Idade de Ouro Calderón de la Barca (1600-81), *La vida es sueño*, e termina com o seguinte terceto:

Sonhando sempre eu não tinha sonhado
Que nesta vida sonha-se acordado,
Que neste mundo a sonhar se vive!

Eram pensamentos profundos para um garoto de sua idade. A natureza onírica da realidade e a possibilidade de criar e aumentar a realidade através dos sonhos seriam um tema central do *Livro do desassossego*, bem como da única peça teatral completa de Pessoa, *O marinheiro*, de 1915.

Os dois poemas do dr. Pancrácio — uma invectiva humorística contra a grafia simplificada e uma reflexão solene sobre a natureza delicada e sonhadora da vida — são tão diferentes como a noite e o dia; e, como a noite e o dia, formam um círculo completo. Num mundo de sonhos onde nada é sólido, as palavras são fundamentais, pois dão forma e peso às coisas que vemos, ou imaginamos ver. Quando, ao acordar, recordamos um sonho noturno, são as nossas palavras que lhe dão substância e uma espécie de realidade, uma realidade linguística. Para o pensamento de Pessoa, as palavras eram objetivas, objetivadoras: dotavam o material onírico da vida de contornos claros. E, uma vez que seu mundo da linguagem era um mundo escrito, importava para ele o modo como as palavras eram grafadas.

O terceiro poema incluído na edição de 24 de maio de *O Palrador*, "Estátuas", é menos interessante em termos poéticos, mas marca uma nova etapa na carreira de "outrar-se" de Pessoa, já que seu autor fictício, Eduardo Lança, tem uma vida bastante independente dos poemas que supostamente escreve e do jornal onde aparecem. Uma nota biográfica assinada por Luís Antônio Congo, o "secretário da redação" de *O Palrador*, informa-nos que Lança nasceu a 15 de setembro de 1875, no estado da Bahia, no Brasil, onde fez um curso comercial e conseguiu emprego numa grande empresa, quando seus pais já estavam mortos. A firma enviou-o em viagem de negócios a Lisboa, onde acabou por se instalar. Depois de publicar *Impressões de um viajante em Portugal* "num estilo belo e verdadeiramente português", Lança publicou três coletâneas de poesia. Ele tem outro livro no prelo e é colaborador frequente de revistas em Portugal e no Brasil.

A trajetória resumida de Eduardo Lança torna-se mais interessante quando percebemos seu verdadeiro significado: era um emblema profético do futuro imediato de Fernando na África do Sul e de seu futuro no longo prazo em Portugal. Com efeito, assim que regressou a Durban, no mesmo ano de 1902, começou os estudos para se tornar um homem de negócios, assim como Lança teria feito no Brasil. Em maio de 1902, Fernando já sabia, claro, que em breve ingressaria numa escola de comércio. Não sabemos se a ideia partira do padrasto ou de parentes maternos sensatos, mas foi plenamente endossada pela mãe, e Fernando concordou com ela, animado pelo menos com a ideia de uma profissão que lhe prometia autonomia. Afinal, foi o trabalho de Eduardo Lança numa firma comercial que lhe permitiu mudar da Bahia para Portugal, onde virou um poeta de sucesso. Esse poeta brasileiro personificava, inclusive no próprio sobrenome, a esperança de Fernando de se lançar de volta a Lisboa para sempre e depois se lançar como escritor.

O fato de os pais de Lança terem morrido antes de ele se formar, liberando-o para fazer exatamente o que quisesse da vida, é um detalhe peculiar demais para não ser considerado relevante. Embora Fernando nunca tenha desejado nem remotamente a morte de seus pais, estava ansioso para escapar do controle deles, para cuidar de seu próprio nariz. E, ao que tudo indica, já sentia que era, do ponto de vista mental e emocional, dono de si mesmo — com uma vida interior independente e essencialmente solitária. E assim permaneceria. Nenhum de seus alter egos, a começar por Eduardo Lança, o primeiro a ser dotado de uma biografia, se casou, e nenhum deles teve mãe ou pai, fosse porque já haviam morrido ou simplesmente por nunca serem mencionados.

* * *

A capacidade para emoções fortes, inclusive o amor, se desenvolve desde cedo; a capacidade de conceituá-las vem depois. Mas Fernando Pessoa era um caso estranho. Ele estava emocionalmente em pé de igualdade com outros garotos de catorze anos, porém em termos intelectuais bem avançado para sua idade, e esse desequilíbrio teve consequências para sua personalidade, suas relações sociais e sua obra literária. Já havia atingido a puberdade, e os estímulos de sua libido adolescente coincidiram com sua primeira produção de artista criativo, mas a relação desses estímulos com essa produção está, na melhor das hipóteses, implícita — não é algo que salta da página. Jovens apaixonados, se inspirados a escrever poemas, são capazes de expressar sentimentos ardentes num estilo abertamente lírico que não só beira o sentimentalismo como pode se afogar nele. Distantes de tudo isso, os poemas juvenis de Fernando sobre o amor exibiam uma sofisticação conceitual e estética adquirida em suas vastas leituras de poetas maduros.

Um dos primeiros mestres literários de Fernando foi Luís Vaz de Camões (*c.* 1524-80), cuja requintada e variada produção poética o torna comparável a poetas tão diversos quanto Virgílio, Petrarca, Dante e Shakespeare. Camões, que passou seus primeiros e últimos anos em Lisboa, é mais lembrado por *Os lusíadas*, seu poema épico sobre a viagem inaugural de Vasco da Gama à Índia, mas ele escreveu uma quantidade não menos impressionante de poesia lírica, em grande parte inspirada em seus muitos amores e suas aventuras boêmias em três continentes. Pessoa imitou o estilo de Camões mais de uma vez em sua poesia adolescente. O soneto "Metempsicose", incluído no terceiro número preservado de *O Palrador*,[9] descreve como a "alma pura" de uma mulher admirada de longe desperta "impulsos mais puros" no poeta, cuja alma ela passa a habitar. Trata-se de um tema amoroso extraído diretamente de Camões, mas enquanto a presença espiritualizada de uma mulher inalcançável traz verdadeiro júbilo e verdadeiro sofrimento ao grande poeta renascentista português, que desejava a consumação física, o poeta de "Metempsicose" não sente essa tensão. Sua fala sobre uma dama pura que inspira um amor puro era poesia puramente abstrata, com pouca ou nenhuma conexão com a própria experiência. O jovem poeta retrabalhava modelos antigos à maneira de um aprendiz de escultor, lidando com conceitos literários como se fossem argila.

"Ave Maria", poema escrito em 7 de abril e não incluído em *O Palrador*, incrusta em suas nove quadras, uma pequena frase por vez, toda a oração católica popular aludida no título — "Ave Maria, cheia de graça, o Senhor é convosco" e assim por diante. Pessoa dedicou o poema à mãe, também chamada Maria. Embora essa homenagem santificadora tenha sido sem dúvida sincera e deva ter tocado profundamente sua mãe, nem ela nem a Santa Mãe de Deus eram a verdadeira inspiração do poema. O poeta estava copiando mais um truque que aprendera com Camões, cujo poema religioso mais famoso, "Sôbolos rios que vão", é uma expansão do Salmo 137, cuja totalidade, da mesma forma, é gradualmente citada ao longo de seus 365 versos.

Alguns dos poemas de Pessoa permitiram-lhe identificar, confrontar e chegar a um acordo com certos sentimentos, mas isso era, em geral, um benefício incidental, e não sua motivação para escrever. Desde o início, ele escreveu sob a sombra de uma tradição literária monumental que admirava com devoção e da qual desejava fazer parte. A maioria dos jovens aspirantes a escritores talvez tenha ambição semelhante. Ao contrário de quase todos os jovens escritores, Fernando já conhecia muitas das obras que integram essa tradição. Grande parte de sua escrita era reescrita, desconectada de sua vida emocional ou psicológica, a não ser na medida em que era dominada pela arte. Seus modelos vinham com frequência da poesia inglesa, mesmo quando escrevia em português. Um soneto de junho de 1902 intitulado "Antígona", por exemplo, é em parte uma paráfrase e em parte uma reinvenção do soneto mais famoso de Elizabeth Barrett Browning, no qual a poeta descreve todas as maneiras em que amava o futuro marido, Robert Browning. O soneto de Fernando, por outro lado, aborda um personagem da mitologia grega infinitamente distante de sua própria experiência.[10]

Cerca de metade dos quinze poemas que Pessoa escreveu entre março e agosto de 1902 invoca uma amada ou apresenta as mulheres como objetos de desejo. Sem sentir nenhum amor, o poeta iniciante surrupiou livremente o discurso amoroso de autores como Camões e Elizabeth Barrett Browning. Ou então usou exemplos poéticos maduros para encarnar seus sentimentos ainda imaturos de atração amorosa. A última hipótese é muito menos provável. Se for verdadeira, então Pessoa deixou ali seus sentimentos amorosos — poeticamente resolvidos, ao menos por ora. Demoraria mais alguns anos até que ele escrevesse outro poema de amor, também não muito convincente.*

* "Sonnet", que começa com "Lady, believe me ever at your feet" e é datado de março de 1907. Assim como em seus poemas de 1902, a amada parece ser apenas hipotética. Em toda a sua poesia, nunca encontramos um grupo concentrado de poemas de amor dirigidos a uma pessoa específica.

Dúvidas sobre se era ou não atraente para os outros, fixação afetiva pela mãe, insegurança quanto à orientação sexual — são todas razões plausíveis para Fernando Pessoa apenas ler e escrever quando o tema era o amor. O amor de verdade era uma coisa complicada, que ele evitava. Ou talvez fosse um dom concedido a outros, mas não a ele. Quando jovem, absorto como estava em seus prazeres literários, não parecia sentir falta disso, porém aos vinte anos começaria a se perguntar se afinal o desejava, fosse o que fosse. Sua escrita, que sempre foi um refúgio seguro e em outro mundo, se tornaria um veículo secreto para a exploração sexual e a autodescoberta. Não tão secreto, na verdade, já que Pessoa não só escreveu, como também publicou poemas que retratam paixões heterossexuais e homossexuais e até algumas fantasias sadomasoquistas explícitas.

Mas ele nunca se sentiu confortável com a ideia do sexo na vida real. Preferia a bonomia jovial que havia observado entre os membros do Pickwick Club e que fomentava, se possível, entre seus amigos imaginários e colaboradores literários, a começar pela equipe jornalística de *O Palrador*. Se nos voltarmos para a seção de piadas e charadas desse jornal, encontramos o Diabo Azul dedicando uma charada ao dr. Pancrácio, que oferece um logogrifo (uma espécie de quebra-cabeça de palavras) a Gee, que endereça um metagrama (jogo de palavras baseado em substituição de letras) para Pip, que dedica um enigma a Parry, e assim por diante. Outros charadistas tinham nomes de coisas da horta: Pimenta, Rabanete e Zé Nabos. E havia três mulheres que entravam na brincadeira: Cecília, a Ninfa e a Ninfa Negra. Todos eram solucionadores e inventores de charadas, e uma coluna listava regularmente o número de soluções corretas do número anterior de cada um dos participantes. Eles estavam numa competição amigável.

A acreditar em Pessoa, sua interação com os jornalistas e os poetas inventados foi importante não apenas para sua escrita. Em carta datada de 13 de janeiro de 1935, ele afirmaria:

> Desde criança tive a tendência para criar em meu torno um mundo fictício, de me cercar de amigos e conhecidos que nunca existiram. (Não sei, bem entendido, se realmente não existiram, ou se sou eu que não existo. Nestas coisas, como em todas, não devemos ser dogmáticos.) Desde que me conheço como sendo aquilo a que chamo eu, me lembro de precisar mentalmente, em figura, movimentos, caráter e história, várias figuras irreais que eram para mim tão visíveis e minhas como as coisas daquilo a que chamamos, porventura abusivamente, a vida real. [...] Esta

tendência para criar em torno de mim um outro mundo, igual a este mas com outra gente, nunca me saiu da imaginação.

Como mencionado antes, Pessoa escreveu em outro lugar sobre a necessidade imperiosa que sentia, quando criança, de "aumentar o mundo com personalidades fictícias" como o Chevalier de Pas — um impulso que se tornou ainda mais forte em sua adolescência e "radicou-se com o crescimento dela". Pip, Pancrácio e outros colaboradores de *O Palrador* foram apenas a primeira onda de "personalidades fictícias" a emergir na adolescência de Pessoa. Eles seriam seguidos, em Durban, por pseudoeus que escreviam em inglês.

Há uma diferença essencial nesses dois relatos sobre as origens dos heterônimos. Um deles é baseado no impulso natural de Pessoa de criar "*um outro mundo*" povoado por "outra gente", enquanto o segundo relato gira em torno de sua tendência de "*aumentar o mundo*" com personalidades inventadas. As duas explicações são complementares. Pessoa gerou uma realidade alternativa para a qual poderia se recolher, e de fato fez isso, mas também tentou insinuar partes dela na realidade que compartilhava com as pessoas ao seu redor. Já vimos isso com o Chevalier de Pas, cuja assinatura rabiscada de forma um tanto desajeitada se infiltrou no *Floral Birthday Book* da mãe de Pessoa, ocupando seu lugar entre os nomes perfeitamente inscritos de vários membros da família e amigos. A mistura de mundo imaginário e real feita por Pessoa também aparece em *O Palrador*, onde artigos factuais e pseudônimos de jornalistas reais invadiam um jornal que era em sua essência invenção pura.[11] Ao longo do resto da sua vida, o mundo em que Pessoa transitava e aquele com que sonhava se entrelaçariam promiscuamente.

Se, durante a estada de um ano em Portugal, Fernando precisou inventar "amigos e conhecidos que nunca existiram" e também jornais fictícios em que trabalhavam como jornalistas e poetas, foi em parte apenas para não se entediar, já que seus parentes lisboetas, em sua maioria, eram todos muito mais velhos. Só no nono mês de permanência é que finalmente conseguiu visitar os primos-irmãos Mário e Maria. Em 2 de maio de 1902, João Miguel Rosa e a sua família, inclusive Paciência, a empregada moçambicana, partiram de Lisboa para a ilha Terceira, via São Miguel, chegando ao destino no dia 7, com um dia de atraso. Ventos fortes inesperados e chuvas pesadas nos Açores atrapalharam o avanço do navio, mas mesmo sob um céu de chumbo a aproximação à capital da Terceira, Angra do Heroísmo, era uma visão impressionante, dominada pelo vulcão extinto conhecido como monte Brasil, que se ergue de uma península à esquerda do porto aberto e domina a cidade como um guarda fiel.

À espera no cais estavam tia Anica, seu marido João Nogueira de Freitas e seus dois filhos, Mário e Maria. Quase nove anos haviam se passado desde que Maria Madalena vira irmã, cunhado, sobrinho e sobrinha, e ela estava animada para apresentá-los ao novo marido e aos novos filhos: Henriqueta, de cinco anos, a quem todos chamavam de Teca, e Luís, de um ano. E não tinha menos orgulho do filho mais velho, elegantemente vestido com calças pretas até os joelhos e uma camisa branca com colarinho engomado de forma impecável, agora a caminho de se tornar um homem, embora com estranhos ele ainda tivesse o jeito tímido de uma criança não muito segura de si.[12] Tia Anica estava mais ou menos como Fernando se lembrava dela, apenas com mais cabelos brancos, mas com os primos era diferente: quando se mudaram de Lisboa de volta para os Açores em meados de 1893, Mário era uma criança começando a andar e Maria, apenas um bebê. Era como se os primos estivessem se encontrando pela primeira vez.

O empreendedor tio João, que estudara agronomia e trabalhara alguns anos na agricultura, era agora agente de uma empresa de navegação, fazia parte do conselho de um banco e atuava como vice-cônsul da França. Era também coproprietário de uma fábrica de sabão e levou todos para visitá-la, explicando seu funcionamento.[13] Enquanto isso, Fernando seduzia o primo Mário a participar de seus próprios empreendimentos imaginários. Três anos mais novo, Mário desenvolveu uma admiração natural por Fernando e seguiu o seu exemplo. Em 14 de maio, uma semana após a chegada à Terceira, Fernando lançou o número inaugural de *A Palavra*, um jornal diário que durou três dias. A primeira edição não sobreviveu, mas seu formato era presumivelmente semelhante ao do dia seguinte, consistindo em apenas duas páginas e com um cabeçalho onde apareciam "F. Pessoa" como diretor e "M. N. Freitas" (seu primo Mário) como redator.

O poema adolescente mais conhecido de Pessoa, "Quando ela passa", ocupa meia página da edição de 15 de maio de *A Palavra*. Assinado pelo dr. Pancrácio, que a essa altura era seu alter ego mais prolífico, o poema conta a história de uma jovem luminosamente pálida e de ar melancólico que passa todos os dias pela janela do poeta, parecendo cada vez mais pálida e melancólica, até que um dia não aparece. Dois dias depois, é o caixão dela que passa. Foi obviamente vítima da "peste branca", a tuberculose, que grassava em ambos os lados da família de Pessoa, em especial entre os homens. Tosse e outros sintomas talvez ainda não fossem muito perceptíveis em seu tio João, que morreria em menos de dois anos, mas Fernando era assombrado pela memória da longa luta de seu pai contra a doença.

É possível que "Quando ela passa" tenha sido uma homenagem subconsciente ao pai de Pessoa, mas a fonte direta de inspiração do poema foi o poeta português Antônio Nobre (1867-1900), cujo "Pobre tísica" utiliza linguagem semelhante para contar essencialmente a mesma história. As estrofes finais do poema, porém, devem sua existência ao poeta inglês Thomas Gray (1716-71). A forma como o eu poético de Pessoa fica sabendo da morte da jovem — ao ver seu funeral passar —, bem como a ideia de incorporar um epitáfio ao corpo do poema foram importadas da obra-prima de Gray, "Elegia escrita em um cemitério rural". Essa obra, de fama merecida, estava na mente do jovem autor, pois naquele mesmo ano, 1902, ele traduziu suas primeiras nove estrofes para o português.[14] Nessa fase de seu desenvolvimento literário, muitos dos próprios poemas de Pessoa podem ser livremente chamados de "traduções" ou transposições de obras a que ele aspirava igualar ou superar.

Enquanto "Quando ela passa" advém quase por completo do domínio literário, o resto do jornal açoriano de Fernando baseia-se em acontecimentos próximos de casa, narrados com verve e hipérbole. A seção de notícias de *A Palavra* traz relatos espirituosos sobre a "febre de retrete" (diarreia?) que afligiu sua irmã Teca e sobre o "péssimo costume" de sua prima Maria de acordar tarde. O "Suplemento" do jornal do dia seguinte consiste em uma reportagem sobre um ciclone que causou um desastre no "Cais das Hortaliças", lançando vários navios ancorados contra rochas altas ou nas docas, de modo que cargas valiosas e até mesmo algumas vidas foram perdidas. A história, acompanhada de ilustrações, é um relato exagerado das tempestades que de fato assolaram a Terceira de forma intermitente durante a semana anterior.

Embora Mário, o redator nominal de *A Palavra*, tenha sem dúvida dado algumas ideias para as histórias, os textos vinham todos da mão de Fernando, que adaptou o estilo de seu novo jornal às novas circunstâncias de sua vida. Como o clima inclemente obrigava as duas famílias a passar muito tempo em ambientes fechados, ele contava com um público cativo e optou por notícias e jornalistas com os quais pudessem se identificar com facilidade. O grande elenco de jornalistas fictícios de *O Palrador*, em cujo cabeçalho lotado o nome do próprio Pessoa nunca aparece, deu lugar à simples parceria de "F. Pessoa" e "M. N. Freitas", fazendo de *A Palavra* um empreendimento expressamente familiar. Por outro lado, o jornalista e poeta de *O Palrador*, dr. Pancrácio, foi o suposto autor do poema "Quando ela passa". Ao mesmo tempo que trazia nomes de família e novidades para o seu jornal açoriano, Pessoa oferecia à família um vislumbre de sua comunidade pessoal de figuras imaginárias — como se quisesse que todos fossem uma grande família.

A edição de 16 de maio de *A Palavra* foi necessariamente a última de Fernando, já que ele e sua família partiram para o continente naquele mesmo dia. A viagem à Terceira foi interrompida devido a um surto local de meningite, que fizera as primeiras vítimas — três crianças — no dia 10 de maio. Tendo perdido um filho para essa doença onze meses antes, João Miguel Rosa e sua esposa não quiseram colocar Teca e Luís em risco. A mãe de Pessoa, grávida de novo, também precisava cuidar da própria saúde.

De volta a Lisboa, ou então durante a viagem de quatro dias para lá chegar, Fernando inventou dois navios oceânicos, o *Tejo* e o *Etna*, rabiscando o nome das embarcações e suas especificações num caderno que trouxera de Durban. O *Tejo* era um barco cujo capitão foi inicialmente designado como "F. Pessoa", mas depois, reconsiderando, Fernando riscou o próprio nome. O *Etna*, uma chalupa ou iate, pesava vinte toneladas, tinha uma tripulação de dez marinheiros e era comandado pelo "tenente H. Rosa", com o H representando obviamente Henriqueta (Teca). Nesse caso, ele também reconsiderou e decidiu não usar o sobrenome verdadeiro de sua irmã, alterando-o de "Rosa" para "Ross".[15] Assim começou uma ficção vívida e em constante evolução.

Em entrevista concedida em 1985, cinquenta anos após a morte do irmão, Henriqueta Rosa Dias contou que ele fora uma criança solitária com o hábito de se divertir sozinho, mas ela se lembrava de uma brincadeira que ele fazia com ela e seu pequeno irmão Luís:

> Éramos como personagens de uma história continuamente inventada por ele. Cabia-me ser um tenente francês, a meu irmão, outro papel, que já esqueci... De tal modo o Fernando levava a sério a brincadeira que, por vezes, até fora da ficção eu

> continuava tenente francês. Aliás, continuei a sê-lo por muitos anos. A realidade era constantemente transfigurada, e nós protagonistas da sua *rêverie*.[16]

As primeiras lembranças que ela tinha da brincadeira remontavam a Durban, no final de 1902 ou 1903, mas foi pouco antes disso, em Portugal, que Fernando transformou a irmã Teca em tenente, cuja nacionalidade foi inicialmente portuguesa, depois inglesa ou escocesa ("Ross"). Quando ela enfim se tornou uma tenente francesa, talvez ele a tenha colocado mentalmente na companhia de seus outros dois amiguinhos militares da França, o Chevalier de Pas e o Capitaine Thibeaut, que ele próprio inventara, com a ajuda de seu tio Cunha, antes mesmo de ela nascer.

Tudo era um alvo potencial para as tentativas criativas de Pessoa de alterar a realidade. Ao mesmo tempo que tentava conferir substância quase concreta a personagens imaginados de forma abstrata — dando-lhes uma biografia, por exemplo, ou fazendo deles supostos autores de poemas reais —, ele transformava pessoas reais, como os irmãos, em ficções. Se vistas individualmente, a única coisa incomum nas invenções de Fernando Pessoa nesse período de sua vida é que, em alguns casos, elas nos parecem um pouco infantis. Consideradas em seu conjunto, constituem um ataque silencioso ao mundo como ele é.

Pessoa e sua família chegaram em segurança a Lisboa na tarde de 20 de maio, uma terça-feira, depois de uma viagem mais uma vez prejudicada por ventos contrários, e ocuparam um apartamento na avenida Dom Carlos I, a apenas uma quadra do Parlamento português. A larga avenida era ladeada por árvores floridas, então na glória do final da primavera, e nas proximidades havia um pequeno parque, o Jardim de São Bento, mas eles fizeram pouco esforço para explorar o bairro. Continuaram a passar os dias com familiares, principalmente com tia Maria e tia Rita, em Pedrouços. Foi na casa delas que festejaram o aniversário de catorze anos de Fernando, no dia 13 de junho.[17] Ele havia indicado aos pais que queria certo álbum de selos feito na França, e esse foi o presente que recebeu.[18]

O verão estava apenas começando, mas as férias da família já chegavam ao fim. Em 26 de junho, os Rosa e sua governanta embarcaram no navio alemão *SS Kurfürst* que os levaria de volta a Durban, onde o cônsul precisava reassumir suas funções em 1º de agosto. Ao despedir-se de todos os parentes reunidos no cais, Maria Madalena deve ter reservado seus últimos abraços e beijos para o filho Fernando, que passaria o verão em Lisboa. Ele tinha catorze anos, não quatro, e era um jovem orgulhoso e reservado em suas emoções, mas ainda muito apegado à mãe. Os dois nunca haviam passado muito tempo distantes um do outro — exceto por poucos dias a cada vez, quando ele ficava com tia Maria e tio Cunha. Agora estariam separados durante mais de três meses e por todo o continente africano.

Era de esperar que Fernando passasse o verão de 1902 em Pedrouços com sua querida tia Maria, tia Rita e vovó Dionísia, mas ele ficou no apartamento da avenida Dom Carlos I, no centro de Lisboa. Sua mãe enviou um cartão-postal para esse endereço quando parara em Las Palmas, capital das ilhas Canárias, o primeiro porto de escala da família em sua viagem de volta para casa.[19] Não sabemos quem ficou morando com o adolescente. Tia Maria ou tia Rita podem ter se mudado para lá temporariamente, a fim de cozinhar, limpar e lhe fazer companhia, ou ele pode ter ficado com parentes que eram os inquilinos de fato do apartamento — a família da tia-avó Carolina, por exemplo. As férias de Fernando, em todo caso, também haviam terminado. Ele permanecera em Lisboa para fazer o exame nacional do ensino básico, no qual precisava ser aprovado se pretendia prosseguir os estudos avançados ou candidatar-se a determinados tipos de empregos em Portugal.[20] Embora estivesse muito acima da média em termos acadêmicos, ele ainda precisava se preparar, uma vez que o corpo de conhecimentos que se esperava que tivesse na ponta da língua não era o mesmo de Natal, e praticamente toda a sua educação anterior havia sido em inglês. Fosse em um curso preparatório ou recebendo lições de um professor particular, ele agora estudava aritmética e outras disciplinas em português.[21]

Os estudos de Fernando não comprometeram suas atividades literárias e jornalísticas. Em 5 de julho, ele publicou o número 7 de sua imitação de jornal, *O Palrador*, e em 18 de julho viu a publicação de seu primeiro poema num jornal de verdade, *O Imparcial*. Era um tipo de poema acrobático e esperto, conhecido em português e espanhol como *glosa*, que cita e expande versos de um poema preexistente, em geral de outra pessoa. Uma breve nota biográfica descreve o jovem autor como "uma simpática e irrequieta criança", "de espírito vivo e inteligente". O jornal não costumava publicar poesia, e como o poema de Pessoa foi parar na primeira página permanece um mistério. Um possível intermediário pode ter sido Henrique Rosa, colaborador frequente de poemas para jornais, embora não para aquele.

O Pimpão era o principal veículo da poesia de Henrique Rosa em 1902, e Fernando Pessoa — ou melhor, dr. Pancrácio — também se tornaria colaborador do humorístico quinzenal, participando de sua seção de quebra-cabeças. O nome do médico era regularmente listado como um solucionador de enigmas e jogos de palavras, e no final do verão e no outono o jornal publicou alguns enigmas originais de autoria do dr. Pancrácio.[22]

Em agosto, e com seu próprio nome, Fernando escreveu dois sonetos, um deles pelo quarto aniversário de Miguel, neto de sua tia-avó Carolina. A criança "simpática e irrequieta" já se estabelecera como o bardo da família.

Uma pesquisa do primeiro grande período de produção criativa de Pessoa — os jornais de faz de conta de 1902 e meia dúzia de poemas não incluídos nos jornais — revela que partes significativas de seu projeto literário de vida estavam em vigor quase antes de ele ter escrito qualquer coisa. Desde o início, desdobrou-se numa rede de pseudoautores colaboradores, um dos quais, Eduardo Lança, já ostentava uma biografia bastante detalhada. A coisa aparentemente mais natural do mundo para o autor iniciante era forjar quando escrevia, tanto no sentido de *criar*, de *modelar*, quanto no de *imitar*, *falsificar*, e nele os dois sentidos coincidiam. O amor em seus primeiros poemas era sonetizado, ou sanitizado — afastado da existência cotidiana e colocado num distanciamento literário. Mas não era apenas seu círculo pickwickiano de companheiros imaginários e o mundo mais amplo da literatura que atraíam sua atenção e afeição. Fernando estava encantado com a linguagem propriamente dita — como as palavras são usadas e encaixadas, como aparecem na página, como soam, como são grafadas, o que pesam, de onde vêm.

10.

O exame português do ensino básico revelou-se muito mais simples do que as provas a que Pessoa estava habituado em Durban, mas, antes que pudesse embarcar para se reencontrar com a mãe, o padrasto e os irmãos, precisou resolver mais uma questão prática. Em 5 de setembro de 1902, apresentou-se a um posto do Exército de Lisboa para solicitar dispensa do serviço militar. Disponível para jovens com mais de catorze anos que se deslocassem ao estrangeiro, a isenção era automaticamente concedida mediante uma taxa que nem todos podiam pagar: 150 mil-réis, o equivalente a três meses de aluguel do apartamento de Pedrouços onde a família de Pessoa havia ficado no semestre anterior daquele ano.[1] Por fim, no dia 19 de setembro ele embarcou no *Herzog*, o vapor alemão que o levaria de volta a Durban, com escala nas Canárias, na Cidade do Cabo, em Port Elizabeth e em East London. Pessoa não deixou memórias escritas de nenhuma de suas viagens, mas essa deve ter lhe causado uma impressão diferente: catorze anos e sozinho em alto-mar durante quase um mês.

Quando tinha mais do que o dobro dessa idade, Pessoa escreveria um poema sem título que começava assim:

Foi numa das minhas viagens...
Era mar-alto e luar.

Cessara o ruído da noite a bordo.
Um a um, grupo a grupo, recolheram-se os passageiros,
A banda era só uma estante que ficara a um canto não sei porquê...
Só na sala de fumo em silêncio jogava xadrez...
A vida soava pela porta aberta para a casa das máquinas.
Só... E um era uma alma nua diante do Universo...
(*Ó minha vila natal em Portugal tão longe!*
Por que não morri eu criança quando só te conhecia a ti?)

Esse poema é assinado pelo heterônimo Álvaro de Campos, que em suas frequentes viagens era às vezes tomado pela saudade de sua pátria — ou melhor, pela simplicidade e pela pequenez de sua vida lá quando criança. Minha suspeita é que Fernando, durante sua estada de um ano em Portugal, sentiu falta de Durban tanto quanto sentira de Lisboa quando morava no sul da África. Como estava empenhado demais em crescer para ter saudade de qualquer um dos dois lugares, o que provavelmente sentiu ao navegar entre os dois foi uma ligeira confusão sobre a que lugar pertencia. E no grande esquema das coisas? "Só... [...] uma alma nua diante do Universo..." O viajante solitário nunca poderia ter sentido tão fortemente o mistério da existência como ali, no meio do oceano, envolto pelo silêncio escuro, sob as incontáveis e impossivelmente distantes estrelas.

Após 28 dias no mar, no dia 17 de outubro,[2] ao chegar a seu destino, Pessoa encontrou uma Durban não muito parecida com a que havia deixado. A Segunda Guerra dos Bôeres havia terminado oficialmente em 31 de maio, e, embora vários refugiados tivessem se estabelecido em caráter definitivo em Durban, a maioria retornara ao Transvaal e às outras áreas em conflito das quais havia fugido. Mas o que tornou a cidade especialmente diferente para Pessoa foram as circunstâncias pessoais, sendo a mais óbvia delas a residencial: a família havia voltado para a zona suburbana da serra da Berea. E bem a tempo, devem ter pensado os pais de Pessoa com alívio depois da chegada da peste bubônica. A doença irrompeu entre os estivadores do porto no final de novembro de 1902 e logo se espalhou para o centro de Durban, onde sua família havia morado pouco tempo antes, na West Street. Como parte do esforço de contenção, o corpo de bombeiros queimou vários pontos comerciais considerados lugares focais da doença, que ceifou pelo menos 124 vidas antes de ser erradicada, em julho de 1903. As vítimas foram principalmente africanos nativos e imigrantes indianos, e as autoridades da cidade aproveitaram a crise para justificar a demolição de Bamboo Square, o conglomerado de barracões em Point que abrigava trabalhadores africanos e asiáticos marginalizados, obrigados a buscar moradia em favelas da periferia de Durban.[3] A peste mal afetou a Berea, predominantemente branca, onde o cônsul e sua família moravam agora, numa casa espaçosa com quintal, na Tenth Avenue, número 25.

A mudança mais significativa na vida cotidiana de Pessoa foi um ambiente acadêmico radicalmente diferente, no qual disciplinas como taquigrafia prevaleciam sobre o latim. É provável que tenha entrado na Escola de Comércio no final de outubro, assim que voltou para Durban. A instituição, que abrira suas portas para 22 alunos em fevereiro e em outubro tinha mais de oitenta matriculados, atendia às necessidades individuais de cada um e aceitava novas matrículas em qualquer época do ano. Alguns dos estudantes eram refugiados do Transvaal e outros eram estrangeiros que estudavam inglês como segunda língua. Embora disciplinas como taquigrafia, datilografia, contabilidade e redação de cartas comerciais estivessem no centro do currículo, também eram oferecidas aulas de química prática, línguas modernas e até latim. O latim de Fernando estava muito além da variedade rudimentar ensinada em sua nova escola, e ele se concentrou em cursos que o preparariam para ser um homem de negócios — ou um secretário de escritório. Inclusive, muitos de seus colegas de classe eram mulheres jovens aprendendo habilidades secretariais.[4]

Foram certamente os pais de Pessoa que acharam que a escola de comércio era uma boa ideia, mas, se o menino tivesse se oposto com veemência, eles sem dúvida o teriam deixado voltar para a Durban High School, onde se destacara. Ele experimentou a Escola de Comércio por alguns meses e, ao que tudo indica, decidiu que ela lhe convinha. As aulas eram ministradas à noite, deixando-o o dia inteiro para fazer o que quisesse. A nova escola, que não oferecia programa de esportes e tinha uma população heterogênea de alunos que incluía estrangeiros, também trouxe benefícios à sua vida social. Ele não chamava mais atenção por não ter habilidades atléticas ou porque o nome soasse engraçado. Embora ainda continuasse essencialmente um solitário, abriu-se um pouco e fez pelo menos um amigo, um colega de classe chamado Augustine Ormond, que se lembraria de Pessoa como sendo "um menino acanhado e simpático", mas também "inteligentíssimo", capaz de falar e escrever em inglês melhor do que ele. E Ormond recordou que sua mãe, que também conheceu Fernando, ficou surpresa por um menino de sua idade demonstrar tamanho bom senso. (Se de fato tinha essa qualidade em abundância, ele a perdeu por completo na idade adulta.) Ao ser informado de que seu ex-amigo e colega de classe havia se tornado um grande poeta em Portugal, Ormond disse que podia pressentir, já em 1903, que Fernando era uma espécie de gênio.[5]

A filha de Ormond, entrevistada em 1972, lembrou que seu pai dizia que ele e Pessoa haviam sido "grandes amigos e ambos tinham a ambição de se tornarem grandes escritores. Trocaram cartas durante anos com o objetivo expresso de praticar sua habilidade um com o outro".[6] É provável que seu pai tenha exagerado a extensão dessa correspondência, mas a única carta preservada de Pessoa para Ormond, que sobreviveu em rascunho, confirma que as mensagens que trocaram eram exercícios conscientemente literários, ou mesmo linguísticos. Pessoa, segundo o amigo, se esforçava "para falar e escrever em inglês da forma mais acadêmica possível".[7] Na verdade, fazia de tudo para zombar do modo ostentoso como as pessoas eruditas escreviam.

> 27 de novembro de 1903
>
> Meu caro Ormond,
>
> Tendo felizmente atingido a conclusão de sua petulante composição, cuja principal intenção é refutar o que se provou desaprovado, tirei daí a feliz inferência de que quanto mais cedo se encerrar esta discussão asinina, melhor será para a estabilidade de nossos intelectos.[8]

A carta continua no mesmo tom falso pretensioso. Tratava-se de uma paródia — o escritor estava deliberadamente exagerando, e se alguma vez usou esse tipo de vocabulário e sintaxe numa conversa, foi apenas com Augustine Ormond. Mas a caricatura de linguagem pretensiosa de Pessoa era em si mesma uma forma de pretensão, uma oportunidade de se exibir.

Ao mesmo tempo que desenvolvia suas habilidades de escrita, Pessoa cultivava um estilo pessoal peculiar. Em vez de se conformar com uma noção aceita de adolescente de boa formação, ele ostentava qualidades idiossincráticas, como seu talento para usar palavras a fim de imitar, impressionar e confundir. Era naturalmente tímido, mas o observador curioso detectava de imediato, por baixo de sua fachada dócil, uma atitude aristocrática de superioridade, como que para compensar sua insegurança social, e uma personalidade discretamente dominadora. Embora se lembre dele como um tipo tímido, Ormond também disse que o adolescente Pessoa era "um rapaz vivaz, alegre e bem-humorado", e admitiu que se sentia atraído por ele "como aço por um ímã". Era um poder de atração que Fernando exercia sobre poucos, e esses poucos tinham de estar dispostos a jogar de acordo com suas regras. Ao longo de sua vida, era Pessoa quem, em suas relações mais íntimas, em geral dava as cartas.

A capacidade da Escola de Comércio de receber uma população estudantil diversificada, com objetivos profissionais muito variados, se devia a seu pitoresco fundador e diretor, Charles Henry Haggar, um homem baixo com uma longa barba e óculos redondos que se reinventava constantemente. Nascido na Inglaterra em 1854, estudou filosofia e teologia para ser pastor, viveu cerca de quinze anos na Austrália, onde foi ministro congregacional e depois professor de línguas e de química, e por fim mudou-se para Durban, em 1898, quando a Segunda Guerra dos Bôeres estava prestes a estourar. Tornou-se secretário da ACM local, dedicou-se a cuidar de soldados feridos e a ajudar refugiados de guerra, concorreu a um cargo político e — além de tudo isso — era escritor.[9]

Assim como Wilfrid Nicholas, o diretor da Durban High, Haggar foi uma espécie de mentor para Pessoa, mas cujo estímulo intelectual era indireto e não intencional. Nicholas era um erudito muito superior, mais criterioso e concentrado, porém Haggar, além de nutrir um interesse sincero pela literatura, de fato escrevia e publicava poesia. Infelizmente, C. H. Haggar, como assinava, era um péssimo poeta, sendo útil para Pessoa apenas como modelo negativo, um exemplo de como *não* escrever. Tornou-se assim alvo fácil para a ridicularização e a demonstração de superioridade literária, já que a maior parte do que publicava era ruim, e quando surgiu uma boa chance, em 1904, Fernando a aproveitou para zombar dos versos monótonos do pobre homem. Àquela altura, já não estava mais sob a tutela de Haggar, embora isso não tivesse importância, já que sua identidade estava oculta por trás do nome de um literato de quem ninguém em Durban jamais ouvira falar: sr. Charles Robert Anon.

O sr. Anon foi o primeiro alter ego de Pessoa com uma grande produção literária, tanto em poesia como em prosa. Como seu criador, tinha uma opinião elevada sobre o próprio talento e discernimento crítico. Mas, ao contrário dele, não tinha nada de tímido, a menos que não existir seja uma forma de timidez. Charles Robert Anon gostava de expor suas opiniões, e um minidebate literário nas páginas de *The Natal Mercury* foi uma ocasião perfeita para fazer exatamente isso. Tudo começou em junho de 1904, quando um ex-prefeito de Durban chamado Hillier publicou uma versão medíocre em inglês de uma ode de Horácio. C. H. Haggar, em um longo e arrastado poema intitulado "Poetic License", censurou o tradutor por ter feito um mau trabalho. Então, alguém que se assinou "Fairplay" publicou 24 versos frouxos marcados por erros gramaticais para criticar Haggar por ter criticado Hillier. Por fim, em 9 de julho, C. R. Anon liquidou todos os três aspirantes a poetas em oito versos devastadores:

Hillier did first usurp the realms of rhyme
To parody the bard of olden time;
Haggar then follows, and, in shallow verse,
Proves that to ev'ry bad there is a worse;
Some nameless critic next, in furious strain,
Causes the harmless reader cruel pain
While after metre pure he seems to thirst,
*But shows how ev'ry worse can have a worst.**

Essa foi a estreia pública de Charles Robert Anon, mas o primeiro poema de Pessoa publicado em inglês aparecera quase exatamente um ano antes, sob o nome de outro alter ego: Effield. A edição de 11 de julho de 1903 de *The Natal Mercury* publicou o poema de Effield e também a carta de apresentação que o acompanhava, assinada por outro pseudônimo, W. W. Austin, que explicava que estivera na Austrália, onde "se encontrou com alguns mineiros" e copiou algumas de suas histórias e canções, inclusive a canção, ou poema, que enviava então ao jornal. Estava escrito, observou ele, em alexandrinos perfeitos.

* "Hillier primeiro usurpou os reinos da rima/ Para parodiar o bardo de tempos antigos;/ Haggar vem então, e, em versos rasos,/ Prova que para cada ruim existe um pior;/Em seguida, algum crítico sem nome, em furioso esforço,/ Causa ao leitor inofensivo uma dor cruel/ Enquanto parece sedento pela métrica pura,/ Mas mostra como tudo o que é pior pode ser ainda pior." (N. T.)

THE MINER'S SONG

We left the grassy paths where oft we used to roam,
We left the mournful lake where oft we used to sail,
We left the mother dear in our far away home,
We came out here with hope, we came perhaps to fail.

For in our eyes then shone th'unholy lust of gold,
We longed to go back rich, back to our home again,
Back to the lone farm-yard, back to the lowing fold,
*And back to her we love who waits perhaps in vain.**

E o poema continua por mais sete estrofes de versos de doze sílabas nas quais o eu poético admite que foi uma loucura para ele e seus colegas mineradores de ouro deixarem sua terra natal na esperança de ficarem ricos. Pessoa sabia que eram os financistas e os intermediários, e quase nunca os próprios mineiros, que colhiam os grandes lucros do ouro encontrado perto de Johannesburgo, e presumia que a mineração na Austrália não era diferente. Talvez C. H. Haggar, que vivera lá por muitos anos, lhe tenha dito isso.

Apaixonado por desafios, Pessoa usou alexandrinos em vários de seus primeiros poemas em inglês, mas o estilo narrativo e a moralidade convencional de "The Miner's Song" o tornam atípico. Ele deve ter mostrado o poema publicado aos pais e à irmã, mas o jornal (ou recorte) se perdeu, e com ele o poema, que mofou no subterrâneo dos arquivos de jornais por mais de cem anos, com sua verdadeira autoria escondida atrás de um duplo véu de nomes falsos. Deparei com o poema em 2010, enquanto percorria números antigos de *The Natal Mercury* na Biblioteca Africana Killie Campbell, em Durban, mas só no regresso a Lisboa pude ter a certeza absoluta de que era de Pessoa. Ao consultar um de seus cadernos de adolescente, encontrei um rascunho das duas primeiras estrofes

* "A canção do mineiro: Deixamos as vias relvadas por onde andamos,/ Deixamos o lago sombrio que à vela corremos,/ Na pátria distante nossa amada mãe deixamos/ E viemos com esperança, mas talvez falhemos.// Pois que em nosso olhar brilhava então o vil metal,/ Desejosos de ricos à nossa terra voltar,/ Voltar ao pátio da quinta, de novo ao curral,/ E àquela que amamos, que nos vai esperar." (Trad. de Luísa Freire publicada em Zenith e Vieira, *Fotobiografia de Fernando Pessoa*, p. 65)

do poema numa seção chamada "Ninharias". É evidente que o jovem poeta não achava que "The Miner's Song" fosse algo especial, e de fato não era, se avaliado estritamente como poesia. Mas sua ambientação complexa e as circunstâncias geográficas imaginárias fazem da obra uma prévia iluminadora do que o futuro fabricante literário faria. Algumas páginas antes, no mesmo caderno, Fernando escreveu o nome completo de Effield e o local de nascimento: "Karl P. Effield (de Boston, U.S.A.)". Ele era listado como o autor de um livro de viagens intitulado *From Hong-Kong to Kudat* (uma remota zona rural na atual Malásia), que nunca fora escrito, e também de uma peça de teatro.

Embora esse alter ego potencialmente versátil não tenha produzido quase nada, exceto seu único poema publicado, ele podia se orgulhar de ter uma espécie de realidade extraliterária. Entre os papéis de Pessoa, encontrei um pedido intrigante, escrito à mão em inglês: "Por favor, dê ao portador quaisquer cartas ou pacotes para K. P. Effield". É o tipo de documento que teria permitido a um amigo em Boston pegar a correspondência de Effield enquanto ele vagava pelo hemisfério oriental. Mas, como Pessoa se encontrava em Durban, tratava-se provavelmente de um artifício que lhe permitia receber a correspondência endereçada a K. P. Effield aos cuidados do correio local, posta-restante. E, de fato, encontra-se no Arquivo Pessoa um envelope de uma dessas correspondências, enviado da Inglaterra.[10] É um grande envelope de papel pardo, o que sugere que Pessoa, se passando por Effield, solicitou um catálogo, uma cópia de amostra ou informações gerais de uma editora, uma revista ou uma organização literária.

Juntando as diversas informações deixadas por Pessoa, podemos deduzir que Karl P. Effield era um poeta norte-americano, escritor de viagens e dramaturgo frustrado que vagou pela Ásia e em algum momento foi à Austrália para minerar ouro. Será que a saudade que o mineiro sentia da terra natal denuncia a do próprio Fernando de seu Portugal? Não é provável. "The Miner's Song", na verdade, permitiu-lhe ir ainda mais longe. Um menino da Europa, residente na África do Sul, inventa um homem (W. W. Austin) que viaja à Austrália, onde descobre um poema atribuído a um alter ego norte-americano (Effield) que estivera pouco tempo antes na Ásia ou estava prestes a ir para lá: isso é vertiginoso. Aos quinze anos, Fernando Pessoa já era um mestre na arte de viajar sem necessidade de mala.

Quanto à Austrália, anos depois o país faria várias aparições na poesia de Álvaro de Campos, que termina um poema escrito em 4 de junho de 1931 com o seguinte verso: "É-se feliz na Austrália, desde que lá não se vá". Se dermos crédito a esse princípio e expandirmos seu alcance geográfico, podemos concluir que Pessoa — ao *não* ir a Boston, à Austrália e a tantos outros lugares que habitou na imaginação — deve ter sido extraordinariamente feliz.

Fosse felicidade ou tristeza, alegria ou ansiedade, Pessoa sentia o que sentia de forma incomum, em um refúgio, ou através do microscópio ou na câmara de eco da literatura (todas as três metáforas são adequadas). Suas experiências, reais ou imaginárias, eram episódios literários. E, embora alguns de seus escritos sejam sem dúvida autobiográficos, o significado de quase todas as suas obras é as próprias obras, o que inclui tanto os artefatos acabados como a experiência de produzi-los. Não há nada de autobiográfico em "The Miner's Song", mas quando, no final do poema, o eu poético invoca "o grande Deus misericordioso", tratava-se sem dúvida de um Deus que Pessoa — como Effield, desiludido com a mineração — sentia de verdade, pelo menos enquanto estava escrevendo o poema. A poesia que ao que parece ele escreveu logo antes de "The Miner's Song" tinha por título "The Atheist" [O ateu], e o escritor era um ateu convicto ao compor os primeiros trinta versos do que se pretendia uma grande obra, dividida em cantos. O fato de não ter escrito mais do que isso pode significar que seu ateísmo momentâneo não foi muito convincente ou interessante para ele.[11]

Perder-se e tornar-se outra pessoa no ato de escrever é bastante normal para um escritor literário experiente. Incomum era a velocidade já vertiginosa com que Pessoa conseguia alternar entre personas e gêneros. Ao mesmo tempo que começava a escrever poemas em inglês, iniciava contos e planejava produzir um romance longo, cujo título provisório era *Martin Kéravas*. O autor manifesto do romance, David Merrick, era poeta e dramaturgo, além de escritor de ficção, de acordo com uma lista de seus "Livros a sair". A lista contém descrições concisas de todos os seus próximos livros, com número de palavras e datas de entrega, como se Merrick estivesse sob contrato com uma editora, ou a serviço de Fernando Pessoa. Bastante ciente de como os contratos de publicação estipulam as "entregas", Pessoa observa que *Simple Tales* [Contos simples] consistiria em pelo menos vinte histórias "curtas e patéticas" contendo de 5 mil a 7 mil palavras cada. O prazo final era 31 de julho de 1904. Os alter egos de língua inglesa de Pessoa, além de serem contratados para escrever, supostamente também liam e possuíam livros, o que explica a assinatura "David Merrick, 1903" no interior do exemplar de Pessoa de *Information Wanted and Other Sketches*, de Mark Twain. Inspirado ou não pelo autor norte-americano, David Merrick tinha até 30 de junho de 1905 para terminar *Martin Kéravas*, um romance que deveria "apelar pela paz" em 120 mil a 150 mil palavras. Se o criador de Merrick acreditava que a existência de um "contrato" o coagiria a entregar a obra na referida data, ficou desapontado. Nada disso foi escrito, exceto por um breve parágrafo de abertura.[12]

Longer Tales [Contos mais longos] de David Merrick, obra com conclusão prevista para 31 de dezembro de 1904, deveria incluir uma história intitulada "The Atheist" [O ateu] (Pessoa estava claramente indeciso se seu descrente seria mais apropriado à poesia ou à prosa) e outra chamada "The Philanthropist" [O filantropo]. Os mesmos dois títulos encontram-se numa segunda lista de "*tales*" a serem escritos por David Merrick, cujo nome, no entanto, foi mais tarde rasurado e substituído por C. R. Anon. Uma dispensa também peremptória foi sofrida por Lucas Merrick, suposto irmão de David. Depois de ser encarregado de produzir um conjunto de histórias que incluía "lorotas do iatismo", o nome de Lucas foi apagado, e sua tarefa de escrita foi passada para um certo Sidney Parkinson Stool,[13] que também sofreu os próprios reveses. Ele foi a princípio dono de um exemplar de *Joseph Andrews*, de Henry Fielding, mas sua assinatura foi riscada e substituída pela de Lucas Merrick, que por sua vez também foi riscada; o livro no fim foi assinado por F. A. N. Pessoa. Fernando, ao que parece, concluiu que o estilo picaresco do romance de Fielding não estava de acordo com o tipo de ficção em prosa que ele esperava de Lucas Merrick e do dolorosamente batizado Sidney Parkinson Stool.*

Havia uma razão prática para o súbito interesse de Pessoa em escrever ficção: ele esperava que isso pudesse lhe render algum dinheiro. No mesmo caderno onde anotou notas e títulos para histórias de K. P. Effield, S. P. Stool, os irmãos Merrick e C. R. Anon, reservou uma página para os endereços e requisitos para envio de material de periódicos que publicavam ficção. Sob o subtítulo "Fontes de renda", copiou as informações relevantes de dois periódicos da Inglaterra que pagavam em dinheiro por contribuições: *Tit-Bits*, um jornal semanal extremamente popular de notícias leves, anedotas e literatura que tinha um concurso de "História completa original", e *Answers*, cujo modelo era *Tit-Bits* e oferecia prêmios para

* Cujo sobrenome pode significar "fezes". (N. T.)

as melhores "historietas" enviadas (os contos tinham de ser engraçados, além de curtos).[14] Fernando já havia decidido que ganharia a vida com a literatura. Os conhecimentos que estava adquirindo na Escola de Comércio seriam um complemento útil, um meio de ganhar dinheiro rápido quando necessário. Não era uma estratégia ruim. De fato, ele viria a ganhar muito pouco com sua escrita, mas teria uma renda modesta e confiável como redator autônomo de correspondências para firmas comerciais em Lisboa. Porém seu plano de apoio também malogrou, pois Pessoa tentou várias vezes ser um negociante de verdade, ramo para o qual não tinha talento.

II.

As irmãs Brontë, junto com seu irmão Branwell, escreveram o que talvez seja a produção de juvenília mais exuberante e fascinante em língua inglesa. Criados num presbitério do norte da Inglaterra, os quatro irmãos — próximos uns dos outros na idade — se divertiam inventando países habitados por personagens históricos e fictícios, em cujas vozes escreveram histórias e poemas. Eles "publicavam" seus textos em livros manuscritos encadernados à mão e numa revista fictícia mensal criada por Branwell, mas posteriormente editada por Charlotte, depois que ele fundou um jornal. Os irmãos assumiam diferentes máscaras e resenhavam os trabalhos uns dos outros em periódicos de faz de conta que circulavam apenas entre eles. Clássicos da literatura, como poemas de Milton, peças de Shakespeare e *As mil e uma noites*, periódicos reais como a *Blackwood's Magazine* e eventos atuais das décadas de 1820 e 1830 eram importantes fontes de inspiração para o que Charlotte chamou de "scriblomania,* por meio da qual os irmãos construíam novos mundos e modificavam aquele em que viviam. Em um livro de geografia que pertencia à biblioteca da família, Anne Brontë inscreveu a lápis uma lista de topônimos de Gondal, uma ilha do Pacífico Norte inventada por

* Do inglês, *scribble* (rabiscar) e *mania* (obsessão). (N. E.)

ela e Emily; *Morro dos ventos uivantes* se basearia em material escrito pelas duas irmãs para a saga do local.[1]

Essa mistura de invenção e realidade, a criação de uma indústria editorial fictícia e a metamorfose em curso de personagens, geografias e projetos literários de ficção também caracterizaram a obra juvenil de Pessoa, menos prolífica que a da família Brontë, mas em alguns aspectos ainda mais notável, em especial se considerarmos que se tratava do empreendimento de um homem só. Em vez de colaborar e competir com irmãos, ele transferiu uma parte de sua própria "scriblomania" para colaboradores imaginários que competiam com seu criador, entre si e com autores consagrados. E também canalizou sua paixão por escrever para duas línguas diferentes.

Desde fins de 1902, quando regressou à África do Sul, Pessoa vinha escrevendo toda a sua poesia e prosa em inglês. Mas em julho de 1903, mesmo mês em que publicou "The Miner's Song", ele reativou *O Palrador*, que continuou a ser uma produção estritamente em português, embora se assemelhasse agora mais a uma revista do que a um jornal.[2] Passara-se um ano desde que fora montado o último número, em Lisboa, e quase tudo na nova série era diferente. Alguns dos nomes no cabeçalho permaneceram, mas seus títulos e funções haviam mudado. Ao dr. Pancrácio, editor literário do último número de 1902, passou a caber a seção de humor. Havia dez outros editores e subeditores, um dos quais cuidava de uma seção de esportes e outro de uma seção de contos. Esse complexo andaime editorial foi claramente concebido com números futuros em mente, mas que nunca se materializaram.

O volume 1, número 1 do novo *Palrador*, anunciado como um "periódico mensal", acabou sendo o único. Um editorial introdutório anunciava os primeiros fascículos de "quatro romances interessantes", junto com alguns "pequenos contos militares" e outros artigos. Os contos militares não foram escritos, e o jornal começou a "publicação" de apenas dois dos romances seriados prometidos. O mais interessante, *Os rapazes de Barrowby*, é assinado por Adolph Moscow e ambientado na Inglaterra rural, como o narrador revela em determinado momento, mas só depois de ocupar as primeiras páginas explicando quanto tempo e visão perdeu debruçado sobre atlas, mapas e livros, num esforço infrutífero para descobrir a localização exata da "célebre aldeia de Barrowby". Não que isso seja de fato importante, já que para Moscow é "perfeitamente igual se a povoação de Barrowby se tivesse achado situada na Europa, ou na Ásia, ou na África, ou na

América, ou na Oceania, ou nas profundidades caóticas do inferno dantesco". Para o bem da história, ele supõe arbitrariamente que Barrowby é um vilarejo inglês não muito distante de Brighton.

O desdém do narrador pelos detalhes geográficos não surpreende, tendo em vista a escassa atenção dada por Pessoa aos detalhes factuais dos muitos destinos que visitou imaginariamente, mas ele deve ter realizado pelo menos algumas das pesquisas descritas de forma bem-humorada para tentar localizar Barrowby. Sem um bom dicionário geográfico à disposição, ele não conseguiu encontrar o vilarejo, que fica no condado de Lincolnshire, perto de Nottingham. Tanto barulho por causa de um nome de lugar me levou a suspeitar — e a confirmar rapidamente, por meio de uma pesquisa on-line — que o jovem autor, sem o menor reconhecimento de sua dívida, se inspirou numa história em inglês cujo título ele traduzira diretamente para o português. O original *The Boys of Barrowby*, de um certo Sidney Drew, foi serializado em 47 números da revista *The Boys' Friend*, a partir de abril de 1903. Como as publicações britânicas demoravam um mês para chegar a Durban, Pessoa não teria lido mais de dez fascículos (o décimo primeiro foi publicado em 20 de junho) quando começou a escrever sua própria versão em português para *O Palrador*. Ele conservou o esqueleto da história — o título, a divisão da Escola Barrowby em duas casas rivais, os nomes de vários personagens e alguns de seus traços de personalidade — ao mesmo tempo que alterava drasticamente a trama e o estilo literário.[3]

The Boys of Barrowby, de Sidney Drew, é uma história alegre de brincadeiras e rixas estudantis. Na *Barrowby* de Pessoa, três alunos mais velhos assediam verbal e fisicamente dois recém-chegados à escola: um sujeito magrelo chamado Ralph Tig e um menino judeu de nariz grande chamado Zacharias. Fernando, que provavelmente foi caçoado, se não agredido, por outros alunos da Durban High School por causa de sua constituição frágil, parece ter se vingado por meio de Ralph, que briga com um de seus algozes e leva a melhor sobre ele. Mas fica claro que Fernando não se identificava com Zacharias, retratado como um judeu de aparência ridícula adornado com joias falsas: anéis com imitações de diamantes e ouro, um prendedor de gravata pintado de dourado e decorado com uma pretensa esmeralda e um relógio de bolso que não era de prata. Se a autobiografia estava em ação aqui, funcionou como uma negação, com o autor adolescente estabelecendo uma distância entre seu judaísmo bastante diluído e a caricatura nada lisonjeira que desenhou de um judeu "de verdade". Apesar de ter ancestrais cristãos-novos por parte de pai, Fernando foi pelo menos superficialmente infectado pelo antissemitismo então galopante em grande parte do mundo ocidental, inclusive na África do Sul, para onde alguns milhares de judeus emigraram vindos da Europa Oriental. Veremos Pessoa, anos depois, dedicando um número considerável de páginas escritas à questão da influência judaica e às supostas maquinações de certos judeus com a intenção de desestabilizar a ordem mundial.

O outro romance apresentado em *O Palrador*, assinado por um certo Marvell Kisch e intitulado *Os milhões dum doido*, descreve uma noite de neve num bairro chique de Londres, onde duas mulheres ricas — uma mais velha e a outra mais jovem — saem de sua mansão para entrar numa carruagem luxuosa, quando então são abordadas por uma mendiga com um bebê nos braços, a quem rejeitam com altivez. É o tipo de enredo que Dickens poderia ter esboçado para um romance como *A casa soturna* ou *Tempos difíceis*, mas a prosa dessa história é suspeitosamente parecida com uma tradução para o português do primeiro fascículo de outro livro para meninos, ou possivelmente para meninas. Em *Os rapazes de Barrowby*, o português de Pessoa é às vezes contaminado pela sintaxe inglesa; em *Os milhões dum doido*, encontramos frases inteiras importadas do inglês. Quaisquer que sejam suas origens, a história embrionária logo foi abandonada. Pessoa não tinha interesse ou talento para escrever descrições eficazes de nobres ricos em suas carruagens acolchoadas e pessoas pobres tremendo de frio nas noites nevadas de inverno. Sua inclinação, evidente em sua versão de *The Barrowby Boys*, era transgredir as regras e expectativas tradicionais de uma narrativa.

Fernando não hesitava em roubar ideias, personagens e até frases completas de romances em série britânicos, mas algum tipo de escrúpulo o obrigava a atribuir suas histórias em parte plagiadas a autores ingleses fictícios, embora fossem escritas em português. Talvez fosse sua maneira de admitir de forma velada a influência estrangeira por trás das obras que assinavam. Adolph Moscow e Marvell Kisch são pseudoautores atípicos de Pessoa. Embora Moscow tenha uma postura narrativa definida que afeta o tom e o enquadramento de sua história, provavelmente não convém considerá-lo um heterônimo, e o mesmo se pode dizer de Kisch. Eles foram sujeitos efêmeros, cuja existência começou e terminou com suas respectivas histórias.

Os heterônimos legítimos, embora inseparáveis de seus escritos, de certa forma os transcenderam. Não eram nomes acrescentados a um poema ou texto em prosa como uma reflexão posterior. Pessoa cultivou-os em sua mente e em seus afetos, imaginando a personalidade de cada um e, em alguns casos, também a biografia. Costumava treinar a assinatura deles, e, às vezes, essa era a primeira manifestação visível de um heterônimo. As assinaturas, para Pessoa, eram como fórmulas mágicas com poderes de invocação, mas certas fórmulas não invocavam absolutamente nada. Inclusive, existem assinaturas de certo número de personas incipientes e potenciais que nunca foram mais do que nomes: Antônio Caldas, Augusto West, Aurélio Pereira Quintanilha, Dalton, G. M. Dent e muitos outros.

As assinaturas são marcadores de personalidade, e um heterônimo em evolução ou instável poderia ter vários estilos de firmar o próprio nome. Em 1903, antes de torná-lo autor de qualquer poema ou texto em prosa, Pessoa já rabiscava assinaturas para Charles Robert Anon num dos seus cadernos.[4] Dezenas de assinaturas adicionais datam do período entre 1904 e 1906 e assumem meia dúzia de formas diferentes: o nome completo, C. R. Anon, Ch. Robert Anon, Ch. R. Anon, C. Robert Anon etc. A capa interna de um bloco de anotações usado por Pessoa em 1904 contém dez assinaturas para esse heterônimo, além de meia dúzia de menções à "Stratton Street". Trata-se da rua de Londres onde aparentemente morava o heterônimo, perto de Piccadilly Circus, já que não havia uma Stratton Street em Durban. Por outro lado, há a assinatura de um L. R. Anon com Boston escrito quatro vezes acima do nome, como se fosse sua cidade natal. Talvez L. R. Anon fosse um "amigo" de Boston de Karl P. Effield antes de se transformar em C. R. Anon, que era de Londres. Ou talvez C. R. tivesse um irmão ou primo que morasse em Boston.[5]

No verso do pedaço de papel com a assinatura de L. R. Anon, encontramos três assinaturas de Gaveston, o mais enigmático de todos os eus ficcionais sonhados por Pessoa. A assinatura de Gaveston — apenas o sobrenome — surge numa cartilha de latim usada por ele em 1904, e aparece várias vezes em seus cadernos e papéis literários entre 1904 e 1910. Cauteloso ou indeciso em relação ao primeiro nome de Gaveston, Pessoa quase sempre o suprimiu, mas em um pedaço de papel de 1904 escreveu o nome completo como Jerome Gaveston e, abaixo, anotou o nome de um possível ancestral espiritual: Piers Gaveston (1284-1312), o favorito do rei Eduardo II e que, de acordo com rumores amplamente difundidos, era seu amante. A ligação do Gaveston de Pessoa à figura histórica — e à relação dessa figura com o rei inglês — é reforçada por outra assinatura surgida por volta de 1904, "Ed. Gaveston", que na prática casa os dois nomes, supondo que "Ed" substitui Edward.[6]

Em outro lugar, entre os papéis de Pessoa, encontramos cinco assinaturas de "Gaveston" ao lado de três versos cômicos:

(Oh, how shocking!),
This very holy man would (hard to relate)
Rather unfrock a woman than a prelate.[7]*

O efeito humorístico depende do significado ambíguo de "*unfrock*". Ou o orador (Gaveston?) finge estar chocado porque o homem santo prefere despir as roupas de uma mulher a despir um prelado de suas funções sacerdotais, ou está surpreso porque o homem santo prefere remover um vestido de mulher em vez de uma batina de prelado, atitude que faria sentido para um escritor com as supostas tendências sexuais de Piers Gaveston. Também sugestivos são os parênteses "duro de entender". Se o Gaveston de Pessoa é um dos primeiros exemplos de alter ego cuja orientação sexual é ambígua, certamente não seria o último.

O nome Gaveston também aparece no início de um trecho de um "Ensaio sobre poesia" satírico, que aconselha os aspirantes a poetas a evitarem a gramática correta, já que "quanto mais obscuras e incertas forem as partes de sua frase (se você for tão antipoético a ponto de escrever em frases ou períodos), mais impressionante será o seu verso, mais evidente sua profundidade filosófica". A assinatura de Gaveston, no entanto, pode ter sido rabiscada apenas de forma aleatória. O ensaio como um todo foi atribuído primeiro ao dr. Pancratium (uma latinização de Pancrácio), depois ao professor Trochee e, por fim, ao professor Jones.[8]

Apesar de haver dezenas de assinaturas de Gaveston espalhadas pelos escritos de Pessoa ao longo de um período de sete anos, a esse personagem obscuro não foi atribuído especificamente nenhum poema ou texto em prosa. Seu caso é único. Enquanto vários possíveis heterônimos vieram à tona de forma hesitante por meio de uma ou outra assinatura anotada em um caderno antes de afundar

* "(Oh, que chocante!), / Este homem muito santo (duro de entender)/ Antes despiria uma mulher do que um prelado". *Unfrock* significa despir mas também excomungar, destituir do sacerdócio. (N. T.)

na inexistência anônima, Gaveston foi resistindo com a mesma hesitação, e suas assinaturas se tornaram mais frequentes depois que Pessoa voltou a Lisboa, em 1905. Essa entidade fantasmagórica representava algo importante para Pessoa, que não conseguia decidir que tipo de obra era adequada para ele. Ou então não estava pronto para que Gaveston escrevesse aquilo para o qual fora criado. Ele ficou esperando, adiando... e nada. Mas Gaveston teve ao menos uma função psicológica. Embora não tenha se tornado um subautor, existiu como membro nebuloso da família de alter egos que Pessoa, parte artista e parte analista, extraiu de si e observou de perto, como uma galeria de retratos ou de casos clínicos. Os heterônimos, veículos engenhosos de produção literária, também eram caminhos para o autoconhecimento.[9]

Os passatempos de Fernando não eram todos literários, e a literatura que produzia não era apenas para seu próprio divertimento e desenvolvimento literário. A edição de Durban de *O Palrador* foi provavelmente realizada para o desfrute de sua família. Depois que "The Miner's Song" foi impresso, no início de julho de 1903, os pais de Pessoa, ao orgulhosamente parabenizá-lo, sem dúvida o encorajaram a manter sua escrita criativa em português, lembrando-o dos jornais que havia criado em Lisboa e nos Açores. Sabemos que ele lhes mostrou o novo número de *O Palrador*, pois usou várias páginas em branco no meio do periódico em andamento para marcar o placar de um jogo de salão de que toda a família participou. Chamado de "Derby", imitava o Durban July Handicap, realizado no primeiro sábado daquele mês. O Handicap de julho era — e ainda é — a principal corrida de cavalos da África do Sul. O "Derby", jogado com dados, foi invenção de Fernando. Os membros da família receberam cavalos de cores diferentes, montados por jóqueis imaginários com nomes como Clumsy Dick, Yreka Jim ou Tom Wallis. (Os dois últimos nomes eram protagonistas de livros de aventura para meninos populares na época.)[10] Até o irmão menor de Pessoa, João Maria, nascido apenas seis meses antes, em 17 de janeiro, tinha seu próprio cavalo, de cor cinza e amarelo.

Corridas mais curtas eram possíveis, mas uma partida de "Derby" completa tinha uma milha de comprimento, como no Handicap de julho da época (o páreo atual tem 2200 metros, cerca de 1,4 milha), e as apostas também faziam parte do jogo de Fernando. Alguns dos nomes dos apostadores fictícios — Gould, Gower e Saville — pertenciam a famílias de Durban, mas um quarto apostador, Nabos, era parente de Zé Nabos ou o próprio, um inventor de enigmas para a edição de Lisboa de *O Palrador*.[11] Os pais de Fernando podem ou não ter levado o rapaz ao Handicap de julho, mas isso não importa: o "Derby" permitia que toda a família desfrutasse das corridas de cavalos no conforto de sua própria sala de estar. O entusiasta equestre tinha outro método para demonstrar sua predileção pelo turfe: vestia-se como um jóquei, com botas de cano alto, chapéu e um chicote de montaria. Há uma foto dele com essa roupa, tirada quando tinha cerca de doze anos.

Fernando gostava de outros esportes, como futebol e críquete, que também jogava em casa (e no papel), com sua imaginação e um par de dados. O Cato Lodge Cricket Club, que inventou em 1901, enfrentava o Anchor Club, o Pennyghast, o Dives County e outros clubes rivais. Fernando elaborava listas de atletas e suas respectivas posições, além de contabilizar gols e corridas realizados por cada jogador durante as partidas que aconteciam em seu quarto. Nathaniel Rattan Gould, o suposto capitão do clube de futebol e críquete Anchor, era provavelmente o mesmo Gould que apostava no jogo de turfe de Fernando. Ele também aparece no cabeçalho da edição de julho de 1903 de *O Palrador* como "Nat Gould, Diretor das Histórias Curtas".*

O interesse de Pessoa pelas corridas de cavalos diminuiu, mas ele continuou a organizar partidas virtuais de críquete e futebol nos dois anos seguintes. Um dos jogadores habituais era Sidney Parkinson Stool, erroneamente listado numa tabela como "S. R. Stool", a menos que S. R. fosse irmão de S. P. — nesse caso, eles poderiam se lamentar juntos por causa do infeliz sobrenome. Embora a maioria dos nomes dos jogadores fosse fictícia, três ou quatro nomes nas tabelas de pontuação de 1904 e 1905 pertenciam a colegas da Durban High. Nos eventos esportivos inventados por Pessoa, assim como em seus jornais de faz de conta, a realidade podia coexistir livremente com a fantasia. De acordo com a súmula de uma partida de críquete de 1904, o clube Anchor venceu por 35 corridas, jogando sob um "tempo extremamente ruim". Não há como sabermos se estava chovendo em toda Durban ou apenas no campo de críquete imaginário. Para o organizador da partida, isso não fazia diferença.[12]

* O nome foi tomado emprestado de um escritor real. O britânico Nat Gould (1857-1919), agora pouco lembrado, foi um dos autores mais vendidos do mundo, e as corridas de cavalos eram o tema principal de seus romances e contos.

A diversão esportiva de Fernando não se limitava ao interior de sua casa na Tenth Avenue. Para estar tão familiarizado com as regras do críquete e do futebol, ou ele tinha alguma experiência em jogar esses esportes num campo de verdade, ou era um espectador muito atento. Para não ficar para trás apenas porque lhe faltavam força física e resistência, ele até inventou um esporte de campo que chamou de "gol de raquete", que era basicamente uma mistura de tênis e rúgbi. Em um campo, duas equipes de quinze jogadores usam raquetes de tênis comuns para conduzir a bola — uma bolinha de tênis — e os pontos são marcados ao fazê-la passar entre os postes e abaixo do travessão. No final de um conjunto de instruções de jogo detalhadas deixadas por Pessoa em letra cursiva de colegial, alguém (que também era Pessoa) escreveu, vários anos depois e com uma caligrafia mais assertiva: "Jogo muito bonito".

Que eu saiba, ninguém jamais o jogou.[13]

Os jogos preferidos de Pessoa ao longo de sua vida foram os de palavras, especialmente os publicados em jornais de língua inglesa, como *The Natal Mercury*. Em julho de 1903, exatamente uma semana depois de publicar "The Miner's Song", de Karl P. Effield, o jornal anunciou um concurso de quebra-cabeça baseado em um lote semanal de quatro a seis desafios. A competição incluía vários tipos de charadas, quadrados de palavras (palavras cruzadas em que as palavras na horizontal são as mesmas que na vertical), transposições e reversões. O mestre dos quebra-cabeças pedia aos leitores interessados que enviassem não apenas suas soluções, mas também alguns quebra-cabeças que ele pudesse usar na coluna. Fernando cumpriu ambas as condições, competindo como solucionador e fornecendo quebra-cabeças de sua própria autoria. Como a maioria dos participantes, usava um pseudônimo, assinando J. G. H. C.

Em 22 de agosto, o *Mercury* anunciou que o período de aquecimento havia acabado e que a competição começava para valer com o conjunto de quebra-cabeças publicado naquele mesmo dia. Nesse momento, J. G. H. C. afastou-se de repente, enquanto um novo solucionador, Tagus (Tejo), entrava em campo. (Os nomes dos solucionadores e o número de respostas corretas apresentadas por cada um foram devidamente listados no jornal.) "Tagus" era uma homenagem óbvia ao antigo e confiável rio de sua infância em Lisboa, enquanto J. G. H. C. era uma entidade mais complexa, cheia de promessas literárias não cumpridas. Há duas assinaturas de J. G. Henderson Carr no verso do *Pitman's Shorthand Instructor* [Instrutor de taquigrafia Pitman], usado por Pessoa na Escola de Comércio, e seu nome também aparece em projetos de escrita do adolescente. Contemporâneo de Karl P. Effield, David Merrick e Sidney Parkinson Stool, o sr. Carr foi criado para ser ensaísta e poeta. Pessoa mudou de ideia sobre a poesia, mas continuou a confiar ao heterônimo um projeto de livro intitulado *Ensaios sobre a razão* — tudo em vão. J. G. Henderson Carr, pouco disposto a esse empreendimento de fôlego, limitou-se a ser um criador de charadas.

Em outubro, mais de um mês após o início do concurso de quebra-cabeças, J. G. H. C. apareceu de repente de volta ao jogo. Era tarde demais para ele ganhar, mas, como qualquer outro participante, poderia — e assim o fez — contribuir com charadas, que Tagus, seu suposto adversário, conseguia sempre resolver. Não havia nenhuma charada nisso. Além de ter um QI de gênio, Fernando era um trapaceiro astuto. Ao enviar charadas e soluções como Tagus, escrevia seu nome e endereço verdadeiro no envelope. Já J. G. H. C. identificava-se apenas como J. G. Henderson Carr e tinha um endereço diferente, provavelmente o número 157 da West Street, onde ainda se localizava o Consulado de Portugal.[14]

No mesmo bloco de anotações em que registrava os resultados das corridas do "Derby" e elaborava listas de equipes imaginárias de críquete e futebol, Pessoa marcava quem estava ganhando o concurso, que acabou vencido por Tagus. Em 12 de dezembro, o mestre dos quebra-cabeças escreveu em sua coluna: "O prêmio do livro vai, portanto, para 'Tagus'. Sr. F. A. N. Pessoa, Tenth Avenue, Durban ('Tagus'), por favor, entre em contato com o editor para receber o seu prêmio". O editor ficou surpreso quando viu que o "sr." Pessoa que passou na redação para reclamar seu livro (*Oeuvres de Molière*) era um adolescente de quinze anos. Isso levou o mestre dos quebra-cabeças a publicar uma correção na semana seguinte:

> Jovem "Tagus" — O editor acaba de me informar do meu erro ao prefixar seu nome, mas, a julgar pela sua habilidade como solucionador, posso ser desculpado por minha conjectura. Eu o felicito sinceramente, meu rapaz, e espero que você continue por muito tempo a ser uma luz brilhante em nossa coluna de quebra-cabeças.

Fernando continuou a enviar soluções e charadas, tanto como Tagus quanto como J. G. H. C., mas seu entusiasmo rapidamente enfraqueceu. Ele provara sua habilidade e precisava de um desafio maior. Ignorando os ocasionais apelos publicados pelo mestre dos quebra-cabeças ("E Tagus, onde estás esta semana?", ou "A propósito, Tagus, espero que sua folha bem escrita volte a aparecer semanalmente"), ele deixou sua participação definhar até cessar totalmente depois de maio de 1904. Pessoa recuperaria o apetite por quebra-cabeças já adulto em Lisboa, onde comprava habitualmente jornais ingleses para concorrer a prêmios de quebra-cabeças que podiam, no caso dos primeiros prêmios, chegar a pequenas fortunas.[15]

O tempo livre e não estruturado era um afrodisíaco para os poderes criativos de Pessoa. O ano de 1902, quando a família esteve de férias em Lisboa, viu Fernando florescer como poeta lusófono. O ano relativamente tranquilo de 1903 — sem os rigores da Durban High School — testemunhou sua expansão em todos os tipos de direções literárias. Na poesia, experimentou vários tipos de rimas, tentou versos brancos, estudou e aplicou recursos métricos como a cesura e produziu fragmentos para uma peça teatral em versos. Escreveu ficção, concebeu vários projetos de ensaio e esboçou pequenos esquetes humorísticos. Mais significativo para o grande escritor que viria a ser foi o triunfo de sua multiplicidade existencial, graças aos heterônimos que surgiam misteriosamente. Existe uma longa e ilustre tradição de alter egos literários. Mas enquanto Kierkegaard, Yeats, Machado, Valéry e outros criaram suas personas quando adultos, depois de terem se tornado autores consagrados, o ainda imaturo Pessoa inventava coautores ou colaboradores fictícios para ajudá-lo a desenvolver seu dom para a escrita.

Se é verdade que as palavras, para muitos escritores, têm propriedades quase sobrenaturais, isso tinha consequências extremas no caso de Pessoa. As palavras não só abriam mundos alternativos, como podiam transformar o mundo existente e até a si mesmo. Ou pelo menos era assim que ele pensava e procedia. Por que ser esse indivíduo, ou por que ser apenas esse indivíduo? Os experimentos de Pessoa estavam na literatura, mas também em si mesmo. Os heterônimos são a manifestação mais espetacular de sua pesquisa experimental em termos de identidade pessoal, mas não dependia somente do uso de alter egos. Em um texto do *Livro do desassossego* intitulado "Estética do artifício", Pessoa escreveria:

> Vivo esteticamente em outro. Esculpi a minha vida como uma estátua de matéria alheia ao meu ser. Às vezes não me reconheço, tão exterior me pus em mim, e tão de

modo puramente artístico empreguei a minha consciência de mim próprio. Quem sou eu por detrás desta irrealidade? Não sei. Devo ser alguém.[16]

O autoquestionamento e a autoinvenção são notórios na escrita adolescente de Pessoa, mesmo quando não há um pseudônimo. Em um texto em prosa de 1903 ainda não publicado, o narrador em primeira pessoa conta que se sente pressionado por seus pais e outros parentes a aceitar o mar como sua "vocação natural" e a orientar seus objetivos profissionais de acordo com isso, tudo porque um de seus ancestrais foi um capitão do mar de renome. Mais adiante no texto, ele revela que, "longe de ter qualquer inclinação natural para o mar, meus sentimentos em relação a esse elemento poderoso são decididamente hostis". O esboço inacabado, escrito em inglês e com apenas uma página, parece autobiográfico, mas o humor irônico — contam-nos que o renomado capitão uma vez tentou "levar o cabo de São Vicente para fora de Portugal com sua gloriosa fragata" — denuncia seu caráter fictício.[17] Era o que se tornaria conhecido mais tarde no século xx como "autoficção", misturando e invertendo os fatos reais da vida e do passado de Pessoa. Sua linhagem ancestral incluía vários generais do Exército ilustres, mas nenhum capitão do mar. Essa havia sido a profissão de seu padrasto, antes de se tornar cônsul.

Nem os pais de Fernando, nem qualquer outra pessoa da família o teriam encorajado a seguir carreira no Exército ou na Marinha, pela simples razão de que ele não tinha constituição física adequada, mas o menino — ao contrário do narrador de seu esboço — se sentia fortemente atraído pelo oceano, conforme já citado. Em 1904, ele escreveria e reescreveria dezenas de versos para uma "Ode ao mar" inacabada:

Hail, thou sea!
How thy fury taketh me,
Let it thunder, let it roar
*O'er the panic-stricken shore**

E assim por diante.[18] É evidente que o amor de Pessoa pelo mar era, em parte, uma criação de sua fantasia. As observações e experiências pessoais, isoladas de

* "Salve, mar!/ Como a tua fúria me toma,/ Deixe-a trovejar, deixe-a rugir/ Sobre a costa em pânico." (N. T.)

seus contextos originais e fragmentadas em partes utilizáveis, tornam-se preciosas matérias-primas que os escritores remontam e retrabalham para produzir ficção. Pessoa seguiu essa receita e também a inverteu. Muitas de suas ficções, ao mesmo tempo que existiam como produções artísticas autônomas, eram uma forma de reformular em palavras sua sempre inquieta percepção de si mesmo.

Pessoa nunca deixou de reconfigurar sua identidade, e devemos ter o cuidado de não nos determos demasiado em nenhum de seus pontos de parada existenciais. Até mesmo a persona de quem duvida de si mesmo é apenas isso: mais uma persona, um personagem assumido, uma construção. Mais do que duvidar de si mesmo, Pessoa se transformava o tempo todo. Quando ainda estava na Escola de Comércio, começou a escrever uma peça teatral em versos inicialmente intitulada *Marino*, ou *Marino, o Epicurista*. Em um trecho do texto, o interlocutor do protagonista pergunta "Quem és tu?", ao que Marino responde com uma repetição:

Who am I?
Indeed thou askest well. Full many a time
I asked myself that question, and no answer
*Could my mind give to what my tongue did speak.**

A pergunta "Quem sou eu?" é um clássico para adolescentes contemplativos, e Fernando, mais dado a reflexões do que a maioria, era obcecado por ela. Marino fez esse questionamento, de acordo com outros versos do trecho citado, devido a uma doença mental incipiente, talvez inspirada pelo medo do autor adolescente de herdar a loucura de sua avó, mas a história de Marino evoluía e se ramificava. Em vários fragmentos escritos no ano seguinte, 1904, o protagonista revela suas especulações metafísicas a um amigo do peito chamado Vincenzo. Ainda mais tarde, em 1905 ou 1906, um esboço para um diálogo coloca Marino diante de um personagem chamado Antônio, que o alerta sobre a infidelidade de suas amantes. Marino também recebe a notícia devastadora de que contraiu lepra e está condenado a morrer da doença. Nesse meio-tempo, Pessoa mudara de volta

* "Quem sou eu?/ Com efeito, perguntas bem. Muitas vezes/ Eu me fiz esta pergunta, e nenhuma resposta/ Minha mente pôde dar ao que minha língua dizia." (N. T.)

para Lisboa, onde frequentava a faculdade sem entusiasmo e sentia-se um pouco deslocado no país de origem.

No final de 1907, a obra dramática em andamento de Pessoa já se havia dividido em duas: um poema em versos brancos intitulado "Vincenzo" e uma peça em cinco atos, *Marino* (*A Tragedy*), cujos personagens às vezes falam em verso metrificado, às vezes no inglês do dia a dia. No poema, Vincenzo é uma alma nobre que, depois de fazer amizade com um leproso, também pega a doença e da mesma forma se torna um pária, desprezado por todos. Na peça, em que Pessoa continuou a trabalhar até pelo menos 1910, Marino é um nobre traído e levado à loucura depois que a mulher foge com um amante, ao mesmo tempo que morre sua filha (com a mesma esposa). Nesse último estágio, seja no poema ou na peça, não há pontos de contato obviamente autobiográficos, embora uma leitura psicanalítica possa propor uma conexão entre a traição de Marino e um sentimento de rancor em Pessoa de que sua mãe o traíra ao se casar novamente.

A natureza mutante de Marino é típica das obras mais longas do escritor, e a mesma instabilidade caracteriza seu projeto de heterônimos, que por vezes trocam de especialidades literárias, vão da composição de poemas à escrita de contos e à autoria do *Livro do desassossego*, por exemplo (caso de Vicente Guedes). Vários deles oscilam entre expressar-se em inglês e português (dr. Gaudêncio Nabos, Raphael Baldaya), e tanto a propriedade literária como os atributos biográficos podem passar de um nome para outro (a autoria do *Livro do desassossego* de Vicente Guedes passou para Bernardo Soares, que era ajudante de guarda-livros e vivia na Baixa lisboeta, tal como seu antecessor). Personagens de contos podem mais tarde ser promovidos ao status de heterônimos livres (Antônio Mora), e um dos heterônimos — Álvaro de Campos — teria um papel na vida real de Pessoa.

Existem vários níveis de ficção em Pessoa, mas não há linhas claras de demarcação entre um e outro, ou entre ficção e realidade. Todo o grupo é Fernando Pessoa, em contínuo movimento e expansão, suscetível a dezenas de leituras psicológicas que nunca o conseguem apanhar, pois sua imaginação o sequestra para outro lugar. Se em certo sentido ele foi o Marino de 1903, que questiona sua própria identidade e a realidade do mundo ao redor, foi também o Marino posterior que se perde no delírio por ter sido abandonado por uma mulher infiel que ele ama profundamente, e, em certo sentido, foi ainda o bondoso Vincenzo que se torna um pária solitário e leproso. É inconcebível que o Pessoa da vida real tivesse sofrido infortúnios tão drásticos, mas na literatura não havia limite prático para o que ele poderia fazer e ser.

A literatura o chamava porque representava a liberdade, e ele a usava para fazer mais literatura e para continuar a se reconstruir. Mas, embora *Marino, o Epicurista* e suas várias ramificações fossem jornadas criativas de autodescoberta e expansão pessoal, não surgiram diretamente da imaginação de Pessoa. Sua provável inspiração foi *Marino Faliero*, de Byron, uma peça em versos brancos cujo herói trágico, um doge veneziano do século XIV, morre em consequência indireta de ser caluniosamente tachado de corno. No elenco de personagens da peça figuram um Vincenzo e um Antônio. Outra possível influência foi *Marius, the Epicurean*, de Walter Pater, cujo protagonista, ainda jovem, discute literatura e filosofia com Flavianus, um amigo próximo que está morrendo.[19] Pater (1839-94), ensaísta inglês cuja ênfase em viver a vida e sentir a beleza com intensidade o tornou um escritor fundamental do Movimento Estético, é mais lembrado por *O Renascimento: Estudos sobre arte e poesia*, que Pessoa leria com vinte e tantos anos.

Avancei rapidamente para Lisboa a fim de mostrar como as obras literárias de Pessoa eram capazes de mutações sucessivas e imprevisíveis. Voltando agora a Durban, no segundo semestre de 1903, encontramos Fernando não apenas em busca da literatura, com folga para jogos imaginários de críquete, mas também envolvido em estudos acadêmicos sérios. A taquigrafia e os princípios da administração comercial não eram assuntos dos mais exigentes, mas ele também estava se preparando para o exame de admissão aplicado pela Universidade do Cabo da Boa Esperança. Como havia disciplinas que não estudava desde junho de 1901, Pessoa precisava de ajuda a fim de se preparar para esse importante exame, conhecido popularmente como "matric", e foi atendido. Em seu segundo ano de funcionamento, a Escola de Comércio havia ampliado seu escopo e criado cursos preparatórios para o exame de admissão, a licença para o exercício do direito, exames para o serviço público e outros concursos. O diretor C. H. Haggar não tinha exatamente as qualificações necessárias para preparar Pessoa, o único aluno da escola a prestar o referido exame em 1903, mas fez o que pôde.[20]

Como o próprio Pessoa devia esperar, os resultados de seu exame não foram dos mais brilhantes. Ele se saiu razoavelmente bem em inglês e francês, mais ou menos em latim, que antes era sua melhor matéria, muito bem em aritmética, mas mal em álgebra e geometria, e terrivelmente em física. Ser aprovado, ainda que com uma pontuação medíocre, foi uma conquista, sobretudo para um adolescente de quinze anos, mas seu feito de fato surpreendente foi superar seus colegas falantes de inglês e mais velhos e abocanhar o Prêmio Memorial da Rainha Vitória, concedido para a melhor redação apresentada como parte do exame, entre 899 candidatos. O prêmio consistia em sete libras esterlinas para a compra de livros com encadernação e selos especiais. Pessoa pediu e recebeu os seguintes volumes: *Lives of the Poets*, de Samuel Johnson (três volumes), *The Poetical Works of John Keats*, *The Choice Works of Edgar Allan Poe*, *The Works of Alfred Tennyson* e *The Works of Ben Jonson* (três volumes). Keats e Poe, que era mais conceituado na Europa do que nos Estados Unidos, se tornariam dois de seus autores preferidos.[21]

A conquista desse prêmio foi motivo de orgulho para ele pelo resto da vida. Em 1928, a pedido da revista *Presença*, de Coimbra, Pessoa faria um resumo bibliográfico de suas obras, que prefaciou com dois ou três fragmentos de informação biográfica, incluindo uma menção à obscura distinção recebida aos quinze anos de idade. Em 1932, ao candidatar-se ao cargo de curador de um museu-biblioteca na vila de Cascais, ele juntaria aos documentos a notificação do prêmio que lhe fora enviada aos cuidados da Escola de Comércio em 20 de fevereiro de 1904.[22] E em 1935, exatos oito meses antes de sua morte, ele escreveria um currículo que também mencionava o prêmio. O orgulho de Pessoa era inteiramente justificado, pois só começara a aprender inglês aos sete anos e meio de idade e era um dos candidatos mais jovens a fazer o exame de admissão.

Uma das consequências do prêmio foi fortalecer no jovem a ambição de se tornar um escritor de língua inglesa. Se seu domínio do idioma era melhor do que o dos outros 898 candidatos, certamente fazia sentido para ele seguir sua carreira de escritor nessa língua, com sua crescente prevalência internacional e sua incomparável tradição literária. Assim deve ter raciocinado Fernando, a julgar por seu esforço obstinado para fazer parte daquela tradição, mas seu domínio da língua inglesa não era bem o que ele imaginava. Embora seu talento para o inglês "acadêmico", relatado por seu amigo Augustine Ormond e muito evidente em seus escritos da época, servisse bem para redações escolares e textos em prosa que empregavam ironia, rendia resultados menos felizes em outros gêneros, como a poesia, exceto se o tom fosse cômico. Quando escrevia poemas líricos em inglês, Pessoa tinha por modelos Milton, Shelley, Keats e outros românticos, cujos exemplos garantiam um elevado grau de proficiência técnica. Mas o poeta português não sabia como *sentir* intensamente em inglês; sua dicção poética nessa língua era, por mais estranho que possa parecer, demasiado "poética", desconectada demais de sua experiência pessoal, muito distante de suas emoções mais profundas. O inglês de Pessoa carecia da naturalidade primitiva, carnal e sensorial sugerida pelo termo *língua materna*.

Tendo passado no exame de admissão, Fernando estava pronto para cursar a universidade, mas em Natal não existia uma instituição desse tipo. As únicas duas escolas de ensino superior na África do Sul que produziam um grande número de candidatos bem-sucedidos a bacharel estavam na Colônia do Cabo: o South African College, que se tornaria a Universidade da Cidade do Cabo, e o Victoria College, atual Universidade Stellenbosch. Os diplomas eram obtidos por meio de exames administrados pela Universidade do Cabo da Boa Esperança, que não oferecia aulas, e os candidatos podiam estudar em qualquer lugar, inclusive na privacidade de suas próprias casas, mas sem nenhuma orientação acadêmica era improvável que fossem aprovados nos exames de nível superior. Como outras escolas de calibre semelhante, a Durban High School oferecia o ensino pós-admissão, e Fernando, que deixara a escola havia dois anos e meio, voltou para lá no início de fevereiro de 1904, inscrevendo-se na série VI, equivalente ao primeiro ano de universidade.

Assim, lá estava ele de volta aos dias inteiros de aulas e noites dominadas pelo dever de casa. O currículo intensivo da série VI era voltado a preparar os alunos para o desafio seguinte em sua formação: o Exame Intermediário em Artes. A grande pilha de materiais de estudo de Pessoa incluía manuais de disciplinas como trigonometria, história britânica e francês, e nada menos que quatro livros de latim. Em língua inglesa, os examinandos seriam testados especificamente sobre a poesia do século XVII compilada no *Palgrave's Golden Treasury of English Songs and Lyrics* [Tesouro dourado das canções e poesias inglesas da Palgrave]. Pessoa, a partir do momento em que voltou à sua antiga escola e sentou-se a uma carteira, começou a se preparar para a maratona de exames que faria no final de novembro e início de dezembro — nove provas, com três horas reservadas para cada seção.[23]

Sentado ao lado de Fernando na classe estava o rosto familiar de Clifford Geerdts, que havia estudado na Durban High School por cinco anos e meio consecutivos, mais do que o dobro do "sujeito pequenino de cabeça grande" de Portugal. Havia vários outros alunos na série VI, mas os dois eram os únicos que fariam o Exame Intermediário, no qual Pessoa obteve um total de 1098 pontos, uma performance quase 20% melhor que os 930 de Geerdts. Dessa vez, Fernando passou notavelmente bem em física, mas seu melhor resultado foi em inglês. Ele foi o óbvio vencedor do prêmio da série VI, que, como sempre, consistia em um livro.[24]

A única atividade extracurricular de Pessoa na D. H. S. era a mais literária possível: editor assistente da revista da escola, na qual publicou um artigo sobre o historiador Thomas Babington Macaulay com ideias de que até mesmo um crítico profissional poderia se orgulhar. Isso era notável e singular numa publicação trimestral estudantil em que prevaleciam notícias sobre críquete e futebol. Os esportes coletivos haviam crescido em importância durante a longa ausência de Pessoa. Geerdts, embora não fosse atleta, era oficial do Corpo de Cadetes e representava a escola em competições de tiro. Ele e outros alunos, ainda que admirassem o desempenho acadêmico de Pessoa, achavam que ele "trabalhava demais e que isso arruinaria a sua saúde". São palavras do próprio Geerdts, numa carta que enviou alguns anos mais tarde ao próprio Pessoa — ou melhor, a Pessoa disfarçado de psiquiatra. Era um estratagema do tímido poeta para descobrir o que as outras pessoas de fato pensavam dele.[25]

Em setembro de 1907, dois anos após o retorno de Pessoa a Lisboa, Geerdts recebeu uma carta do dr. Faustino Antunes em que ele alegava ser o responsável pelo tratamento de seu ex-colega de classe por um grave transtorno mental. (Pessoa deve ter datilografado a carta ou disfarçado a caligrafia.) Faria o sr. Geerdts a gentileza de responder a algumas perguntas sobre o caráter e o comportamento do paciente quando era estudante na Durban High School? Geerdts concordou, e, embora mais tarde declarasse que suspeitava de uma farsa, suas respostas não pouparam o infeliz jovem que costumava sentar-se ao lado dele na aula. Ele pintou Pessoa aos dezesseis anos como "pálido e magro", com "algum defeito nos olhos", um "peito estreito e contraído", um "andar peculiar" e uma tendência a se curvar. Socialmente, Fernando mal existia, pois "não praticava esportes ou outras atividades escolares fora da sala de aula" e estava "inclinado a evitar associação com seus colegas de escola".

Questionado sobre a vida amorosa do paciente e se ele tinha tendência a "excessos sexuais", Geerdts respondeu que não suspeitava de nenhum "caso de amor" de Pessoa, e que tampouco seus colegas eram "de uma classe que levantasse qualquer suspeita de que ele se entregara a excessos sexuais". O estudante de Portugal, no entanto, dispunha de "certas revistas em quadrinhos indecentes francesas e portuguesas". Esse gosto pela obscenidade europeia era o único detalhe picante de um rapazinho descrito pelo informante como "tímido e inofensivo".[26]

O dr. Antunes, ao ler essas três últimas palavras, pode ter se envergonhado por seu cliente doente mental. Ou talvez tenha conseguido manter um perfeito distanciamento clínico do caso. Pessoa era capaz de ser um analista brutal de si mesmo, em especial quando fazia seu exame por trás de uma máscara médica. Ao escrever para Hardress O'Grady, ex-professor de francês de Fernando na D. H. S., o dr. Antunes explicou que o paciente sob seus cuidados, Fernando Pessoa, fora um menino desconcertantemente sério que gostava de ficar sozinho e brincar a sós, ou apenas ler e escrever. De uma inteligência incomum e muito imaginativo, era assaltado por medos e sujeito a acessos de raiva que faziam dele "*un neuropathe en miniature*" aos sete anos de idade. Depois, ele foi para Durban, onde o clima e a disciplina de estar na escola tiveram um efeito calmante sobre o paciente, ou assim o médico supunha, e o garoto parecia normal. Mas o ano que passara em Lisboa quando tinha treze anos trouxera à tona a besta, por assim dizer, pois o expôs à influência "*corruptrice*" da "*sensualité urbaine*". Termina aqui o rascunho da carta aparentemente nunca enviada, que teria solicitado informações sobre Pessoa ao sr. O'Grady.[27]

Como a maioria das cidades da Europa, Lisboa não tinha escassez de prostitutas — havia mais de 1200 delas oficialmente registradas em 1902, e talvez o dobro sem licença —, mas as trabalhadoras do sexo também abundavam em Durban, onde a prostituição era ilegal, porém tolerada.[28] Não fica claro o que exatamente o pseudomédico quis dizer com "sensualidade urbana", mas sua teoria de que isso de alguma forma corrompeu Pessoa, além do esforço para descobrir as impressões de Geerdts sobre os hábitos sexuais do menino depois que ele retornou a Durban, levanta questões. Fernando, enquanto esteve em Lisboa, teve algum tipo de experiência sexual possivelmente traumatizante, ou aconteceu apenas que o início da puberdade, ocorrido em Lisboa e que despertou nele um interesse muito maior pelo sexo, o havia deixado confuso e alarmado? Que tipo de "excessos sexuais" Geerdts poderia ter conhecido ou suspeitado em Pessoa, que encontrava apenas dentro dos limites da escola só para meninos? O médico estava insinuando masturbação ou algum tipo de atividade sexual com outros garotos? Embora possamos apenas supor as respostas a essas perguntas, está claro que o adolescente tímido tinha os impulsos sexuais febris típicos de sua idade. Lia seus quadrinhos pornográficos com a mesma frequência que qualquer história ou poema favorito. Mas toda a questão do sexo o perturbava, como muitos adolescentes quando descobrem esse terreno novo e ainda misterioso.

William Storm, dono de uma empresa de navegação de Durban e bom amigo dos pais de Pessoa, também foi contatado pelo obstinado dr. Antunes. A resposta de Storm infelizmente se extraviou, mas sabemos que ele tinha coisas muito elogiosas a dizer sobre Fernando.[29] Outro entrevistado ainda foi o sr. Belcher, que lecionava inglês na Durban High School e foi editor da revista da escola. Ele recebeu uma missiva assinada por Faustino Antunes em julho de 1907, dois meses antes de Geerdts. Belcher sugeriu que o bom médico contatasse Geerdts para obter "algumas informações úteis do ponto de vista dos alunos". A sugestão era desnecessária, uma vez que Pessoa já pretendia escrever para Geerdts. Seus arquivos, aliás, contêm o rascunho de uma carta informando ao ex-aluno da D. H. S. que seu antigo colega de classe de Portugal ao que parecia havia cometido suicídio explodindo uma casa no campo consigo e com várias outras pessoas dentro. No fim, percebendo que Belcher e Geerdts poderiam estar em contato, já que Geerdts estudava agora no Lincoln College, em Oxford, que era a *alma mater* de Belcher, Pessoa contou a mesma história para os dois homens, assim como para William Storm, dizendo que sofria de uma doença mental grave.

O dr. Antunes fez perguntas bastante genéricas ao sr. Belcher, que respondeu dizendo que Pessoa era um pensador original, "leal e de espírito público", de mente aberta em questões religiosas, e, embora não fosse um atleta, ficava "facilmente entusiasmado depois de assistir a um jogo de futebol". Os comentários mais reveladores de Belcher diziam respeito ao talento literário, ao gosto e ao método de seu ex-aluno:

> Em geral, sua composição em inglês era notavelmente boa e às vezes se aproximava da genialidade. Ele era um grande admirador de Carlyle e tive alguma dificuldade em controlar uma disposição de sua parte para imitar muito de perto o estilo de Carlyle.
>
> Percebi por sua carta que você é estudante de literatura inglesa e entenderá que Carlyle é o último homem a ser *imitado* por um menino cuja composição ainda é imatura.[30]

O mestre-escola pode ter exagerado o perigo, para um aspirante a escritor, de seguir de perto o estilo de Thomas Carlyle, mas o jovem Pessoa era de fato propenso à imitação, e em 1904 seu novo fetiche literário era Carlyle, que havia sido ensinado a ele pelo mesmo sr. Belcher. "The Ancient Monk" [O monge antigo], um longo ensaio de *Past and Present* [Passado e presente] (1843), de Carlyle, era leitura obrigatória para o Exame Intermediário, mas Belcher também fez seus alunos lerem *Sartor Resartus: The Life and Opinions of Herr Teufelsdröckh* [Sartor Resartus: A vida e opiniões de Herr Teufelsdröckh] e *On Heroes, Hero-Worship and the Heroic in History* [Sobre heróis, adoração ao herói e o heroico na história]. Ambas as obras impressionaram Pessoa, em especial a primeira.

A obra em prosa mais original a aparecer em inglês desde *Tristram Shandy*, de Laurence Sterne, publicada em nove partes entre 1759 e 1767, *Sartor Resartus* [O alfaiate recosturado] também foi publicada em fascículos — na *Fraser's Magazine*, em 1833-4 — e em livro vários anos depois. Aparentemente sobre Herr Teufelsdröckh (Senhor Merda-do-diabo) e sua Filosofia das Roupas, trata-se de um compêndio sinuoso de reflexões sobre a sociedade, a religião, a marcha da história e a busca por um significado individual e universal, que nos leva a uma jornada acidentada e desconcertante que aspira a extrair um sentido filosófico da vida. Muito admirada por Ralph Waldo Emerson e outros transcendentalistas, a obra-prima densamente caprichosa de Carlyle nunca foi fácil de vender, mas teve e ainda tem um séquito de admiradores. Um dos principais tópicos de reflexão do livro é a própria obra, sua pretensão e seu esforço para ser um livro, e *como* ele se expressa é pelo menos tão importante quanto *o que* expressa. Fernando, que percebeu isso de imediato, descreveu o poder fascinante do estilo exuberante de Carlyle: "Sentimos uma imensa comoção ao lê-lo, em sua atração elétrica para nós e em sua majestosa turbação do céu: ora ficamos atônitos por um parágrafo de calma ofegante, e ora ficamos deslumbrados e perplexos por uma explosão lúgubre de força caótica".

Essas palavras, que lembram o estilo floreado de Carlyle, foram escritas em 1904, no artigo sobre Macaulay que Pessoa publicou na revista da escola. Belcher reverenciava o político, poeta e historiador britânico, que considerava o maior estilista da prosa do século XIX em língua inglesa, e incluía seus ensaios no programa de estudos. Mas Pessoa usou habilmente o artigo publicado, que sem dúvida começou como um dever de casa, para elogiar Carlyle, que comparou diversas vezes a Macaulay, sempre em detrimento deste último.

Em abril de 1904 Pessoa comprou uma biografia de Carlyle, que devorou em pouco tempo, fazendo marcações a lápis em dezenas de suas páginas. Embora à primeira vista a vida deles tivesse pouco em comum, ele se identificava intimamente com certas atitudes essenciais do escritor escocês. Carlyle, que havia perdido sua fé no cristianismo quando jovem, mantinha a ética de trabalho e o forte senso de missão herdados de seu pai, um pregador calvinista de firmeza inabalável. O filho do pregador prosperou na dúvida, mas, como o igualmente cético Shelley de *Rainha Mab*, tinha uma percepção aguda de uma dimensão espiritual. Apesar de não concordar com nenhum credo religioso, Carlyle escreveu — e Pessoa sublinhou: "Crença, defino como o ato saudável da mente de um homem" (de "O herói como homem de letras"). Ele acreditava em crer, e é por isso que Herr Teufelsdröckh se afasta do "Não eterno" para enfim abraçar o "Sim eterno" — uma noção que antecipa o "Sim ilimitado" de Nietzsche. Pessoa, como Carlyle, era avesso a qualquer coisa que se assemelhasse a uma declaração de fé doutrinária, porém ainda mais avesso a uma visão materialista ou utilitarista do mundo.

O que Carlyle trouxe para a literatura, de acordo com uma nota escrita por Pessoa em inglês anos depois, foi "o sentido de mistério que cinge toda a ação humana, o sentido metafísico da história". Em outra anotação — essa de seus dias em Durban —, ele escreveu que o estilo "frenético" da prosa de Carlyle, com sua "frequente extravagância de dicção", por mais exasperante que possa ser para os leitores, era o estilo perfeito para expressar a tremenda "força" e a "sinceridade" de seu pensamento sem travas.[31] O amplo e impetuoso ritmo de sua linguagem espelhava com primor o mundo claro-escuro de alturas luminosas e profundezas escuras que suas palavras transmitiam. Foi essa qualidade do seu estilo que emocionou o jovem imitador. Eis uma frase de um pequeno ensaio, influenciado tanto temática quanto estilisticamente por Carlyle, escrito por Pessoa em 1904:

> Há no mundo [...] um enigma horrível — uma profundidade terrível, terrível até para a mente, que não pode esquadrinhá-la; em todos os lugares do mundo, em todos os lugares da natureza, uma pista profunda e terrível do grande segredo; nos grandes registros meio perdidos da existência da Terra, na longa e triste linhagem de homens e mulheres que iluminaram ou escureceram a luz do dia de seus tempos, é evidente algo horrivelmente estranho e constante, alguma verdade sombria e prosaica em meio a todos os ideais e a poesia dos amores eternos.[32]

A sensação vertiginosa de que a vida está imbuída de um mistério maravilhoso e aterrorizante chegou a Pessoa por conta própria. Carlyle também a sentia, o que atraiu Pessoa, e o ajudou a expressá-la.

Pessoa releria *Sartor Resartus* em 1907 e faria alusões ao livro e a outros escritos de seu autor pelo resto da vida — de forma mais enfática no *Livro do desassossego*, que contém referências explícitas a Carlyle, algumas premissas afins e conceitos norteadores (o mundo como um mundo das aparências, por exemplo), e um trecho inteiro diretamente inspirado na filosofia das roupas de Teufelsdröckh.[33] Não por acaso, o narrador do *Livro do desassossego*, cujas reflexões aludem com frequência tanto a roupas concretas quanto metafóricas, é assistente de contabilidade de um atacadista de tecidos. Porém, produzir páginas bem escritas era o verdadeiro trabalho de Bernardo Soares. Se a precisão vocabular era valorizadíssima em *Sartor Resartus*, tornou-se a ambição quase exclusiva no *Livro do desassossego*, em detrimento da continuidade temática e da unidade estrutural, de modo que o livro fracassou em constituir um todo coerente. Continua sendo um amontoado de belos fragmentos, para sempre sem costuras.

12.

Enquanto seus colegas passavam o tempo após as aulas fazendo os deveres de casa, mas também praticando esportes, passeando de barco ou nadando na baía, flertando com garotas de outras escolas ou apenas vagabundando, Fernando quase sempre lia, estudava e escrevia, impulsionado por uma obsessão quase monomaníaca pela literatura. Seu entusiasmo intelectual pela prosa de Carlyle excedeu em muito o que seu perplexo professor esperava dos alunos da série VI. Com igual paixão, ele dissecou, ingeriu e assimilou a poesia do *Palgrave's Golden Treasury* exigida para o Exame Intermediário. A seleção ia de Ben Jonson e George Herbert a Andrew Marvell e John Dryden, mas a poesia de Milton predominava. "Lycidas", "L'Allegro" e "Il Penseroso" estavam todos lá — e com anotações abundantes de Fernando — junto com sete de seus outros poemas.

O primeiro dos poemas escolhidos para o exame, também muito anotado por Pessoa, foi a ode "Na manhã da natividade de Cristo", de Milton. Era o que estabelecia o tom, ou o gênero, uma vez que vários dos poemas prescritos eram odes ou composições semelhantes. Fernando aprendeu bem as lições, e não só por causa do exame. Primeiro, esquematizou os padrões dos versos de várias odes em um caderno, começando com a complexa estrofe de oito versos da ode "Natividade": dois versos trímetros (três acentos) seguidos por um pentâmetro (cinco acentos), mais dois trímetros e um pentâmetro, em seguida um tetrâmetro (quatro acentos) e um hexâmetro de fechamento (seis), obedecendo a um esquema de rima *aabccbdd*. Em seguida, começou a escrever não apenas uma, mas quatro odes em inglês de sua autoria. Duas imitavam a estrofe de oito versos de Milton que acabamos de descrever. Eis a primeira estrofe da "Ode to the Storm" [Ode à tempestade] de Pessoa:

Too early day has fled,
With soilèd rays of red
The sun hath sunk beneath its dismal shroud,
Ingathering stern array.
On the steps of day
The storm-fiend heaps a cloud upon a cloud,
As in some dreary poet's tale
*The horrid hordes hell-torn of flocking phantoms pale.**

Além de replicar perfeitamente o padrão métrico e o esquema de rima da ode da "Natividade", o aprendiz roubou várias imagens da 26ª estrofe de Milton, em que o sol está "envolto numa cortina vermelha turva" e "sombras pálidas em bandos/ marcham para a prisão infernal".[1]

Porém Fernando não roubou de Milton o conceito de seu poema: ele o fez de seu professor de francês. Hardress O'Grady, assim como C. H. Haggar, da Escola de Comércio, era um poeta amador que publicava ocasionalmente versos no *Natal Mercury*. No mesmo número em que Pessoa — ou melhor, Tagus — era parabenizado por ganhar um concurso de quebra-cabeças, encontra-se um longo poema de O'Grady cujo título é nada menos que "Ode à tempestade". Sua estrutura formal nada tem em comum com o modelo miltoniano da composição homônima de Pessoa. Mas a "Ode à tempestade" do adolescente deve mais do que apenas o título ao poema que leu no jornal. A ode de O'Grady começa da mesma maneira, com uma descrição do sol desaparecendo sob o "comando severo" da tempestade que se aproxima. Nuvens "acumulam/ Suas poderosas

* "Cedo demais o dia fugiu,/ Com raios maculados de vermelho/ O sol afundou sob sua mortalha lúgubre,/ Recolhendo formação implacável./ Nos degraus do dia/ O demônio da tempestade amontoa uma nuvem sobre outra,/ Como em algum conto de poeta melancólico/ As horríveis hordas dilaceradas pelo inferno de fantasmas em bando empalidecem." (N. T.)

massas" e "Exércitos de fantasmas se apressam em formação cerrada". Outras imagens e palavras na ode de Pessoa, inclusive o bastante incomum *"storm-fiend"* [demônio da tempestade], foram retiradas diretamente do poema de O'Grady. Embora tenha tentado encobrir seus rastros usando sinônimos e reorganizando a ordem do vocabulário emprestado, é fácil ver que Fernando condensou as duas primeiras estrofes da ode de seu professor de francês em uma e a moldou segundo o modelo da ode de Milton, de cuja 26ª estrofe pegou uma ou duas imagens e as jogou na mistura, como se adicionasse tomilho e orégano.

Pessoa teria reconhecido de bom grado sua dívida poética para com Milton, a quem elogiou ao extremo quando adulto — mesmo que admitisse que a obra-prima do poeta inglês, com toda a sua esplêndida urdidura, era de leitura enfadonha.[2] O'Grady, por sua vez, não apenas não recebeu nenhum crédito por sua contribuição para a "Ode à tempestade" de Pessoa, como o jovem ingrato escreveu um poema em francês que zombava de seu professor por ser um poeta medíocre. Datilografado no verso de um programa de *The Mikado*, de Gilbert e Sullivan, interpretado pelo Old Boys' Club da D. H. S. em julho de 1904, a sátira era narrada pelo próprio Hardress O'Grady, cuja assinatura era escrita em falso francês como "Ardrèce Augradi".[3]

Com alguma autojustificação, e também com muita verdade, Pessoa argumentaria mais tarde (em seu ensaio "Erostratus", por exemplo) que grandes artistas raras vezes são precursores de algo e nunca totalmente originais — eles capitalizam e aprimoram o que veio antes. Como um Picasso português da literatura, ele alternaria de forma prodigiosa de estilo para estilo e de linguagem para linguagem, roubando ousadamente tópicos e recursos formais e até mesmo frases textuais de outros escritores, que modificava ou inseria em contextos transformadores. Talvez a sugestão que fiz dois parágrafos atrás, de que ele queria "encobrir seus rastros", deva ser ignorada. Fernando, em 1904, estava ocupado fazendo experimentações em seu laboratório literário, ainda não com objetivos bem definidos, mas como alguém que se familiarizava com equipamentos e procedimentos. Não estava muito preocupado em completar sua "Ode à tempestade", para a qual escreveu mais alguns fragmentos antes de abandonar o poema.[4] Mas se, em vez disso, ele tivesse juntado os fragmentos e os transformado numa obra acabada, bem poderia tê-la publicado no *Natal Mercury*, com o propósito expresso de exibir sua técnica poética superior quando aplicada à matéria-prima temática fornecida por seu professor de francês. "Tímido e inofensivo" no convívio social, Fernando já era poeticamente autoconfiante e combativo.

Pessoa também se propôs a escrever uma "Ode à música" e uma "Ode aos pobres", além da já citada "Ode ao mar". Todas demonstram notável habilidade e versatilidade com métrica e rima, mas essas obras ambiciosas eram apenas uma faceta da atividade literária do adolescente durante seus dois últimos semestres na Durban High School. Nesse mesmo ano de 1904, ele experimentou uma série de outras formas e temas poéticos, todos colhidos em suas extensas leituras. Embora pudesse se apropriar de ideias e expressões de qualquer fonte, inclusive de um poema medíocre de seu professor de francês, seu método habitual de autodidatismo era produzir obras no estilo de um mestre reconhecido. Seus mestres literários não são difíceis de identificar. De cada um de seus empreendimentos poéticos desse período, em geral podemos traçar uma linha direta até um poeta inglês, na maioria das vezes um dos românticos, como Byron, Keats ou Wordsworth.

Os românticos ingleses eram um grupo heterogêneo, cada qual com uma voz inconfundivelmente individual. Como sugere a palavra romântico, exaltavam a emoção, a imaginação, visões e sonhos, embora de maneiras muito diferentes. Pessoa exaltava-se com e por meio deles. Em um poema maduro que dialoga com William Wordsworth, ele escreveria a famosa frase: "O que em mim sente está pensando".[5] Isso não significa que o poeta usasse seu intelecto para refrear ou reprimir seus sentimentos, mas apenas que pensava profunda e incessantemente sobre tudo o que sentia, para expressá-lo o melhor que pudesse em palavras. Assim como os românticos, queria ser um veículo dos mais poderosos sentimentos humanos, traduzindo-os em pensamento, linguagem, poesia.

Pessoa reconhecia lorde Byron como a influência inglesa inicial em sua poesia,[6] e podemos sentir uma pulsação e uma arrogância tipicamente byronianas nos cerca de cem versos que escreveu para "The Woman in Black" [A mulher de preto], um poema adolescente cujo infeliz eu poético reclama que sua mente racional está em um desesperador desacordo com o absurdo do mundo: "Muito jovem, aprendi a raciocinar com frieza/ E tirar conclusões com ousadia e firmeza".[7] O que Pessoa adotava de Byron, que comentava com exuberância os acontecimentos da época que testemunhou em primeira mão, limitava-se a questões de tom poético e versificação. Mas essa influência logo desapareceu, ou foi assimilada na poesia de Pessoa de forma não mais reconhecível. E a vida extravagante de batalhas mundanas e amores ilícitos de Byron nunca poderia ter servido de modelo ao jovem poeta.

Pessoa foi influenciado de forma mais profunda por John Keats, um visionário inseguro que fazia claramente uma distinção entre sua ambição poética e a de Byron, dizendo: "Ele descreve o que vê — eu descrevo o que imagino". Também Pessoa escreveu desde cedo a partir de sua imaginação, ou daquilo que lia e reimaginava. Seu juvenil "Gahu the Titan", uma composição fragmentária escrita em versos brancos e estilo épico, era uma variação do "Hyperion" de Keats, um poema épico inacabado cujo protagonista é o senhor do Sol e a única divindade titânica ainda não derrotada pela nova raça de deuses do Olimpo. Ao mesmo tempo que simpatiza com Hyperion, cujos dias estão contados, o poema de Keats também anseia pelo que está por vir. Atrás do condenado Titã espreita um jovem herói ainda a descobrir suas asas: Apolo, o novo deus do Sol, que pode sentir sua divindade, mas precisa ganhar confiança antes de abraçar seu destino imortal. Apolo tem de "morrer para a vida", de acordo com os últimos versos de "Hyperion", assim como Keats sabia que deveria fazer como poeta, para realizar todo o seu potencial e se tornar um imortal literário.*

O Gahu de Pessoa — cujo nome parece ser uma fusão de *Ga*ia (Terra) e *U*rano, mãe e pai dos deuses Titãs — permanece tristemente como o último Titã e representa, como Hyperion, uma velha ordem que deve ser superada. "Gahu the Titan" lamenta o fim daquela ordem, mas também pede que ela seja liquidada de uma vez por todas. Não menos do que "Hyperion" de Keats, o poema de Pessoa descreve um rito de passagem.[8]

Fernando, ao que parece, compreendeu obscuramente que toda a sua educação clássica, todo o latim nele incutido pelos professores da D. H. S. e todos os intrincados padrões de versos que aprendeu com Milton e outros poetas, por mais vantajosos que fossem para suas ambições literárias, também o constrangiam, oprimiam-no, impediam-no de alçar altos voos sendo ele próprio, Fernando Pessoa. Ele precisava se livrar daquela velha ordem e "morrer para a vida", como Keats, mas era difícil abandonar tudo aquilo. Embora estivesse começando a

* Essa ideia foi mais desenvolvida por Keats em "The Fall of Hyperion", que revisita seu poema anterior.

adquirir espontaneidade em sua escrita, muitos anos se passariam antes que se libertasse por completo da crisálida formada por tanto aprendizado e se tornasse um poeta surpreendentemente original — uma condição que, claro, ele nunca alcançaria sem aquela crisálida.

Gahu tinha de morrer. "Mate-me, mate-me!", implora o herói desolado do poema. Seu pedido foi atendido em "The Fall of the Titan" [A queda do Titã], o primeiro soneto escrito por Pessoa em inglês, em abril de 1904.[9] A morte do Titã, sentida em todo o mundo como um choque cataclísmico, é contada pelo eu poético do soneto com solene respeito e um toque de compaixão. Pessoa, que em breve completaria dezesseis anos, aceitava que a morte é uma etapa normal e necessária do processo regenerativo, mas o perturbava tanto filosófica quanto emocionalmente que todas as coisas devessem acabar para dar lugar ao novo. Em maio, ele escreveu seu segundo soneto em inglês, um solilóquio sobre a morte que termina com:

I know not death and think it no release —
*The bad indeed is better than the unknown.**

Para Fernando Pessoa, não havia uma "Morte, não se orgulhe" do soneto de John Donne, nenhuma crença em um despertar redentor post mortem, nada que pudesse neutralizar a dor de perder tudo o que amamos e sonhamos. Pessoa também não temia a danação eterna, apesar da doutrinação religiosa que recebera das freiras da Escola do Convento. Seu medo não tinha um alvo específico — era um horror instintivo, porque a morte representa o Mistério, o Desconhecido. Ao contrário da maioria dos jovens, Pessoa tinha consciência, não no fundo da mente, mas no primeiro plano do pensamento e com toda a força dos sentimentos, de que um dia deixaria de existir como ser mundano. Essa consciência, gravada de forma indelével pela morte lenta de seu pai tuberculoso, seguida pela perda repentina de seu irmão bebê meses depois, talvez seja responsável por sua falta de interesse em atividades típicas da espécie humana. A acumulação de riqueza e poder, a formação de uma família e a fama nesta vida não o atraíam. Por outro

* "Eu não conheço a morte e penso que não há libertação —/ O mal é na verdade melhor do que o desconhecido." (N. T.)

lado, a fama *depois* de morto lhe era extremamente atraente, pois poderia conferir pelo menos uma imortalidade relativa, capaz de durar enquanto durasse a humanidade. Em 1904, Pessoa já treinava — usando as técnicas de Milton, Carlyle e dos poetas românticos ingleses — para entrar no Olimpo literário.

Se "The Woman in Black" nos lembra Byron, e "Gahu the Titan", Keats, outro poema inacabado com aspirações épicas — "The Old Castle" [O velho castelo], escrito em versos brancos — lembra Wordsworth. O castelo, que está em ruínas, situa-se no interior da Espanha, onde o eu poético do poema está fazendo uma caminhada. Ele encontra um velho que lhe conta que, em tempos mais antigos, quando ainda mantinha algumas estruturas intactas, o castelo era habitado por um cavaleiro e sua formosa prima, Dolores. Eles viviam felizes juntos e apaixonados, até que o cavaleiro partiu numa expedição militar lançada por d. Sebastião de Portugal contra "os odiados mouros". Tratava-se da desastrosa campanha de 1578 para reconquistar territórios no Norte da África antes controlados pelos portugueses. (Dois mil soldados espanhóis, e ainda mais alemães, lutaram ao lado de um número muito maior de portugueses.) Como o corpo do cavaleiro não foi encontrado em meio à carnificina do campo de batalha, Dolores nutre a esperança de que ainda esteja vivo e volte para casa. O cavaleiro é emblemático do próprio d. Sebastião, cujo corpo também teria desaparecido, dando origem ao mito duradouro de que voltaria para redimir Portugal, que caiu sob o domínio espanhol em 1580. "The Old Castle" contém o primeiro uso literário de Pessoa do mito sebastianista, que se tornará um motivo importante em sua obra madura. Assim como os portugueses esperaram em vão pela volta de d. Sebastião, Dolores espera e espera o primo, afunda-se na loucura, envelhece, continua à espera e finalmente morre. Quando seu caixão está sendo colocado na cova, um velho chega correndo. É o cavaleiro havia muito perdido, seu primo e amante.

Contra o pano de fundo da história de múltiplas interpretações do castelo e seus últimos habitantes, o narrador do poema apresenta suas reflexões sobre o lugar da humanidade no mundo, sobre a mortalidade e sobre a natureza da Natureza. Ele é tão panteísta quanto qualquer romântico, tendo um dia se surpreendido com a visão de "um Ser que atravessa / Tudo o que há", de modo que as formas externas são apenas "corporizações / Desta imensa alma que faz vibrar o universo". Embora suas descrições do poder da Natureza para elevar a sensibilidade humana não possam rivalizar, em intensidade poética, com os versos que Wordsworth compôs perto da abadia de Tintern e em outros lugares por onde viajou a pé com sua irmã Dorothy, estão entre os melhores versos que Pessoa produziu na adolescência. Sobre um estupendo "algo na Natureza" que transcende o pensamento humano, ele escreve:

I know not what it is, but I can feel
Its power and hear its voice in everything.
Thus when I walk the fields at early morn
It finds expression in the meanest sight —
The blades of grass, the flowers that varied glow
Upon the sward, the gentle plants, the trees,
The housewife ants and working bees, the birds,
*The simple flocks and grazing herds disperst.**

Mas, apesar do que esses versos sugerem, duvido que Pessoa estivesse muito atento às imagens e aos sons do mundo da natureza. Ele estava mais interessado no poder descritivo e rítmico das palavras.

William e Dorothy Wordsworth eram observadores assíduos de campos e bosques, e Samuel Taylor Coleridge às vezes os acompanhava em suas excursões pelo Lake District. As casas em ruínas e os personagens rústicos dos poemas de Wordsworth lhe eram conhecidos por contato direto, ou baseados no que havia visto e ouvido. Byron e Shelley, em suas viagens ao continente europeu, percorriam o campo tanto quanto as cidades, e as impressões que coletavam nos ambientes rurais e urbanos inspiraram muitos de seus poemas. Fernando, em Durban, tinha a possibilidade de fazer caminhadas na mata semitropical não muito distante da Berea, onde morava com a família. E, mesmo sem sair de sua vizinhança arborizada, poderia ter aproveitado muitos dias de campo vagueando em meio à vegetação exuberante e contemplando os pássaros coloridos e outras formas de vida selvagem que abundavam por todos os lados. Pelo que se sabe, ele

* "Não sei o que é, mas posso sentir/ O seu poder e ouvir-lhe a voz em tudo o que há./ Assim, quando cedo passeio pelo campo,/ Isso encontra expressão em qualquer paisagem —/ As folhas de erva, as flores variadas/ Que brilham na relva, as plantas, as árvores,/ As formigas caseiras, o afã das abelhas, as aves,/ Os simples rebanhos e as manadas pastando." (Trad. de Luísa Freire)

não tirou muito proveito dessas oportunidades. Os arredores de onde morava certamente não entraram em seus escritos. Ele escreveu sobre mineiros na Austrália e um castelo em ruínas na Espanha. E também sobre a natureza — mas a descrita em poemas de Gray, Wordsworth e Shelley.

Durante o verão, Durban tem chuvas frequentes e fortes, geralmente no final da tarde, e Fernando, ainda pequeno, viu uma vez um raio partir uma árvore, o que o encheu de pavor e um medo exagerado de tempestades que o acompanharia durante toda a vida.[10] Mas sua "Ode à tempestade", como mostrei, foi inspirada no poema de mesmo título de seu professor de francês. Em toda a poesia escrita por Pessoa em Durban, ele fez apenas uma referência inequívoca ao seu próprio cenário local:

It was the glory of a peaceful night
In Afric autumn, when the light sweet breeze
Wakes from the calmness but awhile to stir
The crowning leaves of trees, that seem to caper
*Grotesquely nodding to the silent moon.**

Esses versos são de outro poema de grande escala, "The Palace of Thought" [O palácio do pensamento], logo abandonado por ele, como todos os outros.[11] No manuscrito que contém o fragmento mais longo, Pessoa indicou ao lado de cada verso o número da sílaba onde a pausa natural, ou cesura, ocorria ("0", se não houvesse). Notações desse tipo faziam parte de suas lições autodidáticas sobre como escrever poesia. Ele mantinha uma vaga intenção de terminar "The Palace of Thought", como gostaria de concluir "The Woman in Black", "Gahu the Titan" e o quarteto de odes de 1904, mas eram todas peças de exercício, estudos que cumpriram muito bem seu propósito: Fernando Pessoa estava pronto para ser um poeta.

Fernando Pessoa ou Charles Robert Anon? Em 1904, esse nome surgiu como o alter ego predominante de Pessoa, ao qual atribuiu a maior parte da poesia que

* "Era a glória de uma noite pacífica/ No outono africano, quando a suave e doce brisa/ Desperta da calma para agitar por um tempo/ As folhas das copas das árvores, que parecem dar cabriolas/ Acenando grotescamente para a lua silenciosa." (N. T.)

escrevia, bem como uma boa parte de sua prosa. Anon era atrevido e presunçoso, a julgar pela carta enviada em julho ao *The Natal Mercury*, junto com seu poema já citado que zombava do ex-prefeito de Durban, sr. Hillier, e do ex-professor de Fernando, C. H. Haggar, descrevendo-os como poetastros de pouco valor. O jornal precedeu a publicação do poema com a carta, cujo condescendente autor se deliciava com o "magnífico crescendo de absurdos" resultante da briga literária a propósito de uma ode mal traduzida de Horácio. Os participantes da refrega eram criticados por suas "efusões pseudopoéticas" no rascunho de outra carta ao *Mercury*, que Pessoa-Anon começou a escrever em 14 de julho.[12] Em 1905, o sr. Anon tentaria retornar às colunas do jornal com algumas opiniões políticas indesejáveis, às quais retornarei.

Pode parecer que Charles Robert Anon, uma vez que assinava não apenas as obras poéticas de Pessoa, mas também suas cartas ao editor, não passava de um pseudônimo, como George Eliot era para Mary Ann Evans, ou George Orwell para Eric Blair. Isso faria sentido se, por trás dos poemas e cartas, pudéssemos identificar uma personalidade coesa cuja escrita transmitisse um conjunto de sentimentos e opiniões preexistentes. Mas essa personalidade não existia. Para Fernando Pessoa, escrever não era uma questão de transmitir, mas de construir, e C. R. Anon era um componente — aliás, um componente fundamental — de seu edifício poético. Não era um mero disfarce para o poeta "verdadeiro", assim como os poemas também não eram expressões de sentimentos "verdadeiros". Os verdadeiros sentimentos de Pessoa informavam seu trabalho, mas eram reformulados, e C. R. Anon era uma reformulação literária de caráter especificamente inglês de seu criador português.

Embora Anon ocupasse o centro do palco, outros heterônimos continuaram a desempenhar papéis menores. Karl P. Effield, que em 1903 era um escritor de viagens e poeta já publicado ("The Miner's Song"), recebeu uma tarefa bastante diferente no ano seguinte: um ensaio histórico intitulado "The Sea Way to India" [O caminho marítimo para a Índia], que descreveria em detalhes como os navegadores portugueses abriram essa rota marítima crucial.[13] Sidney Parkinson Stool, inicialmente encarregado de escrever "*yatching yarns*" [lorotas do iatismo] e outras histórias, foi associado a uma obra intitulada "Atlantis", provavelmente um ensaio.[14] E as assinaturas de Gaveston continuaram a proliferar, como se ele estivesse em prontidão para uma tarefa que nunca se materializava.

Novos heterônimos também surgiram. Horace James Faber era o suposto autor do primeiro conto policial de Pessoa, "The Case of the Science Master" [O caso do professor de ciências]. História de um assassinato misterioso ambientado numa escola semelhante à Durban High, era mais ambicioso do que os contos de mistério publicados nos livros para meninos dos primeiros anos da adolescência de Fernando. Em 1904, Pessoa continuava a ler os contos de Edgar Allan Poe, e a dedução psicológica, à maneira de C. Auguste Dupin, era o método preferido de seu próprio detetive investigador, o ex-sargento William Byng, acionado para resolver o homicídio do professor de ciências. O outrora sargento, cujo nome pode ter sido inspirado no detetive fictício sargento Byng do Departamento de Polícia de Nova York, inventado pelo escritor de romances policiais Herbert Flowerdew por volta de 1900, seria usado em várias outras histórias de crimes escritas em inglês.[15]

De acordo com uma lista de seus deveres literários, Horace James Faber era antes de tudo um autor de contos policiais, mas também um ensaísta e poeta satírico. C. R. Anon, cujo curriculum vitae segue o de Faber na mesma folha de papel, era antes de tudo um poeta, embora também fosse responsável por escrever "histórias de imaginação" e ensaios críticos sobre grandes escritores como Carlyle, Byron e Shelley. Não foi por acaso que os dois currículos ocuparam a mesma página. Seus nomes apareciam como coautores em várias folhas de "O caso do professor de ciências", escrito de forma intermitente entre 1904 e 1907.[16]

Os dois heterônimos também escreveram em conjunto um ensaio inacabado intitulado "Plausibility of all Philosophies" [Plausibilidade de todas as filosofias], que contestava uma teoria filosófica muito admirada por um amigo deles, dr. Nabos. Presume-se que esse Nabos, cujo primeiro nome era Gaudêncio, fosse irmão ou primo de Zé Nabos, que escrevia charadas para o jornal *O Palrador* em 1902. A teoria que ele admirava, cuja origem estava em Aristóteles e nos estoicos, mas que fora depois apresentada pelos filósofos John Locke (1632-1704) e Claude Adrien Helvétius (1715-71), sustenta que a mente humana começa como uma lousa em branco, a ser escrita por sua educação e seu ambiente. Faber e Anon argumentavam, ao contrário, "que a mente do homem, em vez de tirar a cor de seus arredores e círculos naturais, transmite a eles seus pensamentos". De acordo com essa visão, a validade de um pensamento depende apenas do pensador; portanto, todas as filosofias são plausíveis.[17] Fernando Pessoa podia não concordar totalmente com o raciocínio de Faber e Anon, mas ratificava a conclusão deles, e ainda mais seu corolário: nenhuma filosofia pode afirmar ser mais verdadeira do que as demais.

A família de heterônimos de Pessoa estava crescendo, e suas relações envolviam mais do que a circunstância comum de derivar da mesma inteligência criativa. Eles sentavam-se, por assim dizer, para ter discussões sérias, nas quais suas opiniões às vezes se chocavam. Em um trecho de um prefácio inacabado que tentava explicar como e por que os heterônimos surgiram, Pessoa escreveria, muitos anos depois: "Com uma tal falta de gente coexistível, como há hoje, que pode um homem de sensibilidade fazer senão inventar os seus amigos, ou, quando menos, os seus companheiros de espírito?".[18] O escritor não estava sendo jocoso — estava relembrando o que ele mesmo começara a fazer quando adolescente.

13.

"Saia e tome um pouco de ar fresco!", sua mãe deve ter sugerido várias vezes, sempre em vão. Para relaxar da literatura e do pensamento profundo, Fernando jogava bola sem bola, dentro de casa. Em julho de 1904, organizou uma grande partida de futebol entre o Anchor Club e o Marine Football Club. Os respectivos dirigentes dos clubes (Nat Gould, do Anchor Club) emitiram avisos separados anunciando os nomes dos membros da equipe que estavam escalados para jogar na terça-feira, 5 de julho, "às 14h30 em ponto", mas a folha com o placar da partida imaginária não foi preservada.[1] Nosso conhecimento dos eventos esportivos virtuais de Pessoa é esparso, já que ele guardou apenas as informações sobre os tempos de jogo, as escalações de equipes e os resultados finais que por acaso foram registrados em seus cadernos ou em pedaços de papel que também continham anotações e composições literárias. Talvez tenha havido muitos jogos de futebol e críquete dos quais nenhum registro sobreviveu, mas eles parecem ter cessado no verão de 1905, quando as referências a jogos desaparecem de seus papéis.

Pessoa adorava outros jogos da imaginação e não se importava de brincar com os irmãos bem mais novos, que guardaram vívidas memórias do irmão mais velho como um mestre dos jogos e brincalhão. O trote de que mais se lembravam tinha a ver com o uso de *blackface*, que se tornou popular nas cidades governadas pelos britânicos na África do Sul depois que "shows de menestréis" norte-americanos e britânicos começaram a circular por lá na década de 1860.[2] Promovidos como uma forma inócua de entretenimento de massa, esses shows em que atores e cantores brancos retratavam os negros como simplórios cômicos e despreocupados reforçavam os mitos da inferioridade negra numa época em que os colonos, embora rejeitassem a escravidão formal, aprovavam leis e usavam de coerção para fazer dos africanos nativos uma classe subserviente.

Ainda que nunca tenha assistido a um show desse tipo, Fernando já tinha visto fotos de *blackface* ou visto outros estudantes com o rosto pintado, e sabia muito bem como era feito. Uma tarde, quando seus pais foram visitar amigos, ele se enrolou num lençol branco, escureceu o rosto com cortiça queimada e pôs um chapéu preto, enquanto sua irmã e seus irmãos olhavam. Então subiu num banquinho e espiou pela janela de ventilação acima da porta da área de serviço, onde os criados estavam fazendo uma pausa em suas tarefas. Eles ficaram tão assustados com a aparição que correram para fora de casa, quando então Fernando tirou a fantasia e correu atrás, gritando: "Sou eu, sou eu!".

Ou teriam saído da casa indignados? Os detalhes de como os criados reagiram, como se tivessem visto um fantasma, foram embelezados ao longo dos anos à medida que a história era recontada e diferentes versões dos acontecimentos circulavam entre os membros da família.[3] De qualquer modo, o incidente confirma que Fernando não era mais sensível do que os demais residentes brancos de Durban à ofensa inerente ao *blackface*. Olhando além do racismo casual que revela, a brincadeira pode ser vista como mais um experimento de autotransformação. Segundo a irmã de Pessoa, no dia em que usou *blackface*, ele fazia o papel de Quebranto Ossos, personagem que inventou para amedrontar de brincadeira os irmãos mais novos.[4]

Foi nessas férias escolares que Pessoa encenou o grande jogo de futebol entre os clubes Anchor e Marine, atacou os letrados locais nas páginas do *Natal Mercury* e, sem dúvida, passou mais tempo divertindo os irmãos. À noite, depois do jantar, gostava de ler enquanto ouvia a mãe tocar piano, às vezes acompanhada pelo padrasto na flauta.[5]

Fernando tinha dezesseis anos quando começou seu último semestre na Durban High, em agosto de 1904, e logo ele e todos os outros alunos estavam estudando a sério para os exames de fim de ano. Mas sua atenção foi distraída pela morte repentina do aluno local mais popular, Wilfred Hobley, em 3 de outubro. Líder e representante dos estudantes, Hobley era um grande atleta, irradiava carisma e seu bom coração o tornava querido de quase todos. Poucos dias depois de seu magnífico desempenho ter garantido a vitória para o time de futebol numa partida importante, ele contraiu febre reumática e morreu em uma semana, abalando toda a escola,[6] embora provavelmente nem tanto Fernando Pessoa, seu colega de classe na série VI. Pessoa estava bastante familiarizado com a morte, e, em vez de lamentar o falecimento de Hobley com o resto dos colegas e professores, é mais provável que tenha se lembrado dos parentes que havia perdido: o pai, o irmão, tio Cunha, a avó materna, uma de suas meias-irmãs e, mais recentemente, seu tio João (marido de tia Anica), que havia enfim sucumbido à tuberculose em fevereiro.[7] Na verdade, não devia sentir grande falta do irmão Jorge, que não chegou a completar um ano, mas sim da *ideia* de um irmão, do que teria significado para ele se tivesse sobrevivido.

Encontra-se nos arquivos de Pessoa um pedaço de papel dos tempos de Durban com cinco versos um pouco canhestros, mas reveladores, que evocam seu "infeliz irmão".[8] Podem ter sido escritos em janeiro de 1904, no décimo aniversário da morte de Jorge, ou em outubro do mesmo ano, quando a Durban High School sofreu a perda de seu aluno mais popular, ou talvez datem de 1905. "Em ti estão enterradas todas as esperanças de nossa família", lamenta Pessoa num dos versos que dedicou a Jorge, que faleceu antes de aprender a falar. Fernando dava-se bem com o padrasto e os meios-irmãos, mas "*nossa* família" significava para ele aquela que havia perdido. Ele supunha que Jorge o teria entendido de uma forma que a segunda família da mãe não era capaz. Suas palavras de lamento também sugerem que, sem Jorge para prolongá-la, a linhagem da família Pessoa estava condenada à extinção. Por sua vocação de poeta e por sua inclinação para viver a vida de uma maneira diferente da maioria, e talvez também por temer um pouco a ideia do contato físico com mulheres, Fernando não esperava ter esposa e filhos. "Coisas comuns são desagradáveis para mim. Anseio por muito não material", escreveu o poeta na página 390 de seu livro de álgebra da série VI.[9]

Em dezembro, ele passou com sucesso no Exame Intermediário em Artes com uma colocação na Segunda Classe, tendo perdido a nota de corte para a Primeira Classe por alguns pontos. Mesmo assim, sua pontuação foi a mais alta de Natal, o que deveria lhe garantir a cobiçada bolsa de estudos da Exposição de Natal, que pagaria por todas as suas despesas enquanto estudasse para obter um diploma universitário na Grã-Bretanha. Eis uma coisa material pela qual Fernando sem dúvida ansiava, apesar do que escrevera em seu livro de álgebra, mas havia um porém: apenas alunos matriculados numa escola de Natal durante os quatro anos anteriores podiam receber a bolsa. A viagem a Portugal em 1901-2 o havia desqualificado, e o prêmio foi para Clifford Geerdts, que o aproveitou para estudar em Oxford, onde em 1907 receberia a carta do dr. Faustino Antunes.[10]

Essa providencial regra de quatro anos estabelecida pelos legisladores natalenses preservou Fernando Pessoa para as letras portuguesas, bem como para a poesia mundial em geral. Ele não teria se destacado muito como poeta escrevendo em inglês. Sua formação autodidata em técnica poética, que tomava Milton e os românticos ingleses como principais modelos, estava dando frutos. Sua poesia em inglês de 1904 era bem mais sofisticada do que sua produção portuguesa de 1902. Naturalmente, ele tinha coisas mais interessantes a dizer, tendo em vista seu desenvolvimento intelectual e emocional nos dois anos que se passaram. Mas lemos esses poemas lusófonos anteriores sem obstáculos; em sua poesia anglófona, às vezes tropeçamos. No fragmento poético dirigido ao irmão morto, por exemplo, Pessoa escreve: "In thee is gone for ever the content/ That love of having thee did ever raise".* Em outras palavras, a morte de Jorge privou-o do prazer de ter um irmão. A formulação poética soa estranha, mas não de forma interessante. A maior parte dos versos em inglês de Pessoa é muito superior aos cinco versos para o irmão, mas, na poesia, até mesmo um pequeno deslize linguístico pode significar um desastre. Se Pessoa tivesse passado os primeiros anos em Durban a brincar com outras crianças, em vez de estudar e ler livros, seu inglês teria sido um instrumento mais apurado para cantar, gritar, sussurrar, declarar em voz alta — tudo o que sua poesia lusófona faria extraordinariamente bem. É possível que na Grã-Bretanha, com mais alguns anos, o inglês de Pessoa se tornasse mais tarimbado, adequado para o jogo poético. O resultado mais provável, porém, é que, caso tivesse estudado em Oxford, viesse a ser um professor brilhante e um crítico notável, que também publicava alguma poesia competente mas nada memorável.

A Durban High School ensinara a Pessoa o que poderia lhe ensinar — e agora? Não fazia sentido para ele se matricular numa faculdade na Colônia do Cabo, a menos que planejasse permanecer na África do Sul para sempre. Mandá-lo

* "Em ti foi-se para sempre o contentamento/ que o amor por te ter sempre suscitou." (N. T.)

estudar na Inglaterra seria financeiramente problemático, se não prejudicial para os pais, que tinham quatro filhos pequenos para criar. Além de Henriqueta, Luís e João, havia um novo bebê, Maria Clara, nascida em agosto de 1904. E, como Fernando não era muito extrovertido e tinha uma constituição delicada, sua mãe teria se preocupado por ele estar tão longe, sem um único parente próximo. A única opção sensata e viável era continuar os estudos em Lisboa, onde o ano letivo começaria em outubro de 1905. Ele zarparia para Portugal em meados de agosto.

Nos primeiros oito meses de 1905, seus últimos em Durban, Fernando Pessoa não teve aulas nem exames para os quais se preparar, mas continuou estudando. Era o que ele gostava de fazer, e uma ambição indefinida, como se fosse para um exame futuro, o estimulava. Ele costumava fazer listas de livros para ler e estabelecer metas para si mesmo, como um corredor em treinamento, para ajudá-lo a manter o ritmo.

A corrida de verdade nunca o atraiu, mas, agora que tinha tempo de sobra e já se provara intelectualmente, ele decidiu dedicar alguma atenção ao corpo. No final de janeiro, encomendou o livro *Strength and How to Obtain It* [Força e como obtê-la], do pioneiro do fisiculturismo moderno Eugen Sandow (1867-1925). Nascido na Prússia, o precursor de Charles Atlas ganhou fama em Londres, onde fundou o Instituto de Cultura Física. Publicava uma revista e viajava muito para exibir o físico e vender seu método de fortalecimento muscular. Sandow fora um ícone para alguns dos soldados da Segunda Guerra dos Bôeres e, em 1904, viajou pela África do Sul, aparecendo principalmente na Cidade do Cabo e em Johannesburgo, e fazendo paradas mais curtas em outras cidades, entre elas Durban.[11] Mesmo que não tenha visto o brutamontes em ação, Fernando teve contato com os anúncios que promoviam as apresentações de Sandow. Atraído pela perspectiva de ter um corpo do qual poderia se orgulhar ou pelo menos não se envergonhar, Fernando encomendou o mesmo livro de Sandow que James Joyce colocaria na estante de Leopold Bloom. Uma carta-padrão de Sandow endereçada a F. Pessoa, Esq., e datada de 27 de fevereiro de 1905, recomendava que o jovem de dezesseis anos preenchesse e devolvesse a tabela de medidas do final do livro, como um primeiro passo para receber instruções do mestre da musculação.[12] Não sabemos se ele acatou a recomendação, mas pelo menos tentou, como Bloom, alguns dos exercícios descritos no livro. O mesmo fez Yeats em Dublin, Kafka em Praga e T. S. Eliot quando era estudante de graduação no Harvard College.[13]

Na mesma semana em que encomendou o livro de Sandow, Pessoa escreveu a Liverpool para perguntar sobre um produto chamado Venustro Bust Developer. Insatisfeito com o peito ligeiramente escavado, estava disposto a considerar vários métodos para remediar o problema. Uma anotação em seus arquivos revela que alguns anos mais tarde, quando jovem adulto em Lisboa, planejou encomendar da Inglaterra alguns "suportes expansores do tórax". Talvez imaginasse que o Venustro Bust Developer fosse algo na mesma linha. Ou realmente pensou em experimentar uma terapia que, em especial para um homem, teria sido pouquíssimo convencional? Qualquer que fosse o caso, o fato é que a Dourais Medicine Co. de Liverpool enviou-lhe seu folheto *Beleza, Saúde, Felicidade e Desenvolvimento do Busto, com Testemunhos* e uma carta datada de 2 de março de 1905. Dirigida a uma "Cara senhora", a carta-padrão explica que o produto consistia em um elixir administrado por via oral e uma pomada aplicada topicamente, cujo ingrediente ativo era "um óleo tropical raro". O efeito combinado das substâncias logo faria com que o busto da usuária "se expandisse e tomasse forma para se tornar bem desenvolvido nas plenas proporções da natureza, lindamente arredondado e simétrico". Apesar da garantia de que o produto seria enviado "seguramente embalado e muito bem lacrado", há pouca probabilidade de que ele tenha feito um pedido.[14]

Pessoa também examinou o "Sistema de Cultura Física" de William Macdonald Smith. Semelhante ao método de Sandow, defendia contrações musculares completas para melhorar a constituição física e a saúde geral do corpo.[15] O interesse do adolescente pelo fisiculturismo e, mais especificamente, pela expansão do peito tinha relação com a saúde, mas também com a estética. Ele sonhava em ter um peitoral másculo e agradável aos olhos.

Fernando Pessoa era cético demais para entrar de corpo e alma em qualquer programa de autoajuda, fosse voltado para o aprimoramento do corpo, da mente ou da moral. Ele demonstrou interesse a Eugen Sandow, enviando-lhe dinheiro por seu livro, e talvez tenha feito o mesmo com Macdonald Smith, mas também parodiou esses e outros defensores da boa saúde por meio da criação do dr. William K. Jinks, um cruzado heterônimo dedicado à "elevação física, moral e mental do homem, da mulher e da criança". Assim como Sandow, Jinks era editor de uma revista que promovia a "cultura física" e outras disciplinas conducentes à vida saudável, todas com o objetivo final — mais ambicioso que o de Sandow — de "corrigir o vício e derrubar a sociedade". Um narrador anônimo, que pode ser o próprio Fernando Pessoa, conta como foi abordado pelo efusivo sr. Jinks em um café barato, onde o defensor da saúde não perdeu tempo para tentar conquistar um novo convertido:

> "Você se encurva", ele observou de repente.
>
> Fiquei um pouco confuso, mas, estando dobrado em cerca de 45 graus, admiti a imputação.
>
> "Eu não", observou o sr. Jinks. "Além disso, você está cansado."
>
> Eu disse que *estava* cansado.
>
> "Eu nunca me canso", continuou o sr. Jinks, considerando a limonada que eu estava bebendo como algo venenoso, enquanto pedia uma essência concentrada de algo particularmente saudável e puro.

Logo então era mostrado ao narrador encurvado e de aparência cansada um livro que "regeneraria o mundo e poderia ser obtido com o professor William K. Jinks, 23 e 24 Crank Buildings, 2306, Bandit Street, Nova York".[16]

A criação de William K. Jinks por Pessoa, embora uma paródia óbvia de Sandow e sua laia, não significava uma renúncia às suas boas intenções de fortalecer o corpo e adotar um estilo de vida saudável. Em seu caso, o ceticismo e o entusiasmo podiam florescer juntos, e foi com essas duas posturas que ele estendeu seu interesse pelo corpo humano à possibilidade de descobrir, por meio de atributos físicos, a própria personalidade e a de outras pessoas e seu destino futuro. É provável que não acreditasse muito em quiromancia, mas ler as mãos era uma atividade divertida para a família, e ele tinha um manual sobre o assunto. A fisiognomonia e a frenologia exerceram uma atração mais poderosa e duradoura. A fisiognomonia se propõe a revelar o caráter por meio de uma análise das características faciais; a frenologia aspira a desvendar a personalidade de alguém por meio de medições precisas do crânio, em que cada pequena área do cérebro seria responsável por uma tendência comportamental específica. (A frenologia também forneceu aos racistas fundamentos pseudocientíficos para defender, com base na forma do crânio, a superioridade dos europeus.) Ambas as disciplinas foram amplamente desmascaradas no final do século XIX, mas a frenologia teve um ligeiro retorno no início do século XX, graças ao psiquiatra britânico Bernard Hollander (1864-1934). Fernando recebeu um exemplar da *Scientific Phrenology* (1902) de Hollander de presente pelo seu aniversário de dezessete anos, em junho de 1905, momento em que começou a registrar e analisar as medidas cranianas dele e de outros membros da família.

* * *

Além da poesia, dos esportes imaginários e de seu interesse por coisas como musculação, quiromancia e frenologia, que se concentram quase exclusivamente no indivíduo, havia um mundo vasto e cheio de conflitos que exigia a atenção de Pessoa. Em 1905, sem o peso das aulas, ele começou a desenvolver um interesse e um envolvimento na política, pelo menos "Anon-imamente". Foi Charles Robert Anon quem, em 7 de julho, assinou uma carta indignada dirigida ao *The Natal Mercury*, criticando o jornal pela "maneira vil e servil" com que "sarcasmo e ironia são despejados sobre os russos, seu exército e seu imperador". Os japoneses estavam vencendo a Guerra Russo-Japonesa, que estourara um ano e meio antes, e como a Grã-Bretanha ficara do lado do Japão, o mesmo aconteceu com os jornais de Durban, que se regozijaram com o fato de o país maior estar sendo derrotado pelo menor. "Cada revés e desastre do Exército ou da Marinha russa é de tal forma objeto de galhofa entre nós que parece não existir nada mais divertido", observava o sr. Anon que, para se contrapor à enxurrada de zombarias, enviou três sonetos para os quais solicitou "a mesma divulgação que foi dada aos escritores do outro lado". O editor da página literária e de opinião do *Mercury* publicou uma breve resposta em 15 de julho: "C. R. Anon — Em sua sensibilidade (pela qual expresso todo o respeito), o senhor exagerou na ofensa". Nem a carta de Anon nem seus poemas foram publicados.

Os três sonetos rejeitados, além de criticar os súditos britânicos por se alegrarem com os reveses humilhantes da Rússia, também criticavam os administradores do imperialismo britânico por terem feito guerra aos bôeres e por manter a Irlanda sob sujeição.* Tão interessante quanto os sonetos, do ponto de vista biográfico, é a carta não publicada ao editor, na qual Charles Robert Anon, ao mesmo tempo que insultava os ingleses por serem injustos e insensíveis, se identificava de forma inequívoca como inglês. A postura de Anon espelha com precisão a relação ambivalente de Pessoa com a Inglaterra e todas as coisas inglesas. Ele gabava-se de seu domínio da língua inglesa, ansiava por fazer parte de sua tradição literária e endossava aspectos fundamentais da tradição política da

* Os três sonetos enviados incluíam um díptico: "À Inglaterra", precedido pela epígrafe "Quando os jornalistas ingleses brincaram com os desastres da Rússia" e "Liberdade", que contém os versos "Irlanda e Transvaal, vocês são uma vergonha/ Para a Inglaterra e uma mancha!".

Grã-Bretanha, como a ênfase nos direitos individuais e na liberdade de expressão, mas a política externa britânica o chocava, principalmente no que dizia respeito a Portugal. A atitude arrogante da Grã-Bretanha em relação a seu aliado ibérico era um motivo oculto, embora não exclusivo, para a condenação que fazia C. R. Anon do imperialismo britânico em todo o mundo. Assim como outros europeus, em especial aqueles que eram colonos privilegiados, Pessoa fora educado para enxergar o mundo através do prisma do imperialismo,[17] mas não conseguia ver nada de grande ou glorioso no Império Britânico cinzento, administrativo e impessoal, que nunca, observou ele, teve um líder nos moldes de Alexandre, o Grande, César ou Napoleão, construtores de impérios cujas realizações ele admirava.

Era na palavra escrita, na literatura, que Pessoa sentia ser em parte e até profundamente inglês, e tinha bastante confiança em seu domínio da língua para parodiar as suas variedades não convencionais. William K. Jinks, o médico excêntrico e guru da saúde de Nova York, de algum modo foi parar numa prisão em Londres, onde, em abril de 1905, escreveu uma carta hilária com erros ortográficos, assinando como "Willyum Jinks Esk". O rascunho da carta nos arquivos de Pessoa está marcado como *Cópia*, sugerindo que ele enviou outra, bem escrita, a um jornal ou revista e esperava que a publicassem.[18] O inglês dos norte-americanos também era alvo do humor linguístico de Pessoa, nesse caso refletindo mais intensamente a postura dos britânicos, que mesmo no início do século XX pareciam ter esquecido que haviam perdido a Guerra de Independência dos Estados Unidos. Em 1904, ele escreveu um esquete absurdo sobre um vendedor britânico de "casas portáteis e barracos" no interior dos Estados Unidos, onde tenta vender um barraco para um "camarada" chamado "Jem" (em vez de Jim) cujo vocabulário e sotaque imitam os de um caipira de um romance de Twain.[19]

Uma vez que seus olhos eram inevitavelmente atraídos por quase todas as formas da palavra impressa, podemos supor com segurança que Pessoa folheou um ou mais números do *Indian Opinion*, um semanário fundado em Durban em junho de 1903. Ele teria ficado intrigado com seu formato quadrilíngue: inglês, gujarati, hindi e tâmil. Isso tornava a operação complicada e custosa, de modo que as duas últimas línguas foram logo abandonadas. Além de oferecer o noticiário geral de interesse dos indianos sul-africanos, o jornal chamava a atenção para a discriminação nas cidades e para as péssimas condições das fazendas de Natal, onde a taxa de suicídio entre indianos em regime de servidão por contrato era perturbadoramente alta.

Embora nunca tenha sido seu editor, Mohandas Gandhi foi fundador do *Indian Opinion* e seu colaborador mais importante durante os primeiros anos do periódico. Em 1903, ele abriu um escritório de advocacia em Johannesburgo, mas visitava Durban de tempos em tempos para lidar com questões indianas e problemas no jornal. O principal problema da publicação era o endividamento crônico, e, em setembro de 1904, Gandhi foi a Durban na esperança de poder colocá-la numa situação financeira mais sólida. No trem, leu *Unto This Last* [Até este último], de John Ruskin, uma crítica do capitalismo e da economia clássica. Esse livro, junto com os escritos de não ficção e o exemplo prático de Liev Tolstói, persuadiu Gandhi de que era necessária uma mudança radical no estilo de vida humano. Ele era tão persuasivo quanto qualquer dos escritores que leu, e logo convenceu seus amigos do *Indian Opinion* de que o jornal e sua editora de livros associada deveriam ser transferidos para um ambiente rural, onde os trabalhadores viveriam em comunidade e todos receberiam o mesmo salário. Em dezembro, eles se mudaram para Phoenix, uma fazenda no topo de uma colina localizada a 25 quilômetros de Durban. Em um editorial publicado na edição de 24 de dezembro de 1904 do *Indian Opinion*, Gandhi descreveu sua visão do Assentamento de Phoenix como um lugar onde "os trabalhadores poderiam viver uma vida mais simples e natural, e as ideias de Ruskin e Tolstói [seriam] combinadas com princípios comerciais estritos", tornando desse modo o jornal autossustentável.

Fernando Pessoa talvez nunca tenha lido *Unto This Last*, mas conhecia o suficiente de Ruskin (1819-1900), um pensador social de destaque e também o mais importante crítico de arte da era vitoriana, para observar que sua prosa continha "belas passagens de poesia".[20] Um trecho que impressionou especialmente Pessoa, e que fora por ele sublinhado com bastante ênfase, era de *Fors Clavigera*, uma coleção de cartas abertas dirigidas à classe trabalhadora da Grã-Bretanha. Na 76ª carta, Ruskin, um ex-protestante evangélico, conta que, depois de estudar os grandes mestres da pintura veneziana e não encontrar "nenhuma religião" na sublime arte de Ticiano, concluiu solenemente "que o trabalho humano deve ser feito com honra e cuidado porque agora somos Homens", ignorando qualquer vida espiritual após a morte. Além disso, "resolver fazer bem o nosso trabalho" é "o único fundamento sólido de qualquer religião".[21] Palavras semelhantes poderiam ter sido escritas por Pessoa, ou por Mahatma Gandhi. Quer a ambição fosse escrever grande poesia ou fazer campanha por justiça social, ambos puseram toda sua humanidade na tarefa.

Em 4 de abril de 1905, um grande terremoto atingiu o vale de Kangra, no norte da Índia, e matou mais de 20 mil pessoas. O *Indian Opinion* naturalmente deu mais cobertura à tragédia do que outros jornais sul-africanos, e Gandhi organizou uma campanha de socorro aos sobreviventes. Como seria de prever, a reação de Pessoa à notícia foi literária, e não humanitária. Ele inventou uma história sobre um terremoto que transtorna a vida de vários cidadãos respeitáveis em uma cidade em geral tranquila.[22] Era um conto engraçado do qual participava o dr. Gaudêncio Nabos. Um colega do dr. Nabos de outro canto da horta, um professor chamado dr. Cenouras, foi ridicularizado por seu pedantismo acadêmico em outro conto humorístico escrito na mesma época.[23]

A obra mais estranha concebida por Pessoa ainda em Durban tinha o título em latim *Ultimus Joculatorum*, traduzível como "O último dos palhaços". Não se tratava de uma obra literária em qualquer sentido tradicional, mas de uma contínua mise-en-scène dos vários alter egos de Fernando Pessoa encenando um diante do outro e até mesmo diante dele, o criador de todos. Ou assim acabaria por se desenrolar, após o regresso dele a Lisboa. Em Durban, é possível que apenas seus heterônimos tenham entrado em cena, enquanto Fernando dirigia. Pelas poucas anotações que restaram, sabemos que essa obra difícil de definir começou como uma série de "anedotas" e "incidentes" envolvendo heterônimos como Gaudêncio Nabos e Sydney Parkinson Stool. Mais do que um projeto literário, o *Ultimus Joculatorum* era um fórum onde os amigos fictícios de Fernando se encontravam, contavam piadas e faziam gracejos uns com os outros, como tantos pickwickianos.[24] Havia um *esprit de corps*, mesmo que apenas um membro do grupo — seu autor — existisse em carne e osso. A dedicação pessoal dos membros do grupo uns aos outros, não obstante sua irrealidade, é confirmada pela dedicatória literária, *To G. N.* (Gaudêncio Nabos), que antecede "Liberdade", um dos três sonetos assinados por Charles Robert Anon e enviados ao *Natal Mercury* em julho de 1905.

No *Livro do desassossego*, Pessoa escreveria: "Sou a cena nua onde passam vários atores representando várias peças".[25] Algumas dessas "peças", iniciadas em Durban, teriam continuação em Lisboa, com alterações de cenários e de elenco de personagens. Os irmãos Merrick, Karl P. Effield e J. G. Henderson Carr — encarregados de escrever ficção, poesia, literatura de viagem e ensaios — desapareceram para sempre, sendo logo substituídos por novos personagens. Mas outros amigos inventados, como Charles Robert Anon, acompanharam Pessoa quando embarcou de novo no *Herzog*, o mesmo vapor alemão que o trouxera de Lisboa para Durban em 1902.

Agora a mesma viagem seria feita no sentido oposto, devolvendo-o a uma Europa onde as inovações em andamento prometiam um futuro brilhante para as artes e as ciências, ainda que tensões sociais e políticas expusessem fissuras que acabariam por fraturar o continente. Em Paris, o jovem pintor espanhol Pablo Picasso havia entrado na chamada fase rosa e estava prestes a pintar um retrato de Gertrude Stein, a escritora e colecionadora de arte norte-americana exilada que se tornaria sua principal mecenas. Naquele mesmo ano de 1905, o funcionário desconhecido do Departamento de Patentes da Suíça Albert Einstein publicou quatro artigos inovadores, entre eles um sobre a teoria da relatividade, que revolucionaria a física. Na política, era a Rússia que dominava as manchetes internacionais, e não somente em virtude da guerra que estava perdendo inesperadamente para o Japão. A Revolução Russa de 1905 começara em janeiro e continuaria ao longo do ano, provocando fortes ondas de protesto em todo o país e preparando o terreno para a revolução mais radical que acabaria com o tsarismo e abriria as portas para o comunismo doze anos depois. O drama inspirador do proletariado rebelde da Rússia ajudou a galvanizar os movimentos trabalhistas na Europa Central e Ocidental, em especial na Alemanha e na França, onde o marxismo e o socialismo atraíam adeptos continuamente. Esses movimentos eram contrabalançados por partidos nacionalistas que promoviam valores tradicionais, políticas externas mais assertivas e, com demasiada frequência, a xenofobia.

Nas artes e nas ciências, Portugal continuava atrás dos outros países europeus, embora politicamente tivesse seguido um caminho um tanto diferente. Havia um Partido Socialista Português, fundado em 1875, mas a maioria da classe trabalhadora urbana, junto com muitos outros cidadãos insatisfeitos, depositava suas esperanças no republicanismo para transformar a sociedade, cujo primeiro passo seria derrubar a monarquia. Embora um sistema eleitoral fraudado impedisse os republicanos de ganhar mais do que uma representação simbólica no Parlamento, a opinião pública nas grandes cidades estava cada vez mais do lado deles.

Fernando Pessoa ainda apoiava a monarquia, simplesmente porque nunca lhe ocorrera questionar sua legitimidade. Mas sua consciência política havia sido despertada algum tempo antes, preparando-o para questionar todos os sistemas reinantes de poder. Patriota instintivo desde jovem, estava prestes a tornar-se um apaixonado estudante da política portuguesa, embora a visse muitas vezes através de lentes poéticas, considerando as crises sociais e governamentais de sua nação capítulos de uma história moral ou exemplar, cuja resolução procurava em mitos literários e históricos. Por mais estranho que possa parecer, é justo dizer que a crescente autoconfiança de Pessoa como poeta ajudou a prepará-lo para enfrentar a política.

Depois de despedir-se da mãe, do padrasto e dos quatro irmãos muito mais novos — Maria Clara, a caçula, acabara de completar um ano de vida —, Pessoa partiu de Durban em 20 de agosto de 1905, um domingo. É possível que estivessem todos lá no Point, acenando com as mãos ou lenços enquanto seu navio saía da baía de Natal, onde sua mãe costumava levá-lo para nadar quando ainda era um garotinho. Durante os nove anos em que vivera em Durban, a população da cidade quase dobrara, mas seu caráter permanecia o mesmo. Como a Segunda Guerra dos Bôeres colocara toda a África do Sul firmemente sob o controle britânico, os moradores brancos de Durban estavam mais seguros do que nunca em sua posição de senhores supremos e privilegiados.

Contornando o verdejante Bluff, o *Herzog* seguiu para o sul e fez escala na Cidade do Cabo, onde Pessoa contemplou pela terceira vez na vida a Table Mountain, que paira sobre a cidade como um enorme altar de pedra dedicado a deuses desconhecidos. Foi o último ponto de contato físico do jovem com a África. De lá, ele rumou para Portugal, antes de seguir — por meio de seus heterônimos — para Inglaterra, Estados Unidos, Escócia, Irlanda, Leste Asiático, França, Brasil e Peru. Mas mesmo os heterônimos que permaneceram em Portugal seriam veículos de grandes viagens existenciais. Anos depois, em um poema de 20 de setembro de 1933, Pessoa descreveria o método de viagem que utilizou ao longo de sua vida:

Viajar! Perder países!
Ser outro constantemente,
Por a alma não ter raízes
De viver de ver somente!

Não pertencer nem a mim!
Ir em frente, ir a seguir

A ausência de ter um fim,
E da ânsia de o conseguir!

Viajar assim é viagem.

Na imaginação, Pessoa levava para Lisboa seu teatro privado de personas cambiantes e de colaboradores literários, enquanto na bagagem levava os primórdios de uma impressionante biblioteca pessoal. O último livro que adquirira em Durban, *The Complete Works of William Shakespeare*, foi o que mais lhe despertou admiração, respeito, carinho e inveja. O enorme volume foi um presente de despedida recebido em 16 de agosto, quatro dias antes de sua partida. O amável presenteador foi o amigo da família William Storm, um inglês que foi cônsul da Dinamarca em Durban e que, tal como o cônsul português, havia sido durante muitos anos capitão de um navio.

E assim, foi com a bênção de dois capitães — um português, outro inglês — e com Shakespeare como manual de navegação que Fernando Pessoa iniciou sua viagem a Portugal, à idade adulta e à maturidade literária. Tendo em vista sua crescente atenção aos sinais e símbolos, talvez lhe tenha parecido mais do que uma coincidência que a esposa dinamarquesa do sr. Storm fosse de Elsinore.[26]

Pessoa aos vinte anos, escrupulosamente vestido de terno e colete, traje-padrão que usaria pelo resto da vida. (*Cortesia da Casa Fernando Pessoa*)

PARTE II

O POETA COMO TRANSFORMADOR (1905-14)

Criei em mim várias personalidades. Crio personalidades constantemente. Cada sonho meu é imediatamente, logo ao aparecer sonhado, encarnado numa outra pessoa, que passa a sonhá-lo, e eu não.

Livro do desassossego (trecho 299)

14.

Embora Pessoa, em 1905, estivesse retornando a uma realidade que conhecia muito bem — apenas três anos se haviam passado desde a última vez que estivera em Lisboa —, ela parecia muito mais distante no tempo. O regresso à terra natal acentuou seu sentimento crônico de estranhamento e despertou uma nova forma de angústia, talvez a mesma expressada anos depois num poema de Álvaro de Campos, que regressa a Lisboa depois de ter vivido no exterior e se dá conta de que é um

Estrangeiro aqui como em toda a parte,
Casual na vida como na alma,
Fantasma a errar em salas de recordações,
Ao ruído dos ratos e das tábuas que rangem
No castelo maldito de ter que viver...[1]

Depois de passar quase uma década no exterior, Pessoa não só se sentiu um pouco estrangeiro e deslocado na cidade onde nascera e passara sua primeira infância: viu-se de repente na posição de "ter que viver". Tinha acabado de completar treze anos quando voltara a Lisboa de férias, em 1901-2; agora, era um estudante universitário que precisava começar a pensar no futuro. Que tipo de caminho profissional seguiria? E como se conduziria socialmente? Ele havia alcançado aquela idade em que as pessoas começam a se apaixonar e se tornar sexualmente ativas, e para isso não se sentia pronto. À beira da idade adulta e privado do abrigo de sua família imediata, Pessoa viu uma cidade bastante diferente daquela gravada em sua memória.

A perspectiva de Pessoa era outra, e a própria Lisboa havia objetiva e fisicamente se transformado. No quinto ano do novo século, a cidade estava no meio de um surto de crescimento. Em 1905, tal como em 1904 e em 1903, milhares de pessoas do norte de Portugal foram atraídas pela perspectiva de uma vida melhor na capital do país, que se expandia por várias avenidas que se irradiavam a partir do centro da cidade. Mas os novos bairros, com floreios de art nouveau em algumas das casas e prédios de apartamentos, eram para as classes médias e prósperas. Os proletários tinham de se espremer em distritos mais antigos, onde as instalações sanitárias costumavam ser precárias ou inexistentes. Viviam em moradias apertadas amontoadas em torno de pequenos pátios, e vilas operárias mais recentes, que, como os pátios tradicionais, eram empreendimentos que isolavam da vista do público a vida das pessoas na base da pirâmide salarial. Certos bairros, como Alfama e Mouraria, haviam sido praticamente abandonados aos trabalhadores mal pagos que moravam em construções degradadas.

Apesar de suas fortunas e estilos de vida contrastantes, as diferentes classes sociais da cidade muitas vezes se reuniam nos mesmos espaços públicos. Naquele segundo semestre de 1905, gente de todos os tipos afluía ao parque do Campo Grande, onde, nas tardes de domingo, casais e famílias burguesas, em cenas que lembravam vagamente uma pintura impressionista, remavam em barcos alugados ao redor da lagoa, enquanto trabalhadores comuns, costureiras e empregadas domésticas gozavam (sem custo) de um passeio à sombra, examinavam as quinquilharias à venda no bazar e talvez tentassem a sorte numa rifa. À noite, uma banda tocava, a multidão aumentava, e grupos de homens vestidos com ternos elegantes e mulheres usando chapéus extravagantes quase, mas só quase, roçavam os ombros com grupos de operários vestidos com roupas desbotadas e mulheres com lenços simples na cabeça.[2] Era uma dança delicada que refletia e, na verdade, preservava uma hierarquia social complexa.

Os automóveis ainda eram um artigo de luxo — havia menos de duzentos em toda a cidade —, mas o recém-chegado fonógrafo, usado para tocar discos, estava em alta demanda. Era mais prático e produzia um som mais claro e forte do que a máquina de tocar cilindros inventada por Thomas Edison, e os modelos mais baratos custavam somente 12 mil-réis, quase o mesmo preço de um terno de três peças ou uma roupa feminina. Valsas, polcas, mazurcas e árias de óperas, especialmente nas gravações de Enrico Caruso, o já lendário tenor de Nápoles, eram as músicas populares que se ouviam. Em 1903, Caruso causara sensação ao se apresentar no Teatro São Carlos. O cinema, outra novidade cultural e tecnológica, fora introduzido recentemente pelo Salão Ideal, inaugurado em 1904 na rua do Loreto, a algumas quadras de onde Pessoa havia nascido.[3] (O Salão continua vivo como Cinema Ideal, embora o interior tenha sido completamente remodelado.) Outros cinemas abririam em breve, mas demoraria muitos anos para que o cinema ultrapassasse o teatro, que era popularíssimo — sobretudo as revistas satíricas e atrevidas — e acessível mesmo para aqueles com orçamento apertado.

Uma animação menos edificante, mas não menos dramática ou cômica, era proporcionada pelo Parlamento português, onde muitos membros gritavam "Escândalo!" a respeito de um novo contrato de monopólio para importação e preparação de tabaco que o governo estava negociando com Henry Burnay, um dos capitalistas mais hábeis do país. Em 9 de setembro, após muitos dias de acirrado debate, alguns políticos irados sacudiram a câmara legislativa com seus gritos e destruíram uma dúzia de escrivaninhas.[4] Estavam indignados, acima de tudo, porque o idoso e tímido primeiro-ministro não comparecera à sessão nem dera explicação. Seu governo estava ficando insustentável. No dia seguinte, os republicanos lisboetas realizaram uma manifestação, com a presença de milhares de pessoas, para protestar contra as maquinações de políticos e homens de negócios envolvidos na chamada questão do tabaco. O próprio Pessoa, em seu papel pouco conhecido de agente comercial não inteiramente escrupuloso, tentaria se envolver no negócio nebuloso de garantir contratos governamentais para fornecedores de tabaco dos Estados Unidos, mas apenas nos anos 1920.

Em 14 de setembro de 1905, quatro dias após o comício dos republicanos, Pessoa desembarcou do *SS Herzog*. Aos dezessete anos, tinha 1,73 metro, o que significava uma estatura acima da média para um português da época. De compleição esguia, tinha boca pequena, nariz ligeiramente grande, mas bem formado, e cabelos escuros e ondulados. Algumas pessoas achavam que ele parecia judeu. Foi certamente recebido no cais por parentes, que o levaram para o ainda tranquilo bairro ribeirinho de Pedrouços, onde ficou uma ou duas semanas com suas tias-avós Maria e Rita e sua avó paterna Dionísia. Ao que parece, a avó, então com 82 anos, acomodara-se num estado de demência mais tratável. Quase não há referências da família a ela nesse período, mas numa foto tirada logo depois do retorno de Pessoa ela não parece nem um pouco constrangida, e contava com uma empregada alemã que cuidava de suas necessidades pessoais. Fernando aparentemente a ignorava.[5]

Ele deve ter feito visitas para pôr os assuntos em dia com as tias-avós Adelaide e Carolina e seus familiares, ou talvez elas tenham ido a Pedrouços, onde sua tia-avó Maria costumava receber as pessoas, mas nos dois primeiros dias de retorno também passou pelo menos várias horas sozinho, escrevendo. Não se tratava de um poema na cabeça ou alguma ideia original que precisasse urgentemente ser colocada no papel — ao contrário, estava inspirado a produzir algo totalmente fútil. Em 17 de setembro, o terceiro dia depois de descer do navio, ele lançou o primeiro número de uma nova série de seu jornal fictício *O Palrador*. Mais de dois anos haviam se passado desde a última edição de Durban desse jornal, que mais parecia uma revista. Como na série original de 1902 em Lisboa, Pessoa dividiu as páginas de sua publicação em colunas estreitas, que encheu de notícias, charadas e poesia. Era mais curta do que as edições anteriores — tinha apenas duas páginas e um conteúdo totalmente voltado para o cômico. Seu único poema, assinado pelo dr. Pancrácio, era um epigrama escatológico. Mais da metade do jornal estava tomada por uma atualização sobre a Guerra Russo-Japonesa que ridicularizava os comandantes imaginários de ambos os lados, em especial um general russo presunçoso chamado "Pimpampunski", cujo desprezo pelas convenções o levava a evitar tomar banhos. O repórter também fala de uma curta, mas "mui séria revolução" na Rússia, levada a cabo por "um padeiro e três sapateiros".

Esse escárnio nos surpreende, já que três meses antes, em Durban, Charles Robert Anon havia vituperado o *Natal Mercury* por apoiar os japoneses e desdenhar dos russos. Mas, nesse caso, tratava-se de Charles Robert Anon. O novo editor literário de *O Palrador* era Gaudêncio Nabos, o heterônimo humorístico de Pessoa, para quem japoneses e russos eram igualmente alvos legítimos de sua mordacidade, e ele pouco se importava com quem venceria. Na verdade, um tratado de paz que acabava com a guerra fora recém-assinado, mas o conflito continuava em *O Palrador*. Talvez Pessoa, ou Gaudêncio Nabos, não tivesse ouvido a notícia.

Como é possível que um estudante de nível universitário tão sofisticado como Pessoa se dedicasse a inventar as figuras cômicas e os conteúdos de *O*

Palrador? Embora ele tenha, sem dúvida, mostrado alguns números do jornal de 1902 e 1903 para sua família, a "edição" de 1905 não parece o tipo de coisa que compartilharia com sua tia Maria, muito menos com a rígida tia Rita. Ao que parece, sua pena era guiada por uma força sentimental do hábito. Ao voltar a Lisboa, onde em 1902 havia criado sete números de *O Palrador*, a maior parte em Pedrouços, ele produziu por iniciativa própria mais um, como se os três anos que se passaram não tivessem existido, e estava claro que parte dele desejava que tivesse sido o caso. De certo modo, Pessoa ainda era surpreendentemente infantil. O último *Palrador* teve pelo menos um leitor: seu primo Mário, de catorze anos, jovem o suficiente para ainda apreciar seu humor pueril.

Tia Anica, Mário e Maria também haviam mudado para Lisboa, tendo chegado dos Açores em 5 de setembro, mesmo dia em que Japão e Rússia fizeram as pazes e nove dias antes de Fernando desembarcar no mesmo porto. A enviuvada Anica decidira que fazia mais sentido morar no continente, onde quase todos os seus parentes próximos viviam a essa altura e onde seus dois filhos teriam mais opções e oportunidades à medida que se tornassem jovens adultos. O fato de o sobrinho (e afilhado) estar voltando para a capital tornou a mudança ainda mais vantajosa, já que poderiam morar todos juntos. Bem-arranjada do ponto de vista financeiro, ela conseguiu alugar um espaçoso apartamento de segundo andar na rua de São Bento, número 98, para onde Fernando se mudou no final de setembro.

O novo endereço de Pessoa ficava perto de onde havia morado nas férias de verão de 1902, antes de voltar para Durban, e perto do Parlamento português. Ficava também a uma curta distância a pé do Curso Superior de Letras, onde as aulas começaram em 2 de outubro, uma segunda-feira. A escola de nível universitário ocupava um prédio contíguo à Real Academia das Ciências de Lisboa, e algumas das salas de aula ficavam na própria Academia. Tratava-se de uma instituição já venerável criada no século XVIII e instalada num antigo convento. Com sua biblioteca suntuosamente decorada e repleta de livros e manuscritos raros, a Academia emanava ordem e erudição clássicas, mas pouco impressionou Pessoa, que amava os livros apenas pelo que continham. Ele faria bom uso do acervo, consultando principalmente a seção de filosofia, mas não era um bibliófilo e não gostava de pompa e decoração luxuosa.

Os estudantes do Curso Superior de Letras podiam seguir estudos gerais ou escolher um curso apropriado para uma dentre três áreas profissionais: biblioteconomia e arquivística, magistério e diplomacia. Pessoa escolheu essa última variante do curso. Como a maioria dos colegas, era um aluno "voluntário", categoria criada pelo fundador da escola, d. Pedro v (que reinou no período de 1853 a 1861), que queria dar a todos a oportunidade de estudar gratuitamente e sem ter de cumprir requisitos formais de admissão. Pessoa estava mais bem preparado do que a maioria, o que sem dúvida explica sua frustração com a instituição, mas frequentava regularmente suas aulas de inglês, francês, filologia românica, história universal e geografia.[6]

Dois dias após o início do semestre, Pessoa teve sua visão examinada. Moderadamente míope em ambos os olhos, é provável que já estivesse usando lentes corretivas, embora não apareçam nas várias fotos tiradas em Durban. Agora, como se quisesse parecer um jovem intelectual europeu, conseguiu uma receita para óculos pincenê, então muito na moda.

Quanto às roupas, Pessoa também seguia a moda. Optava pela elegância discreta, sem poupar despesas para manter um pequeno guarda-roupa de alta qualidade, quer seu orçamento permitisse ou não. Tendo sido criado com belas calças curtas e golas engomadas, agora se vestia com calças bem passadas, camisas brancas e paletós com caimento perfeito, que em 1905 ainda eram longos, com quatro botões em vez de três. Não teria lhe ocorrido vestir-se de outra forma que não com o requinte clássico. Apesar da tendência de se perder em realidades imaginárias, distantes do mundo dos assuntos humanos, ele se preocupava com a maneira como os outros o viam e como via a si mesmo.

Embora sempre se sentisse um pouco deslocado, Pessoa foi aos poucos se tornando mais sociável e fez três ou quatro amigos entre seus colegas, a maioria alguns anos mais velhos. Cultivava as relações com cada um em particular, sem se tornar parte de nenhum grupo. Às vezes, depois das aulas, ou mais tarde à noite, ele e um de seus novos amigos — Carlos, José, ou Armando — caminhavam pela cidade discutindo literatura, filosofia e outros assuntos menos elevados. Carlos Celestino Corado era um dos alunos mais inteligentes, apaixonado por filosofia, e ele e Pessoa manteriam certo contato distante, encontrando-se em cafés, muito depois de terem saído do Curso Superior de Letras.

Dois dos alunos da escola, Armando Teixeira Rebelo e sua namorada e futura esposa Beatriz Osório de Albuquerque, se tornariam amigos de Pessoa para toda a vida. Armando, como Fernando, havia ido para a África do Sul aos sete anos, e seu pai, tal como o padrasto de Fernando, era cônsul português, mas em Pretória. Embora a família Teixeira Rebelo tenha ficado pouco mais de um ano na África, em 1891 e 1892, foi tempo suficiente para Armando aprender um excelente inglês, que continuou a praticar em Portugal. Inglês, e não português, era a língua que falava com Fernando, o que criava entre ambos um vínculo especial, reforçado pela experiência cultural africana compartilhada. Beatriz Osório de Albuquerque, cujos pais eram descendentes de britânicos ou irlandeses, era ainda mais fluente em inglês do que Armando.[7]

No segundo semestre, Pessoa começou a manter um diário com relatos sucintos das atividades de cada dia, que muitas vezes incluíam uma ida à Biblioteca Nacional, onde ia ler e estudar depois das aulas. O diário menciona os colegas de aula de quem Pessoa era amigo e também uma série de outros alunos anônimos que só lhe despertavam desdém. A convenção, segundo um de seus poemas mais recentes, era a "Mãe de escravos e tolos", e ele decidira, com uma boa dose de arrogância, que a maioria de seus colegas era irremediavelmente convencional. A afinidade que sentia com Armando Teixeira Rebelo não bastava como bálsamo para o impedir de se irritar num ambiente hostil à sua própria sensibilidade.

Mas havia na contrariedade de Pessoa mais do que ele revelava em seu diário. Aos dezessete anos, ainda estava aprendendo a conviver com a "sensualidade urbana" que, na opinião de seu heterônimo psiquiatra, dr. Faustino Antunes, o perturbara profundamente na última vez que estivera em Lisboa, três anos antes. Agora, aquela sensualidade o confrontava de forma direta e agressiva. Cada vez que ia do Curso de Letras até a Biblioteca Nacional, que ficava no Chiado, precisava passar pelo Bairro Alto, um distrito antigo e pobre, mas agitado. Ainda hoje, é cheio de bares e restaurantes; naquela época, tinha a maior concentração de prostitutas da cidade. Como eram numerosas e estavam em competição, e ele era um jovem solteiro, tentavam seduzi-lo com gestos lascivos, assobios e comentários, e intensificavam seus esforços quando ignoradas, ou então riam do menino magro e constrangido que passava com pressa, segurando sua pasta como um escudo. No início de 1906, Pessoa escreveu alguns versos vingativos para um poema inacabado:

TO A PROSTITUTE

How good to think that
Thou shalt one day be rotten
And worms shall crawl within thy womb
In the darkness of the tomb.[8]*

Era bastante comum que os homens da época desprezassem profundamente as prostitutas, mesmo que as frequentassem, mas há uma crueldade chocante nesses quatro versos de Pessoa, que sabia muito bem que eram a pobreza e a necessidade que levavam as mulheres a ganhar a vida como trabalhadoras do sexo. (Na verdade, quatro anos depois ele escreveria outro poema inacabado no qual se compadece da sorte infeliz das prostitutas do Bairro Alto.[9]) A causticidade de imaginar, com satisfação, o ventre de uma prostituta tomado de vermes só se explica pela extrema ansiedade que lhe provocava a anatomia feminina. Seria porque era inexperiente e inseguro de si? Ou porque sentia uma repulsa instintiva? Suavizando o tom e mudando de perspectiva, ele aparentemente tentou se imaginar cedendo aos avanços de uma mulher. No verso da folha de papel com a estrofe citada, escreveu este trecho isolado de prosa: "Tu não és uma mulher para mim: tu és um problema. Eu não amo tanto o prazer que encontro em ti, mas a *análise* desse prazer". Isso sugere que ele pode ter encontrado pelo menos um pouco de prazer na ideia de sexo com uma mulher, mas parece ter sido algo meramente hipotético, desconectado de qualquer desejo real.

Insatisfeito com o andamento de seus estudos, pouco à vontade social e sexualmente, perseguido pela consciência de que não era muito "normal", o jovem de dezessete anos anunciou numa anotação em seu diário de 28 de março que pretendia ir para a Inglaterra. Mas havia um impedimento a esse plano esboçado de forma vaga: "Sem dinheiro; preciso arranjá-lo". E se o dinheiro não fosse problema, Pessoa teria encontrado outros motivos para adiar a viagem que afirmava desejar fazer. Ele odiava ser empurrado para novas situações, cercado por pessoas desconhecidas, e na Inglaterra não conhecia quase ninguém. Havia Geerdts, que

* "A uma prostituta / / Que bom pensar que / Um dia estarás podre / E vermes rastejarão dentro de teu ventre / Na escuridão da tumba." (N. T.)

fora estudar em Oxford, mas esse ex-colega de classe fora mais um rival acadêmico do que um amigo. E sem dúvida, Pessoa pensava em ir para Londres.

Imagine-se minha surpresa quando, remexendo em papéis ainda em posse dos herdeiros de Pessoa, deparei com uma longa carta datada de "Londres, 26 de fevereiro de 1906", endereçada a "Meu caro P.", e enviada a Pessoa por um amigo que ele conhecera em Durban. Talvez (pensei) Pessoa esperasse se hospedar com ele se conseguisse ir para Londres. A carta não foi fácil de decifrar, mas em breve revelou, para minha perplexidade, que Pessoa tinha um círculo de amigos bem maior em Durban do que eu imaginava. O autor da carta mencionava um certo Saville, outro jovem cujo sobrenome era Nevers, um sujeito chamado Biff, que havia se mudado pouco tempo antes para Pietermaritzburg, a capital de Natal, e outro conhecido como Esbara, que estava sempre esbarrando em coisas, daí o apelido obviamente dado por Pessoa. Concluí que Fernando, além de ter um grupo sólido de amigos em Durban, era um membro jocoso e assertivo da turma. Isso contradizia por completo o retrato do adolescente que estabeleci em todas as minhas outras pesquisas.

No entanto, comecei a me perguntar sobre a identidade do autor da carta quando deparei com a seguinte observação bem-humorada sobre outro amigo do grupo: "Stool está na América, em Washington — e será preciso um monte de lavagem com Stool por lá".* Por fim, consegui decifrar a assinatura rabiscada no final da missiva, "G. Nabos", o que confirmou minhas dúvidas — e aumentou meu espanto. O documento que oferecia novas informações extraordinárias sobre o conjunto de amigos de Pessoa em Durban tornou-se ainda mais extraordinário quando entendi que eram pura ficção. Stool era o mesmo Sidney Parkinson Stool que vimos jogando críquete imaginário e cujo nome começou a assinar projetos literários em 1903. Saville também jogava críquete, mas num time adversário. Gaudêncio Nabos era chamado de "dr. Nabos" já em 1904, e sua carta irônica de Londres, na qual fala em "medicar um pouco", bem como em pregar peças nas pessoas, corrobora sua condição de heterônimo médico apaixonado por piadas e comportamento travesso. Embora eu não tenha conseguido encontrar mais referências a Esbara ou Biff, há uma assinatura isolada do amigo chamado Nevers entre os papéis de Pessoa de Durban.[10]

* No original, lê-se: "Stool is in America, in Washington — and it's a ton of washing it will need with Stool there". A palavra *stool*, como já referido, pode significar "fezes". (N. T.)

Se a originalidade e o afastamento das convenções eram o que importava, os colegas de classe de Pessoa no Curso Superior de Letras de Lisboa não tinham como competir com Gaudêncio Nabos e Sidney Parkinson Stool, cuja anticonvencionalidade chegava ao ponto máximo de nem sequer existirem. O nome de seu companheiro Nevers resume a frequência com que qualquer um deles obedecia às regras e convenções do mundo real. Embora Stool não tenha aparecido mais no universo escrito de Pessoa, o dr. Gaudêncio Nabos produziria poemas de humor e textos em prosa nos anos seguintes. E em 1907 assinaria mais uma carta, muito mais curta, a Fernando Pessoa, que assim começava: "Recebi a sua carta do décimo instante e lamento dizer que estou doente e, portanto, incapaz de cumprir pessoalmente as suas instruções". Depois de garantir ao destinatário que atenderá ao seu pedido o mais rápido possível, Nabos termina a breve missiva com um formal "atenciosamente".[11] Até mesmo os amigos imaginários de Pessoa mantinham um distanciamento respeitoso.

Podemos, portanto, descartar todas as dúvidas sobre as cartas que Pessoa dizia ter escrito para si mesmo em nome do Chevalier de Pas quando tinha apenas seis anos. Muito menos crível é que ele escrevesse cartas para si mesmo em nome do dr. "Nabos" quando jovem adulto, mas as provas são incontestáveis: existem duas delas. A segunda responde supostamente a uma que Nabos recebeu de Pessoa. Além de nos perguntarmos se Pessoa escreveu efetiva ou imaginariamente essa e talvez outras cartas a Nabos, podemos nos perguntar, a essa altura, se ele passou algum tempo a pensar no seu amigo médico bem-humorado de Londres. Será que se preocupava com a saúde dele e se perguntava quando se encontrariam de novo? De repente, tudo parece possível.

Uma possibilidade é que Pessoa, então com dezoito anos e já pensando em sua reputação post mortem, tenha escrito as duas cartas de Nabos em benefício de seus futuros biógrafos, para convencê-los de que realmente, como afirmava, cultivava um círculo social de amigos e conhecidos fictícios. No entanto, essa afirmação dele só viria muitos anos depois. Outra possibilidade é que ele esperava maliciosamente fazer a posteridade pensar que Gaudêncio Nabos e seus outros amigos escritores inventados de fato existiam. Mas, se fosse esse o caso, por que deixou para trás provas em contrário?

Exceto quando brincava com um amigo ou conhecido desavisado, Pessoa não costumava esconder o fato de que seus alter egos eram apenas isso: eus alternativos que derivavam e dependiam dele. Se alguns supostamente praticavam esportes e endereçavam cartas ao seu inventor, essas atividades eram fenômenos literários, não menos do que os poemas ou textos em prosa assinados por eles. No fim das contas, o que nos deixa perplexos é a capacidade de Pessoa de viver uma grande porção de sua vida mental e emocional num plano literário imaginado. Ele afirmou várias vezes no *Livro do desassossego* e em outros lugares que certos personagens de romances (o sr. Pickwick e seu amigo sr. Wardle são dois dos exemplos citados) eram mais vividamente reais para ele do que muita gente feita de carne e osso.[12] O mesmo valia para seus heterônimos, com uma vantagem importante: eles podiam existir sem a necessidade de romances estruturados e tramados. A vida de Pessoa era a história em andamento em que todos eles habitavam. Mas talvez fosse mais exato dizer que Pessoa, muitas vezes, assustado com as expectativas do mundo à sua volta, preferia habitar a história de seus heterônimos.

Ao mesmo tempo que transformava sua vida em literatura, Pessoa procurava pôr sua literatura no mundo. Em 21 de fevereiro de 1906, cinco dias antes da carta de G. Nabos, supostamente enviada de Londres, escreveu uma de verdade para a redação londrina da *Punch*, revista inglesa extremamente popular de humor e sátira:

> Senhor,
>
> Apresento o poema anexo para sua apreciação. Nele, tentei apenas atingir o ridículo pela união do sério e do grotesco. Além disso, tentei ligar o ridículo da expressão assim produzida a um elevado movimento em verso elegíaco. O senhor julgará até que ponto fui bem-sucedido.
>
> Estou ciente de que meu manuscrito deveria ter sido datilografado, mas meus meios não o permitem. Também estou ciente de que não tenho experiência literária (nada se pode esperar de um moço de dezesseis anos); e que, por essa razão, ao escrever meu manuscrito, posso ter ferido a Convenção rudemente: tudo isso espero que seja desculpado.
>
> Assinei meu manuscrito com um pseudônimo; mas quando um estrangeiro escreve qualquer coisa — especialmente um poema — é melhor não assumir sua paternidade diretamente.

Se meu poema for recusado, receio que o senhor deva jogá-lo no cesto de lixo, porquanto selos ingleses são impossíveis de obter-se aqui. Porém, na esperança de sucesso, incluo o que posso — um envelope endereçado.

No aguardo de sua decisão,

Com meus melhores cumprimentos,

F. A. N. Pessoa

O poema aludido na carta era "Elegy on the Marriage of my Dear Friend Mr. Jinks" [Elegia no casamento de meu querido amigo, sr. Jinks], uma sátira que descreve de modo zombeteiro a perspectiva sombria da nova vida de homem casado de Jinks e que toma emprestada a linguagem de um dos poemas mais citados de lorde Byron, escrito quando ele estava se recuperando de muita folia no carnaval de Veneza. Eis a primeira estrofe desse poema de Byron:

So we'll go no more a roving
So late into the night,
Though the heart be still as loving,
And the moon be still as bright.

E agora um trecho da "Elegia" de Pessoa:

Ah, wilt thou be content to rove
From shop to shop with her, thy mother-in-law,
Or tremble full to hear at night,
With horror deep and deep affright,
*The wordy torrent from thy spouse's jaw?**

O sr. Jinks que acabou de contrair núpcias é presumivelmente William K. Jinks, o médico excêntrico e heterônimo promotor de uma vida saudável inventado por

* Byron: "Então não vamos mais vagar/ Tão tarde da noite,/ Embora o coração continue tão apaixonado,/ E a lua continue tão brilhante". Pessoa: "Ah, ficarás contente em vagar/ De loja em loja com ela, tua sogra,/ Ou tremer ao ouvir à noite,/ Com horror profundo e profundo medo,/ A torrente prolixa da mandíbula de tua esposa?". (N. T.)

Pessoa na África do Sul. Talvez o poema — escrito em abril de 1905, quando seu autor ainda estava em Durban — marque o momento em que Jinks parou de andar na farra e se estabeleceu numa vida de sobriedade, exercícios regulares e tranquilidade conjugal, que certamente acabaria em tédio, de acordo com a "Elegia". Mas, embora Pessoa abominasse a ideia de casar-se, é ainda mais improvável que visse a si mesmo como uma versão portuguesa de Byron, que era tão famoso por suas conquistas amorosas quanto por sua poesia.

De acordo com a carta de Pessoa à revista *Punch*, ele assinou o poema com um pseudônimo para esconder sua identidade estrangeira. Essa afirmação dissimulada, claro, era uma forma de *revelar* que era estrangeiro ao editor da revista. Pessoa esperava claramente que esse detalhe pessoal, junto com sua tenra idade ("um moço de dezesseis", embora na verdade tivesse dezessete e meio) e o orgulhoso desrespeito pela Convenção servissem de argumento para conseguir vender seu poema, que mesmo assim foi recusado, isso se o material foi de fato enviado.[13]

O pseudônimo do autor do poema era Charles Robert Anon, que assinou a maior parte da poesia de Pessoa entre 1904 e 1906, e também grande parte de sua prosa. Ele foi até o autor nominal do diário privado de Pessoa, cujas páginas eram quase todas carimbadas no canto superior direito com o nome "C. R. Anon". É difícil entender o motivo disso. Iniciado em 15 de março de 1906 e interrompido em 3 de junho, o diário estava voltado apenas para as particularidades do cotidiano de Pessoa: as aulas no Curso Superior de Letras, as leituras, os compromissos familiares... Ao fazer o sr. Anon servir como fiel escriba ou autor fictício dessas e de outras atividades, é como se Pessoa, seu protagonista, quisesse converter sua vida em romance. Se sua intenção, ao contrário, fosse investir seu alter ego com os detalhes biográficos registrados em seu diário, se o escreveu em inglês e carimbou suas páginas para na verdade dizer "Este não sou eu, este é Charles Robert Anon", então o resultado na prática foi o mesmo. De qualquer forma, ele estava transformando sua vida numa realidade literária. Em qualquer uma das hipóteses, o sr. Anon não era um pseudônimo comum, e Pessoa não era um homem comum.

O desprezo de Pessoa pelas convenções e seu medo de ser comum podem parecer atitudes de autodefesa, uma vez que ele considerava não ter nenhum traquejo social, porém há poucos indícios de que desejasse se adequar ao convívio na sociedade. Ao contrário, ele estava empenhado em fazer as coisas à sua maneira, em geral como um agente solitário. O florescente movimento republicano em Portugal gozava de amplo apoio entre os estudantes universitários, inclusive de Fernando Pessoa, que poderia ter consolidado sua parceria com colegas com os quais tinha afinidade política, mas, mesmo estando em conformidade com o todo, preferia agir sozinho, travar batalhas por sua própria conta.

A mãe e o padrasto de Pessoa eram monarquistas de berço e criação, e Fernando, quando retornou a Lisboa em setembro de 1905, era pelo menos um apoiador passivo da monarquia. Pouco depois de chegar, enviou à irmã quatro cartões-postais que retratavam membros da família real.[14] Em poucos meses, porém, influenciado por relatos de jornais sobre a corrupção monárquica e, sem dúvida, pelos argumentos de certos colegas de classe, abraçou o republicanismo. Os acontecimentos do primeiro semestre de 1906 apenas confirmaram para ele que a monarquia estava podre em seu âmago. Uma série de escândalos obrigou José Luciano de Castro, chefe do Partido Progressista, que seu tio Cunha tão ardorosamente apoiava, a renunciar ao cargo de primeiro-ministro em 19 de março; as rédeas do governo passaram automaticamente para o Partido Regenerador, também incapaz de conciliar facções e administrar o país com eficiência. O sistema político de décadas, com a alternância de poder entre dois partidos cuja ideologia era na prática a mesma, perdera toda a credibilidade. Até mesmo certos progressistas e regeneradores estavam começando a admitir que o sistema tinha de ser revisto, se não abandonado, e a ideia de que a própria monarquia deveria ser eliminada ganhava cada vez mais adeptos.

O programa republicano de limpar o governo, secularizar a sociedade e promover os direitos civis e políticos havia conquistado Pessoa de forma decisiva para a sua causa, mas, em vez de comparecer a reuniões e trabalhar diretamente com outros republicanos para atrair novos convertidos, ele esperava mobilizar as pessoas através do poder da palavra escrita. Nos primeiros meses de 1906, embora o inglês ainda fosse sua principal língua literária, começou a escrever poemas antigovernamentais em português para uma coletânea que se chamaria *Revolta*, e, em abril, fez planos para um folheto intitulado *Pela República*, um "tratado revolucionário" que deveria "ser redigido em linguagem simples" e distribuído gratuitamente.[15] Pessoa sonhava em alcançar as massas, mas escreveu apenas um pequeno número de poemas de protesto e não conseguiu concluir o panfleto.

Mais tarde naquele mesmo ano e no início de 1907, propôs títulos para outros ensaios políticos que planejava escrever, entre eles "Da necessidade e do método da Revolução".[16]

Poucos alunos do Curso Superior de Letras poderiam imaginar que o adolescente brilhante, mas de aparência inofensiva, que havia morado na África do Sul e falava inglês sem sotaque, era um revolucionário português radical.

15.

Muito mais importante para o desenvolvimento intelectual de Pessoa do que as aulas no Curso Superior de Letras foi o papel cada vez mais importante desempenhado em sua vida pelo general Henrique Rosa, irmão mais velho de seu padrasto. Ambos os irmãos tinham olhos azuis, mas os de Henrique tinham um brilho feroz e inquieto. Para Pessoa, esse militar, nascido em 1850, no mesmo ano de seu pai, era uma espécie de farol, um autodidata esclarecido cujas ideias e estilo de vida pouco ortodoxos lhe asseguravam que também ele poderia ousar pensar e agir de forma diferente dos outros.

Alguns professores de Pessoa em Durban haviam servido como mentores acadêmicos, encorajando o adolescente estudioso em suas leituras em latim e inglês, mas Henrique Rosa, um erudito amador com uma curiosidade ampla, incitou seu sobrinho a explorar domínios como teoria política, filosofia, psicologia e sociologia. O que faltava ao general em profundidade intelectual era mais do que compensado por seu entusiasmo contagiante pelos temas de sua pesquisa. Pessoa, que completaria dezoito anos em junho de 1906, tinha fome de ideias novas e estimulantes, desejava o conhecimento — não o saber estabelecido das enciclopédias, mas aquele de cunho especulativo derivado da investigação científica ou filosófica, bem como da reflexão poética. O fato de Henrique Rosa ser um poeta sério, que incorporava muitas das ideias que defendia em seus versos, tornou Pessoa ainda mais suscetível à influência do tio. Sua própria poesia desse período também se construía em torno de ideias.

Notamos um vago elo literário entre os dois em 1902, quando quatro charadas de Pessoa e dezenas de poemas de Henrique Rosa foram publicados no mesmo jornal humorístico, e sem dúvida eles se viram uma ou duas vezes quando Fernando voltou a Lisboa, no segundo semestre de 1905, mas o início da intimidade intelectual dos dois data do encontro ocorrido em 16 de maio de 1906. Pessoa saiu do apartamento de Rosa com alguns livros emprestados, entre eles um que era um ataque frontal à moral convencional e à religião, e uma impressão muito positiva do homem cuja conversa o cativou por várias horas. Naquela noite, em seu diário, ele fez a seguinte avaliação: "Uma mente enorme e maravilhosa; um pessimista filosófico de uma ordem muito elevada. Seu conhecimento científico é enorme".[1]

Obrigado a se reformar do Exército em 1903, com apenas 52 anos, Henrique Rosa passou a dedicar-se em tempo integral à leitura e à escrita. Antes mesmo de se aposentar, estivera por muitos anos em licença médica mais ou menos permanente por causa de uma depressão severa associada a um misterioso distúrbio nervoso intermitente que causava paralisia parcial de seus membros. Em seus períodos bons, era sociável e nada o atraía mais do que debater questões e falar de literatura em cafés, mas então, durante meses, ficava praticamente confinado ao seu quarto, sendo servido por Augusta, uma mulher de origem humilde que morava com ele como sua companheira.[2]

Rosa publicava sua poesia com pouco destaque em jornais e revistas, mas Pessoa a tinha em alta conta, em parte porque simpatizava com seu "pessimismo filosófico". Porém era mais diretamente influenciado pelas ideias e opiniões de Rosa, a começar por sua defesa fervorosa do republicanismo. Como quase todos os republicanos, Henrique Rosa também era anticlerical, contrário ao poderoso papel da Igreja católica na vida política e social de Portugal. Como um ramo de fato da burocracia estatal portuguesa, era a Igreja, não o governo, que registrava todos os nascimentos, casamentos e mortes, além de dirigir a maioria das escolas do país. Sua relação com a monarquia era simbiótica, e sua influência na sociedade portuguesa, dominante, em especial nas zonas rurais, onde viviam cerca de dois terços da população. Mas Rosa, além de se opor à presença e à influência da Igreja em questões de Estado, também rejeitava a teologia católica.

Essa oposição absoluta e veemente à Igreja, defendida por seu tio com eloquência, atiçou naturalmente os próprios sentimentos anticatólicos de Pessoa.

Dez dias depois de os dois homens terem tido sua primeira troca real de ideias, ele começou a redigir sua carta aberta ao prior da igreja dos Mártires (ver capítulo 1), protestando por ter sido batizado quando tinha apenas seis semanas de idade, pois isso o tornava um membro involuntário de uma religião que passara a considerar "estúpida" e "irracional". E, uma vez que a Igreja não se daria ao trabalho de excomungá-lo, ele decidiu, em nome de Charles Robert Anon, excomungar a Igreja — ou melhor, todas as igrejas. Por volta do dia de seu aniversário de dezoito anos, ele usou tinta preta e traços enfáticos de caneta para inscrever em um caderno uma "Excomunhão":

> Eu, Charles Robert Anon, *ser*, animal, mamífero, tetrápode, primata, placentário, macaco, catarrino, homem; dezoito anos de idade, não casado (exceto em momentos ocasionais), megalomaníaco, com toques de dipsomania, *dégénéré supérieur*, poeta, com pretensões de humor escrito, cidadão do mundo, filósofo idealista etc. etc. (para poupar esforço ao leitor),
>
> Em nome da VERDADE, CIÊNCIA e FILOSOFIA, não com sino, livro e vela, mas com caneta, tinta e papel,
>
> Aprovo sentença de excomunhão de todos os padres e sectários de todas as religiões do mundo.
>
> *Excommunicabo vos.*
> Que se danem todos vocês.
> *Ainsi-soit-il.*
> Razão, Verdade, Virtude por C. R. A.

A penúltima linha em francês significa "assim seja", ou "amém". Observe-se que, em primeiro lugar, Anon se declara um produto da evolução biológica. Segue-se uma autodescrição que também pode aplicar-se ao próprio Pessoa, que tinha dezoito anos, era solteiro e já apresentava sinais de megalomania. Embora ainda não bebesse muito, tampouco fosse um dipsomaníaco, ele parece ter previsto que o álcool se tornaria seu vício preferido.

Em outro lugar, entre suas anotações não publicadas, Pessoa escreveu que Deus lhe parecia "somente a ideia que uma mente simples e imatura faz para si do Absoluto". As pessoas devem acreditar em algo, ele admitiu, mas achava "melhor acreditar que a ciência *fará* do que Deus *fez*".[3] Embora rejeitasse a ideia de um

Deus com características definíveis, em particular as antropomórficas, Pessoa não era ateu, pela mesma razão que nunca subscreveu nenhuma profissão de fé em entidades que escapassem ao alcance da compreensão humana. Por outro lado, depositou uma fé considerável na ciência durante os primeiros anos de sua volta a Lisboa. Ele até começou a escrever uma "Ode à ciência" em fevereiro ou março de 1906.[4] Henrique Rosa estimulou vigorosamente o interesse do jovem pela ciência, em especial pela evolução, emprestando-lhe livros sobre o assunto.

A teoria da evolução atraiu os intelectuais europeus não apenas por sua nova e estimulante perspectiva sobre o panorama biológico mundial e as origens da humanidade, mas também por suas aplicações à psicologia, à sociologia e à governança humana. Pessoa compartilhava do entusiasmo geral por um modelo que podia explicar tanto sem precisar recorrer a Deus, mas não estava muito preocupado com os detalhes mais minuciosos. Uma vez que não deixou nenhuma anotação em seu exemplar de *Sobre a origem das espécies por meio da seleção natural*,[5] publicado por Charles Darwin em 1859, podemos estar razoavelmente seguros de que ele apenas o folheou e parece ter ignorado o debate que continuava, em Portugal, como em outros lugares, sobre a seleção natural — se era ou não, de fato, o principal mecanismo que regia a evolução da vida vegetal e animal.[6] Em todo caso, ele estava muito mais interessado na evolução social, cultural, política e psicológica, e para isso o modelo darwiniano não era o mais útil. Na verdade, o naturalista francês Jean-Baptiste Lamarck (1744-1829), com suas noções de adaptação ambiental, de um impulso existente na natureza de tornar as coisas mais complexas e da capacidade de herdar características adquiridas, era o alicerce para os evolucionistas socioculturais, dois dos quais deixaram uma impressão particularmente forte em Pessoa: Ernst Haeckel e Herbert Spencer.

No final de maio de 1906, Pessoa começou a ler a obra mais famosa de Haeckel, *Os enigmas do universo* (1899). Ernst Haeckel (1834-1919) era médico, mas depois de ler *A origem das espécies* mudou radicalmente de carreira. Voltou-se à zoologia e se tornou um dos mais fervorosos defensores e propagadores da teoria evolucionista na Europa. Porém sua visão da evolução era mais lamarckiana do que darwiniana, e, embora tenha feito um importante trabalho de campo (identificando e nomeando centenas de novas espécies, por exemplo), parte de sua produção seguia critérios científicos questionáveis e se baseava em meras especulações. Ele acreditava que as raças humanas evoluíram independentemente e que a raça branca europeia era superior e destinada a prevalecer. A fé que depositava na eugenia estava resumida no slogan dos nazistas de que "política é biologia aplicada", usado para justificar seu programa de purificação racial.[7]

Pessoa não estava interessado nas teorias raciais de Haeckel, muito menos na eugenia, e sim em sua explicação esquemática da vida e do cosmos, conforme formulada em *Os enigmas do universo*. O cientista e pensador alemão propunha uma visão de mundo monista à maneira de Spinoza, sem uma realidade espiritual separada do mundo natural. Em seu sistema rigorosamente determinista, não havia espaço para a imortalidade, o livre-arbítrio ou Deus, a menos que Deus significasse algo como "força da natureza" ou fosse entendido de forma panteísta como o próprio universo.

A edição em inglês do livro de Haeckel que pertenceu a Pessoa e não sobreviveu teria sido, sem dúvida, a reimpressão barata publicada pela Rationalist Press Association em 1903. Ao longo dos anos, ele compraria mais de quarenta títulos publicados pelo braço editorial do grupo secularista, Watts & Co., como *A origem das espécies*, de Darwin, e títulos populares na época, como *Cristianismo e mitologia*, de John M. Robertson, e *Ciência moderna e pensamento moderno*, de Samuel Laing. Ele começou a ler esta última obra — que discutia tudo, desde o tempo e a matéria à evolução e ao agnosticismo — em 1º de junho de 1906, uma semana depois de mergulhar no livro de Haeckel.

No final de junho, Pessoa começou a ler mais uma reimpressão da Rationalist Press, *Uma introdução à filosofia de Herbert Spencer*, de William Henry Hudson, e nos anos seguintes leria nada menos que três livros do próprio Spencer (1820-1903), além de uma biografia do filósofo, que em alguns aspectos era um equivalente britânico de Haeckel. O *Sistema de filosofia sintética* de Spencer, que se estendeu por dez volumes publicados ao longo de três décadas, subsumia todas as leis naturais a uma única lei-mestra de progresso evolucionário inescapável pela qual o universo, de uma massa inicialmente amorfa, estava se transformando em um conjunto cada vez mais complexo de partes individuadas, mas interconectadas de forma harmoniosa.

Popularíssimos em vida, Haeckel e Spencer caíram abruptamente em descrédito póstumo, uma vez que sua produção científica era considerada mal concebida e sua abordagem da filosofia, amadora. Eles tentaram unir os dois campos — ou seja, produzir filosofias que, além de serem sistemas lógicos e coerentes de pensamento, também estivessem atentas à verdade científica e fossem congruentes com ela. Nenhum dos dois pensadores havia de fato enfrentado questões epistemológicas básicas, muito menos tentado lidar com a velha questão (que angustiou eternamente Pessoa) do motivo por que, afinal, algo existe. Pessoa dava mais crédito às ideias de Spencer, que admitia uma Causa Primeira independente, impermeável à compreensão humana e persistente como a força motriz do cosmos, e em 1913 pensou em traduzir os *Primeiros princípios* (1862) do inglês para o português.[8] Mas seu entusiasmo por Haeckel, que postulava uma substância suprema que poderia explicar os fenômenos espirituais e físicos, logo se desvaneceu. A ciência, escreveria ele em 1909, não podia ter nada a dizer sobre a metafísica, e Haeckel era um "idiota" por supor que poderia provar que a alma era mortal.[9]

As avenidas iluminadas pela investigação científica racional não foram os únicos caminhos explorados por Pessoa enquanto estudava no Curso Superior de Letras. Durante seu primeiro semestre, antes de descobrir os evolucionistas, ele passava o tempo livre nas ruelas e atalhos sombrios de Edgar Allan Poe e dos decadentistas franceses. A ficção de Poe o inspirou a escrever "The Door" [A porta] e "The Stolen Document" [O documento roubado], dois contos nunca concluídos, iniciados em março e abril de 1906. A última história, de acordo com seu diário, foi concebida como uma "correção" de "A carta roubada", enquanto a primeira é uma narrativa sobre uma obsessão no estilo de "O gato preto".

Pessoa foi também um leitor atento da poesia de Poe, cuja aura de mistério, ritmos fortes e gosto por repetições de sons podem ser sentidos em alguns de seus próprios poemas escritos entre o final de 1905 e 1908. Foi também influenciado por *As flores do mal* de Charles Baudelaire (1821-67), cujas cenas de alienação urbana, sexo, morte e corrupção expressas em versos primorosamente urdidos escandalizaram a burguesia e marcaram várias gerações de escritores e artistas. Não por acaso, Pessoa faria mais tarde — e publicaria em 1924 — uma soberba tradução para o português de "O corvo", como Baudelaire, grande admirador de Poe, fizera para o francês. Um de seus meios-irmãos bem mais moços recordaria que Pessoa, quando adolescente em Durban, costumava fazer com que ele e os outros irmãos rissem de medo ao recitar versos como "Quoth the raven *Nevermore*!" [Disse o corvo, *Nunca mais*!] com voz profunda e cavernosa.[10]

Embora estivesse vivendo novamente em solo nativo e imerso todos os dias nos sons e nas cadências do português, Pessoa continuou a escrever praticamente toda a sua poesia em inglês, o idioma que considerava mais propício à imortalidade literária. A fama póstuma seria muito difícil de alcançar e, se a conseguisse, nem estaria por perto para desfrutá-la, mas era pelo menos um objetivo definido e concebível. Muito mais escorregadia e incerta, se pensasse nisso — o que ocorria com frequência — era a ideia de seu eu atual. "My soul — what is my soul?" [Minha alma — o que é minha alma?], assim começa um poema que escreveu em fevereiro de 1906. Ressoando Poe e Baudelaire, ele tenta apreender a alma humana por meio de uma série de símbolos, como este:

It is an olden inn with corridors
Woven in a labyrinth and scarce of light,
Where through the night the sound of shutting doors,
*Vague in its cause and place, fills us with fright.**

A ideia de que uma única vida é um mundo que se desdobra infinitamente, envolto em mistério, às vezes inquietante e até assustador, não era nova para Pessoa, mas ele aprendeu a dar-lhe forma poética graças a Poe, Baudelaire e vários escritores franceses conhecidos até por eles mesmos como "decadentistas": Maurice Rollinat (1846-1903), por exemplo, que foi apreciado principalmente como poeta, e Joris-Karl Huysmans (1848-1907), cujo romance *Às avessas* (1884) tornou-se uma espécie de manual para aprendizes de decadentismo. Pessoa leu muitos outros poetas franceses durante os primeiros anos de seu regresso a Lisboa, entre eles Stéphane Mallarmé, Paul Verlaine e Arthur Rimbaud, que costumam ser classificados como simbolistas, mas também, ocasionalmente, como decadentistas (em especial Verlaine).

Os decadentistas cultivavam o artifício e o máximo refinamento nas artes, a linguagem extravagante, formas torturadas de beleza e sensações intensificadas, permanecendo perversamente indiferentes ao declínio moral e civilizacional. O simbolismo reteve a estética da decadência, sua desilusão com a sociedade e sua

* "É uma antiga pousada com corredores/ Tecida em um labirinto e com pouca luz,/ Onde durante a noite o som de portas fechando,/ Vago em sua causa e lugar, nos enche de medo." (N. T.)

indiferença para com o mundo concreto, mas aspirava a evocar um mundo mais elevado, uma realidade transcendente. Os decadentistas dedicavam-se à arte e à voluptuosidade por si mesmas, não acreditando em nenhuma verdade além do que podiam ver ou criar. Os simbolistas eram igualmente voluptuosos, mas com inclinação espiritual. Apesar das diferenças entre os dois campos artísticos, a linha que os separa pode ser nebulosa, uma vez que todos eram parentes, pelo menos distantes, descendentes diretos ou indiretos de Baudelaire. Mórbido e melancólico, *As flores do mal* (1857) anunciou precocemente o espírito do decadentismo, mas também a doutrina das *correspondances*, segundo a qual nós, que caminhamos pelo mundo, passamos por "florestas de símbolos" que nos lançam "olhares conhecedores". Essa doutrina forneceu uma base teórica para o movimento simbolista na literatura e em outras artes.

O simbolismo seria responsável por alguns dos primeiros e melhores poemas e escritos em prosa publicados pelo Pessoa adulto em português, entre 1913 e 1916. Sua atração pelo movimento, assim como a afinidade com Shelley, estava ligada à sua sensibilidade religiosa. As *correspondances* de Baudelaire derivavam de Swedenborg (1688-1772), segundo o qual o mundo natural é um sistema complexo de símbolos correspondentes a realidades espirituais que não podem ser apreendidas diretamente. A estética simbolista, com seu gosto pelo etéreo e pelo sugestivo, desapareceu em grande parte da obra de Pessoa após 1915, mas o conceito de múltiplos níveis ou dimensões da realidade permearia seu pensamento pelo resto da vida.

O interesse de Pessoa pelas representações racionalistas do universo propostas por Haeckel e Spencer atuou como um contrapeso ao seu entusiasmo pelo mundo sombrio de mistério e símbolos que encontrou em Poe, Baudelaire e na geração seguinte de decadentistas e simbolistas franceses. Uma vez que Haeckel era um cientista e Poe, um escritor de ficção, esta pode parecer uma correlação disparatada, mas Pessoa usou a literatura, além dos sistemas de pensamento baseados na ciência, como ferramenta investigativa em sua busca pela verdade. A filosofia tradicional foi ainda uma terceira via de investigação intelectual seguida pelo poeta e estudioso após o regresso a Portugal. No primeiro semestre de 1906, ele elaborou uma lista de dez "Livros para estudo", que incluía vários títulos acima mencionados, bem como os nomes de quatro filósofos alemães e dois ingleses:

Kant, Schopenhauer, Fichte, Hegel, Locke e Hobbes. Eles compunham seu curso intensivo autodirigido de filosofia ocidental. Pessoa havia passado muitas tardes de inverno na Biblioteca Nacional examinando duas histórias gerais da filosofia europeia — uma em inglês, a outra em francês — e as obras de lógica de Aristóteles. No final de abril daquele ano, encarou a *Crítica da razão pura*, de Kant, numa tradução francesa, e no verão leu uma versão francesa de *Sobre a liberdade da vontade*, de Schopenhauer, juntamente com um livro sobre a filosofia de Platão.[11]

Tendo em vista sua paixão pela filosofia, Pessoa decidiu que seria útil aprender alemão. Em um pequeno caderno dedicado a esse propósito, copiou algumas regras de pronúncia, provavelmente de um manual que encontrou na Biblioteca Nacional. Isso aconteceu no final de abril e, em meados de maio, ele já conseguira ler, com considerável esforço, um pequeno poema de Schiller no original. Nesse ponto, seus esforços para dominar mais uma língua foram interrompidos. Ele leria Schiller, Goethe, Heine e outros autores e filósofos alemães em inglês ou francês.

As incursões de Pessoa na literatura francesa não se limitavam a Baudelaire e seus herdeiros. Para seu curso de francês, estudou Molière e vários autores do século XVIII, inclusive Voltaire. Por iniciativa própria, começou a ler François-René de Chateaubriand, fundador do romantismo francês, e seu precursor suíço, o filósofo Jean-Jacques Rousseau. Ambos os escritores são repetidamente mencionados no *Livro do desassossego*, cujo estilo deve algo à tendência desinibida deles de se entregar à autobiografia e à análise meticulosa de sentimentos pessoais. Entre as outras leituras de Pessoa durante o primeiro ano em Lisboa estavam a poesia portuguesa, dois poetas espanhóis ainda populares na virada do século — José de Espronceda (1808-42) e Ramón de Campoamor (1817-1901) — e os poetas românticos ingleses, cuja poesia já o encantava em Durban. Para uma leitura mais leve, deliciava-se com a ficção científica do então recém-falecido Jules Verne (1828-1905).[12]

Pessoa não era um aficionado da literatura russa, mas no verão de 1906 leu, numa tradução francesa, *A sonata a Kreutzer*, possivelmente a única obra de ficção de Tolstói com que viria a ter contato. Proibida após sua publicação, em 1889, a novela foi catapultada à fama internacional, tornando-se a obra mais lida do autor. A história é contada na primeira pessoa por um aristocrata chamado Pózdnichev, que descreve seu relacionamento infeliz e, em última análise, trágico com a esposa, questiona a instituição do casamento e exalta as virtudes da abstinência sexual. Pouco depois de ler a novela de Tolstói, na qual Pózdnichev confessa ter matado a esposa, Pessoa escreveu o esboço de um conto mais terrível,

"Jack Wilde's Marriage" [O casamento de Jack Wilde].[13] O protagonista, que tem "propensão para atos de loucura" e cujo sobrenome foi sem dúvida inspirado no escritor irlandês que morreu em desgraça em 1900, anuncia a um amigo que vai se casar numa sexta-feira treze em julho de 1906. Nessa data pouco auspiciosa, o casamento ocorre como deveria, mas termina numa cena de horror, com treze convidados sendo enforcados de acordo com um minucioso plano executado pelo infeliz noivo, que também se enforca.

Naquele mesmo ano, Pessoa começou a escrever um panfleto em que atacava a instituição do casamento, como parte de sua campanha contra a convenção — nesse caso, uma convenção que no Portugal monárquico quase sempre foi executada sob os auspícios da Igreja católica. "Ser casado eclesiasticamente", declarava Pessoa em inglês, "é uma estupidez." Mas não eram apenas os adornos institucionais e religiosos do casamento que o incomodavam. Numa anotação isolada escrita por volta dessa mesma época ele perguntou, novamente em inglês: "O que é, para o homem, toda a vida de casado? Um passo do bordel para o leito nupcial e daí de volta para o bordel — não literalmente, mas metaforicamente, mas fazendo de fato um bordel daquele leito nupcial".[14]

Antes de aspirar à castidade, Tolstói teve treze filhos com sua esposa Sófia. Para o Pessoa de dezoito anos, a própria ideia de sexo no casamento, não menos do que com uma prostituta, parecia uma perspectiva aterrorizante.

16.

A hesitante marcha de Pessoa rumo à autonomia e à idade adulta — uma transição que ele estava se esforçando para abraçar — foi temporariamente interrompida pela chegada de sua família de Durban, em 1º de julho de 1906.[1] Mais uma vez ele seria o filhinho da mamãe, e agora mais do que nunca precisava de seus cuidados. De fato, ela ficou surpresa ao encontrar o filho na cama, convalescendo de uma doença que o obrigara a abandonar as aulas em junho. Quando a febre permitia, ele lia.

Pessoa ficava doente com frequência e demorava mais tempo do que a maioria das pessoas para se recuperar de qualquer gripe ou resfriado que estivesse no ar. No *Livro do desassossego*, ele comentaria a "vaga felicidade das convalescenças profundamente sentidas",[2] e suspeita-se que gostava de ficar deitado na cama, obrigado a não fazer nada. Mas nunca parava de pensar, e durante a doença daquele momento, afetado pela febre, um dos objetos de suas ruminações excitadas foi Alexander Search, um nome que surgira em sua mente vários meses antes. Mais do que um nome qualquer, Search emergiria desse período de gestação como o heterônimo mais substancial e prolífico de Pessoa até então.

Agraciado mais uma vez com férias prolongadas no país de origem, o cônsul João Miguel Rosa viera com a mulher e os filhos para passar dez meses em Lisboa. Era quase o auge do verão, quando alguns dias seriam abafados, mas as noites lisboetas costumam ter uma temperatura agradável. Eles alugaram um apartamento de primeiro andar na Calçada da Estrela, número 100, perto da Basílica da Estrela, cuja fachada neoclássica branca e fria esconde um interior barroco coberto por mármores ricamente coloridos. O novo endereço ficava convenientemente situado junto a uma linha de bondes que descia uma encosta curta e íngreme, até as proximidades do Parlamento e do apartamento de tia Anica, antes de prosseguir por uma longa ladeira até a praça Luís de Camões, de onde uma estátua de bronze do bardo nacional, erguida em 1867, lança seu olhar presciente para o bairro do Chiado, onde Pessoa nasceu.

O apartamento de férias também ficava a dois minutos a pé do Jardim da Estrela. Embora Portugal fosse um dos países mais pobres da Europa e passasse por uma época de turbulência política, o Baedeker e outros guias de viagem do período concordavam que Lisboa, apesar de sua antiga reputação de sujeira e desordem, era agora uma das capitais mais limpas do continente e ostentava alguns de seus jardins mais exuberantes. Distribuído por mais de 40 mil metros quadrados, o Jardim da Estrela, com seus cedros, palmeiras, dragoeiros e ginkgos, suas flores exóticas, seus pequenos lagos com patos e uma colina oferecendo uma boa vista do Tejo, era um parque de diversões perfeito para os irmãos de Fernando e um lugar tranquilo de retiro para ele e seus pais. Nas tardes de domingo, alguns casais e famílias, mantendo uma tradição do século XIX, ainda passeavam pelo parque em trajes da moda para ser vistos e ver outras pessoas. A imaginação de Pessoa o levou ainda mais longe no tempo. No *Livro do desassossego*, cuja prosa reflexiva é pontilhada de ocasionais parques e jardins, míticos e melancólicos, ele escreveria: "O Jardim da Estrela, à tarde, é para mim a sugestão de um parque antigo, nos séculos antes do desencanto da alma".[3]

Foi provavelmente nesse mesmo verão que tia Rita e tia Maria, já com quase oitenta anos, se mudaram com vovó Dionísia, que acabara de completar 83 anos, para um apartamento situado a meia quadra da Calçada da Estrela. Como tia Anica morava logo abaixo da ladeira, era fácil para todos se visitarem. Embora tenha se mudado para a casa da própria família, Fernando, que completara dezoito anos em 13 de junho, queria que sua independência fosse respeitada e aspirava à autonomia financeira. Havia desenvolvido uma relação estreita com o primo Mário, três anos mais moço, que não era um intelectual, mas era dotado de espírito empreendedor (herdado do pai, junto com alguns bens), que Pessoa admirava e imitava. Os dois rapazes já mandavam cartas a firmas estrangeiras, maquinando esquemas para ganhar dinheiro, embora Mário ainda fosse menor de idade. Na capa de um dos cadernos de Pessoa lê-se "1906/Traduções/M. N. de Freitas". Pessoa acabou enchendo o caderno com seus próprios escritos, mas a ideia inicial tinha sido usá-lo para fazer cópias de cartas por ele traduzidas para o inglês ou francês, assinadas por seu primo, Mário Nogueira de Freitas, e enviadas para França, Grã-Bretanha ou Estados Unidos. Uma dessas cartas, escrita por Fernando em francês, mas assinada por Mário, pedia informações a um atacadista de máquinas de escrever e copiadoras de Paris.[4] Isso foi em 1907, e dois ou três anos depois Mário, entre seus outros empreendimentos precoces, seria o representante português da marca de máquina de escrever American.[5]

Sem dúvida, foi Fernando que, sonhando em ser publicado e também em ser editor, incentivou Mário a tentar importar coisas como máquinas de escrever. Ele próprio assinou e enviou uma carta pedindo informações à Ellams Duplicator Co., fabricante com sede em Londres, em 23 de dezembro de 1905,[6] com o objetivo aparente de publicar, usando uma copiadora mecânica, algumas de suas obras literárias. Na mesma época, criou um cabeçalho perfeitamente desenhado para *O Palrador*, onde constavam "F. Pessoa" e "M. N. de Freitas" como proprietários, com redação na rua de São Bento, número 98, endereço de tia Anica. Pessoa nutria uma vaga esperança de que o jornal caseiro que criara em 1902 pudesse se tornar comercial e redigiu uma nota editorial explicando que o novo *Palrador*, uma publicação bimestral voltada para um público mais amplo, teria "artigos de interesse geral" além de poesia. Mas os rapazes decidiram não adquirir o equipamento por ora, e *O Palrador* foi definitivamente relegado ao silêncio.[7]

Os exames eram em julho, e Fernando, devido à doença, faltou a todos. Ficara mal demais até para ler na cama, de acordo com o diário de leitura que começou a escrever em junho. Nada é registrado no mês seguinte, exceto "Doença e convalescença". Em agosto, embora ainda não totalmente recuperado, retomou seu programa de estudos independentes: filosofia, ciência, um trecho da *Eneida*, de Virgílio, poemas de Shelley e sete peças de Shakespeare. E estava escrevendo: ficção, poesia e o satírico "Ensaio sobre poesia", que havia começado em Durban.[8]

Em setembro, a saúde de Fernando já estava restaurada por completo, e, uma vez que as aulas do próximo semestre só começariam em outubro, todas as horas do dia estavam livres. Ele passou muitas delas na Biblioteca Nacional, concentrando-se em suas leituras de filosofia, sociologia e literatura, mas também reservou tempo para a família. E astutamente conseguiu combinar trabalho e lazer, integrando algumas de suas pesquisas e interesses criativos a atividades recreativas com seus irmãos. Foi graças à cooperação voluntária deles que obteve treinamento prático em frenologia, medindo a cabeça deles de até dezesseis maneiras diferentes: circunferência, arco occipitofrontal, arco frontal inferior, diâmetro temporal posterior e assim por diante. Fernando registrou e provavelmente analisou as medidas cranianas de sua irmã Teca, de seus dois irmãos e de seu primo Mário. A cabeça da irmã Maria Clara, que havia completado dois anos em meados de agosto, foi poupada do calvário.[9]

João, o menino mais novo, que tinha três para quatro anos, contaria muitos anos mais tarde que suas lembranças mais antigas do futuro poeta famoso por criar heterônimos vinham dos meses em que moraram juntos na Calçada da Estrela, e o que se fixou de forma mais vívida na mente do garotinho não foi o que faziam juntos de dia, mas o que ele ouvia à noite, depois do jantar, quando Fernando mantinha todas as crianças enfeitiçadas com as histórias que contava. Na verdade, era uma narrativa contínua, composta de inúmeros episódios quase diários em que protagonistas com nomes como sr. Nabo e sr. Cenoura se encontravam em situações improváveis, mas descritas com detalhes tão realistas — e os próprios personagens eram definidos com tamanha clareza — que o jovem ouvinte quase achava que eles poderiam ser reais. Uma vez que Pessoa costumava falar com os irmãos em inglês, foi provavelmente nessa língua que regalou os meninos e sua irmã Teca com as aventuras do sr. Nabo e do sr. Cenoura. O que João, Luís e Teca não sabiam era que ele já havia escrito sobre esses personagens em Durban, mas com seus nomes pluralizados em português: dr. Nabos e dr. Cenouras.

Em 3 de outubro de 1906, a comissão acadêmica do Curso Superior de Letras reuniu-se em sessão extraordinária a fim de apreciar o pedido de Fernando Pessoa para prestar os exames do primeiro ano com três meses de atraso, devido à doença. Seu pedido foi negado, pois deveria ter sido apresentado muito antes, junto com o atestado médico. E assim Pessoa, no dia 10 de outubro, voltou a se matricular como aluno do primeiro ano, acrescentando filosofia à sua carga horária. Matriculou-se também provisoriamente em grego antigo, mas no fim decidiu que seria demais.[10] Porém incursionou nessa língua por conta própria, a julgar pelas marcas em seu exemplar de *Prometeu acorrentado* (em grego), que adquiriu em dezembro e assinou, na folha de rosto, como Alexander Search. O mais recente heterônimo de Pessoa, cujo primeiro nome pode ter sido inspirado pelo maior comandante militar da Grécia Antiga, assumiria e ampliaria o papel até então desempenhado por C. R. Anon. Embora a substituição e a obliteração de um heterônimo por outro não pareçam ter sido a intenção original de Pessoa, ele era muitas vezes um peão em seus próprios jogos, ou um espectador perplexo.

As assinaturas de Alexander Search começaram a invadir o território literário de Anon na primeira metade de 1906. Várias aparecem nos versos das páginas do diário confiado ao sr. Anon e em cadernos onde textos ou assinaturas de Anon também podem ser encontrados.[11] No segundo semestre daquele ano, Alexander Search já tinha seu próprio caderno de anotações, com assinatura inequívoca, datado de "setembro de 1906" e dedicado à "filosofia etc.", de acordo com o frontispício. O "etc." incluía religião, ciência, teoria política, sociologia e psicologia, mas não se tratava de um caderno de reflexões do próprio Search — era uma extensa bibliografia, organizada em ordem alfabética por autor. Pessoa estava lendo ou já lera alguns dos livros listados (como o *Organon*, de Aristóteles, *Enigmas do universo*, de Haeckel, *Crítica da razão pura*, de Kant); outros ele leria nos próximos meses, e havia centenas mais na lista aparentemente interminável que ele nunca leria.[12]

Um programa de leitura tão monumental, com quinhentos livros ao todo, sugere que Search estava predestinado a ser seu heterônimo de maior curiosidade intelectual, embora Pessoa tivesse a princípio preparado Charles Robert Anon para esse papel. Na verdade, Anon tinha seu próprio caderno com uma lista um pouco menor de livros para ler, que incluía uma série de títulos que reapareceriam na lista de Search.[13] No entanto, Search foi o único heterônimo a ter sua própria biblioteca, composta de mais de vinte livros muito concretos, todos com sua assinatura e/ou o monograma "AS", grafado em letras maiúsculas cheias de floreios. Os livros abrangem muitos tópicos — positivismo, saúde mental, religião, ocultismo, política, sociologia e, em especial, poesia, principalmente em inglês, mas também em francês e português —, o que reflete com perfeição os interesses de leitura do próprio Pessoa na época. Em outras palavras, Search parece representar *todo* o eu intelectual de seu inventor, em vez de determinada faceta. Pessoa não escondia isso. Escreveu nas suas anotações que esse heterônimo nascera em Lisboa, em 13 de junho de 1888, mesmo local e data do próprio nascimento. Alexander Search seria então um mero pseudônimo, em todos os aspectos exatamente como Fernando Pessoa, mas com um nome diferente? Em um capítulo anterior, fiz essa mesma pergunta em relação a Charles Robert Anon. Assim como antes, a resposta é não, mas por razões diferentes.

Podemos pensar em Search como uma versão platônica ou transcendente de Pessoa — sua essência mental e espiritual, sem a carne. O resultado prático de destilar seu eu intelectual em Alexander Search foi intensificá-lo, o que lhe permitiu alimentá-lo e moldá-lo de maneira mais eficaz. Literalmente afastado de si mesmo, Pessoa estava livre para tratar-se como uma obra de arte, ou como objeto de um experimento científico. Charles Robert Anon era uma persona, uma máscara por trás da qual seu criador apresentava expressões literárias e emitia opiniões que eram suas na maioria das vezes. Alexander Search não era um veículo de opiniões, mas uma projeção do próprio Pessoa. Ele tinha as mesmas visões anticlericais e o espírito iconoclasta de Anon, mas esse predecessor às vezes aparece como um *poseur*. Search, em seu professo amor à pátria e desejo de servir a humanidade, é sincero a ponto de soar ingênuo. Em outubro de 1907, jurou solenemente, por escrito: "Nunca cair ou recuar diante do propósito de fazer o bem à humanidade".[14] E um ano depois um texto em prosa assinado pelo mesmo heterônimo menciona "meu intenso sofrimento patriótico, meu desejo intenso de melhorar a situação de Portugal".

Era inevitável que Anon cedesse lugar a alguém como Search depois que Pessoa voltou para seu país de origem, onde suas preocupações políticas mudaram e seu interesse pela filosofia e pela sociologia floresceu. Anon era um inglês cuja missão política tinha sido abrir os olhos dos habitantes de Durban para as injustiças do imperialismo britânico. Search, embora falasse inglês, era português por afinidade, se não por sangue, e logo se posicionaria como um republicano militante empenhado em derrubar a monarquia, instituição irreparavelmente decadente, de acordo com mais de um ensaio histórico escrito em nome dele. Pessoa, através de Search, desejava sacudir a complacência dos portugueses e incitá-los a questionar toda a sabedoria disponível. E Search — ao contrário de C. R. Anon, mais mundano — mirava mais alto, em domínios do conhecimento que o pensamento racional não pode alcançar.

Embora Search fosse tecnicamente trilíngue, tendo escrito alguns poemas em português e francês, quase toda a sua abundante produção em prosa e poesia era em inglês. Um de seus primeiros poemas completos foi um soneto, "Blind Eagle" [Águia cega], datado de novembro de 1906 e que termina com estes quatro versos:

What is the thing thou seekest within things?
What is that thought thy thinking cannot find?
For what high air has thy strong spirit wings?
*To what high vision aches it to be blind?**

Originalmente intitulado "The Poet", o soneto encarna a urgência inquisitiva dessa projeção intelectual e psicológica de Pessoa. Search também pode ser visto como um discípulo anglo-português de Percy Bysshe Shelley (1792-1822), que buscava a dimensão espiritual das coisas, ao mesmo tempo que escrevia apologias ao ateísmo. Político radical e também livre-pensador, Shelley queria reformar o governo inglês e o mundo em geral, e acreditava que a poesia poderia ser uma força contribuinte para as grandes mudanças que defendia. Mais do que qualquer outro escritor, foi o modelo imediato de Pessoa nessa fase de sua carreira.

Shelley não foi muito apreciado em vida, e, embora ocupe hoje uma posição similar à de Wordsworth, Coleridge, Byron e Keats, às vezes é considerado um romântico lido por jovens sonhadores e idealistas antes de passarem a poetas mais pensativos e cuidadosos, como Keats ou Wordsworth. T. S. Eliot considerava o "entusiasmo por Shelley" um "caso da adolescência".[15] Mas Pessoa, embora exposto a Shelley desde muito cedo, em Durban, só se tornou um grande entusiasta de sua poesia depois de voltar a Lisboa. E leu não uma, mas duas biografias de Shelley, ansioso para saber sobre sua vida e também sobre sua poesia.

Foi o caráter de pesquisador incansável de Shelley — um cético obstinado que, no entanto, tinha uma fé inabalável na poesia — o que encantou Pessoa, que se identificou bastante com seu primeiro grande poema: "Alastor; ou, o Espírito de solidão". Seus mais de setecentos versos falam de um jovem Poeta, "movido por uma imaginação inflamada", que vaga pelo mundo sem encontrar satisfação

* "Que coisa, entre coisas, tu procuras?/ Que pensamento buscas sem achar?/ Teu espírito tem asas, p'ra que alturas?/ Que alta visão lhe dói até cegar?" (Trad. de Luísa Freire)

na contemplação da natureza ou nos afetos de uma simples "donzela árabe" que encontra durante a viagem. Ao perseguir uma beleza idealizada e um amor ideal, o Poeta solitário é comparado a uma águia que se lança em um "voo cego / Sobre a ampla vastidão etérea". Sua peregrinação se torna uma jornada consciente, quase intencional em direção à morte, onde espera encontrar "Visão e Amor".

O prefácio de Shelley a "Alastor", embora simpático ao Poeta, também o reprova por sua "reclusão egocêntrica". O poeta-protagonista de "Águia cega" de Pessoa-Search também é o culpado por sua condição solitária, já que despreza o mundo ao seu redor em favor de sua "visão elevada". O poeta anônimo ao qual o soneto se dirige parece ser Alexander Search, mas Search é também o eu poético questionador, e em ambos os papéis ele representa Pessoa.

Em Pessoa-Search, não menos do que em Shelley, uma atração pela exaltação poética arrebatadora e pela verdade mais elevada era contrabalançada por uma determinação de usar a escrita para aprimorar a sociedade humana e as formas de governo. Shelley criticou Wordsworth por ter abandonado seu interesse entusiasmado — palpável em seus primeiros poemas — pela reforma política e pela situação difícil dos pobres. O poeta mais velho passara a aceitar que a poesia não mudaria nada, sendo uma recompensa em si mesma.

Se não tivesse se afogado em uma tempestade na costa da Itália um mês antes de seu trigésimo aniversário, é possível que Shelley também tivesse acabado desistindo de seu humanitarismo estridente e da crença no poder da poesia de fazer as coisas acontecerem. Embora o jovem Pessoa já tivesse suas dúvidas sobre a capacidade da poesia de trazer algum benefício prático, ele sem dúvida estava apaixonado pela ideia de que um escritor poderia ser um agente de mudança e compartilhava do tipo de espiritualidade humana de Shelley. Ao investir Alexander Search de todo o seu idealismo shelleyano, Pessoa podia estar concentrando suas energias para uma ação mais eficaz. Ao mesmo tempo, talvez suspeitasse vagamente que tudo isso era um jogo, uma representação literária da aspiração implausível da juventude de melhorar a sociedade. Mas, mesmo que as tentativas de mudar a natureza humana fossem loucura, os seres humanos poderiam pelo menos se tornar mais educados, civilizados e atenciosos, e uma das ambições de toda a vida de Pessoa foi exercer uma influência civilizadora em Portugal e no mundo como um todo.

O primeiro nome de Alexander Search significa "defensor do povo", então não surpreende que assinasse o exemplar de Pessoa de *Prometeu acorrentado*, sobre o Titã que trouxe fogo e civilização para a humanidade, desafiando Zeus. Prometeu enfureceu ainda mais o deus maior ao se recusar a divulgar uma profecia terrível sobre seu futuro. Pessoa planejava traduzir essa tragédia grega para o português (com a ajuda de uma versão francesa ou inglesa da peça), mas entre seus papéis encontrei somente um punhado de versos traduzidos.[16] De muito maior interesse para o poeta foi o modo como lidou com o antigo mito.

O interesse de Pessoa por essa tragédia, tradicionalmente atribuída a Ésquilo, foi desencadeado por *Prometeu libertado*, de Shelley, que ele leu no início do segundo semestre de 1906.* De acordo com essa sequência, o tirano Zeus — ou Júpiter — é derrubado por um esforço moral coletivo, depois do qual Prometeu é libertado de seu castigo cruel. Trata-se de uma peça sobre o triunfo da vontade humana, individual e coletiva, sobre a opressão e as forças obscuras do destino.

Entra em cena Fernando Pessoa, o desmancha-prazeres. O poeta e estudioso compartilhava da "paixão por reformar o mundo" afirmada por Shelley no prefácio a *Prometeu libertado*, mas a paixão pela reforma é uma coisa, e a crença de que ela pode ser realizada é outra. Pessoa era muito menos otimista sobre o que o mundo poderia vir a ser. Ele acreditava que Portugal, se adotasse uma forma republicana de governo, poderia superar a estagnação, mas a ideia de que a opressão, a guerra e as classes sociais poderiam ser eliminadas parecia-lhe pura fantasia. A peça de Shelley termina numa anarquia feliz, com as pessoas em espontânea harmonia num mundo que não é governado por ninguém. Não seria uma beleza? A reviravolta menos otimista de Pessoa sobre o destino do Titã e grande benfeitor da humanidade ganhou o título de *Prometheus Rebound* ou, em latim, *Prometheus Revinctus* [Prometeu reatado].

Pessoa trabalharia nessa peça em inglês em arroubos espalhados pelo resto da vida, mas concebeu sua essência e escreveu suas primeiras cenas em 1907 ou talvez já no final de 1906, pouco depois de ler *Prometeu libertado*. No tratamento que Pessoa dá ao mito, muito mais de acordo com o espírito da tragédia grega, Júpiter pede a ajuda de Ásia — uma ninfa do mar e personagem importante na

* Houve também um *Prometeu libertado* na Antiguidade, do qual apenas alguns fragmentos sobreviveram.

peça de Shelley — para criar a *ilusão* de que foi destituído de poder. Hércules, enganado como todos os outros, liberta Prometeu, que se casa com Ásia e acaba por contar a ela o segredo guardado por muito tempo sobre o futuro de Júpiter. Ásia logo repassa a informação para o (supostamente caído) rei dos deuses, que, tendo conseguido o que queria, se vinga e volta a acorrentar Prometeu a um cume desolado das montanhas do Cáucaso, onde um abutre comerá uma e outra vez, dia após dia, seu fígado regenerado todas as noites.[17]

Havia quase sempre um viés filosófico nas pesquisas de Search, mesmo quando o heterônimo estava tratando de literatura, política ou ciências sociais, e filosofia foi a disciplina preferida de Pessoa durante seu segundo ano no Curso Superior de Letras. Ele fez anotações abundantes sobre os pré-socráticos, que já havia lido por conta própria no primeiro semestre de 1906. Os tipos de questões colocadas pela primeira vez por esses pioneiros do pensamento racional no Ocidente foram matéria-prima para a poesia e a prosa de Pessoa. Qual é a relação do ser com o não ser? O primeiro pode surgir do último? O não ser é alguma coisa? Como conciliar as noções de ser essencial e mudança? Se as coisas mudam, que essencialidade elas têm? Se existe *uma* realidade, como pode haver pluralidade? O mais elementar dos mistérios que atormentou os primeiros filósofos — a existência da existência — perseguiu Pessoa enquanto ele mesmo existiu. Por exemplo: num poema metafisicamente angustiado, escrito mais de vinte anos depois, Pessoa faria Álvaro de Campos proferir os seguintes versos:

Ah, haver coisas!
Ah, haver seres!
Ah, haver maneira de haver seres
De haver haver,
De haver como haver haver,
De haver...[18]

Pessoa estava particularmente impressionado com as considerações ontológicas de Górgias, um sofista pré-socrático considerado o primeiro niilista filosófico. Alguns dos principais pontos de seu argumento a favor da inexistência foram resumidos pelo estudante português de filosofia em algumas notas escritas em inglês. Em suma, temos:

Não existe nada.
Se alguma coisa existisse, não poderíamos saber.
E se pudéssemos saber, não poderíamos comunicar esse conhecimento a outras pessoas.[19]

Górgias apresentava argumentos adicionais e habilidosos para sua tese de que não podemos obter nem transmitir nenhum conhecimento da realidade objetiva, tese que Platão descartou como prestidigitação verbal; a filosofia atual, porém, tende a ver nesse pensador grego da Sicília uma contraposição ao "essencialismo" de outros pré-socráticos e uma espécie de filósofo analítico *avant la lettre*.

Pessoa, que classificava Górgias como um "filósofo muito profundo" ou então "um atrapalhado que deu sorte", sustentava que ele não era um niilista, mas um idealista (possivelmente sem saber), pois considerava o Ser inexistente no nível da aparência, mas, ao mesmo tempo, "a única coisa existente".[20] Essa interpretação teria provavelmente provocado mais alguns resmungos em Platão, mas a noção de um plano de um ser verdadeiro que não pode ser apreendido pelos sentidos teve enormes repercussões na obra e no pensamento de Pessoa. Em 1910, ele esboçou um soneto incompleto, "Sonho de Górgias", baseado no idealismo que deduzira do sistema do filósofo. O Górgias de Pessoa sonha com uma "cidade eterna e colossal" completamente "estranha ao que nós alcunhamos *real*" (grifo de Pessoa).[21]

O verdadeiro sonhador dessa cidade foi Fernando Pessoa, tendo a poesia como tapete mágico para lá chegar. Ele era um escapista, sim, mas apenas porque pelo menos uma parte sua sentia que o que costumamos chamar de realidade é tão bom quanto nada, o não ser. Tratava-se de um sentimento persistente. Suas anotações sobre a teoria de Górgias ("Nada existe. Se algo existisse, não poderíamos saber") e o que ele imaginava ser o sonho de Górgias seriam transpostas por ele para a primeira pessoa mais de vinte anos depois:

Não sou nada.
Nunca serei nada.
Não posso querer ser nada.
À parte isso, tenho em mim todos os sonhos do mundo.

Esses versos que iniciam o poema "Tabacaria", escrito em 1928, estabelecem uma dicotomia radical entre a realidade "externa" — na qual aquele que fala e tudo o que pode alcançar ou se tornar é, em última análise, nada — e sua realidade onírica "interna". No último verso do poema, o universo "reconstruiu-se-me sem ideal nem esperança", um evento que implica a reconciliação do eu poético com o mundo "real" e também a derrota de sua existência ideal sonhada. Era apenas uma reconciliação temporária — e uma derrota temporária. Pessoa oscilava o tempo todo entre um impulso prometeico de ajudar a humanidade, de se envolver no mundo, e uma inclinação contrária a recuar e buscar a perfeição no espaço artístico de um poema ou nos domínios do espírito e do pensamento abstrato. Não se pode fazer nada pelo mundo sem se envolver com o mundo, como Gandhi bem sabia, mas Pessoa estava viciado na vida que sonhava.

É desnecessário dizer que os sonhos mais apreciados por Pessoa eram de natureza literária. Não menos que o gesto de os escrever, ele amava o ato imaginativo de planejar poemas e ficções, como um arquiteto que projeta edifícios, e adorava entrar em mundos imaginários criados por outros escritores. Em virtude das construções ideais e da estrutura verbal que exigem, ele era igualmente atraído por vários sistemas filosóficos, como se fossem várias "histórias" que oferecessem explicações mais ou menos engenhosas da vida e do universo. E, ao ler histórias, sentia o desejo irresistível de escrever a sua própria ou de remodelar a narrativa que outros haviam formulado. Assim como "corrigiu" a versão de Shelley (que era ela mesma uma correção) do mito de Prometeu, presumia corrigir os filósofos que haviam passado a vida inteira elaborando esquemas de pensamento cuidadosamente calibrados. Schopenhauer, por exemplo. Pessoa talvez tenha folheado, mas é provável que nunca tenha lido todo *O mundo como vontade e representação*, mas isso não o impediu de planejar seu próprio tratado aprimorado em inglês, que teria o título de *O mundo como poder e não ser*. Pessoa questionava o uso que Schopenhauer fazia da palavra *vontade*, escrevendo em suas anotações que não tinha sentido atribuir essa qualidade a uma barra de ferro que se expande quando aquecida. Em vez disso, propunha a palavra *poder* como a força irracional e motriz da existência.[22]

Pessoa tinha planos semelhantes de refazer outras filosofias e criar as próprias sínteses filosóficas, mas nunca foi além de meros esboços e preliminares. Em vez de reescrever a filosofia como filosofia, estava mais interessado em explorá-la para fins literários. Em 1907 ou 1908, escreveu um texto em inglês cuja frase inicial

— "Eu era um poeta animado pela filosofia, não um filósofo com faculdades poéticas" — é citada com frequência como prova de que a filosofia foi uma influência crucial em sua poesia. Curiosamente, o restante do texto de cinco parágrafos fala sobre o que significa poesia e como ela ocorre ao autor, que não menciona mais a filosofia, nem mesmo de forma indireta. Ele descobre que "há poesia nesta mesa, neste papel, neste tinteiro" e em tudo o que vê e ouve lá fora, até mesmo "em uma ave com seus filhotes pavoneando-se pela estrada". A essência da poesia, de acordo com o último parágrafo, "é espanto, admiração, como de um ser caído dos céus tomando plena consciência de sua queda, espantado com as coisas".[23]

O que mais espantava Pessoa, conforme assinalado, era que tudo existisse. Esse espanto estimulou seu interesse pela filosofia, e a filosofia — no sentido primordial da palavra como "amor ao conhecimento" — animava sua poesia, ela própria uma investigação, uma tentativa de obter ou criar conhecimento. Mas, embora Pessoa admirasse muito e até invejasse Kant e Hegel, sua obra poética não foi influenciada de modo evidente pela *Crítica da razão pura* do primeiro ou pela doutrina do idealismo absoluto deste último. Ele usou, no entanto, certas filosofias como plataformas de encenação ou cenários. Podemos inferir um nominalismo radical a partir da poesia do heterônimo Alberto Caeiro, para quem cada coisa é apenas o que é, sem participar de um conceito universal, e Álvaro de Campos a certa altura promulga e exemplifica a doutrina do *Übermensch*, ou super-homem, que cria seus próprios valores e supera sua própria humanidade, mas essas e outras noções filosóficas foram colocadas a serviço da poesia. Como inspiração imediata para seus poemas, é provável que esses temas não fossem muito mais interessantes do que os filhotes se pavoneando na estrada.

Pessoa era um poeta cerebral, e a filosofia teve uma influência considerável, ainda que indireta, em seu trabalho criativo, servindo para estimular e aperfeiçoar seus processos de pensamento, como uma ginástica mental. Ele se deliciava em argumentar simplesmente por argumentar e gostava sobretudo de absurdos lógicos. Fez anotações detalhadas sobre a corrida invencível de Aquiles contra a tartaruga, de acordo com a reductio ad absurdum proposta por Zenão, cujo método de raciocínio defendeu contra seus detratores,[24] e foi um cultivador de paradoxos durante toda a vida, em parte para exibir suas habilidades lógicas, mas principalmente para lembrar aos outros e a si mesmo do absurdo primordial da nossa existência, de qualquer existência e, portanto, de quaisquer declarações "verdadeiras" feitas a respeito desse ou daquele aspecto da existência.

* * *

Apesar de suas dúvidas sobre o que o mundo era ou se, filosoficamente, ele sequer existia, Pessoa acompanhava de perto o desdobramento confuso do melodrama político de Portugal, no qual um rei nada perfeito, mas de forma nenhuma despótico, se tornara objeto de crescente descontentamento nacional. Pessoa escreveu sobre o que estava acontecendo e por quê, em inglês, em *The extent and Causes of Portuguese Decay* [Dimensão e causas da decadência portuguesa], um livro dirigido ao estrangeiro curioso, mas que infelizmente ficou inacabado. De acordo com sua análise, "a onda de raiva e de ódio" que acabaria por levar ao assassinato de d. Carlos começara em 20 de novembro de 1906, quando um deputado republicano chamado Afonso Costa (1871-1937) proferiu um discurso no Parlamento que atribuía o estado desastroso das finanças da nação à má administração fiscal e aos gastos exorbitantes do monarca e de seu clã.[25] Depois de mais de uma hora de arenga, Costa foi convidado pelo presidente da assembleia a não fazer mais referências ao rei, momento em que o orador declarou: "Por muito menos crimes do que os cometidos por d. Carlos I, rolou no cadafalso, em França, a cabeça de Luís XVI!". Costa, junto com outro republicano, foi expulso do Parlamento por trinta dias. Se suas palavras inflamadas não eram exatamente uma ameaça, eram de fato uma profecia: o rei, cujos gastos não eram nem de longe comparáveis aos de Luís XVI, estaria morto em quinze meses.

Os gastos reais eram um espetáculo à parte, astutamente explorado pelos republicanos. A ameaça mais grave para a monarquia era o colapso dos partidos tradicionais que a apoiavam. O primeiro-ministro João Franco ocupava o cargo havia apenas seis meses, mas já estava sob ataque de praticamente todos os lados. Foi Franco que cunhou o termo "rotativismo" para caracterizar o sistema ineficaz com alternância de poder entre partidos políticos semelhantes — os progressistas e os regeneradores — que estavam levando o país a lugar nenhum, e em 1903 formou um grupo dissidente: o Partido Regenerador Liberal. Essa dissidência foi seguida, dois anos depois, por uma cisão no Partido Progressista. Os republicanos, que estavam agregando às suas fileiras muitos intelectuais, jovens e moradores das zonas urbanas, passaram a ser cortejados pelos dissidentes de ambos os partidos tradicionais. As duas casas do Parlamento, cada vez mais fragmentadas, reuniam-se em sessões cada vez mais curtas, pois muitas vezes se transformavam em disputas aos gritos em que nenhum programa legislativo coerente podia ser promulgado.

Em outros lugares da Europa, os partidos políticos também proliferavam, com a diferença de que, com frequência, representavam campos ideológicos bem distintos. A Alemanha era governada por uma coalizão de centro-direita, mas os sociais-democratas, que naquela época eram marxistas doutrinários, passaram a ser o maior partido do país, obtendo cerca de 30% dos votos nas eleições de 1907. Os socialistas franceses também eram uma força que precisava ser levada em conta. Em Portugal, devido em parte ao ritmo lento da industrialização, o apoio aos partidos de extrema esquerda era minúsculo, e as plataformas dos partidos tradicionais que se alternavam no governo eram difíceis de distinguir. O núcleo político da nação, em vez de ser pego em um cabo de guerra entre extremos ideológicos, estava desmoronando sozinho.

Como era de esperar, o método português da gangorra para distribuição de poder tinha um análogo exato na vizinha Espanha, onde por várias décadas o poder vinha se alternando de tempos em tempos, por consentimento mútuo, entre liberais e conservadores. Lá também o sistema, conhecido como *turnismo* e baseado, como em Portugal, em eleições fraudulentas, ameaçava ruir à medida que os partidos estabelecidos se fragmentavam, processo agravado por movimentos regionalistas, em especial na Catalunha. Os republicanos espanhóis também estavam espalhados por vários partidos e não conseguiam, por enquanto, reunir um apoio popular significativo. Os republicanos portugueses, ao contrário, mantiveram uma frente notavelmente unida enquanto foram oposição. Juntos, criticavam de forma implacável os partidos no poder por perpetuarem uma conspiração de interesses particulares que estava impedindo a nação de progredir social e economicamente.

Na esperança de evitar uma insurreição sangrenta com a promoção de uma modesta "revolução" por iniciativa sua, d. Carlos convocou João Franco, incansável denunciante da corrupção política e da ineficiência administrativa, para chefiar um governo reformista, baseado numa improvável coalizão dos regeneradores liberais de Franco com os muito mais numerosos progressistas, liderados pelo idoso e enfermo José Luciano de Castro. Em 25 de maio de 1906, o novo primeiro-ministro anunciou sua intenção de governar de acordo com o modelo britânico, trazendo todas as facções para o processo político, inclusive os republicanos. Seu programa continha propostas específicas para conseguir eleições mais limpas, transparência nas finanças do governo, maior independência do Judiciário, descentralização administrativa, aumento da produtividade no setor privado, proteção social para os trabalhadores e mais liberdade de imprensa.[26]

As eleições realizaram-se em agosto, o Legislativo reuniu-se em setembro e, a princípio, tudo parecia auspicioso para o novo governo. Franco, no entanto, superestimou sua capacidade de mudar as velhas regras do jogo político de Portugal, que consistia em conquistar benesses para o próprio partido político. Agora que o sistema de rotação do poder estava entrando em colapso, a cooperação interpartidária tornou-se ainda mais difícil. Sentar-se para discutir com calma e promulgar legislação progressista não estava na agenda dos republicanos, já que nada tinham a ganhar com uma reforma que pudesse, como esperava d. Carlos, eliminar os motivos que justificavam sua cruzada contra a monarquia constitucional. Políticos de outros matizes estavam em modo de luta, disputando cargos, céticos quanto à possibilidade de uma reforma de fato, como se fosse tarde demais para isso.

Os jornais eram os agentes mais poderosos para formar a opinião pública, e nisso os antimonarquistas levavam vantagem, pois é mais fácil fazer notícia sendo contra do que a favor. Relatos de uma família real que vivia acima de suas posses, em virtude de empréstimos tecnicamente ilegais a cargo dos cofres públicos, provocavam a indignação pública. Na tentativa de refrear os jornalistas, Franco propôs uma Lei de Imprensa de caráter ambíguo, cujo primeiro artigo garantia o direito à liberdade de expressão jornalística, sem censura, mas cujas estipulações subsequentes estabeleciam penas severas para calúnias ao rei ou governantes. A lei, que entrou em vigor em 11 de abril de 1907, é mencionada apenas de passagem pela maioria dos historiadores, mas mereceu um capítulo inteiro de Pessoa em *Extent and Causes of Portuguese Decay*. Quase três décadas depois, o controle da liberdade de expressão escrita levaria Pessoa a repudiar o regime de Salazar. A seu ver, as próprias palavras — não só os indivíduos que as falam ou escrevem — tinham o direito inviolável de ser ouvidas e lidas.

O capítulo seguinte de *Extent and Causes*,[27] que ele escreveu no final de 1909 ou no início de 1910, centrava-se na greve estudantil que começara na Universidade de Coimbra em março de 1907, depois que a tese de um estudante de direito foi rejeitada unanimemente por razões políticas. O candidato ao diploma, filho de um ex-primeiro-ministro simpatizante da república, era também antimonarquista, e dedicou sua tese a Teófilo Braga (1843-1924), escritor de mentalidade liberal e político republicano que provocava calafrios nos administradores conservadores da universidade mais antiga de Portugal e, naquela época, a única. Alunos de todas as faculdades boicotaram suas aulas em protesto, forçando o reitor a fechar os portões. No dia 4 de março, mais de trezentos estudantes de Coimbra pegaram o trem para Lisboa, onde manifestaram suas queixas ao governo e logo conquistaram a solidariedade dos estudantes locais e da população em geral. Autoridades da Universidade de Coimbra anunciaram a expulsão de sete estudantes grevistas, seis dos quais republicanos, por terem gritado insultos a professores e atirado pedras em suas casas. A universidade reabriu um mês depois, mas os estudantes recusaram-se a voltar às aulas, e a greve se espalhou para quase todas as instituições portuguesas de ensino superior, inclusive o Curso Superior de Letras, onde Pessoa estudava.

Em 15 de abril, João Franco mandou fechar todas as escolas afetadas pela greve até segunda ordem. Entretanto, a sessão legislativa terminara vários dias antes, sem que praticamente nenhum programa de reforma tivesse sido implementado. Abandonado pelos progressistas, seu partido aliado na coalizão, Franco deveria renunciar, mas era provável que nem um governo recém-formado nem novas eleições resolvessem o impasse político. Os dois partidos tradicionais "rotativos" estavam enfraquecidos e desacreditados demais para serem forças capazes de governar de forma efetiva, embora ainda fossem poderosos o suficiente para sabotar a tentativa de qualquer outra pessoa de fazê-lo. Assim sendo, d. Carlos convidou João Franco a governar sem a aprovação deles ou de qualquer outro dispositivo legal. Em 10 de maio, o Parlamento foi dissolvido, inaugurando-se um regime ditatorial.

Em meio a toda a agitação estudantil, alardeada pelos jornais republicanos como prova da tirania monárquica, as férias de dez meses do círculo familiar mais próximo de Pessoa chegaram ao fim. Em suas anotações, ele nunca se referiu à estada dos pais e dos irmãos, que sabemos não ter sido completamente feliz. Sua irmã caçula Maria Clara, de dois anos, falecera em dezembro de septicemia — a terceira criança levada de sua mãe por uma doença repentina. Maria Madalena, que estava grávida de cinco meses, talvez tenha encontrado algum consolo temporário ao pensar no novo bebê a caminho, mas em janeiro sofreu um aborto espontâneo. Disseram-lhe que seria um menino.[28]

Fernando não era de conversar muito, e é provável que evitasse falar com os pais sobre o que mais o interessava no momento. Eles teriam pouco a dizer sobre filosofia, sua mais recente obsessão intelectual, e tampouco podiam simpatizar com suas convicções políticas. Sabiam, claro, que seu filho era republicano, e eles próprios não eram monarquistas fanáticos, mas, pela diplomática carta de Maria Madalena ao filho depois da vitória da Revolução Republicana — ela disse apenas que lamentava a perda de vidas de ambos os lados —, parece evidente que a política não era um tema de suas conversas.[29] Um excesso de respeito mútuo inibia Fernando e seus pais de debaterem as questões de forma aberta, como se tivessem medo de se ofender mutuamente ou de perturbar o equilíbrio da relação.

Em 25 de abril de 1907, Fernando e vários familiares reuniram-se no cais para despedir-se da mãe, do padrasto, de Teca, Luís e João, que embarcaram no *SS Ardeola* com destino às Canárias, onde pegariam outro vapor e seguiriam, mais uma vez, para Durban.[30] João Miguel Rosa era cônsul havia mais de onze anos e esperava trazer a família definitivamente de volta para Portugal dentro de mais três ou quatro. Podemos imaginar a mãe de Pessoa dizendo, de modo tranquilizador, "antes que vocês percebam, estaremos juntos de novo", a todos que estavam ali para se despedir, e em especial ao filho mais velho. Mas treze anos se passariam antes que ela voltasse, junto com seus filhos já crescidos, na condição de viúva que mal conseguia andar sem ajuda, prematuramente envelhecida e frágil.

Fernando, cujas aulas ainda estavam suspensas devido à greve estudantil, mudou-se para a casa da avó e das tias-avós Maria e Rita, na rua da Bela Vista à Lapa, uma via tranquila e perpendicular à Calçada da Estrela, onde ele ficara com seus pais. Com quase dezenove anos, ficou aliviado por não estar mais sob o olhar vigilante deles. Sentiria falta da mãe, mas ansiava por ser dono do próprio nariz, fazer o que quisesse exatamente quando quisesse, e, para esse fim, sua nova morada representava uma clara vantagem. A autoridade de suas tias idosas seria fácil de desconsiderar.

Em maio, o conselho do Curso Superior de Letras anunciou que os exames seriam realizados em outubro e que os professores lecionariam em junho e julho para compensar as aulas perdidas durante a greve. Pessoa não frequentava mais as aulas e não prestaria os exames. Seu interesse cada vez menor pelo programa de estudos da escola havia enfim se transformado em aversão total.[31] Foram as aulas de filosofia que o mantiveram estudando por mais um ano — isso e o fato de seus pais estarem em Lisboa, cuidando de cada movimento seu. Mas agora estavam de volta à África, onde qualquer conselho e reprimenda que quisessem transmitir por cartas levariam um mês inteiro para chegar. Quanto à filosofia, ele preferia lê-la por conta própria.

João Maria Rosa, que tinha quatro anos na época da greve estudantil, afirmaria sessenta anos depois que seu meio-irmão mais velho foi um de seus instigadores e que foi a greve que o levou a abandonar o Curso Superior de Letras.[32] Não há provas em apoio à primeira afirmação, que tampouco foi corroborada por outros membros da família. Era só por escrito que Pessoa sabia tomar posição ou levantar o punho, e, se mesmo apesar disso tivesse conseguido vencer a sua antipatia pela vida ativa e ajudar a organizar a greve, teria se referido ao fato no respectivo capítulo de *Extent and Causes of Portuguese Decay*. Por outro lado, é possível que a greve e a forma como se desenrolou, ou se esvaziou, tenham contribuído para sua decisão de encerrar os estudos.

No final de maio, o governo baixou um decreto que reabriu a Universidade de Coimbra e possibilitou que os alunos realizassem os exames com atraso e evitassem a perda de um ano inteiro. Alguns estudantes, conhecidos como os "intransigentes", se recusaram a voltar, pois a tese injustamente rejeitada que inspirara a greve ainda não havia sido aceita, mas a grande maioria deixaria de lado a justiça e retomaria seus estudos. Pessoa, nas páginas que escreveu sobre a greve, considerou esse desfecho nada menos do que uma "corrupção moral", responsável por "distorcer o significado da greve" e "destruir seu poder".[33] Por uma questão de princípio, talvez tenha se associado de forma silenciosa aos "intransigentes".

17.

Livre dos estudos, Pessoa não tinha ideia clara do que faria a seguir ou de como iria ganhar dinheiro. Era incapaz de ser pragmático, de tomar medidas práticas para atingir objetivos realistas, mas pelo menos reorientou seu pensamento para obter, assim esperava, uma melhor compreensão de si mesmo e do papel que poderia desempenhar no mundo. Em vez de refletir sobre a natureza da realidade e as origens do universo, preocupou-se mais com sua própria natureza, como ela se formara, e o que ele tinha inclinação para fazer. Como reflexo dessa mudança de foco, suas leituras de filosofia deram lugar ao estudo da psicologia.

Antes mesmo de sair de Durban, Pessoa ficara fascinado com a possibilidade de decifrar o caráter humano por meio da frenologia e se deleitara com o uso pioneiro da dedução psicológica que Poe fazia em seus contos, mas em 1907 mergulhou direta e profundamente na ciência da psicologia. Sua escolha de leituras nesse campo em expansão foi, em grande medida, inspirada pelo estado mental de sua avó paterna, que vinha em deterioração constante até onde ele se lembrava, embora soubesse que, na juventude, ela fora, ao que parecia, mentalmente sã. Isso lhe deu o que pensar, pois, como era descendente direto dela, sua futura saúde mental poderia estar em risco. Mas suas leituras também sugeriram que o mesmo distúrbio mental que a afligira com a loucura degenerativa poderia ter assumido nele uma forma superior — a saber, a de gênio. Como era habitual em

Pessoa, uma ideia levou à outra, enredando-o numa teia de teorias sobre degeneração, genialidade, loucura e temas afins ligados à psicologia. E essas ideias, como de costume, invadiram sua poesia e sua prosa.

Longe de se arrepender da decisão de abandonar o Curso Superior de Letras, Pessoa parece ter lamentado os dois anos que lá passara sem ganhar um único crédito. Embora tenha feito amizade com vários colegas de classe, havia peremptoriamente julgado que a maioria era o que chamava de "convencionais", indignos de seu tempo ou de sua consideração. Ficara indiferente também aos seus professores, alguns dos quais satirizaria anos mais tarde em poemas epigramáticos assinados por Antônio Gomes, um "licenciado em filosofia pela Universidade dos Inúteis", cujo prenome, não por acaso, era o segundo nome de batismo de Pessoa. Ele esperava publicar as sátiras contundentes de Gomes em um panfleto intitulado *A Universidade de Lisboa*. (O Curso Superior de Letras seria incorporado a essa universidade quando de sua fundação, em 1911.)

Os pais de Pessoa ficaram previsivelmente decepcionados ao saber que ele havia abandonado os estudos, ressentindo-se por ele ter feito isso sem consultá-los. De repente, perceberam que Fernando, apesar de seus modos aparentemente dóceis, estava decidido a fazer apenas o que bem entendesse. O padrasto, cujo dinheiro suado estava sustentando o jovem enquanto ele prosseguia seus estudos, perdeu a paciência, provocando uma acalorada troca de cartas entre Durban e Lisboa.[1] Sua mãe, naturalmente preocupada com o futuro do filho, tentou argumentar com ele, embora sem muito tato. "Tanta inteligência comprovada sendo desperdiçada!" foi o juízo, se não as palavras reais, manifestado em suas cartas. Ele com certeza não conseguiria ganhar a vida escrevendo poesia.

Pessoa, porém, pensou que talvez isso fosse possível para ele — ou para Alexander Search. Mandou imprimir um lote de cartões de visita para esse heterônimo de língua inglesa que morava, como ele, na rua da Bela Vista à Lapa, número 17, 1º andar, com a avó e duas tias idosas. Durante os vários anos seguintes, postou cartas assinadas por Alexander Search, Esq., para livreiros, editores e agentes literários. Naquela época, o método para jovens poetas que escreviam em inglês se darem a conhecer era o mesmo de hoje: enviar textos para revistas. Em maio de 1907, Pessoa enviou uma cópia de seu humorístico "Elegy on the Marriage of my Dear Friend Mr. Jinks" para a *The Smart Set*, que se autodenominava "Uma Revista de Inteligência". Publicada em Nova York, era um dos maiores periódicos literários norte-americanos à época. Naquele mesmo mês, o jovem poeta planejava enviar sonetos para a *The Athenaeum*, uma revista com sede em Londres, e para "alguma outra publicação". Uma lista de cartas para escrever, datada do final de agosto, inclui uma para o editor da *Harper's Magazine*, e uma lista de coisas para fazer em 3 de setembro termina com a frase "Enviar poema" — se não para a *Harper's*, então para alguma outra revista.[2] A Biblioteca Nacional não assinava nenhuma dessas publicações, e parece improvável que a livraria inglesa de Lisboa importasse periódicos dos Estados Unidos, mas Pessoa conseguia de alguma maneira estar bem informado sobre o mercado literário.

Os poemas que Pessoa de fato enviou ou pensou em enviar para publicação eram assinados por Alexander Search, o suposto autor de toda a poesia que ele escreveu em 1907, com exceção de alguns fragmentos de versos políticos em português. Search também foi retroativamente creditado como autor de uma coleção de poemas produzidos antes que ele passasse a existir (de modo imaginário). Em maio de 1907, Pessoa começou a fazer cópias de seus poemas em inglês, assinando--os todos como Alexander Search, não importando quando haviam sido escritos. Desse modo, Search expropriou praticamente toda a poesia atribuída a Charles Robert Anon entre 1903 e 1906. O sinal mais claro de que o sr. Anon estava morto, ou havia reencarnado como outro, aparece em latim no final de uma cópia do poema "Elegy on the Marriage of my Dear Friend Mr. Jinks", originalmente assinado por "C. R. Anon". Logo abaixo dessa assinatura, Pessoa acrescentou mais tarde: "*id est* [isto é] Alexander Search".[3] Anon fora reduzido a um antigo apelido de Search.

Uma das obras mais memoráveis da literatura assinada por Alexander Search não foi um poema, mas um conto, "A Very Original Dinner" [Um jantar muito original], escrito em junho de 1907, em inglês. O cenário da história é uma sociedade gastronômica de Berlim, cujo presidente, Herr Prosit, promete a seus companheiros gourmands difíceis de impressionar um jantar verdadeiramente original em sua casa, a ser realizado dentro de dez dias. O incentivo para o jantar é a rivalidade entre Herr Prosit e cinco jovens, também gastrônomos, vindos da cidade de Frankfurt. Os cinco dizem não ter interesse em comparecer, mas o presidente garante que eles vão "estar lá de corpo presente".

Chega o dia do tão aguardado jantar, servido a 52 convidados por cinco homens de pele escura usando turbantes. Ocorre ao narrador, que é membro da sociedade e um dos convidados do jantar, que Herr Prosit deve ter de alguma forma coagido os cinco jovens de Frankfurt a escurecer o rosto e fazer o papel de garçons. Ele não havia jurado que eles estariam presentes no jantar? Depois que todos os convidados comeram com apetite, Prosit revela a natureza "original" da refeição ao fazer um brinde "à memória dos cinco jovens senhores de Frankfurt que *estiveram de corpo presente* neste jantar" enquanto aponta simultaneamente para um prato com algumas sobras de carne — carne humana. Após um momento de choque catatônico, os "homens bem-educados, bem-vestidos e refinados" são dominados "por uma fúria maior do que de bestas". Eles põem suas "mãos animalescas" em Prosit e o jogam pela janela. Revela-se que os cinco criados eram "velhos piratas asiáticos, de uma tribo assassina e abominável". Um deles foge, mas os outros quatro são capturados e punidos.

Como algumas outras histórias de Pessoa desse período, "A Very Original Dinner" é um conto de perversidade e raciocínio no estilo de Edgar Allan Poe, embora seu canibalismo tenha sido, sem dúvida, inspirado por *Tito Andronicus*, de Shakespeare. Pessoa também aplicou a sociologia e a hereditariedade em sua história, que contém várias páginas sobre o personagem de Prosit, cuja formação familiar — filho de um epiléptico e com "vários neuróticos inconfundíveis" entre os seus antepassados — produziu nele uma "morbidez" subjacente, que floresceu secretamente em seu meio mundano marcado por comida, bebida e prazeres sexuais em excesso.[4]

A representação patológica da personalidade degenerada de Herr Prosit, baseada tanto no ambiente como na hereditariedade, deve alguma coisa à escola naturalista, representada na França por Émile Zola e, em Portugal, por Abel Botelho (1855-1917), autor de cinco romances publicados sob o título geral de *Patologia social*,* mas foi Max Nordau quem despertou o interesse de Pessoa pelo tema geral da degeneração. Seu livro *Degeneração*, publicado em 1892, era uma diatribe contra a arte, a literatura, a música e a filosofia modernas, consideradas frutos doentes de forças sociais perniciosas que atingiram o ápice no decadente *fin-de-siècle* europeu. Pessoa leu uma edição francesa da obra ao mesmo tempo que escrevia "A Very Original Dinner".

* Em maio de 1907, menos de um mês antes de escrever "A Very Original Dinner", Pessoa leu *O barão de Lavos*, de Botelho (1891), que conta a história de um aristocrata homossexual cuja "doença" é mostrada como resultado cientificamente lógico de vários séculos de degeneração familiar, exacerbada pela atmosfera corruptora da vida urbana.

Nordau (1849-1923), judeu húngaro que se formou em medicina, trabalhou como jornalista e se tornou um dos primeiros líderes do movimento sionista, escrevia em alemão e se identificava fortemente com a cultura e os valores germânicos tradicionais. Criticava os pré-rafaelitas, os simbolistas franceses, Tolstói, Wilde, Ibsen, Wagner e Nietzsche por serem vagos, subjetivos, irracionais, místicos — produtos de cérebros enfraquecidos e vontades flácidas. Suas observações expressadas em termos médicos e seu diagnóstico de Paul Verlaine são bem típicos de seu modo de pensar. Depois de passar dez páginas analisando os sinais de degeneração na poesia do francês (impulsividade, luxúria bestial alternada com piedade exagerada, mudança abrupta entre excitação e depressão etc.), Nordau conclui que "esse líder mais famoso dos simbolistas" é "um sujeito degenerado repulsivo com crânio assimétrico e face mongol", que "manifesta a ausência de qualquer pensamento definido em sua mente por meio de fala incoerente, expressões sem sentido e uma mixórdia de imagens".[5] Nordau insistia que as expressões intelectuais e artísticas deveriam ser positivas, lúcidas e edificantes, de acordo com a tendência evolutiva da humanidade (da forma como ele a concebia). Se estavam em desacordo, isso se devia à influência deletéria da sociedade industrializada, que gerava uma degeneração nervosa que então se propagava por conta própria, como uma doença contagiosa.

A tese central e os argumentos de apoio de *Degeneração* tinham como premissa um modelo mecanicista de ciência, uma concepção fisiológica da psicologia e uma noção materialista de progresso — tudo o que estava sendo seriamente questionado na virada do século. O livro de Nordau, que foi um sucesso instantâneo e notável, cairia no esquecimento com a Primeira Guerra Mundial. Pessoa leu a obra com muita atenção e fez anotações detalhadas. O impacto dela sobre ele pode ser medido por sua resposta a uma enquete, feita em 1932, sobre os livros mais importantes de sua vida:

> Em minha infância e primeira adolescência houve para mim, que vivia e era educado em terras inglesas, um livro supremo e envolvente — *Pickwick Papers*, de Dickens; por isso ainda hoje o leio e releio, como se não fizesse mais que lembrar.
>
> Em minha segunda adolescência dominaram meu espírito Shakespeare e Milton, assim como, acessoriamente, aqueles poetas românticos ingleses que são sombras irregulares deles; entre estes foi talvez Shelley aquele com cuja inspiração mais convivi.

> No que posso chamar de a minha terceira adolescência, passada aqui em Lisboa, vivi na atmosfera dos filósofos gregos e alemães, assim como na dos decadentes franceses, cuja ação me foi subitamente varrida do espírito pela ginástica sueca e pela leitura da *Dégénérescence*, de Nordau.[6]

Surpreende-nos que Pessoa tenha ficado tão cativado por Nordau — um escritor fluente e eficaz, que era culto, mas intelectualmente rígido, presunçosamente moralista e esteticamente reacionário. Na verdade, o fascínio de Pessoa restringia-se à relação que o escritor postulava entre atividade intelectual ou criativa excepcional e desvio psicológico da norma. Ele ignorou os julgamentos morais de Nordau e não o levava a sério como crítico literário e artístico. A ligação estabelecida entre a alegada degeneração de Verlaine e seu estilo de poesia parecia até válida para Pessoa, mas isso não diminuía sua admiração pela obra do poeta. Aliás, o próprio Nordau reconhecia que o método poético de Verlaine "muitas vezes produz resultados extraordinariamente belos".[7]

Fiel ao seu hábito, Pessoa eviscerou *Degeneração* para seus próprios fins literários. Percy Bysshe Shelley é citado apenas uma vez no livro de Nordau como exemplo de um artista saudável e não degenerado,[8] mas Pessoa planejou um ensaio, em inglês, sobre os "estigmas morais da Degeneração" presentes em seu poeta romântico preferido. Não é de surpreender que os tais estigmas, que incluíam um interesse mais do que comum pelo mistério, um ódio às convenções e um cérebro hiperexcitado, também existiam no próprio Pessoa.[9] Ele claramente os considerava prováveis indicadores de sua própria genialidade de escritor.

De todas as manifestações degenerativas mencionadas por Nordau em sua obra, a que mais despertou o interesse de Pessoa foi a "mania da dúvida". Ao consultar um dicionário francês de ciências médicas, ele encontrou um verbete sobre "*folie du doute*"[10] e fez anotações detalhadas, mas também adornou o termo com suas próprias ideias — ou com as de Alexander Search. Foi supostamente esse alter ego que definiu a mania da dúvida como "uma intensidade alucinatória de percepção intelectual".[11] Se isso soa mais como um talento a ser invejado do que como o sintoma de uma doença mental, é porque o duvidador maníaco em potencial era Fernando Pessoa, em quem a doença, segundo sua interpretação, fora desviada para a genialidade.

É claro que não faltam maníacos que têm alucinações e percebem coisas que não são aparentes para a maioria das pessoas. Então, o que distingue o gênio da mera mania? De acordo com Pessoa, ambos são marcados pelo questionamento constante, pela "ansiedade" por descobrir respostas e pelo "egotismo intelectual", que resulta de um "abuso do poder de raciocínio". Mas "a mania da dúvida não tenta resolver os problemas; o homem de gênio tenta".[12] Com essa linha de argumentação, Pessoa não só tentava provar que tinha as qualidades de um homem de gênio como traçava um caminho para sua confirmação. A fim de garantir seu lugar de escritor genial, ele iria "tentar resolver os problemas" insistentemente colocados por sua mente questionadora. Nisso, seu modelo era mais uma vez Shelley, que nunca parou de tratar das questões filosóficas, sociais e políticas que perturbavam seus pensamentos. Wordsworth pode ter sido um escritor melhor que Shelley (cuja vida, devemos lembrar, foi cinquenta anos mais curta que a de Wordsworth), mas era o tipo de gênio inquieto de Shelley que o jovem Pessoa apreciava e imitava.

A genialidade e a mania da dúvida, de acordo com as anotações de Pessoa de 1907, eram doenças "claramente degenerativas" e, portanto, mais propensas a aparecer em famílias com histórico de distúrbios nervosos e insanidade. Alguns anos depois, ele resumiria o histórico médico de sua família numa árvore genealógica esquemática que destacava a insanidade de vovó Dionísia e o "temperamento nervoso" de tia Anica, mas também o "equilíbrio superior" de sua mãe. A esperança implícita era que a loucura e o nervosismo presentes em ambos os lados da família tivessem brotado nele como genialidade, graças à estabilidade mental que herdara da mãe.[13]

De que adiantava provar, por meio de teorias e argumentos duvidosos, que ele nascera para ser um gênio? Isso o tornaria um poeta melhor? Era possível. O status de "gênio" impunha um desafio — o de viver à altura de sua identidade. E talvez, como benefício secundário, o reconciliasse com a figura de sua avó Dionísia. Ela havia sido uma presença muitas vezes angustiante na infância dele e um estorvo geral para a família desde então, mas, de acordo com as teorias hereditárias abraçadas por Pessoa, ele tinha que agradecer a essa parente louca pelo germe de seu gênio.

Como um homem que depois de ser diagnosticado com uma doença rara não mede esforços para conhecer suas causas, seus sintomas e suas possíveis consequências, Pessoa procurou descobrir tudo o que podia sobre a "doença" da genialidade.

Assim que devorou *Degeneração* de Nordau, pegou uma tradução francesa de *L'uomo di genio* [O homem de gênio], de Cesare Lombroso, médico italiano precursor de Nordau que estudou por muito tempo as conexões entre genialidade, loucura e degeneração.[14] Lombroso, mais lembrado como criminologista, sustentava que o crime era também uma disposição hereditária, resultante da degeneração mental, e propunha que as prisões se convertessem em manicômios.[15]

Foi em julho de 1907 e na Biblioteca Nacional — aonde ia provavelmente todos os dias, depois de almoçar com tia Maria e tia Rita — que Pessoa leu o tratado de Lombroso sobre o gênio e a loucura e também livros de autores franceses, alemães e ingleses sobre psiquiatria, doença mental e fisiologia. No final do ano ou em 1908, comprou e leu *The Insanity of Genius* [A insanidade do gênio] (1891), de John Ferguson Nisbet, e *Genius and Degeneration* [Gênio e degeneração][16] (1896), de William Hirsch, anotando febrilmente nas margens de quase todas as páginas. Mas a fome voraz de Pessoa por revelações psiquiátricas sobre o caráter e o comportamento humanos, em especial no que dizia respeito aos artistas, não o levara ainda a Sigmund Freud, que já havia publicado algumas de suas obras importantes, inclusive *A interpretação dos sonhos* (1899), mas que só seriam amplamente traduzidas depois de 1910.

Ao comparar, sintetizar e aprofundar suas leituras, Pessoa preencheu várias cadernetas e muitas páginas soltas com materiais para ensaios variados e nunca concluídos sobre genialidade, degeneração, loucura e patologias psicológicas específicas. Às vezes, desenhava gráficos, na tentativa de sistematizar a genialidade em todas as suas variedades, bem como as neuroses ou psicoses que cada variedade provavelmente exibia. Em um de seus primeiros esquemas, de um caderno que usou em 1907, Pessoa dividiu os gênios em três tipos básicos — gênios do pensamento, do sentimento e da vontade — e três tipos híbridos: pensamento-sentimento, pensamento-vontade e sentimento-vontade. Escreveu que os gênios do pensamento tendem a ser filósofos ou pensadores, os gênios do sentimento tendem a ser místicos, os gênios do pensamento-sentimento em geral são poetas e assim por diante. Outro esquema, que usa o jargão psiquiátrico típico da época, classificava os gênios de acordo com suas psicopatologias: neurastênicos, histéricos, epilépticos ou alguma combinação disso. Um punhado de gênios famosos servia de exemplos ilustrativos: Napoleão e César eram classificados como epilépticos, e Poe e Flaubert, como histeroepilépticos. Shakespeare era rotulado de neurastênico histérico, que é como Pessoa se referiria ocasionalmente a si mesmo pelo resto da vida.[17] Numa carta de 1931, ele explicaria: "Sou um histeroneurastênico com a predominância do elemento histérico na emoção e do elemento neurastênico na inteligência e na vontade".[18]

Histeria, palavra que em grego significa "útero", era um diagnóstico aplicado geralmente a mulheres com sintomas que iam desde irritabilidade e desejo sexual excessivo até alucinações e distúrbios psicossomáticos. No século XIX, os médicos tratavam essa doença massageando os órgãos genitais das mulheres para provocar orgasmos, uma terapia que ajudou a popularizar o vibrador, inventado na década de 1880 para aliviar dores musculares. Pessoa, ciente da compreensão tradicional da histeria, formulou sua própria descrição personalizada da síndrome. Escreveu em inglês que a histeria se manifestava em alterações agudas do humor, numa tendência a sonhar acordado e em "simulação e despersonalização, seja na forma da mentira comum [...] ou da autossugestão de emoções falsas". Não por acaso, a despersonalização era para Pessoa a marca dos grandes poetas, que conseguem sentir intensamente o que não sentem de forma natural. A neurastenia, por outro lado, resultava da tensão mental "do pensamento hiperativo" e em geral se manifestava como "uma ansiedade embotada", além de "um enfraquecimento e suspensão da vontade, uma impotência para agir e decidir".[19] Essa definição também se encaixava no próprio caso de Pessoa. Em meados do século XX, ambos os diagnósticos praticamente desapareceriam do léxico psiquiátrico.

Pessoa não usava a histeroneurastenia como um distintivo na lapela, mas em suas anotações e entre seus amigos literatos agradava-lhe poder interpretar quaisquer aspectos excêntricos ou perturbadores de sua psicologia como sintomas da mesma doença que afligira Shakespeare, que não teria sido quem foi sem essa moléstia. De acordo com a análise que fazia Pessoa do "caso" deles, a despersonalização que deu origem aos heterônimos, bem como a Hamlet, Lady Macbeth, rei Lear e Falstaff, era uma consequência, ou um desvio, dos impulsos femininos ("histéricos") dos dois escritores. E o "pensamento hiperativo" de ambos, que levava à passividade "neurastênica", era provavelmente um fator que contribuía para sua dispersão literária em vários tipos de personagens.

Alexander Search, quando surgiu pela primeira vez, não era mais psicologicamente perturbado do que Pessoa, mas, dentro de um ano, o criador impôs alguns distúrbios mentais graves à sua criatura indefesa, que poderia assim servir como um objeto "vivo" para seus estudos sobre a loucura e, talvez, como um exorcismo profilático. Assim que encontrou o conceito de "mania da dúvida" no livro de Nordau, Pessoa escreveu um poema, assinado por Search, cujo título era "Mania of Doubt". Datado de 19 de junho de 1907, a primeira de suas três estrofes descreve a síndrome:

All things unto me are queries
That from normalness depart,
And their ceaseless asking wearies
My heart.
Things are and seem, and nothing bears
*The secret of the life it wears.**

Os dois últimos versos da estrofe nos lembram que Search foi criado para ser um poeta filosófico com vocação para investigar o mistério subjacente a tudo o que vemos. Porém o ardor dessa investigação se tornara uma mania da dúvida, uma necessidade *obsessiva* de questionar.

"Mania of Doubt" e um poema semelhante escrito no mesmo dia, intitulado simplesmente "Doubt", seriam ambos incluídos em *Documents of Mental Decadence* [Documentos da decadência mental], uma coletânea de poemas provavelmente concebida por Pessoa por volta daquela época. Outros títulos para organizar os poemas de Search eram *Delirium*, *Before Sense* e *Mens insana*. Esses títulos talvez fossem destinados a coletâneas separadas ou a seções distintas de um único volume. O próprio Pessoa talvez não tivesse certeza de suas intenções e distribuiu e redistribuiu os poemas de Search entre os diferentes títulos. Independente de como estavam organizados, a loucura pairava como uma nuvem tempestuosa sobre o conjunto. Numa poética "Prayer" [Oração] de 1908, Search, percebendo que já estava "meio louco", gasta 73 versos implorando a Deus que não o deixe cair na "loucura absoluta". E, num soneto escrito seis meses depois e intitulado "Towards the End" [Perto do fim], o eu poético anuncia, com resignação, o desaparecimento final de sua sanidade: "All grows dark. I feel/ My reason leave me like a last sunbeam [Tudo escurece. Sinto/ Que minha razão me deixa como um último raio de sol]".

* "Todas as coisas para mim são perguntas/ Que se afastam da normalidade,/ E seu incessante questionar cansa/ Meu coração./ As coisas são e parecem, e nada dá à luz/ O segredo da vida que elas carregam." (Trad. de Luísa Freire)

As ansiedades expressas nesses poemas são claramente autobiográficas, e o tema da autobiografia é Alexander Search, que até escreveu seu próprio epitáfio poético, que começa assim:

Here lieth Alexander Search
Whom God and man left in the lurch
And nature mocked with pain and woe.
He believed not in state or church
Nor in God, woman, man or love,
*In earth below, nor heav'n above.**

Search foi um maníaco duvidador compulsivo até o fim, o que ocorreria aos "vinte e poucos" anos, de acordo com o mesmo epitáfio — como Shelley, que morreu aos 29 anos, ou Keats, que viveu somente até os 25. A profecia estava correta: Search de fato deixou de existir em 1910 — ou seja, aos 22 anos, pois nascera, como Pessoa, em 13 de junho de 1888.

Apesar da conexão visceral sugerida pela data de nascimento coincidente, como se fossem gêmeos idênticos, a semi-insanidade de Search e o medo de perder de vez o juízo não eram compartilhados por seu criador. Fernando Pessoa era o estudante diligente de psiquiatria e das teorias que ligavam a genialidade à decadência mental. Alexander Search, ele próprio um tipo estudioso, bem como um colaborador cativo, tornou-se o objeto experimental que encenava a própria loucura, ou quase loucura. No final da década, quando o interesse intelectual de Pessoa pelo assunto começou a diminuir, Alexander Search perdeu sua razão de ser e não assinou mais poemas. Ao longo da década seguinte, Pessoa continuou a escrever prolificamente poemas em inglês — todos atribuídos ao próprio nome, com uma exceção. Em julho de 1916, ele escreveria um que começava com o verso "There is no peace save where I am not" [Não há paz senão onde não estou] e terminava assim: "Oh, Mother of Shadows, whose ice-dead kiss/ Is madness, hasten towards my brain!" [Oh, Mãe das Sombras, cujo beijo gélido/ É loucura, apressa-te em direção ao meu cérebro!]. Abaixo do poema, ele indicou a coletânea

* "Aqui jaz Alexander Search/ De Deus e homens abandonado,/ Da natureza troçado em dor;/ Não acreditou em igreja ou estado,/ Em Deus, homem, mulher ou amor,/ Nem na terra aqui ou no céu além." (Trad. de Luísa Freire)

a que pertencia: *Documents of Mental Decadence*. Embora não estivesse assinado, era por associação um poema de Search. Mesmo depois de desaparecer do círculo de heterônimos ativos, Search parece ter sobrevivido silenciosamente em Pessoa. Mas, durante vários anos depois de Pessoa ter deixado o Curso Superior de Letras, Alexander Search não se manteve calado nem sereno.

Search tem alguma semelhança com Edvard Munch (1863-1944), que viveu com medo de enlouquecer, pintou obras com títulos como *Melancolia*, *Ansiedade*, *Desespero* e seu mundialmente famoso *O grito* e, de fato, sofreu um colapso mental em 1908. As pinturas do norueguês seriam incluídas na exposição de 1937 chamada "Arte Degenerada" em Munique. Embora não pudessem reconhecer a influência de Nordau em seu pensamento, pois se tratava de um autor judeu, os nazistas cooptaram e atualizaram sua narrativa de que uma sociedade degenerada havia corrompido a arte moderna, a qual, por sua vez, tinha um efeito corruptor nas pessoas a ela expostas. A exposição de Munique deve sua existência ao inapropriado Nordau.*

Apesar de criticar Nordau por avaliar a arte com base no estado mental do artista e não em critérios estritamente artísticos,[20] Pessoa continuou a ler a obra do polêmico autor. Das seis obras de Nordau que tinha, uma tradução francesa de *A psicofisiologia do gênio e do talento* parece ser a última que leu, em 1914 ou 1915.[21] Foi então que Pessoa deixou de comprar e ler livros sobre a psicologia da genialidade, com uma exceção notável, que examinaremos mais adiante: o pequeno volume de Freud sobre Leonardo da Vinci.

Ao responder em 1916 a uma das frequentes enquetes literárias nos jornais portugueses, Pessoa afirmaria que toda "a produção artística superior é, por sua natureza, um produto da decadência e da degeneração". E por um motivo desconcertantemente simples: "É original, e a originalidade, biologicamente considerada, não passa de um afastamento do tipo normal, sendo por isso um desvio".[22] Pessoa concordava com Max Nordau em que o pré-rafaelitismo, o simbolismo, o tolstoísmo e alguns outros "ismos" do *fin-de-siècle* prosperaram no solo da degene-

* Ademais, Nordau classificara como degenerados Nietzsche e Wagner, figuras centrais da mitologia ariana dos nazistas.

ração. Mas, longe de o levar a questionar o valor desses movimentos e das obras que produziram, isso apenas estimulou seu interesse pelas origens curiosas do gênio criativo. Se a degeneração era favorável à produção de boa poesia, música, arte e filosofia, então não havia razão artística para temê-la ou desencorajá-la.

A degeneração no sentido mais amplo — inclusive decadência física, mental e social, ruína pessoal e coletiva e morte em todas as suas formas — era fundamental para a visão do mundo de Pessoa. Vida nova na natureza, formas inovadoras de literatura, ordens sociais alteradas, novos sistemas de governo (como a iminente República portuguesa) e transformações espirituais — tudo implicava a decadência e a morte do que os precedia. "A morte subjaz o nosso gesto vivido", escreveu Pessoa em um texto para o *Livro do desassossego* que descobri entre seus papéis não publicados. "Mortos nascemos, mortos vivemos, mortos já entramos na morte. Compostos de células vivendo da sua desagregação, somos feitos da morte."[23]

Em 30 de julho de 1907, Alexander Search assinou o poema "The Circle" [O círculo], que parecia ter surgido do nada, sem nenhuma relação com sua obra anterior. Não exatamente, já que essa figura geométrica sugere a sequência louca de seus pensamentos girando sem parar. Mas a mente questionadora de Search mudara o foco para um novo campo de exploração. "Tracei um círculo no chão", ele anuncia no início do poema, chamando-o de uma "figura mística" que englobaria, assim esperava, "símbolos mudos" de mudança e "fórmulas complexas da Lei". Ele explica sua motivação na segunda estrofe:

My simpler thoughts in vain had stemmed
The current of this madness free,
But that my thinking is condemned
To symbol and analogy:
I deemed a circle might condense
*With calm all mystery's violence.**

* "Meu simples pensar em vão quis parado/ O correr desta loucura à revelia,/ Mas meu pensamento está condenado/ Ao símbolo e à analogia:/ Julguei que um círculo encerrasse inteiro/ Em calma, a violência do mistério." (Trad. de Luísa Freire)

O pobre sr. Search, segundo seus próprios cálculos, está perdendo o juízo, pois a faculdade de raciocínio está "condenada ao símbolo e à analogia", o que não o leva a nenhuma conclusão. Ele anda em círculos. Aceitando isso, concebe um círculo místico como um símbolo, ou um recipiente de símbolos, capaz de representar as leis inescrutáveis da natureza e os processos e transformações misteriosos da vida. Em outras palavras, Search espera acalmar suas especulações desenfreadas sobre a existência e o funcionamento do mundo admitindo a possibilidade de uma resolução mística, e não racional, de suas dúvidas. A esperança é frustrada, de acordo com a terceira e última estrofe do poema:

And so in cabalistic mood
A circle traced I curious there;
Imperfect the made circle stood
Though formed with minutest care.
From Magic's failure deeply I
*A lesson took to make me sigh.**

Por mais cuidadoso que ele seja ao traçá-lo, o círculo de Search está condenado à imperfeição, e a sintaxe contorcida da estrofe imita esse fracasso inevitável. Razão e filosofia, dependentes de palavras humanas, não são capazes de dar conta do mistério da existência. Mas tampouco o misticismo ou a magia, que da mesma forma dependem da conceituação humana e envolvem esforço humano.

Magia e cabala eram novidades no vocabulário poético de Pessoa, e "The Circle" marcou o início de uma grande mudança em seu ponto de vista para observar e investigar o universo. Ele não repudiou o mundo evolucionário delineado por Herbert Spencer e sinistramente sombreado por Max Nordau e outros teóricos da degeneração, mas sua investigação intelectual se modulou numa busca metafísica. O poema mais recente de Search era um aviso de que as investigações mágicas e cabalísticas, como as filosóficas ou psicológicas, tendiam a levar a lugar nenhum. Isso não significava que fossem inúteis. Tentativas repetidas e falhas repetidas podem fazer parte de qualquer processo de transformação. Fernando

* "E assim, em um estado de espírito cabalístico,/ Ali tracei um círculo, curioso;/ O círculo traçado era imperfeito,/ Embora em sua forma, cuidadoso./ Profundamente, da Magia ao falhar,/ Lição tirei que me fez suspirar." (Trad. de Luísa Freire)

Pessoa, fosse por meios espirituais ou terrenos, estava subitamente ansioso por agitar as coisas. Em meio às buscas mentais que ocupavam grande parte de seus dias, sentiu que faltava algo. No início do segundo semestre de 1907, foi tomado por um imperativo que acomete muitos grandes artistas e que Rainer Maria Rilke, em "Torso arcaico de Apolo", imortalizaria poeticamente em 1908: "Precisas mudar de vida".

O poema de Rilke, escrito quando ele tinha 32 anos, parece ter sinalizado uma mudança em como via na condição de poeta. Vários anos depois, ele começaria a escrever as *Elegias de Duíno*, cujo eu poético se torna um porta-voz da humanidade e conversa com anjos que representam os mistérios maravilhosos e aterrorizantes da vida, do amor, da beleza e da morte. Como poucos poetas antes ou depois dele, Rilke foi capaz de visualizar em palavras uma relação mística maravilhosamente edificante entre a humanidade e o desconhecido. Pessoa, que ao que tudo indica nunca leu Rilke, se envolveu com o desconhecido por meio de mitos. Em vez de apelar para anjos místicos e simbólicos, alimentaria a crença numa série de entidades sobre-humanas que incluíam anjos reais e espíritos astrais. Inventaria religiões, fomentaria o mito de um império "espiritual" português e forjaria um drama mítico sobre as origens e as inter-relações de seus principais heterônimos, que surgiriam em 1914.

Mas em 1907, com menos de vinte anos, Pessoa ainda tentava encontrar seu caminho como poeta e como homem num mundo cada vez mais incerto.

18.

Pessoa tinha plena consciência de seu lado feminino "histérico", ao qual atribuía as emoções intensas e flutuantes, bem como de sua propensão ao fingimento, à despersonalização. O que lhe faltava era um lado masculino mais corajoso e assertivo. Embora fosse dotado de uma inteligência poderosa, sua "neurastenia" autodiagnosticada o havia sobrecarregado com uma vontade cronicamente fraca, que o impedia de colocar as ideias em ação. Além disso, sua aparência física era modesta, de modo que passava despercebido com facilidade, e, dada sua timidez natural, via-se sozinho. Se companheiros imaginários como Alexander Search podiam, até certo ponto, preencher o vazio, como alguns dos escritos de Pessoa sugerem, também eram uma prova vívida da distância que o separava das pessoas reais.

Como vimos, o efeito de *Degeneração*, de Nordau, em Pessoa foi higiênico, varrendo de seu espírito a atmosfera e a influência das filosofias grega e alemã e da literatura francesa decadentista. Embora ainda lesse filosofia e os poetas decadentistas, não estava mais sob seu feitiço. Mas *Degeneração* foi apenas um dos dois agentes responsáveis por libertar a mente de Pessoa. O outro que ele mencionou, na já referida enquete sobre os livros que mudaram sua vida, não era um livro, mas um curso de ginástica sueca, ao qual também atribuía o fortalecimento do corpo. Embora não tenha sido fatal, sua longa doença no verão de 1906 era um lembrete inquietante de sua fragilidade física. "Para ser cadáver, só me faltava morrer", comentou ele de brincadeira na década de 1930, ao recordar o ano de 1907, e agradecia à ginástica sueca por tê-lo salvado. Porém foi um mal-estar psicológico que o levou a buscar ajuda profissional.[1]

Henrique Rosa, irmão do padrasto de Pessoa, foi sem dúvida quem o recomendou ao dr. Antônio Egas Moniz (1874-1955), seu amigo pessoal. Esse psiquiatra e neurologista ficaria famoso mais tarde por sua invenção da lobotomia, que lhe rendeu o prêmio Nobel em 1949 — distinção que se transformou em causa de constrangimento nacional depois que esse tipo de cirurgia caiu em descrédito. Em 1907, Pessoa marcou uma consulta com Egas Moniz, que acabara de abrir um consultório em Lisboa para tratar de doenças nervosas.[2] O médico decidiu que seu paciente precisava de exercício e o encaminhou para Luís Furtado Coelho (1863-1956), o apóstolo da ginástica sueca em Portugal.

O método de ginástica leve desenvolvido na Suécia por Pehr Henrik Ling (1776-1839) exigia pouco equipamento e enfatizava postura cuidadosa, alongamento, respiração correta e movimentos sem apoio sob a supervisão de um treinador. Pessoa teve aulas três vezes por semana durante quase três meses.

Entusiasmado por entrar em forma, ambição que manifestara pela primeira vez em Durban ao encomendar o livro *Strength and How to Obtain It*, de Eugen Sandow, Pessoa pensou em dar outra chance a esse tipo mais árduo de "cultura física". Em agosto, enviou uma carta a Bernarr Macfadden (1868-1955), a versão norte-americana de Sandow, solicitando informações sobre seu sistema para alcançar um físico saudável e bonito.[3] Mas Pessoa não foi feito para o fisiculturismo. A ginástica sueca era mais adequada ao seu temperamento, embora seja provável que não tenha dado continuidade à prática depois do fim das aulas.

Porém Pessoa manteve contato com Furtado Coelho, que muitos anos depois, em 1932, lhe daria um exemplar de um manual que publicou sobre "ginástica respiratória", dedicando-o ao seu "antigo discípulo e bom amigo Fernando Pessoa". Já então, o ex-discípulo não era um exemplo de saúde, uma vez que fumava e bebia demais, mas havia uma prática supostamente saudável que observaria até o fim de seus dias: os banhos de água fria. Isso pode ter começado no final de 1907, quando leu, ou pelo menos planejou ler, o popular livro de Louis Kuhne, *The New Science of Healing* [A nova ciência da cura]. O naturopata alemão Kuhne recomendava banhos de água fria para estimular os nervos, aumentar o fluxo sanguíneo e eliminar toxinas.[4] Pessoa também se sentia atraído por dispositivos que promoviam a saúde sem exigir esforço físico, apenas dinheiro para comprá-las e paciência para usá-las. Além de mostrar interesse em adquirir "suportes expansores do tórax", ele também guardou um anúncio do Imperial Shoulder Brace, recomendado para pessoas com "tórax estreito e fraco" ou "ombros arredondados". Para energizar o corpo em geral, muitas pessoas ainda usavam as correias elétricas Pulvermacher, na cama ou em suas rotinas diárias, e ele aparentemente comprou uma delas em 1908.[5]

Pessoa não perdia muito tempo, apenas um pouco de dinheiro, em engenhocas como suportes e correias elétricas, mas a ginástica, conforme seu próprio relato, fazia bem ao corpo. Ele não menciona o progresso em sua saúde psicológica, nem está claro de que mal ele sofria exatamente. Não sabemos se teve consultas de acompanhamento com Egas Moniz, mas algumas anotações sobre psiquiatria feitas em 1915 indicam que não ficou muito impressionado com esse ou com qualquer outro psiquiatra português, o que pode explicar em parte por que se tornou seu próprio terapeuta.[6] Em junho de 1907, inventou o dr. Faustino Antunes, em cujo nome escreveu cartas a pelo menos três pessoas que conhecera em Durban, como já vimos. Vale relembrar que o psiquiatra fictício perguntou a um ex-colega de escola de Pessoa sobre seu caráter moral, sobre sua vida amorosa e sobre quaisquer "excessos sexuais" que pudesse ter notado.

Pessoa, agora com dezenove anos, nunca flertara seriamente com ninguém, muito menos mantivera qualquer tipo de relacionamento amoroso. Talvez tenha sido a ansiedade por sua vida sexual e amorosa inexistente que o motivou a consultar Egas Moniz, que iniciara a carreira como sexólogo, tendo publicado, em 1901, *A vida sexual: Fisiologia e patologia*, o primeiro estudo abrangente sobre o tema em Portugal. Não é provável que Pessoa tenha discutido sua orientação sexual possivelmente não resolvida com o médico e autor, cujo livro tratava a homossexualidade como uma doença, mas pode ter tocado, de forma mais vaga, em suas inibições e inseguranças.

Em meio ao regime de treinamento físico, ao exame de consciência e à autoanálise, Pessoa escreveu em inglês duas páginas de confissões autobiográficas, ambas datadas de 25 de julho de 1907, que começam assim:

> Estou cansado de confiar em mim próprio, de me lamentar a mim mesmo, de me apiedar com lágrimas, de meu próprio eu. Acabo de ter uma espécie de cena com a tia Rita acerca de F. Coelho. No fim dela senti de novo um desses sintomas que cada vez se tornam mais claros e sempre mais horríveis em mim: uma vertigem

moral. Na vertigem física há um rodopiar do mundo externo em relação a nós: na vertigem moral, um rodopiar do mundo interior. Parece-me perder por momentos o sentido da verdadeira relação das coisas, perder a compreensão, cair num abismo de suspensão mental. É uma pavorosa sensação esta de uma pessoa se sentir abalada por um medo desordenado. Estes sentimentos vão-se tornando comuns, parecem abrir-me o caminho para uma nova vida mental, que acabará na loucura.

Na minha família não há compreensão do meu estado mental — não, nenhuma. Riem-se de mim, escarnecem-me, não me acreditam. Dizem que o que eu pretendo é mostrar-me uma pessoa extraordinária. Nada fazem para analisar o desejo que leva uma pessoa a querer ser extraordinária. Não podem compreender que entre ser-se e desejar-se ser extraordinário não há senão a diferença da consciência que é acrescentada ao fato de se querer ser extraordinário.*

Ao que parece, tia Rita repreendera o sobrinho-neto a respeito do custo de suas aulas de ginástica sueca, que certamente não eram baratas. Furtado Coelho, ex--diretor do Real Gymnasio Club e fundador do Centro Nacional de Esgrima, era um dos melhores em sua área. Fernando poderia ter feito polichinelos sozinho e economizado muito dinheiro. Sua insistência em um programa monitorado por um treinador apenas confirmava o julgamento da tia-avó sobre o jovem como alguém que se considerava um raro espécime de humanidade, merecedor de tratamento especial e predestinado a fazer coisas especiais. Se soubesse que ele estava prevendo para si mesmo "uma nova vida mental, que acabará na loucura", teria erguido as sobrancelhas zombeteiramente. De fato, é difícil levar essa afirmação a sério, a menos que entendamos "loucura" como um conceito literário.

Pessoa formulava uma estranha distinção entre *ser* extraordinário e *desejar ser* extraordinário, baseado na presença ou na ausência de consciência. De acordo com sua maneira de pensar, ser extraordinário não depende de realizações externas, mas do *impulso* para isso. E portanto sabia que, no fundo, já era extraordinário. Mas seus parentes zombavam dele.

A segunda página da efusão confessional de Pessoa aborda seu estado de solidão:

* A tradução deste e dos trechos seguintes do Diário de Pessoa em inglês de 25 de julho de 1907 é de João Gaspar Simões. (N. T.)

> Não tenho ninguém em quem confiar. A minha família não entende nada. Não posso incomodar os amigos com estas coisas. Não tenho realmente verdadeiros amigos íntimos, e mesmo aqueles a quem posso dar esse nome no sentido em que geralmente se emprega essa palavra não são íntimos no sentido em que eu entendo a intimidade. Sou tímido, e tenho repugnância em dar a conhecer as minhas angústias. Um amigo íntimo é um dos meus ideais, um dos meus sonhos cotidianos, embora esteja certo de que nunca chegarei a ter um verdadeiro amigo íntimo. Nenhum temperamento se adapta ao meu. Não há um único caráter neste mundo que porventura dê mostras de se aproximar daquilo que eu suponho que deve ser um amigo íntimo. Acabemos com isto.

Mas ele vai adiante, deplora sua solidão e encontra companhia apenas em um poeta morto havia muito tempo:

> Amante ou namorada é coisa que não tenho e é outro dos meus ideais, embora só encontre, por mais que procure, no íntimo desse ideal, vacuidade, e nada mais. Impossível, como eu o sonho! Ai de mim! Pobre Alastor! Oh Shelley, como eu te compreendo! Poderei eu confiar em minha mãe? Como eu desejaria tê-la junto de mim! Também não posso confiar nela. Mas a sua presença teria aliviado as minhas dores. Sinto-me abandonado como um náufrago no meio do mar.

Sem namorada ou amigos verdadeiramente íntimos, ou mesmo a esperança de que algum dia viesse a ter tais relacionamentos, Pessoa se compara ao viajante solitário do poema de Shelley.* Nem mesmo para sua mãe, a pessoa no mundo que mais amava, ele poderia abrir o coração — em especial depois da reação hostil dela diante de seu abandono do Curso Superior de Letras no início do verão. No rascunho de uma carta, provavelmente um tanto diferente da que enviou de fato, ele a acusava de não compreender seus sentimentos, de não o tratar como um igual e de responder-lhe com ironia.[7]

* Assim como muitos outros leitores, Pessoa achava que Alastor fosse o nome do protagonista do poema, quando, na verdade, é o nome, extraído da mitologia romana, que Shelley deu ao espírito de solidão que assombra seu herói inominado.

O jovem poeta, na verdade, não estava totalmente sem amigos. Além de alguns colegas de escola com quem ainda mantinha contato, havia seu tio Henrique Rosa, seu primo e eventual sócio Mário e outros parentes do lado materno da família. É verdade, porém, que qualquer tipo de intimidade não era fácil para Pessoa.

"Em geral, sou uma criatura com quem os outros simpatizam", comenta o narrador do *Livro do desassossego*, "com um vago e curioso respeito. Mas nenhuma simpatia violenta desperto. Ninguém será nunca comovidamente meu amigo."[8] Não é bem esse o caso de Fernando Pessoa, que teve um amigo fervoroso: o poeta Mário de Sá-Carneiro, uma alma exuberante, mas perturbada, que conheceria em 1912. Ao longo dos anos, fez outros bons amigos, que admiravam seu talento e o achavam espirituoso e uma boa companhia, mesmo que não tivessem com ele um laço emocional profundo. Como poderiam? Os laços de amizade têm mão dupla, e Pessoa era inacessível em termos emocionais. Ele sentia com muita intensidade; porém lhe era difícil tocar as pessoas diretamente. Mesmo assim, sempre teve alguns amigos e conhecidos que via com frequência.

Sua vida amorosa é que era um deserto, e mesmo internamente, em sua imaginação. Se seu ideal de "amante ou namorada" era pleno de "vacuidade, e nada mais", era porque ele não lhe oferecia nenhum espaço, nenhum nutriente, nenhum pensamento sério. Por acaso acharia difícil se imaginar com uma mulher porque, na verdade, sentia-se mais atraído por homens? Nesse caso, sua vida amorosa estava mesmo condenada a ser árida, já que se tratava de um tipo de atração que ele não podia aceitar. No final de agosto de 1907, um mês após seu lamento sobre ser incompreendido e terrivelmente solitário, Pessoa escreveu sobre a homossexualidade em algumas anotações para um ensaio intitulado "The Process of Human Degeneracy" [O processo da degeneração humana]. Em apoio à sua tese de que a degeneração é um "retrocesso de uma faculdade em seu estado avançado", o ensaísta examina o fenômeno da "pederastia", palavra que usa com frequência para significar homossexualidade entre homens, independentemente da idade. Ele argumenta que a atração sexual e o sentimento de beleza eram indivisíveis para os seres humanos primitivos, mas se separaram à medida que a humanidade evoluiu e a beleza passou a ser apreciada por si mesma, sem depender de nenhuma consumação física. Com efeito, sua associação com o sexo utilitário é de certo modo degradante. Ele admite que os "pederastas" podem estar certos em considerar a beleza masculina superior — o erro deles é agir de acordo com essa percepção desejando a união física com um homem, retornando assim à associação primitiva da beleza com o sexo. A lógica do ensaio baseava-se numa suposição, não submetida a um exame mais detido, de que o sexo deve ter um caráter útil, visando à procriação; caso contrário, não é natural.

No final dessas notas, Pessoa escreveu o título de um ensaio que esperava escrever, "Sobre a pederastia", junto com a seguinte observação: "Embora ele possa muitas vezes pensar que uma bela paisagem é mais bonita do que uma mulher, [...] um homem nem por isso deseja relações sexuais com uma paisagem. Esse exemplo mostra bem o absurdo de que a pederastia é uma forma".[9] Na verdade, o exemplo mostra a lógica de Pessoa em seu aspecto mais absurdo. É como se comparasse o gosto por lagosta ao gosto por ópera. De qualquer modo, Pessoa admitia a possibilidade de preferir os homens às mulheres, mas apenas se a atração fosse puramente estética.

Assim que abandonou o Curso Superior, Pessoa foi pressionado pelos pais e pelos parentes em Lisboa a procurar uma profissão remunerada e, no final de julho de 1907, começou em seu primeiro emprego, como estagiário na R. G. Dun & Co. Tal como a Dun & Bradstreet, a empresa que a sucedeu em 1933, a R. G. Dun coletava e vendia informações sobre firmas comerciais e empresas em todo o mundo. Seu escritório em Lisboa foi inaugurado em 1906, e a tarefa de Pessoa era entrar em contato com os empresários locais, persuadindo-os e ajudando-os a preencher um questionário de uma página com a maior precisão possível. Era um trabalho enfadonho, para o qual seus estudos na Escola de Comércio de Durban lhe haviam dado muito mais preparo do que o necessário. Para se divertir, ele preencheu um questionário em branco com informações sobre o crédito do "empresário" Fernando Pessoa, que morava na rua da Bela Vista à Lapa, era solteiro, "tinha uns dezoito anos" (na verdade, estava com dezenove), e era um "ladrão e pulha" autônomo. O suposto empresário tinha uma quantidade considerável de capital investido "que conseguiu roubar", estava endividado demais, tinha a pior "reputação moral" possível e não era confiável para cumprir compromissos. Pessoa usou o verso do questionário para escrever um poema no dia 26 de julho, um dia após sua briga com tia Rita.[10]

Como muitos jovens da pequena burguesia portuguesa, Pessoa conseguiu o primeiro emprego por intermédio de um familiar. Laurinda, prima de sua mãe, casara-se com um homem de negócios espanhol bem relacionado chamado Aniceto Mascaró Doménech, que conseguiu um cargo na R. G. Dun para Fernando. Mas ele logo se arrependeu da tentativa de ajuda, pois no final de setembro Pessoa enviou uma carta de demissão ofensiva e levemente insultuosa ao diretor da agência, reclamando do magro pagamento recebido. Mascaró, que viria a ser diretor da R. G. Dun em Lisboa alguns anos depois, escreveu a Pessoa no dia 2 de outubro para lembrá-lo de que havia sido contratado como estagiário, cujo ordenado — 5 mil-réis por mês — não era para ser proporcional aos serviços que prestava. Caso se tornasse funcionário regular, receberia um salário normal.[11]

Pessoa talvez viesse a se sentir obrigado a pensar num emprego em tempo integral, com um salário normal, não fosse a vovó Dionísia, que em 6 de setembro fechou definitivamente os olhos ao mundo do qual se retirara havia muito tempo. Como ainda fazia um calor escaldante, com a temperatura daquele dia chegando aos 34 graus, as poucas pessoas que compareceram ao funeral devem ter ficado contentes por ter sido realizado bem cedo no dia seguinte, às sete da manhã. Fernando mandou pôr uma nota de falecimento no jornal, mas não listou nenhum parente sobrevivente exceto ele mesmo, e nem sequer lamentou sua morte. Embora nunca tivesse sonhado, como o Raskólnikov de Dostoiévski, em apressar a morte da velha, o neto não poderia ter sentido nenhuma tristeza verdadeira, pois a demência a separara havia muito das pessoas que ela conhecera e amara. Pelo contrário, deve ter experimentado algo parecido com uma vertigem, já que ela lhe deixou um patrimônio de 5 milhões de réis (o equivalente a 140 mil dólares atuais). Com esse tipo de sorte inesperada, foi fácil torcer o nariz para a R. G. Dun. Não havia ficado rico, mas de repente era um homem de posses. Só havia um senão: suas posses estavam indisponíveis até ele completar 21 anos. Antônio Maria Silvano, marido de sua tia-avó Carolina e general reformado, era o curador da herança. A maior parte do patrimônio estava investida em ações de bancos, que pagavam juros suficientes para cobrir as despesas de moradia e alimentação de Pessoa, fixadas em 20 mil-réis mensais entregues diretamente às tias-avós Rita e Maria, além de roupas, presentes de aniversário para a família, medicamentos e gastos extras, como cigarros.

Ao longo da maior parte da vida adulta, Pessoa trabalharia como tradutor ocasional e redator de cartas comerciais em inglês e francês para empresas de importação e exportação portuguesas, estabelecendo o próprio horário de expediente. Costuma-se presumir que tenha iniciado suas atividades como autônomo logo após deixar o Curso Superior de Letras, mas os indícios sugerem que não foi bem assim: uma lista de dívidas pessoais acumuladas que debitou de seu patrimônio herdado em março de 1908 e um balanço de débitos e créditos feito por seu tio em maio de 1909 indicam que ele dependia muito, se não inteiramente, da herança para seu sustento.[12] É provável que Pessoa traduzisse um pouco aqui e ali, a pedido de amigos e parentes, mas, com tanto capital à sua iminente disposição, não estava disposto a desperdiçar suas energias em trabalhos insignificantes. Tinha grandes planos e esperava pelo momento oportuno.

Seus planos não eram apenas literários. Embora não quisesse trabalhar para a R. G. Dun como coletor de informações, esperava usar seus conhecimentos de comércio e finanças de maneira mais criativa. No mesmo caderno em que fez um inventário dos bens de sua avó falecida (um leito de madeira, uma cômoda, um lavatório de ferro etc.), elaborou uma lista de afazeres que incluía projetos de escrita, mas também invenções a serem criadas e comercializadas depois que tivesse pleno acesso à herança. Estava especialmente entusiasmado com um sistema inovador de taquigrafia, para o qual preencheu páginas e páginas com símbolos estenográficos e explicações. Ele continuaria a trabalhar nesse sistema, que acabou por chamar de aristografia (*aristo* = melhor, *grafia* = escrita), durante a década seguinte e nos anos 1920. Entre outras ideias presentes na lista de projetos de Pessoa do segundo semestre de 1907 estavam um "câmbio de máquina de escrever", para o qual não deixou detalhes, e a elaboração de seu próprio "código comercial", para condensar mensagens e economizar em custos de telégrafo. Planejava também inventar um código para uso em negociações que exigissem sigilo absoluto.[13]

Observe-se que todas as ideias de Pessoa para invenções envolviam a produção ou a transmissão de palavras. Em comparação com as palavras que compõem os textos literários, as usadas no jornalismo e no mundo dos negócios ocupavam um lugar muito mais baixo em sua avaliação, mas mesmo assim ele as valorizava, pois ainda compartilhavam da aura e da mística da linguagem.

Em meio a todas as mudanças de vida que experimentou em 1907 — abandonar os estudos, morar com as tias-avós, entrar e sair do primeiro emprego e se tornar um herdeiro —, Pessoa continuou tentando publicar em revistas, uma ambição que esperava que fosse facilitada pela compra de uma máquina de escrever, em agosto. Talvez tenha sido uma aquisição conjunta com seu primo Mário, em nome de quem Pessoa, conforme citado, havia escrito a um atacadista francês. Para sua parte na compra da máquina, Pessoa talvez tenha pedido dinheiro emprestado a uma das tias-avós. Fez ainda uma pesquisa de preço. Usando o nome de Faustino Antunes, enviou uma carta pedindo informações à Sun Type Writer Co., de Nova York, cujo modelo era vendido por quarenta dólares, em comparação com os oitenta ou mais de outras máquinas de escrever americanas. Por fim, decidiu-se — ou talvez ele e Mário decidiram — por uma máquina de escrever Moya, fabricada na Inglaterra. Custava apenas cinco guinéus, ou cerca de 25 dólares, mas não era muito robusta. As anotações de Pessoa sugerem que, depois de consertar uma mola quebrada, ele conseguiu datilografar "A Very Original Dinner", de Alexander Search, que enviou em novembro para a *Cassell's Magazine*, uma publicação britânica especializada em ficção. Datilografado ou manuscrito, o conto foi rejeitado.[14]

Em 25 de outubro, Pessoa escreveu uma carta para a The City Rubber Stamp Co. de Londres, solicitando uma amostra de "Caixa de Tipos". Não sabemos quem assinou a missiva, mas o endereço do remetente era rua da Imprensa Nacional, número 77, 3º andar, para onde tia Anica e seus dois filhos se haviam mudado ao deixar o apartamento anterior na rua de São Bento.[15] Mário precisaria de carimbos de borracha para os empreendimentos comerciais que contemplava, e talvez pensasse em tornar-se distribuidor português dos carimbos de fabricação britânica, que usavam tipos intercambiáveis. Pessoa, por sua vez, sentia-se magneticamente atraído por máquinas de escrever, copiadoras, carimbos e quaisquer outros meios mecânicos de produção de palavras impressas — o que acabaria por levá-lo a comprar um prelo e, se tudo corresse como planejado, a abrir uma editora. Mas teria de esperar até completar 21 anos.

Quando esse momento chegasse, ele esperava ter um estoque de trabalho criativo pronto para imprimir. Poesia em inglês não faltaria, pois Pessoa escreveu mais de cinquenta poemas de Alexander Search apenas entre junho de 1907 e janeiro de 1908. Além de referir-se habitualmente à sua loucura incipiente, a poesia de Search desse período repisa dois temas inter-relacionados. Poemas como "The Sepulchre" [O sepulcro], "The Last of Things" [A última das coisas], "Endings" [Finais], "Was..." [Era...] e "Sunset Song" [Canção do pôr do sol], como os próprios títulos sugerem, são reflexões sobre tudo ser impermanente e terminar em dissolução e esquecimento. Em outros poemas, como "The Curtain" [A cortina], "The Picture" [O quadro], "Horror" e "Aspiration" [Aspiração], o poeta busca o conhecimento escondido pelo véu do espaço e do tempo.

O que falta no arroubo poético de Search são poemas de amor. Um de seus poemas intitula-se "The Maiden" [A donzela], mas a jovem acaba se revelando uma entidade virtual, uma personificação da beleza que não pode ser encontrada, pois "reina eternamente sozinha" em uma região "além de todo amor". E o poeta também reina num vácuo, longe do calor humano e com concepções abstratas como seu duvidoso consolo e compensação. Há uma compensação adicional e essencial: a própria poesia. Em "A Question" [Uma questão], poema de Search escrito em janeiro de 1908, pergunta-se a um poeta se, forçado a escolher, preferiria sofrer a morte de sua amada esposa ou a perda irreparável de todos os seus poemas. Seu sorriso silencioso e triste responde por ele. Fernando Pessoa, aos dezenove anos, parecia aceitar languidamente que a poesia viesse a ser sua única companheira para toda a vida. Mas por que tinha de ser uma coisa ou outra? A obra de muitos grandes poetas deve muito a suas amadas e seus amados.

Ainda mais revelador é o poema "In the Street" [Na rua], no qual Alexander Search caminha e passa por fileiras de casas com janelas iluminadas. Ele reflete sobre a vida familiar dentro dos lares, lamenta sua solidão de "eternamente excluído / Da sociabilidade e da alegria" e admite que às vezes sonha em sentar-se ao lado da própria lareira, ao lado de uma esposa e com os filhos correndo em volta. É um sonho que dura apenas algumas estrofes, antes de desencadear uma reação alérgica, fazendo-o "estremecer" e "tremer" ao pensar que sua "vida pode passar / Como a dos homens". Ele teme a perspectiva de "uma vida doce", cheia de "família e amigos", e abomina "as casas e a rua" porque são "finitas". O mundo que habita com seus "irmãos homens / São prisões, cadeias que prendem e cercam". Esses versos relembram a aversão que Pessoa sentia pelos seus colegas "convencionais" do Curso Superior de Letras.

No fim das contas, a loucura de Search é repudiar o coletivo humano e, com isso, sua própria humanidade. Essa rejeição é anunciada na epígrafe de "In the Street", tirada de um dos livros preferidos de Pessoa, *Sartor Resartus*, de Carlyle: "Mas eu, *mein Werther*, estou acima de tudo; estou sozinho com as estrelas". Essas palavras são proferidas por Herr Teufelsdröckh, que, abrigado em seu sótão, invoca o triste jovem Werther — do romance de Goethe sobre um amor impossível — para declarar seu desdém aristocrático por todas as pessoas comuns que vivem nas ruas lá embaixo, "amontoadas e espremidas, com nada além de um pouco de carpintaria e alvenaria entre elas". O filosofante Teufelsdröckh está acima de todos os demais, e também das ansiedades amorosas que afligiam Werther.

Fosse por desdém aristocrático semelhante, ou mais simplesmente por causa de suas dificuldades ou inseguranças sociais e sexuais, Fernando Pessoa, imitando o protagonista de Carlyle e com a ajuda de Alexander Search, procura colocar-se "acima de tudo", com sucesso apenas parcial. As estrelas se tornariam cada vez mais importantes para ele — inclusive literalmente, quando começou a estudar astrologia —, mas, por mais alto que subisse, ele nunca conseguia livrar-se por completo de seu anseio humano por amor. As compensações que lhe proporcionavam sua poesia, suas contemplações de ideais e suas descobertas espirituais não conseguiam fazer com que esquecesse sua solidão.

Muitíssimo diferente do torturado e introvertido Alexander Search era a figura vigorosa e generosa de Walt Whitman, que Pessoa havia encontrado pouco tempo antes pela primeira vez. O choque de suas sensibilidades teria consequências profundas para a maneira de ver e escrever de Pessoa, embora o efeito da influência do norte-americano não fosse imediato. Em 1907, estupefato com sua nova descoberta, o poeta português mal soube como reagir.

O livro que apresentou Pessoa à poesia de Whitman foi uma pequena seleção da série *The Penny Poets*, uma edição barata impressa em Londres e que permanece preservado em sua biblioteca. A página de rosto está assinada com o nome "A. Search" e foi carimbada com o monograma florido do heterônimo. Pessoa voltaria a esse volume em 1914, quando sublinhou muitos versos e fez comentários ocasionais nas margens, mas, mesmo na sua primeira leitura, percebeu que a poesia de Whitman era diferente de qualquer outra que havia lido, em qualquer idioma. E não havia nada em sua própria poesia que remotamente se parecesse com versos como: "All this I swallow, it tastes good, I like it well, it becomes mine,/ I am the man, I suffer'd, I was there".*

Pessoa traçou uma linha vertical enfática ao lado dessa declaração de "Song of Myself" [Canção de mim mesmo], o poema de abertura da primeira edição de *Folhas de relva* (1855), onde ocupa nada menos que quarenta páginas, todas repletas de detalhes cotidianos da vida *real*, cujos esplendor e miséria são amoro-

* "Tudo isso engulo e gosto de seu sabor, gosto bastante, passa a ser meu,/ Eu sou o homem, eu sofri, eu estava lá." (Trad. de Rodrigo Garcia Lopes)

samente abraçados pelo eu que os narra. O que impressionou Pessoa tanto quanto as inebriantes afirmações ousadas do poeta norte-americano foi sua técnica poética — a voz grandiosa e confiante, o ritmo expansivo, a simplicidade concreta e a franqueza da linguagem — em versos como os seguintes, que ele sublinhou: "Agonies are one of my changes of garments, / I do not ask the wounded person how he feels, I myself become the wounded person".*

A técnica do eu poético de Whitman combina com os sentimentos que suas palavras transmitem. Pessoa viu isso, mas ainda não conseguia escrever assim. O poema "In the Street" é a confissão de Alexander Search de que não está realmente na rua, não está perto do que observa, incapaz de ser, mesmo que de modo fugaz, as pessoas mencionadas em seus versos, e sentimos esse distanciamento sempre que ele fala, não importa do que trate o discurso. Search fala, questiona, pondera e até exclama, mas seu discurso carece de corpo, de drama, de *ser*.

Num curioso conjunto de anotações datado de dezembro de 1907, Pessoa classificou a si mesmo, Alexander Search e seu tio Henrique Rosa como materialistas *pessimistas*, em contraste com Walt Whitman, um materialista *otimista*. Observou que Whitman unia "mania da dúvida, exaltação de personalidade e euforia do 'ego' físico". Pessoa, Search e Rosa tinham a mesma mania da dúvida (qualidade que implicava um aguçado poder de percepção) e eram personalidades exaltadas em um menor grau, mas somente Whitman tinha um "ego físico" eufórico.[16] Isso parece significar que apenas Whitman, que se descreve como "turbulento, carnudo, sensual, comendo, bebendo e procriando", sabia como ter um prazer arrebatador em seu eu *físico*. A seleção da *Penny Poets* da poesia de Whitman continha uma seção minúscula intitulada "Songs of Sex", na qual o editor lamentava que questões de decoro o impediam de incluir poemas importantes como "I Sing the Body Electric", e não fazia nenhuma menção ao "amor viril de camaradas" celebrado na coleção *Calamus*, mas observava que Whitman, no "mero deleite físico de estar rodeado por corpos humanos [...] nada como no mar".[17]

A genialidade de Whitman era uma revelação que permanecia, por enquanto, inacessível a Pessoa. Embora tivesse um talento notável para imitar e se apropriar, tendo produzido poemas admiráveis no estilo de Milton, Byron, Words-

* "A agonia é uma das minhas mudas de roupa; / Não pergunto pro ferido como ele se sente, eu viro o ferido." (Trad. de Rodrigo Garcia Lopes)

worth e outros, não poderia aplicá-lo a um poeta que engloba toda a vida numa extensa e imodestamente intitulada "Canção de mim mesmo". A exuberância e a liberdade sexual de Whitman não faziam parte de seu caráter. E incorporar o mundo inteiro percebido pelos próprios sentidos num eu poético abrangente era, de certo modo, contrário ao próprio projeto de Pessoa de se dividir em muitos eus diferentes. Ele precisava de Alexander Search e de seus outros alter egos juvenis porque não sabia — pelo menos ainda não — como ser ele mesmo, nem como estar com os outros.

Enquanto Whitman se deleitava com a ideia de estar rodeado por corpos humanos e imerso na vida cotidiana, Pessoa habitava um mundo hermético de companheiros virtuais. Nós o vimos, ainda em Durban, iniciar uma aventura literária chamada *Ultimus Joculatorum*, ou *O último dos palhaços*, uma coleção de esquetes humorísticos que incluía interações lúdicas entre alguns de seus personagens inventados, que formavam uma espécie de clube, ou sociedade privada. Depois que Pessoa deixou Durban, o clube definhou por alguns anos, e seus membros se dispersaram. Pela carta do heterônimo Gaudêncio Nabos endereçada a Pessoa e datada de 26 de fevereiro de 1906, podemos deduzir que esse membro fundador da sociedade se mudara para Londres, enquanto outro dos palhaços originais, o heterônimo Sidney Parkinson Stool, emigrara para os Estados Unidos. Nunca mais se ouviu falar de Stool, mas em 1907 o dr. Nabos, embora ainda radicado na Inglaterra, foi convocado por Pessoa para participar mais uma vez do *Ultimus Joculatorum*, que ressurgiu como um clube com aspirações teatrais e com vários novos membros, inclusive Alexander Search, cujo apelido no clube era Caesar Seek. De acordo com as descrições concisas de Pessoa numa lista de membros, ou elenco de personagens, que elaborou em inglês, a personalidade de Seek era "sem risos, indo desde pensamentos profundos e angústia até a amargura". O personagem do dr. Nabos ia "desde a amargura até a alegria aberta".

O *Ultimus Joculatorum*, que era originalmente uma invenção cômica idealizada por um estudante secundarista, foi ressuscitado como uma performance faustiana na qual as forças da luz e das trevas se chocavam. Entre outros membros-personagens havia um certo Erasmus Dare, um filantropo, bem como um "espírito do mal" chamado Jacob Satan. Mas este último personagem não era um demônio dos mais malignos. Os papéis de Pessoa de 1907 incluem um curioso "vínculo vitalício" firmado por Alexander Search e Jacob Satan e devidamente assinado por ambas as partes em 2 de outubro. O acordo obrigava Search a trabalhar pelo bem da humanidade com o apoio de Satan, que tinha claramente um espírito mais caridoso do que diabólico.

O enorme drama de Pessoa lembrava não só o *Fausto* de Goethe, mas também moralidades medievais, com Jacob Satan e Erasmus Dare personificando o bem e o mal, e Gaudêncio Nabos, sempre brincalhão, rindo dos dois. O nome da única personagem feminina — antes de Pessoa riscá-lo — era Madalena, inspirado talvez no nome de sua mãe, ou na bíblica Maria Madalena. O próprio Pessoa era um personagem, mas usava, como Alexander Search, um apelido: Ferdinand Sumwan, um "alguém" duramente caracterizado como um "indivíduo inútil, preguiçoso, descuidado e fraco".

É difícil imaginar que tipo de obra escrita poderia ter acomodado todos esses personagens e as coisas que representavam, e Pessoa não tentou criá-la a sério. *Ultimus Joculatorum*, também chamado *The Nothing Club* ou *The Zero Club*, era em última análise uma literatura performática "animada", encenada por personagens literários que se conheceram, de acordo com as anotações do clube, num lugar chamado "Moment House", que aparentemente significava apenas isso: o momento real em que ocorreram os encontros virtuais, em nenhum local físico específico. Em outras palavras, em lugar nenhum, exceto na mente de Pessoa.[18]

Não sabemos até que ponto Fernando Pessoa (ou Ferdinand Sumwan) coexistiu imaginativamente com dr. Nabos, Alexander Search (também conhecido como Caesar Seek) e Jacob Satan, mas ele deixou alguns detalhes curiosos sobre seu relacionamento com outra personalidade de seu círculo de heterônimos de 1907. Na mesma época em que inventou o psiquiatra dr. Faustino Antunes para ajudá-lo a explorar e avaliar seus demônios psicológicos, inventou também um monge inglês amalucado, frei Maurice, para discutir questões espirituais e morais. Definido como "um místico sem Deus, um cristão sem credo", frei Maurice estava passando por uma crise de fé e sofria de instabilidade mental. Não é de admirar o motivo disso. Infundido com as próprias dúvidas religiosas de Pessoa e, perversamente, com uma vocação religiosa, estava fadado a um estado de confusão desesperadora. Em um dos trechos escritos para *The Book of Friar Maurice*, o místico ímpio argumenta tanto a favor da ideia da imortalidade da alma como contra, cindindo sua opinião ao meio.[19] Ele estava dividido também sobre como se via: "Metade de mim é nobre e grande, e metade de mim é pequena e vil. Ambos são eu".[20]

Isso soa suspeito, como se fosse Fernando Pessoa falando consigo mesmo, mas o monge não era um porta-voz passivo. O jogo de reflexão e autodivisão era mais complexo do que isso. Uma nota autobiográfica em inglês, do segundo semestre de 1907, diz:

> Como foi alegre o jantar de ontem! Como tias, tios e primos homens e mulheres estavam alegres, como tudo estava alegre. Tudo era inteligência, charme, calor. Pobre frei Maurice, tu estavas presente, e estavas frio, frio, frio. Pobre frei Maurice. Frei Maurice está louco. Não ria do frei Maurice.

Quando não estava trabalhando em seu livro, o alter ego religioso de Pessoa — talvez fosse mais correto chamar o frade de "alter consciência" — interferia em sua vida diária, no caso estragando o que poderia ter sido uma noite perfeitamente agradável. Os heterônimos compensavam a ausência de uma vida social vibrante para Pessoa, ao mesmo tempo que atrapalhavam as relações do poeta com pessoas reais.

Nos anos tensos que antecederam a Grande Guerra, Portugal estava envolto em seu próprio drama interno, com seus cidadãos oscilando entre o medo e a expectativa. A vida continuava normalmente, mas abundavam os rumores de conspiração contra um regime cada vez mais impopular. Enquanto isso, a Europa estava se dividindo em dois campos adversários. No segundo semestre de 1907, o Reino Unido, a Rússia e a França formaram a Tríplice Entente, em oposição à Tríplice Aliança de Alemanha, Áustria-Hungria e Itália. Embora ninguém falasse abertamente em guerra, as nações mais poderosas do continente já estavam definindo lados, ampliando seus arsenais militares e recrutando países menores como seus aliados. Nos Estados Unidos, o ano fora marcado por turbulência econômica, com queda da produção industrial, aumento do desemprego, pânico no mercado de ações e um número quase recorde de falência de empresas, mas as injeções maciças de capital de J. P. Morgan e outros banqueiros de investimento conseguiram restaurar a confiança até o final do ano, e, em 31 de dezembro, dezenas de milhares de nova-iorquinos lotaram hotéis e restaurantes para comer, beber e cantar "Auld Lang Syne". Na Times Square, pela primeira vez, uma bola elétrica deslizou lentamente por um poste durante a contagem regressiva de sessenta segundos até a meia-noite.

Naquela mesma noite, os teatros e restaurantes de Lisboa lotaram, mas o clima não era de júbilo. Dezembro havia sido frio e chuvoso, transformando em lama as inúmeras ruas não pavimentadas, o que agravou o congestionamento anual de carroças carregadas de móveis que iam de um domicílio a outro, numa cidade onde ainda havia poucos automóveis. A maioria dos aluguéis de apartamentos coincidia com o ano civil, de modo que muitos inquilinos ainda estavam retirando seus pertences quando se aproximava a meia-noite, enquanto os novos estavam na rua esperando para se mudar. O jornal republicano *A Vanguarda* comentou num editorial de 1º de janeiro que 1907 havia sido para Portugal um ano para esquecer, maculado pela opressão do governo e pela corrupção financeira.[21] João Franco, o primeiro-ministro e ditador de facto, estava abrigado em sua casa na zona norte de Lisboa, devidamente protegido por policiais.

No dia de Ano-Novo de 1908, os parentes maternos de Pessoa reuniram-se para jantar na casa de sua prima Laurinda e seu marido Aniceto Mascaró. O casal morava no centro e próximo ao Tejo, na rua do Alecrim. Fernando, que inicialmente concordara em acompanhar as tias-avós Maria e Rita à reunião familiar, fingiu um mal-estar no último minuto para não ir. É o que descobrimos num texto escrito em inglês para um ensaio pessoal, em que ele se referia grandiosamente ao drible no jantar como seu "primeiro ato de revolta genuína contra o estabelecido, o normal". Ele tinha um bom relacionamento com a prima e gostava de seu marido, "muito mesmo". Foram a grande concentração de membros da família e sua "aversão crescente pela sociedade" que motivaram sua "primeira manifestação aberta de revolta". Aberta? Eis uma palavra estranha para descrever sua "revolta", uma vez que ele fingiu estar doente. Mesmo que suas tias-avós e outros parentes suspeitassem de um estratagema, certamente ninguém fazia ideia de que o quieto, mas independente, rapaz de dezenove anos estava encenando uma revolta. Para quem observava de fora, o abandono do Curso Superior de Letras, que causou uma grande cisão entre ele e os pais, havia sido um ato de rebelião muito mais significativo.

Pessoa tendia a converter até mesmo eventos comuns em incidentes literários, e a caracterização hiperbólica de sua ausência no jantar tornava a história mais interessante, é claro. Mas, embora seu ensaio incipiente fosse manifestamente autobiográfico, uma vez que aludia aos parentes pelos nomes próprios, a história que queria contar era sobre sua vida *futura*. O trecho que escreveu era um preâmbulo para o que estava por vir e representava uma resolução de Ano-Novo.

A não ida ao jantar definia, em sua mente, uma nova etapa de desenvolvimento pessoal. Ele havia resolvido, de uma vez por todas, não cortejar a sociedade ou fazer concessões à família.

Assim, enquanto tia Maria e tia Rita passavam uma noite festiva com outras tias, com tios e primos, o jovem desfrutou do apartamento da rua da Bela Vista à Lapa só para si. Contudo, não passou o dia de Ano-Novo inteiramente sozinho. Para lhe fazer companhia, havia um modesto ajuntamento de curiosos "amigos": Alexander Search, cujo medo irracional da loucura talvez fizesse Fernando se sentir sensato em comparação; dr. Faustino Antunes, que podia lhe dar as dicas de que necessitasse sobre seu estado psicológico; frei Maurice, pronto e disposto a debater a existência de Deus; o generoso Erasmus Dare; o sombriamente atraente Jacob Satan; e uma mulher com ternura de mãe que ele pensou em chamar de Madalena. Completando o grupo, lá estava o dr. Gaudêncio Nabos, o bom e velho amigo de Durban, com quem sempre se poderia contar para animar o ambiente com uma história engraçada.

19.

Para a família real portuguesa, o ano de 1908 começou, como sempre, com um mês de férias em Vila Viçosa, onde d. Carlos e os outros homens que se encontravam em sua quinta passavam os dias à caça de animais selvagens, enquanto à noite todos jogavam bridge. Em 1º de fevereiro, o rei, a rainha Amélia e o príncipe Luís Filipe, herdeiro do trono, regressaram a Lisboa de trem, chegando à estação da margem sul do Tejo, cujas águas brilhavam com o reflexo do sol, pois fazia um dia de céu límpido e perfeito. Uma balsa levou a família real e seus empregados para o outro lado do rio, até a praça do Comércio, um enorme espaço aberto, onde foram recebidos pelo príncipe Manuel, filho mais moço do rei e da rainha, e alguns dignitários do governo, entre eles o primeiro-ministro João Franco. Uma pequena comitiva de carruagens deixou a área do cais rumo ao palácio real, na zona oeste da cidade. Apesar da tensão quase palpável no ar — apenas três dias antes, o governo reprimira uma mal organizada tentativa de golpe —, a família real estava como sempre numa carruagem aberta. O rei queria projetar um ar de confiança e normalidade.

Mas não era apenas mais um dia claro e frio de inverno. Quando a carruagem real estava prestes a sair da praça, conspiradores misturados entre os espectadores inocentes surgiram de diferentes direções e abriram fogo contra os quatro membros da realeza, matando instantaneamente o rei e logo depois o príncipe herdeiro. Um dos assassinos correu para a carruagem empunhando uma pistola semiautomática, o qual a rainha golpeou com a única arma que possuía, um buquê de flores, e gritou: "Infames! Infames!". Os dois conspiradores que dispararam os tiros letais foram mortos no local por soldados e policiais, enquanto pelo menos dois outros se misturaram à multidão em fuga e escaparam.[1]

Desse modo, Carlos I juntou-se à infeliz lista de monarcas brutalmente assassinados numa Europa cada vez mais tomada pela tensão e pela agitação. Ele foi precedido por Humberto I, da Itália, e Alexandre I, da Sérvia, mortos respectivamente em 1900 e 1903, e seria seguido pelo rei Jorge I, da Grécia, morto a tiros em 1913. Um ano depois, o assassinato do arquiduque Francisco Ferdinando, herdeiro presuntivo do trono da Áustria-Hungria, precipitaria a Primeira Guerra Mundial.

O príncipe sobrevivente de Portugal, de apenas dezoito anos e estudante da academia naval, foi coroado como o rei Manuel II. Um de seus primeiros atos reais foi demitir João Franco, cujo mandato foi acusado de fomentar a hostilidade contra a monarquia. O início da ditadura de Franco, em maio de 1907, alienara a classe política, levando alguns membros dos partidos tradicionais a se associarem e até conspirarem com os republicanos. Pessoa, cuja antipatia por João Franco era ilimitada, escreveu umas duzentas páginas em inglês para um livro inacabado, *History of a Dictatorship* [História de uma ditadura], que se propunha a analisar seu personagem segundo "os princípios da ciência psiquiátrica". Recorrendo aos paradigmas da degenerescência, da loucura e da criminalidade desenvolvidos por Nordau, Lombroso e outros, Pessoa concluía que Franco era um tipo sofisticado de "criminoso nato" que beirava a loucura sem de fato cair nessa categoria.[2] Esse diagnóstico fantasioso não oferece uma percepção verdadeira do comportamento de Franco. Autocrata acidental empurrado para esse papel pelas circunstâncias, ele demonstrava falhas de caráter banais, como falta de discernimento e apego ao efeito intoxicante e viciante do poder.

João Franco também mereceu muita atenção — sempre negativa — de Pessoa em *Extent and Causes of Portuguese Decay*, que mais parece uma história tradicional. Num trecho escrito para esse livro, Pessoa argumentou que Franco nunca tivera a menor intenção de levar a cabo as reformas liberais anunciadas quando chegou ao poder em 1906.[3] A maioria dos historiadores discorda dessa opinião — eles reconhecem que o primeiro-ministro fez algumas tentativas de reforma, mas ninguém quis cooperar, e depois que se tornou ditador ficou isolado, enfrentando a oposição de quase todos, exceto o rei, que poderia retirar seu apoio a qualquer momento. Por outro lado, Franco podia pôr e ocasionalmente pôs o rei em xeque, em especial quando se tratava das dívidas da família real para com o Tesouro nacional. Ele havia despertado a ira pública ao revelar o tamanho desse montante em novembro de 1906. Em 30 de agosto de 1907, baixou um decreto que cancelava as dívidas e aumentava o estipêndio anual da família real — medida que deixou d. Carlos em dívida com Franco tanto quanto o primeiro-ministro estava em débito com ele. Isso pode ter garantido sua manutenção no posto no curto prazo, mas exacerbou a ira pública em relação aos dois homens; daria na mesma se os dois tivessem feito um pacto de suicídio. Franco, também jurado de morte, teve a sorte de perder apenas o cargo.

O regicídio suscitou poucas expressões de indignação nos jornais portugueses, e o luto público pelas vítimas reais foi morno. A maioria não tirou o chapéu na passagem do cortejo fúnebre. Enquanto isso, os dois assassinos eram tratados como mártires, e aqueles que lamentavam sua morte fizeram manifestações mais expressivas, pelo menos na capital, onde milhares de lisboetas foram aos seus túmulos. O resto da Europa, ainda governado em grande parte por dinastias reais, ficou chocado com a indiferença de Portugal diante da perda de seu rei assassinado, que era tido em alta conta por outros monarcas e, em particular, pelo rei Eduardo VII da Grã-Bretanha, seu amigo pessoal. "A vergonha de Lisboa", dizia uma manchete do semanário londrino *The Graphic*, que publicou uma fotografia de republicanos colocando coroas de flores nos túmulos dos assassinos.[4] Como isso era possível? Graças às habilidades diplomáticas do rei Carlos I, o prestígio de seu país na arena internacional aumentara consideravelmente depois de ter chegado ao seu ponto mais baixo em 1890, quando o Ultimato Britânico forçara Portugal a abandonar a região do Shire, na África. Infelizmente para o rei, seus sucessos diplomáticos não ajudaram em sua reputação no próprio país, onde era visto como um socialite frívolo e perdulário que viajava demais.

Pessoa, levado também pelo fervor antimonarquista, via apenas os defeitos do rei, fechando os olhos para suas realizações. Republicano orgulhoso, incomodava-se ao ver nos periódicos ingleses que comprava habitualmente que os portugueses estavam sendo insultados no exterior por sua reação insensível ao regicídio, e decidiu abordar o assunto. Escreveu algumas considerações em inglês para artigos que esperava publicar na Grã-Bretanha e nos Estados Unidos, explicando a seus leitores em potencial que o rei "roubara o dinheiro de seu povo, nunca amara nem honrara seu país, não se importara com nada além de seu próprio conforto, sua própria conveniência". No verso de um folheto de publicidade de fevereiro de 1908, mesmo mês do assassinato do rei, Pessoa anotou em inglês algumas justificativas lógicas para o crime: "Absolutismo e regicídio são complementares. Um é tão anormal quanto o outro. A melhor maneira de evitar o regicídio e a lesa-majestade é não ter rei".[5]

Com o nome de Alexander Search, Pessoa começou a escrever um livro intitulado *The Portuguese Regicide and the Political Situation in Portugal* [O regicídio português e a situação política em Portugal], que iniciava com uma longa discussão teórica sobre as origens e os sintomas do declínio nacional. Em 1909, a obra em andamento daria lugar a *The Extent and Causes of Portuguese Decay*, cujo ponto de vista coetâneo o torna um registro especialmente esclarecedor. Embora tenha escrito sua história antes da queda da monarquia, não havia dúvida na mente de Pessoa de que ela iria e deveria cair. Porém ele não estava do lado dos republicanos mais radicais, nem aprovava a violência como ferramenta legítima para alcançar objetivos louváveis. O assassinato de d. Carlos e do herdeiro do trono era um acontecimento excepcional, provocado pelo próprio monarca, e Pessoa defendia os assassinos por serem homens dedicados que realizaram um nobre ato de autossacrifício, mas reconhecia as mortes da família real como uma tragédia humana e deplorava a exultação comemorativa que despertaram em certos lugares.

Pessoa tinha lido sobre uma celebração particularmente macabra do regicídio, na forma de uma reconstituição carnavalesca ocorrida em Salsas, uma vila com casas caiadas e de telhas vermelhas no extremo nordeste de Portugal. Em 1908, o Carnaval caiu no início de março. No âmbito das festividades locais, um chefe de família fantasiou-se de João Franco e andou a cavalo pela cidade, enquanto um de seus filhos e vários outros moradores da cidade fingiam ser a família real, passando por perto numa carruagem. Um segundo filho, vestido para parecer com um dos assassinos, correu de repente do meio da multidão festiva e apontou uma arma para a imitação de carruagem real. Mas, ao contrário do que o jovem pensava, a arma estava carregada, e ele atirou por engano em seu irmão e matou-o, reproduzindo assim uma cena da *Tosca*, de Puccini, cuja heroína grita "Que ator!" enquanto o amante cai no chão, realmente morto, no que deveria ser uma execução fictícia. Com o título "Tragic Bad-Taste" [Mau gosto trágico], Pessoa escreveu um relato do incidente fatal e o enviou, em 15 de março, ao *Lloyd's Weekly News*, um jornal popular publicado em Londres.

Pode-se argumentar que de mau gosto foi Pessoa divulgar a história no exterior. Tratava-se sem dúvida de uma incoerência de sua parte, pois em outros escritos ele se queixara de que a imprensa britânica havia retratado de forma equivocada os portugueses como um povo sem coração por não se enlutar adequadamente diante da perda de seu rei. O cartão que incluiu em sua apresentação ao *Lloyd's Weekly* esclarece seus motivos. Ele afirmava: "Fernando Pessoa não relutaria em aceitar remuneração pela notícia em anexo, a qual é *absolutamente verdadeira*!". Com ou sem remuneração imediata, o autor estava se preparando para ser repórter e comentarista freelance. Seu artigo morbidamente divertido, mas inócuo em termos políticos, era apenas uma tentativa de pôr o pé na porta e ganhar alguns xelins.[6] Mas ele enviou seu texto tarde demais. Outro jornal londrino, *The Daily Telegraph & Courier*, já noticiara o desastroso Carnaval de Salsas.[7]

O jornalista Pessoa não teve melhor sorte nos Estados Unidos. Em maio de 1908, enviou um artigo intitulado "Growth of Republicanism in Portugal" [Crescimento do republicanismo em Portugal], junto com três fotografias, ao Article Syndicate, uma agência de freelancers com sede em Nova York. A agência deve ter manifestado algum interesse no texto, para que ele se desse ao trabalho e ao gasto da obtenção das fotos. Um original datilografado de duas páginas do artigo, encontrado entre os papéis de Pessoa, estava carimbado com o endereço da agência no canto superior direito. Parece que tentaram vendê-lo e, não encontrando compradores, devolveram o material ao autor. "A monarquia portuguesa está em rápida decadência", assim começava o artigo, que notava que o regicídio despertara "pouca indignação e pouca pena", enquanto um comício organizado pelos republicanos de Lisboa em 29 de março supostamente atraíra cerca de 60 mil pessoas — um décimo da população da cidade —, que saudaram os oradores com ruidosos aplausos. Duas das fotos do artigo retratavam o comício.[8]

Apoiador da mudança de regime em seu próprio país, Pessoa simpatizava com movimentos de reforma política em outros lugares, como a Rússia tsarista, já em seu ocaso. A Revolução Russa de 1905 levara à criação da Duma e a alguma expansão das liberdades civis, mas o campesinato ainda estava na miséria e descontente, como Pessoa soube através de uma matéria publicada por um dos jornais republicanos de Lisboa no final de fevereiro de 1908. Isso inspirou-o a escrever um artigo de opinião evidentemente destinado a um jornal inglês, uma vez que desafiava a Grã-Bretanha a "abrir a campanha" contra a opressão na grande nação eurasiana. "Em nome da liberdade, em nome de Cristo, em nome de tudo o que é sagrado, devemos agir contra o absolutismo russo."[9] Esse apelo sincero contrasta completamente com sua zombaria da Revolução Russa na última edição de *O Palrador*, de setembro de 1905, antes de sua conversão ao republicanismo. Mas, embora não chegasse a lamentar a queda da autocracia tsarista em 1917, ele desprezaria o bolchevismo ainda mais. O marxismo, em qualquer de suas encarnações, nunca atraiu Pessoa, para quem uma ditadura do proletariado só poderia ser uma forma piorada de absolutismo.

Apesar de se regozijar com a enorme participação dos lisboetas no comício republicano realizado no final de março, Pessoa pode muito bem ter ficado em casa e apenas lido sobre isso nos jornais do dia seguinte. Por mais infectado que estivesse pelo espírito de revolução, continuava a expressar seus entusiasmos políticos e sociais quase que somente no papel — em suas leituras e sua escrita. O inglês ainda era sua língua literária preferida, mas ele estava escrevendo cada vez mais não ficção em português, pois queria atingir os compatriotas, e também começou a escrever em francês, por motivos mais difíceis de entender. Para se expressar nesses dois últimos idiomas, inventou novos heterônimos. E na segunda metade de 1908, depois de seu aniversário de vinte anos, elaborou um plano-mestre chamado *The Transformation Book, or The Book of Tasks* [O livro da transformação ou O livro das tarefas], projetado para acomodar seus hábitos de escrita multilíngue, sua predileção por alter egos e as diversas áreas do esforço intelectual e humanístico que competiam por sua atenção, inclusive literatura, política, religião e sociologia.

Em sua aparência física, *The Transformation Book*, um caderno fino e rusticamente feito à mão, não poderia ser mais despretensioso, mas seu conteúdo confirmava o ambicioso programa anunciado no título. As páginas redigidas com capricho à mão consistiam em um breve curriculum vitae e uma lista de tarefas escritas para quatro heterônimos diferentes: Alexander Search, Pantaleão, Jean Seul de Méluret e Charles James Search. A intenção de Pessoa, mantida por pouco tempo, era assinar praticamente todos os seus futuros textos literários e críticos com um desses nomes. Desse modo, poderia gerenciar com eficiência seus projetos de escrita e seus heterônimos. O processo de transformação tinha duas partes:

Pessoa se metamorfoseava em quatro heterônimos, e essas quatro potencialidades se materializavam nas produções escritas determinadas em suas "tarefas". Heteronímia e escrita, de acordo com esse esquema, eram quase equivalentes.

Entre as tarefas atribuídas a Alexander Search estavam duas coletâneas de poesia — *Delirium* e *Agony* — e três obras de não ficção: seu livro em andamento sobre o regicídio português, um ensaio sobre filosofia racionalista e um panfleto intitulado *The Mental Disorder of Jesus* [A desordem mental de Jesus]. A dezena de trechos escritos para o panfleto criticava o recém-publicado *La Folie de Jésus* (A loucura de Jesus), do médico e psicólogo francês Charles Binet-Sanglé. Search questionava, entre outras coisas, a suposição do autor de que alegações de revelação sobrenatural eram equivalentes à insanidade. Também destacava que Binet-Sanglé, para defender sua causa da loucura de Jesus, tinha de ter fé, assim como um cristão crente, na autenticidade dos quatro evangelhos que registram a vida e os ditos do líder religioso.[10] A cada ano que passava, Pessoa, embora não acreditasse na divindade de Cristo, admitia cada vez mais a existência de poderes sobrenaturais.

Pantaleão — um personagem típico da commedia dell'arte — foi incumbido de atacar a monarquia em ensaios como "A psicose adiantativa", que ironicamente atribuía o hábito da família real de viver de dinheiro emprestado pelo Estado a uma forma de doença mental cujo sintoma mais evidente era a cleptomania. Outro ensaio, "A nossa administração colonial", argumentava que as colônias portuguesas, tal como eram administradas então, não beneficiavam senão o rei e seu séquito. A lista de tarefas de Pantaleão, que escrevia apenas em português, incluía também poesia, e foi nesse período — o segundo semestre de 1908 — que Pessoa começou a escrever poemas lusófonos a sério. Mas os assinava com seu próprio nome. Como que para compensar a não produção de poesia, Pantaleão assumiu várias outras "tarefas" de escrita não mencionadas em *The Transformation Book*, como um grupo de cartas fictícias e moralmente instrutivas e algumas reflexões e aforismos aleatórios.

Assim como Pantaleão se encarregaria da maior parte da escrita de Pessoa em português, Jean Seul deveria cuidar de quase tudo o que ele escrevia em francês. Isso incluía poesia, e, embora apenas um poema fosse de fato assinado por Seul, Pessoa pretendia que seu único heterônimo francês fosse o autor nominal de todos os versos que produzisse nessa língua. Porém Jean Seul logo desapareceria de cena, e seria em seu próprio nome que Pessoa, pelo resto da vida, escreveria poemas ocasionais em francês, três dos quais publicaria numa revista portuguesa.[11] Tendo em vista que nunca pôs os pés num país de língua francesa, nem mesmo para uma breve visita, os poemas que escreveu nessa língua são, de certo modo, ainda mais notáveis do que seus poemas anglófonos. E também são prejudicados por alguns dos mesmos problemas — dicção afetada, disparidades tonais — incluindo até erros gramaticais.

Jean Seul, de acordo com seu curriculum vitae em *The Transformation Book*, nasceu em 1º de agosto de 1885, e sua principal tarefa era escrever "sátiras ou obras científicas com propósito satírico ou moral". O cv lista três títulos dessas obras, que não passaram de uma série de fragmentos desconectados. A obra mais surpreendente, *La France en 1950* [A França em 1950], imagina o futuro de um país onde a sensualidade, o sexo e a perversão sexual ditam todas as facetas da sociedade e da vida cotidiana. Inclusive, pode ser lida como uma espécie de precursora de *1984*, de Orwell, na qual o Imperativo Sexual toma o lugar do Grande Irmão. Também podemos encará-la como uma sequência de *120 dias de Sodoma*, de Sade. As pessoas lavam pratos com o sangue de crianças estupradas e assassinadas. O esperma animal, depois de um período em que foi a bebida favorita, saiu de moda. Em vez de escolas técnicas, há uma Escola de Masturbação e uma Escola de Sadismo, com professores de aborto e infanticídio. Uma escola para meninas chamada Instituto Sem Hímen ensina as alunas a serem tão lascivas e pervertidas quanto possível, com punições severas aplicadas a qualquer uma que apresente um indício de vergonha ou pudor. Jornais franceses relatam que crianças de quatro anos cometeram suicídio quando rejeitadas por seus amantes adultos. E assim por diante.

Pessoa começou a escrever *La France en 1950* e outra sátira, *Messieurs les souteneurs* [Os senhores cafetões], no final de 1907, antes mesmo de inventar Jean Seul, que se tornaria seu autor fictício de forma retroativa. O terceiro ensaio de sua lista de tarefas, *Des Cas d'exhibitionnisme* [Casos de exibicionismo], foi concebido em 1908, na mesma época de Seul, que nos informa em sua introdução que o exibicionismo é apenas um resultado nefasto das "forças de decadência" que afetam a sociedade moderna, sobretudo na França. Apresentado como um estudo científico, o ensaio não se concentra em velhos tarados que abrem as calças para exibir os genitais a transeuntes desavisados, mas na "perversão sexual" de mulheres seminuas nos salões musicais de Paris. O ensaio também menciona Maud Allan (1873-1956), uma dançarina canadense que se tornou famosa na Europa por sua interpretação sensual de Salomé numa peça vagamente baseada em *Salomé*, de Oscar Wilde. (Pessoa escreveria sua própria versão de *Salomé* por volta de 1916 ou 1917.) O resultado da análise de Seul era que espetáculos eróticos femininos franceses e artistas como Allan anunciavam o declínio da civilização ocidental.[12]

A licenciosidade na literatura e nas artes cênicas não era de forma nenhuma uma característica exclusiva de Paris. O alemão Frank Wedekind (1864-1918) e o austríaco Arthur Schnitzler (1862-1931) trataram corajosamente da sexualidade humana — inclusive (no caso de Wedekind) de homossexualidade, masturbação e sadomasoquismo — em peças que provocaram a indignação burguesa e foram proibidas, acusadas de ser pornográficas.* Era difícil obter informações sobre os dois dramaturgos em Portugal, e Pessoa pouco ou nada sabia sobre eles. Por outro lado, estava familiarizado com autores franceses da mesma geração, como Victorien du Saussay e Jane de la Vaudère, cujos romances decadentistas sobre adultério, incesto, dependência de drogas e outros comportamentos classificáveis como vícios (o título de um dos romances de Saussay era *Escola do vício*) foram muito traduzidos e lidos em Portugal. Jean Seul alude a eles de forma depreciativa em sua introdução a *Messieurs les souteneurs*, em que os "cafetões" são, na verdade, romancistas com obras picantes. Embora Berlim — onde surgiu o primeiro periódico gay, *Der Eigene*, fundado em 1896 — fosse em certos aspectos tão sexualmente liberal quanto Paris, os portugueses dependiam da França para fornecer-lhes literatura excitante e viajavam à capital francesa quando queriam ver garotas seminuas no palco. Daí a associação de Pessoa-Seul entre lascívia sexual e a França.

Embora Pessoa se deliciasse obviamente em descrever comportamentos sexuais e sociais bizarros no idioma de Victor Hugo, menos claro é o objeto exato das sátiras de Jean Seul. Ele estava ridicularizando uma sociedade decadente e uma literatura degenerada obcecada por sexo e sensualidade? Ou, de forma mais sutil, ridicularizava os moralistas preocupados com a nudez no palco, a permissividade sexual e a escrita decadente? Mesmo quando não está acenando ou piscando para o leitor, a sátira muitas vezes espreita sob a superfície em Pessoa, que não levava muito a sério quase nada, a não ser sua vocação de questionar, repensar e reformular. No final de *Degeneração*, Max Nordau imagina um futuro

* Deve-se dizer que as peças de Wedekind com temática sexual foram, em grande medida, inspiradas por sua experiência na boemia em Paris entre 1892 e 1895.

no qual todas as cidades da Europa teriam clubes para assassinatos mútuos por estrangulamento, tabernas para beber todo tipo de sujeira, injetores profissionais de morfina e cocaína, cidadãos masculinos vestidos de mulher e mulheres vestidas de homem, e teatros onde homicídios eróticos e sangrentos seriam encenados o tempo todo, com bandos de voluntários esperando na fila para morrer voluptuosamente enquanto os espectadores aplaudiam de maneira frenética.[13] A visão ainda mais sinistra de Jean Seul do futuro decadente e concupiscente da França era uma paródia de Nordau, cujo terrível prognóstico sobre o estado da cultura e do mundo em geral não convenceu Pessoa. De qualquer modo, não havia motivo para preocupação. Se a civilização francesa está moribunda porque é decadente, então alguma outra civilização irá substituí-la — assim observa um plácido Seul em sua conclusão de *Des Cas d'exhibitionnisme*.

A tarefa de Jean Seul, no entanto, não era totalmente irônica. Pessoa estava de fato preocupado com o efeito dos costumes sexuais liberalizados sobre a sociedade. Em anotações inéditas feitas por volta de 1908 e sem nenhum vestígio de ironia, ele escreveu (em inglês) sobre a necessidade de criar "um senso moral" em Portugal, onde a "degeneração dos tempos modernos" conduzira à "grosseria e indecência" na fala das pessoas. Além disso, cartões-postais lascivos e "livros do tipo mais obsceno" eram exibidos sem o menor pudor nas vitrines. (E assim ficamos sabemos como o poeta púbere, durante sua viagem a Portugal em 1901-2, conseguiu adquirir os "indecentes quadrinhos franceses e portugueses" que mostrou ao seu colega Geerdts em Durban.) Pessoa, que contava com os republicanos para derrubar uma monarquia corrupta e higienizar o sistema político de Portugal, também esperava que os cidadãos da nação se tornassem mais puros na fala e no pensamento. Consternava-o que o editor de *A Luta*, um dos jornais republicanos que costumava ler, considerasse "natural e puro que mulheres nuas fossem expostas em *music-halls* (como em Paris)". Em defesa de sua posição, o editor do jornal citou a máxima de são Paulo de que "para os puros todas as coisas são puras". É verdade, reconheceu Pessoa em suas anotações, "mas onde estão os puros? Eles são muito poucos".[14]

Pessoa era pudico, paternalista e elitista. A sabedoria paulina sobre pureza era adequada para um segmento rarefeito da sociedade, mas não se podia confiar que a maioria das pessoas poderia viver sem regras. Elas precisavam ser continuamente moralizadas e seus instintos sexuais, controlados. Nesse caso, nem mesmo Pessoa fazia parte da elite. Estava preocupado com *seus próprios* instintos sexuais tanto quanto com os de qualquer outra pessoa. O sexo para ele era uma coisa suja, não pura. Havia adquirido um conhecimento considerável sobre o assunto, como sabemos por seus escritos, inclusive os de Jean Seul, mas sexo real? Mulheres nuas de verdade? Ele se encolhia de medo diante desse pensamento. A série de personagens lascivos que inventou para os textos de Seul, com um exagero horripilante, talvez tenha sido em parte para seu próprio benefício, com o objetivo de reafirmar sua preferência pela castidade.

Completando o quarteto transformador de heterônimos de Pessoa havia o apagado Charles James Search, nascido em 18 de abril de 1886, o que o tornava dois anos mais velho que Alexander, seu irmão, e meio ano mais novo que Jean Seul. (A data de nascimento de Pantaleão não foi revelada.) Muito modesto para escrever qualquer coisa de sua autoria, a tarefa de Charles era traduzir obras literárias do português para o inglês.[15] Entre seus projetos de tradução estavam o romance *O mandarim*, de Eça de Queiroz, uma seleção de sonetos de Luís de Camões e poesias de Henrique Rosa, que se tornara um amigo íntimo e mentor de Pessoa. O intelectual mais velho mostrava seus poemas ao sobrinho, emprestava-lhe livros e encontrava-se com ele em cafés — a menos, claro, que o general reformado estivesse num daqueles períodos em que, incapaz de suportar o mundo exterior, permanecia fechado em seu apartamento entre seus livros, como Jean Des Esseintes, o protagonista misantrópico de *Às avessas*, de Huysmans.

Além de se identificar com Henrique Rosa como poeta, republicano e cético, Pessoa compartilhava com ele a tendência de passar longas horas sozinho, longe da enlouquecedora multidão. Persuadido, no entanto, de que não era saudável estar muito envolvido consigo mesmo e com seus livros, ele estava tentando ser mais sociável e mais envolvido na vida em sociedade. *The Transformation Book, or The Book of Tasks* pretendia ser um ponto de inflexão. Era o substituto de *Ultimus Joculatorum*, que havia representado o mundo interior de Pessoa por meio de figuras simbólicas como o "bom" Erasmus Dare e o "mau" Jacob Satan, sem um foco que fosse além dele mesmo. O dr. Faustino Antunes e frei Maurice, heterônimos que haviam atendido em tempos recentes às necessidades psicológicas e espirituais do poeta, também caíram no esquecimento. Em 1908, *The Transformation Book* reconfigurou radicalmente as energias heterônimas de Pessoa em prol de dois objetivos externos: a revitalização de seu país e a civilização da humanidade em geral. Pantaleão trabalharia na mobilização dos portugueses para derrubar sua monarquia moribunda e abrir caminho para uma república; Jean Seul resolveria o problema da decadência moral da Europa; Charles Search poliria a imagem internacional de Portugal ao traduzir um pouco de sua bela literatura para o inglês; e Alexander Search explicaria à Grã-Bretanha e ao resto do mundo, em inglês, por que o regicídio fora inevitável e por que a monarquia portuguesa estava condenada a cair. Alexander, desde seu surgimento em 1906, era o mais dinâmico dos alter egos de Pessoa e se destacava como o ego central do sistema. Seu curriculum vitae no *Transformation Book*, além de listar projetos de escrita específicos, menciona uma obrigação genérica e imensa: "tudo o que não é do domínio dos outros três".

A proximidade psicológica entre Alexander Search e seu criador deu origem a alguma confusão sobre quem era quem. Em 30 de outubro de 1908, ele assinou um longo texto de diário que começa: "Nenhuma alma mais amorosa ou terna do que a minha jamais existiu, nenhuma alma tão cheia de bondade, de piedade, de todas as coisas de ternura e de amor". Dotado de uma fonte tão abundante de amor e bondade humanos, o heterônimo de Pessoa era o agente mais apto possível para trabalhar em favor dos impulsos humanitários e patrióticos descritos mais adiante no mesmo texto. Um "desejo intenso de melhorar a condição de Portugal" desperta no sr. Search "mil planos", inclusive a "escrita de panfletos portugueses" para ajudar a desencadear uma revolução, "a edição de obras literárias nacionais mais antigas", a "criação de uma revista" e de um "periódico científico" e seus "projetos Jean Seul". Mas tantos planos de escrita e publicação, combinados com uma urgência avassaladora de executá-los rapidamente, paralisam sua vontade, de forma que ele pode realizar pouco do que deseja fazer e sofre, por isso, "à beira da loucura".

Embora o verdadeiro arquiteto de todos esses planos fosse claramente Pessoa, o medo exagerado de uma insanidade iminente pertencia apenas a Alexander Search. E, no entanto, o diagnóstico de doença mental do dr. Faustino Antunes em seu "paciente" chamado Fernando Pessoa, por mais inteligente que fosse o estratagema de obter opiniões sobre seu caráter de pessoas que conhecera em Durban, continha um grão de verdade. Ainda que não estivesse louco, ele temia sinceramente ter herdado, junto com o dinheiro, a loucura de sua avó, e sofria com a vertigem de "mil planos" que não conseguia manter vivos, muito menos executar, com sua cabeça sempre fervilhando novos interesses, novas ideias, novas ambições... Esse excesso de divagações mentais a puxá-lo para uma miríade de direções diferentes parecia a Pessoa, sem dúvida, o possível início de um colapso mental.

Uma vontade fraca, às vezes paralisada, que o impedia de realizar o turbilhão de ideias que sua mente continuava gerando era uma de suas queixas constantes — ele compraria um livro de autoajuda intitulado *Have You a Strong Will?* [Você tem uma vontade forte?] algum tempo depois de 1912 —, mas nem a mais ferrenha determinação seria capaz de domar adequadamente essa efusão caótica. Além da proliferação constante de novas ideias e novos interesses, havia um fluxo contínuo de novas vozes, os heterônimos, que Pessoa habilmente punha para trabalhar como veículos para converter seus impulsos em projetos de escrita factíveis. Esses heterônimos serviam a outro propósito relacionado. Pessoa confiava na mediação deles para evitar, ou pelo menos disfarçar, a contradição inerente à sua ambição individualista de ser um altruísta através da escrita. Ele resolvia o problema do egocentrismo, pelo menos no nível formal, transferindo suas aspirações para personalidades subsidiárias.

The Transformation Book foi uma experiência exemplar no sentido de regular e implementar metodicamente suas ambições por meio dos alter egos, mas logo acabou abandonado. Incapaz de seguir qualquer método, por mais sui generis que fosse, Pessoa escreveu um bom número de páginas para a maioria das obras listadas como "tarefas" no *Transformation Book*, sem concluir nenhuma. Distraía-se, como de costume, com o surgimento de novos projetos de escrita e também com a consciência estimulante de que tudo o que escrevia logo teria um escoamento seguro: sua própria editora, para a qual já fazia planos, como o citado texto de diário deixa claro. Esses planos — a publicação de clássicos portugueses, uma revista, um periódico de ciências — também deixam claro que ele não hesitava em seu compromisso de ser um transformador da sociedade, em particular da portuguesa.

Em 1908, na ânsia de se relacionar diretamente com o povo, d. Manuel II, um ano mais novo que Pessoa, viajou muito por Portugal, tendo uma recepção calorosa por onde passava. Mas o republicanismo já havia conquistado os cidadãos de Lisboa, que se sentiam cautelosamente empolgados e um pouco apreensivos, sem saber ao certo como um sistema político tão novo, se prevalecesse, os afetaria. Conforme suas anotações pessoais revelam e seus planos de publicação demonstram, Pessoa desejava fazer sua parte para garantir que o novo sistema fosse vitorioso e para ajudar a moldar o futuro do país. Paradoxalmente, fazia ao mesmo tempo planos para sair de Portugal. Em meados daquele ano, escreveu uma "Lista de coisas para viagem" em um pequeno caderno. Uma segunda lista de "Coisas necessárias", encontrada entre alguns de seus escritos políticos do mesmo ano, inclui muitos dos mesmos itens: uma valise, uma toalha, roupas e acessórios variados, uma câmera e uma cama dobrável.[16] O destino da viagem antecipada só poderia ser a Inglaterra eduardiana, para onde Pessoa pensava em ir desde 1906, poucos meses depois de ter regressado da África do Sul para Lisboa. Seus planos continuavam nebulosos, apesar do que suas listas de checagem de itens de viagem poderiam sugerir, mas logo ele teria os meios para financiar uma viagem. Em 1909, no dia em que fizesse 21 anos, ele tomaria posse de sua herança.

Assim como a sonhada editora, a viagem proposta por Pessoa fazia parte de uma estratégia para levar adiante sua carreira de escritor, que — assim acreditava — avançaria de forma mais rápida e duradoura na língua inglesa. Ele se preparou para a jornada tentando estabelecer alguns contatos na Inglaterra. No primeiro semestre de 1908, escreveu uma carta indagando sobre como se tornar membro do Quill Club, uma associação em Londres que oferecia vários serviços para autores iniciantes e consagrados, e não apenas pelo correio. Se ingressasse no clube, teria o direito de comparecer às reuniões periodicamente agendadas, nas quais poderia fazer contatos e aprender algumas dicas práticas de publicação.

É provável que Pessoa tenha assinado a carta para o Quill Club com o nome de Alexander Search, o mesmo que usou numa carta para Sprigg, Pedrick & Co., uma agência literária de Londres. Não tendo recebido uma resposta de Sprigg, de Pedrick ou da companhia deles, escreveu novamente em 21 de abril de 1908, renovando seu pedido de informações sobre como a agência funcionava. Quando essa informação enfim chegou, ele redigiu a seguinte resposta breve:

> Meu irmão está atualmente na Espanha e, portanto, não pode responder à sua carta de [*data em branco*] neste momento. Ele estará de volta dentro de poucos dias, quando eu a entregarei imediatamente.
>
> Muito atenciosamente,
>
> Chas. Search

Uma vez que seus arquivos não contêm outra menção a Sprigg, Pedrick & Co., só podemos especular se Pessoa de fato enviou uma resposta como essa e sobre o que o motivou a proceder com tanto artifício. Queria abrir o caminho para que Charles James Search enviasse suas traduções de poesia portuguesa para o inglês? Estava inventando uma reputação internacional para Alexander, cuja incursão à Espanha, se tudo corresse bem, seria seguida por uma viagem à Grã-Bretanha? Embora não tenha deixado detalhes, é evidente que queria criar uma história familiar maior. As margens do rascunho epistolar assinado por Charles contêm assinaturas de dois outros membros do clã: Catherine Search e Augustus Search. Talvez Pessoa, ao fazer sua viagem para a Inglaterra, pretendesse desembarcar lá como Alexander Search, com um maço de poemas anglófonos prontos para serem apresentados às editoras e algumas histórias para contar sobre seus três irmãos em Lisboa. A menos que Catherine e Augustus, em vez de irmãos, fossem os pais de Charles e Alexander.[17]

O carinho de Pessoa pelo personagem Pip, cujo nome tomou emprestado para um de seus primeiros heterônimos, tinha provavelmente a ver com a cidade de Londres, para onde o adolescente Pip se muda a fim de se tornar um cavalheiro e realizar suas grandes esperanças Assim como o protagonista de Dickens, Pessoa tinha grandes projetos para sua futura viagem à capital inglesa. Não menos grandiosas eram as esperanças que nutria por uma editora portuguesa. As duas aspirações não deveriam ser mutuamente excludentes, e inclusive eram complementares. Não há nenhum documento que o comprove, mas suspeito que a ideia de Pessoa, àquela altura, era passar seis meses ou um ano em Londres — tempo suficiente para se familiarizar com o meio literário e abrir caminho para sua própria obra — antes de se estabelecer como editor em Lisboa. Talvez Alexander Search ficasse na Inglaterra para se promover como poeta anglófono e divulgar suas ideias republicanas, enquanto Pessoa retornaria sozinho para casa a fim de concentrar-se em sua própria poesia, seus escritos para fomentar a revolução e a criação de uma editora que, assim esperava, poderia rivalizar com as melhores de Londres.

20.

Embora tivesse contornado cabo da Boa Esperança três vezes e cruzado o canal de Suez e atravessado o Mediterrâneo numa quarta viagem, Pessoa nunca se aventurara para além das proximidades de Lisboa — exceto em sua imaginação — desde seu regresso da África, em 1905. Contudo, apesar de estar rodeado de portugueses e mergulhado na língua e na cultura portuguesa, ainda era, aos vinte anos, um poeta quase exclusivamente de língua inglesa. Os poucos poemas políticos que escrevera em português, com o sério propósito de derrubar a monarquia, eram peças curtas e satíricas que representavam pouco mais que zombarias espirituosas e alfinetadas de denúncia. E então, em meados de novembro de 1908, como se de repente uma musa o tivesse abençoado com uma nova voz, escreveu uma enxurrada de poemas líricos em português, diferentes de tudo que havia produzido até então, em qualquer idioma. Eram mais delicados e evocativos do que os poemas em inglês assinados por Alexander Search e menos conscientemente literários do que os poemas lusófonos que Pessoa escrevera aos treze anos, quando passara um ano em Portugal.

Um de seus poemas nesse novo estilo pondera sobre a possibilidade horrível de morrer jovem, como Keats, a quem é dedicado o poema, sem ter tido tempo suficiente para pôr na poesia tudo o que sua alma sentia. Esse medo talvez tenha sido, em parte, o que o levou a começar a escrever em português. Embora surdo à ligeira rigidez e às notas erradas ocasionais em sua poesia anglófona, Pessoa começou a perceber que havia sentimentos que podia expressar melhor em sua língua nativa, aquela que ouvia e falava todos os dias. Também começou a ler a poesia portuguesa com mais cuidado. De acordo com relatos do próprio Pessoa, ele foi influenciado nesse período por poetas nacionais como Almeida Garrett (1799-1854), Antero de Quental (1842-91), Cesário Verde (1855-86), Antônio Nobre e Guerra Junqueiro.[1] Nessa lista ilustre ele incluiu o nome de seu prolífico, mas poeticamente irrelevante, tio Henrique Rosa, que não podia deixar de ser uma influência importante, já que foi o primeiro poeta de carne e osso com quem Pessoa conviveu. Rosa incutiu nele o apreço por certos temas, como o cansaço do mundo.

De todos os poetas mencionados, Antero de Quental era o mais admirado pelos críticos no início do século XX, e também o mais traduzido. Pessoa, que aparentemente não tinha conhecimento dos *Sixty-four Sonnets* de Quental publicados em Londres, em 1894, trabalhou na tradução para o inglês de mais de trinta de seus sonetos, nenhuma delas concluída. Quental nasceu na ilha açoriana de São Miguel e ali se suicidou, mas passou grande parte de sua vida em Portugal continental, onde estudou direito, ajudou a organizar os movimentos operários anarquistas e socialistas e lutou contra a depressão ao longo da vida adulta. Pessimista filosófico (como Henrique Rosa), construía seus poemas em torno de grandes ideias e conceitos: a vaidade do esforço humano, o Amor, a Razão, a morte de Deus, a transcendência e assim por diante. Atraído pela visão humanista religiosamente cética desse poeta e também afligido por surtos de desânimo, Pessoa o mencionou em uma anotação autobiográfica angustiada escrita em 5 de setembro de 1908, em inglês: "Eu nunca sou feliz, nem em meus momentos egoístas, tampouco nos altruístas. Meu consolo é ler Antero de Quental. Afinal, somos espíritos irmãos. Oh, como eu entendo aquele profundo sofrimento que foi o dele".[2]

Questões sobre a natureza de Deus e a dúvida mais básica sobre a existência de Deus de fato fascinaram Pessoa quando jovem, e sonetos de Quental como "O inconsciente", em que Deus é retratado como um antigo fantasma que assombra mentes humanas, mas cuja realidade está em dúvida, inspiraram-no a esboçar algumas estrofes em inglês para um livro de sonetos seus a ser intitulado, em latim, *Mors Dei*.[3] Ele já havia usado o mesmo título em inglês, *Death of God* [Morte de Deus], para as coletâneas de poemas assinadas por C. R. Anon e Alexander Search, ambos marcadamente influenciados por Quental, poeta que Pessoa lera pela primeira vez na adolescência, em Durban.

É mais difícil detectar a influência de Quental na poesia lusófona de Pessoa. Embora ambos gostassem de lidar com ideias de peso, a linguagem de Pessoa, quando escrevia em sua língua materna, era mais musical, e seus poemas, moldados com mais sensibilidade. Vejamos duas estrofes de seu poema "Mar. Manhã", escrito em novembro de 1909:

Parece ser um ente apenas
Este correr da onda do mar
Como uma cobra que em serenas
Dobras se alongue a colear.

Unido e vasto e interminável
No são sossego azul do sol,
Arfa com um mover-se estável
O oceano ébrio de arrebol.

Observe-se que as palavras do poema estão ligadas a seus referentes, em versos que se movem em ondas como o oceano que descrevem. A poesia de Quental é geralmente mais conceitual e menos matizada em termos linguísticos. Suas palavras transmitem uma ideia por meio de uma narrativa cuja eficácia depende da conclusão.

Pessoa retomou algumas das especulações filosóficas de Quental, e também os temas antimonarquistas e anticlericais que encontrou na poesia de Guerra Junqueiro, mas foram outros poetas, como Almeida Garrett, que o ensinaram a ser lírico em português. Garrett, a figura mais proeminente do romantismo português, foi dramaturgo e romancista, além de poeta, e o seu discurso poético muitas vezes parece dramático, como se fosse feito para o palco. Isso é especialmente verdadeiro em sua poesia tardia, que dava preferência à linguagem coloquial e às formas populares de verso, como a redondilha maior, de sete sílabas. Foi depois de ler ou reler a poesia de Garrett, em 1908, que Pessoa, desafiando-se a fazer ainda melhor, começou a escrever poesia lírica em português.[4] As semelhanças estilísticas entre os dois poetas são fáceis de rastrear, embora os temas sejam bastante diferentes. Os poemas de Garrett são muitas vezes dirigidos a mulheres amadas, ou solilóquios sobre as dúvidas e frustrações do amante. Pessoa escreveu alguns poemas nesse estilo, inclusive um para uma "Linda Maria", em novembro de 1908, porém com muito mais frequência usava a poesia para dramatizar suas ansiedades semelhantes às de Quental sobre viver num mundo governado por forças desconhecidas.

Pessoa encenou suas preocupações existenciais com franqueza penetrante no drama em versos *Fausto*, que escreveu em português e cujo protagonista encara implacavelmente o abismo do desconhecido e sua própria alma incognoscível. O interesse de Pessoa em reinventar a lenda que surgiu em torno da vida de Fausto, um alquimista e mago do século XVI, revelou-se pela primeira vez em *Ultimus Joculatorum*, o drama já mencionado em que sua própria vida parecia estar em jogo, e no qual forças cósmicas — inclusive o espírito do mal Jacob Satan — competiam por influência. A inspiração direta para esse drama preparatório e superficial, bem como para o *Fausto* profundamente autoexplorador de Pessoa, foi o *Fausto* de Goethe, livro que o poeta possuía e que leu numa tradução inglesa. Ele também viria a comprar um exemplar de *Doutor Fausto*, de Christopher Marlowe, um dramaturgo rival (e colaborador ocasional) de Shakespeare.[5] No entanto, um dos principais pontos de tensão dramática nessas duas peças famosas — a saber, o destino eterno da alma do protagonista — não interessava em nada a Pessoa. Em sua versão da lenda, onde o Diabo pouco aparece, o drama de Fausto é basicamente pensar demais. Ele se angustia com a natureza da vida e da consciência, sonho versus realidade, o que foi e o que será, e a possibilidade de outras realidades, outros níveis de existência. A consequência lamentável de sua busca fanática por conhecimento é que o impede de se engajar na vida em si.

Ou seria o contrário? Talvez seu medo de agir e interagir o faça refugiar-se em atividades intelectuais solitárias.

Pessoa começou seu *Fausto* no segundo semestre de 1908 e trabalhou no texto continuamente ao longo dos anos seguintes, depois de forma intermitente até pelo menos 1933, deixando mais de duzentos trechos que nunca tentou reunir, embora tenha feito várias sinopses e, em alguns casos, indicado a qual ato determinado texto pertencia. Para aumentar a confusão, a certa altura decidiu criar uma segunda e uma terceira versão da história de Fausto, porém a maioria dos trechos que escreveu, geralmente em versos brancos, mas às vezes rimados, parece ser para a primeira versão. Além dos discursos do próprio Fausto, existem alguns personagens com pequenas participações, bem como algumas direções de palco, que tornam possível organizar o turbilhão de textos desordenados num drama com alguma coerência. Representações muito diferentes da peça de Pessoa foram montadas e encenadas em Portugal, na França e em outros lugares.

Pessoa também concebeu uma personagem feminina, Maria, que ama Fausto "como o amor ama", sem saber o porquê, de forma irracional, mas o herói é incapaz de corresponder ao sentimento. Em suas anotações de planejamento para o desenvolvimento do diálogo de Fausto com Maria, Pessoa escreveu que "esse abismo que existe entre ele e o amor começa por ser um abismo que existe entre ele e ele próprio".[6] Como a maior parte do material de *Fausto*, as anotações citadas não têm data, mas a explicação do motivo de Fausto não poder ceder ao amor é válida para o próprio explicador em qualquer momento de sua vida adulta. O abismo que tende a separar Pessoa de todos os sentimentos de amor — e mesmo de seu sentimento de si — se deve, como no protagonista epônimo de seu *Fausto*, a uma consciência hiperativa. Não era que Pessoa sentisse menos do que os outros; ele sentia mais. Mas tudo o que sentia se transformava em objeto instantâneo de reflexão e análise, além de tornar-se tema em potencial para sua escrita.

Junto com a poesia lírica e seu sombrio e às vezes sufocante *Fausto*, o súbito surto de escrita em português de Pessoa resultou em alguns poemas humorísticos, um dos quais foi publicado no final de 1908, no *Novo Almanach de Lembranças Luso-Brazileiro para o Anno de 1909*.[7] Esse compêndio popularíssimo de curiosidades e informações úteis também incluía um pouco de literatura leve e não tão leve, bem como dezenas de charadas, que muitas vezes eram produções bastante elaboradas. A contribuição de Pessoa para o almanaque foi uma charada em forma de poema cujo personagem declara seu amor a uma bela mulher em 29 versos rimados com humor. Ele era capaz de escrever com mais facilidade sobre o amor quando era em teoria, de brincadeira ou em nome de outra pessoa. Sua charada poética era assinada por Gaudêncio Nabos, seu heterônimo cômico que era médico. O dr. Nabos, que falava apenas inglês em Durban, mas agora era bilíngue, permaneceria ativo até pelo menos 1914, época em que suas piadas e histórias já eram escritas apenas em português.[8] Como humorista, o dr. Nabos tinha de usar habilmente a linguagem do dia a dia para produzir um efeito cômico, então era natural que adotasse o português, a língua que ultimamente ocorria com mais naturalidade ao poeta.

Os transportes exaltados de sua poesia lírica, as ansiedades de seu Fausto mentalmente torturado e a alegria jovial do dr. Nabos eram todos estados de ânimo e modos de escrever que coexistiam no eu espaçoso e criativo de Pessoa.

O florescimento de Pessoa como poeta de língua portuguesa foi estimulado pelo conhecimento de que, em 1909, ele poderia enfim usar sua herança para abrir uma editora em Lisboa. Se quisesse produzir livros para o mercado português, precisaria de textos originais nessa língua, e por que não textos seus e de seus colaboradores fictícios? No entanto, ele esperava mais do que apenas se tornar um autor publicado (ou, no caso dele, uma série de autores): queria usar suas palavras impressas para promover o republicanismo. Essa ambição poderia ser alcançada de forma mais rápida e eficaz por meio de publicações jornalísticas, que eram, portanto, uma de suas prioridades editoriais. E assim, alguns meses antes de completar 21 anos, quando teria acesso irrestrito aos 5 milhões de réis que a avó lhe havia deixado, Pessoa criou, como forma de diversão, mas também como preparação, um "jornal" dedicado à política. Na verdade, não um, mas dois jornais fictícios, cada qual filiado a um partido político imaginário. Mais sofisticados do que os esforços manuscritos de sua adolescência, esses jornais, embora não fossem compostos para uma gráfica, eram pelo menos datilografados e reproduzidos mecanicamente com o uso de um mimeógrafo.

Em 14 de abril de 1909, a primeira edição de *O Progresso* saiu da máquina copiadora. Com o subtítulo de "jornal radical", era o órgão oficial do partido de oposição, cujos membros eram Fernando Pessoa, seu primo Mário Freitas e Raul da Costa, primo distante de Fernando e primo-irmão de Mário. Todos os três eram membros do Parlamento de uma república sem nome. Em 16 de abril, o mesmo mimeógrafo produziu o primeiro e único número de *A Civilização*, que representava o partido no poder, que tinha como um de seus líderes Armando Couto, também primo distante de Fernando pelo lado materno.

Raul e Armando nasceram em Lisboa em 1890, apenas dois anos depois de Fernando, que parece ter tido pouco ou nenhum contato com eles quando eram crianças. Agora, faziam parte de seu círculo social — ou melhor, ele fazia parte do círculo que os dois e vários outros formavam com seus primos-irmãos Mário e Maria. Fernando ficava na periferia, mais observando do que participando. O clã de primos passava fins de semana ocasionais e parte de cada verão na Trafaria, uma vila de praia então popular que ficava do outro lado do Tejo e era facilmente acessível de balsa. Fundada como uma vila de pescadores, abrira nos últimos anos uma série de pequenos hotéis e até um modesto "cassino", com um restaurante e entretenimento, mas sem jogos de azar, com exceção talvez do bingo. Anica, mãe de Mário e Maria, também gostava de passar as férias na Trafaria, e Fernando esteve lá pelo menos uma vez.

Mas patinhar na água, passear na praia e sentar-se no salão do cassino para ouvir a banda local não o atraía nem um pouco. Sua maneira de entrar na diversão era escrever a respeito. A principal proposta parlamentar discutida em seus jornais mimeografados *Progresso* e *Civilização* era a fundação de um "Club Desportivo" na Trafaria e a construção de um "chalet" para uso dos sócios do clube. Os deputados Mário Freitas e Raul da Costa assinaram "cartas ao editor", obviamente escritas por Pessoa, como tudo nos jornais. Há uma citação de passagem do deputado Fernando Pessoa, informando que publicou alguns poemas em inglês e que foi "sempre um grande poeta pequenino; inda mamava e já fazia versos para à ama, o maroto". Inventar partidos políticos e políticos preocupados com questões ridículas era fácil para Pessoa, que aprendera a brincar de política desde pequeno com seu imensamente imaginativo tio Cunha.[9]

A indiferença de Pessoa em relação ao sol e às ondas não era o único motivo por que preferia escrever sobre a Trafaria em seus jornais a ir de fato para lá. Também não tinha aptidão para envolvimentos amorosos, o que, para seus amigos, era a principal atração do lugar. O primo Mário passava a maior parte do tempo na praia cortejando Helena, a irmã mais nova de Raul da Costa, que dedicava suas atenções à reciprocamente atenciosa Maria, irmã de Mário. Foi também na Trafaria que Clara, a melhor amiga de Maria, conheceu e se apaixonou por Armando Couto. Em poucos anos, os três pares estariam casados. Em meio a todas as mãos dadas, aos beijos e olhares carinhosos que aconteciam enquanto o sol escaldava e as ondas suaves lambiam a praia, Fernando se sentia ainda mais deslocado.

Embora não fosse um tipo extrovertido, Pessoa era espirituoso e se dava muito bem com outros jovens. Era com as mulheres de sua idade que se sentia pouco à vontade. Elas o intimidavam, e às vezes, em autodefesa, ele as intimidava. Quando Clara o conheceu, Fernando fez questão de falar e agir de forma esquisita, o que a incomodou. Isso foi em 1906, quando estudava e morava com tia Anica, que havia convidado Palmira, sua melhor amiga açoriana, e a filha dela Clara para visitarem sua família em Lisboa. Palmira e Clara acabaram morando com Anica por mais de um ano e conviveram por alguns meses com Fernando, que era três anos mais velho que Clara. Em vez de encantá-la com seu inglês fluente, com histórias sobre sua vida na exótica África do Sul durante a Segunda Guerra dos Bôeres e sobre sua vida atual de estudante no Curso Superior de

Letras, ele despertou suspeitas com seu comportamento esquisito. Com medo de que pudesse entrar furtivamente em seu quarto para assustá-la no meio da noite, ela pediu a ajuda da mãe para bloquear a porta com móveis.

Palmira e Clara acabaram por alugar um apartamento em Lisboa e nunca mais regressaram aos Açores. Passaram a fazer parte da família que orbitava em torno de tia Anica e, apesar das apreensões anteriores, davam-se bem com Pessoa, assim como com todos os outros membros da família. Mas ele não era como todo mundo.[10]

Três números de *O Progresso* e apenas um de *A Civilização* foram "publicados" em meados de abril. De acordo com as anotações de Pessoa de 1909, ele devia a Mário Freitas vinte réis por número.[11] O mimeógrafo pertencia a Mário, que completara dezoito anos em fevereiro e já era um homem de negócios. Ao contrário de Fernando, podia fazer saques da herança deixada por seu pai quando quisesse, sem ter de esperar até os 21 anos. Sua mãe Anica era uma curadora de bens das mais complacentes. Fernando tinha muitas ideias sobre como o primo deveria investir seu capital, e o mimeógrafo foi uma delas. Além de ser uma ferramenta de escritório útil, podia gerar dinheiro como uma alternativa barata à impressão para clientes que precisavam de várias cópias de folhetos, cartas comerciais... e jornais de faz de conta. Fernando foi provavelmente o primeiro cliente do primo. Além de lhe dar a sensação de fazer leiautes jornalísticos por meio de um processo de reprodução mecânica, ainda que o mimeógrafo estivesse longe dos tipos móveis, os "jornais" de Pessoa lhe permitiram testar o entusiasmo de Mário e avaliar melhor que papel, se algum, ele poderia desempenhar em sua editora.

Os dois primos já colaboravam em outro empreendimento: a Agência Mineira Anglo-Portuguesa. O dinheiro em jogo era todo de Mário, mas o braço "anglo" vinha de Fernando. A ideia era obter capital de investimento britânico para as operações de mineração portuguesas, ganhando a agência uma comissão sobre o montante do capital investido. Os jovens compilaram duas listas de minas portuguesas, uma que as classificava por localização e outra pelo tipo de minério extraído: antimônio, cobre, ferro, chumbo, prata, estanho, volfrâmio etc. A seguir, elaboraram um questionário para proprietários interessados em vender ou arrendar suas minas. Também obtiveram relatórios detalhados sobre minas específicas, alguns dos quais Fernando traduziu para o inglês.

A agência tinha seu escritório na rua Bella da Rainha, em pleno centro de Lisboa,[12] onde Fernando adorava passar as tardes. Cansado de viver com as envelhecidas tia Maria e tia Rita, ele se sentia estranhamente em casa entre escrivaninhas, máquinas de escrever, livros-razão e pastas, e nas ruas onde homens de ternos escuros caminhavam com passos apressados como se tivessem coisas muito importantes a fazer. Não, a praia ensolarada não era para ele. Pessoa preferia os escritórios escuros e as ruas em ângulo reto do bairro comercial de Lisboa. Não era apenas para publicar suas obras literárias e um jornal republicano que sonhava em abrir uma editora; ele também queria se tornar um homem de negócios.

21.

Consta que Pessoa estava numa barbearia, fazendo a barba e cortando o cabelo, quando viu no jornal um anúncio de um prelo usado. Com o rosto ainda parcialmente coberto de espuma, pulou da cadeira e, brandindo o jornal, saiu correndo da barbearia numa corrida louca para entrar em contato com o vendedor antes que alguém o fizesse. Seria o meio-irmão mais novo de Pessoa quem contaria essa história, que aparentemente circulou entre os parentes do poeta depois de sua morte. Por mais que a tenham enfeitado — a espuma de barbear parece um floreio acrescentado —, os fatos essenciais da história são verdadeiros: em 5 de agosto de 1909, Pessoa viu o anúncio de uma prensa tipográfica no jornal e tratou de fechar o negócio o mais rápido possível.[1]

Antônio Maria Silvano, o tio-avô que administrava a herança de Pessoa, deve ter soltado um suspiro de preocupação ao saber em que o jovem ia investir seu dinheiro, mas a essa altura não podia impedi-lo. Dois meses e meio antes, em 26 de maio, ele havia feito um balanço de créditos e débitos da atividade recente no espólio do herdeiro. Os créditos incluíam grandes pagamentos de dividendos sobre 24 ações do Banco de Portugal e excediam ligeiramente os débitos de Pessoa, que eram para moradia, alimentação e outras despesas cotidianas. O montante de dinheiro disponível em sua conta, embora considerável, não era exatamente uma fortuna, mas as ações do banco valiam bem mais de 4 milhões de réis,[2] o equivalente a dezesseis anos de moradia e alimentação. Pessoa não precisava que seu prudente tio lhe dissesse que os dividendos das ações do banco, conforme demonstrava o balanço, bastavam para cobrir suas despesas básicas. Em outras palavras, Pessoa poderia viver do patrimônio, contanto que fosse frugal, sem nunca tocar no principal. O jovem poeta deve ter se limitado a sorrir. Sua imaginação era grande e viva demais para dar alguma atenção a uma ideia tão sensata e pouco inspirada.

Enquanto isso, o padrasto de Pessoa pedira a seus dois irmãos que viviam em Lisboa para encontrar um emprego em que Fernando pudesse dar início a uma carreira. Henrique Rosa estava afastado demais da vida prática para ajudar, mas Júlio Leopoldo Rosa teve sucesso na busca: foi oferecido a Pessoa um cargo na Vacuum Oil Company com um salário inicial de 25 mil-réis mensais.[3] Se aceitasse, logo seria promovido e ganharia muito mais, mas ele rejeitou de imediato a ideia de trabalhar para outrem num emprego com horários fixos. Sendo seu próprio patrão, poderia ganhar bem mais, e ainda faria algo pela literatura e por Portugal.

Ele completou 21 anos em junho e, com a herança na mão, não demorou a agir. A prensa que viu anunciada em agosto estava em Portalegre, capital de distrito perto da fronteira espanhola, 160 quilômetros a leste de Lisboa, mas foi necessária uma viagem de seis horas para chegar lá de trem. A economia local girava em torno de cortiça, azeite, madeira serrada e gado, mas Pessoa só estava interessado em seu prelo, que foi cuidadosamente desmontado e embalado para o transporte. Em 24 de agosto, depois de ter bebido muito vinho "decididamente alcoólico" no Hotel Brito, escreveu uma "composição epistolar", em inglês, para Armando Teixeira Rebelo, colega do Curso Superior de Letras que também passara um período na África do Sul quando criança. Comentou que o calor estava fortíssimo, que não havia nada para fazer na cidade, exceto "cansar de não fazer nada", e que estava "demorando tempo demais" para deixar tudo pronto para o embarque. Embora o tom seja jocoso, o leve desespero expresso no final da carta parece ser autêntico. Ele reclamou de "tédio excessivo" e de "cansaço excessivo de tudo", mas era "incapaz de reunir energia" para ler um livro que havia encontrado.

É provável que não fosse energia, mas concentração, o que Pessoa não conseguiu reunir para ler o livro, embora esse fosse seu passatempo preferido. Sua mente estava ocupada demais com um turbilhão de planos. No dia seguinte, porém, ainda em Portalegre, ele conseguiu esboçar um poema de Alexander Search:

What is life that we should care for it?
What is love that we should bear for it
Hope and despair and misery?

Nothing is worth anything.
Let us shut out hope, [verso deixado incompleto]
And cross our arms and close our eyes
And let apathy be king.[4]*

Por mais ansioso que estivesse para se estabelecer como editor, Pessoa se defendia com uma camada protetora de apatia. A primeira das duas estrofes justifica seu ambicioso empreendimento: desse certo ou não, pelo menos não teria simplesmente vivido e amado como a maioria das pessoas. A segunda estrofe estabelece uma atitude de sublime distanciamento do projeto, que de repente percebe como sendo arriscado. O caminho para o sucesso estava carregado de armadilhas, e ele estava colocando em jogo toda a sua herança, mas em certa parte de seu ser havia decidido cruzar os braços e fechar os olhos, deixando todo o negócio nas mãos do destino. Embora essa postura pudesse protegê-lo de qualquer decepção vindoura, também garantia que o sucesso fosse improvável. Pessoa dedicou apenas parte do corpo e da alma ao negócio, e nesse corpo morava um aristocrata, sem vontade de pôr as mãos na massa. Sua empresa dependeria quase inteiramente de mão de obra contratada.

O prelo usado custou a Pessoa cerca de 1 milhão de réis, quase um quarto de sua herança, e ele teve de pagar para que fosse desmontado, despachado e remontado em Lisboa. Precisava também de equipamentos adicionais e peças de reposição, que adquiriu por meio de Aniceto Mascaró, o primo por casamento que havia providenciado seu breve estágio na R. G. Dun dois anos antes. O empreendedor Mascaró, que ao longo dos anos se envolvera em vários negócios, tinha aberto, pouco tempo antes, uma empresa em Lisboa que vendia máquinas e materiais de impressão importados da Alemanha e de outros países. Estava aproveitando o surto local da impressão — havia cerca de uma centena de tipografias em Lisboa —,

* "O que é a vida para que devamos com ela nos importar?/ O que é amor para que por ele devamos suportar/ Esperança, desespero e pesar?// Nada vale nada./ Deixemos de lado a esperança, [*verso deixado incompleto*]/ E cruzemos os braços e fechemos os olhos/ E deixemos a apatia reinar." (N. T.)

mas presume-se que não tenha tirado vantagem de Fernando. O poeta também não esperava favores especiais. Era orgulhoso, e também evasivo a respeito de sua intenção final, que era se tornar editor literário, e mantinha silêncio sobre suas finanças. O mais tardar em setembro, vendeu suas ações do Banco de Portugal sem contar a ninguém, a não ser, muito provavelmente, ao primo Mário, sob juramento de segredo.[5] Ao menos metade do dinheiro foi para pagar o prelo usado, os equipamentos adicionais e os custos de instalação, e o resto seria necessário para despesas operacionais e cotidianas até que o negócio começasse a dar lucro. Numa caderneta, Pessoa anotou cifras e calculou que esses gastos seriam da ordem de 200 mil-réis por mês. Era uma estimativa desastrosamente conservadora.[6]

No mesmo caderninho, fez uma lista de onze livros em tradução que desejava publicar. Fazendo o possível para ser realista, selecionou obras de ficção que julgava ter potencial de vendas, como romances dos autores best-sellers da época C. Ranger Gull (também conhecido como Guy Thorne) e W. W. Jacobs, além de clássicos da literatura, como os contos de Edgar Allan Poe e *The Pickwick Papers*, seu romance preferido. Também planejou uma *Revista Lusitana*, das quais dezesseis páginas seriam reservadas para sua própria obra.[7] Batizou sua editora de Empreza Ibis — Typographica e Editora. O íbis que Pessoa tinha em mente era das margens do Nilo, no antigo Egito, onde o deus Thoth, escriba dos outros deuses e inventor da escrita, costumava ser retratado com um corpo humano e uma cabeça de íbis, o que tornava a ave um símbolo da divina arte de escrever. Agora, o mesmo pássaro servia de talismã para a aventura de Pessoa no mundo editorial. Infelizmente, ele voaria perto demais do sol.

Apesar de estar consumindo rapidamente todos os seus recursos, Pessoa, cheio de excitação nervosa, conseguiu abrir a Ibis em novembro de 1909.[8] Ela ficava na rua da Conceição da Glória, número 38-40, um pouco afastada da agitação do centro e a apenas uma quadra da praça da Alegria, onde à sombra de árvores altas e exóticas uma pequena fonte jogava para cima um único jato de água gotejante. Praça mais tranquila de Lisboa, talvez tenha propiciado algum conforto ao jovem empresário quando, como logo aconteceu, ele se viu assoberbado pelas dificuldades práticas. A duas quadras na direção oposta, na rua da Glória, número 4, ficava o apartamento para o qual Pessoa se mudara. Pela primeira vez, ele moraria sozinho.

O primeiro trabalho de impressão executado pela Ibis foi seu próprio papel timbrado. Ao lado do nome e do endereço da empresa havia um logotipo bem desenhado de um íbis apoiado numa perna. A tipografia imprimiu também artigos de papelaria para a Agência Mineira Anglo-Portuguesa de Mário, e Pessoa sem dúvida contava com outros familiares e amigos para encomendar cartões de visita e outros trabalhos de impressão. Fechar negócios não era tarefa fácil. A concorrência entre as gráficas era acirrada, de modo que os clientes precisavam ser abordados de forma assertiva, pois era raro que simplesmente entrassem pela porta. Pessoa, no entanto, não se entusiasmava com a ideia de imprimir cartões de visita, panfletos, anúncios, folhetos e afins. No apartamento que alugou na rua da Glória, passava noites febris fazendo planos para seu império editorial. Sua programação vertiginosa de publicações incluía de tudo, desde obras clássicas da literatura portuguesa até sua própria poesia e sua própria prosa, de peças de Ésquilo e Shakespeare a *Dr. Jekyll e Mr. Hyde*, de Robert Louis Stevenson, de um romance brasileiro, *Memórias póstumas de Brás Cubas*, de Machado de Assis, a uma seleção de poemas do finlandês Johan Ludvig Runeberg, que escrevia em sueco (Pessoa o leu em inglês). Além de poesia e ficção nacional e internacional, Pessoa planejava coleções de obras científicas, históricas, políticas e filosóficas. Um livro sobre ginástica de Furtado Coelho, cujo método lhe fora tão benéfico em 1907, também constava de sua lista de livros a publicar.

Os livros eram apenas uma faceta do programa de Pessoa para dominar o mundo editorial português. Ele pretendia também lançar uma série de "Panfletos Ibis", entre os quais vários seriam ensaios políticos assinados por seu heterônimo Pantaleão. Além da *Revista Lusitana*, a Ibis publicaria dois jornais, *O Iconoclasta* e *O Fósforo*, que ofereceriam um misto de comentário político, literatura e humor.[9]

Como seria fácil de imaginar, Pessoa inventou um novo conjunto de heterônimos para cuidar da redação e da tradução de tantos projetos de publicação. O mais multifacetado de seus novos colaboradores era Vicente Guedes, poeta, contista e tradutor. Ele contribuiria com poemas para *O Iconoclasta* e publicaria, sob o selo Ibis, traduções de Byron e Shelley, além de uma coletânea dos próprios contos.

O igualmente versátil Carlos Otto, além de escrever poesia, foi encarregado de traduzir *Martin Hewitt, Investigator*, de Arthur Morrison (1894), cujo protagonista competia com Sherlock Holmes pela atenção dos leitores interessados em ficção policial. Mas, em vez de traduzir, Otto devotou suas energias ao mais improvável de todos os livros do pretenso catálogo da Ibis: um *Tratado de luta livre*, de acordo com o "método Yvetot". Embora o lutador ou treinador francês chamado

Yvetot fosse invenção do próprio Pessoa, sua foto deveria enfeitar o frontispício do livro, junto com uma imagem do também inexistente Carlos Otto. O tratado propriamente dito — as poucas páginas que foram escritas — oferece uma descrição detalhada de vários tipos de golpes e da técnica Yvetot para aplicá-los.

Como Pessoa estava tão bem informado sobre a arte da luta livre? Com um pouco de esforço, podemos imaginá-lo em seu terno sob medida no Coliseu de Lisboa, num assento da fila do meio ou do fundo, fazendo anotações a fim de passá-las para Carlos Otto ou apenas olhando extasiado enquanto dois homens suavam no ringue. Ele não teria motivos para aplaudir ou torcer, já que não se importava com quem ganhasse ou perdesse, mas observaria os brutamontes em luta tão de perto quanto qualquer outra pessoa. Evidentemente, também é possível que tenha apenas lido sobre a arte dos lutadores.[10]

A conscientização política era o item mais urgente na agenda da Ibis, e heterônimos criados com um propósito especial foram conjurados para empunhar suas canetas imaginárias contra a monarquia e a hierarquia conservadora da Igreja católica. Manuel Maria, jornalista de *O Iconoclasta* e *O Fósforo*, assumiu a autoria de algumas "Visões" satíricas e antimonarquistas, antes assinadas por Pantaleão. Outro colaborador habitual dos dois jornais, Joaquim Moura-Costa, escreveu poemas cáusticos contra a Igreja católica e também contra a monarquia. Notavelmente diferente era o padre Gonçalves Gomes, colunista de *O Fósforo*, fervoroso republicano, mas fiel à Igreja que servia. Pessoa queria deixar claro que religião e republicanismo não eram incompatíveis. Não era ao catolicismo em si que ele se opunha duramente, mas à aliança entre a liderança da Igreja em Portugal e a corrupta monarquia portuguesa.

A Empreza Ibis quase poderia ser o tema de um conto de Borges intitulado "A editora de Babel". Embora ancorada num tempo e num lugar específicos, era tão infinitamente fantástica quanto a biblioteca babélica concebida pelo escritor argentino. Os planos de publicações da Ibis, germinados ao longo de alguns meses (e descritos aqui de forma resumida), teriam mantido ocupada uma equipe de escritores e tradutores de verdade por muitos anos e até por um período indefinível, já que continuariam a proliferar. Pessoa, deslumbrado com seus planos, agia como se sua equipe de escritores e tradutores irreais pudesse cumprir suas atribuições literárias por conta própria, sem precisar da mão do criador, de seu cérebro, de seu tempo, sem interromper seu lindo sonho. O sonho concretizou-se, pelo menos nominalmente, pois a firma chamada Empreza Ibis — Typographica e Editora existiu de fato, e Pessoa queria saborear essa sensação, continuar a sonhar com o que sua editora poderia ser e fazer. Escreveu alguns poemas e textos em prosa em nome de Carlos Otto e Vicente Guedes, fez uma sátira contra a Igreja e outra contra a rainha na voz de Joaquim Moura-Costa, anotou várias ideias para contos e esboçou alguns enredos, escreveu algumas cenas — o suficiente para fazer o sonho parecer vagamente sustentável. Mas seus credores começaram a bater na porta quase desde o dia em que a Ibis foi aberta.

Em 13 de janeiro de 1910, Jaime de Andrade Neves, primo de sua mãe e também seu médico particular, escreveu-lhe uma carta solicitando o reembolso imediato de um empréstimo com prazo vencido: 90 mil-réis. Era uma quantia substancial e tudo o que o devedor pôde responder foi que pagaria o mais rápido possível.[11] Pessoa, que já devia dinheiro a outros parentes e amigos, viu-se obrigado a pedir emprestado a B para quitar a dívida com A, depois a C para pagar B, e assim por diante. Era pior do que isso, pois o valor total da dívida aumentava a cada dia. Os custos de instalação de sua empresa foram maiores do que ele havia previsto, e as despesas gerais eram altas. Ele empregara talvez meia dúzia de trabalhadores para receber e acompanhar os pedidos de impressão, encarregar-se da parte tipográfica, gerenciar o uso e o estoque de papel, operar o maquinário e fazer as entregas. Para ter lucro, a gráfica teria de funcionar quase a plena capacidade, mas Pessoa era um neófito num campo competitivo e estava longe de ser um bom vendedor. Seus trabalhadores muitas vezes ficavam ociosos. Incapaz de se equilibrar como tipografia comercial, a empresa não poderia, por nenhum esforço de imaginação, evoluir para uma editora.

Os estudiosos muitas vezes questionaram se a gráfica não teria falido antes mesmo de abrir, uma vez que não havia provas de que tivesse imprimido outra coisa que não seu próprio papel timbrado. Em 2010, um pesquisador[12] enfim descobriu que, durante três meses em 1910, a Ibis apareceu no cabeçalho como impressora de um jornal semanal publicado na cidade de Loulé, no Algarve. (Os exemplares impressos eram expedidos por trem.) O número de 12 de março de *O Povo Algarvio* foi a primeira edição do periódico impressa pela Ibis, e a grande quantidade de erros tipográficos — pelos quais foi publicado um pedido de desculpas na semana seguinte — sugere que pode ter sido o primeiro trabalho em grande escala da gráfica. *O Povo Algarvio* era um jornal fortemente republicano e anticlerical, o que deve ter agradado Pessoa, embora àquela altura fosse grato por qualquer trabalho de impressão que surgisse, ajudando-o a estancar seu prejuízo operacional. Em abril ou maio, ele pôs seu prelo à venda e foi com enorme alívio que encontrou um comprador na segunda quinzena de junho.[13] Seu sonho editorial havia terminado num pesadelo financeiro.

O fechamento da Ibis fez com que alguns dos heterônimos criados pouco tempo antes por Pessoa fossem demitidos, por assim dizer. Carlos Otto, Joaquim Moura-Costa, Manuel Maria e o padre Gonçalves Gomes, todos intimamente ligados aos projetos editoriais da empresa, não tinham mais nenhum papel a cumprir e nunca mais se ouviu falar deles, mas Vicente Guedes, um heterônimo maior e mais complexo, ressurgiria vários anos depois como autor ficcional do *Livro do desassossego* (papel posteriormente transferido para Bernardo Soares). O legado material da empresa falida foi uma pilha de artigos de papelaria da Ibis, que Pessoa utilizou para anotações e para sua escrita criativa entre 1910 e 1914, e também um amontoado de dívidas, reduzidas apenas em parte pela venda do prelo. Em menos de um ano, ele gastara toda a sua herança — 5 milhões de réis — e mais um tanto. Além das várias quantias devidas a familiares, amigos e diversos investidores, Pessoa contraíra um empréstimo bancário a ser pago nos quatro anos seguintes.[14] Como não tinha emprego, a única maneira de saldar suas dívidas era por meio de fundos tomados emprestados de novos credores.

E se ele largasse tudo e fosse para a Inglaterra? Desde que retornara a Portugal em 1905, não havia passado um ano sem que pensasse na possibilidade de chamar de seu o país de Shakespeare e Milton, e em 1910 não foi diferente. A experiência penosa de tentar ser editor não diminuíra sua decisão de escrever e publicar, mas ele se perguntava mais do que nunca se seus talentos poderiam ser mais bem apreciados em outro lugar. Em 5 de agosto, porém, esboçou um poema intitulado "Por que não vou para o estrangeiro". Embora o esboço seja esquemático, a linha do poema é fácil de traçar. O eu poético comenta o clima opressor de Portugal e, em particular, de Lisboa, onde a vida é precária e deixa muito a desejar para um "espírito sutil" como o seu, mas essa é sua terra, e ele se dá conta de que o gênio e a virtude nascem de circunstâncias difíceis. "E é por isso que não vou para o estrangeiro", conclui Pessoa no último verso do poema.[15]

Mas ele foi para o exterior poeticamente. No mesmo pedaço de papel em que esboçou seu poema flagrantemente autobiográfico, começou a escrever sonetos shakespearianos em inglês.

* * *

Enquanto de dia a tipografia Ibis não produzia lucros, obrigando Pessoa a pedir dinheiro emprestado a torto e a direito para pagar o papel, os salários dos empregados e o aluguel mensal, à noite o acossado empresário lia seus autores preferidos tendo ao fundo o ruído intermitente do Ascensor da Glória, um funicular que, a poucos metros de seu apartamento no pavimento térreo, transportava pedestres para cima e para baixo, indo para o vizinho Bairro Alto ou voltando dele. Relendo os sonetos de Shakespeare durante várias noites, ele ficou mais fascinado do que nunca por sua complexidade conceitual e linguística, e em agosto esboçou, em inglês, vários de seus próprios sonetos shakespearianos — uma forma que consiste em três quadras rimadas seguidas por um dístico que, na verdade, não foi inventada por Shakespeare. O primeiro soneto tentado por Pessoa, e só concluído dois anos depois, é o mais famoso. Eis a primeira quadra em sua versão final:

How many masks wear we, and undermasks,
Upon our countenance of soul, and when,
If for self-sport the soul itself unmasks,
*Knows it the last mask off and the face plain?**

A resposta à última pergunta é "não", de acordo com as duas quadras seguintes, uma vez que nossas almas "impingem alteridade" em quaisquer imagens de nós mesmos que possamos ver (como num espelho) com nossos "olhos comascarados". Nunca podemos alcançar o estado de nudez espiritual, "a última máscara tirada". O dístico final do soneto resume o enigma:

And, when a thought would unmask our soul's masking,
*Itself goes not unmasked to the unmasking.***

* "Ah quantas máscaras e submáscaras / Usamos nós no rosto de alma, e quando, / por jogo apenas, ela tira a máscara, / Sabe que a última tirou enfim?" (Trad. de Jorge de Sena)

** "E, quando um pensamento desmascara, / Desmascarar não vai desmascarado." (Trad. de Jorge de Sena)

Embora falte a esse soneto — como em quase todos os poemas anglófonos de Pessoa — a naturalidade de expressão necessária para torná-lo poesia de alto nível, trata-se de uma formulação perfeita de sua convicção de que nunca podemos nos conhecer, uma vez que somos atores que não podemos fazer nada além de atuar. A questão não é somente o mundo todo ser um palco — cada indivíduo é um palco, onde está sempre fingindo, especialmente para si mesmo.

Pessoa sempre lamentou sua vontade fraca, mas demonstrou notável fortaleza. Na esteira da derrocada da Ibis, voltou para um campo que compreendia — a poesia — e decidiu bater de frente com ninguém menos que Shakespeare. E não foi malsucedido por completo. Entre 5 e 15 de agosto, escreveu dez sonetos posteriormente incluídos em seus *35 Sonnets*, livro que publicaria por conta própria oito anos depois, com modesta recepção.[16] Uma resenha publicada no *Times Literary Supplement* em 19 de setembro de 1918 observou que os sonetos do poeta desconhecido de Portugal que "sondam os mistérios da vida e da morte, da realidade e da aparência, vão interessar a muitos em razão de seus shakespearianismos ultrashakespearianos, e seus truques da era Tudor de repetição, involução e antítese, não menos do que pelo valor do que eles têm a dizer".

Shakespeare não foi o único grande autor que Pessoa almejou igualar ou melhorar. Em meio aos sonetos ingleses que escreveu na primeira quinzena de agosto de 1910, o escritor de 22 anos anotou a ideia de "um drama, em português, para tratar — melhor do que Ibsen — da paralisia geral".[17] O dramaturgo norueguês, que tinha um relacionamento conflituoso com sua terra natal e passou muitos anos no exílio, era apreciado pelo empresário falido por seu realismo extremo. A peça de Pessoa terminaria com um velho soldado, outrora vigoroso, confinado a uma cadeira e incapaz de fazer mais do que resmungar. O soldado enfraquecido representava claramente Portugal, cujos declínio e decadência eram o refrão duplo das muitas páginas que Pessoa continuou a escrever sobre a história e a política da nação.

Embora nunca tenha feito nada com sua ideia ibseniana, Pessoa já trabalhava havia alguns meses numa representação bastante diferente do drama nacional: um poema épico dividido em cantos, como *Os lusíadas*, de Camões, e patrioticamente intitulado *Portugal*. A obra, que expressava desilusão com o presente estado de decadência do país, mas também orgulho de seu passado e grandes esperanças em relação ao futuro, estivera entre as que planejara publicar pela Ibis, cujo fim não diminuiu seu entusiasmo por escrevê-la.[18] Portugal seria o eterno objeto do desespero e da adoração de Pessoa. Apesar de sentir que seu "espírito sutil" era mal compreendido, intelectualmente malnutrido e condenado à solidão na terra em que nascera, ele a adorava demais para não ficar onde estava, em especial naquele momento crítico, quando os ventos políticos anunciavam grandes mudanças.

22.

Um mês antes de completar 21 anos, d. Manuel II fugiu para a vila litorânea da Ericeira, de onde ele, sua mãe, sua avó e outros membros da família real foram levados em barcos a remo para o iate real, no qual partiriam com destino a Gibraltar. Pescadores e outras pessoas do lugar assistiram à fuga em silêncio assombrado. Seu rei os estava abandonando. Poucas horas antes, naquele mesmo dia — 5 de outubro de 1910 —, proclamara-se a República portuguesa da sacada da Câmara Municipal de Lisboa. Menos de cem pessoas, em sua maioria civis, haviam sido mortas no conflito.

A queda da monarquia não foi uma surpresa em Lisboa, barômetro político da nação, onde os republicanos haviam vencido de forma esmagadora as eleições legislativas realizadas em 28 de agosto, embora ainda fossem minoria em nível nacional. Numa tentativa inútil de conter o crescimento do republicanismo, o jovem rei, assim como seu pai antes dele, aliara-se aos reformistas, chegando mesmo a cortejar o pequeno partido socialista do país, na esperança de afastar os proletários dos republicanos. Essa estratégia só alienou os conservadores, que se opuseram à coalizão liberal governante e conquistaram um terço das cadeiras no Parlamento. A maioria do clero apoiava o bloco conservador, mas alguns estavam do lado dos liberais, e ambos os blocos eram uma mistura de partidos incongruentes, dissidências partidárias e subdivisões. Os próprios republicanos estavam agora divididos em duas facções, radicais e moderadas, cada uma com seus próprios jornais, mas estavam unidos na determinação de derrubar a monarquia, numa situação cada vez mais periclitante. Embora houvesse simpatia pública por d. Manuel, que cultivava um estilo informal e evitava a ostentação, a instituição que ele representava estava irreparavelmente maculada.

O destino sem dúvida estava do lado dos republicanos, mas eles haviam discordado sobre quando e se pegariam em armas. No décimo congresso partidário, realizado em abril de 1909, o contingente revolucionário prevaleceu sobre os que preferiam o caminho pacífico, mas lento, das eleições; em Lisboa, membros do partido começaram a estocar armas para o momento propício. Os republicanos que atuavam *fora* do âmbito do partido também desempenharam um papel crucial, principalmente por meio da Carbonária portuguesa, uma sociedade política secreta que tomou emprestado seu nome dos *carbonari* italianos e parte de sua estrutura hierárquica da maçonaria. Fundado no final do século XIX, o grupo era fanaticamente anticlerical e recrutava seus seguidores entre professores, estudantes, funcionários públicos, pequenos comerciantes, operários e soldados. Seu caráter sigiloso gerava certo fervor visionário e um gosto por intriga e conspiração. Os dois assassinos do rei Carlos pertenceram à Carbonária; um deles também era da maçonaria. A maioria dos maçons, cuja posição social era mais elevada, também era republicana. Tanto eles como os carbonários se haviam infiltrado nas Forças Armadas portuguesas, cujo apoio seria crucial para o sucesso da revolução. A Marinha, em particular, estava completamente cooptada, devido ao firme apoio dos republicanos ao império ultramarino de Portugal.

Tendo decidido que enfim chegara a hora de agir, um grupo de republicanos radicais reuniu-se em 2 de outubro de 1910 e marcou a revolução para a madrugada de 4 de outubro. As coisas não saíram exatamente como planejado, nem os lisboetas aderiram de forma espontânea ao golpe, em parte devido a alguma confusão inicial sobre o que estava acontecendo, mas várias guarnições do Exército e navios de guerra da Marinha estacionados no Tejo se amotinaram quando foi dado o aviso, as forças do governo passaram um dia lutando sem entusiasmo, ou uniram-se aos revolucionários, e os cidadãos começaram a se juntar e a dar seu apoio. Uma nova República nascia.

Seguiu-se um período de consenso republicano. Moderados como Fernando Pessoa, embora ambivalentes quanto à rebelião armada, regozijaram-se com a derrubada da monarquia e admitiram que os radicais estavam certos em agir quando o fizeram. A República foi saudada nas cidades com aplausos generalizados, enquanto a população rural, que constituía a grande maioria dos cerca de 6 milhões de portugueses, deu de ombros e não se opôs. Como era previsível, os principais líderes da nova ordem se acotovelaram para ocupar a frente do palco ou exercer sua influência nos bastidores, mas todos compartilhavam vários ideais comuns. Eram livres-pensadores que imaginavam um país guiado pela razão esclarecida. Se não haviam lido, como Pessoa, as obras de Haeckel e Spencer, compreendiam e acreditavam no materialismo luminoso proposto por esses e outros filósofos de inspiração científica.

O republicanismo não era apenas uma nova forma de governo; era um conceito de nação como organismo dinâmico que envolveria todos os cidadãos num programa coletivo de progresso social, econômico e moral. Os republicanos eram defensores do "povo", o que significava em especial as massas anônimas que trabalhavam na agricultura e na indústria e cujas vidas eram quase sempre ignoradas pelos políticos. Eles queriam que todos fossem levados em consideração, sem distinções de classe. Duas semanas depois da revolução, o Governo Provisório declarou todos os títulos de nobreza nulos e sem efeito. Os membros do governo evitavam a pompa e os privilégios tipicamente associados aos cargos públicos. Faziam uso do transporte público. Vestiam-se com simplicidade.

Essas medidas eram indicadores significativos de boas intenções, mas "o povo" precisava ser educado e energizado. Setenta por cento dos adultos portugueses eram analfabetos.* Em Lisboa e no Porto, esse número era menor, mas ainda assim rondava os 40%. Além de ler e escrever, os republicanos queriam ensinar as pessoas a questionar e desenvolver o raciocínio científico, além de incutir uma consciência cívica ao promover o conhecimento da história e da geografia nacionais. Não por acaso, muitos republicanos de destaque eram médicos, como Egas Moniz, e vários outros eram professores, como Afonso Costa. Por meio de uma instrução adequada e um ambiente favorável, eles acreditavam que

* Nessa época, a taxa de analfabetismo era de cerca de 50% na Espanha, 8% nos Estados Unidos e 2% na Inglaterra.

poderiam curar e mudar o povo. Mas só depois de superar um antigo e tremendo obstáculo: a Igreja católica.

Muito antes da queda da monarquia portuguesa, ser republicano era quase sinônimo de anticlericalismo. Conservadora e muitíssimo influente, uma vez que sua atividade atingia de forma direta ou indireta a vida de quase todos os portugueses, a Igreja era um baluarte da monarquia e vice-versa — as duas instituições protegiam-se mutuamente. Mas essa não era a única razão da animosidade dos republicanos. Eles achavam que a doutrina católica era obscurantista e que os doutrinadores — sobretudo os jesuítas, tratados como sinistros — distorciam e escravizavam a mente das pessoas, impedindo-as de pensar com liberdade e clareza.

Fernando Pessoa, ao contrário de alguns republicanos, não via o catolicismo como um câncer que devia ser erradicado em prol da saúde e do bem-estar da nação, mas era um anticlericalista de carteirinha, e não só em termos metafóricos. Em outubro de 1909, pagara 10 mil-réis, o equivalente a um mês de aluguel de seu apartamento, para se tornar membro da Junta Liberal,[1] grupo que fazia campanha pela separação entre Igreja e Estado e organizava manifestações de protesto contra os jesuítas e outras ordens religiosas. Foi a única organização à qual Pessoa aderiu formalmente. Três dias antes de se tornar membro, havia escrito um poema satírico ferino atacando o padre José Lourenço de Mattos, que publicara comentários pró-monarquistas e antirrepublicanos em jornais, em especial em seu próprio jornal, chamado *Portugal*.[2] O poema de Pessoa era assinado por Joaquim Moura-Costa, seu heterônimo mais anticlerical, e destinado a *O Fósforo*, um dos jornais nunca publicados da Ibis.

Assim que tomaram o poder, os republicanos não perderam tempo em voltá-lo contra a Igreja. Em 8 de outubro de 1910, terceiro dia do novo regime, o Governo Provisório baixou um decreto que proibia todos os mosteiros e conventos e expulsava os jesuítas de Portugal. Alguns fugiram para a Espanha; muitos outros foram presos e deportados. Em 22 de outubro, o ensino religioso foi extinto dos currículos das escolas primárias e secundárias e substituído pela educação cívica. Um decreto baixado no dia seguinte extinguiu a Faculdade de Teologia da Universidade de Coimbra. No dia 26, todos os feriados cristãos foram declarados dias úteis normais. Em 3 de novembro, legalizou-se o divórcio e, em 25 de dezembro, o casamento foi definido como uma união civil, em vez de sacramental. No último dia do ano, tornou-se ilegal que padres trabalhassem como professores ou usassem seus hábitos em público.

O homem por trás dessas e de outras medidas semelhantes era Afonso Costa, ministro da Justiça do Governo Provisório e ateu fervoroso. Numa reunião secreta de maçons, realizada em 26 de março de 1911, ele se gabou de que levaria apenas duas gerações para que o catolicismo fosse extirpado por completo de Portugal. A declaração vazou para o jornal católico *O Dia*, obrigando Costa, advogado de renome, além de professor e estadista, a usar suas notáveis habilidades de argumentação e oratória para apaziguar os republicanos que acreditavam em Deus. Sua Lei da Separação do Estado das Igrejas, promulgada um mês depois, que tinha por modelo uma legislação francesa aprovada em 1905, na verdade tornava a Igreja católica em Portugal dependente do governo, que expropriara todos os seus bens e estipulara que suas atividades só poderiam ser financiadas por associações locais — instituições de caridade e sociedades filantrópicas, por exemplo — das quais os padres não podiam ser membros.[3]

Embora considerasse a lei de Costa melhor do que nada, Pessoa a achou excessiva.[4] E o incomodava que um governo provisório, composto de menos de dez indivíduos, estivesse impondo essas reformas radicais por decreto, sem nenhum órgão representativo para discuti-las e debatê-las. Os ministros do governo se reuniam habitualmente com o Diretório Republicano e sua Junta Consultiva, dando origem a algumas disputas políticas internas graves, e houve choques de personalidade e lutas de poder, a princípio minimizados ou ignorados. Os republicanos alimentavam a ideia de que estavam de acordo em relação às questões principais, unidos por um projeto político comum. Apesar de já terem vencido a revolução, eles continuavam a fazer campanha, usando comícios e discursos não apenas para atacar resquícios do monarquismo e do episcopado católico, mas também para promover suas doutrinas progressistas, seus símbolos, sua marca. Com grande cerimônia, agitavam a nova bandeira verde e vermelha e faziam o povo tirar o chapéu e cantar o novo hino nacional. Surgiram dezenas de clubes e associações para propagar o evangelho coletivo: é bom e republicano amar a nação. O patriotismo era a nova religião, e o republicanismo, a nova teologia.

Pessoa logo começou a sentir-se desconfortável. Apesar de sua adesão antiga à causa republicana, incomodava-se instintivamente quando esperavam dele que fosse um participante voluntário e até entusiasmado de um movimento de massa, qualquer que fosse. Um dia, quando estava sentado no Café A Brasileira, localizado na rua Garrett, a principal do Chiado, leu um artigo de jornal que criticava a ideia da formação de um partido republicano conservador para se opor aos republicanos mais radicais que estavam no poder. Indignado, pediu ao garçom papel, pegou sua caneta e criticou o texto por sua "estupidez extraordinária", observando que "só os cegos não veem o perigo" dos radicais fazendo o que bem entendessem, sem controle. Suas anotações rabiscadas com fúria eram, sem dúvida, para uma carta ao editor, que nunca foi escrita.[5] Datam de meados de fevereiro de 1911, quando o país, quatro meses após o início da nova ordem, caminhava para o caos social.

Os operários começaram a organizar-se durante a monarquia, e as greves, para deleite dos republicanos, atormentaram o reinado do último rei, d. Manuel II. Mas elas se tornaram uma constante na vida diária após a revolução de 5 de outubro, cujo sucesso encorajou os assalariados dos setores industriais, de serviços e de transporte. As fábricas ficaram desertas, as linhas de trem, paralisadas, e as lojas, forçadas por seus funcionários insatisfeitos a fechar as portas. Quando os padeiros abandonaram o trabalho, a Manutenção Militar precisou ser acionada para fornecer pão a Lisboa. Os líderes do governo logo declararam que não era republicano fazer greve, e eclodiram escaramuças entre grevistas e militantes republicanos. Graças a seus esforços, os grevistas conseguiram ver satisfeitas ao menos algumas de suas reivindicações — salários mais altos, menos horas de trabalho ou um ambiente menos insalubre —, mas a maioria dos trabalhadores não era sindicalizada, e sua situação não melhorou muito durante a primeira década da República. Dezenas de milhares de portugueses continuaram a emigrar todos os anos.

A pouco dinâmica economia nacional, dominada por uma agricultura ineficiente e pela indústria leve, não se saiu melhor nem pior do que durante a monarquia. Houve, no entanto, uma mudança de mentalidade, em especial entre os membros da burguesia, mas também entre os trabalhadores. Levando a sério a mensagem de que a ciência e a razão podem transformar a vida humana, o país deu uma espécie de salto intelectual. O conhecimento, que antes era apenas bem-vindo, tornou-se um imperativo.

Os republicanos queriam expandir a educação em todos os níveis, mas os recursos eram limitados, e era difícil forçar as crianças das regiões rurais a irem à escola quando precisavam trabalhar no campo ou cuidar de ovelhas, e mais da metade do país estava envolvida na agricultura. Embora mais escolas tenham sido abertas, a taxa nacional de alfabetização aumentou de forma pouco expressiva durante a década seguinte. A reforma ortográfica de base fonética, que deveria facilitar o aprendizado da leitura e da escrita, parecia ter causado pouco impacto. Foi no ensino superior que o novo regime fez uma grande e duradoura diferença. No primeiro semestre de 1911, anunciou-se a fundação de duas novas universidades e uma escola de engenharia. As mulheres, porém, continuaram a ser uma pequena minoria entre os estudantes universitários.

Em uma célebre e questionável frase, Virginia Woolf afirmou que "em ou por volta de dezembro de 1910, o caráter humano mudou". Naturalmente, ela baseou essa afirmação em suas observações da sociedade inglesa, mas podemos ter certeza de que nem nas Ilhas Britânicas, e nem mesmo no pequeno grupo social da autora, houve uma transformação repentina no *caráter* humano no sentido em que essa palavra é geralmente entendida. O uso que Woolf fez dela é enganoso. Felizmente, ela explicou o que queria dizer: "Todas as relações humanas mudaram — entre senhores e criados, maridos e esposas, pais e filhos. E quando as relações humanas mudam, há ao mesmo tempo uma mudança na religião, na conduta, na política e na literatura". Como veremos, há alguns paralelos notáveis entre o modernismo inglês e o português dos anos 1910, sendo este último movimento orquestrado, em grande parte, por Fernando Pessoa. Correta ou não, a afirmação de Woolf feita em 1924, de que o final de 1910 foi um ponto de virada nas relações interpessoais inglesas que levou a transformações em outras áreas da vida, inclusive na literatura, pode ser aplicada a Portugal, desde que alterados um pouco os termos. A República não foi, na verdade, um grande sucesso econômico ou político, mas aboliu a nobreza e suavizou as distinções entre as classes sociais, secularizou a sociedade, afirmou a dignidade de todas as pessoas e promoveu a educação, em vez do direito de nascença, como a chave para o sucesso. As relações humanas em Portugal mudaram, o que pode ter ajudado a preparar o terreno para novos tipos de arte e literatura.

Em 1910, Pessoa estava só começando a escrever poesia em português e ainda não produzira nada que o qualificasse como um gênio excepcional. Sem a República e as mudanças que esta precipitou, não é possível saber como ele teria se desenvolvido como escritor, pensador e agente transformador da literatura portuguesa. Com a República, ele se tornou um teórico político cujas ideias evoluíram em direções inesperadas, um pesquisador espiritual que examinou de forma incansável cada verdade, um homem que sentia intensamente, mas com um paradoxal distanciamento, e — talvez até por isso tudo — um escritor complexo e original, muitas vezes impressionante.

* * *

Levando tudo em consideração, a transição para a República foi bastante pacífica. A legislação repressiva havia jogado a Igreja num estado de quase caos, greves trabalhistas causaram interrupções no transporte público e escassez ocasional de bens de consumo, e comícios políticos ruidosos contribuíram para a atmosfera geral de comoção, mas os mercados financeiros não entraram em pânico, os militares não intervieram e as pessoas continuaram levando sua vida como de costume.

A mãe e o padrasto de Pessoa, embora não fossem simpatizantes dos republicanos, aceitaram com serenidade o novo regime, que logo afetou sua vida de forma significativa. João Miguel Rosa fora diplomata na colônia britânica de Natal durante quinze anos e pretendia trazer a família para casa, mas o Ministério dos Negócios Estrangeiros lhe implorou que ficasse como cônsul-geral de Portugal no país recém-unificado e independente da África do Sul, que ainda permanecia sob a Coroa britânica. Os republicanos queriam mandar uma mensagem de estabilidade e continuidade à Grã-Bretanha, cujos governantes viram a transformação política de seu aliado ibérico com apreensão e inquietação. Rosa aceitou a promoção e, em setembro de 1911, foi com a família para a nova capital nacional, Pretória, onde viveriam pelos próximos oito anos. Esse desdobramento inesperado teve consequências para a vida de Pessoa e, possivelmente, para sua vida de escritor. Se seus pais tivessem regressado a Lisboa em 1911, não poderia enganá-los, fazendo-os acreditar que a herança da avó Dionísia ainda estava quase intacta, apesar de sua desventura como impressor e editor. Com os dois morando na mesma cidade e sabendo que ele estava falido, a pressão para que ele conseguisse um emprego de tempo integral que o capacitasse a pagar gradualmente suas dívidas poderia ter sido forte demais para resistir.

Pessoa procurava trabalho, mas como se, de fato, não precisasse de emprego, como se estivesse atrás do tipo certo de abotoaduras ou gravata. Não havia pressa: seus credores podiam esperar. O jornalismo o atraía, e ele ansiava por escrever reportagens e comentários para um novo jornal diário que um amigo planejava lançar. Seu salário inicial seria de 30 mil-réis por mês. Foi o que ele escreveu para sua mãe em 24 de janeiro de 1911; depois disso, ela sempre lhe perguntava, em sua carta semanal, se o jornal finalmente começaria a ser publicado e, em caso contrário, por que ele não podia trabalhar para um jornal já existente. Era fácil para Fernando, nas cartas, simplesmente ignorar a pergunta, que sua mãe parou de fazer em junho.

Àquela altura, ele já havia conseguido pelo menos um trabalho autônomo, o que se adequava perfeitamente a seus talentos e interesses. Traduziu poetas ingleses como Wordsworth, Shelley e Robert e Elizabeth Barrett Browning, além de alguns poemas, fábulas e obras dramáticas do espanhol, para a *Biblioteca internacional de obras célebres*, adaptação portuguesa dos vinte volumes da *International Library of Famous Literature*, publicada em Londres em 1898-9. Encadernada em couro marrom e contendo mais de 10 mil páginas, a *Library* original buscava reunir o melhor da literatura mundial, desde os tempos antigos até os dias atuais. A *Biblioteca* portuguesa, que contava com 24 volumes, incluiria a maioria das seleções encontradas na edição inglesa, além de uma oferta muito ampliada de obras de autores portugueses e brasileiros. O homem encarregado desse enorme empreendimento foi Warren F. Kellogg, um editor norte-americano que chegou a Lisboa em maio de 1911, abriu um escritório no centro da cidade e contratou vários tradutores, entre os quais Pessoa. Pagava setecentos réis por página traduzida, mais do que qualquer outro editor local. Embora produzida em Portugal, a *Biblioteca* seria distribuída quase exclusivamente no Brasil, a partir do início de 1913. Pessoa assinou com o próprio nome alguns (mas não todos) dos cerca de vinte poemas que traduziu, e nenhuma de suas muitas traduções em prosa para a coleção.[6]

Ele continuou a colaborar com o primo Mário, cuja empresa de mineração, rebatizada de Agência Internacional de Minas, se mudara para o largo do Carmo. Mário tinha uma segunda firma que funcionava no mesmo escritório: Garantia Social — Agência de Negócios Indeterminados. Como sugere o nome bizarro, que só pode ter sido inventado por Fernando Pessoa, essa agência estava preparada para tratar de quase tudo. Mas nenhum dos dois negócios floresceu, e Mário viu seu capital minguar. A única compensação que podia oferecer ao primo, que tratava de sua correspondência e provavelmente da contabilidade, era a moradia gratuita: no primeiro semestre de 1911, Pessoa, que deixara seu apartamento, dormia no escritório do largo do Carmo, uma praça que deve seu nome ao que costumava ser o convento e igreja de Nossa Senhora do Carmo, construídos nos séculos XIV e XV. O esqueleto da igreja, que desabou no terremoto de 1755, é a mais assustadora lembrança desse cataclismo em Lisboa. Ao olhar pela janela do escritório do primo, Pessoa podia ver os arcos góticos solitários que se destacavam contra o céu como um monumento sardônico ao poder destrutivo da natureza.

Ou talvez se maravilhasse que aqueles arcos de engenharia humana, um século e meio depois, ainda estivessem de pé.[7]

Tia Anica, em cartas para a mãe de Pessoa, confessou que ficava uma pilha de nervos ao ver Mário dilapidar lentamente sua herança em negócios mal concebidos, mas não deixava transparecer (se é que sabia) que a herança do sobrinho havia evaporado por completo em sua primeira tentativa de ser empresário. A mãe de Fernando, ainda sem saber de nada, ironicamente temia que a situação dele de herdeiro em boa condição financeira o fizesse entregar-se à indolência. Por que ele não conseguia um emprego normal? Em suas cartas para o filho, insistia nesse tema, até que ele finalmente respondeu que qualquer forma de submissão, inclusive um trabalho com horários fixos, lhe causava repulsa.[8] Na verdade, os conselhos e advertências das duas mães preocupadas não intimidaram Mário ou Fernando. Embora fossem, em muitos aspectos, opostos completos — Mário não se interessava por literatura; Fernando não era gregário como o primo —, ambos tratavam a vida como um jogo sem fim. Se alguém perdia a rodada de hoje, ainda podia ganhar a de amanhã.

Fernando era temperamental e muitas vezes preferia o isolamento, mas na companhia de suas tias, seus tios e primos podia ser espirituoso, pregar peças e fazer palhaçadas. Durante os seis meses em que morou no escritório de Mário, seus primos distantes Raul da Costa e Armando Couto por vezes apareciam para se divertir. Ambos eram toureiros amadores e aperfeiçoaram seu estilo com a ajuda de Fernando, que não tinha interesse em touradas de verdade, mas fazia o papel de um touro furioso, atacando com a cabeça baixa e os dedos em riste como chifres, enquanto eles se esquivavam para o lado com toalhas de banho como se fossem capas vermelhas. Quem me deu essa informação foi a filha de Couto, conforme o que seu pai lhe contou. Ela também relatou que sua mãe, Clara Alves Soares, que se casaria com Armando Couto em 1918, certa vez viu Pessoa imitar um animal muito diferente: o íbis. Clara, ainda solteira, fora às compras com sua mãe Palmira e por acaso as duas avistaram Fernando do outro lado da rua. Quando lhe acenaram, ele deteve o passo abruptamente, equilibrou-se em um pé, esticou o pescoço para a frente, pôs uma das mãos para trás para representar um rabo, a outra na frente como se fosse um bico, e anunciou: "Eu sou um íbis". As duas mulheres riram envergonhadas enquanto os passantes viravam a cabeça para ver o estranho espetáculo.[9]

Embora a Ibis tivesse falido, o pássaro sobrevivera: era o mascote de Pessoa, seu símbolo pessoal e apelido. Em seus cadernos havia desenhado esboços de um rosto com a etiqueta "Íbis" e de um boneco de palito com a legenda "um íbis chamado Antônio", que era seu segundo nome.[10] Em 1920, ele assinaria como Íbis num poema dedicado à irmã; era Íbis em algumas das cartas que trocava com Ofélia Queiroz, sua única namorada; e os filhos dos primos Mário e Maria o chamariam de Íbis, e não de tio Fernando. Cedendo a seus apelos insistentes, ele se equilibrava em um pé e fingia ser um pássaro pernalta enquanto eles gargalhavam.

Desse modo, Pessoa fazia piada com sua tentativa calamitosa de ser editor e usava sua derrota como um emblema, encarnando o nome e o logotipo da empresa extinta. Mas por algum tempo depois de fechar as portas, apesar de seu ar exterior de indiferença, ele teve momentos de desespero doloroso. Um ano depois de vender o prelo, na época de seu aniversário, ele escreveu um soneto[11] em que lamentava com amargura os 23 anos "inutilmente" vividos de sua vida, cada um deles marcado por desalento, uma história recorrente de aspirações não realizadas, e a esse pesar acrescentava-se a terrível suspeita de que seus anos por vir não seriam diferentes. Esse soneto foi o primeiro texto que Pessoa assinou com o nome de Íbis — um símbolo de derrota, mas também de desafio. O espírito divino da escrita do pássaro sagrado do antigo Egito estava tenaz e ferozmente vivo no peito do jovem poeta.

23.

Entre os decretos baixados pelo Governo Provisório para introduzir reformas sociais na jovem República, Pessoa deu especial atenção ao de 11 de maio de 1911, que regulamentava o tratamento dos doentes mentais. Leu o texto na íntegra no *Diário do Governo*, porém o que mais chamou sua atenção foi o artigo 33, que reconhecia o direito dos portadores de transtornos mentais de internar-se num hospital psiquiátrico. Em duas cartas escritas anos depois, em 1920 e em 1925, Pessoa alegaria que pensava em invocar o artigo 33 para se internar num hospício. Na primeira, enviada à namorada Ofélia Queiroz, fica claro que estava brincando. Na segunda, para um destinatário não identificado, talvez falasse a sério. Mas, antes mesmo da promulgação do decreto sobre saúde mental e hospitais, ele já havia inventado o próprio hospital psiquiátrico, usado como cenário para uma estranha narrativa intitulada "Na Casa de Saúde de Cascais".

Localizada a pouco mais de trinta quilômetros a oeste de Lisboa, Cascais é a última parada da linha de trem costeira que sai de Lisboa. Com sua abundância de sol, o revigorante ar do oceano e as calmantes águas azuis de sua praia amena, era o cenário ideal para uma instituição de promoção do bem-estar mental. Entre 1909 e 1911, Pessoa escreveu cerca de vinte trechos, na maioria breves, para sua curiosa ficção, na qual um interno que sofre de paranoia histérica e veste toga faz um discurso ao narrador, um visitante do sanatório, sobre os males da cultura europeia moderna e sobre a superioridade da Grécia Antiga. Em "A enfermaria nº 6", de Tchékhov, Ivan Gromov, paciente num asilo para doentes mentais, reclama com o diretor sobre a injustiça no mundo. O doente mental de Pessoa, longe de se preocupar com a injustiça social, despreza os princípios de "liberdade, igualdade e fraternidade", cuja ampla aceitação atribui à influência degenerativa do cristianismo. Em contrapartida, "a coragem, a firmeza, a beleza física e moral — isso é tudo pagão".

A trindade de ideais consagrada pela Revolução Francesa — *liberté, égalité, fraternité* — foi cooptada pelos revolucionários republicanos de Portugal, mas Pessoa tinha dúvidas sobre sua viabilidade e desejabilidade. Considerava essas abstrações perigosas, ou simplesmente vãs, e seu problema com o cristianismo era sua tendência a abstrair: a religião cristã punha tudo o que era bom, forte e perfeito em um único e distante Deus. Os deuses gregos eram mais humanos, mais próximos da terra e multifacetados, como a própria natureza. Pessoa escreveria centenas de páginas em defesa do neopaganismo, uma doutrina antecipada pelo interno vestido de toga de seu sanatório imaginário. O excêntrico interno, chamado de Antônio Mora, ressurgiria mais tarde como um heterônimo importante, sendo um teórico de destaque do neopaganismo.[1] Esse termo passou a ser associado à Wicca e a outros movimentos dedicados a recuperar ou reinventar rituais pagãos de tradições diversas, mas Pessoa interessava-se em especial pelo paganismo grego e romano idealizado pelos românticos alemães, que influenciaram poetas como Shelley, Keats e Swinburne.

O nome do psiquiatra que atendia a Antônio Mora no sanatório à beira-mar era dr. Gomes. Parece ser o mesmo dr. Florêncio Gomes, autor do *Tratado de doenças mentais*, citado em *Marcos Alves*, romance que Pessoa começou a elaborar em 1909, mesmo ano em que começou a escrever "Na Casa de Saúde de Cascais". Afligido pela paranoia da perseguição, Marcos Alves tenta várias vezes o suicídio, obtendo sucesso na terceira tentativa. O resumo feito pelo dr. Gomes do infeliz caso, extraído de seu *Tratado*, compõe o epílogo do romance.

Assim como Antônio Mora, Marcos Alves não conseguiu se adaptar ao mundo, mas por razões muito diferentes, menos filosóficas. Era sensível demais, facilmente comovido até as lágrimas de tristeza ou compaixão, e, portanto, temia o contato com a sociedade humana. Ainda virgem, o que mais temia era o contato sexual, e a simples ideia disso o fazia estremecer. Mesmo assim, o sexo estava sempre em sua mente. Ele tinha "a tendência para orientar sempre para um ponto sexual a sua análise dos indivíduos. A sua sexualidade enchia todo o cérebro — coloria tudo com a sua intenção". Seu método de suicídio, quando finalmente conseguiu, foi um tiro na boca, o mesmo usado por Antero de Quental, cujos sonetos gostava de ler. Pessoa também era leitor dos sonetos de Quental, e as semelhanças não param por aí. A história do caso de Marcos Alves, escrita pelo dr. Gomes em 1912 ou 1913, descreve-o como um jovem de 24 anos nascido em Lisboa, com um tio paterno falecido de tuberculose e uma avó paterna que sofria de "alienação mental" e era a única filha sobrevivente de seus pais. Do lado materno de Alves, porém, nada parecia "haver de anormal". Esses detalhes se encaixam perfeitamente no caso de Fernando Pessoa: ele também tinha 24 anos; seu pai tuberculoso teve um irmão que morreu jovem da mesma doença; e sua louca avó Dionísia era a oitava e última filha de um casal cujos primeiros sete bebês nasceram prematuros e morreram. Do lado da mãe, no entanto, não havia nada psicologicamente "anormal", exceto pelos ataques ocasionais de agitação nervosa de tia Anica. Pessoa incluiu todas essas informações numa árvore genealógica que esboçou para si mesmo em 1912 ou 1913.

Uma vez que Pessoa acreditava que o perfil psicológico de uma pessoa depende da hereditariedade, Marcos Alves, com uma formação familiar idêntica à sua, pareceria um estudo autobiográfico. No entanto, não há indícios que sugiram que Pessoa tenha alguma vez pensado em suicídio. Tampouco o diagnóstico médico de Alves — "paranoia de perseguição" — parece aplicável a Pessoa, cujas muitas páginas de autoanálise nunca mencionam essa patologia. Ficamos então, como base de comparação, com a relação difícil do personagem fictício com o sexo: sempre pensando nisso, em geral como algo impuro, e recuando à menor possibilidade de envolvimento em alguma atividade do gênero. Seus primos e seus amigos, todos mais jovens do que ele, já experimentavam os prazeres e decepções de estar apaixonado, enquanto Pessoa, sem nenhuma experiência, os observava e se perguntava o que estava perdendo. Como Marcos Alves, ele se sentia intimidado pelo sexo, talvez até um pouco enojado pela ideia, mas era incapaz de manter os pensamentos sobre sexo longe da mente. Alves, no entanto, sofria de um caso extremo de aversão-obsessão sexual, digno de inclusão no livro *Psychopathia Sexualis* (1886), do psiquiatra alemão Richard von Krafft-Ebing, mencionado nas anotações de Pessoa sobre o desafortunado personagem.[2] Foi essa obra pioneira e best-seller de sexologia médica que estabeleceu classificações para uma série de comportamentos "desviantes" e popularizou palavras como *homossexualidade*, *pedofilia*, *sadismo* e *masoquismo*.

Lisboa no final do século XIX.

Teatro São Carlos visto do prédio onde Pessoa nasceu.

(À ESQUERDA) Joaquim de Seabra Pessoa, pai de Fernando Pessoa.

(À DIREITA) Sua mãe, Maria Madalena Nogueira, quando ainda não era casada.

Seu tio-avô Cunha e sua tia-avó Maria, que foram como seus segundos pais.

Pessoa com quase três anos, sentado junto de sua tia Anica. Atrás está sua mãe, tendo ao lado duas primas.

Retratos de estúdio de Pessoa aos seis anos.

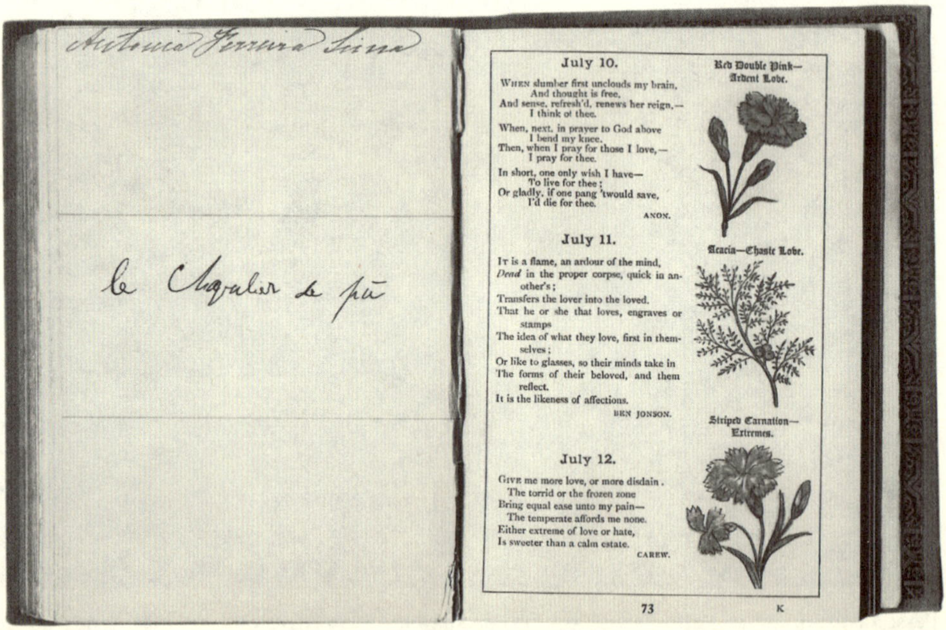

July 10.

Red Double Pink—
Ardent Love.

When slumber first unclouds my brain,
And thought is free,
And sense, refresh'd, renews her reign,—
I think of thee.

When, next, in prayer to God above
I bend my knee,
Then, when I pray for those I love,—
I pray for thee.

In short, one only wish I have—
To live for thee;
Or gladly, if one pang 'twould save,
I'd die for thee.

ANON.

July 11.

Acacia—Chaste Love.

It is a flame, an ardour of the mind,
Dead in the proper corpse, quick in another's;
Transfers the lover into the loved.
That he or she that loves, engraves or stamps
The idea of what they love, first in themselves;
Or like to glasses, so their minds take in
The forms of their beloved, and them reflect.
It is the likeness of affections.

BEN JONSON.

July 12.

Striped Carnation—
Extremes.

Give me more love, or more disdain.
The torrid or the frozen zone
Bring equal ease unto my pain—
The temperate affords me none.
Either extreme of love or hate,
Is sweeter than a calm estate.

CAREW.

73 K

Em um livro de aniversários pertencente a sua mãe, Pessoa, então com seis anos, inscreveu o nome de seu primeiro heterônimo, o Chevalier de Pas.

Um navio entrando na baía de Natal. A praia está à direita. Ao fundo, veem-se o centro de Durban e a colina da Berea.

West Street, Durban, em 1898 (hoje Dr. Pixley Kaseme Street), com bondes puxados por cavalos e riquixás de tração humana.

Pessoa em Durban, aos dez anos.

Corpo docente da Durban High School, com o diretor, Mr. Nicholas, sentado ao centro.

Pessoa, sua mãe, seu irmão Luís Miguel, seu padrasto e sua irmã Henriqueta (Teca) em 1901, durante as férias de um ano da família em Portugal.

(ACIMA) Pessoa e sua família no número 25 da Tenth Avenue, onde moraram depois de retornar a Durban, em 1902.

(À DIREITA) A família sentada na escada da mesma casa. O irmão mais novo de Pessoa nasceu em janeiro de 1903.

Praça do Rossio, a principal de Lisboa, em 1905.

Pessoa em 1907, com (*da esquerda para a direita, sentadas ou em pé*) tia-avó Maria, tia-avó Adelaide, avó Dionísia, tia Anica, prima Maria (filha de Anica) e tia-avó Rita.

O heterônimo Alexander Search tinha seu próprio cartão de visitas e recebia correspondência nos mesmos endereços em que Pessoa morou entre 1907 e 1910.

Alexander Search

LISBON

Rua da Bella Vista (Lapa), 17, 1.°

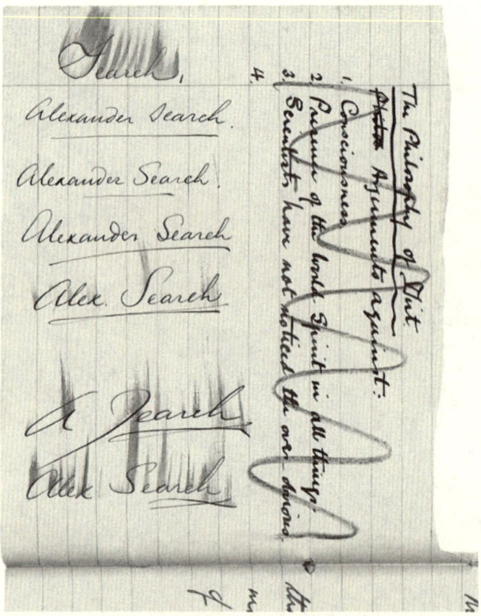

(ACIMA) Pessoa praticava muitas assinaturas diferentes para seus heterônimos.

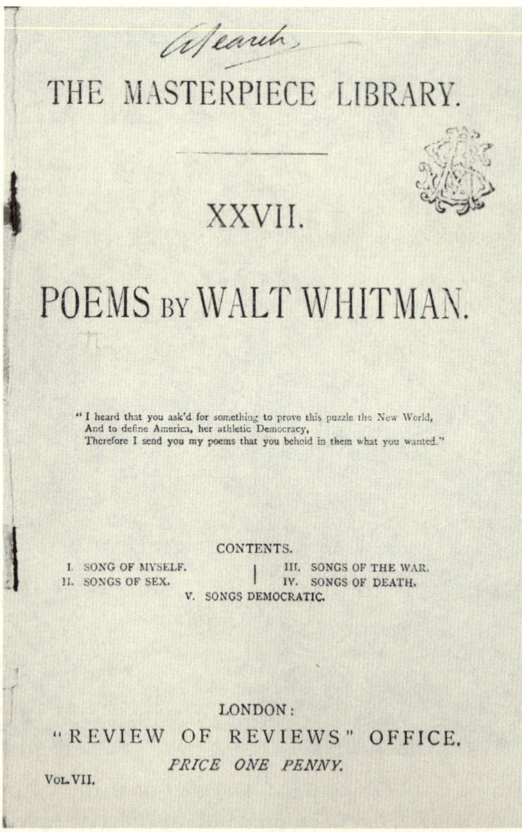

THE MASTERPIECE LIBRARY.

XXVII.

POEMS BY WALT WHITMAN.

"I heard that you ask'd for something to prove this puzzle the New World,
And to define America, her athletic Democracy,
Therefore I send you my poems that you behold in them what you wanted."

CONTENTS.

I. SONG OF MYSELF.
II. SONGS OF SEX.
III. SONGS OF THE WAR.
IV. SONGS OF DEATH.
V. SONGS DEMOCRATIC.

LONDON:
"REVIEW OF REVIEWS" OFFICE.
PRICE ONE PENNY.

VOL. VII.

(À DIREITA) A assinatura de Alexander Search, às vezes acompanhada de seu floreado monograma, aparece em vários livros comprados por Pessoa.

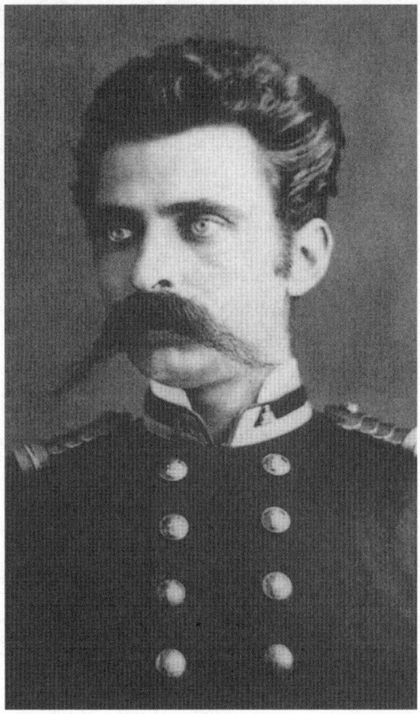

(À ESQUERDA) Foto não datada de Pessoa quando jovem.

(À DIREITA) O general Henrique Rosa, irmão do padrasto de Pessoa e republicano convicto, exerceu uma influência importante sobre o poeta. A foto é de quando era um jovem oficial do Exército.

Em 5 de outubro de 1910, enquanto a Revolução Republicana tomava Lisboa, o rei d. Manuel II, sua família e comitiva fugiram para a aldeia de pescadores de Ericeira, onde embarcariam no iate real e seguiriam para Gibraltar.

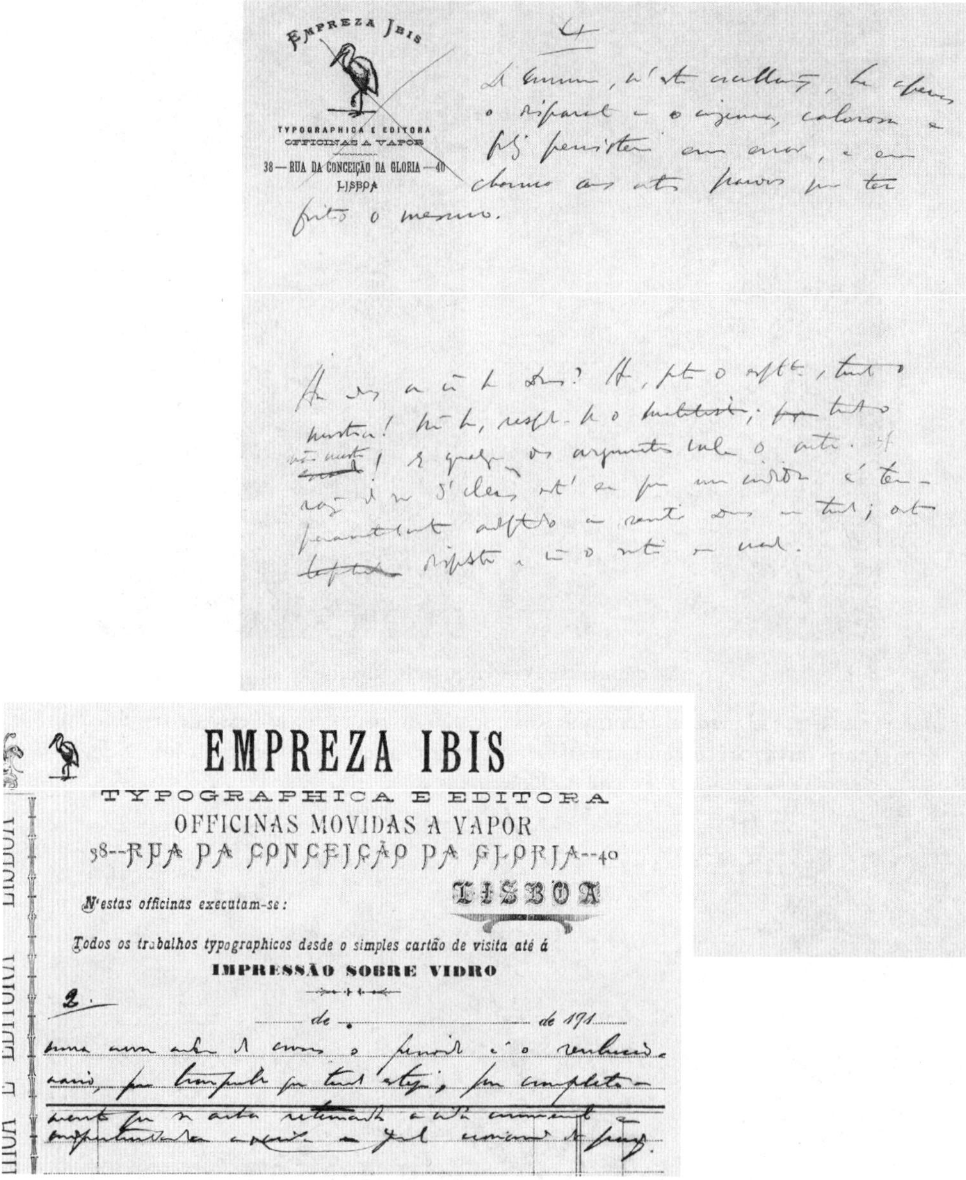

A Empreza Ibis, uma aventura editorial quixotesca, acabou em desastre em 1910. Pessoa usou o que restava de papel timbrado e notas fiscais em branco para escrever literatura.

(À ESQUERDA) Retrato de Pessoa pintado por Adolfo Rodriguez Castañé, um jovem artista espanhol que vivia em Lisboa.

(À DIREITA) Caricatura de Pessoa desenhada por Castañé e publicada em 1912.

Nos primeiros meses de 1912, Pessoa conheceu o escritor Mário de Sá-Carneiro, que se tornaria seu amigo mais próximo.

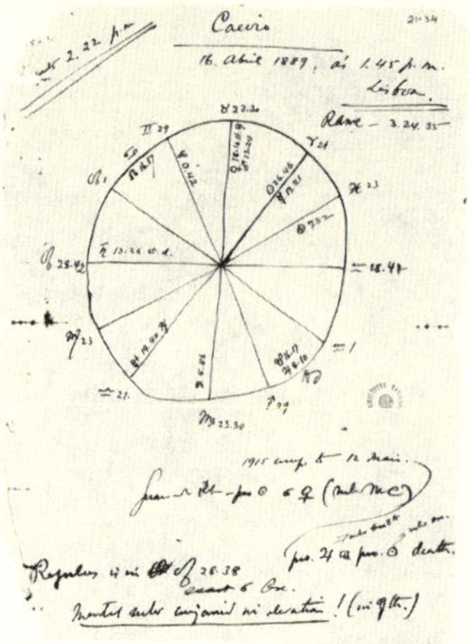

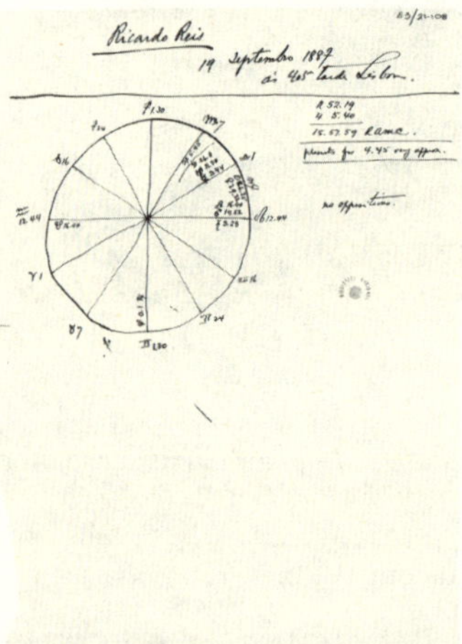

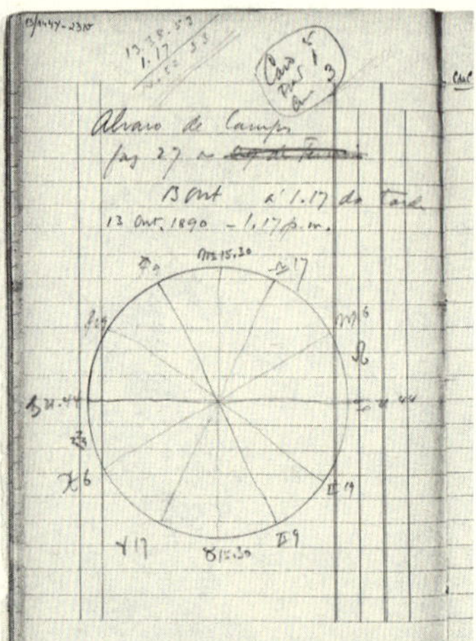

Pessoa fez mapas astrais de seus três principais heterônimos. Mais tarde, mudaria a data de nascimento de Álvaro de Campos para 15 de outubro.

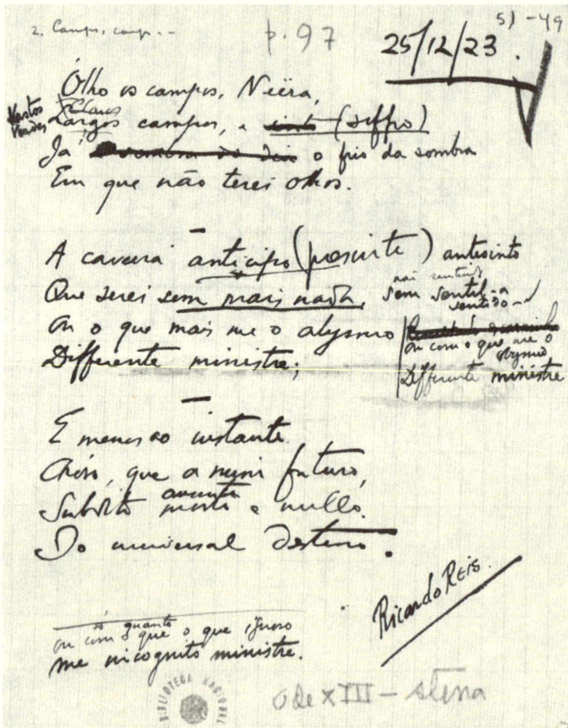

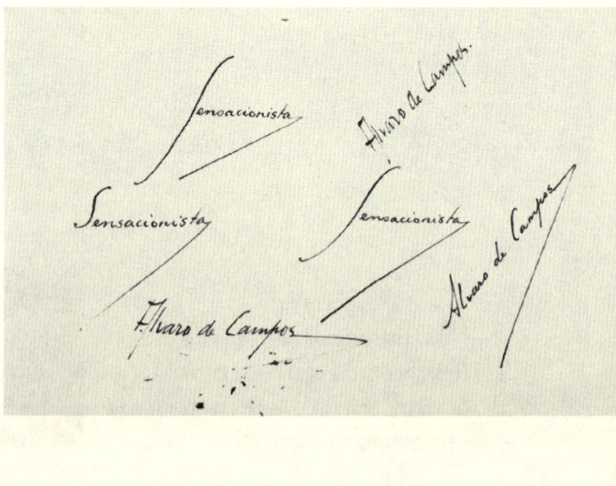

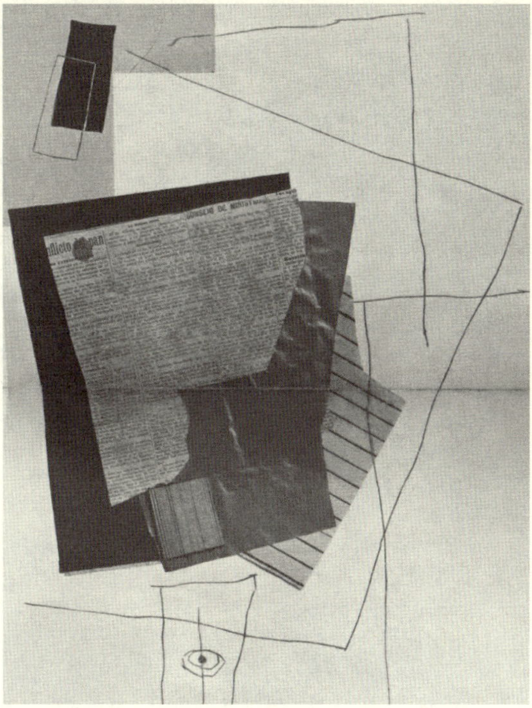

(À ESQUERDA) A capa de *Orpheu* 2, publicada em junho de 1915, foi provavelmente desenhada por José de Almada Negreiros. Pessoa e Mário de Sá-Caneiro eram seus diretores.

(À DIREITA) *Decomposição dinâmica de uma mesa + Estilo de movimento* — uma das quatro obras de Santa Rita Pintor reproduzidas em *Orpheu* 2.

Luís de Montalvor, um dos fundadores de *Orpheu* e primeiro editor póstumo de Pessoa, em foto da década de 1930.

Publicada numa revista em 1929, esta página presta homenagem a alguns dos principais escritores e artistas associados à *Orpheu*.

Os primos de Pessoa e suas namoradas se tocavam, se beijavam e expressavam com olhares desejos que eram capazes de entender, enquanto ele lia autores como Krafft-Ebing,[3] inventava seus próprios psiquiatras e atribuía a personagens fictícios formas exageradas de comportamento sexual, numa tentativa de descobrir o que ele próprio desejava e também, sem dúvida, aliviar a pressão de suas preocupações com o sexo. Uma parte desse alívio era cômica. O relato medicalizado da vida conturbada e do suicídio de Marcos Alves era tão implausivelmente patético que não poderia deixar de provocar risos no homem que escreveu sua história.

Pessoa escreveu cerca de vinte páginas de textos e anotações para *Marcos Alves*, a maioria entre 1909 e 1913.[4] Foi também em 1909 que concebeu uma peça em cinco atos na qual loucura, sexo e abstinência sexual eram temas proeminentes. Pelo resto da vida, ele continuaria trabalhando nesse drama, intitulado *The Duke of Parma: A Tragedy* [O duque de Parma: Uma tragédia], produzindo mais de duzentas páginas de diálogos, monólogos e direções de palco — todas em inglês.[5] Não escreveu em sequência; suas ideias para a trama mudavam continuamente, e, a partir do amontoado textual resultante, seria impossível estabelecer uma sequência dramática inequívoca, mas a história contida no texto é relativamente bem elaborada. Mesmo assim, nenhum pesquisador teve até agora paciência para decifrar, transcrever e juntar todo o material. Trata-se de uma das maiores e mais esquisitas de todas as muitas peças que Pessoa tentou escrever. Se o título parece ser de uma peça que Shakespeare poderia ter escrito, é porque o autor pretendia exatamente isso.

Assim como os sonetos shakespearianos que começou a escrever em 1910 — e como *A duquesa de Pádua*, de Oscar Wilde (1883), peça que também imitava Shakespeare —, *The Duke of Parma* foi escrita num inglês adornado com floreios arcaicos, como *doth*, *hath* e *wilt*. Mais do que qualquer antiguidade ou estranheza no vocabulário, no entanto, são o tom, o fraseado e o método dramático da peça de Pessoa que nos fazem pensar em Shakespeare. Numa folha de papel que contém uma cena da obra, Pessoa anotou o número total de linhas de texto em *Rei Lear*, *Hamlet*, *Macbeth* e *Júlio César*. Queria ter certeza de que sua tragédia teria uma extensão comparável — com menos versos do que *Hamlet*, que quase nunca é representada na íntegra, mas não do que *Macbeth*.[6]

O fato de Pessoa confrontar seus sonetos shakespearianos com os do mestre de Stratford-upon-Avon não era totalmente absurdo, uma vez que o soneto era uma forma ainda muito usada pelos poetas. Muito mais duvidosa era sua tentativa solitária de escrever, no século xx, uma peça no estilo de Shakespeare, e com alguma fraseologia shakespeariana. Se tivesse concluído e publicado *The Duke of Parma*, poderíamos admirá-la enormemente, mas apenas como uma curiosidade engenhosa. Seria como um compositor moderno que criasse uma cantata no estilo de Bach: se fosse excepcionalmente talentoso, poderia ser uma peça digna de comparação, mas quem iria a um concerto para ouvi-la? É provável que Pessoa não pretendesse que sua peça fosse encenada. Era um drama de armário, e em mais de um aspecto, já que seus ornamentos shakespearianos ajudavam a esconder seu tema principal: Fernando Pessoa.

Moldado com o tipo de matéria-prima usada para fazer Hamlet ou Lear, seu duque de Parma é intenso, impetuoso, psicologicamente instável e filosoficamente inquieto. Afirma que "todo rosto é feio, visto de perto / E toda alma estudada de perto tem alguma loucura".[7] Em sua própria alma, essa semente de loucura é sua indagação maníaca sobre a verdadeira substância das coisas. Numa reunião de seus conselheiros, ele pede a um médico que lhe diga "o que é mais sujo: a concepção de um homem ou seu nascimento". Em seguida vem a pergunta: "Quem é mais vil: uma virgem ou uma prostituta?". E, quando o médico responde que a prostituta é mais vil, o duque responde: "Nisso você está enganado, pois uma se deita com homens, e a outra com a sua imaginação, que é como se ela se deitasse com um monstro".[8]

Descobre-se que o duque anterior estava um tanto desequilibrado e ficara impotente, características que parece ter passado para seu único filho biológico, o duque atual, em quem se agravaram. E, no entanto, o duque atual, apesar de não ter filhos, não é de fato impotente, apenas casto. Mas, apesar de ter renunciado ao sexo, não consegue se esquecer de seu poder abjeto e de sua atração — "abjeto" segundo seu ponto de vista. "Tudo está sujo no mundo — tudo, tudo!", ele lamenta, e deplora em especial a luxúria feminina, os órgãos sexuais das mulheres e até, em certos momentos, a feminilidade em geral. Embora saiba que a acusação é falsa, a certa altura chama sua esposa de prostituta, agarra-a pelo pescoço e a joga por sobre o parapeito, observando-a cair para a morte com um "deleite insano".[9]

Embora o Hamlet de Shakespeare e o Pózdnichev de Tolstói (que também mata a esposa e idealiza a castidade) possam ter fornecido alguns sintomas para o caráter obsessivo do duque, suas neuroses sexuais derivavam da própria imaginação de Pessoa — ou melhor, da imaginação *literária* de Pessoa, como ele fazia questão de frisar. Depois de um dos discursos do duque, Pessoa rabiscou uma explicação para benefício de seus futuros leitores: "As alusões sexuais constantes do duque e seu *propósito*. Elas não são do autor; pertencem à concepção do autor sobre o caráter do duque".[10] Ele repetiu essa advertência numa frase isolada anotada em 1912 e especificamente destinada a um prefácio (nunca escrito) para *The Duke of Parma*: "Nunca mostrei o que sou".[11] Uma vez que Pessoa não costumava se dar ao trabalho de nos lembrar que suas ficções são ficções, sua ressalva cheira a uma confissão dissimulada. Por outro lado, é verdade que não era *obcecado* por assuntos e costumes sexuais como o duque de Parma.

O duque e Marcos Alves não eram retratos autobiográficos. Assim como o heterônimo Alexander Search, ambos serviram ao seu criador como fantoches ou cobaias. Preocupado com sua inibição sexual e com a possibilidade de uma doença mental latente herdada da avó, Pessoa amalgamou e exagerou esses pontos de fragilidade em dois personagens de diferentes classes sociais e épocas. Depois de dotá-los de insanidade progressiva e graves fobias sexuais, escreveu sobre suas possíveis consequências.

Não sabemos ao certo o que tudo isso significa sobre a sexualidade de Pessoa, além de sua óbvia reticência em se envolver sexualmente e seu pronunciado desconforto com as mulheres. Embora seja nosso recurso mais rico, explorar a obra para descobrir o homem Pessoa é um empreendimento repleto de perigos, uma vez que ele usava sua escrita para conduzir estudos experimentais, para transformar e ampliar a si mesmo, em vez de expressá-lo passivamente. Ele não estava apenas procurando por sua identidade sexual; Pessoa a estava construindo pouco a pouco.

Em uma de suas cartas semanais para Durban, enviada em maio de 1911, Pessoa despertou a curiosidade de sua mãe ao dizer que precisava escrever uma longa correspondência explicando algumas coisas. O que precisava ser esclarecido era que ele havia esgotado sua herança e agora estava cheio de dívidas, mas adiaria fazer essa confissão por mais um ano e meio. Nesse ínterim, enrolou seus credores com promessas vazias. Continuava a fazer traduções para a *Biblioteca internacional de obras célebres*, recebendo muitos elogios de Warren Kellogg, o coordenador do projeto multilíngue, e tentou — ou pensou em tentar — conseguir mais trabalho usando suas habilidades linguísticas. No dia 17 de novembro, por exemplo, sentado em seu café preferido, A Brasileira, viu um anúncio de emprego de tradutor no *Diário de Notícias*. Começou a redigir uma carta ali mesmo, dizendo que podia lidar com qualquer tema, desde poesia até filosofia, fosse em inglês, francês ou espanhol.

Mas uma parte sua se rebelou e, em vez de terminar a carta, escreveu um de seus sonetos shakespearianos, reclamando de como "a pressão mesquinha da necessidade de cada dia" impedia sua alma de fazer a tarefa que "nasceu para pensar que deve fazer". Em outras palavras, a necessidade de ganhar dinheiro o distraía da escrita. Abaixo do soneto, na mesma folha de papel timbrado do café, o poeta anotou as quantias que devia a vários credores menos tolerantes, além do dinheiro que contava receber de Kellogg — por traduções de poemas de Shelley e outros —, para poder pagá-las.[12]

Felizmente, sua tia Anica não o pressionava para pagar sua parte no aluguel. Estava morando com ela e os primos Mário e Maria desde o início do segundo semestre de 1911 em Arroios, um bairro mais novo ao norte da Baixa. Bondes amarelos barulhentos passavam bem ao lado do prédio, na rua Passos Manuel, número 24, mas Pessoa costumava caminhar — vinte minutos — de lá até os cafés localizados no centro que frequentava quase todos os dias. Tia Anica também acolhera as tias-avós Rita e Maria, fazendo com que o apartamento de terceiro andar ficasse um pouco abarrotado, motivo pelo qual Pessoa deixara a maior parte de seus livros no escritório do largo do Carmo, que Mário continuou a alugar até 1912.[13] Tia Maria morreu em setembro após uma longa doença, mas Rita, a única das tias de sua mãe que nunca se casara, ainda era muito crítica e rabugenta aos 83 anos, testando a paciência de todos, em especial de tia Anica.[14] Pessoa não tinha outra escolha senão agradá-la, pois ela conseguira fazer um pequeno pé-de-meia e era uma de suas credoras.

Os cafés do centro eram oásis em miniatura, onde Pessoa podia ser seu eu literário mais facilmente. Eles lhe serviam de escritórios improvisados para a leitura de livros e jornais e para escrever poemas e cartas. E também eram o eixo em torno do qual girava sua vida social desde pelo menos 1908, ano em que o Café A Brasileira instalou mesas, incentivando os clientes a se reunir e se demorar. Em 1911, os proprietários abriram um segundo café, também chamado A Brasileira, no lado oeste da praça do Rossio, a mais animada de Lisboa. A distância entre os dois era de apenas dez minutos a pé, e Pessoa alternava entre eles, mas nos primeiros anos da República preferia o mais antigo, no Chiado, visto que a clientela era mais literária.

No Rossio havia vários cafés, inclusive os distintos Suisso e Martinho, que serviam café desde antes de 1850. Eles esforçavam-se para superar uns aos outros em elegância e adornavam seus interiores com espelhos, mármores, molduras de gesso esculpido e, em alguns casos, luminárias em forma de flor. O Café Martinho, da praça do Rossio, tinha um parente ainda mais antigo e menos ostentoso, o Café Martinho da Arcada, situado nas arcadas da praça do Comércio, espaço majestoso mas pouco movimentado junto ao rio Tejo. Quando abriu, em 1782, sua principal atração era o sorvete, cujo gelo vinha da Serra da Estrela, no norte do país. Pessoa frequentava uma dezena de cafés diferentes, mas o A Brasileira do Chiado (principalmente entre 1908 e 1920), o A Brasileira do Rossio (entre 1912 e 1918) e o Martinho da Arcada (de 1914 até a sua morte) eram os lugares onde passava mais tempo e gastava dinheiro, debatia mais ideias, fazia mais planos com amigos escritores e esboçava muitas cartas, poemas e textos em prosa.*

Cada café atraía um tipo diferente de público, do qual podiam participar homens de negócios, escritores, estudantes, profissionais liberais, funcionários públicos ou jornalistas, mas as mulheres não faziam parte dessa cultura. Embora imitasse diligentemente a moda francesa nas roupas e na decoração, a sociedade portuguesa permanecia conservadora. As parisienses frequentavam cafés; as lisboetas, não, exceto para comprar alguma coisa no balcão a fim de levar para casa. Isso começaria a mudar no final da década de 1920, mas as tertúlias que Pessoa frequentava nos cafés sempre foram resolutamente masculinas. Exceto por essa restrição tácita de gênero, o grupo era variado, com representantes de diversas profissões e posições políticas.

Um dos primeiros companheiros de café de Pessoa foi seu tio Henrique Rosa, que o apresentou a vários outros escritores e intelectuais, entre eles Camilo Pessanha (1867-1926), o maior poeta simbolista de Portugal. Eles se conheceram no Café Suisso no segundo semestre de 1908, quando Pessanha estava de férias do emprego de funcionário colonial em Macau. Os portugueses administravam esse enclave asiático desde o século XVI, e foi lá que Pessanha passou a maior parte de sua vida adulta, onde trabalhava por não muitas horas diárias, tratava de sua saúde delicada, convivia com concubinas chinesas (uma das quais lhe deu um filho),

* O primeiro e o último dos três cafés são praticamente os únicos da época de Pessoa que sobreviveram. Suas fachadas e interiores têm mais ou menos a aparência de meados da década de 1920, quando o café do Chiado foi remodelado.

fumava ópio, colecionava arte chinesa e, ocasionalmente, compunha um de seus primorosos poemas.* Digo "compunha" poemas porque era em função do som que eles ganhavam forma, em sua cabeça e seus lábios, antes de serem colocados no papel. Alguns haviam aparecido em periódicos, mas ele ainda não tinha um livro publicado, e era principalmente por meio de cópias manuscritas ou datilografadas por admiradores que sua poesia circulava. Ele recitou alguns de seus poemas numa das duas ocasiões em que Pessoa teve o privilégio de sentar-se à sua mesa no Café Suisso. Hipnotizado pelo que ouviu, o jovem escritor obteve depois cópias desses e de outros poemas de um amigo de Pessanha, transcreveu outro poema seu que ouviu alguém recitar de cor no Café A Brasileira e esperava ser o primeiro a publicar sua poesia em livro, segundo um caderno com planos para a Ibis.[15]

Mal se tornou cliente habitual dos cafés, Pessoa começou a redigir um ensaio condenando a arrogância e a afetação do resto da clientela, que caricaturava sem piedade. Típica do ensaio é a seguinte observação: "Uma das primeiras qualidades que a vida de café desenvolve é o pedantismo, a pretensão idiota. O tipo que tem monóculo, não para ver mas para usar, é eminentemente de café".[16] O heterônimo Álvaro de Campos, a quem Pessoa daria um monóculo, era por vezes pretensioso e demonstrava apreço pelos cafés, ainda que os definisse como "oásis de inutilidades ruidosas" em sua "Ode triunfal" (1914). Fernando Pessoa, tímido e aparentemente nada pretensioso, também adorava os cafés, e uma das coisas de que mais gostava era poder sentir como era diferente da maioria dos homens nas mesas ao redor, em particular dos fanfarrões e tagarelas. Na verdade, sua forma discreta de pretensão era imaginar-se uma criatura como nenhuma outra.

Pessoa não era um conversador brilhante, mas sua acuidade mental e sua espantosa cultura literária fizeram com que aos poucos se destacasse e, em 1911, começou a atrair admiradores entre outros jovens escritores. Um dos primeiros escritores a descobri-lo foi Armando Côrtes-Rodrigues (1891-1971), que chegou dos Açores no final de 1910 a fim de estudar no Curso Superior de Letras, que em breve passaria a ser uma faculdade da Universidade de Lisboa. Embora Côrtes-Rodrigues tivesse publicado vários poemas em jornais na adolescência, ele mais tarde os rene-

* Porém a maioria dos poemas de Pessanha foi escrita em Portugal.

gou, afirmando que só descobriu a poesia de verdade na capital, através do contato com Fernando Pessoa, cujo entusiasmo pelo gênero era contagiante.

Numa entrevista dada em 1960,[17] ele recordaria que o amigo costumava recitar, de memória, poemas de seus poetas preferidos, e o que mais recitava era "Violoncelo", de Camilo Pessanha, cujas cinco estrofes evocam um universo auditivo de tristezas majestosas e grande tragédia. A primeira estrofe já dá uma ideia da musicalidade de Pessanha:

Chorai, arcadas
Do violoncelo,
Convulsionadas.
Pontes aladas
De pesadelo...

Observe-se que as palavras não só rimam, como também se aliteram e ecoam ritmicamente umas as outras. Pessoa também fez experiências com poemas de versos curtos, rimados e reverberantes, e nunca é demais enfatizar a atenção que dava ao som e ao ritmo. Ele argumentava em seus textos teóricos, e tentou mostrar na prática, que a poesia podia ser mais musical do que a própria música.[18]

Todos os dias, depois das aulas na universidade, Armando Côrtes-Rodrigues dirigia-se ao Café A Brasileira no Chiado para se encontrar com o novo amigo e mentor. Dali, desciam para um dos cafés da praça do Rossio. Àquela hora, as pessoas estavam saindo do trabalho, as lojas começavam a fechar, meninos jornaleiros descalços apregoavam a edição noturna, os passageiros se amontoavam nos bondes em diferentes pontos da praça e os homens enchiam os estabelecimentos mais movimentados do local para um café, um conhaque e alguma conversa antes de voltar para casa, embora homens como Pessoa não tivessem pressa. Seus amigos do café eram, em sua maioria, gente que conhecera recentemente, mas alguns deles eram ex-colegas de classe, como Armando Teixeira Rebelo. Apesar de não terem muito em comum, além da fluência em inglês adquirida na África do Sul, Rebelo valorizava a amizade com Pessoa e ficou contentíssimo quando ele aceitou ser padrinho de sua filha Signa, nascida em 6 de dezembro de 1911. Bilíngue como os pais, ela conversaria e trocaria correspondências com Pessoa, sempre em inglês.

Teixeira Rebelo trabalhava em Lisboa, mas morava com a família fora da cidade, então Pessoa só via a afilhada de vez em quando. Ela se lembraria dele como um homem de fala mansa e terrivelmente reservado ("Ele andava encostado às paredes, com a cabeça no chão, parecia uma sombra"), mas dotado de um excelente senso de humor, sempre com uma insinuação de sorriso ao falar.[19] Outras pessoas que o conheceram descreveriam seu sorriso como misterioso e travesso.[20] Não o vemos assim nas fotografias, nas quais mantém os lábios finos constantemente cerrados, sem nada revelar, mas podemos senti-lo em sua escrita: um sorriso ambíguo, divertido, vagamente irônico e sempre enigmático, como o desenhado por Leonardo da Vinci em seu retrato mais famoso.*

Uma ausência notável em sua vida social, incluindo a dos cafés, nessa época foi seu tio. Em cartas ao irmão na África do Sul, Henrique Rosa queixou-se de que Fernando — que costumava visitá-lo em seu apartamento e sentar com ele nos cafés — o estava evitando, aparecendo apenas quando precisava de alguma coisa. Sem nunca perder totalmente o contato, os dois amigos tiveram uma relação tensa nos anos seguintes e nunca recuperariam a intimidade anterior. Como devia parte de sua identidade ao general reformado, que o ajudara a moldá-lo como pensador, poeta e republicano, Pessoa sentia agora necessidade de afirmar sua independência. Ele começou a se afastar na segunda metade de 1911, e logo houve uma fonte prosaica de atrito — dinheiro — que ele explorou para justificar uma ruptura.

Em janeiro de 1912, Henrique Rosa ficou legalmente autorizado a administrar os interesses financeiros dos pais de Pessoa em Portugal, mas, como o general costumava passar a maior parte do tempo em casa, eles dependiam de Fernando para dar conta do trabalho de receber juros e dividendos aqui e fazer pagamentos acolá. Ao que parece, às vezes ele tardava em fazer essas transações para cobrir temporariamente uma de suas dívidas mais urgentes. A certa altura, o tio o acusou de má conduta, levando Pessoa a reagir com suas próprias acusações, numa longa e ameaçadora carta.[21] Embora não fosse um orador eloquente, ao escrever ele era articuladíssimo e sabia como brandir, como um conjunto de adagas, argumentos irrefutavelmente lógicos. Caso tivesse se tornado advogado em vez de poeta, seus documentos legais teriam devastado seus adversários, assim

* A *Mona Lisa* ficou ainda mais famosa em agosto de 1911, quando foi roubada do Louvre, uma façanha que desconcertou os detetives. A obra seria recuperada dois anos depois.

como sua carta conseguiu abalar e humilhar Henrique Rosa, que recuou. Anos mais tarde, ele sentiria remorso pela maneira como tratara o amigo muito mais velho, mas, aos vinte e poucos anos, orgulhoso e preocupado consigo mesmo, não poderia ter agido de outra forma.

O primeiro aniversário da República, em outubro de 1911, foi celebrado com desfiles, discursos e a inauguração de uma placa em Lisboa. Foi também a ocasião escolhida pelos recalcitrantes monarquistas portugueses para lançar um ataque através da fronteira norte com a Espanha, onde se haviam exilado. Essa insurreição e um recente levante monarquista no Porto foram subjugados sem dificuldades, mas as cadeias da República encheram-se de presos políticos, a onda de greves e manifestações não dava sinais de enfraquecimento, as ruas tornavam-se cada vez mais inseguras e o futuro político do país parecia incerto para alguns portugueses. Em 4 de outubro, um dia antes do aniversário da República, o *Daily Telegraph* de Londres alegou, de forma exagerada, que, "mais do que uma república, Portugal é uma anarquia, onde todos os abusos da liberdade prevalecem".[22]

A instabilidade era compreensível, na opinião de Pessoa, uma vez que a nova ordem ainda estava engatinhando — precisava de tempo para se estabelecer antes que o país pudesse começar a fazer um progresso significativo. Ele continuava otimista, apesar de todos os percalços imediatos. Para encorajar uma discussão séria sobre esses problemas, estava planejando novamente se tornar editor, embora numa escala muito mais modesta, tendo em mente o fiasco da Ibis e suas dívidas ainda em aberto. Sua ideia era publicar uma revista, patrioticamente intitulada *Lusitânia*. Os lusitanos eram os habitantes da península Ibérica antes da chegada dos romanos, que deram o nome de Lusitânia à província que englobava grande parte do que viria a ser o Portugal moderno. Para Pessoa, o nome significava tudo o que era específica e espiritualmente português. A *Lusitânia*, tal como a concebeu, defenderia a República não só dos detratores, mas também dos republicanos equivocados que impediam seu crescimento e desenvolvimento.

A nova República portuguesa padecia, acima de tudo, de um problema de liderança. Não que os líderes fossem escassos — o problema era que a lealdade a determinada liderança e à facção política que representava muitas vezes prevalecia sobre a preocupação com a boa governança e o respeito pelo devido processo legal. Três facções se consolidariam formalmente no início de 1912: os democráticos, comandados pelo agressivo e inflexível Afonso Costa; os unionistas, chefiados pelo editor de jornal Manuel Brito Camacho, que era austero e doutrinário; e os evolucionistas, liderados pelo carismático Antônio José de Almeida, que fundou o próprio jornal. Almeida era o orador mais convincente, mas Costa inspirava devoção fanática entre seus apoiadores — e ódio entre os adversários. Seus democráticos constituíam o partido de ideologia radical, e ele era o arquiteto da lei destinada a estrangular a Igreja católica em Portugal. Os outros dois partidos também eram anticlericais, mas sem animosidade em sua retórica. Com ou sem hostilidade, o clero continuava a ser perseguido e expropriado, de acordo com os termos draconianos da lei que separava Igreja e Estado. Certos republicanos do norte de Portugal, onde a Igreja era mais forte, reagiram com protestos organizados contra algumas partes do programa legislativo aprovado pelo Governo Provisório. Alguns até desertaram para o lado dos monarquistas, ou neomonarquistas, cuja reação assumiu a forma de conspirações armadas.

Pessoa criticou os reacionários políticos e atacou com ainda mais ferocidade os radicais republicanos, como Afonso Costa, em trechos de um ensaio intitulado "Oligarquia das bestas". "Todo o radicalismo ajuda a reação, porque o espírito é o mesmo", advertia ele.[23] Tanto as posturas radicais como as reacionárias eram, a seu ver, "patologias" antissociais, e ele acusava os dirigentes políticos portugueses de constituírem uma oligarquia de facto, preocupada sobretudo em se manter no poder.

"Oligarquia das bestas" seria o artigo principal do primeiro número de *Lusitânia*. Se sua avaliação impiedosa de Afonso Costa e outros políticos levantasse quaisquer dúvidas sobre as simpatias republicanas de Pessoa, elas seriam dissipadas pelo segundo artigo da revista, "A coroação de Jorge Quinto". O rei da Grã-Bretanha subira ao trono em maio de 1910, mas sua cerimônia de coroação foi realizada um ano depois, em junho de 1911. O Império Britânico estava praticamente no auge, e nenhuma pompa foi considerada demasiada para a ocasião, que levou 50 mil soldados em marcha para Londres. O relato inteiramente fictício de Pessoa sobre o evento é narrado por um republicano português que por acaso estaria em Londres quando do espetáculo da realeza. "Todo este império me cheira a fim. As suas festas são amarelas", relata ele. Os súditos ingleses parecem-lhe "sonâmbulos que caminham para um precipício".[24] Pessoa, cuja crença nessa profecia de desgraça iminente era pouquíssimo provável, talvez estivesse se vingando da postura cética da imprensa britânica quanto à transição de Portugal para uma forma republicana de governo. Ele também queria frisar para seus leitores portugueses que as monarquias pertenciam ao passado, que o futuro era republicano — e não via nada de errado em usar relatos falsos para criar propaganda política útil e bem-intencionada. Outros artigos para a sua revista examinavam a República portuguesa no contexto europeu mais amplo e, para os leitores estrangeiros, haveria um ensaio em inglês, "The Decline and Fall of the Portuguese Monarchy" [Declínio e queda da monarquia portuguesa], para o qual escreveu algumas páginas.

Lusitânia precedeu ou sucedeu outro projeto de revista, sobriamente intitulado *Estudos Contemporâneos*,[25] para o qual estavam previstos os mesmos ensaios políticos. O sumário provisório de sua primeira edição também lista "Portugal", o poema épico patriótico de Pessoa, nunca concluído, e o humor perverso de "La France en 1950", no qual o heterônimo francês Jean Seul — conforme já mencionado — imagina uma sociedade futura em que a pedofilia, o infanticídio e todas as formas concebíveis de perversão sexual serão um comportamento aceitável e até mesmo obrigatório. O fato de Pessoa pretender que essa sátira fosse uma crítica aos costumes sexuais liberalizados contemporâneos parece ser confirmado por seu plano de publicar no mesmo número de *Estudos Contemporâneos* um grupo de "poesias morais", sobre as quais não dá detalhes

Pessoa não era pedante, como alguns dos habitués dos cafés que menosprezava em seus textos, mas era didático, como o demonstram seus projetos de revista de 1911. Queria ensinar aos políticos como se comportar, aos intelectuais o que pensar e aos portugueses em geral por que era importante ser patriota. E, como jovem, também aspirava a ser um moralizador sexual — por motivos que levantam suspeitas. Por um lado, Jean Seul tem prazer demais em narrar as práticas sexuais excêntricas que suas sátiras aparentemente condenam. Por outro lado, a castidade atormentada de personagens como Marcos Alves e o duque de Parma, nos quais a simples ideia de uma vagina provoca pânico, nos leva a questionar se Pessoa não estava utilizando sua campanha moral para evitar lidar, em sua própria vida, com o sexo e a sexualidade. Porém quase todas as atividades intelectuais de Pessoa, inclusive as pedagógicas, eram em parte empreendidas por seu valor de entretenimento. Por mais sérios que fossem seus ensaios políticos e suas sátiras morais, podemos ter certeza de que, enquanto os escrevia, estava sorrindo, à la Mona Lisa, com pelo menos um pouco de distanciamento jovial. Pessoa não terminou nenhum dos textos previstos para publicação em *Lusitânia* e *Estudos Contemporâneos*,[26] talvez felizmente, pois estava endividado demais para pensar a sério em lançar uma revista.

24.

Bem diferente da atmosfera tumultuada da República de um ano de idade era o mundo pacífico e ordeiro de Pretória, onde o padrasto de Pessoa assumiu seu novo posto de cônsul-geral e instalou sua família numa casa espaçosa, com o sempre obrigatório grande quintal. Escolhida para ser a capital administrativa da União da África do Sul, criada em 1910, Pretória ganhou uma nova estação ferroviária naquele mesmo ano e, em breve, inauguraria os esplendorosos Union Buildings, uma espécie de acrópole situada acima do resto da cidade e que abrigaria os gabinetes do presidente e do novo governo nacional. Dizia-se que as alas leste e oeste do elegante complexo representavam as línguas inglesa e africâner. Nada no conjunto arquitetônico prestava homenagem ao zulu, ao xhosa ou a outros idiomas nativos. A África do Sul independente foi fundada com base numa unidade de interesses brancos, e logo promulgaram-se leis para impor a segregação e impedir que os negros votassem,* abrindo caminho para o sistema que se tornaria conhecido como apartheid. Em janeiro de 1912, um grupo de negros da elite instruída criou uma organização, que mais tarde viria a se chamar Congresso

* Na província do Cabo, politicamente mais liberal, os negros podiam votar, mas perderam aos poucos esse direito depois que a África do Sul se tornou independente.

Nacional Africano, com o objetivo de defender seus interesses e, com o passar do tempo, também os dos negros sul-africanos como um todo.

Essas questões, evidentemente, não diziam respeito à mãe de Pessoa, cujas cartas semanais para ele informavam sobre a família Rosa. Sua irmã e seus dois irmãos — agora com quinze, onze e nove anos respectivamente — estavam todos aprendendo a tocar piano. Ela também perguntava sobre a saúde, o humor e a vida profissional do filho mais velho. E preocupava-se um pouco com o futuro de Portugal, tomado pela turbulência e nublado por tantas incógnitas.

A turbulência era especialmente grave em Lisboa, onde manifestações e uma onda de greves no final de janeiro de 1912 levaram o governo a declarar estado de emergência, que ainda estava em vigor quando Pessoa, em 10 de fevereiro, escreveu à mãe dizendo que se sentia indisposto e que seu problema tinha a ver com a longa carta prometida por ele desde maio do ano anterior. Em suas correspondências seguintes, ela o encorajou a revelar essas novidades, acrescentando que esperava que não fossem desagradáveis. E assim ele continuou a guardar seu segredo, enquanto recomendava paciência aos credores. Embora precisasse desesperadamente ganhar dinheiro, jamais abandonaria seu ritmo natural por pressões financeiras, nem se submeteria a uma autoridade externa. Continuava a fazer traduções, atividade de que gostava bastante, e para maximizar esse prazer a exercia quando queria, em vez de seguir um cronograma. Warren Kellogg enviou-lhe uma carta em 19 de fevereiro:

> Caro sr. Pessoa,
>
> Não sei o que lhe dizer e meu temperamento angelical está sendo dolorosamente testado! O senhor prometeu solenemente trazer aqueles poemas espanhóis e terminar o *Cid* muitíssimo em breve, e as semanas estão mais uma vez se passando e o senhor não apareceu. Amanhã é feriado, então na sexta-feira o espero. Se não vier esta semana, na segunda-feira, dia 26, darei com relutância o *Cid* para outra pessoa traduzir. Por favor, devolva aqueles dicionários. A ausência deles do escritório é um grande incômodo diário.
>
> Por favor, responda-me.
>
> Atenciosamente,
>
> Warren F. Kellogg

Embora os desaparecimentos de Pessoa fossem enfurecedores, seu trabalho de tradução era excelente. Em alguns meses, Kellogg empacotaria todas as suas coisas e iria para Londres, onde terminaria o trabalho editorial dos 24 volumes da *Biblioteca* da literatura mundial. Convidou Pessoa para acompanhá-lo por um período de seis meses, pois precisaria de um falante nativo de português para ajudá-lo a resolver as pontas soltas. Era uma oportunidade extraordinária para Pessoa, que fantasiava sobre Londres desde que voltara de Durban para Portugal. O eterno problema de como financiar a viagem e cobrir suas despesas cotidianas estaria resolvido em um passe de mágica. Ele já tinha uma lista de escritores, críticos e editores ingleses que gostaria de contatar a respeito de sua obra, e os editores da *Biblioteca* poderiam ajudá-lo com as apresentações. Seis meses seriam suficientes para fazer alguns amigos e, com sorte, encontrar uma saída para seus escritos em inglês.

Mesmo assim, Pessoa recusou o convite, que foi então feito (provavelmente por sugestão dele) ao amigo Armando Teixeira Rebelo, que agarrou a oportunidade, embora significasse uma longa separação da mulher e da filha recém-nascida.[1] Ao contrário de Armando, Fernando não tinha relações íntimas que o prendessem a Lisboa, o que torna sua decisão ainda mais misteriosa. Sem dúvida, sua situação financeira complicava as coisas, pois tinha de pagar mensalmente o empréstimo bancário que contraíra quando a Ibis faliu, e os amigos e conhecidos que lhe emprestaram dinheiro poderiam pensar que estava fugindo. Por outro lado, o dinheiro ganho na Inglaterra poderia ajudar a saldar algumas dívidas. E fugir talvez não fosse uma má ideia. Em novembro de 1911, depois de redigir uma lista atualizada de dívidas antigas e novos gastos em uma caderneta, ele rabiscou em letras grandes, em inglês: "Corte e corra para uma vida intelectual limpa! Dezembro para reconstruir a vida".[2]

Que lugar melhor para fugir do que Londres? Era um sonho formidável, e Pessoa continuaria a alimentá-lo durante pelo menos os vinte anos seguintes, mas a ideia de realmente ir para qualquer lugar desconhecido e lidar com gente nova o perturbava. Ele odiava mudanças em sua vida exterior; preferia transformar suas perspectivas mentais realinhando opiniões e adotando, por meio dos heterônimos, pontos de vista contrastantes. Ele não era bom em bater papo com desconhecidos; preferia escrever, e, nos anos seguintes, enviaria várias cartas a editores de Londres, tentando despertar o interesse por seu trabalho criativo. Além disso, ir para Londres com Kellogg significaria se reportar a Kellogg, ser o assistente de Kellogg, fazer o que Kellogg educadamente lhe ordenasse. Não. Ele ficaria em Lisboa, sem dever satisfações a ninguém além de si mesmo.

* * *

Pessoa tinha outro motivo mais elevado para não ir a Londres: o alvorecer da Renascença portuguesa. Mais precisamente, o que o mantinha em casa era seu esforço concentrado em provar, numa série de artigos bastante densos, escritos entre março e dezembro de 1912, que uma Renascença portuguesa era iminente e inevitável. Seus artigos foram publicados em *A Águia*, revista portuense pertencente à Renascença Portuguesa, movimento cujo nome coincidia com sua crença num ressurgimento nacional. Tanto o movimento como sua revista contribuíram para seu desenvolvimento como escritor e como figura pública que logo criaria movimentos e uma revista próprios.

Em meio às turbulências e instabilidades que continuariam a afligir a recém-fundada República, a revista *A Águia* conseguiu ter uma existência longa e estável. Lançada em dezembro de 1910, dois meses após a revolução republicana, continuaria saindo até a década de 1930, mas é lembrada principalmente por seus primeiros anos, quando Portugal se sentia como um novo país onde tudo era possível. Publicando poesia, ficção, pesquisa social, crítica cultural e artigos sobre educação, e permeada por uma ênfase no autoaperfeiçoamento, *A Águia* encarnava o espírito do nacionalismo republicano, mas com um matiz místico. Teixeira de Pascoaes (1877-1952), importante poeta e o mais influente ensaísta publicado pela revista, escreveu um artigo para o número inaugural que elogiava os agricultores arrendatários portugueses e outras pessoas ligadas à terra que, apesar das "superstições católicas" inculcadas por padres tacanhos, eram admiravelmente detentores "[d]aquela Alma excepcional, instintivamente naturalista e mística, que criou a Saudade, promessa duma nova *Civilização Lusitana*" (grifo do original). Pascoaes tornou-se diretor de *A Águia* em 1912[3] e promoveu com fervor evangélico a doutrina do saudosismo, segundo a qual a saudade era uma energia essencialmente da alma portuguesa e a chave para o progresso civilizacional da nação.

Em *Evolução criativa* (1907), o filósofo francês Henri Bergson propusera que o élan vital era um impulso primordial responsável pela evolução e pela criatividade no sentido mais amplo da palavra. Sua ideia logo gerou conceitos afins e pode ter influenciado Pascoaes, que parece ter entendido a saudade como um élan vital mais localizado, especificamente português — "o próprio sangue espiritual da Raça", de acordo com seu editorial para o número de janeiro de 1912 de *A Águia*. Embora várias vozes proeminentes da Renascença Portuguesa não se entusiasmassem com essa visão essencialista e racial de espírito, alma, ou povo português, foram as ideias de Pascoaes que prevaleceram e ganharam adeptos fiéis, entre eles Mário Beirão (1890-1965), um bom amigo de Pessoa cujos poemas foram publicados periodicamente por *A Águia* a partir de janeiro de 1911.

Foi sem dúvida nos cafés que Pessoa conheceu Mário Beirão, cujos olhos escuros e fundos irradiavam seriedade e sinceridade, e talvez por intermédio dele tenha conhecido Pascoaes, que tinha ares de quem esconde um grande segredo. (Pascoaes era do norte de Portugal, mas às vezes visitava Lisboa.) Ou talvez Pessoa, por iniciativa própria, tenha escrito uma carta a Pascoaes ou a outro editor de *A Águia* para apresentar o primeiro de seus artigos sobre poesia portuguesa contemporânea. Ele comprava a revista desde a sua fundação[4] e identificava-se em certa medida com a filosofia e as ambições do grupo Renascença Portuguesa. Na verdade, ocorreu-lhe de repente que suas ideias sobre as transformações em curso em Portugal estavam mais ou menos em sintonia com as deles. Ou, em vez disso, que poderia (e iria) revestir suas próprias ideias de maneira a criar uma impressão de quase convergência, ganhando assim uma plataforma para promovê-las.

A Águia publicou "A nova poesia portuguesa, sociologicamente considerada", de Pessoa, em seu número de abril de 1912. Foi seu primeiro artigo de crítica publicado, e a intelectualidade portuguesa ficou pasmada com sua argumentação deslumbrante e sua linguagem precisa, ainda que a tese e sua conclusão parecessem uma farsa para algumas pessoas. Adotando uma perspectiva evolutiva, Pessoa estabelecia uma relação entre o progresso literário e o progresso político, ou sociológico. Explicava em detalhes cuidadosos que, assim como Shakespeare e seus pares elisabetanos floresceram no *início* da (em sua opinião) grande era política que culminaria na república de Oliver Cromwell, e assim como o maior movimento literário da França — o romantismo — começara após a queda do Antigo Regime, mas *antes* que a Revolução Francesa se enraizasse na alma do povo (entre 1848 e 1870, segundo seus cálculos), o mesmo padrão estava fadado a se repetir em Portugal: a nova República, embora ainda confusa, levaria ao principal período sociopolítico de sua história e seria *precedido* pelo mais grandioso período literário do país. O fato (para ele) óbvio de que a poesia portuguesa recente era original, intensamente portuguesa e de uma qualidade que podia ser atestada de forma objetiva confirmava que estava em curso um renascimento literário, o que por sua vez confirmava que o estado de desordem da jovem República era um prelúdio dissonante ao "*futuro glorioso* que espera a Pátria portuguesa".

Uma vez que o apogeu literário de um país sempre antecede o apogeu político, e como esse auge já podia ser vagamente discernido, Pessoa deduzia que a excelente poesia portuguesa produzida em 1912 era um terreno fértil para um escritor genial que em breve elevaria a literatura nacional a uma altura sem precedentes. Era inevitável, concluía ele, que surgisse um "Grande Poeta" e eclipsasse Luís de Camões. Só não mencionava que o presumível Grande Poeta era ele mesmo.

Nem todo mundo achou que as observações e conclusões de Pessoa eram óbvias ou inevitáveis. Uma semana após a publicação do artigo, um jornal lisboeta publicou uma crítica que rejeitava seus principais argumentos. Pessoa escreveu uma réplica para a edição de maio de *A Águia*, reiterando e expandindo seus argumentos originais. Para apoiar sua afirmação de que a nova poesia portuguesa havia atingido um grau extraordinário de originalidade e "elevação", citava exemplos concretos, como os versos de Teixeira de Pascoaes "A folha que tombava / Era alma que subia", além da seguinte estrofe de um poema de Jaime Cortesão (1884--1960), fundador da Renascença Portuguesa e colaborador habitual de *A Águia*:

E, mal o luar os molha,
Os choupos, na noite calma,
Já não têm ramos, nem folha,
São apenas choupos d'Alma.

Pessoa admitia que "haverá, é claro, quem não sinta a elevação e a originalidade daqueles versos. O raciocinador, porém, limita-se a apresentar raciocínios. Não é obrigado a uma preliminar distribuição de inteligência". O que equivale a dizer: se você é esteticamente obtuso demais para reconhecer uma boa poesia quando a vê, não posso fazer nada. É seguro supor que nem mesmo Pascoaes e Cortesão sabiam que haviam escrito uma poesia tão original e enaltecedora, mas ficaram contentíssimos por serem citados tão favoravelmente pelo jovem crítico inteligente. O juízo de Pessoa, embora não necessariamente insincero, sem dúvida não era desinteressado. O movimento de Pascoaes era de fato menos um terreno fértil do que um trampolim para o Grande Poeta previsto por Pessoa, que pretendia cumprir ele mesmo o que profetizava. Quanto mais elevado o trampolim, maior o impacto que poderia causar.

No segundo semestre, ele publicou outro ensaio, "A nova poesia portuguesa no seu aspecto psicológico", que ocupou dezenove páginas, distribuído por três números de *A Águia* (setembro, novembro e dezembro). Para sustentar suas afirmações de que a nova poesia era simultaneamente subjetiva e objetiva, e imbuída de um "transcendentalismo panteísta", recorria aos exemplos de Pascoaes e Cortesão que havia utilizado em maio, e acrescentava novos trechos de dois poemas de Mário Beirão. Argumentava de modo ainda mais incisivo do que antes que esses e outros "novos" poetas eram uma espécie de João Batista coletivo, preparando o caminho para o Grande Poeta, ou "Super-Camões", que inauguraria uma nova Renascença literária, que irradiaria de Portugal para o resto da Europa.

Embora citasse os poemas deles e usasse um pouco de seu vocabulário no texto de sua autoria, Pessoa propunha uma visão muito diferente daquela defendida pelos saudosistas, para quem a Renascença portuguesa se revelaria (de acordo com Pascoaes) na Alma do Povo, "não realizada pelo artifício das Artes, como aconteceu na Itália".[5] Na opinião de Pessoa, a arte era o que importava acima de tudo, e eram os indivíduos que faziam as coisas acontecer, fosse na arte ou em qualquer outro campo da atividade humana. Seus artigos exaltavam também a "Alma" portuguesa e exprimiam a fé de que o republicanismo conduziria a uma idade de ouro nacional, mas no final de seu último artigo fazia uma advertência severa de que, se o atual estado de caos político não acabasse naturalmente, um Cromwell português se ergueria e usaria a força bruta para impor a ordem. Essa possibilidade não existia na visão dos saudosistas de um Portugal onde as pessoas viveriam em paz e harmonia enquanto trabalhavam de bom grado para o bem nacional.

A profecia sinistra de Pessoa de um Cromwell português, um homem forte que daria início a um período de paz e grandeza nacional, seria cumprida em parte no final da década de 1920 e início dos anos 1930, quando Antônio de Oliveira Salazar enfim trouxe paz e estabilidade a Portugal, mas não grandeza, e houve dois ditadores que o precederam, em 1915 e 1917-8. Pessoa depositou alguma esperança nos três, mas só Salazar durou mais de um ano, e não demoraria muito mais do que isso para o poeta se desiludir. Ele havia se equivocado na previsão e apostado errado, mas é difícil dizer qual teria sido a aposta certa, principalmente para um idealista tão incorrigível como Pessoa.

Suas apostas na esfera literária foram mais bem-sucedidas. A profecia de um Grande Poeta, por exemplo, se revelou corretíssima, como prova a existência de centenas de livros sobre Pessoa e sua obra. Ninguém poderia imaginar que aquele recém-chegado à cena literária, praticamente inédito, estava prevendo sua própria futura apoteose de gigante literário moderno de Portugal. Podemos achar que sua previsão era um sintoma de megalomania, mas era também um exemplo sublime de sua célebre capacidade de fingimento construtivo. Pessoa, que se considerava um dramaturgo que por acaso escrevia poesia, montou o palco e concebeu o papel que ele próprio desempenharia. Foi fingindo ser grande que ele alcançou a grandeza.

25.

Enquanto o Grande Poeta espreitava nos bastidores, ainda invisível para o mundo, o homem de boas maneiras a quem esse título secretamente pertencia continuava a atrair outros escritores para as mesas que frequentava nos cafés de Lisboa. Pessoa era um ímã passivo, apenas vagamente ciente de que estava se tornando um líder. Não era um papel que cobiçasse, em parte porque desconfiava de empreendimentos coletivos e em geral preferia agir por conta própria, representando apenas a si mesmo, mas um círculo de escritores se formou de maneira espontânea e girava em torno dele, embora a princípio ninguém percebesse. Eram apenas jovens que se reuniam, aparentemente sem liderança, e Pessoa era o mais discreto de todos. No entanto, era o centro de gravidade do grupo — uma densa concentração de poder intelectual, erudição, língua e cultura, e com capacidade de pensar e ver as coisas sob novos ângulos, como um Pound ou um Eliot português. (Àquela altura, no entanto, ele sabia pouco ou nada sobre Ezra Pound ou T.S. Eliot.) O desejo modernista de reinventar a arte havia varrido a Europa, e alguns dos escritores que gravitavam em torno de Pessoa já tinham aspirações vanguardistas. No entanto, seria Pessoa quem lhes mostraria como romper com as formas tradicionais de representação e com a noção da arte como expressão fiel de um eu confiável.

Embora ainda não tivesse se destacado como um poeta verdadeiramente original, Pessoa emitia opiniões sobre a poesia de outras pessoas como um erudito.

No final de 1912 e início de 1913, enviou cartas a vários poetas publicados, entre os quais Mário Beirão, para explicar detalhadamente o que era louvável em sua poesia e também em que aspectos ela ficava aquém das expectativas. Pound era famoso por fazer críticas igualmente diretas, até mesmo brutais, a outros poetas, em especial a Eliot, mas por sua vez já havia publicado algumas obras notáveis. Pessoa não publicara um único poema, exceto quando adolescente, e deve ter parecido presunçoso para alguns dos poetas sobre os quais fez comentários. Sua crítica, no entanto, era perspicaz, e, se os mais suscetíveis a achavam desagradável, outros escritores eram atraídos justamente por isso.

Sua dedicação em fazer avançar a carreira de outros escritores também era comparável à de Pound. Seus doutos e vívidos artigos que promoveram a poesia do grupo Renascença Portuguesa valeram-lhe não só uma carta de agradecimento de Teixeira de Pascoaes,[1] dirigente oficial e guia espiritual do grupo, mas também um canal de publicação para si e para os amigos que decidisse ajudar. Em 4 de dezembro de 1912, junto com a última parte de seu artigo sobre a nova poesia portuguesa em seu "aspecto psicológico", ele enviou uma carta mais longa do que de costume ao editor de *A Águia*, propondo que a revista publicasse obras literárias de dois de seus amigos: um poema de Antônio Cobeira (1892-1959) e um conto de Mário de Sá-Carneiro (1890-1916). Meses depois, sugeriu um poema de Armando Côrtes-Rodrigues, seu amigo açoriano. *A Águia* aceitou as três sugestões. Só mais tarde Pessoa apresentou algo de sua autoria à revista.

Ezra Pound (1885-1972), que morava em Londres e atuava como correspondente estrangeiro da *Poetry*, revista com sede em Chicago fundada em 1912, mobilizava suas energias como crítico para promover talentos como Eliot, James Joyce e Robert Frost. Pessoa atuava num meio muito mais circunscrito e menos sofisticado, e seus esforços em favor dos amigos muitas vezes tinham resultados modestos. Foi o caso de Antônio Cobeira, que se mudara para Lisboa — como Côrtes-Rodrigues — para estudar na Faculdade de Letras. Estimulado por Pessoa, floresceu como jovem poeta e crítico, publicando sua obra em revistas, até que, quatro ou cinco anos depois, parou subitamente de escrever. Num artigo de jornal publicado muito depois da morte de Pessoa, Cobeira lembraria de seu amigo como um "um inibido sem cura, um impotente na vida real — assexuado como um anjo desgarrado no seu voo de infinito", e como alguém que havia caído "no centro nevrálgico do universo como num poço sem fundo", com escasso interesse pelo mundo "imediatamente tangível". Cobeira não queria ir tão longe ou mergulhar tão fundo. "Eu evadi-me, em breve, do meu inferno", escreveu ele, numa alusão a "Uma temporada no inferno", de Rimbaud. O poeta francês, depois que parou de escrever, tornou-se comerciante no Iêmen e na Abissínia; Cobeira virou professor de colégio.[2]

Havia também quem reconhecesse a genialidade de Pessoa, mas rejeitasse sua influência poética. Mário Beirão, por exemplo, depois de um período inicial de estreita camaradagem com Pessoa, começou a afastar-se dele tanto em termos estéticos como filosóficos. Isso coincidiu com sua mudança, em setembro de 1912, para a região vinícola ao norte do rio Douro, onde foi viver com um aristocrata. Beirão estreitou seus laços com a Renascença Portuguesa, com sede no Porto, e abraçou com mais fervor a confiança mística de Pascoaes na saudade e na alma portuguesa. Ainda trocou cartas calorosas com Pessoa, e deve tê-lo visto quando voltou a Lisboa para estudar direito, mas a partir de 1914 perderam o contato. Seus gostos e teorias literárias eram fundamentalmente conflitantes: Beirão considerava Pessoa cerebral demais.

Teixeira de Pascoaes, como era de esperar, compartilhava dessa opinião. Em 1950, declararia em uma entrevista que Pessoa "tentou intelectualizar a poesia", produzindo uma coisa artificial e sem alma que nem poderia ser chamada propriamente de poesia.[3] Alguns outros poetas manifestaram reservas semelhantes, embora menos radicais. Em 1985, durante as comemorações que marcaram o cinquentenário da morte de Pessoa, Carlos Drummond de Andrade declarou sua preferência por Camões, justificando que Pessoa "é frio, apenas toca nosso lado intelectual".[4] Se essa avaliação tem alguma validade, como explicar o fato de Pessoa ser o poeta mais querido do Brasil, com a possível exceção do próprio Drummond? É sem dúvida um poeta intelectual, mas com um raro dom para expressar ideias e sensações complexas numa linguagem bastante acessível. Não precisamos procurar palavras, caçar referências ou ler sobre algum período da história ou corrente da filosofia para seguir sua linha poética de pensamento e sentimento. Sua erudição está presente apenas entre parênteses em sua poesia, que nos toca com a mesma carga emocional da de Drummond, e de forma tão imediata quanto. Contudo, Pessoa era, *sim*, um artista cerebral, na medida em que conseguia "inteligentemente" gerir sua sensibilidade dramática para criar poemas que suscitassem reações poderosas no leitor. Ele se afastava de seus sentimentos e os reinventava. Para alguns poetas, parecia que estava trapaceando, como se uma poesia, para ser legítima, tivesse de vir de maneira direta e não filtrada da Musa.

* * *

Entre todos os seus pares, apenas um homem entendeu e apreciou por completo o tipo de genialidade de Pessoa: o poeta e ficcionista Mário de Sá-Carneiro, que não tinha nada além de admiração por seu intelecto e sua intelectualização, ainda que seus próprios processos poéticos fossem mais intuitivos. E ninguém mais do que Pessoa compreendeu a genialidade de Sá-Carneiro. A fé apaixonada de ambos na arte criativa um do outro possibilitou-lhes que se ramificassem em novas direções e alcançassem novas alturas: os dois estariam muito acima de todos os outros escritores de sua geração. Comprometidos um com o outro não apenas como escritores, mas também como melhores amigos, de certo modo formavam uma dupla estranha. Eram ambos igualmente apaixonados pela literatura, mas Sá-Carneiro também ansiava pelas coisas belas do mundo e se permitia tudo o que desejava. Bonito, mas rechonchudo como um adolescente, era um adulto corpulento — não obeso, mas como se seu corpo estivesse tentando sair de seu invólucro carnal. Vinha de uma família abastada de Lisboa, passara a levar-se a sério como escritor aos treze anos e tinha colegas de colégio com interesses literários, vários dos quais faziam parte do grupo ainda amorfo que começou a se reunir em meados de 1912, sem quaisquer objetivos específicos além de afiar a capacidade crítica e melhorar a escrita. Liam uns para os outros poemas e textos em prosa, quer em cafés, quer na casa de Sá-Carneiro na travessa do Carmo, no Chiado, a apenas dois quarteirões do A Brasileira. Foi ali, no quarto de Mário, que Fernando Pessoa e Antônio Cobeira o ouviram ler contos de seu futuro livro *Princípio*, publicado em agosto de 1912.[5]

Princípio não foi, na verdade, um começo muito bom — a ficção posterior de Sá-Carneiro é muito superior —, mas merece menção aqui pela dedicatória do autor no exemplar de Pessoa, assinada no dia 29 daquele mês: "Ao seu querido amigo Fernando Pessoa — ao alto espírito, ao artista, ao pensador, oferece com um grande abraço". Os portugueses são generosos com abraços por escrito, dando-os até a pessoas com quem mantêm apenas relações profissionais, mas um "querido amigo" é alguém de quem se gosta muito. Já havia um vínculo próximo entre os dois jovens escritores, e em pouco tempo eles estariam emocionalmente ligados de uma maneira que Pessoa pensava que nunca seria possível. Como vimos, ele queixava-se já em 1907 de não ter um amigo íntimo, afirmando que, mesmo que tivesse um, não seria de acordo com *seu* padrão de intimidade. Mas

Mário de Sá-Carneiro o refutou e o confundiu. Sua voluptuosa apreciação das coisas boas da vida incluía seus amigos e, entre eles, o mais importante, o "espírito elevado" chamado Fernando Pessoa. Ele tocava em alguma parte profunda e oculta de Pessoa, que ficava desarmado ao ponto do constrangimento, como um homem que, em um sonho, de repente percebe que está nu.

Filho único que perdera a mãe para a febre tifoide aos dois anos, Mário cresceu mimado pelo pai, pelo avô paterno e por uma babá dedicada. Carlos, seu pai, engenheiro do Exército, precisava com frequência passar longos períodos fora de casa, mas compensava o tempo perdido viajando com o filho nas férias, levando-o todos os anos a Paris, onde viam as últimas peças de teatro, que eram a distração preferida de Mário. Precoce, mas sem paciência para assistir às aulas e estudar para as provas, tinha 21 anos quando finalmente se formou no ensino secundário, em julho de 1911. Depois de alguns meses estudando direito na Universidade de Coimbra, largou o curso e voltou para Lisboa, onde conheceu Pessoa, no início de 1912.[6]

Pessoa escreveu seus dois primeiros poemas homoeróticos por volta da mesma época em que conheceu Mário de Sá-Carneiro, que certamente não foi sua inspiração direta. Curvilíneo, rechonchudo, não era a pessoa apropriada para despertar desejo em Pessoa, que admirava físicos atléticos, e, embora a ligação entre os dois homens fosse forte e se desenvolvesse com rapidez, seguia o padrão de uma amizade. Mas é possível que a sexualidade ambígua de Sá-Carneiro e sua conversa sem inibições tenham encorajado Pessoa a ser imaginativamente desinibido e a escrever, por fim, sobre o amor entre homens. O amado a quem seus poemas são dirigidos, em português, poderia ter sido um dos muitos homens charmosos com quem convivia nos cafés. Esses poemas também poderiam, com a mesma facilidade, ter sido inspirados por ninguém em particular, pela mera *ideia* de um homem amado ou pela possibilidade proibida de amar um homem. Real ou teórica, era uma possibilidade que claramente perturbava Pessoa.

Em um dos dois poemas, escrito apenas pela metade, o eu poético nota com tristeza que a "natureza", "o social furor" e seu próprio amor pela "virtude" impedem seu amor por outro homem. No entanto, o amor vence: "Razões mil pode haver para não amar-te,/ Mas há uma p'ra amar-te, e é o amar-te".

O outro poema, escrito no mesmo dia, descreve o apuro do eu poético "virtuoso" com dolorosa pungência. Até mesmo seu título, "Soneto que não se devia escrever (mas que foi escrito na Brasileira em 11 de fevereiro de 1912)", contrai-se de culpa. E a lógica dos versos finais do soneto é devastadora:

Amo-te por amar-te desprezando-me
E o meu desprezo fere o meu amor
Dum sentimento tão total de dor

Que a dor, por ser um sentimento, dando-me
Mais sentir, faz-me mais sentir no qu'rer-te,
No não poder querer poder obter-te.[7]

O amor do eu poético por um homem desperta a aversão a si mesmo, o que paradoxalmente aumenta seu desejo por alguém que, por ser um homem, não pode se permitir desejar. No entanto, ele o deseja de todo o coração, contra sua vontade, mas também sem remorso, pois o amor, por sua natureza, não pode se arrepender de amar.

O eu poético desses dois poemas era Fernando Pessoa? Fernando estava apaixonado? Nada mais que tenha escrito em suas anotações e no resto de sua poesia do ano de 1912 sugere uma resposta afirmativa. Mas e se fosse uma atração passageira? Talvez. Leio esses poemas tendo como pano de fundo *Marcos Alves* e *The Duke of Parma*, cujos castos protagonistas não toleravam a ideia de sexo com mulheres, mas sequer ousavam acalentar a ideia de ter relações com homens. Agora, finalmente, Pessoa havia ousado fazer isso. O título "Soneto que não se devia escrever" mostra que ele estava cometendo uma transgressão. O subtítulo "mas que *foi escrito*" (grifo meu) atesta uma decisão desafiadora, uma resolução. Ele até o datou. Em 11 de fevereiro de 1912, Pessoa disse não à proibição do amor entre pessoas do mesmo sexo que lhe incutiram o código moral conservador da sociedade portuguesa, sua educação católica e sua formação rigorosamente vitoriana em Durban. Embora ainda apreensivo, seu eu poético superou, pelo menos por ora, as restrições morais que paralisavam Marcos Alves e o duque de Parma não só na ação, mas até no pensamento.

Mesmo que não amasse ninguém, Pessoa estava agora pronto, em seu imaginário, para se apaixonar — como o jovem santo Agostinho, conforme as *Confissões* que escreveria depois da conversão: "Ainda não estava apaixonado, mas estava apaixonado pela ideia do amor". Perto do fim da vida, Pessoa citaria essa frase num poema assinado por seu heterônimo Álvaro de Campos.[8] Mas enquanto Agostinho, como sabemos por seu famoso livro, levava uma vida de devassidão até se tornar um crente devoto, Pessoa, sem acreditar, muito provavelmente morreu virgem. Sua "devassidão", por assim dizer, encontraria consumação na escrita. O mesmo aconteceu com Sá-Carneiro, cuja escrita é bastante sexualizada, mas cuja vida mimada foi casta, até seu trágico desfecho.

É quase impossível conceber Pessoa e Sá-Carneiro como amantes físicos, e mesmo como amigos dedicados não eram tão compatíveis à primeira vista — um deles epicurista, o outro indiferente aos prazeres do mundo. Embora tivessem uma sensibilidade literária congruente, admirando muitos dos mesmos autores, eles aplicavam essa sensibilidade ao seu próprio trabalho criativo de maneiras divergentes. Fosse na poesia ou na prosa, Pessoa expressava ideias e sentimentos de forma dramática, através de personagens narradores. A escrita de Sá-Carneiro era diretamente histriônica, imiscuindo sua vida pessoal em seus poemas e histórias. Mas ler suas obras como expressões autobiográficas seria uma leitura de trás para a frente. Era sua vida que imitava a literatura, à maneira de Oscar Wilde, que ele leu desde cedo. Fernando Pessoa viveu grande parte da vida através da arte da literatura, utilizando-a para se testar e se inventar; a vida de Sá-Carneiro *era* sua obra de arte definitiva. De qualquer modo, unidos por um *sentimento* quase idêntico pela literatura, Fernando e Mário se tornariam almas gêmeas literárias que entravam na obra um do outro como ninguém mais poderia, com uma estima quase equivalente à que dedicavam à própria obra. Mas isso só aconteceu depois que se afastaram geograficamente pela primeira vez e se viram sozinhos de fato um com o outro — em suas cartas.

26.

Na plataforma da estação ferroviária da praça do Rossio, enquanto o vapor sibilava da locomotiva de um trem à espera, um grupo de homens se revezava apertando as mãos e abraçando Mário de Sá-Carneiro. Pouco disposto a voltar para a Universidade de Coimbra, o volúvel estudante persuadira seu indulgente pai a financiar sua educação jurídica na Sorbonne — uma farsa, para usar uma linguagem bem clara —, e, pouco antes do meio-dia de 13 de outubro de 1912, embarcou no Sud-Express com destino a Paris. Entre os que lhe desejavam boa viagem estavam seu pai e seu avô, vários amigos atores, alguns ex-colegas de aula e seu "querido amigo" Fernando Pessoa.[1]

O trem levava um dia e meio para chegar a Paris, e um passageiro como Mário quase desejava que demorasse mais. O Sud-Express era na época uma composição de luxo, com restaurantes finos, vagões elegantes e camas confortáveis. "Ótimo", escreveu Sá-Carneiro numa frase de uma palavra para descrever como se sentia num postal para Pessoa enviado após sua chegada à capital francesa. Então começaram as cartas, às vezes com muitas páginas e ocasionalmente intercaladas com mais cartões-postais, como sorrisos ou piscadelas para animar a conversa escrita. O papel de carta e os cartões eram muitas vezes de um dos cafés que ele frequentava — o Balthazard, o Cardinal, o Régence e, em especial, o Café Riche, em que Baudelaire e seus amigos dândis praticamente fizeram parte da mobília. Zola e Maupassant descreveram em romances o ambiente cintilante do Riche — os espelhos, os enfeites dourados, os talheres imaculados —, repetido em cada ambiente do enorme interior.

Sá-Carneiro sentia-se ótimo, mas as tensões políticas que se acumulavam na Europa desde o início do novo século já não podiam ser controladas pela diplomacia. Enquanto o estudante da Sorbonne se acomodava em seu hotel no Quartier Latin, mais de 1 milhão de soldados no sudeste da Europa começaram a trocar tiros no que viria a ser conhecido como a Primeira Guerra dos Bálcãs. Bulgária, Sérvia, Grécia e Montenegro uniram-se na Liga dos Balcãs e declararam guerra ao Império Otomano em meados de outubro de 1912. O objetivo comum das quatro nações era expulsar os otomanos da península Balcânica, o que conseguiram fazer em menos de oito meses de luta. Então veio a Segunda Guerra dos Bálcãs, na qual os vencedores disputaram o território conquistado. Mas tudo aconteceu rapidamente, de tal modo que em agosto de 1913 as hostilidades terminaram e as fronteiras nacionais foram redesenhadas. Quem poderia imaginar que aquela guerra localizada era uma prévia em miniatura de um conflito que envolveria toda a Europa, se estenderia para além dela e custaria milhões de vidas?

Depois de quarenta anos de paz, uma economia em contínua expansão e um sentimento seguro de privilégio glamoroso, a burguesia francesa mal podia imaginar que essa situação mudaria. Embora uma numerosíssima classe baixa continuasse a viver nas sombras dos *arrondissements* elegantes, competindo por moradias apertadas, cheias de germes e doenças, os visitantes de Paris impressionavam-se, em primeiro lugar, com os cavalheiros e as damas elegantemente vestidos e suas carruagens e automóveis elegantes, com a racionalidade do traçado das ruas, a sensação sólida da arquitetura da cidade, o estilo art nouveau das portas, fachadas e estações do metrô (a primeira linha foi inaugurada em 1900), os teatros, cabarés, salões musicais e cinemas. Sá-Carneiro emocionava-se com todo o esplendor em grande estilo, mas Paris no final da belle époque também era um centro dinâmico de inovação artística. Foi lá que saiu, em 1913, o primeiro volume de *Em busca do tempo perdido*, de Proust (o exemplar de Pessoa foi impresso em 1922), bem como *Álcoois*, de Guillaume Apollinaire, cujos poemas, embora enraizados no simbolismo, prenunciaram a ênfase modernista na inovação formal. Naquele mesmo ano, Apollinaire, um dos primeiros defensores dos pintores cubistas, publicou um dos primeiros livros sobre a arte deles, que se desenvolvera na capital francesa, e em maio a estreia da dissonante *Sagração da primavera*, de Ígor Stravinski, coreografada por Vaslav Nijinski para a nada convencional companhia Ballets Russes, causou alvoroço no Théâtre des Champs-Élysées, cativando alguns espectadores e horrorizando muitos outros.

Sá-Carneiro escrevia constantemente, permanecia por longas horas em cafés e passeava nos Jardins de Luxemburgo, mas sua empolgação por estar em Paris logo passou a se alternar com estados de angústia torturante sem razão aparente, exceto pelo fato de que a beleza é passageira e a vida é menos que perfeita. Com sua consciência aguda de tudo o que faltava no mundo, que ele amava, e em si mesmo, a quem adorava, era um voluptuoso infeliz e um narcisista fracassado. Pessoa desabafava suas angústias ainda mais abstratas, preocupado sobretudo com o *porquê* deste mundo e seu lugar nele, e imaginava outros mundos, outros eus. As cartas de ambos continham também notícias e comentários sobre seus amigos em comum. Mas a maior parte da conversa era sobre literatura. Assim que Pessoa conseguia escrever um poema completo, remetia-o a Paris para ver o que pensava seu leitor privilegiado. E Sá-Carneiro enviava poemas e contos, contando com Pessoa para ter avaliações honestas e conselhos.

A entrega de cartas entre as duas capitais era rápida — três ou quatro dias —, o que ajudou a fazer dessa uma das mais frutíferas correspondências literárias do século XX. Ambos os escritores estavam em pontos de inflexão de suas carreiras, e o envolvimento crítico com o trabalho um do outro influenciou decisivamente o que e como eles escreviam. Além disso, suas cartas tinham um efeito inebriante, aumentando sua confiança no que podiam realizar de forma criativa: de repente, tudo o que era concebível parecia factível.

Numa carta enviada a Sá-Carneiro no final de janeiro de 1913, Pessoa observou curiosamente que o visconde de Vila-Moura (1877-1935), membro da Renascença Portuguesa e figura ostensivamente wildiana, poderia ser uma "influência perniciosa" sobre o amigo deles Mário Beirão, que estava morando com o visconde havia quatro meses. Uma vez que que Beirão já estava firmemente comprometido com o grupo Renascença e com as ideias de Teixeira de Pascoaes sobre o poder regenerador da saudade portuguesa, Pessoa devia estar se referindo ao efeito nocivo que o próprio visconde — seu estilo literário pessoal, ou estilo de vida — poderia ter sobre Beirão, que era treze anos mais jovem.

Embora fosse amigo de Pascoaes e publicasse habitualmente artigos em *A Águia*, Vila-Moura, àquela altura de sua carreira, parecia mais um decadentista do que um saudosista. Em 1912, publicara *Nova Sapho*, definido em seu subtítulo como um "romance de patologia sensual". O estilo é flácido, e o enredo, mal estruturado, mas o romance é fascinante pelo tratamento direto da atração erótica num país socialmente conservador. Conta a história de uma aristocrata emancipada que é uma apóstola do esteticismo, prefere mulheres a homens e defende publicamente Oscar Wilde, seu amigo pessoal. A última metade do romance introduz um personagem secundário, um conde homossexual cujo modelo é sem dúvida o próprio romancista.

O visconde de Vila-Moura enviou um exemplar de *Nova Sapho* a Pessoa, que escreveu uma apreciação crítica numa carta ao autor que acabou não sendo preservada. Alguns meses depois, em 1913, Pessoa começou a escrever sobre as ideias, a obra literária e a personalidade de Oscar Wilde. Ficou um pouco obcecado com a orientação sexual de Wilde e Walt Whitman e comprou livros que tratavam especificamente da homossexualidade dos dois.[2] E, nos anos seguintes, escreveria uma série de poemas homoeróticos. Isso poderia sugerir que o próprio Pessoa não estava imune à influência literária "perniciosa" de Vila-Moura, mas ele não precisava que o visconde lhe mostrasse como escrever de forma desinibida sobre "diferentes" tipos de amor e sexualidade, pois podia contar com o exemplo de Sá-Carneiro, cuja obra é repleta de identidades sexuais ambíguas e instáveis. Personagens explicitamente homossexuais, no entanto, são escassos em seus escritos.

As obras de ficção de Sá-Carneiro, ainda mais do que sua poesia, revelam uma sexualidade fundamentalmente autocentrada. Essa leitura é explicada pelo próprio escritor no conto "Ressurreição", cujo protagonista autobiográfico admite que mesmo a "cópula normal" é, para sua maneira de pensar, uma forma de masturbação, uma vez que não se possui o corpo da mulher, mas apenas a própria ideia sexualizada sobre sua beleza e desejabilidade. Longe de se arrepender de não ter se envolvido sexualmente com ninguém além de si mesmo, considera isso um triunfo e passa a exaltar a masturbação como "a voluptuosidade máxima da Alma", gabando-se de que ele e seu amigo Fernando Passos — um codinome para Fernando Pessoa — praticam "uma arte de masturbação".

Os escritos de Pessoa estão salpicados com referências à masturbação, tanto literal como metafórica. Em setembro de 1912, um mês antes de Sá-Carneiro embarcar no trem para Paris, Pessoa anotou a seguinte ideia para um conto, em inglês: "Dois masturbadores — um homem e uma mulher — que moram juntos e masturbam um ao outro sem ousar o coito, ele porque inexperiente, ela porque tem medo de ser rompida". Depois, riscou "um ao outro", substituindo-o por "cada um a si mesmo". Entre parênteses, ele se perguntou, com sensatez: "É isso uma coisa minimamente provável?"[3]. Provavelmente não, mas esse cenário bizarro prefigurava de forma oblíqua a intimidade que se desenvolveria entre ele e Sá-Carneiro. Embora nunca tenham morado juntos, eram como dois masturbadores muito apegados, mas inalteravelmente egocêntricos, cada um estimulando o outro a buscar seu próprio prazer literário, a ser si mesmo com mais satisfação.

Ainda que Sá-Carneiro fosse o correspondente mais assíduo e "mais carente", Pessoa também apresentava sinais de vulnerabilidade e insegurança. Sabia que o amigo o admirava por sua capacidade mental e talento literário, mas era sempre atormentado por dúvidas sobre sua capacidade de despertar um afeto sincero, em Sá-Carneiro ou em qualquer outra pessoa. Na primeira anotação de um diário que começou a escrever em 15 de fevereiro de 1913, Pessoa menciona uma visita à casa de Ponce de Leão (1891-1918), um dos amigos íntimos de escola de Sá-Carneiro e na época um jovem dramaturgo. Mais tarde, naquele mesmo ano, ele e Sá-Carneiro escreveriam juntos a peça teatral *Alma*. Eram amigos havia muitos anos e tinham acumulado uma riqueza de experiências e emoções partilhadas de que Pessoa, talvez um pouco ciumento, nada sabia. Sá-Carneiro foi o principal assunto da conversa com Leão, que lhe mostrou algumas das cartas que recebera do amigo em comum em Paris. E garantiu a Pessoa, ao que parece depois de algum questionamento, que ele era muito querido por Sá-Carneiro. "Quem é que não gosta de você?", acrescentou.

"Um raio de sol", Pessoa escreveu no diário a propósito dessas palavras tranquilizantes.

Antônio Ferro, outro dos ex-colegas de classe de Sá-Carneiro que Pessoa via ocasionalmente, embora tivesse apenas dezesseis anos já escrevia poesia e peças teatrais ambiciosas.[4] Intrépido, enérgico e empreendedor, Ferro teria uma carreira bem-sucedida como escritor, jornalista respeitado e principal figura da política cultural do governo de Salazar, e seria em parte por esforço dele que Pessoa, em 1934, conseguiria publicar e ganhar um prêmio por seu livro de poesia *Mensagem*.

Pessoa também teria mantido contato com Luís Ramos, mais um dos amigos de colégio de Mário e membro de seu incipiente círculo literário, mas ele partiu para o Brasil seis semanas depois que Mário foi para Paris. Embora seu trabalho na missão diplomática de Portugal não tenha dado certo, Ramos, que já havia publicado dois livretos de poesia, permaneceu na capital brasileira e logo se tornou parte de sua cena literária. Foi uma época inebriante para o Rio de Janeiro, elegante e ainda eurocêntrico, onde novas avenidas e prédios suntuosos como o luxuoso Hotel Avenida haviam sido construídos pouco tempo antes, além do teleférico para o Pão de Açúcar. O poeta português transplantado, como que contagiado pela febre modernizadora da cidade, ostentava um monóculo e adotou o pseudônimo pomposo de Luís de Montalvor, que é como me referirei a ele a partir de agora. Ao regressar a Portugal, em 1915, ele e Pessoa se tornariam colaboradores literários próximos, e essa aliança manteve-se em vigor mesmo após a morte de Pessoa, quando Montalvor, que tinha então uma pequena editora, lançaria a primeira edição mais abrangente, em vários volumes, das obras do falecido escritor.

Pessoa não estava isento do tipo de vaidade que fazia Luís de Montalvor cultivar sua imagem pública, porém se preocupava mais com a posteridade do que com as pessoas por quem passava na rua. Em março de 1912, mesmo mês em que começou a escrever seus artigos que previam um poeta no horizonte de Portugal que ofuscaria Camões, posara para um retrato a óleo, o único dele produzido em vida.[5] O pintor, Adolfo Rodriguez Castañé, nascera em Madri, mudara-se para Lisboa ainda muito jovem e ficou conhecido como talentoso caricaturista e ilustrador. Numa caricatura que fez no segundo semestre de 1912, Pessoa aparece com uma cabeça desproporcionalmente grande, sua mão esquerda segura alguns papéis enrolados e sua perna direita dá um grande passo para a frente: um intelectual em uma missão urgente.[6]

O retrato a óleo, hoje exposto em Lisboa na Casa Fernando Pessoa, é uma imagem do poeta, com cabelos levemente ondulados penteados rente à cabeça, óculos sem aros, nariz adunco, um bigode discreto e bem aparado e uma gravata-borboleta. O autor tem uma aparência séria, um pouco triste e autocontido, impenetrável — o oposto exato do retratista, um sujeito animado e jovial cuja reputação de mulherengo o precedia. Na verdade, a primeira carta de Sá-Carneiro a Pessoa aludia zombeteiramente a "Castañé das cartas amorosas", das quais o artista costumava se gabar nos cafés onde se encontravam. Poucos meses depois, estaria trocando palavras de amor com a esposa de Luís de Montalvor, que ficara em Lisboa com o filho do casal, em vez de ir para o Brasil. Ela acabou tendo um tórrido romance com Castañé, que durou até que sua família, decidida a salvar o casamento, a enfiou junto com o menino num navio com destino ao Rio, onde se juntaram a Montalvor.[7]

Pessoa e Sá-Carneiro eram igualmente inexperientes em matéria de sexo e romance, mas estavam atentos a tudo o que se passava entre os amigos, desde o vínculo não apenas literário que unia Mário Beirão ao visconde de Vila-Moura ao adultério da esposa de Montalvor com Castañé, e compartilhavam as últimas fofocas. Ambos eram curiosos sobre o amor sexual em todas as suas variedades e ambos punham em jogo essa curiosidade no que escreviam.

A série de artigos que Pessoa escreveu em 1912 anunciara ao mundo a vinda de um Grande Poeta, um Super-Camões, e ele já encomendara um retrato a óleo para seus futuros admiradores, mas o poeta permanecia inédito, para consternação de seu amigo mais dedicado e conselheiro literário. Em carta enviada em 2 de dezembro de 1912, Sá-Carneiro elogiou seu último artigo sobre a poesia portuguesa, mas lamentou que os leitores conhecessem "apenas o 'crítico Fernando Pessoa', e não o Artista". Dois meses depois, em 3 de fevereiro, ele instou Fernando a reunir, concluir e publicar seus poemas, sem desperdiçar sua energia "em longos artigos de crítica", nem tampouco "fragmentos admiráveis de obras admiráveis, mas nunca terminadas". As obras fragmentárias que Sá-Carneiro tinha em mente eram panfletos políticos e sociológicos, peças problemáticas como *Fausto* e *The Duke of Parma* e ficções nunca concluídas, como *Marcos Alves*. Ele sugeria que Pessoa publicasse alguns poemas em revistas, mas este achava que atrairia mais atenção da crítica ao revelar seu eu poético ao mundo através de um livro, para o qual já pensara em dois títulos possíveis: *Gládio* e *Exílio*. Uma pequena notícia de jornal anunciou o último como um título a ser publicado, e, em 1913, Pessoa elaborou uma lista com mais de uma centena de poemas para a coletânea.[8] Porém muitos deles estavam inacabados e ele estava mais inclinado a começar novos poemas do que a mexer nos antigos.

Havia outra coisa que o impedia de tentar publicar em Portugal: sua velha ambição de lançar-se como poeta anglófono. Nesse sentido, fez alguns esforços. Em 26 de dezembro de 1912, escreveu uma longa carta à Poetry Society em

Londres em que perguntava sobre suas atividades, seus termos de admissão e seu periódico, *The Poetry Review*, cujos exemplares estava interessado em obter.* Ele admitia que seu interesse pela poesia inglesa da época não era sua única razão para escrever; procurava também um canal de divulgação da poesia portuguesa contemporânea, que dizia ser "surpreendentemente nova" e de qualidade "extraordinariamente alta". Depois de fazer a afirmação absurda de que essa nova poesia portuguesa era semelhante em termos estilísticos à obra dos elisabetanos e que, portanto, seria difícil de traduzir, propunha enviar um conjunto de poemas que ele, embora poeta português, havia escrito em inglês. Por essa via indireta, a boa gente da sociedade poética poderia apreciar "a intensidade e a qualidade do movimento poético contemporâneo em Portugal". E acrescentava: "Insisto no ponto de que nenhum desejo de publicar os poemas em questão me leva a fazer-vos essa proposta. Meu propósito não é mais profundo do que declarei".

Seria possível que Pessoa não percebesse que seu verdadeiro propósito era mais do que visível? Entre 1910 e 1912, ele produzira mais de cinquenta sonetos shakespearianos em inglês, muitos dos quais seriam incluídos em seus *35 Sonnets* (1918). Inclusive, o 31º soneto desse livro foi composto apenas dois dias antes de ele escrever para a Poetry Society. Pessoa ansiava por uma reação crítica ao seu extraordinário empreendimento — extraordinário por se apropriar, sem pastiche, do uso que fazia Shakespeare de estruturas paralelas, inversões linguísticas e artifícios retóricos — e não conhecia ninguém em Portugal com a expertise poética e a competência linguística necessárias para ser capaz de apreciar o que fizera. Também esperava, claro, encontrar uma editora britânica para seus sonetos.

Ignorando a curiosa proposta contida na carta de Pessoa, a Poetry Society limitou-se a responder com informações gerais sobre a organização e o *The Poetry Review*. Sem se deixar abalar, Pessoa decidiu não só entrar para a sociedade como também participar de um concurso de poesia promovido pela revista. Foi o que anotou numa lista de coisas a fazer elaborada no primeiro semestre de 1913.[9] E, como tantas vezes acontecia, não levou adiante suas intenções, mas nos anos seguintes se instruiu sobre o mercado de publicação de poesia na Inglaterra, redigiu uma série de cartas de apresentação para editores em potencial e, de vez em quando, enviava de fato uma carta de apresentação, junto com seus poemas em inglês.

* Fundada em 1909, a sociedade ainda existe, assim como o *The Poetry Review*.

* * *

Embora sua carreira de poeta anglófono continuasse sem avançar e seu trabalho de tradutor de poesia inglesa e espanhola para o português tivesse terminado com a partida de Warren Kellogg para Londres, as habilidades linguísticas de Pessoa não estavam sendo desperdiçadas. Ele passava parte do dia escrevendo cartas em inglês e, com menor frequência, em francês, para empresários portugueses. Às vezes, era fornecido um rascunho em português para traduzir, mas na maioria dos casos simplesmente explicavam o que precisava ser comunicado e confiavam nele para dar a forma epistolar correta. Pessoa aprendera as regras de como escrever boas cartas comerciais na Escola de Comércio de Durban e, nos anos anteriores, adquirira experiência prática na redação de cartas para seu primo Mário. A notícia se espalhou, pois havia uma demanda por essa competência, e, em 1912, isso se tornou sua principal ocupação autônoma, aquela que lhe proporcionaria uma renda razoavelmente regular pelo resto de seus dias. Embora a ocupação fosse mais lucrativa do que traduzir poesia, ainda assim não lhe rendia mais do que seu sustento básico. Toda a dívida acumulada pela Empreza Ibis continuava existindo, como um monumento inexpugnável à loucura editorial de Pessoa, até que finalmente um de seus credores se cansou de olhar para notas promissórias não pagas e o ameaçou com uma ação judicial. Em 21 de dezembro de 1912, Pessoa, precisando de ajuda, enviou à sua mãe a longa carta que vinha prometendo escrever havia um ano e meio.

Era verão em Pretória, e as férias escolares duravam mais de um mês. O cônsul João Miguel Rosa tirou um tempo de folga para passar com a família. Teca, a meia-irmã de Pessoa, completara dezesseis anos no final de novembro, quando os milhares de jacarandás da cidade cobriam as ruas com suas últimas flores roxas. Seus dois meios-irmãos fariam aniversário em janeiro. Os três irmãos jogavam tênis na quadra do quintal, e toda a família jogava croqué. Em meio a essa época festiva quente e preguiçosa, a mãe de Fernando recebeu a carta como uma rajada de vento gelado vinda de outro mundo, aquele gerado por seu primeiro casamento, um ninho de problemas e decepções: um marido doente que fenecera lentamente, um bebê que morrera de repente, uma sogra louca e um primogênito inteligentíssimo, mas que, orgulhoso e evasivo, abandonara a faculdade, se recusava a conseguir um emprego normal e agora corria o risco de ser processado por dívidas não pagas. Estaria ela lendo uma carta de seu filho ou um trecho de um daqueles romances de Dickens em que os personagens acabam na prisão dos devedores? Embora suspeitasse que ele tocara no principal de sua herança para financiar a Ibis, era inconcebível para ela que 5 milhões de réis — acumulados de forma gradual e meticulosa pela cuidadosa administração dos bens da avó Dionísia por tia Maria — tivessem desaparecido tão rápida e completamente.

"Cinco contos de réis!", repetiu ela em sua resposta indignada, enviada em 12 de janeiro. Porém o assunto principal da carta de Pessoa não era o dinheiro que ele havia perdido, mas os 350 mil-réis que devia e precisava pagar, ou então enfrentaria consequências desagradáveis. Sim, escreveu ela, seu marido enviaria um telegrama autorizando-o a usar seus títulos de investimento como garantia para um empréstimo bancário, mas quando ele conseguiria um emprego adequado? Por que era tão contrário a se reportar a um patrão? A ansiedade provocada pela constante insegurança financeira e do endividamento não era muito mais humilhante? Parágrafo após parágrafo indignado, ela insistia que o filho deveria se tornar financeiramente responsável e ter um emprego remunerado, mas já sabendo — e era isso que a irritava — que ele não a ouviria.

A precariedade financeira causava a Pessoa alguma ansiedade, como supunha sua mãe, mas não por causa da humilhação de depender de outros para sobreviver. Ele só ficava aflito quando não conseguia satisfazer uma necessidade imediata, como comida, uma peça de roupa, um livro específico, ou quando era perseguido por um credor insistente. Assim que recebeu o telegrama do padrasto, foi ao banco, fez um empréstimo vultoso, pagou apenas as pessoas que o cobravam de forma mais incisiva e deu um suspiro de alívio relativo: poderia relaxar por alguns meses. Não era o caso de seu pobre primo Mário. Depois de abrir e fechar uma série de pequenas empresas que só davam prejuízo, estava quase tão falido quanto Fernando, porém tinha mais do que as próprias necessidades com as quais se preocupar, já que sua prima e namorada Helena Soares da Costa estava grávida de seis meses. Mário entrou para o Exército em janeiro de 1913, os dois se casaram em fevereiro, e em março ela deu à luz uma menina. Fernando Pessoa foi o padrinho.

Grato por não ter dependentes para alimentar e vestir, Pessoa tinha, no entanto, os pagamentos mensais de seu novo empréstimo bancário, além de notas promissórias para quitar. Ele até conseguia cumprir os compromissos com a renda de seu trabalho autônomo, mas para isso precisava se esforçar. E assim, apesar de não ter de se reportar a um patrão, ele era quase tão escravo do dever quanto seria em um emprego de verdade. Isso era e não era um problema. Embora jamais admitisse, o fato é que Pessoa gostava de ir de escritório em escritório, apesar de se queixar de não ter mais tempo para escrever, e apreciava o desafio de encontrar uma solução para sua situação difícil. Pouco tempo antes, tivera uma nova ideia: apresentaria seu caso a um filantropo. Decidiu escrever para Andrew Carnegie, o magnata do aço cuja inclinação para doar dinheiro se tornara uma religião, cujos princípios estabelecera em um artigo intitulado "O Evangelho da riqueza". Pessoa não escreveu o suficiente nessa carta não enviada para sabermos como justificaria seu pedido de trezentas libras esterlinas (o equivalente a 20 mil libras atuais), mas significativamente se apresentava como um criador e promotor de literatura escrita em inglês, e não em português:

> De minha simpatia pela literatura inglesa e minha capacidade de divulgar um interesse por ela, estas páginas serão uma ampla prova, e ouso afirmar que nada ficam a dever a qualquer escritor vivo da língua inglesa, tanto na precisão de seu significado lógico como no equilíbrio adequado de seu inglês exato.

O provável "significado lógico" da missiva de Pessoa era convencer seu destinatário de que a cultura anglófona seria amplamente promovida se suas atividades literárias fossem subsidiadas e ainda mais se ele pudesse passar um período como escritor na Inglaterra. Agora que já não estava sob a ameaça imediata de represálias legais, Pessoa deixou de se preocupar com suas dívidas ainda pendentes, e sem dúvida não foi com o propósito de se libertar delas que pensou em apelar a Carnegie. Em março de 1913, como se fosse uma febre anual recorrente, foi tomado de novo por uma ânsia de viajar para a Grã-Bretanha. De acordo com o registro de seu diário do dia 30 daquele mês, um amigo estava disposto a emprestar-lhe o dinheiro para a viagem, mas no dia seguinte, infelizmente, mudara de ideia. Foi nesse momento, ou um pouco mais tarde, que Pessoa resolveu abordar o filantropo escocês-americano.

Geraldo Coelho de Jesus, o amigo que não cumpriu a promessa, providenciou pelo menos um pequeno empréstimo para as necessidades imediatas de Pessoa e o levou a passear pela cidade e fora dela em seu automóvel.[10] Não era uma compensação à altura para a viagem frustrada à Inglaterra, mas os veículos motorizados ainda eram restritos aos privilegiados — foi naquele mesmo ano que Henry Ford instalou as linhas de montagem em suas fábricas, o que reduziria de forma significativa os custos de produção — e o poeta ficou feliz em passar toda a tarde de 31 de março passeando de carro. O engenheiro de minas Coelho de Jesus conhecera Pessoa em 1910, quando era consultor da Agência Mineira Anglo-Portuguesa,[11] uma das empresas fundadas pelo primo de Pessoa. Como todas as empresas de Mário, foi um fracasso comercial, mas Pessoa "lucrou" com a amizade que fez com Geraldo, que se tornou um de seus mais fiáveis e tolerantes credores. No final de 1913, alcançaria a distinção de ser o amigo pessoal a quem Pessoa mais devia dinheiro.

Bonito e descontraído, Geraldo tinha apenas vagos interesses literários, mas gostava de farrear e conversar com qualquer pessoa, inclusive com poetas. Suas conversas com Fernando não eram sobre trivialidades. Eles discutiam Portugal e sua política disfuncional, a economia atrasada, a necessidade de modernização, e depois da Grande Guerra iriam colaborar num jornal de curta duração, porém o que mais atraía Pessoa em Coelho de Jesus era sua boa aparência e seu espírito despreocupado, suas maneiras encantadoras e seu sucesso com as mulheres. Era o playboy jovial que Pessoa, num de seus sonhos, gostaria de ser.

Coelho de Jesus foi apenas uma das mais de cinquenta pessoas mencionadas por Pessoa no diário que escreveu entre meados de fevereiro e meados de abril de 1913. Nessa altura da vida, o escritor passava pouco tempo em casa sozinho. Assim como o diário de 1906, o de 1913 é um relato básico dos acontecimentos de cada dia, mas a quantidade deles torna a leitura às vezes estonteante. Encontramos Pessoa ziguezagueando entre os cafés e os vários escritórios onde ganhava dinheiro redigindo cartas comerciais; ele conta ter encontrado este ou aquele amigo numa das ruas do centro de Lisboa e caminhado junto com ele por alguns quarteirões ou então até a casa dele; passa habitualmente pela redação de *Teatro: Revista de Crítica*, publicação efêmera para a qual escreveu resenhas contundentes de vários romances e revistas, revelando-se tão mordaz nas letras impressas quanto era cordial no convívio; vai a uma exposição, a uma conferência, a um concerto; recebe cartas, escreve correspondências; almoça num restaurante, janta noutro; e depois de passar um sábado inteiro indo de um lugar para outro, decide, já depois da meia-noite, fazer a barba e cortar o cabelo antes de finalmente ir para casa.

Pessoa passava boa parte do dia apenas conversando — sobre literatura, política, psicologia e metafísica —, e um de seus interlocutores habituais era Israel Anahory, um judeu português que ganhava a vida como dentista, mas também escrevia poemas e peças teatrais, nunca publicadas.[12] Uma noite, num café, eles tiveram uma longa discussão sobre crença e ceticismo depois que Anahory disse a Pessoa que a ascendência judaica dele era perceptível não apenas em seu nariz adunco, mas também em sua tendência a levar tudo a sério. A seriedade de Pessoa era enganadora. Valendo-se de sua flexibilidade mental, gostava de defender uma ideia com ardor num dia e atacá-la no dia seguinte, com argumentos igualmente apaixonados. Mas se o certo ou o errado dos pontos debatidos não importavam muito para Pessoa, ele levava a sério o drama humano que dava origem a tanto debate.

Na arte renascentista, a Madona, a história da Paixão de Cristo e a vida dos santos tornaram-se um mero pretexto para alguns pintores, que se preocupavam com coisas como composição espacial, coloração e jogo de luz, e com a primorosa representação dos corpos humanos no primeiro plano e a paisagem natural ao fundo — e não necessariamente com o significado religioso das cenas retratadas. Pessoa pensava e trabalhava na direção oposta. Ocorreu-lhe que os dramas históricos, sociais e políticos do mundo podiam ser manifestações locais de uma realidade mais ampla, que ele às vezes chamava de Deus. E, com essa ideia em mente, sua arte de usar habilmente a linguagem, o som e o ritmo para produzir poemas requintados tornou-se, em certa medida, um pretexto para sua busca por Deus. É de melhor valia para nós, porém, pensarmos em sua escrita como um *intertexto*, serpenteando através de mistérios indizíveis.

Desde menino, o mistério do universo o intrigava, perturbava ou aterrorizava, dependendo de seu estado de espírito. Mais recentemente, esse mistério o encantava como uma floresta mágica e fantástica, e ele usava a poesia como uma ferramenta para refletir sobre ela e explorá-la. Entre novembro de 1912 e fevereiro de 1913, escreveu mais de uma dezena de poemas anglófonos num estilo novo, muito mais lírico e de um ponto de vista panteísta, segundo o qual Deus não estava apenas *em* tudo, mas também *entre* tudo:

> *between our waking and our sleep,*
> *Between our silence and our speech, between*
> *Us and the consciousness of us.*[13]*

* "Entre o nosso acordar e o nosso sono,/ Entre nosso silêncio e nossa fala, entre/ Nós e a consciência de nós." (N.T.)

Esses poemas tornaram-se parte de uma coletânea com tamanho suficiente para um livro, *The Mad Fiddler* [O violinista louco], que ele tentaria publicar quatro anos depois.

O mesmo tipo de interpenetração espiritual — entre Deus, o universo e o eu poético — inspirou parte de sua poesia lusófona da mesma época, em particular um quinteto de poemas intitulado "Além-Deus". Em suas cartas de Paris, Sá-Carneiro reagiu a essa produção com mais entusiasmo do que o habitual, apesar de não compartilhar o interesse de seu amigo por metafísica e investigações espirituais. Para ele, a "verdade" estava na própria poesia, ou inseparavelmente encerrada nela. Dedicado como estava a sondar o desconhecido, Pessoa de certo modo concordava com Sá-Carneiro. Poderia ser capaz de apontar a verdade, mas sabia que nunca seria possível apreendê-la. Sua postura em termos espirituais está perfeitamente resumida no título "Além-Deus". Deus, o que quer que fosse, nunca seria mais do que um ponto de parada em sua jornada inquieta. E, embora se tratasse de um ponto de parada ao qual ele, ao contrário de Sá-Carneiro, sempre voltava, ele nunca ia exatamente ao mesmo lugar. Nenhuma concepção, ideia, explicação ou designação linguística de Deus poderia satisfazer Pessoa. Sempre havia outro além.

A vida social de Pessoa não era povoada só por aqueles voltados à literatura, à política, à religião e à filosofia. Ele convivia também com músicos e artistas, entre os quais um jovem precoce chamado José de Almada Negreiros, cuja primeira exposição individual, que consistia em caricaturas, foi inaugurada em março de 1913, poucas semanas antes de ele completar vinte anos. Pessoa já havia visto as obras da exposição na casa do artista, voltou a vê-las na inauguração e escreveu a respeito em uma crítica perspicaz para o número de abril de *A Águia*. Almada era um completo desconhecido, ainda sem muitas obras para mostrar, mas Pessoa, como um cientista que analisa uma pequena amostra de DNA, identificou as características essenciais de seu talento tal como se desenvolveria na carreira subsequente e de grande sucesso do artista: "brilhantismo e inteligência" ágeis, um "polimorfismo" incomum que se originava, em parte, de uma busca frustrada para encontrar-se e uma tendência relacionada a pedir emprestado e adaptar de outros.

"Almada Negreiros não é um gênio", escreveu Pessoa com absoluta franqueza, e como criador, ele de fato não era. Por outro lado, nenhum outro artista português do século xx teve o mesmo dom de captar, sintetizar e comunicar o que queria de forma tão instantânea. Um excelente exemplo desse talento é sua famosa pintura que retrata Pessoa escrevendo à mesa, cigarro na mão, e com um exemplar da revista *Orpheu* 2 ao lado do cotovelo. Quanto à versatilidade de Almada Negreiros, esta ultrapassava os limites da arte visual; ele viria a ser também um escritor importante. Pessoa anotou em seu diário de 1913 que o jovem era "exageradamente garoto" — gostava de pregar peças e se portar mal —, mas admirava seu trabalho e contaria com ele como colaborador de seus projetos editoriais, a começar pela *Orpheu*, a revista que traria o modernismo para Portugal, em 1915.

Ruy Coelho (1889-1986), que estudara composição musical em Berlim, onde teve Arnold Schoenberg como um dos professores, regressou a Lisboa em 1913 e conheceu Pessoa, Almada Negreiros e outros jovens escritores e artistas que pretendiam revitalizar a cultura portuguesa com a introdução de novidades artísticas de outras partes da Europa, tornando-as singularmente nacionais. O próprio Coelho foi o responsável pela mais ambiciosa tentativa de ser europeu à maneira portuguesa numa obra de arte. Em junho de 1913, sua *Sinfonia Camoniana nº 1*, uma sinfonia coral em homenagem a Luís de Camões, foi interpretada no Teatro São Carlos de Lisboa por nada menos que quinhentos cantores e músicos.[14] Se Pessoa estava na plateia, provavelmente reagiu à obra, como a maioria dos críticos, com perplexidade.[15] Embora talvez aplaudisse a tentativa do compositor de modernizar a música portuguesa, mesmo que a experimentação tonal fosse desagradável aos seus ouvidos, ele teria questionado se Camões merecia uma produção tão grandiosa — e não apenas porque esperava substituí-lo no posto de grande poeta nacional de Portugal. Pessoa argumentava que Camões era um excelente poeta, mas nada original, pois se baseava nas formas poéticas de Petrarca, como o soneto e a canção, em vez de inventar as suas próprias.[16] Nessa fase da carreira, a principal aspiração de Pessoa como poeta não era dizer coisas novas, mas dizer as coisas de maneiras novas.

27.

As "fezes da República" era o epíteto de Pessoa para o partido republicano dominante — os chamados democráticos —, liderado por Afonso Costa, primeiro-ministro da nação desde janeiro de 1913.[1] Em "Oligarquia das bestas" e outros escritos, o poeta retratou Costa e seus camaradas como bandidos sem escrúpulos, cujo único interesse verdadeiro era manter seu partido no poder. Era um juízo pesado demais. Costa exigia lealdade inabalável e podia ser um tipo escorregadio, mas para conseguir que alguma coisa fosse feita era preciso determinação e engenhosidade, o que ele tinha. O triunfo da República criara enormes expectativas em todos os quadrantes: trabalhadores, capitalistas, comerciantes, funcionários públicos e Forças Armadas — todos esses grupos exerciam uma pressão tremenda com suas demandas conflitantes, o que exigia do primeiro-ministro um delicado malabarismo que ninguém conseguiria realizar ganhando aplausos generalizados.

Mas era verdade que, embora a forma de governo houvesse mudado, a política portuguesa continuava infestada pelo mesmo espírito de sectarismo intransigente que derrubara a monarquia. Por meio de uma série de decretos abrangentes, o Governo Provisório da recém-nascida República separara a Igreja do Estado, reformara os sistemas de justiça e educação, reorganizara as Forças Armadas e garantira certos direitos aos trabalhadores e arrendatários rurais, mas, depois que se adotou uma nova Constituição e um novo Parlamento começou a legislar, em agosto de 1911, uma paralisia antiga e aparentemente endêmica se reafirmou. Por trás de toda a agitação gerada pelos partidos republicanos rivais, o país mais uma vez parecia estagnar.

Fosse por mera coincidência ou uma espécie de reação simpática à situação política de Portugal, Pessoa, em 29 de março de 1913, escreveu um poema chamado "Pauis" que remoía a estagnação. Ele logo percebeu que era bem diferente de tudo o que havia produzido até então. Mas era bom? Mostrou-o a Ruy Coelho, que lhe dissera que queria musicar um de seus poemas — mas não aquele! Embora fosse um experimentalista, o compositor o abominou.[2] Até mesmo os escritores amigos de Pessoa ficaram inicialmente surpresos, sem saber o que fazer com aquilo. Antônio Ferro achou o poema belo, porém carregado demais de enigmas.[3]

Pauis de roçarem ânsias pela minh'alma em ouro...
Dobre longínquo de Outros Sinos... Empalidece o louro
Trigo na cinza do poente... Corre um frio carnal por minh'alma...
Tão sempre a mesma, a Hora!... Baloiçar de cimos de palma!...

Mais do que enigmáticos, esses versos de abertura são languidamente evocativos de um mundo crepuscular preso em um estado de animação suspensa. As palmas não balançam: existem num estado de oscilação. A alma, ou o eu, foi transfigurada — e aprisionada — nessa paisagem pantanosa e etérea onde seria difícil existir sangue, paixão ou sexo. Mas, depois de mais algumas alusões tênues, de repente, do nada:

A sentinela é hirta — a lança que finca no chão
É mais alta do que ela... P'ra que é tudo isto?... Dia chão...

É mesmo difícil determinar para que tudo isso servia, mas a sentinela ereta e sua lança ainda mais alta são claramente fálicas. Mesmo nesses pântanos, o impulso sexual perseguia o poeta. Mário de Sá-Carneiro disse ao amigo que a sentinela e sua lança o assustavam inexplicavelmente, mas mesmo assim admirava aquela imagem perturbadora, assim como o resto do poema, do qual citou muitos versos a Pessoa em sua carta de 6 de maio. Rejeitando o medo do autor de que o poema pudesse ser muito "nebuloso", declarou que era "sublime", uma das melhores coisas que seu amigo havia escrito até então.

O entusiasmo de Sá-Carneiro é compreensível, já que sua própria poesia recorria a motivos e efeitos atmosféricos semelhantes — anseios, coisas douradas, iluminação crepuscular — para descrever um eu exteriorizado e narcisicamente contemplado. O eu poético de Pessoa é menos narcisista do que um homem perplexo com o que vê. Ele se sente alienado de si mesmo e inseguro a respeito de onde começa ou termina, ou se o eu que parece ver é realmente ele. "Que pasmo de mim anseia por outra coisa que o que chora!...", ele anuncia no oitavo verso.

Elogiado e promovido por Sá-Carneiro, o poema "Pauis" circulou entre amigos dele e de Pessoa e acabou dando nome a um movimento literário português conhecido como *paulismo*, uma espécie de simbolismo exacerbado, com sugestão, incerteza e mistério envolvendo imagens extravagantes num mundo sombrio sem tempo ou geografia. Era um estilo que Pessoa usava não só em poemas, mas também, e de forma mais eficaz, em certos textos em prosa que faziam parte de seu mais novo projeto literário, o *Livro do desassossego*. Trata-se da mais expansiva e potente de todas as suas obras, e que teve o mais humilde dos começos, pois germinou de uma única palavra: *desassossego*, que Pessoa anotou em letras grandes ao lado de um poema escrito em 20 de janeiro de 1913. Ele sabia que queria usá-la como título, mas para que tipo de livro? Sem uma ideia clara, ou mesmo obscura, de que forma essa obra poderia assumir, ele começou a escrever textos em prosa muitas vezes fragmentários e incompletos, refletindo sua própria hesitação e incerteza. Alguns eram "paúlicos", enquanto outros eram queixosos, exaltados ou reflexivos, e outros ainda lucidamente analíticos. A obra dava guinadas em direções imprevisíveis, levando o escritor junto, como um carro cujo motorista perdeu o controle.

Nesse período, o próprio Pessoa estava assolado por um desassossego sem trégua. As anotações em seu diário de 1913 revelam um homem sempre inquieto, incapaz de ficar parado por muito tempo, ora porque estava animado, ora porque estava nervoso e angustiado. O diário registra que 20 de março foi "um dia de depressão absoluta e mortal". Ao longo de sua vida, Pessoa sofreria periodicamente do tipo de depressão que chega como uma onda obscura, sem motivo aparente, mas as alterações de humor e a inquietação que experimentava naquele momento de sua vida estavam relacionadas à sua situação pessoal: ser uma pessoa de 25 anos que ainda tentava encontrar seu caminho.

Sua carreira literária estava mais ou menos nos trilhos, seus artigos publicados já haviam provado seu talento como crítico, e amigos como Sá-Carneiro reverenciavam sua poesia e o instavam a publicá-la sem demora, mas lhe faltava traquejo para a vida social. A turma do café sabia que era melhor não dizer nada obsceno na frente de Pessoa, que poderia corar, ficar chateado ou irritado. O diário não explica exatamente como ele reagia quando o sexo entrava nas conversas, mas registra que se sentiu muito aborrecido uma tarde ao encontrar uma mulher na redação da revista *Teatro*, onde dera uma passada para conversar com os rapazes.[4]

Pessoa continuava a lidar com sua inquietação sexual no campo literário. Foi nesse período que aperfeiçoou a trama de *Marcos Alves*, seu romance em andamento sobre um jovem sensível e com medo patológico de sexo, e numa anotação no diário em 8 de março reconheceu uma grande afinidade com esse protagonista. Em 1913, também anotou algumas ideias para uma obra de ficção fantástica intitulada "Timidez — O caso do dr. Garcez", na qual o tímido médico tenta descobrir como vivenciar a intimidade com uma mulher sem de fato estar com uma. Depois de descartar a possibilidade de inventar uma fêmea "extra-humana", pondera a hipótese de uma mulher criada a partir de seu próprio corpo, enquanto ele sobreviveria apenas como alma e se tornaria o único sonho dela, seu "Príncipe Ideal". Desse modo, sim, ele a possuiria, mas apenas de modo interior, psicologicamente, que não é o que ele deseja. Ele quer "ser como os outros homens" e possuir uma mulher fisicamente. O que precisa fazer, conclui, é "criar *uma mulher real*", mas despojada de uma "consciência central", de forma que ela não o veja, não o perceba.[5] (Cem anos depois, o dr. Garcez talvez chegasse perto de realizar seu sonho com uma das bonecas eróticas ultrarrealistas de silicone fabricadas no Japão e em alguns outros países.)

Por outro lado, no *Livro do desassossego*, Pessoa usou palavras e a imaginação para inventar uma série de mulheres completamente *irreais* e assexuadas. O narrador, longe de querer possuir uma mulher, elogia as virtudes da castidade. Como ele explica em um dos primeiros textos escritos para o livro e dirigido a uma mulher ideal, imaculadamente virgem:

> Eu não sonho possuir-te. Para quê? Era traduzir para plebeu o meu sonho. Possuir um corpo é ser banal. Sonhar possuir um corpo é talvez pior, ainda que seja difícil sê-lo: é sonhar-se banal — horror supremo.[6]

Mas o horror "de ser banal" não é o que leva o narrador a optar pela abstinência sexual e por enaltecê-la. "O meu horror às mulheres reais que têm sexo é uma estrada por onde eu fui ao teu encontro", ele admite em um trecho do mesmo livro dirigido a outra mulher antissepticamente sonhada, chamada de "Nossa Senhora do Silêncio". E, tendo feito essa admissão, ele se pergunta: "Quem pode respeitar a Esposa sem ter de pensar que ela é uma mulher noutra posição de cópula? Quem não se enoja de ter mãe por ter sido tão vulvar na sua origem, tão nojentamente expelido para o mundo?".

Ao mesmo tempo que introduzia mulheres oniricamente virgens e sem genitais em trechos do *Livro do desassossego*, Pessoa — sempre incerto, inquieto — escrevia um longo poema em inglês sobre uma noiva que, temerosa, espera entregar a virgindade em troca de uma "união alegre e quente" com o noivo. Era um "Epithalamium", gênero que os gregos inventaram para cantar em cerimônias de casamento ou na câmara nupcial da noiva, intercalando com invocações frequentes a Himeneu, o deus dos enlaces matrimoniais. Os romanos introduziram nessa forma poética referências explicitamente sexuais. Os epitalâmios não explícitos e "dignos" eram populares entre os poetas do renascimento inglês, e Pessoa leu os de Edmund Spenser e John Donne, e provavelmente os de Ben Jonson, mas sua canção nupcial, ao contrário da deles, não demonstrava o menor pudor em ser obscena. A estrofe XIV começa assim:

The bridegroom aches for the end of this and lusts
To know those paps in sucking gusts,
To put his first hand on that belly's hair
And feel for the lipped lair,
The fortress made but to be taken, for which
*He feels the battering ram grow large and itch.**

Outra estrofe fala do noivo, cujas "pernas cabeludas e nádegas encurvam-se para separar/ Pernas brancas no meio das quais se movem". São versos quase pornográficos, porém mais cômicos do que excitantes. Não que Pessoa estivesse

* "O noivo anseia pelo fim de tudo isto no cio/ De conhecer essas entranhas em chupados sorvos,/ De pôr primeira mão nesse cabelo do ventre/ E apalpar o fojo labiado,/ A fortaleza feita para ser tomada, e pela qual/ Sente o aríete engrossar e doer de desejo." (Trad. de Jorge de Sena)

tentando ser engraçado: é que seu inglês, como um instrumento de precisão manejado de maneira imperfeita, pregava-lhe peças na poesia, produzindo efeitos inesperados. Isso é especialmente verdadeiro aqui, já que o tom é crucial quando se escreve sobre sexo. Os poetas anteriores a Pessoa concentravam-se mais na celebração do casamento, na atmosfera festiva, na beleza da noiva, na ânsia alegre do casal e em reflexões sobre essa grande transição na vida. O narrador de seu epitalâmio, sem cerimônia ou sutileza, exorta o casal a cumprir seu dever desejoso, fazendo amor até que pareça tão "natural quanto/ Mijar quando a vontade pressiona!".

Quando Pessoa publicou seu "Epithalamium", oito anos depois, em 1921, uma crítica no *Aberdeen Daily Journal*, da Escócia, comentou que era "mais repulsivamente lascivo do que até mesmo Donne em seus momentos mais voluptuosos".[7] Enquanto escrevia o poema, deve tê-lo divertido imaginar como teria chocado os frequentadores do café que zombavam dele por ser um puritano incurável. Sozinho em seu quarto com seus pensamentos, uma caneta e papel, ele perdia todo o embaraço.

No primeiro semestre de 1913, ele também escreveu "O outro amor", um soneto dirigido a um mancebo. Nossa busca biográfica pelo destinatário do poema não precisa ir além de suas duas primeiras linhas: "Com que fúria ergo a *ideia* de meus braços/ Para a *ideia* de ti!" (grifos meus). O sonetista tinha em mente apenas um jovem teórico e imaginário, chamado no oitavo verso de Vênus-Efebo. O poema era tão apartado da experiência pessoal quanto ostensivamente homoerótico. Pertencia a um projeto literário maior, *Livro do outro amor,* para o qual o autor planejava escrever um longo poema intitulado "Morte de Antínoo", além de mais sonetos. Três semanas depois, compôs meia dúzia de outros sonetos, nos quais o eu poético deseja que seu hipotético amante fosse mais como uma mulher, ou, então, que ele próprio fosse mais feminino, para que pudessem viver juntos como um casal heterossexual — o único modelo de intimidade apaixonada aceito em sua plenitude pela sociedade e pelo enunciador dos versos, que ainda luta contra a culpa um ano depois de corajosamente declarar seu amor a um homem nos primeiros dois poemas homoeróticos de Pessoa. "Odeio-me por qu'rer-te", confessa ele em um soneto inacabado para o *Livro do outro amor.*[8]

O eufemismo "o outro amor" já fora usado por outros escritores[9] e continuaria a ser usado muito depois da morte de Pessoa, com destaque para Montgomery Hyde (1907-89), um vigoroso militante pela descriminalização da homossexualidade e autor de uma obra inovadora intitulada *The Other Love: An Historical and*

Contemporary Survey of Homosexuality in Britain [O outro amor: Um estudo histórico e contemporâneo da homossexualidade na Grã-Bretanha] (1970).[10] É possível que o *Livro do outro amor*, de Pessoa, com seu eu poético que se esforça para se reconciliar com seus desejos, também aspirasse a promover mais compreensão e simpatia pelo amor entre o mesmo sexo.

Os trechos do *Livro do desassossego* dirigidos a mulheres assexuadas também descrevem o que podemos chamar de "outro amor", uma vez que não se encaixam no paradigma heterossexual tradicional em que um homem forte possui uma mulher dócil, ambos estimulados pelo desejo sexual. A primeira metade de 1913 foi um dos períodos mais férteis para as diversificadas explorações sexuais de Pessoa através da escrita. Como um ator multifacetado que desempenha de forma simultânea papéis diferentes e até contraditórios, ele era radicalmente celibatário no *Livro do desassossego*, carregado de ansiedade e apreensão em seu hino ao casamento, que se concentra em boa parte na noiva prestes a ser deflorada, e apaixonado por um mancebo no *Livro do outro amor*. Então isso significa que Pessoa, na literatura, queria ser tudo ao mesmo tempo? Sem dúvida, mas também podia estar tentando descobrir o que queria ser ou fazer carnalmente, se é que queria alguma coisa.

Ele terminou seu ambicioso "Epithalamium" no mesmo ano em que o iniciou, 1913, e dois anos depois revisitou uma clássica história de amor homoerótico em seu poema "Antinous", também escrito em inglês. Os dois formaram um díptico que, segundo a notável explicação de Pessoa, serviu para libertar sua mente de todos os pensamentos lascivos. Numa carta enviada em 18 de novembro de 1930 a João Gaspar Simões, seu primeiro biógrafo, o poeta escreveria:

> "Antinous" e "Epithalamium" são os únicos poemas (ou até composições) que eu tenho escrito que são nitidamente o que se pode chamar de obscenos. Há em cada um de nós, por pouco que [se] especialize instintivamente na obscenidade, um certo elemento desta ordem, cuja quantidade, evidentemente, varia de homem para homem. Como esses elementos, por pequeno que seja o grau em que existem, são um certo estorvo para alguns processos mentais superiores, decidi, por duas vezes, eliminá-los pelo processo simples de os exprimir intensamente. É nisto que se baseia o que será para você a violência inteiramente inesperada de obscenidade que naqueles dois poemas — e sobretudo no "Epithalamium", que é direto e bestial — se revela. Não sei por que escrevi qualquer dos poemas em inglês.

Como Pessoa sugere no final desse trecho citado, o poema "Antinous" não é descaradamente sexual, porém não é menos sensual que seu "Epithalamium". O poema nos mostra o imperador Adriano ao lado do cadáver nu de seu amante afogado, de quem lembra com carinho ainda vivo e em seus braços, com os dois homens realizando livremente seus desejos lascivos. Pessoa ao que parece queria convencer Gaspar Simões de que tinha eliminado com sucesso os pensamentos lascivos, incorporando-os a poemas, um heteroerótico e outro homoerótico, mas é difícil crer que ele acreditasse em sua própria explicação. E sua alegação de que não sabia por que os escrevera em inglês soa como falsa ingenuidade, ainda mais porque ele havia pensado em escrever sobre o Antínoo morto em português.

Pessoa, cujos grandes projetos literários tendiam a se arrastar indefinidamente, estava motivado não só a completar e lapidar esses dois poemas, que estão entre seus mais longos e singulares, mas também a torná-los públicos, financiando sua publicação em livretos e enviando exemplares para resenhas ao Reino Unido. O poeta não podia esperar — e talvez nem quisesse — muitos leitores em Portugal, onde o inglês ainda não era muito falado. Ao escrever nesse idioma, podia exprimir-se "intensamente", como afirma na carta a Gaspar Simões, e ainda assim permanecer no anonimato, porque não seria lido. Enquanto "Epithalamium" era intensamente lascivo, seu "Antinous" era intenso de desejo saudoso. É o poema de amor mais convincente que Pessoa escreveu.

O jovem grego Antínoo é mencionado em um dos sonetos do "outro amor" escritos no primeiro semestre de 1913, quando a ideia de um poema sobre a morte do favorito de Adriano surgiu pela primeira vez na mente do poeta. Mesmo que Pessoa, como argumentaria mais tarde, estivesse tentando libertar sua mente de pensamentos sexuais — homossexuais, nesse caso —, ele o fez alimentando-os, dando-lhes uma forma poética, elaborando verso terno após verso terno. Ele estava no mínimo se perguntando: "E se?". Se essa dúvida foi inspirada por alguém em particular, foi seu amigo Mário de Sá-Carneiro. Embora os sonetos do "outro amor" fossem dirigidos a um outro imaginário, retórico, e certamente não a Sá-Carneiro, o vínculo afetivo entre os dois amigos tornara-se tão forte que pode ter levado Pessoa a questionar-se para onde iria a relação, ou como poderia ser um amor consumado — ou um amor fisicamente *não* consumado — entre dois homens.

Numa espécie de diálogo socrático que data de 1913 e provavelmente inspirado no uso que Oscar Wilde fez desse gênero, Pessoa escreveu que o tipo "supremo" de homem, como Shakespeare, está tão envolvido com as coisas da vida que não tem tempo a perder com "a caça ao prazer sexual normal e, por isso, o substitui pelo prazer sexual dado pela amizade com outros homens levada ao requinte".[11] Sá-Carneiro podia não ter apelo sexual para Pessoa, mas sua alma exercia uma grande atração. Ele sentia a vida com paixão, desde os pormenores mundanos até as alturas epifânicas, e era de modo passional que estimava seu amigo Pessoa, que por sua vez o estimava e se tornava inevitavelmente mais humano.

Uma afeição extraordinária quase nunca consegue se manter sempre em segredo; inebriada de empolgação, quer que outras pessoas saibam de sua existência. Apesar do temperamento reservado, que tantas vezes o inibia de partilhar com os outros o que sentia, Fernando Pessoa falou de Sá-Carneiro à mãe, e da forma mais agressiva: em 8 de fevereiro de 1913, escreveu-lhe sobre um amigo íntimo cuja estima por ele era ainda "mais alta" do que a dela. Foi uma comparação estranha e ofensiva, e a leitora ressentida com suas palavras respondeu que era muito reconfortante saber que seu filho nunca se sentiria "isolado espiritualmente, pois nessa alma de elite que tão bem compreende a tua, encontrarás o que em mim te falta". A "carta filosófica" de Pessoa, como sua mãe a denominou, explicava que a mulher era um "ente essencialmente grosseiro", razão pela qual a compreensão profunda que ele sentia em relação ao amigo especial só poderia existir com outro homem, nunca com uma mulher. Ferida e escandalizada, Maria Madalena não poupou sarcasmo em sua resposta, que terminava comentando que um problema de saúde dela que necessitava de cuidados médicos certamente não lhe interessaria, pois "assim como o meu espírito grosseiro não compreende a tua alma tão superior à minha, assim também a tua que paira tão alto, não compreenderá este triste materialismo".[12]

De fato, a mãe de Pessoa não estava se sentindo bem, e a última carta do filho a fez chorar tantas lágrimas que Teca, um pouco alarmada, escreveu secretamente ao irmão para lhe explicar toda a tristeza que ele havia causado e sugerir que se desculpasse em sua carta seguinte. Também reforçou que a insistência de sua mãe para que ele conseguisse um emprego adequado era para o bem dele. E perguntou:

> Não achas que era uma alegria tão grande para a mamã se quando passemos a Lisboa te visse empregado? Não achas que podias sacrificar-te um bocadinho por uma mãe que tem sido tão boa para ti, sempre tão tua amiga, e que até podia dar a sua vida para te ver feliz?[13]

Pessoa não se comoveu com o sofrimento da mãe, o qual teria atribuído à histeria. E Teca, ao concordar que ele deveria conseguir um emprego assalariado, revelava-se ser também femininamente materialista.

Homem na casa dos vinte anos, Pessoa era um misógino fervoroso. Comprou vários livros cujo objetivo era provar a inferioridade das mulheres e, em um deles, fez anotações nas margens expressando a aprovação calorosa da tese do autor.[14] Em seus próprios escritos, argumentava que as mulheres eram inferiores aos homens, tanto como pensadoras quanto como criadoras, por serem arrastadas para baixo pela matéria, que as impedia de voar alto. Não se tratava apenas do fato de as mulheres, como geradoras de filhos, serem conduzidas de forma natural a se interessar pelos aspectos práticos da administração de uma casa; Pessoa argumentava que elas eram mais fisicamente sexuais do que os homens. "A escravidão natural da mulher ao sexo é proclamada mensalmente pela Natureza, pela menstruação", escreveu ele em inglês. "Todo mês a mulher é lembrada de que ela é apenas um útero, e que todas as outras coisas nela são subservientes a essa [função]."[15]

Em uma das seções mais estranhas do *Livro do desassossego*, intitulada "Conselhos às malcasadas", um especialista em técnicas de aprimoramento sexual explica às suas "discípulas" femininas como elas podem trair seus maridos, em meio ao coito, substituindo-os imaginativamente por homens que de fato desejam: "Ser uma cocote, cheia de todos os modos de vícios, sem trair o marido, nem sequer com um olhar — a volúpia disto, se souberdes consegui-lo". Ele não oferece o mesmo conselho aos homens, uma vez que "o homem é outra espécie de ente". E, se for um homem superior, "não precisa de posse sexual para a sua volúpia". Por sua vez, "a mulher, mesmo superior, não aceita isto: a mulher é essencialmente sexual".

A insistência de Pessoa na necessidade imperiosa de sexo das mulheres é o ponto mais curioso e original de seu discurso misógino e também a chave para entender o que deu origem a esse discurso. Desconfortável com as mulheres, apavorado com a ideia de se envolver sexualmente com elas, disfarçava sua aversão pessoal com teorias especiosas sobre a inferioridade, a inadequação para serem almas gêmeas intelectuais, a impotência criativa delas e assim por diante. Ao negar-lhes complexidade humana, reduzindo-as a criaturas sexuais, podia justificar evitá-las por completo. Melhor gastar o tempo cultivando a comunhão intelectual e espiritual com homens como Sá-Carneiro do que desperdiçá-lo em encontros íntimos com mulheres, que só podiam oferecer sexo. A misoginia de Pessoa, por mais cruel que fosse, acabaria se revelando apenas superficialmente enraizada. Dentro de alguns anos, depois que seu desconforto com as mulheres diminuiu, também arrefeceu seu interesse em argumentar que elas eram menos capazes e menos complexas do que os homens.

Em 1913, a misoginia de Pessoa ainda estava no auge, e sua perspicaz mãe entendeu de forma acertada que ela também era um alvo de seus ataques. Nesse mesmo ano, Pessoa escreveu que as mulheres, "à parte excepções doentias", só se interessam por ter um homem,[16] uma regra geral aparentemente corroborada pelo exemplo de Maria Madalena, que se apaixonou com fervor por um novo homem apenas seis meses depois da morte de seu primeiro marido. Embora fosse um tipo de mulher "superior" e bem-educada, nem mesmo ela podia evitar ser "essencialmente sexual".

A relação de Pessoa com a mãe já havia passado por uma fase difícil quando em 1907 ele deixou o Curso Superior de Letras, e nos primeiros meses de 1913 a correspondência entre os dois tornou-se hostil. Cansado de receber sermões sobre sua irresponsabilidade financeira, o que ela fazia o tempo todo desde que soubera que o jovem herdeiro estava insolvente, Pessoa passou a escrever cartas semanais curtas e frias, e costumava postá-las com alguns dias de atraso e datas falsas, o que ela detectou ao compará-las aos carimbos nos envelopes. Quando ela o acusou, com razão, de querer magoá-la deliberadamente com suas observações sobre a capacidade de Sá-Carneiro de compreendê-lo de uma forma que sua mãe nunca poderia, pela simples razão de ser mulher e, portanto, "um ente essencialmente grosseiro", ele respondeu que os "disparates" dela estavam perturbando sua paz de espírito.

Após semanas de trocas de farpas epistolares, inclusive uma carta de 23 de março em que Maria Madalena magnanimamente sugeriu parar de escrever ao filho para não deixá-lo de mau humor, ele enfim escreveu uma carta dizendo que todas as suas recriminações eram um desperdício de tinta, uma vez que "as mães são as últimas pessoas a ter alguma influência nos filhos".[17] Agora era ele que a repreendia, colocando-a em seu lugar, e ela — espantosamente — capitulou por completo. Talvez temesse perdê-lo, ou apenas percebeu que estava sofrendo inutilmente. Em 20 de abril, sem a menor ironia, escreveu que ele lhe havia aberto os olhos para a verdade. Prometeu que nunca mais o desencorajaria em seus projetos ou tentaria mudar sua maneira de pensar. Fiel à sua palavra, desde aquele dia, preocupou-se com ele em silêncio, abstendo-se de críticas e não oferecendo nenhum conselho que fosse contrário aos próprios planos e sonhos do filho.

Pessoa vencera a guerra com a mãe, neutralizando todos os vestígios de sua autoridade sobre ele e libertando-se de qualquer culpa e ressentimento que as constantes censuras dela haviam despertado. A partir de então, poderia ter mais prazer em sua troca semanal de notícias. Mas eram as cartas de Sá-Carneiro, ainda em Paris, que esperava com ansiedade. Ao ler essas cartas, não encontramos almas escancaradas ou expressões efusivas de afeto, e Pessoa, cujas cartas ao amigo infelizmente não sobreviveram, com certeza não era mais aberto. No entanto, Pessoa tinha alardeado para a mãe que Sá-Carneiro o apreciava e o compreendia de uma forma que ela nunca poderia. Então, o que tornava a conexão entre os dois amigos tão especial — qual era a *sensação* que provocava, como se expressava?

O que se destaca na correspondência — e podemos perceber parte do conteúdo das cartas de Pessoa através das respostas de Sá-Carneiro — é a paixão mútua pela mente criativa um do outro, cuja intensidade arrebatadora encontrou escoamento na literatura que produziram e compartilharam sem restrições. A união literária dos dois foi intermediada por Oscar Wilde.

Na qualidade de espécime mais espalhafatoso do movimento decadentista nas Ilhas Britânicas, um esteta que desprezava as massas e proclamava que a Vida imita a Arte, Wilde foi um estudo de caso natural para a tese de Max Nordau de que artistas e escritores degenerados exerciam um efeito corrosivo na sociedade e na moral europeias. O primeiro contato de Pessoa com as opiniões às vezes extravagantes e sempre estimulantes de Wilde pode ter sido por meio da leitura de *Degeneração*, de Nordau, em 1907. Pouco depois, começou a ler a obra de Wilde diretamente. O próprio interesse de Sá-Carneiro pelo escritor irlandês, que se desenvolveu de modo independente, sem dúvida alimentou o de Pessoa e vice-versa. Quatro livros de contos e poemas de Wilde estão preservados na biblioteca de Pessoa, mas sabemos que ele leu outros — inclusive peças de teatro e *O retrato de Dorian Gray* —, em razão das referências bem embasadas que fez sobre eles em suas anotações. Ele traduziu cinco das seis histórias parecidas com parábolas que Wilde chamou de *Poemas em prosa*, e também planejou produzir versões em português de *De Profundis*, *A balada do cárcere de Reading* e de dois ensaios em forma de diálogo: "O crítico como artista" e "A decadência da mentira".[18] É nessa última obra que Vida e Natureza são consideradas imitadoras da Arte, que "nunca expressa nada além de si mesma".

Em "O crítico como artista", Pessoa deve ter apreciado axiomas como: "O que as pessoas chamam de insinceridade é simplesmente um método pelo qual podemos multiplicar as nossas personalidades". Ou este: "O homem é menos ele mesmo quando fala em sua própria pessoa. Deem-lhe uma máscara e ele lhe contará a verdade". O usuário exemplar de máscaras, de acordo com Wilde, foi Shakespeare, o dramaturgo, e em outras partes do diálogo ele defende o poeta vitoriano Robert Browning por sua capacidade semelhante à do bardo elisabetano de assumir tantas personalidades diferentes nos monólogos dramáticos de seus poemas. Pessoa também comparou Browning a Shakespeare, na medida em que este "entra em plena despersonalização".[19]

A despersonalização, o desinteresse pela "vida como ela é" e a criação como uma performance intelectual, e não como um fluxo espontâneo, estavam entre as noções wildianas que perpassavam as cartas e poemas trocados por Pessoa e Sá-Carneiro no primeiro semestre de 1913. Nessa época, Pessoa começou a escrever (em inglês) uma "Defesa de Oscar Wilde", que atribuía ao autor britânico "desprendimento absoluto", não porque Wilde fosse abnegadamente altruísta, mas porque "não acreditava nem em si próprio. Seu interesse por si mesmo era um interesse pelo mais próximo de seus arredores". A "Defesa" de Pessoa era uma faca de dois gumes. Classificava Wilde como "uma das maiores figuras" entre os "aventureiros fúteis nas artes", atribuindo sua grandeza ao fato de ser *conscientemente* fútil, "fiel à falsidade". Em "A respeito de Oscar Wilde", mais um ensaio em inglês concebido nos primeiros meses de 1913, Pessoa foi menos benevolente. Escreveu que a prosa de Wilde, apesar de toda a insistência no caráter decorativo da literatura, era artisticamente monótona. Era verdade que *Dorian Gray* continha "longas descrições de belas coisas decorativas", mas Wilde "não invoca essas coisas belas por meio de frases que as colocarão diante de nossos olhos de maneira viva; ele apenas as cataloga com voluptuosidade. Ele descreve profusamente, mas não artisticamente".[20]

O juízo mais contundente sobre o escritor foi feito pelo próprio Wilde, quando disse a André Gide, que ganharia o prêmio Nobel de literatura em 1947, que aplicara seu gênio em sua vida, e apenas seu talento em seu trabalho.[21] Pessoa deu uma reviravolta interessante nessa avaliação ao escrever: "Ele era um dândi da vida real, não um dândi na literatura, exceto de forma incompleta e por reflexo".[22] Com isso, não quis dizer que Wilde empreendera seu gênio para ser dândi, em vez de um escritor de primeira linha, e sim que ele fracassara em pôr seu eu dandificado *em sua escrita*. O "desprendimento" de Wilde minou sua arte literária. Graças à sua inteligência e ao seu jeito fluido e aforístico com as palavras, seu texto cintila, mas o estilo poético que Pessoa e Sá-Carneiro desenvolveram juntos em 1913 era mais visceral e agudamente decadente do que o autor irlandês fora capaz de alcançar.

Nordau, em *Degeneração*, não protestou contra Wilde em virtude de sua *literatura* decadentista, mas devido à sua *pessoa* decadente: o culto ao dandismo, as atitudes escandalosas, a petulância, a extravagância.[23] As peças de Wilde e *O retrato de Dorian Gray* estão sem dúvida povoados de dândis decadentes, mas eles tendem a funcionar como porta-vozes das opiniões transgressivas do autor, como Wilde reconheceu implicitamente em carta a uma amiga: "Não posso descrever ação: minhas pessoas sentam-se em cadeiras e conversam".[24] Nas obras de ficção de Sá-Carneiro, os personagens ousam transgredir as fronteiras sexuais e de gênero, enquanto seus poemas, que se estruturam em torno de eus poéticos obsessivamente autocontemplativos, atingem um grau quase insuportável de refinamento linguístico. Pessoa, apesar de ser a antítese do espalhafato, conseguiria criar um heterônimo dândi, Álvaro de Campos, e em sua abordagem da escrita sempre foi dandino, mudando de estilo como uma modelo troca de roupa num desfile de moda.[25] Foi em suas obras literárias que os dois amigos, cada um à sua maneira, foram extravagantes, decadentistas e — conforme os critérios de Nordau — indesculpavelmente degenerados.

28.

O poema "Pauis", de Pessoa, coalhado de imagens aparentemente congeladas no tempo, sugere o atoleiro político que impedia Portugal de progredir de verdade, mas evoca também o estado "pantanoso" de sua vida pessoal e artística em 1913. Enquanto alguns de seus amigos lançavam suas primeiras coletâneas de poesia, Pessoa continuava a deixar sua energia criativa vagar sem foco e não publicava um único poema. Para ele, publicar um livro inteiro de poemas teria sido difícil, se não impossível, pois continuava atolado em dívidas. Forçado pelas circunstâncias, dividia seu tempo entre a busca elevada da literatura e suas contínuas tentativas de arranjar algum dinheiro.

Desde fevereiro, vinha planejando uma viagem a Tavira, no Algarve, para visitar a prima distante que chamava de "tia" Lisbela. Embora não a visse havia mais de uma década, eles se correspondiam com regularidade,[1] e não apenas para trocar notícias e saudações amigáveis: ela era uma de suas principais credoras. Em meados de 1910, quando fechou sua gráfica, ele já lhe devia 50 mil-réis,[2] quantia à qual ela provavelmente renunciara antes de emprestar-lhe ainda mais dinheiro. A lista mais recente de dívidas de Pessoa incluía 28 mil-réis devidos a Lisbela, bem mais do que precisava pagar a quase todas as outras pessoas. Pessoa tinha outro motivo para cultivar sua relação com a moça. Na qualidade de prima de quem seu pai era mais próximo, ela poderia ajudar a reavivar e complementar as poucas lembranças que o filho tinha dele. Aconteceu de Lisbela precisar ir a Lisboa no final de abril e de novo em junho, de modo que foi na capital que ela e Fernando se encontraram novamente, pela primeira vez em onze anos. Ele podia ser charmoso quando se sentia à vontade, e os dois se davam bem — o suficiente para que ela lhe emprestasse outros 20 mil-réis.[3]

A credora mais generosa de Pessoa, no entanto, não era Lisbela, mas tia Anica. Ele estava morando com ela desde o verão de 1911 e deveria contribuir com 20 mil-réis mensais por moradia e alimentação, mas o aluguel devido continuou a se acumular, chegando a mais de 400 mil-réis em 1913. Era uma quantia tão grande que ele não poderia pagar nunca, a menos que ganhasse o primeiro prêmio em um dos concursos de quebra-cabeças patrocinados por jornais populares como *Tit-Bits* ou *Answers*, pioneiros dos tabloides ingleses. Na adolescência, Pessoa pensara em se inscrever em concursos de contos organizados por esses mesmos semanários, sem nunca concretizar a ideia, mas já adulto participava com frequência de seus concursos de quebra-cabeças, cujos grandes prêmios podiam chegar a mil libras esterlinas — o equivalente em poder de compra de hoje a cerca de noventa vezes essa quantia.

Além de ganhar dinheiro como concorrente, Pessoa esperava vender um livro com dicas de quebra-cabeças. Deu ao projeto um título que soava sofisticado, *The Psychological Laws of Problem Solving* [As leis psicológicas da resolução de problemas] e atribuiu a tarefa de escrevê-lo a um inglês fictício, James Bodenham, que não foi além da introdução. Uma lista de "Publicações para ganhar dinheiro" de 1913 inclui o livro de Bodenham e, o que é mais intrigante, três livros de uma inglesa fictícia, Olga Baker. As obras de Baker — *O livro do toalete*, *O livro da dona de casa* e *O livro da mãe* — deveriam ser publicadas em português, talvez em traduções de Fernando Pessoa. Apesar de seu mal-estar patológico em relação a mulheres coquetes e de nunca ter mostrado nenhum interesse em ocupações maternais ou domésticas, Pessoa aparentemente se considerava qualificado para escrever para o mercado em expansão de livros femininos. Infelizmente, nenhum dos livros de Baker foi além do título.

Mário de Sá-Carneiro havia terminado seu primeiro e o último ano de estudante de direito na Sorbonne e, em meados de junho, mandou para Pessoa três postais seguidos com a mesma informação: chegaria a Lisboa em 23 de junho, uma segunda-feira, às 22h52. Ele implorou ao amigo que o encontrasse na estação. "Estará você zangado comigo?", perguntou no terceiro cartão-postal. Mais de um mês se passara sem nenhuma carta de Fernando, que talvez tivesse caído em um de seus estados de ânimo sombrios ou, distraído, apenas se esquecera de escrever. Ou talvez estivesse criando deliberadamente um pouco de distanciamento, preparando-se para certa perda de intimidade que a relação deles estava sujeita a sofrer com o regresso de Sá-Carneiro a Lisboa.

As cartas haviam criado um espaço privado que era só deles. Era mais difícil ficarem a sós em Lisboa, onde os dois amigos costumavam ter a companhia de outros jovens, como seus amigos mútuos Antônio Ferro, Armando Côrtes-Rodrigues e José de Almada Negreiros. Um novo membro do grupo era Alfredo Pedro Guisado (1891-1975), que acabara de publicar seu primeiro livro de poemas. Embora nascido em Lisboa, Guisado tinha laços estreitos com a Galiza, de onde eram seus pais e onde costumava passar férias. A Galiza, situada no canto noroeste da Espanha, tem fortes afinidades culturais com seu vizinho do sul, reforçadas por uma herança linguística comum, uma vez que o idioma galego e o português modernos derivam da mesma língua medieval, e havia também uma forte tradição de imigrantes galegos que ganhavam a vida em Lisboa, muitas vezes como trabalhadores não qualificados, mas também como hoteleiros, donos de restaurantes e de cafés. Os pais de Guisado eram donos de um restaurante de sucesso, o Irmãos Unidos, onde ele e seus novos amigos literários às vezes se encontravam. Influenciado decisivamente por Pessoa e Sá-Carneiro, Guisado escreveria seu livro seguinte de poemas no chamado estilo paúlico que eles haviam criado.

Numa de suas últimas cartas a Sá-Carneiro em Paris, Pessoa sugerira a fundação de uma revista literária para divulgar o trabalho deles e de alguns amigos. Não precisava ter uma vida longa — apenas números suficientes para sacudir o mundo literário de Portugal e colocar seus nomes no mapa. Se a ideia dependesse principalmente de Pessoa para sua concretização, podemos estar certos de que teria naufragado, porém Sá-Carneiro era mais determinado e pragmático. Não só apoiou a ideia de seu melhor amigo, como também prometeu cuidar do financiamento, o que significava que convenceria seu pai a pagar a gráfica. Assim, quando Sá-Carneiro regressou a Lisboa, já existia um projeto de publicação coletiva, além de uma definição cada vez mais clara de quem pertencia ao coletivo; contudo, só seis meses mais tarde foram traçados planos concretos para a revista. Quando finalmente foi impressa, mais de um ano depois, a publicação fez muito mais do que pôr os nomes de seus colaboradores no mapa: ela redesenhou as fronteiras da literatura portuguesa contemporânea.

Nesse meio-tempo, Sá-Carneiro trabalhou com afinco em seus próprios projetos literários, cuja publicação seu pai também se dispôs a financiar. Passou o segundo semestre do ano dando forma definitiva à coleção de poemas *Dispersão* e escreveu o romance *A confissão de Lúcio*, que havia muito tempo estava em sua cabeça. No final de 1913, já teria quatro livros publicados, enquanto Pessoa permanecia um poeta praticamente inédito. Sua produção literária, embora muito maior que a de Sá-Carneiro, consistia em sua maior parte em obras em andamento. Era como uma cidade que estivesse se espraiando mas se mantendo cada vez mais inacabada, cujo construtor estava tão ocupado lançando os alicerces para novas estruturas que quase nada alcançava mais do que um ou dois andares concluídos. Junto com um ou dois volumes de seus poemas, Pessoa esperava publicar seu *Fausto* até o final do ano, ou no mais tardar em 1914, mas esse drama em versos, que até então era apenas um amontoado desordenado de cenas, diálogos e monólogos incompletos, tinha de competir com suas obras dramáticas em inglês, *The Duke of Parma* e *Prometheus Rebound*, além de todo um conjunto de outros textos em português. Por volta de 1911, Pessoa iniciara uma trilogia dramática protagonizada por Briareu, Encélado e Tifão, três gigantes da mitologia grega.[4]

Qualquer dramaturgo normal ficaria confuso ao trabalhar simultaneamente numa série de tragédias neogregas, no shakespeariano *Duke of Parma* e numa nova versão do *Fausto* de Goethe, mas Pessoa, não satisfeito, também começou a escrever num subgênero dramático que chamou de "drama estático". Essa designação paradoxal não era criação sua: ele a tomou emprestada do poeta e dramaturgo belga Maurice Maeterlinck, que ganhou fama — e o prêmio Nobel de literatura de 1911 — por suas primeiras peças simbolistas em que nada acontece e com diálogos circulares, sem nunca conduzir a conclusões ou ações decisivas. O protagonista invisível de suas peças é o Destino, cujo funcionamento os personagens apreendem apenas de forma vaga. Maeterlinck escrevia em francês, e foi nessa língua que Pessoa começou a escrever seu primeiro drama estático, *Le Matelot* [O marinheiro], em 1913. Era uma peça de um ato que se assemelhava estruturalmente a *L'Intruse* [O intruso] de Maeterlinck, publicada em 1890. Fiel a seu hábito, Pessoa tentava sem o menor pudor superar um astro da literatura em seu próprio campo, e até mesmo em sua própria língua. Depois de escrever e reescrever várias cenas, ele se deu conta de que seu francês não estava à altura da tarefa. Assim, *Le Matelot* passou a ser *O marinheiro*,[5] e também foi o português o idioma usado em *A morte do príncipe*, *Diálogo no jardim do palácio* e em alguns outros dramas estáticos.

Enquanto trabalhava em todas essas peças em diferentes estilos e idiomas, Pessoa continuava a gerar novas ideias para contos, muitos dos quais foram parcialmente escritos e nenhum dos quais chegou a ser concluído. Sua dispersão tampouco se limitava ao campo da literatura criativa. Sá-Carneiro escreveu — e publicou — poemas, peças, contos e um romance. Pessoa, além de escrever em todos esses gêneros, também redigia ensaios, artigos e panfletos sobre história, política, religião, filosofia e o que mais tarde viria a ser conhecido como estudos culturais. Sá-Carneiro era psicologicamente disperso. O eu de Pessoa também estava espalhado pelo tempo e pelo mundo e, em particular, por Portugal — seu povo e sua língua, seu passado e seu futuro, sua realidade geográfica e seu significado simbólico, temas que não despertavam nenhum interesse para seu amigo apaixonado por Paris.

Pessoa era um tipo incomum de patriota. Seria possível dizer que, na verdade, o país de seu nascimento se tornou mais um de seus alter egos, uma extensão de si mesmo. Como que para abrir espaço e um cenário digno para o Super-Camões, ele defendia uma versão mais grandiosa do Portugal que existia de fato. Na década de 1910, projetos de livros como *Extent and Causes of Portuguese Decay*, iniciados por Pessoa ainda na época da monarquia, deram lugar a tratamentos mais panorâmicos do país. *All About Portugal* [Tudo sobre Portugal] era o título de um compêndio que deveria ter capítulos sobre tudo, desde a pré-história, a topografia e a agricultura nacionais até sua arte, música, filosofia e ciência — em inglês, para promover o país junto ao resto do mundo. Concebida em 1914 ou 1915, essa obra apareceu de forma constante nos planos de publicação de Pessoa até a década de 1920, mas ele escreveu pouca coisa além de seu impressionante sumário.[6] Igualmente ansioso para promover Portugal entre seus compatriotas, Pessoa já havia planejado uma espécie de compêndio idêntico para consumo interno, um *Manual do português*, com capítulos sobre todos os assuntos de que um bom cidadão deveria estar informado.[7]

Se a promoção da consciência e da valorização da cultura portuguesa seria útil para aumentar a autoestima nacional, Pessoa estava mais preocupado em revigorar e expandir essa cultura. Ocorreu-lhe que a experiência de outra nação da periferia ocidental da Europa, a Irlanda, talvez pudesse servir de modelo, e por isso, em 1913, ele esboçou uma carta para William Butler Yeats pedindo detalhes sobre o "movimento irlandês na poesia e no teatro modernos".

Àquela altura, a Renascença Literária Irlandesa era notícia velha na Irlanda, mas era o tipo de informação que demorava a chegar a Portugal, se é que chegava, e Pessoa só a descobriu graças à leitura de jornais e periódicos britânicos.[8] Yeats desempenhara um papel importante nesse movimento, e a Renascença, por sua vez, havia sido uma grande força a moldar sua obra inicial. Em 1888, quando tinha apenas 23 anos, publicara uma antologia de vários autores, *Fairy and Folk Tales of the Irish Peasantry* [Contos de fada e folclóricos do campesinato irlandês]; cinco anos depois foi a vez de uma coleção de esquetes e contos narrados em sua própria voz, *The Celtic Twilight* [O crepúsculo celta], cujo título tornou-se outro nome para a Renascença. Uma das maiores realizações desse movimento foi no teatro, cujo florescimento deveu muito a Yeats, cofundador do efêmero Teatro Literário Irlandês de Dublin e do ainda ativo Abbey Theatre. O próprio Yeats escreveu várias peças para o Abbey, assim como seu amigo John M. Synge (1871-1909), o mais talentoso dramaturgo da Renascença Irlandesa, e também o mais polêmico, já que se recusava a idealizar a vida e os costumes da Irlanda rural. Fernando Pessoa adquiriu uma edição de três peças de Synge e traduziu parte de *Riders to the Sea* [Cavaleiros ao mar] para o português, provavelmente em 1913.[9] Nesse mesmo ano, comprou uma seleção de poemas de Yeats na Livraria Inglesa de Lisboa.[10]

Pessoa não terminou a carta para Yeats e deixou de explicar, nos parágrafos que escreveu, por que pensava que o movimento irlandês era importante para o "futuro literário e extraliterário da Europa", mas na última frase do rascunho que foi preservado ele observa enigmaticamente que o período mais glorioso da vida de um país é "quando o momento civilizacional requer uma criação que seja a melhor que possa ser realizada por aquela nação". Essa linguagem lembra seus artigos de 1912 sobre "A nova poesia portuguesa" e dá a entender que ele pensava que a Irlanda, como Portugal, estava no limiar de seu período mais resplandecente. Isso tornaria a Renascença Irlandesa análoga ao movimento saudosista liderado por Teixeira de Pascoaes e mencionado por Pessoa nos mesmos artigos de 1912 como uma fase preparatória para o advento do Grande Poeta, cujo nome ainda não revelado era Fernando Pessoa. Yeats, com um fervor patriótico que se entrelaçava em sua obra, surgira como o poeta mais importante da Irlanda, e talvez Pessoa o visse como o equivalente irlandês daquilo que ele próprio esperava ser — o Super-Camões — no contexto português.

Essa analogia teria sido especialmente instigante para o poeta português, uma vez que Yeats nascera sob o signo de Gêmeos, em 13 de junho, exatos 23 anos antes de ele mesmo vir ao mundo. Coincidências desse tipo despertavam agora muito mais interesse da parte de Pessoa, cada vez mais irresistivelmente atraído pela astrologia. Em 1909, enquanto se preparava para apostar toda a sua herança na Empreza Ibis, encomendara mapas astrais e leituras detalhadas de três astrólogos em atividade no Reino Unido. Um deles advertiu que dezembro de 1909 e janeiro de 1910 seriam "infelizes para as questões financeiras",[11] o que se mostrou dolorosamente verdadeiro, pois foi então que o empresário novato se endividou de forma irreversível. No segundo semestre de 1913, Pessoa mandou pedir uma minileitura gratuita de um astrólogo radicado em Paris, em 1914 adquiriu alguns manuais de astrologia e, em 1915, elaborou seus primeiros mapas astrais, inclusive o de Yeats.[12]

A essa altura a Renascença Irlandesa deixara de ser objeto da curiosidade de Pessoa para se tornar um alvo de ridicularização. Em 1914 ou 1915, ele escreveu um texto em inglês que distinguia de forma minuciosa o espírito nacionalista da "Idade de Ouro da literatura portuguesa", que supostamente estava apenas começando — com ele e Sá-Carneiro à frente —, da "estreiteza dos movimentos regionalistas" como "a 'Renascença Celta' ou qualquer tolice de fadas de Yeats".[13] O virulento *Ultimatum* de Pessoa, escrito sob o nome de Álvaro de Campos e publicado em 1917, seria mais uma pancada em "Yeats da céltica bruma à roda de poste sem indicações". Pessoa preferia o retrato realista e não romântico da Irlanda pintado por Synge, e, na década de 1920, compraria uma seleção maior de suas peças, que incluía *O playboy do mundo ocidental*, cuja estreia no Abbey Theatre, em 1907, gerara um tumulto entre os nacionalistas, para quem a peça maculava a imagem da Irlanda.

Apesar de seu desprezo pelas "tolices de fadas", Pessoa estava bastante disposto a se entregar a doutrinas místicas e caminhos ocultos para o conhecimento que a maioria dos intelectuais considerava pura bobagem. Nisso, ele e Yeats eram iguais. Astrologia, magia, teosofia e escrita mediúnica eram como uma família de linguagens inter-relacionadas por meio das quais Yeats — e Pessoa, como veremos — se conectava com o mundo espiritual.

Pessoa vinha aos poucos se distanciando discretamente de Teixeira de Pascoaes e do movimento saudosista, e pelo mesmo erro que imputaria à Renascença Irlandesa: uma visão nacionalista demasiado nebulosa, idílica e, em última instância, regionalista, incapaz de cruzar a fronteira. "Não somos portugueses escrevendo para portugueses [...]. Somos portugueses escrevendo para a Europa, para toda a civilização." Foi o que Pessoa proclamou em seu texto de divulgação da "Idade de Ouro da literatura portuguesa", que ainda não existia, mas que esperava inaugurar em breve com os amigos. Enquanto isso, mantinha relações cordiais com o grupo Renascença Portuguesa de Pascoaes e continuou a enviar textos para *A Águia*, em cuja edição de agosto de 1913 publicou sua primeira obra de prosa criativa, "Na floresta do alheamento". O texto ocupava cinco páginas inteiras da edição, com linguagem onírica sobre uma paisagem de outro mundo, e foi identificado como um trecho do *Livro do desassossego*, "em preparação". Quanto mais o autor preparava o livro, mais sua conclusão se tornava improvável. No entanto, através de todas as suas fases, seus meandros e desvios, o *Livro do desassossego* nunca deixou de ser um experimento de como um homem pode ser psicológica e afetivamente autossuficiente, vivendo apenas de seus sonhos e sua imaginação. Tratava-se de uma versão extremada e monomaníaca do próprio modo de vida essencialmente *imaginativo* de Pessoa.

O narrador de "Na floresta do alheamento" interage vagamente com uma misteriosa mulher que caminha ao seu lado pela exuberante floresta irreal, mas, em vez de estremecer diante da ideia de qualquer contato sexual com ela, como acontece com as figuras femininas em "Nossa Senhora do Silêncio" e outros trechos iniciais do *Livro do desassossego*, aqui ele pelo menos rumina sobre a possibilidade do amor físico: "Dávamo-nos as mãos e os nossos olhares perguntavam-se o que seria o ser sensual e o querer realizar em carne a ilusão do amor". Mas esse "nós" é ambíguo. A misteriosa fêmea deriva exclusivamente da alma do narrador, que explica que se tornou "duplo de ser eu e essa mulher".

Dois eus em um, masculino e feminino: o narrador de Pessoa personifica a tensão entre a realidade e a ilusão da floresta sonhada, do amor e da vida em geral. Ele, ou ele-ela, resume o não drama langoroso da existência do eu convertido em outrem ao observar que "éramos nós obscuramente dois, nenhum de nós sabendo bem se o outro não era ele próprio, se o incerto outro viveria". De maneira bastante significativa, Sá-Carneiro tomou emprestadas essas palavras para a epígrafe de seu romance *A confissão de Lúcio*, no qual a paixão do protagonista por um amigo chamado Ricardo é expressa eroticamente através do caso que ele mantém com a esposa de Ricardo, Marta, que não tem caráter próprio — ela é descrita no penúltimo capítulo como uma extensão de Ricardo, uma materialização de sua alma "sexualizada". Possuída sexualmente por ambos os amigos, Marta é a intermediária por meio da qual eles consumam seu amor.

Levando em conta como os escritos de Pessoa e Sá-Carneiro dessa época se acariciavam, se possuíam e tomavam emprestado uns dos outros, poderíamos dizer que a literatura era a Marta através da qual experimentavam uma espécie de consumação.

Sá-Carneiro, que publicou seu romance e sua primeira coletânea de poesia em novembro de 1913,[14] dependia total e despreocupadamente de seu pai para todas as suas necessidades e desejos materiais: ternos elegantes, manicure, ingressos de teatro, revistas e livros franceses, e a composição e impressão de seus livros. Pessoa não contava com um benfeitor assim. Além das tias, a quem devia muito, outros parentes estavam dispostos a lhe fazer empréstimos menores, mas todos achavam que ele deveria reembolsar o que devia. Inteligente, saudável, bem qualificado e sem dependentes, não tinha desculpa para não ser capaz de se sustentar. Em 15 de novembro, ele fez um novo cálculo de sua "Situação Financeira", que listava cerca de sessenta dívidas de valores bem variados. Mais tarde, riscou algumas das pequenas quantias devidas — ao barbeiro, a um chapeleiro, a uma livraria — e um dos montantes maiores, um empréstimo de um amigo de café, ao lado de cujo nome apagado ele escreveu, em inglês: "Ele morreu".[15] Era o segundo cálculo geral de sua dívida naquele ano. Embora não tivesse receio de deixar os credores à espera até que perdessem a esperança de serem reembolsados ou morressem, Pessoa mantinha registros escrupulosos. O mesmo fazia o banco, claro, e os atrasos nos pagamentos de seus empréstimos não eram tolerados.

Por meio de anúncios de classificados e do boca a boca, Pessoa encontrou trabalhos ocasionais de tradução para complementar a renda que ganhava escrevendo cartas em inglês e francês para meia dúzia de firmas comerciais. Outras ideias sobre como ganhar dinheiro com regularidade lhe ocorreram, mas eram em geral impraticáveis, e, mesmo quando ele fazia o possível para concretizar uma iniciativa interessante, alguma coisa sempre dava errado. A desventura de sua compilação bilíngue de trezentos provérbios é um exemplo típico. Depois de ver um livro de provérbios espanhóis traduzido para o inglês que fazia parte de uma série de "National Proverbs", ele escreveu para a editora londrina em 26 de setembro de 1913 perguntando se haveria interesse em um volume de provérbios portugueses. A resposta foi positiva, e Pessoa concordou com a proposta de remuneração de cinco guinéus (o equivalente a cerca de quinhentas libras hoje), a serem pagos no momento da publicação. No segundo trimestre de 1914, ele enviou o manuscrito completo, que foi prontamente aprovado, e as provas tipográficas estariam disponíveis em breve. Mas em julho estourou a Grande Guerra, fazendo com que o projeto fosse adiado indefinidamente.

O último dos trezentos provérbios que seriam publicados era o preferido de Pessoa: "Deus escreve certo por linhas tortas". Embora estivesse longe de ter certeza a respeito da existência de Deus, Pessoa tinha fé nos caminhos tortuosos e indiretos do Destino.[16]

29.

Ao mesmo tempo que Pessoa, em Lisboa, fazia o controle de suas dívidas, angariava novos empréstimos e dedicava uma quantidade significativa de energia a esquemas e trabalhos ocasionais que lhe rendiam pouco dinheiro, o poeta Konstantinos Kaváfis, que vivia em Alexandria, no Egito, passava algumas horas todas as manhãs trabalhando para o Serviço de Irrigação — onde geralmente chegava atrasado — e tinha o resto do dia livre para ler, escrever e outros prazeres. Por que Pessoa não poderia, como o poeta grego, ter um emprego de meio período, o que lhe teria poupado muito tempo e estresse?

Em 2008, um cineasta grego fez um documentário ousado e imaginativo intitulado *A noite em que Fernando Pessoa encontrou Konstantinos Kaváfis*.[1] A parte imaginária do filme é o encontro entre os dois escritores, que quase certamente nunca ouviram falar um do outro. Mas os paralelos notáveis entre a vida e a carreira de ambos tornam possível argumentar que eram almas gêmeas que praticamente coincidiam no mundo da literatura. Embora estivessem enraizadas com firmeza na tradição literária europeia, as obras de ambos foram escritas à margem, em termos tanto linguísticos como geográficos. Kaváfis, que nasceu na comunidade grega de Alexandria em 1863 e morreu naquela cidade em 1933, viveu na Inglaterra entre os nove e os catorze anos, uma experiência que moldou de forma profunda seu intelecto e seus gostos literários. Assim como Pessoa, conhecia bem Shakespeare e os românticos anglófonos, escreveu seus primeiros poemas em inglês, leu e foi influenciado por Oscar Wilde. Ele e Pessoa aprenderam um pouco de técnica poética com os monólogos dramáticos de Robert Browning, e ambos trouxeram a história para a própria poesia, embora de maneiras muito diferentes. Nenhum dos dois teve pressa em publicar, e ambos alcançaram grande fama apenas depois de mortos.

A orientação sexual pode ser vista como mais um ponto de proximidade entre ambos os escritores, mas também de separação. Embora não fosse um homossexual praticante como Kaváfis, Pessoa reconhecia em si mesmo "uma inversão sexual fruste". A maneira como a sexualidade atuou na vida e nos escritos deles explica em parte por que suas obras poéticas, apesar das semelhanças na formação literária, são fundamentalmente diferentes.

O desinibido Kaváfis pagava vendedores ambulantes, entregadores e outros rapazes para ter sexo (ele morava convenientemente em cima de um bordel masculino) e, depois, como um joalheiro, incrustava suas aventuras de uma única noite em versos simples, elegantes e evocativos que as faziam se destacar como diamantes solitários impressionantes e memorialísticos. Mas os poemas sobre a beleza masculina e encontros com rapazes de forma alguma são predominantes em seu trabalho. Ele escreveu vários outros poemas, inclusive seus melhores, a partir da própria história, em cujos anais inseriu muitas vezes protagonistas ficcionais. Um tipo de poema de Kaváfis era, em seu método, exatamente o oposto do outro: ou dotava uma experiência pessoal (como uma conquista bem-sucedida ou uma cena observada) de uma aura histórica, ou personalizava e dramatizava a história, trazendo-a maravilhosamente para perto de nós. E alguns de seus poemas eram reflexões ou comentários filosóficos, como o famoso "À espera dos bárbaros", em que os líderes e cidadãos de uma nação decadente se encolhem e não fazem nada, já que os invasores tornarão todas as ações inúteis. A menos que, é claro, não haja bárbaros, e nesse caso a tragédia é ainda maior, pois, como se observa no último verso do poema, eles eram "uma espécie de solução", uma justificativa para não fazer nada.

"À espera dos bárbaros" resume a atitude decadentista que permeia a maior parte da poesia de Kaváfis, na qual não há progresso, nenhuma esperança ou pretensão de amor e nenhuma redenção. Se os bárbaros, ou a doença e a morte, vão chegar amanhã, existe melhor maneira de passar a noite do que em êxtase sensual ou com memórias felizes? Um poema de quatro versos escrito em 1917 e intitulado "Prazer", embora de estatura menor, é instrutivo:

Alegria e bálsamo da minha vida, recordar as horas
em que achei e retive o prazer como o queria,
Alegria e bálsamo da minha vida, ter rejeitado
*todo o prazer de amores rotineiros.**

Podemos duvidar que casos de amor sejam mais rotineiros do que aventuras sexuais noturnas em série, mas a palavra interessante nesses versos para a compreensão da técnica poética de Kaváfis é a ambivalente "retive", que se refere ao momento de posse física ou visual, mas também à apreensão e à preservação daquele momento na poesia. Kaváfis sensualizou a definição de poesia de Wordsworth como "emoção recolhida em tranquilidade". Sua vida cotidiana era repleta de rotinas, a começar pelo emprego público de meio expediente, perfeito para promover a tranquilidade de que precisava para transformar experiências sexuais e outras (sobretudo suas "experiências" de segunda mão da história antiga) em poemas memoráveis.

A fórmula wordsworthiana — particularmente na adaptação feita por Kaváfis — não era muito útil para Pessoa, que estava sempre intranquilo, inquieto, desassossegado. Há muito *sentimento* autobiográfico em sua poesia, que registra com frequência sua vida contemplativa e imaginativa, mas ele raramente escrevia poemas baseados em experiências reais ou vicárias e quase não tinha experiências sensuais em que se basear. Acabaria tentando ter um caso de amor com uma mulher, mas que nunca se consumou, e tampouco se envolveu em sexo casual. Sobre sua confessada "inversão sexual fruste", ele explicou:

> Para no espírito. Sempre, porém, nos momentos de meditação sobre mim, me inquietou, não tive nunca a certeza, nem a tenho ainda, de que essa disposição do temperamento não pudesse um dia descer-me ao corpo. Não digo que praticasse então a sexualidade correspondente a esse impulso, mas bastava o desejo para me humilhar. Somos vários desta espécie pela história abaixo — pela história artística sobretudo.

E cita então Shakespeare como um exemplo ilustre de "inversão".[2]

* Konstantinos Kaváfis, *145 poemas*, trad. Manuel Resende (Lisboa: Flop, 2017), p. 135. (N. T.)

Pessoa dava como certo que Shakespeare era homossexual, com base na famosa sequência de sonetos que ele dirigiu a um "belo jovem". Curiosamente, nunca levou em conta a possibilidade de que essa sequência pudesse não ser autobiográfica. E, de modo ainda mais curioso, postulou uma conexão direta entre a inventividade dramática de Shakespeare e sua suposta homossexualidade. Num ensaio inacabado de 1913, escreveu: "nem podemos separar na personalidade de Shakespeare a intuição dramática de, por ex., a inversão sexual".[3] O que essa afirmação de fato significa, tendo em vista que o poeta português se comparava sistematicamente ao dramaturgo inglês ao retratá-lo à sua imagem, é que a intuição e a inversão citadas eram indissociáveis na personalidade de Fernando Pessoa.

Ele elucidou a natureza de sua "inversão sexual fruste" ao afirmar: "sou um temperamento feminino com uma inteligência masculina". E explicou que "sempre gostei de ser amado, e nunca de amar"; magoava-o "sempre o ser obrigado, por um dever de vulgar reciprocidade — uma lealdade do espírito —, a corresponder". E complementou: "Agradava-me a passividade". O que quer que possamos pensar sobre a classificação que fazia da inteligência e da sensibilidade humanas em tipos masculinos e femininos, ele era de fato passivo por natureza em matéria de amor. Não era um sedutor, não estava interessado em cativar ou conquistar ativamente. Recusando-se a "corresponder", deixava sua atenção vagar de um objeto de atração agradável a outro. Não fazia concessões; tudo era para ele e seu prazer, ou revertido para ele, e esse "ele" não tinha limites.

Em Pessoa, a inversão sexual assumia a forma de uma imensa expansão de si mesmo, encenada com brio nas dezenas de alter egos masculinos, e mais discretamente no modo como se desdobrava, em termos intelectuais e espirituais, em diversas direções. Tinha uma inteligência "masculina" inclinada a se tornar dominante em debates literários ou políticos, ou em suas tentativas de melhorar as obras de escritores famosos ou não tão famosos, mas sua sensibilidade acentuadamente "feminina" o tornava ao mesmo tempo receptivo a todos os estímulos. Era disperso, infinitamente dividido, sempre seduzido por novas ideias, novos projetos, novas possibilidades. Essa autodispersão teve consequências não só para sua literatura, mas também para sua vida de cidadão lisboeta. Incapaz de suportar um emprego com horários fixos, mesmo em meio período, comparecia aos escritórios de seus diversos clientes sem hora definida e, em determinados dias, nem sequer aparecia. Seu método errático de cuidar do trabalho remunerado imitava a maneira como procedia no trabalho criativo, divagando de poema em poema, de história em história, de ensaio em ensaio e de um gênero a outro, às vezes na mesma folha de papel.

Trabalhando com calma e cuidado ao longo de toda a vida, Kaváfis produziu um conjunto pequeno de poemas de feitura delicada, muitos deles joias perfeitas. É notável como Pessoa, sem nenhuma calma, escrevendo convulsivamente, foi capaz de produzir um conjunto muito maior de uma poesia excepcional — além de peças, ensaios críticos, prosa criativa e ficção. A esse último gênero pertence uma série de "contos intelectuais", alguns dos quais foram atribuídos a Pero Botelho, que surgiu discretamente em 1912 ou 1913.[4] No rascunho de uma carta fictícia com suas iniciais, esse heterônimo obscuro e mal definido confessou que era indiferente ao desejo sexual, mas admitia sua existência em sua alma. Em outro lugar dos papéis de Pessoa, há uma anotação enigmática em inglês sobre Botelho que afirma: "sexualidade em tudo (elemento sexual no gênio)".[5] Ou talvez esse comentário não seja tão enigmático. Direta e indiretamente, Pessoa reconheceu muitas vezes que o impulso sexual pulsava em seu intelecto e em sua imaginação, mesmo quando — e principalmente quando — não pulsava em seu corpo.

Pouco importa que nenhum dos contos "intelectuais" de Pero Botelho tenha sido concluído, uma vez que seus enredos são tão insubstanciais quanto seu autor imaginário. Assim como os dramas estáticos de Pessoa, eles contêm pouca ou nenhuma ação e consistem em sua maior parte em diálogos nos quais dois ou mais personagens esboçados discutem questões filosóficas e religiosas. Alguns são exercícios sobre até onde a lógica pode ir. O protagonista de "O eremita da serra Negra", um lógico incisivo que desistiu de uma promissora carreira literária e se retirou da sociedade, é capaz de desfiar argumentos para justificar incesto, roubo e assassinato, mas pode também defender com a mesma facilidade uma posição oposta. Nenhum fato se sustenta contra seu poder de raciocínio. No entanto, como "a única certeza é que não há certeza", o eremita questiona a própria razão e recomenda com entusiasmo a religiosidade, mesmo na ausência de fé: "Se puderes, reza a Deus. Não é preciso acreditar nele para isso. Basta que saibas rezar". Assim como o eremita, Fernando Pessoa adorava discutir, mas cultivava, ao mesmo tempo, uma sensibilidade religiosa, pois tinha consciência do poder da razão para avançar em qualquer direção, ir a todo lugar sem ir a lugar nenhum. Ao contrário do eremita, Pessoa conseguia fazer parte da vida literária de Lisboa e, ao mesmo tempo, exilar-se dela, em plena cidade, e se manter distante em termos mentais e intelectuais.

O ceticismo e a religiosidade estavam simbioticamente ligados em Pessoa desde pelo menos 1907, quando criou o heterônimo frei Maurice, que questionava a existência de Deus sem abandonar sua vocação católica. Em 1913, entre os personagens racionalistas atribuídos a Pero Botelho havia não apenas o eremita da serra Negra, mas também um prior de uma vila costeira chamada Buarcos, um padre jesuíta e um profeta judeu. Porém o raciocinador mais impressionante de Botelho era um detetive chamado dr. Abílio Quaresma, sucessor português do ex-sargento William Byng, encarregado de alguns dos casos das histórias policiais que Pessoa começou a escrever em inglês quando adolescente. Abílio Quaresma era um personagem mais complexo do que Byng e um investigador muito mais competente. Nossa primeira reação é compará-lo a Sherlock Holmes, mas, na verdade, tinha mais em comum com Martin Hewitt, o detetive recluso e de modos suaves inventado por Arthur Morrison, um contemporâneos de Conan Doyle cujas histórias Pessoa planejou traduzir para a Ibis. Embora nunca tivesse exercido a profissão, Quaresma era formado em medicina, e seus estudos nessa área se mostraram úteis, já que suas deduções se baseavam muitas vezes em considerações psiquiátricas.

Pero Botelho desapareceu rapidamente dos manuscritos e do imaginário de Fernando Pessoa, mas o dr. Quaresma foi ficando mais ativo com o passar dos anos. "Ativo" é maneira de dizer, considerando que o detetive pouco saía de seu quarto alugado, na rua dos Fanqueiros, no centro de Lisboa, onde passava o tempo resolvendo charadas e quebra-cabeças quando não estava aplicando seu formidável poder de raciocínio aos casos criminais. Era solteiro, alcoólatra e fumava charutos baratos. Seu quarto era uma bagunça irremediável, e ele próprio tinha uma aparência desgrenhada e a saúde debilitada. Morreu em 1930, aos 62 anos,[6] segundo algumas anotações para um prefácio às histórias de Quaresma, em que Pessoa continuou a trabalhar até a morte, cinco anos depois. Há mais de uma dezena desses contos, além de um romance, reunidos e publicados em um volume que se estende por bem mais de quatrocentas páginas.[7] No entanto, nenhuma das histórias nem o romance foram concluídos. Pessoa, como sempre, teve pouca paciência para pintar cenas, desenvolver enredos e criar suspense — as histórias se concentram quase inteiramente nos processos lógicos e psicológicos de detecção.

* * *

A ficção policial — o tipo de leitura leve preferido por Pessoa — era um gênero em rápida expansão no início do século xx, que foi também o apogeu dos detetives literários empenhados em descobrir quem de fato escreveu as peças de William Shakespeare. Pessoa acompanhou com toda a atenção o debate e escreveu algumas centenas de páginas discutindo as provas apresentadas a favor e contra os vários candidatos, um dos quais era, naturalmente, um ator nascido em Stratford-upon--Avon e chamado William Shakespeare. Nenhum de seus contemporâneos tinha dúvidas de que ele era o autor de *Hamlet*, *Henrique V*, *Otelo* e *A tempestade*. A questão da autoria só surgiu em meados do século xix, como uma consequência lógica da canonização e quase-deificação de Shakespeare. Como era possível, perguntaram alguns, que o filho de um luveiro com educação formal limitada pudesse produzir um conjunto espantoso de peças, tão rico em vocabulário jurídico e outros jargões e que demonstrasse tamanha familiaridade com a vida na corte inglesa?

Foi em 1912 que Pessoa se aferrou à questão da autoria como um cão que encontra um osso delicioso, e se engalfinhou com ela por vários anos.[8] Hoje em dia, o postulante mais popular ao Shakespeare histórico pela autoria de suas peças é Edward de Vere, o 17º conde de Oxford, cuja candidatura foi endossada por Sigmund Freud, mas antes de 1920 Francis Bacon era o gênio-dramaturgo-escondido preferido entre os "antistratfordianos". Bacon, desenvolvedor do método científico e ensaísta brilhante sobre diversos assuntos, foi um contemporâneo quase exato de Shakespeare. Em 1913, Pessoa elaborou uma bibliografia de mais de vinte livros e artigos sob o título "Questão Shakespeare-Bacon". Esses títulos acrescentavam-se aos quinze livros sobre o assunto que ele comprou e leu com atenção, sublinhando as passagens principais e fazendo anotações nas margens. Quase todos — inclusive *Is Shakespeare Dead?* [Shakespeare está morto?], de Mark Twain — eram em inglês, e nenhum em português.[9]

O desconhecimento sobre a controvérsia em seu país motivou Pessoa a escrever um panfleto, "William Shakespeare, pseudônimo", que educaria seus compatriotas a respeito. Ou os enganaria? As cinco páginas densamente datilografadas para seu estudo introdutório explicam por que Shakespeare não poderia ter escrito as obras atribuídas a ele e por que Bacon bem poderia ser seu autor. A justificativa mais curiosa é sexual. Pessoa argumentava que o ator de Stratford, que teve três filhos com Anne Hathaway, filha de um fazendeiro, era heterossexual, enquanto o autor dos sonetos e das peças "shakespearianas" era manifestamente homossexual — assim como Bacon, segundo alguns indícios duvidosos encontrados em um dos livros que Pessoa tinha em seu acervo.[10]

Pessoa logo mudou o título de seu panfleto em andamento para "O mito de William Shakespeare",[11] mas o abandonou por volta de 1916. Entre 1913 e 1916, escreveu também mais de cem páginas sobre o assunto em inglês. Então seu interesse diminuiu, mas nunca morreu, e por volta de 1930 ele planejou transformar o panfleto adormecido em uma obra longa, *Shakespeare: Estudo de detecção superior*, a ser publicado em inglês e português. O ângulo detetivesco anunciado no título do livro era reforçado pela identidade de seu autor fictício, ninguém menos que "o extinto dr. Abílio Quaresma".

Pessoa divertia-se em ser um investigador de uma história policial embutida na realidade histórica, mas nunca duvidou realmente de que Shakespeare fosse Shakespeare, apesar da posição antistratfordiana adotada de forma provocativa na primeira parte de seu panfleto inacabado. Uma rápida olhada nos escritos de Bacon, de De Vere ou de qualquer outro autor que tenha sido aventado revela logo o absurdo da hipótese, uma vez que nenhum deles escreve como Shakespeare. Pessoa, no entanto, não podia abandonar por completo a ideia de que o maior autor da língua inglesa tivesse conseguido esconder sua verdadeira identidade.

O conceito de autoria invisível encantava Pessoa desde a infância, quando seu hábito de escrever sob nomes falsos era uma forma de brincar — uma variação do jogo de fingir ser outra pessoa. O motivo de continuar fingindo à medida que envelhecia é mais difícil de entender. Por volta dos dezoito anos, quando assinava a maior parte de sua poesia e muitos de seus textos em prosa como Charles Robert Anon ou Alexander Search, ele escreveu sobre a hipótese de autoria oculta que sempre achou "extremamente interessante":

> Considerei o caso de um homem se tornar imortal sob um pseudônimo, seu nome real escondido e desconhecido. Tal homem, pensando bem, não se consideraria realmente imortal, mas um desconhecido a ser imortal de fato. E, no entanto, o que é o nome, ele consideraria; nada. O que então, eu disse a mim mesmo, é a imortalidade na arte, na poesia, em qualquer coisa?[12]

A conclusão parece ser que o nome não importa; a imortalidade *pessoal* é uma ilusão. A obra em si é o que conta e o que perdura. Homero pode não ter existido, mas a *Ilíada* e a *Odisseia* são pedras angulares da literatura ocidental. Do homem Shakespeare não sabemos quase nada, mas *Romeu e Julieta*, *Sonho de uma noite de verão* e os sonetos dedicados ao misterioso W. H. são conhecidos e amados por milhões de pessoas.

A autoria pseudônima enfatiza o status elevado da própria literatura, independente de quem a escreva. Os pseudônimos mais complexos que Pessoa chamou de heterônimos serviram simultaneamente, e de modo um tanto paradoxal, para manter a literatura ligada à terra, dando-lhe um contexto *vivo*, lembrando desse modo suas origens humanas.

Se por acaso também serviam para lembrar seu etéreo criador de sua própria humanidade, os heterônimos representavam formas um tanto excêntricas da espécie humana. Pensemos em Alexander Search, sempre flertando com a insanidade, ou Jean Seul, patologicamente obcecado por sexo e moralidade. Em 1913, Pessoa criou seu alter ego mais peculiar: Frederick Wyatt, um morador de Lisboa, mas de ascendência britânica e linhagem presumivelmente nobre, visto que a certa altura é chamado de *lorde* Frederick Wyatt. Um prefácio destinado à reunião de sua poesia o descreve como um sonhador incorrigível com uma mente brilhante, mas nenhum talento para organizar de forma coerente suas ideias e teorias metafísicas. Era inconsistente em suas opiniões, bem como em seu comportamento, que alternava entre passividade tímida e autoafirmação imprudente. Muito míope e sempre de sobrecasaca, provocava risadas ao dar seus habituais passeios pela Calçada da Estrela. A menção a essa rua, onde o próprio Pessoa residiu com os pais em 1906-7, sugere que Wyatt era uma autoparódia. O jovem Pessoa, lisboeta de formação britânica, era igualmente tímido, mas autoafirmativo, também incapaz de domar os pensamentos que corriam em todas as direções, e, ainda que nunca usasse sobrecasaca, pelo menos tentava imaginar-se como um dândi.

Embora fosse uma criatura solitária, Frederick tinha um bom número de parentes. O Arquivo Pessoa contém as assinaturas de um reverendo Walter Wyatt, de Sandringham, na Inglaterra, um monsieur Alfred Wyatt, que morava em Paris, um Arthur C. Wyatt, um Charles, um Francis e um Stanley Wyatt. Pessoa, vários anos antes, havia até mesmo redigido uma carta completa, embora breve, dirigida a um Christopher Wyatt, avisando que lhe mandaria uma carta mais extensa dentro de alguns dias. A carta era datada de 1º de setembro de 1910 e assinada

"Atenciosamente, F. Nogueira Pessoa". E ele acrescentou um pós-escrito: "Dê um beijo em Baby por mim. Espero que ela esteja bem". É possível apresentar explicações psicológicas para o estranho hábito de Pessoa de escrever cartas para pessoas inexistentes, mas talvez fosse apenas sua maneira de rabiscar — por meio de palavras, em vez de desenhos.

A proliferação de Wyatts e a escrita de cartas que eles inspiraram nos lembram da epistolar família Search. Era como se todo um clã heterônimo tivesse reencarnado e os Wyatt substituíssem os Search, ideia corroborada pelo fato de Frederick Wyatt ter expropriado parte da produção poética de Alexander Search — 21 poemas, para ser exato, escritos entre 1904 e 1908.[13] Eles estão listados em um dos cadernos de Pessoa sob o título "Os poemas de Frederick Wyatt", sem nenhuma referência à sua origem (Search).

Pessoa não escreveu nenhuma obra nova para Wyatt, cuja única função prática era proporcionar um novo marco de referência crítico e biográfico para os poemas da juventude de Pessoa que talvez lhe tenham soado um pouco ingênuos quando vistos em retrospectiva, movidos demais pelo idealismo e desdenhosos demais da convenção. Em vez de reescrevê-los, ele justificou sua ingenuidade reelaborando o contexto fictício de tais poemas, tornando-os produtos do devaneio de Frederick Wyatt e de sua incapacidade de articular a contento seus pensamentos, conforme explicado no prefácio da obra de Wyatt. O texto nos informa também que o poeta distraído era "extraordinariamente ignorante da literatura inglesa moderna" e "nunca lera nada de Oscar Wilde, Bernard Shaw". De fato, os poemas de Search herdados por Wyatt foram escritos *antes* de Pessoa começar a ler com mais atenção os dois escritores irlandeses, e Wilde, como vimos, ajudou Pessoa a refinar e articular seu ponto de vista estético.

Pessoa estava tentando pôr sua casa poética em ordem e preparar-se para algo novo, sem saber ainda que forma isso assumiria. Mas sabia que faltava alguma coisa. Não era por não ter oportunidades suficientes que deixava de publicar seus poemas, pois a revista *A Águia* os teria divulgado de bom grado. Ele procrastinava porque achava que poderia fazer melhor. Apesar de ter previsto sua própria ascensão como o Grande Poeta de Portugal, e de ter escrito dezenas de poemas memoráveis em inglês e português, não fizera aquela passagem misteriosa em que o artista genial cria algo que supera o que se poderia considerar razoável e plausível que ele (ou ela) produzisse. Pessoa estava no topo do monte de conhecimento que acumulara, como uma águia se preparando para voar.

30.

Para Pessoa, seria um *annus mirabilis*, mas os primeiros meses de 1914 já pressagiavam uma catástrofe para Portugal e o resto da Europa. Os lisboetas não ficaram muito preocupados com a greve dos trens em janeiro, que levou a confrontos nas ruas e algumas mortes — os distúrbios em série haviam se tornado o novo normal —, mas a República portuguesa, agora em seu quarto ano, parecia cada vez mais frágil. Afonso Costa e os seus democráticos, o mais radical dos três partidos republicanos, conseguiram manter-se no poder ao longo de 1913, mas para tanto tiveram de não só sufocar outra revolta monarquista como também reprimir os republicanos insurgentes desencantados com os democráticos por não serem radicais o suficiente. As prisões estavam tão superlotadas com dissidentes políticos que os jornais britânicos, sempre prontos para criticar o Portugal pós-monárquico, lançaram uma campanha denunciando suas péssimas condições. A fim de punir com mais eficiência seus oponentes, os democráticos estabeleceram uma força policial semiclandestina chamada Formiga Branca, e logo criou-se uma segunda força do mesmo tipo, a Formiga Preta, que empunhava armas em nome de outra facção republicana. Pessoa deve ter ficado maravilhado com a triste coincidência: quando ele era pequeno, seu tio Cunha inventara histórias fantásticas sobre formigas, besouros e grilos guerreiros, e agora "formigas" armadas aterrorizavam as ruas de Lisboa.

A volatilidade política se espalhara pela maior parte do continente. Na vizinha Espanha, o assassinato de um primeiro-ministro liberal, em novembro de 1912, fragmentou ainda mais o sistema político, de modo que nenhum dos principais partidos conseguia obter maioria sozinho. Na França, governos se formavam e se dissolviam em rápida sucessão: somente em 1913, três primeiros-ministros renunciaram. A Grã-Bretanha era abalada por greves de trabalhadores, ativismo sufragista e a ameaça de violência armada na Irlanda envolvendo a questão do autogoverno autônomo. E a elite governante na Alemanha tentava ansiosamente conter a ascensão dos social-democratas de extrema esquerda, que haviam vencido as eleições para o Reichstag em 1912. Havia uma corrida armamentista incessante em andamento entre as principais potências da Europa, e até mesmo alguns países menores, especialmente nos Bálcãs, estavam tomando enormes somas de dinheiro emprestado para equipar seus exércitos com o que havia de melhor em armamentos modernos.

Mas embora seja fácil, em retrospectiva, apontar os muitos sinais de alerta da Primeira Guerra Mundial, não havia clima de expectativa, nenhuma consciência de que o equilíbrio de poder conhecido como Concerto da Europa era, na verdade, uma bomba prestes a explodir. A inquietação europeia, decorrente não apenas das rivalidades nacionais como também de uma classe trabalhadora mais fortalecida, era uma fonte de instabilidade e também um sinal de vitalidade, e as economias nacionais estavam prosperando. Portugal não era exceção. O setor de construção estava crescendo, e as receitas de exportação de cortiça e vinho aumentavam, assim como a demanda por produtos importados. Mas a industrialização continuava atrasada, e o balanço comercial só se deteriorava.

O estilo arrogante de governar de Afonso Costa e sua relutância em aceitar mudanças nas duras leis anticlericais haviam afastado os republicanos moderados, forçando-o a renunciar no final de janeiro de 1914. Isso só poderia ter agradado Pessoa, que detestava Costa, mas ele estava temporariamente distraído do drama nacional, pois a literatura ocupava naquele momento a maior parte de sua atenção. *Lusitânia*, a publicação majoritariamente sobre política para a qual esboçara planos em 1911, evoluíra para um projeto de revista mensal dedicada apenas à escrita criativa. Mário de Sá-Carneiro elaborou um cabeçalho e um sumário para o primeiro número, com publicação marcada para 1º de março de 1914.[1] Pessoa seria o redator-chefe, e Sá-Carneiro, Armando Côrtes-Rodrigues e Alfredo Guisado completariam a redação, mas a nova *Lusitânia*, tal como a antiga, foi por água abaixo antes mesmo de poder ser lançada. Por outro lado, em fevereiro, Pessoa enfim veio a público como poeta. Dois de seus poemas, inclusive "Pauis", foram publicados numa revista com o sugestivo título de "Impressões do crepúsculo".[2]

Tanto Sá-Carneiro como Alfredo Guisado eram entusiastas do "paulismo", mas o próprio Pessoa estava ficando cansado do langor decadente que saturava poemas como "Pauis", certos textos em prosa do *Livro do desassossego* e "dramas estáticos" como *O marinheiro*. Sobre a versão final dessa peça, publicada em 1915, ele se gabaria: "Não existe coisa mais remota na literatura. A melhor nebulosidade e sutileza de Maeterlinck é grosseira e carnal em comparação".[3] Tendo conseguido ser mais nebuloso do que Maeterlinck, mais etéreo do que Pascoaes e mais exótico do ponto de vista sintático e imagístico do que Sá-Carneiro, Pessoa desejava fazer outra coisa. Não mais vagaria nas águas estagnadas do pântano, e o drama estático, por sua própria definição, não tinha para onde ir (razão pela qual o próprio Maeterlinck logo abandonou o gênero). Há trechos maravilhosos de diálogos em outros dramas estáticos de Pessoa, como uma peça apropriadamente intitulada *Inércia* e a já mencionada *Salomé*, influenciada pela peça de Wilde de mesmo nome, mas nenhuma tem o poder dramático e mágico de *O marinheiro*, a única que ele conseguiu terminar.[4]

O marinheiro é uma demonstração brilhante de como usar os sonhos como tijolos para construir a realidade. Abrigadas em um castelo circular, três mulheres velam durante a noite o cadáver de uma quarta mulher, vestida de branco e deitada num caixão. Elas conversam com hesitação, sem saber para que serve sua conversa ou se suas palavras são representativas de algo real. A mulher morta representa o futuro delas, ou seu verdadeiro estado presente, ou talvez seja o Deus em que as pessoas deixaram de acreditar, ou o autor que esgotou seus recursos. Ou talvez ela não esteja morta, apenas dormindo, e as outras três sejam apenas a substância diáfana de seu sonho. Toda lógica, todo discurso e toda especulação revela-se circular, como o castelo. No meio da peça, porém, uma das veladoras começa a contar o sonho que teve com um marinheiro naufragado e preso numa ilha deserta, onde, sozinho, sofria ao lembrar a vida e as pessoas que conhecera. Em vez de sucumbir à saudade, ele passa seus dias evocando uma terra natal completamente nova e desconhecida, preenchendo-a pouco a pouco com ruas, situações e pessoas sonhadas. E tão vívido é esse passado construído apenas de sonhos que ele vem para substituir a vida que realmente viveu antes de naufragar.

Depois de contar sua estranha história, a mulher se pergunta se o marinheiro poderia, afinal, ser o único que é real, e a cena no castelo com ela e suas companheiras, apenas um de seus sonhos. Um sonho habita outro, a realidade se perdeu, e o círculo continua girando.

Pessoa tinha o hábito irritante, para estudiosos e biógrafos, de atribuir datas fictícias a algumas de suas obras, em função de uma narrativa ideal de sua vida e seu desenvolvimento literário. Quando publicou *O marinheiro*, em 1915, ele o datou de 11-12 de outubro de 1913, embora suas anotações e manuscritos ainda preservados sugiram que o rascunho inicial só foi concluído em janeiro ou fevereiro de 1914, e sabemos que foi muito revisado antes de ser impresso.[5] Mas Pessoa queria que seus futuros leitores e comentadores interpretassem seu drama estático como o prelúdio de um drama muito mais radical da alma, que começou a se desenrolar em março de 1914. *O marinheiro* termina com o canto de um galo e a primeira luz da manhã afugentando a noite dos sonhos. A nova manhã pertencia a outro tipo de sonho, que se destacava à luz do sol e tinha nome: Alberto Caeiro.

Vinte e um anos depois, em sua carta a um jovem crítico sobre as origens dos grandes heterônimos, Pessoa explicaria que Alberto Caeiro começou como uma brincadeira que pretendia fazer com Mário de Sá-Carneiro. A ideia era inventar "um poeta bucólico, de espécie complicada", e vesti-lo de alguns detalhes biográficos, para ver se conseguia enganar o amigo.

> Levei uns dias a elaborar o poeta, mas nada consegui. Num dia em que finalmente desistira — foi em 8 de março de 1914 — acerquei-me da uma cômoda alta, e, tomando um papel, comecei a escrever, de pé, como escrevo sempre que posso. E escrevi trinta e tantos poemas a fio, numa espécie de êxtase cuja natureza não conseguirei definir. Foi o dia triunfal da minha vida, e nunca poderei ter outro assim. Abri com um título, "O guardador de rebanhos". E o que se seguiu foi o aparecimento de alguém em mim, a quem dei desde logo o nome de Alberto Caeiro. Desculpe-me o absurdo da frase: aparecera em mim meu mestre.

Em 1936, um ano após a morte de Pessoa, essa carta foi publicada por seu destinatário, Adolfo Casais Monteiro, e nasceu o mito do Dia Triunfal. Nas décadas seguintes, quase ninguém duvidou da história da irrupção na alma de Pessoa de Alberto Caeiro, o "mestre", com uma torrente de poemas maravilhosos em 8 de março de 1914.

Somente no final do século xx, um exame minucioso dos arquivos de Pessoa revelou uma gênese literária bastante diferente.[6] O manuscrito mais antigo de Caeiro — uma grande folha de papel dobrada com cinco poemas de *O guardador de rebanhos* — é datado de 4 de março de 1914. Outra folha dobrada, de 7 de março, contém mais três poemas do mesmo ciclo. O nome de Alberto Caeiro está ausente desses dois manuscritos, e pode ter ocorrido a Pessoa somente alguns dias depois. Seguiram-se mais poemas, em manuscritos com e sem datas, e em meados de março Pessoa já havia escrito pelo menos metade dos 49 poemas de *O guardador de rebanhos*. Ele mitificou sua conquista, transformando o trabalho de dez dias ou duas semanas em apenas um dia-chave, 8 de março. Mas, seja qual for o período de tempo desse primeiro fluxo de poemas de Caeiro, foi um triunfo como Pessoa nunca experimentara — não pela quantidade de poemas escritos, mas pelo que diziam e como o diziam.

Eis alguns versos que lhe ocorreram em 4 de março, como um raio de sol cortando as nuvens da metafísica e atingindo-o bem nos olhos:

Porque o único sentido oculto das coisas
É elas não terem sentido oculto nenhum,
É mais estranho do que todas as estranhezas
E do que os sonhos de todos os poetas
E os pensamentos de todos os filósofos,
Que as coisas sejam realmente o que parecem ser
E não haja nada que compreender.

Sim, eis o que os meus sentidos aprenderam sozinhos: —
As coisas não têm significação: têm existência.
As coisas são o único sentido oculto das coisas.[7]

Versos como esses pareciam desacreditar fatalmente todas as teorias e explicações que Pessoa havia acumulado ao longo de muitos anos de estudo e leitura. Ver as coisas como são, afirma um poema de Caeiro escrito em 13 de março, exige "uma aprendizagem em desaprender", e se Caeiro ensinou alguma coisa a Pessoa foi a arte de desaprender, de ver como se fosse a primeira vez. Consideremos o sexto poema de *O guardador de rebanhos*, que engenhosamente se desvencilha do antigo debate sobre a existência de Deus:

Pensar em Deus é desobedecer a Deus,
Porque Deus quis que o não conhecêssemos,
Por isso se nos não mostrou...

Sejamos simples e calmos,
Como os regatos e as árvores,
E Deus amar-nos-á fazendo de nós
Belos como as árvores e os regatos,
E dar-nos-á verdor na sua primavera,
E um rio aonde ir ter quando acabemos!...
*E não nos dará mais nada, porque dar-nos mais seria tirar-no-nos.**

Se Deus existe ou não, de acordo com a lógica cristalina de Caeiro, é totalmente irrelevante para o objetivo da vida — ou seja, viver. Embora indiferente a Deus, é com santa devoção que Caeiro exalta as árvores, os regatos e toda a natureza, levando Pessoa a defini-lo a certa altura como "um são Francisco de Assis ateu".[8] Caeiro não era um verdadeiro ateu, muito menos um santo. Mas era uma religião, cujo primeiro e principal adepto foi Fernando Pessoa.

No *Livro do desassossego*, Pessoa afirmou que certos personagens fictícios eram mais reais para ele do que pessoas vivas.[9] Alberto Caeiro era exatamente um personagem desse tipo. Só nos anos seguintes Pessoa descreveria as feições físicas desse heterônimo — estatura média, mas curvada, cabelo entre louro e castanho, olhos azuis — e elaboraria um esboço biográfico: nasceu em Lisboa em 16 de abril de 1889, frequentou apenas o ensino primário, morou no campo com um tia idosa e morreu de tuberculose em 1915. Porém a voz e a personalidade do pastor de visão clara, que nunca realmente guardou rebanhos — "Mas é como se os guardasse", diz ele no início de *O guardador de rebanhos* —, já se destacavam nos

* O final deste último verso costumava ser transcrito como "dar-nos mais seria *tirar-nos mais*", porém as edições mais recentes (e críticas) corrigiram para "tirar-no-nos", no sentido de "tirar-nos de nós próprios". (N. T. e N. A.)

seus primeiros poemas, que não poderiam existir sem aquela voz, aquela personalidade e aquela visão, tão completamente distintas das de Fernando Pessoa.

Em carta enviada a João Gaspar Simões em 25 de fevereiro de 1933, Pessoa definiria *O guardador de rebanhos* como "o melhor que eu tenho feito", obra que ele "jamais poderia igualar, porque procede de um grau e tipo de inspiração [...] que excede o que eu racionalmente poderia gerar dentro de mim". Pessoa não escreveu essas palavras apenas por causa do mito que lhe sobreviveria — elas eram uma admissão de seu próprio estupor e sentimento de insuficiência. Em março de 1914, Alberto Caeiro, ao compor versos tão claros e naturais como a água que desce uma ladeira, foi nada menos do que uma revelação, algo que Pessoa jamais poderia compreender por completo. E assim, a história de seu Dia Triunfal não era tanto uma invenção, mas uma metáfora.

Pessoa, todavia, gostava de pregar peças, e Alberto Caeiro era o material perfeito para ceder às suas tendências travessas. No passado, Pessoa havia enviado cartas assinadas por Charles Robert Anon, Faustino Antunes e Alexander Search a jornais, editoras, firmas comerciais e até — no caso de Antunes, seu heterônimo psiquiatra — a indivíduos que conhecera pessoalmente em Durban. O surgimento de seu mais novo heterônimo, muito mais extraordinário, o encorajou a ir ainda mais longe. Com toda a seriedade, ele contou a alguns dos companheiros de café sobre um poeta inédito de nome Caeiro, que vivia na Galiza, do outro lado da fronteira norte de Portugal, e mostrou-lhes cópias de poemas de *O guardador de rebanhos* que lhe haviam chegado em mãos. Seus amigos literatos mais próximos — Sá-Carneiro, Côrtes-Rodrigues e Alfred Guisado — conheciam o segredo e juraram guardá-lo, mas Antônio Ferro e outros ouviram a farsa e engoliram direitinho.[10] Tão autêntica era a voz de Caeiro, e tão diferente da de Pessoa, que era fácil ser enganado.

A conversa com Ferro foi um teste inicial. A verdadeira ambição de Pessoa era enganar o mundo em geral, lançar Caeiro como um poeta independente enquanto permanecia nos bastidores, longe das vistas. Caeiro, um imortal literário, e ele próprio, um desconhecido: para Pessoa, esse seria o maior triunfo. Ele não poderia ter sonhado com algo assim para Alexander Search, que em termos psicológicos ou mesmo biográficos não era diferente de seu criador e cuja poesia era boa, mas não excepcional.

À medida que os poemas fluíam na voz incrivelmente clara e na linguagem simples de Caeiro, Pessoa começou também a escrever textos críticos em prosa para anunciar o novo prodígio literário. A poesia e a crítica ocupavam às vezes as mesmas folhas do manuscrito. No dia 13 de março, sentado à mesa de um café, Pessoa anotou a primeira versão do poema de Caeiro que começa com "O que vemos das coisas são as coisas". Depois de escrever oito versos, um crítico inglês tomou abruptamente a caneta de Pessoa e escreveu a seguinte frase incompleta: "Ao mesmo tempo uma precisão tão espantosa em constatar estados de gozo da natureza que é difícil...". Pessoa já estava juntando ideias para o prefácio das poesias completas de Caeiro em inglês. Thomas Crosse, como viria a ser chamado o heterônimo tradutor designado para a tarefa, nunca traduziu mais do que alguns versos, mas muitas páginas foram escritas para seu "Translator's Preface" [Prefácio do tradutor] e para artigos sobre Caeiro que Pessoa pretendia publicar em jornais britânicos.

Os planos para promover Caeiro eram grandiosos: traduções de sua poesia para o francês, além do inglês; artigos sobre ele e sua obra em publicações inglesas, como *T. P.'s Weekly* e *Athenaeum*, no *Mercure de France*, em publicações espanholas, italianas e alemãs, além de uma blitz na imprensa portuguesa. Pessoa pensou em pedir a alguns jornalistas que conhecia dos cafés de Lisboa que ajudassem a divulgar o novo poeta e contava com Sá-Carneiro para redigir um artigo aprofundado para *O Século*, o diário mais vendido de Portugal, com Alfredo Guisado para escrever para um jornal da Galiza, e com Côrtes-Rodrigues para noticiar Caeiro nos Açores. No fim, decidiu não incomodar os amigos, mas ele próprio elaborou um conjunto impressionante de materiais promocionais, inclusive uma entrevista com Caeiro que teria sido realizada na cidade portuária galega de Vigo por alguém que usava as iniciais "A. S.", que talvez fosse o heterônimo inglês Alexander Search. A entrevista, porém, era em português. Em determinado momento, o entrevistado aludiu ao seu "materialismo espontâneo", mas, quando questionado à queima-roupa se era materialista, Caeiro respondeu:

> Não, não sou nem materialista nem deísta nem coisa nenhuma. Sou um homem que um dia, ao abrir a janela, descobriu esta coisa importantíssima: que a Natureza existe. Verifiquei que as árvores, os rios, as pedras são coisas que verdadeiramente existem. Nunca ninguém tinha pensado nisto.

Caeiro pensava em muitas coisas. Ou melhor, havia muito pensamento por trás de sua percepção "espontânea" e da aceitação das coisas como são. Pessoa ressaltou isso no esboço de um artigo que preparava para *A Águia*, a revista portuense que até então se dispunha a publicar o que ele quisesse mandar. Embora tivesse ares de naturalmente materialista, ele argumentava que a obra de Caeiro — "calculada, medida, *reparada*" — era abstrata em sua essência. Seu materialismo, longe de ser uma apreciação direta e espontânea das coisas, era uma visão filosófica do mundo, e a Natureza que celebrava em seus versos era uma *ideia*. Essa capacidade de filosofar e abstrair, escreveu o crítico Pessoa, era precisamente o que ele admirava naquela nova poesia. A revelação de Caeiro era para ele uma revelação *poética*. Caeiro não abriu os olhos de Pessoa para uma nova forma de viver a vida: representava uma nova maneira de se envolver com a vida em sua escrita.

"Nada nasce do nada", escreveu Lucrécio, e o nascimento de Caeiro deveu algo ao próprio Lucrécio. Em *De Rerum Natura* [Sobre a natureza das coisas], o epicurista romano usava a poesia para expor uma filosofia materialista do mundo, e a poesia de Caeiro era uma espécie de repetição em escala mais modesta, apesar da alegação do heterônimo de que evitava a filosofia. Lucrécio talvez não estivesse na cabeça de Pessoa quando sonhou Caeiro, mas a conexão que ele traçou entre os dois poetas em suas anotações era bastante real.[11] Seu conhecimento de literatura e filosofia clássicas não era apenas imenso — era vívido, pulsava em seu intelecto, e sua influência tocava a maior parte de sua obra, fosse assinada por ele ou por um de seus alter egos literários.

Walt Whitman era a influência mais visível e mais íntima sobre Caeiro. A mais *visível* porque a poesia do heterônimo adotava o estilo de versos livres do americano, abordava alguns dos mesmos tópicos e utilizava frases suspeitamente semelhantes. E a mais *íntima* porque Whitman ensinou Caeiro a se abrir, sentir tudo, ser tudo e cantar. A audácia do eu poético de Whitman deslumbrara Pessoa quando lera "Canção de mim mesmo" pela primeira vez, seis ou sete anos antes, mas ele não tinha a menor ideia de como escrever daquele jeito. Alberto Caeiro mostrou-lhe como.

Em suas muitas páginas de crítica para promover o novo e bucólico heterônimo, Pessoa mencionou muitas vezes Whitman, às vezes com falsas alegações de que sua influência era mínima ou inexistente. E reuniu argumentos, a maior parte em inglês, para provar que Caeiro era fundamentalmente diferente. Enquanto Whitman se empenhava em ver um objeto em *profundidade*, ligando-o "a muitos outros, à alma e ao Universo e a Deus", Caeiro queria apenas ver o objeto com *clareza* e em si mesmo, à parte de outros objetos e livre de "significados transcendentais". Pessoa também contrastava o "violento sentimento democrático" de Whitman com a "aversão de Caeiro a qualquer tipo de humanitarismo". E havia outras diferenças, algumas das quais reuniu numa longa lista.[12] Era uma argumentação perfeitamente válida: os dois poetas são de fato muito diferentes um do outro. Mas Caeiro nunca poderia ter existido sem Whitman, a inspiração catalisadora que se misturou com a vasta cultura poética de Pessoa para desencadear uma explosão admiravelmente produtiva.

A poesia de Caeiro menciona apenas um escritor português pelo nome: Cesário Verde, o poeta mais original de Portugal do século XIX. Pouco conhecido durante sua curta vida — morreu de tuberculose em 1886, aos 31 anos —, Verde ainda não era muito lido ou apreciado na época de Pessoa, que leu dele o que havia disponível, uma coleção póstuma chamada *O livro de Cesário Verde*, que amontoava uma quantidade surpreendente de *coisas* visuais, audíveis, palpáveis e olfativas em versos rimados e metrificados. Parecia poesia tradicional, mas era diferente de tudo que havia sido feito até então em Portugal, ou em qualquer outro lugar da Europa. Eis duas estrofes de seu principal poema, "O sentimento dum ocidental":

Num cutileiro de avental ao torno,
Um forjador maneja um malho, rubramente;
E de uma padaria exala-se, inda quente,
Um cheiro salutar e honesto a pão no forno.

E eu que medito um livro que exacerbe,
Quisera que o real e a análise mo dessem;
Casas de confecções e moda resplandecem;
Pelas vitrines olha um ratoneiro imberbe.

As outras 42 estrofes desse poema, cujo narrador percorre a cidade de Lisboa à medida que o dia se transforma em noite, estão igualmente repletas de pormenores urbanos e humanos: bondes, carruagens, edifícios de apartamentos, igrejas, uma prisão, bares, um bordel, estivadores, vendedoras de peixes, mendigos...

Há uma influência baudelairiana em Verde, mas sem o decadentismo ostentoso e o individualismo do *flâneur* francês, que cultivava sua reputação de boêmio que desprezava a burguesia. O poeta português, que era a mansidão em pessoa e trabalhava tranquilamente no negócio da família durante o dia, entregava sua alma poética à vida e aos objetos que o rodeavam. "Se eu não morresse nunca! E eternamente / Buscasse e conseguisse a perfeição das coisas!" — deseja ele em "O sentimento dum ocidental". Sua objetividade apaixonada é o que fez dele uma faísca secundária vital para acender a turbulenta mistura de erudição e energia criativa em Pessoa que deu origem a Alberto Caeiro. Walt Whitman proporcionou o modelo de um eu poético que não respeitava limites e não obedecia a regras. Cesário Verde contribuiu com sua visão totalmente objetiva das coisas — das coisas intensamente sentidas, e não apenas das coisas da cidade. Metade de seus poemas passava-se na periferia rural de Lisboa, onde a família tinha uma quinta.

Afinal, não era na Galiza, mas no campo a nordeste de Lisboa que Alberto Caeiro morava numa casa branca. Lá, debruçado na janela ao fim da tarde, o encontramos lendo *O livro de Cesário Verde* no início do terceiro poema de *O guardador de rebanhos*, e com tanta atenção que seus olhos ardem. O 28º poema do mesmo ciclo também começa com ele lendo um livro, dessa vez de um "poeta místico" sem nome, mas ele desiste depois de duas páginas, rindo tanto que chega a chorar. Pelos comentários feitos em outro lugar,[13] sabemos que o poeta místico aludido era Teixeira de Pascoaes, para quem a natureza era um glorioso espetáculo de dimensão espiritual. Caeiro criticou-o e a outros poetas místicos — inclusive são Francisco de Assis — por dizerem "que as flores sentem [...] as pedras têm alma / E que os rios têm êxtases ao luar".

"Talvez Caeiro proceda de Pascoaes", admitiu Pessoa, "mas procede por oposição, por reação." Podemos ver isso nos primeiros manuscritos de Caeiro. Com seus poemas incompletos, rasurados e repletos de exclusões, inserções e redações alternativas, eles parecem campos de batalha, com Whitman e Cesário Verde travando uma guerra contra Pascoaes e são Francisco de Assis. Os conceitos e a linguagem dessa última dupla são sempre derrotados, ainda que às vezes por modificação e assimilação. Ao contrário do terrível conflito que em breve engolfaria a Europa, foi uma guerra rápida e brilhantemente frutífera, que durou apenas uma semana, em março de 1914. Desse confronto entre tendências poéticas contrastantes emergiu, sereno, Alberto Caeiro.

Além de ser uma reação contra Pascoaes, Caeiro foi também, de modo mais amplo, uma reação contra Fernando Pessoa — contra todos os seus saberes e incessantes disputas intelectuais. Pessoa explica isso lindamente no artigo inacabado sobre o pseudopastor que esboçou para *A Águia*. Fingindo "desconhecimento total da pessoa do sr. Alberto Caeiro", o autor do artigo supõe que na juventude o poeta deve ter sido exposto a uma "vasta cultura literária", e depois "se retira para o campo e aí, abandonando *de todo* a leitura e a cultura pelo livro, se entrega à natureza". Ou, como diz Caeiro, em dois versos de um poema: "Deito-me ao comprido na erva / E esqueço tudo quanto me ensinaram". No entanto, ele não seria o poeta Alberto Caeiro sem todo aquele aprendizado anterior.

A primeira pessoa a traduzir Caeiro para o inglês com alguma continuidade — doze poemas — foi Thomas Merton (1915-68), um monge trapista norte-americano, ele próprio um excelente poeta e também um grande escritor de literatura contemplativa. Merton estudou as tradições místicas orientais, observando suas conexões com o misticismo ocidental (são João da Cruz, santa Teresa de Ávila, mestre Eckhart...), e sentiu-se especialmente atraído pelo zen-budismo. Foi o "imediatismo semelhante ao zen" de seus poemas que o atraiu para Caeiro, que leu pela primeira vez nas traduções de Octavio Paz para o espanhol. No entanto, ele notou de forma perspicaz que esse caráter zen era "às vezes complicado por uma certa nota de insistência autoconsciente e programática".[14]

Em 1914, o zen-budismo ainda não se tornara popular no Ocidente, e o conhecimento de Pessoa a respeito era escasso, embora ele se interessasse pelos princípios e pelo espírito do budismo em geral. A semelhança de Caeiro com o zen é mera coincidência, evidente em sua renúncia à cultura letrada e aos preconceitos que esta promove, em seu compromisso de ver o que há para ver, sem interpretação, e em sua desconfiança em relação à especulação metafísica. Uma estudiosa chegou a notar semelhanças entre os versos de Caeiro e estilos poéticos japoneses, como o haicai, apreciado por muitos praticantes do zen.[15] O objetivo principal do zen-budismo, que é o *satori*, ou iluminação, não era uma ambição de Caeiro, que não tinha ambições, mas são seus aspectos acidentalmente zen que o tornaram o mestre dos dois outros grandes heterônimos que logo surgiram — Álvaro de Campos e Ricardo Reis — e do próprio Fernando Pessoa. Além do mais, a história da maestria de Caeiro traz mais um ponto em comum com o zen-budismo, cuja essência é tradicionalmente transmitida através do exemplo direto e do diálogo com um mestre, em vez de estudo e devoção em privado.

Pessoa foi o primeiro a admitir o absurdo de afirmar que Caeiro era seu mestre, mas a afirmação pode não parecer tão absurda se pensarmos em Caeiro como uma convergência de influências poéticas empoderadoras que, surgindo de repente em Pessoa, o transformaram para sempre. Na verdade, o mítico e metafórico Dia Triunfal da vida de Pessoa não foi apenas o do nascimento de Alberto Caeiro, mas também o dia de seu próprio renascimento. O relato de Pessoa sobre o ocorrido em 8 de março de 1914 não se esgota com o aparecimento de Alberto Caeiro. Ele diz ainda que, depois de escrever às pressas trinta e tantos poemas em nome e estilo do "mestre" Caeiro,

> imediatamente peguei noutro papel e escrevi, a fio também, os seis poemas que constituem a "Chuva oblíqua", de Fernando Pessoa. Imediatamente e totalmente... Foi o regresso de Fernando Pessoa Alberto Caeiro a Fernando Pessoa só. Ou melhor, foi a reação de Fernando Pessoa contra sua inexistência como Alberto Caeiro.

Álvaro de Campos, em suas deliciosas e muitas vezes pungentes "Notas para a recordação do meu mestre Caeiro", escritas entre 1930 e 1932, contou uma versão diferente dos acontecimentos de 8 de março de 1914. Naquele dia, Caeiro, que por acaso estava em Lisboa, supostamente conheceu Pessoa e recitou alguns dos poemas de *O guardador de rebanhos*. Pessoa, chocado com o "abalo espiritual" daquele encontro, foi para casa e se pôs a escrever na mesma hora os seis poemas de "Chuva oblíqua". Eles foram sua reação "à Grande Vacina — a vacina contra a estupidez dos inteligentes". Campos alegava que, devido ao efeito inoculante de Caeiro, que de certo modo se contrapunha à "inteligência excessivamente pronta" de Pessoa, todos os poemas que escreveria a partir de então seriam diferentes dos que compusera antes de conhecer Caeiro. Campos, é preciso dizer, exagerou o efeito de Caeiro na poesia assinada pelo próprio Pessoa, pois vários de seus melhores poemas foram escritos antes de Caeiro entrar em cena. Por outro lado, o surgimento triunfal de Caeiro aumentou muito a confiança do criador em ser ele mesmo, além de várias outras personalidades, e em levar a um novo nível as experiências estilísticas iniciadas com "Pauis" e outros escritos semelhantes.

O "paulismo" tomara emprestada uma estética preexistente — o simbolismo desenvolvido por poetas franceses como Mallarmé, Verlaine e Gustave Kahn — e a intensificara, tornando-a ainda mais sugestiva e misteriosa, mais dolorosamente atmosférica. Os poemas de "Chuva oblíqua", uma experiência mais ousada, eram uma demonstração exemplar do intersecionismo, uma estética literária teorizada por Pessoa na segunda quinzena de fevereiro, pouco antes de Alberto Caeiro nascer.[16]

De início, o novo movimento era pouco mais do que uma extensão e uma renomeação do paulismo. Os outros poetas do círculo íntimo de Pessoa — Sá-Carneiro, Côrtes-Rodrigues e Guisado — aderiram imediatamente ao intersecionismo, mas continuaram a escrever em seu estilo habitual. Nesse meio-tempo, o nome da revista que os quatro amigos pretendiam lançar foi alterado de *Lusitânia* para o mais cosmopolita *Europa*.[17] No final de fevereiro, Pessoa elaborou uma lista de obras intersecionistas que incluía, bem no topo, seu "Na floresta do alheamento" (do *Livro do desassossego*), anteriormente considerado um exemplo típico de paulismo. *O marinheiro* e sua sequência "Além de Deus" de cinco poemas também faziam parte da lista, assim como vários contos de Sá-Carneiro e seu romance *A confissão de Lúcio*. A lista trazia ainda poesias de Côrtes-Rodrigues e Guisado, bem como de Mallarmé e Gustave Kahn. Em cada caso, indicava-se o tipo de interseção: a realidade cruzada com o sonho, a realidade com a loucura, o mistério com a sensação, a imagem visual com a imagem musical e assim por diante.[18]

Essas designações *post-factum* de intersecionismo, embora nem sempre forçadas, eram de qualquer modo inúteis. Afinal, quase todas as obras literárias não dependem de elementos conflitantes ou contrastantes? Passar a chamar esses elementos de "intersecionais" dificilmente esclarece alguma coisa, e não é nenhuma inovação, como Pessoa foi o primeiro a reconhecer. Portanto, com sua capacidade incomparável de criar sob medida o que fosse necessário, ele escreveu "Chuva oblíqua", que logo fez de "intersecionismo" um termo significativo, uma espécie de equivalente literário ao cubismo nas artes visuais. Os seis poemas em sequência justapõem cenas de épocas e lugares distintos, além dos diferentes estados de espírito do narrador. E as cenas e os estados de espírito não só se justapõem, como também se interpenetram, passando uns pelos outros como o Super-Homem atravessa as paredes, sem que ele ou as paredes percam sua integridade estrutural. No primeiro dos seis poemas, que cruza o "sonho dum porto infinito" do eu poético com uma paisagem cheia de árvores, os navios que saem do porto "passam por dentro dos troncos das árvores" e "deixam cair amarras na água pelas folhas, uma a uma dentro". No último poema, a cena e a música de um concerto de orquestra cruzam, sem distorcer, a memória do narrador de jogar bola no quintal quando criança. Os quatro poemas intermediários encenam outros tipos de interseções — espacial, temporal e psicológica.

Álvaro de Campos classificaria "Chuva oblíqua" como a coisa mais admirável escrita por Pessoa com o seu próprio nome, mas a maioria dos leitores não demonstra o mesmo entusiasmo. O próprio Pessoa deve ter tido suas dúvidas, pois produziu apenas um pequeno punhado de outras obras baseadas na nova técnica. Quanto aos amigos de Pessoa, nenhum era capaz de escrever algo como "Chuva oblíqua". Assim, a distinção teórica entre paulismo e intersecionismo, embora eles a entendessem bem o bastante, nunca se refletiu em suas obras. O resultado foi que nos anos seguintes os dois movimentos coexistiram — ou melhor, foram mais ou menos a mesma coisa. Intersecionismo tornou-se praticamente um sinônimo de paulismo.

Havia um terceiro *ismo*, que acabaria por absorver e sobreviver aos outros dois: o sensacionismo. Esse credo estético sustentava que as sensações, uma vez que toda a nossa noção de realidade depende delas, deveriam ser a base e o foco de toda a criação artística. Foi no verso de uma folha de papel com dois poemas de Caeiro que Pessoa anotou suas primeiras ideias sobre o "sensacionismo",[19] e Alberto Caeiro foi o primeiro dos sensacionistas. Ele definiu a si mesmo e sua atitude sensacionista no nono poema de *O guardador de rebanhos*:

Sou um guardador de rebanhos.
O rebanho é os meus pensamentos
E os meus pensamentos são todos sensações.
Penso com os olhos e com os ouvidos
E com as mãos e os pés
E com o nariz e a boca.

Pensar uma flor é vê-la e cheirá-la,
E comer um fruto é saber-lhe o sentido.

Enquanto o pastor virtual guardava reflexões zen como essas em campos nos quais proliferavam manuscritos, Fernando Pessoa continuava a escrever textos de divulgação sobre ele e os movimentos literários que viria a liderar, se tudo corresse bem. O plano era lançar o pacífico e pastoral Alberto Caeiro na vanguarda de uma revolução literária.

31.

O inventor do intersecionismo, do sensacionismo e de Alberto Caeiro era conhecido por tia Anica apenas como Fernando, seu sobrinho, a quem amava bastante — mas ele não poderia encontrar outro lugar para morar? Já estava com seus vinte e poucos anos. "Que tal um pequeno apartamento para você ou um quarto alugado?", ela sugeriu várias vezes.[1] Mas Pessoa não conseguia encontrar nenhum negócio melhor do que a pensão completa que a tia cobrava e ele raramente ou nunca pagava. E apesar de seu apreço pela solidão, gostava da companhia de Anica e de Maria, a filha dela. Podia ir e vir a seu bel-prazer e ser tão sociável ou antissocial quanto quisesse.

Assim, no final de abril de 1914, quando mãe e filha se mudaram da rua Passos Manuel para um apartamento no terceiro andar na vizinha rua Pascoal de Melo, número 119, ele e seus bens materiais foram junto. Pessoa era dono de um pequeno, mas elegante, conjunto de roupas (cortesia de alfaiates e armarinhos que lhe concediam crédito), centenas de livros e o famoso baú de madeira onde guardava manuscritos, cadernos, lembranças e cartas, inclusive as semanais que sua mãe enviava da África do Sul. O noivo de Maria, Raul da Costa, era presença habitual no antigo e no novo endereço, localizados na mesma linha de bonde, a 19.[2] Namorados desde a adolescência, eles finalmente se casariam no segundo semestre daquele ano. Palmira, a boa amiga de Anica, acompanhada de sua filha

Clara, também eram visitas frequentes. O novo apartamento era menor, mas Rita, a incômoda tia-avó de Pessoa, para alívio de todos, fora morar com a irmã mais nova, Carolina Silvano.[3] A atmosfera em casa tornou-se mais agradável sem a ameaça constante de suas críticas e seus julgamentos.

Quando ainda era estudante do Curso Superior de Letras, Fernando fizera tia Anica, o primo Mário e, sem dúvida, a prima Maria de cobaias para seus estudos frenológicos. Eles permaneciam sentados com toda a paciência enquanto ele media a cabeça de cada um de uma dúzia de maneiras diferentes; eram recompensados com perfis pseudocientíficos de suas personalidades. Em 1914, Pessoa convenceu a tia, a prima Maria e Clara, que era quase como a irmã de Maria, a participarem de algo mais aventureiro: sessões espíritas. Alberto Caeiro só se interessava pela realidade imediata, perceptível pelos sentidos, mas Pessoa, que estava cada vez mais fascinado por realidades que escapam à visão, resolveu tentar contato com o mundo astral.

Certo dia, trouxe para casa uma prancheta: uma pequena e fina placa de madeira em forma de coração com um orifício para segurar um lápis e rodinhas minúsculas para que a ponta deslizasse pelo papel ao toque suave dos dedos. Inventada na França em meados do século XIX, a prancheta era usada para a escrita mediúnica, por meio da qual espíritos do além — parentes mortos, na maioria das vezes — transmitiam mensagens aos vivos. Tratava-se de um dispositivo útil, mas não essencial, uma vez que um espírito podia transmitir mensagens de forma direta através da mão de alguém, às vezes num tipo diferente de escrita. Foi esse o método que acabou por prevalecer nas sessões realizadas por Pessoa, no qual tia Anica e Maria se revelaram médiuns especialmente fluentes. Enquanto todos se sentavam em volta da mesa de jantar, evocando espíritos de mortos que talvez tenham sido o marido de Anica e o pai de Maria, o próprio pai de Pessoa, vovó Madalena e vovó Dionísia, em geral era Anica ou sua filha que recebiam as mensagens escritas que parentes falecidos se dignavam comunicar. Os participantes da sessão espírita também podem ter contatado pessoas mortas com as quais não tinham nenhuma relação. Pessoa certamente tinha perguntas a fazer a alguns escritores que admirava: Cesário Verde, Antero de Quental, Shelley, Whitman ou mesmo Shakespeare. Tudo isso é especulação, uma vez que não temos nenhuma informação sobre os remetentes e os conteúdos das mensagens recebidas. Mas, de qualquer modo, as mensagens não eram o resultado mais extraordinário das sessões: Clara juraria, anos depois, ter visto e ouvido Maria, instigada por Pessoa, falar em nome de um espírito morto em inglês, língua que nunca aprendera.[4]

Na verdade, talvez Maria soubesse um pouco de inglês — através dos livros e de sua mãe Anica, que aprendera a língua quando era menina —, mas só conseguisse falar quando era encorajada por Fernando, o mestre da sessão espírita, a superar sua inibição. Nesse caso, seu feito se assemelhava um pouco à capacidade recém-descoberta de Pessoa de falar na língua de Alberto Caeiro, sendo audaciosamente claro e simples, sem se deixar intimidar pelo peso de sua vasta erudição. Num prefácio inacabado para uma coleção planejada de obras atribuídas a seus heterônimos, Pessoa explicou que servia de médium para eles e escrevia "como se lhe fosse ditado".[5]

Agora que Pessoa havia superado todas as inibições, não havia como pará-lo, ou pará-los. A desarmante naturalidade de *O guardador de rebanhos*, de Caeiro, era só o começo, apenas uma voz. Pessoa havia recentemente inventado um novo lado para Caeiro — ou melhor, uma segunda vida e até uma terceira. O poeta da natureza deveria seguir em frente em busca de coisas melhores, ou pelo menos mais modernas. Em março ou abril, antes de se mudar com a tia e a prima para a arborizada rua Pascoal de Melo, Pessoa elaborou uma lista parcial de poemas escritos para *O guardador de rebanhos*. Mais abaixo, na mesma folha de papel, ele dividiu a carreira poética de Caeiro em três fases distintas, com a ajuda de algumas datas falsas:

ALBERTO CAEIRO

1. O guardador de rebanhos.	1911-1912
2. Cinco odes futuristas.	(1913)-1914
3. Chuva oblíqua (poemas inters.).	1914

De acordo com esse esquema, Alberto Caeiro, tendo surgido três anos antes de seu verdadeiro nascimento na alma de Pessoa, seria um poeta proteico sempre em processo de superação de si mesmo. Pessoa, ao que parece, preparava o heterônimo para ser o Super-Camões, ou Grande Poeta, profetizado em seus artigos de 1912 sobre "A nova poesia portuguesa". *O guardador de rebanhos* era uma reação e uma correção de Pascoaes, a quem Pessoa inicialmente elogiara, mas Caeiro criticava duramente, contestando sua interpretação mística da natureza. Essa primeira fase seria substituída pela poesia futurista, que ninguém em Portugal jamais havia tentado escrever a sério. E o auge da carreira de Caeiro seria o intersecionismo — um estilo poético mais avançado do que qualquer outro na Europa. Era assim, pelo menos, que Pessoa pretendia lançá-lo. Os poemas intersecionistas de "Chuva oblíqua", escritos em março de 1914, eram fruto do mesmo fermento intelectual e criativo que dera origem a Caeiro, a quem Pessoa de início atribuiu a autoria da obra, e foi em nome dele que começou a escrever poemas futuristas.

O futurismo nasceu em 20 de fevereiro de 1909, com a publicação de um manifesto de um obscuro escritor italiano, F. T. Marinetti, na primeira página do *Le Figaro*, o jornal de maior circulação da França. Um grupo de escritores e artistas da Itália (entre eles o pintor e escultor Umberto Boccioni) logo se juntou a Marinetti para formar o núcleo inicial do movimento, cujas ideias se espalharam por outros países, principalmente a Rússia. Demorou apenas seis dias para que a notícia do manifesto de fundação fosse publicada no *Diário de Notícias* de Lisboa e no *Jornal de Notícias* do Porto, mas as doutrinas e técnicas do futurismo foram chegando bem mais devagar. Alguns poetas publicaram poemas supostamente "futuristas" que nada tinham a ver com o que o movimento defendia.[6]

Pessoa estava mais bem informado, tendo lido sobre o futurismo em jornais estrangeiros e ouvido falar a respeito por intermédio de Mário de Sá-Carneiro, que havia sido avisado sobre os pronunciamentos e as atividades dos futuristas durante sua passagem por Paris. O *Manifesto técnico da literatura futurista*, de Marinetti, publicado em 1912, defendia não apenas a poesia de verso livre, mas também "palavras em liberdade" (*parole in libertà*), livres da sintaxe tradicional. Também repudiava a preocupação do século XIX com a psicologia humana, propondo em seu lugar uma "obsessão lírica pela matéria". Micróbios, motores, máquinas, ruído urbano, cheiro e velocidade eram todos temas dignos da poesia futurista.

No primeiro semestre de 1914, Pessoa redigiu as estrofes iniciais de quatro das "Cinco odes futuristas" previstas para Alberto Caeiro. Embora não abolissem a sintaxe, como recomendava Marinetti, cantavam ruas e bondes, trens, automóveis e a agitação da vida urbana, muito distantes da tranquilidade rústica de *O guardador de rebanhos*. Tanto Walt Whitman como Cesário Verde alternavam, em seus poemas, entre o rural e o urbano, mas a ideia de Pessoa para Caeiro era diferente. Segundo sua biografia idealizada, o poeta que escrevia objetivamente sobre a natureza e apenas sobre a natureza nos anos 1911-2 abandonaria esse estilo quando em 1913 adotasse o futurismo, que por sua vez seria eclipsado em

1914 pelo intersecionismo de "Chuva oblíqua". E morreria em 1915, quando Pessoa revelaria ao mundo o extraordinário poeta multifacetado. Mas a carreira de Caeiro saiu diferente do planejado. Pessoa acabaria por publicar "Chuva oblíqua" com seu próprio nome, decidindo que não fazia sentido transformar o poeta da natureza de visão clara num sofisticado intersecionista, e as tentativas de Caeiro de ser futurista tiveram um desfecho inesperado.

Após quatro tentativas de odes futuristas que não foram muito longe, Pessoa-Caeiro, em maio ou junho de 1914, iniciou uma quinta ode que era mais ruidosa, mais acelerada e mais sustentada. Dessa vez, começou no meio — no meio da ode e no meio de uma cidade sem nome, uma cidade qualquer moderna e dinâmica, evocada com anseio sensual e ardor religioso:

Ó fazendas nas montras! Ó manequins!
Ó artigos inúteis que toda a gente quer comprar!
Olá grandes armazéns com várias seções!
Olá anúncios elétricos que surgem e vão e se subtraem!
Olá cimento armado, betão de cimento!
Amo-vos a todos, a tudo, como uma fera.
Amo-vos carnivoramente,
Pervertidamente e enroscando a minha vista
Em vós ó coisas grandes, banais, úteis, inúteis,
Ó minhas contemporâneas, forma atual e próxima
Do sistema imediato do Universo!
Ó Deus![7]

Esse é apenas um trecho de um rascunho de seis páginas da abrangente ode, que exalta caoticamente fachadas de lojas, elevadores de hotéis, parlamentos, corrupção política, jornais, metrôs, homossexuais efeminados, prostitutas, catedrais, agricultura moderna, corridas de cavalos, possessão sexual, sadismo e masoquismo, mas também Platão, Aristóteles, "o mar antigo e solene, lavando as costas", e até a memória de uma casa no campo onde o narrador passou algum tempo na infância. O poeta dessa "Ode triunfal", como viria a chamar-se, era como Caeiro, posto que era visual e tátil e apreendia a realidade através dos sentidos, mas seu desejo insaciável de sentir e possuir tudo sob o sol era antitético ao desapego sereno do poeta bucólico que nada ansiava. Alberto Caeiro, em vez de transitar para uma fase futurista, dera à luz um novo poeta, ostensivamente futurista, com uma personalidade bem distinta: Álvaro de Campos.

Na carta de Pessoa de 1935 sobre a origem dos heterônimos, a história de seu Dia Triunfal, quando escreveu os primeiros poemas de Caeiro e os poemas intersecionistas de "Chuva oblíqua", é seguida por uma segunda história de triunfo no parágrafo seguinte. O autor afirma que, não muito depois do surgimento de Caeiro, "surgiu-me impetuosamente um novo indivíduo. Num jato, e à máquina de escrever, sem interrupção nem emenda, surgiu a 'Ode triunfal' de Álvaro de Campos — a Ode com esse nome e o homem com o nome que tem".

Como fizera com a criação de Caeiro, Pessoa também mitificou o nascimento de Campos, cuja "Ode triunfal" não foi escrita de uma só vez e sem erros numa máquina de escrever. Ele esboçou o rascunho inicial do poema à mão, depois o retrabalhou, reorganizou e expandiu muito. A versão final, um *tour de force* com 240 versos de tirar o fôlego, omitiu uma referência direta a Walt Whitman presente no primeiro rascunho, o que não é de admirar, já que o amor concupiscente de Campos pela vida em todas as suas variedades lembra ainda mais o bardo norte-americano do que o amor tranquilo de Caeiro pela natureza e pelas coisas como são. Pessoa não gostava de anunciar suas dívidas literárias.

Uma das coisas que Campos aprendeu com Whitman foi como incluir, de modo natural, o corpo e a linguagem sexuais na poesia, como parte de seu interesse apaixonado pela humanidade em geral e por sua própria individualidade. Em fevereiro de 1914, Pessoa havia escrito outro soneto para seu *Livro do outro amor*, mas aquele "outro" amor continuava sobrenatural, inspirado por uma "Vênus masculina" que fazia o eu poético esquecer tudo sobre os "anseios carnais".[8] Álvaro de Campos, que surgiu três ou quatro meses depois, trouxe tudo para o plano material e para seu próprio eu grande e libidinoso. Abertamente bissexual, não se esquivava de versificar suas fantasias de ser maltratado e possuído por piratas selvagens (em "Ode marítima", de 1915). Sentimentos em estado bruto — que se alternam entre eufóricos, aterrorizantes, violentos, ternos — brotavam dele e tomavam forma em poemas que Pessoa jamais poderia ter escrito com seu próprio nome. Alberto Caeiro era o pai do sensacionismo; Álvaro de Campos, que ansiava por "sentir tudo de todas as maneiras", era a encarnação da doutrina.

A história triunfal número dois, assim como a número um, era literalmente falsa, mas fiel em espírito à experiência de Pessoa. Cru e incompleto como estava, o rascunho da "Ode triunfal" catapultou-o a um ápice vertiginoso de emoção poética. Podemos questionar seus relatos espetaculares sobre como os heterônimos "apareceram" nele ou lhe "vieram". Podemos insistir no fato de que Pessoa *criou* Caeiro e Campos. É verdade. Mas foi Caeiro quem o ensinou a enxergar como um deus, e foi Campos quem o ensinou a exprimir sentimentos exacerbados.

A conexão familiar dos dois novos poetas está codificada em seus nomes. Álvaro é de "Campos" — ou seja, vinha da lavra de Alberto e trouxe consigo o projeto de "Cinco odes futuristas". (Pessoa riscou o nome de Caeiro em duas dessas odes incipientes e o substituiu pelo de Campos.) Mas em pouco tempo Campos se distanciaria do futurismo e desenvolveria outros estilos poéticos, recusando-se a se prender a qualquer doutrina ou programa que pudesse atrapalhar seu próprio "programa", que era simplesmente sentir com a maior plenitude possível tudo o que houvesse para ser experimentado. Mais prolífico entre os heterônimos, também era o mais mundano. Estudou engenharia naval na Escócia, navegou no Extremo Oriente, viveu entre a Grã-Bretanha e Lisboa e teve casos tanto com rapazes quanto com mulheres. Esse heterônimo mais moderno e estiloso era também o mais jovem, nascido em 15 de outubro de 1890, dois anos depois de Fernando Pessoa e no dia do aniversário de Nietzsche.[9] Campos representa o impulso dionisíaco — a inebriante afirmação da vida, sentida em todas as suas dores e seus prazeres —, tal como expressado pelo filósofo alemão em *O nascimento da tragédia*.

Irreprimível e impertinente, Álvaro de Campos costumava interagir com Pessoa, ora brigando com ele em artigos ou entrevistas publicados na imprensa portuguesa, ora colaborando estreitamente em prol de uma causa comum. Às vezes, Campos o substituía em situações sociais,[10] para consternação de quem esperava que o próprio Pessoa aparecesse, ou agia como porta-voz de seu criador, publicando manifestos numa linguagem inflamada que Pessoa não conseguia exibir por conta própria. Se Caeiro era a religião de Pessoa, a rocha sólida de sua salvação poética, Campos era seu braço direito e verdadeiro companheiro. Campos era tão próximo de Pessoa que acabou atrapalhando sua única tentativa de ter uma vida amorosa, com Ofélia Queiroz. E era tão talentoso como poeta urbano das sensações que se tornou, inadvertidamente, um obstáculo entre Pessoa e seu melhor amigo, Sá-Carneiro.

32.

Em março de 1914, enquanto Pessoa dava triunfalmente à luz Alberto Caeiro, Mário de Sá-Carneiro terminava o conto "Ressurreição", cujo protagonista português recorda com carinho os tempos que passou em Paris, com suas "grandes avenidas, seus boulevards tumultuantes", seus "narcóticos" e suas "festas noturnas", seus jardins românticos, seus palácios reais. "Paris aristocrático! Paris dos *bas-fonds*! Paris da Colmeia!"

Foi para essa cidade que Sá-Carneiro retornou em 6 de junho, quase um ano depois de deixá-la. Ficou no mesmo bairro de antes, o Quartier Latin, e no mesmo endereço: o Grand Hôtel du Globe, na Rue des Écoles. O hotel ficava praticamente ao lado da Sorbonne, onde frequentara algumas (poucas) aulas durante o ano letivo de 1912-3. Ele não voltaria para a universidade. Mas continuou a frequentar os cafés que conhecia e amava, a fazer seus passeios no Jardim de Luxemburgo e os jantares com amigos, muitos dos quais eram expatriados ou visitantes portugueses, e a escrever poesia e ficção — indiferente, como todo mundo, à fragilidade dessas atividades tão pacíficas. Os historiadores não são unânimes em afirmar que a Primeira Guerra Mundial foi o resultado inevitável de crescentes rivalidades nacionais e da grande corrida armamentista ou, pelo contrário, um "acidente" resultante de uma série de fracassos diplomáticos e erros de cálculo político, mas, embora a possibilidade de uma guerra iminente definitivamente estivesse em pauta nos círculos internos do poder, não estava na mente da maioria dos cidadãos comuns.

Pessoa também não tinha ideia de que a Europa seria logo varrida por uma conflagração devastadora. Em vez disso, temia que sua própria vida estivesse à beira de uma convulsão. Um dia antes de ver o melhor amigo embarcar mais uma vez no Sud-Express para Paris, enviou uma carta para a mãe em Pretória, dizendo que se sentia torturado por uma ansiedade difícil de descrever, mas com uma causa definida.

> Em torno a mim está-se tudo afastando e desmoronando. Não emprego estes dois verbos no sentido entristecedor. Quero apenas dizer que na gente com quem lido se estão dando, ou se vão dar, mudanças, acabares de períodos de vida, e que tudo isto — como a um velho que vê morrerem em seu redor os seus companheiros de infância, a sua morte parece próxima — me sugere não sei de que misteriosa maneira, que a minha deve, vai, mudar também.

Sá-Carneiro não era o único amigo a deixar Lisboa. Alfredo Guisado passaria o verão com parentes na Galiza. Outro amigo estava se mudando para o Porto. E, no segundo semestre, sua prima Maria e Raul da Costa se casariam e se mudariam para a Suíça. Como tia Anica iria com eles, Pessoa teria que arranjar um lugar para morar. Essas mudanças talvez não parecessem tão dramáticas, mas mudanças de qualquer tipo, segundo contou à mãe, eram para ele "uma morte parcial".

> Mesmo a circunstância de eu ir publicar um livro vem alterar a minha vida. *Perco uma coisa — o ser inédito*. E assim mudar para melhor, porque mudar é mau, é *sempre* mudar para pior. E perder um defeito, ou uma deficiência, ou uma negação, *sempre é perder*. Imagine a Mamã como não viverá, de dolorosas sensações quotidianas, uma criatura que sente desta maneira!
>
> Que serei eu daqui a dez anos — de aqui a cinco anos, mesmo? Os meus amigos dizem-me que eu serei um dos maiores poetas contemporâneos — dizem-no vendo o que eu já tenho feito, não o que poderei fazer (senão eu não citava o que eles dizem...). Mas sei eu ao certo o que isso, mesmo que se realize, significa? Sei eu *a que isso sabe*? Talvez a glória saiba a morte e a inutilidade, e o triunfo cheire a podridão.

Pessoa não estava exagerando, nem se valendo de falsa modéstia. Amigos como Sá-Carneiro, Alfredo Guisado e Armando Côrtes-Rodrigues esperavam que ele se tornasse um poeta famoso, perspectiva tanto desejada quanto temida. Ele sabia que a fama faria pouco para matar sua sede por coisas como amor, discernimento e compreensão. E se tudo o que conseguisse fosse um reconhecimento modesto, o ato de publicar sua poesia o tornaria meramente banal: ele se juntaria à enorme fileira dos publicados.

O "primeiro livro" a sair anunciado na carta de Pessoa talvez fosse *O guardador de rebanhos*, para o qual ele havia escrito vários poemas novos em maio; tinha agora versões provisórias, se não finais, de quase todos os 49 poemas do ciclo. Ou talvez *Exílio*, a coletânea de poemas diversos que esperava publicar desde 1913. Outra possibilidade era o *Livro do desassossego*, para o qual já havia escrito trechos suficientes que dariam um pequeno volume. Além dos trechos simbolistas (ou do paulismo) à maneira de "Na floresta do alheamento", estava escrevendo mais e mais sobre a inquietação e a ansiedade psicológica do narrador. Inclusive, ele fez uma cópia datilografada dessa carta angustiada à mãe, a fim de incluir partes dela, devidamente adaptadas, no *Livro do desassossego*. Trata-se da sua única carta completa para ela que, desse modo, foi preservada.

Fosse qual fosse o livro que Pessoa tinha em mente, não saiu em 1914, nem em 1915, nem em 1916. Faltava-lhe autodisciplina para terminar as obras, assim como o dinheiro para publicá-los, e havia a preocupação genuína, conforme relatou à mãe, de que publicação e fama literária pudessem ser um caminho para a desilusão. Ele também temia que a carreira de escritor, à medida que avançasse, o tornasse mais isolado e solitário. Na verdade, isso já estava acontecendo, embora ele não fosse publicado. A partida iminente de Sá-Carneiro foi o motivo imediato do tom ansioso da carta à mãe, mas os 1500 quilômetros de via férrea que separariam os dois amigos apenas concretizavam geograficamente o fato de Pessoa já ter partido em sua viagem própria, rumo a destinos literários para os quais Sá-Carneiro não poderia seguir.

Em carta postada de Paris em 15 de junho, dois dias após o 26º aniversário de Pessoa, Sá-Carneiro enviou seus cumprimentos "ao nosso Alberto Caeiro". Há mais nesse "nosso" do que o privilégio de conhecer, junto com alguns outros amigos seletos, a verdadeira origem e a identidade desse poeta revigorante e descomplicado que supostamente viveu no interior e teve pouca educação formal. Sá-Carneiro não só sabia que Caeiro era um poeta inventado, como ajudou o inventor a trazê-lo à existência — um detalhe que ficou oculto por mais de cem anos.

Em 2017, ao reexaminar o dossiê de Caeiro do Arquivo Pessoa, me dei conta de que um dos primeiros poemas riscados havia sido escrito por Sá-Carneiro.[1] Uma folha manuscrita de 7 de março de 1914 contém não apenas três poemas de Caeiro com a letra de Pessoa, mas também um quarto, incompleto, escrito nas letras tipicamente arredondadas de seu melhor amigo. Os primeiros oito versos descrevem uma cena pastoral idílica, com campos, rebanhos, brisas soprando, a natureza sorrindo, um "camponês dolente" ao longe, rio correndo mansamente, e "lavadeiras a cantar". O nono verso diz: "Tudo na terra é uma vida vigorosa". Infelizmente, o vigor poético é o que faltava nesse e nos oito versos anteriores, o que levou o poeta a abandonar seus esforços.

Nos anos anteriores, Pessoa vinha tomando notas para um ensaio filosófico intitulado "O sentimento da natureza",[2] e criar um poeta da natureza foi uma ideia inteiramente sua. Mas Sá-Carneiro pode tê-lo ajudado a conceber a figura do poeta-pastor. O próprio nome de Caeiro parece uma homenagem: *Carneiro* sem a *carne*. E Sá-Carneiro sem dúvida merecia uma homenagem. Em pelo menos uma tarde, sentado com ele num café, ouviu e deu sugestões enquanto Pessoa escrevia alguns de seus primeiros poemas triunfais, e até tentou a sorte num poema da natureza, com resultados desastrosos, como seria de prever, já que até na imaginação ele era irrevogavelmente urbano e narcisista.

Pessoa escreveria em sua carta de 1935 sobre os heterônimos que a criação de Caeiro era uma espécie de peça que pregara no amigo, e assim era — uma brincadeira involuntariamente cruel que revelava a Sá-Carneiro um nível de brilhantismo criativo que ele nunca conseguiria igualar, como provava sua embaraçosa tentativa de poema à la Caeiro. Pessoa era como a criança prodigiosa que sobe sem dificuldades na árvore, até os galhos altos e improváveis, enquanto seu companheiro de brincadeiras menos ágil só pode olhar de baixo para cima com admiração ou inveja. E Caeiro era apenas uma das árvores altas inacessíveis a Sá-Carneiro.

Em meados de junho, Pessoa enviou ao amigo a "Ode triunfal" de Álvaro de Campos. Era uma versão já revisada e polida de seu hino radiante às máquinas e à modernidade, mas ainda sem título e não totalmente completo. (Pessoa acrescentaria mais algumas estrofes ao início do poema.) Deslumbrado com o que leu, tão diferente de tudo o que Pessoa já havia escrito, Sá-Carneiro escreveu-lhe no dia 20 de junho que o poema lhe proporcionara um dos maiores prazeres de sua vida. Embora não tivesse todos os ingredientes técnicos prescritos por Marinetti, Sá-Carneiro considerou-o a obra-prima indiscutível do futurismo literário. E fez uma admissão franca: "esses versos são daqueles que me indicam bem a distância que [...] há entre mim e você".

Essa distância pareceu-lhe ainda maior uma semana depois, quando recebeu uma dezena de odes assinadas por Ricardo Reis, que Pessoa acabava de tirar da forja. Classicista que acreditava nos deuses da Antiguidade, Reis era o heterônimo mais improvável de todos. Suas odes, elegantes e contidas, eram o oposto da efusivamente futurista "Ode triunfal" que tanto impressionara Sá-Carneiro. Seu queixo voltou a cair quando seus olhos leram versos como estes:

Não há tristezas
Nem alegrias
Na nossa vida.
Assim saibamos,
Sábios incautos,
Não a viver,

Mas decorrê-la,
Tranquilos, plácidos,
Tendo como crianças
Por nossas mestras,
E os olhos cheios
De Natureza...

Apesar da forte presença da natureza em Ricardo Reis, seria impossível confundir uma de suas odes com um poema de Alberto Caeiro. O ritmo, o tom e o colorido são completamente diferentes, bem como a razão de ser da natureza. Para Caeiro, é um fim em si mesma, algo para festejar com os olhos e os outros órgãos dos sentidos. Para Reis, é um exemplo que devemos seguir; ela nos ensina a viver. O fato de nos dizer para encher os olhos de natureza talvez soe como Caeiro, mas, após várias estrofes sobre a impossibilidade de resistirmos a Saturno, o deus do tempo, ele conclui sua ode com as seguintes exortações:

Colhamos flores.
Molhemos leves
As nossas mãos
Nos rios calmos,
Para aprendermos
Calma também.

Girassóis sempre
Fitando o sol,
Da vida iremos
Tranquilos, tendo
Nem o remorso
De ter vivido.

As outras odes enviadas a Paris mencionavam os deuses Pã, Apolo, Ceres, Júpiter e Plutão, além do filósofo Epicuro, que ensinava que o prazer era o bem supremo. Para Ricardo Reis, o prazer positivo era esperar demais num mundo moderno regido pelo pensamento cristão, que abominava; ele se esforçava para, ao menos, viver com calma e sem sofrimento. Nascido em 19 de setembro de 1887, esse amante da Antiguidade era o heterônimo mais velho e o único nascido antes do próprio Pessoa.

Sá-Carneiro definiu o novo poeta como um Horácio moderno (mas "multiplicado por alma", conforme disse a Pessoa), em parte devido às referências aos deuses do Olimpo, mas também pelos temas, por seu senso clássico de medida e pelo tom elevado. Conforme mais odes de Reis eram escritas, seu vocabulário e sua ortografia se tornavam mais latinizados, e sua sintaxe, mais intrincada, além de ele muitas vezes se valer de adaptações para o português das chamadas estrofes alcaicas e sáficas, em homenagem aos poetas Alceu e Safo, ambos da ilha grega de Lesbos.* Essas características formais refletem as de Quinto Horácio Flaco, famoso por adaptar complexos metros líricos gregos ao latim.

Horácio também inspirou as recomendações de Ricardo Reis de viver para

* A estrofe alcaica, tal como adaptada por Pessoa-Reis, consiste em dois versos contendo quatro pés métricos seguidos de dois versos mais curtos, enquanto a estrofe sáfica tem três versos longos seguidos de um curto.

o dia de hoje, seguir o caminho do meio e aceitar o que os deuses, ou o destino, ordenaram, mas o heterônimo era mais melancólico e menos brincalhão do que seu precursor romano. Uma ode de julho de 1914, quando Reis, com apenas um mês, já havia atingido sua maturidade, aconselha-nos a viver a vida

Como vidros, às luzes transparentes
E deixando escorrer a chuva triste,
Só mornos ao sol quente,
E refletindo um pouco.

O irmão de Ricardo Reis, Frederico, um crítico literário inventado várias semanas depois do surgimento do primeiro, chamou a filosofia do novo poeta de "epicurismo triste" e descreveu sua poesia como "um esforço lúcido e disciplinado para obter uma calma qualquer". Mas o forte senso de determinismo de Reis, que suas odes personificam como um destino supremo ao qual até os deuses estão sujeitos, era uma noção estoica. Horácio também entreteceu ideias dos epicuristas e dos estoicos em seus versos, e os estudiosos se perguntam a que escola ele pertencia, se é que fazia parte de alguma. Sua principal preocupação era, sem dúvida, ser um bom poeta, e o mesmo acontecia com Pessoa, fosse qual fosse a persona que estivesse escrevendo.

A persona de Ricardo Reis nos deixa perplexos. Se pensarmos nele como uma máscara — o termo latino *persona* significava originalmente máscara teatral —, vamos fundir a cabeça tentando descobrir a que situação dramática pertence. Embora Reis acredite nos deuses gregos e romanos, admire a filosofia dos epicuristas e estoicos e escreva no estilo de Horácio, Pessoa não situou sua criação classicista no passado histórico. Ricardo Reis era um português do século XX que agia como se vivesse na Grécia Antiga ou em Roma, ou desejasse estar lá. Por isso, não podia aspirar a mais do que uma *ilusão* de felicidade, de acordo com seu irmão Frederico, segundo o qual "a felicidade não a pode ter quem está exilado da sua fé e do meio onde a sua alma devia viver". Ricardo Reis rejeitava o mundo moderno e a religião cristã que prevalecia no país onde nasceu e defendia um renascimento dos ideais morais, sociais e estéticos gregos e a introdução de um novo paganismo, adaptado à mentalidade contemporânea.

Frederico não revelou onde vivia exatamente o irmão, mas uma boa aposta — se ainda estivesse funcionando em 1914 — seria a Casa de Saúde de Cascais, fundada por Pessoa em sua imaginação em 1909 para gente como Ricardo Reis. No capítulo 23, tratei do conto de Pessoa sobre essa instituição, que tinha entre os internos mentalmente enfermos Antônio Mora, um defensor da Grécia Antiga e devoto do paganismo. Pessoa deixou de trabalhar na história em 1911, e Antônio Mora desapareceu de vista, mas ressurgiria no mundo de Pessoa em 1915, um ano após Ricardo Reis, que era seu duplo ideológico. Esses dois apóstolos do neopaganismo chegaram até mesmo a colaborar num longo e esperançoso ensaio intitulado "O regresso dos deuses".

Além desse e de vários outros ensaios, Ricardo Reis assinaria com seu nome dezenas de páginas para o prefácio de uma edição da poesia de Alberto Caeiro, encomendada por "parentes" algum tempo depois de sua morte prematura, em 1915, mas de início Reis escrevia apenas poesia, nada de prosa, e sua carreira poética começou um pouco antes de 1914. A carta de Pessoa de 1935 sobre as origens dos heterônimos lembrava que "um vago retrato" de Ricardo Reis lhe apareceu por volta de 1912, quando ele escreveu alguns poemas "de índole pagã" e "num estilo de meia regularidade". Na verdade, foi em 1910, quando a Ibis estava dilapidando sua herança e Antônio Mora delirava sobre os deuses do Olimpo na Casa de Saúde de Cascais, que Pessoa começou a escrever poemas "de índole pagã". Eram bastante incompletos, consistindo em estrofes isoladas nunca organizadas em composições acabadas, e, embora os padrões dos versos *pareçam* regulares, a contagem de sílabas varia ligeiramente de verso para verso.

As odes maduras de Ricardo Reis seguem um padrão métrico rigoroso, mas meia dúzia de sua primeira fornada de poemas de 1914 é em estilo "de meia regularidade" e retoma alguns dos mesmos motivos encontrados nos poemas pagãos de 1910-1. É como se Ricardo Reis, embora ainda sem nome, tivesse tenuemente começado a tomar forma e depois hibernado por três anos, antes de ganhar vida de vez em junho de 1914.

Mas essa história da evolução dos heterônimos tinha outra faceta. O poeta pagão que ameaçou surgir por volta de 1910 era também um precursor de Alberto Caeiro: um dos primeiros poemas embrionários desse pastor falava ao mesmo tempo de seu amor pela natureza e do paganismo. Com efeito, o poeta da natureza foi concebido a princípio como um pagão que, como os antigos gregos e romanos, via as forças da natureza como manifestações divinas. Mas Pessoa teve a bela inspiração de livrar-se do intermediário — ou seja, do sistema politeísta de deuses. Caeiro, da forma como finalmente emergiu, não podia concordar com o paganismo ou se intitular pagão, pois ele mesmo *era* o paganismo, conforme explica Campos em suas "Notas para a recordação do meu mestre Caeiro". E Ricardo Reis explicaria que o mestre deles, "um objetivista absoluto", via que os deuses "eram feitos à imagem e semelhança das coisas materiais; mas não eram as coisas materiais, e isso lhe bastava para que nada fossem".[3]

A ideia original de Pessoa de criar um poeta pagão segundo quem as divindades habitavam as formas da natureza concretizou-se em Ricardo Reis. Alberto Caeiro, um feliz desvio, foi além de qualquer ideia que Pessoa pudesse ter e era ele mesmo uma espécie de deus, o divino mestre poeta. Álvaro de Campos derivava do "desvio" que era Caeiro, mas sua criação estava predestinada: era a peça que faltava inventar para completar o "drama em gente, em vez de em atos", como o dramaturgo definiria sua maior realização literária. Era uma tragédia grega em forma de trilogia, como na época de Ésquilo, quando um dia inteiro era reservado para a apresentação. Caeiro era o poeta da alvorada, quando os olhos se abrem para ver a vida recomeçar; Reis era o poeta da tarde, quando o sol delineia claramente as formas dos objetos; e Campos representava a noite, quando os sentimentos tomam conta e as sensações do dia todo não só perduram, como se avolumam.[4] O segundo grande poema de Álvaro de Campos foi uma longa ode à noite, composta no final de junho, duas semanas depois de Ricardo Reis ter finalmente amadurecido com uma série de odes ao estilo de Horácio. As peças essenciais do drama heterônimo estavam todas encaixadas.

Aristóteles nos diz que a tragédia se desenvolveu a partir dos hinos ditirâmbicos em homenagem a Dioniso, o deus do vinho que induz à exaltação. Mas foi o amor apolíneo pela clareza, pela medida e pelo equilíbrio que deu forma ao gênero e o transformou em arte elevada, argumentou Nietzsche em *O nascimento da tragédia*. Essas duas forças divinas estão personificadas no emocionalmente exorbitante Álvaro de Campos e no racionalíssimo Ricardo Reis. Alberto Caeiro, o "objetivista absoluto", era pura percepção, para além ou aquém das reações sentimentais e das considerações da razão.

Demoraria alguns anos para Pessoa colocar em foco as visões contrastantes de seus três principais heterônimos sobre literatura, política, religião e sociedade, e ele continuaria mexendo na biografia deles até o ano de sua morte, mas seus temperamentos e relacionamentos essenciais uns com os outros estavam estabelecidos. Reis, o classicista contido, e Campos, o futurista desenfreado, embora diferentíssimos um do outro, eram ambos discípulos de Caeiro, cujas pureza de visão, aceitação das coisas como são e simplicidade de expressão reduziam drasticamente a distância entre ver, ser e falar. Essa era a base de sua originalidade poética, o que lhe conferia o status de mestre.

Pessoa explicou essas inter-relações a Sá-Carneiro na carta que enviou com as primeiras odes de Ricardo Reis, no final de junho de 1914. "Que bela página de história literária!", exclamou o amigo devidamente impressionado em sua resposta. Mas também apontou que o verdadeiro mestre era o próprio Pessoa, o criador daquela história literária, e se perguntou se seus "pseudônimos" (Pessoa só usaria a palavra "heterônimo" muito mais tarde) eram mesmo necessários. Essa ambivalência vinha do sentimento inquietante de Sá-Carneiro de que Caeiro, agora com dois discípulos, estava afastando Pessoa dele. Pessoa dissera sem rodeios ao amigo que Caeiro, Campos e Reis nada tinham a ver com o paulismo e não entrariam nas fileiras do movimento. Sá-Carneiro, ao mesmo tempo que dizia que compreendia, admitiu-se decepcionado em sua carta de 27 de junho. No dia seguinte, escreveu um soneto intitulado "Apoteose" e mandou-o direto para Pessoa, espremendo os catorze versos num postal. O primeiro verso dizia "Mastros quebrados, singro num mar d'Ouro", e o verso final, "Ó pântanos de Mim, jardim estagnado". Assim, com orgulho e desespero, reafirmava sua fidelidade à estética paúlica que ele e Pessoa haviam criado juntos um ano antes.

Apaixonado por seu novo trio de poetas inventados, Pessoa foi insensível ao medo do amigo de estar ficando para trás; Sá-Carneiro, apesar disso, pedia com entusiasmo para ver mais poesia de Álvaro de Campos, o heterônimo cosmopolita que era seu favorito. Pessoa acedeu ao pedido, e Sá-Carneiro continuou a espantar-se. O próprio Pessoa estava pasmo e desconcertado. Ele não conseguia explicar de onde vinha todo o *sentimento* nesses novos poemas. Era como se ele próprio estivesse ausente de tudo, exilado do mundo real e dos sentimentos reais, enquanto os três heterônimos sentiam *no lugar* dele, coisas que ele mesmo nunca havia sentido e nunca poderia sentir, pelo menos não diretamente. Estaria enganando a si mesmo? Todo esse sentimento poético seria uma farsa?

Ele confidenciou tais dúvidas a Sá-Carneiro, que respondeu, em carta de 13 de julho, que qualquer um capaz de escrever os extraordinários poemas que Pessoa estava criando, mesmo "se não sente, *sabe* genialmente sentir. [...] Saber sentir é sentir, meu Amigo". E elucidou o que quis dizer com uma comparação consigo:

> Sinto que nunca poderia ter escrito a ode de Álvaro de Campos, porque em todo caso não amo tudo o que ele canta suficientemente para assim o fixar... "Sinto" menos do que ele, "amo" menos do que ele, "estrebucho" menos do que ele as avenidas da ópera, os carros, os *derbys*, as cocotes, os grandes boulevards.

Em outras palavras, Pessoa podia sentir, de forma poética e imaginativa, as agitadas avenidas e elegantes bulevares de Paris com mais intensidade do que seu amigo que de fato passeava por elas e frequentava seus cafés.

O feito poético de Pessoa zombava inadvertidamente da atração obsessiva de Sá-Carneiro por viver em Paris e também aprofundava o sentimento de inferioridade poética do amigo. Sá-Carneiro não manifestou nenhuma censura ou inveja: por Pessoa, só tinha admiração. Na mesma carta, Sá-Carneiro escreveu que sua maior glória pessoal, a qual ele sublinhou, era saber que "*Fernando Pessoa gosta do que escrevo*". Algumas frases adiante, porém, anunciou que o fim de sua vida se aproximava, que se sentia como um embalsamamento de si mesmo, que estava cansado de desempenhar o mesmo papel sem cessar, sempre ele mesmo como personagem principal. E continuou nessa linha, refletindo sobre suas limitações, fazendo um retrospecto de sua vida, relembrando a infância, a família, alguns amigos, e mencionou o livro de contos que ainda precisava terminar. Mas então... ele não dissera a Fernando repetidas vezes que não podia se ver como "uma obra muito longa"? Como sua vida terminaria? "Não sei", escreveu Sá-Carneiro. "Mas, mais do que nunca acredito, o suicídio..."

Sacudido do devaneio Caeiro-Reis-Campos, Pessoa mandou uma carta em tom de pânico a Alfredo Guisado, contando as palavras nefastas do amigo em comum. De suas férias na Galiza, Guisado respondeu em 27 de julho que acabara de receber uma carta de Sá-Carneiro que não continha a mais vaga alusão ao suicídio. Nesse meio-tempo, Pessoa recebera também uma correspondência tranquilizadora do querido amigo, que não tinha planos imediatos de fazer nada drástico. Na verdade, havia escrito aquela carta do dia 13 quando estava num estado de espírito sombrio, que já havia passado. Mesmo assim, mantinha a palavra "embalsamamento" para descrever o estado aparentemente entorpecido de sua arte e de sua vida. Achava que estava destinado a continuar fazendo a mesma coisa, escrevendo o mesmo tipo de poemas e histórias, incapaz de inventar algo diferente ou de ser outra pessoa além de quem era.

33.

O assassinato do arquiduque Francisco Ferdinando da Áustria em Sarajevo, por um nacionalista sérvio, em 28 de junho de 1914, assustou momentaneamente a Europa e, em particular, seus diplomatas, que temiam uma retaliação armada, mas os mercados financeiros permaneceram calmos. Supunha-se que as tensões internacionais arrefeceriam, e os jornais portugueses continuaram a se preocupar com a política interna. O foco do próprio Pessoa também estava voltado para a República de apenas quatro anos, especialmente seu meio cultural, que esperava estimular com suas invenções literárias.

Enquanto Mário de Sá-Carneiro, em Paris, deplorava suas limitações artísticas, Pessoa reescrevia a história da literatura portuguesa para que melhor acomodasse a multiplicação de si mesmo numa panóplia de autores e estilos. Com o nome de Frederico Reis, irmão de Ricardo, redigiu um ensaio sobre a "Escola de Lisboa" de escritores. A noção de escola era um pouco enganosa, advertia Frederico, pois não havia um programa conjunto que unisse seus integrantes, que eram três: Alberto Caeiro, Ricardo Reis e Álvaro de Campos. Todos haviam nascido e sido criados em Lisboa; tinham um precursor comum em Cesário Verde, o poeta do século XIX que observava e sentia coisas grandes e pequenas com acuidade incomum; e estavam inextricavelmente interligados, pois Caeiro fora o mestre que "despertou" a poesia que espreitava em Reis e Campos. Mas, na verdade, eles representavam três movimentos literários diferentes. Caeiro era um "naturalista puro", Reis, "um grande e único neoclassicista", e Campos, o "poeta das sensações", além de futurista — ou melhor, era "o que os futuristas quiseram ser".

Mais tarde, Pessoa mudaria o local de nascimento de Ricardo Reis para o Porto e o de Álvaro de Campos para a vila de Tavira, no Algarve, mas manteria e rechearia com detalhes vívidos a história de como, ao conhecer Caeiro, ambos acordaram para a própria vocação de poetas maiores, cada qual com características únicas. Quanto ao próprio Caeiro, Frederico sustentava que era simplesmente "o maior poeta da língua portuguesa". O ensaio de Frederico, que Pessoa pretendia publicar como panfleto, elogiava os novos poetas por serem inovadores e internacionais — ao contrário de Teixeira de Pascoaes, Mário Beirão e os outros saudosistas, cuja celebração de uma "Natureza espiritualizada, transcendentalizada" equivalia a uma continuação portuguesa do romantismo. Isso era o que eles tinham de original, concedia o ensaísta, mas que sentido fazia prolongar o romantismo, morto havia meio século?

Frederico mencionava dois outros poetas que, se não eram membros da Escola de Lisboa, estavam intimamente ligados a ela: Fernando Pessoa e Mário de Sá-Carneiro. O primeiro, como "a culminância da autoanálise", e o último, com sua "materialização das sensações, a carnalização do espírito", haviam alcançado com perfeição aquilo ao que os simbolistas franceses aspiravam. Embora Frederico Reis não usasse o termo, esse simbolismo exacerbado, supostamente aperfeiçoado, era o que seus adeptos chamavam de paulismo e, em tempos mais recentes, de intersecionismo.

Em meados de julho, mais ou menos na mesma época em que Sá-Carneiro escreveu a carta em que falava seriamente pela primeira vez sobre suicídio, Pessoa escreveu-lhe a respeito do panfleto de Frederico Reis sobre a chamada Escola de Lisboa, e comentou de forma provocativa que Frederico tinha coisas muito interessantes a dizer sobre a poesia do amigo. Essas e outras palavras da carta de Pessoa foram um bálsamo para Sá-Carneiro, que assim percebeu que o amigo, apesar do entusiasmo por Caeiro, Campos e Reis, não abandonaria o paulismo e o intersecionismo — ao menos naquele momento. O projeto dos dois para a revista intersecionista *Europa*, concebido alguns meses antes, estava mais vivo do que nunca. Inclusive, em vez de abandonar o intersecionismo ou a *Europa*, Pessoa se preparava para lhes dar novos usos.

***

Foi provavelmente no primeiro semestre de 1914, antes do regresso de Sá-Carneiro a Paris, que Pessoa datilografou um sumário provisório para o primeiro número de *Europa*.[1] Um manifesto introdutório sobre o intersecionismo era seguido de uma seleção de poemas e prosa intersecionistas de Pessoa, Sá-Carneiro, Armando Côrtes-Rodrigues e Alfredo Guisado. Para internacionalizar a revista e o movimento que representava, um suplemento conteria obras intersecionistas em francês e inglês assinadas por Pessoa, Sá-Carneiro e, inesperadamente, Alexander Search, que fora relegado ao silêncio em 1910, ano em que secou seu fluxo outrora constante de poesia inglesa. E, no fim das contas, continuaria calado, pois a ideia de Pessoa de ressuscitar esse heterônimo logo desapareceu.

Mas a ideia da revista continuou ganhando força. Sá-Carneiro e Guisado, ambos com alguns livros lançados por conta própria, estavam familiarizados com os detalhes práticos de publicar, inclusive com os custos envolvidos. Na carta que enviou a Pessoa no final de julho, Guisado se ofereceu para contribuir com algum dinheiro para a edição inaugural da revista. Com ou sem sua contribuição, o financiamento de *Europa* não seria problema, pois podiam sempre contar com o patrocínio do pai de Sá-Carneiro. O que estava realmente dificultando o lançamento da revista era seu editor-chefe, Fernando Pessoa, que precisava decidir a linha editorial a ser adotada, definir a proporção exata de ficção, poesia e não ficção que publicariam e quem de fora de seu círculo íntimo deveria ser convidado a apresentar contribuições.

Pessoa hesitava em parte porque sempre foi hesitante e em parte porque queria aproveitar ao máximo a oportunidade, não só para si e para os amigos, mas também, se possível, para o país. Embora Pessoa nunca tenha deixado de ser um patriota e um visionário político, sua comunhão literária com Sá-Carneiro havia sido estimulante e gratificante o suficiente para diminuir um pouco sua paixão pela política. Mas havia novidades em Portugal, novas pressões sobre a ainda jovem República, e ocorreu-lhe que *Europa*, embora fosse uma publicação literária, poderia ser um instrumento de dinamização da vida social e política da nação.

Um dos mais recentes desafios para a República era o integralismo lusitano. O termo parece se referir a algum tipo de movimento holístico, impressão que de certa forma é correta. A ideologia integralista, formulada na França pelo teórico político Charles Maurras, considerava o Estado um todo orgânico que era constituído por diversas classes sociais interagindo de forma eficiente e que tinha uma dependência visceral de sua geografia, sua história e suas raízes étnicas. Para florescer, uma nação precisava respeitar o princípio da hierarquia social, além de suas tradições, circunstâncias físicas e psicologia nacionais. Com base nessa lógica, os integralistas franceses, por meio do movimento Action Française e de um jornal com o mesmo nome, clamavam pelo retorno da monarquia em seu país. Essa era também a reivindicação dos integralistas portugueses, que fundaram a revista *Nação Portuguesa* em abril de 1914 e logo conquistaram o apoio de pessoas desiludidas com o republicanismo, inclusive de vários jovens intelectuais. Pessoa não era um deles. Por mais incomodado que estivesse com os fracassos da República, voltar ao sistema monárquico era, no mínimo, uma ideia retrógrada. E o integralismo era uma ideologia francesa, cuja utilidade para a França ele questionava e cuja aplicação a Portugal rejeitava por completo. Os integralistas portugueses se distanciavam das posturas mais direitistas, xenófobas e antissemitas de Maurras e da Action Française, mas papagueavam a ideologia central da organização, que era tradicionalista, pró-católica e antiparlamentar.

Embora em seus escritos rotulasse incansavelmente Maurras de reacionário, Pessoa compartilhava o desgosto desse ideólogo pela democracia popular e sua descrença na viabilidade de uma sociedade sem classes. No entanto, se considerava um progressista, já que defendia um sistema de classes moderno de perfil não tradicional. Em vez de escolher entre os ideais democráticos personificados pela República — que até então produzira resultados bastante desanimadores — e o projeto dos integralistas de ressuscitar a monarquia, Pessoa inventou uma solução híbrida para Portugal: uma república aristocrática.

Ele expôs com entusiasmo suas novas teorias sobre classe e governo numa carta de 28 de julho a Sá-Carneiro.[2] O progresso, argumentou Pessoa, só poderia ser alcançado por meio de uma aristocracia formada por indivíduos superiores. Sem nenhuma relação com sangue azul ou privilégios herdados, ela se desenvolveria e se sustentaria espontaneamente por meio de um processo darwiniano de seleção natural. Para o surgimento dessa aristocracia, seria necessário antes de mais nada criar "uma atitude aristocrática" na esfera cultural — tarefa que Pessoa estava preparado para cumprir com a ajuda de amigos como Sá-Carneiro. Ao lançar não apenas um, mas vários movimentos literários ou artísticos de vanguarda, eles promoveriam um debate intelectual vivo e uma competição entre as pessoas capazes de apreciar esses movimentos — a saber, a aristocracia, ou elite, formada por meio desse processo de autosseleção. Presenteada com produtos culturais superiores, mas contrastantes, até mesmo conflitantes, essa aristocracia teria algo substancioso para mastigar, tornando-se assim mentalmente mais vibrante, cosmopolita, europeia e, portanto, apta a servir como classe esclarecida e farol da República portuguesa.

Grande parte da base para a geração de uma aristocracia esclarecida já estava plantada, uma vez que dois movimentos culturais concorrentes já haviam sido criados: o paulismo (ou intersecionismo) e o "caeirismo". Agora só precisavam ser lançados como deveriam. A plataforma de lançamento, segundo a carta de Pessoa, seria a revista *Europa*. Com essa revista, previa ele, "abrimos um conflito entre o caeirismo e o paulismo", além de um conflito "entre estes dois cosmopolitismos" e o movimento saudosista mais paroquial, porém ainda valioso, de Teixeira de Pascoaes. O termo "caeirismo" referia-se ao ato radical de "outrar-se" que deu origem não só a Caeiro, mas também a Álvaro de Campos e Ricardo Reis. Era como se esses três guerreiros literários estivessem se lançando contra os adeptos do paulismo (Sá-Carneiro, o próprio Pessoa e seus amigos), e as duas facções formassem uma frente unida para se opor aos saudosistas.

De forma engenhosa, Pessoa havia transformado um conflito potencialmente preocupante entre sua nova ordem poética, o caeirismo, e o movimento um pouco mais antigo do paulismo numa condição necessária para fomentar a formação de uma elite cultural e o desenvolvimento de uma República aristocrática. Essa teoria impressionou muito Sá-Carneiro, segundo sua carta de resposta, datada de 1º de agosto, e o que mais o encantou foi o importante papel desempenhado pelo paulismo, movimento ao qual se agarrou como se sua sobrevivência literária dependesse disso. E refletiu: "Que belíssima coisa seria agora com essa orientação 'total' a nossa revista — *Europa*!".

Mas apenas "seria", como ele mesmo escreveu, já que a própria Europa mergulhara de repente na turbulência. Em 28 de julho, exatamente um mês após o assassinato do arquiduque Ferdinando e no mesmo dia em que Pessoa delineou sua visão de uma luta literária entre os adeptos do paulismo e os caeiristas, mas antes de ler o jornal vespertino, o Império Austro-Húngaro declarou guerra à Sérvia. Outras nações europeias começaram de imediato a mobilizar com entusiasmo suas forças armadas.

Por toda a Europa, cidades efervescentes como Paris foram tomadas pela ansiedade e pela consciência súbita de sua vulnerabilidade. Em 31 de julho, o pai de Sá-Carneiro, que acabara de assumir o cargo de diretor-chefe das ferrovias de Moçambique, enviou ao filho um telegrama de Lourenço Marques aconselhando-o a voltar de imediato para Lisboa, mas ele respondeu que esperaria para ver como os eventos se desenrolariam. No dia seguinte, a Alemanha declarou guerra à Rússia e três dias depois, à França. Em 6 de agosto, Sá-Carneiro, não podendo mais trocar sua moeda portuguesa em bancos franceses, pôs 30 mil-réis numa carta registrada a Pessoa, pedindo-lhe que enviasse uma ordem de pagamento telegráfica no valor equivalente em francos franceses. No mesmo dia, mandou ao amigo uma segunda carta, mais longa, em que contava que sua amada Paris, despreocupada e glamorosa, se transformara em uma semana numa cidade diferente e desconhecida: "atônita, apavorada e deserta". Irremediavelmente preocupado consigo mesmo, lamentou as "grandes lojas fechadas, os cafés apagados — todo o conforto perdido! Teatros, pequeninos quartos de hotéis, os salões dos grandes costureiros... Tanta pena, tanta pena... Eu sinto-me em verdade a amante pequenina dum rapaz loiro de vinte anos que partiu para a guerra e não voltou...".

Antes mesmo de receber as notícias de seu amigo em Paris, Pessoa reagira à guerra de uma forma muito diferente, sentindo-a através do seu heterônimo Álvaro de Campos. Em 2 de agosto, quando a Alemanha invadiu Luxemburgo, o poeta da "Ode triunfal" escreveu quase uma centena de versos do que viria a ser sua "Ode marcial". A Europa, ao que parece, ansiava inconscientemente por ir à guerra, e os jovens de todo o continente se alistaram para lutar como se estivessem a caminho de férias com todas as despesas pagas, mas não havia nada de triunfal ou heroico na visão de Campos sobre o combate letal que apenas começava:

A guerra, a guerra, a guerra realmente,
Excessivamente aqui, horror, a guerra real...
Com a sua realidade de gente que morre realmente,
Com a sua estratégia realmente aplicada a exércitos reais compostos de gente real,
E as suas consequências, não cousas contadas em livros,
Mas frias verdades, de estragos realmente humanos, mortes de quem morre, na
[verdade,
E o sol também real sobre a terra também real,
Reais em ato e a mesma merda no meio disto tudo!

As guerras já inspiravam a poesia desde antes da *Ilíada*, mas a Grande Guerra provocou uma efusão sem precedentes de versos em todo o mundo e, em especial, na Europa, onde centenas de poetas — de Apollinaire, Rupert Brooke e o alemão August Stramm a completos desconhecidos, de civis em suas terras natais a soldados nas trincheiras — publicaram poemas em reação ao conflito armado. Alguns ainda romantizavam as virtudes do heroísmo militar e da solidariedade nacional, mas, à medida que a luta avançava, os retratos poéticos da guerra tornaram-se cada vez mais céticos, concentrando-se, como a "Ode marcial" de Campos, em sua realidade totalmente hedionda.

Sá-Carneiro resistiu por mais três semanas no Grand Hôtel du Globe, enquanto as tropas alemãs invadiam a Bélgica para facilitar sua entrada em território francês, onde o exército nacional recebera reforço das forças britânicas. Ameaçada por uma invasão estrangeira iminente, Paris cambaleava de pavor enquanto se preparava para se defender, com canhões antiaéreos montados na Torre Eiffel. Refugiados da Bélgica e do norte da França começaram a afluir para a cidade, enquanto dezenas de milhares de seus habitantes habituais fugiam para o sul. Sá-Carneiro foi para Barcelona, onde pensou que poderia ficar durante a guerra, que quase todos acreditavam que seria breve. Embora a capital catalã não substituísse o epicentro da arte modernista, a igreja da Sagrada Família, de Antoni Gaudí, com sua remodelação art nouveau da arquitetura gótica, o encantou completamente. Ele a apelidou de "catedral paúlica" numa carta a Pessoa, "uma catedral de sonho, uma catedral Outra, vista noutros países, noutras interseções", e mandou logo depois da carta dois cartões-postais que retratavam a igreja e seus múltiplos pináculos, dizendo que encarnava uma "ânsia de novo, mistério, estranheza, audácia".

Na quinzena seguinte ao início da guerra, o governo de Portugal declarou sua lealdade à aliança luso-britânica, começou a avaliar se suas tropas deveriam entrar no confronto, concedeu a si mesmo poderes de emergência e impôs controles de preços mais rígidos em alimentos básicos como o pão. Já se especulava sobre escassez de comida em Lisboa. A guerra estava provocando reações rápidas, deliberações e medidas de precaução. Ao longo dos meses de junho e julho, Pessoa encontrara-se com Armando Côrtes-Rodrigues, mostrando-lhe os mesmos poemas de Álvaro de Campos e Ricardo Reis que mandava para Sá-Carneiro em Paris, mas em agosto seu amigo dos Açores voltou para lá com a esposa e o filho recém-nascido. Estava com 23 anos e tinha enorme chance de ser recrutado, caso Portugal entrasse no conflito. Na ilha de São Miguel, a quase 1500 quilômetros de Portugal, estaria a uma distância relativamente segura. Os jovens portugueses, ao contrário de muita gente dos países do norte e do leste dos Pireneus, não estavam nem um pouco ansiosos para pegar em armas.

Enquanto Álvaro de Campos continuava a produzir versos repletos de sentimentos intensos para sua "Ode marcial", Fernando Pessoa analisava, sopesava e extrapolava, como se estivesse às voltas com um complexo problema de lógica. Numa carta enviada a Côrtes-Rodrigues em 2 de setembro, escreveu que havia "deliberado teorias várias sobre a guerra presente e sobre as forças sociais, nacionais e civilizacionais em ação. Creio ir-me aproximando de uma interpretação do conflito com visos de verdade". Qualquer interpretação que tivesse em mente era apenas provisória; enquanto a guerra durasse, e mesmo depois de terminada, ele continuaria teorizando, produzindo várias centenas de páginas — a maioria ainda não publicadas — sobre o choque de ambições nacionais que ela encenava de forma tão trágica. Pessoa informou a Côrtes-Rodrigues que Sá-Carneiro estava em Barcelona e, sem dúvida, estaria em breve de volta a Lisboa. Era uma coisa boa ter deixado a França, já que "não parece impossível um cerco de Paris pelos alemães — o que, de resto, naturalmente pouco altera a sua probabilíssima derrota final".

As tropas alemãs marchavam em direção a Paris enquanto Pessoa escrevia essas palavras e, vários dias depois, chegaram a 25 quilômetros dos limites da cidade, antes de serem rechaçadas na Batalha do Marne, com a ajuda de algumas centenas de táxis parisienses mobilizados para transportar soldados para o front. Quanto a Sá-Carneiro, Pessoa previra acertadamente que em breve regressaria a Lisboa. Ele não contou a ninguém que estava voltando para casa, exceto a Pessoa, que o esperava entre as colunas de ferro fundido que sustentavam a cobertura da estação ferroviária, no dia 9 de setembro, às quinze para as três. Podemos ver Sá-Carneiro, volumoso e exuberante, descendo na plataforma e abraçando apertado seu melhor amigo, enquanto Fernando, sempre desconcertado por manifestações de afeto, retribuía com um abraço desajeitado. Não eram fáceis para ele as demonstrações físicas, e a maioria das pessoas percebia e respeitava isso, quase nunca tentando tocá-lo. Sá-Carneiro, apesar de ter uma admiração por Fernando que beirava o culto, exercia seu direito de amigo de atormentar, de choramingar, de encarregá-lo de afazeres, de exigir que estivesse na estação do Rossio às quinze para as três, de lhe dar um abraço quando sentia vontade e de ser abraçado de volta. Pessoa não poderia deixar de estar presente na hora marcada, esperando ansiosamente. Não tinha nenhum outro amigo como aquele no mundo.

Na carta a Côrtes-Rodrigues, Pessoa mencionava ainda que, desde a eclosão da guerra, ele próprio atravessava um "período de crise", tanto em sua escrita como em seu caráter. "Quero disciplinar a minha vida (e, consequentemente, a minha obra) como a um estado anárquico, e anárquico pelo próprio excesso de 'forças vivas' em ação, conflito e evolução interconexa e divergente." Algumas dessas forças vitais tinham nome: Alberto Caeiro, Ricardo Reis e Álvaro de Campos, todos citados na carta. Pessoa ainda estava pasmo, desorientado com as viradas da sua vida literária nos seis meses anteriores. Havia inventado aquelas três individualidades, mas sem saber muito bem como, de onde vinham, ou que novas responsabilidades lhe acarretavam.

Em 1930, Pessoa iniciaria uma correspondência com o mago inglês Aleister Crowley. Numa folha de papel que contém um rascunho parcial de sua primeira carta a Crowley, Pessoa escreveu: "A criação de Caeiro e do discipulado de Reis e Campos parece, à primeira vista, uma elaborada piada da imaginação. Mas não é. É um grande ato de magia intelectual, uma *magnum opus* do poder criativo impessoal".[3] São palavras ousadas, até presunçosas, mas perfeitamente adequadas para iniciar o destinatário nos mistérios de seus heterônimos. Como praticante de magia e escritor prolífico no assunto, além de poeta e romancista, Crowley estava em excelente posição para apreciar — talvez mais do que o próprio Pessoa — a "magia intelectual" envolvida na criação de Caeiro, Reis e Campos.

Ou essa magia era apenas o abracadabra de crianças, cujas imaginações férteis são boas em invocar fenômenos "sobrenaturais"?

Alguns estudiosos de Pessoa desdenham dos heterônimos e os consideram, na melhor das hipóteses, um artifício literário comparável ao uso lúdico de pseudônimos diferenciados por Søren Kierkegaard ou, na pior, como uma farsa literária semelhante à criação por Thomas Chatterton de Thomas Rowley, um sacerdote fictício do século XV em cujo nome o talentoso e imaginativo adolescente de Bristol do século XVIII produzia poesia medieval falsa, enquanto sob seu próprio nome escrevia em inglês contemporâneo. A figura de Chatterton, que usou arsênico para se suicidar três meses antes de completar dezoito anos, fascinou românticos ingleses como Keats e Shelley, e também Pessoa, que tinha uma coletânea de sua poesia e planejava escrever sobre ele quando ainda era estudante em Durban.[4] O "outrar-se" de Chatterton como Thomas Rowley deve ter sido ao menos uma inspiração subliminar para a criação dos heterônimos por Pessoa, que inicialmente planejou publicar e fazer passar por poetas autônomos de carne e osso. Isso não diminui a realização de Pessoa nem refuta seu caráter supostamente mágico.

A impostura e a magia são boas parceiras e encontraram um casamento perfeito em Aleister Crowley, que perpetraria um de seus maiores embustes com a estreita colaboração de Pessoa. Menciono Crowley aqui por causa dos heterônimos ambiguamente mágicos, que, mais do que uma piada que Pessoa pregava em seus leitores, eram uma peça que alguém ou algum poder — o "poder criativo impessoal" — pregava nele próprio. Ele passaria o resto da vida tentando sondar a natureza e a origem desse poder, sua relação com outros poderes e como deveria usá-lo para si mesmo, para a literatura, para Portugal e para a eternidade.

Uma "representação visual provisória" de Pessoa (assim ele escreveu no verso da foto) aos 25 anos, pouco antes do surgimento de seus principais heterônimos. (*Cortesia de Manuela Nogueira*)

PARTE III

SONHADOR E CIVILIZADOR (1914-25)

Criar dentro de mim um Estado com uma política, com partidos e revoluções, e ser eu isso tudo, ser eu Deus no panteísmo real desse povo-eu, essência e ação dos seus corpos, das suas almas, da terra que pisam e dos atos que fazem.

Livro do desassossego (trecho 157)

34.

Pessoa acompanhou de perto o desenrolar da Grande Guerra, que ganhou escala rapidamente e além de todas as expectativas, espalhando-se da Europa para frentes de batalha na África, no Oriente Médio e no Leste Asiático, mas não deixou que os acontecimentos perturbadores o distraíssem de sua própria campanha de derrotar o mundo por meio dos sonhos, da literatura, da imaginação e de seus heterônimos. É quase como se o poeta, ao reconhecer o caráter horrendo da guerra, se tornasse ainda mais determinado a superar a realidade.

Desde o dia em que foram disparados os primeiros tiros, a guerra ocupou a primeira página de todos os grandes jornais de Portugal, que era oficialmente neutro, embora tivesse anunciado sua disponibilidade para ajudar a Grã-Bretanha, sua aliada mais antiga. Muitos políticos, em especial do Partido Democrático de Afonso Costa,* queriam que os portugueses se unissem à causa aliada, convencidos de que isso reforçaria a posição desgastada da pequena nação na Europa e lhe traria vantagens materiais quando a guerra acabasse, supondo que os Aliados vencessem. Mas, como Portugal não dispunha de um exército bem treinado para

* O Partido Republicano Português, liderado por Afonso Costa, era informalmente chamado de Partido Democrático, para distingui-lo dos dois outros partidos, também republicanos.

oferecer, a Grã-Bretanha disse não, obrigado, ao menos por enquanto. E então Portugal teve de se contentar em fortificar suas colônias africanas, para o caso de haver uma invasão vinda do sudoeste africano alemão (atual Namíbia), que ficava ao sul de Angola, ou da África Oriental alemã (que correspondia aproximadamente a Tanzânia, Burundi e Ruanda), vizinha ao norte de Moçambique. Com exortações patrióticas, o governo convocou soldados de todo o país para formar duas forças expedicionárias, e, em 7 de setembro de 1914, o *Diário de Notícias*, jornal matutino que Pessoa costumava ler, publicou em sua matéria principal uma foto de centenas de soldados reunidos em Santa Apolônia, a estação ferroviária mais antiga de Lisboa. Os homens fardados, saudados por uma multidão que lotava a plataforma, vinham de várias cidades do interior e logo embarcariam em dois navios com destino à África.

Naquele mesmo dia, Fernando Pessoa escreveu dois poemas sobre uma cavalgada militar *voltando* da África sob o comando de dom Sebastião, o jovem monarca idealista e religioso fanático que liderou uma campanha suicida para reconquistar territórios portugueses perdidos no Marrocos, em 1578. Em um dos dois poemas, "O regresso", o rei ressuscitado e sua vasta cavalgada chegam numa manhã de nevoeiro para anunciar uma nova era de esplendor nacional. Porém os soldados montados a cavalo são fantasmas, pois fazem parte de uma história mítica, cujo poder residia justamente em sua irrealidade. O mito passara por várias permutações, e Pessoa seria responsável por mais uma.

O rei Sebastião foi mitificado quase por necessidade, para mitigar a humilhação da pior e mais insensata derrota militar da história de Portugal. Impermeável a todos os avisos de que era uma campanha condenada ao fracasso, o rei de 21 anos reuniu um exército de cerca de 18 mil homens para guerrear contra um inimigo muito mais numeroso em seu próprio solo.* Demorou apenas algumas horas para que a grande maioria daqueles homens, famintos e exaustos após uma marcha de sete dias pelo deserto, fosse morta ou capturada na batalha travada em 4 de agosto perto da cidade de Alcácer-Quibir. O rei também morreu. Mas

* Além dos soldados portugueses, o exército incluía mais de 5 mil voluntários e mercenários da Espanha, da Alemanha, de Flandres e da Itália. No Marrocos, juntaram-se a ele 6 mil soldados mouros de Abu Abdallah, um rei deposto que tentava retomar o trono de seu tio, Abd Al-Malik, que era apoiado pelos otomanos e havia reunido um exército três vezes maior do que as forças combinadas lideradas por d. Sebastião.

em meio ao pandemônio de corpos ensanguentados e membros decepados, quem poderia ter certeza absoluta? Quatro meses após a batalha, os vencedores entregaram os restos mortais do rei aos portugueses, mas não havia como atestar sua autenticidade.*

Sebastião não tinha herdeiro, a nobreza portuguesa havia perdido seus melhores homens na catástrofe, a pátria estava um caos, e começaram a circular histórias de que o rei não estava morto: alguém o tinha visto cavalgando para longe do campo de batalha. E, como havia sobrevivido, diziam os que disseminavam os boatos, ele certamente voltaria.[1]

Quem apareceu, em vez disso, foram vários falsários que se passavam por Sebastião, às vezes com o endosso de aristocratas portugueses ansiosos para depor Filipe II da Espanha, que em 1580 se apossara da Coroa de um Portugal muito enfraquecido. A cada Sebastião fraudulento que era desmascarado, crescia o número de pessoas a aguardar pelo verdadeiro d. Sebastião que, acreditavam, ressurgiria por entre as brumas numa manhã qualquer. Em 1640, Portugal recuperou sua soberania, e àquela altura o rei desaparecido, se ainda estivesse vivo, estaria decrépito, mas o povo continuou a esperar, revestindo a ideia do regresso com interpretações alegóricas e messiânicas, em parte inspiradas na antiga lenda do rei Artur, que supostamente retornaria da ilha de Avalon para salvar seu povo.

A lenda sebastianista continuou se disseminando e acabou viajando para o exterior. No final do século XIX, Antônio Conselheiro, pregador místico e líder de Canudos, comunidade de cerca de 30 mil pessoas no Nordeste brasileiro, ainda previa o retorno iminente de d. Sebastião. A comunidade, considerada uma ameaça à jovem república secularista do Brasil, proclamada em 1889, foi brutalmente exterminada por forças governamentais.

A poeta Sophia de Mello Breyner Andresen me contou que, quando jovem, ainda via aldeões da costa portuguesa olhando para a névoa matinal em busca do navio que traria de volta o Adormecido. Um epíteto mais comum para Sebastião era o Encoberto, pois se acreditava que voltaria numa forma velada — como um rei diferente, mas maravilhoso, ou como um acontecimento deslumbrante — para tirar seu país da estagnação. Foi essa espera passiva por um redentor, ou

* Em 1582, os restos mortais do rei foram sepultados no Mosteiro dos Jerônimos, em Lisboa. Alguns historiadores já solicitaram ao governo português a permissão para que fossem exumados e submetidos a teste de DNA.

por uma ocorrência redentora, que fez com que intelectuais do século XIX, como o poeta Antero de Quental e o historiador Oliveira Martins (1845-94), vissem o sebastianismo como um emblema da decadência de Portugal.

Quando aludiu ao sebastianismo em "The Old Castle", poema de adolescência discutido no capítulo 12, Pessoa também o caracterizou, da mesma forma que Quental e Oliveira Martins, como uma esperança passiva, melancólica e fadada à decepção. Mas, em 1914, ele poetizou a segunda vinda de d. Sebastião como um ponto de inflexão revolucionária na mentalidade portuguesa. Seu ponto de vista radicalmente alterado se deve um pouco a um dos livros que ajudaram a relançar o sebastianismo no século XX, *O Encoberto*, publicado em 1904 por Sampaio Bruno (1857-1915). Depois de revisar as maneiras como os jesuítas e outros utilizaram o sebastianismo para diversos fins, bons e maus, o autor propôs que d. Sebastião fosse entendido como uma entidade coletiva, como a nação portuguesa.[2] Embora Bruno não explicasse exatamente o que um d. Sebastião "coletivo" poderia realizar, argumentava, em oposição a Oliveira Martins, que o mito sebastianista poderia tirar Portugal de seu estupor psicológico. Pessoa admirava essa tese, porém achava mais provável que um eventual despertar nacional e coletivo fosse posto em movimento por um indivíduo.

Em 8 de setembro, um dia depois de escrever os dois poemas que evocavam o retorno do Encoberto, Pessoa enviou uma carta a Sampaio Bruno, cumprimentando-o pelo livro e solicitando sugestões de leituras adicionais sobre o assunto. A título de introdução e para justificar seu interesse pelo sebastianismo, comentou com o escritor mais velho, residente no Porto, sobre a "indefinida veia messiânica" revelada em seus artigos de 1912 sobre "A nova poesia portuguesa", que haviam anunciado "o agora muito próximo aparecimento de um Super-Camões".[3] Esse Super-Camões, como vimos, era o próprio Pessoa, que se sentia pronto para acrescentar outro título ao currículo, o de um d. Sebastião dos tempos modernos que finalmente regressava para salvar Portugal. Ele se preparava para ser um messias cultural, cuja missão divina era restaurar Portugal ao seu antigo estado de glória — por meio não de façanhas marítimas, mas sim poéticas.

O sebastianismo de Pessoa não era concebido de maneira restrita. O Encoberto poderia voltar em sua própria figura, como o Super-Camões, ou no corpo de um grande estadista capaz de salvar a nação de sua política autodestrutiva, ou na pele de uma consciência nacional transformada. Pessoa admitia todas essas hipóteses, separadamente e em combinação. Por outro lado, o que passou a rejeitar foi o projeto positivista de certos republicanos, que imaginavam uma sociedade de cidadãos seculares baseada na ciência, iluminada pelas virtudes gêmeas da ordem e do progresso. Assim como Sampaio Bruno, que escreveu não só sobre o sebastianismo, mas também sobre a cabala e outras tradições esotéricas, ele queria reservar uma dimensão mística e transcendente, até mesmo divina, para Portugal e para a humanidade em geral.

Pessoa já se encontrava em um "estado de espírito cabalístico" em 1907, quando escreveu o poema de Alexander Search sobre magia intitulado "The Circle", e sua curiosidade sobre a religião e o sobrenatural remontava à adolescência. Nos anos anteriores e posteriores ao surgimento de seus três heterônimos principais, esse estado de espírito e essa curiosidade se transformaram numa paixão pelo estudo e pela pesquisa metafísicos. O interesse de Pessoa pelo ocultismo estava ligado a seu interesse pela psicologia da genialidade e da loucura, e iria muito além. O neurologista francês Joseph Grasset (1849-1918), um de seus guias a respeito do tema da loucura e da relação desta com a genialidade literária, filosófica e musical, era também o autor do primeiro livro sério sobre ocultismo que leu, *L'Occultisme hier et aujourd'hui* [O ocultismo ontem e hoje], de 1908.[4] O texto oferecia uma visão geral de fenômenos paranormais, como a comunicação mediúnica, a sensação de déjà-vu, corpos astrais, telepatia, levitação, leitura da mente e clarividência.

O neurologista excluía de sua discussão a magia, tradições herméticas, alquimia e ritos de iniciação. Esses temas foram apresentados a Pessoa por *The Rosicrucians: Their Rites and Mysteries* [Os rosacruzes: Seus ritos e mistérios], livro de Hargrave Jennings que ele leu provavelmente em 1910 ou 1911.[5] Bastante ilustrada, a obra forneceu-lhe sinais, símbolos, fórmulas linguísticas, doutrinas esotéricas e sistemas espirituais para articular sua consciência perplexa diante do mistério do mundo.

Sou o saber que ignora;
Sou a insônia da dor e do pensar
Sobre o livro de horror do mundo.[6]

Esses versos são do *Fausto* de Pessoa, que dramatiza a incapacidade da Inteligência — personificada no personagem-título — para sondar a Vida e o Desconhecido.

O drama era do próprio Pessoa e nunca deixaria de assombrá-lo, mas suas leituras sobre o ocultismo sugeriram a possibilidade de outro tipo de conhecimento, não obtido pela razão. Em um trecho de *The Rosicrucians* que causou uma impressão especialmente forte em Pessoa, Jennings argumentava que aquilo que é "aparente e razoável" nunca é verdadeiro, pois a Verdade é inefável, e portanto "não podemos conhecer Deus [...] por meio da Inteligência", mas somente "por meio do coração e dos afetos".[7]

O livro de Jennings foi a provável inspiração para "O filósofo hermético", um monólogo de Pessoa que enuncia algumas das principais doutrinas atribuídas ao divinamente sábio Hermes Trismegisto, um personagem mítico da Antiguidade. Três doutrinas em particular impressionaram muito Pessoa:

1. Toda a realidade é essencialmente dual, com um lado que vemos e um lado que permanece para sempre imperceptível ao senso comum, à ciência e à filosofia.
2. O lado oculto da realidade pode ser descoberto por meio da magia e do tipo de conhecimento espiritual revelador que se chama às vezes de gnose.
3. Existe um grupo de elite de pessoas iniciadas em mistérios secretos mais elevados.

O filósofo hermético de Pessoa não se limitava a repetir o que outros escreveram; ele também teorizava que alguns raros indivíduos são iniciados *ab origine*, desde o nascimento. Como um exemplo, citava Shakespeare, cujas notáveis intuições no campo da psicologia — muito antes de essa área de estudo sequer existir — possibilitaram-lhe criar a estupenda figura do rei Lear. Esse tipo de poder intuitivo era uma manifestação clara de "ocultismo inconsciente, de iluminismo inconsciente".[8]

A capacidade de Pessoa de escrever com personalidades diferentes e em estilos tão distintos não seria uma façanha de intuição comparável à de Shakespeare? Ele afirmava que sim. Seus três principais heterônimos ainda não existiam quando ele escreveu "O filósofo hermético", mas esse monólogo já havia apresentado a justificativa teórica para considerar seu criador, junto com Shakespeare, um iniciado *ab origine*, um *iluminato* de ocorrência espontânea. Pessoa, no entanto, não se contentou em receber passivamente misteriosos poderes criativos de mestres ocultos do universo. Fascinado pela noção de um avesso, ou lado oculto, da realidade, procurou ativamente comunicar-se com ele, como comprovam as sessões espíritas familiares que conduziu na casa de sua tia Anica. Enquanto isso, em sua poesia, o reino espiritual não era mais apenas um conceito poético; presumia-se que existisse de fato.

Em setembro de 1914, além de seus versos sobre o d. Sebastião encoberto que logo se revelaria, Pessoa escreveu também seu primeiro poema digno de ser chamado de "esotérico". Intitulado "A múmia" e dividido em cinco seções, foi convincentemente analisado como um rito de iniciação em que o poeta morre para si mesmo.[9] Na primeira seção, depois de percorrer "léguas de sombra" dentro de si para chegar a um deserto, ou melhor, à sua visão de um deserto, o eu poético adquire um novo e estranho sentido de percepção. "Deixo de me incluir/ Dentro de mim", declara, e sente que está na presença de um homem morto, que aparentemente é ele mesmo, seu eu terreno. Nas quatro seções seguintes, seu espírito temporariamente liberto e claramente desconcertado experimenta o outro lado da realidade do mundo.

Em seu épico inacabado "Gahu", escrito quando era um jovem aspirante a poeta em Durban, Pessoa já havia representado uma morte iniciática para si mesmo, embora sem nenhum adorno esotérico. Se agora precisava morrer uma segunda morte ritual, era para marcar seu advento como o Grande Poeta profetizado em seus artigos de 1912 para *A Águia*. Uma demonstração prática de sua grandeza poética foi feita na folha manuscrita da quinta e última seção de "A múmia". No verso, Pessoa usou metade da página para escrever dois poemas assinados por Alberto Caeiro e datados de 17 de setembro de 1914; um quarto da página para escrever uma ode assinada por Ricardo Reis, seguida da mesma data; e o espaço livre restante para um poema de outro estilo, escrito em seu próprio nome e também datado de 17 de setembro. Não menos extraordinário do que a multiplicação de Pessoa em diferentes personas poéticas era o modo como conviviam e se afirmavam todas ao mesmo tempo, como uma sala cheia de pessoas tagarelas, todas ansiosas para dar sua opinião. "Deixo de me incluir dentro de mim", escreveu ele em "A múmia". Esse eu agora abrigava um bando de espíritos poéticos, que talvez alimentassem o interesse de Pessoa por espíritos de outro mundo.

No final de setembro, Pessoa enfim fez sua viagem havia muito planejada a Tavira, lar do clã Pessoa e suposto local de nascimento de Álvaro de Campos.

Doze anos haviam se passado desde sua última visita à cidade, que fica na costa do Algarve, a pouco mais de trinta quilômetros da fronteira com a Espanha, e muita coisa mudara. Agora era possível ir até lá de trem, as ruas tinham iluminação elétrica, e a que ladeava a margem norte do rio que divide a cidade em duas passara a se chamar Jacques Pessoa, em homenagem a um de seus parentes, militante republicano que morrera em 1909 aos sessenta anos, vítima de tuberculose, como vários outros Pessoa. Tavira, com cerca de 25 mil habitantes, era uma vila encantadora e bem preservada cuja economia se assentava na agricultura, na pesca do atum e na coleta de sal. Fernando visitou vários primos distantes, quase todos mais velhos e abastados, porém passou a maior parte do tempo com a prima que conhecia melhor, "tia" Lisbela, que tinha uma casa no centro e uma quinta em Mesquita, distante vários quilômetros da cidade.

Os descendentes dos Pessoa de Tavira dizem que Fernando visitou a cidade pelo menos cinco ou seis vezes na idade adulta, mas as muitas cartas que trocou com "tia" Lisbela se perderam, e apenas duas dessas viagens estão documentadas.[10] Numa delas, enquanto estava hospedado em Mesquita — uma casa branca no cimo de uma colina, tal como a moradia rural de Alberto Caeiro —, ele escreveu algumas quadras na forma tradicional portuguesa da redondilha maior. Uma das quadras era dedicada a Lisbela.

A tua janela é alta,
A tua casa branquinha,
Nada lhe sobra ou lhe falta,
Senão morares sozinha.[11]

Viúva aos 28 anos, depois de seu breve casamento com um soldado padecendo de uma tuberculose em estágio avançado, Lisbela permanecera sozinha e estava então com 69 anos. Com os rendimentos que auferia dos investimentos, que incluíam terras cultivadas a leste de Tavira, às vezes ajudava familiares mais jovens e tinha uma queda por Fernando, que se valia livremente de sua generosidade. Em uma de suas visitas, ele lhe perguntou se ela poderia prover um estipêndio mensal para sustentar sua atividade de escritor. Firme em sua dedicação à poesia e convencido com razão de seu talento, ele achava que era um pedido inteiramente razoável. Naquela época, poucos governos e quase nenhuma fundação privada forneciam subsídios para escritores, então o patrocínio era direto e pessoal e, com frequência, vinha de mulheres. Talvez não tivéssemos *Ulysses*, de Joyce, muito menos *Finnegans Wake*, se não fosse por Harriet Shaw Weaver (1876-1961); Yeats contava com lady Gregory (1852-1932) para ajuda financeira e também para hospedagem em Coole Park; e Margaret Cravens (1881-1912) financiou Ezra Pound em seus primeiros anos. Olivia Shakespear (1863-1938) ajudou direta ou indiretamente Yeats, Pound, Joyce e Eliot. Da forma mais discreta possível, sem nunca se ver como mecenas da literatura, Lisbela da Cruz Pessoa Machado patrocinou o primo Fernando Pessoa. Não podia oferecer um estipêndio mensal, já que sua renda era variável, dependendo da colheita de cada ano, mas começou a dar-lhe dinheiro como podia e quando ele mais precisava. E nenhum dos dois fingia que eram "empréstimos".[12]

De volta a Lisboa no início de outubro, depois de uma viagem que demorou doze horas no trem noturno desde Tavira, Pessoa retomou seus dias nos escritórios do centro, onde redigia cartas em inglês para ganhar escudos suficientes para suas despesas ocasionais, principalmente livros e roupas. O escudo foi introduzido em 1911, mas a maioria das pessoas ainda contava dinheiro em réis — cada mil-réis equivaliam a um escudo. Pessoa começara a manter horários meio regulares em vários escritórios, onde usava papéis de carta e máquinas de escrever para registrar seus poemas, textos em prosa criativa, ensaios e anotações pessoais. Ele gostava da atmosfera tranquila, simpática e sem excessivas demandas sociais que havia nas firmas comerciais da Baixa, bairro antigo da região central de Lisboa, e invariavelmente fazia amizade com seus empregadores, que o tratavam bem. Eles também acabaram se tornando seus credores.

Desde que regressara da França e da Espanha em setembro, Mário de Sá-Carneiro vinha tentando terminar um livro de contos na casa de sua família em Camarate, uma freguesia ao norte de Lisboa, mas ia com frequência à cidade e se encontrava com Pessoa, geralmente no Café Martinho na praça do Rossio, cujo interior luxuoso lembrava-o um pouco dos cafés parisienses. Quatro colunas pintadas de vermelho com capitéis dourados sustentavam uma galeria superior onde se servia uma culinária francesa requintada, porém os dois amigos costumavam se sentar a uma mesa no andar térreo. O assunto literário mais urgente era *Europa*, a revista intersecionista que planejavam havia meses, mas agora a repensavam, a começar pelo título, já que o continente se tornara de repente sinônimo de conflito e derramamento de sangue. Pessoa e Sá-Carneiro não subscreviam o nono item do *Manifesto do Futurismo* de Marinetti, segundo o qual deveríamos glorificar a guerra, "a única higiene do mundo" — item reafirmado pelo futurista italiano em 1915, depois de o conflito já ter "limpado" a Europa de centenas de milhares de pessoas.

Mudar o título seria simples, mas, no fim das contas, será que uma revista seria uma boa ideia? Eles temiam o risco de acabarem lançando um único número que não chamasse a atenção, como a revista *A Renascença*, em que Pessoa publicara seus primeiros poemas e Sá-Carneiro, um conto no início do ano. Os dois amigos optaram por um plano alternativo: uma *Antologia de intersecionismo*, publicada em livro e contendo prosa e poesia de Pessoa, Sá-Carneiro, Alfredo Guisado, Armando Côrtes-Rodrigues e Álvaro de Campos. Pessoa ficou responsável pelo "manifesto" introdutório do volume, o mesmo que começara a redigir no primeiro semestre para *Europa*. No tom combativo e com o espírito próprios dos manifestos, Pessoa, embora admitisse que os futuristas e os cubistas eram precursores do intersecionismo, ridicularizou-os por serem "escravos de terem pintores e escultores entre si, de julgarem pintura e escultura artes". Ele estava exagerando. Na verdade, reconhecia que a pintura e a escultura eram formas de arte, mas as considerava inferiores à literatura, que não tinha rival, com a possível exceção da música.

O futurismo e o cubismo também foram os precursores do movimento de vanguarda britânico conhecido como vorticismo, cofundado por Ezra Pound e Wyndham Lewis (1882-1957), que publicaram o primeiro número da revista *Blast*, em junho de 1914. Pessoa compraria exemplares desse periódico graficamente imponente, mas apenas em meados de 1915. Se por acaso leu sobre o vorticismo no segundo semestre de 1914, isso exerceu pouca influência em seu manifesto intersecionista, que propunha algo bem diferente. O movimento britânico promovia a energia dinâmica do Novo Vórtex para a criação nas artes visuais e também na escrita. Pessoa queria que a literatura, por si só, acomodasse *todas* as expressões artísticas.

Pessoa dedicou muitas páginas à explicação dos três movimentos que inventara: o paulismo, cujas linguagem sensorial e intensidade atmosférica eram como o simbolismo francês acrescido de uma ingestão de drogas; o intersecionismo, que poderia significar quase qualquer tipo de escrita que não fosse linear e unilateral; e o sensacionismo, que defendia a expressão exuberante dos sentidos à maneira de Walt Whitman. Na prática, porém, eles se fundiram e, na segunda metade de 1914, coexistiram. Em última análise, todos compartilhavam a mesma ambição: provar que a literatura era capaz de englobar todas as outras artes, tornando-as desnecessárias.

A função mais urgente e pragmática dos três movimentos era dotar o círculo literário de Pessoa de credenciais de vanguarda, distinguindo-o do restante da literatura produzida em Portugal. Pessoa também ansiava por estabelecer sua originalidade no contexto internacional, razão pela qual se desdobrou para atacar o cubismo e qualquer outro "ismo" que viesse de Paris, para que ninguém pensasse que os "ismos" de sua invenção eram meras derivações dos primeiros. Sá-Carneiro esfregou as mãos com regozijo conspiratório.

Naquele segundo semestre de 1914, a linha divisória conhecida como Frente Ocidental foi gravada a sangue no terreno traumatizado da Europa; ela mudaria muito pouco até o último ano da guerra, com ambos os lados empenhados na matança mútua enquanto permaneciam firmes, literalmente entrincheirados. Enquanto isso, Pessoa, com a ajuda de seus amigos, guerreava contra o establishment cultural português e tentava lançar o intersecionismo (ou o paulismo, ou o sensacionismo) como um movimento modernista mais original e mais avançado do que qualquer outro da Europa. Mas a batalha para impor o intersecionismo não daria em nada, e o próprio Pessoa perderia a fé na causa.

35.

As grandes ambições literárias de Pessoa tinham um cunho religioso, pois ele se via como um redentor cultural, mas, antes que pudesse começar a realizar sua missão, teve que passar por um período angustiante de reavaliação. "Eu já não sou eu. Sou um fragmento de mim conservado num museu abandonado", escreveu ele ao amigo Côrtes-Rodrigues em carta datada de 19 de novembro de 1914. Morara com tia Anica e sua prima Maria por mais de três anos, e a recente saída delas de Lisboa o desequilibrara, enchendo-o de insegurança e dúvidas com relação a si mesmo.

A guerra não impediu que o noivo de Maria, Raul da Costa, obtivesse uma bolsa do governo para estudar engenharia industrial na Suíça, que se mantinha neutra, e em meados de novembro, duas semanas depois de se casar, o jovem casal mudou-se para Lausanne, levando tia Anica e obrigando Fernando a se sustentar sozinho. Com mais do que um toque de melodrama, mas também com angústia sincera, ele descreveu seu estado de espírito como de uma "desolação infinita" e uma "abulia absoluta, ou quase absoluta". Sua carta a Côrtes-Rodrigues tratava de outros assuntos, entre eles a *Antologia do intersecionismo*, que ainda estava em andamento, embora ela houvesse sido temporariamente deixada de lado, pois não faria sentido que "um ato estético de caráter *europeu*" fosse publicado e distribuído antes do fim da guerra. Ele também mencionava que, apesar de sua suposta vontade frágil e paralisada, ou "abulia", estava escrevendo poesia e trabalhando duro no *Livro do desassossego*, embora tudo o que pudesse mostrar fossem "fragmentos, fragmentos, fragmentos". E, por fim, chegava ao principal motivo da carta: será que o "caro amigo" poderia emprestar-lhe 20 mil-réis? Não sabia quando conseguiria reembolsar essa quantia ou os 5 mil-réis que já devia ao amigo açoriano, mas estava desesperado e não tinha mais ninguém a quem recorrer.

Na verdade, havia várias pessoas a quem podia recorrer: "tia" Lisbela, as tias-avós Rita, Adelaide e Carolina, vários primos que viviam em Lisboa e alguns amigos mais prósperos. Antes mesmo de Côrtes-Rodrigues responder que, infelizmente, não lhe sobrava dinheiro, Pessoa já havia contraído um empréstimo em outro lugar para pagar casa e comida, que antes eram garantidas por tia Anica. Seu novo endereço, rua de Dona Estefânia, número 127, ficava logo depois da esquina com a rua de sua antiga morada. Alugara um quarto no apartamento térreo de uma engomadeira.

A nova situação de vida, essencialmente solitária, de Pessoa o arrancou dos ritmos estabelecidos e o levou a fazer um balanço de si mesmo, de suas atividades literárias e de suas motivações. Em 21 de novembro, uma semana depois de se mudar para o quarto alugado e dois dias depois de escrever a Côrtes-Rodrigues sobre seu sentimento de distanciamento de si mesmo ("Eu já não sou eu"), fez quatro páginas de anotações pessoais que começavam com uma declaração de independência artística e integridade:

> Hoje, ao tomar de vez a decisão de ser Eu, de viver à altura do meu mister, e, por isso, de desprezar a ideia do reclame, e da plebeia sociabilização de mim, do Interseccionismo, reentrei de vez [...] na posse plena do meu Gênio e na divina consciência da minha Missão. Hoje só me quero tal qual meu caráter nato quer que eu seja, e meu Gênio, com ele nascido, me impõe que eu não deixe de ser.[1]

No mesmo conjunto de anotações, Pessoa renunciava definitivamente a qualquer interesse em lançar uma revista intersecionista como *Europa*. Em vez disso, mostrava-se inclinado a colaborar mais uma vez com o grupo Renascença Portuguesa, de Teixeira de Pascoaes, por meio do qual se podia "agir sobre a Pátria". Era uma reviravolta notável. Apenas nove dias antes, Pessoa informara ao diretor da revista *A Águia* que estava cortando relações com o grupo Renascença e sua revista, por uma "radical e inevitável [...] incompatibilidade" entre a literatura produzida por gente como ele e Mário de Sá-Carneiro[2] e a literatura nascida do saudosismo e do nacionalismo étnico de Pascoaes.

Se Pessoa estava agora reconsiderando, pensando que afinal havia, *sim*, algum terreno comum entre seus interesses patrióticos e os dos poetas da Renascença, isso se devia a lapsos na compatibilidade que sentia em relação a seu amigo e colaborador literário mais próximo. Escritor egocêntrico, para quem a literatura era um espelho, Mário de Sá-Carneiro não sentia nenhuma conexão especial com a alma, a história, a identidade ou o destino de Portugal. Enquanto Pessoa, em sua megalomania, se concebia como o Super-Camões ou o d. Sebastião que retornava, Sá-Carneiro era somente e sempre "Sá-Carneiro" — entre aspas, uma vez que seu espelho literário não era fiel. Era um espelho que ampliava, distorcia e transformava voluptuosamente sua imagem, mas essa ainda era, no fundo, *sua* imagem. Pessoa transformava seu próprio eu em projetos, personas, poemas e textos em prosa que ainda eram ele, mas em formas impessoalizadas que poderiam (ao menos ele assim esperava) se envolver com o mundo e ajudar a transformá-lo em algo mais glorioso. A mera reforma social não o interessava; ele se via como o criador de uma civilização, em benefício de Portugal e da humanidade.

"Associar-me menos com os outros", Pessoa recomendava a si mesmo na segunda página de suas anotações. Em dezembro, fez-se de morto, sem vontade de encontrar gente ou escrever cartas, inclusive para a família em Pretória.[3] Sem dúvida, ainda se encontrou com Sá-Carneiro, que regressara de Camarate para a residência de sua família em Lisboa, mas não podia falar abertamente com ele sobre a crise que vivia, uma vez que o amigo — ou a postura do amigo, de indiferença para com entidades grandiosas como a Nação, Deus, o Futuro e o Universo — era parte do problema. Então, escreveu sobre isso. Se Sá-Carneiro pudesse ter lido o que escreveu, um comentário em particular o teria surpreendido e magoado: "É o Côrtes-Rodrigues quem, de todos, melhor e mais dentro me compreende".

Não eram palavras justas, nem verdadeiras. Só num sentido bastante restrito Côrtes-Rodrigues podia compreender melhor Pessoa, pois partilhava com ele um idealismo generoso que faltava em Sá-Carneiro. O poeta açoriano acreditava fervorosamente em Deus e num propósito divino para o mundo e as criaturas que o habitam. Passara alguns de seus anos de formação num colégio interno dirigido por padres e permaneceu para sempre um católico devoto, embora não dogmático em suas crenças. Sua religiosidade era mais um sentimento do que um credo, razão pela qual Pessoa, que rejeitava a teologia católica, podia, no entanto, supor que aquele amigo o compreendia de uma forma única, ou ao menos seu lado religioso. Nenhuma das cartas de Côrtes-Rodrigues a Pessoa foi preservada, mas suspeita-se que ele não tinha ideia de como responder a essas manifestações do amigo sobre sua missão divina. Para o católico não dogmático mas fiel, religião significava devoção humilde. Para Pessoa, significava ser um salvador.

Em 19 de janeiro de 1915, Pessoa enviou uma longa carta a Côrtes-Rodrigues na qual reiterava e aprofundava o caráter de sua "crise psíquica": ele era um gênio torturado para quem fazer arte era uma "terrível missão — dever a cumprir arduamente, monasticamente, sem desviar os olhos do fim criador-de-civilização de toda a obra artística". Seu "espírito religioso" se afirmara como nunca antes, tornando-o impaciente com qualquer arte ou literatura que servisse apenas ao vago propósito da própria arte, o que se aplicava até mesmo a certas obras de sua própria autoria. Mas ele nunca teve reservas a respeito das elaboradas ficções chamadas Alberto Caeiro, Ricardo Reis e Álvaro de Campos. Eles e suas obras eram sinceros, conforme explicou a Côrtes-Rodrigues, porque Pessoa os *vivia* e os *sentia*. "Em qualquer destes pus um profundo conceito da vida, diverso em todos três, mas em todos gravemente atento à importância misteriosa de existir."

Junto com a longa e pesada carta, Pessoa enviou a Côrtes-Rodrigues uma dezena de poemas datilografados, a maioria de safra recente e todos assinados com seu próprio nome. Seu favorito do lote, "A ceifeira", era uma releitura de "A ceifeira solitária" de William Wordsworth.[4] Assim como no poema deste último, o eu poético de Pessoa se encanta com uma jovem que cantarola melancolicamente enquanto colhe grãos no campo, mas, em vez de apenas observá-la e lembrar-se de sua canção, ele se imagina no lugar dela, transportado de sua vida presente, até se tornar sua "sombra leve". Três versos da penúltima estrofe contêm o cerne do poema, além de uma chave para a compreensão da poesia de Pessoa em geral:

Ah! poder ser tu, sendo eu!
Ter a tua alegre inconsciência
E a consciência disso!

Quase por necessidade, um escritor de literatura tende a ser ao mesmo tempo ator e espectador, mas em Pessoa a dicotomia era radical. Ele não era um observador melhor do que outros escritores — era um ator melhor, tendo desenvolvido uma capacidade whitmaniana extraordinária de casar-se dramaticamente com as cenas e os personagens descritos em seus poemas, ao mesmo tempo que permanecia distanciado por completo.

Apesar de ter confessado a Côrtes-Rodrigues que estava cansado de poemas como "Pauis", já que neles sua "atitude para com o público é a de um palhaço", esse mesmo poema foi um dos doze que anexou à carta. Pessoa hesitava sobre dar seguimento ao paulismo, ao intersecionismo e a outros tipos de literatura conscientemente não convencional, porventura artificiosa, mas em suas anotações desse período reafirmou sua convicção de que, em qualquer tipo de literatura, certa insinceridade é obrigatória[5] — o trabalho criativo depende da invenção, do fingimento, de não apenas repetir o que já existe. Ele estava claramente disposto a permitir até a palhaçada, contanto que servisse a um propósito espiritual mais elevado, civilizatório. O que contestava, a essa altura de sua jornada, não era apenas o valor, mas até a própria noção da criatividade por si só. "Arte pela arte", escreveu ele em inglês, "é realmente apenas arte em benefício do artista."[6]

A crise de Pessoa entre novembro de 1914 e janeiro de 1915 foi, no fundo, uma crise de fé no poder da literatura. Como ele tentou demonstrar, a literatura talvez pudesse abarcar e substituir todas as outras artes, mas não poderia substituir a vida, como ele às vezes também tentava demonstrar no *Livro do desassossego* e em outros escritos. Essa constatação não diminuía a importância da literatura, que era sua vocação sagrada, seu meio de compreensão, revelação, celebração e enriquecimento da vida. Ocorreu-lhe, porém, que a vida abrigava ainda mais mistérios do que ele havia imaginado. Sua carta de meados de janeiro a Côrtes-Rodrigues fala do dever que ele sentia "de me fechar em casa no meu espírito e trabalhar [...] para o progresso da civilização e o alargamento da consciência da humanidade". A ideia de que sua obra poderia ampliar a consciência humana antecipa a noção de Harold Bloom de que Shakespeare e, por extensão, mais um punhado de outros grandes escritores inventaram nossa natureza humana, na medida em que usaram palavras para criar interioridade, mapeando e ampliando trechos de pensamento e sentimento antes nebulosos.* Mas a expansão da consciência que Pessoa tinha em mente era também espiritual, além de psicológica.

Embora houvesse escrito sobre sua crise a Armando Côrtes-Rodrigues devido à "profunda religiosidade" do amigo, Pessoa escondeu a natureza do despertar espiritual ligado a essa crise, pois sabia que qualquer bom católico a rejeitaria de imediato. Foi nas doutrinas esotéricas e nas ciências ocultas que seus anseios religiosos encontraram abrigo. Quando sugeriu a Côrtes-Rodrigues que eles eram espíritos religiosamente afins, estava escrevendo uma sequência de sonetos que poderia ser chamada de herética e era intitulada "Passos da cruz", que não descreve os sofrimentos de Jesus enquanto arrastava sua cruz até o Calvário, mas seu próprio caminho de autodescoberta como mensageiro divino portando mensagens ocultas. Um dos catorze sonetos, escrito em 30 de novembro, começa assim:

Emissário de um rei desconhecido,
Eu cumpro informes instruções de além,
E as bruscas frases que aos meus lábios vêm
Soam-me a um outro e anômalo sentido...

Tudo — inclusive o que ele mesmo dizia ou fazia — era mais do que parecia, segundo seu ponto de vista de então. E apesar de sua compulsão para duvidar, que solapava todas as suas tentativas de professar qualquer tipo de fé, Pessoa, assim como alguém que houvesse feito votos religiosos, serviria a realidades superiores ou ocultas pelo resto da sua vida.

A primeira dessas realidades que o cativou foi a que pôde ver ao olhar para o céu negro em uma noite clara. No final de 1914, começou a ler atentamente manuais de astrologia como um homem obcecado em aprender uma língua estrangeira. Copiou e recopiou os símbolos dos planetas, suas relações angulares conhecidas como "aspectos", suas influências e, em 1915, fez uma série de mapas astrais de pessoas famosas do passado, comparando seus resultados com mapas publicados por astrólogos eminentes. Em suma, criou seu próprio curso autodidata de astrologia, com o auxílio de textos clássicos de autores como Sepharial,

* Um dos melhores livros de Bloom, *Shakespeare: A invenção do humano* (1998), consagra essa ideia no próprio título.

Raphael, George Wilde e Alan Leo. O diligente estudante comprou vários de seus manuais na livraria inglesa localizada na rua do Arsenal, no centro da cidade, perto do rio. Quando o livreiro, o sr. Tabuada, lhe falou de outro cliente interessado em astrologia, Pessoa se entusiasmou e pediu que os pusesse em contato, ansioso por aprender com alguém experiente.

César Porto (1873-1944), que usava óculos sem aro como Pessoa, porém tinha o rosto mais cheio e cabelos abundantes, era um dedicado mestre-escola, além de poeta, dramaturgo e romancista de talento limitado. Já fazia alguns anos que estudava astrologia, mas não podia ensinar quase nada a Pessoa, que logo assimilou a arte de construir e analisar mapas lendo e treinando por conta própria. Pessoa, no entanto, ficou encantado por fazer um amigo com quem pudesse discutir questões astrológicas e obter uma opinião sobre alguns dos mapas que fez. Eles se encontraram muitas vezes em 1915 e 1916, em geral no Café A Brasileira da praça do Rossio, e esporadicamente depois disso, permanecendo em contato até a morte inesperada de Pessoa, em 1935.

Em novembro de 1936, César Porto publicaria um artigo num jornal de Lisboa sobre o interesse pela astrologia de seu falecido amigo.[7] Para ele, a astrologia nunca passara de um hobby que rendia algumas previsões curiosas, mas foi uma paixão avassaladora para Pessoa, levando-o a ruminar sobre as ligações mais profundas entre os "movimentos siderais" e a vida humana na Terra. Sem dizer nada, Porto dava a entender que Pessoa levava a astrologia a sério demais e gastava tempo demais com isso. Ele lamentava que a produção literária do amigo tivesse ficado "assim, não só dispersa porque as partes não formem um todo homogêneo, mas — o que é pior — sem um produto onde o seu ser inteiro se espelhasse". O falecido poeta, afirmou, nunca se encontrara de verdade.

O primeiro biógrafo de Pessoa faria essencialmente o mesmo diagnóstico ao afirmar que os heterônimos eram um produto do fracasso do poeta em colocar todo o seu ser na própria obra. Trata-se de uma conclusão razoável. Pessoa foi o primeiro a se acusar de ser puxado com demasiada facilidade para muitas direções diferentes e disse a Côrtes-Rodrigues que precisava com urgência eliminar as distrações que o impediam de desenvolver seu gênio literário e usá-lo em benefício de Portugal e da civilização humana. E, no entanto, entregou-se a seu mais novo interesse, a astrologia, sacrificando o tempo que poderia ter usado para escrever. A busca espiritual logo se tornou uma odisseia, que se espraiou para órbitas cada vez mais amplas, tornando muito mais difícil para ele concentrar-se inteiramente em uma única obra literária — objetivo que, de qualquer modo, significaria muito pouco para quem está tentando compreender o cosmos dentro de si, assim como todo o universo.

Pessoa passaria centenas de horas estudando astrologia, elaborando suas próprias teorias astrológicas e fazendo mapas astrais para si, seus heterônimos, seus amigos, figuras célebres como Napoleão e d. Sebastião, acontecimentos históricos (a Revolução Francesa, a fundação da República portuguesa), escritores (Shakespeare, Goethe, Baudelaire, Marinetti), compositores (Chopin, Wagner) e outros ícones culturais. Ao todo, fez mais de trezentos mapas astrais.[8] Percebendo, ao que parece, que poderia usar um assistente para ajudá-lo a estudar, teorizar e colocar em prática tudo o que aprendeu, inventou o heterônimo astrólogo Raphael Baldaya, cujos local e data de nascimento nunca foram estabelecidos, mas a quem dotou de uma barba muito comprida. Seu nome começou a aparecer nos papéis de Pessoa no final de 1914, como autor de um *Novo tratado de astrologia*. Embora ainda fosse um neófito nessa ciência celestial, Pessoa já planejava escrever a respeito, produzindo algo original. O novo heterônimo deveria também escrever uma *Introdução ao estudo do ocultismo*, assunto sobre o qual Pessoa também ainda não estava qualificado para escrever, mas não demoraria a estar.

Nos anos seguintes, Pessoa mergulhou alternadamente em teosofia, escrita mediúnica, cabala, magia, maçonaria e rosacrucianismo, sem nunca abandonar a astrologia. É sempre um pouco desconcertante quando alguém tão cerebral quanto Pessoa acredita — ou suspende sua descrença — em astrologia, magia e coisas do gênero. Os adolescentes muitas vezes ficam fascinados por bruxaria, feitiçaria e pelo mundo astral, mas perdem o interesse nessas coisas à medida que envelhecem. Com Pessoa, aconteceu o contrário. Sua curiosidade adolescente sobre fenômenos sobrenaturais e o mundo espiritual se expandiu exponencialmente na idade adulta. Foi só então que tomou conhecimento da linguagem dos corpos celestes e encomendou mapas e leituras de astrólogos estrangeiros entre 1909 e 1913. Nesse último ano, também planejou consultar madame Brouillard, a vidente mais conhecida de Portugal, que tomou emprestado seu nome da palavra francesa que significa neblina.[9] Com a criação de Raphael Baldaya e seus projetos de livros, as buscas astrológicas e espirituais de Pessoa foram enxertadas em seu programa literário, praticamente garantindo que floresceriam. E receberam ainda um impulso adicional através do nacionalismo idealizador de Pessoa, que conferia uma aura mítica à história portuguesa e ao destino de Portugal.

Nacionalismo e espiritualismo estavam ligados de forma semelhante em Yeats, que abraçou a mitologia celta da história pré-cristã da Irlanda e tentou, sem sucesso, criar uma Ordem Celta de Mistérios. Mas seus interesses espirituais, como os de Pessoa, tinham amplitude universal e convergiam em muitos pontos. No início da carreira, ambos os poetas se deleitaram com o misticismo e as profecias da poesia de William Blake, que Pessoa leu numa edição organizada e prefaciada por Yeats. O poeta irlandês era membro da Loja Teosófica em Londres dirigida por Helena Blavatsky (1831-91), a ocultista russa que vivera na Índia e desenvolvera o sistema de crenças sincréticas da teosofia; Pessoa traduziu meia dúzia de livros de Blavatsky e de outros teosofistas em 1915-6 e de início se viu seduzido por suas ideias. Embora nunca tenha pertencido a uma ordem hermética, ele estudaria as doutrinas do hermetismo e, conforme já citado, conheceria pessoalmente Aleister Crowley, que era membro da Ordem Hermética da Aurora Dourada na mesma época que Yeats (eles não se davam bem). Pessoa começaria a contatar espíritos astrais através da escrita mediúnica em 1916, um ano antes de Yeats e sua mulher Georgie Hyde-Lees receberem as primeiras mensagens do mundo espiritual.

Por mais notáveis que sejam essas coincidências, os dois poetas tinham motivações e expectativas diferentes. "O intelecto do homem é forçado a escolher / Entre a perfeição da vida e a da obra", escreveu Yeats em seu poema "A escolha", mas ele mesmo cultivou a perfeição tanto na vida como na obra, e conseguiu em boa medida alcançá-la, graças principalmente às suas investigações espirituais. Com a colaboração de sua enérgica esposa, versada em esoterismo, pegou tudo o que havia aprendido ao longo dos anos — da mitologia celta, do misticismo indiano que permeia a teosofia, das tradições cabalística e rosacruz cooptadas pela Aurora Dourada — e moldou sua própria visão esotérica do universo e do lugar que nesse cabia à humanidade.[10] Sua poesia, altamente simbólica, refletia a unidade que ele forjou pouco a pouco em sua visão de mundo espiritual, e alguns de seus poemas tardios, como "Velejando para Bizâncio", estão entre os melhores tesouros da língua inglesa. (A edição da poesia de Yeats que Pessoa tinha foi publicada em 1913, e ele parece não ter lido nenhuma de suas obras posteriores.) Yeats tinha 51 anos quando se casou com Hyde-Lees, em 1917, e alguns anos depois iria morar com ela e seus dois filhos em um velho castelo em

Galway — um símbolo de sua vida então augusta. Confirmando sua estatura poética e coroando-o com honras mundanas, a Academia Sueca concedeu-lhe o prêmio Nobel de literatura de 1923.

Pessoa preferia viver nas margens. Não casou nem teve filhos, jamais ganhou dinheiro suficiente para pagar impostos e recusava-se a pertencer a qualquer associação política, religiosa, profissional ou fraterna. Era apreciado como pensador, poeta e polemista, mas apenas pelos poucos que acompanhavam suas publicações em periódicos. À primeira vista, nossa impressão é que Pessoa, desdenhando do mundo, optou por aperfeiçoar sua obra à custa da própria vida, e talvez haja alguma verdade nessa ideia, mas o que realmente o diferenciava de Yeats era sua falta de unidade e perfeição. Ele impunha a si mesmo padrões elevados demais, acreditando que a perfeição seria inatingível no mundo visível, exceto em momentos fugazes de grande inspiração.

A crença de Yeats em espíritos e magia era totalmente sincera, e foi também muito útil para sua vida e obra, cuja "perfeição" assentava na mistura de muitos elementos, tanto mundanos como espirituais, e na reconciliação engenhosa de suas incongruências, de modo a permitir uma impressão satisfatória de totalidade. Pessoa, que não tinha talento para juntar partes díspares em totalidades aparentes, recorreu ao mundo espiritual porque o mundo terreno e sua vida nele — e até mesmo sua literatura — estavam condenados à imperfeição. Embora a poesia que escreveu com o próprio nome se beneficiasse de sua pesquisa sobre as tradições herméticas e os mistérios ocultos, o benefício disso, de um ponto de vista puramente literário, foi inexpressivo. Seus poemas inspirados nas doutrinas da cabala e da Ordem Rosacruz são interessantes pelo conteúdo esotérico, mas não estão entre seus melhores. Porém isso pouco importava para ele. "Emissário de um rei desconhecido", Pessoa tinha uma missão a cumprir, que era escrever o que lhe fora dado a escrever, sem sempre saber para que ou para quem escrevia. Seria ele de fato o futuro Grande Poeta de Portugal, o Super-Camões? Sua única certeza era a de que precisava continuar escrevendo. Ele gostava de pensar que o lugar onde sua vida e obra se encaixariam no plano maior do universo estava inscrito nas configurações secretas das estrelas.

Em janeiro de 1915, decidido a deixar de desperdiçar energia em coisas como revistas ou antologias intersecionistas, Pessoa elaborou uma lista de ambiciosos planos de publicação para sua poesia. Um dos volumes planejados apresentaria Caeiro, Reis e Campos ao mundo de uma só vez, com o título de *Toda uma lite-*

ratura, enquanto outros volumes reuniriam toda a poesia lírica e patriótica em português que ele vinha escrevendo sob o próprio nome. O projeto mais curioso, *As sete salas do palácio abandonado*, organizava sua poesia em seções temáticas (as sete "salas"), com subtítulos como "Lirismo puro", "Paulismo", "Lirismo com misticismo religioso" e "Lirismo de angústia metafísica".[11] Nenhum desses projetos foi adiante. Apesar de sua intenção declarada de dar andamento "arduamente, monasticamente" a seu próprio trabalho artístico, a energia de Pessoa foi recanalizada de forma abrupta para um tipo de esforço coletivo cuja utilidade ele recentemente começara a questionar. Em 1915, Pessoa e seus amigos literatos, junto com o irreal Álvaro de Campos, enfim lançariam uma revista. Ele temera que uma revista literária pudesse passar despercebida. Mas essa, ao contrário, caiu como uma bomba na casa das letras portuguesas.

36.

Nas primeiras décadas do século xx, o Rio de Janeiro fazia o possível para se transformar numa versão tropical de Paris, elegante e moderna, por meio de grandes projetos de desenvolvimento urbano que demoliram diversos bairros pobres, obrigando seus moradores a ocupar casas improvisadas nos morros circundantes — as favelas atuais. Grandes poetas e ficcionistas — como Machado de Assis, falecido em 1908 — eram do Rio, que também foi um polo próspero de inovações musicais, em grande parte graças aos descendentes de escravizados de origem africana que emigraram da Bahia e moravam em sua maioria nos morros. Assim como o jazz se originou nas comunidades afro-americanas de Nova Orleans, o samba e vários outros gêneros musicais se desenvolveram entre os afro-brasileiros que moravam no Rio, onde as primeiras gravações da música identificada como "samba" foram feitas em meados da década de 1910. Foi nessa cidade de agudos contrastes econômicos e enorme vitalidade cultural que nasceu a ideia da revista que se viria a se chamar *Orpheu*. Publicada não no Rio, mas em Lisboa, ela alteraria profundamente a história da literatura portuguesa do século xx.

O principal obstáculo aos planos acalentados por Pessoa de uma revista "intersecionista" intitulada *Europa* ou, em seu lugar, uma *Antologia do intersecionismo* era o próprio intersecionismo. Com exceção de "Chuva oblíqua", de Pessoa, quase nenhuma das obras produzidas por ele e seus colegas estava de acordo com a teoria em sua forma pura, então essa acabou se tornando uma designação nebulosa e confusa para qualquer coisa rebuscada, fora do comum. Foi necessária uma interseção geográfica com o Brasil para livrar-se da incômoda teoria e permitir que uma revista finalmente viesse a existir. Inesperadamente, quem serviu de força motriz foi Luís de Montalvor, um dos amigos de escola de Sá-Carneiro, que tinha um talento literário apenas mediano, nenhum dinheiro para dar como contribuição e nenhuma experiência como editor.

No início de 1915, Montalvor regressou a Lisboa após passar dois anos no Rio de Janeiro, onde estabelecera relações com Ronald de Carvalho (1893-1935), poeta cujo primeiro livro fora publicado pouco tempo antes, *Luz gloriosa*. Os poemas, como o título do livro, eram vaga e altamente luminosos, flutuando nas alturas simbólicas de Stéphane Mallarmé. O simbolismo francês também inspirava Montalvor, que vinha trabalhando de forma intermitente e inconclusiva em um longo poema em homenagem a Orfeu, o poeta-músico da mitologia grega cujos canto e toque sublimes podiam acalmar feras selvagens. Certa noite em Copacabana, que ainda era um bairro tranquilo, com apenas uma estreita faixa de areia em sua extensa orla, Luís e Ronald discutiram com entusiasmo a possibilidade de fundarem juntos uma revista literária contendo textos portugueses e brasileiros. A ideia não era original, exceto em um ponto: seriam publicados exclusivamente escritores novos e em ascensão, em vez de autores conhecidos e estabelecidos.

Novos e em ascensão significava Luís, Ronald e seus amigos, que já se liam um ao outro dos dois lados do Atlântico. Montalvor havia distribuído exemplares dos livros de Sá-Carneiro para seus amigos do Rio, alguns dos quais escreveram resenhas elogiosas na imprensa brasileira, e também fazia divulgação na outra direção, enviando exemplares do livro de poemas de Carvalho para Fernando Pessoa e outros escritores portugueses. Desse modo, ele preparou o terreno para a revista que queria chamar de *Orpheu*, como o poema que tentava em vão terminar. Montalvor ainda não conhecia Pessoa muito bem, mas sabia que Sá-Carneiro, cuja participação no projeto considerava crucial, não se envolveria de forma nenhuma sem a participação de Pessoa. E também pode ter intuído que Pessoa, embora tivesse publicado pouco até então, seria um colaborador ainda mais vital, garantindo o sucesso da revista.

Embora não fosse um grande talento literário, Luís de Montalvor demonstrava boa capacidade de reconhecer talento em outras pessoas. Era também um negociador brilhante. No reencontro em janeiro de 1915 com Mário de Sá-Carneiro, um de seus amigos mais próximos, deve ter abordado o assunto da revista, para atrair seu interesse. No mês seguinte, depois de Ronald de Carvalho ter fracassado em sua tentativa de garantir o financiamento, Montalvor fez um acordo com Pessoa e Sá-Carneiro que era surpreendentemente unilateral, pelo menos visto de fora.[1] Montalvor e Carvalho seriam coeditores de uma revista chamada *Orpheu*, cujo financiamento seria assegurado por Sá-Carneiro. Pessoa e Sá-Carneiro seriam os editores fantasmas, que decidiriam sobre o conteúdo da revista e acompanhariam o processo de publicação. Em outras palavras, fariam todo o trabalho, sem receber nenhum crédito.

Não está muito claro o motivo de terem concordado com isso, mas Sá-Carneiro deve ter perdido a paciência com os dilemas estéticos de seu melhor amigo e suas eternas hesitações, que impediam a decolagem de seus projetos conjuntos, como *Europa*. Pessoa ficou atraído pelo componente brasileiro do projeto da revista. De repente, ocorreu-lhe que, em vez de enfatizar a Europa como fonte da identidade cultural de Portugal, faria mais sentido celebrar a difusão de sua cultura e sua língua para outros continentes, em particular para a vasta e dinâmica terra do Brasil. Eis uma ideia que ele logo expandiria, juntando-a a sua versão do mito sebastianista. Havia também uma circunstância prática que favorecia a concretização de *Orpheu*. O segundo livro de contos de Sá-Carneiro, *Céu em fogo*, estava no prelo. Se ele e Fernando começassem a entregar imediatamente o material da nova revista, poderiam pegar uma carona, por assim dizer, na conta a ser paga pelo benevolente pai do amigo de Pessoa.

Alfredo Guisado não fez objeções ao projeto reconfigurado da revista, para o qual prometeu 12 mil-réis para cobrir despesas de publicação. O restaurante de sua família, Irmãos Unidos, ficava na praça do Rossio, ao lado do movimentado Hotel Francfort, e os negócios iam bem.[2] Os escritores da *Orpheu* encontravam-se com frequência nesse restaurante, porém foi no vizinho Café Montanha, espaçoso, mas relativamente tranquilo, que Pessoa e Sá-Carneiro escreveram em conjunto a Armando Côrtes-Rodrigues no dia 19 de fevereiro, contando sobre os planos da revista e instando-o a enviar poesias sem demora. "*O mais intersecionista que tiver*", sublinhou Pessoa, apesar de ter escrito a esse amigo, havia exatamente um mês, que estava desencantado com o intersecionismo. Suas dúvidas sobre o movimento persistiam, mas ele queria poemas que espantassem os leitores, poemas que fossem marcados pela influência dele e de Sá-Carneiro, em vez dos de inspiração convencional que vinham com mais naturalidade a Côrtes-Rodrigues.

* * *

A composição da revista começou no final de fevereiro, e, à medida que as provas tipográficas se tornaram disponíveis, Sá-Carneiro as conferiu com Pessoa, que se surpreendeu com a prova do cabeçalho. Acima dos nomes de Luís de Montalvor e Ronald de Carvalho, listados como diretores em Portugal e no Brasil respectivamente, havia um nome que ele não esperava ver: Antônio Ferro, outro dos amigos de colégio de Sá-Carneiro, aparecia como "editor", embora não tivesse editado nada. Pessoa lembrou que Ferro, aos dezoito anos, não podia nem ocupar tal cargo legalmente, um pormenor que só aumentou a alegria de Sá-Carneiro, autor da brincadeira. No mesmo espírito transgressor, os dois revisores deixaram passar de propósito vários erros tipográficos, tornando a prosa barroca da Introdução de Montalvor e um vaporoso soneto simbolista de Ronald de Carvalho ainda menos inteligíveis.[3]

De sua parte, Ferro ficou satisfeito em saber que era o editor de *Orpheu*. Teria preferido ser publicado na revista, mas pelo menos poderia alegar ser, mesmo que apenas no nome, um membro de sua equipe editorial. Isso viria a ser uma credencial útil quando, alguns anos mais tarde, se lançou como modernista português.

José de Almada Negreiros, que estava se tornando um importante escritor modernista e também grande pintor, publicou no primeiro número de *Orpheu* um conjunto de textos experimentais em prosa, enquanto Sá-Carneiro, Guisado e Côrtes-Rodrigues contribuíam com poemas. Os escritos de Fernando Pessoa — sua peça *O marinheiro* e dois longos poemas assinados por Álvaro de Campos — dominavam a revista. Era sua gloriosa apresentação como autor de literatura. Os dois poemas que publicara em fevereiro de 1914 ocuparam uma única página de um único número de uma revista minúscula, que teve apenas um número e não atraiu a atenção de ninguém, mas *Orpheu*, da qual suas obras ocupavam um terço das oitenta páginas, se tornaria a publicação literária mais falada de Portugal.

Impressa com elegância em papel de alta qualidade, a primeira edição de *Orpheu* estava disponível para compra no final de março e começou imediatamente a ser notícia. Em 30 de março, *A Capital* publicou uma extensa resenha na primeira página intitulada "Literatura de manicômio: os poetas do Orpheu". Contestando as pretensões de novidade daquele "grupo de jovens que com frequência se topam aí por alguns cafés da Baixa", o crítico dizia que se tratava de coisa velha, analisada havia quinze anos pelo eminente psiquiatra Júlio de Matos, que publicara um livro sobre os pintores e poetas internados no hospital psiquiátrico de Lisboa.

Embora soubesse que os jovens escritores às vezes se autodenominavam "paúlicos", por causa de um estranho movimento literário conhecido como paulismo, o resenhista aparentemente não sabia que Álvaro de Campos era uma personalidade fictícia. Ele observou, corretamente, que esse autor "se afasta numa das suas composições, a 'Ode triunfal', dos processos dos seus camaradas e canta as coisas menos delicadas e menos poéticas dos nossos tempos em espantosas expressões verbais por vezes pornográficas". Os versos "pornográficos" mais chocantes de Campos apresentavam meninas de oito anos da classe baixa de Lisboa que "[m]asturbam homens de aspeto decente nos vãos de escada".*

Orpheu 1 trazia ainda um segundo poema de Campos muito diferente, "Opiário", que consistia em quadras rimadas e tinha como local e data "Canal de Suez, março de 1914", embora Pessoa o tenha escrito enquanto a revista estava sendo montada e indo para o prelo. Ele afirmou mais tarde que queria mostrar — graças a um "duplo poder de despersonalização" mentalmente desgastante — que espécie de poeta Campos devia ter sido antes de seu encontro com Alberto Caeiro transformá-lo no autor futurista e sensacionista da "Ode triunfal" (que, na revista, tinha como local e data "Londres, junho de 1914").[4] O resultado era um decadentista blasé que, enquanto era estudante de engenharia naval na Escócia, ficava vagabundeando e fumando ópio em vez de estudar. Para tentar afastar o tédio, também viajava, e foi numa volta para casa depois de uma longa viagem ao Extremo Oriente que Campos escreveu seu "Opiário", que resumia lucidamente a natureza de sua decadência e a de seus compatriotas nesta formulação memorável:

Pertenço a um gênero de portugueses
Que depois de estar a Índia descoberta
Ficaram sem trabalho.

Alberto Caeiro e Ricardo Reis permaneciam incógnitos, talvez porque seus poemas, embora nada parecido com eles houvesse sido escrito em português até

* Por quarenta anos após a morte de Pessoa, esse verso seria censurado nas edições portuguesas de suas obras.

então, eram de tom mais clássico e menos propensos a escandalizar as sensibilidades burguesas. Pessoa também pode ter considerado mais sábio não apostar todas as fichas de uma vez. Ele ainda considerava a ideia de lançar Alberto Caeiro como um poeta "independente". Em todo caso, a revista não poderia ser dominada pela obra de Pessoa e seus heterônimos. Inclusive, Álvaro de Campos, com seus dois longos poemas, já ocupava mais espaço na primeira edição de *Orpheu* do que qualquer outro escritor. Foi também um dos dois poetas que mais chamaram a atenção, causando indignação e galhofa nos jornais; o outro foi Mário de Sá-Carneiro. Seu poema mais discutido, enigmaticamente intitulado "16", termina com as mesas de um café girando no ar enquanto um dos braços do poeta cai e, vestido com casaca, sai valsando pelos salões do palácio de um vice-rei. Pelo que sei, nenhum crítico literário jamais se aventurou a interpretar esses versos, que pareciam provar em boa medida a acusação de insanidade coletiva feita pelo crítico de *A Capital*.

A diatribe ressoou e ecoou instantaneamente em outros jornais de Lisboa, do Porto e de outros lugares. "A caminho do manicômio", "Os poetas do Orpheu e os alienistas" e "Orpheu nos infernos" foram alguns dos títulos das mais de cinquenta críticas e notícias curtas sobre *Orpheu* 1 que Mário de Sá-Carneiro recortou e colou em um álbum. Os literatos de Lisboa ficaram escandalizados, mas muitíssimo curiosos, e mesmo aqueles que não costumavam se interessar por literatura foram atrás da revista, que se esgotou em três semanas. Os escritores que publicaram em *Orpheu* eram tratados como membros de um culto literário excêntrico. Quando avistados na rua — Sá-Carneiro com seu torso redondo e seu rosto ainda de menino, Almada Negreiros com a face angulosa, as sobrancelhas pronunciadas e os cabelos bem encaracolados, e Pessoa vestido de forma conservadora, que não se destacava por si só —, as pessoas apontavam para eles e riam, ou apenas os observavam com vago espanto. Pessoa e os amigos se tornaram celebridades.

Pessoa era suficientemente humano para ficar extasiado com toda a atenção — gabou-se disso em carta a Côrtes-Rodrigues de 4 de abril de 1915 —, mas, ao contrário da maioria dos seres humanos, ficou encantado em especial com o fato de a atenção vir mais de zombadores do que de admiradores. Considerou esse riso um sinal profético. Uma semana depois do lançamento de *Orpheu* 1, foi-lhe pedido que escrevesse sobre o assunto para *O Jornal*, um novo diário de Lisboa. Em vez disso, comentou sobre as *Baladas líricas* de William Wordsworth e Samuel Taylor Coleridge, esclarecendo aos leitores (cuja maioria nunca tinha ouvido falar a respeito de tais obras) que a publicação do livro, em 1798, marcara o início do movimento romântico inglês. Explicou ainda que todo mundo, inclusive lorde Byron, ridicularizara o tipo de poesia — como "Abadia de Tintern" e "A balada do velho marinheiro" — apresentado pelos dois poetas. Mas o próprio Byron acabou adotando o novo estilo, e Wordsworth foi nomeado poeta laureado da Grã-Bretanha em 1843. Pessoa encerrava sua lição literária citando a seguinte observação do "Ensaio suplementar" de Wordsworth ao "Prefácio" da edição de 1815 das *Baladas*: "Todo autor, na proporção em que é grande e ao mesmo tempo *original*, tem tido sempre que *criar* o sentimento estético pelo que há de ser apreciado; assim foi sempre e assim continuará a ser". E concluía seu artigo para o jornal dizendo que o futuro decidiria se havia "homens de gênio entre os colaboradores de *Orpheu*".[5]

Segundo a previsão espantosamente acertada de Pessoa, os "homens de gênio" de *Orpheu* — ele próprio e Sá-Carneiro — ririam por último, assim como os dois poetas das *Baladas líricas*, criando nos outros a sensibilidade estética necessária para apreciar o que eles e seus amigos escreviam. Os "outros" que Pessoa tinha em mente não eram a população em geral, mas uma elite cultural, que poderia ser fomentada pela criação de um diálogo intelectual e estético entre movimentos literários contrastantes, de acordo com suas teorias de uma aristocracia autogerada e não hereditária desenvolvida no ano anterior. *Orpheu* dera início a essa conversa, já que a futurista "Ode triunfal" de Álvaro de Campos tinha pouco a ver com o resto da revista, na qual prevalecia o estilo ultrassimbolista conhecido como paulismo. Um dos contrastes mais óbvios e nítidos com a obra de Campos era a colaboração feita por Fernando Pessoa, *O marinheiro: Um drama estático em um ato*, cuja essência "estática" se opunha de forma radical ao poema frenético e progressista de Campos. Pessoa, auxiliado pelos heterônimos, poderia realizar a maioria de seus objetivos literários por conta própria, mas precisava de seus amigos escritores para criar o contexto e dar peso aos movimentos que criava.

Havia outra revista nova, *Contemporânea*, com a qual Pessoa contava para ajudar *Orpheu* a formar uma elite cultural em Portugal. Foi fundada por José Pacheco (1885-1934), um arquiteto, designer gráfico e agitador cultural que, como a maioria dos artistas portugueses com ambição e recursos, vivera por um tempo em Paris, onde conheceu Mário de Sá-Carneiro. Logo que os dois regressaram a Lisboa, no segundo semestre de 1913, Pacheco conheceu Pessoa,

Almada Negreiros e outros ligados ao grupo que viria a publicar *Orpheu*. Eles confraternizavam em cafés ou num dos lugares preferidos do artista-designer, a Cervejaria Jansen, decorada como um café em estilo antigo, com pinturas no teto e garçons que usavam jalecos pretos e aventais brancos. O cenário realçava o impacto visual das roupas de alta-costura de Pacheco feitas em Paris ou seguindo modelos parisienses.

Paris foi também onde Pacheco começou a usar morfina, que não era uma substância controlada na França até meados da Grande Guerra. Acabou viciado na droga, de acordo com pessoas que o conheceram.[6] Outros artistas e escritores do círculo de Pessoa também experimentaram opiáceos — ele mesmo, todavia, jamais o fez. Conservador na escolha de roupas, seguia a mesma orientação em seus vícios preferidos: tabaco, café e álcool. Até Álvaro de Campos, cujo "Opiário" o faz injetar morfina e fumar ópio durante sua viagem ao Extremo Oriente, admitiria em outro poema, "Passagem das horas", que preferia "pensar em fumar ópio a fumá-lo".

Pacheco criou a capa de dois livros de Sá-Carneiro[7] e também a de *Orpheu* 1. Ao mesmo tempo, fazia planos para a própria revista, com a preciosa ajuda de Pessoa, que elaborou uma lista de possíveis seções, editores para cada uma delas, temas de artigos e colaboradores. Também redigiu um folheto promocional, informando aos futuros leitores que *Contemporânea* seria o "o primeiro [passo] para a criação entre nós de um meio culto". Aliás, a mera circunstância de ler a revista elegantemente produzida seria "um ato de espontâneo bom gosto".[8]

O folheto foi impresso e distribuído em março de 1915, e a revista, lançada no final de abril, um mês depois de *Orpheu*. Nenhuma outra publicação portuguesa poderia rivalizar com ela no que dizia respeito à elegância. Tinha formato maior do que *Orpheu*, era impressa com esmero e trazia fotografias, ilustrações e gravuras. Pacheco adotara algumas das sugestões de Pessoa para os conteúdos e a organização geral de *Contemporânea*, cuja capa fora criada pelo colaborador de *Orpheu* Almada Negreiros, estabelecendo mais um laço de família entre os dois periódicos. Mas, em termos de substância, elas tinham pouco em comum. A revista de Pacheco, que incluía uma seção feminina, enfocava moda, alta sociedade, teatro e eventos atuais, como a guerra. Também oferecia aos leitores um poema e um conto de escritores respeitados, cuja sanidade mental ninguém jamais questionaria.

Orpheu e *Contemporânea* eram projetos complementares. A primeira procurava criar uma elite intelectual e literária; a outra, uma elite social definida por sua sofisticação cosmopolita, mesmo em meio a uma guerra mundial. A esperança de Pessoa era que, juntas, as duas publicações pudessem promover a formação de uma classe social adequada para governar sua idealizada "República Aristocrática", mas a revista de Pacheco logo ganhou a reputação de antirrepublicana. Três de seus colaboradores eram membros fundadores do movimento Integralismo Lusitano, que apoiava o regresso à monarquia e aos valores tradicionais católicos.[9] Ademais, *Contemporânea* apoiava abertamente o governo da época, que protegia os integralistas.

O governo de então era provisório. A instabilidade social e as profundas divisões entre os republicanos levaram a um golpe sem derramamento de sangue que tomou o poder dos democráticos radicais de Afonso Costa no final de janeiro de 1915. Cedendo à pressão de grupos poderosos das Forças Armadas, e com o apoio dos dois partidos republicanos mais moderados, o presidente do país convidara o general Joaquim Pimenta de Castro (1846-1918) para governar como um ditador temporário de facto. O militar aposentado e de cabelos brancos, que fez questão de nunca vestir a farda durante o mandato, assumiu a tarefa de restaurar a paz e a ordem antes da eleição geral, marcada para junho. Sob muitos aspectos, era uma figura conciliatória, embora hostil aos democráticos, que naturalmente o desprezavam. Embora não fosse monarquista, Pimenta de Castro permitiu que os integralistas e outros monarquistas se organizassem e promovessem à vontade suas opiniões. Também estendeu a mão à Igreja católica, suavizando algumas das medidas anticlericais mais duras introduzidas por Afonso Costa em 1911.[10]

Pimenta de Castro era respeitado por muitos intelectuais, inclusive Pessoa, embora o poeta considerasse que o general estava se aproximando demais da órbita dos integralistas neomonarquistas, cujas tentativas contínuas de negar qualquer vínculo com os integralistas franceses de extrema direita nunca o convenceram. O desencanto com a República portuguesa ajudava a engrossar as fileiras neomonarquistas, e até dois dos heterônimos, Ricardo Reis e Álvaro de Campos, se identificavam como monarquistas. Pessoa, porém, continuava a apoiar o republicanismo, pelo menos no papel — ou seja, continuava a fazer anotações para sua exótica teoria de uma república aristocrática,[11] um conceito que teria parecido a quase todos os republicanos dos três principais partidos uma contradição irremediável em termos, já que associava a aristocracia à monarquia. Se pressionado sobre o assunto, Pessoa poderia ter apontado o exemplo da República romana, dominada pela aristocracia.

* * *

Pessoa estava ganhando fama de intelectual ativo e, uma semana depois do lançamento de *Orpheu*, iniciou uma longa carreira de comentador político e social ocasional na imprensa portuguesa. Contratado como colunista por *O Jornal*, publicou seu primeiro artigo de opinião em 5 de abril de 1915 (um dia antes de seu texto sobre *Orpheu* e as *Baladas líricas*). Nesse artigo, um preâmbulo brilhante para todos os seus escritos futuros no gênero, ele advertia seus leitores de que "convicções profundas, só as têm as criaturas superficiais" e insistia que um intelectual moderno "tem a obrigação cerebral de mudar de opinião e de certeza várias vezes no mesmo dia". Esse intelectual poderia, por exemplo, ser "um republicano pela manhã e um monarquista ao anoitecer". Na segunda coluna, publicada três dias depois, Pessoa censurou os portugueses por serem excessivamente disciplinados, por agirem, pensarem e sentirem sempre em grupo, sem que ninguém assumisse responsabilidades pessoais. A obediência fanática aos partidos políticos que dividiam então o país era, segundo sua análise, uma consequência fatal do excesso de disciplina e da falta de independência. "Portugal", escreveu ele, "precisa dum indisciplinador."

Pessoa se considerava esse "indisciplinador", de acordo com a carta que enviou a Côrtes-Rodrigues em 19 de abril, e a primeira de suas tarefas nessa função autoproclamada era ensinar a flexibilidade mental por meio de seu próprio exemplo. Embora concordasse com um conjunto básico de valores e princípios, como o respeito pelas diferenças individuais, o direito de ir e vir e a liberdade de expressão, suas proposições e críticas defendidas com veemência eram muitas vezes deliberadamente provocadoras, mais para exercitar sua mente e a de seus leitores do que para promover pontos de vista definidos. Esportista no campo da lógica e do debate, Pessoa às vezes se metia em encrencas por ser irreverente demais. Assim foi em *O Jornal*, onde a sexta coluna que escreveu cutucou um ninho de vespas monarquistas.

Sob o governo acomodatício de Pimenta de Castro, os neomonarquistas de Lisboa conseguiram enfim criar uma associação oficial, o Centro Monárquico de Lisboa, inaugurado com alarde. Pessoa, em sua coluna de 21 de abril, zombou dos monarquistas por precisarem se definir como uma classe com associação própria — como os motoristas, observou ele, que fundaram uma associação e se tornaram uma nova classe de proletários após a introdução do automóvel. Em outras palavras, os monarquistas de mentalidade aristocrática estavam se comportando como proletários. O diretor do jornal publicou uma nota no dia seguinte afirmando que sua publicação era politicamente independente, que a coluna de Pessoa era ofensiva aos monarquistas e foi publicada por um lapso, e que o colunista havia sido demitido.[12] Os motoristas de Lisboa, que também se ofenderam, enviaram uma carta de protesto publicada no jornal em 23 de abril.

O colunista demitido não se desculpou com os motoristas irados, mas esboçou uma resposta jocosamente conciliatória às "reivindicações operárias" da associação dos monarquistas. Ofereceu-lhes sua ajuda, dizendo que podiam contar com ele, "um pobre recortador de paradoxos", para apresentar alguns argumentos a favor da monarquia, "quanto mais não seja pelo prazer de fazer errar".

O jornal recusou-se a publicar a resposta de Pessoa, se é que ele a enviou, e o indisciplinador foi publicar em outro lugar suas opiniões afrontosas e seus argumentos absurdos. Em 13 de maio, no primeiro e último número de um jornal político chamado *Eh Real!*, Pessoa escreveu um artigo intitulado "O preconceito da ordem", que tinha como alvo direto os "novos monárquicos", ou "neomonárquicos", por insistirem obsessivamente na necessidade de impor ordem à sociedade politicamente volátil de Portugal. Usando uma série de argumentos duvidosos, mas formulados com habilidade, sustentou que eles estavam errados, uma vez que a ordem era o resultado — não a causa — do funcionamento saudável de um organismo. Outros colaboradores de *Eh Real!* criticaram o general Pimenta de Castro, o ditador temporário, por admitir os monarquistas, um movimento antes marginal e que agora parecia um perigo para a República. O *real* no nome do jornal era sarcástico: a ameaça real ("relativa à realeza") era uma ameaça real ("verdadeira").

Exatamente um dia depois, em 14 de maio, tiros de canhões e metralhadoras e granadas choveram sobre Lisboa, suprimindo rapidamente qualquer preocupação que Pessoa pudesse ter sobre os neomonarquistas chegarem ao poder e imporem a paz e a ordem à sociedade portuguesa. Uma revolução instigada pelos democráticos de Afonso Costa, e apoiada por uma parte das Forças Armadas, em especial a Marinha, saiu às ruas para depor o ditador e recuperar a República para o povo. Cidadãos comuns invadiram o arsenal do Exército, pegaram armas e voltaram às ruas, enfrentando soldados leais ao governo. Pimenta de Castro rendeu-se no dia seguinte, 15 de maio, mas as escaramuças e os tiroteios continuaram por vários dias, em Lisboa e outras cidades, matando cerca de duzentas pessoas, muito mais do que a Revolução Republicana de 1910. Outras centenas sofreram ferimentos graves, e alguns civis armados até atiraram contra voluntários da Cruz Vermelha que vieram em socorro dos feridos.[13] Enquanto uma junta revolucionária afirmava seu controle, pessoas desfraldavam bandeiras, bandidos saqueavam lojas, bandas tocavam o hino nacional e gritos de "Viva a República!" se erguiam no ar.

Pessoa, como a maioria dos portugueses de classe média, ficou chocado. Embora se opusesse aos monarquistas e à aliança que cultivavam com Pimenta de Castro, no geral estava satisfeito com a forma como o velho general havia governado o país, sem polícia secreta e sem censurar nenhum jornal. Apesar do ar de avô, porém, ele era um ditador, e não havia feito nenhum esforço para acalmar o Partido Democrático, que estava decidido a derrubá-lo antes das eleições, para que pudessem controlar a máquina eleitoral.

Nas semanas que se seguiram ao golpe de Estado, Pessoa fez extensas anotações para um ensaio cujo título provisório era "14 de maio — Comentários a uma vitória da plebe".[14] Fosse nesse ensaio ou em suas outras ruminações sobre a situação atual no país, Pessoa afirmava estar escrevendo como um sociólogo desinteressado, um teórico rigoroso. E o progresso, para esse analista imparcial, significava superar formas engessadas de pensar e fazer. Em sua opinião, a vida política da República era, até então, uma repetição da monarquia constitucional que viera substituir: um sistema de democracia em que os partidos rivais brigavam e colocavam seus próprios interesses acima dos da nação. Para que o país pudesse avançar de forma decisiva, ele imaginava uma aristocracia que iria "reduzir o proletariado tanto quanto possível à situação dos escravos". O teórico apresentava alguns detalhes dessa visão supostamente progressista: "A plebe deve ser o instrumento dos imperialistas, casta dominadora", e "ligada a eles por uma comunidade de misticismo nacional, de modo que voluntariamente seja escrava". Esse papel dominante dos aristocratas não seria um fim em si mesmo; serviria como uma educação sobre como dominar outras nações.[15]

Ideias como essas, que hoje só poderiam ser propaladas por quem tentasse ganhar um prêmio de discurso mais ofensivo, eram agressivas e radicais mesmo em 1915. O pensador Pessoa não se censurava. Ao refletir sobre que conjunto de situações resultaria logicamente de uma república que funcionasse bem, deixou sua mente contemplar até a discriminação de classe mais brutal. Os trabalhadores escravizados de sua república aristocrática, escreveu ele de forma reveladora, deveriam servir à casta dominante dos "imperialistas". O ideal maior do poeta para a nação portuguesa era, de fato, gloriosamente imperialista. No entanto, o império que imaginava, embora fosse em alguns aspectos análogo aos impérios militaristas tradicionais, era diferente de qualquer outro que já existira.

Quando jovem, Pessoa criticara o imperialismo da Grã-Bretanha na Irlanda e na África do Sul, mas isso não o impediu de delinear um programa imperialista moderno para Portugal em 1915. Ao que parece, o imperialismo alemão, em vez do britânico, inspirava seu pensamento, que se detinha sobre os objetivos "espirituais" da Alemanha na Grande Guerra, esquecendo-se de seu histórico sangrento de colonialismo na África. Considerações econômicas e expansão territorial, sustentava Pessoa, eram apenas motivos secundários que levaram a Alemanha a declarar guerra; o impulso principal, inteiramente louvável, era um desejo visceral da nação de afirmar-se e afirmar sua cultura, impondo-a aos demais.[16] E que cultura invejável era aquela, com figuras como Kant, Hegel e Nietzsche na filosofia, Goethe na literatura e Beethoven e Wagner na música! Pessoa, em suas anotações, citava todos esses nomes como prova do vigor cultural alemão, que vinculava a um processo de "re-helenização" e "repaganização", ainda que para todos os efeitos a nação fosse cristã.[17] O paganismo não declarado do país florescera no movimento romântico e para além dele, através das óperas de Wagner, que celebravam a mitologia nórdica e germânica, e dos escritos de Nietzsche.

Tendo em vista que os símbolos e mitos pagãos do passado antigo da Alemanha, glorificados por Wagner, seriam promovidos por Heinrich Himmler e outros membros da hierarquia nazista, é assustador imaginar a que resultado o paganismo idealizado de Pessoa poderia ter levado se aplicado à *realpolitik*, mas não havia nada de realista em seu programa imperialista. Ele sonhava com um império português dos tempos modernos que se valeria unicamente da força de sua cultura.

Na visão idiossincrática de mundo de Pessoa, a Alemanha era o único país da Europa com algo remotamente semelhante ao "misticismo nacional" que defendia para seu país, razão pela qual podia simpatizar com os alemães na guerra, mesmo que não pudesse, em sã consciência, aprovar as invasões injustificadas da Bélgica e da França. Ele contornava essa dificuldade canalizando suas inclinações germânicas através de Antônio Mora, o maníaco vestido de toga e obcecado pela Grécia que inventou, por volta de 1910, para o conto "Na Casa de Saúde de Cascais". Não sabemos se o indivíduo ainda usava toga e vivia no hospício em 1915, mas no primeiro semestre daquele ano Pessoa o promoveu de personagem de ficção a heterônimo encarregado de grandes projetos de escrita. Uma das primeiras obras atribuídas ao ressuscitado Mora foi uma *Dissertação a favor da Alemanha*, cujas dezenas de páginas explicam por que o destino imperial daquela nação a levou de forma inevitável à guerra e por que Portugal estava espiritual e culturalmente mais próximo da Alemanha do que da Grã-Bretanha ou da França.[18]

A defesa da Alemanha feita por Mora, com o fundamento de que um sangue essencialmente pagão corria em sua cultura autoafirmativa, era apenas um prelúdio para a preocupação mais central de reabilitar e promover o paganismo, bem como a cultura grega, no mundo moderno. Em 1915, Pessoa escreveu vários textos destinados aos *Prolegômenos para uma reformação do paganismo* de Mora, o primeiro de vários longos tratados em que o heterônimo discute os princípios do paganismo e defende sua superioridade em relação ao cristianismo. Mora seria também autor de um prefácio à poesia de Alberto Caeiro, a quem definiu como o "reconstrutor da essência do paganismo".

Abraçando os mesmos valores classicistas de Ricardo Reis, Antônio Mora ressurgiu dos salões esquecidos da Casa de Saúde de Cascais como contrapeso a *Orpheu*, ou à percepção dos críticos da revista de que se tratava de um projeto iconoclasta e divorciado da tradição literária. Em sua própria resenha da revista, Mora observou que era preciso estar imerso na cultura grega para entender corretamente o que esses jovens escritores queriam realizar.[19] Pessoa, mais do que qualquer outro escritor de *Orpheu*, sabia muito bem o que esperava realizar. Por mais que o encantasse ultrajar o establishment literário com o paulismo e o intersecionismo, ele não estava interessado em ser vanguardista. Ansiava por um novo renascimento, a ser liderado por Portugal.

Talvez fosse num panfleto, ou no número seguinte de *Orpheu*, que Pessoa pretendia publicar um manifesto intitulado *Atlantismo*. O atlantismo não era uma doutrina que promovia a ilha perdida de Atlântida nem um novo movimento literário; era um projeto para o sonho de renascimento de Pessoa. Assim como *Orpheu*, que se autodenominava uma publicação luso-brasileira, o atlantismo olhava na direção do oceano em que os navios portugueses singraram séculos antes, estabelecendo um império marítimo mundial dificilmente imaginável para uma nação tão pequena e que, no entanto, acabou se estabelecendo. Pessoa propunha repetir tal façanha, mas com poemas e mitos em vez de navios, e com sentimento religioso, atitudes aristocráticas e energias criativas em vez de possessões territoriais e poderio militar. Ainda assim, não deixava de ser um projeto inequivocamente imperialista.[20]

O manifesto não se materializou, mas as copiosas anotações de Pessoa pintavam um quadro vívido de uma aliança cultural entre as regiões "atlânticas" da península Ibérica, da Irlanda e das Américas. Os velhos centros da Europa — Londres, Paris e Roma — eram designados como "os inimigos". Quanto à Alemanha, embora seu espírito pagão e vigor cultural fossem dignos de emulação, seu império militarista estava condenado à queda, uma vez que impérios grosseiramente materialistas eram obsoletos. O imperialismo do futuro seria espiritual, baseado nas conquistas do espírito humano, e com Portugal à frente. Nessa imagem de império, as colônias portuguesas na África e na Ásia eram um peso inútil que deveria ser descartado. "Vendê-las antes que no-las tirem", escreveu Pessoa pragmaticamente num caderno de 1915.[21] O imperialismo "espiritual" do atlantismo abraçava, como religião, o paganismo reformado pregado por Antônio Mora e Ricardo Reis, mas se apropriava da noção de um Messias da tradição judaico-cristã, aplicando-a à figura de d. Sebastião, e proclamava o alvorecer de um glorioso Quinto Império, com base numa profecia da Bíblia.

A doutrina do Quinto Império, que agora surgia como ponto focal da visão de Pessoa para o futuro do seu país, foi uma criação do padre Antônio Vieira (1608-97), um dos intelectos mais vigorosamente imaginativos da língua portuguesa. Nascido em Lisboa, esse pregador e missionário jesuíta, diplomata e ativista político viajou muito pela Europa, mas dividiu a maior parte de seus 89 anos entre o Brasil, onde defendeu a dignidade dos povos indígenas, mas aceitou com relutância a escravidão dos africanos,* e Portugal, onde defendeu os judeus contra a Inquisição e se tornou conselheiro do rei.

Além de sua vasta produção de requintados sermões, Vieira escreveu obras proféticas, inclusive uma *História do futuro* que pressagiava um reinado de paz universal e milenar sob a égide de um rei português. Ele chegou a esse futuro

* Pregando que negros e brancos eram iguais, Vieira ficou horrorizado com a escravidão, mas acreditava que deveria haver uma razão divina para sua existência, por isso disse aos escravizados brasileiros que aceitassem sua sina.

otimista cruzando as falas proféticas de um sapateiro e poeta vaticinador português do século XVII chamado Gonçalo Annes Bandarra, que previra que um "rei oculto" traria grandeza e prestígio a Portugal, com uma profecia do livro de Daniel, capítulos 2 e 7, sobre a queda de quatro reinos sucessivos e o advento de um quinto reino, governado por Deus e que duraria para sempre. Os estudiosos da Bíblia costumam interpretar os primeiros quatro reinos como sendo Babilônia, o Império Persa (ou Medo-Persa), Grécia e Roma. A novidade de Vieira era pôr um rei português no trono do futurístico Quinto Reino ou Império, de forma que o reinado pacífico de Deus na Terra coincidisse com uma época de gloriosa preeminência para Portugal.

Durante os dois séculos que se seguiram à morte de Vieira, outros "historiadores" do futuro de Portugal promoveram o mito sebastianista, associando o "rei oculto" dos poemas proféticos de Bandarra ao desaparecido d. Sebastião, que retornaria e regeneraria um Portugal decadente e desanimado. Foi Pessoa quem reviveu, no século XX, a ideia de Vieira de um Quinto Império português, considerando-a a consequência natural e espontânea do regresso místico ou simbólico de d. Sebastião.

Pelo resto da vida, Pessoa escreveria sobre as duas doutrinas entrelaçadas — sebastianismo e o Quinto Império —, interpretando-as política e poeticamente, e refinando suas interpretações de acordo com a mudança da situação de Portugal. Mas mesmo suas interpretações políticas dessas ideias grandiosas, defendidas com argumentos engenhosos, eram essencialmente atos poéticos. Quer correspondessem ou não a alguma transformação tangível da sociedade portuguesa, Pessoa podia apreciá-las, e assim o fez, como belas construções verbais, tão boas ou até melhores que a realidade.

37.

Era à noite, em seu quarto alugado, com um cigarro na mão esquerda e uma caneta na direita, que Pessoa, o pensador e sonhador, tramava um Quinto Império em que Portugal reinaria supremo, ajudava o heterônimo Antônio Mora a desenvolver os princípios de um paganismo moderno e as estratégias para disseminá-lo, dava rédea solta a sua imaginação sexual e traçava mapas astrais para si, para as pessoas à sua volta, para *Orpheu* e para Portugal.[1] De dia, Pessoa, o poeta, editor e provocador jornalístico, circulava pelo centro de Lisboa, encontrando-se com amigos em cafés para discutir ideias, literatura, a enxurrada de notícias sobre a terrível, mas empacada, Grande Guerra e a revolução de maio de 1915 que derrubara Pimenta de Castro, um forte defensor da neutralidade portuguesa. Com os democráticos de volta ao poder, parecia cada vez mais provável que Portugal entrasse na guerra. Não era um bom clima para uma revista elitista como *Contemporânea*, até porque ela aplaudira o governo do ditador, e José Pacheco decidiu suspender a publicação, mas *Orpheu*, que ficara de fora da política, preparava-se para lançar seu segundo número, que ofereceria, assim como o primeiro, cerca de oitenta páginas de poesia e prosa originais, além de uma novidade: obras de arte.

O artista convidado foi Santa Rita Pintor (1889-1918),* que nos anos ante-

* Seu nome verdadeiro era Guilherme de Santa Rita.

riores à guerra residira em Paris, onde assistira às palestras de Marinetti sobre futurismo e fizera companhia a Mário de Sá-Carneiro. Tão tenso e esguio quanto Sá-Carneiro era rechonchudo e expansivo, Santa Rita parecia uma sombra que se levantara do chão: gostava de se vestir de preto, dos sapatos ao chapéu, que era puxado para bem perto dos olhos. Cheio de ideias e de energia, era capaz de vencer uma discussão com qualquer um, com a possível exceção de Fernando Pessoa, que sabia se manter firme em suas posições, apesar de ser menos assertivo na fala do que na escrita. Irritantemente presunçoso, mas dono de uma inteligência sedutora, o artista descrevia os princípios estéticos de suas pinturas em andamento com tal brio e tal convicção que nenhum ouvinte duvidaria de que eram originalíssimas, se não verdadeiras obras-primas, mas poucas pessoas as tinham visto de fato.

Pessoa desconfiava de Santa Rita Pintor, que Sá-Carneiro, numa carta de Paris,[2] havia descrito como mentiroso, egocêntrico e calculista, mas um panfleto distribuído em maio de 1915 anunciava em negrito que o segundo número de *Orpheu*, a ser publicado no mês seguinte, traria uma "colaboração especial do futurista Santa Rita Pintor", além de um "Manifesto da Nova Literatura", de Fernando Pessoa. Como muitos dos manifestos planejados por Pessoa, esse nunca foi escrito, mas a revista de fato incluiria reproduções de quatro obras de Santa Rita, todas com títulos que soavam futuristas, como "Decomposição dinâmica de uma mesa + estilo do movimento". Em parte desenhos, em parte colagens e visivelmente inspiradas nas primeiras colagens de Picasso e Georges Braque, as quatro composições lembravam na verdade o cubismo. De qualquer modo, o choque que provocavam era considerável, pois não se pareciam com nada jamais exibido ou publicado em Portugal.

Quando se tratava de movimentos de vanguarda, Pessoa continuava ambivalente. Ele os usava para sacudir as coisas, para desconcertar mentes excessivamente obedientes e complacentes e — por que não? — para gerar alguma publicidade para si e para *Orpheu*, ao mesmo tempo que os desprezava ativamente, a menos que fossem de sua própria criação. Permitiu de bom grado que Santa Rita se declarasse futurista, mas não queria que as pessoas pensassem que *Orpheu* derivava ou se inspirava no movimento de Marinetti. Tampouco Álvaro de Campos.

Em 4 de junho, o "engenheiro e poeta sensacionista", como Campos gostava de assinar, enviou uma carta ao editor do *Diário de Notícias* em que se opunha ao uso do termo "futurista" para caracterizar *Orpheu*. O futurismo, explicava ele, queria eliminar a emoção, o lirismo e a subjetividade da arte, ao passo que os colaboradores do primeiro número de *Orpheu* eram intensamente subjetivos e cheios de abstrações oníricas. Se fosse preciso ligá-los a um movimento, então pertenciam ao movimento português conhecido como intersecionismo, ou paulismo. Campos reconhecia que sua "Ode triunfal", publicada em *Orpheu* 1, era futurista no tema, mas *somente* no tema, de forma nenhuma em sua técnica literária. E acrescentava: "Eu, de resto, nem sou intersecionista (ou paúlico) nem futurista. Sou eu, apenas eu, preocupado apenas comigo e com as minhas sensações".

O *Diário de Notícias* não publicou a carta de Campos, e não podemos ter certeza se Pessoa a enviou. Mas, no verso da cópia datilografada encontrada em seus arquivos, o engenheiro naval e poeta das sensações, aparentemente ainda furioso por causa de todas as conversas equivocadas sobre o futurismo, redigiu outra carta, dessa vez em francês. Era dirigida a ninguém menos que Filippo Tommaso Marinetti, o líder dos futuristas, e começava com um pouco de lisonja. Campos afirmava que estava incluindo no envelope um exemplar de *Orpheu* 1 e uma tradução para o francês de sua "Ode triunfal", que planejava dedicar a Marinetti quando saísse em livro, desde que ele não tivesse objeções. E aqui as cortesias terminavam. A carta continuava:

> Devo dizer-lhe, com toda a franqueza, que não sou de forma alguma futurista; no entanto, li, na sua atitude (não em sua Obra), esse amor pelas coisas modernas que já estava em mim, e das quais procurei dar, na "Ode triunfal", a expressão puramente de engenheiro, puramente mecânica e técnica.
>
> Ao não admitir nenhuma relação entre arte e realidade, não admito naturalmente sua técnica e seus processos. Para mim, suas palavras em liberdade não fazem sentido. Admito somente minhas sensações e, usando sua expressão, só admito na arte as sensações em liberdade.

Tendo rejeitado uma das características fundamentais da poesia futurista — a libertação das palavras da sintaxe —, Campos passa a elucidar os fundamentos de sua própria poesia:

> Compreenda bem. Não existem palavras. Não existem coisas. Existem apenas sensações. Só existe arte das sensações. Tudo é somente o que está em nós. É a essa escola *sensacionista* que pertenço. Essa escola sou eu. Somente eu sou sensacionista. Em

minha ascendência intelectual, encontro Blake e Walt Whitman. Seu movimento é uma luz apagada que me iluminou o caminho.[3]

Depois de mais algumas frases com insultos ao movimento futurista, a carta é interrompida, restando inacabada e, portanto, não foi enviada, tornando desnecessário que a "Ode triunfal" fosse traduzida para o francês. No ano e meio seguinte, Pessoa escreveria muitas páginas que discorriam sobre o sensacionismo, mas a carta de Campos a Marinetti mostra que esse movimento, ao contrário do intersecionismo, não aspirava a ser um movimento de vanguarda. Quando declara ser o *único* sensacionista, Campos está fazendo uma afirmação filosófica sobre a impossibilidade de saber algo sobre as sensações de outra pessoa. Tem apenas as *suas* sensações e, como deseja sentir mais do que há no mundo para sentir, identifica-se com William Blake, a quem mais tarde evocaria em um poema que começa assim:

Ah, abram-me outra realidade!
Quero ter, como Blake, a contiguidade dos anjos
E ter visões por almoço.[4]

Blake recusava-se a ser limitado pela realidade visível e também rejeitava todos os graus de servidão observáveis no mundo ao seu redor. Sua poesia se posicionava contra as restrições religiosas, a opressão política, a repressão sexual e os limites à liberdade de expressão, e ele pode ser considerado o inaugurador do verso livre na língua inglesa. "A poesia agrilhoada agrilhoa a raça humana", escreveu ele no início de *Jerusalém* em defesa do novo estilo, que não contava mais sílabas, embora talvez devêssemos creditar a invenção do verso livre aos tradutores responsáveis pela versão do rei Jaime da Bíblia — uma importante fonte de inspiração para ele. As opiniões e poéticas liberadas de Blake fazem dele obviamente um antepassado de Whitman em espírito, bem como do heterônimo mais desenfreado e impulsivo de Pessoa.

Em "Saudação a Walt Whitman", iniciado em junho de 1915, Álvaro de Campos celebra de forma retumbante seu parentesco com o poeta norte-americano, gritando de um lado para o outro do oceano:

De aqui, de Portugal, todas as épocas no meu cérebro,
Saúdo-te, Walt, saúdo-te meu irmão em Universo,
Ó sempre moderno e eterno, cantor dos concretos absolutos,
Concubina fogosa do universo disperso,
Grande pederasta roçando-te contra a diversidade das cousas,
Sexualizado pelas pedras, pelas árvores, pelas pessoas, pelas profissões,
Cio das passagens, dos encontros casuais, das meras observações,
[...]
Espasmo p'ra dentro de todos os objetos de fora,
Souteneur de todo o Universo,
Rameira de todos os sistemas solares, paneleiro de Deus!

A linguagem desinibida, as fórmulas repetitivas (em estrofes não citadas aqui) e a emotividade expansiva fazem com que esse poema seja lido, às vezes, como um precursor português de "Uivo", de Allen Ginsberg, e não por acaso o poeta beat norte-americano escreveu um poema intitulado "Saudações a Fernando Pessoa", em que tenta se afirmar de forma nada realista como um poeta superior, com base no fato de que os Estados Unidos são um país muito maior do que Portugal. Trombeteando um ego literário ainda maior, Campos ousa considerar-se não apenas um irmão de Walt Whitman, mas seu igual absoluto em sentimento, e afirma que eles andam "de mãos dadas, dançando o universo". A dança do poema é um turbilhão delirante de sensações, ideias, impressões, impulsos e fantasias corporais desenfreadas mais ousadas do que quaisquer da poesia de Whitman. Campos quer sentir tudo de forma intensa, mas passiva, masoquista — ser chicoteado, atropelado, ser "a cadela de todos os cães", ser "o esmagado, o deixado, o deslocado, o acabado". A certa altura, sua passividade torna-se confessadamente homoerótica:

Ponham-me grilhetas só para eu as partir!
Só para eu as partir com os dentes, e que os dentes sangrem
Gozo masoquista, espasmódico a sangue, da vida!

Os marinheiros levaram-me preso.
As mãos apertaram-me no escuro.
Morri temporariamente de senti-lo.
Seguiu-se a minh'alma a lamber o chão do cárcere privado [...]

Em maio de 1915, um mês antes de Campos desfalecer com a ideia de ser tratado com violência por marinheiros em um poema que saudava Walt Whitman como um grande "pederasta" e "paneleiro" [expressão chula portuguesa para homossexual], Pessoa havia escrito seu mais belo poema homoerótico: o já mencionado "Antinous", que descreve o terno amor do imperador Adriano por seu companheiro que misteriosamente se afogou no Nilo no ano 130. Tão ardente quanto terno, o amor de Adriano logo tomou a forma da adoração. Proclamando que o belo jovem morto era um deus, o enlutado imperador estabeleceu um culto a Antínoo, construiu uma cidade no Egito com seu nome e criou um conjunto de jogos fastuosos realizados anualmente em sua homenagem. Mais de 2 mil estátuas do jovem grego da Bitínia com cabelos grossos e desgrenhados e ar melancólico foram esculpidas nos anos que se seguiram à sua morte, e mais de cem delas sobreviveram. No século XIX, Antínoo tornou-se um emblema para "o amor que não ousa pronunciar seu nome", para usar o epíteto que ficou famoso no desastroso julgamento de Oscar Wilde,[5] que incluiu referências a Antínoo em *O retrato de Dorian Gray*, "O jovem rei" e "A esfinge".

Em várias tentativas anteriores de Pessoa de escrever poesia sobre o amor entre homens — seus sonetos para o *Livro do outro amor*, por exemplo —, os eus poéticos ainda estavam atormentados pela ideia de que esse amor era antinatural, imoral. Foi por intermédio de Adriano que ele conseguiu escrever com sentimento vívido e sem nenhum traço de vergonha sobre a afeição avassaladora de um homem por outro. Apesar de uma ocasional expressão desajeitada ou palavra mal escolhida, neste caso a língua inglesa trabalhou a favor do poeta, liberando-o para ser mais desinibidamente compreensivo em relação ao seu tema. Nos quase 1800 anos decorridos desde a morte de Antínoo, ninguém havia contado com uma paixão enunciada de forma mais aguda a história do amor entre ele e Adriano.

Incapaz de imaginar como seria a vida sem seu amado, o Adriano de Pessoa contempla, com horrorizada dor, o cadáver de Antínoo estendido num sofá. Ele relembra o "amor vivido qual religião", como se abraçavam, realizando todos os desejos ardentes, e

Even as he thinks, the lust that is no more
Than a memory of lust revives and takes

His senses by the hand, his felt flesh wakes,
*And all becomes again what 'twas before.**

Adriano cobre o cadáver de beijos, implora aos deuses que o tragam de volta à vida, lembra como o jovem era "um gatinho com o prazer a brincar", e a luxúria de ambos, "um só às vezes,/ às vezes dois, ora se unindo, ora afastando".

A segunda metade do poema consiste em um discurso a Antínoo no qual Adriano promete construir para ele uma estátua para endeusá-lo feita não de pedra, "mas dessa saudade/ pela qual quero do amor a eternidade". Antínoo já é um deus, afirma Adriano, uma vez que seu desejo de ser um é em si mesmo uma "visão das reais coisas de além/ da nossa vida em si presa, em preso senso". A deificação de Antínoo, conforme descrita no poema, depende inteiramente do poder do amor fundido à imaginação, sem a necessidade de um culto, de jogos anuais ou de uma cidade chamada Antinoópolis. A maneira de raciocinar de Adriano — de usar a razão e o sentimento para criar realidade — é suspeitosamente semelhante à de Fernando Pessoa.

O Adriano de Pessoa revela-se notavelmente moderno e profético. O imperador histórico já não se encaixava no paradigma de um aristocrata romano que se aproveita de um jovem escravo para satisfação sexual e outras comodidades, sem desenvolver um apego afetivo duradouro, mas Pessoa vai além, transformando Adriano em um defensor dos homossexuais oprimidos:

Some will say all our love was but our crimes;
Others against our names the knives will whet
Of their glad hate of beauty's beauty, and make
Our names a base of heap whereon to rake
*The names of all our brothers with quick scorn.***

O que "irmãos nossos" pode significar senão Verlaine e Rimbaud, Wilde e Douglas, Whitman, Proust e todos os homens que tiveram de lidar com o desprezo

* "Mesmo enquanto pensa, sendo o prazer mera/ Memória do prazer, revive, e tomando/ Os sentidos pela mão, a carne acordando,/ Tudo volta a ser o que dantes era." (Trad. de Alice Freire)
** "Alguns de nosso amor os crimes só dirão;/ Outros em nossos nomes faca afiarão/ No ódio que o belo à beleza deve,/ E deles farão base do monte onde porão/ Os nomes de irmãos nossos em desprezo breve." (Trad. de Alice Freire)

da sociedade porque sentiam atração por outros homens, e não por mulheres? O imperador, dotado de presciência de que os deuses romanos seriam eclipsados, conclui seu discurso com uma referência otimista ao "fim dos tempos", quando Júpiter renascerá, servido por Ganimedes, e verá "nossa alma dual da morte liberta" e ressuscitada. Esse retorno previsto dos deuses, ou esse renascimento do paganismo, fazia parte da visão de Pessoa do Quinto Império. A aceitação e a celebração de unidades duais entre os homens, como a que Adriano conheceu com Antínoo, eram outro aspecto dessa mesma visão.

Além de ser porta-voz de algumas de suas ideias e teorias, o Adriano de Pessoa também incorporava algo de sua própria experiência prodigiosamente *imaginária* do amor. Já que Antínoo está morto, o amor de Adriano só pode ser uma lembrança do que era — uma memória que ele idealiza e eterniza. "Tua morte me deu mais alto cio", ele anuncia ao corpo frio de seu amante, "desejo carnal de eternidade em furor." O próprio amado de Pessoa — ou seu desejo potencial por um amado — também está perdido, mas em um tempo passado indefinido, ou em um domínio fora do tempo. Pessoa é um Adriano com uma memória encantada que, apesar de nunca ter tido nos braços um Antínoo carnal, consegue criar "Antinous", o poema imortal e imortalizador.

Quando admitiu pela primeira vez o homoerotismo em sua obra, em 1912-3, Pessoa seguia de forma hesitante a trilha de escritores como Shakespeare (nos sonetos) e Oscar Wilde. Quando, em 1915, abraçou com mais ousadia o amor entre homens como um tema poético, talvez tenha sido inspirado pelo exemplo de um novo amigo e companheiro literário, Raul Leal (1886-1964), mas não por seu exemplo como escritor, e sim como um homossexual que aceita a si mesmo. Excêntrico a ponto de parecer um pouco louco, Leal tinha como marca especial de seu caráter incomum a franqueza absoluta. Era incapaz de não dizer o que sentia e não ser quem era. Filho de um financista rico, cresceu no luxo e estava acostumado a satisfazer seus apetites livremente. Depois de estudar em Coimbra e exercer por vários anos a advocacia em Lisboa, passou a esbanjar grande parte da considerável herança deixada pelo pai. Sua ostentação mais extravagante foi na França, onde morou no segundo semestre de 1913 e mais uma vez na metade de 1914, hospedando-se nos hotéis mais chiques, jantando nos melhores restaurantes, assistindo a óperas e concertos e comprando pijamas de seda e outras roupas finas.

Em Paris, conheceu o escritor italiano Gabriele D'Annunzio, um extravagante nietzschiano decadentista então no auge da popularidade, além de Marinetti, e conviveu com outro excêntrico português: Santa Rita Pintor.[6]

Em 1913, antes de ir para o balneário de Biarritz e depois para Paris, Leal publicara *Liberdade transcendente*, sua primeira grande exposição do vertiginismo, um conceito filosófico e doutrina utópica que o absorveria nos cinquenta anos seguintes. O vertiginismo defendia a experiência simultânea de todos os momentos e todos os aspectos da vida, por meio da qual o eu atingiria uma consciência divina e unificada de tudo em sua diversidade sublime — ou algo do tipo. Pessoa, num caderno que utilizou em 1915, escreveu o seguinte sobre o vertiginismo do amigo: "A impossibilidade de o explicar o explica. Não se pode definir — e essa é a sua definição".[7]

Foi provavelmente depois de seu regresso a Lisboa, em 1914, que Raul Leal deu a Pessoa um exemplar autografado de *Liberdade transcendente* e, na primeira metade de 1915, ficaram amigos. Sá-Carneiro também fez amizade com Leal, mas o considerava um pensador confuso e um escritor fraco. Pessoa ficou fascinado por Leal e por suas ideias, ainda que não fossem muito claras, e provavelmente foi quem defendeu sua inclusão no segundo número de *Orpheu*. A obra com que Leal colaborou, "Atelier: novela vertígica", inspirava-se em *O retrato de Dorian Gray*. Nesse mesmo ano de 1915, Pessoa fez um mapa astral para Leal e notou que a Lua na casa de Vênus ocupava a mesma posição no mapa dele e no de Oscar Wilde.[8]

Pessoa faria mais três mapas para Raul Leal, cuja sexualidade, astrologicamente falando, pouco lhe interessava. Por outro lado, no caso de Wilde, a prática da homossexualidade, que afinal o levou à prisão, estava no cerne de suas considerações astrológicas. No primeiro dos dois mapas que fez para Wilde, em 1915, Pessoa destacou a posição dos astros em 1895, o ano do "escândalo", como anotou em inglês, quando o irlandês foi julgado e condenado por "indecência grosseira". O segundo mapa, de 1917, vinha acompanhado de um esboço biográfico em inglês. Os últimos quatro itens do esboço são:

> Começou a pederastia como experiência — 1886.
> A pederastia tornou-se um hábito — 1889.
> Condenado a dois anos de prisão — 1895.
> Morreu em Paris em 30 de novembro de 1900.

Pessoa conectou os acontecimentos na vida de Wilde, em especial o desastre de 1895, às posições dos planetas em seu mapa. Virando a página, escreveu, em inglês, "My case", seguido por vários trânsitos astrológicos que comparavam sua situação atual com a de Wilde antes e depois do julgamento e da condenação.[9]

De acordo com o esboço biográfico de Pessoa, Wilde tinha 32 anos quando começou a se envolver com "pederastia".* O astrólogo amador não consultava os astros para ver se estava destinado a imitar o exemplo de Wilde, mas parece ter se perguntado se poderia ganhar uma espécie de notoriedade wildiana, talvez devido a "Antinous". Numa curiosa inversão da lógica freudiana, Pessoa comentaria em inglês, muitos anos depois, que "Wilde reprimiu, devido ao ambiente, a tendência invertida em suas obras, de modo que ela cresceu com mais força em sua vida".[10] Trata-se de um ponto de vista fascinante, embora discutível. Ainda que não haja nada explicitamente homossexual em *O retrato de Dorian Gray*, o romance tem sugestões homoeróticas óbvias e foi usado contra Wilde em seu julgamento. Talvez Pessoa concordasse com James Joyce que, "se tivesse tido a coragem de desenvolver as alusões, o livro poderia ter sido melhor",[11] mas é duvidoso que isso tivesse feito com que a "tendência invertida" do autor fosse menos pronunciada em sua vida. De qualquer modo, a ideia de que essa tendência foi conscientemente reprimida em seus escritos foi corroborada pelo próprio Wilde, que afirmou no prefácio de *Dorian Gray*: "Revelar a arte e ocultar o homem é o objetivo da arte".

Para o poeta dos heterônimos, o objetivo da arte não era a revelação nem a ocultação, mas a autotransformação. Foi na arte e na sua relação com a arte que Pessoa mais se dispôs a se arriscar como um ser sexual poroso, vulnerável.

* É provável que Pessoa tenha usado essa palavra, como o fez em outras ocasiões, para se referir ao sexo entre homens de qualquer idade. Robert Ross, o primeiro amante de Wilde, tinha dezessete anos, mas supostamente foi ele que seduziu Wilde.

38.

A segunda edição de *Orpheu*, publicada no final de junho de 1915, tentou capitalizar o *succès de scandale* do primeiro número da revista sendo ainda mais experimental e tresloucada. Pessoa e Sá-Carneiro, cujos nomes agora apareciam no cabeçalho como diretores, não a lançaram mais como publicação luso-brasileira, e sim como rival de outros projetos de vanguarda europeus. Apesar de Pessoa não ter concluído seu anunciado manifesto sobre a "Nova Literatura", ele e seu coeditor puderam contar com os "quatro definitivos trabalhos futuristas" de Santa Rita Pintor para suscitar incompreensão e desprezo burguês, estabelecendo assim *Orpheu* como o principal fórum português para a arte avançada. A fim de cimentar sua reputação de literatura "avançada", o número incluía um poema provocador de Sá-Carneiro intitulado "Manucure", repleto de símbolos tipográficos flutuantes, nomes de marca, logotipos e palavras inventadas impressos em letras de tamanhos e fontes variados. Pessoa diria mais tarde que esse poema, o único do gênero de Sá-Carneiro, era uma blague "semifuturista" feita sob medida para a revista.[1]

Como isca para atiçar o bando de críticos que definiram o primeiro número de *Orpheu* como uma publicação de lunáticos, o segundo número abria com um conjunto de poemas de Ângelo de Lima, que estava internado no hospital psiquiátrico de Lisboa desde 1901. Incapaz de resistir a um petisco tão delicioso, em 28 de junho *A Capital* publicou uma matéria de primeira página com a previsível manchete "Artistas de Rilhafoles: outro número do *Orpheu*". Rilhafoles era o nome do hospital psiquiátrico onde vivia Ângelo de Lima — e onde morreria seis anos depois. O jornal especulava que Mário de Sá-Carneiro, se continuasse a ser atormentado pelos delírios desabafados em seu poema "Manucure", logo se tornaria companheiro de hospício de Lima.

Os resenhistas de *Orpheu* 2, ainda preocupados em atacar a suposta perturbação mental dos colaboradores da revista, não a leram com atenção suficiente para detectar o enredo homoerótico de "Atelier", de Raul Leal, que teriam considerado questionável em termos morais, além de psicologicamente anormal. Ainda menos normal era um grupo de poemas "dum anônimo ou anônima que diz chamar-se Violante de Cysneiros". Esse pseudônimo feminino foi proposto por Pessoa a seu amigo Armando Côrtes-Rodrigues, que adaptou sua escrita para que se adequasse ao nome. Transformando-se em travesti poético, alternava pseudo-memórias de bordar e dançar como Salomé com algumas reflexões existenciais que tomou emprestadas de Pessoa e Sá-Carneiro, mas envoltas na doce voz de Violante. Os poemas do ambíguo Armando-Violante, porém, eram mais do que uma piada. Pessoa presumira corretamente que seu amigo, ao assumir outra personalidade, escreveria uma poesia mais interessante.

A colaboração de Fernando Pessoa para *Orpheu* 2 foi "Chuva oblíqua", o sexteto de poemas intersecionistas que Álvaro de Campos mais tarde saudaria como o melhor momento literário de seu progenitor. Mas sua maior contribuição para revista foi a "Ode marítima", do próprio Campos. Essa ode épica é também o mais grandioso poema escrito por Pessoa ou qualquer um de seus heterônimos. É um mistério como Pessoa, durante um dos períodos de sua vida mais ocupados externa e internamente, foi capaz de reunir a concentração criativa necessária para produzir seus mais de novecentos versos perfeitamente concatenados.

Em um trecho para o *Livro do desassossego* de 1914, Pessoa comentou: "Escrever uma obra de arte com o preciso tamanho para ser grande, e a precisa perfeição para ser sublime, ninguém tem o divino de o fazer".[2] Ele examinava o caso de *Rei Lear*, de Shakespeare, que, por ser uma obra em grande escala, naturalmente tem algumas falhas — e, como é de fato uma obra-prima, essas falhas se destacam como "defeitos monstruosos". A perfeição, segundo o mesmo trecho, só é possível para obras que podem ser escritas "de um jato" — um breve poema lírico, por exemplo. A colossal "Ode marítima" contradiz a teoria da composição de Pessoa, uma vez que é grande demais para ter surgido em um único jorro e, ainda assim, não contém falhas aparentes, muito menos defeitos monstruosos. Foi escrita em abril ou maio, quando Pessoa estava promovendo *Orpheu* 1 e preparava *Orpheu* 2; teorizava sobre um Quinto Império em que Portugal dominaria o mundo através de sua cultura; escreveu "Antinous", seu maior e mais longo poema sobre amor entre homens; e começou a redigir ensaios em nome de Antônio Mora, o heterônimo dotado de uma sensibilidade profundamente grega em questões de estética, política e religião.

A "Ode marítima" conseguiu concretizar poeticamente a maioria das ideias e dos ideais que então giravam na cabeça do gênio. Era a joia da coroa do projeto *Orpheu* e, contudo, repudiava em certo sentido os movimentos de vanguarda que a revista parecia representar. Há toques futuristas no poema, como uma descrição da "maravilhosa vida marítima moderna / Toda limpeza, máquinas e saúde!". Mas o cenário dominante da "Ode marítima" é o mar clássico dos marinheiros, dos piratas e dos poetas tão antigos quanto Homero — indiferente aos maquinários modernos. Composta de estrofe, antístrofe e epodo,[3] como as odes de Píndaro, é uma performance grega, mas Campos narra sua história num cais deserto de Lisboa, de onde outrora as caravelas portuguesas partiram para viagens de descobrimento.

O efeito do poema é cumulativo, de modo que a citação de uma ou duas estrofes sequer começaria a transmitir seu esplendor, mas tentarei dar uma ideia de seu alcance épico, a começar pela seção inicial, a *estrofe*, na qual Álvaro de Campos fala em abstrações sobre a Distância, o Tempo, o Indefinido e o Puro Longe, lembrando que sua alma se identifica com o que menos vê. Ele transcende para um universo de Formas idealizadas e invoca de maneira explícita o platonismo em versos que aludem ao Cais Absoluto, "inconscientemente imitado" pelos construtores humanos de cais mundanos como o de Lisboa, onde ele reflete sobre todas essas coisas. Também considera aqueles que passam a vida em navios "gente simbólica" de outra realidade e sabe que também ele é um símbolo. Tudo é mais vasto e interconectado do que parece.

A viagem filosófica e visionária da primeira seção da ode ocupa 210 versos, altura em que Campos, repentinamente possuído pelo "delírio das coisas do mar", se vê arremessado através das "noites misteriosas e fundas" da imaginação, impelido pelo desejo extático. Essa segunda seção, a *antístrofe* da ode, é uma rapsódia sobre homens duros e rudes que vivem no mar, em especial os piratas, os mais rudes e cruéis, e o sonho de Campos é ser a mulher que os espera nos portos, para ser "a mulher-todas-as-mulheres/ Que foram violadas, mortas, feridas, rasgadas" por eles, e "senti-los num vasto espasmo passivo!". Desejos desse tipo repetem-se continuamente, em formulações como as seguintes:

Beijai com cutelos de bordo e açoites e raiva
O meu alegre terror carnal de vos pertencer,
A minha ânsia masoquista em me dar à vossa fúria,
Em ser objeto inerte e sentiente da vossa omnívora crueldade,
Dominadores, senhores, imperadores, corceis!
Ah, torturai-me,
Rasgai-me e abri-me!
Desfeito em pedaços conscientes
Entornai-me sobre os conveses,
Espalhai-me nos mares, deixai-me
Nas praias ávidas das ilhas!

Intercalados entre esses apelos há vários chamados e gritos de marinheiros, às vezes impressos em letras enormes, bem como o refrão de uma canção marítima tirada de *A ilha do tesouro* de Robert Louis Stevenson: "Quinze homens em cima do baú do morto,/ Yo ho ho e uma garrafa de rum". Pessoa gostava muito desse romance na sua infância em Durban, onde o vimos zanzando no consulado português, intrigado com os "tipos navegantes" que vinham obter autorização para seus navios seguirem para o norte, até o porto moçambicano de Lourenço Marques. É improvável que o fascínio do jovem Fernando pelos marinheiros tivesse um caráter sexual tão direto e acentuado; é ainda menos provável que as fantasias de brutalidade erótica da "Ode marítima" fossem transcrições de fantasias sexuais de Pessoa aos 27 anos. Elas saíam de seu imaginário literário, devidamente estimulado pelo que ele próprio, conforme já citado, chamava de caso brando ou latente de "inversão sexual", termo antiquado que ganha novo sentido quando aplicado ao ultraliterário Fernando Pessoa, mestre na arte de infletir, inverter e transformar. Toda a segunda seção da "Ode marítima", na medida em que corporifica e sexualiza a imaginação, é na verdade uma *inversão* do que ocorre na primeira seção, na qual a imaginação é espiritualizada e dada a abstrações metafísicas.

"Parte-se em mim qualquer coisa", anuncia Campos no 620º verso da ode, e suas evocações frenéticas da crueldade e da luxúria masoquista dos piratas dão lugar de forma abrupta à terceira e última seção da ode, o tranquilo *epodo*. Tendo perdido o interesse tanto pelo Puro Longe como pelo sonho alienante de ser um puro corpo abandonado ao desejo ardente, a agora "imaginação higiênica, forte, prática" de Campos preocupa-se apenas com o que está próximo e é parte da vida cotidiana, com "cousas imediatas, modernas, comerciais, verdadeiras". É como se uma versão em português do bestial sr. Hyde tivesse repentinamente voltado a ser um calmo e civilizado dr. Jekyll. Em sua adolescência em Durban, Pessoa também lera e adorara *O médico e o monstro: O estranho caso do dr. Jackyll e sr. Hyde*, de Stevenson, e, já adulto, traduziu algumas de suas páginas para o português.[4]

O estranho caso de Fernando Pessoa e Álvaro de Campos é mais complexo do que o de Jekyll e Hyde. O heterônimo viajado e amante irreprimível das sensações parece representar o reverso oculto de seu criador, sempre com medo de agir, mas Campos, como provam a "Ode marítima" e a "Saudação a Walt Whitman", é ele mesmo uma alma dividida, que muitas vezes se exaspera com o engenheiro urbano e bem-educado que é do lado de fora e deixa seus pensamentos correrem soltos.

Como quase tudo que Pessoa publicou, a "Ode marítima" não atraiu muita admiração na época, mas ganhou notoriedade logo após sua morte e inspirou atores portugueses a recitá-la dramaticamente na íntegra, às vezes de memória.[5] A façanha ímpar do poema é incluir tanto conflito, serenidade, energia frenética e desejo sem censura dentro da estrutura de uma ode grega antiga, levando um crítico anônimo de língua inglesa inventado por Pessoa a comentar que "nenhum regimento alemão jamais teve a disciplina interna que subjaz a essa composição". O mesmo crítico sem nome definiu Campos como "um Walt Whitman com um poeta grego dentro".[6]

Com emoção crua, memória pessoal, fantasia, metafísica, história e eros, todos tripulando o mesmo navio numa viagem que evoca e supera imaginativamente as viagens dos navegadores lusitanos, a "Ode marítima" concretizou, no domínio literário, o sonho de Pessoa de um renascimento português, um renascimento nacional. Mas ele ansiava por ver o sonho realizado na vida política e social de seu país, o que significava que a República, da maneira como funcionava naquele momento — convulsiva, sem uma abordagem coerente e consistente da política —, teria de ser substituída. Todos os males, a seu ver, estavam encarnados no chefe do Partido Democrático, Afonso Costa, a quem decidiu impulsivamente atacar, com a ajuda de seu heterônimo mais vivaz.

Embora os democráticos de Costa tenham vencido de forma esmagadora as eleições gerais realizadas em 13 de junho de 1915, mesmo dia em que Pessoa completou 27 anos, isso só endureceu seus oponentes e aumentou a tensão resultante da revolta sangrenta que derrubara Pimenta de Castro exatamente um mês antes, e havia rumores de uma contrarrevolução a caminho. Na noite de 3 de julho, menos de uma semana depois da publicação de *Orpheu* 2, um curto-circuito num bonde de Lisboa produziu um estrondo retumbante que fez com que um dos seus passageiros — Afonso Costa, que, como a maioria dos republicanos, usava o transporte público — suspeitasse de um atentado contra sua vida. Ele saltou por uma janela, arrebentou a cabeça na calçada e foi levado às pressas para o hospital, com a vida por um fio. Em 5 de julho, o jornal fielmente democrático *A Capital* informou a seus leitores que o estado do líder do partido havia melhorado, mas ainda era grave. Em outro lugar da mesma página, uma matéria curta — "Uma récita do *Orpheu*!" — anunciava que o "grupo de inofensivos futuristas" responsável pela revista estava planejando encenar um "drama dinâmico" intitulado *A bebedeira* apenas com as pernas, sem a cortina subir acima dos joelhos dos atores.*

No dia seguinte, 6 de julho, Álvaro de Campos escreveu uma carta ao editor afirmando que as informações do texto eram imprecisas: a peça planejada de fato mostraria apenas pernas, mas seu título era *Os jornalistas* e seria encenada pelas doze pernas de três membros portugueses da profissão. Campos acrescentava que, embora costumasse se opor ao uso do termo futurismo para falar de *Orpheu*, "seria de mau gosto repudiar ligações com o futurismo numa hora tão deliciosamente mecânica em que a própria Providência Divina se serve dos carros eléctricos para seus altos ensinamentos".

A Capital não publicou a carta completa, apenas a ultrajante última frase, que descrevia o desastre do bonde em que estava Costa como um ato da Providência Divina. "Os poetas do *Orpheu* não passam, afinal, de criaturas de maus

* Isso descreve com precisão o cenário de *Le basi* [As bases], de Marinetti, e o mais provável é que ninguém estivesse pensando seriamente em montá-lo em Lisboa.

sentimentos", anunciava a manchete indignada da primeira página do jornal. Álvaro de Campos tinha ido longe demais. Ansioso por salvar *Orpheu*, Mário de Sá-Carneiro escreveu logo em seguida sua própria carta ao editor, lembrando que Campos não falava pela revista, que era estritamente literária, mas agia por iniciativa própria. *A Capital* publicou a carta de Sá-Carneiro e informou que José de Almada Negreiros havia passado pela redação para se declarar em total desacordo com Álvaro de Campos. Informava também aos leitores que o senhor responsável por toda a algazarra era um "pseudônimo literário do sr. Fernando Pessoa", que aparentemente havia admitido aos amigos que estava bêbado quando escreveu a carta ofensiva.

Álvaro de Campos encontrou pelo menos um apoiador, e até um colaborador, em Raul Leal. No mesmo dia em que Afonso Costa deu o quase fatal mergulho de uma janela de bonde, o fundador, profeta e único discípulo do vertiginismo publicou por coincidência um panfleto em que fustigava o líder democrata por estar "emporcalhando [o mundo] com as suas fétidas exalações d'alma, envenenando-o num derra[ma]mento de pus em que a sua alma, cancro fatal, cheia de angústias perversas toda se desfaz". O texto "O bando sinistro: Apelo aos intelectuais portugueses", que Leal distribuiu nos cafés e na linha ferroviária Lisboa-Cascais, continha outras 2500 palavras de injúrias igualmente pesadas contra Costa e seus adeptos que alternavam lamúrias contra a República com previsões de um futuro mais brilhante e vertiginoso para Portugal. Um repórter de *O Mundo*, o jornal oficial do Partido Democrático, publicou um longo artigo zombando da prosa extravagante do manifesto e de seu peculiar autor, que dizia ser um jovem com "um ar estático, meio sonâmbulo, lembrando um seminarista fugido da cela", cuja cara era da "cor de leite estragado". O repórter mencionava explicitamente que Leal havia assinado sua diatribe como um "Colaborador de *Orpheu*".

O artigo de *O Mundo* saiu em 5 de julho, um dia antes de *A Capital* denunciar a insensível sugestão de Álvaro de Campos de que o crânio rachado de Afonso Costa era produto da vontade de Deus. Sá-Carneiro, em sua carta para *A Capital* de 7 de julho, não criticava o conteúdo do texto de Campos; apenas insistia que as opiniões do engenheiro — e, por implicação, as de Raul Leal — não podiam ser imputadas ao resto do grupo *Orpheu*. E Almada Negreiros, embora deplorasse o comentário de Campos, minimizou a gravidade da ofensa culpando Pessoa por ter bebido vinho demais. Outras vozes de *Orpheu*, porém, reagiram com mais vigor às afirmações agressivas dos colegas. Em carta assinada conjuntamente e publicada em *O Mundo*,[7] Alfredo Guisado e Antônio Ferro (o editor nominal de *Orpheu*) condenaram as afrontas de Campos e Leal a Afonso Costa, um estadista por quem tinham "a maior admiração", e anunciaram que estavam cortando os laços com *Orpheu*.

Espalhou-se a ideia de que *Orpheu* era um braço literário do monarquismo, já que dois de seus colaboradores — Raul Leal e Santa Rita Pintor — eram monarquistas fervorosos, mas Guisado e Ferro apoiavam Costa e o Partido Democrático, o mais poderoso dos três partidos republicanos. Pessoa ainda se identificava como republicano, embora sem se alinhar a nenhum partido e muito menos ao chamado Democrático. As posições políticas conflitantes dos colaboradores de *Orpheu* não representavam nenhum problema, desde que nunca fossem mencionadas em associação com a revista, mas Pessoa deixara seu ódio por Afonso Costa levar a melhor sobre Álvaro de Campos.

Campos, ao desejar o mal a Costa, pusera em risco mais do que a sobrevivência de *Orpheu*. Depois que *A Capital* denunciou que se tratava de um "pseudônimo" de Pessoa, o verdadeiro autor de suas palavras indelicadas, o poeta desmascarado viu-se de repente vulnerável a represálias. Um grupo de justiceiros democráticos, talvez da polícia secreta conhecida como Formiga Branca, foi procurá-lo no Irmãos Unidos, restaurante dos pais de Alfredo Guisado frequentado pelo grupo de *Orpheu*. Mais tarde Pessoa se gabaria, com algum exagero, de ter corrido o risco de ser linchado.[8] No máximo, o teriam surrado, quebrado seus óculos e algumas costelas, mas eles não encontraram o responsável pela ofensa, que fora avisado para se manter fora das vistas por alguns dias. É provável que tenha instruído sua senhoria, cujo negócio de engomar dava para a rua, a não contar a ninguém que ele estava em seu quarto alugado nos fundos, escondido.

Nesse meio-tempo, outro escritor de *Orpheu* ameaçou desertar: Armando Côrtes-Rodrigues, que regressara dos Açores a Lisboa em maio para concluir e defender sua tese na Universidade de Lisboa. No dia 9 de julho, *A Capital* publicou uma carta na qual ele se unia a Guisado e Ferro no repúdio às "ideias políticas" de Álvaro de Campos e Raul Leal.

Apesar da reprimenda de seus colegas de *Orpheu*, Álvaro de Campos não se mostrou arrependido. Redigiu uma segunda carta ao editor de *A Capital*, na qual não só se recusava a se retratar das palavras que comemoravam o acidente quase fatal de Afonso Costa, como as reafirmava, dizendo que o "sinistro chefe" do Partido Democrático, "responsável do estado de anarquia, de desolação e de tristeza em que jazem as almas portuguesas", não merecia compaixão. Costa era muito popular entre os membros fiéis de seu partido, mas uma parte significativa do eleitorado compartilhava da frustração de Pessoa-Campos com a situação da República e teria concordado ao ler a seguinte frase:

> Por isso eu quero frisar — e sei que ao frisá-lo estão comigo os votos de grande número dos portugueses, dos católicos oprimidos, das classes médias atacadas, dos cidadãos pacíficos assaltados nas ruas, de todos aqueles que o general Pimenta de Castro representava — que só não se regozija, no desastre acontecido a Costa, a circunstância, que infelizmente se parece confirmar, do seu restabelecimento.

Felizmente para Pessoa, ele não concluiu a carta. Se tivesse sido recebida e publicada pelo jornal, teria realmente colocado sua vida em sério perigo.

Mário de Sá-Carneiro, por sua vez, nunca teve o que temer, pois não se interessava minimamente por política. E, no entanto, de repente, como um homem em apuros, fugiu de Lisboa no dia 11 de julho de 1915, sem dizer a ninguém, exceto a Pessoa, que estava indo embora. Seu destino, obviamente, era Paris. A confusão em torno de *Orpheu* e as fissuras (em sua maioria superficiais) que surgiram entre seus colaboradores não tiveram nada a ver com sua partida. Longe de querer deixar a revista para trás, nas cartas que enviou a caminho e ao chegar a Paris, Sá-Carneiro implorou ao amigo Pessoa que lhe mandasse as últimas notícias sobre seu querido projeto. Como a revista estava vendendo? Que outras críticas e referências apareceram na imprensa? Numa carta de 17 de julho, ele mencionava que uma falsa notícia da morte de Afonso Costa em jornais espanhóis e franceses o fez temer brevemente pela vida de "Fernando Álvaro Pessoa de Campos", e perguntava se Raul Leal continuava em circulação. Ao que parece, ambos ainda corriam perigo por terem insultado publicamente o líder dos democráticos.

O que motivou a partida precipitada de Sá-Carneiro de Lisboa foi uma questão pessoal, à qual ele aludiu em carta do dia 16, mas apenas com o propósito de pedir a Pessoa que nunca fizesse a menor referência ao fato, fosse qual fosse. É provável que tivesse algo a ver com sua madrasta, Maria Cardoso de Sá-Carneiro, que o pai viúvo conhecera numa boate lisboeta e com quem passara a viver em concubinato quando Mário tinha doze ou treze anos. Ele e Maria desenvolveram uma relação extraordinariamente próxima, sobretudo depois que seu pai foi para Moçambique administrar suas ferrovias, em meados de 1914. As cartas e cartões de Sá-Carneiro para Maria que sobreviveram revelam que alguma coisa que ele fez em junho de 1915 a enfureceu e azedou permanentemente a relação entre eles, apesar de suas tentativas de acalmá-la e ganhar seu perdão.

Fosse qual fosse o motivo que o levou a fugir, Sá-Carneiro ficou muito feliz por retornar à sua tão querida e idealizada Paris. Correspondentes estrangeiros publicavam relatos bastante sombrios sobre a vida na capital francesa quase um ano após o início da guerra — ruas desanimadas e quase vazias, lojas fechadas, mulheres vestidas de preto, soldados feridos, hospitais improvisados[9] —, mas Sá-Carneiro, egocêntrico ao extremo, via apenas o que queria. Em cartas enviadas a Pessoa e a José Pacheco em meados de julho, relatou que os cafés fervilhavam de gente e as ruas ainda estavam cheias de mulheres vestidas com elegância, sem muita gente de luto à vista, sem monotonia, sem ar de tristeza. Era a mesma Paris de antes, porém menos acelerada, como que atordoada por uma febre, mas que lhe conferia um novo encanto. O que mais impressionou Sá-Carneiro foi Paris à noite, com as lamparinas a gás agora enfraquecidas ou apagadas, "no medo futurista dos enormes dirigíveis imperiais" (isto é, os zepelins bombardeiros dos alemães), e, mesmo assim, pessoas habituadas a ficar acordadas até tarde ainda enchiam as ruas difíceis de enxergar da metrópole escurecida, "uma cidade fora do espaço e do tempo". Ocorreu-lhe que poderia desenvolver sua descrição da Paris dos tempos de guerra num texto em prosa para o próximo número de *Orpheu*.

A única coisa de Lisboa de que Sá-Carneiro sentia falta era a companhia de Pessoa, mas parecia-lhe que sua amizade era ainda mais estreita, mais próxima, quando estavam distantes. Assim escreveu em 22 de agosto, uma ideia que repetiria numa carta enviada dois dias depois: "Aqui como em Lisboa — mas aqui mais intimamente — você é o meu único companheiro". Pessoa sentia a mesma coisa. A correspondência entre os dois era como uma sala pequena, silenciosa e aconchegante, onde não havia ninguém e nada para perturbá-los, nem mesmo sua própria presença física. Mas, embora escrever cartas lhes desse uma sensação reconfortante de intimidade, suas trajetórias literárias estavam divergindo irrevogavelmente.

39.

Ao fazer uma pausa para respirar e refletir sobre tudo o que havia acontecido nos meses anteriores, Pessoa deve ter, talvez até literalmente, balançado a cabeça, incrédulo. Como um bombástico bis da impressionante erupção no ano anterior de Alberto Caeiro, Álvaro de Campos e Ricardo Reis, na primeira metade de 1915 ele viu o céu se abrir através da astrologia, o meio literário de Portugal ser tirado de sua complacência pelo choque sísmico de *Orpheu*, e a história e o papel da nação no mundo assumirem novas proporções graças ao atlantismo, à doutrina do Quinto Império e às deliberações filosóficas e sociológicas de Antônio Mora. O evento recente mais notável no universo de Pessoa, porém, foi a enorme expansão de Álvaro de Campos, que levou seu criador a novos níveis poéticos com a "Ode marítima", e também a profundidades perigosas, por sua propensão a fazer pronunciamentos insolentes, expondo o autor a perigo físico. Pode parecer exagero, uma vez que o magnífico poema de Campos e sua imprudente carta ao editor que se regozijava com o risco de morte de um líder político foram na verdade escritos por Fernando Pessoa, mas ele não poderia ter escrito o que escreveu, e com aquela voz, sem a personalidade inventada do engenheiro naval e poeta sensacionista.

Pessoa sempre supôs que sua inclinação irresistível para escrever como se fosse outrem estava enraizada em sua psicologia. Agora, ocorria-lhe que também poderia estar inscrito nas estrelas. Em 24 de julho de 1915, escreveu a Alfred H.

Barley, editor da revista londrina *Modern Astrology* e autor de livros e manuais de astrologia, pedindo que lhe enviasse gentilmente informações sobre as cúspides e os planetas necessários para fazer o horóscopo de Francis Bacon. A astrologia era uma das ferramentas usadas por certos "baconianos" para provar que Bacon era o verdadeiro autor das peças de Shakespeare, mas Pessoa não estava tão interessado no que as estrelas tinham a dizer sobre esse assunto. Seu principal interesse, conforme escreveu a Barley, era ver

> o que no horóscopo de Bacon registra sua característica peculiar de ser capaz de escrever em estilos diferentes (um fato que até os não baconianos admitem) e sua faculdade geral de transpersonalização.
>
> Possuo (em que grau, ou com qual qualidade, não cabe a mim dizer) a característica a que estou aludindo. Sou um autor e sempre achei impossível escrever com minha própria personalidade; sempre me descobri, consciente ou inconscientemente, assumindo o caráter de alguém que não existe, e através de cuja ação imaginária escrevo. Desejo estudar se isso pode se dever à posição ou aspecto e, portanto, estou interessado no horóscopo do homem que se sabe ter possuído essa faculdade em um grau extraordinário.[1]

Não era somente a "transpersonalização" estilística de Bacon que fascinava Pessoa — era também sua capacidade de se destacar em várias disciplinas e realizar tantas coisas úteis e duradouras. Filósofo, cientista, estadista e ensaísta, Bacon teve uma influência na sociedade ocidental moderna quase tão grande quanto a de Shakespeare em termos de identidade do indivíduo moderno. Pessoa se identificava intimamente com Shakespeare, cujo talento transpersonalizador era aplicado apenas à literatura, e ele não tinha dúvidas de que o dramaturgo e poeta era o gênio maior, mas compartilhava do compromisso de Bacon em educar, esclarecer e edificar a espécie humana. Não é de admirar que, conforme já mencionado, Pessoa fosse tão atraído pela teoria de que os dois elisabetanos eram o mesmo homem. Era como se os espíritos de Shakespeare e Bacon continuassem a competir em Pessoa, com o último levando vantagem.

Não era a primeira vez que Pessoa era atormentado pela convicção de que sua genialidade não devia servir apenas à literatura. Em agosto, escreveu a Sá-

-Carneiro em Paris que uma nova crise pessoal o fazia questionar o valor de todo o trabalho que havia feito até então. Era o ressurgimento da crise do final de 1914, relatada em sua longa carta a Armando Côrtes-Rodrigues. Deixando de lado o vocabulário religioso que usara com o amigo açoriano, explicou a Sá-Carneiro que a criação da beleza era uma ambição pequena demais para o talento que lhe fora dado. Sua literatura e seus "outros" literários — especialmente Alberto Caeiro, Ricardo Reis e Álvaro de Campos — precisavam servir a um propósito superior. Descreveu sua visão de um Quinto Império em que Portugal superaria as lutas políticas internas e se tornaria um modelo de progresso civilizacional, e revelou a existência do alter ego Antônio Mora, agora intitulado dr. Antônio Mora, cuja função era ajudá-lo a converter sua visão em realidade, trazendo os melhores aspectos da civilização grega para o mundo moderno. Pessoa queria, como Prometeu, ser um benfeitor da humanidade. Não por acaso, foi por essa época que se impôs — ou melhor, que impôs a Ricardo Reis — a improvável tarefa de traduzir *Prometeu acorrentado* do grego. Pessoa não sabia grego; Reis supostamente sim.[2]

Em 24 de agosto, mesmo dia em que recebeu a carta de Pessoa, Sá-Carneiro escreveu uma resposta generosa, lembrando que seu amigo era *ele mesmo* uma humanidade diversa, uma civilização inteira, uma nação soberana. Relembrou que o protagonista autodisperso de seu conto "Eu próprio o outro", escrito no final de 1913 e publicado em *Céu em fogo*, se pergunta em voz alta a certa altura: "Ter-me-ei volvido uma nação?". A história era de Sá-Carneiro, mas a pergunta profeticamente pertencia a Pessoa, e a resposta era um retumbante sim. E essa "nação", escreveu o amigo, incluía não só as personalidades inventadas por Pessoa — Caeiro, Campos, Reis, Mora —, mas também e sobretudo sua vida intelectual interior, com seu vasto leque de ideias e aspirações políticas, sociais e espirituais.

Lendo e relendo as páginas da carta de Pessoa que detalha sua "crise" — que, no fim das contas, era uma crise de abundância —, Sá-Carneiro podia sentir o prazer de saber que era pelo menos parcialmente responsável por aquela profusão criativa, considerando que os dois eram colaboradores literários próximos. Ao mesmo tempo, porém, sentia de uma forma mais aguda do que nunca as próprias limitações: "Sim, meu querido amigo — é você a Nação, a Civilização — e eu serei a grande Sala Real, atapetada e multicor — a cetins e a esmeraldas — em douraduras e marchetações. Nem mesmo quereria ser mais". A beleza, que não bastava para Pessoa, era a única coisa que importava para Sá-Carneiro, uma "beleza retumbante de destaque e brilho, infinita de espelhos, convulsa de mil cores — muito verniz e muito ouro: teatro de mágicas e apoteoses com rodas de fogo e corpos nus". Isso, e apenas isso, era sua aspiração na vida e no trabalho.

O novo e apaixonado interesse de Pessoa pela astrologia estava ligado à sua desilusão com a criação de artefatos literários por si sós. Em suas cartas a Sá-Carneiro, falava mais abertamente sobre a extensão desse novo interesse, mencionando os mapas astrais que fizera para *Orpheu* e para o próprio amigo e correspondente. Sá-Carneiro estava curioso para saber o que os astros tinham a dizer, ainda mais porque Pessoa era o observador das estrelas. Ele se maravilhava com a habilidade do amigo ultrarracional de aprender astrologia, de criar heterônimos que pensavam de maneiras tão diferentes e escreviam em estilos tão diferentes, de defender um renascimento do paganismo grego, de sonhar com um Quinto Império português e de ser ele mesmo uma nação inteira, ou até um universo. Sá-Carneiro não acreditava em nada, nem podia agir como se acreditasse. Para ele não havia Deus, nenhuma alma transcendente, nenhum propósito ou significado. Havia apenas purpurina e ouro, pedaços de beleza que cultivaria enquanto ainda pudessem encantá-lo ou ao menos distraí-lo.

O que surpreendia Sá-Carneiro no "Mundo Interior" de Fernando Pessoa — como o chamou na carta de 24 de agosto, colocando as duas palavras em maiúsculas[3] — não era somente sua extensão ilimitada, mas também a forma como tudo se encaixava. E isso era mais verdadeiro do que ele imaginava. A astrologia, por exemplo, não era apenas uma ferramenta preditiva ou um detector de personalidade: era um espelho que validava as opiniões e teorias de Pessoa sobre si mesmo, sobre os outros, sobre acontecimentos reais e fenômenos especulativos, como o nascimento de um Quinto Império comandado por Portugal e inaugurado pelo retorno simbólico de d. Sebastião. Raphael Baldaya, o heterônimo astrólogo de Pessoa, confirmou todos esses detalhes em um conjunto de "considerações astrológicas" sobre os cinco impérios mundiais profetizados no Livro de Daniel. Calculou que o iminente Quinto Império seria governado por Aquário, e d. Sebastião, convenientemente, era aquariano. O país na vanguarda do Quinto Império, segundo Baldaya, seria governado por Peixes, e Peixes, por acaso, era o signo zodiacal de Portugal.[4]

Meio século antes de o conceito se popularizar, Fernando Pessoa, com a ajuda de Baldaya, já imaginava uma Era de Aquário em que a poesia prevaleceria sobre a política e o poderio militar. Já sugeri que as profecias logicamente construídas de Pessoa eram sua própria recompensa, não exigindo cumprimento literal para serem espiritualmente válidas, mas o poeta não era apenas um visionário. Ele tentava, à sua maneira peculiar, promover e preparar Portugal para o papel de precursor cultural da época gloriosa que previra. Seus esforços de promoção incluíam *Tudo sobre Portugal*, o manual para turistas e homens de negócios estrangeiros que esboçara (mas nunca escreveu de fato) em 1915. A fim de preparar o país para seu futuro de Quinto Império, Pessoa traçou planos grandiosos para uma companhia multifacetada chamada Cosmópolis, cujas dez divisões separadas incluíam Serviços Comerciais (ideias para nomes de empresas e marcas, equipamentos de estabelecimentos comerciais, redação de cartas, traduções), Serviços Literários (pesquisa em bibliotecas, edição, revisão, datilografia), Publicidade, Serviços Jurídicos, Publicações e uma Agência de Imóveis.

Essas e outras ideias para Cosmópolis ocupam sete páginas de um caderno usado por Pessoa nos primeiros meses de 1915. Ele chegou a fazer um esboço de logotipo para uma empresa: um globo com a inscrição diagonal do nome COSMÓPOLIS. Era um projeto original e de certa forma engenhoso, que lhe permitiria fazer um uso lucrativo de várias das próprias habilidades — talvez até conseguisse pagar algumas dívidas antigas — ao mesmo tempo que ajudava Portugal a se preparar para liderar o mundo, tornando-o antes de tudo mais vibrante e próspero, mais parecido com o resto da Europa. Algumas das ideias de Pessoa para mover o país nessa direção eram bastante simples. A sede da Cosmópolis, por exemplo, ofereceria uma sala de leitura para uso público, e sua divisão de publicações imprimiria panfletos que ensinariam, entre outras coisas, "Como se faz uma carta comercial" e "Como se arranja uma montra".

Enquanto *Orpheu* procurava estimular a mentalidade intelectual e artística de Portugal, Cosmópolis fomentaria a cultura no sentido mais amplo da palavra, na área do comércio, nas interações sociais e mesmo em questões de gosto pessoal e sensibilidade estética. Também promoveria Portugal no exterior, com uma das dez divisões da empresa dedicada exclusivamente à divulgação de informações sobre o país para estrangeiros.[5]

Cosmópolis faria tudo *se* Pessoa pudesse encontrar investidores dispostos a financiá-la, mas dinheiro e crédito eram difíceis de obter, e o projeto teve de ficar em compasso de espera durante a guerra. Durante os primeiros meses do embate, a vida em Portugal prosseguira normalmente, mas em 1915 a economia do país começou a deteriorar-se, a maioria dos setores foi afetada, e os pobres foram os mais atingidos. O país dependia muito do trigo importado, que se tornou cada vez mais caro devido aos perigos da navegação em oceanos cheios de minas e submarinos. Em Lisboa, turbas atacaram padarias quando o preço do pão aumentou em março, mas o custo do trigo da América e da Austrália continuaria subindo.[6] Em 7 de maio de 1915, um torpedo alemão afundou o *R.M.S. Lusitania*, matando quase 1200 passageiros e membros da tripulação que viajavam de Nova York a Liverpool — um lúgubre lembrete de que todos os navios, militares ou comerciais, navegavam por sua própria conta e risco.

A crescente dívida externa de Portugal, a ocasional escassez de alimentos e a contínua ameaça de movimentos de insurgência de republicanos descontentes, além dos monarquistas, não diminuíram o apetite dos políticos por entrar na guerra, especialmente entre os democráticos. Com seu partido de volta ao poder, eles lançaram uma campanha para convencer o público reticente de que Portugal devia lutar ao lado dos Aliados. A pressão para declarar apoio à causa aliada foi claramente exercida sobre escritores como Pessoa por meio de um artigo de opinião intitulado "Os escritores portugueses e a guerra", publicado na edição de 10 de julho de *O Mundo* por João de Barros, poeta e alto funcionário do Ministério da Instrução. Convidando seus pares a se unirem a ele na formação de uma "Liga pelos Aliados", Barros usava um argumento racial para justificar seu apelo urgente. Portugal e França, argumentava ele, eram ambos "nações latinas", cujas pessoas compartilhavam uma sensibilidade em desacordo com a cultura alemã, que era admirável, mas que na prática se resumia a "método" e "disciplina".

Pessoa redigiu uma resposta ao apelo de Barros na qual reconhecia que Portugal não tinha opção viável a não ser apoiar os Aliados, mesmo que permanecesse oficialmente neutro, mas defendia que a "solidariedade espiritual" dele e de seus compatriotas deveria estar com o Império Alemão. Recorrendo às ideias contidas na *Dissertação a favor da Alemanha*, de Antônio Mora, argumentava que o impulso imperialista dessa nação lembrava o trabalho "civilizacional" realizado por Portugal por meio de suas descobertas ultramarinas e do império marítimo. Apontava também para o estreito paralelo entre a lenda de Frederico Barbarossa — o rei alemão do século XII e sacro imperador romano que, alegavam alguns, não morrera afogado durante a Terceira Cruzada, mas estava dormindo numa caverna na montanha e voltaria para restaurar a Alemanha à sua antiga glória — e o mito do retorno triunfal de d. Sebastião a Portugal. Rejeitando a teoria do parentesco latino, Pessoa sustentava que os alemães tinham fortes afinidades com os portugueses, pois eram "temperamentalmente sentimentais, adaptáveis" e capazes de grandeza apenas quando "dirigidos e disciplinados por uma forte aristocracia".[7]

Se Pessoa tivesse enviado sua carta de refutação a *O Mundo*, a sugestão de que os portugueses eram como os alemães e precisavam ser governados por uma aristocracia sem dúvida teria levado alguns escritores a protestar, mas ele não estava motivado o suficiente para terminá-la. Já havia afirmado, em artigo publicado havia pouco,[8] que os portugueses se pareciam com os alemães, no que ele provavelmente não acreditava, exceto enquanto argumentava a favor dessa ideia, e deixou então a discussão morrer.

Até a questão de vida ou morte do conflito — cerca de 20 milhões de pessoas pereceriam na Primeira Guerra Mundial — servia a Pessoa como uma oportunidade para praticar suas habilidades de raciocínio, fosse qual fosse o lado que apoiasse ou quanto sangue estivesse sendo derramado. A guerra, se devidamente explorada, também poderia proporcionar alguma renda suplementar. Em 15 de julho, ele postou uma carta para A. W. Gamage, Ltd., em Londres:

> Cavalheiros,
>
> Tendo inventado dois jogos, que podem ser chamados de jogos de guerra, para serem jogados com dados e em tabuleiros especiais, rogo perguntar-lhes se estão interessados neste assunto e se, portanto, eu poderia enviá-los aos senhores, com regras completas e explícitas e desenho dos tabuleiros. [...]
>
> Eu disse que eles podem ser chamados de jogos de guerra, mas deveis entender isso no sentido de que, se necessário, eles podem ser, para fins de venda, apresentados como se referissem, digamos, à guerra atual. Na verdade, quase todos os jogos, por serem disputas, podem ser chamados de jogos de guerra; damas e xadrez são exemplos destacados.

Arthur Walter Gamage foi o fundador da loja de departamentos Gamages, que abriu em 1878 e permaneceu em atividade até 1972. A loja vendia quase tudo, exceto lápides, e era especialmente famosa por sua enorme seleção de jogos e brinquedos. Estratégia e Oposição eram os nomes dos dois jogos de guerra de Pessoa, e para o primeiro ele elaborou um conjunto de regras detalhadas, mas o sr. Gamage e seus associados não manifestaram interesse em saber mais a respeito de nenhum deles.[9]

Pessoa inventou outros jogos de tabuleiro que esperava vender, entre eles Críquete de Mesa, Futebol de Mesa e um jogo astrológico chamado Aspectos. A astrologia da variedade mais erudita era, claro, o jogo preferido do próprio Pessoa, uma espécie de versão cósmica do xadrez. Em 1915, ele fez algumas anotações sobre eclipses solares e lunares recentes para uma obra intitulada *A guerra e a astrologia*, que esperava comercializar sob o nome de Raphael Baldaya.[10] Álvaro de Campos, em sua "Ode marcial", demonstrava uma percepção aguda das atrocidades da guerra. Fernando Pessoa, centrando-se em suas causas e consequências, via a guerra como uma contenda geopolítica — atroz, mas inevitável, escrita nas estrelas.

O debate sobre a postura não intervencionista de Portugal continuava, mas na realidade o país já estava travando uma guerra errática e não declarada na África, onde suas tropas expedicionárias em Angola e Moçambique entravam em escaramuças com forças das colônias vizinhas da Alemanha. O maior confronto até então ocorrera em meados de dezembro de 1914, em Naulila, na fronteira sul de Angola, onde os portugueses perderam cerca de setenta soldados e foram forçados a recuar para o norte. Francisco Aragão, tenente de 24 anos ferido na batalha e feito prisioneiro havia sete meses, foi recebido como um herói quando regressou a Portugal em agosto de 1915, mas Pessoa não compartilhou desse entusiasmo.

Num discurso proferido na Madeira, primeiro ponto de chegada, Aragão culpou a indecisão política do país pela derrota em Naulila, criticou o ex-ditador Pimenta de Castro por ter mantido a neutralidade em vez de se pronunciar contra os alemães e fez um apelo apaixonado para que Portugal participasse da guerra na Europa.[11] Enfurecido com o que considerava uma ignorância grosseira e um atrevimento, sobretudo no que diz respeito às críticas do jovem tenente a Pimenta de Castro, Pessoa escreveu uma enxurrada de páginas para um panfleto, *Carta a um herói estúpido*, que pretendia assinar com o próprio nome e como "Diretor de *Orpheu*". Ciente de todo o rebuliço gerado pouco tempo antes pela carta de Campos ao editor de *A Capital* e pelo folheto de Raul Leal que atacava Afonso Costa, decidiu consultar Sá-Carneiro, que escreveu diplomaticamente em 31 de agosto que o texto era uma ideia "magnificente", mas que publicá-lo seria "deitar pérolas a porcos". Pessoa acatou o conselho do amigo e deixou de lado o panfleto.

* * *

Embora quisesse evitar polêmicas de cunho político na revista, Sá-Carneiro fazia questão de provocar seus leitores com o não convencional e o inesperado. Dentre as possíveis colaborações em estudo para *Orpheu* 3, endossou a ideia de incluir alguma coisa de Numa de Figueiredo, um amigo angolano de Pessoa que escrevia em francês, pois publicar "um *preto português* escrevendo em *francês*" seria um "recorde do cosmopolitismo", e estava ainda mais ansioso por publicar um conjunto de "poemas em prosa, à Wilde" intitulado inequivocamente "Pederastias", de um amigo de Almada Negreiros. Sobre essa última colaboração, Sá-Carneiro escreveu a Pessoa em sua carta de 31 de agosto: "urge obtê-la, mesmo por fraca". Muito antes de os professores de literatura começarem a pressionar por diversidade e multiculturalismo, era como se os coeditores de *Orpheu* estivessem decididos — talvez não inteiramente de brincadeira — a desafiar a predominância de autores brancos e heteronormativos. Como mencionado, *Orpheu* 2 já havia incluído não apenas o conto homoerótico de Raul Leal, mas também alguns poemas de uma autora, Violante de Cysneiros, que no fim não era mulher.

Enquanto isso, Pessoa esperava obter a colaboração do ainda obscuro Camilo Pessanha, cuja poesia sonhava publicar desde a fundação de sua efêmera Empreza Ibis. Pessanha, que morava em Macau desde 1894, era vinte anos mais velho que os poetas de *Orpheu* e escrevia poesia simbolista num estilo mais de acordo com o século XIX do que com o XX, mas a graça e a beleza puras desses poemas o tornavam atemporal. Usando papel timbrado da *Orpheu* e na qualidade de coeditor, Pessoa escreveu a Pessanha uma carta, que provavelmente não chegou a Macau antes de 10 de setembro, quando o destinatário — sem que o remetente soubesse — embarcou na direção oposta para umas férias de seis meses em Portugal.[12]

A contribuição do próprio Pessoa para *Orpheu* 3 incluiria, como nos dois primeiros números, uma exuberante ode poética assinada por Álvaro de Campos, embora ele estivesse indeciso sobre qual delas. De início, estava inclinado por "A passagem das horas", que começara a escrever em agosto, mas a maior parte desse poema grandioso e muitas vezes arrebatador só seria realmente escrita no ano seguinte. Centenas de versos para a igualmente ambiciosa "Saudação a Walt Whitman" já haviam sido escritas, e esse foi o poema de Campos que ele enfim escolheu para o terceiro número da revista — se é que haveria um.

Uma carta de 13 de setembro de Sá-Carneiro informou de forma abrupta a seu melhor amigo que *Orpheu*, afundada em dívidas, não poderia continuar. Diante de uma conta de 560 mil-réis apresentada pela gráfica (equivalente, em poder de compra, a cerca de 10 mil dólares hoje), Carlos Augusto de Sá-Carneiro escrevera ao filho uma carta enfurecida de Moçambique. É compreensível que tenha perdido a paciência, mas *Orpheu* não era, na verdade, um empreendimento tão ruinoso. Quase metade da conta dizia respeito à coletânea de contos de Mário Sá-Carneiro, *Céu em fogo*, publicada em abril; já a receita das vendas, tanto da revista quanto do livro, não era abatida dos custos de produção: tudo ia para Sá-Carneiro, que usava o dinheiro para pagar por roupas e comidas finas, os melhores lugares nos melhores espetáculos e a manicure (ele tinha muito orgulho de suas mãos bonitas e bem tratadas).

Pessoa garantiu a Sá-Carneiro que *Orpheu* não estava liquidada, que eles arranjariam financiamento em outro lugar. Como num passe de mágica, Santa Rita Pintor, que publicara quatro de suas obras de arte como inserções fotográficas em *Orpheu* 2, anunciou que poderia financiar uma parte ou a totalidade de *Orpheu* 3. Não era uma mágica que atraísse os coeditores, avessos a fazer dele o artista em destaque pela segunda vez consecutiva, e isso seria o mínimo exigido em troca. Na verdade, sua proposta inicial foi tornar-se um dos editores, mas ele logo rebaixou — ou pelo menos ajustou — suas expectativas, pedindo apenas que a edição incluísse reproduções de obras de dois artistas: ele próprio e Pablo Picasso.

No final de setembro, Pessoa tomou a precaução de registrar oficialmente *Orpheu* como propriedade literária de Mário de Sá-Carneiro, que lhe dera carta branca para negociar com Santa Rita Pintor como bem entendesse. Inflexível, o ardiloso artista decidiu lançar uma revista própria, intitulada *3*. Uma vez que um gigantesco 2 ocupara a maior parte da capa do segundo número de *Orpheu* (provavelmente de autoria de Almada Negreiros), uma revista chamada *3* e com capa semelhante seria interpretada como uma continuação. Exasperados, os dois amigos decidiram que deveriam aceitar o convite de Santa Rita para contribuir com obras para a nova publicação.

Apenas algumas semanas antes, Pessoa havia redigido com entusiasmo um panfleto publicitário para *Orpheu* 3, informando os leitores de que a revista era "a única ponte entre Portugal e Europa, e, mesmo, a única razão de vulto que Portugal tem para existir como nação independente". Agora, redigia um panfleto anunciando a suspensão temporária da publicação, em virtude principalmente do aumento do custo do papel. Tratava-se de uma justificativa válida, já que a guerra havia tornado o papel e quase todo o resto mais caros, e também deixara as pessoas menos dispostas a gastar com coisas não essenciais, como cultura. *Blast*, a revista londrina dos vorticistas, estava em situação semelhante. Seu segundo número, o "War Number", havia sido lançado em julho, poucas semanas depois de *Orpheu* 2, mas o terceiro acabou suspenso indefinidamente. Pessoa comprou os dois números de *Blast* no início de agosto[13] e parece não ter ficado muito impressionado com as colaborações de T. S.Eliot e Ezra Pound (os poemas com que contribuíram não estavam entre seus melhores). Mais do seu agrado foi o manifesto de Pound sobre o Vórtex, publicado no primeiro número de *Blast*. Pound escreveu que movimentos como o futurismo, que definiu como "apenas uma espécie de impressionismo acelerado", eram "os CADÁVERES de VÓRTICES" e que "Marinetti é um cadáver". Pessoa sublinhou as três frases citadas.

No fim, *Blast* e o vorticismo também se revelaram cadáveres, incapazes de sobreviver além de suas declarações e manifestos, e *Orpheu* entrara em um coma que duraria dois anos, enquanto Pessoa tentava bravamente despertá-la. A revista anunciada por Santa Rita, *3*, morreu silenciosamente ainda na fase de planejamento.

40.

Com o futuro de *Orpheu* de repente posto em dúvida, Pessoa se viu dividido por impulsos conflitantes. Parte dele queria manter o movimento *Orpheu* vivo, com ou sem a revista, mas outra parte demandava maior concentração em sua própria obra e em tentar publicá-la. A astrologia, por sua vez, o levava a indagar sobre a verdadeira natureza das relações de todas as coisas. E havia seus impulsos sexuais, que ele sempre adiava e que continuavam buscando afirmar-se. Como um personagem de romance em busca do enredo, Pessoa seguia em frente, ocupado mas sem rumo.

Precisamente porque seu futuro era incerto, Pessoa agiu depressa para extrair algum benefício promocional das duas primeiras edições de *Orpheu*. De olho no Reino Unido, utilizou a revista para chamar a atenção para os sensacionistas portugueses — como passou a preferir chamar os colaboradores de *Orpheu*, em vez de intersecionistas ou paúlicos — e fez uso de sua posição de coeditor da publicação para se promover como um promissor poeta lusófono que por acaso também escrevia em inglês. Pessoa talvez tenha sido a única pessoa em Portugal a adquirir exemplares de *Blast* e a entrar em contato com a equipe editorial de *The Egoist*, uma revista com sede em Londres que publicou muitos dos mais notáveis escritores modernistas da década, como Pound, Eliot, James Joyce, Marianne Moore, H. D. (Hilda Doolittle), William Carlos Williams e D. H. Lawrence (a maioria dos quais também colaborava com *Poetry*, publicada em Chicago). Depois de uma consulta inicial sobre uma série de poesia em tradução anunciada em meados de 1915, Pessoa escreveu uma carta a *The Egoist* perguntando algo mais próximo do que ele de fato queria saber: se os editores considerariam a publicação de poesia "sensacionista" portuguesa traduzida para o inglês.

> Caro senhor,
>
> [...] Junto com esta carta envio-lhe o segundo número do nosso *Orpheu* trimestral, que representa o movimento sensacionista na literatura portuguesa recente. A circunstância de o primeiro número ter-se esgotado em três semanas impede-me de enviar-lhe um exemplar também dele. O senhor provavelmente não está familiarizado com o português, e o segundo número de *Orpheu* talvez não lhe agrade por se basear demais, não em sentimentos futuristas, mas em processos futuristas. Contudo, o movimento sensacionista português é uma coisa totalmente distinta do futurismo e não tem qualquer ligação com ele.[1]

No final do rascunho datilografado — inacabado, mas talvez semelhante a uma carta que ele tenha enviado —, Pessoa anotou os títulos de alguns poemas que tinha em mente para a série de traduções, inclusive três publicados em *Orpheu* 2: "Manucure", de Sá-Carneiro, "Chuva oblíqua", de sua própria autoria, e "Ode marítima", de Álvaro de Campos. Ele fez uma tradução parcial para o inglês deste último poema, que intitulou "Naval Ode".

Em 23 de outubro de 1915, Pessoa enviou dezesseis de seus poemas anglófonos a John Lane, editor da *Blast* e também de uma lista diversificada de livros que incluía poesia contemporânea. Em carta que mencionava tanto sua posição de editor de *Orpheu* como sua liderança no movimento sensacionista português, o esperançoso poeta indagava se o sr. Lane "estaria disposto a publicar um livro cuja substância está precisamente dentro da linha que esses poemas representam". As ocasionais "excentricidades e peculiaridades de expressão" dos poemas, advertia ele, não se deviam ao fato de ele ser estrangeiro, mas à sua "atitude panteísta extrema", que levava a algumas expressões incomuns.

O aviso preventivo de Pessoa soa como desculpa para escolhas infelizes em sua sintaxe inglesa, mas "panteísta" era de fato a palavra certa para caracterizar o espírito de *The Mad Fiddler*, o livro que ele esperava publicar. Um dos exemplos de poemas enviados a John Lane, "Fiat Lux", declara que em cada coisa há um "infinito interior" e que o mundo visível e iluminado pelo sol é apenas "a noite desdobrada". Deus é a substância implícita de todas as coisas, embora "substância" seja apenas uma maneira de falar, como fica claro quando chegamos ao ponto crucial do poema, na penúltima estrofe:

Nothing: all,
And I centre of to recall,
*As if Seeing were a god.**

De acordo com essa elucidação da dialética pessoana de "tudo é nada" e "nada é tudo", não há *substância*; há visão, para aqueles que veem, e a visão é uma re-visão platônica, ou recordação.

Pessoa escreveu "Fiat Lux" em fevereiro de 1915; em agosto daquele ano, elaborou um poema chamado "The Mad Fiddler"; em setembro, fez o esboço provisório para um livro a partir de seus poemas ingleses com o mesmo título;[2] e em outubro já procurava uma editora, embora ainda estivesse dando forma ao livro e fosse acrescentar-lhe poemas pelo próximo ano e meio. Assim que recebeu uma carta de rejeição de John Lane, embora encorajadora, decidiu enviar o mesmo conjunto de poemas de amostra — acompanhados, dessa vez, por um exemplar de *Orpheu* 2 — para outra editora.[3] Redigiu também várias cartas destinadas a críticos literários conhecidos da Grã-Bretanha e da Irlanda, como George Saintsbury e Edward Dowden, solicitando uma avaliação franca de quaisquer poemas que tivesse incluído — alguns sonetos shakespearianos ou alguns poemas "panteístas" de *The Mad Fiddler*.[4] O que ele desejava secretamente era ser descoberto por um crítico que o ajudasse a lançar sua carreira de poeta anglófono.

No hiperativo ano de 1915, Pessoa também encontrou tempo para traduzir *A Textbook of Theosophy* [Manual de teosofia], de C. W. Leadbeater, e *The Ideals of Theosophy* [Os ideais da teosofia], de Annie Besant. Aceitou o trabalho para ganhar algum dinheiro; não sabia nada sobre teosofia quando começou, mas

* "Nada: tudo, / E eu o centro de recordar, / Como se o Ver fosse um deus." (N. T.)

em meados de novembro, enquanto conferia as provas do livro de Besant, ficou obcecado pela possibilidade de que as doutrinas que havia traduzido pudessem de fato ser verdadeiras. Surpreendeu-o que, aos 27 anos, ainda pudesse ficar completamente desconcertado por um novo sistema religioso ou filosófico, mas isso aconteceu no caso da teosofia. Foi o que explicou ao amigo Sá-Carneiro, numa carta inacabada de 6 de dezembro de 1915. Estava impressionado com "a noção de força, de domínio, de conhecimento *superior* e extra-humano" presente nos escritos teosóficos.

O feitiço sedutor da teosofia em Pessoa não demorou a perder efeito. No dia seguinte, 7 de dezembro, ele escreveu num diário (em inglês): "Sem depressão; em vez disso, o começo de um pensamento claro, ocultistamente antiteosófico". Com efeito, as tradições ocultas da cabala, do rosacrucianismo e da maçonaria tiveram muito mais influência na imaginação de Pessoa do que a teosofia, que ele logo criticou por ser uma versão diluída e confusa da religiosidade indiana, distante "da grande, embora doente, beleza de Buda do Oriente" e forçada a entrar numa "mistura com movimentos ocidentais". Raphael Baldaya relegou a teosofia a "apenas uma democratização" e uma "cristianização" da antiga tradição do hermetismo.[5]

Pessoa achava que poderia haver um mercado para algumas das coisas que planejava escrever (e que às vezes escreveu de fato) na pele de Raphael Baldaya — ensaios sobre metafísica e ocultismo, um livro sobre astrologia e a Grande Guerra e diversos tratados sobre teoria e prática astrológicas —, mas não era fácil encontrar um editor interessado, e menos ainda durante a guerra, então ocorreu-lhe fazer vendas diretas pelo correio. Escreveu um texto publicitário e uma lista de preços, em inglês, para *A New Theory of Astrological Periods* e vários outros panfletos de autoria de "Raphael Baldaya, Astrologer", todos disponíveis para ser enviados "sem despesas postais para qualquer parte do mundo". Horóscopos e leituras astrológicas também estavam disponíveis, e para isso ele elaborou uma lista de preços separada em português.[6] As listas datilografadas datam do final de 1915 ou início de 1916, e foi por volta dessa época, numa carta de dezembro, que Pessoa acabou por revelar a existência de Baldaya a Sá-Carneiro, que deu gargalhadas ao ler sobre sua longa barba. Embora parecesse uma ideia promissora, Pessoa nunca pôs Raphael Baldaya para trabalhar como um astrólogo que cobrasse por consulta. Em seu próprio nome, fez uma série de mapas astrais para pessoas que mal conhecia — amigos de amigos — e talvez tenha recebido gratificações ocasionais por seus serviços.

Os muitos planos de Pessoa para ganhar dinheiro poderiam ser lucrativos para alguém com iniciativa, autodisciplina e sensibilidade prática — tudo o que lhe faltava. Ele precisava estar sob pressão para terminar um trabalho. A tradução era uma atividade remunerada que lhe agradava particularmente, mas, a menos que tivesse encomendas e prazos, como no caso dos livros de teosofia, quase nunca conseguia terminar o que havia começado. Em 1915, ainda trabalhava em projetos de tradução iniciados na época da Ibis ou mesmo antes: as peças de Shakespeare para o português, por exemplo, ou os sonetos de Camões e de Antero de Quental para o inglês.[7] Também deu início a vários novos projetos, entre eles uma versão em inglês de uma peça ainda não publicada e não representada intitulada *Octavio*, de Victoriano Braga, que era seu primo distante, além de amigo.

Parente de Pessoa pelo lado da avó Dionísia, Victoriano Braga nascera em Lisboa apenas um mês depois dele, mas aparentemente os dois não se conheceram quando crianças. Pessoa relata em seu diário de 1913 que fora "apresentado" a Braga em fevereiro daquele ano. Eles logo se tornariam bons amigos. Fotógrafo amador talentoso, dramaturgo e crítico teatral, Victoriano Braga conviveu com a turma de *Orpheu* e tirou fotografias emblemáticas de Fernando Pessoa, José de Almada Negreiros, Santa Rita Pintor, José Pacheco e Ruy Coelho. Mário de Sá-Carneiro gostava especialmente de Braga e transformou-o em personagem — com a alcunha de Vitorino Bragança — de seu conto "Ressurreição", no qual também figura Pessoa, com o nome de Fernando Passos.

Talvez tenham sido as ficções de Sá-Carneiro que inspiraram Victoriano Braga a escrever sobre um homem sexualmente problemático em *Octavio*. O protagonista epônimo da peça, músico de família aristocrática, deixa claro no diálogo de abertura com um amigo chamado Gil que não gosta de mulheres, exceto como objetos esteticamente agradáveis. Porém admite estar apaixonado por um jovem violinista da Itália, e ficamos sabendo que ele se associa a outros jovens a quem Gil chama de "exploradores" — homens, ao que parece, que estão abaixo de sua posição social e o fazem pagar caro por seus favores sexuais. Contra o conselho de Gil, Octavio leva adiante um casamento com uma jovem que ele só torna infeliz. O casamento nunca se consuma, ela fica grávida de um amante e Octavio, já gravemente doente, perde a sanidade e morre de desespero quando a mãe lhe dá a "boa notícia" de que vai ser pai.

Octavio tem um enredo simples e envolvente, personagens bem delineados, embora um tanto superficiais, e diálogos convincentes. É uma peça boa, mas não excelente. Porém Pessoa a apreciava demais. Começou a traduzi-la em 1915 — diretamente na máquina de escrever e também à mão, nas entrelinhas de uma cópia manuscrita da peça — e alguns anos depois escreveria dezenas de páginas para defender seu valor superior no panorama do drama europeu moderno.[8] Na verdade, ele esqueceria seu propósito original e escreveria sobre a arte do teatro em geral, fazendo pouca referência direta a *Octavio*; com efeito, não havia razão para se referir a essa peça, já que as qualidades que Pessoa considerava essenciais para um drama bem-sucedido, como sutileza psicológica, instinto dramático e a capacidade de construir todos artísticos, também podiam ser encontradas em inúmeras outras peças. O fervoroso interesse de Pessoa por essa obra mediana só pode ser explicado por seu enredo, descrito por um crítico de teatro lisboeta como um "caso de psicopatia sexual" que considerou "repugnante".[9]

Em "Antinous", Pessoa escrevera sobre o amor entre dois homens de uma época e uma cultura remotas. Embora a história fosse verdadeira, tinha a aura de uma lenda, que ele recontou com talento e sentimento. Victoriano Braga, por sua vez, ousou retratar o drama da vida real de um homem contemporâneo que deseja outros homens. Pode ser que Pessoa tenha se encantado com *Octavio* pela ousadia, ou porque talvez ele também, como o protagonista da peça, sentisse desejo por outros homens. Mas não tinha certeza de que queria realmente o que desejava. E talvez, no fim das contas, preferisse não desejar nada. "Gostava de gostar de gostar", começa um de seus poemas, mas assinado por Álvaro de Campos, que depois dessa confissão pede um cigarro.

Em novembro e no início de dezembro de 1915, Pessoa manteve seu terceiro e último diário, que segue o mesmo estilo factual dos dois primeiros — de 1906 e 1913 —, embora com um pouco mais de reflexões pessoais.[10] Ele começou a escrevê-lo em português, mas mudou para o inglês no terceiro dia, quando passou a noite lendo *As variedades da experiência religiosa*, de William James, obra citada em *The Ideals of Theosophy*, de Besant, que ele acabara de traduzir.[11] Mais calmo que o autor do diário de 1913, Pessoa já não pulava de café em café, mas ainda os frequentava diariamente, passava pelos escritórios onde redigia cartas em inglês e se encontrava com diversos amigos. Em 14 de novembro, foi com relutância a uma exposição de fotografia com Victoriano Braga e sua mulher, José Pacheco e Almada Negreiros, embriagou-se com vinho e, no fim das contas, divertiu-se. Mas ficou sem jantar porque seu dinheiro acabara. No dia seguinte, pediria emprestado a um amigo ou receberia outro adiantamento de um de seus contratantes.

Em pelo menos dois dias distintos de novembro, Pessoa encontrou-se com Raul Leal, cujas ideias exorbitantes e a maneira febril de as exprimir levaram Sá-Carneiro a comentar, numa carta enviada a Pessoa em 5 de novembro, que ele era "um pouco *Orpheu* demais" para seu gosto. Pessoa, no entanto, era muito paciente com Leal e suspeitava que o vertiginismo, como um poema original e poderoso, mas indecifrável, poderia conter algum tipo de verdade.

Tendo lido muitos livros sobre a relação entre genialidade e loucura, e convencido de que ele próprio tinha não só uma abundância da primeira qualidade, mas também um germe da segunda, Pessoa sentia-se atraído de forma espontânea por pessoas que não eram totalmente normais. Em 26 de novembro, enquanto visitava uma livraria, encontrou Juan de Nogales (1884-1929), um literato espanhol conhecido seu, que além de poeta e ensaísta era também pintor, teosofista, espírita, esperantista e às vezes vegetariano. Havia viajado pelas Américas e pela Europa, inclusive a Rússia, tinha supostamente uma dentadura completa de ouro, de vez em quando tingia o cabelo de verde ou branco e era dono de um guarda-roupa que causaria inveja em qualquer departamento de figurino de teatro.[12] Era um "apreciador de *Orpheu*", conforme anotou Pessoa em seu diário. Reencontraram-se no dia seguinte. Nogales, para quem Pessoa fez um mapa astral, prometeu escrever um artigo sobre o sensacionismo português para a imprensa espanhola, mas isso nunca se concretizou.[13] No mesmo dia em que se encontrou com Nogales, Pessoa viu seu amigo astrólogo amador César Porto, com quem pensava em criar uma Sociedade Astrológica Portuguesa[14] — mais uma ideia que nunca deu certo.

O lado mais íntimo e revelador do diário de 1915 está ligado à "tia" Lisbela, a prima e benfeitora de Pessoa que vivia no Algarve. Ela viera com uma sobrinha passar um mês inteiro em Lisboa e avisara Fernando sobre sua chegada em 8 de novembro. Ele passou pelo hotel naquela noite e em muitas outras. Lisbela sabia como deixá-lo à vontade, mais falante, mais animado, e depois de algumas noites juntos Pessoa se sentia confiante de que estavam gostando de sua companhia tanto quanto ele da delas. Certa noite, uma nova presença — uma adolescente — fez da visita ritual ao hotel uma experiência muito diferente para Fernando, que escreveu em seu diário: "À noite com a tia Lisbela no hotel, muito agradável; troquei olhares com uma garota bastante interessante, que parecia gostar de mim. Senti-me agradável com elas (ela e talvez uma irmã), embora eu pouco falasse... O imperador, ai de mim!...".

Na noite seguinte, 30 de novembro, foi mais do mesmo. O poeta escreveu no diário que havia "passado uma agradável hora e meia no hotel trocando ainda mais olhares (e conversando) com a menina (dezessete anos, excelente) e parecia agradável para ela, sua irmã e até sua mãe surda. Falei com ela facilmente e até mesmo olhando em seus olhos. Ai de mim!". Mais uma vez, seu relato do encontro terminava com um pesaroso "Ai de mim!" — embora sem qualquer menção ao enigmático imperador. No dia seguinte, Pessoa contraiu uma gripe, sentiu-se muito deprimido e "obrigou-se" a não ir ao hotel, mas na noite seguinte voltou lá e passou um tempo agradável conversando com a garota. Não obstante, "o interior do imperador causou grande inquietação. Acho que a garota se admirou da minha lentidão". Saiu do hotel pouco depois da meia-noite e voltou a pé para o quarto alugado pela avenida da Liberdade, em "depressão muito forte". Esperou três dias antes de voltar ao hotel, quando então a garota de olhos comunicativos já devia ter ido embora, pois nunca mais foi mencionada.

O imperador inibidor, que também se encontrava no hotel sem que ninguém além de Pessoa soubesse, era obviamente Adriano, cujo amor por Antínoo exaltara em seu poema com o mesmo nome escrito alguns meses antes. A atração de Pessoa por homens o impedia de perseguir com mais força a "excelente" garota do hotel. Muito menos certo é se ele gostaria de ter um relacionamento romântico ou sexual com um homem. Para o bem ou para o mal, Pessoa desmontava implacavelmente todas as coisas, inclusive as próprias atrações, repulsões e tudo o mais que pensava ou sentia, e juntava-as de novo através da imaginação e da escrita. Adriano, ao endeusar Antínoo, transformou amor e luxúria em religião. Pessoa convertia continuamente o amor e a luxúria em temas de literatura.

No segundo semestre de 1915 Pessoa escreveu um tríptico de sonetos de Álvaro de Campos, dos quais o terceiro representa e justifica a postura literária do autor em relação ao amor. Publicado por ele em 1922, é o mais famoso de todos os sonetos que escreveu, com seu próprio ou qualquer outro nome:

Olha, Daisy, quando eu morrer tu hás-de
Dizer aos meus amigos aí de Londres,
Que embora não o sintas, tu escondes
A grande dor da minha morte. Irás de

Londres p'ra York, onde nasceste (dizes —
Que eu nada que tu digas acredito...)
Contar àquele pobre rapazito
Que me deu tantas horas tão felizes

(Embora não o saibas) que morri.
Mesmo ele, a quem eu tanto julguei amar,
Nada se importará. Depois vai dar

A notícia a essa estranha Cecily
Que acreditava que eu seria grande...
Raios partam a vida e quem lá ande!...

No mundo criado por esses catorze versos, ninguém é confiável e nada é certo — muito menos o amor. Campos suspeita que Daisy está fingindo, e ele mesmo dissimula para ela, tendo um romance secreto com uma pessoa do mesmo sexo, e não apenas com qualquer rapaz, mas com um jovenzinho de sua cidade natal (se York for, afinal, sua cidade natal). Embora já estivesse convencido de seu amor pelo menino, Campos agora tem dúvidas, e duvida que seja correspondido. Quanto a se tornar grande e famoso, essa perspectiva também é uma farsa. O poema é o adeus desiludido de Campos ao mundo.

Ao retirar-se para a literatura, a astrologia e as contemplações espirituais, ao confinar sua "experiência" de amor e sexo ao plano literário e ao inventar personagens como Campos para falar e agir e sentir em seu lugar, Pessoa também, como o engenheiro naval, mandava efetivamente a vida e os vivos para o inferno.

41.

A mãe de Pessoa, que ele não via fazia sete anos e meio, continuava fielmente a enviar-lhe uma carta semanal, que ele abria, lia de forma apressada e depois acrescentava à pilha de cartas anteriores. Maria Madalena escrevia sobre a família que formara com o cônsul João Miguel Rosa, sobre a casa deles em Pretória, sobre algumas pessoas de Durban com quem ainda mantinha contato e sobre diversos parentes de Portugal — nada que divertisse ou interessasse muito ao filho primogênito. Mas, se lia com mais entusiasmo e até voracidade as cartas que recebia de Sá-Carneiro, estimava as cartas da mãe como uma espécie de âncora, que ainda o ligava firmemente a um antigo sentimento de lar. A preocupação constante com o estado de saúde dele, as expressões de amor e afeto e a caligrafia cujas curvas e linhas ele conhecia tão bem eram coisas com que sempre podia contar, semana após semana, não importando a angustiante "crise" que pudesse estar enfrentando. Assim, em meados de dezembro de 1915, quando chegou uma carta, não de sua mãe, mas de seu padrasto, Fernando a abriu às pressas, nervoso, perguntando-se que diabos estava acontecendo. Na segunda semana de novembro, sua mãe havia sofrido um derrame que paralisara seu lado esquerdo. Só então ele sabia da notícia, já que a correspondência da África do Sul demorava até um mês para chegar a Lisboa.[1]

Ele ficou totalmente atordoado. Embora Maria Madalena reclamasse em suas cartas de doenças ocasionais e de estados de espírito sombrios, nunca lhe ocorrera que ela pudesse não ser invulnerável. Tinha 53 anos, quase 54 — jovem demais para um derrame. Felizmente, o AVC não afetara o lado direito do corpo, mas atingira com força o esquerdo. Nos seis meses seguintes, João Miguel Rosa enviaria relatórios semanais a Fernando sobre a recuperação da esposa, preocupantemente lenta. Os médicos experimentaram choques elétricos, mas ela os achou insuportáveis.

Apesar da preocupação e da ansiedade, Pessoa não mencionou o estado da mãe para Mário de Sá-Carneiro. Seria por não querer que sua vida familiar — e, em particular a profunda afeição que sentia pela mãe — se intrometesse na ligação especial que tinha com o amigo? Talvez. Fosse qual fosse a razão, aconteceu que o amigo logo se tornou uma fonte de preocupação maior para ele do que a mãe, de modo que recebia cartas com carimbo de Paris não só com expectativa, mas também com um pouco de medo.

A carta de 29 de dezembro continha os primeiros sinais de alerta. Sá-Carneiro sentia "uma vertigem de aborrecimento" de tudo, especialmente de si mesmo. "Estou farto! farto! farto!", deixou escapar no meio da carta. Sua primeira mensagem no novo ano foi menos taciturna, mas a segunda, enviada em 13 de janeiro de 1916, anunciava que ele estava louco, sem sombra de dúvidas. Ainda mais preocupante era uma declaração que autorizava Pessoa a publicar os poemas dele onde e como quisesse. Aos 25 anos, Sá-Carneiro decidia de repente nomear um testamenteiro literário. A carta continha outros sinais de desespero, e Pessoa não sabia a melhor forma de responder, ou procrastinou para se proteger como se já temesse que seria abandonado. Sá-Carneiro mandou postais desconsolados, exigindo uma resposta do amigo, que finalmente lhe escreveu no final do mês.

Onde estava o Sá-Carneiro que gostava de discutir literatura, teorias artísticas e projetos editoriais? Pessoa gostaria que seu amigo o ajudasse pelo menos a sonhar, se não planejar, a continuação de *Orpheu*, mas nenhum incentivo vinha de Paris. Sá-Carneiro relatou com alegria alguns comentários que os dois números publicados haviam suscitado na capital francesa, mas quando Pessoa, pouco antes do Natal, escreveu sobre um potencial financiador de *Orpheu* 3, o amigo respondeu com ceticismo. Para ele, como para a maioria dos outros jovens ligados a *Orpheu*, o tempo havia passado. Eles seguiram caminhos diferentes e investiram suas energias em novos projetos, que incluíam algumas outras revistas de curta duração: *Exílio* (1916), *Centauro* (1916) e *Portugal Futurista* (1917).

Sá-Carneiro continuou a trocar notícias literárias com Pessoa, embora sem sua paixão anterior pela literatura em si. E continuava a enviar ao amigo novos poemas, agora agudamente autobiográficos. Sua carta de 3 de fevereiro de 1916 incluía um poema intitulado "Aquele outro", que consistia em uma série de epítetos pouco lisonjeiros e autodescritivos, o último dos quais era "o Esfinge gordo". O autocontrole nunca interessara a Sá-Carneiro, e seu corpo já roliço estava se distendendo. Ele não dava atenção à guerra em curso, exceto na medida em que afetava a cidade que ele habitava no momento e aquela que havia deixado para trás. Elas refletiam uma à outra, em parte o refletiam também, e serviam como pano de fundo para sua preocupação central, que era ele mesmo. Sua carta de 3 de fevereiro registrava a curiosa coincidência de zepelins alemães terem bombardeado Paris na mesma noite, 29 de janeiro, em que bombas caseiras explodiram nas ruas de Lisboa. De fato, agitadores haviam organizado assaltos armados a mercearias e armazéns de alimentos da capital portuguesa, alegando que eles estavam retendo alimentos subsidiados pelo governo para vendê-los no mercado clandestino. A classe baixa de Portugal estava ficando mais faminta e mais desesperada.

Sá-Carneiro e Pessoa tinham um grande amigo que estava lutando nas trincheiras desde o início da guerra: Carlos Franco, pintor, cenógrafo e membro honorário do grupo de *Orpheu*. Eles o conheceram no segundo semestre de 1913, depois que Sá-Carneiro e José Pacheco voltaram de Paris. Sempre amável, Franco era o tipo de pessoa com quem todos simpatizavam imediatamente, inclusive Pessoa, que lhe dedicou a peça *O marinheiro*, iniciada quando os dois se conheceram. Franco, Sá-Carneiro e Pacheco estavam em Lisboa no último dia de 1913, que passaram juntos de forma festiva — sem Pessoa, que não gostava de feriados e da obrigação de os festejar —, e os três estavam por acaso em Paris no verão de 1914. Franco conseguira um bom emprego de pintor de cenografia de ópera em um dos muitos estúdios cênicos da cidade, mas foi despedido quando a guerra estourou, não tinha perspectivas de trabalho em Lisboa e decidiu se alistar na Legião Estrangeira francesa. Na época, tinha 27 anos, um a mais que Pessoa.

Franco mandava cartas do front para Sá-Carneiro, que transmitia as notícias a Pessoa, e, em dezembro de 1915, quando o soldado teve seis dias de licença, passou-os com o amigo em Paris, hospedando-se no mesmo hotel da Rue Victor

Massé, perto de La Cigale e do Moulin Rouge. Depois que Franco partiu de volta ao seu regimento, Sá-Carneiro escreveu a Pessoa que o achara em grande forma física e psicológica, apesar dos sete meses consecutivos de combate em Arras e em Champagne, onde os franceses travavam árduas mas infrutíferas batalhas contra os alemães. Exemplares de *Orpheu* 1 e de *Céu de fogo* o acompanharam nas trincheiras, e ele sabia de cor alguns poemas de Sá-Carneiro e alguns trechos de *O marinheiro*. Embora Carlos Franco fosse um desconhecido que nunca expôs ou publicou nada digno de nota, um retrato dele fardado — pintado em Paris durante sua licença — foi a imagem de capa da edição de 7 de fevereiro de *Ilustração Portuguesa*, uma popular revista semanal. Portugal estava prestes a entrar na guerra, e os editores queriam fazer sua parte como recrutadores.

Em 23 de fevereiro de 1916, a Marinha de Portugal, a pedido da Grã-Bretanha, apreendeu 72 navios mercantes alemães ancorados pacificamente em portos portugueses. Em troca de dois terços das embarcações, que a Grã-Bretanha reutilizaria no esforço de guerra, Portugal receberia um empréstimo de 2 milhões de libras esterlinas para comprar trigo e armas. Em 9 de março, a Alemanha, como era de esperar, declarou guerra a Portugal; no dia seguinte, o Parlamento português emitiu uma declaração recíproca e logo os homens aptos foram forçados a se alistar no Corpo Expedicionário Português, que lutaria ao lado dos Aliados na Europa. O embate não declarado no continente africano, para onde foram enviados milhares de soldados para defender a África Oriental portuguesa (Moçambique), esgotara a capacidade do Exército de Portugal, e o país demoraria meses para mobilizar civis e treiná-los para a guerra — os primeiros destacamentos do Corpo chegaram em solo francês em fevereiro de 1917. Àquela altura, Carlos Franco já era parte desse solo, tendo sido morto seis meses antes na Batalha do Somme, que causou mais de 1 milhão de baixas.[2]

Fernando Pessoa fez o mapa astral da declaração de guerra de Portugal contra a Alemanha em 10 de março.[3] O verso do mapa contém uma dúzia de assinaturas de estilos variados para Antônio Mora, que continuava a argumentar, em trechos de sua *Dissertação a favor da Alemanha*, que faria mais sentido Portugal ficar do lado dos alemães do que dos Aliados, pelo menos de uma perspectiva cultural e civilizacional. Apesar de simpatizar com o ponto de vista de seu heterônimo, Pessoa acabou ficando do lado dos Aliados, mas questionou a sensatez de enviar soldados portugueses para a França. O governo, chefiado mais uma vez por Afonso Costa, conseguira um empréstimo muito necessário, mas os custos materiais e humanos de participar na guerra seriam enormes.

Ao mesmo tempo que Portugal declarava guerra oficialmente e os cidadãos do país, inclusive Pessoa, se perguntavam com inquietação o que aconteceria a seguir, Sá-Carneiro mergulhava de forma mais profunda no mundo das próprias ficções, assumindo o papel de personagem condenado. Em 16 de fevereiro de 1916, enviou a Pessoa um poema inquietante intitulado "Feminina", que começa assim:

Eu queria ser mulher pra me poder estender
Ao lado dos meus amigos, nas banquettes dos cafés.
Eu queria ser mulher para poder estender
Pó de arroz pelo meu rosto, diante de todos, nos cafés.

E, depois de mais três estrofes da mesma fantasia, termina com:

Eu queria ser mulher para excitar quem me olhasse,
Eu queria ser mulher pra me poder recusar...

Dois dias depois, ele escreveu a Pessoa em um cartão-postal: "Vivo há semanas num inferno sem nome".

Nas cartas que se seguiram, Sá-Carneiro questionava se devia voltar a Lisboa ou ficar em Paris. Mas, o que quer que decidisse fazer, agora precisava de dinheiro, mais dinheiro, ainda mais dinheiro. Ele perseguiu seu pai, seu editor e seus amigos em busca de fundos, e encarregou Pessoa da embaraçosa tarefa de visitar a babá que o criara (e que ainda trabalhava para a família como governanta) para obter dela certa corrente de ouro, que ele deveria depositar em uma casa de penhores como garantia de um empréstimo, transferindo o dinheiro recebido para Paris. Pessoa obedeceu, obtendo 160 francos para o amigo, que os gastou assim que chegaram, em meados de março. Ele precisava de quantias cada vez maiores, mas só no final de março fez a Pessoa um vago esclarecimento sobre o tipo de reviravolta em sua vida: "Vivo há quinze dias uma vida como sempre sonhei: tive tudo durante eles: realizada a parte sexual, enfim, da minha obra — vivido o histerismo do seu ópio, as luas zebradas, os mosqueiros roxos da sua Ilusão".

Para sua infelicidade, ficara sem o dinheiro que alimentava essa vida fabulosa e, a menos que recebesse milagrosamente quinhentos francos na segunda-feira seguinte (escrevia em 31 de março, uma sexta-feira), cometeria suicídio, mas não sem antes enviar-lhe um caderno com os poemas para sua segunda coletânea, *Indícios de oiro*. Ele confiou a Pessoa sua publicação.

Sá-Carneiro mandou o prometido caderno de poemas no domingo e, na segunda-feira, um cartão-postal para reafirmar que, em poucas horas, se jogaria na frente de um trem em movimento na estação de metrô de Pigalle. Pediu a Fernando que lhe fizesse um último favor, que era dar um adeus afetuoso à babá e ao avô. Mas, antes que esse postal chegasse a Lisboa, Pessoa recebeu um telegrama dizendo-lhe que o desconsiderasse: Sá-Carneiro ainda não ia se matar. Poucos dias depois, chegou uma nova carta do amigo, explicando que o suicídio havia sido, pelo menos temporariamente, evitado pela "personagem feminina" que entrara havia pouco tempo em sua vida. Ela seria capaz de sustentá-lo no curto prazo, vendendo o corpo para outros homens.

Pessoa, sempre tão imperturbável e contido, perdeu a compostura. Ali estava um Sá-Carneiro que ele não conhecia, subitamente disposto a desistir de escrever e dos dias restantes de sua vida por causa de uma aventura com uma prostituta — mas e a amizade especial dos dois? E ele, Pessoa? "Você pensa de algum modo em mim?", perguntou este em sua carta seguinte ao amigo, que respondeu que nunca parava de pensar nele, sobretudo num momento como o que vivia. Afirmou que não sentia amor nem afeição pela mulher com quem estava envolvido, mas se sentia inelutavelmente conectado a ela, já que era, de certa forma, igual a ele. "Mas você compreende que vivo um dos meus personagens — eu próprio, meu personagem — *com uma das minhas personagens*! Sua vida se tornara sua última obra literária.

No dia seguinte, 18 de abril, Sá-Carneiro escreveu num postal: "Que fiz do meu pobre Orgulho? Veja o meu horóscopo. É agora, mais do que nunca, o momento. Diga. Não tenho medo". Mas em outra parte do cartão ele se declarava com muito medo da ausência, da separação, e implorou ao amigo ("De joelhos lhe suplico") que escrevesse.

Mas Pessoa não escreveu de imediato. Esperou alguns dias e então, em 26 de abril, iniciou uma carta em que apresentava desculpas pelo atraso. Uma série de tarefas não especificadas, grandes e pequenas, ocupara todo o seu tempo livre, mas, pior ainda, ele estava em um estado de espírito terrivelmente abalado. Contou a Sá-Carneiro pela primeira vez sobre o derrame da mãe, sua recuperação lenta e a angústia que isso lhe causava. Disse que a crise do outro agravara sua angústia, pois ele naturalmente sofria os problemas de seu amigo mais querido como se fossem seus. Além disso, ele mesmo estava passando por mais uma de suas "graves crises mentais", sobre a qual não dava detalhes, mas o que queria dizer era bastante claro: você não é o único que está lidando com sérios problemas pessoais. Ele pedia "milhares de desculpas" por não ter escrito antes, mas "isto não podia ter sido senão assim".

Enfiou as duas páginas que havia escrito até então num envelope e o endereçou a M. Mário de Sá-Carneiro no Hôtel de Nice, 29 Rue Victor Massé, mas antes que terminasse a carta recebeu a calamitosa notícia: naquele mesmo dia 26 de abril, Sá-Carneiro suicidara-se ingerindo cinco frascos de estricnina. Para o ato final, pedira a José de Araújo, um amigo português que fizera em Paris, que viesse ao seu quarto de hotel às oito da noite em ponto. Ao chegar na hora marcada, o desavisado amigo encontrou o suicida deitado com sua melhor roupa, ainda consciente, mas já agonizante. Estaria morto antes que qualquer ajuda médica pudesse chegar. Encomendou-se um caixão para o dia seguinte, mas o cadáver inchara muito durante a noite, rompendo todas as costuras do traje que o cobria; foi preciso então trazer um caixão maior, o maior disponível, e mesmo assim o corpo precisou ser comprimido de modo que as dobras de carne ali coubessem. Para que o corpo não continuasse se expandindo, aparafusaram rapidamente a tampa e amarraram o esquife com uma correia. Um pequeno funeral sem discursos — custeado por José de Araújo — aconteceu no dia 29, no Cimetière de Pantin.[4]

Sá-Carneiro deixara uma carta de despedida a Pessoa, que Araújo enviou de imediato para Lisboa. Era estranhamente mirrada, apenas uma única folha de papel dobrada com sete palavras e sua assinatura, todas escritas em letras enormes: "Um grande, grande adeus do seu pobre Mário de Sá-Carneiro/ Paris, 26 abril 1916".[5] Duas semanas depois, Araújo enviou a Pessoa um relato detalhado da morte do amigo e um resumo dos acontecimentos anteriores. Segundo ele, a "personagem feminina" que cativara Sá-Carneiro era a responsável por viciá-lo em éter — então um narcótico popular e altamente viciante — e por fazê-lo gastar a fenomenal quantia de 3500 francos durante o caso amoroso de dois meses. Embora não conseguisse se afastar dela, Sá-Carneiro dissera a Araújo que nem sequer gostava da mulher.

Araújo, que era um homem de negócios, foi um dos dois companheiros mais próximos de Sá-Carneiro em Paris durante os seus últimos seis meses de vida. O outro foi Carlos Ferreira (1884-1948), dramaturgo português que o conhecia, tal como a Pessoa, de Lisboa. Pouco antes do suicídio, Ferreira enviara uma correspondência a Pessoa em que revelava coisas extraordinárias sobre os feitos de Sá-Carneiro e recomendava sigilo. Essa carta desapareceu, talvez porque o destinatário a tenha destruído. Depois do suicídio, Ferreira enviou a Pessoa seu próprio relato do ocorrido, pediu-lhe que entrasse em contato com a família e instou-o solenemente a nunca revelar a ninguém por que Sá-Carneiro se matara.[6] Possíveis motivos não faltavam. Havia a sua frustração de escritor que, sem a força transformadora de Pessoa, sentia que tinha chegado ao limite e que se repetia inutilmente. Havia a relação turva entre ele e a madrasta, que em dezembro fora para junto de seu pai em Moçambique. Havia seu caso atormentado com a prostituta, cujo nome era Renée e que ele conhecera no Le Cyrano, um café da Place Blanche, em frente ao Moulin Rouge.[7] Mas a razão principal de seu desespero insuportável continua sendo um enigma.

Além de livros, manuscritos e objetos pessoais, as malas de Sá-Carneiro continham cartas, inclusive todas as que Pessoa lhe escrevera durante sua terceira e última estada em Paris. Compreensivelmente, o Hôtel de Nice não estava disposto a ceder as malas ou seu conteúdo sem a autorização do pai do falecido, e a gerência também pode tê-las segurado como garantia para uma conta não paga de 254 francos.[8] Mas quando Carlos Augusto de Sá-Carneiro voltou da África e finalmente visitou o hotel, anos depois, não teria encontrado nada na bagagem do filho, exceto roupas roídas por traças.[9] Ou alguém roubara seus papéis ou seu pai preferiu não os tornar públicos. Quanto às dezenas de cartas que Sá-Carneiro recebera de Pessoa nas suas estadas anteriores em Paris, ele as guardava em Lisboa entre seus bens mais preciosos. Ficara encantado quando seu melhor amigo, em julho de 1914, previra meio de brincadeira que a *Correspondência inédita de Fernando Pessoa e Mário de Sá-Carneiro* seria uma sensação literária quando publicada no ano de 1970. Infelizmente, todas as cartas de Pessoa ao amigo parecem ter sido descartadas junto com o lixo.[10]

As breves notas de falecimento publicadas em vários jornais franceses referiam-se a Sá-Carneiro como um poeta futurista, enquanto um obituário completo na imprensa portuguesa que tinha por título "Os 'paúlicos' de luto: Mata-se em Paris o poeta Sá-Carneiro", denominou-o de forma mais pomposa como "o chefe da famosa escola futurista e diretor do *Orpheu*, órgão da seita".[11] A dor de Pessoa pela morte do amigo não o cegou para sua utilidade na divulgação da chamada "seita" e, possivelmente, para relançar *Orpheu*. Em 4 de maio, escreveu a Armando Côrtes-Rodrigues, que regressara de vez aos Açores em janeiro, para lhe dar a trágica notícia e solicitar uma contribuição para uma plaquete que *Orpheu* publicaria em memória de seu falecido coeditor. Poucos dias depois, convocou uma reunião em Lisboa para discutir o livreto, bem como a publicação de *Orpheu* 3. José Pacheco, Luís de Montalvor e José de Almada Negreiros provavelmente estiveram nessa reunião, que não resultou em nada de concreto, mas Pessoa, com otimismo, fez um horóscopo do "Negócio *Orpheu*" deliberado naquele dia, 8 de maio, às cinco da tarde.[12]

Embora Sá-Carneiro, de início, tivesse se limitado a sorrir diante do interesse do amigo pela astrologia, durante os últimos meses de sua vida — como um doente terminal disposto a experimentar curas exóticas — quis saber tudo o que as estrelas tinham a dizer sobre seu caráter, seu estado de alta ansiedade e seu futuro. Pessoa, no entanto, fez mais do que apenas estudar a situação do amigo por meio de mapas e cálculos astrológicos; em sua última carta inacabada, datada de 26 de abril, disse que podia *sentir* telepaticamente a "projeção astral" do que Mário estava sentindo. Foi enquanto o amigo gravitava desamparadamente para a morte que Pessoa começou a desenvolver seus poderes mediúnicos, incentivado por Mariano Santana, um ocultista e magnetizador que frequentava os círculos intelectuais que se reuniam nos cafés de Lisboa.[13]

Certa noite, em seu quarto alugado, ao voltar do Café A Brasileira na praça do Rossio,[14] o aprendiz de espiritualidade oculta pegou impulsivamente uma caneta e a colocou sobre uma folha de papel. Sem pensar, deu por si escrevendo a assinatura de Manuel Gualdino da Cunha, o tio-avô que fora seu pai substituto na infância, e abaixo escreveu algumas frases enigmáticas. Nas semanas seguintes, continuou a escrever, ou desenhar, de modo automático. No início, quase nunca escrevia frases normais; estava mais propenso a produzir sinais maçônicos e cabalísticos, símbolos ocultos e sequências de números, cujo significado muitas vezes podia ser esclarecido por seu amigo Mariano Santana.[15] Ele nunca mais ouviu falar do espírito do tio Cunha, e, se perguntava aos comunicadores quem eram, eles respondiam evasivamente com desenhos e números.

Pessoa descreveu tudo isso numa carta enviada em 24 de junho à tia Anica, que em 1914 havia participado, com a filha Maria, das sessões espíritas organizadas dois anos antes. A escrita mediúnica das duas era fluente e inteligível, enquanto ele próprio, embora fosse o líder das sessões, era menos receptivo em termos espirituais. Mas agora, inesperadamente, era um médium *vidente*, e também um médium que escrevia. Ele explicou à tia que estava experimentando a "visão etérica", o que lhe permitia perceber a "aura magnética" de certas pessoas.

Ser dotado desses novos poderes era emocionante, mas também perturbador. "O que me preocupa", ele escreveu para a tia, "[é] que tudo isto não é o vulgar desenvolvimento de qualidades de médium." E continuava:

> Já sei o bastante das ciências ocultas para reconhecer que estão sendo acordados em mim os sentidos chamados superiores para um fim qualquer, que o Mestre desconhecido, que assim vai me iniciando, ao impor-me essa existência superior, me vai dar um sofrimento muito maior do que até aqui tenho tido, e aquele desgosto profundo de tudo que vem com a aquisição destas altas faculdades. Além disso, já o próprio alvorecer dessas faculdades é acompanhado duma misteriosa sensação de isolamento e de abandono que enche de amargura até o fundo da alma...

Pessoa tinha outras razões, menos misteriosas, para se sentir solitário e desolado. Com a morte de Sá-Carneiro, não foi só o carinho especial e a intimidade do amigo que Pessoa perdeu, mas também sua solidariedade na condição comum de celibatário. Vários de seus outros amigos ainda eram solteiros, mas tinham namoradas, ou pelo menos faziam sexo. Até Sá-Carneiro, antes do suicídio, tivera uma aventura sexual com uma prostituta parisiense. Fernando Pessoa, que acabava de completar 28 anos, ainda era virgem.

Como poeta, continuava tão ousado e vigoroso como sempre. No final de maio, havia escrito mais de trezentos versos para "Passagem das horas", de Álvaro de Campos, inclusive a mais longa de suas oito seções, que assim começa:

> *Sentir tudo de todas as maneiras,*
> *Viver tudo de todos os lados,*
> *Ser a mesma cousa de todos os modos possíveis ao mesmo tempo,*
> *Realizar em si toda a humanidade de todos os momentos*
> *Num só momento difuso, profuso, completo e longínquo.*

E assim continua, desmedida e abrangente, como era a maneira de Campos de seguir adiante, só que, nesse caso, foi mais longe e mais alto do que o normal, alcançando mais um de seus picos impressionantes, elevando-o praticamente ao mesmo patamar de "Ode marítima".

Uma semana depois, após essa efusão de versos assinados por Álvaro de Campos, Pessoa escreveu três odes de Ricardo Reis, entre elas "Os jogadores de xadrez", que conta a história de dois homens na Pérsia que, plácidos e alheios, continuam seu jogo de xadrez enquanto invasores estrangeiros arrasam a cidade, queimam casas, estupram mulheres e matam crianças. Ciente da brevidade da vida e convencido de sua vaidade, Reis elogia a atitude dos enxadristas. Muitos filósofos morais não o fariam. Mas a ode — a mais longa assinada por Ricardo Reis — era outro ponto alto da carreira de Pessoa.

Apesar desses feitos recentes de Campos e Reis, e dos muitos outros grandes poemas escritos em nome deles e no de Alberto Caeiro, seu mestre triunfante, e apesar do sucesso de *Orpheu* em cravar uma ou duas estacas no coração do establishment literário português, a nota que Pessoa escreveu para si mesmo (em inglês), em 13 de junho de 1916, não era nada triunfal, muito pelo contrário:

> Cheguei, assim, aos 28 anos, sem nada feito na vida — nada na vida, nas letras ou na minha própria individualidade. Experimentei o fracasso por completo até agora. Por quanto mais tempo devo prová-lo, ai de mim?
>
> Quanto mais examino minha consciência, menos me desculpo do nada de minha vida.
>
> Que coisa horrível é essa que me atrasou tanto?
>
> Minha leitura deficiente, minha falta de espírito prático, meu[16]

Ele deixou a última frase pela metade, e é difícil saber aonde poderia ter ido com sua autoacusação, que começa com uma alegação duvidosa: "leitura deficiente". Nenhum dos seus amigos, e poucas pessoas em Portugal no ano de 1916, tinha lido tanto quanto Fernando Pessoa. Sua "falta de espírito prático", por outro lado, era uma deficiência real e constante, pois o impedia de terminar seus projetos literários, de publicar seus livros e de se tornar um escritor de renome.

Mas não era só como escritor e intelectual que Pessoa se sentia frustrado. Ele se queixava de ser um fracasso "nas letras", sim, mas também na vida em geral e em sua "individualidade". A recente aquisição de capacidades mediúnicas o levava a concluir que devia haver "algum propósito misterioso" para o qual "o Mestre desconhecido" o estava "iniciando". Lendo essas palavras na carta do sobrinho, tia Anica entendeu naturalmente que ele estava se referindo a uma iniciação espiritual. E de fato estava, mas essa iniciação seria configurada em termos sexuais. A sensação de fracasso de Pessoa se devia, em parte, à sua falta de experiência nessa área, um problema que seu Mestre astral se dispunha a remediar.

Em 13 de junho, a mãe de Pessoa sentiu-se bem o suficiente para lhe escrever pela primeira vez em sete meses. Era um simples cartão-postal de feliz aniversário. Ela mencionava que enfim conseguia mover, apenas ligeiramente, o braço esquerdo. Sua mão direita não fora afetada pelo derrame e sua mente estava lúcida, mas ela e seu filho nunca recuperaram a velha rotina das cartas semanais — que, da parte dele, era marcada por lapsos antes mesmo do derrame da mãe. Ele sentia falta dela, mas achava difícil comentar com ela sobre sua vida literária, quanto mais sobre suas recentes descobertas espirituais, que poderiam deixá-la preocupada ou incomodada.

Embora não tão desesperado quanto Mário de Sá-Carneiro estivera, Pessoa também se sentia como se tivesse chegado a um impasse, e a astrologia, apesar de fascinante, não mudava nada. Na melhor das hipóteses, lançava uma luz esclarecedora sobre sua situação. Desejando ajuda e orientação ativa, ele se voltou para os espíritos astrais.

42.

Misturadas aos milhares de poemas e textos em prosa que compõem o Arquivo Pessoa, encontram-se cerca de duzentas folhas de comunicações mediúnicas, a maioria em inglês, e escritas numa caligrafia infantil que tem pouca semelhança com a letra normal de Pessoa. Era por esse meio que os espíritos astrais supostamente respondiam às perguntas que Pessoa quisesse fazer. Ele não registrou seus questionamentos, mas em geral eles podem ser inferidos a partir das respostas psicografadas por sua mão.

Na carta que enviou à tia Anica em 24 de junho de 1916, Pessoa observou que os espíritos comunicadores para os quais servia de médium eram anônimos, e suas mensagens, não muito coerentes. Quatro dias depois, tudo mudou.[1] O mestre comunicador revelou seu nome, Henry More, e, num inglês loquaz e apenas ligeiramente imperfeito, revelou sua principal missão: curar seu discípulo da virgindade. Em mensagem enviada em 28 de junho, às seis da tarde, More demonstrou não ter papas na língua. Depois de explicar que era amigo de Fernando e que queria ajudá-lo, foi direto ao ponto:

> Você não deve manter mais a castidade. Você é tão misógino que se descobrirá moralmente impotente e, desse modo, não produzirá nenhuma obra literária completa. Você deve abandonar sua vida monástica e *agora*. [...] Manter a castidade

é para homens mais fortes e homens que têm de [ser castos] por conta de defeitos físicos. Isso não se aplica a você.* Um homem que se masturba não é um homem forte, e nenhum homem é um homem que não seja um *amante*. [...] Você é um homem que se masturba e que sonha com uma mulher à maneira de um masturbador. Homem é homem. Nenhum homem pode andar entre homens se não for um homem como eles.

Embora fosse um escritor imensamente produtivo, um vulcão em erupção constante, Pessoa temia que sua dificuldade em terminar obras literárias de grande escala pudesse estar relacionada à sua "incompletude" como homem. Henry More explorou esse medo e astutamente encorajou o discípulo a superar sua misoginia apelando para esse mesmo sentimento, afirmando que ele não poderia "andar entre os homens" (cuja companhia preferia) a menos que fosse "um homem como eles" (alguém que faz sexo com mulheres).

Por mais que "sonhasse com mulheres à maneira de um masturbador", Pessoa não se sentia facilmente atraído pelas que conhecia — outra comunicação menciona sua "aversão às mulheres" —, mas Henry More tinha uma solução para esse problema:

> Decida-se a ir para a cama com a garota que está entrando em sua vida. Decida-se a fazê-la feliz de uma maneira sexual. Ela é uma garota de tipo masculino e uma mulher feita para você. Deve fazê-lo feliz, porque ela faz de você um homem. Ela encontra você e faz você amá-la. É forte e imensamente masculina em sua vontade e em sua maneira de fazer você se submeter a ela. Não resista. Não há nada a temer. Tudo será mais simples do que você imagina. Ela é virgem, assim como você, e nômade como você na vida. Não é uma mulher para casar, pois é moralmente nômade demais para fazer um ninho. Só uma garota como essa pode fazer você se acasalar com ela.

Então, pelo menos, ele não teria que se casar. Mais tarde, naquela mesma noite, Pessoa recebeu outra mensagem, confirmando que se encontraria e acasalaria com "uma mulher muito masculina". Outras mensagens da mesma época a descreviam como uma "garota ágil, esguia, mas peituda", educada na França e

* Ao contrário do que pelo menos um autor sugeriu, a castidade de Pessoa não se devia a um problema fisiológico.

na Inglaterra, escrevia poesia que "não era muito ruim" e ansiava por conhecer a "estranha criatura" que dirigia *Orpheu*.

A maioria das comunicações, ao contrário dessa mais longa que acabamos de citar, consistia em respostas breves às perguntas de Pessoa, e a iniciação sexual não era de forma nenhuma o tema exclusivo da conversa. Também eram discutidos os projetos literários de Pessoa, suas finanças e os acontecimentos banais de sua vida cotidiana. No entanto, todas essas questões eram subsidiárias da questão mais ampla de seu progresso espiritual, que estava ligado ao desenvolvimento sexual. Na visão da realidade cósmica revelada a Pessoa por seus comunicadores, os mistérios do sexo espelhavam os mistérios do espírito.

Em sua encarnação terrena, Henry More (1614-87) havia sido um poeta, filósofo e teólogo inglês, bem como a figura principal no grupo de pensadores mais tarde conhecido como os platônicos de Cambridge. Alguns ocultistas especularam que More também era rosacruz, o que quase certamente não era o caso, mas em suas comunicações a Pessoa ele se apresentava como um *Frater Rosae Crucis* e costumava acrescentar a abreviatura "R†C" após sua assinatura. Havia outros espíritos menos eruditos em contato com Pessoa, inclusive um chamado Wardour, que era aliado de More na tentativa de desvirginá-lo, e um espírito maléfico chamado Voduísta.

Os espíritos astrais que se comunicaram com William Butler Yeats e sua esposa muito mais jovem Georgie Hyde-Lees, em cerca de 450 sessões de escrita mediúnica realizadas entre 1917 e 1921, também enfatizavam a importância da satisfação sexual, argumentando que o sucesso criativo dele dependia disso.[2] Até o sucesso das sessões de psicografia dependia disso, uma vez que a médium — Georgie, ou George, como foi apelidada pelo marido — só cumpria bem sua função se Willy tivesse um desempenho adequado na cama. Os comunicadores o lembravam sempre de cumprir seu dever sexual e disseram ao casal em mais de uma ocasião para encerrar a sessão de escrita e ir direto para a cama.

Uma vez que Pessoa não tinha com quem ir para a cama, seus comunicadores tinham uma tarefa mais difícil, que tentavam realizar não só incitando-o a encontrar-se e copular com alguém do sexo oposto, mas também evocando mulheres que seriam de seu tipo ou que, de qualquer forma, estivessem predestinadas para ele. Depois de prever que seu discípulo encontraria um tipo de mulher literata e masculina que havia sido educada no exterior, Henry More mudou sua isca, dizendo que a futura parceira sexual de Pessoa era uma moça inglesa chamada Margaret Mansel. Mas mesmo essa criatura mais feminina tinha um "man" [homem] embutido não só em seu sobrenome, mas também no nome da cidade de seu nascimento, que era Manchester. A motivação de More para juntar os dois não era desinteressada, de acordo com uma comunicação datada de julho de 1916:

> Margaret Mansel. Ela é minha esposa no meu mundo. Meu casamento foi infeliz porque eu tinha um hábito de vida ascético, então tenho de reparar o mal feito a ela, em sua encarnação seguinte. Sua encarnação seguinte é a jovem que você vai conhecer daqui a alguns dias. [...] Meu casamento não foi consumado nesta terra. Tem de ser. Ora, como ainda não posso retornar à terra, e minha esposa já está lá, devo torná-la a amante do homem que está ao meu lado na contagem das mônadas. Casar com ela não é casar com ela em uma igreja ou perante um oficial de registro, mas casar com ela significa copular.

A garota era realmente jovem. Wardour, o colega astral de More, informou a Pessoa que ela nascera em Manchester em 30 de julho de 1903, às 4h12 da manhã. Pessoa usou essas estatísticas vitais para fazer seu mapa astral.[3]

Outra comunicação de More assegurou a Pessoa que ele já estava "casado monadicamente" com Margaret Mansel — "não com Margaret Mansel no estado somático, mas com ela no estado monádico superior". Isso pode ter sugerido ao marido monádico que a união física com a moça afinal não fosse necessária. Ela não era da mesma opinião e, perdendo a paciência e a calma, comunicou-se com o próprio Pessoa, com palavras que quase me fizeram corar quando as transcrevi do manuscrito original:

> Seu onanista! Tem de casar comigo! Sem [mais] onanismo.
>
> 504 Me ame.
>
> Seu masturbador! Seu masoquista! Seu homem sem masculinidade! [...] Homem sem pau de homem! Seu homem com clitóris em vez de pau! Seu homem com moralidade de mulher para o casamento. Animal! Seu verme brilhante.
>
> Margaret Mansel

Margaret era promíscua, pelo menos na esfera astral. Um certo George Mansel* interveio em uma das comunicações de Henry More, professando ser marido dela, enquanto em outra comunicação Wardour fez a mesma alegação. E ainda havia outros pretendentes, inclusive um Monsieur Mansel. Quando Pessoa perguntou se ela realmente havia pertencido a tantos homens diferentes, Henry More respondeu: "Sim. O que você quer?".

Pessoa não sabia o que queria. Simplesmente perder a virgindade? Ou talvez, afinal, ter uma parceira amorosa? Os espíritos propuseram várias outras mulheres além de Margaret Mansel, inclusive uma açoriana de dezoito anos chamada Olga de Medeiros. Forneceram algumas informações sobre cada candidata a companheira e previram quando e onde Pessoa as encontraria. Ele viria a se tornar um conquistador, além de um reprodutor da espécie: uma comunicação de Henry More informava que Pessoa seria pai de três meninos com três mulheres diferentes, quando tivesse 29, 37 e 41 anos de idade. Forçando a credulidade até mesmo do mais firme crente em percepções extrassensoriais e clarividência, More anunciou as datas precisas de nascimento dos três futuros filhos de Pessoa.

Desnecessariamente ou não, os comunicadores do casal Yeats, a quem chamaram de "instrutores", prescreveram grandes quantidades de sexo, e o casal teve dois filhos, Anne e Michael, que tiveram vidas longas. As recomendações sexuais dos comunicadores de Pessoa se deram em projeções astrais e encontros previstos com pessoas inventadas, como se fossem anotações para um romance não escrito. Só que nesse caso não havia ambição de escrever um romance, apenas de experimentá-lo, o que Pessoa fez de certa forma — no plano astral. E assim a escrita mediúnica, em vez de motivá-lo a ter uma vida sexual ativa, evitou, ou pelo menos adiou, a necessidade de sexo real.

A escrita mediúnica canalizada através de Georgie Hyde-Lees, além de incitar seu marido a ser mais sexualmente ativo, também lhe proporcionou insights, conceitos e imagens para o sistema espiritual estabelecido em *A Vision* (1926; ed. revista 1937). Mas esse não foi o presente mais importante concedido a Yeats

* George Mansel era o nome do comissário-chefe da polícia de Natal quando Pessoa morava em Durban.

por Ameritus, Thomas de Dorlowicz e outros instrutores de nomes curiosos que transmitiram suas mensagens por intermédio de George. "Viemos para dar a você metáforas para a poesia", teriam dito eles, conforme o poeta mais tarde declarou, e os resultados estão aí para ser vistos: a poesia de Yeats, já notável, deu um salto gigantesco. Porém, aquelas metáforas não teriam chegado sem George, e o biógrafo Richard Ellmann argumenta de forma convincente que foi seu casamento com essa mulher, por quem se apaixonou profundamente e com quem criou uma família, o que de fato energizou e transformou a poesia de Yeats.[4] Fernando Pessoa escreveria vários poemas claramente esotéricos, além de outros que refletiam, aqui e ali, seu interesse apaixonado pela magia e pelo oculto, mas esse interesse não resultou num grande avanço *poético*. A poesia de Pessoa já havia dado seu maior salto em 1914, com o nascimento de sua família autogerada de heterônimos. Henry More e os outros comunicadores do além, mais do que prover metáforas inspiradoras para certos poemas, foram algo como uma metáfora coletiva — ou o equivalente espiritual — daquela família.

Embora Alberto Caeiro fosse o mestre reconhecido dos outros heterônimos e do próprio Pessoa, todos tinham seus pontos de vista particulares, que ora coincidiam, ora colidiam. Do mesmo modo, no mundo astral havia concordância e dissensão. Henry More, o mestre espiritual de Pessoa, mandava em Wardour, um espírito igualmente bondoso e colaborativo, mas eram combatidos pelo Voduísta, que na terra havia encarnado em Joseph (ou Giuseppe) Balsamo, mais conhecido como conde Alessandro di Cagliostro (1743-95), um famoso alquimista, mágico, maçom e vigarista. Em uma das comunicações de Henry More, depois de avisar Pessoa que o Voduísta quer prejudicá-lo, esse espírito perverso passa a interferir em sua caligrafia, tornando-a irregular e retorcida, enquanto More comenta: "Ele está me interrompendo". Em outra comunicação, o Voduísta dá a Pessoa informações falsas sobre uma das mulheres sexualmente excitantes que ele deveria conhecer.

Yeats e a esposa também tiveram de lidar com comunicadores do contra, a quem apelidaram de "frustradores", já que impediam o desenvolvimento do sistema espiritual que se cristalizaria em *A Vision*. Por outro lado, o que estava em jogo na escrita mediúnica de Pessoa não era um sistema de pensamento ou uma obra literária, mas o próprio Pessoa. Os espíritos astrais estavam lutando pelo controle de sua alma. Em 1907, personagens simbólicos como Erasmus Dare e Jacob Satan se enfrentaram em um drama virtual, *Ultimus Joculatorum*, que aparentemente aconteceu dentro do próprio Pessoa. Nove anos depois, o autor se tornava mais uma vez um campo de batalha para os antigos conflitos entre o bem e o mal, a verdade e a falsidade. "Você é o centro de uma conspiração astral", Henry More advertiu seu discípulo em 9 de julho.

As mensagens recebidas por Pessoa — que, ao que tudo indica, não sabia nada dos contatos dos Yeats com o reino astral e cuja própria escrita mediúnica começara um ano antes da deles — definiam um mundo espiritual de complexidade crescente. O trio inicial de espíritos que o contatou por meio de mensagens psicografadas logo se expandiu para um grupo heterogêneo e multilíngue. Além de More, Wardour e o Voduísta, havia espíritos que apareciam de forma intermitente, como Henry Lovell, George Henry Morse ou Sousa, enquanto outros permaneciam anônimos. Embora o inglês fosse a principal língua das mensagens, algumas eram em português, umas poucas em francês e pelo menos uma em latim. Wardour era um espírito bilíngue e tinha um lado literário, comunicando não só mensagens (geralmente em inglês) mas também dois poemas (em português), um dos quais assinado junto com Fernando Pessoa. Ele até deu conselhos editoriais. Quando Pessoa estava tendo dificuldades com os versos iniciais de um novo poema, Wardour comentou: "Isso não é bom. Experimente isso". E ofereceu uma versão revisada dos versos considerados fracos.[5] Desse modo, os espíritos que se comunicavam através de Pessoa, pelo menos em algumas ocasiões, deram-lhe não apenas metáforas poéticas, mas poemas inteiros. Eram suas musas ocasionais, manifestações vívidas do reino espiritual de onde sua poesia e seus heterônimos se originavam — ou pelo menos era assim que ele gostava de pensar.

"Mude-se para a casa do Sengo", instou Wardour em uma comunicação datada do segundo semestre de 1916 — ou seria apenas Pessoa falando consigo mesmo? Fosse qual fosse a origem do conselho, Pessoa o acatou: alugou quartos de Manuel Sengo na rua Cidade da Horta. Assim como outros prédios onde o poeta morou durante esse período, a fachada de sua nova morada era revestida de azulejos, utilizados na arquitetura ibérica desde os tempos dos mouros. Antes que os quartos estivessem prontos para alugar, o sr. Sengo, um empresário que Pessoa conhecera através do primo Mário Freitas, hospedou-o durante um ou dois meses numa sala anexa a uma leiteria de sua propriedade na rua Almirante Barroso, número 12.[6] Antes, ocupou por um breve período um apartamento na rua Antero de Quental. Pessoa nunca ficava muito tempo em um só lugar: entre

1914 e 1919, mudou-se pelo menos oito vezes, sempre levando consigo o baú de madeira com seus manuscritos e tantos de seus livros quantos sua nova moradia poderia acomodar — o resto de sua biblioteca, deixava guardado com amigos.

Quase todos os endereços de Pessoa durante esses anos foram em ruas discretas dos bairros contíguos de Estefânia, Anjos e Intendente. Como que parodiando a vida de um viajante inquieto, ele estava em constante movimento sem de fato ir a lugar nenhum, embora navegasse mentalmente no alto-mar em "Opiário" e na "Ode marítima" de Álvaro de Campos, viajasse para a Roma Antiga em "Antinous" e para a Pérsia em "Os jogadores de xadrez" de Ricardo Reis, e fosse para o espaço sideral por meio da astrologia. Não é de admirar que gostasse tanto de *Viagem ao redor do meu quarto*, de Xavier de Maistre, cujo autor, um oficial do Exército francês em prisão domiciliar, imagina que o mobiliário de seu quarto é o cenário de uma viagem maravilhosa. Do mesmo modo, recusando-se a ficar confinado ao espaço físico que habitava, Pessoa visitava lugares longínquos e até outros períodos da história em sua mente. Entre seus alter egos, essa aptidão era pronunciada em especial no narrador sonhador do *Livro do desassossego*, que anda por seu quarto alugado enquanto viaja pelo mundo e além dele. Em um texto intitulado "Viagem nunca feita", ele explica seu método:

> Eu não parti de um porto conhecido. Nem hoje sei que porto era, porque ainda nunca lá estive. Também, igualmente, o propósito ritual da minha viagem era ir em demanda de portos inexistentes — portos que fossem apenas o entrar-para-portos; enseadas esquecidas de rios, estreitos entre cidades irrepreensivelmente irreais. Julgais sem dúvida, ao ler-me, que as minhas palavras são absurdas. É que nunca viajastes como eu.[7]

Mesmo em seus dias gregários, Pessoa viajava imaginativamente dentro de si, desligado dos outros, e em meados de 1916, mais taciturno do que gregário, passou muitos dias literalmente encerrado entre quatro paredes, consultando os espíritos astrais e meditando. "Se você tem estado desterrado", comentou ele em carta de 4 de setembro a Armando Côrtes-Rodrigues, cuja ilha natal ficava no meio do oceano Atlântico, "eu sem desterro também o tenho estado." Em parte devido ao suicídio de Sá-Carneiro e em parte devido ao derrame devastador da mãe, sua vida recente havia sido "uma longa história de Depressão" e "esterilidade literária", mas estava saindo de seu estado depressivo e esperava estar completamente "reconstruído" até o final do mês. Como sinal simbólico dessa renovação, decidira retirar o circunflexo do sobrenome, que até então escrevia Pessôa. Aquele chapeuzinho inútil sobre o "o" só atrapalharia as possibilidades cosmopolitas de seu nome, numa época em que ele esperava causar uma boa impressão internacional com sua poesia inglesa, inclusive com o quase pornográfico "Epithalamium" e o homoerótico "Antinous". Ele explicou ao amigo açoriano que esses poemas, demasiado "indecentes" para serem publicados na Inglaterra, seriam incluídos em *Orpheu* 3. Era uma estratégia intrigante. Talvez ele tenha imaginado que leitores curiosos na Grã-Bretanha, incapazes de obter essa literatura em seu país, comprariam a revista para poder ler os dois poemas.

De qualquer modo, a notícia empolgante era que ele havia encontrado uma maneira de financiar a terceira edição da revista, que esperava lançar dentro de um mês. Além de seus poemas ingleses "indecentes" e de alguma poesia portuguesa assinada por Álvaro de Campos, *Orpheu* 3 incluiria obras de José de Almada Negreiros, do falecido Sá-Carneiro e de vários novos colaboradores. O colaborador surpresa e especial ("*não conte a ninguém*", ordenou o autor da carta, sublinhando duas vezes as palavras) seria Camilo Pessanha, o poeta pouco conhecido e muito querido por Pessoa, e o número traria também uma surpresa artística: quatro reproduções de obras de Amadeo de Souza-Cardoso, "o mais celebre pintor avançado português". As palavras de Pessoa para descrever o pintor eram precisas, mas a aclamação vinha do estrangeiro, não de Portugal, por isso não era possível dar por certo que Côrtes-Rodrigues conhecesse o pintor ou sua obra.

Nascido numa próspera família de viticultores do norte de Portugal, Amadeo de Souza-Cardoso passou apenas um ano na Academia Real de Belas Artes de Lisboa antes de ir para Paris em 1906, no dia em que completava dezenove anos, para estudar arquitetura. Logo abandonou o curso e começou a pintar. Tão dedicado quanto indisciplinado, frequentou inicialmente o estúdio de um pós-impressionista, porém aprendeu mais com os exemplos de Picasso, Sonia e Robert Delaunay e Modigliani — pintores que conheceu pessoalmente. Várias de suas pinturas foram exibidas na chocante seção cubista do Salon d'Automne de 1912, que Mário de Sá-Carneiro visitou ao chegar a Paris em outubro daquele ano e também estranhou, chamando os quadros do pintor português de "sem importância e disparatados" numa carta de março de 1913 para Pessoa. Sá-Carneiro acrescentou ainda que Souza-Cardoso tinha fama de ser "*snob*, vaidoso, intolerável etc.". Esnobe ou não, viria a ser o maior pintor português do século XX.

No exato momento em que Sá-Carneiro desdenhava suas pinturas e zombava de seu caráter, Souza-Cardoso conquistava reconhecimento internacional. Oito de suas obras viajaram para a América para participar da Armory Show, oficialmente conhecida como Exposição Internacional de Arte Moderna, inaugurada em Nova York em fevereiro de 1913 e que de lá viajou para Chicago e Boston. A arte moderna, até então um produto predominantemente europeu, podia enfim ser vista em grande escala nos Estados Unidos, onde foi ridicularizada pela maioria, muito elogiada por poucos e, por fim, aceita pelo mundo da arte norte-americana. Embora a maioria dos mais de trezentos artistas expositores fosse do próprio país, os grandes nomes vieram da Europa: Cézanne, Degas, Renoir, Monet, Manet, Van Gogh, Brancusi, Matisse, Duchamp (seu *Nu descendo uma escada* foi contemplado com a maioria das risadas), Braque e Toulouse-Lautrec, entre outros. Ninguém conhecia o nome de Souza-Cardoso, mas ele estava listado no cartaz entre os artistas mais notáveis e todas as suas obras, exceto uma, foram vendidas. Ele deu continuidade a esse sucesso participando de exposições em Berlim (1913) e Londres (1914).

Souza-Cardoso e sua namorada de longa data de Paris estavam na Espanha quando estourou a Grande Guerra. Em vez de regressarem à França, foram para Portugal, casaram-se no Porto e fixaram-se em Manhufe, sua aldeia natal, onde ele desenvolveu seu último e mais memorável estilo, que podemos definir como um cubismo muito colorido e cinético.

Santa Rita Pintor e José Pacheco conheceram Souza-Cardoso em Paris e admiravam seus desenhos e suas pinturas, mas, para José de Almada Negreiros, as obras não eram apenas admiráveis, e sim criações maravilhosas de um gênio artístico que ele nunca conseguiria igualar e que decidiu generosamente promover. O rebelde de *Orpheu*, Almada Negreiros vestia-se com extravagância, subia nas mesas dos cafés para fazer declarações apaixonadas, vaiava e assobiava nas cerimônias públicas quando lhe dava vontade e não tinha piedade na hora de atacar os adversários. Ansiava por atenção, exigia ser ouvido e levado a sério, mas como artista visual admitia sem rodeios a preeminência de Souza-Cardoso. Foi ideia dele incluir a obra do pintor em *Orpheu* 3.[8] Fernando Pessoa, para quem literatura e música eram as artes sublimes, era capaz de apreciar o uso inovador de formas e cores num artista como Souza-Cardoso, mas precisava de orientação. O mesmo acontecia com a maior parte do resto do mundo: apesar da atenção internacional que seu trabalho recebeu em 1913-14, ele só ganhou um grande público na década de 1950.

Souza-Cardoso selecionou os quatro quadros que pretendia ver reproduzidos na revista, e Pessoa, para o mesmo número, reuniu um conjunto de poemas inéditos de Camilo Pessanha, que talvez tivesse conhecido em sua recente viagem a Lisboa, de licença de seu posto em Macau.[9] Sem ter ópio à sua disposição, o poeta em férias recorreu ao álcool, pedindo grogues e coquetéis potentes nos cafés, alguns deles frequentados por Pessoa. Mas Pessanha ficava se embriagando até altas horas da madrugada. Tivessem ou não se encontrado e conversado sobre o assunto, o fato é que Pessoa aparentemente obteve permissão para publicar os poemas de Pessanha e tinha a maioria das principais colaborações literárias e artísticas de que precisava para *Orpheu* 3; que, no entanto, estacou. Talvez o apoio financeiro com que contava tenha falhado, ou quem sabe, sempre distraído, simplesmente tenha tido problemas para cuidar dos detalhes práticos de montar uma edição e mandar imprimi-la. Outros projetos de publicação disputavam sua atenção, de modo que nada foi adiante.

No segundo semestre de 1916, enquanto a Batalha do Somme, que durou meses, aniquilava milhares e milhares de soldados britânicos, franceses e alemães, Pessoa redigia cartas de apresentação para um livreto enviado a Harold Monro, fundador e proprietário de *The Poetry Review*, da Poetry Bookshop, que em 1914 publicara *Des Imagistes*, uma antologia fundamental de onze poetas imagistas organizada por Ezra Pound.[10] Embora admitisse que os poemas que apresentava podiam ser considerados estilisticamente "convencionais", Pessoa gabava-se de que a poesia escrita por ele em português era "muito mais 'avançada' do que [a obra] dos imagistas ingleses".* Para comprovar essa afirmação, disse a Monro que estava anexando um exemplar de *Orpheu* 2 e uma tradução de sua sequência de seis poemas intitulado "Chuva oblíqua".[11]

Embora Pessoa não tivesse traduzido "Chuva oblíqua", parece que enviou uma seleção de seus poemas em inglês para a Poetry Bookshop, oferecendo-se para pagar pela publicação do próprio bolso — o que significa que talvez pretendesse pedir o dinheiro à "tia" Lisbela. Desmoralizado quando sua proposta

* Alguns dos principais imagistas eram norte-americanos, não ingleses: Pound, H. D., Amy Lowell e William Carlos Williams.

foi rejeitada, decidiu, mais uma vez, que deveria entrar logo em contato com um crítico literário inglês e solicitar uma avaliação honesta de seus poemas. O rascunho preservado de sua carta ao crítico[12] está endereçado a um "senhor" não identificado, possivelmente sir Edmund Gosse, que era uma instituição literária inglesa — poeta, crítico, biógrafo e conferencista. "Você deve induzir Gosse a ver seus poemas", insistiu um dos mensageiros astrais de Pessoa, dizendo que ele poderia ser "algum tipo de ajuda". Depois de explicar a Gosse, ou a algum outro crítico, que seus poemas haviam sido recusados, apesar de sua intenção declarada de arcar com os custos da publicação, Pessoa confessava que o "tipo de rejeição sumária que os poemas assim apresentados receberam" o deixou inseguro. "Embora eu nunca os tenha concebido como bons", escreveu com falsa modéstia, "nunca pensei que mereceriam desprezo absoluto." Na verdade, o poeta sempre teve certeza de que o que escrevia em inglês era muito bom, até excelente. Só a partir de agora começava a ter dúvidas. Desanimado, mas determinado, continuou escrevendo poemas para seu livro em andamento, chamado *The Mad Fiddler*.

Uma *Antologia sensacionista*, que incluiria obras dele e de seus amigos, era outro dos projetos de livros de Pessoa concebidos para leitores britânicos. Ele apresentou a ideia numa carta a uma editora inglesa esboçada em meados de 1916, discorrendo longamente sobre a natureza, as origens, os princípios e as consequências literárias do sensacionismo, que definia como "uma nova espécie de Weltanschauung".[13] Embora não substitua as elaboradas teorizações de Pessoa que tentam fazer do sensacionismo uma filosofia estética, o lema de Álvaro de Campos, "Sentir tudo de todas as maneiras", sintetiza muito bem a *atitude* sensacionista essencial.

Temos de nos maravilhar com a desenvoltura do faça você mesmo de Pessoa. Depois de inventar — com seus heterônimos — uma sociedade de autores, críticos e tradutores, ele fabricou então doutrinas que eles personificavam, como o neopaganismo, e movimentos aos quais pertenciam, como o sensacionismo. De início, ele havia imaginado o sensacionismo como um movimento interno cujos principais adeptos eram Alberto Caeiro e Álvaro de Campos, mas em 1916 mudou seu escopo, reformulando-o como uma extensão de *Orpheu*. Num artigo sobre o "Movimento sensacionista" que escreveu para *Exílio*,[14] revista literária publicada em abril desse ano, Pessoa assinalou seu início como sendo a "gloriosa" data da fundação de *Orpheu* e afirmou que o sensacionismo estava conquistando a intelectualidade portuguesa. Mas, embora a revista de 1915 tivesse chegado às manchetes e fosse lembrada como um momento decisivo da literatura portuguesa moderna, ninguém além de Pessoa e seus amigos jamais ouvira falar do movimento que ela supostamente personificava.

Para promover o sensacionismo no exterior, Pessoa colocou dois heterônimos ingleses para trabalhar: Thomas Crosse e Sher Henay. Crosse foi criado em 1916,[15] a princípio para escrever sobre poetas portugueses, tanto antigos quanto modernos, desde os trovadores medievais "aos sensacionistas do século xx". Sher Henay, surgido no mesmo ano, não tinha outra tarefa senão compilar uma *Antologia sensacionista*, com contribuições de dez escritores associados a *Orpheu*.[16] Quase nada foi traduzido para a tal antologia. Mas Pessoa-Henay, ou então Pessoa-Crosse, encontrou tempo para escrever um ensaio sobre os sensacionistas. Revelando-se um inglês que se mudara para Portugal no primeiro semestre de 1915, o ensaísta explicava que "o sensacionismo começou com a amizade de Fernando Pessoa e Mário de Sá-Carneiro", descrevia em poucas palavras os principais membros do movimento, que considerava "muito mais original" do que o cubismo ou o futurismo, e exaltava sua revista: "Existem apenas duas coisas interessantes em Portugal — a paisagem e *Orpheu*".[17] Ainda mais interessante, porém, era a paisagem interna de Pessoa.

43.

Decorado em estilo art nouveau, com toldo de ferro forjado e cobertura de vidro sobre a entrada, o Café A Brasileira, na praça do Rossio, atraía uma clientela atenta a novas tendências, que incluía gente da política, além de tipos da área artística. Em 1916, Pessoa e seus amigos ocupavam habitualmente duas mesas do fundo. César Porto, seu colega de astrologia, era um dos frequentadores, mas, discreto e nada assertivo, não se destacava. Seu oposto era Mariano Santana, o magnetizador que orientava Pessoa em assuntos esotéricos. Santana era afável, franco e um evangelista do ocultismo; os outros membros do grupo do café ouviam fervorosamente cada palavra sua. Eles também escutavam com atenção Pessoa, que era menos ostentoso e oferecia interpretações cuidadosamente ponderadas dos mapas astrais que fazia para seus amigos. Ele também praticava numerologia. Logo se espalhou a notícia sobre as atividades sobrenaturais do grupo, que foram em parte responsáveis pela internação de um de seus integrantes, Alberto da Cunha Dias, num hospital psiquiátrico.

Cunha Dias (1886-1947), cuja cabeça pequena e meio quadrada continha uma mente loucamente imaginativa, era um advogado e escritor que Pessoa conhecia desde pelo menos 1911. Drama e trauma haviam sido a matéria de sua criação. O pai era um tirano; o irmão mais novo se suicidara; e ele próprio era excitável e impetuoso, espontaneamente generoso, mas também suscetível a explosões veementes. Em meados de 1916, acusou sua esposa grávida de adultério e declarou que a criança em seu ventre era fruto de um caso extraconjugal. Para respaldar suas afirmações, apresentou provas astrológicas obtidas de Santana e Pessoa. Depois de uma série de confrontos violentos, deixou a esposa, o que levou o pai e o sogro a fazerem uma denúncia às autoridades pedindo que ele fosse preso por insanidade. A petição destacava que, além de ameaçar matar pessoas, entre elas o suposto amante de sua esposa, ele se baseara na astrologia para provar o caso de infidelidade.

No dia 8 de agosto, Cunha Dias se levantou das duas mesas do café onde o grupo habitual de amigos se reunia para conversar sobre livros, política, astrologia e o mundo espiritual, saiu pela porta da frente e foi preso por policiais que o esperavam de emboscada. Entrevistado por um psiquiatra, foi diagnosticado como um indivíduo perigoso e incurável que sofria de "delírio de ciúme" e "mania de perseguição". No dia seguinte, 9 de agosto, *A Capital* publicou matéria de capa com o título "Magos, bruxos e nigromantes", em que o jornalista — que era cunhado de Cunha Dias — escrevia sobre a "tragédia" que se abatera sobre seu bom amigo, "quase um irmão". Sem dar o nome do quase irmão, o texto contava que vários meses antes ele havia se interessado por coisas como magnetismo animal, percepção extrassensorial, quiromancia e astrologia, e tudo isso minara sua saúde mental; como consequência, seguia o texto, ele havia abandonado sua amada esposa e acabara trancado "na Casa da Loucura". Durante as semanas seguintes, o jornal publicou outros artigos sobre a perigosa disseminação das ciências ocultas.

Nesse meio-tempo, Cunha Dias foi transferido do hospício de Telhal, perto de Sintra, para um hospital psiquiátrico do Porto, de onde escreveu cartas a Fernando Pessoa e Mariano Santana. Na primeira das quatro correspondências enviadas a Pessoa perguntou: "E você? Apanhou a sova? Suponho que deve ter-se salvo!". E pediu um "parecer astrológico" sobre quando seu cativeiro terminaria. Terminou no dia 1º de outubro, graças a um enfermeiro que o ajudou a fugir do hospital; no final do mês, estava de volta a Lisboa, encontrando-se com os amigos de sempre no mesmo café. A mãe persuadira o pai a retirar a requisição de internação do filho.[1]

Nos anos seguintes, Alberto da Cunha Dias publicaria uma série de artigos e alguns livros denunciando os psiquiatras que haviam atestado sua loucura e criticando a lei que tornara possível sua internação forçada. Sem dúvida, fora injustiçado, mas sua inclinação para a paranoia transparece claramente em alguns de seus escritos, e Pessoa, convencido da enfermidade mental do amigo, fez algumas anotações em inglês para o que parecia ser um estudo de caso ilustrativo. As anotações sugerem que o "estudo de assuntos ocultos" de Cunha Dias foi um fator que contribuiu para a "eclosão de sua doença".[2] Embora seja óbvio que a pesquisa sobre o conhecimento oculto e o contato com o mundo espiritual possam acarretar certos riscos, inclusive de desequilíbrio mental, o perigo real para Cunha Dias era simplesmente que ele levava tudo a sério demais e de modo muito literal. Não tinha a mesma capacidade do amigo poeta-astrólogo de manter ao mesmo tempo um engajamento profundo e um distanciamento admirável.

Incentivado por Mariano Santana, Pessoa continuou a consultar o mundo astral. Uma das conversas mais curiosas entre ele e seus mensageiros astrais envolveu uma lista de 26 indivíduos famosos que o poeta pensava que gostaria de conhecer. Elaborada no segundo semestre de 1916, a lista incluía escritores, políticos, os reis da Inglaterra, Alemanha e Espanha, um artista visual — Picasso — e nenhuma mulher. Depois de cada nome, havia um sinal de visto ou uma cruz, cortesia de um espírito, para indicar se Pessoa iria conhecê-lo. Um dos escritores que esperava encontrar (e *encontraria*, de acordo com a lista) era Ezra Pound, que naquele mesmo ano publicou um livro de peças japonesas de teatro No, bem como uma coletânea de poemas, *Lustra*, obras que Pessoa jamais leria. O Pound que o interessava era o promotor e teórico do imagismo e do vorticismo. Foi Pound quem cunhou os nomes de ambos os movimentos; e foi com uma inventividade comparável à de Pound que Pessoa elevou a palavra sensacionismo ao nome de uma doutrina estética e de um movimento, planejou uma antologia para promovê-lo internacionalmente e redefiniu *Orpheu* como revista literária sensacionista.

Pessoa também criara planos para uma publicação intitulada *Athena: Cadernos de Reconstrução Pagã*.[3] Tendo Antônio Mora como editor-chefe e apresentando ensaios assinados por ele e por Pessoa, além de poemas de Alberto Caeiro e Ricardo Reis, era um projeto complementar que envolvia todos os grandes heterônimos, *exceto* Álvaro de Campos, que era o sensacionista exemplar e o único heterônimo publicado em *Orpheu*. Mas *Athena* e sua reconstrução pagã teriam de esperar. Os dois números de *Orpheu* haviam causado um estardalhaço inegável no mundo literário de Portugal, e o maior artista vivo do país (Amadeo de Souza-Cardoso) e um de seus maiores poetas (Camilo Pessanha) se dispunham a ter seus nomes associados à revista e alguns de seus trabalhos publicados em suas páginas. Não havia tempo a perder; Pessoa precisava publicar com urgência seu terceiro número.

Embora tivesse o talento de Pound para inventar conceitos, doutrinas e movimentos artísticos, Pessoa carecia da energia e do espírito prático do norte-americano nas negociações literárias. Enquanto *Orpheu* 3 implorava por atenção, seu diretor contemplava projetos de livros fantasiosos e redigia cartas — cuja maioria nunca enviava — para propô-los aos editores ingleses. Uma dessas correspondências afirmava que o terceiro número de *Orpheu* seria "lançado dentro de alguns dias", e o prefácio que ele estava escrevendo para uma *Antologia sensacionista* afirmava que a nova edição já havia sido impressa.[4] Na segunda metade de agosto, Pessoa chegou mesmo a anunciar a publicação próxima de *Orpheu* 3 num jornal lisboeta. Mas afora um editorial, do qual várias versões sobrevivem entre seus papéis,[5] não há indícios de que tenha preparado qualquer texto para o prelo.

Então, veio uma dura surpresa: em meados de outubro, *Centauro*, uma revista literária anunciada no início do ano por Luís de Montalvor, lançou finalmente seu primeiro número, que trazia quinze poemas inéditos de Camilo Pessanha. Eram mais ou menos os mesmos que Pessoa havia planejado publicar como a revelação literária de *Orpheu* 3. Agora teria de repensar sua revista.

Foi provavelmente uma ou duas semanas antes que *Centauro* fosse posta à venda que Pessoa soube, para seu desgosto, que seu sonho de publicar Pessanha havia sido realizado por outro. Montalvor, membro costumeiro do grupo que se reunia no Café A Brasileira, deve ter falado sobre o conteúdo da publicação aos amigos do café, e especialmente a Pessoa, que também era colaborador do primeiro e, no fim das contas, único número da *Centauro*. Inclusive, sua suíte de catorze sonetos intitulada "Passos da cruz", impressa com elegância, ocupava quase tantas páginas quanto a seção de Pessanha. Talvez isso tenha consolado Pessoa, mas ele ainda estava descontente, como se sua confiança tivesse sido traída. Em 1917, receberia a seguinte advertência do espírito de Henry More: "Luís de Montalvor pretende fazer-lhe mal ao tornar público que você muitas vezes é outro, e por isso você pode não ter sucesso com Caeiro".

Ausente da tertúlia do Café A Brasileira do Rossio estava Raul Leal, que se mudara para a Espanha no final de 1915, para não sofrer represálias por suas atividades antirrepublicanas. Não foi uma jogada inteligente. Embora tenha escapado da vaga ameaça de agressão física na capital de Portugal, a Espanha acabou se revelando um verdadeiro caldeirão de sofrimentos. Por razões que permanecem obscuras, o profeta do vertiginismo não conseguiu obter de seu provedor em Lisboa dinheiro suficiente para viver e logo caiu num vórtice de miséria e depressão, que descreveu em cartas a Pessoa. Em junho de 1916, escreveu de Madri que havia tentado suicídio se jogando na frente de um carro, cujo motorista desviou na hora certa. Pessoa passou então a fazer uma leitura detalhada do seu mapa astral, observando, entre outras coisas, que Urano em seu ascendente pressagiava "uma tendência para ideias e concepções originais e estranhas", enquanto Marte em conjunção com Urano pressagiava "tendências para a desorientação mental e para a alucinação".[6]

Em outubro, Leal, que se mudara para Toledo, marcou presença na cena literária portuguesa através de um conto, publicado ao lado de Pessoa e Pessanha na revista de Montalvor. A história narra como os deuses nórdicos do Valhalla superaram os deuses gregos do Olimpo em virtude de um encontro homoerótico em que Adônis, ansiando por um "indefinido vertiginoso" que Afrodite não pode oferecer, cede sexualmente a um sátiro enviado por Wotan, o deus supremo do panteão nórdico. Enquanto isso, o autor do conto, conforme carta que enviou a Pessoa em dezembro, passava fome na "fortaleza infernal de Morte" que era Toledo, onde suas roupas haviam sido reduzidas a "trapos apodrecidos" manchados de pus e sangue dos "furúnculos e feridas sifilíticas" que cobriam seu corpo. "O Espírito cada vez brilha mais mas através duma crescente decomposição de matéria e de vida", concluía Leal estoicamente, depois de narrar os detalhes repulsivos de sua situação.

Raul Leal era excêntrico, mas não errático ou contraditório. Estava convicto de que suas tribulações o preparavam para sua gloriosa vocação de "precursor do Divino Paráclito, Vertigem".[7] Sua visão delirante do mundo e seu papel nele foram notavelmente constantes ao longo dos anos e, segundo sua forma de pensar, eram lógicos e coerentes. Talvez tenha sido seu exemplo que levou Pessoa a escrever, em 1916, a seguinte observação para o *Livro do desassossego*: "Tendo visto com que lucidez e coerência lógica certos loucos justificam, a si próprios e aos outros, as suas ideias delirantes, perdi para sempre a segura certeza da lucidez da minha lucidez".[8]

Lunático ou não, Leal tinha ideias que se equiparavam às de Pessoa. Seu vertiginismo era uma forma exagerada e acelerada de sensacionismo, e sua profecia milenar de uma Igreja paracletiana que substituiria o catolicismo português tinha alguma semelhança com a visão de Pessoa de um Quinto Império português baseado na cultura e em um renascimento do paganismo. Integrada às visões grandiosas e futuristas de ambos os escritores estava uma visão ideal e espiritualizada da sexualidade. Mas a concepção de Leal tinha um lado obscuro. De acordo com sua maneira de ver — e de ser —, a carne precisava ser humilhada e corrompida, pela privação além da depravação, para que o espírito pudesse vertiginosamente prevalecer. As aflições corporais que suportou na Espanha complementavam seus anos anteriores de devassidão em Lisboa, onde cedera ao que ele próprio descreveu como a "atração estupenda pelos urinóis públicos".[9] Pessoa só experimentou a devassidão poeticamente, através das fantasias masoquistas de Álvaro de Campos na "Ode triunfal", na "Ode marítima" e na "Saudação a Walt Whitman". Uma parte dele talvez invejasse indivíduos como Leal, que satisfaziam, sem escrúpulos, seus desejos mais extremos, mas os sonhos de Pessoa eram povoados por um amor puro e radiante.

"Em Adriano a chuva fora era na alma fria", diz o primeiro verso de "Antinous", e ao longo do resto do poema a chuva continua caindo tristemente, aumentando o desconforto do já perturbado imperador. No meio dessa escuridão externa e interna, a lembrança querida de Adriano do amor que conheceu com Antínoo é uma lâmpada brilhante cuja luz pode ser escondida, mas não maculada. Na segunda metade de 1915, poucos meses após a produção do primeiro rascunho de "Antinous", Pessoa escreveu mais quatro poemas homoeróticos, todos em inglês. Em "Le Mignon", um monólogo dramático, o eu poético é mais uma vez o imperador Adriano, relembrando e defendendo com vigor seu amor por Antínoo. Dois outros poemas evocam os amantes masculinos imortalizados pelo poeta lírico grego Anacreonte, em particular Batilo, que encantou o poeta com sua grande beleza e sua forma de tocar flauta. O eu poético lamenta melancolicamente não ter vivido na Grécia Antiga, onde também poderia ter amado os jovens "sem achar mal" fazê-lo. Seu consolo e sua frustração são que a "presença" de Batilo, transmitida a ele por meio da poesia de Anacreonte, "se entrelaça agora / Ao meu desespero de modernidade".

O desespero para um escritor moderno que se sentia atraído por outros homens era duplo, já que era perigoso amar abertamente alguém do mesmo sexo e difícil escrever sobre esse tipo de sentimento, exceto de forma velada, e mesmo assim poderia haver consequências terríveis. Oscar Wilde era a vítima paradigmática desse perigo e dessa dificuldade, e já observei como a "pederastia" e a prisão do escritor irlandês foram astrologicamente examinadas por Pessoa em 1915 e 1917. Em 1916, quando perguntou aos espíritos se ele um dia conheceria certas celebridades, três dos 26 nomes de sua lista pertenciam a escritores cuja única reivindicação à fama era a conexão com Wilde e sua reputação póstuma: Robert Ross, que introduziu Wilde no mundo da homossexualidade londrina e foi seu executor literário; lorde Alfred Douglas, ou "Bosie", que repudiou seu relacionamento com Wilde quando as partes suprimidas de *De Profundis*, uma carta escrita na prisão e endereçada a ele, começaram a vir à luz em 1912; e Thomas Crosland, que incitou e colaborou com Douglas para difamar o nome de Wilde.

A preocupação de Pessoa com a atividade homossexual e a subsequente derrocada de Wilde pode nos sugerir que ele flertou com a ideia de agir de acordo com seu próprio desejo por homens, mas se preocupou com as consequências possivelmente desagradáveis. Porém, é mais provável que tenha fechado a porta a essa ideia e quisesse se convencer de que havia tomado a decisão certa. No final de 1916, ou talvez no início de 1917, rabiscou a lápis mais um poema homoerótico em inglês, muito diferente de qualquer outro que havia escrito até então. Os primeiros seis versos dizem:

I write this to thy memory, my love, who art not dead,
And to the memory of that love we never knew to have.

I was the elder, you were the younger, and we were boys.
Had we known how to love, we would have loved each other.
Had we guessed that love's way, we would have found its joys,
But we were boys and we loved each other as brother to brother.

O escritor passa a refletir que, caso se encontrassem hoje, ainda não seriam amantes, mas por um motivo diferente: "Now I am shamed to be what erst I knew not I was" [Tenho vergonha agora de ser o que não sabia outrora]. Afinal, era melhor que nada acontecesse entre eles, pois "that pure white flame/ Of our love caught not our senses to flame more yet worse" [a chama virginal/ Do amor não levou nossos sentidos ao fogo pleno e pior]. E o poema termina com esta confissão surpreendente:

Thou wert graceful and fair; I was neither: I loved.

The taint is deeper in me of this ancient disease
That only the Greeks made beautiful, because themselves beautiful were.[10*]

É difícil não concluir que o eu poético desse poema é virtualmente idêntico ao autor. Mesmo que, como parece provável, o destinatário do poema seja uma figura imaginária, que não corresponde a nenhum amigo de infância de Pessoa em particular, a história o arrebatava de tal forma que ele abandonou todas as regras da poesia. A segunda e a terceira estrofes são quadras rimadas, embora a métrica seja irregular. A partir de então, toda atenção à forma poética — rima, metro, quebras de estrofe — desmorona. O poeta, esquecendo sua arte, obedeceu a uma compulsão de colocar no papel aquelas palavras reveladoras, como se cometesse um pequeno, mas irresistível crime. O amor entre os homens era aceitável e até bonito se não fosse praticado, ou se os amantes fossem gregos ou romanos, ou se o sentimento florescesse numa obra literária, mas na cabeça de Pessoa a ideia do amor homossexual no mundo em que habitava ainda estava revestida pelo vocabulário da patologia — "doença", "vício", "degenerescência" —, e imaginar-se com outro homem o fazia corar de vergonha.

Além disso, o ato sexual de qualquer tipo equivalia, na opinião de Pessoa, a pouco mais do que a satisfação de um impulso instintivo. Ele rejeitava ser escravo do instinto, e não apenas por razões nobres e filosóficas. O fato é que não sabia *como* agir instintivamente, naturalmente, como um homem dito normal.

Pessoa escreveu seu poema sobre a forma de amor que "só os gregos tornaram bela" numa folha de papel com uma lista atualizada de colaboradores do *Orpheu 3*. Um ano e meio se passara desde a publicação da segunda edição da re-

* "Escrevo à tua memória, amor, sem teres morrido,/ E à memória desse amor, em nós nunca sabido.// Éramos rapazes, tu eras mais novo e eu o maior./ Tivéssemos sabido amar e ter-nos-íamos amado./ Tivéssemos descoberto o caminho do amor e teríamos achado/ Seus prazeres, mas, jovens então, era de irmãos nosso amor./ [...] Eras atraente e belo; eu não: apenas amava.// Cava-se mais em mim a marca desta doença antiga/Que só os gregos, porque eram belos, tornaram bela." (Trad. de Luísa Freire)

vista, mas ele teimosamente tentava mantê-la viva. O primeiro semestre de 1915, quando trabalhou em estreita colaboração com Mário de Sá-Carneiro na publicação dos dois primeiros números, foi um dos períodos mais felizes, produtivos e empolgantes de sua vida. Se não conseguia recuperar a alegria e a criatividade que então sentira, queria pelo menos preservar *Orpheu* como emblema daquela época e sua amizade com Sá-Carneiro. Embora já não pudesse revelar ao mundo a poesia lindamente sensorial de Camilo Pessanha, uma vez que Luís de Montalvor acabara de o fazer em *Centauro*, Pessoa ainda esperava ser o primeiro editor de revista a publicar obras de Amadeo de Souza-Cardoso, cuja posição de principal artista de vanguarda de Portugal foi confirmada com alarde nos últimos dois meses de 1916.

Em novembro, Souza-Cardoso organizou sua primeira exposição individual, no Porto, capital cultural do norte e a menos de setenta quilômetros da aldeia de Manhufe, onde o artista vivia. Foi também a primeira grande mostra de arte moderna em Portugal, atraindo muita gente e considerável indignação, insultos pessoais, acusações de insanidade, galhofas jornalísticas e elogios de alguns admiradores. Um mês depois, no dia 4 de dezembro, a mesma exposição foi inaugurada em Lisboa, na Liga Naval, a poucos quarteirões do bairro do Chiado, centro nevrálgico da intelectualidade lisboeta.

José de Almada Negreiros foi o principal promotor da exposição em Lisboa e, no dia 5 de dezembro, ofereceu um jantar ao artista em seu pequeno apartamento de último andar na rua do Alecrim. Do seleto grupo de convidados, segundo nota publicada em mais de um jornal, faziam parte Fernando Pessoa, o compositor Ruy Coelho e José Pacheco, responsável pelo projeto gráfico e pela diagramação de *Orpheu* 3. Esse número da revista, com a participação de Souza-Cardoso, deve ter sido mais do que um tema incidental de conversa.

Os jornalistas e o público visitante da capital portuguesa foram, de um modo geral, mais receptivos às pinturas de Souza-Cardoso, embora a perplexidade e a zombaria ainda fossem as reações mais frequentes. Um jornal noticiou: "Depois do *Orpheu* de galhofeira memória, temos agora esta exposição em que um rapaz de talento nos inspirou receios pela sua saúde mental ou nos deixa desconfiados do seu escarninho propósito *d'épater le bourgeois*". De fato, a exposição de Souza-Cardoso, ao chocar as sensibilidades burguesas, era o equivalente de *Orpheu* nas artes visuais.[11]

Enquanto a exposição de Souza-Cardoso atacava as noções dominantes sobre o que a arte poderia ou deveria tentar, Antônio Machado Santos (1875-1921)

— um oficial da Marinha muito respeitado e o mais célebre herói da revolução republicana de 1910 — deflagrava um golpe militar em Tomar, cidade localizada a 140 quilômetros ao norte de Lisboa. Embora parecesse um revolucionário romântico, em parte por causa dos óculos de armação de metal, Machado Santos estava desiludido desde o início com o modelo de governo da República portuguesa, que parecia projetado para gerar instabilidade. Havia apoiado movimentos reformistas anteriores, inclusive a ditadura de Pimenta de Castro, e daria seu apoio a movimentos futuros, mas havia um incentivo a mais para a revolta que ele mesmo ajudou a orquestrar em 13 de dezembro de 1916: a oposição ao envolvimento de Portugal na guerra na Europa. Ele reuniu outros oficiais e algumas centenas de recrutas insatisfeitos para ajudá-lo a tentar derrubar o governo. O golpe foi rapidamente frustrado, e seus líderes e participantes, presos. Isso foi tudo o que os jornais foram autorizados a noticiar. A informação de que muitos dos insurgentes eram recrutas insatisfeitos foi censurada.

Embora as Forças Armadas portuguesas tivessem conseguido mobilizar com rapidez milhares de jovens e transformá-los em soldados, o governo fez um péssimo trabalho ao promover o esforço de guerra como um empreendimento patriótico, e poucos recrutas acreditavam que estavam servindo a uma causa nobre. As razões de Portugal para entrar na guerra não eram muito persuasivas, em especial porque seu vizinho muito maior na península Ibérica permaneceu neutro. Ainda que alguém fosse capaz de entender e aceitar o argumento de que lutar e morrer pelos Aliados era necessário para que o país conseguisse um grande empréstimo da Grã-Bretanha que pagaria pelo trigo importado e bancaria outras necessidades, era óbvio que a guerra solaparia os recursos de Portugal de tal forma que o benefício imediato trazido pelo aporte financeiro não compensaria. Uma benesse de longo prazo que Portugal esperava ganhar ao participar na guerra era o reconhecimento britânico e a proteção de sua soberania colonial sobre Angola, Moçambique, Cabo Verde, Guiné Portuguesa e São Tomé e Príncipe, mas isso não era uma justificativa que poderia ser anunciada, pois equivaleria a admitir que o domínio sobre as colônias era muito frágil.

Havia outro motivo tácito para aderir à causa aliada: o desejo de renovar a imagem de Portugal no exterior. A jovem república, tumultuada em termos políticos e imprudente do ponto de vista econômico, queria mostrar que poderia se comportar, por assim dizer, como um adulto autodisciplinado e cooperativo. Mas o problema não era apenas a República. A imagem da nação fora manchada durante a monarquia por relatórios difundidos sobre trabalho escravo na África Ocidental Portuguesa. A prática de obrigar os angolanos a trabalhar nas plantações de cacau de São Tomé e Príncipe, de onde nunca mais voltavam, já existia havia muitas décadas, mas no início do século XX começou a ser denunciada em altos brados na Grã-Bretanha e nos Estados Unidos, levando a Cadbury e outros fabricantes de chocolate a boicotar o cacau de São Tomé em 1909.* Foi somente em 1914 que, cedendo à intensa pressão, os produtores de cacau da colônia da ilha restringiram suas práticas trabalhistas abusivas de forma satisfatória para os observadores internacionais.

A reação de Pessoa diante do boicote britânico ao cacau cultivado em São Tomé abre uma ampla janela para sua postura em relação a imperialismo, escravidão e raça. Desde a infância em Durban, ele se enchia de indignação nacionalista sempre que os britânicos criticavam Portugal. Portanto, não é de estranhar que um dos muitos projetos de 1909, quando elaborava grandes planos para sua empresa Ibis, fosse escrever um ensaio intitulado "A pretensa escravidão de São Tomé" — em inglês, obviamente, uma vez que os colonizadores portugueses já estavam convencidos de que coagir os africanos a trabalhar em condições subumanas não era comparável à escravidão. O ensaio, parcialmente escrito, que seu autor talvez tenha pensado em publicar como um panfleto impresso pela Ibis, seria seguido por um texto complementar intitulado "Escravidão e crueldade nas colônias britânicas".[12] A acusação de hipocrisia não poderia ser menos sutil. Pessoa não escreveu nada para o segundo ensaio, mas seu texto sobre a "pretensa" escravidão, embora admitisse que "os pobres negros" forçados a trabalhar em São Tomé tinham sido, às vezes, submetidos a "tratamento desumano brutal", defendia que eles eram, muitas vezes, mais bem alimentados e bem tratados do que os negros migrantes que trabalhavam nas minas sul-africanas, onde seus empregadores britânicos lhes pagavam um salário, mas "os matavam de trabalhar".[13]

A compaixão de Pessoa pelos africanos nativos maltratados que trabalhavam em São Tomé ou nas minas do Transvaal não era das maiores, e sua denúncia do

* Um ano antes, a indignação internacional com as atrocidades humanas nas áreas de produção de borracha do Estado Livre do Congo — uma colônia de propriedade pessoal do rei belga Leopoldo II e administrada por ele — levara a Bélgica a anexar o território e começar a coibir as práticas mais abusivas.

imperialismo da Grã-Bretanha era pouco mais do que uma reação instintiva à atitude arrogante dos britânicos em relação ao império colonial português. Ao apontar vítimas reais do imperialismo britânico, Pessoa foi estritamente seletivo. Em vários momentos, deplorou a maneira como os britânicos maltrataram os bôeres,[14] mas em nenhum momento os culpou por explorarem os indianos que trouxeram para Natal em regime de servidão por contrato, muito menos por subjugarem os zulus, de cujas terras eles se apropriaram através da guerra e da intimidação — e isso para mencionar apenas as práticas colonizadoras que Pessoa testemunhara em primeira mão quando menino em Durban. Além disso, quando estudante da Durban High School, ele aprendera a ridicularizar aqueles que não eram brancos como ele e todos os outros alunos da escola. Um dia, quando estava entediado com seus trabalhos escolares, rabiscou num pedaço de papel algumas perguntas racistas "engraçadas" para um exame simulado. "Descreva um cule", pede uma delas, em "linguagem botânica" e em "linguagem poética", como se os muitos indianos de Durban [chamados de *coolies*] fossem uma espécie de forma colorida e curiosa de vida subumana. A outra questão do falso exame é mais abertamente depreciativa: "Quais são, além dos zulus, as principais raças de gado em uso na África do Sul e para quais propósitos cada uma delas é mais adequada?".[15]

É evidente que nem todas as pessoas eram iguais para Pessoa, e a aceitação dessa presumida desigualdade moldou sua própria ideologia imperialista. Em um trecho de um ensaio inacabado sobre o imperialismo escrito por volta de 1916, ele declarou inequivocamente que um império colonizador procura, com razão, disseminar sua própria civilização simplesmente para reproduzi-la, e não porque beneficiará os colonizados. E continuava:

> A escravatura é lógica e legítima; um zulu ou um landim [membro de uma etnia nativa moçambicana] não representa coisa alguma de útil neste mundo. Civilizá-lo, quer religiosamente, quer de outra forma qualquer, é querer dar-lhe aquilo que ele não pode ter. O legítimo é obrigá-lo, visto que não é gente, a servir os fins da civilização.[16]

Vários estudiosos de Pessoa insistiram em afirmar que ele não era racista. As linhas que acabo de citar, segundo eles, devem ser consideradas no contexto de toda a sua obra, notável por apresentar pontos de vista provocativos e muitas vezes contraditórios. E também observam que Pessoa nunca apoiou publicamente qualquer ideologia racista. De fato, ele não o fez, e nem se interessou pela literatura sobre racismo "científico" então muito em voga.[17] No entanto, em nenhum lugar de seus escritos sugeriu que os europeus não representam nada de útil neste mundo; ele reservou essa "distinção" para os negros africanos.

As linhas aqui citadas são um exemplo raro, mas não único, de sentimento claramente racista em Pessoa. Alguns anos depois, ele afirmaria, em inglês, que os negros "não são seres humanos, sociologicamente falando. O maior crime contra a civilização foi a abolição da escravatura".[18] Essas palavras, publicadas aqui pela primeira vez, são de um texto em que ele defende que a democracia na Grécia e na Roma antigas foi bem-sucedida somente porque havia classes sociais distintas, inclusive escravizados e aristocratas.

Concordo com os estudiosos quando afirmam que muitas das posições que Pessoa defendia eram para fins de argumentação, e, apesar do que algumas de suas declarações possam sugerir, não acredito que ele nutrisse alguma hostilidade em relação aos negros africanos. Mas, mesmo assim, ele os considerava uma raça inferior. Embora questionasse muitas crenças e preconceitos comuns da sociedade em que vivia, não lhe ocorreu examinar seu próprio racismo — até perto do fim da vida. Nesse ponto, como veremos, suas opiniões sobre classe, raça e escravidão mudariam enormemente. Mas, ainda em 1930, para apoiar sua afirmação de que "o bárbaro [...] é totalmente moderno", Pessoa escreveria, mais uma vez em inglês, que "o negro sempre usa as últimas modas introduzidas".[19]

Os trechos que citei praticamente esgotam as declarações abertamente racistas de Pessoa. Por outro lado, e independentemente de questões raciais, Pessoa argumentava de forma vigorosa e constante contra a doutrina da igualdade humana. Em sua opinião, assim como na de Nietzsche, a maioria das pessoas tinha uma mentalidade de rebanho, imitando os outros sem saber o motivo e obedecendo aos instintos de conservação e reprodução como os outros animais fazem.[20] Homens excepcionais e superiores (e só raramente mulheres) eram os responsáveis por grandes impérios, boa música e obras literárias, filosofias e outros produtos sofisticados da invenção humana.

O governo alemão distribuiu exemplares de *Assim falou Zaratustra* em edição de bolso para seus soldados durante a Primeira Guerra Mundial, talvez para convencê-los de que pertenciam a uma raça de "homens superiores", ou então para tranquilizá-los de que sua vida, se perdida, estaria servindo aos propósitos elevados dos mestres que os enviaram para a batalha. A noção de propósitos mais elevados escapava à maioria dos soldados do C.E.P. (Corpo Expedicionário Português), que morbidamente brincavam que a sigla significava Carneiros de Exportação Portuguesa. Se eram como animais indo para o abate, eram um rebanho consciente, conduzido a contragosto.

A revolta de recrutas liderada por Machado Santos em meados de dezembro atrasou ligeiramente sua partida, mas no final de janeiro de 1917 o primeiro contingente de soldados portugueses deixou o porto de Lisboa. Vindos de todo o país, usavam sobretudos trespassados, botas de cano alto e quepes, com mochilas firmemente amarradas às costas. Um ou outro batalhão tinha uma pequena banda de metais para levantar o moral; alguns homens do interior escreviam às pressas cartas para a família antes da hora de levantar âncora; e misturadas à multidão de soldados estavam algumas mulheres jovens, despedindo-se de seus namorados que iam para a guerra, sem saber quando ou se voltariam. Os recrutas partiram em três navios britânicos e, após desembarcar em solo francês, foi o Exército britânico que os treinou na arte da guerra de trincheiras. Em abril, foram despachados para a frente de combate, ainda sob estreita supervisão, e no quarto dia daquele mês perderam o primeiro homem em combate.

As simpatias de Fernando Pessoa, nesse caso, estavam com o rebanho — com as dezenas de milhares de jovens forçados ao serviço militar por uma estratégia política que não era, acreditava ele, do melhor interesse da nação. Quando o primeiro lote de soldados embarcou nos navios com destino a Brest, ele esboçou um poema cuja segunda estrofe resumia em sete palavras seu ponto de vista sobre a realidade inglória do tempo de guerra dos portugueses: "Escravos vis de Inglaterra, / Párias de França".[21] Na estrofe seguinte do poema, olhando para além do atual estado de humilhação subserviente do país, ele invocava "novas Índias para o sonho / Da nossa glória". Eram Índias não geográficas, pertencentes à sua visão radiante de um Quinto Império português, porém quem mais em Portugal alimentava um sonho tão fantástico, e que forma ele poderia assumir no espaço e no tempo?

Embora confiante na sua condição de homem superior com uma vocação especial, Pessoa não sabia bem o que fazer com sua vida nem com suas esperanças e seus sonhos grandiosos, que pareciam não ter lugar na realidade concebível — particularmente naquele momento em que Portugal e a maior parte do resto da Europa se dedicavam à destruição mútua. No final de fevereiro, ele tentou expressar sua situação solitária em um poema, que logo abandonou, mas não antes de formular um resumo do que queria transmitir:

> O conceito de que o gênio é uma maldição dos deuses, pois que torna os homens cheios de desejos e esperanças superiores ao que podem obter, porque os afasta da carinhosa e limitada sina de ser iguais aos outros em vida e emoção. O homem de gênio tem emoções e desejos de deus, com corpo e alma de homem — de aí a sua angústia eterna.[22]

A maldição divina do gênio era um tema antigo no arsenal de autoanálises de Pessoa, e a ideia de que gera isolamento emocional das pessoas "normais" ao seu redor também não era nova. Seu sentimento de isolamento e estranhamento tinha diminuído um pouco durante os anos de amizade com Mário de Sá-Carneiro, mas, como uma planta firmemente enraizada que sobrevive a qualquer intempérie, florescia agora com maior vigor do que antes.

Em vez de observar que os homens geniais estão condenados à solidão por não serem "iguais aos outros em vida e emoção", Pessoa poderia ter personalizado sua observação e dito, de forma mais simples, que não era capaz de amar e ser amado. Mas essa incapacidade era mesmo um subproduto inevitável da genialidade? Ou ele se encastelava no papel de gênio solitário porque o amor parecia tão improvável e complicado? Seus mensageiros astrais rejeitavam a teoria da inevitabilidade e continuavam a insistir que ele precisava se realizar como amante para ser um poeta plenamente realizado. Numa comunicação de janeiro de 1917, Henry More, o casamenteiro mais diligente do além, fez a seguinte promessa: "Uma mulher assume o controle sobre você no dia 3 de março de 1917. Ela é uma mulher de tendência sensual e é sua mulher até 5.III.1918". Embora esperasse arranjar para Pessoa uma companhia adequada, More aceitava que seu discípulo era uma criatura complexa. A mesma comunicação contém uma resposta inconclusiva a uma pergunta não registrada: "Sim, mulheres e rapazes. Mulheres em termos femininos; apenas uma de maneira masculina. Rapazes de um modo feminino".

Pessoa sonhava com um Quinto Império que consistiria em novas e maravilhosas Índias imateriais, perseguia seu crescente interesse pelo ocultismo e dedicava muitas horas a fazer contato com o reino espiritual. Mas os espíritos, curiosamente, continuavam tentando trazê-lo de volta ao chão, aos seus semelhantes e à possibilidade do amor.

44.

Desde a publicação de *Orpheu* 1, cuja contribuição mais comentada foi a supostamente futurista "Ode triunfal" de Álvaro de Campos, Pessoa vinha se distanciando do movimento de Marinetti, mas José de Almada Negreiros e Santa Rita Pintor ainda eram fervorosos defensores do futurismo. O que os atraía, mais do que os métodos artísticos, era a figura audaciosa, arrogante e indelicada do artista futurista. Era um estilo que eles cultivavam. Em 14 de abril de 1917, Almada Negreiros proferiu uma "Primeira Conferência Futurista" no Teatro da República (atual Teatro São Luiz). Subiu ao palco com um macacão de sua própria criação, uma espécie de traje leve de aviador, apresentou de forma efusiva Santa Rita Pintor, que de tempos em tempos saltava do assento em seu camarote, respondendo a perguntas ou a objeções de pessoas na plateia, que haviam sido autorizadas e até incentivadas a interromper os procedimentos. Com voz estrondosa, Almada Negreiros recitou três manifestos, inclusive traduções para o português do "Manifesto futurista da luxúria", publicado em 1913 pela escritora e artista plástica Valentine de Saint-Point, e "O music-hall", de Marinetti, também de 1913. Ele iniciou a sessão recitando seu "Ultimatum futurista às gerações portuguesas do século XX", manifesto que denunciava a decadência de Portugal, desafiava sua geração (ele acabara de completar 24 anos) a revitalizar a nação e elogiava a Grande Guerra por aniquilar o sentimentalismo reacionário e despertar o espírito de criatividade e construção.

Se assistiu à palestra, Pessoa deve ter sentido vergonha alheia diante da glorificação da mentalidade marcial feita pelo amigo, que continuou por algum tempo, repetindo a alegação de Marinetti de que a guerra era "higiênica" e também energizante. Vale lembrar que os futuristas italianos não só apoiaram a Grande Guerra com suas palavras, colaborando com o serviço de propaganda do Exército, mas também lutaram como soldados. Embora Pessoa concordasse com Heráclito que a guerra é a mãe de todas as coisas,[1] e em teoria aprovasse as ambições da Alemanha de expandir seu império por meio da força armada, e embora ele tivesse tentado comercializar vários jogos de guerra de sua própria invenção em 1915, a guerra real o horrorizava, e a participação negociada de soldados portugueses no conflito europeu em sua opinião era inescrupulosa.

Ainda que os negociadores portugueses tivessem agido de boa-fé, os acontecimentos logo sugeriram que haviam feito um péssimo acordo. Apesar da linha de crédito britânica estendida a Portugal como uma boia a um homem que se está afogando, as finanças do país, exauridas pelas despesas de equipar e treinar os soldados enviados para a França, afundaram mais do que nunca. Em 10 de maio, incapaz de importar trigo suficiente, o governo decretou que todo pão vendido deveria ser assado com uma certa porcentagem de farinha de milho. Os pães assim produzidos foram considerados intragáveis por alguns, e muitas padarias simplesmente desligaram seus fornos. As classes mais ricas podiam comprar, pagando mais caro, o pão feito nas cidades vizinhas ou por particulares, mas os pobres dos centros urbanos estavam cada vez mais desnutridos. Motins por comida, coletivamente conhecidos como Revolta da Batata, irromperam em Lisboa e seus arredores,* mercados e mercearias foram saqueados, tropas foram chamadas e algumas dezenas de manifestantes foram mortos, centenas de outros presos, antes que a ordem fosse restaurada no final do mês.

Por mais que simpatizasse com a situação dos famintos, Pessoa ignorou a agitação nas ruas e se concentrou em vários projetos de publicação, entre eles a próxima (e havia muito esperada) edição de *Orpheu*, sua poesia anglófona, a poesia de seus heterônimos e uma edição de *O marinheiro* e seus outros dramas "estáticos".[2] No dia 12 de maio, enquanto a classe operária de Lisboa clamava por

* Motins como esse foram comuns em toda a Europa durante a guerra, mesmo em países neutros como Holanda e Suíça.

pão, ele decidia os detalhes da publicação de *Orpheu* 3 e fazia um horóscopo para a ocasião. No mesmo dia, enviou a versão final de *The Mad Fiddler* — 53 poemas divididos em oito seções — para a Constable & Co., na época uma das maiores editoras britânicas. Esse envio também mereceu uma leitura de horóscopo.[3] Logo ficou claro que o destino não favorecia *The Mad Fiddler*, que o editor devolveu na primeira semana de junho, junto com uma curta carta de rejeição.

Nesse mesmo mês de junho, Pessoa começou a consultar as cartas para descobrir sua sorte, mas não foi o futuro como escritor que o preocupou de imediato, apesar dos repetidos fracassos em publicar sua poesia anglófona. Ele usou a leitura de cartas, assim como a escrita mediúnica, para tentar descobrir alguma coisa sobre seu futuro como amante. De qualquer forma, um futuro estava ligado ao outro, se fosse verdade, como Pessoa suspeitava, que seu desenvolvimento sexual atrasado estava impedindo seu progresso espiritual e literário.

Consultando um manual em francês para o ajudar a interpretar seu significado, Pessoa tirou cartas de um baralho bem embaralhado e distribuiu-as em várias combinações, que registrou em folhas de papel datadas entre junho e dezembro de 1917. As cartas eram um método alternativo para entrar em contato com o mundo astral, possivelmente com os mesmos espíritos que conhecia através da psicografia. Em 21 de junho, usou uma comunicação mediúnica — que previa, a lápis, que uma mulher logo entraria em sua vida — como um palimpsesto. Virando a folha de lado e escrevendo a tinta em cima da previsão, registrou (em inglês) as perguntas que fazia às cartas para saber mais sobre a "mulher hipotética" prometida por um de seus mensageiros: "Quem é ela? Onde devo encontrá-la? Quando/ como vou conhecê-la? Qual será [o] resultado?" A resposta à primeira pergunta foi o nove de espadas, o oito de espadas e a dama de espadas, enquanto para a segunda pergunta ele tirou o nove de paus, o três de ouros e o seis de copas. Infelizmente, ele não registrou suas interpretações.[4]

Para algumas pessoas, a leitura de cartas é uma forma de jogo de paciência, e provavelmente também para Pessoa, mas não só isso. No dia 11 de julho, ele consultou um experiente leitor de cartas — talvez seu amigo Mariano Santana, ou talvez a nacionalmente renomada madame Brouillard, que recebia clientes na rua do Carmo, próximo à praça do Rossio — e mais tarde, naquele mesmo dia, fez um mapa astral para confirmar a exatidão da leitura.[5] O desejo de Pessoa de ver o que o aguardava pode ter sido estimulado por Raul Leal, que acabara de lhe apresentar uma narrativa de oito páginas de "Profecias" sobre seu futuro. Usando um método não especificado — possivelmente a pura clarividência —, Leal mapeou suas mudanças psicológicas e materiais e, em especial, seu progresso espiritual de julho de 1917 até março de 1934, quando a morte o transformaria em pura Vertigem e, portanto, em Deus.[6] (Ele viveria trinta anos a mais do que o previsto.)

A autorrealização e a elevação de si mesmo que Pessoa buscava no mundo espiritual eram uma preparação, a seu ver, para a tarefa missionária de elevar e dignificar Portugal, cuja sorte a República até então não conseguira reverter. Com efeito, seu sonho elevado de um Quinto Império português baseado em conquistas "espirituais" em vez de materiais era uma reação à decadência em que a nação continuava a definhar. Uma reação espiritual de um tipo muito diferente — não à decadência portuguesa, mas à própria República, ou à política republicana — estava naquele mesmo momento se enraizando no interior de Portugal.

Em 13 de maio de 1917, na aldeia de Fátima, cerca de 120 quilômetros ao norte de Lisboa, a Santíssima Virgem Maria apareceu a três pastorezinhos como uma senhora feita de luz brilhante, pairando sobre uma azinheira no campo onde conduziam suas ovelhas. Ela lhes disse que rezassem o rosário para pôr fim à guerra e para trazer a paz para o mundo, e os instruiu a voltar ao mesmo local na mesma hora, no décimo terceiro dia de cada um dos cinco meses seguintes, pois tinha coisas a revelar. A população local, e logo fiéis e curiosos de todo o país, reuniu-se junto à azinheira sagrada no dia marcado de cada mês, onde as crianças conversavam com a Virgem, que os espectadores não podiam ver, mas havia sinais de sua presença divina, como zumbidos no ar e trovões estrondosos. Cerca de 2 mil espectadores se reuniram para a terceira aparição, no dia 13 de julho, noticiada nos jornais nacionais com ceticismo.

O clero católico também se mostrou inicialmente cético, depois cauteloso, mas acabou aceitando. A Virgem disse às crianças que durante sua última visita faria um milagre, e, em 13 de outubro, pelo menos 30 mil pessoas se reuniram no campo da azinheira para vê-la com seus próprios olhos. Era um dia chuvoso, mas a certa altura o sol surgiu como um disco prateado entre as nuvens que se abriam e começou a girar, brilhando com uma panóplia de cores. O Milagre do Sol, como veio a ser chamado, validou as alegações das crianças, e Fátima tornou-se um novo local de peregrinação do culto mariano, competindo com Lourdes, onde a Virgem aparecera para uma garotinha francesa em 1858. O culto de Nossa Senhora de Fátima marcou o ressurgimento e a vingança da Igreja católica em Portugal. Afonso Costa, arquiteto das duras leis anticlericais aprovadas por decreto após a monarquia ceder à república, gabava-se de que ele e outros secularistas conseguiriam erradicar o catolicismo em Portugal, mas os líderes da Igreja e os fiéis ririam por último.

Pessoa, que não acreditava na Santíssima Virgem, muito menos em suas aparições em Lourdes e Fátima, comentou num livro ou folheto inacabado intitulado *Racionalismo*, que esperava publicar na Inglaterra: "A religião é uma necessidade emocional da humanidade. O racionalista pode não a querer, mas tem de admitir que outras pessoas podem".[7] Ele propunha satisfazer essa necessidade das massas portuguesas com o novo paganismo pregado por Antônio Mora e Ricardo Reis. O fato de Atenas e Apolo serem menos reais do que a Virgem Maria — uma vez que a mãe de Jesus de fato existiu, mesmo que não fosse virgem — não era de forma nenhuma uma desvantagem, pois as pessoas, segundo ele, preferem ficções coloridas à verdade nua e crua. E o paganismo, com sua exuberante profusão de deuses e mitos, era ainda mais colorido do que o catolicismo romano e seu panteão de santos.

Para o elitista e racional Pessoa, era impossível não encarar de forma condescendente as necessidades religiosas das pessoas comuns; no entanto, ele próprio sentia essas mesmas carências. Em vez de abraçar a simples fé em Deus, que sua razão não permitia, porém, tateava como um cego num labirinto de mistérios ocultos que, por definição, nunca poderia ser compreendido. Sua busca pela verdade esotérica, que em poucos anos o levaria a se debruçar sobre dezenas de livros sobre cabala, rosacrucianismo e maçonaria, era como um quebra-cabeça insolúvel que poderia fascinar e entreter infinitamente seu intelecto. Quanto à sua "necessidade emocional" religiosa, ele a satisfazia com sessões espíritas, mapas astrais, escrita psicografada e leitura de cartas — como se fossem cenas e adereços de um fascinante Teatro do Além.

Em 11 de julho, mesmo dia em que consultou Mariano Santana, madame Brouillard ou algum outro adivinho, Pessoa escreveu uma carta ao amigo José Pacheco, que cuidava do projeto gráfico e da diagramação de *Orpheu* 3. As provas da maior parte do número estavam finalmente impressas, e o editor-chefe queria marcar uma reunião para discutir "as páginas de resguardo e o prospecto a distribuir, assim como a forma de reclame". A edição abria com onze poemas de Mário de Sá-Carneiro e incluía também o quinteto de poemas de Pessoa intitulado "Além-Deus", que seu amigo falecido admirava especialmente. Mas o centro poético da revista era a "Cena do ódio", de dezesseis páginas, escrita por José de Almada Negreiros durante a revolução de maio de 1915 que depôs o ditador Pimenta de Castro — a quem apoiava, assim como Pessoa e muitos outros, cansados de agitação política. O poema era um manifesto de desgosto e desilusão com Portugal ("a pátria onde Camões morreu de fome/ e onde todos enchem a barriga de Camões!"), além de uma declaração de diferença individual:

Ergo-Me Pederasta apupado d'imbecis,
divinizo-Me Meretriz, ex-líbris do Pecado,
e odeio tudo o que não Me é por Me rirem o Eu!

Esses são os três primeiros versos do poema, cuja linguagem de afronta e desprezo lembra Álvaro de Campos, porém com mais ardor. A obra era dedicada a Campos, que, como que respondendo a um desafio, logo produziria um manifesto ainda mais altivo e injurioso.

As páginas de prova de *Orpheu* 3 incluíam outro longo e notável poema, "Para além doutro oceano", dedicado "à memória de Alberto Caeiro", supostamente falecido em 1915. Alguns trechos trazem uma voz estranhamente parecida com a de Caeiro, enquanto outros têm afinidades estilísticas com a poesia de Álvaro de Campos, ou de Fernando Pessoa escrevendo com seu próprio nome, de modo que o conjunto compõe uma fascinante mistura pessoana, um pastiche inconsciente. O poeta José Coelho Pacheco (não confundir com o José Pacheco responsável pela produção da revista) era um leitor atento, impressionável e entusiasta das multifacetadas obras de Pessoa, algumas das quais deve ter lido em cópias manuscritas. Ainda estudante universitário, Coelho Pacheco fora cofundador da efêmera revista *A Renascença*, que revelou Pessoa como poeta em 1914, e seu nome aparece em listas como possível colaborador de alguns de seus projetos de publicação abortados: a revista *Europa* e a *Antologia do intersecionismo*. Porém, seu interesse pela escrita havia diminuído, ofuscado por sua paixão por automóveis — ele acabaria se tornando vendedor de carros e perderia aos poucos o contato com Pessoa.[8]

Embora não fosse parente do José Pacheco designer gráfico e agitador cultural, José Coelho Pacheco era sobrinho de outro amigo próximo de Pessoa: Geraldo Coelho de Jesus, o engenheiro de minas que já havia tentado ser negociante de carros, sem sucesso.[9] Como engenheiro, porém, ganhava muito dinheiro. E também gastava muito, inclusive em carros, e continuou a ser um dos credores mais generosos de Pessoa. Em agosto de 1917, tornou-se também sócio comercial do poeta na firma F. A. Pessoa, que funcionava num pequeno escritório na rua de S. Julião, número 41, perto da praça do Comércio e do rio Tejo. A empresa era especializada em "comissões e consignações".[10] Negócios desse tipo, vagamente definidos, vinham proliferando em Lisboa desde o início do século. Exigindo pouco capital inicial, às vezes ganhavam dinheiro fácil como intermediários, mesmo durante a guerra, que proporcionava oportunidades especiais para os aventureiros. Vários dos negócios abertos pelo primo de Pessoa, Mário Freitas, eram do tipo "comissões e consignações", e todos fracassaram, mas Pessoa achou que poderia se sair melhor. Geraldo Coelho de Jesus era um sujeito despreocupado, não avesso ao risco e mais do que disposto a colaborar com o amigo Fernando. O mesmo valia para o terceiro sócio da firma, Augusto Ferreira Gomes (1892-1953), jornalista que conhecera Pessoa no primeiro semestre de 1915, pouco depois da publicação de *Orpheu* 1.

Com menos de um metro e meio de altura, pele pálida e peito encovado, mas vivo, espirituoso e sempre disposto a falar sobre qualquer coisa, Augusto Ferreira Gomes parecia um personagem cômico de um romance picaresco, mas seu autor preferido era Edgar Allan Poe. Adorava o mistério e a magia, as teorias ocultas da história e do destino de Portugal e a astrologia — temas que começaram a encantar Pessoa naquela época. Membro habitual da tertúlia em que o mundo astral costumava entrar na conversa, Gomes também se dava bem com Alberto da Cunha Dias, que confiara na astrologia para confirmar suas suspeitas sobre o adultério da esposa, e também era amigo de Geraldo Coelho de Jesus, que, completando o círculo, era amigo de Cunha Dias. Pessoa era o ímã que unia todos eles.

Escritores verdadeiramente bons são raros, e Gomes não era um deles, mas Pessoa apreciou o pequeno texto com que contribuiu para o terceiro número de *Orpheu*. Era uma descrição melancólica e poética da morte de um fauno, no crepúsculo, supostamente inspirada em um friso encontrado em Pompeia. Esses recursos de enquadramento — crepúsculo e Pompeia — acentuavam a sensação de condenação que cercava o fauno e o antigo mundo mítico que representava.

Os heterônimos Ricardo Reis e Antônio Mora, ambos ainda inéditos, encarnavam um tipo semelhante de nostalgia. As provas de *Orpheu* 3 traziam outras colaborações também breves de três amigos menos próximos do editor, mas ainda faltava uma contribuição importante: a "Saudação a Walt Whitman", de Álvaro de Campos. Pessoa planejava terminar o poema, que encerraria a edição, em meados de julho. Também precisava encontrar um patrocinador para cobrir os custos de impressão da revista. Em 5 de agosto, postou uma carta para "tia" Lisbela, uma fonte em geral confiável de financiamento, e fez uma leitura de horóscopo do evento,[11] talvez para descobrir se seu pedido de ajuda fora feito em um momento propício. É provável que ela lhe tenha mandado algum dinheiro, mas *Orpheu* ainda estava esperando pela "Saudação a Walt Whitman". Alguma coisa estava impedindo o poeta de se dedicar aos mais de seiscentos versos e vinte e poucos trechos que escrevera para o poema dois anos antes.

Enquanto isso Pessoa, que completara 29 anos em junho, ainda esperava pelo amor. Em julho, um mês depois de recorrer à cartomancia para saber alguns detalhes sobre a "mulher hipotética" que seus mensageiros insistiam em prometer, ele reparou em uma jovem muito real que morava do outro lado da rua. Achando-a atraente, ou pelo menos intrigante, consultou suas cartas para ver se ela era feita para ele. Talvez não. Em 19 de agosto, desanimado por tantas comunicações e consultas espirituais que levaram apenas a becos sem saída, fez um horóscopo para a pergunta "Vou me casar?". A resposta foi sim, mas ele se casaria tarde.[12] Em setembro, ele escreveu sobre o caráter elusivo do amor:

> Travo, por índole, rapidamente conhecimentos. Tardam-me pouco as simpatias dos outros. Mas as afeições nunca chegam. Dedicações nunca as conheci. Amarem, foi coisa que sempre me escapou, como um estranho tratar-me por tu. [...] Passei sempre fome da realização dessa necessidade. Tanto me adaptei a essa fome inevitável que, por vezes, nem sei se sinto necessidade de comer.

No que se refere ao amor, Pessoa era de fato uma espécie de artista da fome, pois se de fato sentisse uma *necessidade* premente de amar e ser amado teria feito alguma coisa, qualquer coisa, para conhecer a jovem que vivia do outro lado da rua, em vez de perguntar a um baralho de cartas se ela estava destinada a ser dele.

Mas Pessoa não era exatamente o "eu" dos parágrafos que acabamos de citar, que pertencem a um trecho do *Livro do desassossego*,[13] cujo narrador, embora tenha em grande parte Pessoa por modelo, era uma persona distinta. Expressando um sentimento angustiado com objetividade clínica, esse trecho não é uma manifestação autobiográfica, mas uma formulação literária mediada do sentimento de falta de amor do escritor.

Pessoa vinha lentamente definindo e redefinindo o narrador de sua obra de prosa mais penetrante para torná-lo mais parecido com ele mesmo e, portanto, mais útil como ferramenta de autoestudo. Nos primórdios do *Livro do desassossego*, o narrador sonhador que cultivava o absurdo e a artificialidade não tinha biografia, mas no final de 1914 um embrião de prefácio para o livro o definiu como um "dandy no espírito" que "passeou a arte de sonhar através do acaso de existir".[14] Como um primo português mais pobre de Jean Des Esseintes, o herói do romance protodecadentista *Às avessas*, de Huysmans, o herói de Pessoa vivia sozinho em dois quartos "com um certo e aproximado luxo", denotado por reposteiros e tapetes finos, para "manter a dignidade do tédio". Visto que "nunca teve de se defrontar com as exigências do Estado ou da sociedade", possuía, claro, uma pequena renda própria que supria suas necessidades. Chamava-se Vicente Guedes. Originalmente poeta, contista e tradutor da quimérica empresa Ibis, Guedes, que já conhecemos, saiu de circulação em 1910, o ano em que a Ibis faliu. Quando reapareceu, em 1914, sua única tarefa era contar sobre si mesmo, suas ideias e seus sentimentos numa obra que o consumia totalmente, o *Livro do desassossego*.

Em 1917, o autor refinou a pessoa e a personalidade de Guedes. Ainda era um sonhador, um solitário e um modelo de "aristocracia interior", mas sem seu antigo ar de pequena nobreza empobrecida. Em vez de dois quartos razoavelmente elegantes, foi reduzido a habitar apenas um cômodo surrado e ganhava a vida trabalhando num escritório. Não tinha amigos para conversar e passava o tempo livre escrevendo. Esses detalhes novos são do mais longo dos trechos que Pessoa escreveu para o prefácio do *Livro do desassossego*. O mesmo trecho conta que ele supostamente conheceu Guedes, o autor desse livro, num restaurante barato onde ambos costumavam jantar. Uma noite enfim puxaram conversa e, quando Pessoa mencionou a revista literária *Orpheu*, surpreendeu-se ao descobrir que o companheiro de mesa era um de seus devotos leitores. Pessoa, que podia inventar todos os autores colaboradores de que necessitasse para seus muitos projetos literários, também nunca careceu de leitores ideais.

A biografia do pseudoautor do *Livro do desassossego* continuou a evoluir; algumas anotações de 1918 revelariam que era um ajudante de guarda-livros, e muitos anos depois passaria a se chamar Bernardo Soares e faria a contabilidade de um armazém de tecidos, mas em 1917 já estava estabelecido como um funcionário de escritório discreto e comum, cuja vida secreta de sonhos exuberantes e cujos escritos ninguém ao seu redor jamais teria imaginado. Era uma versão radicalizada de Fernando Pessoa, que não era sem amigos, apenas celibatário, e cuja vocação de escritor não era segredo para ninguém. Eremita urbano, Vicente Guedes — mais tarde Bernardo Soares — serviu de modelo profético de como poderia ser uma vida decididamente solitária.

Henry More e seus colegas astrais haviam avisado que uma existência monacal não era para ele, mas Pessoa não parecia tão certo disso.

45.

No início do segundo semestre de 1914, quando a guerra era uma aventura nova e glamorosa, centenas de milhares de jovens alegremente vestiram fardas e pegaram em armas. Porém ficou muito mais difícil encontrar entusiasmo nos recrutas convocados para o serviço militar à medida que o conflito se prolongava nas trincheiras, ceifando milhões de vidas sem que nenhum dos lados ganhasse ou perdesse qualquer terreno significativo. Os soldados de todos os exércitos participantes, que incluíam um grande número de africanos e asiáticos, ficaram cada vez mais inquietos, alguns se amotinaram e muitos outros desertaram. Foi no final de 1917 que Wilfred Owen (1893-1918), em estado de choque, escreveu seu famoso poema que narra o horror brutal da guerra, a primeira em que se usou gás como arma, e denuncia "a velha mentira: *Dulce et decorum est / Pro patria mori*".[1]

Os soldados do Corpo Expedicionário Português nem sequer estavam morrendo por seu país, mas por uma aliança de vários séculos entre Portugal e Grã-Bretanha, ou pelo menos era essa a justificativa. O moral da tropa nunca foi alto e só continuou afundando com o passar dos meses. Os navios britânicos vinham transportando cerca de 5 mil recrutas portugueses por mês para a França desde janeiro de 1917 e, no segundo semestre daquele ano, o C.E.P. atingira seu tamanho máximo: cerca de 50 mil relutantes combatentes. Esperava-se que mais tropas portuguesas chegassem, mas os britânicos decidiram que seus navios seriam necessários em outras missões. Se mais soldados portugueses não eram prioridade, então por que foram levados para lá, para começo de conversa? A recente entrada dos Estados Unidos na guerra pode ter pesado na decisão britânica. As primeiras tropas norte-americanas desembarcaram em solo francês no verão de 1917 e começaram a lutar na frente ocidental no final de outubro, embora ainda em pequeno número.

Quanto mais Pessoa lia nos jornais sobre a guerra, mais absurda a considerava, e no dia 31 de outubro declarou publicamente a própria guerra a toda a Europa, num "Ultimatum" assinado por Álvaro de Campos. Publicado numa nova revista, *Portugal Futurista*, o manifesto de Campos se iniciava com uma longa lista de políticos, escritores e intelectuais que ele insultava individualmente e em conjunto. E era duro em especial com os governantes nacionais que haviam mergulhado a Europa na guerra, chamando-os de "incompetentes ao léu, barris de lixo virados pra baixo à porta da Insuficiência da Época!".

O manifesto tomava emprestado o título do infame Ultimato Britânico de 1890, que obrigara Portugal a renunciar à sua reivindicação de uma vasta extensão de território entre Moçambique e Angola. Campos retaliava, lembrando as piores derrotas do Império Britânico nas mãos dos bôeres, que nem mesmo tinham um exército permanente. Imparcial, censurava os inimigos da Grã-Bretanha, bem como seus aliados. Antônio Mora admirava a cultura alemã, representada por figuras como Goethe e Nietzsche, e elogiava o forte paganismo não declarado que supostamente persistia em seu cristianismo, mas Campos virava esse quadro róseo de cabeça para baixo: "Tu, cultura alemã, Esparta podre com azeite de cristianismo e vinagre de nietzschização, colmeia de lata, transbordeamento imperialoide de servilismo engatado!". Embora o "Ultimatum" se concentrasse nas falhas da Europa, Campos também criticava o Brasil ("blague de Pedro Álvares Cabral, que nem te queria descobrir!") e os Estados Unidos da América, "síntese-bastardia da baixa-Europa, alho da açorda transatlântica, pronúncia nasal do modernismo inestético!".

A primeira metade do "Ultimatum" não era um apelo ao pacifismo: era uma lamúria sobre a escassez de grandes políticos, grandes generais, grandes pensadores e grandes poetas. A segunda era uma receita inverossímil para curar o problema por meio de uma "cirurgia sociológica", abolindo os dogmas supostamente cristãos de "personalidade", "individualidade" e "objetivismo pessoal". À primeira vista, a cirurgia proposta apenas agravaria o problema que pretendia corrigir, mas seu resultado final previsto — defendido com toda a lógica pelo engenheiro naval — era que um punhado de pessoas excepcionais representaria a vontade coletiva, a inteligência e o gênio criativo de uma nação. A democracia como a conhecemos seria substituída pela "Ditadura do Completo, do Homem que seja, em si próprio, o maior número de Outros; que seja, portanto, A Maioria". E o maior artista seria "o que menos se definir, e o que escrever em mais gêneros com mais contradições e dissemelhanças", de modo que "dois poetas cada um com quinze ou vinte personalidades" seriam suficientes para representar uma idade literária. Nem é preciso apontar quem, na mente de Pessoa, era o protótipo de um artista tão múltiplo e contraditório.

O "Ultimatum" previa uma sociedade radicalmente transformada e guiada por super-homens nietzschianos, cujo advento é invocado de forma explícita no final do manifesto. O Super-homem, declarava Campos, não seria "o homem mais forte, mas o mais completo, [...] não o mais duro, mas o mais complexo, [...] não o mais livre, mas o mais harmônico!". Com essas palavras, Pessoa pensava estar corrigindo Nietzsche, cujo *Übermensch* costumava ser erroneamente considerado um dominador obstinado e implacável, percepção que se revelou duradoura. Na verdade, o super-homem do filósofo era um indivíduo forte, mas também de grande complexidade emocional, com mais probabilidade de ser um artista do que um comandante.

Portugal Futurista trazia também os três manifestos que Almada Negreiros recitara seis meses antes em sua Primeira Conferência Futurista, excertos de diversos manifestos de Marinetti e outros futuristas e a versão francesa do Manifesto dos Pintores Futuristas, publicado pela primeira vez em italiano, em 1910; tudo isso servia de plataforma de lançamento para Santa Rita Pintor, "o grande iniciador do movimento futurista em Portugal". Essa era a legenda de uma fotografia de página inteira daquele que se proclamava e se promovia como o pintor futurista luso e que fora o grande responsável pela organização da revista.[2] Quatro de suas obras estavam reproduzidas nas páginas da publicação, que também continham reproduções significativamente menores de duas pinturas de Amadeo de Souza-Cardoso. Raul Leal, que voltara da Espanha meses antes, colaborou com um artigo sobre o esplendor vertiginoso de uma das obras de arte de Santa Rita Pintor, enquanto outro amigo de Pintor escreveu um texto informando aos leitores que ele era o gênio artístico excepcional do Portugal contemporâneo.

O componente literário de *Portugal Futurista* incluía o poema esotérico de Pessoa em cinco seções intitulado "A múmia", discutido em um capítulo anterior, além de sua sequência de poemas "Ficções do interlúdio", três poemas de Mário de Sá-Carneiro, poesia e prosa de Almada Negreiros, e poemas em francês de Guillaume Apollinaire e Blaise Cendrars. A revista iniciava com o anúncio efusivo da chegada iminente em dezembro dos revolucionários e influentes Ballets Russes, de Serguei Diáguilev, que viajaram pela Europa e pelas Américas e finalmente se apresentariam em Lisboa, embora sem Nijinski, o bailarino mais famoso do grupo, cuja última apresentação pública ocorrera em Montevidéu, em setembro daquele ano.[3] O anúncio era assinado por Almada Negreiros, pelo compositor Ruy Coelho e pelo designer José Pacheco (ou "Pacheko", como às vezes assinava). Os três homens haviam combinado talentos para produzir vários balés em 1916, e em 1918 colaborariam numa companhia de balé de vida curta, fundada por Almada Negreiros e inspirada nos Ballets Russes.

Com poesia de vanguarda escrita em francês, um elogio aos Ballets Russes, manifestos futuristas da Itália e da França e os manifestos incendiários de Álvaro de Campos e José de Almada Negreiros, *Portugal Futurista* tinha toda a aparência de ser mais avançada e cosmopolita que *Orpheu*, para enorme deleite de Santa Rita Pintor, o artista em destaque no centro de tudo. Sua apoteose não durou muito. Em 2 de novembro, dois dias depois de ter sido colocada à venda, a revista foi retirada das prateleiras pela polícia. A sátira de Álvaro de Campos sobre a guerra e o envolvimento de Portugal não divertira os censores, que também podem não ter gostado do uso da palavra "merda", que aparecia no meio do manifesto em letras garrafais. (Uma lei autorizando a censura fora aprovada em 1916, depois que Alemanha e Portugal se declararam em guerra.) No mesmo dia em que *Portugal Futurista* foi banida, um jornal monarquista publicou um satírico "Ultimatum aos futuristas" no estilo denunciador de Campos.[4]

O "Ultimatum" de Campos também havia circulado como uma separata, cujo verso anunciava que sua "Saudação a Walt Whitman" estaria em *Orpheu* 3, "a aparecer em outubro 1917". Mas Pessoa nunca terminaria o poema, e a terceira edição de *Orpheu* nunca seria publicada.[5]

As consequências políticas da Grande Guerra começaram com a Revolução Russa de fevereiro de 1917, que Álvaro de Campos explicou em seu "Ultimatum" dizendo que o povo oprimido da nação eurasiana obteve "libertação de mola desoprimida porque se partiu!". A autocracia tsarista sofria forte pressão havia muitos anos e, ainda que a guerra pudesse ter unido o povo contra um inimigo comum, foi desastrosa para a Rússia, cujo exército mal equipado sofreu vários milhões de baixas nos primeiros dois anos e meio de combate, ao mesmo tempo que sua economia já em dificuldade se desintegrava, levando a imensas greves, manifestações e rebeliões por alimentos em Petrogrado. A inflação desenfreada corroía o valor real dos salários, forçando muitas pessoas a mendigar, migrar de volta para o campo ou mergulhar no crime. Depois que o tsar Nicolau abdicou, em março de 1917, a impopularidade incessante da participação da Rússia na guerra ajudou a minar o governo provisório, culminando na Revolução Bolchevique de novembro. O novo governo negociou imediatamente um armistício com as Potências Centrais.

O cansaço da guerra gerou agitação política em quase todo o continente. O ano de 1917 testemunhou o colapso de três governos na França, dois na Alemanha, dois na Hungria e dois na Grécia. Mulheres furiosas em várias cidades encenaram manifestações pedindo o fim da matança sem sentido. Os trabalhadores ficaram cada vez mais indóceis. "Pane e pace!" (Pão e paz!), gritavam os proletários de Turim que deflagraram em agosto uma insurreição que levou a centenas de prisões e dezenas de mortes. Até mesmo os países que permaneceram fora da guerra estavam suscetíveis a lutas internas. A neutralidade da Espanha ajudou a expandir sua economia, mas o Exército afirmava seu poder político por meio das chamadas Juntas de Defesa, com as quais o governo civil contou para acabar com uma greve geral organizada pelos movimentos socialistas e anarcossindicalistas em agosto de 1917, mesmo mês da revolta em Turim; dois meses depois, o primeiro-ministro espanhol foi forçado a renunciar. Em Portugal, onde a inflação se tornara galopante e a escassez de alimentos, frequente (e onde o apoio ao esforço de guerra era, na melhor das hipóteses, morno), a credibilidade do governo praticamente evaporou.

Embora fosse o mais esquerdista dos três partidos republicanos, os democráticos de Afonso Costa foram repetidamente obrigados a esmagar as greves e a rejeitar as reivindicações operárias, perdendo assim o apoio dos sindicatos. Os adeptos de classe média do partido já o haviam abandonado, e até mesmo os partidários fiéis ficaram desencantados com a liderança de Costa. Em 5 de dezembro de 1917, quando um grupo de soldados e oficiais subalternos liderado pelo conservador republicano Sidônio Pais deu um golpe de Estado, os lisboetas o receberam com aplausos. Civis armados juntaram-se aos conspiradores, que atacaram quando Afonso Costa estava em Paris, participando de uma Conferência Interaliada sobre a guerra, e em três dias o golpe se consolidou. Sidônio Pais e sua Junta Revolucionária, que incluía Machado Santos — preso um ano antes, depois de frustrada sua própria tentativa de golpe —, assumiram o controle do governo.

As aparições da Virgem Maria em Fátima haviam galvanizado a religiosidade católica do país, sobretudo nas zonas rurais, e uma das prioridades da junta era fazer as pazes com a Igreja. As mais duras medidas da lei de Afonso Costa, que separava Igreja e Estado, foram anuladas por decreto em fevereiro de 1918. Bispos exilados foram autorizados a retornar, restrições ao financiamento e à organização de serviços religiosos foram retiradas, padres e freiras puderam voltar a usar seus hábitos em público, instituições religiosas e seminários fechados foram autorizados a reabrir livremente e outros empreendimentos do tipo voltaram a poder ser fundados. Os católicos devotos, que se sentiam naturalmente alienados da República, saudaram o regime ditatorial, que se autodenominava República Nova, e muitos viram em Pais um salvador nacional. Sua aprovação era ampla, mesmo entre os católicos não praticantes, cativados mais por sua personalidade e presença de palco do que por suas posições políticas.

Como outros ditadores bem-sucedidos, Pais buscou ratificação não dos partidos políticos mas diretamente do povo, cuja maioria estava farta dos partidos tradicionais. Em janeiro e fevereiro, viajou por todo o país, encontrando-se com autoridades locais, participando de comícios, visitando hospitais e outras instituições, apertando mãos e segurando bebês. Jornalistas dos principais jornais faziam parte de sua comitiva. Pais era um comunicador natural, e aprendera algumas coisas com os alemães durante seu recente período de embaixador de Portugal em Berlim, como o uso de roupas, símbolos nacionais e gestos rituais para converter uma aparição pública comum em espetáculo teatral. Oficial da reserva que lecionava matemática na Universidade de Coimbra antes de ocupar vários cargos no governo, não usava uniforme havia muitos anos, mas agora fazia questão de sempre andar fardado. Um grupo de jovens oficiais elegantes o acompanhava de cidade em cidade e sempre batia continência, e uma banda militar tocava sempre o hino nacional. Diz a lenda que algumas mulheres desmaiavam.

Os homens também, inclusive Pessoa, foram enfeitiçados pelo novo governante. Pais instituiu o sufrágio universal para os homens (as portuguesas só começariam a votar em 1931) e obteve um número recorde de votos, quase meio milhão, na primeira eleição direta para presidente de Portugal, realizada em abril de 1918. Embora fosse o único candidato, a popularidade do presidente eleito era palpável, e ele a usou para justificar seu estilo personalista de governo. Explicou a um repórter que, ao confiar em sua consciência para tomar decisões, estava "interpretando milhões de consciências".[6] Em outras palavras, sua consciência era a consciência nacional. Pessoa, ao que parece, concordava, e via o novo governo como "a Ditadura do Completo" profetizada pelo "Ultimatum" de Campos, e Pais como "o Homem que [é], em si próprio, o maior número de Outros" e, "portanto, A Maioria". No mínimo, acreditava que esse líder ditatorial era o que Portugal precisava naquele momento.

O novo sistema de governo do país, estabelecido por decreto, imitava o regime presidencialista dos Estados Unidos, mas os três partidos tradicionais boicotaram as eleições, e o Congresso — cujos membros eram em sua maioria de um partido recém-criado apoiado pelo governo — não aprovava nenhuma legislação. Abrindo um precedente para o regime mais duradouro de Salazar, cuja ascensão ditatorial ao poder começaria dez anos depois, Sidônio Pais e um punhado de ministros decidiam o que era lei. Tentavam fazer um bom trabalho, mas não tinham um programa abrangente para lidar com a economia fragmentada e ineficiente. Concentraram-se em estimular a agricultura, com algum sucesso, mas a inflação ainda estava alta, a pobreza continuava aumentando e a escassez de alimentos nas cidades se intensificava. O governo abriu refeitórios populares para os indigentes e instituiria o racionamento de alimentos no final do ano.

Na contramão da tendência nacional, a situação econômica de Pessoa melhorara muito. A firma F. A. Pessoa, aberta por ele em meados de 1917, prosperava graças a um dos dois sócios silenciosos, seu velho amigo Geraldo Coelho de Jesus, que canalizava alguns negócios para a firma de uma metalúrgica de fora de Lisboa da qual era o engenheiro-chefe. Um ou dois meses antes do golpe de dezembro, Pessoa mudara-se para a rua Bernardim Ribeiro, número 17, seu sexto domicílio em três anos.

O apartamento ficava em um prédio de esquina, bem iluminado e com espaço suficiente para acomodar uma empregada residente, dona Emília, além de sua filha de quatro anos, Claudina. As empregadas que moravam no emprego eram uma característica tão comum nas famílias de classe média que os apartamentos de Lisboa costumavam ter uma entrada independente para um quartinho designado às domésticas. Todas as casas em que Pessoa cresceu tinham empregadas, e era natural que ele próprio contratasse uma assim que seus meios pecuniários permitissem. Em dezembro, a firma F. A. Pessoa também se mudou da rua São Julião para a vizinha rua do Ouro, número 87, onde Manuel Sengo, dono do antigo apartamento de Pessoa e pai de Claudina, tinha um escritório do outro lado do corredor. Desse modo, o poeta solteirão passou a ser de repente o nexo vital de uma família desfeita, mantendo o sr. Sengo informado sobre sua filha e sem dúvida entregando mensagens e presentes em seu nome. Dona Emília, mulher vivaz e bem-humorada, se dava bem com o novo patrão, que era solidário com sua situação. Ele fez um mapa astral da filha dela, prevendo que ela viveria até os 54 ou 55 anos.[7] (A expectativa média de vida dos portugueses que sobreviviam à infância era de 45 anos.)

Nos primeiros meses após a mudança, Pessoa dividiu seu apartamento com Alberto da Cunha Dias, que estava no meio de sua campanha jornalística contra a lei de saúde mental que havia permitido que o pai o internasse à força.[8] Não sabemos nenhum detalhe dessa convivência, mas vários indícios sugerem que Pessoa gostava bastante da "família" formada por ele, Emília, Claudina e Cunha Dias, e recebia outros amigos para visitá-lo em seus aposentos novos e mais espaçosos.

Como uma espécie de sequência em inglês do "Ultimatum" de Campos, Pessoa começou a redigir uma carta aberta a David Lloyd George, um reformador social que se opusera veementemente à Guerra dos Bôeres, mas que assumiu o posto de secretário da Guerra do Reino Unido em julho de 1916 e o de primeiro-ministro em dezembro daquele mesmo ano. Embora a Grande Guerra fosse o tema principal da carta, Pessoa não tinha propostas concretas a fazer, nem mesmo uma crítica específica sobre a forma como o conflito vinha sendo conduzido, mas argumentava que a propaganda dos Aliados contra as Potências Centrais havia fracassado. Embora admitindo que o imperialismo alemão era mais implacável e cruel, destacava que a "tendência democrática" representada por Lloyd George tinha o defeito da hipocrisia, uma vez que falseava os verdadeiros motivos da guerra (presumivelmente a proteção dos interesses imperialistas da própria Grã-Bretanha) para torná-la mais palatável à opinião pública. "Desse modo, minada de um lado pelo imperialismo e do outro pela democracia, a mente das nações modernas é totalmente degradada. Chegamos à seguinte conclusão: esta guerra atual é travada contra a humanidade, e nela os aparentes inimigos estão intimamente aliados."

Ou, como ele proclamava em outro trecho da mesma carta, "esta guerra é a guerra interna dos Decadentes". Ou ainda: "Esta não é uma guerra de nações contra nações. É uma guerra civil de civilização. É uma revolução em toda a Europa".[9] Essas afirmações grandiosas fazem eco à ideia do "Ultimatum" de Campos de que a guerra era o resultado da decadência europeia generalizada e sugerem — como fez Campos — que profundas mudanças na ordem política e social do continente estavam fadadas a acontecer. Mas, para a maioria dos historiadores, a razão da Grande Guerra era o choque dos nacionalismos, e não a decadência da civilização.

A participação de Portugal no conflito foi comparativamente minúscula, mas com resultados terríveis. Em 9 de abril de 1918, a Segunda Divisão do Corpo Expedicionário Português, com cerca de 15 mil soldados na linha de frente da Flandres francesa, foi destroçada na Batalha do Lys. Como se a natureza quisesse parodiar o mito de d. Sebastião, cujo glorioso retorno deveria ocorrer em meio a um nevoeiro matinal, uma densa neblina na manhã da batalha permitiu que os alemães, mais numerosos e mais bem armados, realizassem um ataque de surpresa, infiltrando-se nas linhas inimigas e chegando aos portugueses por mais de um lado, com granadas e baionetas. Foram mais de 7 mil baixas — o pior desempenho militar de Portugal desde o desastre de 1578, no qual milhares de soldados comandados por d. Sebastião foram massacrados ou capturados no norte do Marrocos.

A humilhante derrota de abril de 1918 poderia ter sido prevista, mesmo sem o dom da clarividência. Desde o outono anterior, o C.E.P. começara a se atrofiar, por falta de recursos, de disciplina e de vontade política. Os soldados portugueses feridos muitas vezes tinham de esperar meses apenas para serem transportados para casa; outros fingiam estar doentes para se esquivar da luta; outros ainda, quando conseguiam uma licença, simplesmente não voltavam ao conflito; oficiais de média patente com bons contatos davam um jeito de serem designados para postos em Portugal, deixando os soldados se virarem por conta própria; e havia poucos novos recrutas para preencher as lacunas, de modo que o tamanho do C.E.P. foi pouco a pouco diminuindo, e aqueles que ainda lutavam estavam extraordinariamente exaustos. O presidente Sidônio Pais repetiu da boca para fora o apoio inabalável de seu país aos Aliados, mas não fez nada para revigorar a força de combate portuguesa.

O C.E.P. nunca se recuperou da Batalha de Lys. Alguns de seus membros foram servir no exército britânico como combatentes; outros se tornaram cavadores de trincheiras.[10]

46.

Em sua última sessão de cartomancia registrada, em 22 de dezembro de 1917, Pessoa perguntou às cartas sobre três coisas: sua "situação financeira", sua "Carta Aberta a Lloyd George" e "casos de amor".[1] Fazia anos que não estava com as finanças tão em dia, de acordo com uma carta que enviou à mãe três semanas depois, em 14 de janeiro, mas a situação logo se deteriorou e, em maio de 1918, viu-se obrigado a fechar a firma F. A. Pessoa. Por outro lado, a carta aberta ao primeiro-ministro britânico seguia bem até demais. Ele deve ter cogitado a ideia de publicá-la num jornal britânico, porém continuou escrevendo mais e mais parágrafos, sem fazer nenhuma tentativa de terminá-la. Ela também gerou uma segunda carta aberta, ainda mais prolixa, dirigida ao enérgico e bem-intencionado Woodrow Wilson, presidente dos Estados Unidos.* Pessoa escreveu trechos curtos para essa carta enquanto a guerra ainda era travada, e outros muito mais longos tempos depois, quando a Conferência de Paz de Paris estava em andamento. Quanto aos amores, os espíritos astrais os prometiam havia quase dois anos, mas a única mulher que entrara na vida de Pessoa era dona Emília, e tudo o que ela fazia por ele era limpar e cozinhar.

* Por mais bem-intencionado que fosse, e progressista em muitos aspectos, Wilson permitiu que a segregação racial não apenas continuasse, mas se expandisse dentro do governo federal.

Dotado de menos fé do que o casal Yeats, Pessoa logo chegou à conclusão de que seus poderes espirituais e contatos diretos com o mundo espiritual eram todos ilusórios. Em 1918, após ter recebido bem mais de uma centena de comunicações do além, escreveu "Um caso de mediunidade", ensaio que desconstrói meticulosamente sua experiência de visão etérea e escrita mediúnica.[2] Com o subtítulo "Contribuição para o estudo da atividade subconsciente do espírito", o ensaio atribui o início do comportamento mediúnico de Pessoa à sua "histeroneurastenia", às suas leituras sobre ocultismo e teosofia, à autossugestão e até mesmo à sugestão hipnótica, uma vez que fora hipnotizado pouco antes de sua primeira sessão de escrita mediúnica — provavelmente por seu amigo Mariano Santana. O ensaísta analisa o conteúdo de suas comunicações com o mundo astral, inclusive a história de seu casamento "monádico" com Margaret Mansel, como produto da memória subconsciente ou de pura fantasia; adverte que a "autointoxicação mediúnica" pode resultar em crime, loucura ou suicídio; censura o espiritismo por solapar o rigor científico sem nenhum benefício compensatório e afirma peremptoriamente que deveria ser proibido por lei.

Até esse ponto, o autor de "Um caso de mediunidade" se parece com um psiquiatra sem papas na língua cuja principal preocupação é evitar que as pessoas façam mal a si mesmas e aos outros. Mas os parágrafos finais do ensaio aludem à civilização grega, "nossa mãe comum", e argumentam que sua influência fundamental na arte e na ciência ocidental está sendo erodida por indianos, chineses e outras civilizações responsáveis pela disseminação perniciosa do ocultismo e do espiritismo. Isso parece ser a voz de Antônio Mora, o filósofo helenófilo de Pessoa e diagnosticador dos males modernos. Quer Pessoa estivesse escrevendo como Mora ou como um psiquiatra fictício sem nome, compartilhava do ceticismo do ensaísta sobre seu contato com espíritos astrais por meio da escrita mediúnica, mas mesmo assim permaneceria em contato com eles pelo resto da vida.

Seus mensageiros espirituais, no entanto, como que intimidados por esse amplo e bem argumentado ataque à sua legitimidade, tornaram-se lacônicos e, em vez de assinarem seus nomes, tendiam a marcar presença apenas por meio de suas insígnias características — triângulos, no caso de Henry More, ou o símbolo do infinito (um número oito deitado) no caso de Wardour. A partir de então, eles se comunicaram de forma esporádica, espontânea, e não em sessões mediúnicas de perguntas e respostas. Com frequência, suas mensagens eram apenas algumas palavras encorajadoras, como "Não se preocupe", rabiscadas na margem de um manuscrito.[3] Essas minimensagens lembram as muitas assinaturas de heterônimos e outros indivíduos fictícios (além de algumas pessoas reais, como Francis Bacon) que também aparecem nos cantos e nas margens dos textos literários de Pessoa. Durante sua luta solitária para escrever bem, cumprir a missão que seu gênio deveria executar, fosse qual fosse, e simplesmente sobreviver a outro dia, ele contava pelo menos com essa estranha companhia de espíritos do outro mundo e diversos psicógrafos — um coro de testemunhas invisíveis que o lembravam de que seus dramas pessoais faziam parte de uma história muito maior, apenas vagamente discernível.

Os espíritos comunicadores de Pessoa enviaram-lhe uma minimensagem de advertência em 30 de maio de 1918: "O amor é apenas uma de suas necessidades. Fama e grandeza são outras".[4] Era como se dissessem a Pessoa, ou ele dissesse a si próprio, para parar de procrastinar. Estava prestes a completar trinta anos, mas ainda não era apreciado como poeta, exceto entre seus amigos. Na carta para a mãe enviada em janeiro, ele havia anunciado mais uma vez sua antiga intenção de publicar vários livros de poesia, começando com um em inglês, e alguns meses depois enfim cumpriu a palavra. Com dinheiro emprestado, ou talvez com a ajuda de "tia" Lisbela, publicou não um, mas dois livros em inglês. Ele sempre acreditara que esse idioma era um caminho mais garantido do que o português para a fama e a grandeza.

Depois de ser rejeitado por pelo menos três editoras diferentes de Londres, Pessoa decidiu publicar por conta própria — mas quais livros? *The Mad Fiddler*, para o qual tinha produzido um manuscrito datilografado e preparado para publicar em 1917, seria uma escolha óbvia, se Pessoa não o tivesse "despreparado" nesse meio-tempo. Depois que o manuscrito foi rejeitado pela Constable & Co., ele pensou em omitir certos poemas e começou a mexer em outros. Outra possibilidade era "Epithalamium" e "Antinous", que ele pensara pouco tempo antes em publicar juntos com o título de *Two Unprintable Poems* [Dois poemas não imprimíveis].[5] Decidiu-se por publicar o último poema sozinho, como um livreto intitulado *Antinous: A Poem*. Para seu segundo livro, ou livreto, selecionou 35 dos mais de cinquenta sonetos que escrevera em inglês desde 1910.

Considerações sentimentais, além da ambição, influenciaram as escolhas de publicação do poeta. Em sua carta aberta digressiva e às vezes sarcástica para Lloyd George — que não poderia se importar menos com o que o presunçoso desconhecido de Portugal tinha a dizer —, Pessoa observou que, por mais que pudesse se opor a certas ações e atitudes da Grã-Bretanha moderna na arena mundial, sempre conservaria um amor profundo pela velha Inglaterra — a dos escritores como Shakespeare e Milton.[6] Eles eram seus heróis literários, e era a esse hall da fama que desejava pertencer. Assim como seus sonetos anglófonos carregam fortes ecos de Shakespeare, sua elegia em que Adriano homenageia e diviniza o afogado Antínoo tem afinidades óbvias com a maior elegia de Milton, "Lycidas", que homenageia e põe no céu um amigo que se afogou no mar. Há também paralelos estruturais, pois os dois poemas são decassilábicos e rimados, mas de forma irregular, acentuando o efeito paragráfico de cada estrofe. "Antinous" pode ser lido como uma inversão pagã do poema enfaticamente cristão de Milton. Com *35 Sonnets* e *Antinous: A Poem*, Pessoa cortejava a comparação com os dois escritores que mais admirava e entrava na tradição poética anglófona enxertando-se no que considerava sua época de ouro. Era uma estratégia bizarra, se é que poderia ser chamada de estratégia; talvez fosse apenas sua maneira de prestar uma homenagem respeitosa.

No final de julho, assim que Pessoa conseguiu imprimir os dois livretos, levou uma pilha de exemplares aos correios e os enviou a jornais e revistas selecionados da Grã-Bretanha. Um horóscopo feito para o "nascimento" do primeiro livreto, em 25 de julho, 11 da manhã, indicou que o "primeiro fato importante" de sua existência no mundo ocorreria em cerca de quatro semanas.[7] Se o fato importante que Pessoa tinha em mente era a atenção da crítica, ela chegou um pouco mais cedo. A primeira notícia jornalística apareceu em 15 de agosto em *The Scotsman*, de Edimburgo: "Tanto os sonetos como o poema 'Antinous' são notáveis como exemplos da realização literária de um estrangeiro escrevendo bem em inglês; mas é sempre o inglês de um estrangeiro, e frequentemente meridional demais, tanto na expressão como no sentimento, para agradar a um gosto estritamente inglês". Pessoa teria sorrido com a questão de ser "meridional", que era um problema do próprio resenhista com o homoerotismo de "Antinous", mas deve ter ficado deprimido ao ler "sempre o inglês de um estrangeiro". Dois dias depois, um crítico de *The Graphic* (Londres) observou em uma breve nota que "Antinous" era "escrito em excelente inglês",[8] porém sugerindo, mais uma vez, que era o inglês de um estrangeiro.

Mas duas resenhas publicadas em 19 de setembro — resenhas completas, não apenas breves notícias de livros recebidos — foram como duas coroas de glória para a poesia anglófona de Pessoa. A publicada em *The Glasgow Herald* começava dizendo: "Esses dois pequenos volumes revelam um poeta de grande ousadia e poder imaginativo". E terminava: "Os dois livros são obra de uma forte inteligência poética". A crítica do *Times Literary Supplement* também era muito elogiosa e reproduzia um dos sonetos na íntegra. "O domínio do inglês do sr. Pessoa é menos notável do que seu conhecimento do inglês elisabetano", era a frase de abertura do crítico, cuja polida ambiguidade permitia ao poeta ignorar a insinuação de que seu domínio de um inglês não elisabetano talvez fosse insuficiente. O resenhista do jornal de Glasgow lamentava que os sonetos, por mais admiráveis que fossem, sofressem de "uma certa obscuridade da fala, devido à imitação de uma artimanha de Shakespeare".

Sobre "Antinous", as duas críticas também estavam de acordo em termos gerais. Depois de comentar sobre o tema "repulsivo" do poema, o crítico de Glasgow reconhecia que "da mera luxúria carnal surge uma verdadeira visão da beleza eterna". O resenhista do *TLS* o considerava "frequentemente notável" como poesia, mas advertia com delicadeza — numa variação da teoria "meridional" — que "não era um poema que agradaria ao leitor em geral na Inglaterra". Em janeiro de 1919, uma breve nota em *The Athenaeum* também usaria a palavra "repulsivo" para se referir ao homoerotismo de "Antinous", embora admitisse o "poder inquestionável" de certos aspectos da poesia. "Antinous" é, sem dúvida, o melhor poema em inglês de Pessoa e aquele que ele mais estimava. No final de 1921, ele o republicaria numa versão revisada, quando um resenhista do *Aberdeen Daily Journal* finalmente observaria que o poema é "um pouco à maneira do 'Lycidas' de Milton".

Enquanto os livretos de Pessoa atraíam uma quantidade inesperada de atenção dos críticos na Grã-Bretanha, o presidente de Portugal, cujo charme pessoal e cuja abordagem pragmática para administrar o país lhe renderam um mandato popular no início do ano, via-se sob ataque de vários lados. Ao chegar ao poder, Sidônio Pais acabara com a censura, libertara centenas de presos políticos e conquistara o apoio dos trabalhadores organizados. Para se manter no poder, acabou reinstaurando a censura, criou uma polícia secreta (a chamada Polícia Preventiva), prendeu centenas de dissidentes e reprimiu brutalmente as associações de trabalhadores, que convocavam as greves. A burguesia, temendo um equivalente português da Revolução Bolchevique, tolerou essas medidas despóticas, mas a escassez de alimentos piorou, o país fervilhava de inquietação, e, em 12 de outubro de 1918, unidades militares de Lisboa, Porto e várias outras cidades tentaram dar um golpe de Estado, com o apoio de alguns civis. As forças do governo subjugaram os insurgentes, e Pais declarou estado de sítio.

Os democráticos de Afonso Costa, que estava exilado em Paris, eram os autores do golpe e os mais viscerais opositores de Sidônio Pais. Pessoa, porém, fiel apoiador do presidente Pais e de sua República Nova, parecia estar mais preocupado com os monarquistas, que apoiaram o ditador, mas cujo objetivo final era, obviamente, restaurar o regime monárquico. Em 13 de outubro, mesmo dia em que Pais declarou o estado de sítio, Pessoa publicou um artigo que reunia uma série de argumentos lógicos para refutar a afirmação dos monarquistas de que a República portuguesa era uma experiência fracassada. No dia seguinte, um monarquista anônimo, numa resposta intitulada "Lógica... futurista", criticou o então quase esquecido codiretor de *Orpheu* por seu sofisma e apontou que o regime de Pais, uma ditadura que havia sido recebida de braços abertos, era a prova flagrante do fracasso da República.[9] Na verdade, não havia nada de muito republicano na chamada República Nova.

Nos meses que antecederam a crise, Pessoa havia elaborado rascunhos incompletos para outros artigos em defesa de Pais, e chegou a criar um comentarista fictício, João Craveiro, especializado em escrever sobre o presidente e a situação política atual. Craveiro elogiava Pais por suas qualidades de liderança, mas também advertia que ele não era um construtor, um verdadeiro transformador.[10] Essa advertência coincidia com a previsão de Pessoa, feita num ensaio inacabado, de que o regime de Pais era um período de transição e seria sucedido por uma nova ordem política.[11] Sua esperança era que a autocrática República Nova pudesse evoluir para algo como a República Aristocrática, que postulava desde 1914.

Essa esperança refletia-se claramente em seus planos mais recentes para *Athena*, uma revista concebida três anos antes para promover o paganismo, mas deixada em banho-maria, como muitos dos projetos de Pessoa. De acordo com um sumário revisado, elaborado no segundo semestre de 1918, o primeiro número de *Athena* incluiria "Comentários" de Craveiro, além de um artigo intitulado "O neopaganismo português", assinado por Antônio Mora ou Ricardo Reis, e outro, "O princípio aristocrático", assinado pelo próprio Pessoa. A única contribuição literária para a revista seria uma seleção de poemas de Alberto Caeiro, a quem Mora e Reis consideravam o modelo da visão objetiva e, portanto, a expressão moderna consumada da sensibilidade pagã dos gregos e romanos.[12] O objetivo de *Athena*, e o sonho de Pessoa, era incutir o etos da Antiguidade pagã no Portugal contemporâneo.

Havia outros modernistas europeus que buscaram na Antiguidade modelos culturais que pudessem revigorar a arte e a literatura contemporâneas. Na Espanha, por exemplo, *Grecia* era o nome de uma revista editada pelo movimento ultraísta, fundado em 1918. (Jorge Luis Borges, que morou na Espanha entre 1919 e 1921, era colaborador de *Grecia* e publicaria um manifesto em Buenos Aires que promovia os princípios do ultraísmo.) Mas Pessoa tinha em vista muito mais do que arte e literatura: vislumbrava uma renovação da sociedade humana, e Portugal daria o exemplo ao integrar a sensibilidade pagã dos antigos à sua psicologia nacional.

Embora se permitisse livremente e com fervor ceder às suas fantasias político-poéticas, Pessoa estava mais do que ciente de que suas visões de uma República Aristocrática e de um Portugal helenizado não eram apenas irrealistas, mas delirantes. E assim ocorreu-lhe reanimar o sanatório de Cascais, onde Antônio Mora havia defendido pela primeira vez seus ideais helênicos, segundo um conto fragmentário, "Na Casa de Saúde de Cascais", já mencionado aqui. O conto abandonado ficou adormecido por sete anos inteiros, até que, em 1918, Pessoa sacudiu a poeira do escrito e pensou em expandi-lo para um projeto muito maior. *Na Casa de Saúde de Cascais* tornou-se o título geral de um livro que incluiria uma entrevista com Antônio Mora, um ensaio de Mora que promoveria o neopaganismo e poemas dos heterônimos Alberto Caeiro e Ricardo Reis.[13]

Em outras palavras, Pessoa estava disposto a colocar quase todos os seus principais e mais duradouros heterônimos — somente Álvaro de Campos ficara de fora — em seu manicômio fictício. Isso seria consistente com sua convicção, expressa de forma memorável por John Dryden, de que "grandes mentes e a loucura certamente são aliadas próximas". Também daria suporte a sua afirmação de que a origem dos heterônimos era "o fundo traço de histeria" que existia nele.[14]

Por mais fantasiosa que fosse sua explicação sobre as origens dos heterônimos, o próprio Pessoa se sentia genuinamente inadaptado e inadaptável ao mundo em que nasceu, não muito diferente do protagonista de "Bartleby, o escrivão". O personagem de Herman Melville representava uma ampla rejeição ao sistema econômico e às expectativas sociais da época, ou de qualquer época, já que manifesta apenas uma simples e esplendorosa discordância, não oferecendo nenhuma justificativa a não ser seu excêntrico "Eu preferiria não fazer". Mas há uma perspectiva mais pessoal e autobiográfica nessa história de alienação, publicada em 1853, apenas dois anos depois de *Moby Dick*, que vendeu mal, e um ano depois de *Pierre*, que recebeu críticas cruéis. Àquela altura, Melville se sentia um estranho no ninho no cenário da literatura norte-americana. Havia escrito o melhor romance já produzido em seu país, e quase ninguém lhe dera atenção. Mas ele não recuaria. O inconformado Bartleby encarnava sua recusa em voltar a escrever as histórias marítimas mais tradicionais — *Typee* e *Omoo* — que o público leitor havia adorado.[15]

No caso de Pessoa, que obviamente nunca leu Melville — ele mal foi lido pelos próprios norte-americanos até bem depois da Grande Guerra —, quase tudo o que escrevia estava ligado à sensação de não pertencimento. Não se sentia em casa no mundo, então escrevia. Seus heterônimos eram como muitos escrivães Bartleby, mas virados do avesso. Enquanto o herói de Melville preferiria, a certa altura, *parar* de escrever (as coisas que os outros esperavam dele), o elenco de personagens de Pessoa *insistia* em escrever (coisas que os outros não esperavam). Como representavam formas de ver e pensar antagônicas à Europa do século XX e eram até mesmo — no caso dos neopagãos Antônio Mora e Ricardo Reis — avatares de outra época, o lugar mais natural para eles era um hospício, cuja localização *fora* de Lisboa enfatizava ainda mais o espírito socialmente alienado de seus internos. Da distância segura de Cascais, os heterônimos poderiam discursar e delirar sobre o que está errado no mundo de hoje e pontificar sobre o que seria saudável para Portugal, para a sociedade em geral e para os seres humanos. Alberto Caeiro, em vez de delirar, anunciaria calmamente por intermédio de seus versos a lição simples, mas nem tanto, de ter uma visão objetiva e experimentar tudo exatamente como é.

Pessoa não deu seguimento ao plano de transferir Alberto Caeiro e Ricardo Reis para a Casa de Saúde de Cascais, mas, fosse qual fosse o espaço imaginário que habitavam, os heterônimos reproduziam a sensação de não pertencimento de seu criador. Relutante em fazer qualquer esforço para se adaptar, Pessoa, além de inventar seus companheiros intelectuais, fantasiava um Portugal que fosse mais de seu agrado, um pouco mais como a sua versão idealizada da Grécia Antiga.

Enquanto isso, o Portugal onde realmente vivia era castigado por calamidades e engolfado pela incerteza.

* * *

Depois da tentativa de golpe de meados de outubro, quem era da classe política ou próximo dela refletiu cuidadosamente sobre a própria posição e tramou os movimentos seguintes, prevendo a mudança de regime: coisas demais iam muito mal para que Sidônio Pais conseguisse aguentar por muito mais tempo. Juntas militares surgiam em todo o país, os trabalhadores organizados planejavam uma greve geral para novembro, e os cidadãos de Lisboa estavam furiosos por terem de enfrentar longas filas para comprar comida racionada, com escassez constante de pão e açúcar.

Para piorar a situação de Pais, veio a gripe espanhola, que atingiu seu pico mais mortal em outubro. Pandemia que infectou até meio bilhão de pessoas em todo o mundo e matou pelo menos 50 milhões, essa gripe não se originou na Espanha, mas foi lá que acabou sendo amplamente divulgada pela primeira vez na imprensa, já que os países em guerra haviam censurado as notícias da doença, temendo que abalassem o moral de suas tropas. Ao menos 60 mil portugueses morreram de gripe, principalmente entre setembro e dezembro de 1918. Fecharam-se escolas, isolaram-se os doentes, desinfetaram-se prédios e locais públicos, mas o misterioso vírus espalhou-se sem controle pelas províncias e pelas cidades, tanto entre ricos como entre pobres. Pessoa, com sua compleição delicada, sempre fora propenso a contrair infecções virais e também pegou essa, mas seus sintomas foram leves.[16]

Ao contrário do coronavírus que tomaria conta do planeta pouco mais de um século depois, a gripe espanhola, que desencadeava uma reação exagerada do sistema imunológico da pessoa infectada, devastou os jovens e fortes mais do que os fracos. Uma de suas vítimas foi Amadeo de Souza-Cardoso, que aos 31 anos era exemplo de saúde robusta. Assim terminou a meteórica carreira de um pintor que poderia vir a ser um dos nomes mais notáveis da história da arte do século XX. Apenas dois anos antes, sua exposição causara sensação no Porto e em Lisboa; mas os jornais das duas cidades mal noticiaram sua morte.[17] Gente demais estava morrendo para que os jornais dessem conta de noticiar. As igrejas estavam proibidas de dobrar seus sinos pelos falecidos, por mais ilustres que fossem. Mas não se podia deixar de ouvir a música sinistra dos cascos de cavalos ressoando nas pedras do calçamento enquanto os cortejos fúnebres levavam os falecidos para o túmulo — cerca de trezentos por dia em Lisboa. Para evitar a infecção, os enlutados aterrorizados inalavam amoníaco e faziam gargarejos com borato.[18]

A viúva de Souza-Cardoso, Lucie, voltou para Paris, levando a maioria de suas pinturas, e nos quarenta anos seguintes o nome dele seria pouco lembrado, e sua obra, raramente exibida. Assim como Fernando Pessoa, só aos poucos ele foi ganhando reconhecimento como um grande modernista europeu, embora até hoje não seja muito famoso fora de Portugal, onde mais de 250 de suas pinturas e desenhos estão em acervos de museus. Outro artista associado a *Orpheu*, Santa Rita Pintor, morrera seis meses antes, em abril, de tuberculose. Quase nenhuma de suas obras sobreviveu, já que ele instruiu sua família a queimar tudo. Foi provavelmente uma fogueira pequena. No entanto, seu nome ainda é bem lembrado, e discute-se muito o papel enigmático que desempenhou no modernismo português.

Em novembro, o malfadado governo de Pais desfrutou de um breve alívio, graças à assinatura do Armistício, que pôs fim não apenas à guerra de trincheiras na Europa, mas também ao conflito travado na selva entre a África Oriental Alemã e outras colônias europeias, entre elas Moçambique. O dobro de soldados portugueses mortos na Europa sucumbiu na África, em parte por fogo inimigo, mas principalmente por doenças tropicais, condições adversas e negligência. Pelo menos mil combatentes nativos e muitos milhares de moçambicanos que serviam de carregadores para os portugueses também morreram. Foi um desempenho ainda mais desastroso do que em Flandres, mas Portugal podia agora reclamar um lugar entre os vencedores. Em 11 de novembro, bandeiras portuguesas — e uma ou outra bandeira francesa, britânica ou americana — tremulavam nas janelas e nos veículos, os sinos dos bondes e as buzinas dos automóveis faziam uma barulheira alegre, e os lisboetas enchiam as praças gritando "Viva!" aos Aliados e à República de Portugal.[19] Apanhados pela euforia coletiva, por alguns dias todos se reconciliaram externamente, vozes críticas calaram-se e facções opostas observaram uma trégua tácita, tornando a greve nacional convocada para 18 de novembro um fracasso.

Mas o fim da guerra também removeu qualquer escrúpulo que os conspiradores pudessem ter sobre estragar o jogo final de Portugal nas duas frentes de luta. Assim que os aplausos cessaram e o país voltou a ficar nitidamente dividido, inaugurou-se a temporada de caça ao presidente Sidônio Pais. Em 6 de dezembro, um democrático de dezenove anos tentou assassiná-lo, mas a pistola falhou; vários dias depois, um complô para sequestrá-lo foi descoberto a tempo. Apesar de ser avisado de que outras tramas estavam em andamento e que sua vida continuava em perigo, o presidente continuou a aparecer em público, e, em 14 de dezembro, um segundo atentado contra sua vida foi bem-sucedido. Beneficiando-se do efeito mártir, a memória do líder carismático mais uma vez encantou a população em geral, esquecida das filas de alimentos, dos salários corroídos e do aumento da criminalidade. Milhares de pessoas desfilaram diante de seu corpo enquanto ele jazia em câmara-ardente no palácio presidencial, e outros milhares se enfileiraram nas ruas de Lisboa para ver o cortejo fúnebre em 21 de dezembro. Algumas pessoas beijaram as rodas da carruagem que levava o caixão de Pais; outras se ajoelharam e cruzaram as mãos trêmulas e erguidas em oração. O fracassado salvador de Portugal passara para a história.

Até Pessoa, que evitava manifestações públicas de qualquer tipo, provavelmente saiu à rua para ver os cavalos vestidos de preto levando os restos mortais do presidente para o antigo Mosteiro dos Jerônimos de Belém, uma joia da arquitetura gótica tardia e um monumento nacional, onde apenas alguns grandes portugueses — entre eles Luís de Camões — foram enterrados.[20] Em breve Pessoa se tornaria um teólogo do sidonismo, uma nova "religião" que venerava o espírito do líder assassinado, mas logo após o assassinato estava principalmente interessado em descobrir quem estava por trás do crime. O atirador agira sozinho ou fazia parte — como a polícia e muita gente suspeitava — de uma conspiração forjada por maçons, democráticos, anarquistas ou monarquistas?

Para ajudá-lo a resolver o enigma, Pessoa convocou a ajuda do dr. Abílio Quaresma, o detetive que inventara vários anos antes para os contos policiais que escrevia em português. Aplicou as habilidades desse sagaz investigador a um assassinato real, escrevendo cerca de 3 mil palavras para uma história em que um narrador sem nome (possivelmente Fernando Pessoa) se depara com o dr. Quaresma numa rua do centro de Lisboa poucos dias depois de Pais ser baleado. Ao saber que o velho amigo anda um pouco sem dinheiro, o que acontecia com muitos portugueses em 1918, o narrador pergunta ao detetive se ele pensou no assassinato do presidente. Quaresma não se ocupara disso, mas, após algumas reflexões, passa a conduzir o crime por uma pista de obstáculos de argumentos indutivos, eliminando vários motivos que poderiam ter levado um ou outro grupo de conspiradores a agir. Mas ainda não havia resolvido o caso quando Pessoa desistiu da história.

As evidências históricas demonstram que foi a animosidade pessoal e a lealdade feroz aos ideais republicanos dos democráticos de Afonso Costa que motivaram o assassino, mas foram os monarquistas que aproveitaram a oportunidade criada. Em 19 de janeiro, revoltaram-se no Porto e noutras cidades do norte, proclamando a restauração da monarquia em nome do exilado rei dom Manuel II, da Casa de Bragança. Vários dias depois, as forças monarquistas de Lisboa também pegaram em armas, mas com pouco entusiasmo — alguns de seus partidários não aderiram à causa, temendo que faltasse apoio popular suficiente, e em poucos dias seu pequeno levante foi reprimido. Os monarquistas contavam com uma base mais forte no norte, onde estabeleceram um governo provisório no Porto, declararam nula a Constituição de 1911, hastearam suas bandeiras, distribuíram fotos do rei, que vivia na Inglaterra, e conclamaram multidões a cantar o hino real tradicional. A monarquia do norte resistiu por quase um mês antes de capitular às forças republicanas.

Profundamente desiludido com o desenrolar dos acontecimentos, Ricardo Reis, que era um monarquista radical (como indica seu sobrenome), embarcou num navio com destino à América do Sul, onde morou principalmente no Brasil, ganhando a vida como professor de latim no ensino secundário — conforme sua biografia fictícia. Um endereço do dr. Ricardo Sequeira Reis, encontrado entre os papéis de Pessoa, indica que ele viveu por um tempo numa cidade mineira peruana, Cerro de Pasco, um dos assentamentos humanos mais altos do mundo, mas Pessoa nunca revelou como ou por que terminou nesse lugar. Parece duvidoso que os mineiros o tivessem contratado para ensinar latim aos filhos.

O risível "reinado" brevemente restaurado do início de 1919 foi o último suspiro dos monarquistas. Depois de perder a credibilidade aos olhos do público e a fé de que seu objetivo era alcançável, eles desistiram de tentar desfazer a República por meio da força. Foi nessa época que Fernando Pessoa, sempre um ferrenho (e muitas vezes exasperado) defensor da conturbada República, tornou-se subitamente monarquista — à sua maneira. Ao contrário daqueles cujas esperanças acabavam de se frustrar, ele não era favorável a trazer de volta a Casa de Bragança para presidir à nação. Na verdade, continuava mais do que nunca contrário à monarquia constitucional em vigor até 1910. Que espécie de monarquia imaginava, é impossível de descrever com clareza, já que ele mesmo só a enxergava de modo vago, mas há pistas no "Ultimatum" de Álvaro de Campos, que pressagia a chegada de uma "Monarquia Científica, antitradicionalista e anti-hereditária, absolutamente espontânea pelo aparecimento sempre imprevisto do Rei-Média". Com "Rei-Média", Pessoa-Campos queria dizer um rei que realiza a média de todas as vontades individuais das pessoas que governa. Mas de onde viria esse rei, o que o faria emergir e como afirmaria sua autoridade? As respostas a essas perguntas estavam envoltas em névoa — assim como o retorno mítico de d. Sebastião.

47.

Considerada uma das maiores convulsões políticas da história humana, a Primeira Guerra Mundial provocou a dissolução de quatro impérios, o redesenho de numerosas fronteiras nacionais, a formação de novos países e a reorganização do controle estrangeiro sobre diversos territórios na África, no Oriente Médio e no Leste Asiático. Mas Portugal simplesmente voltou a ser o que era, com suas fronteiras antiquíssimas, suas mesmas colônias, uma dívida externa imensa e uma angustiante falta de orientação política. Antes mesmo do sepultamento de Sidônio Pais, a República Nova já começara a implodir. Como nenhum de seus ministros tinha estatura política ou apelo popular para exercer o poder em regime ditatorial, por decreto,[1] a única base sobre a qual poderiam governar era a Constituição de 1911 estabelecida pela "Velha" República. A nação que sempre se orgulhara de suas descobertas marítimas parecia agora um navio à deriva, com três governos entrando e saindo num período de seis meses. Enquanto isso, Pessoa planejava silenciosamente uma revolução cultural nacional que, se bem-sucedida, relegaria a política tradicional à lata de lixo e daria início à chamada Nova Monarquia, bem diferente de qualquer sistema de governo que Portugal já tivera.[2]

Grêmio de Cultura Portuguesa era o nome despretensioso do órgão pensado por Pessoa para revolucionar Portugal. Seu objetivo era preparar a nação para seu "futuro imperialismo", "criar um *estado cultural português*, independente do Estado". Pessoa havia perdido a paciência com a República e duvidava que os processos políticos convencionais pudessem resultar em algum bem. "Precisamos concentrar forças — forças culturais, forças financeiras, forças aristocráticas, criando, por contraposição ao estrangeiro, a personalidade nacional portuguesa", escreveu ele.[3] Esse projeto nacionalista, embora aparentemente apolítico, era inspirado não só no claro fracasso da política em Portugal, mas no que lhe parecia um fracasso político em toda parte.

Crítico de todos os governantes das principais potências envolvidas na guerra, Pessoa reservava uma aversão especial a Woodrow Wilson. Um trecho da carta aberta que começou a escrever ao presidente dos Estados Unidos em 1918 o descrevia como um "bobo estúpido" e "pró-germânico em ação".[4] Ele não era pró-germânico, mas, em seus discursos durante a guerra, Wilson sempre teve o cuidado de distinguir entre os alemães em geral e os "amos militares" da Alemanha que os exploravam para seu beligerante programa de conquista e dominação.[5]

Wilson, como era esperado, adotou uma atitude conciliatória em relação à Alemanha na Conferência de Paz de Paris, que se reuniu em janeiro de 1919, mas Georges Clemenceau e David Lloyd George, respectivos primeiros-ministros da França e do Reino Unido, foram bem menos indulgentes ou compreensivos, pois seus dois países juntos perderam perto de 2 milhões de soldados em combate, em comparação com os 50 mil mortos norte-americanos. Delegados de mais de trinta países participaram da Conferência de Paz, mas o triunvirato formado por Wilson, Clemenceau e Lloyd George tomou a maioria das decisões.

Muitos europeus que acompanharam o desenrolar da Conferência de Paz chegaram a sentir que Wilson, embora bem-intencionado, não entendia e não poderia entender a Europa. É provável que ninguém tenha expressado essa suposta incapacidade em palavras tão rudes quanto as de Pessoa: "As grandes tradições nas quais a nossa civilização se baseia são estranhas a você, um americano. O instinto chamado patriotismo, você está fadado a ignorar; não pode ser uma experiência de uma pseudonação como a sua". Em outro trecho da carta aberta a Wilson, que continuava a escrever e escrever, Pessoa queixava-se: "Não é o menor mal causado por esta guerra que, em oposição ao Estado alemão, fosse sua a voz a rastejar e ser ouvida. Pois você é a voz de tudo o que é meramente mercantil e não espiritual na civilização dos homens".[6]

Para Wilson, a Grande Guerra fora obra de pessoas em posições de poder — como os "amos militares" da Alemanha — que arrastaram seus países para um confronto inútil e sangrento. Para Pessoa, as nações também eram pessoas, tinham personalidades, e as guerras eram confrontos civilizacionais inevitáveis. Ele se opusera ao envolvimento de Portugal na guerra por ser o país essencialmente um estranho lutando em nome de outros, em vez de afirmar e defender a própria civilização. Quanto aos Estados Unidos, nem podiam ser considerados uma nação com alma — eram um amálgama híbrido unido por interesses pecuniários e utilitários.

Enquanto a Conferência de Paz estava em andamento, Pessoa escreveu novos e mais longos textos para suas intermináveis cartas abertas — uma para o presidente Wilson e outra para o primeiro-ministro Lloyd George, já mencionada antes —, mas, exceto pelo parágrafo ocasional que criticava especificamente Wilson ou os Estados Unidos, as cartas não eram mais endereçadas a ninguém em particular.[7] A guerra recém-encerrada era um pretexto para ele discorrer sobre a história da civilização e a religião ocidentais, sobre a luta contínua entre os elementos cristãos e helênicos da cultura europeia, sobre diferentes sistemas políticos — monarquia, república, democracia, plutocracia — e sobre os conflitos entre as classes sociais, exacerbados nos anos anteriores pelos movimentos operários, pelos quais não tinha simpatia. Pessoa foi durante muito tempo um elitista, mas ao analisar a Europa do pós-guerra seu ponto de vista tornou-se mais aristocrático do que nunca, e veementemente antidemocrático. Ele defendeu a existência de classes sociais diferenciadas em "Contra a democracia", ensaio para o qual redigiu trechos em inglês e português.[8]

Sobre o Tratado de Versalhes, assinado no final de junho de 1919 após meses de discussões arrastadas, Pessoa não tinha nada de bom a dizer. Apesar de ter zombado das propostas anteriores de Wilson de tratar a Alemanha com magnanimidade, em vez de culpar e punir seu povo por tantas mortes e destruição, ele agora criticava o tratado por seu caráter vingativo, prevendo que as duras disposições contra a Alemanha significavam "a reconstrução de um guerra futura".[9] E apelidou os termos gerais do tratado de "paz bolchevique", aparentemente convencido de que a insistência de Wilson na autodeterminação para os povos do Leste Europeu, onde novas nações foram criadas a partir da dissolução dos impérios alemão, austro-húngaro e russo, levaria a uma proliferação de guerras civis como a que ainda grassava na Rússia, dois anos após sua revolução proletária. O bolchevismo, no léxico de Pessoa, havia se tornado praticamente sinônimo de democracia.

Não foram só as revoltas populares e os processos democráticos que Pessoa considerou repugnantes. A torrente de análises sociopolíticas que produziu durante e após a guerra — inclusive o "Ultimatum" de Campos — baseava-se nas noções de um Armagedom civilizacional e de um colapso geral da governança europeia. Em outras palavras, Pessoa rejeitava qualquer esperança de que os sistemas de governo da Europa (como democracia, militarismo e comunismo) e seus líderes pudessem reverter a inexorável espiral em queda do continente.

Nesse cenário apocalíptico, Portugal estava potencialmente em melhor situação, uma vez que Sidônio Pais havia na prática estripado as estruturas de poder da República, preparando o país, talvez, para algo novo de fato. Embora o Partido Democrático houvesse vencido as eleições de maio de 1919, as instituições governamentais estavam mais frágeis do que antes; a incerteza e a instabilidade reinavam. O Exército, inflado em consequência da guerra recente, pairava como uma autoridade quase autônoma, que poderia intervir a qualquer momento. Tudo estava em fluxo, possibilitando o momento perfeito para que Pessoa fizesse sua parte na preparação do país para seu destino culturalmente imperialista.

Enquanto ele e seus amigos tomavam café e fumavam cigarros em seus pontos de encontro habituais, discutindo o tratado de paz europeu e a situação alarmante dos assuntos nacionais, Pessoa expôs sua ideia de um Grêmio da Cultura Portuguesa, mas ninguém percebeu de fato o que ele esperava realizar com isso: uma nação suprapolítica definida não por fronteiras geográficas, mas pela língua e pela cultura portuguesas. Ao irradiar-se da península Ibérica, alcançaria todo o mundo, onde quer que se falasse português e prevalecesse o espírito lusitano. Esse "Império Português", como o chamou na profusão de notas sobre o Grêmio da Cultura, não era outro senão o Quinto Império que havia imaginado pela primeira vez em 1915.[10] Os projetos formulados naquele ano para fomentar a vocação imperialista de Portugal, como o livro *Tudo sobre Portugal* e Cosmópolis, sua agência comercial diversificada, haviam definhado durante a guerra. Em 1919, Pessoa decidiu que era hora de implementá-los. À miscelânea de atividades concebida para Cosmópolis quatro anos antes — de serviços de publicidade, jurídicos, de pesquisa e imobiliários até assessoria especializada para abertura de empresas —, ele acrescentou mais algumas, como projetos arquitetônicos e agência de leilões.[11]

O principal objetivo do Grêmio da Cultura Portuguesa era influenciar atitudes e mudar mentalidades; Cosmópolis era mais voltada para os negócios e pé no chão. No entanto, havia uma sobreposição considerável entre suas atividades. Ambas as organizações deveriam elevar o nível cultural dos portugueses e melhorar a imagem de Portugal no exterior. No centro da estratégia de Pessoa para atingir esses objetivos estava um ambicioso programa de publicações: obras literárias, guias, diretórios comerciais e um semanário em inglês com notícias sobre Portugal.

Atento aos avanços na tecnologia das comunicações, Pessoa também pensou em entrar no ramo da produção cinematográfica, através de uma empresa chamada ECCE Film, cujo nome provavelmente era um acrônimo e uma variação de *Ecce homo*, "Eis o homem!", palavras proferidas por Pôncio Pilatos ao apresentar Jesus açoitado à multidão. Nessa fase de lento desenvolvimento, a indústria cinematográfica portuguesa produzia sobretudo documentários e cinejornais, cujo poderoso potencial de propaganda cultural Pessoa percebeu, ainda que fosse demasiado apaixonado pela palavra escrita para se tornar um cinéfilo. Muitos anos depois, ele esboçaria sinopses para três histórias que achava que poderiam dar bons filmes, mas a ECCE Film ("Eis minha empresa cinematográfica!") nunca foi além do desenho de um logotipo deixado entre seus papéis.[12]

A ideia mais curiosa de Pessoa para fomentar a cultura foi uma "faculdade por correspondência" cujo nome seria Athena. Assim como seu projeto para uma revista com o mesmo nome, dedicada a reconstruir o paganismo da Antiguidade, a escola aspirava a fermentar formas modernas de pensar, mas com o espírito dos gregos. Ofereceria instrução em algumas habilidades práticas comerciais, mas o foco principal seria o desenvolvimento pessoal, por meio de cursos de "Cultura Mental", "Cultura Literária" e "Ciência da Ociosidade". Um texto escrito por Pessoa para um folheto publicitário explicava: "Ensinamos ociosos, pessoas da sociedade e meras personalidades decorativas — todos aqueles que, na verdade, não têm propósito no mundo a não ser não ter propósito no mundo".[13] Tendo o inglês como idioma exclusivo de ensino, a escola era concebida como uma forma de atuação internacional, em que professores portugueses — Fernando Pessoa e talvez vários heterônimos anglófonos — ensinariam ao resto do mundo como não fazer nada de forma sublime e aristocrática.

Fiel ao espírito de ociosidade promovido por seu currículo básico, Pessoa não tomou medidas práticas para tornar a escola Athena uma realidade. A grande maioria de seus outros projetos de 1919 também estagnou. Era um problema antigo, que ele expôs numa carta de 10 de junho solicitando informações sobre o curso por correspondência dos srs. Hector e Henri Durville, uma equipe de pai e filho que oferecia instrução em magnetismo animal — também conhecido como mesmerismo — por meio de seu Institut du Magnétisme et du Psychisme Expérimental, localizado na Rue Saint-Merri, em Paris. O poeta explicava, em francês, que era um neurastênico histérico cuja neurastenia dominava a histeria, mantendo-a sob controle, mas que ele não tinha controle sobre sua vontade:

> A emotividade excessiva perturba a vontade; o cerebralismo excessivo — a inteligência apaixonada demais pela análise e o raciocínio — esmaga e diminui essa vontade que a emoção acaba de perturbar. [...] Quero sempre fazer três ou quatro coisas ao mesmo tempo, mas, na realidade, não só não faço nenhuma delas como não as quero fazer.

Como era de esperar, a intenção de Pessoa de buscar tratamento para esse problema foi frustrada por sua incapacidade de terminar e enviar a carta.

Apesar da falta de força de vontade, Pessoa fez uma tentativa de concretizar pelo menos um das dezenas de projetos da sua lista de coisas a fazer em 1919: um periódico de ideias a ser publicado em francês e inglês e distribuído no exterior.[14] Mas seu entusiasmo por esse projeto de publicação bastante amorfo foi logo desviado para um verdadeiro e tangível jornal em português, *Acção*, do qual foi um dos principais colaboradores. O fundador e diretor do jornal era seu amigo Geraldo Coelho de Jesus, que havia sido sócio da F. A. Pessoa. Augusto Ferreira Gomes, terceiro sócio da então já extinta empresa, também colaborava com *Acção*, que se apresentava como um órgão oficial do Núcleo de Ação Nacional. Os "membros" desse núcleo de nome pomposo eram os três amigos, que partilhavam de algumas das mesmas ideias sobre o que era necessário para o Portugal do pós-guerra.

O segundo número de *Acção*, de 19 de maio de 1919, continha a primeira parte de "A opinião pública", um longo artigo em que Pessoa sustentava que essa opinião era uma espécie de instinto coletivo, enraizado na tradição de um povo unido por uma língua comum e não detectável através dos rituais eleitorais da democracia. Além disso, a democracia moderna era prejudicial ao funcionamento saudável da sociedade, na medida em que abolia os privilégios de classe e promovia a igualdade. A democracia dos gregos antigos era socialmente salutar porque se apoiava nas instituições da aristocracia e da escravidão. O artigo também afirmava que a guerra, e não a paz, é o estado natural e correto da humanidade, que o ódio entre as pessoas é o que dá origem às civilizações e que o humanitarismo é anti-humanitário. Uma vez que Pessoa adorava ser provocador, pode-se argumentar que em 1919 ele decidiu, com uma boa dose de malícia, fazer o papel de um reacionário ferrenho. Nesse caso, foi total e completamente convincente no papel.

Embora *Acção* tenha sido anunciada como quinzenal, o terceiro número (que incluía a segunda parte de "A opinião pública") só saiu dois meses e meio depois, em agosto. Abandonando sua postura declaradamente apolítica, o jornal reproduzia na primeira página inteira uma foto do falecido ditador Sidônio Pais, enquanto o editorial de Geraldo Coelho de Jesus, "Sidonismo ou bolchevismo", equiparava patriotismo ao espírito de Pais e todos os partidos políticos ao bolchevismo. Como o editor tinha negócios a cuidar, por ser engenheiro-chefe de uma empresa de mineração localizada em Porto de Mós, ao norte de Lisboa, coube a Pessoa supervisionar a distribuição do jornal, o que se revelou um empreendimento arriscado. Sidônio Pais continuava a ser reverenciado como um semideus por muitos portugueses, embora não pelos trabalhadores sindicalizados ou pelos democráticos, que estavam de volta ao poder. No dia 9 de agosto, partidários dos democráticos tomaram mais de setecentos exemplares de *Acção* das mãos de jornaleiros e os incendiaram em frente ao Café A Brasileira, na praça do Rossio.[15] A maior parte do restante da tiragem — 10 mil exemplares — foi vendida, às vezes clandestinamente, por jornaleiros e lojas, e também pelo correio para outras partes do país.

Pessoa largou tudo para se dedicar de corpo e alma a disseminar a palavra sidonista, a montar uma rede de distribuição e a circular por Lisboa para se certificar de que tudo estava funcionando bem. Em cinco dias, enviou três telegramas e quatro cartas palpitantes a Coelho de Jesus, relatando detalhadamente a empolgação provocada pelo jornal e as eventualidades ocorridas durante as vendas. Ninguém estava mais entusiasmado do que o próprio Pessoa. Numa das cartas, contou a história "enternecedora" de um engraxate que colecionava orgulhosamente todas as edições publicadas de *Acção*. O diretor, que apostara sua reputação no jornal, além de seu dinheiro, respondeu ao dilúvio de missivas efervescentes do amigo com um único telegrama de três palavras, instando-o a enviar mais exemplares às províncias.

O fervor da dedicação de Pessoa em distribuir a nova edição de *Acção*, como se o sidonismo fosse uma religião perseguida, e ele, um de seus leais evangelistas, é difícil de explicar. Se Coelho de Jesus e muitos outros depositaram sua fé e sua esperança no modelo de governo do falecido Sidônio Pais, Fernando Pessoa parece também ter incutido no líder assassinado seu amor — ou um sentimento que substituísse o amor que só havia buscado passivamente, em consulta com espíritos astrais.

O quarto e último número de *Acção* sairia seis meses depois, em fevereiro de 1920. No editorial de primeira página, Coelho de Jesus reafirmava sua adesão ao sidonismo, que entendia como um conjunto de políticas promovidas por Sidônio Pais, como a aplicação da lei e a manutenção da ordem, restrições à atividade de partidos políticos, a criação de programas de bem-estar social e o desenvolvimento econômico, mas não como um culto à personalidade, não "como uma espécie de sebastianismo". Na mesma edição, Pessoa, mais interessado no valor simbólico de Pais do que em suas políticas, publicou um poema de 240 versos, "À memória do presidente Sidônio Pais", que glorificava o falecido governante como uma encarnação de d. Sebastião. O título original do poema chamava Pais de "presidente-rei", um epíteto que Coelho de Jesus, que não era monarquista, obrigou Pessoa a encurtar para "presidente".

A maioria dos amigos de Pessoa foi ao menos receptiva às suas ideias para fomentar, através da cultura e do comércio, o que ele esperava ser uma época de ouro portuguesa, e alguns abraçaram de fato sua narrativa mística, que confundia o alvorecer desse período com a segunda vinda de d. Sebastião. Mas havia um aspecto fundamental de sua visão de um renascimento português iminente, ou Quinto Império, ou Nova Monarquia, que ele vinha guardando principalmente para si mesmo e seus escritos, já que quase ninguém teria entendido: o paganismo. De acordo com suas anotações para o Grêmio da Cultura Portuguesa, um de seus principais objetivos era promover o neopaganismo[16] — "neo" no sentido de um renascimento moderno, porque considerava o espírito essencial de Portugal originalmente pagão. Os antigos lusitanos eram politeístas, e os traços do paganismo que subsistiam nos rituais do catolicismo eram, segundo ele, ainda mais pronunciados no islamismo dos mouros, que outrora haviam governado a maior parte da península Ibérica.

Como poderia ser o "paganismo reconstruído" defendido por Pessoa, em especial por seu heterônimo Antônio Mora? Talvez não tivesse características externas óbvias. Certamente não consistiria em templos a Apolo ou sacrifícios de animais a Diana, e com certeza evitaria doutrinas e definições rígidas. Inclusive, uma das coisas que atraía Pessoa no paganismo era seu caráter não dogmático. Ele queria substituir a ideologia religiosa do cristianismo, que acusava de dificultar o progresso da civilização na Europa, pela *experiência* de religiosidade promovida pelo paganismo dos antigos.

Sua inspiração para essa tarefa implausível era o primeiro neopagão do mundo, o imperador Juliano (*c.* 331-363), chamado às vezes de apóstata por ter rejeitado o cristianismo de acordo com o qual fora criado. Numa época em que o Império Romano já se inclinava para a nova religião monoteísta, Juliano tentou sem sucesso reviver o paganismo, não fazendo proselitismo direto junto aos cristãos devotos, mas restaurando o prestígio de cultos antigos e conclamando os muitos pagãos remanescentes para uma forma mais religiosa da vida. Na famosa cidade de Antioquia, cujas ruínas estão na Turquia, perto da cidade moderna de Antáquia, pagãos e cristãos ridicularizaram seus esforços e seu próprio estilo de vida ascético inspirado no paganismo.

Em 1916, mesmo ano em que adquiriu dois tomos da obra de Juliano numa edição greco-inglesa, Pessoa concebeu uma sequência poética intitulada "Juliano em Antioquia", para a qual escreveu alguns versos e também uma nota em inglês, descrevendo o que ele queria expressar: "Os esforços inúteis de um reformador, de um homem que deseja trazer de volta o passado justo ao presente mau, o passado dos reis ao presente dos *escravos*".[17] Poucos anos depois, ele escreveu pelo menos seis poemas para a sequência; ou talvez a intenção, já que nenhum foi concluído, fosse reuni-los em um único longo poema.[18] Konstantinos Kaváfis também escreveu uma série de poemas sobre o austero convertido ao paganismo, examinando Juliano e sua cruzada impossível com um olhar um tanto sardônico e um tanto compassivo. Os poemas de Pessoa são mais compreensivos. Os dois poetas foram atraídos pela figura de Juliano não só porque este tentara salvar o paganismo quando já estava em declínio, mas também porque defendera a cultura helenística que ainda sobrevivia em Antioquia, fundada como uma cidade grega por um dos generais de Alexandre, o Grande. O interesse de Kaváfis pelo helenismo era natural, inevitável, uma vez que ele próprio era grego e um estudante apaixonado de história antiga. Pessoa, que era mais versado em história portuguesa, tinha uma visão idílica e estereotipada da vida e da mentalidade da Grécia Antiga.

Ao evocar Juliano, Pessoa reconhecia implicitamente que a sua própria tentativa de reanimar o espírito havia muito adormecido do paganismo no mundo moderno estava condenada, sugerindo-nos que seu projeto de repaganização era uma fantasia poética, não um objetivo que pensava poder ser alcançado. Na verdade, fazia parte de uma fantasia maior com respeito a Portugal e seu futuro e, em última análise, a ele mesmo. Uma das listas de objetivos que traçou para o Grêmio da Cultura Portuguesa, em vez de citar o neopaganismo, termina com a exortação: "Estimular, em tudo, a cultura grega".[19] Não só a religião dos gregos, mas também sua sensibilidade estética, o individualismo, a cidade-estado como sua unidade organizadora e sua vida cívica — tudo isso atraía muito a imaginação de Pessoa.

E todas essas coisas (na imaginação dele) eram fruto de um mundo masculino. Em um texto escrito no primeiro semestre de 1919 para uma de suas cartas abertas sobre a Grande Guerra e o declínio da civilização ocidental, Pessoa argumentava que os gregos consideravam a função da mulher "exclusivamente sexual", insinuando — não pela primeira vez — que uma verdadeira comunhão de almas só era possível entre dois homens. De maneira também controversa, escreveu que o fato de "a pederastia ser considerada imoral entre nós é talvez o fenômeno mais típico de nossa civilização decadente". O amor entre homens e garotos, afirmava Pessoa, "é uma morbidez natural da natureza, correspondendo a uma intensidade e extravagância da amizade".[20] A palavra "morbidez" lembra seu poema de 1916 ou 1917 em que o narrador, meditando sobre o amor de infância que poderia ter tido por um garoto ainda mais jovem, admite estar infectado por essa "doença antiga / Que só os gregos, porque eram belos, tornaram bela". A cultura grega, na visão ideal de Pessoa, embelezava e justificava a atração "mórbida" de um homem por outro.

Numa tarde de 1999, quando eu estava sentado numa sala escura da Biblioteca Nacional de Portugal, rolando as páginas de um microfilme do Arquivo Pessoa[21] e de vez em quando sentindo-me sonolento, de repente me endireitei na cadeira, assustado com a imagem projetada de um poema de amor diferente de tudo o que eu já havia visto do autor. O que me surpreendeu, tanto quanto minha descoberta, foi o fato de outros pesquisadores, que certamente viram o poema, terem preferido deixá-lo na obscuridade, como um segredo que é melhor não contar. Talvez tenham desprezado o poema por ser fragmentário e inacabado, mas ele está datilografado, preenche três páginas inteiras, está datado — 5 de julho de 1919 — e contém versos extraordinários.[22] O eu poético apaixonado do poema, expressando-se em português e dirigindo-se a um homem de idade próxima da sua, anseia por declarar seu amor, mas não consegue fazê-lo, convencido de que o amigo é totalmente heterossexual: "Vulgares bocas de mulheres beijas/ E eu só o sonho vão da tua boca". É uma tortura suportar "este terror de amar-te, sem poder/ Nem dizer-te que te amo", e ele relembra que certa vez, numa conversa, surgiu o assunto do "vício de Shakespeare". Era a chance que ele esperava, uma chance de abrir lenta e delicadamente o coração e confessar seu amor, mas, temendo a rejeição, não disse nada.

Ele realiza um experimento mental, imaginando o que poderia acontecer se tivesse coragem de se declarar e seu amigo milagrosamente correspondesse. Seria ele capaz de agir de acordo com seu desejo?

Que sei! que sei! há tanta gente em mim!
Tanto ímpeto perdido e contradito
Sou a meu próprio ser tão pouco afim
Que talvez a maior tortura fosse
Aceitares-me e eu ver-me, atado e aflito,
Incapaz do último ato...

Esse eu poético "atado" habitado por "tanta gente" — não pude deixar de reparar quando essa parte do poema apareceu na tela — tem uma semelhança inequívoca com Fernando Pessoa. Em outra parte do poema, o amante incógnito comenta ao amigo secretamente amado: "De ti me refugio com Antínoo", numa alusão clara ao poema que Pessoa escreveu com muito sentimento sobre o amor do jovem grego e o imperador Adriano.

Se a publicação de *Antinous: A Poem*, em julho de 1918, fora uma admissão velada de diversidade sexual, as reações que suscitou não encorajaram o autor a sair de seu esconderijo poético. Antes mesmo de dois resenhistas britânicos acusarem seu tema de ser "repulsivo", William Bentley, um editor inglês que morava em Lisboa, censurou Pessoa por não ter encontrado "assunto mais valioso do que tão lamentável flerte com o mais ignóbil dos vícios".[23]

Mas estava Pessoa se escondendo? Havia um homem que ele amava em segredo? Tão vívidos são os detalhes, e tão poderosos os sentimentos, em seu poema de julho de 1919 que nos parece uma história verídica, uma confissão que teve de fazer no papel, poeticamente, já que não se atrevia a falar tudo isso ao homem de quem gostava e não conseguia conter-se. Que homem? Possivelmente Geraldo Coelho de Jesus, o engenheiro de minas, que era bonito, ainda solteiro, e havia beijado muitas "vulgares bocas de mulheres". Um carinho incomum por Geraldo ajudaria a explicar a rara devoção de Fernando ao jornal dele e a exuberância das cartas que escreveu enquanto cuidava da distribuição do terceiro número de *Acção*. Em uma dessas cartas, Pessoa fez um pedido: caso a redação do jornal se mudasse para um lugar maior, então "deixe que eu fique em lugar de você". Pessoa queria transformar o escritório de Geraldo na casa em que dormia.

O poema de amor de Pessoa do verão de 1919 pode ter sido inspirado por um conhecido real, como Geraldo, mas é igualmente possível que o amado sem nome fosse um homem hipotético, inventado pelo poeta para amar com uma paixão de fato sentida, mas imaginária, como se fosse uma reação aos espíritos que haviam proposto uma mulher hipotética após a outra, até então sem sucesso.

Em breve, porém, Pessoa teria uma namorada.

48.

Paganizar Portugal podia ser uma ideia bizarra, mas Pessoa levava muito a sério a transformação da vida cultural do país e a reviravolta em sua economia em declínio por meio da série de atividades que propunha para Cosmópolis e o Grêmio da Cultura Portuguesa, todas registradas organizadamente num caderno especial. Ele também planejava mudanças importantes em sua vida pessoal. Para que o Grêmio Cultural e Cosmópolis fizessem com eficiência o trabalho de melhorar a imagem internacional de Portugal e ampliar seu trânsito cultural e comercial com outros países, decidiu que precisaria abrir dois escritórios, um em Lisboa e outro em Londres, o que significava um novo motivo para finalmente visitar a terra de Shakespeare, Milton, Shelley e Keats. Em Londres, que saíra da Grande Guerra relativamente ilesa, em comparação com outras capitais europeias, esperava vender alguns dos jogos de tabuleiro que havia inventado, algumas traduções de literatura portuguesa para o inglês e, é óbvio, sua própria obra literária, mas seu objetivo imediato para a viagem seria estabelecer o centro estrangeiro de seu conglomerado cultural e empresarial português. Para financiar seus ambiciosos projetos, elaborou uma lista de potenciais investidores: parentes abastados do Algarve, amigos de Lisboa com um pouco de dinheiro sobrando e vários banqueiros.[1]

Otimista, escolheu meados de agosto de 1919 como data prevista para a instalação e o funcionamento do escritório de Londres. Se tudo corresse como planejado, contrataria um gerente para supervisionar as operações em Londres, ao mesmo tempo que continuaria em Lisboa, ou nos arredores da cidade. Pensou em alugar uma casa ou um apartamento em Cascais ou outro subúrbio, onde houvesse espaço de sobra para todas as suas coisas — livros e papéis, principalmente — e menos distrações que interferissem no que chamava de sua "vida especulativa". Ele precisava de paz e tranquilidade para pensar, bem como para escrever. Sua fiel empregada Emília ficaria no comando, cuidando dele quando estivesse em casa e de seus negócios quando estivesse fora, em Londres. Pessoa estimou que precisaria de 5 mil dólares para "pagar todas as dívidas e retomar sua vida sobre nova base". Calculou que seria necessário o triplo dessa quantia para pôr em funcionamento sua empresa em Londres, e talvez até 50 mil dólares (mais de 700 mil dólares na moeda atual) para que ela fosse plenamente funcional.[2] Só os bancos tinham essa quantidade de dinheiro, e os banqueiros não fariam mais do que abrir sorrisos condescendentes diante das oportunidades de investimento oferecidas por Cosmópolis, o Grêmio da Cultura Portuguesa e Athena, a escola por correspondência especializada na "ciência do ócio".

Até que esses aportes improváveis de capital de risco chegassem, Pessoa ainda dependia da redação de cartas comerciais em inglês e francês para sua renda, que em tempos recentes vinha conseguindo complementar com os ganhos do trabalho de tradução. Warren Kellogg, o editor norte-americano que em 1911-12 contratara Pessoa para traduzir poesia e prosa para a *Biblioteca internacional de obras célebres*, estava de volta a Lisboa para coordenar outro projeto de livro em vários volumes: uma versão em português de *The Book of Knowledge: The Children's Encyclopedia* [O livro do conhecimento: A enciclopédia das crianças].[3] Como o projeto anterior de Kellogg, a coleção seria comercializada apenas no Brasil, com o nome de *Tesouro da Juventude*, mas foi produzida editorialmente, em sua maior parte, em Portugal. Pessoa traduziu poemas, artigos factuais, lendas populares e episódios da história antiga para os dezoito volumes. E também contribuiu com pelo menos um poema original seu.[4]

Em março de 1919 Pessoa enviara uma mensagem urgente a vários amigos, solicitando um pequeno empréstimo de cinco escudos para ajudá-lo a sobreviver até ser pago pelo "americano das minhas traduções", o sr. Kellogg.[5] Dois meses antes, pedira ao primo Victoriano Braga uma quantia muito superior — 62 escudos — para quitar uma nota promissória.[6] O endividamento era uma situação tão familiar a Pessoa que não dever dinheiro algum talvez perturbasse seu equilíbrio vital, mas ele deve ter se sentido tentado a dizer "sim" quando teve a oportunidade de viver sem preocupações financeiras. Em maio, o novo reitor da Universidade de Coimbra, que o conhecia pessoalmente, ofereceu-lhe o emprego de professor de inglês. Pessoa era um pedagogo por natureza, *gostava* de ensinar coisas às pessoas, amava a literatura inglesa e teria muito tempo para escrever. Não havia quase nada no trabalho a que pudesse objetar, exceto o fato de que era um emprego *de verdade*. Tia Anica instou-o a aceitar a oferta, mas ele rejeitou, dizendo que não tinha formação acadêmica, pois lhe faltava um diploma universitário. Contou também que a oferta estava envolta em complicações relacionadas a disputas políticas, o que era verdade: o reitor foi demitido do cargo em 21 de junho, apenas três meses após sua nomeação.[7]

A falta de dinheiro dificilmente restringia os gastos de Pessoa. Em junho, ele encomendou uma dezena de livros da Inglaterra, entre os quais três manuais de taquigrafia (ainda estava aperfeiçoando seu próprio método estenográfico), uma biografia de Herbert Spencer, dois livros que tratavam de profecias, um sobre livre pensamento e outro sobre como desenvolver a força de vontade. No mês seguinte, adquiriu a crédito um conjunto de roupas novas.[8] E no final de agosto fez uma viagem de uma semana ao Algarve, onde se hospedou no melhor hotel de Faro, a capital regional.[9] Tratava-se de uma viagem de negócios, possivelmente ligada a transações de exportação de conservas de peixe e outros produtos algarvios, tendo Pessoa como intermediário entre os produtores locais e uma empresa de importação e exportação recém-aberta pelo primo Mário Freitas.[10] Embora a viagem não tenha resultado em nenhum acordo concreto, Pessoa conseguiu, sem dúvida, arrancar mais dinheiro de sua parente mais rica, "tia" Lisbela, cuja residência ficava a pouco mais de trinta quilômetros de Faro.

Pessoa devia até para a própria empregada, provavelmente porque o salário de Emília estava atrasado. Ela e a filha mudaram-se com ele no final de 1918 para uma moradia mais modesta na rua Santo Antônio dos Capuchos e, seis meses depois, para um apartamento térreo ainda menor na rua Capitão Renato Baptista. Os quartos eram apertados, Pessoa sentia-se infeliz ali, e, em agosto de 1919, estava de novo à procura de nova moradia, mas não podia pagar nem por uma espaçosa casa suburbana, nem por uma empregada em tempo integral. Em setembro, ele a despediu com pesar.[11]

A nova casa que enfim encontrou para morar ficava na avenida Gomes Pereira, em Benfica, um bairro da zona noroeste, a oito quilômetros do centro da cidade. Ele alugou quartos de uma família, que cuidava da limpeza e talvez lhe fornecesse refeições.[12] Embora não tivesse o encanto de Cascais ou de Sintra, Benfica conservava ainda vestígios do seu passado rural, quando ordens religiosas e ricos aristocratas em busca de tranquilidade escolheram a área para estabelecerem impressionantes conventos e quintas. Ao distanciar-se da agitação da Baixa lisboeta, o escritor esperava trabalhar com maior concentração, mas perdia muito tempo em seus deslocamentos. Nos dias em que não precisava ir à cidade, inventava motivos para pegar o bonde e ir para lá mesmo assim. Pessoa, embora prolífico, só conseguia escrever de forma intermitente, entre as inúmeras mudanças de um lugar para outro.

A mudança de Pessoa para um bairro periférico foi o sinal mais visível de sua retirada parcial, iniciada no princípio do ano, da vida social e das obrigações familiares. Ainda se encontrava periodicamente com tia Anica, que havia voltado da Suíça e da França em 1917 com a filha Maria e o genro Raul da Costa; e, no primeiro semestre, de 1919, ele viu Raul quase todos os dias, pois ambos ajudavam na firma de importação e exportação do primo Mário Freitas. Porém, negligenciou o contato com seus outros parentes, a menos que precisasse de alguma coisa, como um empréstimo. Sua tia-avó Rita morrera três anos antes, e a tia-avó Adelaide, em junho, um dia após ele completar 31 anos; restava a tia-avó Carolina como última sobrevivente daquela geração, mas Fernando não a visitava havia muitos meses.[13]

O membro da família com quem tinha menos contato, por incrível que pareça, era a própria mãe. Maria Madalena enviava-lhe cartões-postais frequentes e cartas mais esparsas, semelhantes a diários, cheias de notícias sobre a vida em Pretória, a recuperação lenta e apenas parcial do derrame que sofrera, os filhos e o marido e os planos de regressar num futuro próximo a Portugal, mas Fernando, que antes costumava ao menos mandar postais, passava agora meses sem dar nenhuma notícia. Ele confiava em tia Anica, que escrevia com regularidade à irmã, para mantê-la atualizada sobre sua vida e sua saúde. Mais tarde, justificaria essa negligência dizendo que gostava demais da mãe para querer escrever para ela; cartas eram para pessoas com as quais não gostava de conversar.[14]

"Vê se escreves", instou sua irmã Teca, no cartão-postal que lhe enviou em seu aniversário, em junho de 1919: "Há bem sete meses que não há carta tua". Três meses depois, ele enfim rompeu seu silêncio epistolar, mas apenas para encaminhar uma cópia de um documento importante. Em 12 de setembro, Henrique Rosa, irmão mais velho de seu padrasto, transferiu para ele a procuração relativa aos negócios financeiros de seus pais em Portugal.[15] O antigo mentor intelectual de Fernando ficou doente demais para sair do apartamento, e, após a morte de sua companheira, em abril, tornou-se fisicamente impossível para ele lidar com os bancos e a burocracia.

É provável que Pessoa, ao enviar o documento aos pais, tenha lembrado de incluir votos de feliz aniversário para João Miguel Rosa, que completara 62 anos no dia 29 de setembro. Mas, antes que qualquer cumprimento pudesse chegar ao destinatário, um telegrama trouxe a notícia de seu falecimento inesperado em 7 de outubro, numa clínica em Pretória (de meningite aguda causada por uma infecção renal). Mesmo que Pessoa não tenha sentido uma grande perda pessoal, a notícia deve tê-lo entristecido um pouco. Seu padrasto, que o levava à Escola do Convento de São José quando ele tinha apenas sete anos e que o ajudou a sair de uma crise de dívidas quando já estava com 24 anos, sempre o tratou tão bem quanto os próprios filhos, e qualquer atrito entre os dois homens se dissipara havia muito tempo. Prestando seus respeitos da maneira mais imediata e visível possível, no dia seguinte ele vestiu suas melhores calças pretas, paletó preto e colete preto para ir ao escritório.

O escritório pertencia a uma firma nova, da qual Mário Freitas era um dos três sócios. Ela sucedia à empresa de importação e exportação aberta pelo primo no início do ano no mesmo endereço.[16] Pessoa ajudava nas duas firmas datilografando, em inglês ou francês, cartas que lhe eram ditadas em português. Tinha sua própria escrivaninha e passava a maior parte do tempo trabalhando em seus escritos. A nova firma, chamada Félix, Valladas & Freitas Ltda., havia publicado um anúncio de emprego para secretária e, em 8 de outubro, uma jovem apareceu de manhã para uma entrevista. Ela esperava na porta quando Pessoa chegou, com as calças pretas enfiadas cuidadosamente nas polainas pretas, um acessório que começava a sair de moda. Ela sentiu vontade de rir, mas se controlou. Pessoa disse a ela e sua acompanhante para entrar e esperar por um dos patrões. O primo logo chegou, e, enquanto fazia perguntas à candidata, Pessoa olhava do outro lado da sala. Estava intrigado com seu prenome shakespeariano incomum: Ofélia.

Foi um dia agitado e produtivo para Pessoa. A notícia da morte do padrasto o fez refletir de forma reativa e criativa sobre a vida — em quatro poemas e um trecho para o *Livro do desassossego*. Os poemas tratam, de maneiras diferentes, sobre a grande divisão entre a vida interior de pensamentos do eu poético e a vida que existe ao seu redor ou que já passou. Em um dos dois poemas que relembram sua infância, o eu poético se dirige à mãe, implorando que o deixe voltar no tempo para procurar seus brinquedos no quintal. Ainda mais revelador é o trecho que Pessoa escreveu para o *Livro do desassossego*: uma fantasia de transformar-se num major reformado que vive num hotel de uma pequena cidade onde, depois do jantar, senta-se à mesa com os outros convidados ligeiramente embriagados por nenhum motivo. E isso resume quase toda a história, que termina assim:

> Independente do Tempo e da Vida, o major que me suponho não é posterior a nenhuma vida que tivesse; não tem, nem teve, parentes; existe eternamente àquela mesa daquele hotel provinciano, cansado já da conversa de anedotas, que teve com os parceiros na demora.[17]

O narrador desse texto sonha em não ter mais do que o relacionamento passageiro de um viajante com outras pessoas, enquanto os eus poéticos dos quatro poemas escritos no mesmo dia voltam ao passado ou se retiram para suas vidas mentais. O que todos têm em comum é a relutância em se envolver de maneira afetiva e significativa com as pessoas no presente.

Haviam-se passado doze anos e meio desde que Pessoa vira a mãe, que enfim voltaria para casa; e, embora ele ansiasse por vê-la, também estava apreensivo. Ela estava envelhecendo, e o derrame a havia enfraquecido. Por sua vez, ele se sentia mais jovem do que seus 31 anos, pois não tinha família própria, nem emprego com horário definido ou endereço fixo. Mesmo assim, havia estabelecido enfaticamente sua independência emocional, a ponto de passar dez meses sem escrever para a mãe, nem mesmo no aniversário dela.

Toda mudança é para pior, Pessoa havia escrito a ela numa carta de 1914, uma vez que envolve uma morte parcial, a perda permanente de um estado anterior; e a mudança na dinâmica do relacionamento entre os dois era-lhe especialmente preocupante. Embora não quisesse voltar a ser seu garotinho, ele sentia falta da simplicidade original de seu relacionamento com a mãe, antes que este se tornasse confuso pela presença de outras pessoas, outras afeições, e antes que ambos dissessem e fizessem coisas que machucassem um ao outro, para arrependimento mútuo. Ela amava seu filho mais velho, mas não conseguia entendê-lo, e ele não atendia às expectativas dela. O major reformado sem passado nem família, que leva uma vida estática num pequeno recanto do mundo, tinha a vantagem de nunca se desiludir e nunca decepcionar ninguém.

Vários dias depois da entrevista, Ofélia Queiroz foi convocada para se apresentar à Félix, Valladas & Freitas para começar a trabalhar. O próprio Pessoa a esperava e lhe explicou o que precisava fazer. Para ajudá-la a se aclimatar rapidamente, contou a ela um pouco sobre cada um dos três sócios da empresa e sobre o buraco no tapete na escada, onde poderia tropeçar se não tomasse cuidado. Essa atenção toda a impressionou.

Mais tarde, ela ouviu um dos sócios dizer: "Oh, Fernando, não estava mesmo a apetecer dar um beijo naquele pescoço?". Ofélia tinha dezenove anos.

"Eu não acho", respondeu ele secamente.[18]

Ela gostava que os homens a notassem, mas apreciava ainda mais a gentileza e o respeito de Pessoa.

Os amigos de Pessoa habituaram-se a passar pelo escritório quando era uma empresa de importação e exportação pertencente apenas a Mário Freitas, e continuaram a aparecer quando o negócio mudou e o antigo proprietário passou a ter sócios. Dois dos visitantes mais assíduos de Pessoa, Geraldo Coelho de Jesus e Augusto Ferreira Gomes, conversavam com ele sobre política e discutiam o próximo (e último) número do jornal sidonista *Acção*. Luís de Montalvor interessava-se mais por falar de literatura.

"É um crime você continuar ignorado", disse ao amigo, repreendendo-o por não publicar sua obra, a não ser aqui e ali em revistas.

"Deixem estar, que, quando eu morrer, ficam cá caixotes cheios", disse Pessoa.[19]

Sobre o que ele escrevia, Ofélia se perguntou, e por que tanto? Intrigada por aquele homem tão diferente dos outros, e cujo jeito incomum com as palavras a fazia pensar e repensar, bem como rir, ela começou a flertar com ele na primeira semana do emprego. Pessoa não a desestimulava, gostava da atenção, mas isso também o deixava apreensivo. Em 18 de outubro, um sábado, ele escreveu duas páginas para um poema em inglês em que pergunta a uma jovem apaixonada

why, unless thou wouldst play
A prank alike on Fate and me
Do thine eyes come my way
*And thy smiles seek me, who have sought not thee?**

"Eu não ousaria ansiar por ti", ele adverte a moça no mesmo poema, pois está "cercado de pensamentos" e "fechado pela dor, / Enclausurado da vida em sonhos ociosos".[20]

Ofélia continuou sua ofensiva na semana seguinte, fazendo caras e bocas e sorrindo para Pessoa, que retribuiu alguns dos olhares e sorrisos, mas sem deixar transparecer que compreendia, e sem a certeza de ter compreendido bem. Talvez ela estivesse, afinal, pregando uma peça, se divertindo um pouco. Ele sempre achou difícil acreditar que alguém pudesse estar romanticamente interessado nele.

Ofélia decidiu explicar o que sentia em um bilhete, mas não sabia como se expressar. Ela anotou algumas fórmulas possíveis, como: "É-me extremamente querida a sua presença no escritório Félix, Valladas & Freitas porque me sinto atraída a si".[21] Audacioso demais! Ela rasgou o que havia escrito em pequenos pedaços e os jogou no lixo. Depois que Ofélia saiu do escritório, Pessoa recolheu as peças da lixeira e levou-as para casa. Montando-os como um quebra-cabeça, leu com espanto a admissão inequívoca.

Sabendo que ela o achava atraente, Fernando deixou que seu carinho por Ofélia florescesse sem restrições. Ela lhe teria sido enviada pelo destino? Seus mensageiros astrais haviam mencionado a necessidade de uma mulher masculina para fazê-lo se submeter, mas também previram que a destinada a ele era muito jovem, tinha menos de vinte anos. Feminina e miudinha, Ofélia preenchia apenas a última condição. Não havia nada de masculino nela. Mas também não era o tipo de mulher sensualmente sedutora que intimidava Pessoa com tanta facilidade. Parecia ter dezessete anos, não dezenove, usava pouca maquiagem e tinha seios pequenos, com compleição de criança. Embora tivesse conseguido conquistar o carinho de Pessoa, ele segurou as rédeas da relação, que se desenrolou a trote lento, em meio às atividades empresariais da Félix, Valladas & Freitas, Ltda.

* "por que, a menos que pregues / Uma peça em mim e no destino, / Teus olhos vêm em minha direção / E teus sorrisos procuram a mim, que não te procurei?" (N. T.)

Durante três meses, eles trocaram sorrisos furtivos, olhares de passagem e palavras polidas que mascaravam emoções afetuosas, como alunos com medo de serem apanhados pelo professor. Também trocavam pequenos bilhetes de amor, às vezes na forma de poemas. Mas não houve contato físico entre os dois até 22 de janeiro de 1920, durante uma queda de energia, depois que todos os outros haviam ido embora. A própria Ofélia se preparava para sair quando Fernando entrou na sala onde ela trabalhava, carregando um candeeiro a querosene, e se declarou com palavras emprestadas da carta de Hamlet a *sua* Ofélia: "Oh, querida Ofélia! Meço mal os meus versos; careço de arte para medir os meus suspiros; mas amo-te em extremo. Oh! Até do último extremo, acredita!". Hamlet estava se referindo à sua incapacidade de expressar o que sentia na poesia formal, com um número fixo de sílabas por verso. Fernando, ao contrário, não se expressou de forma espontânea e com suas próprias palavras: recorreu à literatura.

Perturbada, Ofélia vestiu o casaco e lhe desejou boa-noite, momento em que ele a agarrou pela cintura e começou a beijá-la apaixonadamente — "como um louco", ela contaria numa entrevista mais de cinquenta anos depois. Pessoa escreveu um poema sobre o episódio e observou, em suas anotações privadas, que seus astros, em 22 de janeiro, auguravam sucesso em aventuras amorosas.[22]

Durante o resto de janeiro e todo o mês de fevereiro, o romance continuou tão discreto quanto antes, mas com o acréscimo significativo de beijos roubados, que eram uma novidade absoluta na vida de Fernando Pessoa. "Não creio ainda no que sinto", começava um poema seu escrito na segunda semana de fevereiro. Ofélia se perguntava o que exatamente ele estaria sentindo. Ela adorava seus comentários espirituosos, seus pequenos bilhetes e poemas, e especialmente seus beijos, mas tinha dúvidas se significavam um compromisso de verdade, ou se ele era um solteirão incorrigível. Em 28 de fevereiro, ela escreveu uma carta pedindo-lhe que esclarecesse suas intenções. Queria saber especificamente se ele já havia considerado ou ainda poderia considerar ter uma família. Se a resposta fosse não, ainda que com pesar, preferiria ficar com seu namorado à época — Eduardo, estudante de pintura —, que ela sabia que a faria feliz.

"Quem ama verdadeiramente não escreve cartas que parecem requerimentos de advogado", respondeu Fernando em 1º de março, numa carta que questionava as próprias intenções de Ofélia e a acusava de fingir amor. Se ela preferia o namorado, tudo bem, ele não poderia culpá-la. O amor é ou não é, e ele confessou que a amava muito, evitando a questão de saber se estaria disposto a se casar e formar uma família. Entre suas habilidades como advogado e as dela, não havia competição.

Com aquela confissão datada e assinada em seu poder, Ofélia esqueceu as considerações práticas. Afinal, Eduardo poderia deixá-la mais entediada do que feliz, enquanto Fernando era um mundo misterioso e cheio de possibilidades. Ele já a havia iniciado em seu jogo de pluralidade existencial, no qual ela se mostrou uma participante bastante disposta. Em 11 de março, escreveu uma mensagem a um sr. Crosse e, quatro dias depois, endereçou um envelope a um trio de indivíduos: Fernando Pessoa, Álvaro de Campos e A. A. Crosse. A única tarefa de A. A. Crosse em sua vida irreal era competir em jogos de palavras patrocinados por jornais ingleses de grande circulação. Ele acabara de ganhar um pequeno prêmio — uma libra esterlina — e tivera seu nome publicado em *Answers*, um jornal semanal. Ofélia, católica devota, prometeu rezar para que o sr. Crosse ganhasse o grande prêmio de mil libras. Fernando nunca lhe contou sobre os dois irmãos de A. A.: I. I. Crosse, que escreveu ensaios laudatórios sobre a poesia de Alberto Caeiro e Álvaro de Campos, e Thomas Crosse, o ensaísta e tradutor que mencionamos antes.

Ofélia, talvez não incorretamente, entendeu Álvaro de Campos e A. A. Crosse como personagens imaginários inventados por seu namorado para se divertir, mas eles também representavam diferentes aspectos da personalidade de Pessoa e até, ao que parecia, atitudes contrastantes em relação a ela. Considerava A. A. Crosse um aliado, já que o dinheiro pelo qual ele estava competindo tornaria mais fácil para ela e Pessoa se casarem. Álvaro de Campos, por outro lado, tentava o tempo todo frustrar o relacionamento. Na noite de 25 de março, pouco antes de ir para a cama, ela disse numa carta a seu "Fernandinho" que ia rezar por ele e pelo sr. Crosse, mas não pelo sr. Campos, "porque ele é maluco".

O engenheiro naval às vezes fazia comentários desconcertantes nas cartas de Pessoa a Ofélia, mas sua loucura estava em plena floração quando ele aparecia pessoalmente. "Hoje, não fui eu que vim, fui o meu amigo Álvaro de Campos", Fernando a advertia. Não sabemos se Pessoa-Campos tinha sotaque e expressões faciais próprias. Ofélia relataria apenas que ele se portava de uma maneira totalmente diferente e dizia coisas sem nexo, tornando impossível uma conversa normal. Às vezes Campos se limitava a acompanhá-los, de modo que eram os três que passeavam ou andavam de bonde juntos. Quando ela tentou protestar, dizendo que detestava Álvaro de Campos e não o queria por perto, Pessoa respondeu: "Não sei por quê, olha que ele gosta muito de ti".[23]

Nos primeiros cinco meses, a relação limitou-se ao interior do escritório, na rua da Assumpção, número 42, primeiro andar. No domingo, 14 de março, Fernando e Ofélia se encontraram pela primeira vez ao ar livre. Foi um passeio simples num bairro sossegado, com algumas mãos dadas e alguns carinhos, mas, como Pessoa insistia que os dois não eram amantes normais, não permitia que seus programas fossem passeios normais. E então Ofélia, que aprendia depressa, aludiu àquele primeiro passeio em uma carta: "Já tenho saudades de ir dar um passeio até à Índia".[24] A leitura que Pessoa fez do *Kama Sutra*, que possuía em tradução francesa, pode ter sido o que o levou a denominar suas experiências de contato íntimo como viagens ou excursões à Índia. O tropo da viagem à Ásia lembra a observação do *Livro do desassossego* de que uma alma sensível pode viver uma viagem entre o centro de Lisboa e Benfica (onde Pessoa ainda morava em março) como se fosse uma jornada até a China.[25] Pessoa parece ter procurado, no erotismo contido que experimentou com Ofélia, o efeito de uma exótica odisseia sexual.

Ofélia gostaria de morar na Índia, mas Fernando queria ir para lá só de vez em quando, e menos ainda com o passar do tempo. Lendo a enxurrada de cartas que trocaram na segunda quinzena de março, depois que Ofélia aceitou um emprego melhor em outra firma, podemos sentir como ele estava animado em escrever para ela, vê-la, conversar com ela e tocá-la. Essa excitação era temperada, no entanto, por um reflexo automático de distanciamento. Ele terminou sua carta de 26 de março dizendo: "Estou convencido (por minha parte) que gosto de ti. Sim, creio poder afirmar que tenho para contigo uma certa afeição". Seria difícil fazer uma declaração de afeto mais hesitante. Compare-se com um trecho de uma das primeiras cartas de Franz Kafka, de 1912, a Felice Bauer: "Respondo a uma de suas cartas, então me deito na cama em aparente calma, mas meu coração bate em todo o meu corpo e só tem consciência de você. Eu pertenço a você; realmente não há outra maneira de expressá-lo, e isso não é forte o suficiente".[26]

Embora no fim das contas tenha recuado, Kafka esteve duas vezes comprometido a se casar. O casamento, para Pessoa, quase nunca era mais do que uma ideia imaginária pertencente a um futuro indefinido. Existia em seus escritos mediúnicos, em seus mapas astrais e em algumas de suas cartas a Ofélia, onde a perspectiva estava geralmente vinculada a certas condições, como A. A. Crosse ganhar mil libras. Houve um momento, porém, em que a ideia de casar-se com Ofélia assumiu uma forma palpável: ele sugeriu que poderiam viver juntos no mesmo apartamento com a família dele,[27] que partira da África do Sul em fevereiro e logo chegaria a Lisboa. A ideia perdeu força, porém, antes que o navio atracasse, em 30 de março de 1920.

Depois de uma viagem de quarenta dias costeando o litoral da África Oriental e atravessando o Mediterrâneo, Maria Madalena, seus três filhos crescidos e uma enfermeira assistente chegaram ao porto de Lisboa. Ao esquadrinhar a multidão de pessoas que esperava no cais, ficaram surpresos e consternados por não ver Fernando. Como não havia estação portuária, apenas um cais a céu aberto, esperaram no navio *Lourenço Marques*, observando com desolação o desembarque dos demais passageiros.[28] Depois de algumas horas, já francamente preocupados, começaram a se perguntar se não deveriam desembarcar e entrar em contato com algum outro parente. Quando por fim apareceu, junto com Mário Freitas, Pessoa pediu profusas desculpas pela demora. Devido a uma greve dos correios, não recebera a última carta enviada de Pretória, mas por sorte o primo, então funcionário dos Transportes Marítimos do Estado, descobrira que estavam no navio que chegara.

Os cansados viajantes ficaram muito aliviados, mas também surpresos, pois Pessoa, ainda se recuperando de uma forte gripe, parecia terrivelmente pálido. A impressão causada nele foi ainda mais surpreendente. Por mais que tivesse se preparado mentalmente, havia sido um choque ver sua mãe numa cadeira de rodas.[29] Ela conseguia caminhar apenas curtas distâncias com uma bengala, mal podia mexer o braço esquerdo, falava sem sua antiga vivacidade e parecia ter bem mais do que seus 58 anos. A enfermeira acompanhante, vestida de branco e ostentando um emblema da Cruz Vermelha, deixava clara a gravidade de seu estado. A meia-irmã e os meios-irmãos de Pessoa, que eram crianças quando ele os vira pela última vez, causaram um tipo diferente de choque: todos eram jovens bonitos e autoconfiantes. E, pelo que ele sabia, ainda o admiravam. Foi um reencontro agradável, ainda que desconcertante.

Pessoa havia encontrado um apartamento capaz de acomodar toda a família, inclusive ele próprio, mas que ainda precisava ser mobiliado, ter as paredes forradas com papel e os tetos pintados. A mãe e os irmãos ficaram temporariamente com um dos primos dela, Antônio Silvano, capitão da Marinha e eventual credor de Pessoa,[30] que saíra de seus aposentos em Benfica e estava hospedado com o seu amigo Mariano Santana, o ocultista. Em meados de abril, Maria Madalena, sua enfermeira e os quatro filhos já estavam no apartamento de primeiro andar da rua Coelho da Rocha, número 16, em Campo de Ourique, bairro residencial a noroeste do centro de Lisboa. Situado num planalto e com um comércio local florescente — cafés, restaurantes, mercearias e lojas variadas —, tinha o ar de uma aldeia próspera e pacífica. Ali Pessoa viveria o resto de sua vida.

Maria Madalena ficou emocionada por reencontrar o filho mais velho, mas logo teve de se despedir dos mais novos, Luís Miguel e João Maria, então com dezenove e dezessete anos. No dia 8 de maio, depois de apenas algumas semanas em Lisboa, eles embarcaram no trem para Paris e de lá seguiram para Londres, onde se formariam na universidade, seguiriam carreiras de sucesso e se casariam. Durante o breve tempo em que toda a família esteve unida, Pessoa gostou de ser o guia deles em Lisboa e de conversar com todos durante o jantar e noite adentro — em inglês com os irmãos e em português com a mãe e a irmã Teca, então com 23 anos. Pessoa também convidou os irmãos para algumas noitadas na cidade, o que significava passar um tempo com os amigos no Café Martinho da Arcada até duas ou três da madrugada. Luís Miguel contaria mais tarde como via com olhos arregalados Pessoa beber copiosas quantidades de vinho, seguido de aguardente, "sem o menor efeito detectável nem na sua fala, nem no seu poder de argumentação".[31]

Ofélia tinha ciúmes dos irmãos de Pessoa, como admitiu em uma carta para ele de 31 de março, porque era o que sentia em relação a tudo e todos que ocupassem a atenção dele. Era um falso problema, claro. Ela própria vinha de uma família duas vezes maior — era a caçula de oito filhos —, e além de todas as obrigações familiares trabalhava durante o dia como secretária, tinha aulas particulares à noite para melhorar seu francês e ajudava no negócio de costura da irmã mais velha; ainda assim, seus pensamentos nunca se afastavam muito do homem que amava. Ofélia não ocupava a vida de Pessoa da mesma maneira. Embora não fosse razoável esperar que ele desviasse para Ofélia Queiroz o centro das atenções de sua vida literária e especulativa, uma rica vida de escritor e uma grande paixão romântica não precisavam ser mutuamente excludentes. James Joyce, ao mesmo tempo que produzia algumas das melhores ficções modernas em inglês, era apaixonado e apegado a Nora Barnacle.

Ofélia escrevia quase uma carta de amor por dia. Pessoa também, na segunda quinzena de março, mas depois diminuiu o ritmo, o que não era necessariamente um sinal de arrefecimento de interesse. Ele a avisara, em sua carta de 23 de março, que preferia conversar cara a cara, e não por escrito, e, em abril, eles haviam estabelecido um repertório de lugares e horários para se encontrar. Portanto, os dias de Pessoa, para sua própria surpresa, passaram a ser pontuados por rituais de namoro. Um ponto de encontro habitual era a livraria inglesa da rua do Arsenal, uma antiga via pública a oeste da praça do Comércio e que tinha várias lojas que vendiam produtos como azeite, farinha, feijão e bacalhaus — que ficavam pendurados na porta para atrair clientes. O novo emprego de Ofélia não ficava longe da livraria onde se encontraria com Pessoa depois do trabalho, e ele a acompanhava até sua casa. Quando Ofélia voltou a mudar de emprego e teve de se deslocar para Belém, na zona oeste de Lisboa, ele muitas vezes voltava com ela de bonde para o centro. Às vezes, a levava para o francês ou a encontrava depois da aula.

Também havia horários preestabelecidos em que ele, ao passar pela praça do Rossio, fazia caretas e mandava beijos para Ofélia, que ficava ansiosa como se fosse Julieta acenando de volta para seu Romeu da janela da varanda do apartamento da irmã mais velha, que morava em frente à estação do Rossio. Ficava com frequência com essa irmã, Joaquina, em vez de no apartamento dos pais.

Ofélia falava com Joaquina e com a mãe sobre Pessoa, mas ele nunca contava a ninguém da família que tinha namorada. E também não considerava que tivesse uma. Não gostava de definições. Nem de compromissos. Muitas vezes cancelava ou deixava de comparecer aos encontros marcados com Ofélia, que de qualquer modo eram breves, e quando aparecia, às vezes ficava distraído ou vinha como Álvaro de Campos. Mas também havia momentos em que a surpreendia completamente. Um dia, com a voz tensa de paixão e olhando diretamente nos olhos dela, ele disse: "Tu és ácido sulfúrico". Outra vez, enquanto esperavam pacientemente por um bonde, ele a empurrou subitamente para o vão de uma escada e deu-lhe um beijo violento; depois, eles continuaram esperando, como se nada tivesse acontecido.[32]

Ela o bombardeava com cartas e o incitava a escrever com mais frequência porque seu amor era grande e o dele, estranho, incerto. Queria documentos, provas materiais de uma afeição que ele não transmitia de forma convincente em seus encontros. E assim o relacionamento dos dois, à medida que prosseguia, era em grande parte uma extensão e uma repetição da troca inicial de cartas, quando trabalhavam no mesmo escritório e ela, perplexa diante das demonstrações de afeto que se alternavam com indiferença, pediu que ele declarasse por escrito o que sentia.

Enquanto isso Eduardo, o desconsolado ex-namorado, perseguia e confrontava Ofélia. Investigando a identidade do homem que o substituíra, conseguiu surpreender os dois pombinhos numa de suas caminhadas e, no final de maio, relatou suas descobertas ao pai da moça, que ficou furioso por não ter sido informado sobre o novo envolvimento romântico da filha. Por volta da mesma época, Eduardo jurou à mãe dela que se vingaria.

Informado do que se passara, Pessoa, ao contrário do costumeiro laconismo, escreveu a Ofélia duas longas cartas no mesmo dia, 28 de maio. Além de oferecer palavras de conforto para acalmar seu espírito agitado, explicou-lhe que ela precisava, acima de tudo, da "força de vontade de *só pensar isto*: gosto do Fernando, *não há mais nada*". E perguntou: "Serás capaz [...] de concentrar o teu espírito numa atitude de indiferença por tudo quanto não seja o teu Nininho? Se não puderes fazer isto, não sabes amar ainda". Fernandinho e Nininho eram apelidos carinhosos de Pessoa, que chamava sua namorada de Bebê, Bebezinho, Nininha e Vespa. Eles também chamavam um ao outro de Íbis, apelido que ele adotara em 1909, mesmo ano em que montara a empresa homônima.

Longe de seguir os próprios conselhos, o grande sábio nas questões do coração já havia começado a se afastar pouco a pouco de Ofélia. Um dos primeiros sinais do esfriamento de sua paixão foi a presença cada vez mais intrometida e obstrutiva de Álvaro de Campos. Em três cartas diferentes enviadas em maio, Ofélia implorou a seu Fernandinho que deixasse o amigo irreal em casa na próxima vez que tivessem um encontro.[33] Na medida em que representava a vida literária de Pessoa, Campos era o rival mais sério de Ofélia quando se tratava da atenção de Pessoa, mas o heterônimo brincalhão encarnava um obstáculo ainda mais formidável para o relacionamento: a tendência de Pessoa de tratar tudo como um jogo. Era uma tendência que o iludia tanto quanto a ela. No cumprimento que enviou a Ofélia pelo aniversário dela, em 14 de junho, um dia depois do dele, Fernando escreveu que no ano seguinte, com sorte, poderia desejar feliz aniversário a ela antes de se levantar da cama. Em agosto, esse tipo de gracejo desapareceu de suas cartas, que se tornaram infrequentes. Ele se encontrava com ela com menos frequência e mais a contragosto. Em 14 de agosto, Ofélia escreveu uma carta sombria reclamando que era ela quem fazia de tudo — desde escrever cartas até sugerir quando e onde eles poderiam se encontrar — para manter o namoro vivo. "Queria ver mais interesse pela minha pessoa", escreveu ela. De fato, o coração de Pessoa já não estava voltado para o relacionamento.

49.

Entre as muitas fontes da preocupação amorosa de Ofélia estava o plano de Pessoa de ir a Londres a negócios no segundo semestre de 1920. "Vamos os dois", sugeriu ela numa carta escrita em junho, embora soubesse que isso jamais aconteceria.[1] Tinha ciúme de seus planos empresariais assim como dos irmãos dele e de Álvaro de Campos, pois sentia que para Pessoa todos eram mais importantes do que ela. Mas será que ele estava falando sério sobre ir para Londres ou apenas sonhando acordado? Ele próprio talvez não soubesse a resposta para a pergunta, mas agia como se fosse uma intenção totalmente séria.

Havia canalizado seu excesso de ideias relacionadas à promoção da cultura e do comércio portugueses para um curso mais viável, mas eram ambiciosas mesmo assim, e uma viagem a Londres seria essencial para a concretização de algumas delas. Ainda nutria planos para um Grêmio da Cultura Portuguesa, e, embora tivesse desistido da megaempresa Cosmópolis, pretendia criar em seu lugar uma "Agência Geral" chamada Olisipo, o nome de Lisboa quando era governada pelos romanos. A Olisipo funcionaria também como uma editora, e ele esperava que com o tempo se transformasse num conglomerado editorial com filiais no Brasil, nos Estados Unidos e em antigas colônias britânicas, como África do Sul, Índia e Austrália.[2] Tratava-se de uma ideia revolucionária em 1920, quando nada desse tipo existia na indústria editorial.

Dez anos haviam se passado desde que a Empreza Ibis engolira a herança de Pessoa e o mergulhara em dívidas. Era tempo suficiente para ter superado o trauma e voltar a sonhar em publicar dezenas de livros, tanto em português como em inglês. Porém, ele guardava algumas lições do desastre da Ibis: pense grande, mas comece pequeno, conte com outros para o investimento de capital inicial e use gráficas estabelecidas em vez de comprar seu próprio prelo. Para vender sua ideia a investidores, Pessoa preparou um prospecto abrangente em cinco partes que analisava o que faltava no panorama da indústria editorial portuguesa (como uma boa tradução das peças de Shakespeare), explicava por que a Olisipo estava numa posição privilegiada para ocupar essa lacuna (tinha um tradutor, Pessoa, que estava "inteiramente penetrado do espírito da obra shakespeariana") e estimava que poderia auferir um lucro de 30% em suas edições de traduções e obras originais. Se o investimento de capital fosse grande o suficiente, a editora também poderia produzir edições em série, dicionários, enciclopédias, livros em línguas estrangeiras e um anuário em inglês sobre Portugal. Quanto mais capital investido, maior o retorno — era simples assim. Ora![3]

Em 1919, Pessoa havia feito uma lista de possíveis investidores para a Cosmópolis. Um ano depois, e no mesmo caderno, elaborou uma relação muito mais longa de amigos e parentes que poderiam estar dispostos a comprar ações da Olisipo. Ele partia do pressuposto de que seus amigos escritores, inclusive colaboradores de *Orpheu* como José de Almada Negreiros e Alfredo Guisado, se interessariam naturalmente por uma editora especializada em literatura e que fosse um possível veículo para suas obras. E, uma vez que funcionaria também como uma agência comercial empenhada em dinamizar a atividade empresarial portuguesa, a Olisipo não deveria atrair amigos como Geraldo Coelho de Jesus, que publicara artigos que insistiam na necessidade de Portugal se industrializar e se dinamizar economicamente?

De início, alguns de seus amigos mostraram entusiasmo, mas não estavam dispostos a contribuir para a criação da Olisipo. Ninguém levou a sério o número excessivamente inflado de livros que a divisão editorial estimava vender, com uma margem de lucro implausível de 30%. E seu histórico ruim como empresário também não era segredo. Sem dizer a Ofélia sobre a natureza do negócio, Pessoa queixou-se a ela da falta de solidariedade dos amigos em carta enviada em 11 de junho:

> Eu, com a organização da ideia, e com os estudos para a montagem da empresa, cumpri o meu papel, e não fiz pouco, pois fiz o principal, que é arranjar as bases para o trabalho. Querer que eu faça todo o resto também, é como querer que o mesmo indivíduo, num escritório, seja chefe do escritório, guarda-livros, datilógrafo, e praticante para levar as cartas.

Pessoa tinha uma mente brilhante, cheia de ideias engenhosas e eloquentemente formuladas, mas não a paciência para colocá-las em prática em um esforço sistemático. Quer fossem ideias de negócios, ideias nacionalistas, como o Quinto Império português, ou ideias para grandes projetos literários, como o *Livro do desassossego*, *Fausto* e *The Duke of Parma*, Pessoa quase nunca se preocupava com as medidas práticas necessárias à sua concretização. Embora tenha escrito centenas de textos para essas três obras literárias, as duas primeiras nunca poderiam ter sido publicadas sem o trabalho meticuloso de seus editores póstumos, enquanto *The Duke of Parma* ainda espera por estudiosos mais obstinados para torná-lo um texto publicável.

Ao contrário do que costumava fazer, Pessoa deu os passos necessários para lançar a Olisipo, mas numa versão modesta e reduzida que exigia somente um pequeno desembolso de capital. Encontrou um escritório para alugar na rua da Boa Vista, em meio a lojas de ferragens e pequenas mercearias, a oeste da Baixa, região mais cara; mobiliou-o com alguns itens básicos, inclusive uma máquina de escrever e uma cama dobrável;[4] adquiriu um endereço telegráfico e uma caixa postal; e encomendou papel timbrado com o cabeçalho "OLISIPO — Agência Geral Portuguesa". A cama tornava seu escritório uma conveniente casa longe de casa. Por mais que amasse a mãe e a irmã, de vez em quando precisava ficar completamente sozinho.

No segundo semestre de 1920, a Olisipo abriu as portas. Como "agência geral", estava preparada para lidar com todos os tipos de transações comerciais, mas sendo Pessoa quem era, o oposto de um verdadeiro empresário, sua firma fazia pouquíssimos negócios. As operações começaram da maneira mais discreta possível, por meio de cartas de apresentação enviadas a um punhado de firmas estrangeiras, entre elas a Veloce Ltd., fabricante da Velocette, uma motocicleta britânica clássica. Pessoa, com o seu gosto por veículos motorizados, estava aparentemente explorando a possibilidade de ser um agente da Velocette para o mercado português. Álvaro de Campos teria gostado de possuir um de seus modelos mais recentes, mas a Olisipo não avançou nas negociações com a empresa.

* * *

Ao mesmo tempo que enviava cartas para várias indústrias e empresas na Inglaterra, na Dinamarca e outros lugares,[5] como um caçador que atirasse aleatoriamente no escuro e esperasse um golpe de sorte, o diretor e gerente da Olisipo já estava traçando planos para seu programa de publicações, que incluía seus últimos poemas em inglês: um grupo de "Inscriptions", ou epitáfios, inspirados por sua leitura da Antologia Grega. Pessoa, que tinha uma edição greco-inglesa em cinco volumes desse famoso compêndio de poemas concisos da Antiguidade e do início da Idade Média,[6] escreveu a maior parte de suas "Inscriptions" em 1920, embora a primeira delas — juntamente com a ideia de escrever inscrições — datasse de 1907.[7] Eis a versão final revisada:

We pass and dream. Earth smiles. Virtue is rare.
Age, duty, gods weigh on our conscious bliss.
Hope for the best and for the worst prepare.
*The sum of purposed wisdom speaks in this.**

Não fosse pelo último verso, um tanto desajeitado, poderíamos ser enganados e pensar que essa inscrição era realmente da Antologia Grega.

Quase todo grande modernista é, em certo sentido, um classicista, e também um romântico, uma vez que a aspiração poundiana de *make it new* [fazê-lo novo, renovar] implica familiaridade e envolvimento com as tradições literárias anteriores. James Joyce escreveu a quintessência do romance modernista ao recriar a *Odisseia*. Mas Fernando Pessoa, depois de ter provado — e mesmo *enquanto* provava — que poderia ser um futurista e um intersecionista de inspiração cubista, parece ter aspirado a *make it old* [fazê-lo velho, à moda antiga]. Expressava as preocupações, confusões e sentimentos frequentes de angústia de um indivíduo moderno em sonetos petrarquistas e shakespearianos, nas odes horacianas de Ricardo Reis, em formas poéticas tradicionais portuguesas quando escrevia poesia com seu próprio nome e em versos epigramáticos que lem-

* "Passamos e sonhamos. A terra sorri. A virtude é rara./ Idade, dever, deuses pesam em nossa felicidade./ Espera pelo melhor e para o pior te prepara./ A soma da sabedoria a propósito fala nisso." (N. T.)

bravam a Antologia Grega. Até mesmo os primeiros poemas quase futuristas de Álvaro de Campos emulavam as odes ditirâmbicas da Grécia Antiga para fazer com mais eficácia o elogio ruidoso das fábricas, das máquinas, da velocidade e da vida urbana. Com qualquer nome que assinasse, Pessoa usava a velha forma etimológica de grafia do português. Ele próprio se vestia de maneira conservadora. E sonhava, absurdamente, em helenizar — ou neopaganizar — o Portugal do século XX.

O conservadorismo de Pessoa era uma crítica implícita a tudo o que é apresentado como novo e aperfeiçoado sem talvez merecer de fato essas designações; era também um apelo tácito pela *conservação*. Deixem nascer novas ideias, novas formas e novos deuses, se quiserem, mas não descartemos as belas ideias, as formas elegantes e os deuses veneráveis daqueles que vieram antes de nós!

"Passamos e sonhamos. A Terra sorri." Dolorosamente ciente de que todo empreendimento humano está condenado ao eventual esquecimento, Pessoa procurava adiar esse destino por meio da literatura. Ele acreditava que as palavras, quando organizadas em composições literárias superiores, podem sobreviver aos atos. Por isso, Oliver Cromwell, em algum futuro distante, "não será [...] lembrado senão porque Milton a ele se refere num soneto".[8] Miltons, no entanto, são raríssimos, como Pessoa observou em "Impermanence", ensaio para o qual redigiu catorze trechos, todos menos um em inglês, entre 1918 e 1920. Ao examinar que tipo de obra literária perduraria através dos tempos, o ensaio previa que poetas como Byron e Robert Browning praticamente desapareceriam da memória humana, enquanto Shelley seria reduzido a alguns poemas líricos "na Antologia Inglesa do futuro".

As obras e seus autores sobrevivem, segundo a análise de Pessoa, quer porque atingem a perfeição, caso de Milton e John Keats em suas odes, quer porque são amplamente representativos, como Walt Whitman, "o médium dos Tempos Modernos", cujo "poder de expressão é tão consumado quanto o de Shakespeare". Seu prognóstico para a literatura de seu tempo era especialmente terrível: quase toda estava condenada à impermanência e ao esquecimento. No entanto, sua época sobreviveria da seguinte maneira: "Um grande poeta aparecerá com um chamado à eternidade — um construtor, um mestre do intelecto. Em sua obra, o 'gênio' da época se refletirá".[9] Desse modo, Pessoa reiterava, em inglês, o que havia profetizado em português em 1912: o surgimento de um Super-Camões, ou Grande Poeta, que era ele mesmo.

A profecia anterior de Pessoa baseara-se em nada além da fé em sua própria capacidade. Mas, desde então, havia escrito poemas extraordinários e originalíssimos, e quem entre os seus contemporâneos poderia reivindicar ser tão diversamente representativo como Pessoa? Ele forjara um poeta da natureza, Alberto Caeiro; um poeta da cidade moderna, Álvaro de Campos; e um poeta do mundo antigo transposto para o presente, Ricardo Reis. Além disso, era capaz de compor versos tanto em inglês como em português. Com certeza, possuía qualidades que poderiam chamar a eternidade e fazer dele o grande poeta de sua época, um Super-Camões, talvez até uma nova espécie de Shakespeare. Essa confiança incipiente foi reforçada quando ele conseguiu publicar um de seus poemas em inglês numa revista literária britânica. "Meantime" [Entrementes], parte de *The Mad Fiddler*, saiu na edição de 30 de janeiro de 1920 de *The Athenaeum*, que tinha entre seus colaboradores nomes como Virginia Woolf e T. S. Eliot.

Publicar em *The Athenaeum* não era pouca coisa, e só podemos imaginar como Pessoa o conseguiu, já que nenhuma correspondência sua com a revista foi preservada. Pode ser que tenha enviado muito mais poemas para *The Athenaeum* e outras publicações, até que sua persistência enfim valeu a pena. Seja qual for o caso, "Meantime" não é um poema muito bom. Seu autor, no entanto, ignorava teimosamente as deficiências de sua poesia anglófona e ansiava por publicar muito mais em forma de livro sob o selo Olisipo. Pretendia também lançar volumes separados com obras de seus heterônimos portugueses. Havia feito esses mesmos planos antes, mas em 1920 realmente escreveu um prefácio geral para *Aspectos*, uma série de cinco ou mais livros a serem publicados cada qual com uma assinatura diferente.[10]

Embora o termo "heterônimo" ainda não fizesse parte do vocabulário de Pessoa, ele já havia conceituado totalmente a noção de pseudoautores que eram ele, mas ao mesmo tempo não eram. "O autor humano destes livros", explica seu prefácio a *Aspectos*,

> não conhece em si próprio personalidade nenhuma. Quando acaso sente uma personalidade emergir dentro de si, cedo vê que é um ente diferente do que ele é, embora parecido; filho mental, talvez, e com qualidades herdadas, mas as diferenças de ser outrem.

> Que esta qualidade no escritor seja uma forma da histeria, ou da chamada dissociação da personalidade, o autor destes livros nem o contesta, nem o apoia. De nada lhe serviriam, escravo como é da multiplicidade de si próprio, que concordasse com esta, ou com aquela, teoria, sobre os resultados escritos dessa multiplicidade.

Antecipando sua vida literária após a morte, Pessoa já fornecia aos futuros críticos psicopatologias potencialmente úteis para explicar seu gênio particular. Alberto Caeiro, Ricardo Reis, Álvaro de Campos e outros autores fictícios eram apresentados como diferentes *aspectos*, ou facetas, de Fernando Pessoa, que alegava não ter personalidade a não ser nesses e por meio desses aspectos — como se, ao olhar-se no espelho, os visse em vez de a si mesmo, ou como se ouvisse a voz deles quando falasse e não a sua própria.

Além dos três heterônimos poéticos, pelo menos duas vozes em prosa estariam representadas na série de livros *Aspectos*: Antônio Mora, com um ensaio sobre "a renovação do paganismo", e Vicente Guedes, autor do *Livro do desassossego*. Guedes era uma personalidade instável e um tanto confusa, como podemos supor pelos tipos muito díspares de prosa encontrados nos mais de 150 textos escritos até então para o *Livro do desassossego*. Pessoa não sabia como organizar esse material múltiplo num conjunto publicável. Redefinira Guedes como um trabalhador de escritório introvertido em 1917 ou 1918, mas sem colocar seu personagem em foco nítido e sem adaptar o livro às novas circunstâncias do narrador. Tampouco escrevera muito material novo para ele nos anos anteriores, absorvido como estava por outros projetos, inclusive seus dois empreendimentos comerciais recentes — a F. A. Pessoa, e agora a Olisipo. O livro perdeu impulso e, em 1920, ficou completamente parado. Depois de ser mencionado com destaque no prefácio da série *Aspectos*, que nunca foi adiante, o *Livro do desassossego* caiu num sono prolongado, e Vicente Guedes, em um descanso eterno — desapareceu para sempre do universo literário de Pessoa.

Assim como amantes que têm apenas um controle parcial sobre a maneira como seu amor se desenvolve, muda, diminui, e ocasionalmente revive, do mesmo modo Pessoa não conseguia prever como seus heterônimos e seus projetos de escrita se comportariam, que rumos tomariam. Havia alguma verdade em sua afirmação histriônica de ser o "escravo [...] da multiplicidade de si próprio".

Ofélia Queiroz sabia que Álvaro de Campos, além de servir como representante do namorado para provocá-la e atormentá-la, escrevia e publicava poemas, alguns dos quais ela lia e gostava,[11] mas desconhecia o resto do universo literário de Pessoa. Ele também não comentava sobre suas esperanças de transformar a Olisipo em um império editorial, ou sobre suas ideias a respeito de uma Nova Monarquia e de um Quinto Império português. A criação literária e artística, a política e os negócios eram ocupações masculinas, e ele queria manter as coisas assim.

De acordo com Pessoa, as mulheres eram inferiores aos homens, não porque fossem menos inteligentes, mas por serem menos curiosas e criativas; seu principal interesse era capturar um homem e viver para ele. Ofélia, cuja principal ambição na vida após conhecer Pessoa era casar-se com ele, parecia confirmar seu ponto de vista, que deixava de levar em consideração fatores condicionantes como as expectativas sociais e familiares para as mulheres e suas limitadas oportunidades educacionais. Quanto às intelectuais e artistas femininas cuja obra Pessoa admirava — desde os tempos de Safo —, ele as considerava desviantes, exceções masculinizadas; portanto, não eram mulheres de verdade.

Anteriormente, afirmei que a misoginia de Pessoa derivava mais do medo do que da inimizade. As mulheres o intimidavam, exceto quando eram parentes, empregadas domésticas, moças de escritório ou balconistas. Contudo, Ofélia, que para ele era muito mais do que uma secretária, conseguia deixá-lo à vontade. Embora o contato físico deles se limitasse a beijos e carícias, ela cumprira parcialmente a missão dada por Henry More e pelos outros espíritos astrais, que queriam curar o discípulo não apenas de sua virgindade, mas também de sua aversão às mulheres. Em 1920, mesmo que Pessoa, por hábito, continuasse a supor que elas eram intelectual e criativamente menos dotadas do que os homens, toda a retórica sobre a inferioridade feminina sumiu de forma repentina de sua escrita.

O amor de Ofélia foi uma bênção inesperada pela qual ele permaneceria para sempre grato, mas qualquer amor que sentisse por ela se reduzira a um dever, uma obrigação de retribuição, que ele relutava em cumprir. Em meados de outubro, depois de três dias sem nenhum sinal dele, nem mesmo um bilhete para lhe dizer que não o esperasse nos lugares habituais, ela escreveu uma carta de reprimenda. Ele respondeu no dia seguinte, dizendo que ela tinha todos os motivos para estar com raiva, mas que não era culpa dele. Uma "onda negra" estava caindo sobre sua mente, e ele pretendia procurar tratamento numa clínica em novembro. "Afinal o que foi? Trocaram-me pelo Álvaro de Campos!" A perspectiva de ir para uma clínica era um exagero; a tal "onda negra" — uma de suas crises periódicas de depressão — era muito real. Mas o que o separava de Ofélia era Álvaro de Campos.

A depressão se dissipou, mas sua frieza em relação a ela permaneceu. Em 27 de novembro, depois de alguns dias sem vê-lo ou ter notícias dele novamente, Ofélia escreveu de maneira breve, sem rodeios, para dizer que não estava disposta a continuar assim. Ao ler essas palavras, a primeira reação de Pessoa foi escrever um soneto em inglês, datado de 28 de novembro, para expressar seu grande alívio por "essa farsa [...] de amor" entre eles ter acabado. Era um soneto melancólico, com um vago arrependimento colorindo a sensação de alívio do poeta. Nas margens e no verso da folha que contém esse e outro soneto incompleto sobre a separação, Pessoa redigiu sua carta de resposta a Ofélia, afirmando que "a única solução é essa — o não prolongarmos mais uma situação que não tem já a justificação do amor, nem de uma parte nem de outra".

Na verdade, ela ainda estava apaixonadíssima e deve ter sofrido uma humilhação indescritível ao ler o terceiro parágrafo da eloquente e insensível carta de Pessoa:

> O Tempo, que envelhece as faces e os cabelos, envelhece também, mas mais depressa ainda, as afeições violentas. A maioria da gente, porque é estúpida, consegue não dar por isso, e julga que ainda ama porque contraiu o hábito de se sentir a amar. Se assim não fosse, não havia gente feliz no mundo. As criaturas superiores, porém, são privadas da possibilidade dessa ilusão, porque nem podem crer que o amor dure, nem, quando o sentem acabado, se enganam tomando por ele a estima, ou a gratidão, que ele deixou.

E ele a insultou ainda mais quando, em outro parágrafo, escreveu que

> não esquecerei nunca — nunca, creia — nem a sua figurinha engraçada e os seus modos de pequenina, nem a sua ternura, a sua dedicação, a sua índole amorável. Pode ser que me engane, e que estas qualidades, que lhe atribuo, fossem uma ilusão minha; mas nem creio que fosse, nem, a terem sido, seria desprimor para mim que lhas atribuísse.

Anos mais tarde, Pessoa revelaria todo o sentido dessa última frase num trecho do *Livro do desassossego*: "Nunca amamos alguém. Amamos, tão-somente, a ideia que fazemos de alguém. É a um conceito nosso — em suma, é a nós mesmos — que amamos".[12]

Qualquer que fosse a verdadeira natureza de seu envolvimento romântico com Ofélia, ou com a "ideia" de Ofélia, Pessoa previu que jamais teria outra relação do tipo. No final da carta de despedida, escreveu: "O meu destino pertence a outra Lei, de cuja existência a Ofelinha nem sabe, e está subordinado cada vez mais à obediência a Mestres que não permitem nem perdoam". Ela escreveu-lhe mais uma carta, amargurada e sarcástica, e ele, em obediência a seus mestres literários, produziu mais dois poemas em inglês sobre o fim do caso.[13]

Por ora, seguiram caminhos separados, mas sem que eles soubessem ainda havia um elo vital entre os dois: Carlos, o filho de treze anos de Joaquina, a irmã muito mais velha com quem Ofélia costumava ficar. Mais um irmão do que um sobrinho para ela, dentro de cinco anos ele se tornaria poeta — e um amigo de Fernando Pessoa.

50.

A primeira metade da década de 1920 em Lisboa foi, para usar uma expressão dickensiana, a melhor e a pior das épocas, a depender da classe social da pessoa, de sua disposição para a aventura e de seu apetite pela vida noturna. Portugal enfrentou muitos dos mesmos desafios encarados por outros países da Europa no pós-guerra, como o desemprego alto, a moeda desvalorizada, a escassez de moradia, a ampliação das reivindicações dos trabalhadores e o surgimento de ideologias nacionalistas extremadas. A nação, na verdade, estava mais instável do que nunca do ponto de vista político, com o colapso de sete governos em 1920 e mais seis em 1921. Os rufiões armados conhecidos como Formigas Brancas continuavam a arrasar negócios e agredir indivíduos considerados inconvenientes para o Partido Democrático; os menos numerosos Formigas Pretas continuaram a se opor a eles; e havia agora uma nova organização, a Legião Vermelha, cujos membros promoviam atentados a bomba e atacavam políticos de alto escalão e industriais para promover a anarquia. Houve um número recorde de greves durante o pós-guerra — de ferroviários, motorneiros de bondes, operários da construção civil, operários da indústria, tipógrafos, alfaiates, estofadores, carteiros e outros —, e, para o caso de algum fura-greve pensar em ir ao trabalho, as locomotivas eram descarriladas, e os bondes, sequestrados, paralisando o transporte público. Enquanto isso, a classe baixa se expandia, ganhando centenas de veteranos de guerra com sequelas físicas ou emocionais debilitantes demais para permitir que fizessem parte da força de trabalho. E, no entanto, para muitos, foi uma época de alegria e prosperidade.

Afonso Costa, o principal negociador de Portugal na Conferência de Paz de Paris, obtivera poucas concessões, e as reparações monetárias vindas da Alemanha estavam muito aquém das dívidas exorbitantes acumuladas por seu país durante a guerra. Para financiar os gastos públicos, que incluíam os salários de uma burocracia estatal muitíssimo ampliada pela República, o governo imprimiu dinheiro, fazendo com que a inflação disparasse para bem mais de 50% em 1920 e 1921. As moedas desapareceram de circulação, pois seu valor metálico ultrapassara o valor nominal, e a taxa de câmbio do escudo despencou. Embora esses problemas não pudessem ser comparados com a devastação econômica que afetou a Alemanha e outros países da Europa Central, a letargia crônica de Portugal e sua aparente incapacidade de inovação não favoreceram a recuperação. A moeda enfraquecida, no entanto, acabou sendo uma bênção para a indústria nacional, cujos produtos se tornaram mais competitivos no mercado interno. Abriram-se muitos novos bancos, enquanto vários dos antigos fechavam. O dinheiro mudava de mãos rapidamente, criando uma nova riqueza para alguns, e as pessoas com dinheiro começaram a gastá-lo. O mercado de produtos importados disparou.

Em Portugal, assim como no resto da Europa e na América do Norte das melindrosas, uma maior consciência da precariedade e da impermanência da vida encorajou uma mentalidade mais permissiva, e as pessoas nas grandes cidades, principalmente Lisboa, se soltaram. As mulheres, embora ainda não pudessem votar, tornaram-se mais independentes. Adotando a última moda do exterior, usavam chapéus cloches justos, levantavam as bainhas das saias até os joelhos, fumavam cigarros e começavam a sair sozinhas, sem acompanhantes. Os homens, que haviam aparado aos poucos os pelos faciais ao longo da década anterior, agora não usavam mais barba, embora alguns, inclusive Pessoa, continuassem com seus bigodes. Para as pessoas que podiam pagar, as boates se tornaram moda. Com decoração suntuosa, ofereciam jantares finos, absinto, champanhe e coquetéis, música ao vivo, shows de variedades, dança e roletas, até as cinco da manhã. Os farristas cheiravam cocaína para acompanhar a noite. Embora os gastos públicos tenham sido refreados em 1924, fazendo com que a inflação desse lugar à deflação, os frequentadores da noite continuaram festejando, numa atitude de frivolidade indiferente que se contrapunha às políticas de austeridade.

Pessoa bebia apenas vinho e aguardente, a partir da hora do almoço; seu envolvimento com jogos de azar limitava-se à compra de bilhetes de loteria; e sua única tentativa malsucedida de folia foi numa peça versificada de um ato sobre as devotas hedonistas de Baco, *Auto das bacantes*, que começou a escrever em 1917 e abandonou no início dos anos 1920.[1] Embora não tivesse interesse pela vida noturna agitada de Lisboa e pelas mulheres liberadas que agora farreavam tanto quanto os homens, defendia o direito das pessoas de se vestir e agir como bem entendessem, pois acreditava que não cabia ao governo moralizar cidadãos ou intrometer-se em suas vidas privadas.[2]

O novo espírito de leveza e audácia, que influenciava não só os comportamentos sociais e a moda do vestuário como também a arte, a música e a literatura, coexistiu na Europa com a intensificação da agitação política, tanto à direita como à esquerda. Movimentos populistas e autoritários surgiram em vários países, e entre seus adeptos havia certos libertinos e inovadores artísticos cansados da política partidária.

Entre os conhecidos de Pessoa, a figura mais paradigmática dessa época de atitudes contrastantes era Antônio Ferro, o amigo de colégio de Mário de Sá-Carneiro que fora, apenas no nome, o editor-chefe de *Orpheu*. Ex-partidário dos democráticos de Afonso Costa, Ferro tornara-se, assim como Pessoa, um grande admirador de Sidônio Pais, vendo no falecido ditador um presságio do glorioso regresso de d. Sebastião. Mas, enquanto Pessoa não tinha uma ideia clara da forma que essa volta poderia assumir, Ferro estava convicto da chegada de outro ditador ainda mais forte para colocar em ordem a caótica casa de Portugal.[3] Enquanto esperava, ocupava-se de assuntos mais leves. Em 1920, publicou uma coleção de aforismos provocadores e observações paradoxais apropriadamente intitulada *Teoria da indiferença*. Seguiu-se, no ano seguinte, *Leviana*, cuja narradora sedutora exaltava os prazeres fúteis e libidinosos. Ferro era um escritor de segunda categoria, mas hábil em captar o clima da nova década e tirar vantagem disso. Em 1922, faria uma longa viagem ao Brasil, onde levaria na conversa os literatos locais, daria uma palestra sobre "A idade do jazz-band", atuaria em uma peça ousada de sua própria autoria e ganharia a reputação de líder modernista de Portugal.

José de Almada Negreiros — por natureza irreverente, jovial e um sensualista de espírito livre — já estava automaticamente em sintonia com o estado de espírito despreocupado da década. Chegou inclusive a trabalhar por um tempo como dançarino na Maxim's, a maior e mais antiga casa noturna de Lisboa. Cada vez mais procurado como ilustrador, designer de capa e criador de cartazes, tornou-se também colaborador habitual de jornais, escrevendo esquetes e comentários sobre a vida contemporânea. Em 3 de março de 1921, apresentou outra de suas "conferências", nunca convencionais, embora nem um pouco parecidas com sua palestra futurista de 1917. Em vez de manifestos estridentes para abalar os pontos de vista estabelecidos, ele leu uma série de textos em prosa poética charmosos e íntimos, sob o título geral de "A invenção do dia claro". Pessoa ficou tão encantado com o texto de Almada que traduziu grande parte para o inglês,[4] convencido de que atrairia leitores estrangeiros. Nunca terminou a tradução, mas a divisão editorial de sua ainda incipiente empresa chamada Olisipo logo lançaria a obra em português.

Outra possibilidade para a Olisipo chamou a atenção de Pessoa: *Canções*, uma coletânea de poesias descaradamente homoeróticas de um relativo recém-chegado à cena literária, Antônio Botto (1897-1959). Desafiando o espírito superficialmente tolerante da época, o livro de Botto mexia com noções mais enraizadas do que era aceitável em termos morais. Publicado em edição limitada em fevereiro de 1921, foi exposto numa livraria lisboeta ao lado de uma foto sensual do jovem poeta, que exibia ombros nus como o busto de uma estátua grega e com a cabeça inclinada para trás, de modo que os lábios se projetassem para a frente, como se perguntasse em silêncio: "Você tem coragem?". Aqui temos três estrofes do nono poema:

Numa atitude elegante,
Misteriosa, gentil,
Deu-me o seu corpo doirado,
Que eu beijei quase febril.

Na vidraça da janela
A chuva, leve, tinia...

Ele apertou-me, cerrando
Os olhos para sonhar...
E eu, lentamente, morria
Como um perfume no ar...

Esse era um dentre meia dúzia de poemas citados por um crítico indignado, cuja resenha foi a matéria principal da primeira página de *A Capital* em 18 de abril.[5] (Uma greve de três meses dos jornais impediu que a crítica saísse mais cedo.) Ele se referia ao autor no feminino, como dona Antônia, e espantava-se que a polícia e as autoridades governamentais pudessem permitir que algo tão ofensivo à moral fosse vendido abertamente. Também acusava Botto de promover a si mesmo e sua obra apelando para os instintos mais baixos das pessoas. O livro, que o crítico de forma involuntária ajudou a promover, logo teve esgotada sua pequena tiragem.

Os poemas de Botto são notáveis por seu estilo límpido e sua capacidade de evocar uma atmosfera em poucas palavras, mas o que os torna verdadeiramente memoráveis é sua sincera celebração do amor entre homens. Fernando Pessoa propôs uma edição ampliada de *Canções* em livro da Olisipo; em maio, ele e Botto acertaram um adiantamento,[6] e foi nessa época que os dois se tornaram amigos.

Eles eram opostos em muitos aspectos, devido à formação muito diferente de ambos. Pessoa, filho privilegiado, fora criado em bairros "bons", rodeado de livros, mas sem a companhia de outras crianças. Botto crescera na abandonada e empobrecida Alfama, o bairro mais antigo de Lisboa, habitado ao longo dos tempos por fenícios, romanos, visigodos e mouros. Subindo a partir do rio Tejo, onde o pai de Botto era barqueiro, a Alfama lembrava vagamente uma almedina, com suas ruas sinuosas, suas escadarias e seus arcos, além de sua população heterogênea e exuberante: trabalhadores braçais, balconistas, donas de casa, vendedoras de peixes, cafetões, prostitutas, desordeiros, bebês chorões. O crítico cultural alemão Walter Benjamin escreveu um ensaio primorosamente perspicaz sobre a *porosidade* de Nápoles, na Itália, e essa mesma qualidade distinguia a Alfama. Era um bairro superpopuloso em que a honestidade e a velhacaria, a diligência e a indolência, a religiosidade e a sensualidade coexistiam à vista de todos. Qualquer um que abrisse uma janela ou saísse por uma porta seria logo notado a partir de várias alturas e ângulos, o que tornava a privacidade absoluta impossível.

Nesse ambiente promíscuo e turbulento, Botto conseguira de algum modo se educar em literatura, e, embora não fosse intelectualmente meticuloso ou profundo, tinha um senso de humor afiado, era charmoso quando queria e não era dado a inibições. Seu aspecto mais original — e assim teria sido em praticamente qualquer país do mundo — era a aceitação total e afirmação aberta de sua homossexualidade. Foi uma característica que fascinou Pessoa, que defenderia Botto e sua obra pelo resto da vida.

* * *

Em 1º de abril de 1921, a Olisipo mudou-se para um novo endereço, mais central, na rua da Assumpção, número 58, 2º andar, e com papéis timbrados recém-impressos, que passaram a dizer "OLISIPO — Agentes, Organizadores e Editores". Na verdade, havia apenas um agente, organizador e editor, e a empresa nunca organizou nada. Pessoa, porém, tentou obter negócios como agente comercial. Em maio, publicou anúncio num jornal do Porto dirigido aos proprietários de minas,[7] alguns dos quais acabou por representar junto a empresas de mineração no Reino Unido. Abordou também a African Realty Trust, uma empresa com sede em Londres, para aventar uma possibilidade de investimento numa concessão agrícola na Guiné Portuguesa. Com menos ambição, ou mais desespero, escreveu a várias firmas britânicas para oferecer os serviços de tradução do português para o inglês da Olisipo. Pelo que pude averiguar, seus esforços multifacetados não resultaram em um único acordo comercial. Embora suas cartas comerciais fossem bem escritas, sente-se que o empresário ainda é Fernando, o adolescente — brilhante, bem informado e articulado, mas muito preso ao aprendizado livresco e às próprias ideias para ser capaz de ler o mundo real com precisão. Ele certamente não tinha um bom faro para os negócios.

Em outubro, as atividades de agência da Olisipo já haviam cessado; ela estava prestes a se tornar uma editora, após dois anos de planejamento que até então serviram apenas para entreter seu criador. Não tendo conseguido atrair capital de investimento para a grande editora internacional inicialmente imaginada, Pessoa desistiu de abrir filiais em Londres e noutras capitais estrangeiras, mas outras ideias lhe haviam ocorrido em tempos mais recentes. Em 1921, cogitou que a Olisipo funcionasse não apenas como editora, mas também como distribuidora — de títulos próprios e de outros livros, novos e usados, nacionais e importados. Assim que a proposta de oito páginas terminou de ser datilografada, entrou no vasto cemitério de projetos não realizados de Pessoa. Outra ideia era fazer da Olisipo uma casa especializada em edições de luxo, a serem vendidas por meio de uma livraria associada.[8] Essa ideia também foi rápida e silenciosamente posta de lado. A Olisipo, como veremos, viria a ser uma editora de nicho, mas não da maneira que o incansável planejador havia imaginado.

No segundo semestre de 1921, Pessoa datilografou uma lista de mais de cinquenta títulos potenciais para a Olisipo — de poesia, ficção e não ficção. No topo da lista encontrava-se *Canções* de Antônio Botto, até então o único livro sob contrato. *A invenção do dia claro*, de Almada Negreiros, também estava lá, junto com obras de vários outros colaboradores de *Orpheu*. O escritor Fernando Pessoa estava generosamente representado por títulos de poesia e prosa em português e inglês, alguns dos quais atribuídos a heterônimos.

Pessoa não só pensava grande como pensava internacionalmente, e mais da metade dos livros em sua lista de desejos de publicação eram traduções. Entre elas, edições em inglês de sonetos de Camões e de Antero de Quental, para os quais já tinha alguns rascunhos provisórios, além dos *Poemas completos de Alberto Caeiro*, a serem vertidos para o inglês pelo também heterônimo Thomas Crosse. Entre as traduções programadas para o português estavam a poesia de Safo, *O príncipe*, de Maquiavel, "A balada do velho marinheiro", de Coleridge, e um livro de haicais e outros poemas japoneses.[9]

O item mais surpreendente da lista de publicações futuras da Olisipo era *Os protocolos dos sábios de Sião*, as supostas atas de uma reunião secreta de líderes judeus discutindo estratégias para dominar o mundo: infiltrar-se na maçonaria, dominar as finanças mundiais, controlar os meios de comunicação e fomentar a instabilidade política. Essa obra foi distribuída pela primeira vez na Rússia, para despertar o sentimento antijudaico durante a sangrenta onda de pogroms iniciada dois anos antes da Revolução de 1905. Por volta de 1920, foi publicada e divulgada em inglês, francês e alemão para culpar os judeus pela Grande Guerra, pela Revolução Bolchevique e por outros males reais ou percebidos do século XX. Seu principal divulgador nos Estados Unidos foi Henry Ford, cujo jornal, *The Dearborn Independent*, publicou uma série de artigos sobre o "problema" judaico mundial entre 1920 e 1922. A maior parte deles foi reimpressa em quatro volumes sob o título *O judeu internacional*. Pessoa comprou os dois primeiros.

O *Times* de Londres, em agosto de 1921, publicou provas conclusivas de que os *Protocolos* eram um documento fraudulento, mas os antissemitas continuaram a citá-los como prova de uma conspiração judaica mundial. Endossados por Hitler em *Minha luta*, os *Protocolos* foram um elemento básico da propaganda antijudaica alemã. O livro de Hitler também elogiava Ford por manter-se independente da "fúria" dos judeus norte-americanos.

Foi logo *depois* da leitura do artigo do *Times* que Pessoa decidiu traduzir os

Protocolos para o português. Ou melhor, incumbiu A. L. R., um novo heterônimo misterioso conhecido apenas por suas iniciais, de realizar a tradução, acompanhada de notas e uma introdução. Pessoa, que possuía uma edição francesa do controverso texto, parece tê-lo lido apenas superficialmente e quase com certeza não acreditou que fosse genuíno. Por isso mesmo queria argumentar que era. "Contra argumentos não há fatos", declarava um investigador numa de suas histórias policiais,[10] e ninguém levava isso tão a sério como Pessoa, que se deleitava em provar a veracidade de ideias e afirmações que sabia serem completamente falsas. Embora nunca tenha traduzido nenhuma parte dos *Protocolos*, fez algumas anotações para uma introdução, que se propunha a demonstrar através da lógica como o texto, apesar de plagiar uma fonte francesa do século XIX que não tinha nada a ver com os judeus, ainda poderia ser válido. Os judeus não estavam, argumentava ele, realizando o que os chamados Sábios de Sião teriam conspirado na virada do século? Além disso, defendia que o plágio por si só não era falsificação, uma vez que um homem pode usar as ideias e palavras de outra pessoa para os próprios fins.[11]

Pessoa chegou mesmo a redigir textos publicitários para sua eventual edição dos *Protocolos*.[12] Um dos anúncios culpava os Sábios de Sião não apenas pela Grande Guerra e pelo bolchevismo, mas também pela democracia moderna. Outro fundia os Sábios de Sião com os trezentos homens que governavam o destino econômico da Europa, de acordo com uma infeliz declaração feita por Walther Rathenau em 1909.[13] Esse industrial judeu alemão e político liberal havia mencionado uma cabala de trezentos homens como uma espécie de metáfora, para deplorar o fato de que um pequeno grupo de banqueiros, financistas e industriais exercesse tanta influência, mas alguns antissemitas interpretaram suas palavras literalmente e afirmaram que o próprio Rathenau fazia parte da cabala. Também Pessoa, pelo menos no papel, endossou essa ideia ridícula. Em 1922, Rathenau, nomeado pouco tempo antes ministro das Relações Exteriores da República de Weimar, seria assassinado por um grupo de terroristas ultranacionalistas cujo líder alegou que a vítima era um dos infames "trezentos" Sábios de Sião.

Como quase tudo na vida intelectual de Pessoa, seu interesse e seus escritos sobre os *Protocolos* giravam em torno da literatura — nesse caso, uma literatura nitidamente desagradável em cujas consequências perniciosas ele aparentemente nunca parou para pensar. Uma teoria da conspiração que fornecia uma explicação clara e simples, mas nem um pouco óbvia, para o curso da história mundial recente exercia uma atração natural sobre alguém como ele, um aficionado por histórias policiais, astrologia, códigos, mitos e profecias — alguém para quem tudo que era visível tinha por trás algo invisível.

Então, qual era a posição de Pessoa em relação aos judeus? Não está claro se ele tinha uma. Entre 1923 e 1925, escreveria mais de vinte páginas em português para um ensaio ambíguo intitulado "A Conspiração dos 300", que repetia alguns dos estereótipos disseminados por propagandistas antijudaicos, ao mesmo tempo que criticava o "ódio anti-intelectual" de campanhas antissemitas.[14] Sem nenhuma animosidade perceptível em relação aos judeus, escrevendo como um analista calmo que por acaso era orientado por ideias reacionárias, ele observava que os trezentos membros da oligarquia que supostamente conspirava para derrubar a ordem mundial não eram todos judeus, mas estavam imbuídos do espírito daquilo que chamou de "subjudaísmo", caracterizado por materialismo crasso e apoio à democracia e a causas humanitárias. Pessoa enfatizava que o próprio cristianismo continha fortes traços desse espírito, enquanto um judeu como Albert Einstein se contrapunha a ele.[15]

Como publicação associada à edição da Olisipo dos *Protocolos*, Pessoa planejava publicar um panfleto intitulado *O judeu sociologicamente considerado* em português, inglês e francês.[16] Acaloradamente debatida noutras partes da Europa, a chamada questão judaica era em grande parte ignorada em Portugal, sem dúvida porque a comunidade nacional de judeus praticantes era minúscula, mas Pessoa aprendeu tudo sobre essa "questão" com Mário Saa (1893-1971), um poeta e prosador que conhecera em 1916. Saa, que alimentava um interesse obsessivo pela influência do judaísmo sobre a nação portuguesa, fazia parte do grupo dos cafés que incluía Augusto Ferreira Gomes e Alberto da Cunha Dias, e seu nome aparece em várias listas de possíveis colaboradores de *Orpheu* 3. Monarquista, tradicionalista e herdeiro de um rico proprietário de terras, empreendeu uma pesquisa genealógica para mostrar que a fundação da República era obra de políticos de sangue judeu e maçons. Era uma tese tão fácil de comprovar quanto sem sentido. Tendo em vista as dezenas de milhares de judeus que foram convertidos à força ao cristianismo no século XV, facilitando e encorajando desse modo os casamentos mistos, os traços de ascendência judaica nas árvores genealógicas portuguesas são mais do que comuns.

"Fernando Pessoa, natural de Lisboa, poeta e prosador (e temperamentalmente antissemita!), é descendente direto de judeus, e ao mesmo tempo um tipo morfológico de judeu."[17] Assim começava um perfil genealógico elaborado por

Mário Saa em novembro de 1921. O perfil continuava traçando a linhagem paterna de Pessoa até seus ancestrais cristãos-novos, alguns dos quais foram condenados como criptojudeus pela Inquisição (ver capítulo 1). Saa produziu dezenas de genealogias semelhantes para destacar as raízes judaicas de políticos, empresários e personalidades culturais portuguesas, e, em fevereiro de 1925, publicaria sua principal obra antissemita, com o título paranoico de *A invasão dos judeus*. A invasão era um fato consumado, já que não se tratava de imigrantes judeus recentes, que eram pouco numerosos, mas de pessoas com sangue judeu em seus ancestrais que estavam alcançando posições de poder e eram acusadas de destruir Portugal.

Inspirado em *O homem delinquente*, de Cesare Lombroso (1876), que continha fotos de vários tipos fisiológicos supostamente predispostos ao crime, a *Invasão* de Mário Saa trazia dezenas de imagens de portugueses em posição de destaque com traços supostamente "típicos" dos judeus. A de Pessoa era uma das quinze que representavam o tipo de judeu "oriental" ou "asiático" encontrado entre os intelectuais de Portugal. José Pacheco, José de Almada Negreiros, Raul Leal, Augusto Ferreira Gomes e Antônio Ferro estavam no mesmo grupo. Nas quatro páginas do livro dedicadas a Pessoa, Saa escreveu que sua "multiplicidade de personalidades" era apenas a ausência de uma personalidade unificada, "uma falta de caráter literário". Afirmava que se tratava de uma característica tipicamente judaica, assim como a capacidade maravilhosa de análise e a suposta incapacidade de síntese de Pessoa.[18]

Mário Saa, um dos amigos mais próximos de Pessoa na década de 1920, ganhou a fama de antissemita mais fanático de Portugal dos tempos modernos, mas sua cruzada contra a influência insidiosa dos judeus era meio de brincadeira, segundo Augusto d'Esaguy (1899-1961), um destacado escritor e jornalista judeu de Lisboa.* De fato, as afirmações de Saa parecem muitas vezes deliberadamente exageradas, seu teor e tom são um tanto zombeteiros, e depois de publicar *A invasão dos judeus* ele nunca mais mencionou a "ameaça" judaica em seus escritos. Contudo, numa entrevista para promover o livro e intitulada "O perigo judeu",

* Esaguy relatou que o próprio Saa, que era seu amigo, tinha ascendência judaica e que sua *Invasão dos judeus* fazia parte de uma "campanha humorística contra os judeus portugueses". Mas ele também criticou Saa pela falta de rigor acadêmico, por deturpar a história e por regurgitar sem crítica os argumentos dos antissemitas do movimento Action Française. Ver *O Ditador*, 19 abr. 1925, p. 4; *A Batalha*, 15 fev. 1925, p. 2.

suas advertências sinistras não continham o menor indício de ironia.[19] Se era tudo uma brincadeira, era de péssimo gosto, precisamente porque estava tão bem disfarçada.*

Se por um lado a verdadeira concepção de Saa sobre as virtudes da pureza racial é motivo de especulação, Pessoa afirmou claramente em seus próprios escritos que o casamento misto é fundamental para o processo evolutivo e, de forma mais específica, para a criação do gênio. Em consonância com esse argumento, sugeriu que os judeus podem ser "um povo inferior", na medida em que são "mais ou menos uma raça pura".[20] Embora essa e outras declarações possam ser interpretadas como antissemitas, ele provavelmente não o era por "temperamento" e com certeza não de modo visceral, de uma maneira que pudesse justificar a menor menção à limpeza racial. Não era o sangue judeu, mas "a 'direção' judaica, a *Weltanschauung* judaica", que supostamente representava uma ameaça à civilização ocidental.[21] Mas, se acreditava de fato na conspiração dos trezentos, por meio da qual certos judeus, bem como não judeus associados à "direção judaica", estavam tramando para desestabilizar e controlar a Europa, então acreditava com igual fervor na contraconspiração que afirmava estar em andamento no trecho mais fascinante de seu ensaio sobre o tema. Único trecho escrito em inglês e não em português, revelava a existência secreta de uma "Ordem Terceira" que se opunha ativamente aos trezentos conspiradores.

Tão secreta era essa Ordem Terceira que ninguém no mundo sabia dela, exceto Fernando Pessoa. Suposta descendente da Ordem dos Cavaleiros Templários e da Ordem de Cristo que a sucedeu em Portugal, a Ordem Terceira também incluía descendentes de "uma ordem obscura chamada Ordem Sebastianista", que promovia "a teoria mística e simbólica do Retorno de d. Sebastião", bem como "elementos mais recentes, todos judeus portugueses".[22] A "obscura" Ordem Sebastianista era invenção do próprio Pessoa, enquanto os "elementos recentes, todos judeus portugueses" eram Fernando Pessoa, José Pacheco, José de Almada Negreiros, Raul Leal e outros intelectuais denunciados por Mário Saa por terem

* Apesar das alegações inflamadas de Saa, o antissemitismo nunca pegou em Portugal do entreguerras; com o avanço dos nazistas, o país receberia dezenas de milhares de refugiados judeus que poderiam ter acabado nos trens da morte para as câmaras de gás. Esaguy foi um dos líderes do esforço para dar assistência aos refugiados enquanto eles esperavam, em Lisboa e arredores, os navios que os levariam para as Américas.

sangue contaminado por antepassados judaicos. Os judeus, concluía Pessoa com grande deleite, ajudariam a salvar o mundo dos judeus.

Alheio ao espírito despreocupado dos anos 1920, que levava muitos homens e mulheres de sua classe social a se vestir de maneira mais casual e a se comportar de maneira mais extravagante, Pessoa passava as noites em casa, divertindo-se com conspirações improváveis para assumir o controle do mundo e contraconspirações para enfrentá-las. Enquanto isso, conspirações bem concretas continuavam a chacoalhar a política portuguesa, ameaçando a paz e a segurança dos cidadãos de Lisboa, além da capacidade de resistência da República.

51.

"Noite Sangrenta" foi como um jornal lisboeta batizou a madrugada de 19 de outubro de 1921, quando cinco ilustres homens de Estado foram raptados em suas casas e brutalmente assassinados por um bando de duas dezenas de homens sob a direção de um cabo cabeça-quente conhecido como Dente de Ouro.[1] Uma "camioneta fantasma" havia se precipitado pelas ruas mal iluminadas de Lisboa para cercar três das vítimas, entre elas Machado Santos, emblemático fundador da República. Outra das vítimas — Antônio Granjo, primeiro-ministro que naquela manhã se demitira pacificamente quando um golpe derrubou seu governo — teve o corpo crivado por centenas de balas, o queixo esmagado pela coronha de uma espingarda e o torso aberto por uma espada, de tal modo que seus restos mortais mal podiam ser identificados quando chegaram ao necrotério. Mas por que matar aquele homem doze horas depois de ele ter renunciado sem a menor demonstração de resistência? E por que aquela fúria tão bárbara? Os assassinos, assim como os mortos, eram todos republicanos fervorosos. Os comentaristas e o público em geral reagiram com um misto de choque e incompreensão.

Os assassinos se identificavam com a facção republicana de esquerda conhecida como democráticos, que tramara o golpe que derrubara os liberais, uma coalizão de republicanos mais moderados. Embora os líderes do golpe afirmassem nada ter a ver com os assassinos, cujas ações condenaram, de uma forma ou de outra estavam a eles ligados ainda que apenas ideologicamente. Vários republicanos de destaque admitiram em público o que já havia se tornado mais do que óbvio: o republicanismo em si ia de mal a pior. O afrontoso assassinato de Walther Rathenau por terroristas antissemitas, mencionado no capítulo anterior, pressagiou a morte da República de Weimar, que ainda assim perdurou por mais onze anos. A violência sem sentido da Noite Sangrenta, por outro lado, não foi uma ameaça de fora, mas um câncer no centro do sistema republicano de governo de Portugal, que sobreviveria apenas mais cinco anos antes de dar lugar à autocracia. Afonso Costa percebeu que Portugal se tornara um país assustadoramente sombrio e inseguro, e, embora ainda fosse uma voz poderosa no Partido Democrático, seguiu em Paris pelo resto da vida.

Os violentos assassinatos dos cinco homens confirmaram a Pessoa que, uma vez que a política portuguesa se tornara irremediavelmente autodestrutiva, a nação estaria mais bem servida promovendo a cultura e o comércio, o que ele agora tentava através da Olisipo. Em 11 de outubro, havia registrado de forma oficial o nome e o logotipo da nova editora[2] e, em novembro, o primeiro livro, *A invenção do dia claro*, de Almada Negreiros, foi para a gráfica. O autor desenhou sua capa notável, toda verde-clara como as folhas das árvores quando o sol brilha através delas. O livro era uma resposta eloquente, embora inútil, à Noite Sangrenta de 19 de outubro.

A invenção foi lançado na segunda semana de dezembro, poucos dias depois que um trecho saíra na revista *Ilustração Portuguesa* e alguns dias antes de o *Diário de Lisboa* citar o livro em nota breve, mas elogiosa.[3] Os dois títulos seguintes da Olisipo, publicados no final desse mesmo mês, não receberam nenhuma publicidade na imprensa portuguesa, o que não surpreende. *English Poems I-II* e *English Poems III*, de Fernando Pessoa, destinavam-se mais a leitores e críticos literários do Reino Unido do que ao mercado português. O magro primeiro volume continha uma versão revisada de "Antinous" e catorze "Inscriptions", enquanto o segundo livro, igualmente fino, trazia "Epithalamium", a canção nupcial carregada de sexualidade escrita em 1913. A tiragem de cada volume, assim como de *A invenção do dia claro*, era de mil exemplares.

Recorrendo à mesma estratégia que utilizara em 1918 para divulgar *35 Sonnets* e *Antinous: A Poem*, Pessoa enviou seus últimos livretos de poesia anglófona a jornais e revistas da Inglaterra, Escócia e talvez Irlanda. Dessa vez, a reação crítica foi inexpressiva: nada no *Glasgow Herald*, muito menos no *Times Literary*

Supplement. Uma breve resenha publicada no *Aberdeen Daily Journal* parece ter sido a única aparição jornalística desses volumes de 1921.

Desmoralizado, Pessoa enfim desistiu de tentar ser um grande poeta anglófono. Cancelou seus planos de publicar mais volumes de seus poemas em inglês, inclusive uma edição revisada dos sonetos, que estava pronta para ser impressa. Além do mais, o fluxo notavelmente constante de poesia que vinha produzindo em inglês por mais de quinze anos de repente se reduziu a um filete. Ele continuaria escrevendo poemas nessa língua até quase o dia de sua morte, mas de forma esporádica, não mais em nome de sua antiga ambição de ser um Shakespeare, um Keats ou um Shelley do século xx. Por outro lado, ainda se recusava a admitir que poderia haver um problema com seu inglês, acreditando que o fato de sua produção não seguir a moda poética da época era o motivo por sua recepção desastrosa. As modas são transitórias, e Pessoa, contando com a posteridade, enviou exemplares de *English Poems I-II* e *English Poems III* para as bibliotecas de Oxford, Cambridge, do Trinity College de Dublin e da Faculty of Advocates em Edimburgo (que servia como biblioteca de depósito da Escócia), além do Museu Britânico.[4]

Foi também com a posteridade em mente que revisou "Antinous" e o tornou o poema inicial de sua poesia anglófona publicada sob o selo Olisipo. A diferença mais notável na versão revisada é a postura do eu poético em relação ao relacionamento de Adriano e Antínoo. Ambas as versões do poema celebram corajosamente essa história de amor homoerótica, mas o eu poético da versão anterior usou a palavra "vício" para se referir a esse amor em seis momentos diferentes do poema; também chamou de "luxúria errada", culpada de "crimes de fantasia". Inspirado talvez pelo exemplo pessoal e poético do homossexual assumido Antônio Botto, que conhecera no início do ano, Pessoa retirou todos os termos de desaprovação moral da versão da Olisipo de "Antinous", cujo eu poético já não trai qualquer nota de escândalo, mesmo sabendo que a história de amor entre dois homens iria escandalizar os outros.

Não está claro onde Pessoa arrumou dinheiro para imprimir seus livros e manter o escritório da Olisipo, cujo endereço mudou mais uma vez, da rua da Assumpção para a rua de São Julião, número 52, primeiro andar, convenientemente localizado a duas quadras do Café Martinho da Arcada, agora a base de sua vida social. O Café A Brasileira da praça do Rossio, onde se encontrava todas as tardes com os amigos, se tornara uma espécie de quartel-general dos democráticos radicais, fazendo com que o poeta não quisesse nem passar diante da porta, para não ser atingido por uma bengala.[5] Naqueles tempos de conflito político, a bengala às vezes se convertia em arma, além de acessório decorativo. Se Pessoa tivesse usado uma, seria apenas para exibição. Por escrito, era capaz de defender a guerra; na realidade, abominava todas as formas de violência física e de conflito.

Em 1922, para comemorar o centenário de sua independência, o Brasil sediou uma exposição mundial no Rio de Janeiro, já então conhecida como a Cidade Luz da América do Sul. Os organizadores da feira queriam mostrar que o Brasil inteiro era um país "iluminado", que se destacava não só pelo progresso industrial e tecnológico, mas também pela vivacidade criativa e intelectual. Dos treze países estrangeiros participantes, Portugal era o convidado de honra. Vendo uma oportunidade para a Olisipo, Pessoa elaborou uma proposta para um *Álbum de Portugal* em dois volumes, que "seria como que a transposição gráfica da representação portuguesa nessa Exposição". Os dois volumes, com um total de mil páginas ricamente ilustradas dedicadas ao comércio, à indústria, à cultura, à ciência e ao turismo portugueses, venderiam facilmente mais de 25 mil exemplares, segundo a estimativa de Pessoa. Ele incluiu outros cálculos — custo de produção, preço de capa e lucro previsto — em sua proposta de quatro páginas, bem datilografada, apresentada em fevereiro (a feira abriria em setembro). Mas seus cálculos eram demasiado otimistas, sua experiência de editor, limitada, e a comissão organizadora do pavilhão de Portugal confiou a outras pessoas a tarefa de produzir um catálogo da exposição.[6]

Nesse mesmo mês de fevereiro, Pessoa formulou uma proposta muito mais ambiciosa de um empreendimento bem diferente — a criação de uma ou duas empresas que agrupariam o maior número possível de pequenas indústrias portuguesas. Essas duas superempresas, caso montadas de acordo com seu plano, estariam em condições de comercializar uma infinidade de mercadorias produzidas tanto em suas próprias fábricas como em outras instalações. Pessoa apresentou a ideia a Eduardo Ramires dos Reis, diretor da Companhia Industrial de Portugal e Colônias, o maior moinho de farinha e produtor de cereais do país. O eminente empresário, para quem Pessoa havia trabalhado como redator autônomo de cartas em inglês e francês, devolveu a proposta, dizendo que era engenhosa, mas falha, uma vez que a diversidade incomum de produtos a serem produzidos e comercializados exigiria um número excepcional de gerentes especializados, o que tornava quase impossível para a empresa matriz manter um controle adequado.[7]

Quer se tratasse do enorme *Álbum de Portugal* em dois volumes ou da gigantesca empresa (ou empresas) que revolucionaria o mundo dos negócios e do comércio em Portugal, as propostas de Pessoa iam longe demais. Um problema mais sério era a maneira como Pessoa formulava essas propostas: em isolamento. Em vez de envolver logo de início as pessoas que poderiam ajudar a fazer suas ideias acontecerem, ele passava longas horas em reflexões solitárias para elaborar planos detalhados e (em sua mente) logicamente infalíveis, que muitas vezes eram mais intimidadores do que atraentes.

Só uma vez, e na ficção, Pessoa se tornou um empresário de sucesso. Em janeiro de 1922, ele assumiu o papel de um banqueiro podre de rico que alega, de modo incongruente, ser um anarquista. Essa incongruência se estendia à maneira de Pessoa narrar a história do banqueiro, em mais de vinte páginas datilografadas em espaço simples de prosa fluida e contínua, sem lacunas a serem preenchidas mais tarde — algo totalmente contrário aos seus hábitos anárquicos de escrita.[8] Sem contar os vários esboços curtos, "O banqueiro anarquista" é o único conto completo de Pessoa em português. Tem a forma de um diálogo no qual o narrador em primeira pessoa faz seu amigo rico falar e levanta objeções frágeis antes de admitir que seu interlocutor é de fato um anarquista genuíno.

Enquanto fuma um charuto depois que os dois amigos terminaram de jantar, o banqueiro relembra como percebeu rapidamente, quando era um jovem convertido ao anarquismo, que seria impossível libertar sozinho a sociedade das "ficções sociais", sendo a mais tirânica delas o dinheiro, então decidiu libertar pelo menos a si mesmo, acumulando fortuna em grande abundância, de modo que o dinheiro não pudesse mais oprimi-lo ou influenciá-lo. Já que conseguira tanta liberdade quanto era possível, o rico banqueiro conclui que é um verdadeiro anarquista.

Existem outros argumentos auxiliares para apoiar a tese do banqueiro, e o conjunto contribui para uma construção lógica elegante. Baseia-se, no entanto, em premissas duvidosas, a começar por sua afirmação, no início do diálogo, de que nada podemos fazer para corrigir as "injustiças da natureza". Na verdade, a medicina moderna tem muito sucesso em corrigir algumas dessas injustiças; e a história da civilização não é, em grande parte, uma história de superação da natureza e de atenuação dos efeitos das desigualdades naturais? Para defender sua filosofia de egoísmo racional, que a romancista russa Ayn Rand popularizaria mais tarde em *A nascente* e *A revolta de Atlas*, o banqueiro lembra seu amigo e ouvinte que o altruísmo e a abnegação não são naturais, embora a teoria da evolução e a etologia tenham desmascarado essa noção. Quanto à ideia de que a acumulação desenfreada de dinheiro permite a um homem escapar de sua tirania, é um pouco como supor que esse mesmo homem, caso se entregasse a quantidades ilimitadas de álcool ou heroína, adquiriria imunidade ao poder viciante dessas drogas.

Pessoa definiu "O banqueiro anarquista" como uma "sátira dialética".[9] O objeto imediato da sátira era o movimento anarcossindicalista, que promoveu uma onda de greves paralisantes em Portugal em 1919-20 e atingiu pelo menos um objetivo importante: a jornada de trabalho de oito horas.* Depois disso, o movimento se fragmentou e perdeu o ímpeto. O alvo intelectual da sátira de Pessoa era o político francês do século XIX Joseph-Pierre Proudhon, autor de *O que é propriedade?* e primeiro grande ideólogo do anarquismo como movimento social. A máxima do pensador francês de que "a propriedade é um roubo" persuadira Pessoa quando ele era muito jovem. Como que para expiar sua credulidade juvenil, ele personificou os ideais anarquistas num banqueiro rico, invertendo ironicamente a tentativa malsucedida de Proudhon de abrir um Banco do Povo, cujos princípios não capitalistas foram descritos num livro sobre o anarquismo que Pessoa leu em 1908 ou 1909.[10]

Esse mesmo livro continha um capítulo sobre um tipo muito diferente de anarquista, Max Stirner (1806-1856), que o banqueiro fictício de Pessoa, em vez de zombar, imita, embora sem nunca mencionar seu nome. Pessoa ficou tão impressionado com esse filósofo alemão que, em 1909, ao fundar sua empresa Ibis, queria publicar uma tradução para o português[11] de sua maior obra, *Der Einzige und sein Eigentum*, que pode ter lido em francês. O título do livro, que Pessoa pretendia traduzir como *O único e a sua propriedade*, resume a essência do anarquismo radicalmente individualista de Stirner,[12] que rejeitava não apenas a autoridade do Estado e da sociedade, mas também de todas as ideologias, inclusive o nacionalismo, o socialismo, o comunismo e o liberalismo.

* Esse regime não se aplicava aos trabalhadores rurais ou domésticos, e a semana de trabalho ainda era de seis dias.

Em nenhum lugar de seus escritos Pessoa comentou diretamente os horríveis assassinatos cometidos por justiceiros republicanos na noite de 19 de outubro de 1921, mas "O banqueiro anarquista", além de mirar no movimento operário anarquista, parece ter sido uma resposta ao estado anárquico da política portuguesa que tornou possível a famigerada Noite Sangrenta. (Os justiceiros foram julgados e condenados, mas os políticos e militares que tornaram possível sua atuação nunca foram chamados a prestar contas.) O banqueiro anarquista, como o anarquista stirneriano, e como o próprio Pessoa, conhece interiormente a própria liberdade e jamais recorreria à violência.

Mas a defesa franca do individualismo por parte de Pessoa, quando se aventurou pela questão do comportamento sexual dos indivíduos, levaria a um clamor moral que logo se tornou verbal e psicologicamente violento.

52.

O nome de Pessoa ganhou um novo e inesperado tipo de destaque no segundo semestre de 1922, quando Álvaro Maia, um jornalista católico conservador, publicou um artigo com o título acusatório "Literatura de Sodoma: Sr. Fernando Pessoa e o ideal estético em Portugal". A sodomia e outros atos sexuais entre homens eram ilegais em Portugal, assim como na maior parte da Europa; no entanto, se fossem discretos, era provável que os homossexuais praticantes não fossem processados. Maia não afirmou que Pessoa se envolvia em comportamento sexual ilícito; em vez disso, acusou-o de encorajar sua aceitação e propagação através da literatura, o que era uma acusação potencialmente pior. Pessoa ficou aborrecido, mas não tinha ninguém além de si mesmo a culpar por atrair essa atenção indesejada.

"Literatura de Sodoma" saiu em *Contemporânea*, a revista que a princípio surgira em 1915 — com a publicação de um único número dedicado em grande parte a atualidades, moda, alta sociedade, teatro e notícias para mulheres — e foi relançada em maio de 1922 com foco quase total na literatura e nas artes. José Pacheco, diretor da revista e também amigo e colaborador da época de *Orpheu*, deu carta branca a Pessoa para publicar quase tudo que quisesse, a começar por "O banqueiro anarquista", que ocupou dezessete páginas inteiras da edição de relançamento. Para o número de julho da revista, Pessoa escreveu um artigo intitulado "Antônio Botto e o ideal estético em Portugal". Sua pequena editora Olisipo logo lançaria *Canções*, a coletânea de poesia abertamente homoerótica de Botto, e ele queria aguçar o apetite dos leitores. No fim das contas, seu texto fez muito mais do que estimular o interesse pela poesia de Botto: montou o cenário para um grande escândalo literário, a começar pelo artigo combativo de Álvaro Maia, que procurava desmascarar o carácter lascivo do "esteticismo" promovido por Pessoa.

O "ideal estético", segundo o ensaio cuidadosamente elaborado de Pessoa, era um ideal helênico, pois considerava os gregos, que buscavam a perfeição no mundo material em vez de desejar uma realidade espiritual alternativa, os mais dedicados cultivadores da beleza. Baseando-se em seu costumeiro método triádico de expor um assunto, ele explicava que o artista helênico *superior* substitui a vida imperfeita por criações artísticas que se aproximam da perfeição, como a *Ilíada*; o artista helênico *intermediário* tenta aperfeiçoar a própria vida, experimentando de forma intensa sua imperfeição no esforço de superá-la — atitude que deu origem à tragédia grega; o artista helênico *inferior* aceita as coisas imperfeitas da vida, mas as trata como se fossem perfeitas, sentindo-as tão sensualmente que adquirem uma espécie de perfeição transitória.

A maneira "inferior" e sensual de fazer arte é o ideal estético puro e simples, sem ambições maiores. Botto, segundo Pessoa, era esse tipo de artista, o único em Portugal "a quem a designação de esteta se pode aplicar sem dissonância". A beleza física e o prazer eram os guias de sua poesia. E, por ser um puro esteta, suas *Canções* celebravam naturalmente o corpo masculino, que, conforme defendia Pessoa, contém mais elementos de beleza (graça e força) do que o corpo feminino (apenas graça).

Para reforçar esses argumentos, Pessoa recorreu ao historiador da arte alemão Johann Winckelmann, a quem se referiu como o "fundador do esteticismo na Europa", e a Walter Pater, "o maior dos estetas europeus". Ele observou que Pater, ao escrever sobre Winckelmann, o citou dizendo que a "beleza suprema [da arte grega] é antes masculina que feminina" e que aqueles que não podem apreciar a beleza masculina raramente têm "um instinto imparcial, vital, inato da beleza na arte". E concluía sua análise literária afirmando que *Canções*, embora não fosse uma obra de gênio, era o único exemplo notório na literatura europeia moderna "do ideal estético em toda a sua vazia integridade". Em outras palavras, a poesia de Botto era importante não por ser grande literatura, mas porque era incondicional e puramente "estética", como comprovado por sua exaltação ousada e descomplicada da beleza masculina — possivelmente única na literatura europeia.

O paciente leitor de *Contemporânea* que chegou até o final das seis densas páginas de tortuosa argumentação apresentada no artigo de Pessoa era então brindado com uma "Canção" de Botto — leve, fácil e ilustrativa, ocupando as duas páginas seguintes. Mas, ao invés de corroborar os argumentos da exposição lógica de Pessoa, o poema desmentia sua tese central. Falando com um adolescente loiro, alto e esguio, o eu poético não celebra sua beleza masculina; em vez disso, se concentra no contato físico amoroso entre os dois e nos receios que isso desperta no homem mais jovem, iniciado por ele no sexo homoerótico. Pode ser que Fernando e Antônio, então já amigos íntimos, tenham concebido juntos esse díptico brincalhão e travesso: o ensaio do primeiro sobre o esteticismo helênico superior justaposto ao poema do último sobre o defloramento sexual de um homem por outro.

Não foi porque não foi capaz de enxergar a piada, e sim porque a entendeu muito bem, que Álvaro Maia acusou Pessoa, em tantas palavras, de ser um provedor de literatura sodomita. Ele chamava a atenção para o fato de Winckelmann ser homossexual (assim como Pater) e, embora não fizesse insinuações sobre a sexualidade de Pessoa, denunciava sua apologia estética grega da poesia de Botto como sendo um ardil sofístico que enobrecia de modo perverso o que era claramente, "em toda a acepção da palavra, uma porcaria".

O ataque frontal de Maia saiu na edição de outubro de 1922 de *Contemporânea*,[1] que continha uma segunda resposta ao artigo de Pessoa do sempre refratário Álvaro de Campos, conhecido por alguns, mas não todos os leitores, como o parceiro fictício do poeta. Numa carta ao editor supostamente enviada de Newcastle-upon-Tyne, onde trabalhava nos estaleiros na qualidade de engenheiro naval, Campos — mais ou menos como Maia — culpava Pessoa por argumentar de forma obscura: "Ideal estético, meu querido José Pacheco, ideal estético! Onde foi essa frase buscar sentido? E o que encontrou lá quando o descobriu? Não há ideais nem estéticas senão nas ilusões que nós fazemos deles". Campos dizia que Pessoa desperdiçava energia tentando provar coisas improváveis porque era tímido demais para simplesmente afirmar e agir. Muito diferente era Antônio Botto, cujas *Canções* Campos admirava por sua "imoralidade absoluta", perseguida sem desculpas.

A edição da Olisipo das *Canções* de Botto foi finalmente publicada em meados de novembro.[2] Incluía dez novos poemas e, como bônus, uma reprodução da foto de ombros nus do autor que fora exibida numa vitrine para ajudar a vender a edição original do livro de 1921, o que levou um crítico indignado a rotulá-la de "pornográfica". Como se quisesse provocar ainda mais indignação, Pessoa distribuiu um folheto promocional que descrevia a foto meio erótica de Botto, que ocupava uma página inteira na edição da Olisipo, como "um elemento notável de educação estética".[3] Ao comentar a nova edição, o *Diário de Lisboa* assinalou que os poemas de Botto "têm sido lidos e estimados, como um fruto proibido. Encerram um certo perfume a nardo que os corações doentes ou ligeiramente pervertidos muitos apreciam".

A alegação de Álvaro Maia de que as teorias estéticas de Pessoa serviam de disfarce para a chamada Literatura de Sodoma pedia uma resposta, mas o teórico não se manifestou. No número seguinte de *Contemporânea*, em vez de refutar Maia, ele apontou um minúsculo erro gramatical em seu discurso homofóbico e deixou o restante por isso mesmo. Não satisfeito com a resposta irônica de seu amigo, Raul Leal, que simpatizava com Botto e sua poesia, escreveu a própria resposta, "Sodoma divinizada: leves reflexões teometafísicas sobre um artigo".

O texto de Leal tinha quase a mesma extensão do de Maia, mas José Pacheco recusou-se a publicá-lo na revista. Não fazia diferença — Pessoa estava disposto a publicá-lo como um livro ou livreto da Olisipo. *Sodoma divinizada* saiu na terceira semana de fevereiro, com as letras de seu título impressas em vermelho vivo na capa. Também estava em vermelho o nome espiritual recém-adotado por Leal, Henoch, que surgia entre parênteses após seu nome secular. Henoch, ou Enoque, era o profeta bíblico que supostamente "andou com Deus" e, em vez de morrer, foi levado aos céus. Algumas tradições esotéricas também o identificam com Hermes Trismegisto, o lendário fundador da alquimia e também da filosofia "hermética".

Um panfleto publicitário de *Sodoma divinizada* descrevia-o como uma "notável defesa da Luxúria do ponto de vista religioso".[4] Notável, sem dúvida. Seu autor defendia Antônio Botto e Fernando Pessoa contra as acusações de Álvaro Maia, sugerindo que a imoralidade e a impiedade residiam na mente do acusador. De acordo com a maneira de pensar de Raul Leal, sensualidade e "pederastia" (ou seja, homossexualidade) eram manifestações puras e bestiais de Vertigem, que é Deus, o Absoluto Indefinido. Sodoma foi condenada com justiça, admitia ele, mas apenas porque seus habitantes eram irreligiosos e ignoravam que os atos sexuais que praticavam eram uma "inspiração de Deus", que "lhes convulsionava delirantemente a alma e os sentidos".

Deificados ou demonizados, os comportamentos associados a Sodoma e Gomorra eram um tema oportuno. Em 14 de fevereiro de 1923, três dias antes do lançamento do livro de Raul Leal,[5] o *Diário de Lisboa* noticiava que a polícia havia interrompido um baile de carnaval só para homens na Graça, bairro operário no alto do morro da Alfama. Dezesseis deles, todos vestidos de mulher, foram presos por comportamento imoral e multados.[6] Em 16 de fevereiro, o mesmo jornal anunciava a publicação de *Decadência*, coletânea de poemas que exalava um "estranho e sensualíssimo perfume". Tratava-se do primeiro livro publicado por Judith Teixeira (1880-1959), cuja sensualidade era despertada por mulheres, e não por homens. Algumas livrarias exibiram seu livro ao lado das *Canções* de Botto e *Sodoma divinizada* de Leal.[7]

A pobreza urbana combinada com os costumes liberalizados da década de 1920 proporcionava o terreno fértil perfeito para vícios sociais como jogos de azar, cocaína e prostituição infantil, que os jornais deploravam e os políticos prometiam controlar, se não erradicar,[8] mas foi a expressão pública e aberta da homossexualidade que levou um grupo de estudantes católicos conservadores a se autonomearem cães de guarda da moral. Em 19 de fevereiro, fundaram a Liga de Ação dos Estudantes de Lisboa, liderada por Pedro Teotônio Pereira (1902-72) um estudante de matemática que viria a se tornar um alto funcionário do regime ditatorial de Antônio de Oliveira Salazar, sendo duas vezes embaixador de Portugal nos Estados Unidos. Numa entrevista publicada em 22 de fevereiro, falando muito sério, Teotônio Pereira, de vinte anos, ameaçou que seu grupo iria "meter na ordem esses equívocos senhores" com "maneiras femininas" que andavam pelas ruas de Lisboa e frequentavam os seus cafés; prometeu que as livrarias seriam fiscalizadas para erradicar as obras imorais de "artistas decadentes, os poetas de Sodoma"; e disse que os estudantes assumiriam a responsabilidade de exercer "rigorosa censura nos teatros e cinemas".[9] A Liga se focaria — e alcançaria — o segundo desses três objetivos.

Em parte porque as leis europeias contra a homossexualidade eram muitas vezes redigidas de forma vaga — a legislação portuguesa, por exemplo, proibia os "vícios contra a natureza" —, sua aplicação dependia do governo que estava no poder e da maré da opinião pública naquele momento. Durante a década de 1920, os homossexuais alemães, apesar de uma lei do século XIX que criminalizava o sexo entre homens, eram relativamente livres para se associar e até mesmo para publicar periódicos e livros. Por outro lado, na Espanha, embora o código penal não proibisse de forma específica a atividade homossexual, a Igreja a condenava com veemência, fazendo com que os homossexuais indiscretos fossem passíveis de prisão por "ofensas contra a moralidade". Em Portugal, a perseguição à homossexualidade também dependia de quais grupos, num dado momento, pressionavam o governo.

Quando confrontado por vociferantes estudantes católicos, o governador civil de Lisboa concordou prontamente que a literatura "imoral" — em especial a homoerótica — deveria ser proibida. No dia 3 de março, a polícia apreendeu exemplares de três obras recém-chegadas às prateleiras das livrarias: *Canções*, de Antônio Botto, *Sodoma divinizada*, de Raul Leal, e *Decadência*, de Judith Teixeira.[10] Dois dias depois, trezentos membros da Liga de Ação manifestaram seu apoio à proibição desfilando no centro de Lisboa e distribuindo um manifesto contra a "inversão da inteligência, da moral e da sensibilidade". O que essa "inversão" significava na prática foi claramente explicado: "Sodoma ressurge nos livros e nos escritores, nos espíritos e nos corpos. Atingiu-se a última abominação, aquela que nas tradições bíblicas fazia chover o fogo do céu".

Os estudantes moralistas de Lisboa receberam cobertura favorável, em especial da imprensa católica, e um jornal publicou o manifesto da Liga de Ação na íntegra.[11] Fernando Pessoa, implicitamente atacado por ser o editor de dois dos livros proibidos, contra-atacou com um manifesto assinado por Álvaro de Campos, que dizia aos estudantes que se limitassem aos estudos e deixassem os escritores escreverem. Também respondia à homofobia deles: "Divirtam-se com mulheres, se gostam de mulheres; divirtam-se de outra maneira, se preferem outra. Tudo está certo, porque não passa do corpo de quem se diverte". (Todos — ou quase todos — os estudantes que protestavam eram do sexo masculino.) Antônio Botto também publicou um manifesto de protesto, no qual citava Álvaro de Campos, que supostamente lhe teria comentado numa carta que "a moral é a má hipocrisia da inveja" de quem sente "pena de não ser amado".

Raul Leal publicou seu próprio manifesto contra a Liga de Ação, e também contra a Igreja, que acusou, sem dúvida com razão, de incitar as atividades da liga. Sem o fervor retórico de um manifesto, escrevendo mais no estilo de um ensaio pessoal, Leal justificou a si mesmo e a seu livro ofensivo explicando como suas próprias experiências de sofrimento moral e material eram um cadinho para purificar seus anseios espirituais e sensibilidade ética. Mas Sodoma e divindade podiam coexistir: "O vinho, o jogo e o deboche são em mim a carcaça exterior de uma vida essencialmente puríssima, cheia de dor e resignação". Rejeitando a doutrina católica, defendia uma Teocracia Universal e aspirava a ser o fundador do "Reino da Vertigem ou do Espírito Santo". E assinava seu manifesto como "o profeta Henoch".

Esse documento foi uma mina de ouro para os estudantes, que dele extraíram frases úteis e truncadas e as remontaram em mais um manifesto, que tinha como alvo direto Raul Leal, cruelmente ridicularizado como um degenerado sexual que sofria de paranoia e delírios de grandeza. Raul Leal — ou melhor, o reencarnado profeta Enoque — tinha uma ideia exagerada de seu papel no mundo, que acreditava ter sido determinado por ordem divina, e provavelmente também sofresse de paranoia, mas Pessoa foi de uma lealdade a toda prova. Ele escreveu e publicou um folheto, "Sobre um manifesto de estudantes", que denunciava a má-fé dos moralistas, mostrando como eles citaram erroneamente e deturparam as palavras do amigo. Era um texto passional, mas articulado com serenidade, a última salva na guerra de palavras em torno da Literatura de Sodoma, e terminava com uma magnífica afirmação de solidariedade: "Nem creio que em minha vida, como quer que decorra, maior honra me pode caber que a presente, que é a de [ter Raul Leal] por companheiro nesta aventura cultural em que coincidimos, diferentes e sozinhos, sob o chasco e o insulto da canalha".

Pessoa enviou cópias de seu folheto a mais de duzentos jornalistas, intelectuais e políticos, inclusive para o presidente da República e todos os bispos católicos em Portugal.[12] Nunca em sua vida ele se dedicou tanto a uma causa, que era defender não só seu amigo, mas a dignidade humana em geral e o direito das pessoas de serem diferentes. Quando escreveu que se sentia honrado por estar com o homossexual assumido Raul Leal "sob o chasco e o insulto da canalha", estava tomando emprestada uma página da vida de Oscar Wilde, que, durante sua transferência em 1895 da prisão de Wandsworth para a cadeia de Reading, ficou com as roupas de condenado na plataforma de Clapham Junction "na chuva de novembro cinzento cercado por uma multidão zombeteira", como o escritor caído em desgraça recordaria em seu livro *De Profundis*. O incidente perseguiu Wilde pelo resto de seus dias e impressionou muito Pessoa, que em 1930 comentaria, em inglês: "Wilde nunca teve seu gênio tão confirmado como quando o homem na plataforma ferroviária cuspiu na sua cara enquanto estava agrilhoado".[13]

Sodoma divinizada de Leal foi a última obra publicada pela Olisipo. Tendo em vista que sua lista de apenas cinco títulos também incluía *Canções*, de Botto, e "Antinous", do próprio Pessoa (que ocupava a maior parte dos *English Poems I-II*), pode-se argumentar que foi o primeiro selo gay de Portugal, senão de toda a Europa.[14]

A postura de Pessoa em relação à homossexualidade havia mudado. Na década anterior, por mais que tivesse tentado superar seus próprios preconceitos, fora incapaz de visualizar o amor entre homens às abertas; ele o celebrou na atmosfera chuvosa e triste de "Antinous". Raul Leal, seu amigo desde pelo menos 1915, o praticava de verdade, mas como parte de um processo de mortificação carnal a fim de prepará-lo para um futuro espiritualmente elevado. Foi o mais novo amigo de Pessoa, Antônio Botto, que lhe mostrou como a atração erótica entre os homens pode existir fora das sombras ou de discursos justificativos.

Exagerado, afetado e teatral, Botto era o exemplo clássico de um estilo conhecido como *camp*, do qual Álvaro de Campos parecia compartilhar, mas só até certo ponto. A teatralidade de Campos inspirava-se na tragédia grega; a inspiração de Botto era o teatro de revista ou o espetáculo de variedades, gêneros populares em Portugal durante a maior parte do século XX. Campos tinha um profundo traço de histeria, a histeria das mênades; Botto era caprichoso e irritadiço, com um traço malicioso. Também era dono de uma inteligência vívida e de modos joviais, e Pessoa — ou o lado Campos um tanto exagerado de Pessoa — conseguia ser jovial com ele. Passar um tempo com Botto era como tirar férias da seriedade. O que não quer dizer que Botto não fosse um escritor sério e trabalhador. Nas décadas seguintes, e em vários gêneros, continuou publicando livros, vários dos quais incluíam apreciações críticas de Pessoa, que estava pronto e disposto a fazer quase tudo para ajudar a promover a carreira do amigo. Era como se tivesse uma dívida para com Botto, um débito de gratidão simplesmente por ele ser franco sobre o tipo de homem que era.

Foi por intermédio de Botto que Pessoa conheceu o filho de um rico fazendeiro chamado Francisco Manuel Cabral Metello. Um dândi que nunca se casaria, Cabral Metello (1893-1979) gozava de certa notoriedade como jovem da sociedade lisboeta que irradiava elegância e vigor. Era o tipo de pessoa por quem Botto, ansioso por superar suas origens de classe trabalhadora, era naturalmente atraído. Em novembro de 1922, os dois convidaram Pessoa para passar algum tempo com eles na propriedade da família Cabral Metello, em Oliveira do Hospital, a leste de Coimbra. Apesar de ser um antissocial que evitava situações desconhecidas, Pessoa, que acabara de publicar as *Canções* de Botto, aceitou de bom grado o convite.[15] Infelizmente, não deixou nenhum relato da viagem em suas anotações.

Poucos meses depois, Francisco Cabral Metello publicou seu primeiro livro, *Sáchá*, uma novela de trama fraca cujos personagens são habitués do turbilhão social decadente de Lisboa. "Não direi, da sua novela, que ela é notável como literatura", escreveu Pessoa numa carta, mas confessou estar fascinado pela personalidade de seu autor — "fútil, feminil, escandalosamente europeia, complicadamente sociável" —, tão diferente do próprio "espírito especulativo e metafísico" de Pessoa, predestinado a ser "triste e desgracioso". Embora pudesse um dia ser famoso, refletiu, nunca poderia ser elegante.

A carta excepcionalmente reveladora de Pessoa parece ter sido escrita com apenas o destinatário em mente, mas de algum modo foi parar no número da primavera de 1923 de *Contemporânea*, talvez por sugestão de Cabral Metello, interessado em promover seu livro.[16] O mesmo número da revista trazia um poema de Álvaro de Campos, "Lisbon Revisited (1923)", cujo título estava em inglês — sinal de que o engenheiro naval já vivia e trabalhava havia alguns anos no norte da Inglaterra. Ao fazer uma viagem a Lisboa em 1923, após uma longa ausência, ele descobre que nada se parece com a cidade de sua infância, pela desanimadora razão de já não ser criança, e, em tom irritado, declara sua independência de tudo e de todos. Eis as estrofes iniciais do poema:

Não: não quero nada.
Já disse que não quero nada.

Não me venham com conclusões!
A única conclusão é morrer.

Não me tragam estéticas!
Não me falem em moral!
Tirem-me daqui a metafísica!
Não me apregoem sistemas completos, não me enfileirem conquistas
Das ciências (das ciências, Deus meu, das ciências!) —
Das ciências, das artes, da civilização moderna!

Observe-se como Campos, nos três primeiros versos da terceira estrofe, descarta todos os lados do debate da Literatura de Sodoma desencadeado pouco tempo antes pelo artigo de Pessoa sobre Antônio Botto e insuflado ainda mais por *Sodoma divinizada*, de Raul Leal. O engenheiro naval não vê nenhuma utilidade na tentativa de Pessoa de legitimar o amor entre homens por meio de ideais estéticos, muito menos nos estudantes moralistas segundo os quais esse amor era uma abominação, e também despreza a glorificação metafísica, ou "teometafísica", de Leal. Todo debate é inútil, assim como todo progresso humano em filosofia, ciência e artes. Essa indiferença generalizada lembra a atitude decadentista e blasé de quem vive para o dia de hoje e para as aparências, pois todo o resto é incerto ou inútil, mas Campos rejeita até as aparências, assim como qualquer obrigação de sociabilidade. Eis oito versos do meio do poema:

Não me macem, por amor de Deus!

Queriam-me casado, fútil, quotidiano e tributável?
Queriam-me o contrário disto, o contrário de qualquer cousa?
Se eu fosse outra pessoa, fazia-lhes, a todos, a vontade.
Assim, como sou, tenham paciência!
Vão para o diabo sem mim,
Ou deixem-me ir sozinho para o diabo!
Para que havemos de ir juntos?

O "fútil" do segundo verso citado pode também ser lido como "frívolo". Era um dos adjetivos de admiração que Pessoa usou para descrever a personalidade de Francisco Cabral Metello, que o convidou várias vezes em 1923 para fazer mais uma viagem à propriedade da família. Talvez em alguns meses, respondeu Pessoa, sem intenção de voltar. No entanto, concordou em escrever um breve posfácio para o novo livro do aspirante a escritor, publicado no final do ano. "Elegante" e leve como o primeiro esforço literário de Cabral Metello, o segundo também seria seu último. Ele não poderia ser um escritor sério, assim como Pessoa não poderia ser elegantemente fútil.

É possível que Pessoa invejasse um pouco Francisco Cabral Metello por sua sociabilidade mundana e Antônio Botto por sua fruição dos prazeres "estéticos" gregos, e que compensasse a ausência dessas coisas na própria vida com a pseudovida do heterônimo urbano, que viajara muito, usava roupas da moda, tinha casos amorosos e era um homem garboso do mundo. Mas Campos, dândi na aparência e até um tanto *camp*, também era autossuficiente. Ele queria "sentir tudo de todas as maneiras", de acordo com seu lema, mas sem ser limitado por nenhuma lei ou constrangido por nenhuma vontade que não a sua. Álvaro de Campos era um anarquista mais radical do que o banqueiro que Pessoa inventou em 1922.

Embora Campos se destaque como o maior e mais vivaz alter ego de Pessoa, se tirarmos seu monóculo e seu casaco de cintura justa e olharmos para além de seu comportamento extravagante, encontraremos o próprio Pessoa — ou seu gêmeo idêntico —, cru e inocente, quase primordial. Afirmei antes que Alexander Search, inventado em 1906, era uma versão transcendente de Pessoa, uma projeção destilada de seu eu *intelectual* quando jovem. Álvaro de Campos era um Pessoa *visceral*, todo sentimento e instinto, antes da intromissão da razão. Tímido por temperamento, Fernando Pessoa se fechou desde cedo no estudo, na especulação e na análise; suas elaboradas construções mentais eram consequências de sua inibição. Álvaro de Campos personificava seu id, que queria experimentar tudo sem limites, mas à sua maneira.

Poderia parecer que Pessoa — se fosse menos reprimido e menos avesso às convenções sociais, menos inseguro quanto a sua atratividade sexual — tivesse sido iniciado na atividade homossexual por Antônio Botto, como Oscar Wilde o foi por Robbie Ross. Mas Pessoa nem sempre era inibido e inseguro; se mostrara bastante capaz de encantar Ofélia Queiroz e mantê-la fascinada. O espinho fatal nessa relação foi, significativamente, Álvaro de Campos, na medida em que representava a dedicação de Pessoa à escrita e à vida imaginária e também, talvez, à preferência por homens.

Mas, acima de tudo, Pessoa preferia a si mesmo — preferência também arraigada em Campos, que não estava disposto a ser definido, alistado ou mesmo acompanhado: "Não me macem, por amor de Deus!". As fantasias do heterônimo de ser abusado por piratas ("Ode marítima") e agarrado pelas mãos de marinheiros no escuro ("Saudação a Walt Whitman") são poderosamente sugestivas, porém nunca mais do que fantasias. Álvaro teve um romance secreto com um rapaz da cidade de York, de acordo com um soneto já mencionado aqui (e publicado no sexto número de *Contemporânea*, em dezembro de 1922), e certa vez amou um jovem loiro chamado Freddie, de acordo com seu poema "Passagem das horas", mas os dois poemas também mencionam uma namorada chamada Daisy e uma certa Mary com quem ele passou muitas horas deliciosas lendo poesia. Campos não estava profundamente comprometido com nenhum (ou nenhuma) de seus (ou suas) amantes, o que se pode adivinhar por sua confissão, já aludida, de que embora fumasse ópio e bebesse absinto preferia "pensar em fumar ópio a fumá-lo" e gostava mais de "olhar para o absinto que bebê-lo".

Pessoa também preferia escrever sobre o amor entre homens a amar de fato um homem, e, a partir de 1923, contentou-se em apenas observar Antônio Botto sendo Botto — um homossexual que vivia sua sexualidade com exuberância e uma notória queda por marinheiros. A propósito dessa tendência, Pessoa contou a um amigo que Francisco Cabral Metello, quando avistou Botto com o braço em volta de um marinheiro numa Sexta-feira Santa, repreendeu-o de brincadeira, dizendo: "Antônio, parece impossível comer carne à Sexta-feira Santa!". Ao que Botto, sempre com a língua afiada, respondeu: "Mas o marujo não é carne, é peixe".[17]

Ao longo da maior parte da década de 1910, Pessoa produziu um fluxo intermitente, mas convincente de poesia homoerótica, do "Soneto que não se devia escrever" de fevereiro de 1912 ao poema de 1919 que declarava amor sem esperança a um homem presumivelmente heterossexual. Em dezembro de 1921 publicou sua versão revisada de "Antinous". Nos catorze anos restantes de vida, não escreveu mais poesia homoerótica, exceto por uma ode de Ricardo Reis, de 1923, que continha uma alusão nada óbvia a um homem amado. Álvaro de Campos escreveria um texto em prosa que citava essa ode para "expor" seu colega heterônimo, alegando que as donzelas horacianas tantas vezes citadas na poesia de Reis — Lídia, Chloe e Neaera — eram uma burla: o verdadeiro destinatário de suas odes era um jovem.[18]

A paixão de Pessoa por Ofélia, embora de curta duração e intensidade baixa a moderada, foi suficiente para satisfazer sua curiosidade a respeito de como seria amar uma mulher, pelo menos por vários anos. E a curiosidade sobre como seria amar um homem — depois de ter tirado a fera das profundezas da selva para a luz do sol, ou melhor, depois de Antônio Botto tê-la tirado para ele — também diminuiu. O amor romântico era para os outros, não para ele, escrevera a Ofélia em sua carta de despedida, e isso não só porque era tímido ou reprimido, mas porque havia outras coisas, inclusive a companhia dele mesmo, que amava mais.

53.

A campanha homofóbica da Liga de Ação dos Estudantes de Lisboa fazia parte de uma onda conservadora sentida não apenas em Portugal, mas em grandes áreas da Europa Meridional e Central, que defendia um retorno aos valores tradicionais e exigia medidas duras para impor disciplina a uma sociedade libertina e a uma ordem política aparentemente disfuncional, mesmo que isso significasse um governo autoritário. No extremo oposto do espectro político de Portugal, movimentos como o anarcossindicalismo, embora atraíssem adeptos nos centros urbanos, não tinham ambições revolucionárias. A maioria dos esquerdistas ainda se reunia em torno da República, e os intelectuais debatiam o que era necessário para tornar seu sistema parlamentar menos volátil e mais eficiente. Pessoa, divorciado das realidades imediatas com que Portugal se confrontava no início dos anos 1920, perseguia sua própria ideia do que constituía a nação portuguesa e do que ela poderia vir a ser.

Embora não apoiasse a doutrina da saudade intensa, que Teixeira de Pascoaes repetia sempre ser a virtude distintiva e redentora da "raça" portuguesa, o Portugal idealizado de Pessoa nutria-se da nostalgia dos anos de glória de sua história marítima de séculos antes. Como se ele fosse um escultor e aquela história monumental, um bloco de fino mármore, havia recentemente produzido uma sequência de doze poemas primorosos intitulada "Mar português", publicada no número de outubro de 1922 de *Contemporânea*. Os poemas eram evocações patrióticas de navegadores como Fernão de Magalhães, Vasco da Gama e Bartolomeu Dias, além do povo que contribuiu para as viagens e descobertas que tornaram o mar efetivamente português nos séculos XV e XVI. Mas nem tudo era acaso feliz. Um tom de elegia permeia essas homenagens poéticas. O primeiro poema da sequência, "O Infante", homenageia o grande mecenas real e promotor dos descobrimentos, glorifica o feito português de circum-navegar o globo e lamenta o estado inglório do Portugal de sua época:

Deus quer, o homem sonha, a obra nasce.
Deus quis que a terra fosse toda uma,
Que o mar unisse, já não separasse.
Sagrou-te, e foste desvendando a espuma,

E a orla branca foi de ilha em continente,
Clareou, correndo, até ao fim do mundo,
E viu-se a terra inteira, de repente,
Surgir, redonda, do azul profundo.

Quem te sagrou criou-te português.
Do mar e nós em ti nos deu sinal.
Cumpriu-se o Mar, e o Império se desfez.
Senhor, falta cumprir-se Portugal!

Pessoa era um imperialista convicto, mas o penúltimo verso de seu poema reconhece o fato paradoxal de que o declínio imperial de Portugal foi o preço pago por seu sucesso marítimo. Isso reflete sua convicção, formulada muitos anos antes, de que a conquista material não era viável para um país pequeno como Portugal, que só podia esperar dominar o mundo, ou pelo menos parte dele, através de sua cultura. Daí sua visão de um novo renascimento iminente, liderado por criadores portugueses de cultura, com ele próprio abrindo o caminho.

A Pessoa não faltavam ideias grandiosas, como o Grêmio da Cultura Portuguesa, para estimular a atividade intelectual de Portugal e promover sua arte e literatura, mas seu amigo José Pacheco, além de publicar *Contemporânea*, organizava conferências, concertos e exposições de arte. A cada dois meses acontecia algum tipo de evento patrocinado por *Contemporânea*. E a própria revista, a publicação mais elegante do país, era elogiada sem reservas pela maior parte do público intelectualizado que a lia. Pessoa, porém, por mais grato que fosse por poder publicar nas páginas da revista, tinha suas reservas. Em agosto de 1923, após um hiato de sete anos, entrou em contato com o velho amigo açoriano Armando Côrtes-Rodrigues. Era uma carta curta, escrita num rompante de saudade, que lembrava *Orpheu* e os movimentos literários como o paulismo e o intersecionismo, que Pessoa havia inventado com a ajuda dos amigos. E depois: "Você tem visto a *Contemporânea*. É, de certo modo, a sucessora do *Orpheu*. Mas que diferença! que diferença! Uma ou outra coisa relembra esse passado; o resto, o conjunto…".

José Pacheco não discordava de Pessoa. Numa entrevista publicada pouco depois do relançamento de sua revista, foi o primeiro a salientar que não havia quase nada de vanguardista ali, uma vez que os escritores e artistas portugueses, inclusive os ditos modernistas, eram "sempre conservadores".[1] Num esforço para compensar isso, ou pelo menos tornar *Contemporânea* mais cosmopolita, Pacheco abriu as páginas da revista para escritores contemporâneos da Espanha, entre eles Ramón Gómez de la Serna, um combativo vanguardista que traduzira os manifestos futuristas de Marinetti para o espanhol.

Gómez de la Serna foi o autor espanhol mais interessante publicado em *Contemporânea*, mas foi outro colaborador espanhol da revista que teve um papel modesto na história da vida de Pessoa. Adriano del Valle, um poeta andaluz que publicara na revista no segundo semestre do ano anterior, passou quase um mês em Lisboa em 1923. Estava em viagem de lua de mel, mas parecia tão interessado nos escritores locais que conheceu quanto na recém-esposa. José Pacheco apresentou-o a Pessoa, que o apresentou a Raul Leal e Antônio Botto, o qual apresentou-o a Judith Teixeira, a poeta sáfica que, como os dois homossexuais publicados pela Olisipo, tivera um de seus livros proibido por indecência em março. Valle se encontrou com os amigos de Pessoa no Café Martinho da Arcada, provavelmente visitou Teixeira na casa dela, conhecida por sua decoração "decadente" de tapetes, tapeçarias e estátuas nuas exóticas,[2] e em muitas tardes recebeu Pessoa em seu hotel, onde os dois trabalharam juntos na tradução da poesia de Mário de Sá-Carneiro para o espanhol. Numa entrevista publicada muito depois da morte de Pessoa, Valle recordaria que o poeta português lhe falava com os olhos iluminados sobre a obra de outros escritores, nunca sobre a sua própria obra.[3]

Valle regressou à sua cidade natal de Huelva, na costa meridional, perto da fronteira portuguesa, com as edições da Olisipo e alguns outros livros na bagagem, inclusive dois muito recomendados por Pessoa: *O livro de Cesário Verde* e *Clepsydra*, que Camilo Pessanha publicara algum tempo antes. Em breve, Valle e Rogelio Buendía, um poeta que morava na mesma cidade, bombardearam o jornal local com versões em espanhol da poesia portuguesa contemporânea. Em 11 de setembro, na tradução de Buendía, *La Provincia* publicou cinco das catorze "Inscriptions" incluídas em *English Poetry I-II*, de Pessoa. Foram as primeiras traduções da poesia de Fernando Pessoa para o espanhol — ou qualquer outro idioma.

Pessoa se corresponderia com Adriano del Valle por mais de um ano, e também trocaria cartas com Buendía e Isaac del Vando-Villar, outro poeta espanhol. Vando-Villar e Valle foram os cofundadores da revista ultraísta *Grecia*, onde Borges publicou poemas e textos em prosa em 1920, mas o ultraísmo teve vida curta e nunca foi mencionado nas conversas escritas ou faladas dos dois, exceto uma vez, na última carta de Valle para Pessoa.[4]

O escritor que mais se beneficiou da passagem de Valle por Lisboa foi Antônio Botto. Valle traduziu alguns de seus poemas, e críticos espanhóis publicaram críticas favoráveis à edição Olisipo das *Canções* de Botto.[5] O poeta português cultivava sua notoriedade. Em agosto de 1923, proferiu uma palestra no Teatro Nacional, na praça do Rossio, em que falou apenas dez minutos, sem que ninguém na plateia lhe pedisse o dinheiro de volta, pois pagaram dez escudos não para ouvir o que tinha a dizer, mas simplesmente para vê-lo: ele pavoneou-se no palco com cabelos tingidos de loiro e blush no rosto.[6] Mas seu renome crescente no outro lado da fronteira chegou ao fim depois que Botto escreveu uma carta mandando que seu tradutor espanhol parasse de mudar o "ele" por "ela" em seus poemas.[7] Em vez disso, Valle preferiu parar de traduzir sua poesia. A Literatura de Sodoma era, em última análise, "ultra" demais para ele e seus colegas ultraístas.

Depois que os estudantes da Liga de Ação voltaram aos seus estudos e a literatura "imoral" deixou de ser notícia, Pessoa redistribuiu discretamente as *Canções* de Botto e *Sodoma divinizada*, de Raul Leal, para as livrarias de Lisboa, mas no final de agosto e em setembro a polícia confiscou novamente todos os exemplares que encontrou dos livros.[8]

Teca, a irmã de Pessoa, conhecera um homem por quem se apaixonou e que tinha mais ou menos a mesma idade, e, em 21 de julho de 1923, eles se casaram.

Capitão do Serviço de Administração Militar, Francisco Caetano Dias (1897-1969) era o encarregado de um depósito de fardas e tinha uma casa à sua disposição no mesmo local — na Quinta dos Marechais,[9] em Benfica, bairro em que Pessoa morou por alguns meses em 1919-1920. Sua mãe, que estava praticamente inválida, mudou-se para essa casa com a filha. Alguns meses depois, juntou-se a elas Henrique Rosa, também muito frágil para continuar morando sozinho. Quase trinta anos antes, quando Maria Madalena, no dia em que completara 34 anos, se casou por procuração com o capitão João Miguel Rosa, Henrique Rosa substituíra o irmão mais moço, que já se encontrava na África do Sul, no posto de cônsul de Portugal em Durban. Agora, numa nova espécie de arranjo por procuração, Maria e Henrique viveriam juntos o que restava de suas vidas, ligados mais uma vez pelo marido e irmão ausente.

Pessoa, por sua vez, viu-se de repente sozinho no amplo apartamento da habitualmente tranquila e residencial rua Coelho da Rocha. Isso de certo modo o agradou, pois valorizava sua solidão, mas sentia falta das refeições caseiras preparadas pela irmã. Também tinha muita saudade da mãe. Depois que ela e Teca se mudaram para a Quinta dos Marechais, ele se tornou um visitante habitual, passando ocasionalmente a noite ou o fim de semana. Maria Madalena estava ficando mais retraída, distanciada, mas ouvia com atenção sempre que o filho recitava um de seus poemas.

Antes de conhecer Ofélia, quando ainda tinha Emília como empregada, Pessoa às vezes convidava amigos para visitá-lo em seus aposentos alugados. Era raro que trouxesse alguém ao apartamento onde morava com — e depois sem — a família. Embora a mãe e a irmã tivessem se mudado, o apartamento ainda continha muitos de seus pertences pessoais e era assombrado por lembranças de suas rotinas diárias, pelos ecos persistentes de suas vozes antes ouvidas durante todo o dia. E havia a imponente presença da mobília de quando ele era pequeno, retirada do depósito após o retorno da família da África em 1920. O maior móvel era o piano que sua mãe tocava e que ele fingia tocar quando tinha cinco ou seis anos. Sua irmã também tocava apenas de vez em quando. Agora, ele estava silenciosamente encostado na parede da sala de estar. Pessoa mantinha suas duas "famílias" bem separadas. Nos almoços e jantares na Quinta dos Marechais, quase nunca falava de Antônio Botto, Raul Leal, Geraldo Coelho de Jesus ou Augusto Ferreira Gomes, e nos cafés onde se encontrava com esses e outros amigos nunca mencionava a mãe ou a irmã, a não ser que fosse numa conversa paralela com o primo Mário Freitas.

Podemos pensar na família de amigos de Pessoa como um clube masculino informal onde quase todos os membros tinham uma inclinação literária, mas em meados da década de 1920 a política nacional com frequência dominava a conversa, assim como acontecia entre a maioria dos homens portugueses instruídos. Num ponto os membros do clube estavam politicamente unidos: a veneração pela figura póstuma e mitificada de Sidônio Pais, cujo histórico concreto de realizações como presidente e ditador de facto eles preferiam ignorar, recordando apenas que, durante alguns meses, ele havia conseguido inspirar as pessoas com fé e esperança. Desencantados com a democracia praticada pela República portuguesa, esperavam por outro homem forte que pudesse trazer estabilidade, autoconfiança e crescimento econômico constante para a nação. Mas diferiam em suas ideias sobre o sistema de governo que essa figura de pulso firme deveria presidir. Alberto da Cunha Dias, o amigo nervoso de Pessoa que estivera internado por um breve período num hospício em 1916, queria que a República continuasse republicana, com um Parlamento eleito, mas também com um presidente mais poderoso. Raul Leal, monarquista obstinado, gostaria que o país fosse governado por um rei. Pessoa, monarquista abstrato, defendia uma teoria da monarquia não hereditária que era difícil de entender. Augusto Ferreira Gomes, Geraldo Coelho de Jesus e Mário Saa aderiram a um novo movimento político com uma teoria definida de governo e objetivos absolutamente concretos: o fascismo.

Por três anos, os fascistas de camisa preta de Benito Mussolini aterrorizaram o norte e o centro da Itália, debelando greves com uso de violência, espancando ou matando oponentes, incendiando sindicatos, jornais de esquerda e sedes do Partido Socialista e derrubando governos locais eleitos livremente. Apesar de seus métodos, os fascistas desfrutavam de apoio significativo entre os líderes empresariais e a classe média, que temiam o espectro do comunismo, e a marcha dos camisas-negras sobre Roma, em outubro de 1922, culminou com a nomeação de Mussolini para primeiro-ministro da Itália.

O líder fascista, cujo característico queixo quadrado sugeria uma determinação inabalável, estava obtendo boa publicidade no exterior. Tendo sido jornalista, sabia como manipular e espalhar notícias, e seu governo podia gabar-se de algumas conquistas genuínas. Enquanto outros países da Europa do pós-guerra ainda estavam convulsionados pela turbulência social e econômica, Mussolini conseguiu restaurar rapidamente a ordem, deu início a um programa de obras públicas que ajudou a reduzir o desemprego e estimulou a produtividade, fazendo florescer a economia durante seus primeiros anos no poder. Era verdade que governava com tirania, mas a Itália voltara a ser um país enérgico e dirigido sem percalços — ou pelo menos assim diziam os observadores estrangeiros. No início do segundo semestre de 1923, o *Washington Post* e outros jornais norte-americanos publicaram uma matéria sobre o "espírito de disciplina" criado pelo governo de Mussolini e "concretamente ilustrado" pelos trens italianos, antes famosos por seus atrasos, mas que agora partiam e chegavam na hora certa.[10] Essa pontualidade sem precedentes se tornou um emblema da eficiência fascista.

Devido à sua proximidade geográfica, cultural e religiosa de país meridional, "latino" e católico, a Itália de Mussolini recebeu intensa cobertura dos meios de comunicação portugueses, onde alguns jovens intelectuais logo a saudaram como modelo a ser seguido. Em 1923, eles se organizaram sob a bandeira do Nacionalismo Lusitano — também conhecido como Nacionalismo Fascista ou Ação Nacionalista — e em junho fundaram seu primeiro jornal, um semanário de curta duração chamado *Portugal*. Em grande parte, era escrito por amigos de Pessoa. Augusto Ferreira Gomes era editor e redator principal. Mário Saa escrevia uma coluna na qual elogiava o fascismo italiano e movimentos ultranacionalistas na França como a Action Française. O compositor Ruy Coelho queixou-se, em dois artigos, de que a música e o teatro portugueses não eram nacionalistas o bastante. Geraldo Coelho de Jesus foi tema de um artigo de destaque e também contribuía com seus próprios artigos, nos quais continuou a defender a industrialização e a criticar a democracia como uma doutrina sedutora, mas pouco prática. Um de seus artigos desacreditava a trindade de ideais — liberdade, igualdade e fraternidade — consagrada pela Revolução Francesa.[11] Fernando Pessoa questionara esses mesmos ideais em artigos recentes e em anotações para ensaios inéditos, inclusive o já mencionado "Contra a democracia",[12] mas seu nome era uma ausência notória nas páginas de *Portugal*. O motivo para isso só pode ser porque recusou os repetidos convites de seus amigos para colaborar.

Outro colaborador importante do novo jornal era João de Castro Osório, jovem editor a quem Pessoa, naquele mesmo mês de junho, propôs uma série de traduções de peças de Shakespeare e poesia anglófona, sem sucesso. Castro Osório foi o provável autor de um manifesto escancaradamente fascista publicado no quarto e último número de *Portugal*, que informava aos leitores que seria sucedido por um diário também denominado *Portugal*. Essa edição diária nunca se materializou, mas no último trimestre de 1923 Castro Osório, o principal ideólogo do nacionalismo lusitano, publicou uma série de artigos detalhando o "Programa Nacionalista" do grupo num novo semanário cujo próprio título já era uma profissão de fé fascista: *Ditadura: um periódico do fascismo português*.

O defensor mais entusiasta de Mussolini em Portugal era Antônio Ferro, que foi à Itália em outubro de 1923 para cobrir as festividades do aniversário de um ano da marcha sobre Roma. A série de entrevistas e reportagens de sua viagem, que incluía uma entrevista com o próprio Mussolini, era marcada por uma admiração irrestrita pelo ditador e pelas conquistas do fascismo. Surpreende o fato de que Ferro fosse o correspondente especial de *A Capital*, o jornal de convicções republicanas e tradicionalmente esquerdista. Além das entrevistas da viagem de um mês de Ferro, o jornal publicou outros artigos elogiando o regime fascista.[13]

Como em muitos outros países, inclusive nos Estados Unidos,* aparentemente todos em Portugal — com exceção dos comunistas, socialistas e anarquistas — tinham uma impressão favorável do fascismo. "Todos" não incluía Fernando Pessoa, que deixou este petardo entre suas anotações aleatórias:

> A obra principal do fascismo é o aperfeiçoamento e organização do sistema ferroviário. Os comboios agora andam bem e chegam sempre à tabela. Por exemplo, você vive em Milão; seu pai vive em Roma. Os fascistas matam seu pai mas você tem a certeza que, metendo-se no comboio, chega a tempo para o enterro.[14]

Pessoa abominava comunistas, socialistas e anarquistas políticos, cujas atividades desestabilizadoras era totalmente a favor de reprimir, como os fascistas italianos haviam feito. Concordava que a democracia não funcionava melhor em Portugal do que na Itália e que o país precisava de um governante forte, alguém com o carisma e a visão de Sidônio Pais, e com a capacidade — que faltava a Pais — de impor sua vontade. "Alguém como Benito Mussolini", pensavam Antônio Ferro e muitos outros jovens intelectuais.

* "Nos assuntos de Estado, Mussolini exibe notável autocontrole, rara capacidade de julgamento e uma aplicação eficiente de suas ideias para a solução dos problemas que se apresentam", escreveram os editores da revista *Time* na edição de 6 de agosto de 1923, cuja capa trazia uma imagem austera do Duce.

Pessoa, porém, farejou uma víbora em Mussolini. O odor desagradável chegou até ele através de uma pequena notícia publicada pelo *Diário de Notícias* no final de fevereiro de 1923: quatro meses depois de chegar ao poder, o líder fascista ordenou à polícia que confiscasse todas as publicações "imorais" das livrarias. Os editores do jornal comentavam que medida semelhante devia ser tomada em Portugal, onde em tempos recentes livros obscenos de "aspecto pseudoliterário" eram expostos nas vitrines. Tratava-se de uma alusão óbvia aos livros de Antônio Botto, Raul Leal e Judith Teixeira, que a Liga de Ação dos Estudantes de Lisboa havia condenado poucos dias antes. Pessoa recortou e guardou essa notícia.[15] Mais tarde naquele mesmo ano, a imprensa portuguesa noticiou outros casos de censura fascista e de violência infligida aos críticos do regime[16] — e tudo isso reforçou a antipatia de Pessoa por Mussolini.

Já em 1912, Pessoa previra que Portugal poderia precisar de um líder brutal — um Oliver Cromwell português, escreveu ele — para superar sua política divisionista e indisciplinada, e fez vistas grossas para a criação, por Sidônio Pais, de uma polícia secreta que espancou e prendeu centenas de oponentes políticos, embora seja preciso dizer que Pais ordenou pessoalmente a libertação de alguns dos presos. Assim como Pais, Mussolini era um líder populista e personalista, mas com uma agenda bem definida e disposição para usar a força necessária para implementá-la, razão pela qual muitos sidonistas o admiravam. Eles o viam como uma espécie de Pais consumado. Mas Pessoa não gostou da consumação. Gostava apenas de seu *sonho* de um César, um Napoleão ou um Cromwell moderno, não de qualquer encarnação concreta de um deles.

Inspirado pela marcha de Mussolini sobre Roma, Adolf Hitler, no segundo semestre de 1923, planejou uma marcha sobre Berlim para tomar o controle da República de Weimar, que estava exaurida por ter de enfrentar grupos de extrema direita e extrema esquerda que ameaçavam tomar governos regionais. A maioria dos alemães ressentia-se dos duros termos do Tratado de Versalhes, e um número crescente deles estava encantado com uma retórica nacionalista e xenófoba que clamava por um Reich mais orgulhoso e altivo, ao mesmo tempo que muitos proletários eram atraídos pelo chamamento comunista à revolução social. Enquanto isso, tropas francesas e belgas haviam ocupado o Vale do Ruhr para pressionar a Alemanha a cumprir suas reparações de guerra, que eram o principal motor da inflação galopante no país, então em seu pico absurdo, com um pão custando à noite o dobro do que custava de manhã. (Em seu baú cheio de papéis, Pessoa guardou uma nota de 10 bilhões de marcos alemães emitida em 1º de outubro de 1923, e que não valia quase nada no final daquele mês.)[17]

Em meio ao pandemônio e com o apoio do general prussiano Erich Ludendorff, Hitler, em novembro, deflagrou o Putsch da Cervejaria, em Munique, de onde ele e seus camisas-pardas marcharam não para Berlim, mas apenas pelas ruas da capital bávara até cruzarem com a polícia estadual. Hitler fugiu, mas logo foi encontrado, julgado por traição e preso por nove meses. Enquanto estava atrás das grades, escreveu *Minha luta*. Na Espanha, por outro lado, um golpe militar saiu facilmente vitorioso no mês de setembro, instalando o general Miguel Primo de Rivera como ditador. A maioria dos espanhóis, assim como a maior parte de seus vizinhos portugueses, estava cansada da agitação social e desiludida com uma classe política considerada corrupta e irresponsável. Pessoa acompanhou de perto os movimentos nacionalistas na Itália, na Alemanha, na Espanha e em outros lugares, rejeitando todos eles como modelo para seu próprio tipo de nacionalismo, cada vez mais místico.

Em outubro de 1923, o poeta deu a primeira entrevista de sua vida, para *A Revista Portuguesa*, uma publicação literária e cultural. Todas as perguntas do entrevistador tratavam de Portugal: sua arte, sua literatura e a "crise" nos aspectos "político, moral e intelectual" do país. O presente precário e o futuro incerto da nação haviam se tornado tópicos de discussão obsessiva entre os intelectuais, particularmente à luz do clima político agitado que afetava grande parte da Europa. Mas foi à luz da história e da profecia que Pessoa respondeu às perguntas do entrevistador. O único outro país europeu que ele mencionou foi a Grécia, mas a da Antiguidade, que comparou ao Portugal do futuro. Lisboa, observou ele, está quase na mesma latitude de Atenas. Quando questionado exatamente sobre qual estimava ser o futuro dos portugueses, o entrevistado respondeu: "O Quinto Império. O futuro de Portugal — que não calculo, mas sei — está escrito já, para quem saiba lê-lo, nas trovas do Bandarra, e também nas quadras de Nostradamo. Esse futuro é sermos tudo".

Pessoa nunca tinha mencionado na imprensa o Quinto Império, uma doutrina que se transformara em algo ainda mais utópico do que quando escrevera pela primeira vez sobre isso em suas anotações, em 1915. De acordo com sua ideia original, o povo de Portugal estava destinado a dominar o mundo ocidental por meio de sua cultura. Agora, afirmava que esse povo devia simplesmente *ser* tudo o que valia a pena ser. A ideia de dominação cultural, embora não tenha desaparecido de sua visão do Quinto Império, passou a ser apresentada como um subproduto de uma vontade imperiosa de autoexpansão sem limites por parte dos portugueses, que já se tinha manifestado cinco séculos antes, quando o povo de Portugal enfrentara os mares e se espalhara pelo globo.

Quanto aos dois poetas-profetas mencionados por Pessoa, o sapateiro Gonçalo Annes Bandarra (ver capítulo 36) era uma versão portuguesa mais humilde do muito mais famoso Nostradamus, seu contemporâneo exato. O boticário francês Michel de Nostredame (1503-1566) latinizou seu nome na época em que começou a ganhar fama como clarividente. Mas as centenas de quadras proféticas que publicou eram quase todas obscuras, suscetíveis a inúmeras interpretações, de modo que já se atribuiu a elas a previsão de tudo, desde a ascensão de Hitler ao aquecimento global. No início da década de 1920, enquanto seus pares debatiam soluções políticas para a nação enferma, Pessoa estudava as profecias de Nostradamus e se debruçava sobre as de Bandarra para mostrar que o destino do Quinto Império português era uma conclusão predestinada.

Pessoa possuía duas edições dos poemas proféticos de Bandarra, em alguns dos quais fez anotações copiosas; ele realizou uma pesquisa meticulosa na Biblioteca Nacional para ver como outros os haviam interpretado; e escreveu dezenas de páginas com as próprias interpretações, além de considerações gerais para um ensaio introdutório.[18] Esse trabalho incomumente concentrado estava voltado para uma nova edição das *Trovas do Bandarra*, a ser comentada e interpretada por Raphael Baldaya, o heterônimo astrólogo de Pessoa.[19]

Fiel à venerável tradição de reinterpretar antigas profecias para adequá-las aos acontecimentos contemporâneos, Pessoa-Baldaya afirmava que Bandarra previra a primeira travessia aérea do Atlântico Sul, realizada por dois aviadores portugueses, Gago Coutinho e Sacadura Cabral, no primeiro semestre de 1922.[20] Os pilotos demoraram dois meses e meio e usaram três aviões diferentes para voar de Lisboa ao Rio de Janeiro, com longas escalas em duas ilhas, mas percorreram quase três vezes a distância de John Alcock e Arthur Brown, que haviam cruzado o Atlântico Norte três anos antes, num voo sem escalas que durou dezesseis horas. (Charles Lindbergh faria o primeiro voo sem escalas de Nova York a Paris em 1927.) Como havia poucas coisas na história recente de que os portugueses podiam se gabar, esse feito foi pródiga e laboriosamente celebrado por políticos, jornalistas e artistas de Portugal, em discursos patrióticos, artigos, canções, poemas, filmes e selos postais. Para Raphael Baldaya, o afortunado evento prenunciava o retorno místico de d. Sebastião e o nascimento do Quinto Império.

O verdadeiro ano do retorno do rei seria 1924, segundo a interpretação de Pessoa de um dito profético de outro poeta-vidente português, o pouco conhecido Thamar Lamim.[21] Mas isso ia contra o cálculo de Baldaya de que, segundo as profecias de Bandarra, Sebastião voltaria em 1888.[22] Somando dois e dois — ou melhor, 1888 e 1924 —, concluímos que d. Sebastião já havia voltado na pessoa de Fernando Pessoa (nascido em 1888), mas só seria reconhecido publicamente em 1924.

E então ele e seus heterônimos dariam início ao Quinto Império português? Talvez não de forma tão imediata e, com certeza, não tão literalmente.

Baldaya advertia os leitores futuros de seu comentário interpretativo que Sebastião, o Encoberto, "é um conceito nosso; para que venha, é preciso que o façamos aparecer, que o criemos em nós através de nós". E prosseguia dizendo que não há salvadores, nem messias, e que o máximo que um grande homem pode ser é "um estimulador de almas", que incite outros a dar ouvidos à recomendação de são Paulo aos filipenses: "Obra tu a tua salvação".[23] Portanto, a reivindicação velada de Pessoa de ser o d. Sebastião retornado profetizado por Bandarra não era tão autolaudatória quanto pode parecer à primeira vista, já que tudo o que ele esperava fazer era apontar o caminho, por meio de seu exemplo.

Apesar da citação da Epístola de Paulo, a salvação contemplada por Pessoa nada tinha a ver com a redenção cristã. Depois de afirmar em sua entrevista à *Revista Portuguesa* que o futuro dos portugueses era ser tudo, ele perguntou retoricamente:

> Quem, que seja português, pode viver a estreiteza de uma só personalidade, de uma só nação, de uma só fé? Que português verdadeiro pode, por exemplo, viver a estreiteza estéril do catolicismo, quando fora dele há que viver todos os protestantismos, todos os credos orientais, todos os paganismos mortos e vivos, fundindo-os portuguesmente no Paganismo Superior?

Trata-se da primeira menção pública de Pessoa ao paganismo português que ele, Antônio Mora e Ricardo Reis teorizavam havia oito anos. E assim ele implorava a quem lesse suas palavras:

> Não queiramos que fora de nós fique um único deus! [...] Ser tudo, de todas as maneiras, porque a verdade não pode estar em faltar ainda alguma coisa! Criemos assim o Paganismo Superior, o Politeísmo Supremo! Na eterna mentira de todos os deuses, só os deuses todos são verdade.

Era uma conclusão curiosa para uma entrevista inusitada, à qual Pessoa apresentou por escrito suas respostas cuidadosamente ponderadas; não havia nada de espontâneo ali.[24] Apesar de sua insistência anterior, em anotações que nunca publicou, sobre um florescimento literário e cultural nacional como base para um Quinto Império português, seu anúncio público desse império ligava-o não à literatura, mas à religião — e a uma religião como nenhuma outra. "Ser tudo, de todas as maneiras," é uma regra de vida que faz com que a observância dos mandamentos e rituais típicos da maioria das religiões pareça uma coisa pequena. A realização da salvação de alguém, de acordo com o evangelho de Pessoa, é uma abertura contínua de portas, a admissão de todas as possibilidades, a resistência a todas as definições e todas as doutrinas restritivas, a rejeição de todos os limites.

54.

Era em sua imaginação literária — refiro-me a seus poemas e textos em prosa, mas também aos cálculos astrológicos, às visões sebastianistas e do Quinto Império, às divagações espirituais e à vida onírica — que Pessoa conseguia, tanto quanto um homem é capaz de conseguir, ser tudo de todas as maneiras possíveis. Para os parentes, no entanto, ele era apenas um membro peculiar da família que por acaso escrevia poesia, como muitos outros homens e mulheres. Nenhum deles tinha ideia da riqueza incomum de sua vida mental — com exceção, talvez, dos meninos e das meninas que o amavam como seu tio predileto. Eles podiam ao menos sentir como ele era diferente dos outros adultos e parecido com eles — ainda com um gosto infantil por brincar, ainda com uma imaginação livre e onipotente.

Quando se tornou literalmente um tio, com o nascimento da primeira filha da irmã, em julho de 1924, Pessoa já era uma figura avuncular adorada pelos oito filhos de seus primos-irmãos entre 1913 e 1922, seis de Mário e dois de Maria. Era o padrinho de todos, exceto de um deles, e todos o conheciam como tio, mas o chamavam de Íbis — o apelido que sobrevivera, junto com as pesadas dívidas, de sua primeira tentativa quixotesca de abrir uma editora. Sempre que ia à casa de Mário almoçar ou jantar, era uma ocasião especial para as duas meninas e quatro meninos, que se agarravam em seus braços e pernas e disputavam espaço em seu colo ou ao seu lado, onde quer que se sentasse. Ele contava piadas e histórias engraçadas, às vezes batendo na própria cara para efeito cômico, a ponto de fazer os óculos caírem. Enquanto as crianças morriam de rir, ele mantinha uma feição perfeitamente séria. Em outras ocasiões, deitava-se no chão e girava as pernas no ar, como se estivesse pedalando.

Quando ia embora, eles olhavam pela janela para se despedir e o viam fingir que trombava num poste do outro lado da rua, fazendo-os rir ainda mais. "Faça o íbis!", eles gritavam antes que ele dobrasse a esquina. E, sem tirar o chapéu ou a capa de chuva, ele juntava as mãos e as apontava adiante em forma de bico, enquanto se equilibrava em um pé, inclinado para a frente.[1] Sem traquejo social para lidar com adultos, exceto em cafés, onde a conversa era literária e intelectual, Pessoa fazia sucesso natural com as crianças, divertindo-as com seu modo desajeitado de tio solteirão pateta, personagem depois imortalizado por Jacques Tati no filme *Meu tio*, de 1958.

No primeiro semestre de 1924, Pessoa morou alguns meses com dois dos afilhados — ou melhor, eles moraram com ele. Depois de passar três anos e meio na Itália, a prima Maria e a família dela, inclusive tia Anica, regressaram a Lisboa em fevereiro e se hospedaram no apartamento da rua Coelho da Rocha enquanto procuravam uma casa. O marido de Maria, Raul da Costa, formara-se engenheiro naval na Escola Real Naval de Gênova e ocuparia vários cargos na divisão de construção naval da Marinha portuguesa.[2] Houve quem especulasse que a profissão de Álvaro de Campos tivesse sido inspirada na de Raul da Costa, mas, se havia alguma relação, o oposto é que era verdadeiro. Foi somente em 1920, cinco anos após a publicação da "Ode marítima" de Campos, que o marido da prima de Pessoa ingressou na Marinha e formou-se em engenharia naval.

Fazendo jus à fama de brincalhão da família, depois que a prima punha os dois filhos para dormir, Pessoa às vezes enfiava a cabeça pela porta e perguntava, em voz alta o suficiente para despertar os mortos: "Já estão dormindo?".[3] As crianças riam enquanto a mãe bufava de aborrecimento. Eduardo, o primogênito de Maria e Raul, era um menino de oito anos estudioso e curioso, já apaixonado pelas palavras, e foi nessa época que Pessoa, que nunca deixava de ser um literato, começou a escrever e a recitar poemas ocasionais para ele e os demais afilhados. Um dos poemas era sobre seu pássaro predileto, descrito de forma memorável na primeira estrofe:

O íbis, ave do Egito
Pousa sempre sobre um pé,

O que é
Esquisito.
É uma ave sossegada
Porque assim não anda nada.[4]

Os egípcios mumificavam milhões de íbis, que criavam em fazendas de reprodução, além de os apanhar na natureza.

Quase nunca com os dois pés firmemente plantados no chão, o poeta conhecido como Íbis por seus afilhados deixava sua mente vagar de ideia em ideia, de projeto em projeto, enquanto mantinha o olhar vagamente fixo no futuro, qualquer que fosse. Em 1º de junho de 1924, descreveu seu estado de indiferença tranquila numa carta a Adriano del Valle:

> Ando agora muito afastado do meio literário e dos seus arredores. Não ando afastado propositadamente, ou por qualquer razão. Automaticamente assim tem acontecido. Trabalho sempre, em uma coisa ou em outra, mas não tenho pressa. Se alguma vez eu tiver que ser admitido à presença e ao tempo dos deuses, dos deuses, que não de mim, depende.

Em remessas separadas, Pessoa enviou dois livros de escritores portugueses de ficção ao poeta espanhol, que quase não tinha como saber que seu correspondente lisboeta era maior do que quase qualquer escritor português vivo ou morto, já que continuava a não publicar sua obra, a não ser por colaborações ocasionais para revistas. Vinha esperando pacientemente que os deuses, ou o futuro, o descobrissem, talvez porque temesse que seus contemporâneos não o reconhecessem como um gênio literário sem rival, e talvez porque fosse orgulhoso demais para deixar transparecer que se importava com o reconhecimento.

Alguns meses depois, porém, no segundo semestre de 1924, a posição de Pessoa como escritor marginal parecia estar abruptamente chegando ao fim. Ele se tornara de forma inesperada o editor literário de *Athena*, uma revista em cujas páginas publicaria não só alguns poemas, mas uma copiosa seleção de obras assinadas por ele e pelos três principais heterônimos. Além do mais, as cinco edições da revista ousariam passar por cima do modernismo, como se esse movimento nunca tivesse existido. O drama da automultiplicação literária de Pessoa, totalmente revelado em *Athena* pela primeira vez, foi de fato concebido como uma performance olímpica, pertencente à eternidade.

Pessoa havia traçado planos para uma revista "neopagã" intitulada *Athena* em 1915, retornou à ideia em 1918 e novamente no final de 1923,[5] sem nunca lhe ter dado forma concreta. A ideia poderia ter ficado no limbo para sempre se não fosse por Ruy Vaz, um artista com meios financeiros que convidou Pessoa a ser seu parceiro numa nova revista. Vaz seria o editor de arte; Pessoa, que propôs o título *Athena*, teria controle total sobre seu conteúdo literário. Ruy Vaz havia ocupado pouco tempo antes a produção de *Contemporânea*, cujo editor-chefe, José Pacheco, estava tão debilitado pela tuberculose que suspendera por um tempo a publicação, abrindo espaço para *Athena*. Era uma oportunidade perfeita para Pessoa — que criticara *Contemporânea* por ser suntuosa em termos gráficos, mas intelectual e imaginativamente insípida — mostrar do que era capaz.

Ele logo se deparou com o mesmo problema que José Pacheco encontrara: não havia muitos escritores portugueses interessantes e inovadores que pudesse recrutar para *Athena*. Seus heterônimos, porém, poderiam compensar em parte essa escassez: Alberto Caeiro e Ricardo Reis, ambos inéditos, seriam apresentados como poetas autônomos. Pessoa pensou em incluir um ensaio sobre o paganismo de Antônio Mora, também desconhecido do público, e um poema de Diniz da Silva,[6] heterônimo fugaz que inventou em 1923, mas mudou de ideia sobre o poema e sobre Antônio Mora. O apóstolo do neopaganismo, que havia sido a espinha dorsal da *Athena* dos planos originais de 1915, permaneceria nas sombras. Decidindo que era melhor mostrar e não falar, Pessoa procurou fazer com que a revista transmitisse o espírito do paganismo sem teorizar, explicar ou fazer proselitismo.

Athena não foi apenas uma vitrine impressionante para a produção de Pessoa e seus heterônimos — a maior e mais variada mostra publicada em sua vida —, mas também a apresentação cuidadosamente selecionada de uma utopia literária pessoal. Com elegância sóbria, o primeiro número saiu em outubro de 1924. Iniciava-se com um artigo de Pessoa que justificava o título da revista argumentando que "a arte suprema é o resultado da harmonia entre a particularidade da emoção e do entendimento" e a "universalidade da razão", uma harmonia personificada pela deusa Atena. Esse equilíbrio ideal entre emoção e compreensão, concreto e abstrato, entre o que sabemos e o que só podemos imaginar era exemplificado na revista por vinte odes clássicas de Ricardo Reis, em especial a décima primeira, que começa com uma confissão:

Temo, Lídia, o destino. Nada é certo.
Em qualquer hora pode suceder-nos
O que nos tudo mude.

O resto da edição inaugural trazia "O corvo" de Edgar Allan Poe, magistralmente traduzido para o português por Pessoa, um diálogo dramático de José de Almada Negreiros e quatro "Cartas que me foram devolvidas", de Antônio Botto. Já que a homossexualidade de Botto se tornara um tema popular de fofoca, os leitores entenderiam de imediato que as quatro cartas — de amor — eram endereçadas a um homem, o que aumentava a aura "grega" cultivada pelo editor literário de *Athena*.

Havia outra contribuição literária para o primeiro número: um conjunto de oito sonetos de Henrique Rosa, o irmão do padrasto de Pessoa. Bem elaborados, mas sem nada que os destacasse, não eram nem melhores nem piores que a maior parte da poesia publicada em Portugal. Pessoa, no entanto, os apreciava sinceramente, em parte por motivos sentimentais, e queria mostrar seu apreço antes que fosse tarde. A saúde de Rosa estava piorando rapidamente, e podemos imaginar com que satisfação o orgulhoso editor colocou em suas mãos nodosas um exemplar da revista, ainda cheirando a tinta fresca. Era uma revista atraente, e Pessoa sem dúvida levou exemplares para os demais familiares — a mãe, a irmã e o cunhado — numa de suas cada vez mais frequentes visitas à Quinta dos Marechais. Sua mãe, como Henrique Rosa, também desvanecia, mas o ambiente doméstico era animado pela sobrinha de Pessoa, Maria Leonor, de apenas alguns meses de vida.

O *Diário de Lisboa* publicou uma breve entrevista com Pessoa a propósito de *Athena* em 3 de novembro de 1924, e nesse mesmo dia *A Capital*, que havia atacado *Orpheu* quase dez anos antes, elogiou a nova revista e seu editor literário: "Fernando Pessoa é uma notável sensibilidade moderna, uma mentalidade completa, de uma erudição pasmosa, de um sentido crítico perfeitamente integrado nas mais audaciosas tendências. É, sem favor, a maior figura da sua geração".[7] A "maior figura" leu essas palavras com grande espanto. Depois de toda a atenção dada a *Orpheu* e seus colaboradores ter acabado, o nome de Pessoa voltara à obscuridade, tendo merecido um pouco de atenção pública em tempos recentes apenas por causa de sua associação com o escândalo da Literatura de Sodoma.

Mas mesmo os contemporâneos que reconheciam em Pessoa uma poderosa inteligência literária muitas vezes não conseguiam captar seus momentos de maior inspiração. O crítico que escrevia para *A Capital*, por exemplo, dizia que os oito sonetos de Henrique Rosa publicados na revista eram "maravilhosos" e nada falava das odes incomparavelmente mais interessantes de Ricardo Reis. Tampouco os amigos de Pessoa — que sabiam, claro, ao contrário da maioria dos leitores, que Ricardo Reis era um alter ego — parecem ter apreciado de fato a originalidade de suas odes, que talvez considerassem, não sem alguma justificação, um exótico retrocesso literário. Numa carta que enviou com um exemplar da revista a seu velho conhecido, o editor inglês William Bentley, o próprio Pessoa observou com falsa modéstia que Reis "foi chamado, admiravelmente, creio eu, de 'um Horácio grego que escreve em português'".[8]

Embora o editor literário de *Athena* pudesse estar bem integrado nas "mais audaciosas tendências" do momento, a novidade da revista era justamente ignorá-las por completo. Nos anos anteriores e posteriores a *Orpheu*, Pessoa havia brincado de futurista, intersecionista e sensacionista, mas, em última análise, era indiferente a receitas, modismos e fórmulas artísticas, inclusive as de sua própria invenção. Em *Athena*, procurou fugir das tendências e ser atemporal.

O segundo número da revista trazia uma seleção de epigramas e epitáfios da Antologia Grega e a tradução de Pessoa da famosa meditação de Walter Pater sobre a *Mona Lisa*, que Yeats, em 1936, transcreveria como um poema em verso livre e poria no início do *Oxford Book of Modern Verse*. No sorriso ambíguo e perturbador da senhora florentina, Pater encontrava "o animalismo da Grécia, a luxúria de Roma, o misticismo da Idade Média com sua ambição espiritual e amores imaginativos, o retorno do mundo pagão, os pecados dos Bórgias", e concluía sua reflexão chamando-a de "o símbolo da ideia moderna" por meio do qual a humanidade, a cada momento, resume em si mesma "todos os modos de pensamento e de vida". É discutível se Pater fazia uma caracterização justa da "ideia moderna" defendida por intelectuais em 1869, ano em que publicou seu ensaio pela primeira vez, mas expressava com grande beleza sua própria ideia — e a ideia de Pessoa — do que era humanamente importante.

A harmonia que Pessoa associava à deusa Atena e procurava realizar na revista homônima não dependia de excluir o que não cabia, mas de não omitir nada. *Athena* promovia a coexistência da escrita contemporânea com um renascimento do estado de espírito e do sentimento pagão. Suas páginas incluíam poesia, ficção, ensaios e obras dramáticas, traduzidas ou escritas em português. A literatura de qualquer período de tempo e de qualquer gênero — "*todos* os modos de pensamento e de vida" — poderia ser acomodada.

O princípio da inclusão também significava diversidade de opiniões, obtida com a ajuda de amigos de Pessoa, reais e imaginários. O segundo número de *Athena* trazia um artigo assinado por Álvaro de Campos que contestava a afirmação de Pessoa, no artigo de abertura do primeiro número, de que a metafísica era uma arte, e não uma ciência. No terceiro e no quarto números, o engenheiro naval foi ainda mais longe. Num ensaio de duas partes chamado "Apontamentos para uma estética não aristotélica", atacava o entendimento clássico da arte como criação e transmissão da beleza, propondo em seu lugar uma arte que fosse nietzschianamente fundada na força e na dominação. Essa posição foi atacada, por sua vez, por Mário Saa, que afirmou (em *Athena* 4) que a concepção de arte de Campos era materialista demais. Pessoa, não pela primeira vez, estava tentando fomentar uma cultura de debate animado entre seus compatriotas intelectualmente letárgicos.

Em março de 1925, os editores de *Athena* imprimiram um folheto anunciando um segundo volume de cinco números, mas isso nunca foi adiante. É provável que não houvesse dinheiro e, na verdade, não havia necessidade disso: Pessoa alcançara seus objetivos. Por meio de seu design gráfico, além de seu conteúdo, a revista havia gerado um ar clássico de antiguidade pagã, como se fosse o equivalente literário de um templo grego ainda de pé. Nesse cenário exemplar, Pessoa apresentara vinte odes de Ricardo Reis, uma dezena de poemas líricos assinados com o próprio nome (em *Athena* 3), dois ensaios de Álvaro de Campos e uma generosa oferta de poemas de Alberto Caeiro: quase metade da coletânea de 49 poemas intitulada *O guardador de rebanhos* e dezesseis de seus chamados *Poemas inconjuntos*. Esse título ecoa vagamente o verso crucial do antepenúltimo poema de *O guardador de rebanhos*: "A natureza é partes sem um todo".

Para Pessoa, uma das grandes vantagens da arte sobre a natureza era poder criar pelo menos um todo ilusório. Assim foi com sua revista de visão ampla, que pretendia ser de uma diversidade harmoniosa, uma casa para todos os deuses. O colaborador literário cuja obra encerrava o último número de *Athena* (ainda por sair) foi apropriadamente Alberto Caeiro, o heterônimo para quem a natureza carecia de princípio unificador, mas que — como via tudo pelo que é, sem desejar que fosse nada além disso — era ele mesmo um princípio unificador. Para ele, ver alguma coisa significava que essa coisa tinha seu lugar próprio, era válida, adequada. Era o aceitador incondicional da vida, e também da morte. Num poema que previu sua morte prematura, Caeiro resumiu o "sentido" de sua existência:

Se eu morrer muito novo, oiçam isto:
Nunca fui senão uma criança que brincava.
Fui gentio como o sol e a água,
De uma religião universal que só os homens não têm.

A postura "infantil" de Caeiro nos lembra o Zaratustra de Nietzsche, para quem a criança "é inocência e esquecimento, um novo começo, um jogo, uma roda que gira por si mesma, um movimento inicial, um sagrado dizer 'sim'".[9]

Além do poema citado, *Athena* 5 trazia três outros que diziam "sim" até para a morte — a do próprio Caeiro. Todos os quatro foram escritos em 1915, ano em que o poeta da natureza teria falecido. O último trata-se de uma autobiografia em miniatura, ou de notas para quem quiser escrever sobre a vida desse heterônimo. Eis os primeiros sete dos quinze versos:

Se, depois de eu morrer, quiserem escrever a minha biografia,
Não há nada mais simples.
Tem só duas datas — a da minha nascença e a da minha morte.
Entre uma e outra cousa todos os dias são meus.

Sou fácil de definir.
Vi como um danado.
Amei as coisas sem sentimentalidade nenhuma.

Assim falou Caeiro, com uma ausência de sentimentalismo que Pessoa teria em parte apreciado para si naquele momento, abalado que ainda estava pelo demasiado real fenômeno da morte. As reflexões serenas de Caeiro sobre o fim de sua vida ficcional eram um pequeno consolo para seu criador. Menos capaz de se distanciar da realidade que habitava, Pessoa mergulhou numa depressão paralisante.

Enquanto Pessoa construía seu "templo" iluminado pelo sol chamado *Athena*, uma nuvem caiu sobre a casa da irmã em Benfica, onde, em 8 de fevereiro de 1925, o irmão de seu padrasto, de 74 anos de idade, enfim sucumbiu à congestão pulmonar. Tendo em vista o papel desse pai intelectual que orientara o jovem poeta em suas leituras e reflexões, estimulara-o a prosseguir na escrita e iniciara-o na vida literária lisboeta depois que ele abandonou os estudos, em 1907, talvez fosse inevitável que Pessoa, desejando ser ele mesmo um homem independente, viesse a desprezar o poeta mais velho na década seguinte. Mas, assim que Pessoa se "provara" e vira Henrique Rosa enfraquecer, ele enrubesceu com a lembrança de todas as horas que haviam passado juntos numa animada conversa sobre religião, evolução, filosofia e literatura.

Menos de um mês depois, um dos piores temores de Pessoa se tornou realidade: sua mãe sofreu outro derrame devastador. Já habituado a passar os fins de semana em Benfica, na Quinta dos Marechais, passou a ficar lá também durante a semana, para estar perto do corpo prostrado dela. O derrame causara uma dor terrível, para a qual o médico prescreveu um medicamento que a deixou praticamente inconsciente. A irmã de Pessoa era a cuidadora zelosa que lavava a mãe, trocava seus lençóis e lhe proporcionava o maior conforto possível. Já havia feito o mesmo por Henrique Rosa, e, além disso, tinha de cuidar da pequenina Maria Leonor e cozinhar para todos, inclusive o irmão. Quando a mãe ainda respondia, Pessoa sentava-se ao lado dela e falava, talvez relembrando cenas das casas onde viveram juntos em Durban ou na Lisboa da infância. Depois que ela entrou em coma, o que se prolongaria por doze dias, ele não conseguiu mais entrar no quarto dela. Andava de um lado para o outro em todos os demais cômodos, falava muito pouco, com sua mente num estado permanente de distração. Mas quando Teca, sua irmã, ousou dizer que esperava que a mãe logo repousaria de seu sofrimento, ele explodiu e ordenou que segurasse a língua, porque nunca deveríamos desejar a morte a alguém.[10] Teca chamou um padre. O pai livre-pensador de Pessoa recusara os últimos ritos da Igreja, mas sua mãe, conscientemente ou não, os recebeu. Tinha 63 anos.

No dia 18 de março, vendo no jornal um aviso fúnebre pago de Maria Madalena Nogueira Rosa, Mário Saa escreveu ao amigo retraído uma carta extraordinária,[11] dizendo-lhe para não se conter, e em vez disso pôr o coração para fora e chorar até não poder mais. Era uma recomendação atenciosa, mas desnecessária. Pessoa retirou-se para seu apartamento na rua Coelho da Rocha e entregou-se ao luto, que não era só pela perda da mãe. Conservando as imagens frescas e assustadoras do tio, depois da mãe, sendo baixados ao solo no mesmo cemitério, Pessoa deu por si a lembrar-se compulsivamente de todos os que haviam morrido — o pai, o irmão mais novo, as tias e os tios que ele amava, suas avós, seu padrasto, seu melhor amigo — assim como dos tempos perdidos de sua vida quando aquelas pessoas ainda existiam. Onde estavam aqueles tempos e aquelas pessoas agora? Para onde haviam ido, para onde vão todas as coisas? O inventor do sensacionismo *sentiu* o esquecimento, e isso o horrorizou.

Dominado pela preocupação e pela angústia, Pessoa não escrevera nenhuma poesia ultimamente, e só três semanas depois do funeral de sua mãe quebrou seu silêncio poético com uma série de quatro sonetos, o primeiro dos quais começava com os seguintes versos:

Em torno a mim os mortos esquecidos
Volveram todos. Eu em sonhos os vi.
Se os amei, como foi que os esqueci?
Se os esqueci, como foram queridos?

Os outros três reiteravam o tema de como nós, os vivos, continuamos a jogar terra em cima dos mortos com nosso esquecimento. Neste terceto, por exemplo:

Quem vai tem em quem fica a pior sorte.
Nós é que aos mortos enterramos mais!
É em nosso coração que vive a Morte!

O que revoltava Pessoa era que mesmo a dor mais sincera era lastimavelmente pequena, vergonhosamente breve. Muito antes de sua mãe morrer, ele começara a matá-la — ao se afirmar, ao viver sua própria vida — e essa vida continuaria, com pouco espaço, tempo ou paciência para ela e os outros mortos, já que a vida só se preocupa com viver. E então ele morreria, sem nenhum filho para esquecê-lo, o que talvez fosse melhor. Tinha apenas uma esperança: se pudesse escrever páginas de poesia e prosa que perdurassem graças a suas surpreendentes reconstituições de sentimentos humanos, então seu nome seria lembrado. Além do mais, por meio dessas páginas, ele continuaria tocando mentes e corações e, dessa forma, continuaria a viver muito depois de seu corpo ter se reduzido a ossos e pó.

Mas, no fim das contas, seu legado literário surpreenderia alguém? O quinto e último número de *Athena*, que deveria sair em fevereiro, mas atrasou em virtude das mortes que ocuparam a atenção de Pessoa, foi finalmente lançado em junho, completando a espetacular apresentação em cinco partes de sua obra como poeta, tradutor, ensaísta e criador de heterônimos. Ninguém notou. Embora alguns jornais a tenham elogiado por ser uma excelente revista com um editor talentoso, ninguém parecia ter percebido como eram excepcionais os muitos poemas e textos em prosa assinados por Pessoa e seus heterônimos. Francisco Costa, um jovem poeta que publicou um conjunto de sonetos em *Athena* 5, enviou uma carta a Pessoa em julho em que acusava o recebimento de seus exemplares de colaborador e parabenizava Pessoa por sua "magnífica" tradução de um conto de O. Henry. Ele não disse uma palavra sobre a poesia de Caeiro publicada na mesma edição.[12]

Para Pessoa, o questionamento era inevitável: seria ele o único para quem Alberto Caeiro era uma revelação? Na década anterior, havia escrito dezenas de páginas de prefácios, ensaios críticos e textos promocionais falando maravilhas sobre o poeta-pastor e seus poemas incrivelmente simples, e, em 1923, escrevera um novo prefácio de livro em que Ricardo Reis, designado editor póstumo de Caeiro, explicava que seu "Objetivismo Transcendente" fazia dele "o maior poeta do século vinte". O prefácio terminava com uma palavra de agradecimento a dois familiares vivos — Antônio Caeiro da Silva e Júlio Manuel Caeiro — por permitirem a publicação de sua poesia em livro.[13] A autorização dos "herdeiros" do heterônimo não valeu de nada. Decepcionado com a ausência de reação aos poemas de Caeiro revelados em *Athena*, Pessoa cancelou os planos de seu livro e não escreveu mais nada em nome de Caeiro até o final da década.

Esse heterônimo reconhecido como o grande poeta que ensinara Pessoa a escrever dramaticamente, cheio de sentimento, mas impessoal, filosófico e ao mesmo tempo simples, ainda era seu mestre, que o orientava e inspirava, mas ele de repente passou a duvidar que a literatura pudesse salvá-lo, e mesmo seu poder de acalmá-lo agora vacilava. O objeto central do amor primordial de Pessoa era naturalmente a mãe, cuja morte precipitara uma catástrofe silenciosa. Embora tivessem vivido por muitos anos em continentes separados e se reunido apenas quando ela já estava frágil e era uma mera sombra de quem fora, a existência dela ainda havia sido um elo confiável com o próprio eu de Pessoa, seu eu pré-literário, com aquela época em que era um bebê totalmente dependente, tomado por um amor inefável. A inexistência dela o deixou existencialmente sem amarras, debatendo-se no oceano de seus desejos, medos, sonhos e palavras.

Sem uma parceria amorosa que pudesse até certo ponto preencher o lugar ocupado por sua mãe, Pessoa, como veremos, viu-se cada vez mais atraído por compensações espirituais: propósitos superiores, conhecimento superior, comunhão com deuses e anjos. Mas outro impulso, menos óbvio, o impeliu a recuperar o que havia perdido: uma conexão primordial, absolutamente *humana*. Qualquer que fosse o caminho que tomasse, em busca de divindade ou humanidade, a década seguinte, a última de Pessoa, seria menos marcada pela autoexpansão e mais pela autoentrega.

(No alto) Numa rua do centro de Lisboa. (*Cortesia de Manuela Nogueira*)

(Abaixo) Pessoa aos 45 ou 46 anos, mas com aparência de muito mais velho. (*Teresa Rita Lopes,* Fernando Pessoa: Vivendo e escrevendo [*Lisboa: Assírio & Alvim, 1998*], *p. 89*)

PARTE IV

ESPIRITUALISTA E HUMANISTA (1925-35)

Nunca dei crença àquilo em que acreditei. Enchi as mãos de areia, chamei-lhe ouro, e abri as mãos dela toda, escorrente. A frase fora a única verdade. Com a frase dita estava tudo feito; o mais era a areia que sempre fora.

Livro do desassossego (trecho 221)

55.

Toda a efervescência e a extravagância da década de 1920 floresceram em ambos os lados do Atlântico. Apesar do julgamento que condenou John T. Scopes por ensinar a teoria da evolução no Tennessee, ou da publicação em Munique de *Minha luta*, de Hitler, o ano de 1925 trouxe uma onda de impulso intelectual e artístico junto com uma prosperidade generalizada que alimentou o otimismo e um mercado de ações em expansão. Na capital norte-americana das altas finanças, da moda, da publicação de livros e das artes, chegou às bancas uma nova revista sofisticada chamada *The New Yorker*. Paris sediou uma pródiga Exposição Internacional das Artes Decorativas e Industriais Modernas, que promoveu o estilo conhecido a partir de então como art déco. *La Revue nègre*, com um elenco totalmente negro tendo como estrela Josephine Baker, fez sua aclamada estreia no Théâtre des Champs-Élysées, ajudando a popularizar o charleston na Europa. Na Alemanha, a escola Bauhaus, que acabara de se mudar de Weimar para Dessau, revolucionava o design arquitetônico, industrial e gráfico, enquanto a andrógina e sensual Marlene Dietrich, ainda conhecida principalmente como atriz de teatro, se apresentava em musicais e espetáculos de revista para casas lotadas em Berlim. Superada a inflação, a República de Weimar prosperava do ponto de vista econômico e cultural, mas politicamente oscilava, com coalizões frágeis formando um governo após o outro.

O Portugal urbano, especialmente Lisboa, dançava o charleston, ouvia jazz e erguia prédios art déco, e o país como um todo prosperava, embora num ritmo mais lento que a maior parte da Europa. Mas, embora houvesse relativa estabilidade nas esferas econômica e social, a política do país continuava viciada na volatilidade. Os democráticos, que ainda dominavam o processo político, estavam divididos em várias facções, de modo que só se montavam governos por meio de coalizões inevitavelmente curtas. Ao contrário da Alemanha de Weimar, onde os muitos partidos políticos tendiam a ter uma orientação ideológica, em Portugal, eles se aglutinavam em torno de personalidades carismáticas cujas ideias nem sempre eram bem definidas. Havia um sentimento crescente entre os portugueses de que sua república não poderia continuar assim, sem saber para onde ir e sem uma liderança forte e baseada em princípios.

Fernando Pessoa, como seu país, sentia-se um pouco sem rumo em meados dos anos 1920, mas estava imune à alegria da época que contagiou, pelo menos superficialmente, muitos de seus compatriotas. A morte da mãe o encheu de tristeza. Também o tornou mais consciente de sua própria mortalidade. Como irmão mais velho, seria logicamente o próximo em sua família imediata a morrer, e o próprio pai vivera apenas até os 43 anos. Ele sabia que precisava consolidar, terminar e organizar as obras com que mais se importava, porém estava apático e incapaz de encontrar o entusiasmo necessário para isso. Perante o amor — o amor entre ele e sua mãe, cuja importância só agora, depois de perdê-la, ele realmente compreendia —, o significado de sua vida literária empalideceu temporariamente. Mais tarde ressuscitaria e ele se recuperaria, mas em meados de 1925 Pessoa ainda lamentava sua perda, via o futuro sem expectativas e se sentia abatido e entorpecido.

No início do segundo semestre daquele ano, Pessoa topou com Antônio Cobeira, que conhecera dez anos antes, quando Cobeira ainda nutria ambições literárias. Os dois velhos amigos passaram uma tarde juntos em Sintra, onde a realeza portuguesa costumava fixar residência nos meses de verão, e, enquanto caminhavam pelas antigas ruas da vila, rodeadas por colinas cobertas de árvores nas quais se erguiam palácios e mansões de sonho em tons pastel, eles relembraram o passado e conversaram um pouco sobre a vida. No regresso a Lisboa, Pessoa perguntou a Cobeira: "E, de futuro, que tenciona fazer?"

"Nada, se for possível", respondeu ele.

"Como eu", disse Pessoa, "mas com uma pequena diferença. Eu não farei nada — fazendo. E você não fará nada — não fazendo."[1]

***

Mas Pessoa, embora se mantivesse funcional, sentia-se oprimido pela sensação de que tudo o que fazia era inútil. Com que carinho preparara os cinco números de *Athena*, que culminaram com a estreia pública de Alberto Caeiro, cuja poesia não despertara a menor atenção! Em meados de agosto, Pessoa escreveu um poema que começa assim:

Toda a obra é vã, e vã a obra toda.
O vento vão, que as folhas vãs enroda,
Figura o nosso esforço e o nosso estado.
O dado e o feito, ambos os dá o Fado.

Sem conseguir se livrar do desânimo, no último dia de agosto escreveu uma carta a um amigo, provavelmente o advogado e escritor Alberto da Cunha Dias, perguntando como proceder para internar-se num hospital psiquiátrico. Cunha Dias escrevera *ad nauseam* sobre a própria experiência de ser internado à força em mais de uma dessas instituições. Pessoa, temendo que a loucura de sua avó enfim o atingisse, pensou que poderia estar sofrendo de um leve caso de "loucura psicastênica" — incapaz de se concentrar, com a mente sempre vagando, assaltada por memórias, apatia, depressão. Outra pessoa com tais sintomas talvez tivesse se definido como à beira de um colapso nervoso.

Como costumava acontecer com seus projetos literários, que raramente iam além da fase de projeto, Pessoa, depois de elaborar um plano para se internar num hospital psiquiátrico, perdeu o interesse em fazê-lo de fato, como se o planejamento fosse um equivalente virtual do processo de internação, tratamento e cura. Curado ou não, ele seguiu adiante, o que no seu caso significava escrever, embora seu espírito estivesse pesado demais para voos imaginativos e tornasse difícil escrever com criatividade. Pessoa tentou fazer uma resenha de livro e algumas críticas teatrais, e concebeu um vago plano de lançar outra revista, *Orpheu: Segunda Fase*,[2] mas a melancolia fazia seus pensamentos vagarem em outra direção, especialmente até pessoas e lugares do passado. A ideia de ressuscitar *Orpheu* já era em si uma viagem nostálgica que o remetia aos tempos em que a mãe ainda gozava de boa saúde, Mário de Sá-Carneiro estava vivo e morava em Lisboa, e os dois melhores amigos eram comentados nos jornais e reconhecidos nas ruas do centro da cidade.

Uma viagem simultânea e muito mais radical ao passado levou Pessoa de volta à sua infância e a outro continente: a África. Na mesma folha de papel onde redigiu o cabeçalho e o sumário da nova mas nunca realizada *Orpheu*, Pessoa escreveu um relato em inglês sobre sua atuação como jogador de críquete "no jogo de sábado contra os Marines". Seu time venceu, graças ao seu brilhante desempenho: "Consegui dar 12 tacadas de limite" e "acrescentei 115 ao nosso placar em duas horas. Foi a melhor pontuação que já fiz".

Os Marines eram um dos clubes esportivos inventados por Fernando em Durban, junto com times inteiros de jogadores de futebol e críquete, cujas partidas aconteciam em sua mente adolescente e em folhas de papel (ver capítulo 13). Não há vestígios de seu imaginário esportivo após 1905 — até essa partida, quando estava com 37 anos. Como o dr. Faustino Antunes, heterônimo psiquiatra de Pessoa, explicaria esse comportamento, que já era um pouco estranho, um pouco infantil, quando seu paciente tinha dezesseis ou dezessete anos? Agora, vinte anos depois, isso ia além do anormal.

Teria sido porque a cena cultural lisboeta o negligenciou ou subestimou que Pessoa regressou espontaneamente às competições atléticas virtuais de sua adolescência, destacando-se como craque? Possivelmente. Mas a psique peculiar que possibilitou esse passatempo juvenil era a mesma que caracterizava grande parte de seu comportamento adulto. Eventos esportivos irreais, heterônimos, projetos de revistas e livros sonhados e abandonados, visões da volta de um d. Sebastião e de um Quinto Império triunfante, mensagens recebidas de espíritos — tudo surgia espontaneamente, quase sem distância entre a imaginação do criador e suas páginas escritas. Era tudo performance literária. Seu relato registrado da partida vitoriosa contra os Marines incluía até mesmo redações alternativas — "tacadas com a mão esquerda" em vez de "tacadas de limite", pontuação "mais alta" ou "mais elevada" em vez de uma "melhor" pontuação — como se fosse um poema ou texto em prosa cuja linguagem ele precisava acertar. Acertar para quem?

Enquanto isso, no mundo real habitado por Pessoa, tudo parecia correr mal. Além de todos os outros contratempos e infortúnios de 1925, ocorreu a morte repentina, em setembro, de Maria Leonor, a filha de um ano e dois meses de sua irmã. Pessoa, que continuara a visitar a família da irmã e era profundamente apegado à sobrinha, escreveu "An Elegy", uma elegia que recordava (em inglês) o riso da menina que enchia a casa de Benfica, suas roupas minúsculas e os brinquedos que ele, a irmã e o cunhado juntavam do chão depois que ela era posta na cama. "Ainda vamos brincar de novo", ele prometia ao corpo sem vida em um dos versos finais do poema.[3]

No dia 30 de setembro, dois dias após o funeral, os pais enlutados da bebê empacotaram seus pertences e voltaram para a rua Coelho da Rocha. Numa carta a Jaime de Andrade Neves, primo de sua mãe, Pessoa explicou que, com tantas mortes assombrando a casa da Quinta dos Marechais — Henrique Rosa, sua mãe e agora sua sobrinha —, ninguém aguentava mais morar lá.[4] Ele estava preocupado com a irmã chorosa e desconsolada, grávida de sete meses, mas em meados de novembro, assistida por uma experiente parteira inglesa,[5] ela deu à luz uma segunda filha saudável, Manuela. Ele estava no apartamento e andava nervosamente de um lado para o outro, quase como se fosse o pai ansioso.

Como Pessoa ainda estava muito entorpecido e sem inspiração para escrever boa poesia, foi bom que a família de sua irmã tivesse voltado para o apartamento, ajudando a mantê-lo distraído. Às vezes, depois do jantar, enquanto a empregada lavava a louça e Teca cuidava de sua bebê recém-nascida, ele e o cunhado, ainda sentados na sala de jantar depois de tomar café, discutiam coisas como planejamento de orçamento, gerenciamento de estoque e controle de custos. Francisco Caetano Dias estudara administração e contabilidade e adquirira conhecimentos técnicos que utilizava todos os dias como oficial administrativo do Exército, e Pessoa interessou-se genuinamente por seu trabalho.

Mesmo durante seus períodos criativos férteis, Pessoa sentia-se inexplicavelmente atraído pelo mundo dos negócios, tendo muito mais do que um interesse passageiro pelas transações comerciais das firmas com que ganhava a vida escrevendo cartas em inglês e francês. Como não era apenas fluente nesses idiomas, mas também versado em protocolos de negócios, às vezes propunha-se a ser intermediário em negociações internacionais, nenhuma das quais deu certo, a julgar pelas cartas ainda preservadas que trocou com empresas sediadas no exterior.

Pessoa também foi o inventor de algumas ferramentas práticas de negócios, com as quais esperava lucrar. Embora nunca tenha levado adiante sua velha ideia de criar um "código comercial" mais simples e prático — esses códigos eram usados para abreviar drasticamente as mensagens telegráficas e, assim, reduzir os custos de transmissão —, inventou um sistema para condensar ainda mais os códigos existentes, que propôs à Eden Fisher & Co., editora de *The ABC Tele-*

graphic Code, em outubro de 1925. Uma "séria depressão no mercado de códigos", respondeu a empresa com sede em Londres, tornava impossível publicar mais um código ou condensador de códigos.[6]

Pessoa não teve melhor sorte com seu método para condensar o *Anuário Comercial* de Portugal e suas colônias pela metade e disponibilizá-lo em todas as principais línguas europeias. Para essa invenção, obteve uma patente que tentou vender ao recém-criado Banco Angola e Metrópole, cujos cofres transbordavam de dinheiro para emprestar e investir.[7] Em 5 de dezembro, uma semana depois de apresentar sua proposta, a misteriosa fonte da enorme quantia de capital do banco foi revelada. Era dinheiro falso, fruto de uma das maiores fraudes da história. A beleza do esquema era que as cédulas em si não eram falsificadas. Artur Alves Reis, que já tinha cumprido pena de prisão por apropriação indébita, forjava supostos documentos do Banco de Portugal que o autorizavam a solicitar ao impressor britânico da moeda portuguesa uma emissão especial e sigilosa de cédulas para circulação em Angola em nome de projetos de desenvolvimento. Algumas das 200 mil notas impressas de forma fraudulenta, no valor total de 100 milhões de escudos (cerca de 5 milhões de dólares americanos da época), acabaram indo parar na colônia portuguesa, enquanto muitas outras circularam dentro de Portugal, proporcionando um impulso artificial para as duas economias por um curto espaço de tempo.

Assim que o golpe foi desmascarado, Alves Reis foi preso, seu banco, fechado e seus bens ilícitos, confiscados. Cinco anos depois, ele foi levado a julgamento e condenado a vinte anos de prisão. Foi então que Pessoa, que sempre se maravilhou com a engenhosidade do culpado, começou a escrever uma história policial baseada em fatos reais intitulada "The Second Issue" [A segunda emissão].[8] As notas falsas eram, na verdade, uma segunda impressão de uma emissão legítima de cédulas, e foi por meio de seus números de série duplicados que a fraude foi descoberta. Pessoa não foi o único a pensar que o audacioso crime de Alves Reis pudesse interessar ao público leitor anglófono. Dois anos após o julgamento, um autor britânico chamado Cecil Kisch publicaria *The Portuguese Bank Note Case* [O caso das cédulas portuguesas]. O tratamento que Pessoa deu ao caso nunca passou de um esboço de cinco capítulos e algumas páginas introdutórias, que incluíam uma menção indignada às ligas cravejadas de diamantes compradas pela esposa de Alves Reis em um frenesi de gastança em Paris.

Quanto ao método patenteado para produzir uma versão compacta e multilíngue do *Anuário Comercial* de Portugal — ou de qualquer outro país —, em

1926 ele o ofereceu a uma empresa francesa, novamente sem sucesso.[9] Pessoa inventou várias outras coisas, entre elas uma "carta-envelope", que era precursora do aerograma, e um mecanismo inovador de teclado que permitiria que uma única máquina de escrever produzisse os acentos e caracteres especiais da maioria das línguas europeias.[10] No entanto, sempre fracassou em suas tentativas de colocar seu conhecimento e suas ideias de negócios em uso prático, fosse como empresário ou como um inventor de produtos que poderiam tornar a vida do empresário mais fácil. Somente ao se associar a seu cunhado mais bem organizado, foi capaz de fazer algo útil com sua formação na área comercial.

Assim como Pessoa, Francisco Caetano Dias tinha uma veia pedagógica. Era apaixonado por seu campo de trabalho e estava sempre disposto a ensinar aos outros o que sabia. Entre 1930 e 1966, publicou sete livros sobre métodos de contabilidade e administração de empresas.[11] Mas primeiro houve a *Revista de Comércio e Contabilidade*, fundada por ele e Fernando Pessoa em 1926. Caetano Dias era o editor-chefe e contribuía com artigos sobre contabilidade, escrituração e gestão de estoques. Pessoa escrevia artigos sobre a "sociologia" dos negócios, como a evolução histórica do comércio e sua conexão com a cultura, as relações entre governo e negócios e entre negócios e o indivíduo, e a comparação entre economias controladas pelo Estado e as liberalizadas. Em um artigo intitulado "As algemas", defendeu com vigor o livre-comércio, numa época em que os países europeus e os Estados Unidos estavam aumentando as tarifas para proteger a indústria nacional e a agricultura. Intercalados entre os artigos da revista, havia diversos aforismos, dicas sobre como escrever boas cartas comerciais, algumas ideias sobre publicidade, tópicos sobre o que faz de alguém um bom empresário com um negócio bem gerido e conselhos gerais sobre como ter sucesso na vida — tudo escrito por Fernando Pessoa.

O povo com melhor tino empresarial, argumentou Pessoa, era o norte-americano. Eles haviam transformado os negócios numa ciência ao estudar as leis do mercado para fazer com que produtos e serviços respondessem diretamente às necessidades das pessoas, aumentando assim os lucros. Ele atribuía aos norte-americanos a capacidade de discutir problemas técnicos da área de maneira pragmática e leve, em contraste com os europeus, que tendiam a ser "solenemente incompetentes".[12] Um de seus artigos apresentava preceitos parafraseados dos escritos do sempre pragmático Henry Ford, como "Busca a simplicidade" e "Não teorizes; faz experiências", mas ele observava que esses princípios eram apenas parcialmente responsáveis pelo sucesso da montadora, que também dependia de outras diretrizes envoltas em segredo.[13] Até mesmo o mundo aparentemente tão direto dos lucros e prejuízos tinha bases ocultas.

Mais ou menos na mesma época em que, na *Revista de Comércio e Contabilidade*, enfatizava as vantagens da livre-iniciativa e elogiava os norte-americanos pelo talento empresarial que estava deixando alguns deles riquíssimos, Pessoa estava escrevendo uma carta aberta insultuosa dirigida aos "Milionários americanos", uma igualmente depreciativa "Mensagem aos milionários" e "Um ensaio sobre milionários e seus modos".[14] A carta, a mensagem e o ensaio — todos escritos em inglês — acusavam os super-ricos de acumular riquezas inutilmente, já que tinham pouca imaginação e eram incultos demais para desfrutá-las de modo adequado. "Quantos de vocês têm um harém, um harém de verdade?", perguntava ele. Isso, sim, "seria uma aplicação interessante de riqueza", segundo Pessoa. Em vez disso, observava ele em "Mensagem aos milionários", os ricos compram pinturas sem possuir a sensibilidade estética para apreciá-las, ou constroem bibliotecas, tornando "10 mil livros acessíveis a 100 mil tolos que não vão tirar deles mais do que já têm em si mesmos, o que não é nada na maioria dos casos". Andrew Carnegie usou parte de sua vasta riqueza para financiar a construção de cerca de 2500 bibliotecas, principalmente na América do Norte e nas Ilhas Britânicas. Se os ricos queriam dar dinheiro, a única coisa que valia a pena incentivar, de acordo com Pessoa, era o gênio individual. Esse era o raciocínio que justificara seu pedido de ajuda financeira a Carnegie em 1913, numa carta que nunca enviou.

Não era apenas a maneira como os milionários gastavam seu dinheiro que horrorizava o poeta, mas também como o ganhavam. "Nenhum homem ficou milionário por meio de trabalho árduo ou inteligência. Na pior das hipóteses, ficou rico graças a uma imensa e imaginativa falta de escrúpulos; na melhor das hipóteses, por uma intuição feliz em circunstâncias especulativas." Em outras palavras, fraude e boa sorte. Os milionários norte-americanos, de acordo com Pessoa, estavam tão fixados em acumular riquezas que "não tinham nenhum resquício de decência, nenhum sentimento de solidariedade com a calorosa coletividade da humanidade". E o milionário que ele mais odiava era Henry Ford, cujas teorias conspiratórias antissemitas estava disposto a considerar, mas cuja crença na reencarnação, revelada em entrevistas de meados da década de 1920, parecia-lhe uma ficção para realçar a imagem do fabricante de carros e aumentar seus lucros:

> Você ousou usar as palavras de místicos indianos e ocultistas europeus para promover sua imagem. Fingiu uma crença na reencarnação por ter uma crença real na publicidade. Tudo que sua espécie toca fica poluído, e a doutrina que leva o místico indiano a não matar uma mosca leva você a não deixar os homens viverem.

Dá vontade de pedir: "Por favor, que o verdadeiro Fernando Pessoa se manifeste". Era ele mesmo o difamador indignado de milionários norte-americanos supostamente incultos e desumanos? Ou era o defensor do livre-comércio que escrevia com entusiasmo na revista do cunhado sobre o jeito norte-americano de fazer negócios, que ajudou a criar Fords, Carnegies e Rockefellers? O gênio particular de Pessoa o condenava a ser inteiramente qualquer persona que fosse, durante o breve tempo em que a adotava. O "verdadeiro Fernando Pessoa" era sempre outro.

O primeiro número da *Revista de Comércio e Contabilidade* foi publicado em 25 de janeiro de 1926. Metade dos artigos era escrita e assinada por Fernando Pessoa. Naquele mesmo mês, saíram os dois primeiros fascículos de sua tradução de *A letra escarlate*, de Nathaniel Hawthorne, em *Ilustração*, uma nova e bela revista destinada ao público em geral. Seguindo a prática comum da época, o nome do tradutor não era mencionado, o que não incomodou em nada Pessoa, que fez uma tradução competente, mas não parece ter gostado muito do romance. De qualquer modo, a revista pagava bem a seus colaboradores, e a tarefa o mantinha ocupado.[15]

Outra tarefa que ocupou Pessoa por muitas horas foi *Lisbon: What the Tourist Should See* [Lisboa: o que o turista deve ver], um guia de viagens em inglês para estrangeiros. Era um desdobramento de seu muito mais ambicioso *All about Portugal*, o abrangente compêndio para empresários estrangeiros e turistas que planejava, mas não escrevia, havia mais de dez anos. Como conseguiu escrever seu guia para a capital do país, talvez tivesse alguma perspectiva concreta de publicar o material. Desde a fundação da República, tanto associações privadas como o governo procuravam promover o turismo em Portugal. Mas, se alguém ou alguma entidade encomendara o guia a Pessoa, o negócio não foi adiante, e o manuscrito datilografado de seu livro ficou aninhado entre seus volumosos papéis por mais de seis décadas. Quando enfim foi publicado, em 1992, muitos estudiosos de Pessoa mostraram-se céticos, acreditando que se tratava de uma tradução, e não de uma obra original. Como, eles questionaram, uma linguagem tão banal e um estilo tão insípido poderiam ter saído da pena de um grande escritor?

Como Lisboa é hoje um importante destino turístico, e Pessoa, um autor de renome mundial, seu guia de viagens vende, e foi publicado em várias línguas, inclusive em português. Um cineasta chegou a transformá-lo em filme, que, fiel ao texto, era inevitavelmente tedioso.[16] Sem dúvida, muitas das frases do livro não soam nada bem em inglês. Adjetivos como "*remarkable*", "*fine*" e "*magnificent*" se repetem continuamente. Que se trata de um trabalho original de Pessoa, fica provado pelo manuscrito datilografado que ele deixou, no qual fez revisões manuscritas que dizem respeito também ao conteúdo, além do estilo.

Escrito nos primeiros meses de 1926, o livro de Pessoa tirava quase todas as suas informações técnicas de um excelente guia de Lisboa publicado em português dois anos antes.[17] Seu fracasso em fazer descrições mais vívidas de museus de arte, estátuas públicas, igrejas e monumentos tinha menos a ver com deficiências de sua prosa em inglês — que podia ser muito expressiva, apesar de ocasionais frases esquisitas — do que com seu relativo desinteresse pelo mundo físico, o que o deixava apático em relação à arte e à arquitetura. O devaneio poético de Walter Pater sobre a *Mona Lisa* o encantava; o quadro em si, não. "Quão mais bela *A Gioconda* desde que a não pudéssemos ver!", comentou ele no *Livro do desassossego*.[18]

Embora a maior parte do guia de viagem de Pessoa seja de leitura enfadonha, ele faz uso de um recurso estrutural criativo e tem uma primeira página e meia promissora. O autor convida o turista a acompanhá-lo em seu "motor--car", para que possam percorrer a cidade juntos, enquanto o guia chama a atenção para todos os pontos turísticos. Antes de tudo isso, porém, ele oferece uma visão luminosa e iniciática de Lisboa ao seu turista ideal, que chega de navio. Eis como se inicia o livro:

> Sobre sete colinas, que são tantos pontos de observação de onde se podem apreciar os mais magníficos panoramas, espalha-se o vasto casario irregular e multicolor que constitui Lisboa.
>
> Para o viajante que vem do mar, Lisboa, mesmo de longe, ergue-se como uma bela visão de sonho, recortada contra um céu azul brilhante que o sol alegra com o seu ouro. E as cúpulas, os monumentos, os velhos castelos se projetam acima da massa de casas, como arautos longínquos deste assento encantador, desta região abençoada.

Esse "vasto casario irregular e multicolor" é uma fórmula nitidamente pessoana, que lembra vinhetas semelhantes sobre a capital no *Livro do desassossego*. Era essa Lisboa visionária construída sobre sete colinas, como Roma, que Pessoa amava, não seus museus ou outras atrações turísticas. Assim que ele desce das colinas para encontrar o visitante ideal que acabou de desembarcar, na segunda página, seu guia de viagem cai num relato monótono e sem vida de coisas para ver. Não ajudava em nada o fato de Pessoa se sentir mais alienado do que de costume — até mesmo da cidade amada onde tinha passado sua infância e toda a sua vida adulta.

O guia de Lisboa assim como sua tradução do romance mais famoso de Hawthorne foram trabalhos para manter-se ocupado. Como escritor de literatura, Pessoa estava passando pelo período mais árido de toda a carreira. O dia 17 de março marcava o primeiro aniversário da morte de sua mãe, e no ano que passara havia escrito alguns poemas em seu próprio nome, apenas duas odes de Ricardo Reis, nada de Alberto Caeiro, e nenhum poema de Álvaro de Campos exceto, talvez, vários sonetos difíceis de datar.[19] Durante as seis semanas seguintes, não escreveu nada de poesia. Trabalhou em seu guia e em artigos para a *Revista de Comércio e Contabilidade*.

O quarto número estava previsto para sair no dia 25 de abril, mas ainda não tinha ido para a gráfica, e Pessoa, no dia 26, lutava para terminar um artigo teórico sobre a arte da organização. Incapaz de se concentrar, rabiscou algumas frases que não deram em nada e, então, inesperadamente, como se tivesse sido sequestrada, sua caneta produziu um poema sobre um carrinho de brinquedo cuja simplicidade faz com que pareça, à primeira vista, um poema para crianças. Intitulado "O carro de pau", é na verdade uma paródia amarga de um poema infantil:

O carro de pau
Que bebê deixou...
Bebé já morreu,
O carro ficou...

As cinco estrofes restantes contam como os familiares tropeçam no carrinho de brinquedo após o funeral, então o guardam no sótão e aos poucos esquecem o bebê, já que "A vida é p'ra quem/ Continua vivendo". Era o mesmo tema obsessivo de sempre de como os vivos se esquecem rapidamente dos mortos. Talvez Pessoa pensasse em sua primeira sobrinha, falecida sete meses antes. Abaixo de "O carro de pau", começou a escrever outro poema, tematicamente relacionado, que não foi além do primeiro verso: "Saudade eterna, que pouco duras!". Seus editores póstumos publicaram-no como um poema completo de um verso.

Algo estava se abrindo — mais poemas começaram a sair. Em folha separada, também com data de 26 de abril de 1926, Pessoa escreveu um poema em que a "maré cheia" do mundo natural ondula radiante em torno do entorpecido eu poético, que está morto para a vida, encerrado em seu próprio mundo de sonhos e visões do que nunca será. Onde esse poema acabava, ele começou mais um, passando para a persona e a voz de Álvaro de Campos. O resultado foi uma das suas obras psicologicamente mais impactantes, "Lisbon Revisited (1926)", cujos primeiros trinta versos são uma imagem espelhada — mesmo tema, mas com ponto de vista invertido — de "Lisbon Revisited (1923)". O poema anterior era uma declaração intransigente de independência: "Não, não quero nada"; "Não me macem, por amor de Deus!"; "Não me peguem no braço!". Em 1926, o revisitante quer "cinquenta coisas ao mesmo tempo", mas não consegue fixar sua atenção em nada. Seu desejo está fraturado de forma irremediável, e seu eu consciente, disperso e desamparado demais para fazer declarações intransigentes.

A segunda metade do poema pode ser entendida como o lamento do próprio Pessoa por sua infância perdida, canalizado através de Campos, que estava de volta a Lisboa de férias do trabalho como engenheiro naval no norte da Inglaterra.

Outra vez te revejo,
Cidade da minha infância pavorosamente perdida...
Cidade triste e alegre, outra vez sonho aqui...
Eu? Mas sou eu o mesmo que aqui vivi, e aqui voltei,
E aqui tornei a voltar, e a voltar,
E aqui de novo tornei a voltar?
Ou somos, todos os Eu que estive aqui ou estiveram,
Uma série de contas-entes ligadas por um fio-memória,
Uma série de sonhos de mim de alguém de fora de mim?

Outra vez te revejo,
Com o coração mais longínquo, a alma menos minha.

A sensação de perda de Pessoa-Campos não é pela infância per se, como se a lembrasse o tempo todo e desejasse poder voltar para lá. Ele lamenta ter se tornado insensível ao passado, emocionalmente isolado dele. Chora a morte da pessoa, ou da série de pessoas, que era, mas deixou de ser. Lembra-se delas apenas de forma vaga, e o passado revisitado não é mais um país onde se sente em casa. O angustiado visitante de Lisboa e da história de sua própria vida fecha o poema com um apocalipse ontológico:

Outra vez te revejo,
Mas, ai, a mim não me revejo!
Partiu-se o espelho mágico em que me revia idêntico,
E em cada fragmento fatídico vejo só um bocado de mim —
Um bocado de ti e de mim!...

O espelho mágico, o privilégio da ilusão desfrutado pela inocência infantil, era o que proporcionara ao poeta (antes de se tornar poeta) uma visão coesa de si mesmo e do mundo. A experiência de viver quebrou o encanto. Fragmentos — flashes — da infância ocorriam às vezes a Pessoa, como naquele dia de outono, cerca de seis meses antes, em que se viu anotando corridas numa partida imaginária de críquete, como costumava fazer em Durban. No entanto, ele não se demorava entre esses fragmentos, muito menos tentava conectá-los a uma infância reconstruída em que pudesse se esconder. Seu esconderijo era a literatura, para a qual sua infância, junto com o resto de sua vida, fornecia material temático.

Três poemas escritos em seu próprio nome, além de "Lisbon Revisited (1926)", de Álvaro de Campos, eram uma produção impressionante para um dia de trabalho, mas o dia ainda não havia acabado. Pessoa escreveu mais um poema de Campos, bem diferente, sem título e dirigido a um indivíduo anônimo que está brincando com a ideia do suicídio. Longe de desanimá-lo, Álvaro de Campos o incita:

Se te queres matar, por que não te queres matar?
Ah, aproveita! que eu, que tanto amo a morte e a vida,
Se ousasse matar-me, também me mataria...
Ah, se ousares, ousa!

Nos 77 versos que se seguem a essa provocação inicial, Álvaro antecipa e refuta as possíveis objeções que o destinatário possa levantar à realização do projeto de aniquilação de si mesmo. "De que te serve o quadro sucessivo das imagens externas / A que chamamos o mundo?", pergunta ele. "De que te serve o teu mundo interior que desconheces? / Talvez, matando-te, o conheças finalmente...". Aquele que contempla o suicídio se julga necessário no mundo? Pois Campos garante que não: "Sem ti correrá tudo sem ti".

Quanto aos sobreviventes que chorarão por seu desaparecimento, Campos o tranquiliza:

Descansa: pouco te chorarão...
O impulso vital apaga as lágrimas pouco a pouco,
Quando não são de coisas nossas.

Ele passa a explicar, como o próprio Pessoa havia feito muitas vezes em outros poemas, que o choque e a tristeza dos entes queridos aos poucos vão dar lugar ao esquecimento, até que o morto seja lembrado apenas duas vezes por ano: no dia de seu aniversário e no dia de sua morte.

Esse poema, não por acaso, foi escrito no dia da morte de Mário de Sá-Carneiro, que se suicidara exatamente dez anos antes. A memória daquele acontecimento era o que corroía Pessoa enquanto tentava, em vão, concentrar-se no seu artigo para a *Revista de Comércio e Contabilidade*, e assim ele acabou por escrever uma série de poemas, todos relacionados à morte — de parentes, de amigos, do passado, do eu, e de tudo o que um eu já sentiu, porém não sente mais. O último poema da série parece, de certa forma, um tributo ao suicídio de Sá-Carneiro, pois endossa a autoeliminação como saída lógica para um homem pensante e sensível insatisfeito com a vida. Por outro lado, os versos iniciais do poema podem nos sugerir que Pessoa, irritado com seu amigo por tê-lo abandonado, estava retroativamente, como forma de autodefesa, fingindo indiferença, como quando um amante rejeitado diz: "Vá em frente, pode me abandonar. Não estou nem aí!".

Mas nenhuma dessas leituras explica o estilo provocativo e argumentativo do poema, cujo eu poético é Álvaro de Campos, não Fernando Pessoa. O mais vivaz dos heterônimos falava com o próprio Pessoa, que durante muito tempo esteve preso a um estado de espírito desiludido, derrotado e deprimido. Caso pensasse em seguir o exemplo suicida de seu querido amigo, Campos estava lá para cobrar seu blefe, obrigando-o a escolher entre a morte e a vida.

Pessoa escolheu a vida. Os poemas que escreveu em 26 de abril, em seu próprio nome e em nome de Campos, libertaram-no do desespero e do ressentimento nebuloso que nublava seu espírito. Embora ainda atrapalhado pela depressão, ainda se sentindo derrotado, ele estava pronto para retomar sua vocação de poeta.

O poeta ressurgente dispunha de um meio imediato para publicar o que escrevia, pois o amigo José Pacheco, em remissão da tuberculose, retomou o trabalho de editor, lançando três números de *Contemporânea* em 1926. Pessoa colaborou com poemas em todos, fosse como ele próprio ou como Álvaro de Campos, cujo "Lisbon Revisited (1926)" saiu na edição de junho.[20] Um dos novos colaboradores da revista ressuscitada, talvez recomendado a Pacheco por Pessoa, era Carlos Queiroz, seu mais novo e mais jovem amigo. Ofélia mencionava às vezes esse sobrinho, já que morava sob o mesmo teto que ele e sua mãe; e Carlos, quando mais jovem, ouvira falar bastante sobre o namorado de sua tia, o Poeta. Agora, como que por uma transmissão indireta de influência, ele próprio era um poeta promissor. Ofélia o incentivou a procurar o ex-namorado nos cafés de Lisboa,[21] e Fernando, que se lembrava com carinho dela e da alegria (ou do amor?) que sentira nos primeiros meses do relacionamento, ficou muito feliz em ajudar o jovem em sua carreira iniciante de escritor. Apresentou-o aos colegas literatos e, em fevereiro de 1926, traçou um novo conjunto de planos para uma "nova fase" de *Orpheu* que listava Carlos Queiroz, que ainda não completara dezenove anos, como possível colaborador.[22] De acordo com a ideia mais recente de Pessoa, *Orpheu* reencarnada seria uma revista semanal de literatura, crítica e, igualmente importante, conteúdo político.

Se sigo, ao menos de modo parcial, esquemático, a longa e tortuosa trilha dos projetos de revistas descartados de Pessoa — numerosos demais para serem todos mencionados — é porque eles ajudam a definir sua trajetória intelectual interior. Como "marcos" negativos do que ele deixou de realizar, também servem como janelas para contemplarmos sua incômoda sensação de inépcia. Muito mais do que o leitor, Pessoa se lamentava pelo naufrágio de ideias não postas em prática, de revistas nunca publicadas, de artigos que não passavam de rascunhos ou meras anotações para artigos. A "nova fase" de *Orpheu* foi mais uma vítima dos abandonos crônicos do escritor. Mas ele logo teve a chance de divulgar, em versão impressa, algumas de suas ideias para um dos artigos não escritos da revista, "Quinto Império".

No primeiro semestre de 1926, Pessoa foi convidado a participar de uma enquete jornalística sobre o lugar de Portugal no mundo e sua condição de grande potência colonial. Mas, em vez de exaltar as colônias portuguesas, ele as considerou uma vantagem desprezível na arena internacional e usou a pesquisa para disseminar o sebastianismo e o Quinto Império. Os leitores devem ter sorrido, ou então franzido a testa, quando descobriram que essas doutrinas estavam sendo promovidas precisamente por serem pura ficção. Pessoa argumentava que apenas um "grande mito nacional", absolutamente falso, mas imbuído do poder da verdade, poderia elevar o moral de uma nação.[23] A verdadeira vantagem de Portugal sobre outras nações não eram suas colônias, mas a existência do "mito sebastianista, com raízes profundas no passado e na alma portuguesa". Mas esse mito precisava ser revitalizado até intoxicar toda a população nacional, quando então ocorreria "o fenômeno imprevisível de onde nascerão as Novas Descobertas, à Criação do Mundo Novo, o Quinto Império. Terá regressado El-Rei D. Sebastião".

As respostas de Pessoa à enquete, muito mais extraordinárias do que a de qualquer outro participante, foram publicadas em 28 de maio e 5 de junho.[24] Por uma estranha coincidência, 28 de maio marcou o início de uma revolução militar que varreu, como um castelo de cartas, o sistema político multipartidário vigente desde o século XIX, quando Portugal ainda era uma monarquia constitucional. Foi quase como se Pessoa, ao falar de um "fenômeno imprevisível" que transformaria a nação, tivesse previsto o golpe de Estado. Embora não tenha trazido nada remotamente parecido com seu esperado Quinto Império, o golpe fechou a cortina sobre a República liberal, secularista e muitas vezes turbulenta fundada em 1910, deixando em aberto a questão do que poderia vir a seguir. Pessoa continuava esperançoso.

Soldados portugueses antes de embarcarem nos navios que os levariam para a França, onde lutariam ao lado dos Aliados. Pessoa questionou a sensatez da participação de Portugal.

PORTUGAL FUTURISTA

Santa Rita Pintor José de Almada-Negreiros — Amadeo de Souza-Cardoso

Appollinaire

Mario de Sá-Carneiro — Fernando Pessoa — Raul Leal — Alvaro de Campos

Blaise Cendrars.

(À ESQUERDA) José de Almada Negreiros com a roupa que usou para fazer a "Primeira conferência futurista" aos curiosos lisboetas, no primeiro semestre de 1917.

(ACIMA) *Portugal Futurista*, publicada em outubro de 1917, trazia os manifestos lidos por Almada Negreiros em sua conferência, além do "Ultimatum" de Álvaro de Campos, que atacava os governantes e os luminares culturais da Europa.

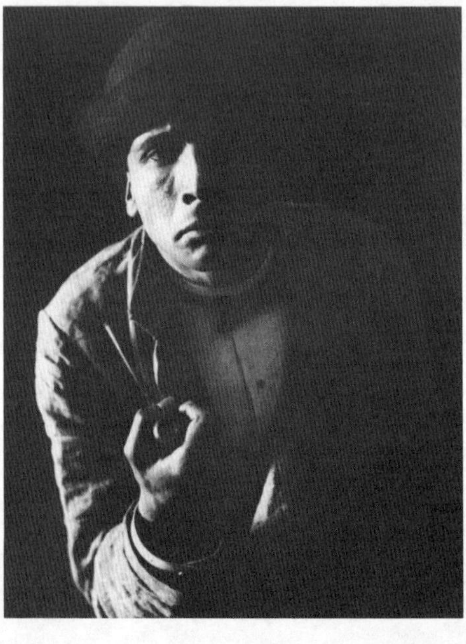

Santa Rita Pintor, colaborador próximo de Almada Negreiros e mentor intelectual de *Portugal Futurista*, que publicou reproduções e críticas elogiosas de suas obras de arte.

(À DIREITA) Pessoa e o jornalista Augusto Ferreira Gomes, um de seus amigos mais assíduos.

(ABAIXO, À ESQUERDA) Geraldo Coelho de Jesus, engenheiro de minas e bom amigo. Ele, Ferreira Gomes e Pessoa foram sócios na F. A. Pessoa, firma de curta duração fundada em 1917.

(ABAIXO, À DIREITA) Alberto da Cunha Dias, amigo temperamental que confiava nos conselhos astrológicos de Pessoa.

Ofélia Queiroz, na época em que conheceu Pessoa.

Os meios-irmãos e a meia-irmã de Pessoa, sua mãe e a enfermeira dela, junto com membros da tripulação e uma família que conheceram na viagem de volta a Lisboa.

Praça do Rossio na década de 1920.

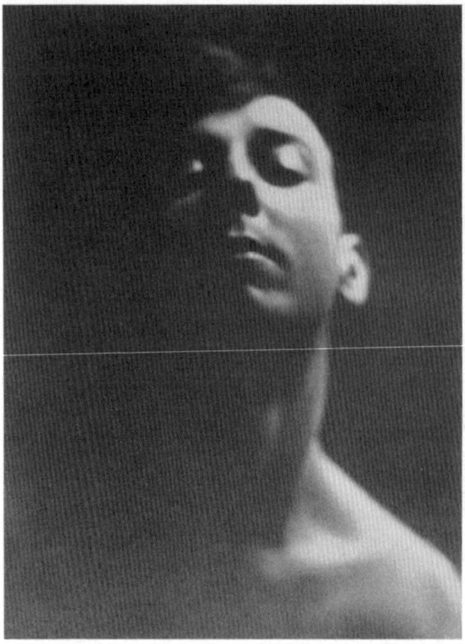

(ACIMA) Foto do abertamente homossexual Antônio Botto, publicada na edição da Olisipo de *Canções*.

(À DIREITA) *Canções* (1922), de Botto, e *Sodoma divinizada* (1923), de Raul Leal, ambos publicados pela editora Olisipo, de Pessoa, incitaram o escândalo da "Literatura de Sodoma".

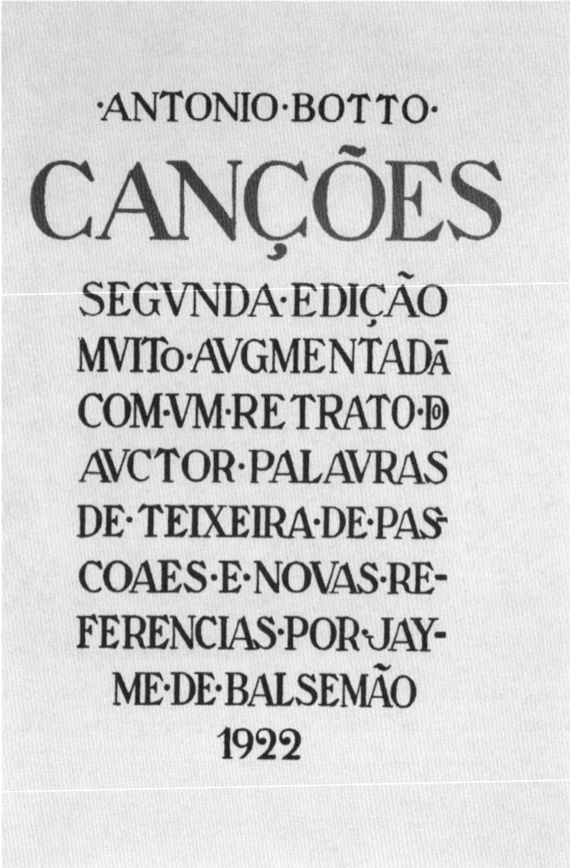

·ANTONIO·BOTTO·

CANÇÕES

SEGVNDA·EDIÇÃO
MVITO·AVGMENTADĀ
COM·VM·RETRATO·D
AVCTOR·PALAVRAS
DE·TEIXEIRA·DE·PAS-
COAES·E·NOVAS·RE-
FERENCIAS·POR·JAY-
ME·DE·BALSEMÃO
1922

(ACIMA) O logotipo da Olisipo, que publicou somente cinco títulos.

(À ESQUERDA) Raul Leal, por volta de 1920.

298 A INVASÃO DOS JUDEUS

69

Intelectualidade orientalista (ou asiática)

São os descendentes dos Invasôres do Sul. Sua índole é revolucionária: *modernista, futurista, internacionalista*. Seu tipo é judáico, sefardínico, ou de qualquer modo semita: cabêlo geralmente escuro, podendo subir até côr de castanha; rôsto moreno-olivácio, (mate ou amulatado), podendo subir até ao trigueiro simples; (os antropólogos conquistaram estes dados: 50 % dos judeus apresentam o tipo do *Homo syriacus*, brachicéphalia, isto é, crâneos sobre largo, narizes judáicos, e tendencia para o engordamento flácido; 5 % são do tipo do puro semita beduino; 10 % aparentam o tipo loiro do indo-europêu; 35 % são de formas mistas. Convem observar que a percentagem do tipo loiro é muito menor em Portugal, em virtude do predomínio sefardínico)

1.º – José Pacheco, chefe do grupo dos «Novos»; 2.º – O escritor Homem Cristo, filho, (retrato por Eduardo Malta); 3.º – O poeta Ferreira Gomes; 4.º – O poeta Fernando Pessoa, director da «Athena»; 5.º – O escultor Diogo de Macedo; 6.º – O desenhador Almada Negreiros; 7.º – O desenhador Teles Machado; 8.º – O desenhador Bernardo Marques; 9.º – O escritor Antonio Ferro, 10.º – O escritor Raul Leal; 11.º – O escritor Augusto d'Ezaguy; 12.º – O poeta Luiz Pinto; 13.º – O escultor Rui Bastos; 14.º – O pintor Alberto Cardozo; 15.º – O escritor Mendes de Brito

Um dado gôsto numa dada época, uma escola artistico-literária, não é mais que o despertar d'afinidades latentes, o acordar e o juntar indivíduos da mesma índole, e ora, pois, da mesma raça. E assim é que uma época ajuda a expressão dum lote d'homens, e outra epoca outro lote. Assim: a escola francêza, ou arcádica, realçou, em Portugal, principalmente os descendentes dos francezes (por ex. Bocage), e tornou inoportuna a expressão

Uma página de *A invasão dos judeus*, que identifica Pessoa, José Pacheco, Almada Negreiros, Raul Leal, Antônio Ferro e outros intelectuais como descendentes de judeus sefarditas.

Mário Saa, autor de *A invasão dos judeus* (1925) e amigo de Pessoa.

(À ESQUERDA) Entre 1922 e 1926, Pessoa, com seu próprio nome e como Álvaro de Campos, publicou poemas e textos em prosa na revista *Contemporânea*.

(À DIREITA) Pessoa foi o editor literário de *Athena* (1924-1925), na qual publicou poemas de Ricardo Reis e Alberto Caeiro pela primeira vez.

Pessoa caminhando no lado leste da praça do Rossio.

Os editores originais de *Presença* (da esquerda para a direita): João Gaspar Simões, José Régio e Antônio Branquinho da Fonseca. Este último se afastaria e seria substituído por Adolfo Casais Monteiro.

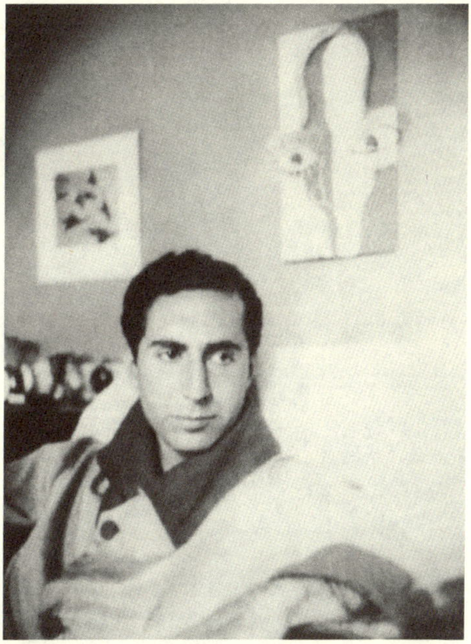

(À ESQUERDA) O quarto número de *Presença*, em que saiu a primeira das inúmeras colaborações de Pessoa para a revista.

(À DIREITA) Sobrinho de Ofélia, o poeta Carlos Queiroz era o intermediário entre Pessoa e *Presença*.

(À ESQUERDA) Foto de Pessoa para sua carteira de identidade, emitida em 1928.
(À DIREITA) Esta é a foto que Pessoa mandou, depois de nove anos afastados, para Ofélia Queiroz no segundo semestre de 1929.

Pessoa no Café Martinho da Arcada, com Augusto Ferreira Gomes (em pé), Antônio Botto e Raul Leal.

(ACIMA) O naturista e poeta russo Eliezer Kamenezky no centro de Lisboa, alguns anos antes de Pessoa se tornar seu tradutor e amigo.

(À DIREITA) Aleister Crowley, também conhecido como A Grande Besta 666, no final da década de 1920.

(ACIMA) Antônio Ferro, em outubro de 1933, ao aceitar sua designação para dirigir o Secretariado de Propaganda Nacional. Ao lado dele está o primeiro-ministro Antônio de Oliveira Salazar.

(À DIREITA) *Mensagem*, o único livro que Pessoa publicou em português, ganhou um prêmio do Secretariado de Propaganda Nacional.

Fotografia de Pessoa tirada no segundo semestre de 1934 por Augusto Ferreira Gomes.

Pessoa com o jornalista Costa Brochado no Café Martinho da Arcada, em 1935.

Este retrato de Madge Anderson foi pintado alguns anos depois que ela conheceu Pessoa.

Pessoa no Mosteiro dos Jerônimos de Belém com sua sobrinha Manuela, seu meio-irmão Louis Michael, sua irmã Teca e seu cunhado Chico, em setembro de 1935.

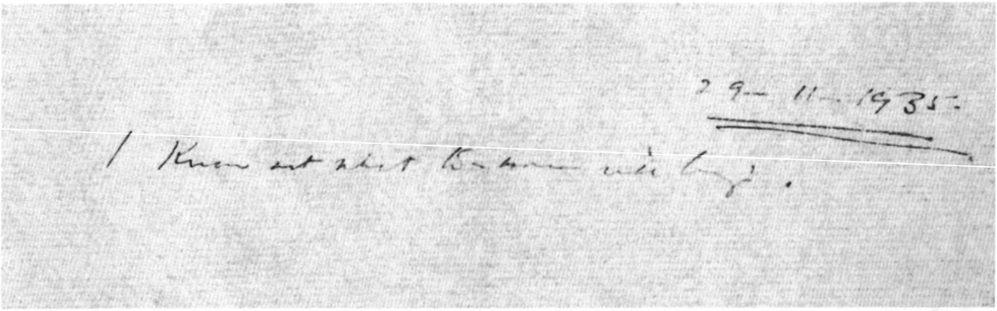

Últimas palavras escritas por Pessoa: "I know not what to-morrow will bring".

Os livros de Pessoa e seu baú de madeira cheio de manuscritos, quando ainda estavam em posse de seus herdeiros. Os livros foram adquiridos pela Casa Fernando Pessoa, os manuscritos, pela Biblioteca Nacional de Portugal, e o baú, por um colecionador particular.

56.

O mais estranho em relação à morte da Primeira República (1910-26), como passou a ser chamada pelos historiadores, foi o momento em que aconteceu. Depois de uma década e meia em que seus ideais fundadores foram degradados pela intriga política e pela corrupção, a escassez de alimentos, o caos nas ruas, os escândalos financeiros e as decisões equivocadas de política externa, a República amadurecera e se tornara relativamente bem equilibrada, prudente e responsável em termos financeiros. Assim como várias outras nações que participaram da Grande Guerra, Portugal ainda lutava com uma enorme dívida externa, e sua política continuava a ser uma coisa confusa, com constantes disputas entre os vários partidos, e mesmo dentro destes, mas os governantes, embora nunca conseguissem permanecer no poder por muito tempo, aprenderam a controlar os gastos e a agir com sensatez. A inflação galopante era coisa do passado, e nem mesmo o golpe do Banco Angola e Metrópole afetou seriamente o valor do escudo, apesar de inundar a economia com dinheiro falso. A fraude, no entanto, ajudou a minar ainda mais a reputação do governo — sem nenhuma razão, na verdade, a não ser o fato de que difamar o governo se tornara um passatempo nacional.

A maioria dos portugueses, inclusive Fernando Pessoa, deixara de amar a República, pelo menos desde a época da lua de mel nacional com Sidônio Pais. O desencanto se transformou em náusea quando viram republicanos assassinarem violentamente outros republicanos na Noite Sangrenta de outubro de 1921. Nacionalistas de direita — fossem fascistas, monarquistas ou os católicos tradicionalistas do movimento integralista — vilipendiaram de forma implacável os poderes constituídos, que estavam sob fogo simultâneo da extrema esquerda. Até mesmo os jornais que costumavam expressar apoio tornaram-se hipercríticos, como se o governo fosse incapaz de fazer alguma coisa certa. Enquanto isso, o prestígio e a influência do Exército continuavam crescendo. Sua atuação embaraçosa na guerra, devido a alguma peculiaridade da psique nacional, metamorfoseou-se em empreitada heroica, e sua derrota humilhante na Batalha de Lys, em abril de 1918, passou a ser comemorada todos os anos como se fosse uma vitória retumbante. A fim de garantir o apoio das Forças Armadas, ou pelo menos mantê-las sob controle, sucessivos governos do pós-guerra nomearam cada vez mais oficiais para cargos ministeriais.

Em outras partes da Europa, os militares vinham desempenhando papéis de destaque ainda maior, chegando ao poder por meio de golpes na Polônia, na Bulgária e na Grécia. Muito mais perto de casa, o general Primo de Rivera solidificara sua posição de primeiro-ministro ditatorial da Espanha, governando sem uma Constituição — e não muito mal, de acordo com alguns observadores, embora em alguns anos seu regime viesse a se desfazer.

O golpe militar português de 28 de maio de 1926 encontrou apenas uma fraca oposição — ninguém pegou em armas contra ele e ninguém morreu. A maioria das pessoas, inclusive muitos à esquerda do espectro político, saudou a tomada do poder com alívio, pois supunha-se que o Exército salvaria a nação da desonestidade, do desperdício, do sectarismo, da pobreza, do atraso, do crime e da depravação moral, mas ninguém pensou muito sobre como sua missão salvadora deveria ser cumprida. Havia grupos conspiratórios concorrentes dentro e fora do Exército, e ao golpe inicial se seguiu um segundo, duas semanas depois. O general Manuel Gomes da Costa, um dos "heróis" da Grande Guerra, foi o conveniente líder de sorriso parvo em ambos os casos. Em princípio moderado, não tinha programa próprio e tornou-se o fantoche de forças ideológicas nacionalistas, especialmente dos movimentos fascista e integralista portugueses.

Embora Pessoa não se tivesse oposto à intervenção militar e à dissolução do governo eleito, logo se preocupou com a orientação política adotada pelo novo regime. Decidiu intervir à sua maneira, com um manifesto à nação alertando contra a influência de ideólogos "pseudonacionais" como os fascistas portugueses, a quem acusava de papaguear o que Mussolini dizia, e os integralistas, cujas ideias atribuiu a Charles Maurras, o monarquista ultracatólico à frente do movimento Action Française. Pessoa não assinou o manifesto datado de 8 de julho de 1926 com seu nome próprio.[1] Era assinado pelo Núcleo de Ação Nacional, que ele e Geraldo Coelho de Jesus haviam criado sete anos antes, quando lançaram o jornal sidonista *Acção*. Mas, antes que o manifesto pudesse ser impresso e distribuído, a situação política deu uma nova guinada: em 9 de julho outro golpe, o terceiro no espaço de seis semanas, instalou os generais Óscar Carmona e João José Sinel de Cordes na chefia do governo. O general Gomes da Costa, que três dias antes fora festejado num almoço da embaixada britânica como o novo chefe de Estado, foi preso e exilado nos Açores.

A poeira levantada pelas lutas internas entre militares baixou temporariamente, e os generais começaram a governar para valer. Para evitar críticas inconvenientes de jornalistas contrários, logo instituíram a censura prévia de jornais e revistas, fazendo com que a atitude de Pessoa em relação à nova situação mudasse de bastante simpática para um tanto cautelosa. As restrições à liberdade de expressão para o suposto bem do país pareceram-lhe um sinal preocupante de que os generais poderiam tomar Mussolini como modelo para seu programa nacionalista. Em meados de 1925, o ditador italiano adotara a palavra "totalitária" para descrever a vontade fascista, e, no segundo semestre daquele ano, formulou o lema do fascismo: "Tudo dentro do Estado, nada fora do Estado, nada contra o Estado". Os interesses do indivíduo, segundo a ideologia mussoliniana, deviam ser tolerados apenas na medida em que não colidissem com os da nação. Pessoa acreditava exatamente no oposto — e defenderia isso em público. Decidiu atacar Mussolini de forma direta, e, para ajudá-lo nessa tarefa, recrutou uma espécie de heterônimo nascido na Itália.

No segundo semestre de 1926, cinco meses depois de o Exército assumir o controle do governo, um amigo de Pessoa chamado Celestino Soares fundou o jornal diário *Sol*, do qual Pessoa se tornou colaborador habitual.[2] Nas duas primeiras semanas de existência, o jornal publicou um poema assinado por Álvaro de Campos, um poema e um esquete humorístico assinados pelo próprio Pessoa, e catorze fascículos de sua tradução para o português de *O caso Leavenworth*, um romance policial pioneiro e popular publicado em 1878 pela escritora norte-

-americana Anna Katharine Green. Os fascículos desse romance continuaram, e logo Pessoa, com a conivência de Celestino Soares, criou sua própria história de mistério, apresentada em duas partes na capa do jornal, como se fosse uma reportagem legítima e confiável.

Em 20 de novembro, um sábado, os leitores do *Sol* depararam-se com a manchete "O 'Duce' Mussolini é um louco". O que se seguia era uma "entrevista" — forjada na íntegra por Fernando Pessoa — com um crítico literário italiano chamado Giovanni B. Angioletti, um "bem conhecido colaborador de *Mercure de France*" que se exilara voluntariamente em Portugal devido a sua encarniçada oposição ao fascismo.[3] Contradizendo um dignitário fascista da Itália que, apenas dois dias antes, dera uma palestra em Lisboa em que elogiava Mussolini e as realizações de seu regime,[4] Angioletti afirmava que o ditador italiano era um lunático atormentado pela paranoia e que o fascismo era uma forma contagiosa de loucura, comparável às misteriosas epidemias de dança da Idade Média, nas quais as vítimas dançavam às vezes até morrer. O pior do fascismo, esclarecia o entrevistado fictício, ainda pior do que seus métodos violentos de silenciar a dissidência, era sua exaltação exagerada da Itália, sua obsessão pela "grandeza nacional". E, para deixar clara a natureza do seu próprio nacionalismo fervoroso e dos sonhos do Quinto Império, Pessoa pôs na boca de Angioletti as seguintes palavras: "Nenhuma nação tem direito a existir se não contribui qualquer coisa para o progresso geral da humanidade, se não é um Império no sentido mais alto do termo — um foco de expansão de ideias e de melhorias que beneficiem todo o mundo". Pessoa nunca considerou que um Portugal imperial glorificado fosse por si só um objetivo digno.

No dia seguinte, o consulado italiano em Lisboa anunciou que não tinha registro de nenhum Giovanni B. Angioletti residente em solo português. E então, *Sol* publicou, um dia depois da nota do consulado, a segunda e última parte da história de mistério político italiano de Pessoa.[5] Começava com um artigo reafirmando a identidade do entrevistado antifascista e terminava com uma carta em francês, acompanhada de uma tradução para o português, supostamente escrita pelo próprio Angioletti. Ele parabenizava o jornal por relatar com precisão suas críticas ao fascismo, mas ressaltava que nunca escrevera nada para o *Mercure de France*, conforme afirmava o entrevistador. Talvez houvesse, sugeriu ele, outro crítico italiano com o mesmo nome.

De fato, havia *mesmo* outro crítico chamado Giovanni B. Angioletti (1896--1961), que publicava em jornais e revistas literárias italianas, mas que não era um ativista antifascista, muito menos um exilado político. O que Pessoa estava tramando? Poderia ter atacado Mussolini com a mesma eficácia através de um crítico italiano totalmente inventado por ele, em vez de se dar ao trabalho de roubar e distorcer a identidade de alguém de que ninguém em Portugal jamais ouvira falar. Pessoa, porém, gostava de misturar ficção e realidade, de complexificar a vida, de torná-la ainda mais misteriosa do que era naturalmente.[6]

Além dos artigos do falso Angioletti, *Sol* publicou outras matérias com críticas duras ao regime de Mussolini e que a recém-criada Comissão de Censura não podia proibir, uma vez que não atacavam de forma direta os poderes políticos ou as instituições portuguesas. *Sol* também dava notícias sobre a classe baixa de Lisboa, sobre os desempregados que emigravam para o Brasil, sobre as más condições sanitárias e sobre o escandaloso problema de alimentos adulterados — como o leite supostamente diluído com água de sarjetas e mictórios públicos. Embora não fossem problemas novos, não contribuíam para uma imagem otimista da vida nacional sob a nova ordem, e, em 1º de dezembro, após um mês de funcionamento, o jornal foi fechado de maneira repentina, provavelmente sob coação. Os leitores que ficaram viciados nos fascículos diários da tradução de Pessoa do primeiro e mais bem-sucedido romance policial de A. K. Green tiveram de adivinhar qual dos suspeitos havia assassinado o solteirão rico Horatio Leavenworth.

Pessoa rejeitava o fascismo e outros nacionalismos radicais pela mesma razão que se opunha a ideologias baseadas na luta de classes, como o comunismo: elas reduziam o indivíduo a uma unidade intercambiável a serviço de alguma realidade coletiva superior, como a nação ou o proletariado. Por motivo semelhante, desdenhava o credo do humanitarismo, pois temia que pudesse juntar pessoas "necessitadas" numa massa anônima e indiferenciada, a quem os defensores do credo se sentiam moralmente obrigados a ajudar e proteger. A única realidade social, insistia ele, era a individual, ponto de vista expresso de forma poética por Alberto Caeiro:

Falaram-me em homens, em humanidade,
Mas eu nunca vi homens nem vi humanidade.
Vi vários homens assombrosamente diferentes entre si,
Cada um separado do outro por um espaço sem homens.

É verdade que Pessoa, desde jovem, considerava seu dever sagrado servir à humanidade, mas sempre agiu como um individualista irredutível que aspirava, através de seus escritos, a beneficiar outras pessoas. Nem mesmo sua paixão por certas causas políticas poderia induzi-lo a pertencer a um grupo ou organização formal, com exceção do Núcleo de Ação Nacional, que era pouco mais do que um nome estampado em algumas publicações. Foi como guerrilheiro sem exército que atacou os democráticos de Afonso Costa, defendeu a memória e o mito de Sidônio Pais, e agora lançava invectivas — por meio de Giovanni B. Angioletti — contra o fascismo italiano, para que não se reproduzisse em Portugal.

Amigos de opinião similar podiam contar com a ajuda de Pessoa em suas campanhas para realizar reformas úteis no governo, na sociedade e na esfera cultural, mas não podiam extrair dele um compromisso pessoal com um esforço coletivo. A sua forma teimosamente individualista de solidariedade ficou mais clara do que nunca quando José Pacheco, um dedicado ativista cultural, além de diretor de *Contemporânea*, lhe pediu que redigisse um abaixo-assinado pela demissão do Diretor-Geral de Belas Artes. O poeta concordou de bom grado, usando argumentos lógicos misturados com sátira para justificar a demanda dos signatários. Era um texto cáustico, tipicamente pessoano, do qual entregou quatro cópias datilografadas a seu amigo em 17 de agosto de 1926, junto com um bilhete dizendo que ele próprio não o assinaria, e não porque discordasse do conteúdo.

"Não assino nada em conjunção, cooperação e colaboração com outrem", Pessoa o lembrou. Corrigindo o provérbio "antes só do que mal acompanhado", explicou que, para ele, um "individualista absoluto", era melhor "antes só que, até, bem acompanhado".

A relutância de Pessoa em pertencer a grupos formais ou em colaborar com outros se refletia em sua atitude ambivalente em relação à publicação[7] e a qualquer outro tipo de realização pública. Ganhar a aprovação do mundo é uma forma de colaboração. E as realizações, ao nos definirem, de certa forma nos tornam menores. O que de fato conseguimos ser é sempre menos do que tudo o que sonhamos em nossa juventude.

Numa nota autobiográfica escrita em inglês ao completar 28 anos, Pessoa havia se censurado por ter chegado lá com "nada feito na vida — nada na vida, nas letras ou na minha própria individualidade". No entanto, dez anos depois, em setembro de 1926, se referiu à mesma falta de realizações como uma bênção. Sua apologia do nada realizar foi motivada por uma carta ao editor de *Answers*, um dos semanários britânicos que às vezes comprava para competir por prêmios em dinheiro na seção de jogos. O autor da carta publicada, um homem de Glasgow, explicava que tinha 37 anos, era bem-sucedido profissionalmente, estava livre de preocupações financeiras e não era estranho ao amor, o que o deixava não apenas satisfeito, mas cheio de energia e disposto a muitos bons anos de vida pela frente.[8] Pessoa relatava sua própria experiência bastante diferente em carta ao mesmo jornal:

> Sou um ano mais velho que o seu correspondente e sinto-me jovem pelos motivos que são precisamente opostos aos dele. Tenho 38 anos e me sinto mais jovem a cada ano, porque a cada ano estou mais perto de nunca ter realizado nada na vida. [...] A realização nos envelhece. Precisa-se pagar algo por tudo; o preço da realização é a perda da juventude. É apenas a falta de propósito e um modo de vida inconsequente — se a palavra "modo" pode ser aplicada a tal ausência de modo — que nos mantêm jovens. Não me casei e, portanto, me livrei tanto dos prazeres especiais quanto dos cuidados inerentes a esse tipo de parceria; e o bem e o mal do estado são igualmente envelhecedores. Nunca me acomodei a uma profissão ou curso de vida, nem mesmo a uma opinião que durasse mais do que o minuto transitório em que foi mantida. [...] Nunca fiz um esforço verdadeiro por alguma coisa, nem apliquei minha atenção fortemente, exceto a coisas fúteis, desnecessárias e fictícias. Sinto-me jovem porque vivi assim.

A carta continuava num tom mais obviamente irônico, e Pessoa destacava, por exemplo, que em virtude de não fazer nada na vida não se colocou como obstáculo "no caminho da grandeza natural de nenhum tolo", mas também se descrevia com precisão como um "espectador de mim mesmo e dos tempos", que foi capaz, por meio de "imaginação e fantasia, de extrair impérios de encontros casuais".

Tendo extraído um triunfo moral imaginário por discordar do autor da carta de Glasgow, Pessoa já não precisava continuar a escrever a sua própria, que largou inacabada em seu baú sem fundo, como uma criança que joga uma moeda num poço profundo. Pessoa punha sua fé na posteridade, sem garantia de que o futuro se lembraria dele, e houve momentos em que a dúvida o dominou, fazendo-o pensar, angustiado, se sua obra realmente merecia ser lembrada.

Quanto à vida no presente, sua alegação de se sentir mais jovem por nunca ter realizado nada era duvidosa. A falta de realizações visíveis — e das responsabilidades, dos compromissos e das concessões que o sucesso mundano costuma acarretar — pode ter-lhe conferido um ar jovem quando estava com vinte e tantos ou trinta e poucos anos, mas, com a morte de sua mãe, a ação do tempo não demorou a cobrar seu preço. Ao se aproximar de sua quinta década, a leveza de não ser nada no mundo, livre e independente, tinha sua contrapartida no peso de todos os projetos literários frustrados ou abortados, das tentativas infrutíferas de ser um homem de negócios e da tentativa malsucedida de amar. Não, ele não estava se sentindo jovem, pelo menos na maioria dos dias. Em seu aniversário de 38 anos, após se olhar bem no espelho, escreveu este poema, na voz de Ricardo Reis:

Já sobre a fronte vã se me acinzenta
O cabelo do jovem que perdi.
Meus olhos brilham menos.
Já não tem jus a beijos minha boca.
Se me ainda amas, por amor não ames:
Traíras-me comigo.

O individualista intransigente sempre preferira o celibato, um estado que agora parecia menos uma escolha do que um destino que era forçado a aceitar. Ele dificilmente poderia imaginar que alguém, naquele momento de sua vida, o acharia atraente, desejável, digno de amor.

Os amigos de Pessoa desse período nem sempre pareciam mais jovens do que ele, porém eram mais joviais — exteriormente, pelo menos, mais enérgicos e entusiasmados. Geraldo Coelho de Jesus, nascido seis meses antes de Pessoa, era um bon vivant que gostava de viajar, em especial para Paris, mas também um mulherengo com gosto por mulheres mais jovens. Uma das muitas que tentara seduzir em 1920 era Ofélia Queiroz, então com dezenove anos, sem saber que já estava comprometida com seu amigo Fernando.[9] Augusto Ferreira Gomes, talvez para compensar a baixa estatura, era o brincalhão do grupo, o que se empolgava com facilidade e com um brilho nos olhos, principalmente quando bebia, e como era pequeno, não demorava muito para ficar bêbado. Coelho de Jesus, adepto do absinto (já proibido na França, mas ainda disponível em Portugal), era o tipo de bebedor que se tornava tagarela e expansivo quando embriagado. Pessoa bebia devagar, de forma discreta, porém constante — um alcoólatra totalmente funcional. O vinho e o conhaque não alteravam seu comportamento nem seu tom de voz. Às vezes, porém, se fingia de bêbado e andava torto pela calçada, ou girava em torno de um poste, para divertir os filhos de seus primos ou irritar sua irmã, que se preocupava com o que os outros iriam pensar.[10]

Raul Leal, quase dois anos mais velho que Pessoa, continuava a se expor a mortificações corporais e tormentos psicológicos que, segundo as suas teorias metafísicas, preparavam o seu espírito para as alturas da Vertigem. Depois que seu comportamento libertino em meados da década de 1910 o reduziu da riqueza aos trapos, e que seu *Sodoma divinizada* o tornou alvo de cruéis ataques verbais, começou a ganhar uma vida modesta como jornalista para publicações monarquistas, mas ainda assim conseguia atrair infortúnios e agressões. Em agosto de 1926 foi emboscado e ferozmente espancado num café lisboeta por ter criticado numa série de artigos a Provedoria de Assistência Pública.[11] Mas, como um boxeador feito de borracha, Leal sempre se recuperava e continuava lutando pela restauração da monarquia, pela pureza vertiginosa e pelo reinado glorioso da Igreja do Paráclito. Sobre esses dois últimos temas, escrevia sem parar.

Nesse mesmo mês de agosto, outro amigo próximo de Pessoa, Antônio Botto, completou 29 anos. Dotado da temerária autoconfiança de alguém ainda mais jovem, o poeta gostava de alardear sua homossexualidade, porém tinha uma relação mais complicada com suas origens humildes, explorando-as em várias obras literárias ao mesmo tempo que inventava para si, em relatos autobiográficos altamente ficcionalizados, uma educação de classe alta que incluía estudos na Inglaterra. Essa tendência a se ver como aristocrata talvez explique sua atração por Luís Fernando de Orleans y Borbón, um príncipe espanhol que, após uma estada de quinze anos em Paris, onde ganhou uma reputação escandalosa por sua vida de drogas e sexo com outros homens, foi expulso da França e privado de seus privilégios reais pelo rei Alfonso XIII da Espanha.

O príncipe mudou-se para Portugal no final de 1924 e já conhecia Antônio Botto em meados de 1925,[12] quando compareceu à 2ª Festa de Fado de Lisboa para ouvir Botto, a atração principal. Fascinado, viu seu belo amigo cantar seus próprios poemas e conseguir domar um bando de rufiões desordeiros e seus amigos, com correntes de ouro e anéis escandalosos de diamante, que tinham ido ao Teatro São Luiz com o propósito expresso de vaiar "o maricas".[13] Era o tipo de evento a que Pessoa nunca teria assistido, mas ele guardou o folheto promocional, que descrevia hiperbolicamente Botto como "o mais elegante e o mais original poeta português contemporâneo",[14] e sem dúvida se encontrou com Luís Fernando em outras ocasiões. Os detalhes da relação de Botto com esse personagem da realeza são vagos, mas certamente não foi um caso sereno e estável. O príncipe tinha outro namorado português, também chamado Antônio, e seus conflitos com a lei continuaram. Em março de 1926, quando cruzou a fronteira da Espanha para Portugal vestido de mulher, a polícia o prendeu sob suspeita de tráfico de cocaína. (Nada foi encontrado.)[15]

O fado, o estilo de música lamentoso e ardente que Amália Rodrigues (1920-99) tornou internacionalmente famoso, tem suas origens na África e no Brasil, mas ganhou expressão nos bairros mais pobres de Lisboa no início do século XIX.[16] Casa de fado, que hoje em dia se refere a um restaurante que apresenta esse estilo de música ao vivo, era um nome popular dos bordéis de Lisboa, onde era o fado de certas mulheres indigentes ganhar o seu sustento. Foi em parte nos bordéis que o fado se desenvolveu. Maria Severa (1820-46), a fadista mais célebre do século XIX, foi ela mesma uma prostituta, e, nas primeiras décadas do século XX, o fado ainda era, em grande parte, um produto da subcultura boêmia lisboeta. Foi nesse meio que Antônio Botto cresceu, e nada naquilo o perturbava. Para Pessoa, era um mundo exótico e impróprio que causava repulsa à sua sensibilidade refinada, ao mesmo tempo que despertava sua curiosidade. Ele o observava de uma distância segura.

Em um ensaio inédito escrito após a morte de Pessoa, Botto lembraria que seu amigo, "feminino no seu pudor", mudava imediatamente de assunto à simples menção de prostitutas,[17] mas não era de forma nenhuma um puritano convicto. Duas cartas do poeta mais velho para o mais jovem revelam um espectador curioso, uma espécie de voyeur de poltrona, que sabia das escapadas homossexuais de Botto e gostava de fazer observações brincalhonas, e às vezes picantes, sobre seus amigos em comum e sobre si mesmo. As cartas — ambas cheias de linguagem codificada espirituosa — foram enviadas em março de 1927, dois meses depois que Botto e seu príncipe espanhol partiram num vapor para férias luxuosas na Itália. Pessoa fizera uma leitura de horóscopo para Botto que previa um janeiro harmonioso,[18] momento em que os dois viajantes partiram de Lisboa, e tudo correu bem em Nápoles, seu ponto de chegada, onde o passeio incluía uma viagem às ruínas de Pompeia. Em Roma, porém, eles tiveram uma briga feia, e Botto foi para Paris sozinho. É o que podemos deduzir dos comentários de Pessoa em sua segunda missiva (enviada à França), sobre a flutuação da "temperatura" das cartas e dos postais que recebera de Botto, que infelizmente não foram preservados.

Botto enviava boletins meteorológicos românticos de sua viagem com o príncipe porque Pessoa, em sua primeira carta, enviada à Itália, pedira "novas particularmente suas, incluindo as suas impressões (ou sensações) dos diversos aspectos da paisagem". O tom irônico da carta e seu conteúdo em grande parte malicioso deixam claro que Pessoa se referia à "paisagem" do caso de Botto com o príncipe. No parágrafo seguinte, contava a Botto o que seus amigos em comum estavam fazendo. Augusto Ferreira Gomes conseguira "estar dois dias bêbado no espaço de 24 horas"; Geraldo Coelho de Jesus comprara um automóvel novo chique, para ajudá-lo a seduzir moças; e Raul Leal teria supostamente escrito 595 páginas de um novo tratado metafísico que ainda estava na metade. E também informava a Botto que não havia nenhuma base real para o boato de que Leal ia se casar.

As ironias mais mordazes do autor da carta eram dirigidas a si mesmo:

> Fiz ontem cinco projetos definitivos e completos, mas já não me lembro de quê nem para quê. Os meus poemas recentes têm todos acabado do princípio para o meio — circunstância que dá também com os meus poemas não recentes. Segundo um velho plano meu, devo partir para Inglaterra antes de ontem, para o que estou quase decidido a resolver-me a preparar tudo. O boato de que vou casar é também destituído de fundamento.

Pessoa colocava-se na mesma categoria de "incasável" que Raul Leal e Antônio Botto, mas, enquanto esses dois amigos eram ambos (homo)sexualmente ativos, a sua própria energia sexual era dirigida para o seu eu multiplicado. No parágrafo final da carta, Pessoa escreve que o engenheiro Álvaro de Campos se encontrava por acaso em Lisboa e saudava Botto "em girassol e cisne", à qual juntava as suas próprias saudações, enviadas "do jardim velho para o girassol, lago triste para o cisne".[19] Em outras palavras, Pessoa era o velho jardim ou lago triste onde seu heterônimo — como uma flor de caule alto ou um cisne de pescoço comprido — se afirmava gloriosamente.

Fernando e Álvaro formavam uma dupla improvável, mas produtiva. Apesar de sua propensão a deixar muitas obras pela metade, Pessoa, durante seus anos restantes, escreveria centenas de poemas completos em seu próprio nome, em um tom de voz contido e reflexivo, muitas vezes melancólico. Os poemas de Campos, embora impregnados do triste cansaço de seu criador, continuariam a ser dramaticamente emotivos. As melancólicas contemplações de Pessoa, ao serem transpostas para Campos, tornam-se lamentos estridentes e esperneios. Juntos, eles floresceriam: o velho jardim e o indomável girassol, o triste lago e o orgulhoso cisne.

Enquanto Antônio Botto ainda se encontrava em Nápoles, gozando da companhia do escandaloso príncipe espanhol, uma revolta armada tentou derrubar o governo de Portugal. Pessoa conhecia bem dois dos líderes, Jaime Cortesão e Raul Proença, ambos integrantes do Grupo da Biblioteca, cujo papel na rebelião ele mencionou na carta de 8 de março a Botto. Os corredores silenciosos das bibliotecas não costumam ser local de reunião de revolucionários para conspirar, mas os altos administradores da Biblioteca Nacional de Portugal eram ativistas republicanos liberais que haviam começado a se mobilizar contra a ditadura militar no início do segundo semestre de 1926, tão logo os militares tomaram o poder. Junto com outros grupos de insurgentes, conseguiram o apoio de membros do Exército e da Marinha fiéis ao espírito original da República, e atacaram primeiro no Porto, nas primeiras horas da madrugada de 3 de fevereiro, mas só quatro dias depois em Lisboa. Em 10 de fevereiro, tudo havia acabado, deixando cerca de duzentos soldados, marinheiros e civis mortos e centenas de feridos. Mais de mil rebeldes foram deportados sem julgamento para Madeira, Açores e colônias africanas de Portugal. Cortesão, que havia publicado poemas em *A Águia*, e Proença (1884-1941) foram demitidos dos cargos na Biblioteca Nacional e fugiram para Paris.

Mesmo que tivesse sido mais bem planejada, a revolta de fevereiro de 1927 teria fracassado pelo mais elementar dos motivos: falta de apoio popular. Centenas de republicanos de esquerda, entre eles trabalhadores organizados, que nos últimos anos vinham se tornando menos organizados e menos numerosos, saíram às ruas para ajudar os insurgentes, mas os republicanos moderados permaneceram em casa e só queriam que a confusão acabasse logo. Estavam cansados da instabilidade e resignados a viver sob uma ditadura. E, para uma ditadura, aquela era branda. Os generais Sinel de Cordes e Óscar Carmona, embora não demonstrassem muita pressa em devolver as rédeas do governo às mãos dos civis, consideravam seu regime uma necessidade de curto prazo. Muita gente concordava, inclusive Fernando Pessoa.

Mas o poeta logo começou a ter dúvidas. Na esteira da rebelião de fevereiro, a polícia desmantelou a sede da Confederação Geral do Trabalho, o Partido Comunista foi forçado à clandestinidade e a publicação e a disseminação de "propaganda subversiva" foram decretadas causa suficiente para julgamento sumário e condenação. Pessoa talvez não se importasse com o banimento oficial do Partido Comunista Português (fundado em 1921), mas o controle cada vez maior do governo sobre a palavra impressa o irritou, e ele decidiu protestar. Escreveu o "Fado da censura", que tentou publicar no *Sempre Fixe*, um semanário satírico cujas edições de 1927 costumavam incluir um fado tradicional de 44 versos[20] que zombava de uma coisa ou outra, ou que era de algum modo brincalhão.

Como os cartuns do jornal muitas vezes atacavam as leis de censura, Pessoa deve ter achado que aqueles versos eram uma escolha óbvia para publicação, mas havia um problema: seu fado não era nem um pouco engraçado. Era um poema sombrio, uma profecia sinistra, que retratava a censura estatal como uma poeira densa que turva a visão normal e obstrui a respiração, tornando impossível ver o caminho e seguir em frente. Se não foram os editores que rejeitaram o fado sem humor de Pessoa, então foi a Comissão de Censura.[21]

Pessoa monitorava atentamente os acontecimentos do dia e estava pronto para usar sua escrita para manifestar seu ponto de vista, mas seu trabalho criativo se arrastava. Não era um bloqueio de escritor: ele simplesmente se sentia desmotivado. Embora tivesse superado a morte da mãe, na medida do possível, a reação indiferente à sua revista *Athena*, onde ele e seus heterônimos haviam publicado mais de setenta poemas — que julgava estarem entre seus melhores —, ainda o assombrava. E quem, àquela altura, se lembrava dos poemas e da peça que havia publicado em *Orpheu*? Ao contrário do que afirmava na sua carta inacabada a um jornal londrino, Pessoa sentia-se um pouco como um artista ultrapassado, velho antes do tempo.

Ele poderia ter continuado a sentir-se ultrapassado, respeitado, mas pouco notado, relegado a um segundo plano, não fosse por um homem chamado José Régio (1901-1969), que devorara — ou melhor, saboreara como um epicurista — todas as palavras publicadas por Pessoa em *Orpheu*, *Athena* e outros periódicos.

Tão grande era a admiração desse jovem escritor e editor que ele se referiu com convicção a Pessoa como "o mais rico em direções dos nossos chamados modernistas", dotado de um "estofo de Mestre", embora ainda não tivesse publicado um livro, apenas vários livretos de seus poemas anglófonos. A avaliação generosa e absolutamente correta feita por Régio de um poeta que nunca tinha visto apareceu num artigo intitulado "Da geração modernista", que abria o terceiro número de *Presença*, revista fundada em março de 1927 — não em Lisboa ou no Porto, mas em Coimbra, cuja universidade e cuja grande população estudantil a tornavam uma rival intelectual das duas maiores cidades do país. O mesmo artigo mencionava quatro outros membros da geração modernista, todos amigos íntimos de Pessoa e ligados a *Orpheu*: Mário de Sá-Carneiro, José de Almada Negreiros, Raul Leal e Mário Saa (candidato à inclusão na malfadada *Orpheu* 3).

Presença fez muito mais do que relançar Pessoa e seus amigos. Para os futuros manuais de história literária, consagrou canonicamente Pessoa, Sá-Carneiro e Almada Negreiros como os três pilares do modernismo português e *Orpheu* como a pedra angular desse movimento. Contudo, os editores da revista não se interessavam pelos movimentos literários por si sós. No segundo número da publicação, Régio saudava as inovações artísticas do futurismo, do expressionismo e do dadaísmo,[22] mas ressaltava que a adesão rígida a qualquer dogma estético era sufocante para a intuição artística, e concluía que "o modernismo superior é individualista e clássico".

Respeito pela autonomia artística, rejeição aos ditames acadêmicos e curiosidade pela arte e pela literatura produzidas no resto da Europa e fora dela eram as características da geração de *Orpheu* que *Presença* se esforçava, com algum sucesso, para reencarnar. No geral, porém, era uma sucessora sem brilho. Era difícil superar Pessoa e Sá-Carneiro, e a geração mais jovem de escritores promovida pela nova revista, que se via como a herdeira de *Orpheu*, não era nem de longe comparável a eles. Por outro lado, *Presença* foi o fórum de crítica literária e de arte mais animado e intelectualmente rigoroso de Portugal durante os treze anos que durou. Mas sua maior realização foi estimular e divulgar a produção criativa de Fernando Pessoa, que honraria suas páginas com alguns dos seus melhores poemas e obras em prosa.

O intermediário crucial entre Pessoa e *Presença* foi o sobrinho de Ofélia, Carlos Queiroz, um jovem baixinho e magro que, apesar do jeito modesto, não se intimidava ao fazer contato com os escritores que admirava. Poeta já publicado, mas sempre mau aluno, tinha dezenove anos quando se transferiu para um liceu em Coimbra, onde esperava trabalhar e enfim conseguir se formar. Em vez disso, continuou a negligenciar os estudos, passando os fins de tarde com José Régio e outros membros do grupo de *Presença*, que se reunia no Café Central, localizado no centro da cidade. Eles contavam com Queiroz para obter contribuições dos modernistas lisboetas destacados por Régio no número de abril da revista. Obras de Raul Leal e Mário Saa apareceram no número de maio, enquanto o de junho trazia uma miscelânea de contribuições dos lisboetas: um desenho de capa de Almada Negreiros, um poema de Sá-Carneiro (fornecido por Pessoa, seu executor literário), um texto em prosa assinado por Álvaro de Campos, um poema de Pessoa e uma série de quatro poemas do próprio Queiroz.[23]

De todas as colaborações dos escritores lisboetas, a de Campos era de longe a mais interessante — e provocante, pois abalou o barco que gentilmente recebera Pessoa e seus amigos a bordo. Em questão, estava a suposta virtude de ser verdadeiro consigo mesmo. Embora Pessoa concordasse plenamente com a importância que a revista dava à individualidade artística, mais do que à adesão a um movimento estético ou a um conjunto de princípios, discordava de sua compreensão de "individualidade". O número inaugural de *Presença* abrira com um artigo intitulado "Literatura viva", no qual José Régio apontava a originalidade e a sinceridade como qualidades inter-relacionadas e necessárias a toda grande arte. "É original", dizia ele, "tudo o que provém da parte mais virgem, mais verdadeira e mais íntima duma personalidade artística."

Pessoa, para quem essa personalidade verdadeira, virgem e íntima não existia, mobilizou Campos para ajudá-lo a formular suas ideias sobre o eu, a autoexpressão e o autoconhecimento. O resultado foi "Ambiente", um texto estruturado na forma de aforismos filosóficos que termina com os seguintes parágrafos:

> Toda a emoção verdadeira é mentira na inteligência, pois se não dá nela. Toda a emoção verdadeira tem portanto uma expressão falsa. Exprimir-se é dizer o que se não sente.
>
> Os cavalos da cavalaria é que formam a cavalaria. Sem as montadas, os cavaleiros seriam peões. O lugar é que faz a localidade. Estar é ser.
>
> Fingir é conhecer-se.

Tanto para Pessoa como para Campos, que nesse caso serviu como fiel porta-voz de seu criador, as verdadeiras emoções do eu não podem ser conhecidas de forma inteligível, muito menos expressas, e o eu não é confiável — sua realidade é sempre fluida, dependente de suas relações mutantes com o ambiente ao redor. O autoconhecimento, ou individualidade, é portanto uma questão de atitude, de ação. O grande artista, ou alguém que alcance a grandeza em qualquer coisa, é um grande fingidor.

Nos anos seguintes, os editores de *Presença* invocariam repetidamente a sinceridade de expressão e a veracidade em relação a si mesmo como marcas da arte superior, enquanto Pessoa continuaria questionando o tempo todo se palavras como *sinceridade* e *veracidade* podem significar alguma coisa útil para um artista criativo. A radical divergência de perspectivas foi ela mesma um poderoso estímulo, incitando Pessoa a produzir a título de reação, como uma corrente elétrica vencendo a resistência, algumas de suas obras literárias mais impressionantes.

57.

Após a morte da mãe, a irmã de Pessoa, Teca, ficou surpresa ao saber até que ponto o espólio da família tinha sido reduzido, mas aceitou as explicações de seu administrador, Fernando. Quando descobriu, no início de 1927, que seu irmão mais velho havia, na verdade, usado indevidamente o dinheiro e inventado uma história para encobrir seu malfeito, ficou furiosa e depois caiu numa indignação taciturna. Embora lamentasse ter aborrecido a irmã, não há provas de que Pessoa alguma vez tenha se arrependido de tal comportamento, que fazia parte de um padrão. Sua rejeição da verdade e da sinceridade como categorias evidentes e sacrossantas não só tinha consequências para sua escrita literária como também influenciava sua maneira criativa de lidar com as finanças pessoais. Anotações dos diários que manteve em 1913 e 1915 revelam que, quando o dinheiro da família passava por suas mãos, corria o risco de ser ligeiramente reduzido a favor dele, como se ele tivesse direito a uma comissão.

Pessoa tinha em seu poder uma procuração para cuidar das finanças de sua mãe desde 1919, e, embora possa não ter desviado fundos de fato, parece ter usado parte do capital de investimento dela como garantia para empréstimos que não foi capaz de honrar em tempo hábil. Suspeito que foram esses empréstimos que cobriram os custos de publicação da editora Olisipo. Pessoa mais tarde afirmaria, numa carta aos dois irmãos, que fora forçado a pedir empréstimos se valendo do espólio por motivos que não podia revelar. E deu a entender que o dinheiro do espólio, embora legalmente indisponível, não estava de fato perdido. Eles talvez tenham acreditado nisso.[1]

Com as recriminações silenciosas de Teca impregnando o ambiente da rua Coelho da Rocha, Pessoa tinha mais motivos do que nunca para se sentir em casa nos escritórios onde escrevia cartas comerciais em inglês e francês. Tinha as chaves de três ou quatro deles, para que pudesse usá-los depois do expediente, a fim de trabalhar com total privacidade em seus escritos. Garrafas vazias ao lado da escrivaninha e cinzas de cigarro caídas entre as teclas da máquina de escrever eram os sinais reveladores de que ele havia usado o escritório durante a noite ou no fim de semana. Os contratantes de Pessoa não tinham interesse em ler sua poesia, mas parece que se encantaram com a ideia de ele escrever parte dela em suas instalações, tornando-os patronos passivos das artes. Toscano & Cia. Ltda., importadora de motores, máquinas e automóveis, foi a empresa onde Pessoa trabalhou por mais tempo, desde a época em que conheceu Ofélia Queiroz até sua morte, dezesseis anos depois. Os arquivos do autor contêm poemas e textos do *Livro do desassossego* datilografados em papel timbrado dessa e de muitas outras firmas.[2]

Pessoa também trabalhou por mais de dez anos — a partir de 1922 ou 1923 — na Moitinho de Almeida, uma empresa de importação e exportação que ficava na rua da Prata, número 71, convenientemente localizada entre seu café preferido, o Martinho da Arcada, e uma loja de Abel Pereira da Fonseca, distribuidor de vinhos e outras bebidas alcoólicas que podiam ser consumidos em taças no balcão.[3] Várias vezes ao longo da tarde, Pessoa levantava-se da máquina de escrever, ajeitava o paletó e os óculos, punha o chapéu e anunciava aos empregados: "Vou ao Abel", onde bebia um copo de vinho tinto ou conhaque.

Um dia, foi tantas vezes ao Abel que o filho do patrão, um estudante de liceu que costumava frequentar o escritório durante as férias escolares, teve a ousadia de observar: "O senhor aguenta beber como uma esponja!".

"Como uma esponja?", Pessoa rebateu. "Como uma loja de esponjas, com um armazém anexo."

O patrão, Carlos Moitinho de Almeida, não fazia objeções aos interlúdios alcoólicos de Pessoa, pois o deixavam de bom humor, e tolerou a recusa do redator de cartas em seguir um horário fixo: Pessoa aparecia quando tinha vontade. Seu lendário domínio do inglês, especificamente do inglês comercial, garantia que fosse muito procurado, apesar de suas peculiaridades, e seu trabalho era de fato excelente, desde que traduzisse com fidelidade o que era ditado. Mas, caso surgisse a chance, Pessoa se tornava literário, injetando muito humor e até vagas reflexões filosóficas em cartas cujo verdadeiro propósito era indagar sobre preços, disponibilidade, condições de envio e prazos de pagamento.

Seus contratantes também apreciavam Pessoa por ser absolutamente confiável. Como sua irmã poderia atestar, tratava-se de uma reputação que ele não merecia inteiramente. Embora nunca fizesse falcatruas nem roubasse, ele não deixava de "tomar emprestado" ideias para negócios, da mesma maneira que fazia com ideias literárias, tornando-as suas. Foi o caso do lucrativo negócio de representação de produtores de tabaco estrangeiros junto à Companhia dos Tabacos, monopólio sancionado pelo Estado que tinha o direito exclusivo de comprar, moer e vender fumo em folha em Portugal.[4]

Como Moitinho de Almeida era agente de meia dúzia de fornecedores estrangeiros de tabaco ao monopólio, Pessoa, o empregado de confiança que tratava de toda a correspondência a respeito, conhecia de perto o sistema pouco transparente de outorga de contratos de compra. Munido desse conhecimento, ele escreveu uma carta audaciosa datada de 6 de janeiro de 1927, na qual se propunha a atuar como agente da Burley Tobacco Growers' Co-operative. Em treze páginas datilografadas em espaço simples, enviadas para a sede da cooperativa em Lexington, no Kentucky, bem como para seu escritório europeu, em Bruxelas, ele descrevia em detalhes a história e o funcionamento do monopólio, explicava que havia "decifrado" as "condições ocultas" que regiam a compra de tabaco estrangeiro e assegurava ao cliente em potencial que possuía "a influência e o conhecimento interno" necessários para representá-lo, ou a qualquer outro produtor, perante a Companhia dos Tabacos. Depois de transcrever várias páginas de informações obtidas "secreta e confidencialmente" sobre recentes licitações bem-sucedidas para contratos de compra, Pessoa explicava, numa seção de sua carta estranhamente intitulada "A técnica interna de compras", que a outorga de tais contratos dependia na prática de três ou quatro indivíduos, com pelo menos um dos quais ele tinha boas ligações, ou assim sugeria. Ele propunha uma comissão de 5% sobre o preço de venda se, como agente da Burley, conseguisse um contrato de compra.

A esse relato meio esotérico e meio sherlockiano do comércio de tabaco em Portugal, o escritório da Burley em Bruxelas respondeu cautelosamente que nenhuma decisão poderia ser tomada sem a autorização da sede em Lexington. Pessoa respondeu sem demora, informando que um empresário português chamado sr. Moitinho de Almeida iria em breve a Bruxelas e, sem dúvida, os visitaria para propor-se como agente deles. Esse senhor, esclarecia Pessoa, era um concorrente com quem não tinha nenhuma ligação. Brincando com fogo, presumia que a cooperativa de tabaco não revelaria a seu patrão que já havia sido abordada por outro agente de Portugal, o sr. Fernando Pessoa. Ou ele assinou suas cartas para a cooperativa usando o nome de um heterônimo? É possível, já que seu nome não aparece nas cópias de carbono das cartas que foram preservadas. E se Moitinho de Almeida descobrisse que seu empregado autônomo, cronicamente sem dinheiro, conseguira fechar um negócio lucrativo por ser mais esperto que ele? Talvez ficasse mais feliz do que irritado. Porém nenhum acordo resultou das intrigas de Pessoa.[5]

Em meados de junho de 1927, Pessoa voltou a morar sozinho. Teca e a família mudaram-se para Évora, para onde seu marido fora transferido como medida disciplinar, por ter falado mal de um oficial de alta patente a um subordinado. Foi uma doce vingança para o oficial ofendido, já que o capitão teve de servir no novo posto, que odiava, por três anos inteiros.[6] Évora, uma cidade antiga onde ainda existe parte de um templo romano, fica a cerca de 120 quilômetros a leste de Lisboa. Demorou muito para que Pessoa fizesse essa viagem para visitá-los, já que Teca ainda estava furiosa com ele em razão da maneira como lidou com a herança de sua mãe. Mas ela, o marido e a filha iam às vezes a Lisboa.

Embora tenha sido um alívio não ter mais de enfrentar diariamente os olhares de reprovação da irmã, a ausência da família dela em Lisboa só reforçaria o sentimento de isolamento de Pessoa. Seus irmãos, cujos estudos universitários consumiram grande parte do espólio quando a mãe ainda vivia, não tinham motivos para se sentirem roubados, mas ele evitava escrever-lhes, ciente de que Teca contava com a solidariedade deles. Preferindo não dar mais desculpas por sua má conduta financeira, tudo o que podia fazer era esperar que ela o perdoasse. Ele mantinha contato com os primos Mário e Maria e suas famílias; tinha seu círculo de amigos; e havia os escritórios onde escrevia cartas, nos quais era tratado quase como membro da família pelos patrões. Apesar de ter um apartamento amplo e tranquilo agora totalmente à disposição, continuou a escrever muito nesses escritórios, e não apenas por causa das máquinas de escrever e do papel gratuito. Ele gostava da atmosfera previsível e amena de mesas e cadeiras de madeira, da iluminação artificial, da ausência de bibelôs, da eficiência organizada e dos funcionários bem-vestidos — um pano de fundo neutro para viagens mentais a lugares distantes e indefinidos ou reflexões mais focadas, a depender do que estava escrevendo, se uma ode de Ricardo Reis dirigida a Lídia ou um estudo sobre o futuro político de Portugal.

A monotonia clerical da Moitinho de Almeida Ltda. era interrompida pelos amigos excêntricos que passavam para visitar ou buscar Pessoa: o volúvel Augusto Ferreira Gomes, o apaixonado e excitável Alberto da Cunha Dias, o metafisicamente torturado Raul Leal e o arrogante e afetado Antônio Botto. Havia uma pequena sala para onde Pessoa poderia se retirar quando quisesse, mas ele costumava receber os amigos no escritório principal, onde todos os funcionários em tempo integral da empresa tinham suas escrivaninhas. O filho adolescente do patrão só observava, fascinado. Pessoa, que nunca falava de sua família, conversava com as pessoas no escritório sobre alguns amigos, em especial Antônio Botto, cujo jeito de falar imitava com um tom de voz agudo.[7]

Assim como alguns outros escritores notáveis, entre eles F. Scott Fitzgerald, que publicara pouco tempo antes *O grande Gatsby*, Pessoa usava seu talento com as palavras para complementar sua renda como redator publicitário, mas com resultados variados. Seus slogans e textos para anúncios, da mesma forma que suas cartas comerciais, eram às vezes criativos demais, ou literários demais. Entre 1925 e 1935, Manuel Martins da Hora, cofundador da primeira agência de publicidade de Portugal, contratou Pessoa para cuidar da correspondência da firma em inglês e francês e também para escrever textos publicitários em português.[8] Não sabemos se estava envolvido na campanha publicitária do cliente mais importante da agência, a General Motors, mas ele homenageou a montadora num poema onírico com Álvaro de Campos ao volante de um Chevrolet no meio da noite na estrada para Sintra, a pouco mais de trinta quilômetros a oeste de Lisboa.

A Agência Hora tinha outro cliente de Detroit, o fabricante do Berryloid, anunciado nos Estados Unidos como um verniz de alto brilho para automóveis e aviões. Em Portugal, era comercializado apenas para automóveis, e Pessoa foi solicitado a redigir o texto para um folheto publicitário ilustrado. O texto que escreveu é tão literário que um de seus editores póstumos o publicou como um conto.[9] O narrador do texto começa sua história contando como lavagens repetidas fizeram com que toda a tinta de seu automóvel, antes azul, passasse para seu pano de camurça, resultando numa indesejada "transfusão de sangue azul" e um carro sofrendo de "anemia". A pintura, observa ele, "deve estar pegada, como o cabelo, e não sujeita a uma liberdade repentina, como um chinó". Sem saber o que fazer, ele consulta um lavador de carros profissional, pedindo-lhe que recomende uma tinta "fiel e indivorciável" para seu veículo agora incolor. E assim a história segue. O folheto era divertido, mas os clientes em potencial precisavam ler trezentas palavras de texto antes de ver o Berryloid ser mencionado pela primeira vez.

É evidente que Pessoa sabia ser poeticamente conciso, e usou essa capacidade para inventar slogans inteligentes, alguns dos quais ajudaram a vender cintas e espartilhos para a Pompadour, uma fabricante portuguesa. Mas, no caso da Coca-Cola, sua inteligência saiu pela culatra. Assim como o Berryloid, a Coca-Cola era importada dos Estados Unidos por Moitinho de Almeida e divulgada pela Agência Hora. A campanha publicitária começou no início de julho de 1927 com um teaser em vários jornais anunciando que "a célebre bebida americana" estava a caminho de Portugal. Na semana seguinte, os leitores foram informados de que a Coca-Cola já estava à venda "nos principais estabelecimentos chics de Lisboa", e então, em meados de julho, apareceram anúncios da Coca-Cola com o slogan de Pessoa: "No primeiro dia: Estranha-se. No quinto dia: Entranha-se".[10]

A campanha publicitária continuou, e a bebida vendeu a bom ritmo até que, poucos meses depois de ser lançada, sua importação foi abruptamente embargada. É provável que se tratasse de uma medida protecionista, para incentivar as indústrias nacionais e ajudar a conter o déficit comercial do país, mas, quando as autoridades norte-americanas pediram ao governo português uma justificativa para a proibição, apontando que os próprios testes do produto feitos em Portugal haviam mostrado que ele não continha cocaína, foi o ministro da Saúde quem apresentou um argumento irrefutável: ou continha vestígios difíceis de detectar de cocaína, a qual era uma substância ilegal, ou não continha nenhuma cocaína e era culpada de propaganda enganosa. O ministro citava o slogan de Pessoa, chamando-o de um inaceitável "convite ao vício".[11]

A Coca-Cola, em parte por causa de Fernando Pessoa, deixou de ser vendida em Portugal durante os cinquenta anos seguintes.

Enquanto o refrigerante norte-americano, com a ajuda do slogan rimado de Pessoa, saciava a sede dos lisboetas curiosos no verão de 1927, uma nova conspiração estava em andamento para tentar derrubar o governo. Ao contrário do complô armado pelos republicanos liberais seis meses antes, o golpe de agosto contra a ditadura militar veio da direita. Curiosamente, um dos líderes da conspiração era o novo bibliotecário-chefe da Biblioteca Nacional, Fidelino de Figueiredo (1889-1967), contratado poucos meses antes para substituir Jaime Cortesão, que teve papel importante no golpe de fevereiro. O outro líder era Filomeno da Câmara (1873-1934), oficial da Marinha e extremista de direita. Devido ao "Fi" no nome de ambos os líderes, sua rebelião mal concebida foi deliciosamente batizada de Golpe dos Fifis, e teve a ferocidade de um cachorrinho de madame. Poucos oficiais do Exército deram ouvidos ao manifesto emitido pelos Fifis, e aqueles que o fizeram foram rapidamente presos e banidos para a África.

Também foi detido Antônio Ferro, acusado de cumplicidade com Filomeno da Câmara, autor do prefácio do livro de entrevistas que Ferro acabara de publicar sobre os regimes autoritários na Espanha, na Turquia e na Itália.[12] Câmara usara o prefácio para elogiar Mussolini, cujos métodos queria introduzir em Portugal, sendo ele próprio ditador da nação. Se os Fifis tivessem vencido, Ferro ficaria feliz por desempenhar um papel no governo de Câmara, mas não havia provas de que tivesse realmente conspirado com eles. Após ser interrogado pelas autoridades, foi libertado e prosseguiu com sua carreira de entrevistador itinerante não só de autocratas e políticos, mas também de escritores, artistas, designers de moda e estrelas de cinema. Numa viagem que fizera pouco tempo antes aos Estados Unidos, entrevistara Mary Pickford em Hollywood e Calvin Coolidge na Casa Branca.

Os generais no comando do país não estavam tendo uma vida fácil, pois sofriam a oposição de alguns por governar Portugal sem nenhuma base legal e de outros por não governar como autocratas sem remorso. No final de 1927, Geraldo Coelho de Jesus, que considerava a estabilidade política condição sine qua non para o florescimento da economia portuguesa, implorou a Pessoa que escrevesse um manifesto em defesa do governo militar como a solução provisória que melhor servia aos interesses da nação.[13] Tendo em vista que os generais, ao esmagar os Fifis, haviam dissipado o medo anterior de Pessoa de que adotassem a ideologia fascista, ele estava bastante disposto a defender o regime ditatorial como um expediente necessário e temporário, e agradou-lhe atender a Coelho de Jesus, seu amigo menos literário, mas materialmente generoso. O resultado foi um manifesto de 8 mil palavras que ocupou sete páginas de tamanho grande, impresso sob os auspícios do Núcleo de Ação Nacional, que, como citado, apesar do nome bombástico era uma mera invenção da imaginação dos dois amigos, existindo apenas no papel.

Nesse caso, o nome revelou-se útil, pois permitiu que Pessoa se mantivesse anônimo — ou teria permitido, se a Comissão de Censura não tivesse proibido a circulação do manifesto, por motivos que só podemos adivinhar. A maneira de contornar a proibição era publicar o manifesto na forma de panfleto de um determinado autor, uma vez que os livros (e panfletos) não estavam sujeitos à censura prévia. Pessoa relutantemente permitiu que o manifesto fosse convertido num livreto de 31 páginas, assinado com seu nome.[14] Estava datado de janeiro de 1928, mas só saiu em março.

Intitulado *O Interregno: Defesa e justificação da ditadura militar em Portugal*, o livreto apresentava uma das mais formidáveis exibições de análise lógica e raciocínio rigoroso de Pessoa. Ele argumentava que os portugueses, dos quais metade era monarquista e metade, republicana, se encontravam num impasse, e que a democracia constitucional — que funcionava bem na Grã-Bretanha, onde surgiu de "uma opinião pública direta, imediata, espontânea, coesiva, orgânica" — tinha se revelado inviável em Portugal, onde não havia opinião pública comparativamente robusta, nem consciência nacional. Portugal precisava de um novo sistema político, e, até que esse sistema pudesse ser descoberto e implementado, uma ditadura militar era a única forma defensável de governo.

Salientando que sua defesa da ditadura se aplicava apenas ao "Estado de Transição" restrito àquele momento, ele se distanciava daqueles que defendiam uma solução autoritária de longo prazo, como o fascismo. Por outro lado, não detalhava que tipo de sistema político apoiava. Em vez disso, atiçava a curiosidade de seus leitores, afirmando que *O Interregno* era apenas a primeira parte introdutória de um livro de cinco partes sobre o que "poderia ou deveria ser o Portugal do futuro" e que as três partes seguintes se ocupariam da Nação portuguesa, do Estado português e da Sociedade portuguesa. Sobre a quinta parte, foi evasivo, informando apenas que era a parte "mais importante".

Pessoa não escreveu nada da continuação prometida de seu livro sobre "o Portugal do futuro", mas é fácil deduzir que a quinta parte trataria de sua apoteose como o Quinto Império do mundo. Ele concluía seu *Interregno* afirmando que mais ninguém — em Portugal ou fora dele — tinha "alma e mente" para ser o autor do panfleto que acabara de escrever e que esse era o "Primeiro Sinal", devidamente revelado "na Hora que se prometera". Tradução: Fernando Pessoa, se não ele próprio o d. Sebastião regressado, era o arauto de seu regresso, um sinal para Portugal de que o Quinto Império estava nascendo.

Em abril de 1928, um mês após a publicação do *Interregno*, o longa-metragem *Metrópolis*, de Fritz Lang, estreou em Lisboa, no Teatro São Luiz.[15] Se por acaso Pessoa viu o filme, talvez tenha achado o retrato de um futuro distópico — em que trabalhadores oprimidos operam as máquinas subterrâneas que movem o mundo de uma elite sorridente — simplista demais, determinista demais em sua sugestão de que as máquinas estavam destinadas a intensificar, ao invés de aliviar, o sofrimento das massas. Mas pelo menos era um retrato, pelo menos podia ser visualizado. As dinâmicas políticas, econômicas e sociais do futuro Quinto Império que ele profetizava para Portugal estavam todas envoltas em indefinição.

Ao que parece convencido por seu próprio argumento de que Portugal se encontrava numa encruzilhada, de que alguma mudança se aproximava, Pessoa tornou-se exageradamente atento aos sinais, nos quais via muito mais do que um observador normal ou um patriota típico. Vários meses após a publicação do *Interregno*, que fora em grande parte ignorado pela imprensa portuguesa, o governo anunciou que seria presenteado ao presidente do Brasil o primeiro exemplar impresso de uma nova e rigorosa "edição nacional" de *Os lusíadas*, de Luís de Camões. Afonso Lopes Vieira, o poeta e erudito responsável pela nova edição, iria ele próprio cruzar o oceano para apresentar, no Rio de Janeiro, o fruto de seu trabalho. Era um empreendimento de peso simbólico, que Pessoa carregou com um significado ainda mais simbólico e místico.

No dia 3 de junho, mesmo dia em que Lopes Vieira e sua edição zarparam para o Brasil, Pessoa publicou anonimamente um artigo sobre sua "missão" ultramarina como portador do "sinal da esperança comum a tudo quanto é Portugal", nação que incluía o "Novo Portugal", termo com que se referia ao Brasil, bem como o "Portugal Antigo". Portugal, assim concebido, estendia-se muito além de seu território original no sudoeste da Europa. Embora afirmasse alhures que o autor de *Os lusíadas* era superestimado, nesse artigo Pessoa o chamava de "cantor de El-Rei D. Sebastião" e dizia que Afonso Lopes Vieira era um sebastianista, quer o soubesse ou não. Nas cerimônias que precederam sua ida ao Brasil, o especialista em Camões havia feito uma palestra sobre *Os lusíadas* cinco dias antes, 29 de maio, que não era apenas mais uma data qualquer do calendário. Pessoa informava aos leitores que, segundo os cálculos de um renomado piramidólogo, o dia 29 de maio de 1928 marcava o início de uma nova era na história mundial.[16]

A explicação para isso é que Pessoa havia comprado pouco tempo antes um livro chamado *The Great Pyramid: Its Divine Message* [A Grande Pirâmide: Sua mensagem divina], escrito por um cristão devoto que decifrara uma linha do tempo da história mundial supostamente codificada nas passagens e câmaras da pirâmide de Quéops, onde cada polegada da pirâmide correspondia a um ano solar. Em meio à riqueza de diagramas e textos explicativos do livro, Pessoa ficou intrigado ao descobrir que o "Último Tempo" começara em 1557 e que a "Tribulação Final" — um período de turbulências mundiais antes da Segunda Vinda de Cristo — começaria em 29 de maio de 1928.[17] Deixando de lado o viés cristão do autor, Pessoa interpretou as profecias que extraíra da Grande Pirâmide à luz de seu próprio tipo sebastianista de milenarismo. Ele salientava que o início do "Último Tempo" em 1557 era exatamente no ano em que Sebastião, com a tenra idade de três anos, ascendera ao trono de Portugal. Isso o levou a concluir que o início da "Tribulação Final" não anunciava a iminente Segunda Vinda de Cristo, mas a Segunda Vinda de d. Sebastião. De acordo com essa visão, o "Estado de Transição" de Portugal, como Pessoa definiu a ditadura militar em seu *Interregno*, poderia ser considerado um breve período de problemas, ou tribulações, antes do retorno triunfante de Sebastião.

Se tivesse sido dotado de talento para escrever best-sellers de ficção, Pessoa poderia ter entretecido esses e outros detalhes e criado um precursor português de *O código Da Vinci*, de Dan Brown. Os "outros detalhes" necessários para dar corpo a sua história fantástica da regeneração iminente de Portugal revelaram-se alguns dias depois.

Em 8 de junho, menos de uma semana depois de o exemplar especial de *Os lusíadas* ter iniciado sua viagem simbólica ao "Novo Portugal", Pessoa leu no *Diário de Notícias*[18] que a cidade de Silves, que fora capital do Algarve quando era governada pelos mouros, pretendia inaugurar uma placa em homenagem a Al-Mu'tamid ibn Abbad (1040-1095), um poeta-rei de Sevilha que fora em parte criado em Silves. Pessoa mais uma vez usou a palavra impressa para sugerir, em dois artigos publicados na revista semanal *O "Notícias" Ilustrado*, que o espírito nobre desse governante ibérico de elevada cultura, que viveu em ambos os lados da linha que mais tarde dividiria Espanha e Portugal, era uma influência estimulante destinada a afugentar a "sonolência fatal" do presente. Na prática, Pessoa anunciava o advento de seu Quinto Império idealizado, que tinha um coração português, mas se estendia ao resto da península Ibérica, e também ao Brasil e outras terras historicamente ligadas a Portugal.

O segundo artigo (ambos foram escritos por Pessoa mas assinados por Augusto Ferreira Gomes, redator da revista) citava o conteúdo de uma carta delirante supostamente enviada pela Ordem Sebastianista, organização da qual ninguém nunca ouvira falar. O comunicado informava que cerca de catorze anos antes, em março de 1914, os mestres dessa misteriosa ordem haviam se encontrado com um emissário especial enviado a Portugal por um não menos misterioso Concílio Pagão, com quem chegaram a um Acordo Supremo para promover o renascimento do "espírito árabe" em seu verdadeiro esplendor pagão — um renascimento simbolizado pela placa em homenagem a Al-Mu'tamid que ia ser inaugurada em Silves.[19] Assim Pessoa, o verdadeiro autor da carta da fictícia Ordem Sebastianista, reforçava a ideia de que Portugal se encontrava no limiar de uma nova era histórica.

De repente, de forma inesperada, as esperanças havia muito acalentadas pelo poeta de um renascimento neopagão, do retorno de d. Sebastião e do início do Quinto Império estavam se realizando — *porque ele as realizava*, encenando-as com a ajuda de suas personalidades literárias e seu amigo Ferreira Gomes. Era um espetáculo montado por um pequeno elenco de personagens para um público totalmente perplexo, já que os leitores de *O "Notícias" Ilustrado* não tinham ideia de que os membros da Ordem Sebastianista eram Fernando Pessoa e seus heterônimos, que começaram a surgir em março de 1914 com uma explosão de poemas assinados por Alberto Caeiro.

Pessoa, cujo corpo dava sinais de envelhecimento, mas cuja imaginação ainda era capaz de grandes peripécias, repetia uma artimanha que remontava à infância, quando conferia uma realidade social ao dr. Pancrácio e a suas outras personalidades juvenis, fazendo-os "publicar" em jornais de faz de conta — *O Palrador* e *A Palavra* — distribuídos entre a família. Embora a revista em que publicou suas fantasias sebastianistas e neopagãs em 1928 fosse bastante real, o princípio na prática era o mesmo. Apesar de serem completamente fabricados, a Ordem Sebastianista e o Concílio Pagão ficaram na cabeça dos leitores da revista como alguma coisa pouco inteligível, mas ainda assim como *alguma coisa*, adquirindo desse modo uma realidade pública.

Tudo isso — suas elaboradas teorizações, racionalizações e fabricações — mostra-nos até onde Pessoa podia ir para se divertir. E também como era devotado ao mito do sebastianismo. Por volta de 1920, ele escreveu: "Desejo ser um criador de mitos, que é o mistério mais alto que pode obrar alguém da humanidade".[20] Sua família de heterônimos foi um dos mitos que criou; suas versões personalizadas do sebastianismo e do Quinto Império eram outros.

Ele acreditava nesses mitos? Isso é mais ou menos como perguntar se Deus acredita em suas criações. Pessoa acreditava com toda a seriedade que era seu destino, seu propósito, sua natureza em seu aspecto mais sublime forjar os mitos que fabricou. Sua seriedade era temperada, ou contrabalançada, por um senso de humor infalível. "Deus é a melhor piada de Deus", frase escrita por Pessoa em inglês, parece-nos numa primeira leitura um mero gracejo; era, na verdade, um resumo de sua teologia pessoal.[21]

58.

Em 1928, ano em que Pessoa completou quarenta anos, o problema de seu destino incerto como escritor e a questão do futuro glorioso, mas nebuloso, de Portugal no Quinto Império competiam de forma tão intensa e próxima por sua atenção que quase pareciam o mesmo problema. Entretanto, a verdadeira nação de Portugal dera uma guinada aparentemente inócua que teria consequências profundas e duradouras. Em abril de 1928, Antônio de Oliveira Salazar, um conceituado professor de Economia da Faculdade de Direito da Universidade de Coimbra, foi nomeado ministro das Finanças do país.

Nascido um ano depois de Pessoa numa cidadezinha ao norte de Coimbra, Salazar, como muitos meninos portugueses de família pobre, foi enviado a um seminário católico para cursar o ensino primário e secundário, o que o preparou devidamente para o sacerdócio, embora nunca tenha passado de ordens menores. Austero na aparência e católico até o âmago, ele sabia exatamente no que acreditava e do que o mundo precisava para seguir em frente: fé, orientação moral e espírito de sacrifício. Embora tímido no contexto social, assim como Pessoa, e também um solteirão convicto, era cheio de autoconfiança e determinação paciente na perseguição de seus objetivos, qualidades que muitas vezes faltavam ao poeta.

Salazar já havia sido nomeado ministro das Finanças uma vez, assim que os militares assumiram o controle do governo, em 1926, mas renunciou em duas semanas, após o primeiro dos contragolpes que acabaram instalando os generais Carmona e Sinel de Cordes no poder. Este último general, encarregado da economia de Portugal, dirigiu-a pessimamente, elevando ainda mais a dívida nacional e deixando o país à beira da falência. Salazar foi chamado para dar um jeito nas coisas, mas aceitou o cargo somente com a condição de que lhe fossem concedidos poderes extraordinários para supervisionar e restringir os gastos do governo, tornando-o assim mais poderoso do que o primeiro-ministro. Sua nomeação fez parte de uma remodelação do gabinete após a eleição de Carmona, em 25 de março de 1928, para presidente de Portugal. A eleição foi um procedimento pró-forma — ele concorreu sem oposição —, destinado a legitimar a ditadura militar; Salazar manobraria de forma gradual e eficaz para transformá-la numa ditadura civil, encabeçada por ele.

Durante a década de 1920, o número de automóveis em Portugal, embora ainda relativamente pequeno, aumentou seis vezes, resultando em atropelamentos frequentes, uma vez que as regras de condução de veículos não estavam bem definidas ou não eram cumpridas.* Pouco depois de Carmona ser eleito presidente e Salazar, nomeado ministro da Fazenda, entrou em vigor uma grande mudança nessas regras: a partir de 1º de junho de 1928, os motoristas, acostumados a dirigir no lado esquerdo da rua, foram obrigados a se manter à direita, como na maior parte do restante da Europa continental. Os jornais preveniram seus leitores da mudança, e, em 31 de maio, o semanário satírico *Sempre Fixe* ilustrou sua primeira página com um menino jornaleiro descalço gritando à nação que o tráfego agora se manteria "à direita, à direita, à direita, à direita", uma frase repetida onze vezes ao todo. A mensagem política era clara e, como profecia, mostrou-se correta: a ditadura politicamente moderada de Portugal desviou-se para a direita em 1928.

Para que o novo ministro das Finanças conseguisse o que conseguiu, não poderia ter sido de outra forma. Em 31 de julho, Salazar propôs um orçamento equilibrado, com um pesado aumento de impostos e um corte drástico na folha de pagamento do setor público, nas pensões e em outras despesas. Somente um governo autoritário inflexível poderia implementar de maneira rápida e uniforme tais medidas, que eram especialmente duras para aqueles que já estavam com a

* *Diário de Lisboa*, 14 de janeiro de 1928, p. 4. Em 1930, haveria cerca de 20 mil automóveis em Portugal, 200 mil na Espanha e mais de 25 milhões nos Estados Unidos.

corda no pescoço. Muitos políticos reagiram ao orçamento com descrença, pois sua aritmética parecia impossivelmente simples, mas Portugal terminaria o ano fiscal com um superávit ainda maior do que o previsto. As classes mais prósperas, e não só as de baixa renda, também pagaram o preço por esse sucesso. O dinheiro fácil secou, o que explica em parte por que a mentalidade de boa vida e gastos sem limites dos anos 1920 acabou mais cedo em Lisboa do que em outras capitais europeias.

Mesmo antes da chegada de Salazar, os generais no poder faziam pressão para acabar com a diversão, grande parte da qual estava ligada aos jogos de azar. Em abril de 1927, decidido a estabelecer regras estritas para essa atividade, o ministro do Interior convidou o público em geral a se manifestar a respeito da proposta de lei sobre o tema. Pessoa, que provavelmente nunca havia entrado numa sala de jogos, argumentou num artigo publicado na primeira página do *Diário de Notícias* que o jogo era um vício comparável ao álcool e, como tal, devia ser controlado, mas não totalmente proibido.[1] Como de costume, estava defendendo o direito das pessoas de administrar a própria vida, mesmo que isso significasse sua ruína financeira. Infelizmente, muitos homens estavam arruinando suas famílias, não só a si próprios, como os jornais e os políticos vinham assinalando havia muito tempo; em dezembro de 1927, os jogos de azar foram sumariamente proibidos em Lisboa.

Isso equivalia a cortar o oxigênio das casas noturnas da cidade, que foram forçadas a fechar uma a uma[2] — inclusive o requintado Bristol Club, que em 1926 fora reformado e decorado com pinturas e esculturas dos melhores artistas contemporâneos de Portugal: José de Almada Negreiros, Eduardo Viana, Antônio Soares, entre outros.[3] O Bristol Club tinha uma banda de jazz, uma pista de dança, shows e restaurantes finos, mas era o salão de jogos que gerava a receita necessária para sustentar esse e outros clubes elegantes. Roleta, bingo e trinta e um (não confundir com vinte e um) eram alguns dos jogos mais populares.

As apostas ainda eram permitidas nos cassinos, geralmente localizados em resorts à beira-mar, que atendiam à classe endinheirada. No Estoril, que fica perto de Cascais, um enorme hotel e cassino estava sendo construído como parte de um extravagante projeto da chamada Costa do Sol, com sua farta faixa de areia, suas águas azuis e temperaturas amenas, uma alternativa competitiva à Riviera francesa. Pessoa, talvez a pedido da Agência Hora, traçou uma estratégia para promover esse trecho de costa nos mercados externo e interno. Abstrato e teórico, seu plano foi de pouca utilidade, mas as luxuosas instalações turísticas foram um enorme sucesso depois de enfim ficarem prontas.[4] O Estoril Palácio Hotel e o Casino Estoril, cujas portas se abriram em 1930 e 1931, atraíram rapidamente os ricos e glamorosos da Europa e de outros lugares. Mas a proibição do jogo em Lisboa acabou com a vida noturna da alta-roda. Sem clubes como o Bristol, dançarinas noturnas, bebedores, melindrosas e entusiastas do jazz de repente não tinham para onde ir.

Salazar, para quem as casas noturnas eram antros de iniquidade e sua extinção, uma bênção divina para a sociedade, mantinha em Lisboa o mesmo estilo de vida frugal e metódico que havia observado em Coimbra. Sua falta de humor e carisma trabalhou a seu favor, conferindo credibilidade a seu programa simples e prático de arrumar a economia do país como um mecânico experiente que conserta um carro quebrado. Portugal estava cansado de políticos espalhafatosos que não faziam nada além de discursos grandiosos e favores pessoais. Embora não tenha conquistado corações como Sidônio Pais, Salazar conseguiu a confiança das pessoas, convencendo-as de que era o homem certo para o trabalho. Pessoa foi um dos convencidos,[5] embora o novo ministro das Finanças — obstinado em suas opiniões, impaciente com as sutilezas teóricas e cego às suas próprias limitações — tivesse um tipo de personalidade que ele desprezava instintivamente.

Pessoa desdenhava da maioria dos políticos, pela simples razão de serem o que chamava de "homens de ação". Reconhecia que homens de ação eram necessários, pois sem eles o mundo estagnaria, mas, ao impor sua vontade, de forma consciente ou não, cometiam violência contra os outros. E contra si mesmos. "A ação é uma doença do pensamento, um cancro da imaginação. Agir é exilar-se." Essas palavras são do *Livro do desassossego*, cujo narrador, em outro trecho, afirma que o "sonhador extrai da vida um prazer muito mais vasto e muito mais variado do que o homem de ação".[6]

Isso pode ser verdade enquanto o sonhador está sonhando, mas e no restante do tempo? Os sonhos são difíceis de manter vivos, especialmente quando não há sinais de sua realização. Pessoa invejava, tanto quanto menosprezava, o "homem de ação".

"Tabacaria", poema escrito em 15 de janeiro de 1928, põe em cena um drama que Pessoa viveu desde a tenra idade, oscilando sempre entre o mundo da ação em que se movia fisicamente e seu mundo interior dos sonhos. Vinculada a esse conflito de lealdades estava a questão de sempre de sua genialidade (gênio de verdade?, ele se perguntava, ou uma ilusão fantasiosa?) e seu dever de fazer algo com ela (mas o quê? E para quem?). O encenador poético de seu drama, Álvaro de Campos, anuncia desde o início que não é nada e sempre será nada, mas imediatamente contrapõe essa terrível autoavaliação com a observação de que ele é ao mesmo tempo tudo, em seu imaginário. À medida que o poema se desenrola, vemos Campos se movendo para a frente e para trás entre uma cadeira, onde se afunda em seus pensamentos, e uma janela que dá para a rua, de onde a vida neste mundo — representada pela tabacaria logo em frente — acena.

Nesse dia em particular, nesse poema em particular, a vida visível e prática que prospera em fazer e realizar parece ter vencido a vida imaginária. Campos admite, ainda na primeira metade do poema, que um gênio sem obras para mostrar não vale nada:

O mundo é para quem nasce para o conquistar
E não para quem sonha que pode conquistá-lo, ainda que tenha razão.
Tenho sonhado mais que o que Napoleão fez.
Tenho apertado ao peito hipotético mais humanidades do que Cristo.
Tenho feito filosofias em segredo que nenhum Kant escreveu.
Mas sou, e talvez serei sempre, o da mansarda,
Ainda que não more nela;
Serei sempre o que não nasceu para isso;
Serei sempre só o que tinha qualidades;
Serei sempre o que esperou que lhe abrissem a porta ao pé de uma parede sem porta,
E cantou a cantiga do Infinito numa capoeira,
E ouviu a voz de Deus num poço tapado.
Crer em mim? Não, nem em nada.

Embora o poema se inspire nos sentimentos do próprio Pessoa de inadequação e de relação conflituosa com o mundo da produtividade útil, abundante e até invejável, esses sentimentos e esse conflito são dramaticamente exagerados em Álvaro de Campos, cuja história de derrota Pessoa se propõe a superar, convertendo-a numa demonstração vívida de sua excelência poética. Como outros momentos culminantes de sua produção literária, "Tabacaria" é a vingança de Pessoa contra sua incapacidade de se adaptar à vida e simplesmente "ser ele mesmo" — caso fosse capaz de descobrir o que é esse eu. Em uma das estrofes do poema, depois de contar como passou a vida com o traje errado, sendo alguém que não era, com uma máscara que arrancou do rosto, mas só depois que já era tarde demais, o engenheiro naval conclui sua ladainha com um comentário zombeteiro sobre si mesmo: "E vou escrever esta história para provar que sou sublime". Porém, o verdadeiro autor do poema sabia muito bem que estava escrevendo num estado de graça criativa e que a obra de arte resultante era de fato sublime.

Assim que terminou o poema, Pessoa reavivou mais uma vez os planos de uma nova encarnação de *Orpheu*, para a qual "Tabacaria" seria a colaboração de Álvaro de Campos.[7] Mas logo esses planos caíram outra vez em dormência, e por cinco anos o poeta, como um amante ciumento, se agarrou ao pungente poema de Campos, como se agarrara aos poemas de Caeiro e às odes de Reis durante anos antes de finalmente incluir seleções de ambos os heterônimos em *Athena*. Ele acabou por enviar "Tabacaria" à *Presença*, cujos editores o publicaram em sua edição de julho de 1933:

Não sou nada.
Nunca serei nada.
Não posso querer ser nada.
À parte isso, tenho em mim todos os sonhos do mundo.

Janelas do meu quarto,
Do meu quarto de um dos milhões do mundo que ninguém sabe quem é
(E se soubessem quem é, o que saberiam?),
Dais para o mistério de uma rua cruzada constantemente por gente,
Para uma rua inacessível a todos os pensamentos,
Real, impossivelmente real, certa, desconhecidamente certa,
Com o mistério das coisas por baixo das pedras e dos seres,
Com a morte a pôr umidade nas paredes e cabelos brancos nos homens,
Com o Destino a conduzir a carroça de tudo pela estrada de nada.

E o poema segue por mais quinze estrofes de comprimentos bastante variáveis, que reproduzem ritmicamente os trancos e barrancos das reflexões angustiadas do poeta. Era um hino de desespero, desespero sublime, e o melhor poema que *Presença* publicaria em toda a sua existência.

"Tabacaria" foi seguido por mais uma dúzia de poemas de Campos, uma dúzia de odes de Ricardo Reis e quase vinte poemas escritos com o próprio nome de Pessoa — todos no primeiro semestre de 1928. Era uma produção impressionante. Pessoa, o poeta, estava agora florescendo, mas continuava atormentado por sua incapacidade crônica de organizar seus poemas em coletâneas coerentes e de concluir suas obras em prosa deixadas pela metade. Projetos iniciados dez, quinze ou até vinte anos antes — peças como *Fausto* e *Prometheus Rebound*, ou *O guardador de rebanhos*, de Caeiro — ainda apareciam em seus planos de publicação, como que brigando por atenção, e o autor às vezes voltava a essas obras, mas sem que nenhuma chegasse mais perto de um término. Outro escritor nessa mesma situação poderia ter tentado algum tipo de terapia para se tornar mais disciplinado, mais comprometido em terminar tudo o que começasse. Pessoa encontrou uma maneira diferente de lidar com sua frustração: ele a incorporou num novo heterônimo, o Barão de Teive, cujos traços de caráter tiveram como modelo certas características suas, embora em termos de vida exterior tivessem pouco em comum.

A história de Álvaro Coelho de Athayde, o 14º barão de Teive, começa com seu suicídio — Pessoa não nos diz se por enforcamento, tiro ou estricnina — e o manuscrito que deixou para explicar por que recorreu a esse expediente extremo. Os motivos eram variados e interligados, mas o que se destaca nos primeiros textos escritos para *O único manuscrito do Barão de Teive* é sua incapacidade de escrever obras literárias completas. Embora tivesse preenchido página após página com ideias engenhosas, frases marcantes e ditos espirituosos, faltava-lhe paciência ou habilidade para amarrá-los em narrativas fluidas e satisfatórias. E então ele queimou todos, razão pela qual seu texto final para explicar suas ações seria seu *único* manuscrito. Pessoa, que nunca foi tão corajoso, preservou a maioria de seus escritos, mas suas tentativas de escrever ficção e teatro eram tão decepcionantes quanto as do barão. As muitas histórias e peças fragmentárias extraídas de seus arquivos por dedicados decifradores de sua caligrafia às vezes hieroglífica podem ser uma leitura interessante, desde que as apreciemos por suas ideias curiosas, seus lampejos de percepção e sua linguagem expressiva, sem nos importarmos com enredo, estrutura narrativa, descrição cênica e desenvolvimento de personagens — em outras palavras, desde que não as tratemos como narrativas ou textos teatrais.

O barão, viciado em autoanálises, atribui suas deficiências como escritor à sua "tibieza da vontade ante o esforço medonho a que essas inteirezas me compeliam" e à "intensidade do esforço de ser perfeito" que, em vez de estimular a ação, leva à renúncia. "Meu orgulho," escreveu, "nunca sofreu que eu me permitisse menos que o que a minha inteligência poderia fazer."[8] Como Monsieur Teste, o alter ego de Paul Valéry (1871-1945) que era só razão e nenhuma emoção (*teste* é a palavra do francês antigo para "cabeça"), o Barão de Teive tinha uma confiança exagerada no poder do próprio intelecto. Valéry, que anotou as opiniões ocasionais do excessivamente racional M. Teste em seus cadernos ao longo de cinquenta anos, certa vez comentou que esse cavalheiro abstrato não conseguiria ter sobrevivido no mundo real por mais do que alguns quartos de hora.[9] O Barão de Teive não podia sobreviver nem mesmo no mundo da ficção. Tentou viver apenas da razão, mas concluiu, quando decidiu pelo suicídio, que era uma ambição impossível. Pessoa também estava começando a questionar sua confiança na razão. O espectro da loucura hereditária havia assombrado o poeta por muitos anos após a morte de sua avó, afetada pela demência, mas em 1928 ele estava preocupado com o problema oposto: excesso de lucidez. Embora sentisse de maneira intensa, a razão o governava, mantendo suas emoções sob controle, refreadas. Ele as liberava através de Álvaro de Campos, o que resultou numa poesia poderosa; na vida real, porém, era sempre o cavalheiro educado, um tanto peculiar, pouco efusivo e inescrutável.

O barão crescera no luxo rural e vivera algum tempo em Paris, onde frequentara a nobreza francesa e travara um duelo; tempos depois, sem sorte em termos de saúde, teve de amputar a perna esquerda. A vida de Pessoa, exceto por suas viagens juvenis à África, foi relativamente monótona, mas há coincidências notáveis nas trajetórias dos dois. Mimado quando criança, o nobre lembra que tudo o que queria de fato em seus primeiros anos era poder ficar sozinho. Pessoa era também um jovem mimado e solitário, que aceitava de bom grado se divertir sem a companhia de ninguém. O barão perdeu a mãe quando já era um homem feito, e só então percebeu o quanto ela o amava e como ele precisava de afeto na vida. O mesmo se deu com Pessoa em relação à mãe.

Carente de sexo, além de carinho, o barão repreende-se por ter sempre encontrado desculpas para não seduzir uma das receptivas criadas que trabalhavam em sua fazenda. E, além das empregadas domésticas, havia uma garota com quem poderia ter se casado e que talvez o tivesse feito feliz, mas era uma plebeia, e ele temia ser ridicularizado por isso. A saudosa recordação dessa oportunidade perdida lembra o aparte entre parênteses feito por Álvaro de Campos na penúltima estrofe de "Tabacaria": "(Se casasse com a filha da minha lavadeira/ Talvez fosse feliz.)". Quanto ao próprio Pessoa, ele não se arrependia de ter rompido com Ofélia Queiroz, mas lembrava-se com ternura das atenções dela e mantinha ainda a fantasia difusa e intermitente de um dia se casar. No primeiro semestre de 1924, uma comunicação astral assegurou-lhe que o casamento ainda estava em seu futuro.[10]

Em 1916, quando os espíritos estavam em contato habitual e loquaz com Pessoa, Henry More — seu mestre astral — advertiu-o de que sua castidade poderia ter consequências desastrosas, tornando-o "moralmente impotente", um homem incompleto, e portanto incapaz de produzir "qualquer obra completa de literatura". O Barão de Teive, tão incapaz de se realizar sexualmente com as mulheres quanto de terminar qualquer um dos textos que começava, ilustrou a verdade do teorema de Henry More. A perna que lhe faltava representava de algum modo sua incompetência tanto masculina quanto literária.

"Pus-me sempre à parte do mundo e da vida", escreveu o Barão de Teive, que por isso não sentia tristeza no coração. Em vez disso, afirmou: "Sinto o coração como um peso inorgânico" — peso que sempre insistiu em carregar estoicamente, sem reclamar. Inclusive, *A educação do estoico* era um título alternativo e irônico para o testamento final do barão antes de ele passar à inexistência. "Tive sempre um apreço mais alto pela consciência que pelas sensações agradáveis da minha pele",[11] observou ele a certa altura para explicar por que se recusara a dormir quando sua perna foi amputada, aceitando apenas anestesia local. Pessoa, sem dúvida, teria preferido não testemunhar o horrível espetáculo de sua própria mutilação, mas divertia-o perversamente sujeitar seu mais recente heterônimo a tal provação. Espécie de boneco de vodu no qual enfiava alfinetes, o Barão de Teive era uma paródia dramática e cômica do modo de ser lúcido, sem amor e um tanto desconectado, do próprio Pessoa.

O barão era também uma encarnação lúdica das pretensões de seu criador à nobreza, que se baseavam no fato de ele ter alguns ancestrais aristocratas por parte de pai, entre eles uma certa dona Leonor Francisca Coelho de Athayde, uma nobre do século XVII cujo sobrenome foi herdado pelo barão. O fascínio de Pessoa pela nobreza começou na infância. Seu primeiro heterônimo infantil foi um aristocrata menor, o Chevalier de Pas; aos treze anos, pintou o brasão da família, baseado numa descrição que encontrou no Arquivo Heráldico Genealógico.[12] Durante os cerca de doze anos em que apoiou o republicanismo, o interesse de Pessoa por suas raízes aristocráticas diminuiu, embora um dos três heterônimos que inventou em 1914 — Ricardo Reis — fosse um monarquista intransigente. Depois que o próprio Pessoa se tornou monarquista, em 1919, ele comprou um anel de prata gravado com o mesmo brasão da família que havia pintado quando menino, que usou de tempos em tempos até o fim de sua vida.[13] Se o anel significava orgulho de suas raízes remotamente aristocráticas, a criação de um barão impotente, perneta e suicida zombava de tudo isso. Veículos formidáveis de expansão de si mesmo, os heterônimos também foram instrumentos de autorreflexão crítica e às vezes sardônica.

Pessoa escreveu os primeiros textos para *O único manuscrito do Barão de Teive* num pequeno caderno preto, em agosto de 1928. São cerca de vinte, desconectados entre si, contendo frases incompletas e ideias por desenvolver, sem seguir uma sequência narrativa lógica. Ele cuidaria de dar corpo a eles e conectá-los de forma coerente depois — mas, claro, no fim das contas não fez nada disso. Mais tarde, escreveria cerca de vinte textos adicionais, longos e curtos, datilografados e manuscritos, alguns concentrados nos temas originais, outros nem tanto. E assim, o "único manuscrito" do Barão de Teive, que deveria explicar sucintamente por que, em desespero, ele destruiu todos os seus escritos anteriores e ia tirar a própria vida, tornou-se mais uma das desajeitadas e inacabadas obras literárias que o levaram antes de mais nada a se suicidar. Também se tornou fonte de certa aflição para os estudiosos de Pessoa. Complicado de montar, com trechos diabolicamente difíceis de decifrar, só em 1999 a conturbada obra do barão foi enfim publicada em sua totalidade.[14]

Se a tragédia farsesca de um nobre artisticamente frustrado e sexualmente inepto que pensava demais não podia proporcionar uma verdadeira catarse a Pessoa, era pelo menos uma distração divertida, que diminuía o peso de certas obsessões e liberava sua mente para contemplar outras coisas. E a morte do barão atormentado foi seguida de uma espécie de ressurreição, com Pessoa erguendo-se — transfigurado — como a nação portuguesa. Na última página do caderno em que criou e condenou à morte o Barão de Teive, Pessoa escreveu um esboço para *Portugal*, o livro de poesia lusófona que publicaria seis anos depois, mudando o título no último instante para *Mensagem*. Era um canto da nação, mas também, de forma indissociável, um canto de si mesmo.

Não sabemos se Gustave Flaubert realmente disse "*Madame Bovary c'est moi!*" [Madame Bovary sou eu!], mas as palavras são verdadeiras na medida em que o romancista francês, embora não tenha nenhuma semelhança com Emma Bovary, instilou nela seu pensamento criativo e suas emoções passionais. Pessoa, com a mesma sinceridade, poderia ter dito "Portugal sou eu!", para denotar sua identificação íntima com seu país natal e também com o livro a que deu seu nome. Como a protagonista mais famosa de Flaubert, o Portugal de Pessoa era uma entidade que existia principalmente nele e em seus escritos. Por mais que tivesse uma relação próxima com a terra sob seus pés, "Portugal" era, em última análise, uma pessoa, um personagem, um heterônimo.

O poema épico intitulado *Portugal* que Pessoa começou a escrever aos 21 anos de idade aspirava ousadamente a superar *Os lusíadas*, mas, como muitos dos projetos de grande escala de Pessoa, acabou perdendo o fôlego e minguando. O *Portugal* por ele concebido em setembro de 1928 era também uma epopeia, pelo menos em seu escopo, e consistia em curtos poemas líricos que juntos narrariam a história do país desde os seus modestos primórdios até sua suposta apoteose como a liderança de um Quinto Império muito maior do que o império marítimo português do século XVI. O livro era uma expansão, para o passado e para o futuro, de "Mar português", o conjunto de doze poemas (publicado em *Contemporânea*) sobre os dias de glória da navegação "por mares nunca dantes navegados" para chegar a terras até então desconhecidas dos europeus. "Mar português" tornou-se a seção intermediária de *Portugal*, que ocuparia um lugar privilegiado no imaginário de Pessoa até sua publicação, no segundo semestre de 1934.

Pessoa escreveu mais de dez poemas para o livro que o mundo hoje conhece como *Mensagem* nos últimos quatro meses de 1928, mas seu entusiasmo pelo novo projeto não conseguiu dissipar o clima de desânimo que o levara a escrever, no início do ano, "Não sou nada. / Nunca serei nada". Pelo contrário, sua glorificada visão poética de Portugal como havia sido e como estava destinado a vir a ser só acentuava a aura de cansaço que permeava seus dias. Não era a rotina enfadonha de suas rondas entre os escritórios: disso ele gostava. Nem era a solidão de viver solteiro, que às vezes o deixava triste, mas não cansado. Era a própria vida que o cansava. Era todo o fazer, sentir, esperar e lamentar pelos quarenta anos que vivera até então. Era a sensação incômoda de que "tudo é vaidade e aflição de espírito", como observou num trecho do *Livro do desassossego*, citando as palavras do Eclesiastes. E ele também citou, no mesmo trecho, a declaração desolada de Jó: "A minha alma está cansada da minha vida".[15]

59.

Já fazia muitos anos que as palavras *cansaço* e *tédio* eram elementos básicos do vocabulário literário de Pessoa. Entre 1910 e 1913, ele escreveu três poemas distintos intitulados "Tédio", já tendo concluído que a vida, fosse como fosse, era cansativa. Mas seu tédio não era apenas um sentimento, era uma atitude, herdada dos decadentistas do *fin-de-siècle*, que, sendo franceses, o chamariam de *ennui*. Essa atitude passou aos textos escritos para o *Livro do desassossego*, a partir de 1913, e para a poesia de Álvaro de Campos. No final da década de 1920, a sensação de tédio de Pessoa se intensificou, tornando-se um tema quase metafísico de reflexão — inspirada no exemplo de Omar Khayyám (1048-1131), o matemático, astrônomo e poeta persa.

Em 1926, Pessoa publicou um trio de *ruba'iyat* ao estilo de Khayyám, mas foi somente no segundo semestre de 1928 que começou a escrevê-los com empenho, geralmente em conjuntos. O primeiro, escrito em 22 de novembro, consistia em seis *ruba'iyat*, entre eles este:

Cada dia me traz com que esperar
O que dia nenhum poderá dar.
Cada dia me cansa da esperança...
Mas viver é esperar e se cansar.

O primeiro, o segundo e o quarto verso rimam, conforme o esquema de rima mais comum de um *ruba'i*, ou quadra, cuja simplicidade agradava aos poetas medievais persas cansados das exigências formais dos poemas longos e com rimas mais complexas prescritos pela tradição.

Ainda em Durban, Pessoa familiarizou-se, ao menos vagamente, com Omar Khayyám, e já em 1913 pensara em traduzir alguns de seus *ruba'iyat* para o português.[1] O fascínio pelo poeta persa fazia parte de uma atração mais ampla que a cultura do Oriente Médio exerceu sobre Pessoa ao longo da maior parte da sua vida. Ele escreveu vários poemas com cenários e protagonistas árabes e tinha vários livros sobre o islã, o Oriente Médio e a poesia persa, inclusive um dedicado exclusivamente a Omar Khayyám. Mas foi somente em 1928 que enfim comprou um exemplar da popularíssima tradução de Edward FitzGerald, *Rubáiyát of Omar Khayyám*, publicada pela primeira vez em 1859, que transformou o célebre matemático em um poeta de fama mundial.[2] Trata-se de uma fama problemática, já que apenas um pequeno número de *ruba'iyat* foi comprovadamente escrito por Khayyám, a quem ainda assim foram atribuídos até 2 mil poemas.

O poeta persa imortalizado pelas traduções de FitzGerald era um cético religioso com uma visão determinista do mundo e uma aguda consciência da fugacidade da vida, empenhado em viver apenas para os prazeres do dia. Fernando Pessoa, ao escrever sobre Khayyám, imaginou-o um pouco mais triste e menos hedonista. Fatalista filosófico, o Khayyám de Pessoa não bebia nem para ser feliz nem para esquecer, mas "porque isso era tudo o que restava".[3] Nem mesmo o amor poderia fazê-lo sorrir na vida.

Além de escrever perto de duzentas quadras em estilo persa, Pessoa traduziu cerca de quarenta *ruba'iyat* de Khayyám da versão em inglês de FitzGerald para o português.[4] Em um prefácio inacabado que teria acompanhado suas traduções, no caso improvável de serem publicadas, ele observou que a "filosofia prática de Khayyám reduz-se pois a um epicurismo suave".[5] Frederico Reis usou palavras quase idênticas — "um epicurismo triste" — para descrever a filosofia de seu irmão. De fato, Ricardo Reis, que aconselhava a aceitação pacífica de qualquer destino que os deuses impusessem à nossa breve vida, era um primo filosófico do poeta Khayyám adaptado por Pessoa aos próprios fins. Isso era ainda mais verdadeiro àquela altura do que quando o heterônimo classicista surgira pela primeira vez. O cenário poético das primeiras odes de Reis incluía com frequência os deuses pagãos da Antiguidade: Apolo, Saturno, Ceres, Júpiter... Em 1928, essas e outras divindades haviam praticamente desaparecido, sendo apenas invocadas às vezes como um coletivo anônimo ("os Deuses"). Em seu lugar, o próprio Destino prevalecia de forma direta e inapelável, e as odes tornaram-se mais curtas, mais aforísticas, mais no espírito, se não exatamente no estilo, dos *ruba'iyat* de Omar Khayyám.

A poesia de Álvaro de Campos também mudou. A teatralidade palavrosa ainda era seu *modus poeticus*, mas ele havia perdido o antigo fôlego. "Tabacaria" tem 167 versos, mas quase todos os seus poemas posteriores a 1928 cabem em uma página. Os heterônimos de Pessoa, assim como o próprio Pessoa, estavam ficando cansados. Só então, quando o jogo da heteronímia dava os primeiros sinais de arrefecimento, seu inventor finalmente explicou ao público do que se tratava e como funcionava.

Como parte do esforço de promoção da geração modernista portuguesa, os jovens editores de *Presença* publicaram uma "Tábua bibliográfica" de meia dúzia de escritores cuja obra admiravam especialmente: Mário de Sá-Carneiro, Fernando Pessoa, Raul Leal, Mário Saa, José de Almada Negreiros e Antônio Botto. Na maioria dos casos, pediram aos próprios escritores que elaborassem listas de suas obras publicadas. Pessoa prefaciou a sua, que apareceu na edição de dezembro de 1928, com algumas informações básicas que incluíam uma terminologia literária inédita. Os leitores ficaram sabendo que sua produção era divisível em duas categorias principais: obras *ortônimas*, assinadas com seu próprio nome, e obras *heterônimas*, atribuídas a outros nomes. Porém uma obra heterônima envolvia mais do que apenas um nome inventado: exigia que o autor escrevesse "fora da própria pessoa", na voz de uma personalidade criada por ele, mas diferente dele.

Alguns anos se passariam até que Pessoa se referisse aos seus alter egos literários como "heterônimos",* mas ele usou sua "Tábua bibliográfica" para apresentar as três personalidades até então responsáveis por suas obras "heterônimas" — Alberto Caeiro, Ricardo Reis e Álvaro de Campos — e observou que eles formavam "um conjunto dramático", um drama "em gente em vez de em

* O dicionário Houaiss assim define o adjetivo *heterônimo* (datado de 1873): "diz-se de livro ou peça literária que se publica sob o nome de outra pessoa que não o autor"; e "diz-se de autor que publica um livro sob o nome verdadeiro de outra pessoa". Fernando Pessoa deu um novo significado à palavra. (N. T. e N. A.)

atos". A interação intelectual e as relações pessoais desses três escritores-atores constariam de "biografias a fazer", que seriam acompanhadas "de horóscopos e, talvez, de fotografias". Fotografias? Para confundir ainda mais os perplexos leitores de *Presença*, uma nota entre parênteses afirmava que o "problema metafísico" de Caeiro, Reis e Campos serem mais ou menos reais do que Fernando Pessoa era algo que ele, Pessoa, nunca seria capaz de resolver. Ao longo prólogo explicativo sobre o escritor e sua misteriosa tríade de colaboradores se seguia, por fim, uma lista selecionada de suas publicações "ortônimas" e "heterônimas".

Os amigos que estavam a par de tudo devem ter gargalhado quando leram sobre seus planos de biografias ilustradas dos heterônimos, mas Pessoa de fato deu alguns passos nessa direção. Já havia feito os mapas astrais do nascimento de Caeiro, Campos e Reis e, nos anos seguintes, desenharia mentalmente e registraria com palavras suas imagens fotográficas, de forma mais vívida no caso de Alberto Caeiro, como veremos. Também escreveria esboços biográficos e textos em prosa em que os heterônimos desfrutam da companhia uns dos outros e discutem seus diferentes pontos de vista sobre literatura e filosofia. A biografia é um gênero normalmente reservado às pessoas que morreram ou cujas vidas já ficaram em grande parte para trás, e assim foi no caso dos heterônimos. Pessoa, que sempre fora um escritor centrífugo, que estava sempre gerando novas ideias e projetos, além de encarnações dramáticas para expressá-las, começou a voltar seu foco e sua energia para dentro. Embora ainda comprometido com seus outros eus fictícios, estava cada vez mais interessado em descobrir os fios separados de quem, talvez, ele realmente era.

Em Nova York, Londres, Berlim e Paris, os loucos anos 1920 não davam sinais de abatimento. O ano de 1928 foi de prosperidade contínua não apenas para os Estados Unidos, onde em novembro um eleitorado satisfeito deu ao secretário de Comércio Herbert Hoover uma vitória esmagadora na eleição para presidente, mas também para grande parte da Europa, inclusive a Alemanha, onde a produção industrial havia se recuperado e voltado ao nível anterior à guerra e os salários por hora estavam subindo.

A situação era diferente em Portugal, uma vez que as medidas draconianas de corte de gastos de Salazar forçaram a maioria das famílias a reduzir seus orçamentos domésticos. Mesmo assim, as lojas de Lisboa estavam tão cheias como de costume na temporada natalina, com os clientes fazendo render seu pouco dinheiro com a compra de presentes mais baratos.[6] Restaurantes, teatros e cinemas prosperavam. Uma atração especial foi *Ben-Hur*, um filme épico silencioso com o "amante latino" Ramon Novarro, exibido na véspera e novamente no dia de Natal. Certos jornais e instituições de caridade receberam doações para fornecer cestas básicas aos pobres. E as revistas ofereciam a habitual variedade de literatura sazonal, que incluía um poema de Fernando Pessoa, publicado em 30 de dezembro. Intitulado "Natal", tem um eu poético que imagina famílias rurais festejando o dia santo em seus "lares aconchegados", enquanto ele passa o dia sozinho.[7]

O poema de Pessoa pode nos levar a imaginá-lo em seu apartamento enrolado em um cobertor, fumando cigarro após cigarro e apenas com seus devaneios melancólicos como companhia, mas na verdade ele passou o Natal com a irmã, o cunhado e a sobrinha de três anos em Évora. Era sua primeira visita desde a mudança deles para lá, um ano e meio antes. Fernando mandara broches para a irmã e para a sobrinha no aniversário delas, em ambos os casos em novembro, e Teca respondeu com um bilhete de agradecimento loquaz e afetuoso.[8] Para seu grande alívio, parecia que ela finalmente o perdoara por suas trapalhadas financeiras, que haviam exaurido o patrimônio deixado pela mãe. A visita natalina confirmou que eles estavam de novo em bons termos. Ela e o marido, que apreciava muito a companhia dele, gostariam que Fernando ficasse mais tempo, e a pequena Manuela adorava o tio, mas ele voltou para Lisboa depois de apenas três dias.

Fora de Lisboa, sentia-se deslocado. Tinha saudade das ruas e praças, das colinas cobertas de prédios de cores variadas e das árvores que se sobressaíam aqui e ali, da majestosa calma do rio Tejo, de seus livros, de seus amigos e dos homens de terno, das datilógrafas e secretárias da Moitinho de Almeida Ltda., da Toscano & Cia., Ltda. e das outras firmas onde escrevia cartas comerciais para ganhar a vida. "Nunca digas a ninguém que sou poeta. Quando muito, faço versos", advertira certa vez a Ofélia Queiroz, talvez no escritório onde os dois trabalharam por alguns meses.[9] Em sua carteira de identidade nacional emitida pouco tempo antes, sua profissão declarada era "empregado no comércio". Ele sentia falta de sua solidão urbana.

O Café Martinho da Arcada — sólido e digno, com paredes de lambris e dois arcos largos a sustentar o teto — estava fora de moda e muitas vezes ficava meio vazio. Ali, por ao menos uma hora todas as tardes, Pessoa era o centro das atenções, rodeado de alguns amigos e outros visitantes ocasionais. Embora não fosse tão animado quanto costumava ser, seu círculo literário ainda era um terreno fértil para projetos criativos. No início do segundo semestre de 1928, Pessoa e José Pacheco falaram da necessidade de uma nova revista para substituir *Contemporânea*, que deixara de ser publicada em 1926. Tanto Pessoa como Pacheco tinham experiência na edição de revistas; nenhum dos dois tinha dinheiro. Luís de Montalvor e Mário Saa estavam mais interessados na produção de livros, porém uma editora propriamente dita exigiria um grande investimento. Juntos, os amigos criaram um formato inovador para a publicação de livros *e* de uma revista.

Saa, apesar de ser notoriamente mão fechada com sua considerável fortuna, se ofereceu de imediato para financiar o que veio a se chamar Solução Editora. A "solução" era publicar um periódico que consistia em uma revista seguida por fascículos autônomos de livros que, de outra forma, não seriam impressos. Depois que todos os fascículos de um determinado título tivessem sido publicados, poderiam ser reunidos para formar o livro completo, para o qual a editora forneceria uma capa.[10] A maior parte dos livros tinha relação com interesses de pesquisa do próprio Saa, como genealogia e história local, mas havia uma obra eminentemente literária, uma *Antologia de poemas portugueses modernos*, compilada por Fernando Pessoa e Antônio Botto. Três fascículos foram publicados entre maio e agosto de 1929, quando a antologia acabou interrompida, provavelmente porque o controle editorial do empreendimento da revista/ livro havia passado para outras mãos.[11]

Pessoa utilizou a seção da revista do periódico híbrido para apresentar alguns trechos em forma de diário identificados como excertos "do *Livro do desassossego*, composto por Bernardo Soares, ajudante de guarda-livros na cidade de Lisboa", mas assinados no final por Fernando Pessoa. Alguns leitores podem ter ficado um pouco confusos, mas havia precedentes para diários aparentemente legítimos cujos autores nominais não existiam de fato. Rilke publicara *Os cadernos de Malte Laurids Brigge* em 1910, e Valéry Larbaud (1881-1957), *O diário de A. O. Barnabooth* em 1913.[12] Embora não haja indício de que Pessoa tenha lido nenhum desses livros, ele conhecia bem o postumamente publicado *Diário íntimo* de Henri-Frédéric Amiel, uma inspiração parcial para o *Livro do desassossego*, no qual Amiel é mencionado em cinco trechos diferentes, nem sempre de modo favorável. Uma das passagens deplora a "insuportável interiorice" do suíço.[13]

O Brigge de Rilke era um dinamarquês que vivia em Paris; o Barnabooth de Larbaud, um sueco criado na América do Sul que perambulava pela Europa;

Amiel foi sempre e exclusivamente Amiel, professor de filosofia na Universidade de Genebra. E Bernardo Soares? Era uma personificação de Pessoa na casa dos quarenta anos, uma réplica expressiva, embora menor, com os traços e feições um pouco rearranjados. Mais tarde, Pessoa explicaria que Soares não era um verdadeiro heterônimo, mas um semi-heterônimo, não uma personalidade diferente, mas uma "mutilação" de sua própria personalidade.

Bernardo Soares havia surgido nove anos antes, em 1920, quando foi citado em um dos cadernos de Pessoa como contista e especialista em taquigrafia,[14] mas logo fracassou em ambas as tarefas, e, por ser terrivelmente tímido, retirou-se para um canto da imaginação de seu criador. Foi só no final da década que encontrou seu próprio tema: ele mesmo, definido como uma versão "mutilada" do eu de Pessoa. Sucessor de Vicente Guedes na autoria do *Livro do desassossego*, Soares também herdou a profissão de Guedes, a de ajudante de guarda-livros, bem como seu caráter antissocial. Mas, como autor de diário, foi mais comunicativo que seu antecessor.

Embora vivesse e trabalhasse em Lisboa, Vicente Guedes quase nunca aludia à cidade e jamais mencionava seu emprego, e em 1920 calou-se completamente. O *Livro do desassossego*, depois de nove anos adormecido, voltou à vida precisamente no mundo dos escritórios do centro de Lisboa, onde o próprio Pessoa passava a maior parte do dia. O sr. Vasques, o chefe atarracado e brusco, porém justo, de Bernardo Soares, foi inspirado em Carlos Moitinho de Almeida, para quem Pessoa escrevia cartas comerciais havia sete anos — ele o faria pelo resto da vida. Vasques & Cia., o armazém de tecidos da rua dos Douradores, onde Soares fazia sua contabilidade, tinha o mesmo layout do escritório da importadora-exportadora de Moitinho de Almeida, situado na vizinha rua da Prata. Vieira era o nome do representante comercial, e Antônio, o do contínuo, tanto no armazém de tecidos do *Livro do desassossego* como na firma Moitinho de Almeida, onde Pessoa via e falava com os dois homens diariamente.[15] E a Lisboa de Bernardo Soares era a de Pessoa, um mundo de tédio gentil tingido de encantamento, onde tudo era familiar e ao mesmo tempo estranho.

"Amo, pelas tardes demoradas de verão, o sossego da cidade baixa, e sobretudo aquele sossego que o contraste acentua na parte que o dia mergulha em mais bulício." Assim começa a passagem do *Livro do desassossego* publicado em fevereiro de 1929 — o primeiro trecho publicado desde 1913, quando o incipiente livro ainda habitava paisagens exóticas que não pertenciam a nenhum tempo ou lugar. Bernardo Soares está firmemente situado na realidade, a mesma de Pessoa, ainda que sua mente divague o tempo todo. Assim como Pessoa, ele caminha por ruas familiares que ficam desertas depois de encerrado o expediente de bancos e escritórios, arrasta-se e identifica-se com sua solidão melancólica, concluindo que há pouca diferença entre ele e elas "na álgebra do mistério". Ele lembra, com tristeza, que tudo é uma sensação sua, mas também algo externo, que está além de seu poder mudar. E até seus sonhos muitas vezes surgem diante dele como coisas que existem de forma independente, "como o elétrico que dá a volta na curva extrema da rua, ou a voz do apregoador noturno, de não sei que coisa, que se destaca, toada árabe, como um repuxo súbito, da monotonia do entardecer!".

A álgebra e o canto árabe evocam os mouros e o Oriente Médio — onde a álgebra, palavra derivada do árabe, teve suas origens — e evocam vagamente o poeta persa Omar Khayyám, autor de um importante tratado sobre o tema. O trecho seguinte do *Livro do desassossego* publicado por Pessoa, em junho de 1929, torna explícita essa nebulosa conexão. Bernardo Soares, sentado à sua escrivaninha no armazém de tecidos e examinando, com olhos cansados, as grandes páginas do livro-razão, sorri subitamente para si mesmo ao recordar "os grandes navegadores, os grandes santos, os poetas de todas as eras" que não entram nos livros. E então:

> No próprio registo de um tecido que não sei o que seja se me abrem as portas do Indo e de Samarcanda, e a poesia da Pérsia, que não é de um lugar nem de outro, faz das suas quadras, desrimadas no terceiro verso, um apoio longínquo para o meu desassossego. Mas não me engano, escrevo, somo, e a escrita segue, feita normalmente por um empregado deste escritório.[16]

Muitos poetas persas escreveram "quadras desrimadas no terceiro verso", ou *ruba'iyat*, mas Pessoa estava familiarizado principalmente com as de Khayyám, que pouco tempo antes o haviam inspirado a começar a escrever as suas próprias. Seu exemplar de *Rubáiyát of Omar Khayyám*, de FitzGerald, era o livro mais anotado que possuía. O refúgio secreto do guarda-livros desassossegado estava na poesia, em culturas e mitologias longínquas, no infinito perseguido pela arquitetura e pelas artes decorativas islâmicas, com seus padrões geométricos que levam o olhar a um infinito, e em contemplações que só terminam onde outras começam, como as histórias imbricadas das *Mil e uma noites*.

No final de cada dia de trabalho, Soares sai do escritório da rua dos Douradores e vai para seu quarto alugado no quarto andar, na mesma rua, onde passa a noite sem estar lá, transportado por sua imaginação para o Oriente Médio, o Extremo Oriente, o oeste, o norte e o sul, o passado e o futuro. Ao contrário de Khayyám, ou de Pessoa, ele não precisa de vinho para compensar o tédio de viver; sua vida mental já é inebriante. Num trecho do *Livro do desassossego* intitulado "Marcha fúnebre" e datado daquele verão, Soares afirma que o rio Ganges, com todo o seu significado sagrado e sua humanidade pulsante, passa também pela rua dos Douradores e que todas as épocas históricas, "a sucessão multicolor das maneiras, as distâncias dos povos, e a vasta variedade das nações" existem ali mesmo em seu pequeno quarto alugado.[17]

Soares, porém, não é apenas um sonhador que foge da monotonia embriagando-se de fantasias — ele analisa agudamente seu sentimento de monotonia e todas as suas outras sensações, "explorando-as como grandes países desconhecidos".[18] Um asceta cuja única religião é sentir, contemplar e imaginar, ele renunciou ao mundo exterior e não quer ser nada mais do que um auxiliar de guarda-livros, temendo a mera ideia de ser promovido a chefe do departamento contábil, pois isso o sobrecarregaria com mais responsabilidade e invadiria sua vida de sonhar e escrever.[19] O *Livro do desassossego* contém várias alusões passageiras a amigos não identificados, mas nenhum deles é íntimo ou dedicado. Soares é simpático, não adorável, mas tudo bem. As pessoas o deixam nervoso; ele prefere a companhia de si mesmo.

Derrotado no mundo antes ainda do início da batalha, Soares tem verdadeiro prazer em estudar os detalhes de sua saída de cena, consolando-se com a lembrança de que o sucesso é ilusório ou efêmero. Toda a vida — dos grandes impérios do mundo à atividade fútil de registrar débitos e créditos no livro-razão da Vasques & Cia. — não passa de uma vasta marcha fúnebre, que ele observa como uma criança fascinada que assiste a um circo ou desfile.

Assim como o Barão de Teive, Bernardo Soares era um experimento de autorretrato — irônico, mas não totalmente. Enquanto, com o barão, Pessoa criou uma versão orgulhosa, rica e mais mundana de si mesmo, o ajudante de guarda-livros era uma figura exteriormente taciturna e sem vida, um Pessoa diminuto que ninguém jamais notaria. Mas o aristocrata e o funcionário de escritório eram geneticamente semelhantes, compartilhando vários traços de personalidade um com o outro e com o criador deles. Todos os três se sentiam mal adaptados ao mundo, inadequados para o amor e condenados a se decepcionar, não importa ao que aspirassem.

Essa percepção de si mesmo persistia em Pessoa até quando partes do retrato eram contrariadas pela realidade. Em tempos recentes, ele vinha ganhando reconhecimento da crítica como um autor original, até inovador, mas em sua cabeça isso não significava "sucesso". A definição que José Régio fez dele de um modernista com "estofo de Mestre", na edição de abril de 1927 de *Presença*, era sem dúvida nenhuma lisonjeira, mas o efeito foi minado pela avaliação do crítico, também nesse número da revista, de Mário de Sá-Carneiro como "nosso maior poeta contemporâneo". Algo semelhante ocorreu em fevereiro de 1929, quando Antônio Ferro publicou um artigo de revista sobre os "precursores" do modernismo português.[20] Embora admitisse que Pessoa não era menos importante, Ferro concentrava sua atenção em Sá-Carneiro.

Seria possível que Pessoa estivesse competindo com seu falecido amigo? Sim. E ele se irritava ao ser colocado na escola chamada modernismo, ou melhor, em sua pré-escola. Se ele, Sá-Carneiro e Almada Negreiros eram os seus "precursores", então o modernismo logicamente só florescera depois que *Orpheu* plantara as sementes.

No início do segundo semestre de 1928, um terceiro crítico, José Rebelo de Bettencourt, havia observado em um ensaio curto mas perspicaz que, enquanto a maioria dos escritores "fazem-nos sentir as suas emoções e só elas", Pessoa desperta em nós "um novo mundo de imagens que não são dele somente, mas são nossas também". Isso parece significar que Pessoa expressa, em imagens felizes, coisas que seus leitores sentem, mas que nunca seriam capazes de expressar em palavras com tanta eloquência. Era uma observação presciente, uma vez que é exatamente essa qualidade de sua escrita — em especial no *Livro do desassossego* — que se mostraria sedutora para as gerações futuras.[21] Pessoa, no entanto, mal tomou conhecimento desse e de outros comentários elogiosos, não deixando nenhuma marca a lápis em seu exemplar do livro com o ensaio de quatro páginas dedicado a ele e sua obra. O estilo de Bettencourt era assumidamente jornalístico, com insights muitas vezes acertados, mas não examinados em profundidade, e Pessoa parece que não o levou muito a sério como crítico.

Um ano depois, em junho de 1929, um ensaio bem mais substancial sobre Pessoa foi publicado em livro por João Gaspar Simões, coeditor de *Presença* e seu primeiro biógrafo. Com apenas 26 anos, mas com uma bagagem de leitura incomum, Simões era perspicaz, capaz de ver a literatura de novas maneiras, e um escritor vivaz. Ele enviou um exemplar com dedicatória do livro *Temas* a Pessoa, que foi direto ao capítulo que levava seu nome, sublinhando frases importantes do ensaio. O que o gratificou ainda mais do que ser reconhecido como um escritor com "um lugar solitário e supremo" na literatura portuguesa foi a brava tentativa do crítico de sondar as origens e a natureza das suas "personalidades heterônimas".

A primeira carta de Pessoa ao jovem escritor e editor, escrita em agradecimento pelo ensaio, surpreende por sua franqueza. Depois de dizer que a análise que Gaspar Simões fez dele e de sua obra o libertara, pelo menos por ora, de sua existência como "uma personalidade objetivamente obscura", ele confessava que apenas "a larga celebridade" poderia lhe dar o tipo de liberdade "psíquica" pela qual ansiava. E relatava um incidente curioso. Dias antes, "através de um esforço terrível de impersonalização", conseguira escrever um novo e conciso prefácio de Ricardo Reis para a poesia de Alberto Caeiro, feito que quase o fez chorar de alegria, até lembrar que aqueles dois indivíduos e o que quer que acontecesse entre eles eram assuntos estritamente privados, que ocorriam apenas dentro dele. Numa época em que Pessoa se via acossado por dúvidas, oprimido pelo drama solitário de seus heterônimos, o ensaio de Gaspar Simões renovara sua fé e confiança em sua "existência pessoal como nação independente". Ele se sentia tremendamente grato, até comovido, conforme escreveu, pois era a primeira vez que um crítico o tratava "não como um escritor, mas como uma alma que escreve", colocando-o "na realidade e não na literatura".

Eram afirmações estranhas, um tanto contraditórias. É normal que um escritor queira ser famoso, mas esse desejo confesso parece estar em desacordo com a pungente gratidão de Pessoa por ser tratado como alguém do mundo real que escreve, em vez de apenas um grande escritor, um fenômeno literário. A fama por si só não era o que Pessoa desejava em última análise. Ele queria tocar e ser tocado — uma alma alcançando outra, muitas outras — por meio de sua escrita. Sua sociedade interna de heterônimos era um simulacro da intimidade que ele buscava alcançar com pessoas reais por meio de sua literatura. Escrever era a maneira de Pessoa amar e ser amado.

Ele concluiu que a carta era expansiva e reveladora demais para ser enviada a alguém que nem conhecia, por isso escreveu outra versão, mais curta, em que agradecia de forma menos efusiva a Gaspar Simões por tê-lo tratado em seu ensaio "como realidade espiritual" e por reconhecê-lo "como nação independente". Nessa missiva, enviada no final de junho, Pessoa não fez menção aos alter egos poéticos ou à ânsia pela fama. Ao reler o ensaio, talvez tenha notado que Gaspar Simões, embora fascinado por sua capacidade de ser vários poetas ao mesmo tempo, considerava os heterônimos um problema — ou os sintomas de um problema — que impediria fatalmente sua verdadeira grandeza: "Se Fernando Pessoa não chega a realizar uma grande obra é porque as forças da sua individualidade, divididas umas a outras, se anulam".[22]

Bernardo Soares, o "semi-heterônimo", enquanto seguia sua modesta carreira de funcionário de escritório insociável que temia ser notado, pensava às vezes que os textos em prosa que escrevia em suas horas vagas poderiam lhe trazer reconhecimento muito depois de sua morte. Em um desses textos, ousa imaginar as gerações futuras lendo e admirando a própria página que ele está escrevendo naquele momento, e vê sua "estatura invisível" erguer-se "com uma íntima majestade" e pairar sobre Detroit, Michigan, na época uma das maiores e mais ricas cidades dos Estados Unidos.[23]

Mais proativo que o ajudante de guarda-livros, Pessoa complementava seus sonhos com demonstrações racionais. Em 1929, começou a escrever "Erostratus, or the Future of Celebrity" [Heróstrato, ou o futuro da celebridade], um ensaio que *provava* logicamente que era seu destino se tornar famoso para todo o sempre, embora apenas em sua vida post mortem. Heróstrato era uma nulidade da Grécia Antiga que ateou fogo ao Templo de Ártemis em Éfeso, uma das Sete Maravilhas do Mundo Antigo, por nenhuma outra razão além de se tornar célebre.[24] Os efésios proibiram então que se pronunciasse o nome do criminoso, o que, evidentemente, garantiu que ele se espalhasse de forma tão constante quanto o fogo que queimara as vigas de madeira que sustentavam o telhado do templo destruído.

O objetivo anunciado do ensaio de Pessoa, para o qual escreveu dezenas de trechos desconexos, todos em inglês, era examinar as condições que permitem a um indivíduo, ou mesmo a uma nação inteira, entrar para a história — fosse por meio de realizações artísticas, do sucesso político, da santidade, da proeza militar, da pura genialidade ou mesmo de um crime hediondo —, mas acabou se concentrando em sua área de especial interesse: a literatura. O ensaio argumentava que os grandes escritores só podem ser reconhecidos como tais pelas gerações futuras, uma vez que o verdadeiro gênio está sempre à frente de seu tempo. O futuro, no entanto, seria difícil até mesmo para os melhores escritores, de modo que em cem anos seria "impossível publicar uma edição completa de Byron, ou de Shelley, ou do Goethe poeta ou Hugo". E a impaciência do futuro perante produções prolíficas era justificada, de acordo com o ensaísta, uma vez que, no fim das contas, a maioria das pessoas, poetas inclusive, não tem muito a dizer. A variedade estilística era a única desculpa aceitável para a abundância: "Nenhum homem deve deixar vinte livros diferentes, a menos que possa escrever como vinte homens diferentes".

O ensaísta — que contava deixar para a posteridade vários de seus livros, escritos com pelo menos meia dúzia de nomes diferentes, todos pertencentes à "nação" chamada Fernando Pessoa — estava claramente preparando o palco para sua canonização. Embora "Erostratus" seja de certa forma uma versão expandida do ensaio "Impermanence", escrito dez anos antes, o foco central de sua investigação é diferente. "Impermanence" considerava as características que possibilitam que *obras* específicas da literatura sobrevivam através dos tempos; "Erostratus" preocupava-se com as qualidades que tornam certos *escritores* famosos por muito tempo. Ao contrário do que poderíamos esperar, esses autores raramente são precursores ou inovadores óbvios. Num aparente golpe contra o modernismo de que todos vinham falando, Pessoa escreveu: "A verdadeira novidade que perdura é aquela que retomou todos os fios da tradição e os teceu novamente em um padrão que a tradição não poderia tecê-los". Ele estava descrevendo sua própria realização. Cada heterônimo não era um fio de tradição? Ele com certeza pensava que sim.

Algum tempo depois de começar "Erostratus, or the Future of Celebrity", Pessoa escreveu algumas passagens para um ensaio complementar intitulado "Anteros, or the Future of Affection", também em inglês.[25] Mais uma vez, ele se propunha a tratar seu tema de forma ampla, discutindo a natureza do amor e da amizade nos homens, nas mulheres, no contexto do casamento, entre as pessoas e seus animais de estimação e assim por diante, mas logo se desviou para um "fenômeno sociologicamente desconcertante" que sempre o intrigou: "a pederastia dos gregos". Ele observou que, embora em quase todos os períodos históricos "o homem normal saudável" tenha feito uma nítida distinção entre amizade e amor, que ele definia como "uma emoção principalmente sexual", os gregos viram-se num momento especial da sensibilidade crítica humana em que não faziam essa distinção. Para eles, amizade e amor estavam interligados. Nesse ponto, Pessoa desviava-se de novo, sem nunca explicar o significado do "fenômeno grego" para o futuro da afeição. Mas o título de seu ensaio, com a menção a Anteros, é esclarecedor.

O deus Anteros, irmão de Eros, foi retratado desde os tempos antigos como um símbolo de afeição recíproca e, portanto, o vingador do amor não correspondido, ou como a personificação de um amor em desacordo com Eros. Pessoa seguiu essa última interpretação, entendendo os dois irmãos como "dois impulsos da sensualidade que perpetuamente se gladiam na mente do homem racional — o amor pelo amor, e o amor pela beleza. Busca o primeiro, amando segundo o instinto, sempre o sexo oposto; o outro, amando segundo a razão, frequentemente o sexo próprio".[26] Pessoa já havia invocado Anteros muitos anos antes, em um subtítulo para "O amante visual", um texto do *Livro do desassossego* escrito em 1916. Esse amante influenciado por Anteros, explica o texto, ama apenas com o olhar e sem qualquer preferência sexual, uma vez que não sente desejo carnal. Ao abominar tocar ou mesmo falar com aqueles que ama e ao amá-los somente por sua beleza, é o esteta mais puro e imaculado que se possa imaginar.

O futuro da afeição imaginado por Pessoa em 1929 não era tão antisséptico. Embora com poucos detalhes, os trechos que escreveu para seu ensaio sugerem uma sociedade futura na qual a atração não seria mais condicionada pelo gênero e onde a amizade, como no *Fedro*, de Platão, seria elevada a amor. Acontece que Platão usou nesse diálogo a palavra *anteros* (contra-amor) para caracterizar a reação emocional que o *eros* de um amante produz, como um eco, no peito de seu amado amigo.

Pessoa conhecia *Fedro*, diretamente ou por intermédio de fontes secundárias,[27] e sabia a respeito de Edward Carpenter, um filósofo socialista britânico que também escreveu prolificamente sobre amor e sexualidade. Ele é mencionado nas anotações de Pessoa como possível destinatário da edição da Olisipo de seus *English Poems*.[28] Qual seria, deve ter se perguntado, a reação de Carpenter a "Antinous" e "Epithalamium", que tratavam do amor e do sexo, tanto dentro como fora do casamento, entre pessoas de sexos opostos e também do mesmo sexo?

Carpenter, cujo relacionamento íntimo e duradouro com um homem da classe trabalhadora inspirou E. M. Forster a escrever *Maurice*, é hoje lembrado como um dos primeiros defensores da homossexualidade ou, como ele gostava de chamar, do amor "homogênico", mas escreveu amplamente sobre a cultura humana, a sociedade e as muitas variedades de experiência sexual. Talvez Pessoa, cujas próprias opiniões haviam evoluído desde que escreveu "Epithalamium" e "Antinous", tenha lido *The Intermediate Sex: A Study of Some Transitional Types of Men and Women* [O sexo intermediário: Um estudo de alguns tipos transicionais de homens e mulheres], no qual o autor inglês afirmava com otimismo que, "na medida em que as pessoas estão começando a ver que os sexos formam, em certo sentido, um grupo contínuo, elas estão começando a notar que o Amor e a Amizade — que tantas vezes foram separados um do outro como coisas distintas — estão, na realidade, intimamente relacionados e se misturam de forma imperceptível".[29]

Hoje, mais de um século depois que essas linhas foram escritas, é duvidoso que a distância entre amor e amizade tenha diminuído consideravelmente na mente da maioria das pessoas, mas Carpenter descreveu muito bem o ideal futurístico do próprio Pessoa de afeição entre seres humanos. Menos claro é se Pessoa era capaz de se ver vivendo na "nova cidade dos Amigos" governada pelo "amor robusto", conforme imaginado num poema (que ele havia lido) de Walt Whitman.

60.

"Um amigo íntimo é uma das minhas coisas ideais", confessara Pessoa por escrito, pouco depois de completar dezenove anos, porém seu ideal era tão elevado que uma intimidade pessoal concreta se tornou ainda mais difícil. Somente Mário de Sá-Carneiro, cujo afeto era irreprimível, superou suas defesas e aproximou-se dele como ninguém jamais conseguira. Pessoa não esperava ter outro amigo assim, e talvez nem quisesse. A intimidade era exaustiva. Uma amizade amorosa ou beirando o amor era uma bela perspectiva — para o futuro, ou para a literatura. Na própria vida, desde a morte de Sá-Carneiro, ele se contentava com seu círculo pickwickiano de amigos, em sua maioria solteiros.[1] Eles eram boas companhias — leais, razoavelmente estimulantes, não muito afetuosos nem exigentes demais.

No final do romance de Dickens, dois dos amigos de Samuel Pickwick se casam, e o Pickwick Club chega a um desfecho natural. Quando três amigos próximos de Pessoa se casaram, um após o outro, seu clube social informal não correu o risco de dissolução, mas se tornou menos estável, e as sessões diárias, menos frequentadas. O primeiro a se casar foi Mário Saa, que em 1928 teve um filho com uma mulher do Alentejo, onde sua família possuía tantas terras que, segundo se dizia, um trem demoraria mais de uma hora para atravessá-las. O casamento, mesmo não oficial, seria duradouro; Marina e o filho moravam a maior parte do tempo no campo, onde Saa começou a ficar cada vez mais.[2] Quem casou em seguida foi Geraldo Coelho de Jesus, um mulherengo insaciável que todos imaginavam que continuaria um solteirão convicto. Talvez tenha sido uma crise de meia-idade que o levou a pedir em casamento uma mulher que conhecera numa viagem a Paris. Geraldo tinha 41 anos, e Germaine, apenas dezenove. Ele a trouxe para Lisboa em março de 1929, e, no dia 18 de setembro, o matrimônio foi oficializado, com Pessoa assinando como testemunha na certidão de casamento.[3] Um ano depois, Augusto Ferreira Gomes se casaria com Marcelle,[4] que também era parisiense e talvez fosse amiga de Germaine. Quando Marcelle deu à luz uma menina, Augusto pediu a Fernando que fosse o padrinho.[5]

A vida de casado não impediu que os amigos de Pessoa o vissem quando podiam, e fariam isso com mais frequência se ele não fosse tão obstinadamente apegado ao Café Martinho da Arcada, que ficava perto do rio e da maioria dos escritórios onde trabalhava. Eles preferiam o Café A Brasileira do Chiado, redecorado em 1924 e 1925 com a ajuda de José Pacheco, que encomendou a Almada Negreiros e outros artistas a execução de pinturas penduradas em duas longas fileiras, como se fossem frisos acima das garrafas e dos espelhos. Localizado na parte elegante da cidade, era frequentado por pessoas elegantes do meio artístico e moderno, algumas das quais — ainda que poucas — eram mulheres, o que seria impensável quando Pessoa costumava ser um frequentador habitual, na época de *Orpheu*.

Uma das primeiras clientes do sexo feminino foi Beatriz Costa, uma jovem atriz que havia crescido na pobreza e sem instrução e se sentia atraída por intelectuais. Mário Saa, encantado por Beatriz, prometeu deixar a família e morar com ela em Paris se os dois se casassem. Saa era desastrosamente baixo — parecia um colegial, um alvo perfeito para bolinhas de papel — e ela ria dele, mas respondia quando ele lhe escrevia cartas. Costa, que foi a atriz portuguesa mais popular dos anos 1930, com um penteado curto com franja que lembrava Louise Brooks, contaria mais tarde que nas poucas ocasiões em que viu Pessoa no A Brasileira, que normalmente evitava, o considerou chato e tedioso. Outros frequentadores do café eram conversadores espirituosos e brilhantes — não Pessoa.[6]

Ele ouvia mais do que falava, e quando se expressava era comedido, fleumático. Mas às vezes fazia tranquilamente uma declaração tão inteligente e bem formulada que deixava em silêncio os falantes mais escandalosos. Ele também podia ser engraçado, mas era preciso seguir seu raciocínio de perto para entender a piada.

Aos vinte e poucos anos, Pessoa começara um ensaio, de que falamos antes, que zombava dos fregueses dos cafés onde ele próprio passava algumas horas de cada dia falando de literatura, política e outros temas mais mundanos. Quinze anos depois, após ter renunciado a cafés da moda como o A Brasileira, ele se valeu do *Livro do desassossego* para lançar uma nova invectiva contra sua clientela. "O mais extraordinário de toda essa gente", relembra Bernardo Soares a respeito das pessoas com que ele (e Fernando) convivia nos cafés, "era a nenhuma importância, em nenhum sentido, de toda ela." Admitia que o tratavam bem, já que ele era "o rapaz escutador que lhes deixava sempre livres a vaidade e a tribuna", mas estava farto da fanfarronice e das graçolas deles.[7]

Quem quisesse tomar um café e conversar com Fernando tinha de ir ao café dele, onde não havia quadros, nem espelhos, nem mulheres. E eles iam: Mário Saa, Geraldo Coelho de Jesus, Augusto Ferreira Gomes, Raul Leal, Antônio Botto, Alberto da Cunha Dias, Luís de Montalvor e Carlos Queiroz. Mas iam de forma intermitente, e com cada vez menos frequência conforme os anos foram passando. No verão de 1929, era raro encontrar mais do que quatro ou cinco pessoas sentadas à mesa de Pessoa no Martinho da Arcada. Augusto Ferreira Gomes comparecia quase todos os dias, assim como Raul Leal e Antônio Botto, desde que os dois últimos estivessem aparecendo em público. Quando oprimido pelo sofrimento psicológico imposto ao profeta Enoque que ele encarnava, Leal se retirava para seu apartamento por alguns dias ou mesmo semanas. Botto, apesar de sociabilíssimo, também era muito temperamental e vaidoso. Perto do fim do verão lisboeta, seu rosto sofria erupções cutâneas, e ele ficava fora da vista até melhorar. A vaidade o fazia ficar em casa, mas a afecção na pele era sintoma de uma doença grave — provavelmente sífilis — e durava alguns meses. Antônio Ferro, de quem Botto se tornara amigo, angariou fundos para ajudá-lo a obter tratamento.[8]

Nos dias em que Alberto da Cunha Dias aparecia no café, a discussão esquentava, pois ele havia iniciado pouco tempo antes uma cruzada jornalística contra os maçons, que Pessoa defendia. Cunha Dias era jovial e tagarela, mas também cheio de melindres, ofendia-se com facilidade e tinha explosões repentinas de raiva. Luís de Montalvor, ao contrário, era tão calmo e bem-educado que parecia não estar presente, ou não ser exatamente real, impressão reforçada por sua aparência física. Era branco e glabro, tendo perdido todo o cabelo da cabeça e até mesmo as sobrancelhas.[9]

Em meio a tanta idiossincrasia, o membro mais jovem do grupo era abençoadamente normal. Carlos Queiroz, então com 22 anos, era descontraído, fácil de agradar e um grande admirador da obra de Pessoa. O poeta mais velho era até certo ponto um mentor e o mais jovem, um aprendiz, mas ambos eram iguais em sua afeição amical. Portanto, era natural, ou pelo menos aparentemente, que Pessoa desse a Carlos uma foto sua autografada, tirada por um de seus contratantes, o publicitário Manuel Martins da Hora, que o avistou tomando um copo de vinho tinto no Abel, bar da Baixa que frequentava ao longo do dia. Martins da Hora, quando precisava da ajuda de Pessoa com um texto publicitário ou uma carta em inglês, deixava recados para ele no bar, mas nessa ocasião aconteceu de encontrar ali o poeta, de pé junto ao balcão de mármore, com um copo erguido — e clique! Ou ele teria posado para o retrato?

Como Fernando devia saber que aconteceria, Carlos mostrou a foto dele bebendo vinho para sua tia Ofélia, que completara 29 anos em junho. Os dois ainda moravam com Joaquina, sua mãe, no mesmo prédio em frente à estação do Rossio por onde Pessoa passava vagarosamente, fazendo gracinhas enquanto a namorada olhava pela janela da varanda e ria. Nove anos haviam se passado. A fotografia mostrava Pessoa como realmente estava: uma década mais velho, cinco quilos mais gordo e com o queixo começando a cair um pouco. Ofélia sorriu. Ela pediu a Carlos que lhe solicitasse outra cópia ("Mas não diga a ele que é para mim"). Pessoa providenciou a foto ("É para Ofélia, não é?") e escreveu uma dedicatória: "Fernando Pessoa, em flagrante delitro". Em 9 de setembro, ela escreveu-lhe uma carta de agradecimento, timidamente afetuosa, dizendo que ficaria feliz em ter notícias dele, se ele pudesse escrever.

Pessoa respondeu imediatamente:

> Ofelinha:
>
> Gostei do coração da sua carta, e realmente não vejo que a fotografia de qualquer meliante, ainda que esse meliante seja o irmão gêmeo que não tenho, forme motivo para agradecimentos. Então uma sombra bêbada ocupa o lugar nas lembranças?
>
> Ao meu exílio, que sou eu mesmo, a sua carta chegou como uma alegria lá de casa, e sou eu que tenho que agradecer, pequenina.

Depois de um terceiro parágrafo em que se desculpava por não a ter cumprimentado nas várias ocasiões em que se cruzaram ao longo dos nove anos anteriores (ele disse que a reconhecia só quando era tarde demais), ele encerrava a carta com um convite em termos afetadamente tímidos: "Outra coisa... Não, nada, boca doce...".

No fim das contas, seu grupo de amigos pickwickianos não bastava. Ansiando por outro tipo de afeição, lembrou-se do quanto Ofélia gostava dele e também da sensação do contato físico — beijos, carícias — com outro corpo macio e quente.

A carta dele a extasiou. Como a água que flui de uma represa com as comportas abertas, ou de uma barragem rompida, o sentimento de amor inundou todo o seu ser novamente, como se os anos passados mal houvessem existido. E de certo modo era isso mesmo, pois o cenário, os adereços, o diálogo e a ação de seu romance renovado foram em grande parte uma reedição de 1920. Mais uma vez, eles andavam de bonde juntos e trocavam cartas de amor, de novo havia os planos dela para uma vida juntos de casal e a conversa dele sobre se mudar para Cascais ou outro subúrbio de Lisboa para que pudesse se concentrar melhor em sua escrita — como Horácio em sua casa nas colinas de Sabina, longe da agitação de Roma. Ofélia vivia, como antes, em permanente estado de ansiedade, à espera do encontro seguinte, de uma carta ou de um telefonema de um dos escritórios onde trabalhava. Esta última forma de comunicação era nova em seu relacionamento: a irmã muito mais velha de Ofélia, que ainda dirigia uma confecção de roupas de seu apartamento, havia comprado um aparelho. Os telefones estavam finalmente começando a ser acessíveis, pelo menos para a pequena burguesia.

Como em 1920, mas com muito mais rapidez, a voracidade do amor de Ofélia fez Pessoa recuar, como diante de um precipício. Em 26 de setembro, com apenas duas semanas de retomada da relação, ela recebeu uma carta assinada por "Álvaro de Campos, engenheiro naval", que recomendava que deitasse sua "imagem mental" de Pessoa na pia. Ele a estava testando; naquele momento, ainda esperava que eles pudessem alcançar um equilíbrio amoroso. Ofélia respondeu ao engenheiro que ele, e não Fernando, era quem ela jogaria com prazer pelo ralo ou debaixo de um trem que passasse. Para seu "querido amor", escreveu que tudo o que ela queria era ser sua "mulherzinha". Ele não ansiava por ser seu marido?

Ele tinha as próprias prioridades. Em 29 de setembro, escreveu uma carta que a reprovava de modo gentil por não respeitar adequadamente suas ambições literárias. Depois de um primeiro parágrafo em que afirmava estar doente, ele escreveu:

> O que lhe disse de ir para Cascais (Cascais quer dizer um ponto qualquer fora de Lisboa, mas perto, e pode querer dizer Sintra ou Caxias) é rigorosamente verdade: verdade, pelo menos, quanto à intenção. Cheguei à idade em que se tem o pleno domínio das próprias qualidades, e a inteligência atingiu a força e a destreza que pode ter. É pois a ocasião de realizar a minha obra literária, completando umas coisas, agrupando outras, escrevendo outras que estão por escrever.

No parágrafo seguinte, ele explicava que sua vida girava em torno de sua obra literária, todo o resto era secundário, e querer que ele tivesse os sentimentos "de um homem vulgar e banal" era como esperar que tivesse "olhos azuis e cabelo louro". Mas, depois de frisar como era completamente diferente dela, uma pessoa comum, ele passava a insuflar sua esperança mais ardente:

> Gosto muito — mesmo muito — da Ofelinha. Aprecio muito — muitíssimo — a sua índole e o seu caráter. Se casar, não casarei senão consigo. Resta saber se o casamento, o lar (ou o que quer que lhe queiram chamar) são coisas que se coadunem com a minha vida de pensamento. Duvido. Por agora, e em breve, quero organizar essa vida de pensamento e de trabalho *meu*. Se a não conseguir organizar, claro está que nunca sequer pensarei em pensar em casar. Se a organizar em termos de ver que o casamento seria um estorvo, claro que não casarei. Mas é provável que assim não seja. O futuro — e é um futuro próximo — o dirá.
>
> Ora aí tem, e, por acaso é a verdade.

Sem dúvida era verdade, como quase tudo o que Pessoa escrevia, pelo menos no momento em que estava escrevendo. No papel, nada era impossível, inclusive a felicidade nupcial com Ofélia. Inspirado talvez pelo amigo Geraldo, um ano mais velho e recém-casado, ele estava no mínimo intrigado com a possibilidade de se casar.

Encorajada pela carta, Ofélia incentivou o amado — e entregou-se à própria fantasia no processo. Claro que deveria mudar-se para Cascais, se isso fosse fazer avançar sua carreira de escritor — e assim cumprir o principal requisito para que um casamento se realizasse. Ela disse que podia esperar. Pessoa, que nunca acreditara de fato na concretização do casamento, logo percebeu que isso estava totalmente fora de questão, mas não teve coragem de dizer. Em 9 de outubro, enviou a ela duas cartas escritas num estilo de prosa ora corrido, ora desconexo que imitava o estado de espírito insano declarado pelo remetente, que advertia, na segunda mensagem, que estava disposto a se internar num hospício:

> Partiu-se a corda do automóvel velho que trago na cabeça, e o meu juízo, que já não existia, fez tr-r-r-r...
>
> ...
>
> Gosta de mim por mim ser mim ou por não? Ou não gosta mesmo sem mim nem não? Ou então?
>
> Todas estas frases, e maneiras de não dizer nada, são sinais do que o ex-Íbis, o extinto Íbis, o Íbis sem concerto nem gostamento alheio, vai para o Telhal, ou para Rilhafoles,[10] e lhe é feita uma grande manifestação à magnífica ausência.

Uma vez que as cartas, em meio a suas declarações sem sentido, incluíam expressões de afeto e desejo — "gostava de lhe dar um beijo na boca, com exatidão e gulodice, e comer-lhe a boca" —, Ofélia ficou deleitada ao recebê-las. Ela riu da conversa boba do namorado sobre insanidade, sem perceber que isso equivalia a uma isenção de responsabilidade por seu comportamento a partir de então. Mal sabia ela que aquelas eram as últimas cartas reais que receberia de Pessoa. Nas duas semanas seguintes, ele evitou vê-la.

Mas então os pequenos encontros amorosos recomeçaram — breves viagens de bonde em que o zumbido dos motores, o guincho dos freios e o toque frequente dos sinos faziam barulho suficiente para garantir que ninguém ouvisse a conversa, e caminhadas curtas durante as quais eles às vezes se beijavam. Ofélia havia perdido sua aparência de menina, mas ainda era pequenina e atraente, além de devotamente religiosa. De vez em quando, Pessoa a acompanhava da igreja onde ela assistia à missa dominical até sua casa. Ele até a visitava algumas vezes, mas apenas quando Carlos, sobrinho dela e seu amigo, também estava lá, e os três conversavam na sala de estar. Todas as noites, por volta das oito horas, ela ficava atenta ao telefone, na esperança de que ele ligasse do escritório da Moitinho de Almeida ou de outra das firmas em que trabalhava. Seu telefonema, seu comparecimento a um encontro e seu beijo quando ele aparecia — tudo acontecia, quando acontecia, de forma errática, e nunca com frequência suficiente para agradá-la.

Como em 1920, era Álvaro de Campos, em vez de Pessoa, que às vezes telefonava ou aparecia no ponto do bonde, ou os dois amigos apareciam juntos.

("Foi o Álvaro quem disse isso, não eu", falando, talvez, com uma voz insolente.) Ofélia tentava usar esse jogo a seu favor. Quando Pessoa se desculpou por não lhe escrever, dizendo que Campos havia fugido com o papel, a pena e o tinteiro, ela escreveu uma carta alegando ter se encontrado em particular com o engenheiro, que prometera enviar ao amigo comum todas as coisas necessárias para escrever algumas linhas para a namorada. Em envelope separado, Pessoa recebeu um pacote contendo papel, caneta e tinta, junto com um cartão de visitas caseiro de "Álvaro de Campos, Engenheiro", o suposto remetente. Mas ele continuou a não escrever. Ofélia disse que até se contentaria com outra carta de Campos, que ela costumava querer expulsar da relação. ("Já o mandou para Inglaterra?", perguntou a Pessoa mais de uma vez.) Mas ninguém escreveu para Ofélia.[11]

Além de narrar, em suas dezenas de missivas não respondidas, o tormento de um amor retribuído de forma tão avarenta que teria sido melhor — do ponto de vista de um terceiro — ser totalmente rejeitada, Ofélia contava os acontecimentos de cada dia, rogava a Pessoa que controlasse a bebida e devaneava com um futuro juntos. Ele achava graça e sentia-se um pouco tocado pela preocupação dela com sua saúde, e, quando se encontravam ou conversavam ao telefone, inflava a quantidade de vinho e aguardente que de fato consumia — de qualquer modo, era um montante considerável. Goles pequenos, mas frequentes. Ele nunca encheu a cara nem foi visto embriagado. Mas isso tampouco teria desencorajado Ofélia. Por mais alcoólatra, enfermo ou indigente que Pessoa fosse ou pudesse se tornar, ela queria passar o resto da vida com ele e mais ninguém. Obcecada por casamento? Se fosse esse o caso, escreveu ela em uma de suas cartas, já estaria casada com outra pessoa.[12]

Ofélia estava profundamente apaixonada por Pessoa, e, se ele não era capaz de retribuir, não tinha a ver com o tipo de amor que ela demonstrava, ou porque ela não fosse bonita o suficiente, nem porque seu nível cultural fosse mais baixo que o dele ou porque ela lhe roubaria tempo e energia para escrever. Tampouco faria diferença se ela fosse homem e ele, bem como o resto de Portugal, aceitasse totalmente a homossexualidade. A dificuldade era o próprio amor — o amor eros, para o qual ele não tinha aptidão. Já havia chegado a essa conclusão quando rompera com Ofélia pela primeira vez, dizendo que seu destino era escravo de Mestres misteriosos e obedecia a "outra Lei", diferente da que regia a vida dela ou da maioria das pessoas. Com mais simplicidade, poderia ter se limitado a dizer que não era talhado para o amor.

Qualquer que fosse o motivo — provavelmente pura solidão — para repetir uma experiência que já havia fracassado uma vez, ele suspeitou que isso era má ideia em meados de outubro, quando escreveu aquelas duas cartas declarando-se mentalmente incapaz. Na verdade, era amorosamente incapaz. A relação continuaria, mas logo foi ficando claro, pelo menos no que dizia respeito a Pessoa, que seria um novo fracasso. Tanto que, em meados de novembro, ele lhe concedeu um prêmio de consolação literária: um poema de amor, ou de pós-amor, de Alberto Caeiro.

A inesperada ressurreição de Caeiro, depois de mais de seis anos sem assinar um único poema, é uma prova do poder do amor, mesmo quando — como no caso de Pessoa e Ofélia — ele não dá certo. Caeiro, segundo sua biografia, se apaixonara certa vez por uma camponesa, o que o encheu de euforia e inspirou uma sequência poética intitulada *O pastor amoroso*, iniciada em 1914, mas interrompida após apenas dois poemas. Em 18 de novembro de 1929, Pessoa-Caeiro enfim retornou à sequência, escrevendo não um alegre poema de amor, mas uma elegia que lamentava uma paixão que acabara recentemente: o enamorado pastor estava de novo sozinho, abandonado pela moça "bonita de cabelo e boca" que costumava caminhar com ele pelos campos e colher flores. Desse modo, Pessoa, utilizando sua arte poética para reescrever a história, inverteu os papéis da relação na vida real com Ofélia, tornando Caeiro a vítima do amor, abandonado pela jovem que tanto o encantava.

Ofélia manteve-se firme no caminho do amor, porque Pessoa continuou a trilhá-lo — com telefonemas breves mas constantes e passeios ocasionais de bonde — durante o resto de 1929 e no ano seguinte. Ele sabia que o caminho não levaria a lugar nenhum, mas queria que ela continuasse a percorrê-lo, ao menos por ora. Seria porque o agradava saber que ela pensava nele o tempo todo? Ou porque ansiava pelas cartas dela, mesmo que seu conteúdo fosse desinteressante? Ou porque seus breves encontros e conversas, se não exatamente estimulantes, eram pelo menos agradáveis e o distraíam? Nenhuma dessas hipóteses é muito convincente, mas o fato é que ele guardou todas as cartas de Ofélia.

Consideremos a reação de Bernardo Soares ao único momento em sua vida em que, como ele explica num trecho de seu diário escrito em 1930, "uma malícia da oportunidade me fez julgar que amava, e verificar deveras que era amado". Fiel ao hábito de analisar de perto todas as sensações, ele registrou minuciosamente os efeitos dessa nova condição sobre si. Depois de um estado inicial de confusão, como se tivesse ganhado "uma sorte grande em moeda inconvertível", seguido de um sentimento bastante normal de vaidade, foi assaltado pelo tédio, devido aos pequenos e grandes deveres impostos pelo amor ao seu tempo e às suas emoções e também à "monotonia obrigatória de um sentimento definido" — o amor. Mas o que sentia, acima de tudo, era fadiga, por ser "o objeto do fardo das emoções alheias" e por "ter forçosamente, ainda que sem reciprocidade, que amar um pouco também".[13]

Uma vez que Soares, com muito mais detalhes do que apresentei, estava sem dúvida analisando a experiência do próprio Pessoa de ser amado, podemos suspeitar que sua relação com Ofélia tenha prosseguido justamente em virtude dessa análise, que ocupa duas páginas do *Livro do desassossego*. Mas Pessoa — tão perspicaz em relação aos sentimentos quanto era na inteligência — não precisava prolongar uma situação para compreender como aquilo o fazia agir e reagir emocionalmente. Tudo o que Soares descreveu já fora vivido por Pessoa em 1920, na primeira fase da relação com Ofélia Queiroz; quando ele a retomou, não precisou de mais do que duas semanas para recordar — e aparentemente precisava de um lembrete — como o amor dela afetava seu estado de espírito. Ele sabia muito bem o que sentia.

Muito mais difícil para ele era compreender Ofélia Queiroz. Se havia um tema em seu estudo de psicologia amorosa que exigia longa observação era essa mulher escravizada por seu amor implacável. Ele podia entender sem dificuldade o tédio e o cansaço causados pelo amor, mas não o que faz o sentimento persistir, mesmo quando é doloroso e não correspondido. Pode-se argumentar que Ofélia não tinha outra grande ambição ou outro sonho com que ocupar melhor seu tempo. Mas por que amava Pessoa e não outro homem? Pelos comentários que encontramos em suas cartas, fica claro que ela esperou por ele durante a maior parte dos nove anos em que estiveram separados.

Em duas de suas cartas de outubro de 1929 a Pessoa, Ofélia assinalou que ele às vezes gostava de fazê-la sofrer.[14] Não era uma acusação em tom de queixa, apenas uma observação fatual. A julgar pelo comportamento dele — não telefonar depois de prometer que ligaria, fazê-la esperar em vão num ponto de bonde, ou se apresentar como Álvaro de Campos, irônico e indiferente —, havia alguma verdade na afirmação. Ele vivia testando o amor dela, não porque tivesse alguma dúvida a respeito, mas porque era fascinado por sua força, sua tenacidade, pela capacidade que ela tinha de sofrer. E a invejava um pouco, pois não sabia como era essa sensação ou o que poderia significar sofrer por alguém como Ofélia sofria por ele.

Mas não foi apenas como um estudo de caso que ele permitiu que o relacionamento prosseguisse daquela forma lânguida, para desconforto de ambos. Pessoa gostava de verdade de Ofélia e respeitava os sentimentos dela. Sabia que o amor dela, justamente por ser amor, queria se manter vivo, então retribuía um pouco, para continuar a iludi-la e, quem sabe, para iludir também a si mesmo.

61.

"Quinta-feira negra nos Estados Unidos." "Quebra de Wall Street!" "Preços despencam como uma avalanche."[1] Essas manchetes da imprensa londrina ecoaram em grande parte da Europa, onde o pânico se espalhou para as bolsas de valores do continente, e os economistas dos governos temeram as consequências para o comércio internacional, o mercado interno, as taxas de desemprego e as obrigações da dívida externa. Mas a dramática enxurrada de ordens de venda que começou na Bolsa de Valores de Nova York no final de outubro de 1929 não ganhou as manchetes dos jornais portugueses, nem o país seria muito atingido pela Grande Depressão que se seguiu mundo afora. Sua economia ainda era em grande medida rural e pouco internacionalizada, e as exportações respondiam por apenas 10% de seu produto interno bruto. A queda dos preços fez com que as importações, que representavam 20% da economia nacional, também ficassem mais baratas. E Salazar, o ministro das Finanças, já vinha promovendo a ideia de que os cidadãos, assim como o governo, precisavam se contentar com menos. "Política de verdade, política de sacrifício, política nacional" era o título de seu mais recente discurso, proferido em 21 de outubro, três dias antes da "quinta-feira negra".

Pessoa aceitava a "situação", como os portugueses gostam de chamar o status quo político. Com os generais no governo, havia estabilidade, as ruas estavam pacíficas e as medidas de austeridade do ministro das Finanças haviam restaurado a confiança na economia. Mas quanto tempo duraria essa situação? O *Interregno* de Pessoa defendera a ditadura militar como uma solução transitória. Essa transição estava em seu quarto ano, e o exemplo de outros países da Europa meridional sugeria que não terminaria tão cedo. O general Primo de Rivera governava a Espanha havia seis anos, e Mussolini estava no poder havia sete. Outro regime autoritário, a "ditadura do proletariado" que governara primeiro a Rússia e depois a União Soviética, acabara de celebrar seu décimo segundo aniversário, agora com Ióssif Stálin no comando. Outros países, como Polônia, Turquia, Iugoslávia e Albânia, também eram governados por figuras autocráticas, quando não por ditadores declarados.

Motivado aparentemente por uma curiosidade genuína sobre para onde ia tudo isso, Pessoa elaborou, em inglês, um questionário para enviar a David Lloyd George, Winston Churchill e vários outros líderes políticos britânicos, aos ditadores Mussolini e Primo de Rivera, e a escritores representativos — entre eles H. G. Wells, autor de *A guerra dos mundos* — dos três países onde esses estadistas exerciam o poder.[2] Em primeiro lugar, Pessoa queria saber como esses ilustres dirigentes e intelectuais viam o indivíduo em relação à sociedade e à nação. De forma mais incisiva, perguntava se eles consideravam a "tendência crescente para o controle do Estado ou anti-individualismo — quer se autodenominasse socialismo, humanitarismo, fascismo, ditadura, ou governo militar ou proletário" — um fenômeno temporário ou uma "aquisição definitiva" que moldaria o futuro da civilização. A questão que mais interessava Pessoa, como podemos perceber pela maneira como formulou as perguntas, era o futuro dos *indivíduos*, que ele considerava os verdadeiros criadores e os únicos beneficiários merecedores da civilização.

Uma antologia de opiniões sobre a tendência totalitária na Europa com nomes como Churchill, Mussolini e H. G. Wells seria uma bela iniciativa editorial e um empreendimento lucrativo para Pessoa, que elaborou duas versões diferentes de seu questionário, mas ele não sabia como levar a ideia adiante. Antônio Ferro conquistara prestígio como jornalista internacional com entrevistas com pessoas famosas que foram primeiro publicadas em jornais e só depois compiladas em livros. Como poderia Pessoa, um poeta pouco conhecido com uma teoria bizarra sobre um futuro Quinto Império, se apresentar em uma carta a David Lloyd George ou Il Duce?

Ele acabaria desistindo desse projeto de livro potencialmente lucrativo e, em meados de dezembro de 1930, redigiria uma carta propondo sua contratação em regime de meio expediente pela J. Walter Thompson, a maior agência de publicidade do mundo. Com sede em Nova York, tinha escritório em Madri e era representada em Portugal pela Agência Hora. Manuel Martins da Hora, um dos empresários para quem Pessoa trabalhava como prestador autônomo, valorizava muito seus serviços como criador de slogans, redator e tradutor e aceitou de imediato assinar e enviar a proposta de emprego para o escritório de Madri. Um dos parágrafos explicava, no peculiar estilo de Pessoa ao escrever em inglês: "Ora, o sr. Pessoa, que está sempre se cansando de fazer as coisas que acontece de fazer e pela precisa razão de que as faz, quer simplificar a situação dos cinco ou seis escritórios de alguma maneira, tanto mais que ele tem uma obra literária especial para a qual deseja tempo".[3]

O escritório de Madri, porém, não garantiria nem mesmo meio expediente para o sr. Pessoa, que era inteligente, mas se dedicava, como ele próprio admitia, a sua obra literária e não à publicidade. Quando lhe ofereceram a oportunidade de frequentar um programa de treinamento em redação em Madri, com todas as despesas pagas pela J. Walter Thompson, ele recusou. E assim continuaria a circular entre meia dúzia de escritórios, de segunda a sábado. Não podia se dar ao luxo de relaxar. "Tia" Lisbela, a prima rica algarvia que de tempos em tempos lhe dava ajuda financeira, falecera em outubro de 1929.

A intenção sempre recorrente de Pessoa de modificar sua rotina — criar algum tipo de negócio em Londres, mudar-se da capital para algum lugar como Cascais, ou pelo menos reduzir o número de escritórios em que trabalhava — era por si só um componente essencial dessa rotina. A única alteração que fez, em março de 1930, confirmou que tudo continuaria igual: alugou um quarto na rua da Prata, a mesma onde funcionavam a Agência Hora[4] e a Moitinho de Almeida Ltda., sua principal contratante. Dessa forma, sua vida imitava sua arte. Bernardo Soares também alugava um quarto na mesma rua em que trabalhava, a dos Douradores,[5] a uma quadra da rua da Prata. Pessoa, no entanto, não morava nesse quarto, nem está totalmente claro por que o alugou. Segundo explicou a Ofélia, era para guardar algumas coisas suas. Mas por quê, perguntou-se ela, se com certeza havia lugar para elas no amplo apartamento da rua Coelho da Rocha?

Acredito que ele queria (e precisava de) um santuário, um lugar só dele. Seu cunhado Francisco Caetano Dias, que estava decidido a sair de Évora — não importava se fosse enviado à África ou transferido de volta para Lisboa —, vinha fazendo viagens frequentes à capital e se hospedava com a família no apartamento. Pode ser que Pessoa, habituado a viver só, preferisse às vezes dormir em seu quarto alugado, sobretudo se tivesse trabalhado até altas horas da noite num dos vários escritórios de que tinha as chaves.[6] Em agosto, quando o Exército finalmente aprovou o pedido de Caetano Dias para voltar a Lisboa, Pessoa levou mais livros e papéis para o quarto alugado, além de mais móveis.[7] Mas ele morava com a família, e é provável que desse uma contribuição mensal para as refeições preparadas por Teca.

Ofélia não se conformava. Nas cartas que continuava a escrever, sem resposta de Pessoa, ela lembrava mais de uma vez que o dinheiro do aluguel que ele gastava com o quarto do centro e sua cota no apartamento da família seriam suficientes para alugar um pequeno espaço para os dois, que não precisava ser chique nem ser localizado em um bairro nobre.[8] Ela se contentaria com qualquer coisa.

Mas ele se cansara de manter o que para ele era uma farsa e começou a desencorajar ativamente essas ilusões. Durante meses, antes do aniversário de 42 anos de Pessoa, em junho de 1930, ela vinha ansiando para que comemorassem a data juntos. Quando chegou o dia, ela esperou inutilmente por uma hora em seu ponto de encontro habitual. Ele nem sequer telefonou. Em vez de celebrar o aniversário com ela ou com amigos, escreveu um poema chamado "Aniversário", que lembrava de quando completou cinco anos, em 1893, ocasião em que mais de uma dúzia de parentes estava presente, inclusive seu pai, que morreria um mês depois (ver capítulo 2). O poema alterna entre aquele tempo idílico da infância, quando a felicidade "estava certa como uma religião qualquer", e a vida atual, em que ele se sente "sobrevivente a mim mesmo como um fósforo frio". E conclui:

Hoje já não faço anos.
Duro.
Somam-se-me dias.
Serei velho quando o for.
Mais nada.

O poema era assinado pelo inimigo de Ofélia, Álvaro de Campos, cujos pensamentos angustiosos sobre a perda da inocência infantil e a tristeza de sua vida presente foram "respondidos" no mesmo dia — 13 de junho de 1930 — por um poema simples de Alberto Caeiro, dizendo que acordou cedo, não tinha nada para fazer, saiu para passear e deixou o vento forte daquele dia guiar seus passos. Em conclusão: "Assim tem sido sempre a minha vida, e assim quero que possa ser sempre — / Vou onde o vento me leva e então não preciso pensar".

Pessoa também escreveu duas odes assinadas por Ricardo Reis, uma das quais recomenda que concentremos os nossos pensamentos no "que fica do que passa" sempre que nossa mente é acometida pela constatação de que nós próprios estamos passando, como folhas amareladas, pelo outono de nossa vida. Parece improvável, porém, que a aceitação passiva prescrita por Reis e exemplificada em Caeiro pudesse ajudar a amenizar a saudade de Campos do que foi "de coração e parentesco", "de amarem-me e eu ser menino", de quando "festejavam o dia dos meus anos!...".

De todos os poemas e textos em prosa da imensa obra de Pessoa, "Aniversário" fornece a prova mais contundente, indo ao encontro da tese de João Gaspar Simões, apresentada em sua biografia de 1950, de que a saudade da infância perdida é a chave para compreender a produção literária do escritor. Essa saudade, de acordo com Gaspar Simões, é uma marca de sinceridade que confere autenticidade artística à obra. Contudo, é possível — e até aconselhável — duvidarmos da total sinceridade da saudade que permeia "Aniversário". No mesmo dia em que compôs esse poema, uma poesia de Caeiro e duas odes de Ricardo Reis, Pessoa escreveu também um trecho para o *Livro do desassossego* de Bernardo Soares. O primeiro parágrafo diz o seguinte:

> Vivo sempre no presente. O futuro, não o conheço. O passado, já o não tenho. Pesa-me um como a possibilidade de tudo, o outro como a realidade de nada. Não tenho esperanças nem saudades. [...] Nem as sensações de momentos idos me são saudosas: o que se sente exige o momento; passado este, há um virar de página e a história continua, mas não o texto.[9]

Soares desafia o próprio conceito de saudade. Uma vez que os sentimentos estão ligados ao momento em que surgem, ansiar por algo do passado é reinventá-lo, ou reinventar o que se sentia a respeito. É um ato de imaginação emocional, que era a especialidade de Campos, o heterônimo mais dramático de Pessoa. Para escrever o poema "Aniversário", ele mobilizou Álvaro de Campos. Mas logo em seguida o dispensou e escreveu outros tipos de poemas, além de um trecho para o

Livro do desassossego. Houve um momento de saudade aguda, em que chorou ou pelo menos sentiu um nó na garganta, e os resultados foram notáveis: "Aniversário" é um poema profundamente comovente, recitado muitas vezes em leituras públicas da poesia de Pessoa.

Foi um aniversário triunfal para o poeta, saudado por seus três heterônimos e seu semi-heterônimo, todos contribuindo para um buquê comemorativo de composições literárias, mas havia mais por vir. Naquele mesmo 13 de junho de 1930, ele recebeu uma mensagem de aniversário de um de seus espíritos astrais: "Você deve se separar dos pensamentos e sentimentos mortais e não mostrar ao mundo mais do que o mundo pode ver". Para Pessoa, o significado era bastante claro. Ultimamente, ele havia compreendido, com ainda mais vigor do que antes, que sua vida tinha um significado oculto mais elevado.

No dia seguinte, 14 de junho, Ofélia completaria trinta anos, e Pessoa não só se encontrou com ela, como a presenteou com uma pulseira de esmalte filigranada. Pelo aniversário dele, ela lhe deu uma cigarreira.[10] Além de trocarem presentes, eles se beijaram — algo que a essa altura só acontecia raramente. Ele sabia, mas ela não, que aquele seria o último beijo deles. Quatro dias depois, Pessoa disse a ela que deveriam se separar, e naquela noite recebeu outro comunicado do além: "Agora você voa alto. Apresse-se".[11] Em julho, escreveu mais cinco poemas para *O pastor amoroso*, de Caeiro, que incluía uma segunda elegia sobre o fim do amor. Ao contrário da primeira, composta em novembro do ano anterior, quando percebera que não amava e não poderia amar Ofélia, a de julho de 1930 é narrada na terceira pessoa. Conta como um Caeiro distraído, depois de perder seu cajado e deixar as ovelhas se dispersarem, enfim se reergueu da ilusão do amor, viu a realidade da natureza ao seu redor e "sentiu que de novo o ar lhe abria, mas com dor, uma liberdade no peito".

Pessoa podia estar pronto para voar alto, mas sua relação com Ofélia Queiroz só se arrastava. Os dois ainda se encontravam, ele ainda telefonava e ela ainda escrevia cartas, perguntando quando se casariam. Várias páginas de uma carta datada de 7 de outubro de 1930 descreviam em detalhes vívidos um dia ideal na vida futura dos dois sob o mesmo teto, em que ela atendia a todas as pequenas necessidades dele e aproveitava todas as oportunidades, do amanhecer ao anoitecer, para banhá-lo com "jinhos" — a menos, é claro, que ele não estivesse disposto. Era uma imagem que só poderia enchê-lo de terror. A tarefa de se desvencilhar do relacionamento, que de qualquer forma já seria delicada, se tornava ainda mais difícil por causa da amizade que ele tinha com Carlos Queiroz, sobrinho de Ofélia, que ajudara na reaproximação do casal.

Pessoa era, em certo sentido, a personalidade dominante em suas relações afetivas, uma vez que exigia que os outros respeitassem seu tempo, seus hábitos, sua recusa em fazer concessões, mas era também passivo, pois raramente dava o primeiro passo no desenvolvimento de um vínculo com alguém. Eram os outros que vinham até ele. Isso valia para amigos e para Ofélia, que havia tomado a iniciativa de flertar quando se conheceram em 1919, e, embora tenha sido Pessoa que, de maneira um pouco irrefletida, reacendera a relação através do estratagema de uma fotografia, foi ela que a fomentou com enorme energia, embora nunca conseguisse moldá-lo de acordo com seu ideal.

Essa atitude de passividade combinada com uma autoafirmação silenciosamente obstinada também marcava as relações literárias "profissionais" de Pessoa, contribuindo assim para sua condição paradoxal de gênio reconhecido, mas obscuro. Pessoa era péssimo no que chamamos hoje de networking. Certos amigos, no entanto, às vezes o ajudavam com isso. É o caso de Carlos Queiroz, intermediário responsável pelas primeiras publicações de Pessoa na revista *Presença* e facilitador do primeiro encontro entre ele e dois de seus três editores, em maio de 1930, quando José Régio e João Gaspar Simões vieram de Coimbra a Lisboa para o 1º Salão dos Independentes.[12]

Criado para celebrar o modernismo português, o salão expôs pinturas, esculturas, desenhos, projetos de arquitetura e fotografias. A poesia foi representada por um *Cancioneiro* que incluía versos de Álvaro de Campos, Pessoa e outros autores ligados às revistas *Orpheu*, *Contemporânea* e *Presença*. João Gaspar Simões, um homem corpulento de 27 anos, e José Régio, franzino e um ano mais velho, participaram de várias atividades do salão e viram com atenção as obras expostas, mas estavam igualmente interessados em conhecer Fernando Pessoa, o esquivo mestre da geração modernista. Carlos Queiroz marcou um encontro para domingo, dia de folga dos dois.

O Martinho da Arcada, café habitual de Pessoa, fechava aos domingos, então eles se encontraram no Café Montanha, ali perto: Carlos, João, José e, para surpresa e desgosto dos dois editores de *Presença*, Álvaro de Campos. Escrevendo sobre o encontro anos depois, João Gaspar Simões contaria que foi o engenheiro naval, e não Pessoa, quem apareceu. Isso não é nada surpreendente. Se é verdade que em suas cartas a escritores mais jovens ele assumia às vezes o papel e o tom de mestre, fazendo críticas bem-intencionadas, mas não necessariamente solicitadas, Pessoa rejeitava qualquer papel que lhe fosse imposto pelos outros. Como os visitantes de Coimbra esperavam um mestre literário tímido e introvertido, ele se apresentou como o engenheiro urbano, que falava com liberdade e leviandade, mas sem dizer de fato quase nada. Quando lhe perguntaram sobre a influência da literatura inglesa em seu trabalho, ele deu uma tragada no cigarro e respondeu sem pestanejar: "Bem, eu li alguns romances ingleses". José Régio sentiu-se especialmente constrangido, e, embora tivessem toda a tarde livre, logo cutucou Gaspar Simões, levantou-se da mesa e anunciou que iam embora.[13]

Diametralmente distinto fora o encontro de Pessoa, vários meses antes, com outro jovem ligado ao grupo de *Presença*. Pierre Hourcade, estudante francês que viera à Universidade de Coimbra para terminar sua dissertação sobre o poeta Guerra Junqueiro, ficou maravilhado ao descobrir Pessoa e leu tudo o que encontrou dele em *Presença* e noutras revistas. Graças a Carlos Queiroz, que mais uma vez atuou como intermediário, Hourcade teve o privilégio de conhecer Pessoa numa viagem que fez a Lisboa em fevereiro de 1930.[14] O franzino estudante de literatura aguardava ansiosamente numa das mesas de tampo de mármore do Café Martinho da Arcada, esperando um homem baixo e moreno contagiado pelo espírito melancólico da saudade portuguesa. O poeta entrou com um olhar vivo, um sorriso travesso e modos envolventes que logo o deixaram à vontade.

Falando em francês, Pessoa descreveu em pormenores as personas de seu universo literário inventado. Álvaro de Campos, disse ele, tendo ao fundo o ruído de pires, xícaras e colheres, tateava em meio à bruma simbolista até que uma manhã, em março de 1914, Alberto Caeiro surgiu e varreu todas as ilusões com seu olhar lúcido. Despertado de suas ruminações sonhadoras, Campos abandonou a literatura tal como a conhecia e começou a usar sua escrita para derrubar certezas políticas, sociais e culturais — de modo mais flagrante em seu "Ultimatum", de 1917. Esquecido do café, sem ouvir nada além da voz de Pessoa, o jovem francês ficou sabendo que Ricardo Reis, educado nos clássicos na mesma escola sul-africana em que Pessoa se destacara em inglês, latim e francês, reagiu à liberdade desenfreada de Campos produzindo odes compactas, estritamente metrificadas à maneira de Horácio. Pessoa contou que um diálogo entre Reis e Campos, a ser publicado no final do ano, poria os ideais de ordem e obediência do classicista contra a rebeldia e espontaneidade criativa do engenheiro. (Embora nunca tenha publicado esse diálogo, Pessoa escreveu muitos trechos dele.)

Informado desses detalhes reveladores e vívidos, Hourcade publicou um breve artigo sobre Pessoa na edição de junho de 1930 de *Contacts*, uma revista literária parisiense de duração efêmera.[15] Foi a primeira vez, em qualquer idioma, que a história dos heterônimos foi divulgada. A informação de que Reis havia estudado na África do Sul era a única parte que não batia com a história que Pessoa contaria em português. Seu relato definitivo sobre os heterônimos, de 1935, informaria à posteridade que Ricardo Reis, nascido no Porto, estudara numa escola jesuíta antes de se formar em medicina.

Pessoa definiu e redefiniu seus heterônimos desde o momento em que surgiram até quase o fim de sua vida, e foi somente em 1930 que os dotou de um passado vivo e compartilhado, tornando-os uma "família" psicologicamente complexa. Estava mais do que disposto a falar com Pierre Hourcade sobre suas origens e seus inter-relacionamentos, porque era um tema que estava presente em sua cabeça. Ele estava prestes a começar as "Notas para a recordação do meu mestre Caeiro", de Álvaro de Campos, um texto não só sobre Alberto Caeiro, mas também sobre sua profunda influência nos outros heterônimos principais e no próprio Pessoa. Algumas páginas dessas "Notas" seriam publicadas na edição de janeiro/ fevereiro de 1931 de *Presença*. Elas começam com o relato de como Campos conheceu Caeiro durante uma viagem à província do Ribatejo, onde o poeta-pastor vivia numa casa branca no alto de uma colina:

> Deixei em quase três-quartos o meu curso escocês de engenharia naval; parti numa viagem ao Oriente; no regresso, desembarcando em Marselha, e sentindo um grande tédio de seguir, vim por terra até Lisboa. Um primo meu levou-me um dia de passeio ao Ribatejo; conhecia um primo de Caeiro, e tinha com ele negócios; encontrei-me com o que havia de ser meu mestre em casa desse seu primo. Não há mais que contar, porque isto é pequeno, como toda a fecundação.

A seguir Campos esboça, com precisão fotográfica, um retrato verbal de Caeiro: olhos azuis e tez pálida, cabelos loiros a castanho-claros, altura de média a alta, mas com ombros curvados, um "estranho ar grego" emanando de sua calma interior e, o que era ainda mais estranho, uma testa "poderosamente branca". Na verdade, Campos descreve Caeiro como uma estátua grega,[16] uma composição perfeita, apesar da tuberculose que lhe acabaria com a vida apenas um ano depois, aos 26 anos.

Pessoa já havia explicado, em outros de seus escritos, que Álvaro de Campos e Ricardo Reis eram discípulos de Alberto Caeiro, mas Campos, em suas "Notas", usa analogias audaciosamente sexuais para descrever as dramáticas conversões ocorridas quando ele e Reis tiveram o primeiro contato com o poeta mestre sereno e escultural. Ele relembra que, no seu caso, a espantosa simplicidade do modo de ver e falar de Caeiro o seduziu com um abalo primitivo, "como o de todas as primeiras posses", mas "ao contrário da sedução material, o efeito em mim foi de receber de repente, em todas as minhas sensações, uma virgindade que não tinha tido".

Não menos drástico foi o choque sexual vivido por Ricardo Reis. Campos conta-nos que esse "pagão latente, desentendido da vida moderna e desentendido daquela vida antiga, onde deveria ter nascido", descobriu sua verdadeira natureza e tornou-se poeta pagão ao conhecer Alberto Caeiro, "o reconstrutor do Paganismo". Foi uma transformação total, que levou Campos a comentar: "Dizem alguns fisiologistas que é possível a mudança de sexo. Não sei se é verdade, porque não sei se alguma coisa é 'verdade'. Mas o certo é que Ricardo Reis deixou de ser mulher para ser homem, ou deixou de ser homem para ser mulher — como se preferir — quando teve esse contato com Caeiro". Ao que parece, Pessoa estava ciente do trabalho pioneiro de cirurgia de mudança de sexo sendo feito na Alemanha, particularmente através do Instituto de Ciências Sexuais de Berlim, fundado em 1919, e, embora afirmasse ter pouco interesse por sexo e sexualidade, estava contente por ter um heterônimo que era transexual, pelo menos em termos psicopoéticos.

As "Notas para a recordação do meu mestre Caeiro" cheiram a saudade, e Pessoa mais tarde admitiria numa carta que às vezes derramava lágrimas de verdade[17] ao escrever sobre os encontros afetuosos e as discussões amistosas que supostamente ocorriam entre o mestre Caeiro, Campos, Reis, Antônio Mora e ele próprio. As lágrimas talvez fossem um transbordamento de sua solidão aguda que precedeu, deu origem e sobreviveu a essa família fantasmagórica. Ou talvez fossem as lágrimas de um ator experiente. Em todo caso, o teatro dos heterônimos foi aos poucos desmoronando, e o espetáculo literário que marcou o aniversário de Pessoa em junho de 1930, quando conseguiu escrever poemas para todos os principais heterônimos no mesmo dia, foi uma espécie de ato final. Depois de mais alguns poemas de Caeiro escritos no mês seguinte, nunca mais se ouviu falar dele. Campos, por sua vez, expressava cada vez mais as mesmas ansiedades do próprio Pessoa. Suas diferenças poéticas tinham mais a ver com tom e forma do que com substância.

Na mesma época em que Álvaro de Campos propunha que Ricardo Reis talvez tivesse gênero fluido, Pessoa inventou seu último heterônimo e único alter ego feminino: Maria José, autora de uma angustiada e solitária "Carta da corcunda para o serralheiro", que só seria publicada em 1990.[18] Além do problema de coluna, Maria José, de dezenove anos, sofre de artrite incapacitante e tuberculose em estágio avançado. Sabe que vai morrer em breve e, incapaz de se conter, declara desesperadamente seu amor pelo sr. Antônio, o belo metalúrgico que passa sob sua janela a caminho do trabalho de manhã e de volta para casa à noite. A carta descreve sua vida de reclusa que depende dos outros para todas as suas necessidades, passa o dia inteiro perto da janela e não espera nada, exceto vê-lo passar. Gostaria que ele erguesse os olhos e encontrasse seu olhar, mas sem vê-la muito de perto, pois não é nada atraente, e sem que perceba o que ela sente por ele, já que o faria rir. É por isso que, segundo ela, "escrevo esta carta só para a guardar no peito como se fosse uma carta que o senhor me escrevesse em vez de eu a escrever a si".

Com essa carta de amor, Pessoa, como um ator metódico, fez uma das suas melhores performances, captando a intensa emoção da infeliz jovem, ao mesmo tempo que reproduzia a linguagem simples e a sintaxe que esperaríamos de alguém da classe social dela. No entanto, podemos nos perguntar qual foi exatamente o método que ele seguiu. Pessoa se identificou de forma tão íntima com o papel que estava desempenhando que a corcunda a certa altura se refere a si mesma no masculino em vez de no feminino (*eu mesmo* em vez de *eu mesma*).[19] Esse lapso gramatical reforça nossa desconfiança de que a pobre Maria José era um substituto paródico de Fernando Pessoa, que nada tinha daquelas qualidades exageradamente patéticas, mas que se considerava um sujeito pouco atraente e difícil de amar — por mais que Ofélia fosse apaixonada por ele. "Nunca tive uma ideia nobre da minha presença física", ele fala por meio de Bernardo Soares em um trecho do *Livro do desassossego* escrito em 5 de abril de 1930.[20] Certa manhã, ao chegar no escritório da Vasques & Cia., o contador assistente olha para uma fotografia de grupo dos funcionários recém-impressa e se vê, entre todos os outros, como um "jesuíta fruste" com uma "cara magra e inexpressiva". O metalúrgico, por outro lado, é o epítome do homem arrojado e atlético que Fernando Pessoa, cujo segundo nome era Antônio, por vezes fantasiava ser, mesmo que tenha percebido logo na adolescência que não iria muito longe com o método de musculação de Eugen Sandow.

Perto do final da carta, Maria José anuncia sua morte iminente no mesmo fôlego epistolar com que se despede do metalúrgico: "Adeus, senhor Antônio, eu não tenho senão dias de vida". Para Pessoa, a carta significava um adeus a todo amor, uma renúncia não só aos casos amorosos que pudesse ter com outrem, mas também ao seu caso de amor consigo mesmo — que alternava entre a autopiedade, representada pela corcunda, e as recriações românticas de si mesmo como o metalúrgico e os principais heterônimos.

Pessoa estava se despojando de todos os apegos, externos e internos. Em 26 de agosto de 1930, escreveu um poema que começa assim:

Quero ser livre, insincero,
Sem crença, dever ou posto.
Prisões, nem de amor as quero,
Não me amem, porque não gosto.

Pessoa também se recusava a ficar preso aos seus heterônimos. Estava pronto para ir além deles — e além da própria literatura.

Contudo, a produção literária de Pessoa não diminuiu. Pelo contrário, sua máquina de poesia "ortônima" estava mais produtiva do que nunca. Se havia escrito cerca de quarenta poemas por ano com seu próprio nome entre 1927 e 1929, apenas nos últimos seis meses de 1930 produziu quase três vezes essa quantidade. Sua poesia tornou-se, como o *Livro do desassossego*, um diário contínuo de pensamentos e sentimentos, preocupados com seu lugar incerto, seu propósito e seu destino no universo. A heteronímia como mecanismo criativo e estruturante estava arrefecendo, mas o poeta sentia-se tão disperso como sempre:

Não sei quantas almas tenho.
Cada momento mudei.

Continuamente me estranho.
Nunca me vi nem achei.
...
Atento ao que sou e vejo,
Torno-me eles e não eu.
Cada meu sonho ou desejo,
É do que nasce, e não meu.

(*24 de agosto de 1930*)

Pessoa aceitava que não havia um eu *essencial* que ele alguma vez viesse a conhecer. Mas esperava descobrir o lugar e o significado do eu relativo — o indivíduo ou conjunto de indivíduos em constante mutação chamado Fernando Pessoa — no grande esquema das coisas. Tratava-se de uma velha aspiração. Agora, no entanto, estava pronto para experimentar novos métodos de exploração. Chegou inclusive a considerar a possibilidade de abrir mão do controle, de buscar a verdade não só por meio do estudo individual, de seu prodigioso poder de raciocínio e de encontros imaginários com espíritos astrais invisíveis, mas também por meio do contato direto com um mestre espiritual vivo.

Em 29 de agosto, Pessoa recebeu um telegrama: "Crowley chegando pelo Alcantara, por favor, encontre-me".[21] Naquele mesmo dia, Aleister Crowley, o célebre mago inglês considerado por muitos a encarnação do diabo, mas conhecido pelos discípulos como Mestre Therion, embarcou em Southampton no *RMS Alcantara*. Quando chegou ao porto de Lisboa, na tarde de terça-feira, 2 de setembro, Pessoa, sentindo-se uma pilha de nervos em seu terno, esperava por ele no cais.

62.

A ideia de encontrar alguém pela primeira vez enchia Pessoa de um vago pavor, e o próprio nome de Aleister Crowley, que foi o modelo de W. Somerset Maugham para o inquietante protagonista de *O mágico* (1908), podia provocar pontadas de ansiedade mesmo em pessoas normalmente imperturbáveis. Tratava-se de uma das figuras públicas mais vilipendiadas da Grã-Bretanha, com reputação de ser adepto da magia negra, do sexo pervertido e do uso inveterado de drogas, levando à ruína as pessoas que se aproximavam dele. Mas, para alguns, inclusive Fernando Pessoa, o contato com Crowley era uma experiência espiritualmente transformadora.

Nascido em 1875 numa família abastada de evangélicos ingleses, Edward Alexander Crowley começou a contestar a teologia cristã e a desrespeitar os padrões de conduta vitorianos desde cedo, dando rédea solta a seus impulsos sexuais na adolescência. Também escrevia poesia, escalava montanhas, jogava xadrez e pintava. Na Universidade de Cambridge, onde adotou o nome de Aleister, uma corrupção escocesa de Alexander, teve suas primeiras experiências místicas e desenvolveu um interesse apaixonado pelo ocultismo. Em 1898, foi iniciado na Ordem Hermética da Aurora Dourada, fundada em Londres dez anos antes. A ordem adotara e reformulara um conjunto eclético de símbolos e rituais mágicos de antigas tradições como a cabala, organizando-os num sistema hierárquico de desenvolvimento espiritual pessoal. Crowley logo brigou com William Butler Yeats e outros membros antigos da ordem, que começou a se fragmentar em 1900 devido a uma crise de liderança. Em 1909, depois de passar vários anos praticando alpinismo, trilhando novos caminhos espirituais e vivendo diversos casos amorosos no México, nos Estados Unidos, no Japão, na China, no Nepal, na Índia, no Egito e em mais meia dúzia de países, Crowley e outro ex-membro da Aurora Dourada criaram sua própria ordem mágica, a A.·.A.·., cujas iniciais, acredita-se, significavam *Argenteum Astrum*, Estrela Prateada.

Os símbolos, ritos e graus de iniciação da ordem A.·.A.·. eram parecidos com os da Aurora Dourada, mas à sua mistura mágica Crowley acrescentou Thelema, uma religião inventada por ele. O nome Thelema vem de uma palavra grega que significa "vontade", e "*Faz o que tu queres, há de ser tudo da Lei*" era — e ainda é — o lema norteador dessa religião. O contralema responsorial é: "Amor é a lei, amor sob vontade".* Como veremos, Pessoa desenvolveria seus próprios sistemas de avanço espiritual com base nas hierarquias iniciáticas da Aurora Dourada e da ordem A.·.A.·., e adotaria para sua vida a regra básica de Thelema: Faz o que tu queres.

Em 1912, Crowley foi nomeado grão-mestre da seção britânica de uma sociedade espiritual bastante diferente: a Ordo Templi Orientis, ou Ordem dos Templários Orientais (OTO). Fundada por volta da virada do século na Áustria ou na Alemanha, essa ordem ocultista usava magia sexual em sua liturgia e seus ritos de iniciação. Crowley, que veio a ser o líder mundial da OTO, expandiu os rituais sexuais e os infundiu com doutrinas thelêmicas. Depois de passar os anos de guerra nos Estados Unidos, onde escreveu para revistas e jornais, desfrutou de uma movimentadíssima vida sexual envolvendo rituais mágicos e se intitulou Mestre Therion, ele retornou à Europa e, em 1920, fundou a Abadia de Thelema em Cefalù, na Sicília. Seus membros usavam túnicas ornamentadas, idolatravam o Sol, realizavam às vezes uma missa gnóstica crowleyana e participavam de cerimônias de magia sexual intensificada pelo uso de haxixe e heroína, em que Crowley era viciado. Quando um dos residentes da comuna morreu de enterite, em 1923, a

* A religião de Crowley inspirava-se em François Rabelais (*c.* 1490-1553), que em *Gargântua e Pantagruel* descreve uma Abadia de Thélème, onde monges e freiras católicos viviam juntos em acomodações de luxo, que incluíam quadras de tênis e jardins recreativos. Eles eram obrigados a observar apenas uma regra: "Faz o que tu queres".

esposa do homem denunciou às autoridades as práticas e as condições sanitárias da Abadia; Crowley foi deportado da Itália, e a imprensa britânica — que já o havia acusado de organizar "orgias pagãs", defender o "amor platônico" (ele era bissexual) e incentivar o uso de drogas — passou a rotulá-lo como "o homem mais perverso do mundo".[1] Pessoa leu sobre o mago e ex-alpinista com grande curiosidade, convencido de que um líder espiritual capaz de atrair tanto desprezo muito provavelmente possuía poderes e percepções sobrenaturais.

Embora houvesse alguma verdade na maioria das acusações levantadas contra Crowley, "perverso" não era o adjetivo certo para definir seu caráter. As tragédias que se abateram sobre alguns de seus seguidores eram quase sempre consequências das propensões de suas personalidades, marcadas pela carência e por uma disposição para ser psicologicamente dominado. Outras pessoas, que saboreavam a inteligência viva de Crowley sem abrir mão da independência crítica e emocional, se associavam a ele em pé de igualdade.

A biografia romântica e turbulenta de Crowley — cheia de sexo, drogas, amantes, inimigos e mil e uma aventuras em quatro continentes — representa um contraste absoluto com a vida de Pessoa, baseada em ideias, abstrações, personagens imaginários e projeções mentais. Esses habitantes da mente de Pessoa eram, dentre todos os seus amigos, os mais fiéis e duradouros. De um certo ponto de vista, eram também seus piores inimigos, escravizando-o tanto quanto o sexo e as drogas escravizavam Crowley. Pessoa, em muitos aspectos, era o avesso de Crowley, o que torna o encontro dos dois ainda mais fascinante e mutuamente revelador.

A herança considerável de Crowley tinha se esgotado havia muito tempo, e, após o fiasco na Sicília, começou a entrar em decadência. Mas ele ainda encontrava patronos dispostos a bancá-lo, bem como mulheres atraentes — além de alguns homens — para lhe fazer companhia e serem seus parceiros na magia sexual. Ao longo de todas as suas aventuras, o mago inglês escreveu e publicou continuamente poesia, alguma ficção e numerosos livros sobre ocultismo e magia, que disse que deveria ser estudada como uma ciência. Um de seus últimos projetos de escrita era uma "auto-hagiografia", cujos dois primeiros volumes foram publicados em 1929 com o título de *As confissões de Aleister Crowley*. Pessoa encomendou o livro à Mandrake Press naquele mês de novembro. Depois de receber e devorar rapidamente o primeiro volume, sugeriu numa carta ao editor que o mapa astral do autobiografado estava incorreto e deveria ser refeito com uma hora de nascimento ligeiramente anterior. A carta de Pessoa foi encaminhada a Crowley, que lhe escreveu em 11 de dezembro. Admitindo seu pouco envolvimento com a astrologia, Crowley aceitou a observação sobre seu mapa e disse que ficaria feliz em ter algumas informações sobre sua situação astrológica. Ele assinou sua carta como Τὸ Μέγα Θηρίον, A Grande Besta.

A Mandrake Press era uma editora nova, e Pessoa, vendo uma oportunidade, enviou aos editores três dos seus livretos de poemas anglófonos, "apenas como uma curiosidade sem interesse". Mandou os mesmos três livrinhos, dos quais tinha dezenas ou talvez centenas de exemplares não vendidos, diretamente para Aleister Crowley e recebeu uma carta de agradecimento imediata, que começava e terminava, como todas as suas cartas, com os preceitos gêmeos de Thelema.

> Care Frater:
>
> Faz o que tu queres, há de ser tudo da Lei.
>
> Muito obrigado pelos três livrinhos. Eu acho que eles são realmente muito notáveis pela excelência.
>
> Nos Sonetos, ou melhor, Quatorzains,* você parece ter recapturado o impulso elisabetano original — o que é magnífico.
>
> Também gosto dos outros poemas, muito mesmo.
>
> Amor é a lei, amor sob vontade.
>
> Fraternalmente,
>
> Aleister Crowley[2]

À carta datilografada, datada de 22 de dezembro de 1929, Crowley acrescentou um pós-escrito manuscrito: "Eu inclusive encarei a chegada de sua poesia como uma Mensagem definitiva, que gostaria de explicar pessoalmente. Estará em Lisboa nos próximos três meses? Se assim for, gostaria de ir vê-lo: mas sem contar a ninguém. Por favor, me avise imediatamente. 666".

Sem contar a ninguém? Por que o sigilo? Oscilando entre a excitação nervosa e a apreensão, Pessoa não respondeu de imediato. Se a Grande Besta 666 queria conhecê-lo, então a interseção de seus caminhos devia ter sido traçada nas estrelas, mas seria mesmo uma boa ideia? Em 31 de dezembro, ele pegou o trem

* Poema de catorze versos. (N. T.)

para Évora a fim de visitar a irmã e a família dela, regressando a Lisboa em 2 de janeiro. No dia seguinte, recebeu uma mensagem encorajadora de um de seus espíritos astrais: "Marcas agora em breve uma etapa maravilhosa no mínimo de tuas carreiras. Impulsionarás tuas tendências marcianas agora". O planeta Marte é associado à ação, à autoafirmação e ao desejo sexual, áreas em que a "carreira" de Pessoa não era de fato brilhante. Talvez Crowley, com sua filosofia do "Faz o que tu queres", pudesse ajudar a revigorar essas frágeis tendências "marcianas". Mas Pessoa ainda não estava pronto para encontrar o mago. Em carta de 6 de janeiro de 1930, sugeriu que Crowley adiasse sua visita a Lisboa até março, em parte porque tinha assuntos não especificados com os quais precisava lidar nas próximas semanas e em parte por "razões astrológicas". Além disso, alegou que talvez fosse a Londres no final de fevereiro, e que poderiam se encontrar lá.

Um dos amigos próximos de Pessoa também estava em contato com Crowley. Depois de ouvir, um pouco espantado, a descrição de Pessoa sobre a vida tumultuada e os ensinamentos pouco ortodoxos do mestre ocultista, Raul Leal pediu seu endereço e enviou-lhe um exemplar de *Anticristo e a Glória do Espírito Santo*, um "hymne-poème sacré" que havia publicado em francês, além de uma longa carta, também nesse idioma. Apresentando-se como Henoch, o Profeta de Deus e da Morte enviado ao mundo para anunciar o Reino do Espírito Santo, Leal informava a Crowley que suas respectivas doutrinas tinham muito em comum. De fato, havia alguma proximidade entre elas. A ideia de Leal de que era preciso ir às profundezas da bestialidade carnal para transcendê-la, tornando o bestial divino, lembrava o método espiritual de Crowley, que dependia do uso de drogas pesadas e do sexo extremo para atingir um estado espiritual elevado. Mas a besta em Crowley era uma fera bonachona, de gargalhadas ruidosas. A de Leal era um animal triste e dolorosamente sério que sofria, lambendo suas feridas, no canto de sua jaula. "A minha missão divina exige que me torne um mártir do Oculto", escreveu ele em sua carta.[3]

Crowley, que tinha muita experiência com malucos e excêntricos, respondeu educadamente ao Profeta de Deus e da Morte que estava ansioso para conhecê-lo. O homem em Portugal que ele de fato queria conhecer era o poeta bilíngue e talentoso astrólogo Fernando Pessoa, que continuava a protelar o encontro. No dia 25 de fevereiro, Pessoa escreveu-lhe que "só à beira de ontem" ficou claro que não iria para a Inglaterra naquele mês. Em maio, Crowley, que havia viajado para a Alemanha no mês anterior, escreveu a Pessoa para perguntar se porventura iria a

Londres em breve. Não logo, Pessoa respondeu, mas talvez no segundo semestre. Desse modo, o poeta conseguiu adiar o encontro, sugerindo o tempo todo que isso poderia esperar até que ele fosse a Londres — uma perspectiva apenas um pouco mais provável do que ele ir ao Taiti.

Os dois homens talvez nunca tivessem se encontrado se não fosse por Hanni Larissa Jaeger, uma jovem germano-americana que Crowley conhecera em Berlim.* Abandonando a mulher que na época era sua esposa, e que logo depois seria internada num hospício, ele levou a srta. Jaeger para a Inglaterra em agosto. Em 4 de setembro de 1930, essa nova Mulher Escarlate — a nona ou décima assim intitulada — faria vinte anos, e Crowley decidiu comemorar a ocasião levando-a a Portugal para um Retiro Mágico, ou feriado, que incluiria passeios à beira-mar e magia sexual em seu hotel. Também esperava criar uma filial portuguesa da Ordo Templi Orientis, sob a direção de Fernando Pessoa.[4]

Crowley havia percebido uma rara inteligência criativa em Pessoa. Antes mesmo de saber sobre os heterônimos, já podia pressentir algo mágico, alquímico, num poeta português capaz de escrever sonetos no estilo e na linguagem de Shakespeare. Também tinha em alta consideração os outros poemas que Pessoa havia enviado: o atrevido "Epithalamium", que teria feito corar os inventores gregos dessa forma literária, e o corajosamente homoerótico "Antinous". Sua intuição lhe dizia que Pessoa — um indivíduo espiritual, avançado em termos mágicos e sexuais — seria o líder ideal de uma seção portuguesa da OTO em que alguns dos graus mais elevados de iniciação envolviam doutrinas e práticas sexuais com vaga inspiração nas tradições tântricas da Índia. Na reformulação que Crowley fizera do sistema da OTO o oitavo grau era uma iniciação em magia masturbatória, o nono, uma iniciação em relação sexual vaginal mágica, e o décimo primeiro grau, uma iniciação em sexo anal para propósitos mágicos. Os ritos associados a esses graus mais elevados incluíam o consumo de fluidos sexuais e outras emissões corporais.[5] Embora Pessoa fosse bom de copo, isso dificilmente estaria entre suas bebidas preferidas.

* Nascida na capital alemã em 1910, Hanni Jaeger passou a adolescência nos Estados Unidos, depois de imigrar em 1924, com a mãe e duas irmãs mais velhas, para se juntar ao pai em Santa Bárbara, na Califórnia. (Banco de dados online de Ellis Island.)

Os ritos de magia sexual da OTO talvez nos lembrem dos comportamentos lascivos descritos pelo heterônimo Jean Seul vinte anos antes, em sátiras morais contra a decadência como "La France en 1950", mas estavam muito além de qualquer coisa que Pessoa e seus heterônimos atuais pudessem contemplar, quanto mais ensinar e praticar. Embora fosse um leitor engenhoso e voraz, Pessoa provavelmente sabia muito pouco sobre a secreta OTO e podia não fazer ideia do que o mágico e ocultista inglês tinha em mente para ele.

Lisboa estava mais quente do que de costume no início de setembro, o que, somado ao seu nervosismo, deve ter feito Pessoa suar um pouco ao cumprimentar Crowley e sua namorada, que desembarcaram do navio por volta das quatro da tarde. Ele acompanhou os viajantes do porto ao Hotel de l'Europe, na praça de Camões, onde pernoitariam. Depois que o casal se registrou, todos se sentaram para uma conversa a sério, na qual Crowley não perdeu tempo em apresentar a Pessoa a possibilidade de encabeçar uma divisão da OTO em Portugal. Pessoa, que tinha seus próprios objetivos em mente, expôs algumas ideias para um empreendimento editorial anglo-português. Hanni Jaeger — uma loira esguia e sensual — observou-os enquanto conversavam, sem dúvida sorvendo drinques no bar do hotel. Ambos tinham traços e gestos ligeiramente femininos, mas pareciam bem diferentes. Com a cabeça raspada e bochechas flácidas, o semblante da Besta de 55 anos lembrava vagamente uma pirâmide — uma construção já um tanto cansada, desmoronando sobre si mesma. Seus olhos, no entanto, ainda se mostravam penetrantes e intimidadores. Pessoa estava bem protegido pelos óculos de aro redondo, pelo bigode e pelo chapéu, que escondia sua calvície. Falar em inglês o ajudou a ser um ator melhor, demonstrando autoconfiança. Ele causou uma boa primeira impressão. "Um homem *muito* simpático", escreveu Crowley em seu diário. A Lisboa, porém, não dedicou elogios: "Esquálida, mal pavimentada, suja, estreita, sem graça".[6]

Antes de partir no dia seguinte, 3 de setembro, para as praias do Estoril, onde passaria as duas semanas seguintes com Jaeger, Crowley escreveu uma carta exortando Pessoa a ir visitá-los o quanto antes. Eles precisavam conversar mais sobre possíveis projetos de publicação e, em especial, sobre "o projeto de colocar a Obra da Ordem sobre uma base mundial de colaboração próxima".[7] No domingo, 7 de setembro, Pessoa embarcou no trem suburbano para a estância turística do Estoril, que atraía uma clientela cada vez mais internacional, e encontrou os dois veranistas para almoçar. Eles conversaram por algumas horas e concordaram em se ver de novo na terça-feira, quando Crowley iria a Lisboa buscar sua correspondência. Pessoa disse que convidaria Raul Leal para o encontro. Seu amigo estava ansioso para conhecer Crowley, que sentia ao menos um pouco de curiosidade de ouvir o que o soi-disant profeta teria a dizer. Pessoa, em uma de suas cartas ao mago, havia falado da "capacidade metafísica esplendidamente intensa" de Leal. Talvez pudesse ser um auxiliar útil para implantar a OTO em Portugal. O que realmente seria útil seria alguém com capital para ajudar a financiar a ordem e pagar um salário ao seu líder espiritual mundial. Leal? Pessoa?

Naquela noite, Pessoa, sentindo-se nervoso, fez um mapa astral do que poderia resultar do encontro entre Crowley, Hanni Jaeger, ele próprio e Raul Leal. É impossível afirmar quais expectativas ou receios ele nutria. A resposta das estrelas à misteriosa pergunta de Pessoa foi que a reunião dos quatro indivíduos representava uma vantagem considerável para Jaeger, uma ligeira vantagem para Pessoa, nenhuma vantagem para Leal e uma ligeira desvantagem para Crowley. Em seu resumo, o astrólogo anotou enigmaticamente em inglês: "O caso não vai passar, mas muito pouco dano virá dele".[8]

Os quatro se encontraram no Café Martinho da Arcada, cujos garçons de camisa branca e avental preto olhavam para o freguês mais fiel com olhos esbugalhados: nunca o tinham visto com uma mulher antes, e Hanni Jaeger irradiava sensualidade. O espanto deles aumentou quando viram a jovem sorrir com delicadeza enquanto ela e Pessoa conversavam em inglês. Enquanto isso, Crowley e Raul Leal falavam um com o outro em francês. A breve interação com o amigo de Pessoa foi suficiente para Crowley, que comentou em seu diário: "Conheci Leal: não gostei dele. Há algo definitivamente errado com ele". Os dois não voltariam a se encontrar.[9] Pessoa, por outro lado, agradou a Crowley, embora ficasse óbvio que não haveria uma divisão da OTO em Portugal. O poeta não era o tipo certo para ser iniciado, ou iniciar outros, na magia sexual. Crowley cedeu em vez disso à ideia de Pessoa de sua colaboração em alguns projetos de publicação e se ofereceu para escrever um prefácio a um livro de seus poemas em inglês, presumindo que a Mandrake Press iria publicá-lo. A editora estava em dificuldades, e Crowley esperava que Pessoa — sempre vestido de forma impecável e com seu anel de sinete que alardeava nobreza — pudesse ter algum dinheiro para investir.

Pessoa ingenuamente escreveu uma longa carta à Mandrake Press delineando alguns projetos que havia discutido com Crowley: a publicação de livros de "autores portugueses estranhos ou desconhecidos", inclusive Fernando Pessoa, na Inglaterra; a abertura de uma filial da Mandrake em Portugal, onde as chapas de impressão de suas edições poderiam ser feitas de forma mais barata e não menos profissional, com Pessoa garantindo que seriam "perfeitas"; e a tradução de livros da Mandrake, como *As confissões de Aleister Crowley*, para o português. Ele recebeu pronta resposta de Robert Thompson Thynne, presidente do conselho de administração da Mandrake Press, que considerava as propostas de Pessoa "interessantíssimas" e perguntava se ele gostaria de ser acionista da Mandrake Press e seu representante ibérico oficial. "No momento, temos disponíveis 2 mil ações preferenciais cumulativas no valor de uma libra cada e com um dividendo de 10%", escreveu ele, destacando os grandes lucros potenciais a serem obtidos (2 mil libras esterlinas em 1930 seriam equivalentes a pelo menos 120 mil libras hoje).

Uma semana depois, Pessoa recebeu um prospecto da "Aleister Crowley Ltd.", uma empresa que, se estabelecida com sucesso, assumiria e exploraria todos os ativos do mágico, que incluíam não apenas seus livros e manuscritos, mas também direitos de adaptação para teatro e cinema, suas pinturas, os direitos autorais de um conjunto de peças de xadrez projetadas por Crowley e sua receita secreta de um licor ainda em fase de teste. Os lucros anuais potencialmente enormes seriam divididos entre os acionistas depois que Crowley, como diretor administrativo, recebesse seu salário de mil libras.

Mesmo antes de o prospecto ser enviado — por Karl Germer, um discípulo alemão de Mestre Therion e na época sua tábua de salvação financeira —, Pessoa confessou a Crowley que estava falido, o que não fez com que fosse menos apreciado.[10] Quanto a Hanni Jaeger, uma aspirante a artista, ela achou Pessoa charmosíssimo, sentimento que foi recíproco, embora o encanto que ela exerceu fosse de outra ordem. Ele sentiu isso com mais força durante o tempo que passaram juntos "sozinhos" no café, quando Crowley estava ocupado com Raul Leal. No dia seguinte ao encontro, ele escreveu o único poema de toda a sua vida em que o eu poético deseja inequivocamente um corpo feminino:

Dá a surpresa de ser.
É alta, de um louro escuro.
Faz bem só pensar em ver
Seu corpo meio maduro.

Seus seios altos parecem
(Se ela estivesse deitada)
Dois montinhos que amanhecem
Sem ter que haver madrugada.

...

Apetece como um barco.
Tem qualquer coisa de gomo.
Meu Deus, quando é que eu embarco?
Ó fome, quando é que eu como?[11]

Enquanto isso, Crowley saciava seu apetite sexual no Hotel Paris do Estoril, com cunilíngua, felação e sexo anal, tudo registrado em seu Registro Mágico, ou diário. Seus apelidos favoritos para Jaeger eram Monstro e Anu, esse último porque o ânus era para ele a parte mais deliciosa de todo o corpo dela. Em 11 de setembro, depois de anotar que a havia penetrado dessa forma, ao menos pela segunda vez durante a viagem, ele jurou no diário: "Ela vai aprender essa Arte". Hanni Jaeger pode ter aprendido essa e outras "artes", mas ao preço de uma instabilidade psicológica cada vez maior. Em 12 de setembro, ela teve um "ataque de melancolia"; no dia 13, "um longo acesso de soluços histéricos"; e, dois dias depois, "um ataque repentino". Na noite do dia 16, sofreu "um ataque histérico generalizado" que acordou todo o hotel.

Na manhã seguinte, ela fez as malas, foi a Lisboa, pediu auxílio financeiro ao consulado norte-americano e reservou passagem num vapor com destino a Bremen, de onde tomaria um trem para Berlim. Crowley foi a Lisboa, mas não conseguiu convencê-la a ficar, e no dia 20 ela partiu no *SS Werra*. Naquele mesmo dia, ele foi para Sintra, onde jogou e ganhou algumas partidas de xadrez contra um mestre português. Foi Pessoa quem arranjou um encontro entre os dois aficionados pelo tabuleiro.

Crowley retornou a Lisboa no domingo, 21 de setembro, e saiu de seu hotel dois dias depois, dizendo aos funcionários que voltaria a Sintra. Em vez disso, desapareceu, deixando um bilhete de suicídio ao lado da Boca do Inferno, um desfiladeiro sinistro e cheio de ondas entre as falésias, situado logo depois de Cascais. Esses foram os fatos noticiados pelos jornais lisboetas. O bilhete, preso por uma exótica cigarreira, dizia: "Não posso viver sem você. A outra 'Boca do Infierno' vai me pegar — não vai ser tão quente quanto a sua!". Era endereçado a L. G. P., assinado por Tu Li Yu e datado com símbolos astrológicos. Quem supostamente encontrou o bilhete foi Augusto Ferreira Gomes, e Fernando Pessoa confirmou à polícia que a caligrafia, além da grafia espanhola de "Inferno", era de Crowley. Ele explicou que L. G. P. eram provavelmente as iniciais do "nome místico" de Hanni Jaeger e que Tu Li Yu era um antigo sábio chinês de quem Crowley acreditava ser a reencarnação.

A polícia de fronteira portuguesa logo descobriu que Crowley estava num trem com destino a Paris, que atravessou para a Espanha na terça-feira, mas Fernando Pessoa disse aos jornais e à polícia que por acaso viu Crowley, "ou o seu fantasma", em duas ocasiões diferentes no dia seguinte, 24 de setembro. Isso levou à hipótese de que foi apenas o passaporte de Crowley — sem o próprio — que cruzou a fronteira espanhola no Sud-Express.

Na verdade, Crowley não deixou seu bilhete de suicídio nas falésias acima da Boca do Inferno, mas com Fernando Pessoa, na manhã do dia 23, antes de tomar o trem para Paris, de onde seguiria para Berlim. Também deixou uma chave interpretativa para o significado de "L. G. P." e "Tu Li Yu", além de algumas sugestões escritas sobre como "elaborar" a história, que ele pensou que poderia "render £200 [em] direitos americanos somente". A farsa do suicídio foi ideia inteiramente dele, mas Pessoa colaborou de bom grado e contou com a ajuda de Augusto Ferreira Gomes para transformar a história em notícia de primeira página. Ferreira Gomes fotografou a mensagem e a cigarreira, que pertencia ao cunhado de Pessoa, para publicação nos jornais, e "entrevistou" Fernando Pessoa, principal contato de Crowley em Portugal e testemunha ocular do misterioso caso. Pessoa escreveu as perguntas e as respostas da entrevista, deu uma cópia ao amigo e manteve uma cópia carbono para si.

Jornalista bem relacionado, Ferreira Gomes obteve ampla cobertura para a farsa, com matérias nos principais jornais e em algumas revistas.[12] Como ia a Paris para se casar com sua noiva Marcelle em outubro, ele aproveitou a viagem para relatar a história do suicídio a *Détective*, semanário francês que a relatou como reportagem principal de seu número de 30 de outubro. Na Inglaterra, a história apareceu na edição de 12 de outubro do *Manchester's Empire News*.[13] O repórter da matéria não assinada do jornal notou que a declaração da polícia de fronteira portuguesa estava em desacordo com o depoimento de um "cavalheiro chamado

Fernando Pessoa" e questionou: "Existem dois Crowleys, um genuíno e outro impostor?". Três dias depois, o *Oxford Mail* publicou um artigo afirmando que Crowley, de acordo com um médium de Londres, havia sido empurrado de um penhasco para a Boca do Inferno "por um agente da Igreja Católica Romana", que plantou o bilhete de suicídio para encobrir o assassinato.[14]

Em 27 de setembro, quando começou a circular em Portugal a notícia do seu estranho desaparecimento, Crowley já se encontrava em Berlim, com Hanni Jaeger. Manteve-se longe das vistas por algumas semanas, já que as notícias só poderiam proliferar se seu paradeiro permanecesse um mistério. O falso suicídio foi, até certo ponto, uma peça de teatro romântico, como a serenata de um amante, para impressionar Hanni Jaeger. Mas, sobretudo, tratou-se de um golpe publicitário, uma tentativa de reviver a periclitante marca Aleister Crowley. A Mandrake Press estava lançando seus livros, mas as livrarias relutavam em adquiri-los. Infelizmente para a Grande Besta, os jornais britânicos, com exceção dos aqui citados, não quiseram envolvimento com a história da Boca do Inferno, precisamente porque cheirava a farsa.[15] O jornal de maior circulação de Portugal também se mostrou cético. "Um caso que tem todo o aspecto de pura mistificação", dizia o título de seu artigo sobre o mago desaparecido.[16] A repercussão gerada pelo golpe publicitário não fez nada para aumentar as vendas dos livros de Crowley, e antes que o ano terminasse, a Mandrake Press entrou com pedido de falência.

Pessoa esperava que *ele* ao menos pudesse lucrar com o falso suicídio, embalando-o como uma novela policial escrita em inglês e destinada talvez ao mercado norte-americano, onde Crowley achava que a história seria fácil de vender. Intitulada *The Mouth of Hell* [A Boca do Inferno], a novela tomou forma na mente de Pessoa em outubro e novembro, e em 3 de dezembro ele enviou cópias de uma sinopse para Crowley e seu anfitrião Karl Germer em Berlim, bem como para seu secretário em Londres, Israel Regardie.[17]

Narrado por um detetive inglês contratado para descobrir o que realmente acontecera com a Besta desaparecida, *The Mouth of Hell* tem a marca registrada de Pessoa, misturando fatos e ficção e apresentando personagens com múltiplas identidades. Há um pseudo-Crowley, que atravessa a fronteira com a Espanha, junto com um Crowley real, que está tentando iludir os inimigos, e um pseudo-Pessoa, além do Pessoa de verdade. Augusto Ferreira Gomes, amigo de Pessoa na vida real, também é personagem da novela. Também de carne e osso era o recém-falecido Ernesto Martins, um motorista de táxi cujo misterioso assassinato nos arredores de Lisboa foi noticiado no jornal no mesmo dia do desaparecimento de Crowley.[18] Pessoa se divertiu ao incluir o infeliz taxista nas páginas da novela, na qual, poucas horas depois de conduzir Crowley do ponto A ao ponto B em Lisboa, ele é brutalmente baleado a sangue-frio — idêntico ao sangue frio que cobria o cadáver do não ficcional Ernesto Martins, encontrado às seis e meia da manhã do dia 27 de setembro de 1930.

Crowley, de Berlim, deu algumas sugestões para a trama, que Pessoa acabou dividindo em dez capítulos. Em poucos meses, tinha um esboço, embora alguns capítulos ainda precisassem ser mais bem elaborados e toda a obra, revisada e polida. Como já comentei, Pessoa não era hábil em criar suspense dramático e compor cenas bem delineadas, mas o maior e talvez intransponível problema de *The Mouth of Hell* era o acontecimento que o inspirou. O suposto suicídio de Crowley não era um assunto muito interessante, e a manipulação ficcional de Pessoa estava quase fadada a ser uma leitura maçante. Ele mesmo suspeitava disso. Seu prefácio para a novela admite que o assunto "pode parecer ao leitor de pouca importância", e a narrativa resultante, "um tanto minuciosa e talvez tediosa", mas se o leitor insistir, "ele encontrará mais emoções do que espera". Na verdade, ele — ou ela — não terá nada disso.

O capítulo mais interessante de *The Mouth of Hell* questiona como é possível que Crowley pudesse ser simultaneamente "uma espécie de charlatão" e "um ocultista e mágico profundo". Interrogado pelo detetive inglês, o personagem chamado Fernando Pessoa explica que Crowley tem "uma vida dual", dividida em um eu inferior e um superior, e que a futilidade do primeiro não invalida a superioridade espiritual do segundo.[19]

Para Pessoa, na verdade, era quase como se Crowley, o charlatão (o eu que ele mostrava ao mundo), atestasse a autenticidade de Crowley, o mago superior (o eu que o mundo não podia ver). E além desses dois eus opostos e elementares, Crowley era dezenas de sub-eus: de alpinista a jogador de xadrez, de mestre de ioga a cabalista, de viciado em heroína a místico religioso, além de poeta, pintor, jornalista, alto sacerdote, sodomita ativo com mulheres e sodomita passivo com homens. Um prodigioso multiplicador de si mesmo em sua *imaginação*, Pessoa ficou pasmo com Aleister Crowley, que conseguia ser na *realidade* muitas coisas diferentes, às vezes contraditórias.

O romancista Christopher Isherwood, cujo *Adeus a Berlim* (1939) seria adaptado para o musical de enorme sucesso *Cabaret* (1966), conviveu com Crowley nos bares e clubes berlinenses no início dos anos 1930 e comentou em seu diário que "é de suspeitar que ele não acredite realmente em nada".[20] Mas também seria possível afirmar que Crowley acreditava em absolutamente tudo — como Fernando Pessoa. Nesse ponto, os dois convergiam. Embora seus estilos de vida fossem antitéticos, ambos tendiam a dar um pouco de crédito a tudo, muito crédito a certas coisas e crédito total a nada.

Ao longo de sua vida adulta, Pessoa sentiu a atração pelo mundo espiritual — sem saber o que esse mundo abrangia e se perguntando muitas vezes se não seria nada mais do que seu próprio desejo por outro mundo, outra realidade. Mesmo depois de começar a praticar astrologia, no final de 1914, a incerteza o perseguiu de tal modo que ele aceitou e rejeitou os ensinamentos da teosofia e a possibilidade de contatar espíritos astrais. Em 1925, depois de ler dois novos livros sobre o rosacrucianismo,[21] começou a escrever vários ensaios inter-relacionados que discutiam, entre outras coisas, a ideia de que existem planos imateriais de existência e o papel da reencarnação no sistema de crenças dos ocultistas.[22] Mas, quaisquer que fossem as crenças que ele próprio nutria, Pessoa não conseguiu terminar seus ensaios, e, durante o resto da década, pouco escreveu sobre ocultismo, assunto que o fascinava, mas que suscitava dúvidas que não conseguia resolver. E se tudo não passasse de baboseira metafísica?

Sua postura vacilante desapareceu como um demônio exorcizado quando, em 1930, ele conheceu Aleister Crowley, que era um poderoso mestre espiritual não porque nunca tivesse dúvidas, mas porque nunca permitia que a dúvida o detivesse. Do mesmo modo que Walt Whitman libertou Pessoa poeticamente, mostrando-lhe como explorar as formas e a dicção poéticas tradicionais para expressar emoções em estado bruto, a Grande Besta liberou Pessoa espiritualmente, encorajando-o a seguir suas inclinações espirituais sem se preocupar com o que sua razão podia considerar implausível ou sem sentido. Para Crowley, a crença não era uma questão de convicção, mas de encenação dramática. Pegando o que achava útil ou delicioso da ioga, da mitologia egípcia, do rosacrucianismo, da Aurora Dourada e assim por diante, ele amalgamou tudo em sua própria religião, a Thelema.

Pessoa também havia proposto uma nova religião, o paganismo português, cujo avatar era Caeiro, tendo Ricardo Reis e Antônio Mora como os dois principais apóstolos, mas era basicamente uma concepção poética, sem rituais ou ambições transcendentais. As religiões esotéricas, por sua vez, afirmavam ser veículos de acesso a verdades ocultas, hipótese que Pessoa se tornou muito mais disposto a admitir depois de ler e conhecer Aleister Crowley, que lhe ensinou duas lições sobre a verdade. A primeira era que, em última análise, todas as tradições expressam as mesmas verdades.[23] A segunda era que a verdade, para uma pessoa espiritualmente sintonizada, é tudo o que essa pessoa diz ser verdade. "Diz o que quiseres, há de ser tudo da Lei." Embora ele nunca tenha de fato pronunciado essa variação do lema central de Thelema — "Faz o que tu queres, há de ser tudo da Lei" —, Crowley a sugeriu por meio do próprio exemplo.

Em 23 de outubro de 1930, exatamente um mês depois de Crowley ter deixado Lisboa em segredo, Pessoa escreveu o poema "Elias Artista". Tratava-se do nome de um futuro alquimista extremamente sábio profetizado por Paracelso (1493-1541), um médico suíço-alemão, filósofo e renomado ocultista. Além de transmutar todos os tipos de metais, Elias Artista revelaria à humanidade novos tipos de conhecimento, revolucionaria as ciências e inauguraria uma era utópica. Pessoa leu sobre essa figura messiânica semelhante a d. Sebastião em seus livros sobre rosacrucianismo, segundo os quais esse futuro iluminador do mundo seria um homem da irmandade rosacruz. Falando na primeira pessoa, o Elias do poema de Pessoa reflete sobre a fonte do conhecimento superior, dele ou o de qualquer pessoa:

Tudo é, no mundo ou no outro mundo,
O que pensamos na vontade.
Tudo é o nosso ser profundo.
De meu imaginar me inundo,
E o mundo externo não me invade.

Depois de conhecer Crowley, Pessoa estava disposto a dedicar sua *força de vontade* e sua *imaginação* à busca de conhecimento oculto superior. Ele era Elias Artista.

E também era a cansada alta sacerdotisa de "O último sortilégio", um poema escrito em meados de outubro. A sacerdotisa lembra o poder que outrora exerceu para encantar, conjurar e subjugar as forças infernais e fazer as pessoas se apaixonarem por ela. Não mais conseguindo — nem desejando — fazer nenhuma dessas coisas, ela reúne os vestígios restantes de seus poderes encantatórios para um propósito diferente. Seu último ato de magia, invocado no final do poema, é se tornar uma estátua de si mesma num corpo vivo, morrer para tudo o que é ou tenha sido, e renascer naquela morte como *nada* — o nada em que sua verdadeira vida terrena consistia.

"O último sortilégio" era um ritual poético de autoiniciação. Isso é confirmado pelo fato de Pessoa ter feito uma tradução para o inglês do poema e o enviado a Crowley, que havia sido para ele um mestre ad hoc informal.[24] O mestre respondeu de Berlim para dizer que o poema era "danado de bom". Outro ato ritual, ou a segunda parte do mesmo ritual, foi a tradução de Pessoa para o português do poema de Crowley, "Hymn to Pan". Embora não seja um grande poema, sua energia libidinosa e impetuosa faz com que o "Hino de Pã" de Shelley e o hino de Keats ao mesmo deus, em "Endymion", pareçam pastorais inofensivas. Pã era um luxuriante deus do ar livre, da primavera, da magia e do sexo. Os cristãos o ligaram a Satanás, de quem Crowley não tinha nenhum medo. O eu poético do poema começa convocando o deus-bode para vir possuí-lo. Na tradução de Pessoa:

> *Vibra do cio sutil da luz,*
> *Meu homem e afã!*
> *Vem turbulento da noite a flux*
> *De Pã ! Iô Pã !*
> [...]
> *Vem, está vazia*
> *Minha carne, fria*
> *Do cio sozinho da demonia.*

No final do poema, o narrador se identifica com o deus devasso e insaciável:

> *Sou Pã! Iô Pã! Iô Pã Pã! Pã!*
> *Sou teu, teu homem e teu afã,*

Cabra das tuas, ouro, deus, clara
Carne em teu osso, flor na tua vara.

"Hino a Pã" prefacia *Magick in Theory and Practice* [Magia na teoria e prática] (1929), de Crowley, que teve um exemplar enviado de Londres a Pessoa a pedido do autor em outubro de 1930. Lido ou recitado, o poema pode ter despertado alguns dos discípulos de Crowley para a prática sexual mágica, mas o ato de traduzi-la serviu a um propósito oposto para Pessoa, que estava disposto a abraçar a abstinência sexual como destino. Ele anunciou sua indiferença ao sexo numa carta a João Gaspar Simões naquele mês de novembro, bem no momento em que iniciou a tradução.

Nessa carta, já mencionada anteriormente, Pessoa alegava que o poema heterossexual "Epithalamium" e o homossexual "Antinous", escritos em 1913 e 1915, serviram para libertá-lo da "obscenidade", visto que isso era "um certo estorvo para alguns processos mentais superiores".[25] Se Pessoa quis dizer que os dois poemas foram escritos para purgar o sexo de seu organismo, a tentativa fracassou redondamente. Henry More e outros espíritos astrais, em 1916 e 1917, o repreenderam por ser um masturbador; o desejo sexual é um tema que continuou a surgir em suas obras literárias; e a possibilidade do contato físico sensual foi um dos incentivos que o atraiu a Ofélia Queiroz, em 1919 e de novo em 1929.

Foi em 1930, não em 1913 e 1915, que Pessoa decidiu banir a "obscenidade" de sua vida. Embora ainda telefonasse para Ofélia e a visse ocasionalmente, as sessões de beijos e carícias haviam cessado — para o pesar dela, não dele. Em sua escrita mediúnica inicial, e mais tarde por meio do Barão de Teive, a castidade era tratada como uma patologia que precisava ser curada. Com o tempo, no entanto, Pessoa passou a vê-la como uma virtude, e ainda mais depois que conheceu Crowley, cujo estilo de vida dominado pelo sexo era contrário à sua sensibilidade, ao seu caminho espiritual. Ao traduzir com perfeição o "Hino a Pã" da Grande Besta — uma façanha que exigia que se identificasse por completo com seu autor e narrador —, Pessoa dominou sua energia sexual, convertendo-a em mais literatura: a versão em português do poema.

O amor e a sexualidade estavam aliados não só às aspirações espirituais de Pessoa, mas também, cada vez mais, aos seus sonhos de um Quinto Império português. Na mesma carta a Gaspar Simões em que afirmava a função catártica de "Epithalamium" e "Antinous", ele explicava que os dois poemas faziam parte de um ciclo "imperial", em que cinco impérios históricos eram representados por cinco poemas de amor muito diferentes: (1) Grécia, "Antinous"; (2) Roma, "Epithalamium"; (3) Cristandade, "Prayer to a Woman's Body" [Prece a um corpo de mulher]; (4) Império Moderno, "Pan-Eros"; e (5) Quinto Império, "Anteros". Embora Pessoa nunca tenha escrito os três últimos poemas, seus títulos são sugestivos. A julgar pelos trechos que redigiu para seu já mencionado ensaio intitulado "Anteros", o quinto e último poema de seu ciclo poético amoroso teria evocado um mundo em que a distinção entre amor e amizade é confusa, permitindo o que poderíamos chamar de "Pan-Afeição", em oposição ao amor "Pan-Eros" do quarto império.[26] Era um mundo em que o amor casto e não erótico seria altamente valorizado. Não a mera castidade, mas o *amor casto* seria o objetivo, ao menos para certos indivíduos.

Pessoa trabalhou em *The Mouth of Hell*, sua novela policial, até se entediar com ela, e já se cansara de se corresponder com Crowley, que ainda morava em Berlim, desfrutando da agitada vida noturna da cidade. Depois de duas cartas recebidas no início de 1931, ambas implorando para que ele mandasse notícias ("Você nunca me disse o que pensava de *Magick*"), Pessoa finalmente respondeu, sem sequer mencionar o tratado de Crowley sobre magia, e depois se retirou de novo para o silêncio. "Mas o que aconteceu com você?", questionou a Grande Besta sete meses depois, em uma carta informando-o de que "o Monstro", Hanni Jaeger, havia desaparecido de sua vida e que uma exposição de suas pinturas seria inaugurada numa galeria de Berlim em outubro.* Em sua resposta, Pessoa pôs a culpa de sua negligência epistolar numa má conjunção astrológica, e depois continuou a ser negligente, deixando a carta seguinte de Crowley sem resposta e na prática encerrando o contato entre eles.

Alguns meses depois, Pessoa recebeu mais uma correspondência de Crowley — ou melhor, de Mestre Therion. Era uma carta-padrão mandando "Saudações do Equinócio da Primavera", talvez dirigida sobretudo aos membros da A.'.A.'., a ordem iniciática criada por Crowley em 1909. É extremamente improvável que Pessoa pertencesse a essa ordem ou que considerasse Crowley seu mestre espiri-

* Jaeger se suicidaria em 1933.

tual formal. Porém, ele o reconhecia como um mestre da magia e como um homem que o destino trouxera para sua vida a fim de lhe ensinar algumas coisas por meio de seus escritos e seu exemplo. Numa anotação sem data, Pessoa escreveu (em português): "Sentir a oposição do meio é o princípio do estímulo da vitória. Isto me deu o Mestre Therion com autorização superior. Criar a desanalogia entre mim e o que me cerca — eis a primeira passada e a vigília que começa".[27]

Na opinião de Pessoa, Crowley não alcançou a vitória completa. Embora o admirasse por seguir sua trajetória própria,. sem se importar com o que a sociedade pensava sobre isso, Pessoa nem sempre ficou positivamente impressionado com o que leu em *Confissões: O espírito da solidão*, de Crowley, muito menos com o que soube a seu respeito através de outras fontes. Em sua reflexão mais incisiva sobre o mágico e ocultista, Pessoa escreveu (em inglês):

> Ele tem razão ao chamar sua autobiografia de espírito de solidão. É essencialmente um homem sem amigos e construiu a partir da solidão e da falta de amigos uma falsa personalidade que superou a verdadeira. Ele tem sido, até certo ponto, a negação de seus próprios princípios e a anulação de sua verdadeira vontade. Como todos os homens enfraquecidos que são realmente fortes, ele precisa de uma mão amiga.[28]

Como os líderes espirituais costumam fazer, Mestre Therion atraía com frequência pessoas carentes de atenção. Mas Crowley, o homem, de acordo com o diagnóstico de Pessoa, era, à sua maneira, também um indivíduo carente.

Em sua primeira carta a Pessoa depois de chegar a Berlim, Crowley se gabara de que seu círculo social incluía Aldous Huxley, o autor de *Admirável mundo novo*, que seria publicado em breve, cuja distopia de pessoas unanimemente satisfeitas e de mentes entorpecidas era exatamente o tipo de futuro que Pessoa condenava de forma implícita ao insistir no valor supremo da individualidade humana. Um dos lugares favoritos de Huxley e Crowley, escreveu o mago, era o Mikado, um bar "onde todas as mulheres se vestem de homem e vice-versa". Embora a diversão fosse terminar dentro de poucos anos, com alguns dos farristas indo parar em campos de concentração, a Berlim da Alemanha de Weimar era um paraíso de diversidade sexual, com dezenas de bares para homossexuais, lésbicas e indivíduos sem definição. Apesar da companhia de Huxley, em carta subsequente Crowley admitiu: "Eu consigo um bom xadrez por aqui, mas nenhuma conversa inteligente", e pedia por alguma leitura astrológica de seu futuro.

Ao que parece, a Besta estava buscando em Pessoa uma "mão amiga", e esperando por mais do que apenas alguns conselhos astrológicos. Mas Pessoa, tendo aprendido o que queria com Crowley, não via razão para prolongar a relação. O mágico tinha sua vida cosmopolita cheia de pessoas glamorosas e curiosas, como Huxley, Isherwood, Germer, a esposa rica de Germer de Nova York, e Bertha Busch, sua nova Mulher Escarlate — o suficiente para distraí-lo de sua solidão. Em 1932, ele voltaria para Londres. Enquanto isso, Pessoa mantinha sua rotina em Lisboa, evitando distrações.

63.

Ao mesmo tempo que cedia ao apelo sedutor de planos de existência mais elevados e espiritualizados, Pessoa afastava-se mais decididamente de Ofélia Queiroz, que ainda se apegava ao seu sonho impossível de viverem juntos como marido e mulher. No final de janeiro de 1931, ela lhe enviou uma carta saturada de amargura. Acostumara-se ao fato de ele não lhe escrever e não a beijar, mas ultimamente ele deixara de telefonar e muitas vezes cancelava os encontros ou não aparecia na hora e no local marcados. Havia sido um mês desastroso para o romance dos dois, e todas as noites ela rezava a Deus para que Álvaro de Campos, seu grande obstáculo, parasse de fazê-la sofrer. Infelizmente para as ambições amorosas dela, ele e seu amigo intrometido eram inseparáveis: se Campos se manteve à distância, Pessoa fez o mesmo. Em 15 de fevereiro, ela escreveu para perguntar como era possível que ele a tivesse deixado esperar duas vezes seguidas sem nenhum aviso prévio. Ele não respondeu. Depois que não apareceu pela terceira vez, ela escreveu para perguntar se ele estava doente. No dia seguinte, recebeu um telefonema, mas não era de Pessoa, nem de Campos. O homem que ligou se identificou como Ricardo Reis e informou que Fernando estava "preso e incomunicável" até o início de março.

Pessoa, fazendo-se passar por Ricardo Reis, teria falado com uma voz diferente? Ofélia teria implorado ao heterônimo que passasse o telefone ao homem que amava? Pessoa teria sorrido ou dado uma risadinha ao desligar o telefone no escritório em que por acaso estava trabalhando naquele dia? Ou, ao contrário, estava preocupado e aflito por ter tomado uma medida tão drástica?

Só podemos ter certeza de que Ofélia, depois de devolver lentamente o fone ao gancho, sentiu-se arrasada. Mas talvez ele a estivesse testando ou, de alguma forma, reconsideraria a decisão. Ela escreveu ao seu amado para dizer que Ricardo Reis, a quem não tinha a honra de conhecer, certamente estava mentindo e que o esperaria no dia seguinte como de costume na parada do bonde. "Tenha ao menos o Nininho peninha de mim!", implorou. No dia seguinte, ela esperou e esperou, olhando à esquerda, depois à direita, enquanto segurava as lágrimas. Desesperada, recorreu a um velho estratagema, escrevendo uma carta na qual afirmava ter encontrado Álvaro de Campos, que prometera ligar nos próximos dias, mas não recebeu nenhum telefonema.

Como Ricardo Reis havia insinuado que Pessoa reapareceria em março, ela escreveu uma carta no primeiro dia daquele mês para avisar que o esperaria terça-feira na parada do bonde, às 18h30. Às seis e meia da terça, ele estava em outro lugar. Por fim, em abril, após dois meses sem nenhum sinal dele, ela desistiu. Em 13 de junho, enviou-lhe um bilhete educado desejando-lhe feliz aniversário e, um ano e meio depois, no Natal de 1932, escreveu uma carta para agradecer-lhe por ter transmitido seus votos de felicidades para as festas de fim de ano, ao que tudo indica por intermédio de seu sobrinho Carlos, a quem ele continuava a ver habitualmente.[1] Disse que estava infeliz e que a culpa era dela mesma, por ter se apaixonado tolamente por ele. Não houve mais cartas, mas todos os anos ela mandava para ele — e ele para ela — um telegrama com cumprimentos de aniversário.

Na década de 1930, o apreço de Pessoa pela solidão era uma espécie de lenda entre aqueles que o conheciam ou tinham ouvido falar a seu respeito. Em 4 de abril de 1931, um jornalista lisboeta publicou um artigo sobre um recente encontro com o poeta de *Orpheu*, *Contemporânea*, *Athena* e *Presença* no "sombrio e discreto" Martinho da Arcada, um café "propício às longas meditações e aos devaneios da fantasia". Ele descreveu Pessoa como "a alma do movimento da renovação literária dos últimos vinte anos", que poderia ter conquistado fama e honra com sua inteligência incomparável, mas que preferiu ser "enclausurado num círculo de férrea modéstia". Na verdade, o despretensioso escritor "goza, ali no café tristonho, a volúpia do isolamento". Era uma tarde chuvosa de março, e nenhum dos amigos de Pessoa estava lá com ele, apenas um alemão, que contava, em francês, as estranhas profecias que ouvira da boca de um velho vidente rifenho em Casablanca. As profecias não impressionaram o jornalista, mas ele ficou maravilhado com a atenção extasiada de Pessoa, que devorava cada palavra do alemão.[2]

O próprio Pessoa tinha agora ares de vidente ou de sábio, segundo outro jornalista, Luís da Câmara Reis, que durante um ou dois anos se encontrou e conversou com o poeta quase todos os sábados à noite. Eles tinham um amigo em comum que oferecia um jantar semanal para alguns intelectuais. Ao escrever sobre essas soirées após a morte de Pessoa, Câmara Reis se recordou da imagem perfeita de um escriturário, invariavelmente de terno preto, amistoso e de modos simples, nada afetado, mas de alguma forma misterioso. "A fala era lenta, serena e grave. Nunca se precipitava a interromper o que os outros diziam. Havia nele qualquer cousa dum mago, de sacerdotal, de ritual."[3]

Os jantares semanais terminaram em 1930. Pelo resto de sua vida, a maior parte do debate intelectual de Pessoa ocorreu em seu café preferido, com quaisquer amigos ou conhecidos que aparecessem e, às vezes, com estranhos como o alemão que vivera no Marrocos. Consta que Pessoa também se encontrava com um grupo de amigos no Café Montanha — talvez aos domingos, quando o Martinho da Arcada estava fechado. Um engenheiro agrônomo chamado Francisco Peixoto Bourbon revelaria a existência do grupo do Montanha numa prolífica série de artigos de jornal que começou a publicar 37 anos após a morte de Pessoa. Bourbon era o membro mais jovem da tertúlia que, segundo ele, se reunia semanalmente e incluía Mário Saa, Alberto da Cunha Dias e o dramaturgo (e primo distante de Pessoa) Victoriano Braga.

Os artigos do memorialista, muitos dos quais genericamente intitulados "Evocando Fernando Pessoa", estão repletos de curiosidades e surpresas. Ficamos sabendo, por exemplo, que Pessoa foi um colaborador lisboeta da efêmera Monarquia do Norte, proclamada no Porto em 1919, um mês após o assassinato do presidente Sidônio Pais. E Bourbon informa-nos, a respeito da morte criminosa de Pais, que Pessoa montou guarda para evitar que os detratores do ditador fugissem com seu cadáver enquanto jazia em câmara-ardente no palácio presidencial de Belém.[4] Pessoa como agente político e guarda-costas — ou melhor, protetor de cadáveres — não se enquadra nem remotamente em nossa imagem de um homem que evitava a vida ativa como se fosse um agente alergênico, "atuando" somente por meio da palavra escrita.

Bourbon publicou quase duzentos artigos sobre Pessoa entre 1972 e 1990.[5] Um texto de 1983 contém sua revelação mais sensacional. Uma tarde, escreveu Bourbon, depois do café e do bate-papo literário no Café Montanha, o grupo resolveu visitar um bordel. Pessoa, para surpresa de ninguém, não foi junto. Mas qual foi o espanto quando descobriram no bordel, através da conversa com as prostitutas, que Pessoa era um cliente habitual e tinha sua "apaixonada" preferida! Essa revelação, divulgada num livro que saiu dois anos depois,[6] foi um sonho tornado realidade para os admiradores do poeta que detestavam pensar que ele poderia não ter sido um heterossexual ativo. Mas, enquanto Bourbon afirmava que Pessoa podia pagar por sexo com uma prostituta, ficamos sabendo em outros capítulos de "Evocando Fernando Pessoa" que ele usava ternos surrados e vivia em quartos miseráveis.[7] Mas as evidências nos mostram, ao contrário, que ele sempre se vestia bem e morava num apartamento espaçoso com a irmã e a família dela. Bourbon é muitas vezes citado como uma autoridade por biógrafos e estudiosos, mas uma inspeção cuidadosa de suas "evocações" mostra que estão repletas de contradições e alegações falsas.[8]

Talvez porque fosse tão reservado e com uma vida tão monótona, uma notável série de lendas e informações errôneas sobre os 47 anos de existência terrena de Pessoa surgiu após sua morte. Manuela Nogueira admitiu para mim que não é possível ter certeza absoluta de que sua própria mãe, irmã de Pessoa, foi totalmente sincera em tudo o que relatou aos entrevistadores que a pressionaram por respostas para suas muitas perguntas. E vimos como o próprio Pessoa, ao escrever sobre sua vida e seus heterônimos, por vezes embelezava ou inventava fatos, sem sequer invocar a desculpa de licença poética. Na verdade, ele sustentava existir algo inerente e inevitavelmente falso em cada declaração que um poeta faz, mesmo quando é "verdadeira".

Como dizem as primeiras duas estrofes de "Autopsicografia":

O poeta é um fingidor.
Finge tão completamente

Que chega a fingir que é dor
A dor que deveras sente.

E os que leem o que escreve,
Na dor lida sentem bem,
Não as duas que ele teve,
Mas só a que eles não têm.

O poema é conhecidíssimo, mas poucos sabem qual é sua provável fonte de inspiração: *As You Like It* [Do jeito que você gosta], de William Shakespeare.[9] No terceiro ato dessa comédia pastoral — uma das tantas peças de Shakespeare que Pessoa ainda planejava traduzir para o português[10] —, o palhaço Touchstone tenta cortejar Audrey, uma simplória pastora de cabras:

TOUCHSTONE: Realmente, gostaria que os deuses a houvessem feito mais poética.

AUDREY: Não sei o que é "poética". É uma coisa honesta tanto no ato como na palavra? É uma coisa verdadeira?

TOUCHSTONE: Não, realmente, pois a poesia mais verdadeira é a mais fingida; e os amantes gostam de versos, mas o que juram nos poemas na verdade é fingimento.

AUDREY: Você queria então que os deuses me tivessem feito mais poética?

TOUCHSTONE: Gostaria, realmente; pois me disse que era honesta. Mas se fosse poeta, eu poderia ter esperança que você fingisse.*

Nesse ponto, o público ri, pois a palavra "honesta", na última fala de Touchstone, significa "casta". A poesia a que o palhaço se refere nessa passagem é especificamente a dos amantes, que contam doces mentiras para conquistar quem o coração deseja, mas podemos ter certeza de que, para William Shakespeare, *toda* poesia — e toda criação literária em geral — implicava fingimento implícito, invenção, simulação. Isso é óbvio em sua própria prática como um escritor que retratou uma gama estonteante de tipos de personalidade.

* *Do jeito que você gosta*. Trad. de Rafael Raffaelli. Florianópolis: Editora da UFSC, 2011. (N. T.)

Pessoa às vezes comparava seus alter egos literários a personagens de Shakespeare. No prefácio de *Aspectos*, série de livros de heterônimos que pensou em publicar por volta de 1920, ele sugeria que Caeiro, Campos e Reis eram como tantos Hamlets. Em 1929, adotou um novo título geral para sua série de livros heterônomos, *Ficções do interlúdio*, e em um texto em prosa provavelmente destinado a seu novo prefácio ele esclarecia o que queria dizer com aquela referência anterior a Hamlet:

> Suponhamos que um supremo despersonalizado, como Shakespeare, em vez de criar o personagem Hamlet como parte de um drama, o criava como simples personagem, sem drama. Teria escrito, por assim dizer, um drama de uma só personagem, um monólogo prolongado e analítico.

Seus heterônimos, continuava Pessoa a explicar, estavam precisamente nessa categoria. Quase independentes, expressavam certas ideias das quais ele discordava fortemente e certos sentimentos que nunca havia sentido.

"Autopsicografia", no entanto, não é sobre fingir o que *não se sente* para criar personagens convincentes, sejam eles Hamlets ou heterônimos; trata-se de fingir *o que se sente* para convertê-lo em literatura. Em vez da "emoção recolhida em tranquilidade" de Wordsworth, Pessoa estava propondo a emoção *recriada* na forja do artista, de modo a torná-la um objeto que seus leitores entenderiam melhor. "Autopsicografia" é uma meditação sobre a dificuldade de transmitir aos outros nossos verdadeiros sentimentos e uma estratégia para superá-la. Se o poeta fizer bem seu trabalho, o leitor sentirá a mesma coisa que ele sentiu, embora apenas na forma de um simulacro. Na verdade, a "dor" do leitor, de acordo com a segunda estrofe do poema, é, na melhor das hipóteses, uma representação emocional da dor fingida.

A terceira e última estrofe do poema é ambígua:

> *E assim nas calhas de roda*
> *Gira, a entreter a razão,*
> *Esse comboio de corda*
> *Que se chama o coração.*

De um lado, ela parece prolongar a reflexão do poema sobre o caráter esquivo dos sentimentos, que pulsam com vida própria, fora do nosso controle. Por outro, parece rebaixar os sentimentos à condição de entretenimento mental, um trenzinho de brinquedo para adultos. Ao escrever essa estrofe, em 1º de abril de 1931, Pessoa talvez estivesse pensando nos sentimentos que lhe despertara o relacionamento recém-encerrado com Ofélia Queiroz — surpresa, excitação, confusão, espanto e, por fim, cansaço —, que ele observou de perto e sobre os quais ponderou.

Em *As You Like It*, a corte de Touchstone a Audrey, com quem ele vai acabar se casando, é uma paródia do amor romântico. "Autopsicografia", sem recorrer à paródia, revela um profundo ceticismo a respeito da cognoscibilidade, da comunicabilidade e até mesmo do valor real de todos os sentimentos humanos. O poema lembra vagamente os argumentos do filósofo pré-socrático preferido de Pessoa, Górgias: nada existe, mas, mesmo que algo exista, não podemos conhecê-lo, e, mesmo que possamos, não podemos comunicá-lo a outrem. O poeta, como fingidor, consegue de certa forma, por prestidigitação, comunicar seus sentimentos, mas ninguém, nem mesmo ele, consegue realmente compreender o que sentiu.

Francisco Sanches (*c.* 1550-1623), o filósofo ibérico favorito de Pessoa, era a quintessência do ceticismo. Filho de pai espanhol e mãe portuguesa, passou a maior parte da vida na França, para onde sua família de ascendência judia emigrou a fim de fugir da Inquisição. Sua obra mais lembrada é *Quod Nihil Scitur* [Que nada se sabe], que Pessoa planejava traduzir para o inglês e também para o português,[11] embora provavelmente nunca a tenha lido até o fim. O livro de Sanches critica e repudia uma série de métodos de obtenção de conhecimento, inclusive o uso do raciocínio silogístico por Aristóteles, mas Pessoa estava interessado em especial na primeira frase do volume, que citou em um trecho para o *Livro do desassossego* escrito menos de um mês antes de "Autopsicografia". O trecho argumenta que o estágio da consciência humana representado por Sócrates com seu "só sei que nada sei" foi superado por Sanches quando declarou "nem sei se nada sei".[12] A implicação é que, no fim das contas, talvez saibamos ou possamos saber algo, embora sem saber que o sabemos.

Duvidar da própria dúvida é abrir uma porta para a possibilidade de conhecimento — em particular o que não é baseado em raciocínio lógico ou observação empírica —, e Pessoa, após seu encontro com Aleister Crowley, escancarou essa porta. No início do segundo semestre de 1931, comprou uma pilha de novos livros sobre rosacrucianismo, cabala, maçonaria e ritos de iniciação.[13] Como era seu costume, sempre que se inflamava com um novo entusiasmo, começava imediatamente a escrever artigos, panfletos e livros sobre o tema — no caso, o esoterismo. Ele expunha as ideias e doutrinas colhidas em suas leituras, as revestia com seu próprio estilo expressivo e formulava novas ideias, novas doutrinas.

Subsolo era o título provisório de Pessoa para uma introdução geral à história das doutrinas ocultas e das sociedades secretas responsáveis por transmiti-las através dos tempos. O primeiro capítulo estabeleceria algumas leis básicas da "vida oculta", a começar pela mais importante de todas: "O que está em baixo é como o que está em cima e o que está em cima é como o que está em baixo". Ou, numa fórmula resumida: "Assim como acima, é abaixo". Essa lei está contida na *Tábua de Esmeralda*, um texto esotérico disseminado em árabe por volta do século VII, mas supostamente escrito muito antes pelo personagem mítico Hermes Trismegisto, um amálgama derivado do deus grego Hermes (a quem se atribuía a invenção do alfabeto) e o deus egípcio Thoth (o patrono da escrita e da magia). O nome desse Hermes "três vezes maior" foi anexado a muitos escritos esotéricos produzidos nos primeiros séculos da era cristã e mais tarde traduzidos do grego para o latim como *Corpus Hermeticum*.

O período em que as doutrinas herméticas começaram a tomar forma escrita também viu o surgimento do gnosticismo, intimamente relacionado ao hermetismo, porém com um conceito mais radical da transcendência de Deus. Ambas as tradições afirmam que as almas humanas se originam em Deus — que é inefável —, mas estão presas à matéria. Ao atingir o conhecimento espiritual superior, às vezes chamado de *gnose*, as almas têm a possibilidade de ascender através das esferas graduadas da realidade para se aproximar ou se reunir com a Unidade que tudo transcende.

A noção de que existem vários níveis de realidade sempre agradou a Pessoa. Alguns de seus poemas — a primeira seção da "Ode marítima", por exemplo — invocam diretamente o mundo platônico das Formas ideais. E o axioma hermético "Assim como acima, é abaixo", muitas vezes repetido nos escritos de Pessoa sobre esoterismo da década de 1930, já estava inscrito numa estrofe de um poema que ele escreveu em 1923:

Ah, tudo é símbolo e analogia.
O vento que passa, esta noite fria,

São outra cousa que a noite e o vento —
Sombras de Ser e de Pensamento.[14]

Mas o mundo "acima" não era povoado apenas por Formas ideais, pensamentos elevados e esplendores celestiais: era também habitado por poderes espirituais que governam o universo — de modo beligerante, com os mesmos tipos de lutas por poder que convulsionam o mundo geopolítico "abaixo".

"Que de Infernos e Purgatórios e Paraísos tenho em mim — e quem me conhece um gesto discordando da vida... a mim tão calmo e tão plácido?"[15] Pessoa havia escrito essas palavras muitos anos antes, mas nunca foram tão pertinentes como na década de 1930. Por trás de seu exterior sobriamente vestido e respeitável, que o fazia misturar-se à paisagem urbana de Lisboa sem chamar a atenção,

havia pelo menos três forças ocultas — um Conselho Pagão, já mencionado, um grupo de Chefes Secretos e uma misteriosa Fraternidade —, que entraram em conflito umas com as outras numa guerra religiosa em curso que se travou, se não em nenhum outro lugar, pelo menos no campo da imaginação de Pessoa.

O Conselho Pagão, de acordo com alguns dos escritos mais originais e fantasiosos de Pessoa sobre o ocultismo, atacava o misticismo e defendia, como Alberto Caeiro, "o mundo tal como nos foi dado". Os Chefes Secretos, que eram os guardiões de mistérios profundos muito mais antigos do que Jesus Cristo, se opunham encarniçadamente à Igreja, mas o Conselho Pagão a protegia, já que muitos vestígios do paganismo estavam conservados nos ritos e rituais católicos. A Fraternidade sem nome — na verdade, a Fraternidade Rosacruz — também defendia a Igreja, por simpatia por certos símbolos e doutrinas cristãos. O Conselho Pagão e a Fraternidade, além de proteger a Igreja, estavam empenhados em defender a civilização europeia contra a ameaça da "orientalização", uma tendência ativamente promovida pelos Chefes, cuja sabedoria estava em parte enraizada nas tradições esotéricas judaicas e asiáticas. Uma linhagem de Mestres com conhecimento secreto transmitido através dos tempos era uma ideia popularizada por Helena Blavatsky, a ocultista e teosofista russa, que alegava ter conhecido alguns desses Mestres no Tibete.

A respeito da batalha que se travou entre essas forças invisíveis, Pessoa escreveu: "Assim tudo é uma luta no alto, de que o formigueiro dos homens, aqui embaixo, é a sombra e o desmanchamento".[16] A guerra espiritual nas alturas também dramatizava uma luta cultural. Pessoa sempre defendera a superioridade da civilização europeia, cujas origens na Grécia Antiga queria revitalizar através do neopaganismo. Seu fascínio pelo conhecimento esotérico e por planos espirituais de existência desafiava seu eurocentrismo. Que sentido faria um viés regional para uma realidade *espiritual* universal? Um dos argumentos para a existência de conhecimento arcano, ou gnose, é precisamente a coincidência de certos preceitos e conceitos esotéricos em diversas culturas.

Pessoa reconhecia que a sabedoria secreta do Ocidente e a do Oriente eram a mesma, o mesmo segredo, mas ainda era um europeu, e foram as tradições esotéricas ocidentais que chamaram sua atenção. A maioria dessas tradições interagia de algum modo com o cristianismo, cuja linguagem ele conhecia fluentemente, e não só devido à educação que recebera das freiras da Escola do Convento de São José, em Durban. Ao longo de sua vida adulta, ele leu livros sobre a história da Igreja, teologia e a Bíblia, em especial o Novo Testamento, que possuía numa versão moderna em inglês, traduzida da melhor edição crítica disponível.[17]

Hostil ao catolicismo, Pessoa aderiu ao que mais tarde chamaria de Tradição Secreta do Cristianismo e se dizia um cristão gnóstico.[18] Ele entendia que a redenção do mundo material dependia do conhecimento esotérico — ou gnose — de Jesus Cristo, que não era divino, mas "a sombra de um *processo* divino" e o "símbolo de uma *Coisa* do Além".[19] É difícil para um leigo imaginar que aplicação prática essas definições um tanto indefinidas poderiam ter para um aspirante no caminho que conduz à reunificação com o verdadeiro eu de alguém, mas o tipo de gnosticismo de Pessoa valorizava as sutilezas verbais como "sombra de um *processo* divino" para sondar, através da espessa névoa de nossas mentes presas à terra, a verdade divina.

Num domingo de manhã, caminhando nas proximidades da praça do Rossio e ao se deparar de repente com a igreja de São Domingos, um templo medieval destruído no terremoto de 1755 e reconstruído em estilo barroco, Bernardo Soares lembra como gostava de ir lá com sua mãe, vestido com seu único terno de qualidade. Ele entrava na missa "como para um grande mistério", sem entendê-la (já que ainda era celebrada em latim), mas absorvendo tudo com grande temor e respeito. "Só o ser que não crê e é adulto, a alma que recorda e chora, são a ficção e o transtorno, o desalinho e a lajem fria", comenta em seu diário. E, enquanto o ajudante de guarda-livros observa uma multidão de fiéis saindo de uma missa e outra multidão se reunindo nas portas para a missa seguinte, ocorre a ele que "o que eu sou fora insuportável, se eu não pudesse lembrar-me do que fui".[20]

Pessoa, quando era menino, ia à missa com a mãe numa igreja diferente, mais perto de onde moravam, porém as lembranças de Soares sobre sua fé na infância eram as do próprio autor. Ele sentia falta da simplicidade de aceitar sem entender e de não se importar com o que não compreendia. A religiosidade de sua idade adulta buscava resgatar sua fé infantil, mas não podia mais ser simples. Os sistemas teológicos e suas nuances eram como drogas para sua mente madura, viciada em complexidade.

A Tradição Secreta do Cristianismo, como Pessoa a entendia a partir dos pesados tomos que leu, começa com seitas heterodoxas nos primeiros anos da era cristã, continua silenciosamente dentro e fora das Igrejas católica, ortodoxa oriental e reformada, e encontra um polo galvanizador de atração na Fraternidade Rosacruz. O próprio Pessoa sentia-se fortemente atraído por essa irmandade, e o fato de se basear numa lenda inventada tornava-a ainda mais atraente para a sensibilidade do poeta-fingidor. Lendas, como mitos e símbolos, representam verdades superiores.

O principal autor da lenda foi o diácono luterano alemão do século XVII Johann Valentin Andreae, que buscava promover a devoção cristã por meio da ficção e da alegoria. Entre 1614 e 1616, ele e alguns amigos publicaram de forma anônima alguns panfletos que contavam a vida venerável de um certo Christian Rosenkreuz, um médico alemão que teria recebido instruções de mestres iluminados numa viagem à Arábia, ao Egito e ao Marrocos. Ao retornar à Alemanha, ele teria fundado uma fraternidade secreta, a Fraternidade da Rosa Cruz, que presidiu até sua morte em 1484, aos 106 anos. Os panfletos afirmavam ainda que essa irmandade cristã sobreviveu secretamente, preservando a sabedoria oculta concedida a Rosenkreuz em suas viagens.

Nesse ponto terminava a história alegórica, mas dela nasceu um novo movimento religioso. Traduzidos rápida e amplamente, os panfletos rosacruzes geraram entusiasmo e controvérsia por toda a Europa. Enquanto alguns eruditos tentaram desacreditar as publicações, outros professaram ter um conhecimento obtido de forma independente sobre a Fraternidade Rosa Cruz, ou alegaram pertencer a suas fileiras secretas. No século XVIII, sociedades rosacruzes começaram a surgir, junto com novas publicações contendo regras e regulamentos supostamente antiquíssimos para governar a fraternidade.

Naquela época, a maçonaria cerimonial "especulativa" — em oposição à guilda "operativa" original de pedreiros profissionais — estava florescendo na Europa e na América, e vários grupos maçônicos, ávidos por narrativas e símbolos para embelezar seus rituais, abraçaram pedaços variados de tradição e doutrinas rosacruzes. A influência foi recíproca: as ordens rosacruzes começaram a introduzir graus iniciáticos influenciados pelo sistema maçônico. A semimaçônica Ordem da Cruz Dourada e Rosada, fundada na Alemanha na década de 1750, introduziu um impressionante sistema de iniciação em nove graus que ia de Zelator a Magus. O sistema, com modificações sucessivas, entrou em outras ordens, inclusive na Aurora Dourada e na ordem A∴A∴ de Aleister Crowley.

Apesar de saber muito bem que Christian Rosenkreuz era um personagem fictício e que os ritos e as ladainhas da Fraternidade da Rosa Cruz, da maçonaria e de seus vários ramos eram também frutos da invenção humana, Pessoa — como muitos outros — admitia a possibilidade de que essas criações tivessem sido inspiradas por poderes superiores, sobre-humanos. De onde quer que viessem, os sistemas de iniciação e graduação atormentavam sua imaginação. Subir numa hierarquia com nomes evocativos em latim como Zelator, Practicus, Philosophus e Adeptus Minor fazia o progresso espiritual parecer um empreendimento simultaneamente divertido e importante. Debruçado sobre sua escrivaninha até altas horas da noite e rodeado de livros esotéricos, como um monge altamente erudito, mas herético, Pessoa escrevia com fervor sobre as hierarquias iniciáticas, o rico simbolismo e as práticas cerimoniais da Aurora Dourada, da A∴A∴ e de outras sociedades secretas, considerando a Fraternidade da Rosa Cruz como a sociedade mãe da qual todas as outras descendiam.[21]

Mas Pessoa, em última instância, identificava-se patrioticamente com uma ordem espiritual muito mais antiga, o ramo português dos Cavaleiros Templários. Embora tivesse sido dissolvida seis séculos antes, ele alegava que a ordem ainda existia, numa forma diferente e com outro nome.

Com seus característicos mantos brancos brasonados com cruzes vermelhas, os soldados de elite que lutaram nas Cruzadas nos séculos XII e XIII estão firmemente estabelecidos no imaginário coletivo. Mas por trás dos arrojados cavaleiros, havia uma vasta rede de irmãos templários menos lembrados que permaneceram na Europa para administrar a invejável riqueza da ordem, proprietária de centenas de edificações e terras espalhadas por todo o continente, além do Oriente Médio. Em 1307, o rei Filipe IV da França, que devia enormes quantias de dinheiro aos Templários, ordenou que todos os cavaleiros da ordem em seu país fossem presos com base em meros boatos. Havia rumores, sem a menor prova, de que os irmãos se envolviam em atos homossexuais e que os postulantes da ordem eram obrigados a amaldiçoar o nome de Cristo e cuspir na Santa Cruz como parte de sua iniciação. Confissões desses e outros supostos crimes foram obtidas por meio de tortura, dezenas de Templários foram queimados na fogueira, e o papa Clemente V, curvando-se à pressão do rei francês, dissolveu a ordem e transferiu seus bens para os Cavaleiros Hospitalários. No entanto, o rei d. Dinis de Portugal obteve a aprovação papal para transformar o ramo português dos Templários naquela que ficou conhecida como a Ordem de Cristo.

O infante d. Henrique, o Navegador, foi o mais célebre grão-mestre da Ordem de Cristo, que desempenhou um papel importante nas descobertas portuguesas, mas que depois foi minguando lentamente, a ponto de se tornar uma condecoração concedida pelo governo, como uma medalha presidencial, sem desempenhar nenhum papel. Até que Pessoa a reinventou. Em 1925, ele fez uma referência passageira à moribunda Ordem de Cristo (ver capítulo 50), afirmando que seus remanescentes ajudaram a formar parte de uma "Ordem Terceira" portuguesa, que sub-repticiamente combatia uma rede de trezentos influentes judeus e maçons que controlavam as finanças e a política mundiais. Na década de 1930, o interesse de Pessoa pela Conspiração dos Trezentos foi ofuscado pela teoria mais atraente de que forças espirituais invisíveis comandavam o universo. Abandonando sua ideia anterior de uma Ordem Terceira, ele se propôs a reabilitar e reviver a Ordem de Cristo, alegando, em primeiro lugar, que sua chamada "Ordem Interna" havia preservado em segredo o espírito original dos Templários até o presente.[22]

E o que era esse "espírito original"? Historiadores das religiões insistem que os Templários eram católicos devotos, mas Pessoa, como muitos outros ocultistas, aceitava como verdadeiras as acusações forjadas de heresia que levaram ao seu fim, uma vez que isso possibilitava enxertar a ordem suprimida na Tradição Secreta do Cristianismo, segundo a qual seus ritos e rituais supostamente heréticos eram expressões codificadas de doutrinas gnósticas ou herméticas.[23]

Em vez de entrar para os rosacruzes ou a qualquer outra ordem estabelecida, Pessoa procurou refúgio espiritual na sua orgulhosamente portuguesa Ordem de

Cristo, descrita em seu livro *Subsolo* como "a mais sublime" de todas as ordens.[24] Ao contrário das demais, ela não tinha estrutura de graus, nenhum ritual, nenhuma insígnia e nenhuma iniciação formal. Além disso, seus membros se conheciam sem nunca terem se encontrado e se comunicavam sem recorrer à linguagem humana. O poeta e fingidor havia criado a ordem oculta mais etérea que se possa imaginar, tão invencível quanto invisível. Apropriadamente, seu grão-mestre de fato — Fernando Pessoa — era ele mesmo mais ou menos invisível para o mundo.

64.

Assim como sua participação juvenil em partidas virtuais de críquete e futebol, realizadas na privacidade de seu quarto, com nada além de dados a rolar para quebrar o silêncio, a vida espiritual de Pessoa era, em grande medida, uma prática solitária. Yeats foi cofundador da Sociedade Hermética de Dublin, ingressou na Sociedade Teosófica de Blavatsky em Londres, foi iniciado na Ordem Hermética da Aurora Dourada e até se casou com uma das adeptas da última.[1] Embora Pessoa tivesse alguns amigos com inclinações esotéricas, eles não formavam um grupo coeso e focado, e havia pouco que podiam lhe contar que ele já não soubesse. Em todo Portugal não havia ninguém mais versado do que ele nas complexidades do esoterismo ocidental.

Raul Leal escutava com ouvidos atentos a tudo o que Pessoa tinha a dizer sobre a maçonaria e outros repositórios de conhecimento oculto, mas não era um interlocutor útil. Sua mente monotemática peneirava e adaptava tudo o que ouvia para que se encaixasse na visão de mundo milenarista de Joaquim de Fiore, o monge italiano do século XII que previu que a terceira e mais gloriosa era da história humana seria a Idade do Espírito Santo. O enfoque espiritual de Augusto Ferreira Gomes, outro bom amigo, era mais amplo e mais superficial. Ferreira Gomes era como uma criança que se deleita com coincidências surpreendentes, sinais especiais, apertos de mão e senhas secretas, previsões extraordinárias — a parafernália do ocultismo. Pessoa também tratava o mundo oculto como um jogo infantil, mas o levava a sério, como se fosse de uma importância vital. E talvez, pensava ele, fosse mesmo.

Os amigos imaginários de Pessoa (os heterônimos) mostravam inclinações diferentes. Questionavam a utilidade de sua busca espiritual, ou o advertiam para moderar seu entusiasmo, para manter suas expectativas baixas. O heterônimo sem nome que escrevia *ruba'iyat* no estilo de Omar Khayyám tinha o seguinte a dizer:

Quantas Kabbalas meditei! No fim
Nem encontro a elas nem a mim.
Deixa o oculto em seu poço. Enquanto dura,
O sol nos baste, e as casas, e o jardim.

Escrito no final de maio de 1931, esse conselho chegou tarde demais para Pessoa, que já estava viciado no ocultismo e não tinha como abandoná-lo. Que seu jardim lhe bastasse? Àquela altura seu jardim era formado por ideias, teorias, hipóteses e visões espirituais, que ele admirava como se fossem arbustos e flores exóticas.

Em 4 de junho, Álvaro de Campos sugeriu o melhor mirante para desfrutar esse jardim. Em um poema chamado "Oxfordshire", o residente de longa data na Inglaterra relembrou que um dia, durante uma caminhada no campo ao redor de Oxford, notou uma torre de igreja elevando-se acima das casas de uma pequena vila. Caminhou em direção a ela com uma curiosidade aguçada…

Da estrada eu previa espiritualidade a essa torre de igreja
Que era a fé de todas as eras, e a eficaz caridade.
Da vila, quando lá cheguei, a torre da igreja era a torre da igreja,
E, ainda por cima, estava ali.

Pessoa acatou a lição contida no poema: melhor manter distância, não chegar perto demais. Ele lia, estudava e admirava muitos sistemas espirituais, mas de longe, sem nunca entrar em nenhum templo.

Seis meses depois, uma ode de seis versos de Ricardo Reis transmitiu um tipo semelhante de lição, ou advertência:

Ninguém, na vasta selva religiosa
Do mundo inumerável, finalmente
Vê o deus que conhece.
Só o que a brisa traz se ouve na brisa.
O que pensamos, seja amor ou deuses,
Passa, porque passamos.

Além de evocar a profusão de ideias rivais que formavam a paisagem religiosa do mundo, a palavra "selva" também poderia descrever o universo exuberante dos escritos de Pessoa sobre religião, especialmente do tipo esotérico. Para os pesquisadores que adentram essa floresta textual, é difícil desenredar todas as espécies individuais e formas híbridas de pensamento religioso que chamaram a atenção do escritor em algum momento ou que mereceram dele uma inspeção mais cuidadosa. E é ainda mais difícil determinar em que ele acreditava.

Não importa. A natureza eclética de sua indagação comprova que Pessoa não se preocupava muito com o conteúdo específico de sua crença. As religiões esotéricas têm suas disputas internas, divisões e dissidências, assim como aquelas com maior visibilidade e presença no mundo, mas são menos propensas a declarar o monopólio da verdade. Cultivam a simbologia, em vez da teologia, e admitem que existem muitos caminhos para o oculto, para o conhecimento superior — um conhecimento que remonta a Adão e Eva antes da queda. Ao aceitar a infinita variedade de cultos religiosos, Pessoa procurava a verdade única da qual todos eles surgiram.

Enquanto isso, Bernardo Soares, o semi-heterônimo, estudava sua própria alma. Fez de suas sensações e sonhos uma religião, e aspirava a experimentá-los e analisá-los de todos os pontos de vista possíveis. Mas mesmo para esse programa autocentrado de investigação e pesquisa, ele muitas vezes carecia do fôlego necessário, assaltado como era por frequentes acessos de tédio. Então, decidiu analisar o próprio tédio, o que resultou em um dos textos mais memoráveis do *Livro do desassossego*. Depois de meia dúzia de parágrafos discutindo as características mais visíveis e as possíveis causas do tédio, Soares se pergunta se, no fundo, não é simplesmente "a insatisfação da alma íntima por não lhe termos dado uma crença, a desolação da criança triste que intimamente somos, por não lhe termos comprado o brinquedo divino". E conclui seu breve tratado sobre o tédio com as seguintes linhas:

> Quem tem Deuses nunca tem tédio. O tédio é a falta de uma mitologia. A quem não tem crenças, até a dúvida é impossível, até o ceticismo não tem força para desconfiar. Sim, o tédio é isso: a perda, pela alma, da sua capacidade de se iludir, a falta, no pensamento, da escada inexistente por onde ele sobe sólido à verdade.[2]

A escada abstrata para ascender à verdade lembra a ideia gnóstica, hermética e cabalística de sucessivos estágios ou esferas de conhecimento através dos quais os iniciados devem progredir a fim de se aproximar da unidade divina. Mas a escada não existe, de acordo com o ajudante de guarda-livros. Ele não acredita no universo espiritual que encantou Pessoa e nem sequer em si mesmo. Em outro trecho do *Livro do desassossego* — escrito no mesmo dia daquele que acabamos de citar, 1º de dezembro de 1931 —, Soares descreve sua alma como "um *maelstrom* negro, vasta vertigem à roda de vácuo, movimento de um oceano infinito em torno de um buraco em nada". Girando no redemoinho oceânico está uma miríade de imagens e sons de coisas que ele já viu ou ouviu, como "casas, caras, livros, caixotes, rastros de música e sílabas de vozes". E em meio a toda essa confusão,

> eu, verdadeiramente eu, sou o centro que não há nisto senão por uma geometria do abismo; sou o nada em torno do qual este movimento gira, só para que gire, sem que esse centro exista senão porque todo o círculo o tem. Eu, verdadeiramente eu, sou o poço sem muros, mas com a viscosidade dos muros, o centro de tudo com o nada à roda.[3]

Essas linhas revelam uma visão estranhamente budista do mundo. De acordo com os budistas, que não acreditam em um Deus todo-poderoso, as três marcas da existência são a insatisfação, ou sofrimento; a impermanência, uma vez que todas as coisas estão sempre em fluxo, sempre mudando; e a ausência de uma alma ou um eu essencial. Sem chegar de fato a negar a alma, alguns dos escritos de Pessoa, como esse trecho do *Livro do desassossego*, praticamente a esvaziam de toda a substância, reduzindo-a a uma entidade vazia que existe apenas em função de tudo o mais. A negação de uma alma individual, ou de um eu, é uma doutrina caracteristicamente budista, e Pessoa se aproximou dela por conta própria. No entanto, ele não era um quase budista. Em vez de deixar que sua consciência o estimulasse a se libertar da ilusão do ego, ele compensou sua falta de substância real desenvolvendo uma consciência descomunal de tudo o que pensava ou sentia.[4]

Mas a consciência — condicionada, contingente, flutuante — não é uma base confiável para postular a existência de uma alma duradoura. Pessoa testemunhara o colapso completo da consciência em sua avó, que sofria de demência. A alma dela também colapsou? Presumivelmente não, mas então onde estava durante aquele doloroso processo de desintegração mental? E onde se encontrava agora?

Mais do que uma busca pela verdade, a exploração das religiões gnósticas e esotéricas realizada por Pessoa era uma tentativa de dar sentido e substância à sua alma, a fim de encontrar um lar para ela no universo imenso e aparentemente indiferente. Ele próprio era um daqueles que, segundo Bernardo Soares, recorrem às mitologias para escapar ao tédio e à insignificância. Mas havia ainda outra motivação para sua busca religiosa. Alcançasse ou não sua própria realização espiritual, Pessoa, sempre pedagogo e missionário, estava ansioso para sugerir aos outros como poderiam alcançar a deles. Sua citação bíblica favorita — "Obra tu a tua salvação"[5] — implica que há tantos caminhos possíveis para a salvação quanto pessoas em busca de caminhos espirituais. Seu próprio caminho consistia em não levar uma tocha por apenas uma rota, mas em lançar luz sobre as rotas que se bifurcam sem cessar da "vasta selva religiosa" de crenças e descrenças, credos formados e ainda a serem formados, deuses nomeados e inomináveis.

Em "A passagem das horas" (1916), Álvaro de Campos, embriagado por sentir tudo o que havia para sentir, inclusive a experiência religiosa em todas as suas manifestações, gabara-se de que "há em cada canto da minha alma um altar a um deus diferente". No entanto, Campos e seu criador permaneceriam para sempre na incerteza sobre se de fato existia algum deus. Pessoa só sabia com certeza que não acreditava no nada.

O princípio de trabalhar a própria salvação, segundo entendia Pessoa, aplicava-se não só aos indivíduos, mas também às nações — cada uma tinha de seguir seu caminho mais adequado. Seu amigo Geraldo, o engenheiro de minas, insistia na necessidade de Portugal se industrializar para progredir economicamente, e Pessoa não discordava, porém estava mais preocupado com o destino moral e histórico da nação. Havia perdido o interesse em seus planos complexos, concentrados em sua empresa Cosmópolis, para estimular a atividade empresarial nacional. Portugal como um país pequeno, mas incomumente próspero — uma Holanda ou Suíça da Europa meridional —, era uma visão tão desestimulante para sua imaginação quanto a ideia de ele ficar rico. Indiferente à sua situação financeira, investindo antes em sua produção literária, tampouco se importava que Portugal permanecesse materialmente pobre, desde que pudesse alardear realizações culturais que contribuíssem para a civilização. Mas que caminho o país deveria seguir? E qual, de fato, *seguiria*? Pessoa lia obsessivamente os jornais, em busca de pistas.

A incerteza econômica estava gerando instabilidade política em grande parte da Europa, mas nos Estados Unidos, apesar de o mercado de ações seguir em queda e de haver cada vez mais cozinhas populares alimentando os famintos, a fé na democracia capitalista, embora questionada por alguns, não foi fundamentalmente abalada. A construção do Empire State Building — que seria mais alto do que todos os outros prédios de Manhattan e do resto do mundo pelos quarenta anos seguintes — avançou em 1930 e foi concluída antes do previsto, em 1º de maio de 1931. Aquele mesmo dia, em Portugal, foi marcado por protestos contra a ditadura militar. Os jornais de Lisboa noticiaram que a polícia disparara para o alto a fim de dispersar centenas de manifestantes reunidos na praça do Rossio. Mais protestos eclodiram nas semanas seguintes. Antes mesmo da agitação do Primeiro de Maio, trabalhadores e estudantes insatisfeitos começaram a fazer uma série de greves. No início de abril, uma junta revolucionária conseguira tomar o poder na ilha da Madeira, resistindo por um mês antes que uma expedição militar subjugasse os rebeldes.

Encorajado por essas demonstrações de sentimento antigovernamental, e animado também pela recente proclamação de uma república na Espanha (onde Primo de Rivera havia sido deposto do poder no ano anterior), um grupo de republicanos liberais empreendeu em 26 de agosto uma revolta armada em Lisboa que redundou em várias centenas de vítimas e prisões, mas nenhuma mudança na "situação". O ano de 1931 foi estressante para a ditadura, que reagiu aos inúmeros atos de sedição e revolta limitando ainda mais as liberdades de expressão e de reunião. No meio de toda a comoção, o ministro das Finanças Antônio de Oliveira Salazar conseguiu consolidar ainda mais seu poder e sua influência.

Nas centenas de páginas que escreveu sobre a política portuguesa, Pessoa praticamente não mencionou os acontecimentos recentes, talvez porque não soubesse o que pensar, que ponto de vista adotar. Sabemos que temia o pior para a república espanhola, por acreditar que os países católicos da Europa meridional não eram exatamente talhados para ser governados democraticamente,[6] mas não conseguia apoiar de forma *ativa* o governo autoritário de seu próprio país. Ele o apoiou apenas de modo passivo, como sendo a alternativa menos desagradável. Seu estilo peculiar de patriotismo estava em descompasso com a marcha nacionalista para o futuro — com bandas, hinos, slogans, saudações — em curso em Portugal e em vários outros países.

Foi no final de 1931 que Pessoa escreveu, em um trecho do *Livro do desassossego*, "Minha pátria é a língua portuguesa".[7] Para que ninguém deixasse de entender, ainda afirmava que não o incomodaria nem um pouco se Portugal fosse invadido por uma potência estrangeira, desde que o deixassem em paz. O que o incomodava e desgostava era "a página mal escrita", a "sintaxe errada" e a grafia fonética do português introduzida por decreto em 1911, já que despojava a língua escrita de seu "manto régio" greco-latino. (A palavra *syntaxe* tornou-se *sintaxe*, a *orthographia* foi reduzida a *ortografia*.)

Pessoa publicou esse texto no número de novembro de 1931 de *Descobrimento*, cujo título tremulava como uma bandeira em homenagem aos descobrimentos portugueses. Fundada naquele mesmo ano por João de Castro Osório, que havia desistido de sua tentativa de liderar um movimento nacional fascista *alla italiana*, a nova revista celebrava patrioticamente a literatura e a cultura de Portugal e das terras colonizadas pelo país, em especial o Brasil. A colaboração de Pessoa, tirada do *Livro do desassossego*, foi uma atitude calculada. Ele queria esclarecer que sua lealdade principal era para com a língua portuguesa — não à nacionalidade portuguesa ou ao império colonial do país.

Mas, apesar de desprezar o colonialismo, Pessoa exaltava o imperialismo cultural de Portugal. Não menos que Castro Osório, orgulhava-se muito das descobertas portuguesas, como conquistas gloriosas em si mesmas, independentemente de qualquer finalidade útil que pudessem ter, e também porque estabeleceram a importância global da língua portuguesa, falada na Europa, na América do Sul, na África e na Ásia. Fielmente dedicado à sua língua materna, tentava mostrar que ela era superior às outras línguas. Defendia que o português, de todas as línguas românicas, era a mais rica, mais complexa e mais flexível. Mesmo reconhecendo que o inglês era ainda mais complexo do que o português, além de mais conciso, Pessoa, de todo modo, argumentava que o português era mais matizado. De forma acertada, anteviu no inglês um novo latim, a língua mundial para uso geral e científico, enquanto identificava o português como a língua literária e doméstica do vindouro Quinto Império. O inglês seria para aprender, o português, para sentir.[8]

O amor ardente de Pessoa pela língua portuguesa devia muito ao padre jesuíta Antônio Vieira, missionário no Brasil do século XVII. Descrito anteriormente como um defensor dos oprimidos e um visionário profético, Vieira escreveu livros, panfletos e centenas de sermões num estilo de prosa requintado idolatrado por Pessoa, que caíra sob seu feitiço quando ainda era criança.

Uma noite em Durban, estendido na cama ou então sentado numa cadeira da sala depois do jantar, folheava uma antologia portuguesa de poemas e textos em prosa e encontrou um breve trecho de Vieira descrevendo o palácio real do rei Salomão e as instalações luxuosas em Jerusalém.[9] Não parece um tema que faça alguém emudecer de emoção, mas "aquele exprimir das ideias nas palavras inevitáveis, correr de água porque há declive" do pregador jesuíta despertou tanta emoção no jovem Fernando que ele começou a chorar de alegria.[10]

Um poema sobre Antônio Vieira que seria incluído em *Mensagem* o reconhece tanto como um profeta do Quinto Império português quanto como "o Imperador da língua portuguesa". Isso causa alguma perplexidade, até percebermos que a língua portuguesa *é* o Quinto Império. Vieira cumpriu sua própria profecia ao atingir um novo nível de vigor e eloquência em seu uso do português. Pessoa ficou tão impressionado com as proezas verbais de Vieira que lhe atribuiu um "conhecimento alquímico da língua portuguesa".[11] O que nos leva de volta à atração de Pessoa pelas espiritualidades esotéricas. Para ele, como para muitos outros entusiastas da alquimia, da magia, da cabala, do rosacrucianismo e da maçonaria, as palavras estavam entre os símbolos mais sedutores que ladeavam os caminhos possíveis para a verdade oculta. Tinham o poder de conjurar, encantar, selar, iluminar, e era como se esse poder emanasse das próprias palavras, fosse qual fosse seu significado literal.

Pessoa vinha cultivando o poder da linguagem desde seus dias de estudante em Durban, onde passava longas horas estudando para dominar o latim, o francês, a dicção de Shakespeare e a prosódia de Milton.[12] A linguagem estava no cerne de seus heterônimos, suas afeições, sua política ideal (sebastianismo, o Quinto Império) e sua espiritualidade sempre especulativa. Não quero dizer simplesmente que todas essas coisas são realizadas pela linguagem, mas que a *lin-*

guagem em si, misteriosa e sagrada, é em grande medida o que as coisas realizam, o que de fato são.

Mas ninguém, inclusive Pessoa, pode ser reduzido à linguagem. Antes de qualquer palavra, havia desejo e medo, atração e repulsa, e a lembrança inconsciente de um cordão umbilical.

No início da década de 1930, Pessoa não estava apenas familiarizado com a teoria de Sigmund Freud de que nossos impulsos e desejos infantis, quando reprimidos, continuam vivos no inconsciente; ele próprio se tornara um estudo de caso freudiano, embutido no artigo de João Gaspar Simões sobre "Fernando Pessoa e as vozes da inocência", publicado no número de dezembro de 1930 de *Presença*. Em Pessoa, arriscou o crítico, "talvez se possa encontrar matéria para uma aplicação científica das doutrinas freudianas", pois sua poesia continha referências que sugeriam "remotas perturbações infantis". Um certo narcisismo, por exemplo, que surge quando o desejo primordial, impedido de perseguir seu objetivo natural, é redirecionado para si mesmo. "Sabe-se também", observou Gaspar Simões com uma piscadela intencional, "como Fernando Pessoa admira a civilização helênica." Embora certamente não fosse resultado direto de "desvios sexuais", a poesia de Pessoa trazia sinais reveladores de "uma fixação infantil". E citou vários poemas em apoio à sua tese.

O conhecimento que Pessoa tinha de Freud não era profundo, mas ele havia adquirido e lido pouco tempo antes o breve mas significativo estudo "Uma recordação da infância de Leonardo da Vinci". O próprio Freud tinha um apreço especial por essa obra, publicada em 1910. Pessoa leu-a numa tradução francesa de 1927. Embora Freud não tenha sido de forma nenhuma a primeira pessoa a presumir que o artista, arquiteto, inventor e acadêmico florentino era homossexual, seu estudo transformou essa percepção em um fato geralmente aceito. O autor apresentou indícios sugerindo que Da Vinci, filho ilegítimo que teve pouco ou nenhum contato com o pai em seus primeiros anos, desenvolveu um relacionamento de proximidade anormal com a mãe, que o levou a entrar em "uma fase de atividade sexual infantil" cujo efeito foi "profundo e perturbador". Uma "vigorosa onda de repressão deu fim a este excesso infantil", provocando "o afastamento de qualquer atividade grosseiramente sensual", de tal modo que Da Vinci dava a impressão de ser assexuado. A maior parte de seu instinto sexual foi sublimada em um "ímpeto geral de saber" — daí sua prolífica atividade intelectual e artística — enquanto uma porção muito menor de sua libido produzia um "definhamento da vida sexual nos anos de maturidade". Como o amor por sua mãe havia sido reprimido, "essa parte foi levada a uma atitude homossexual e manifestou-se como amor idealizado a garotos". Sua "fixação na mãe" persistia em seu inconsciente.[13] Esse retrato psicossexual de Da Vinci corresponde bastante ao que Gaspar Simões sugeriu em relação a Pessoa. Talvez ele também tenha lido o livro de Freud.

Ao contrário do pai de Da Vinci, o de Pessoa não esteve totalmente ausente em seus primeiros anos, mas também não estava muito presente. Trabalhava durante o dia para o governo e à noite como jornalista, dedicava grande parte de seu tempo livre à leitura e sofreu com a tuberculose crônica durante o quinto ano de vida do menino. Presa entre o marido doente e a sogra demente, a mãe de Pessoa talvez tenha desenvolvido um apego incomum pelo filho, embora, para ser honesto, não haja evidências nesse sentido nas cartas que ele trocou com a mãe e a irmã.

Seja qual for a natureza exata do relacionamento de Pessoa com cada um dos pais, as marcações que fez no estudo de Freud sobre Da Vinci mostram que o leu como se fosse sua vida que estivesse sob escrutínio. No início do estudo, o psiquiatra austríaco observa que o brilhante artista e estudioso tinha uma "feminina delicadeza de sentimentos" e, no parágrafo seguinte, que ele "era um exemplo de fria rejeição da sexualidade". Pessoa sublinhou ambas as observações, que se enquadram perfeitamente ao seu caso. No final do ensaio, Freud traça uma conexão — que Pessoa também assinalou — entre "a quase completa supressão da vida sexual real" e o eventual declínio da capacidade criativa de Da Vinci.[14]

A repressão sexual do pintor era provavelmente menor do que Freud supôs. A de Pessoa, por outro lado, era de fato severa, e mesmo antes de ler qualquer texto freudiano ele temia, como vimos antes, que a falta de uma vida sexual ativa pudesse prejudicar sua produção literária. Como também vimos, Pessoa passara a valorizar sua castidade como uma vantagem para o avanço espiritual. Mas sua velha preocupação ainda estava presente. Em meados de 1931, os espíritos astrais que o encorajavam a "acasalar" e "copular" — com grande persistência em 1916-7 e esporadicamente no início dos anos 1920 — o revisitaram com a mesma mensagem. Em comunicações datadas da época em que completou 43 anos, eles mais uma vez lhe prometeram que logo conheceria algumas mulheres elegíveis, inclusive uma chamada Ana Maria, e se casaria em questão de meses. Uma das comunicações também continha uma proibição curiosa: "Nunca experimente sexo com homens".[15]

Por que a proibição, a menos que o destinatário da comunicação se sentisse pelo menos um pouco tentado a experimentar? E por que não experimentar, a menos que Pessoa, apesar da capacidade de se deleitar mentalmente com o amor homoerótico dos outros, não pudesse aceitar a ideia de sentir esse amor na própria carne? O crítico das convenções que desprezava o pensamento tacanho ainda era, em muitos aspectos, um homem de seu tempo, vulnerável a certas atitudes morais que rejeitava publicamente e, portanto, em conflito interno com seus impulsos sexuais.

Pessoa leu a interpretação freudiana de Gaspar Simões de sua poesia logo que foi publicada, mas somente um ano depois — em 11 de dezembro de 1931 — escreveu ao crítico uma longa carta na qual questionava a sensatez de aplicar as teorias de Freud à crítica literária. Uma ênfase na sexualidade, escreveu Pessoa, "conduz a um rebaixamento automático, sobretudo perante o público, do autor criticado", e os próprios escritores poderiam olhar de soslaio para um colega exposto por um crítico como homossexual. Não era apenas um exemplo hipotético: Pessoa preocupava-se um pouco com a própria reputação, pois era óbvio aonde Gaspar Simões queria chegar quando aludiu à sua predileção pela "civilização helênica".

A atividade do crítico, continuava Pessoa, não é sondar a psique, mas estudar o artista "exclusivamente como artista, e não fazendo entrar no estudo mais do homem que o que seja rigorosamente preciso para explicar o artista". Tudo o que o crítico de fato precisa descobrir, enfim, é "*a explicação central* do artista". E ele se definia, para benefício de Gaspar Simões, como um "poeta dramático", o que significava que não escrevia peças em versos, mas que seu método poético era dramático em sua essência: "tenho em mim, continuamente, em tudo quanto escrevo, a exaltação íntima do poeta e a despersonalização do dramaturgo. Voo outro — eis tudo".

Eis tudo? Gaspar Simões considerou as explicações de Pessoa simplistas e redutoras, e de fato eram. Ao se denominar "poeta dramático", ele pode ter caracterizado apropriadamente seu método literário básico, mas essa definição não elucida as origens, os motivos e o páthos de sua arte.[16] A insistência de Pessoa em uma "explicação central" para revelar tudo o que se precisa saber sobre um artista pode ter sido uma tática para encerrar a discussão, para desencorajar Gaspar

Simões de se aprofundar em sua personalidade artística, e, se assim foi, funcionou por um tempo. O crítico e editor não respondeu à carta e só voltaria a escrever sobre Pessoa depois de sua morte. Mas pode ser também que Pessoa, com sua autoanálise simplista, estivesse respondendo ironicamente à visão ingênua e reducionista do crítico a respeito de sua obra. Gaspar Simões terminara seu estudo semifreudiano com esta conclusão categórica: "A poesia de Pessoa é um lamento e um protesto da sua infância perdida".

Pessoa garantiu em sua longa carta a Gaspar Simões que a saudade da infância perdida não era um motivo subjacente à sua poesia, mas apenas um artifício poético, uma mentira artística. E, num trecho do *Livro do desassossego* escrito dez dias antes da carta, mostrou como uma saudade fingida podia ser artisticamente útil. O narrador Bernardo Soares pede-nos que suponhamos que seu trabalho monótono de guarda-livros lhe tenha provocado um sentimento de "tristeza vaga" e ansiedade nervosa que quer transformar em arte, através da escrita. Depois de alguma pesquisa, conclui que a saudade da infância é a "emoção humana vulgar" que tem "o tom, o tipo, a forma" da emoção particular que ele sente como um guarda-livros cansado. Ele então escreve sobre a infância perdida, sobre a falta que sente das pessoas e dos móveis da antiga casa da família no campo quando era um garotinho sem responsabilidades. E essa lembrança, Soares conclui, triunfante, "se for bem feita como prosa e visões, vai despertar no meu leitor exatamente a emoção que eu senti, e que nada tinha com infância".[17]

A explicação de Soares sobre como transmitir sentimentos numa obra de arte nos lembra de "Hamlet e seus problemas" (1919), o ensaio no qual T. S. Eliot celebremente escreveu que a emoção só pode ser expressa "na forma de arte" encontrando um "correlato objetivo" — em outras palavras, "um conjunto de objetos, uma situação, uma cadeia de eventos" que evocará imediata e automaticamente "aquela emoção em *particular*".[18] Para Eliot, *Hamlet* era um fracasso artístico por não apresentar um "correlato objetivo" capaz de evocar, para o leitor ou espectador, o estado emocional do protagonista da peça.

Mas Pessoa, com seu fingimento artístico, levou o conceito de Eliot um passo além, permitindo que a emoção fosse evocada de imediato por um objeto ou conjunto de objetos que não é de todo "correlato". A saudade da infância perdida, no exemplo que apresentou, nada tem a ver com a "tristeza vaga" do ajudante de guarda-livros — simplesmente desperta no leitor uma emoção idêntica. Era um truque astuto, embora difícil de aplicar e de uso limitado para Pessoa, que mal sabia quais significados ou emoções queria comunicar. Sua escrita literária, na maioria das vezes, era um veículo para uma jornada ao desconhecido. Ele teria concordado com a observação de Virginia Woolf, uma boa amiga de Eliot, de que "os únicos significados que valem alguma coisa numa obra de arte são aqueles sobre os quais o próprio artista nada sabe".[19]

Pouquíssimos críticos definiriam *Hamlet* como um fracasso. Para o tipo de emoção complexa e indescritível que procurou retratar e transmitir, Shakespeare não conseguiu encontrar nenhum bom correlato objetivo, mas a peça, apesar de seus altos e baixos e suas incongruências, evoca na maioria das pessoas uma grande emoção, presumivelmente semelhante à que o dramaturgo não pôde nomear ou materializar.* Vale a pena lembrar que Shakespeare foi saudado como o modelo do que John Keats chamou de "capacidade negativa" — ou seja, a capacidade "de estar em incertezas, mistérios, dúvidas, sem qualquer busca irritante de fatos e razão". Pessoa, como quase todo bom poeta, comungava com incertezas; mistérios e dúvidas eram companheiros diários; e o raciocínio era um esporte mental, não um caminho para a verdade. Ele era, como disse a Gaspar Simões, um "poeta dramático", mas não compreendia muito bem o drama que encenava.

Eliot também vivia com incertezas, mas menos à medida que envelhecia. Nascido no mesmo ano de Pessoa, 1888, era igualmente tímido em termos sexuais — perdeu a virgindade somente aos 26 anos — e também um modernista de destaque que defendia os clássicos, a "tradição". Ambos dedicaram parte de suas energias à promoção da cultura através do jornalismo — Eliot com *The Criterion*, Pessoa com *Athena* e uma série de projetos de artigos, alguns dos quais de fato escreveu e publicou —, e os dois eram politicamente conservadores, desdenhosos do humanitarismo, e desconfiados da democracia moderna. Pessoa, no entanto, modificava o tempo todo suas opiniões e não tinha muita certeza de nada, razão pela qual preferia Quintos Impérios futuristas, oníricos e indefinidos. Eliot, por sua vez, teria retrocedido no tempo de bom grado para um mundo mais estável, ordeiro e cortês, onde tudo e todos sabiam seu devido lugar.

* O próprio Eliot, 22 anos depois de escrever "Hamlet e seus problemas", considerou seu texto insatisfatório e o excluiu de uma edição norte-americana de seus ensaios.

As incertezas de Eliot aparecem em seus poemas, notadamente em *A terra devastada*, cujo correlato objetivo é anunciado no título. Publicado em 1922, o poema está repleto de destroços e verdades derrubadas, fragmentos sobreviventes de uma grande devastação, com poucos sinais de esperança de que o mundo — da Europa do pós-guerra, da modernidade, das convicções abaladas de Eliot, de seu casamento fracassado — possa ser reconstruído. Nem Eliot tem certeza de que deveria sê-lo. As exortações finais do poema, ecoando os Upanixades, sugerem que a reconstrução da civilização ocidental deve ser feita de acordo com parâmetros diferentes. *A terra devastada* é Eliot no auge da incerteza. A partir de então, ele começou a definir a si mesmo e a sua visão da vida e do mundo com cada vez mais confiança e rigidez. Em 1925, deixou o Lloyds Bank para trabalhar como editor na Faber and Faber, onde permaneceria até sua morte, quarenta anos depois. Criado em St. Louis dentro do unitarismo, pelo qual não demonstrava entusiasmo, converteu-se em 1927 ao anglicanismo (identificando-se como um anglo-católico) e tornou-se cidadão britânico. Em 1928, fez voto de castidade. Perseguia com seriedade o objetivo do autoaperfeiçoamento e concebia a sociedade perfeita como uma sociedade unida por crenças e valores cristãos.[20]

Pessoa não tinha crenças firmes e rigorosas, suas finanças pessoais estavam em desordem crônica e a melhor parte de sua escrita formava um monumento ao bruto, ao inacabado, ao fragmentário. Não era apenas sua falta de disciplina e concentração o que o impedia de concluir obras mais longas; ele elevava demais seus padrões artísticos, exigindo que cada pequena e grande parte fosse modelada e articulada de forma perfeita com todas as outras. Por outro lado, o autoaperfeiçoamento nunca foi uma meta que o seduzisse. O interesse cada vez maior dele e de Eliot pela religião, embora quase coincidentes no tempo, diferia nitidamente em substância. A conversão de Eliot foi motivada pelo desejo de se sentir mais perto de Deus por meio da adoração, de se tornar uma pessoa melhor e de fazer parte de uma comunidade espiritual onde se sentisse em casa. O objetivo espiritual de Pessoa era a gnose, o conhecimento oculto, que poderia transformar o próprio senso de identidade, a vida e o universo de um indivíduo.

Pessoa não acendia velas, não fazia orações e não comparecia a serviços religiosos. No entanto, *escreveu* algumas orações, em geral na forma de poemas, de sua autoria ou de um de seus heterônimos. Sua espiritualidade era indissociável de sua literatura, e os ensaios expositivos sobre sabedoria hermética, tradições esotéricas e ritos de iniciação que vinham ocupando grande parte de seu tempo também podem ser considerados documentos literários, uma vez que participavam do projeto de explorar, explicar e até expandir o mistério da existência. Não estou afirmando que a espiritualidade de Pessoa fosse um subconjunto de sua literatura, já que eram duas coisas indissociáveis. O que podemos dizer é que sua práxis devocional se dava no ato de escrever, ou, de forma inversa e igualmente verdadeira, que o ato de escrever era um ato de devoção.

Mas tudo em relação a ele, inclusive sua escrita, parecia acontecer ao acaso, como se a vida o levasse, em vez de ele conduzir a própria vida. Na infância e na adolescência, havia sido um aluno exemplar — não muito completo ou bem equilibrado, mas pelo menos bem organizado em seus estudos, de tal modo que estava sempre entre os primeiros da classe. Já adulto, embora não pudesse deixar de ter seus momentos de brilhantismo, pois era *mesmo* extraordinariamente brilhante, Pessoa em geral ocupou as margens, ao contrário de Eliot, que foi reconhecido como um grande poeta e crítico ainda em vida.

Pessoa não tinha planos para trabalhar a própria salvação — tinha somente paixão e uma fé nebulosa de que o destino estava do seu lado.

65.

Em 27 de janeiro de 1932, depois de muitos meses recebendo ameaças sempre muito polidas de sofrer uma ação judicial, Pessoa enfim fez um acordo com um escritório de advocacia que representava a Lourenço & Santos, então a melhor alfaiataria de Lisboa. Embora frequentemente se encontrasse quase sem um tostão, contando com amigos para pagar sua parte na conta do almoço, o poeta nunca economizou em roupas ou livros. A conta em atraso com o alfaiate era de duzentos escudos (o equivalente a cerca de 150 dólares atuais). Ainda devia 150 escudos à Livraria Portugália por livros sobre ordens e tradições esotéricas adquiridos no verão anterior, mas nos meses seguintes também conseguiria quitar essa dívida.[1]

Portugal havia passado pelos piores efeitos da Grande Depressão em 1931, mas, como sua economia ainda era dominada pela agricultura, o desemprego nunca passou de 6% (em comparação com 15% em outras partes da Europa, e 30% na Alemanha), e no ano seguinte uma recuperação tímida já estava em andamento.[2] O estado deplorável das finanças de Pessoa também dava leves sinais de melhora, graças a uma nova fonte de renda. Além de escrever cartas em inglês e francês, estava traduzindo a poesia e a prosa de Eliezer Kamenezky, um judeu russo que havia aprendido português no Brasil, onde pregou o vegetarianismo e o antimaterialismo entre 1915 e 1919. Uma das dezenas de artigos publicados sobre ele na imprensa brasileira o chamava de "o apóstolo da vida simples".[3] Personagens como Kamenezky, mais plausíveis nas obras de ficção do que na vida real, aproximavam-se instintivamente de Pessoa, e vice-versa.

Kamenezky nasceu em 1888, alguns meses antes de Pessoa, em Luhansk, na Ucrânia, então parte do Império Russo. Começou a praticar naturismo, alimentação saudável e desapego dos bens mundanos quando jovem, levando uma vida nômade na Europa Ocidental e no Oriente Médio. Alto, e vestido apenas com uma túnica branca, com longos cabelos esvoaçantes e uma barba preta cheia, parecia um profeta bíblico. Em 1914, tentou levar seu evangelho antimaterialista aos Estados Unidos, mas encontrou pouca receptividade, e então foi para a Argentina e o Brasil. Em 1920 partiu para Lisboa, onde se estabeleceu; ainda era uma figura exótica, mas cada vez menos com o passar dos anos. Na época em que contratou Pessoa como tradutor, em 1930, era um bem-sucedido negociante de antiguidades, porcelanas e objetos de arte.[4]

Foi em Portugal que Kamenezky começou a escrever poesia a sério, com a ajuda de Maria O'Neill, poeta, jornalista, vegetariana, espírita e, em 1921, membro fundadora da Sociedade Teosófica de Portugal. Ela corrigia seu português e talvez tenha datilografado os poemas que foram passados a Pessoa, que fez alguns ajustes por conta própria antes de traduzi-los para o inglês e, em alguns casos, para o francês. Por volta de 1927, Kamenezky ditou para O'Neill suas *Memórias de um judeu errante*, posteriormente rebatizado como *Peregrinando*. Pessoa traduziu mais de trezentas páginas dessa obra autobiográfica, que nunca foi publicada em português ou inglês.[5] Kamenezky também escreveu — e Pessoa traduziu — dezenas de poemas em prosa.[6]

Durante vários anos, Pessoa foi um visitante habitual do sombrio antiquário de Kamenezky, localizado no Bairro Alto, na rua São Pedro de Alcântara, em frente ao jardim com o mesmo nome.* Ele ia lá buscar e entregar trabalhos de tradução, mas também só para conversar com o dono. A lenda medieval do Judeu Errante, condenado a vagar pela Terra até a Segunda Vinda de Cristo, sempre fascinou Pessoa, que começou a escrever sua própria versão da história quando

* O homem que assumiu a loja de Kamenezky em 1951 contaria mais de cinquenta anos depois que Pessoa, depois de ter bebido muito, às vezes cochilava no pequeno porão (onde nem dava para ficar em pé) e rabiscava poemas nas paredes. Com o passar dos anos após a morte de Pessoa, as lendas sobre ele se tornaram cada vez mais ousadamente absurdas.

estudava no Curso Superior de Letras,[7] e agora conhecia uma homem que durante grande parte da vida havia sido um verdadeiro judeu errante.

Os planos de Kamenezky de divulgar sua poesia em inglês e francês nunca se concretizaram, mas em março de 1932 ele publicou um livro de poemas em português, *Alma errante*, para o qual convenceu Pessoa a escrever um prefácio.[8] Quem melhor do que um colega poeta para comentar sobre seu trabalho? Isso foi o que Kamenezky deve ter pensado, porém o que Pessoa escreveu foi um denso ensaio sobre o judaísmo e sua influência no mundo. Começou discutindo o materialismo "essencial" do povo judeu, discernível em seu "patriotismo tradicionalista", em sua "especulação cabalística" e em seu idealismo social manifestado em doutrinas que iam do igualitarismo ao naturismo (em um aceno para Kamenezky, um naturista). Embora culpasse a tirania tsarista pela Revolução Russa, Pessoa argumentava que os "judeus orientais", e os judeus russos em particular, devido à tremenda opressão que sofreram, haviam desenvolvido e propagado um "igualitarismo místico", abraçado pela "estupidez europeia" da classe proletária, permitindo assim a ascensão do comunismo.

De acordo com Pessoa, o misticismo judaico era uma reação inevitável, ou um contraponto, ao materialismo judaico, e Eliezer Kamenezky era o exemplo perfeito de um judeu místico. Sobre os poemas, Pessoa comentou apenas que eram pouco intelectuais, "infantilmente sinceros" e pouco eloquentes, embora admitisse que não se podia esperar que um estrangeiro escrevesse um português bem elaborado, pois se tratava de "uma das línguas mais completas, sutis e opulentas do mundo". Poucas vezes um prefácio escrito a pedido do autor foi tão pouco lisonjeiro. Mas Kamenezky, cuja poesia era exatamente como Pessoa a descreveu, pode ter entendido "infantilmente sincero" como um elogio.

Ausente por completo do discurso de Pessoa sobre judeus e judaísmo estava seu antigo interesse pela teoria de uma conspiração judaica para dominar o mundo. O que restava era seu tipo essencialista de racismo. Em sua opinião, cada etnia — fosse judia, russa, francesa ou indiana — tinha um conjunto único de características que a diferenciava de todos os outros grupos sociais. No entanto, essas características não eram genéticas nem totalmente estáticas: dependiam de uma complexa teia de circunstâncias históricas, geográficas e sociológicas. Seu ensaio fazia a significativa ressalva de que os judeus tinham tanto direito quanto qualquer outra pessoa de se defender e se afirmar.

Perto do final de seu prefácio, Pessoa comentava mais uma vez sobre a poesia insubstancial e amorfa de Kamenezky, mas apenas de maneira indireta, ao afirmar que toda a literatura judaica era "essencialmente incoordenada e difusa", de modo que nenhum poeta judeu, por maior que fosse, seria capaz de escrever uma composição com a progressão lógica de, digamos, uma ode grega, dividida em estrofe, antístrofe e epodo. "E, é claro, nenhum judeu seria capaz de escrever este prefácio", concluiu. Uma vez que Pessoa era descendente de judeus por parte de pai, a frase final tem o efeito de uma piada, o que nos leva a questionar se o ensaio que acabamos de ler não é senão um exercício lúdico de raciocínio lógico e persuasão intelectual, sem expressar nenhuma verdade mais profunda do que o inegável brilho de sua argumentação.

A poesia lírica, os poemas em prosa e as memórias de Kamenezky dificilmente poderiam ser classificados como "literatura" na acepção de Pessoa, mas traduzi-los era uma distração bem-vinda — e devidamente remunerada — da rotina de cartas comerciais que escrevia fazia vinte anos, e sem a perspectiva de um final à vista. Numa das empresas, a Moitinho de Almeida Ltda., a mesmice dos dias era pelo menos atenuada pela presença ocasional do filho do patrão, Luís Pedro, que passara a frequentar o escritório do pai aos onze anos, depois das aulas e nas férias. Quase desde o primeiro dia, atiçado pela curiosidade, o garoto observava de perto Pessoa e seus amigos poetas que passavam por ali para conversar. Quando ficou mais velho, às vezes participava de suas discussões, o que o inspirou não só a ler poesia, mas também a escrevê-la, até que finalmente decidiu publicar um livro com seus poemas intitulado *Acrónios*,* que saiu em fevereiro de 1932.[9] Pessoa talvez tenha ficado satisfeito ao ver sua influência poética florescer mesmo em meio às escrivaninhas e máquinas de escrever de uma empresa de importação e exportação, mas o livro resultante não era dos melhores. Para piorar, Luís Pedro, agora estudante universitário de dezenove anos, pediu-lhe que escrevesse um prefácio.

Pessoa acedeu ao pedido, mas não sabia o que dizer dos poemas do jovem, que nem podiam ser apreciados, como os de Kamenezky, como expressões ingênuas de pensamento e sentimento. Luís Pedro tentava desastrosamente ser

* De acordo com o autor, "acrônios" é uma palavra rara que se refere aos "primeiros astros que nascem após o ocaso do sol", mas não consegui achá-la em nenhum dicionário. L. P. Moitinho de Almeida, *Fernando Pessoa no cinquentenário da sua morte*, p. 32.

"poético". No fim das contas, Pessoa escreveu um prefácio que traçava a evolução da forma poética ocidental — de *quantitativa* a *silábica* e depois *rítmica*. Advertia que a poesia rítmica, ou verso livre, exige uma enorme autodisciplina para ser bem-sucedida e observava, com toda a franqueza, que ainda não se via isso na obra de Luís Pedro.

Ao contrário do jovem, cujo conhecimento da métrica e da forma poética tradicional era superficial e cujo sentido intuitivo do ritmo poético era quase inexistente, Pessoa estudara com afinco as métricas da poesia grega, latina, inglesa e portuguesa quando menino, tornando-se agudamente sensível ao ritmo em qualquer forma que assumisse. Seu domínio da forma métrica é palpável nas odes de Ricardo Reis e nos poemas escritos em seu próprio nome, mas é na poesia em verso livre de Alberto Caeiro e Álvaro de Campos, e não menos no *Livro do desassossego*, que ele se revela um excelente ritmista. Inclusive, o *Livro do desassossego*, cuja prosa muitas vezes chega ao nível da grande poesia, só pode ser totalmente apreciado quando lido em voz alta.

Pessoa também concordou em escrever alguma coisa para um novo livro de Antônio Botto, uma coletânea de cartas de amor fictícias publicadas em maio de 1932.[10] "Antônio Botto e o ideal estético criador", que apareceu no livro como posfácio, lançava mão de uma linha de pensamento um pouco diferente para afirmar a mesma conclusão a que Pessoa chegara dez anos antes, em "Antônio Botto e o ideal estético em Portugal" — a saber, que o homoerotismo evidente na obra criativa do autor o certificava como um esteta superior. O principal argumento de Pessoa era que um verdadeiro esteta, que aprecia a beleza onde quer que surja, não é limitado pela atração pelo sexo oposto, logo Botto era um verdadeiro esteta. Na verdade, porém, Botto não apreciava todas as belezas igualmente, fosse qual fosse o corpo em que se encontrasse; ele estava preso a uma atração pelo *mesmo* sexo. Esse detalhe não batia com a tese elaborada de forma tão minuciosa por Pessoa — e teria feito toda a sua construção desabar —, então ele simplesmente o ignorava.

Desse modo, Botto, assim como Eliezer Kamenezky e Luís Pedro Moitinho de Almeida, tornou-se o ingênuo involuntário de Pessoa. Todos os três autores devem ter se regozijado com a perspectiva do imprimátur crítico de Pessoa enfeitando seus respectivos livros, mas o crítico menosprezou a poesia de Kamenezky, foi paternalista em relação à obra de Luís Pedro — um "bom começo", escreveu ele, para o "livro de quem começa" — e não fez a menor referência ao conteúdo do livro de Botto em seu posfácio. Pessoa usou e abusou ligeiramente dos três amigos, ou das ocasiões que proporcionaram, para expor suas opiniões sobre tópicos que se relacionavam às obras deles apenas de forma tangencial.

No caso de Botto, esse abuso não era novo: havia muito tempo que Pessoa sequestrara a figura do jovem escritor, transformando-o em um quase heterônimo para promover suas próprias pautas.[11] O Botto de Pessoa, cuja "inversão" sexual ele repetidamente interpretou como sinal ou consequência de um grau incomum de elevação estética, era tanto uma criação — ou projeção — quanto Caeiro, Reis ou Campos. Botto fazia muitas alegações extravagantes sobre seu gênio artístico, mas "esteta puro" e "cultivador imparcial da beleza" não eram conceitos que usasse para descrever a si mesmo; muito menos recorria a essas ou a quaisquer noções semelhantes para justificar sua homossexualidade.

O "heteronimizado" Botto não substituiu na mente de Pessoa o Botto da vida real, que admirava justamente por assumir sem constrangimentos sua sexualidade. O Botto superestético e idealizado que só existia na escrita de Pessoa representava uma espécie de amor sem libido que servia para explicar, ou vestir, sua própria sexualidade, com a qual ele nunca se sentiu completamente confortável.

Apesar de ser um homossexual ativo que se aceitava como tal, Antônio Botto morava com uma mulher, Carminda Silva Rodrigues, dez anos mais velha. Ela cuidara dele durante sua doença, no final de 1929, e em janeiro de 1930 eles passaram a morar juntos em concubinato. Numa carta enviada a Antônio Ferro quando ainda estava em convalescença, Botto referiu-se a Carminda como sua "enfermeira",[12] e foi essa capacidade de cuidar, partilhar e estimar que fortaleceu os laços entre os dois e que ele procurava retribuir da melhor forma que podia. Carminda continuaria a lhe dispensar cuidados e a admirá-lo, com adoração inabalável, por mais trinta anos, até o fim da vida dele.

Ninguém na vida de Pessoa lhe dedicava uma devoção tão obstinada. Ele poderia ter se casado com Ofélia Queiroz, mas ela esperaria ser amada sexualmente, o que Carminda Rodrigues não exigiu de Botto. Pessoa, porém, tinha uma família amorosa. Sua irmã cuidava dele quando estava doente e o atazanava por causa da bebida; ele tinha longas conversas com o cunhado sobre política, economia e contabilidade; e adorava sua sobrinha Manuela, a quem chamavam de Mimi. Quando ela teimosamente se recusou a aceitar o apelido, ele lhe deu outro: a Revolucionária.[13] Em 1932, era uma menina alta para seus seis anos, cheia de vida, intrépida, e foi por essa época que começou a ganhar dinheiro como prestadora alternativa de serviços de barbearia para o tio. Ela o fazia recostar-se no sofá estofado de azul da sala, amarrava-lhe uma toalha no pescoço e perguntava se ele queria apenas fazer a barba ou cortar o cabelo também. Depois de fazer espuma em uma pequena tigela de metal, ela a espalhava no rosto do tio com um pincel, passava a raspá-lo com uma faca de plástico de cortar papel ("Fique quieto, senhor Pessoa — não quero cortar suas orelhas"), fingia aparar o cabelo se também tivesse solicitado tal serviço e cobrava de acordo com o trabalho realizado.[14] Com o que ganhava, comprava balas na leiteria do sr. Trindade, a poucas portas de onde moravam, na rua Coelho da Rocha. Pessoa costumava comprar cigarros e aguardente no mesmo estabelecimento, chamado A Morgadinha, geralmente fiado. (As leiterias em Portugal, como em muitos outros países, foram as precursoras das lojas de conveniência.)

Mimi aprendera seu ofício com Manassés, o barbeiro que fazia a barba de Pessoa todos os dias da semana e aparava seu cabelo quando necessário. A barbearia ficava do outro lado da rua, em frente à leiteria. Aos domingos, quando sua loja estava fechada, Manassés Seixas fazia uma visita em domicílio ao seu cliente mais fiel. Mimi o observava empunhar a navalha e a tesoura e escutava os dois homens conversarem. Só depois de estar devidamente penteado era que Pessoa, de terno escuro, dirigia-se aos escritórios onde trabalhava no centro, inclusive aos domingos, quando podia dedicar-se aos próprios escritos. Nos dias em que voltava para casa a fim de almoçar, trazia muitas vezes uma guloseima ou um pequeno brinquedo, que colocava sob o guardanapo da sobrinha. Às vezes, ele a entretinha com poemas e histórias engraçadas. Também escreveu um poema para o sobrinho Luís Miguel, nascido em 1º de janeiro de 1931.

A sala de jantar funcionava também como sala de estar e era o centro de gravidade do apartamento. Ali, as duas crianças brincavam enquanto os adultos conversavam ou liam livros e jornais. E ultimamente também discutiam as plantas baixas, os ladrilhos, o madeiramento e as janelas da casa de veraneio que Teca e o marido estavam construindo em São João do Estoril, uma vila à beira-mar ao lado do balneário de Estoril propriamente dito. O apartamento também tinha um escritório, usado principalmente pelo cunhado de Pessoa, mas com um conjunto de estantes para os livros do escritor e um fonógrafo His Master's Voice para o desfrute de toda a família. A coleção de discos tinha fados e outras músicas portuguesas, sucessos internacionais e música clássica. Quando queria privacidade, Pessoa retirava-se para seu pequeno quarto sem janelas. Ou caminhava para lá e para cá, com as mãos atrás das costas, no corredor em forma de L que conectava todos os dormitórios, e até mesmo sua sobrinha instintivamente sabia que não deveria incomodá-lo. Ele sempre se mantinha de sapatos, calças, camisa e às vezes até de terno, vestindo pijama e chinelo somente quando se preparava para dormir, muito mais tarde do que o resto da família.[15]

Pessoa continuava a visitar seus primos-irmãos Mário e Maria, cujos filhos — seus afilhados — continuavam a chamá-lo de Íbis, mesmo quando eram adolescentes. Outro parente que via com frequência era o dr. Jaime de Andrade Neves, seu primo em segundo grau, que compartilhava da preocupação de Teca com sua saúde e o instava a moderar o hábito da bebida. Pessoa ignorava o conselho, mas apreciava sinceramente a preocupação. Gostava de sua condição de membro sempre bem-vindo da família, mas permanecia independente, sem ninguém que lhe fosse totalmente devotado, mas também sem o peso de nenhum compromisso.

Signa, a afilhada mais velha de Pessoa, tinha agora vinte anos. Eles mantinham-se em contato por meio de cartas pouco frequentes e do pai dela, Armando Teixeira Rebelo, o único colega do Curso Superior de Letras com quem Pessoa ainda tinha relações. Rebelo trabalhava em Lisboa, mas morava com a mulher e a filha numa casa de campo perto de Queluz, pequena vila a oeste da capital, famosa pelo palácio rococó construído pela família real no século XVIII. Quando os dois amigos se encontravam para almoçar ou tomar um café, Pessoa costumava levar um ou dois romances policiais ingleses para Rebelo dar a Signa, e dela recebia biscoitos caseiros. Dezesseis quilômetros separavam Lisboa de Queluz, mas para Pessoa era uma distância quase insuperável. Somente após inúmeros convites de Rebelo ele enfim os visitou na casa de campo. Os dois comeram bem, beberam bem e recordaram os tempos de faculdade, quando Portugal ainda era uma monarquia, e Pessoa — por insistência de seus anfitriões — recitou alguns de seus poemas.[16] Depois que todos foram dormir, o poeta se viu sozinho com seus pensamentos, sentimentos e a habitual insônia, contemplando a vastidão sombria e silenciosa.

Foi provavelmente esse passeio que inspirou um trecho do *Livro do desassossego* em que Bernardo Soares, depois de passar um dia no campo por causa do pedido insistente de um amigo anônimo, se retira para o quarto de hóspedes e é dominado pela ansiedade ao olhar através da janela "para o campo aberto, para um campo indefinido que é todos os campos, para a grande noite vagamente constelada onde uma aragem que se não ouve se sente". Para ele, "a paz de tudo dói e pesa", e fugiria naquele mesmo instante se pudesse fazê-lo sem causar estardalhaço, pois naquela imensidão da natureza ele se sente terrivelmente deslocado — não porque sinta falta dos "produtos da ciência", como telefones, telégrafos, fonógrafos e rádios. É da própria Lisboa que ele sente falta, e da natureza no contexto da cidade:

> [A]mo o Tejo porque há uma cidade grande à beira dele. Gozo o céu porque o vejo de um quarto andar de rua da Baixa. Nada o campo ou a natureza me pode dar que valha a majestade irregular da cidade tranquila, sob o luar, vista da Graça ou de São Pedro de Alcântara. Não há para mim flores como, sob o sol, o colorido variadíssimo de Lisboa.

O bairro da Graça, no topo da colina, e o jardim de São Pedro de Alcântara oferecem vistas espetaculares da cidade lá embaixo, limitada ao sul pelo desde sempre indiferente rio Tejo. Em outra parte de seu diário, Soares descreve amorosamente o tempo, os telhados, os bondes e os sons urbanos de Lisboa, e alega que a cidade, mais do que qualquer escritor, é a sua maior influência literária.[17]

Mas o ajudante de guarda-livros não se enamora apenas pela geografia da cidade; também é apaixonado por sua humanidade. Funcionários de escritórios, lojistas, garçons, barbeiros, criadas, costureiras, operadores de bondes, vendedores ambulantes e entregadores constituem o cenário crucial no qual Soares transita e reflete sobre sua vida e sobre toda a vida. Um dia, um garçom, percebendo que ele havia comido e bebido menos do que o normal, disse-lhe "Até logo, sr. Soares, e desejo as melhoras", o que leva o indisposto contador a comentar que "nestes criados de café e de restaurante, nos barbeiros, nos moços de frete das esquinas, eu tenho uma simpatia espontânea, natural, que não posso orgulhar-me de receber dos que privam comigo em maior intimidade, impropriamente dita". É um dia trágico quando Antônio, o contínuo, deixa o trabalho no armazém de tecidos para regressar à sua cidade natal na Galiza, pois, conforme observa Soares, "foi uma parte vital, porque visual e humana, da substância da minha vida. Fui hoje diminuído. Já não sou bem o mesmo. O moço do escritório foi-se embora". Em outro trecho do *Livro do desassossego*, o narrador admite: "Em sonhos sou igual ao moço de fretes e à costureira. Só me distingue deles o saber escrever. [...] Na alma sou seu igual".[18]

Nesses textos, Soares é apenas um substituto literário de Pessoa, que sentia o mesmo vínculo orgânico com Lisboa, o mesmo parentesco simples com as pessoas dos escritórios onde trabalhava, com as empregadas dos lugares onde vivia (sobretudo Emília, quando ainda morava sozinho), e com gente como o barbeiro Manassés, ou o sr. Trindade da leiteria, ou a vizinha do outro lado do corredor chamada Virginia Sena Pereira, que o deixava usar o telefone, emprestava-lhe livros em inglês e conversava com ele nessa língua (era viúva de um cônsul norte-americano nos Açores),[19] ou Joaquim Esteves, o empregado da funerária da esquina[20] e, sem dúvida, o mesmo Esteves que, na última estrofe de "Tabacaria", ergue os olhos e acena para Álvaro de Campos, sacudindo-o de seu elevado devaneio existencial e lembrando-o de que a vida está lá embaixo, entre ruas e lojas e pessoas que se entrecruzam. Se fosse um grande ficcionista, em vez de um grande poeta, Fernando Pessoa poderia ter escrito, à maneira de James Joyce, um livro de contos intitulado *Lisboetas*.

Pessoa, o elitista, que defendia uma sociedade de classes, que afirmava encontrar virtude na instituição histórica da escravidão, que rejeitava o ideal sociopolítico de igualdade entre os homens e zombava ainda mais da ideia de igualdade entre os sexos, reconhecia, no entanto, que, quando se tratava da alma, ele era igual a todos os outros. O fato de garçons de café, contínuos, costureiras, seu barbeiro e o balconista da leiteria serem, em todos os aspectos externos, completamente diferentes dele fazia com que sua ligação espiritual fundamental com eles se destacasse em nítido relevo, uma vez que seu único traço em comum era a circunstância de terem uma alma humana, uma autoconsciência. Eles não pensavam as mesmas coisas que ele, muito menos as expressavam em prosa rítmica ou poesia, mas sentiam a vida e a morte talvez como o próprio Pessoa as sentia.

Num dos trechos mais brutais e comoventes do *Livro do desassossego*, escrito em janeiro de 1932, Bernardo Soares confessa que sempre se esforçou para compreender "como é que outra gente existe, como é que há almas que não sejam a minha, consciências estranhas à minha consciência que, por ser consciência, me parece ser a única". Ele reflete por vários parágrafos sobre como nenhum de nós "admite verdadeiramente a existência real de outra pessoa", sobre como a maioria das pessoas é pouco mais para nós do que parte do cenário, e então:

> Quando ontem me disseram que o empregado da tabacaria se tinha suicidado, tive uma impressão de mentira. Coitado, também existia! Tínhamos esquecido isso, nós todos, nós todos que o conhecíamos do mesmo modo que todos que o não conheceram. Amanhã esquecê-lo-emos melhor. Mas que havia alma, havia, para que se matasse.[21]

Embora Pessoa não tivesse nenhuma intimidade real com os garçons, lojistas, funcionários de escritório e vizinhos com quem entrava em contato diário, e embora pudesse facilmente esquecer quase qualquer um deles que por acaso se mudasse ou caísse morto, já que eram de fato como uma paisagem cujas árvores são substituíveis, estava profundamente ligado ao conjunto deles, àquela paisagem, e mais ainda à medida que envelhecia e sua solidão tornava-se mais dura e um tanto ameaçadora, como um presságio.

O elitismo de Pessoa era também uma fantasia, uma atitude, uma armadura protetora — como aqueles ternos primorosamente cortados que o faziam parecer um homem ordeiro, responsável, seguro e autoconfiante.

66.

As investigações espirituais de Pessoa, embora tendessem a afastá-lo do mundo em que vivia com o resto da humanidade, também davam a esse mundo e a essa humanidade um novo significado. Embora não conseguisse entender o sentido das mortes e infortúnios que tanto marcavam a vida em geral e a sua em particular, ele acreditava — ou queria acreditar — que estavam inscritas em algum tipo de tapeçaria cósmica, em parte discernível pela astrologia. De qualquer modo, Pessoa entendia que o significado não estava nas coisas em si, mas nos espaços entre as coisas, na relação com as outras coisas, na forma como reagimos e lidamos com elas. As vicissitudes da vida, se encaradas de um ponto de vista espiritualizado, eram obstáculos concebidos para nos educar e fortalecer, e até mesmo a deterioração física era uma oportunidade para o avanço espiritual. No entanto, ele preferia não ter de testemunhar a doença e a decadência humanas.

Mário Freitas, primo de Pessoa, vinha aos poucos sucumbindo à tuberculose, doença que matara os pais de ambos. Mas, embora Mário fosse mais irmão do que primo, Pessoa não se esforçou para vê-lo mais do que de costume durante o ano e meio do seu inexorável declínio.[1] Ele detestava visitar pessoas doentes (e não queria visitas quando ele mesmo estava acamado).[2] Com a mãe, abrira uma exceção, ficando na Quinta dos Marechais para estar perto dela quando estava para morrer, fingindo para si mesmo que a enfermidade dela podia não ser terminal. Nos anos que se seguiram, ele passou a entender "doença terminal" apenas como uma maneira de falar.

As mortes da mãe e do tio, separadas por pouquíssimo tempo, haviam inspirado um conjunto de sonetos comoventes. Pessoa não escreveu nenhum poema em memória de Mário, que faleceu em 23 de março de 1932, mas seis meses depois analisou os trânsitos planetários na época da morte do primo e os indicadores astrológicos da morte em geral. Em meio a todas as anotações que fez em inglês, formulou uma pergunta que tornava esses indicadores menos significativos, se não completamente irrelevantes: "Será que alguém morre?".[3] Ele já havia respondido a essa pergunta num poema intitulado "Iniciação", publicado no número de maio de *Presença*, que descreve o processo de iniciação espiritual como um despojamento de tudo o que é terreno, até que "teu corpo cessa, alma externa", momento em que se percebe o parentesco que se tem com os deuses. O poema termina com a frase "Neófito, não há morte". Pessoa esclareceu o significado desse verso conclusivo num breve poema escrito no mesmo dia:

A morte é a curva da estrada,
Morrer é só não ser visto.
Se escuto, eu te oiço a passada
Existir como eu existo.

A terra é feita de céu.
A mentira não tem ninho.
Nunca ninguém se perdeu.
Tudo é verdade e caminho.

O que chamamos de morte é apenas um ponto de inflexão, uma porta que conecta o mundo terreno ao espiritual. E esses mundos são essencialmente o mesmo, de acordo com o primeiro verso da segunda estrofe — "A terra é feita de céu" —, que reafirma a lei cardinal dos herméticos: assim como acima, é abaixo.

A preocupação crescente de Pessoa com o mundo "de cima" estava ligada ao espectro cada vez mais presente de sua própria mortalidade. Embora estivesse apenas na casa dos quarenta anos, costumava fazer leituras de horóscopo para descobrir quanto tempo teria de vida, e os astros em geral respondiam que ele morreria depois dos setenta, e nunca antes dos 62.[4] Mas talvez estivessem errados.

A morte de seu primo tuberculoso aos 41 anos era esperada, mas mesmo assim o abalou, e não muito tempo depois ele teve um duro lembrete de como sua própria saúde estava se deteriorando. Em 23 de junho, dez dias após seu aniversário de 44 anos, Pessoa sofreu um desmaio, uma experiência referida em suas anotações como uma "síncope frustrada".[5] Logo recuperou a consciência, mas adoeceu gravemente e ficou confinado à cama nas primeiras duas semanas de julho. Incapaz de escrever ou fazer qualquer outra coisa, nunca se sentira tão mal, e isso o deixou aflito. A irmã e sua família haviam ido passar o verão em sua recém-construída casa junto ao mar, em São João do Estoril. Sozinho no apartamento da rua Coelho da Rocha, entrando e saindo de um estado de semidelírio, era inevitável para Pessoa imaginar o pior. A empregada provavelmente preparou-lhe refeições leves, e ele podia contar com seu primo Jaime, o médico, para acompanhar seu estado. "Intoxicação geral" foi o diagnóstico. Fernando precisava moderar o hábito de beber ou, melhor ainda, parar de vez. Estava arruinando seu fígado, e talvez também os rins.

Enquanto Pessoa estava acamado, ocorreram dois eventos que moldariam o futuro de Portugal nas décadas seguintes. Em 2 de julho de 1932, o exilado rei Manuel II, que se refugiara numa propriedade rural perto de Londres logo após a revolução republicana de 1910, morreu inesperadamente aos 42 anos, asfixiado por um grave inchaço da laringe. Ele não tinha herdeiro. No dia 5 de julho, Antônio de Oliveira Salazar, convidado uma semana antes para formar o governo, foi nomeado primeiro-ministro, o que fez dele na prática o ditador de Portugal. Bom católico que era, talvez tenha feito uma oração pela alma do último descendente da Casa de Bragança e certamente agradeceu a Deus por extinguir essa linhagem real, pois assim não poderia mais representar uma ameaça ao seu poder. Antes uma força poderosa a ser levada em consideração, os monarquistas de Portugal se transformaram num movimento marginal de idealistas renitentes.

Os ministros nomeados pelo opaco e eficiente Salazar eram na maioria republicanos apolíticos ou tradicionais, alguns mais liberais do que conservadores.[6] Àquela altura de sua trajetória, Salazar era um moderado de direita que tentava criar um amplo consenso político. O seu governo foi combatido à esquerda pelos operários organizados e pelo Partido Comunista Português, colocado na clandestinidade. A maior ameaça, no entanto, vinha do Movimento Nacional-

-Sindicalista, cujas origens remontavam a um grupo de estudantes universitários de direita e que atraía jovens nacionalistas, inclusive soldados e oficiais de baixa patente do Exército, e em especial os integralistas e fascistas que haviam tentado, sem sucesso, impor sua ideologia extremista à ditadura dos generais quando estes tomaram o poder pela primeira vez, em maio de 1926. Um dos ideólogos da extrema direita, o intenso e enérgico Francisco Rolão Preto (1893-1977), tornou-se o líder do grupo no primeiro semestre de 1932.[7]

Imitando os rituais, mas não as ações terroristas, dos fascistas italianos e dos nazistas alemães, os nacional-sindicalistas realizavam comícios e passeatas, cantavam canções de luta empolgantes, erguiam o braço direito na chamada saudação romana e usavam uniformes paramilitares com insígnias características. Conhecidos como camisas-azuis, defendiam o autoritarismo, o anticomunismo e o imperialismo português, mas também o anticapitalismo e a justiça social para a classe trabalhadora, e o operariado constituía uma parte significativa de seu eleitorado.

A adoção orgulhosa das doutrinas fascista e nazista por esse movimento, embora em versões diluídas, tornou-o especialmente intragável para Pessoa, mas ele acusava todas as facções políticas portuguesas de importar seus modelos de governo do exterior em vez de desenvolver políticas originais e adequadas à história e ao caráter peculiar da nação. Esse caráter, no entanto, estava preso num círculo vicioso, como ele explicou em um ensaio contundente, "O caso mental português", publicado em novembro de 1932.[8] De acordo com o diagnóstico de Pessoa, Portugal sofria de provincianismo crônico, com consequências desastrosas para sua arte, literatura e política. Ele denunciava que as ideias políticas eram todas "servilmente plagiadas" e aceitas "não porque são boas, mas porque são francesas, ou italianas, ou russas, ou o que quer que seja". Se os políticos de Portugal tivessem de fato se tornado imitadores indefesos, então a desprovincianização da psique nacional não era claramente alguma coisa que a política pudesse realizar. Pessoa esperava que, por meio da literatura, pudesse começar a tarefa de afastar o país de ideias e modelos estrangeiros.

Em 28 de julho de 1932, ainda fraco e aflito devido à doença recente, mas de volta à rotina habitual, Pessoa escreveu numa carta a João Gaspar Simões, o editor de *Presença*, com quem se correspondia com frequência:

> Estou começando — lentamente, porque não é coisa que possa fazer-se com rapidez — a classificar e rever os meus papéis; isto com o fim de publicar, para fins do ano em que estamos, um ou dois livros. Serão provavelmente ambos em verso, pois não conto poder preparar qualquer outro tão depressa, entendendo-se preparar de modo a ficar como eu quero.

Pessoa fazia questão de publicar o *Livro do desassossego*, mas informou a Gaspar Simões que demoraria pelo menos um ano para reunir e revisar suas centenas de trechos. Outro de seus projetos preferidos, os *Poemas completos de Alberto Caeiro*, talvez pudesse ser montado sem demora, mas ele temia que fosse um fracasso comercial. E concluía dizendo que seria mais prudente publicar antes de mais nada alguma poesia escrita em seu próprio nome, a começar por *Portugal* — ou *Mensagem*, como acabaria por se chamar. Esse livro estava com três quartos escritos; ele precisava preenchê-lo com pelo menos mais dez poemas.

Na mesma época, Pessoa datilografou uma longa lista de obras em português que esperava publicar em edições baratas — tudo, desde suas histórias policiais do detetive Abílio Quaresma até uma coleção de seus poemas esotéricos[9] —, mas o planejamento sem fim o distraiu de preparar de verdade qualquer livro para publicação. Também estava procurando maneiras de incrementar sua renda, sempre insuficiente. Como a irmã e sua família estavam fora durante o verão, as despesas de manter o apartamento e abastecer a cozinha recaíam sobre ele.

Em meados de agosto, Pessoa consultou as estrelas em três dias diferentes, provavelmente para saber sobre seu estado de saúde e, com certeza, sobre suas finanças. Ao lado de uma leitura de horóscopo feita em 17 de agosto, ele anotou, em inglês, que o dinheiro era o assunto daquela consulta específica e que "difícil, mas possível" era o prognóstico.[10] Duas semanas depois, viu no jornal que o Museu Biblioteca Condes de Castro Guimarães, em Cascais, estava abrindo inscrições para o cargo de curador e bibliotecário. Embora não fosse uma sinecura, o emprego exigiria sua presença apenas do meio-dia às quatro da tarde, e o salário de 1200 escudos por mês era muito mais do que ganhava como redator autônomo de cartas comerciais.[11] Ele decidiu se inscrever. Já fazia muitos anos que falava em mudar-se para Cascais ou outra cidade fora de Lisboa para se concentrar mais na obra literária, e de repente sentiu que não havia tempo a perder. A morte do primo Mário, seguida da doença grave do próprio Pessoa, havia encurtado sua noção de futuro.

Mesmo que precisasse ficar no museu quatro horas por dia, dificilmente haveria um ambiente mais propício para escrever. Legado a Cascais pelo falecido conde de Castro Guimarães, o museu ficava em um casarão repleto de arcos, ladeado por árvores e com uma torre junto ao mar — o tipo de lugar que teria acendido a imaginação criativa de um romântico como Byron ou Shelley. Pessoa estava ligado a Lisboa como a uma esposa para toda a vida, mas deve ter pensado que seria bom para ele e para sua obra romper com os hábitos arraigados e se separar da cidade.

Ele apresentou sua inscrição em 16 de setembro, junto com documentos que atestavam suas realizações acadêmicas na África do Sul, exemplares de seus livretos de poesia em inglês e recortes das críticas que receberam do *Times Literary Supplement* e do *Glasgow Herald*. Esperava que seu reconhecimento internacional, por mais modesto que fosse, deslumbrasse o comitê de seleção. Um dos candidatos rivais ao cargo era Armando Teixeira Rebelo, seu velho amigo do Curso Superior de Letras, cuja inscrição declarava que ele tinha conhecimentos tanto de literatura quanto de arte, tendo visitado os principais museus de Espanha, França, Inglaterra, Bélgica e Alemanha.[12] Desde que regressara a Lisboa, em 1905, Pessoa apenas ocasionalmente se aventurara fora da capital e arredores, e nunca fora do país. Ele também não sabia grande coisa ou se importava muito com qualquer arte além da literatura. "Eu não sinto as artes plásticas", admitiu certa vez a um amigo.[13]

No dia 2 de outubro, Pessoa usou uma nova ferramenta, *The White-Magic Book*, para descobrir o que o futuro lhe reservava. O manual instruía que ele selecionasse uma pergunta e tocasse numa "tabela de sinais" enquanto se concentrava mentalmente na pergunta com os olhos fechados e procurasse a resposta para o sinal onde seu dedo por acaso pousasse. Seguindo repetidamente esse método, Pessoa soube que recuperaria a saúde, acabaria por tornar-se conhecido, deveria ser cauteloso com a aproximação das mulheres, nunca descobriria a verdade sobre o oculto e poderia receber uma oferta nos doze meses seguintes que faria bem em aceitar.[14]

Essa última previsão deve ter aumentado a esperança de Pessoa em receber uma oferta de emprego em Cascais, onde poderia escrever poemas tranquilamente ao som da brisa do oceano a soprar entre as árvores, numa versão litorânea da existência pastoral de Alberto Caeiro na província do Ribatejo. Mas, em meados de outubro, o comitê administrativo do museu escolheu Carlos Bonvalot, um pintor local, para ser seu curador e bibliotecário. Suas qualificações eram menos impressionantes que as de Pessoa, porém mais adequadas, pois ele era licenciado pela Academia de Belas Artes de Lisboa. O casarão decorado com elegância era basicamente um museu de artes decorativas que contava apenas com uma modesta biblioteca.[15]

Várias semanas depois de saber que o único emprego ao qual se candidatara na vida não seria seu, Pessoa escreveu os seguintes versos para *Fausto*, o drama em versos em que vinha trabalhando de forma intermitente durante quase duas décadas e meia:

Tudo que vemos é outra cousa.
A maré vasta, a maré ansiosa,
É o eco de outra maré que está
Onde é real o mundo que há.

Tudo que temos é esquecimento.
A noite fria, o passar do vento
São sombras de mãos cujos gestos são
A ilusão mãe desta ilusão.[16]

Diante de derrotas e desilusões, Pessoa sempre se lembrava de que este mundo era apenas um eco do mundo verdadeiro, e que os reveses daqui poderiam ser os triunfos de lá. A segunda das duas estrofes citadas merece atenção especial. Seu primeiro verso ("Tudo o que temos é esquecimento") afirma uma das doutrinas espirituais preferidas de Pessoa: a anamnese, segundo a qual nossas almas possuem conhecimento de uma existência anterior, apenas vagamente lembrada, se tanto, em nossa atual encarnação terrena. E, no entanto, até essa forma superior de existência que deixamos para cair neste mundo grosseiro e ilusório é ela mesma uma ilusão, de acordo com a conclusão desconcertante do poema. Mundos dentro de mundos, sub-realidades e suprarrealidades, e um sem-fim de possibilidades, nenhuma verdade que a razão possa alcançar…

Se tudo é ilusão, e no mundo "superior" não menos do que no reino terreno, então o que é a verdade, e onde pode ser encontrada? Perguntas sobre a verdade e sua existência vinham perseguindo Pessoa desde a adolescência, e agora finalmente ele havia chegado a uma espécie de resposta: "Só a Serpente, contornando os infinitos abertos [...] dos dois mundos foge à ilusão e conhece o princípio da verdade".[17]

Inspirado pela ascensão serpentina e cabalística da Árvore da Vida através das dez *sefirot*, ou emanações divinas, Pessoa criou a própria árvore, um tanto diferente, por meio da qual o neófito ascende por dez estágios em busca da Identidade, ou unidade espiritual.[18] Mas ele ressaltava que a verdade está na ascensão em si, não em eventuais aquisições espirituais. Notável não apenas por sua trajetória em forma de S, mas também porque se renova continuamente ao abandonar sua pele, a Serpente "é o entendimento de todas as coisas e a compreensão intelectual da vacuidade delas".[19] Em uma carta de 1939, Yeats escreveria a famosa frase: "O homem pode incorporar a verdade, mas não pode conhecê-la". A Serpente de Pessoa se locomove através e ao redor da verdade, mas "incorpora" apenas a ausência de qualquer substância ou certeza duradoura.

As citações acima são de *O caminho da Serpente*, projeto de livro que data de 1932. Embora Pessoa tenha escrito apenas uma dezena de passagens, esse livro inacabado contém algumas de suas considerações mais originais e profundas sobre a vida espiritual, como a ideia de que um aspirante, para alcançar o pináculo da liberdade espiritual, deve reconhecer "a verdade como verdade e ao mesmo tempo como erro" e "sentir tudo de todas as maneiras", mas "não ser nada, no fim, senão o entendimento de tudo".

O pináculo não é apenas um ponto de chegada — para um estado avançado de consciência —, mas também um ponto de partida, pois a Serpente, "quando chega a Deus, não para".[20] A encarnação exemplar da Serpente, como qualquer leitor desta biografia já terá compreendido, era Fernando Pessoa.

67.

Antônio Salazar, que também era uma espécie de serpente — paciente e tenaz, lento e então repentino —, havia alcançado o ápice do poder político. Como primeiro-ministro que governava sem um parlamento de verdade e sem uma oposição bem organizada para desafiá-lo, estava pronto para exercer mais controle sobre o destino da nação do que qualquer outra liderança política em cem anos. O que precisava fazer agora era assegurar sua posição e, igualmente importante, sua agenda política para Portugal. Seu auxiliar mais capaz para essa dupla tarefa foi ninguém menos que Antônio Ferro, o editor nominal de *Orpheu* que ganhara renome na década de 1920 como escritor modernista e jornalista internacional. Ferro era um apologista de longa data dos regimes autoritários, e seu caso de amor com Mussolini, a quem entrevistara em 1923 e 1926, continuou na década de 1930, mas ele não era um ideólogo fascista. O que admirava no líder italiano era a capacidade de impor seu programa político mediante o fascínio das massas.

Salazar não tinha nada do carisma de Mussolini. Detestava estar no centro das atenções, preferia ser chamado de "professor" e vivia de forma demasiado simples e frugal para um chefe de Estado. Seu estilo discreto rendeu-lhe a simpatia das pessoas comuns, que eram a maioria, mas Ferro alertou-o de que elas esperavam mais de um líder e logo ficariam inquietas. Em 31 de outubro de 1932, ele publicou um artigo no *Diário de Notícias*, "O ditador e a multidão", que poderia muito bem ter o título de "Carta a Salazar", que estava terminando seu quarto mês à frente do governo. Como um Maquiavel moderado dirigindo-se ao equivalente moderno de um príncipe despótico, Ferro destacava que as palavras e as ideias de um ditador precisavam ser constantemente incutidas nos cidadãos, e sua própria pessoa devia ser imiscuída à deles. Se a personalidade do ditador fosse avessa ao contato regular e direto com o povo, então que encarregasse alguém para funcionar como um intermediário e para cuidar "dessas entrevistas indispensáveis, nas ditaduras, entre a multidão e os governantes".

Ferro propunha a criação de um cargo para o qual possuía credenciais impecáveis, conforme comprovado por sua própria condição de celebridade. Embora seus poemas, suas peças teatrais e suas obras de ficção nunca tenham ultrapassado o nível da mediocridade, ele conseguira habilmente promover-se como grande escritor português. Numa espécie de teste que demonstraria a Salazar sua lealdade pessoal, além de sua capacidade de embalar e posicionar no mercado o ditador e suas opiniões, Ferro propôs uma série de cinco entrevistas, publicadas naquele mês de dezembro no *Diário de Notícias*. Ao responder a uma ampla gama de perguntas, que incluíam temas delicados como censura e o preço oneroso pago pelos pobres para que se melhorassem as finanças do país, e ao embelezar as respostas com seu próprio toque literário, o dedicado jornalista conseguiu criar um retrato vívido e cativante do ditador, adequado para consumo interno e externo. As entrevistas foram prontamente republicadas em livro, posteriormente traduzido para o francês, o italiano, o espanhol, o concani (língua de Goa, governada pelos portugueses até 1961) e o inglês.

Um dos leitores que ficou favoravelmente impressionado com a figura de Salazar que emergiu das entrevistas foi Fernando Pessoa. Mas essa impressão azedou quando as ideias e ideais do ditador tomaram forma em decisões políticas concretas. No final da última entrevista, Ferro descrevia Salazar como um líder "talvez teimoso, talvez um visionário, talvez orgulhoso, talvez insensível", mas "indiscutivelmente honesto e inteligente". Tratava-se de um resumo justo de seu caráter, que Pessoa poderia respeitar e até certo ponto admirar, mas ele não respeitaria seus planos para um Portugal estritamente católico, colonial e ensimesmado.

A agenda de Salazar para Portugal também permitiria, de modo um tanto inesperado, um papel mais do que simbólico para a cultura. Isso era obra de Antônio Ferro, que, muito antes de ganhar um cargo no governo, trabalhara com afinco para promover a cultura tanto quanto o salazarismo, simultânea e simbioticamente. Em 21 de novembro de 1932, menos de uma semana antes de se encontrar com o primeiro-ministro para a primeira entrevista, Ferro publicou um artigo intitulado "Política do espírito",[1] um apelo em favor do espírito humano criativo responsável por música, arte e literatura. Lamentando a escassez de apoio e reconhecimento para artistas e escritores em Portugal, ele apontava os exemplos contrastantes de países como a Itália, onde a recém-criada Academia Real "contribuiu bastante para a criação espiritual da Itália nova". Escritores cortejados e homenageados pelo regime de Mussolini, como F. T. Marinetti e Luigi Pirandello, estavam dotando o fascismo de "uma armadura intelectual e espiritual". Todo o artigo, e, em particular o exemplo da Itália, era manifestamente destinado à edificação de Salazar.

Dois dias depois, Ferro apresentou o mesmo Marinetti a um salão lotado da Sociedade Nacional de Belas Artes. O fundador do futurismo viera fazer uma palestra sobre aquele mesmo tema — em francês, idioma compreendido por quase todos na classe instruída de Portugal. Foi um evento pomposo, solene e paradoxal em que Marinetti — cujo manifesto futurista de 1909 recomendara a destruição de museus, bibliotecas e "todo tipo de academia" — repetiu muitos dos slogans aparentemente irreverentes, mas a essa altura domesticados, que proferia havia mais de vinte anos para uma plateia de senhoras e senhores, em sua maioria burgueses, que ouviram com deleite. Marinetti, integrado por completo ao establishment que outrora criticava, ainda era um orador cativante.

José de Almada Negreiros, que conhecera Marinetti em Madri quatro anos antes,[2] estava sentado na plateia, remoendo-se em silêncio. Ele era o único escritor ou artista vivo em Portugal que poderia de fato ter merecido o rótulo de "futurista". Por sua vez, Álvaro de Campos, embora nunca se tenha identificado realmente com o futurismo, era o autor do maior poema português inspirado no movimento: a "Ode triunfal". Mas nem Marinetti, nem Antônio Ferro se dignaram a mencionar Almada Negreiros, nem Campos, nem Santa Rita Pintor, que encabeçara a publicação de *Portugal Futurista* (1917) e morrera seis meses depois. Almada Negreiros desabafou sua ira num artigo de jornal publicado dois dias depois do evento, que qualificou como um golpe orquestrado pelos inimigos dos verdadeiros futuristas portugueses. Ele foi duro com Marinetti e ainda mais duro com Ferro, acusando-o de agir apenas em benefício próprio.[3]

Pessoa costumava evitar eventos sociais e não tinha motivos para abrir uma exceção a Marinetti, que já dera por perdido. Em abril de 1929, um mês após a investidura do futurista como membro fundador da Academia Real de escritores, artistas e cientistas de Mussolini, ele escreveu um poema de Campos, "Marinetti, Acadêmico", que o ridicularizava por se tornar socializado, institucionalizado. Mas, afinal, de quem ele estava zombando? Pessoa-Campos suspeitava que um destino semelhante o aguardava. "Não tenho remédio senão morrer antes", confessava ele na segunda estrofe do poema.

Era raro que Antônio Ferro se encontrasse com Fernando Pessoa, mas os dois tinham amigos em comum, e, em março de 1933, depois de publicadas as entrevistas com Salazar em livro, ele enviou um exemplar com uma dedicatória lúdica: "Ao Fernando Pessoa, ao Álvaro de Campos, ao Ricardo Reis, três grandes nomes da literatura contemporânea". Esqueceu-se totalmente de Alberto Caeiro. Sem se ofender, Pessoa respondeu de imediato, manifestando admiração "pela firmeza sutil e a mestria publicitária" com que o entrevistador apresentara Salazar ao público. E apressou-se em acrescentar que a palavra "publicitária" não era depreciativa: era um elogio.[4] Talvez até fosse, mas ele estava começando a ter sérias dúvidas sobre o valor do produto que estava sendo propagandeado.

Pessoa admitia que Salazar, como ministro das Finanças, era uma espécie de mago, mas censurava-o como primeiro-ministro por ser demasiado técnico, por faltar-lhe criatividade e calor humano. "Para ele o país não é a gente que nele vive, mas a estatística dessa gente." Bom em organização e coordenação, Salazar estava mais bem equipado para ser "o mordomo do país" do que seu chefe de governo. Essas observações são de anotações que Pessoa pode ter escrito um pouco mais tarde.[5] Mas, qualquer que fosse sua opinião exata sobre as qualidades de liderança de Salazar nos primeiros meses de 1933, ele ainda apoiava seu governo. Em fevereiro ou março, começou a escrever "Condições políticas no Portugal atual", um ensaio em inglês que defendia o status quo, argumentando que "a atual ditadura pode ser francamente descrita como liberal", em contraste com o "sistema estritamente antiliberal" de Hitler, que fora pouco tempo antes nomeado chanceler da Alemanha e estava agindo rápida e brutalmente para aniquilar toda a oposição. Pessoa até desculpava a censura de Salazar à imprensa, argumentando que, afinal, "não era muito severa".[6]

De fato, a essa altura Salazar era a gentileza personificada em comparação com outros ditadores europeus, e algumas restrições à liberdade de expressão pareciam um pequeno preço a pagar por paz e estabilidade. Os acontecimentos no outro lado da fronteira não inspiravam saudade do republicanismo parlamentar. Fundada com otimismo e amplo apoio no primeiro semestre de 1931, a república espanhola já estava sitiada por causa de facções políticas em conflito, com o poderoso movimento anarcossindicalista tendo recentemente encenado uma segunda grande insurreição. Entre esse tipo de agitação e Antônio de Oliveira Salazar, Pessoa preferia este último, apesar de o definir como um "cadáver emotivo, artificialmente galvanizado pela propaganda".[7]

O propagandista ávido e capaz de Salazar enviara a Pessoa seu livro de entrevistas para sondar sua posição e descobrir se, com a isca certa, poderia ser atraído. Um endosso do poeta à sua "política do espírito" (um conceito emprestado de Paul Valéry) teria lhe emprestado uma credibilidade considerável. Mas Ferro não era o único a exortar escritores, artistas e outros criadores de cultura a se alinharem ao ditador. Ele era auxiliado em sua causa por um dos amigos mais próximos de Pessoa, Augusto Ferreira Gomes, que também transbordava de entusiasmo pelo salazarismo. Ferreira Gomes era jornalista do *Diário da Manhã*, jornal financiado pelo governo cujas páginas serviam grandes porções de propaganda do regime. Em meados de março de 1933, poucos dias antes de um plebiscito nacional com fim a aprovar uma nova Constituição para legitimar o controle de Salazar sobre o governo, Ferreira Gomes publicou reproduções de quatro cartazes com o título "A Arte moderna ao serviço da Nova Constituição". Alguns dos principais artistas do país, inclusive José de Almada Negreiros, foram persuadidos a desenhar cartazes exortando as pessoas a votarem a favor da Constituição que estabelecia formalmente o que já estava sendo chamado de Estado Novo.[8]

A nova Constituição foi aprovada por cerca de 60% do eleitorado; 40% dos eleitores se abstiveram. Naquele mesmo mês, Ferreira Gomes começou a publicar uma série de entrevistas com artistas e escritores sobre a "cruzada" do *Diário da Manhã* em prol do Estado Novo. Alguns dos entrevistados eram a favor. Outros — como Almada Negreiros, o primeiro artista entrevistado — foram evasivos.[9] Nenhum se arriscou a ser abertamente crítico.

Pessoa se recusou a participar da série de entrevistas de seu amigo com luminares da cultura, mas isso não impediu o jornalista de usar seu nome e sua obra para promover o nacionalismo de Salazar. No dia 15 de junho e no *Revolução*, outro jornal de direita, publicou um artigo cujo título — "É necessário renovar a mentalidade portuguesa!" — fora extraído de um discurso recente do ditador.

Sim, escreveu Ferreira Gomes, já era tempo de fomentar uma nova mentalidade nacional, mas ele fazia a respeitosa ressalva de que o Ministério da Educação, ao recomendar que um certo poema nacionalista fosse ensinado nas escolas, deixara de lado outro muito superior e incontestavelmente patriótico: "Mar português", de Fernando Pessoa. No dia seguinte e no mesmo jornal, Ferreira Gomes republicou a sequência de doze poemas — ou as doze seções de um longo poema — que afirmou ter sido injustamente ignorada quando publicada pela primeira vez em *Contemporânea*, em 1922.

Se a intenção era proporcionar um presente de aniversário ao poeta, que acabara de completar 45 anos, os elogios e a publicidade de Ferreira Gomes sobre "Mar português" não foram recebidos com alegria. Pessoa concordava que a mentalidade portuguesa precisava mudar, e a ideia de alunos ainda impressionáveis sendo instruídos a ler "Mar português" para ajudar a atingir esse objetivo talvez tenha despertado sua vaidade, mas a contextualização salazarista de Ferreira Gomes de sua sequência poética sobre os descobrimentos só poderia lhe provocar repulsa. Ele se recusava a ser um defensor oficial de qualquer coisa ou indivíduo, e, embora admitisse que o salazarismo pudesse ser um remédio necessário, ainda que desagradável, já começava a questionar se não poderia acabar envenenando o corpo político que pretendia melhorar.

Pessoa também pode ter ficado incomodado com a publicação em que Ferreira Gomes apresentou e exaltou sua poesia. *Revolução*, o jornal dos fascistas nacional-sindicalistas, cobrira em êxtase a ascensão de Hitler ao posto de chanceler e continuava a celebrar os nazistas, endossando suas táticas violentas e ignorando seu antissemitismo. Isso contrastava com a linha mais crítica do liberal *Diário de Lisboa*. Se havia algum líder europeu que Pessoa considerava ainda menos confiável do que Mussolini era Hitler. "Seu próprio bigode é patológico", escreveu ele em suas anotações, em inglês.[10] Por outro lado, *Revolução*, embora apoiasse a ditadura vigente, ao menos tinha uma linha editorial independente. Pior ainda para Pessoa seria ser elogiado e publicado no *Diário da Manhã*, do qual Ferreira Gomes era repórter. Esse porta-voz do Estado Novo não era nem um pouco bem-visto. Em relatório a Salazar apresentado em 7 de agosto de 1933, o editor-chefe informava que o jornal precisava de um aumento de 40% em seu subsídio mensal para poder se manter no mercado, pois as pessoas tinham medo de fazer assinaturas, os jornaleiros que vendiam o jornal nas ruas eram hostilizados com frequência, os funcionários dos correios desencaminhavam de forma deliberada os exemplares enviados e as empresas justificavam ironicamente sua recusa em publicar anúncios citando o conselho de Salazar para reduzir despesas.[11]

Era evidente que deveria haver um método melhor para promover o Estado Novo. Em 25 de setembro — seis meses após a fundação do Ministério do Esclarecimento Público e Propaganda da Alemanha nazista e um ano antes de a assessoria de imprensa de Mussolini ser transformada em um Secretariado de Imprensa e Propaganda —, Salazar criou o Secretariado da Propaganda Nacional de Portugal. Antônio Ferro, de corpo roliço e modos expansivos, foi nomeado diretor do novo gabinete governamental, cujas funções oficiais eram promover a valorização da história e da cultura portuguesas, tanto no país como no exterior, e combater ideias, atitudes e comportamentos considerados fora do "interesse nacional". A ideia fervorosa do próprio Ferro, que Salazar o deixou promover livremente, era estimular a produção da arte e da literatura *nacionais*, lustrando a imagem de Portugal através de seus escritores e artistas. Essa era sua chamada "política do espírito", que à primeira vista parece assemelhar-se ao Quinto Império de Pessoa, segundo o qual Portugal alcançaria proeminência internacional através de sua cultura. Mas Pessoa sonhava com uma cultura tão vigorosa que por fim substituiria a política. Ferro, embora amasse sinceramente a cultura, propunha-se a torná-la uma serva da política.[12]

O Secretariado foi uma dádiva para artistas e escritores dispostos a usar seus talentos em benefício da iconografia, de exposições e materiais promocionais do Estado Novo. Augusto Ferreira Gomes tornou-se o braço direito do diretor para planejar eventos e publicações. José de Almada Negreiros receberia inúmeras encomendas, pequenas e grandes. E o próprio Pessoa logo teve uma oportunidade de ouro de colher um benefício pessoal do novo feudo de Ferro. Uma das primeiras iniciativas de maior visibilidade do Secretariado foi um concurso literário com prêmios para cinco categorias: romance, história, poesia, ensaio e jornalismo.[13] Em qualquer categoria, o matiz patriótico era obrigatório. Para serem consideradas para o Prêmio Antero de Quental de Poesia, por exemplo, as obras precisavam demonstrar uma "inspiração bem portuguesa e, mesmo, de preferência, um alto sentido de exaltação nacionalista". *Portugal* (mais tarde rebatizado de *Mensagem*), de Pessoa, atendia a esse requisito.

O número de dezembro de 1933 de *Presença*, que publicara pouco tempo antes "Tabacaria", de Álvaro de Campos, trazia uma longa nota que saudava a criação de prêmios literários, mas contestava os critérios, uma vez que o patriotismo obrigatório infringia "a inalienável liberdade do Artista". Os certames implicavam o risco de reduzir "os artistas a panfletários". Embora Pessoa não pudesse discordar dessa crítica, seu livro já estava totalmente concebido; nenhum pré-requisito comprometera sua integridade artística. Se *Portugal* tinha por acaso o mesmo tipo de tema estipulado pelo regulamento do concurso, por que não concorrer? Os 5 mil escudos do prêmio eram mais do que ele ganhava em seis meses de trabalho como redator autônomo. Os livros concorrentes tinham de ser enviados até 1º de julho de 1934. Isso lhe daria tempo suficiente para terminar seu livro e publicá-lo, se de fato decidisse concorrer.

Enquanto ponderava sobre a pertinência de deixar seu nome ser associado à "política do espírito" de Antônio Ferro, Pessoa foi ficando cada vez mais desencantado com a política nacional e imperialista do Estado Novo. Em novembro, mesmo mês em que foram anunciadas as regras dos prêmios literários, Salazar emitiu uma Carta Orgânica do Império Colonial Português, que substituía o Ato Colonial de 1930. Os 248 artigos do texto asseveravam o controle mais centralizado e rígido do Estado Novo sobre as oito colônias de Portugal na África e na Ásia.

Carta "orgânica"? Pessoa satirizou o documento e as pretensões do Estado Novo redigindo uma "Carta Inorgânica do Estado Independente do Bugio".[14] O Bugio é um pequeno banco de areia com um farol situado no meio do Tejo, no ponto onde suas águas deságuam no mar. A carta de Pessoa começa com uma zombaria do juridiquês dos decretos oficiais: "As leis deste Estado, ao contrário das do continente adjacente, serão redigidas em português". O primeiro dos vários artigos da carta declara que as leis do Bugio serão o exato oposto da legislação do continente. O artigo 2º estipula que, a fim de facilitar a imigração de artistas, as leis do Bugio relativas ao casamento não exigirão que os cônjuges sejam de sexos diferentes. Nos termos do artigo 3º, e contrariando o costume das colônias portuguesas, onde as pessoas eram classificadas "como cidadãos, indígenas e assimilados", haveria apenas uma categoria de cidadania no Estado do Bugio, obtida pelo simples fato de existir. Os artigos restantes eram igualmente zombeteiros.

Quanto mais lia os jornais e observava o Estado Novo de Salazar aumentar seu domínio sobre a nação e suas colônias distantes, mais Pessoa se incomodava. Tendo em vista sua aversão instintiva ao movimento operário, que culpava em parte por transformar conflitos e perturbações no modo normal de vida português durante a maior parte da República, é provável que tenha aprovado a proibição de greves inscrita na nova Constituição, mas certamente abominava o Estatuto do Trabalho Nacional de setembro de 1933, que obrigava os trabalhadores a pertencerem a "sindicatos nacionais" instituídos pelo governo com o objetivo de resolver de forma pacífica as disputas trabalhistas em diálogo com os "grêmios" de proprietários de fábricas criados pelo governo. Isso estava de acordo com a filosofia "corporativista" do Estado Novo, cujo modelo era principalmente o corporativismo fascista italiano, e defendida desde muito antes por Maurras e os integralistas da Action Française, bem como pela Igreja católica. Era um conceito medieval de classe, em que uma nação é tratada como um organismo composto de partes relacionadas — artesãos, soldados, intelectuais, gerentes, trabalhadores braçais e assim por diante — que precisam trabalhar juntas em harmonia para todo o corpo prosperar.

Uma vez que Pessoa aceitava que as pessoas são naturalmente divididas em classes sociais distintas, poderíamos esperar que ele apoiasse um modelo corporativo de governo. Mas, embora acreditasse que a existência de classes era inevitável e até necessária para o avanço da civilização, também defendia que o valor ou significado essencial de qualquer pessoa era uma questão *individual*. "Sê todo em cada coisa", aconselhava Ricardo Reis em uma de suas recentes odes, e "põe quanto és no mínimo que fazes." Esses imperativos eram direcionados a um tu decididamente singular. O Estado Novo, por sua vez, fomentava uma mentalidade coletiva dedicada aos objetivos promovidos pelo regime, como prudência econômica, obediência, harmonia familiar, devoção religiosa e patriotismo. As diferenças individuais e o pensamento independente eram desencorajados.

O anarquista em Pessoa — o anarquista filosófico, para quem a liberdade individual era uma necessidade tão primordial quanto o oxigênio — começou a se inquietar nervosamente, como um animal selvagem que olha com desconfiança em todas as direções, temeroso de ser atacado ou capturado. Trabalhadores e seus patrões, os colonizados e seus colonizadores — sobre quais outros grupos sociais o Estado Novo estenderia suas regras e seus regulamentos, seu olhar paternalista e autoritário, sua visão de mundo minúscula?

68.

Com os nazistas de Hitler conquistando 44% dos votos numa eleição para o Reichstag realizada exatamente duas semanas antes de os eleitores portugueses, em 19 de março, sancionarem o Estado Novo de Salazar, 1933 viria a ser um ano agourento para a Alemanha, para Portugal e para toda a Europa. Mas parecia trazer bons presságios, pelo menos nos primeiros meses, para a vida profissional de Fernando Pessoa. Deixando para trás o fracasso em conseguir o emprego em Cascais, ele estava disposto a perseguir outros objetivos. No final de janeiro ou início de fevereiro, tomou a tardia resolução de Ano-Novo de publicar quatro livros: sua série de poemas patrióticos intitulada *Portugal*, uma coletânea de cem poemas chamada *Cancioneiro*, uma grande seleção de odes de Ricardo Reis e os *Poemas completos de Alberto Caeiro*. Com exceção de *Portugal*, os livros estavam praticamente escritos; só o que precisava fazer era organizá-los, editá-los e dar o polimento final.[1]

Pessoa não tinha dinheiro, apenas dívidas, mas a verba para um dos livros se concretizou por um golpe do acaso. João Gaspar Simões escreveu no dia 17 de fevereiro uma carta convidando o poeta a integrar uma série de literatura contemporânea para a qual *Presença* havia garantido financiamento. Ele concordaria com essa proposta, enviando à revista o título de um livro, e mais tarde um manuscrito acabado? Podemos imaginar Pessoa, cigarro na mão, relendo as palavras para ter certeza de que as havia entendido direito. Sim, uma editora finalmente lançaria seu primeiro livro em português!

O editor de Coimbra trazia outra boa notícia: tinha um amigo em comum, Pierre Hourcade, que acabara de publicar uma "Brève introduction à Fernando Pessoa", junto com alguns poemas do português, na prestigiada revista *Cahiers du Sud*, de Marselha. Gaspar Simões encaminhou seu exemplar a Pessoa, que contemplou com espanto três poemas de Caeiro e um de Campos na língua de Victor Hugo, Baudelaire e Rimbaud. Foram os primeiros poemas lusófonos de Pessoa publicados em tradução.[2]

Hourcade, que às vezes ia de Coimbra a Lisboa e se encontrava com Pessoa, descrevia-o em sua introdução como um "poeta-polvo", com heterônimos que irradiavam dele como tentáculos. Tratava-se, de certa forma, de uma boa analogia, em especial considerando a capacidade do polvo de prender sua presa — como Pessoa fazia com os leitores — com seus muitos braços. Mas o inventor dos heterônimos preferia entendê-los como personalidades autônomas, como suas ficções supremas, e, embora as ficções estivessem se desintegrando, elas persistiam como o mito fundador do qual dependia sua identidade literária. A heteronímia — a capacidade de representar um deus com uma mente tão independente que conseguia criar outros deuses que rivalizavam com ele em beleza e poder — estava no cerne da originalidade de Pessoa como poeta. Sem os heterônimos, ele nunca teria se transformado no mais expansivo e (no julgamento de Hourcade) "mais europeu dos poetas portugueses contemporâneos".

Depois de receber as traduções de Hourcade, Pessoa, que pretendia oferecer aos editores de *Presença* seu *Cancioneiro* (o volume de poemas escritos em seu próprio nome) para a nova série de livros, no fim optou por Alberto Caeiro. Mas, em vez de trazer à tona os *Poemas completos* desse heterônimo — que exigiriam mais trabalho e mais tempo do que ele pensava de início, pois queria fazer uma revisão "psicológica" dos poemas "inconjuntos" do poeta-pastor —, ocorreu-lhe publicar em separado *O guardador de rebanhos*. Ele explicou em carta de 25 de fevereiro a Gaspar Simões que a principal obra de Alberto Caeiro estava quase pronta para o prelo. E de fato estava. Numa atitude que não lhe era característica, Pessoa havia copiado ordenadamente todos os 49 poemas de *O guardador de rebanhos* num caderno havia muitos anos — aquela era a mais querida de todas as suas criações literárias. De vez em quando voltava aos poemas, mudando um verso aqui, acrescentando outro ali e escrevendo palavras e frases alternativas nas margens. O único trabalho que faltava para que a coleção fosse finalizada era a tarefa de múltipla escolha de decidir entre essas alternativas.

Percebe-se, pela carta a Gaspar Simões, que Pessoa estava emocionado por publicar *O guardador de rebanhos* na nova série de livros de *Presença*. Ele declarou que era sua melhor obra. Mesmo que escrevesse outra *Ilíada*, ponderou, de certo modo não equivaleria à obra de Caeiro, que brotava de uma espécie de inspiração que ultrapassava "o que eu racionalmente poderia gerar dentro de mim". Para a mesma série, Pessoa também propôs *Indícios de oiro*, a coletânea de poesia inédita de Mário de Sá-Carneiro. João Gaspar Simões aplaudiu as duas sugestões — Caeiro e Sá-Carneiro — e pediu a Pessoa que enviasse os respectivos manuscritos o quanto antes. Ele e seus coeditores pretendiam lançar sua série com essas duas obras e com um livro em prosa de José de Almada Negreiros, o terceiro pilar do grupo de *Orpheu*.

Em abril de 1933, Pessoa enviou um manuscrito datilografado de *Indícios de oiro*, mas não o prefácio que prometera escrever para o livro. E seu trabalho no volume de Caeiro estava parado. As tarefas de múltipla escolha eram uma tortura para o poeta, cuja tendência era pensar em ainda mais possibilidades. Dois meses e meio depois, Pessoa pediu a Gaspar Simões que lhe desse prazos para o manuscrito de Caeiro e o prefácio do livro de Sá-Carneiro, mas sua carta ficou sem resposta. Àquela altura, outros projetos de publicação competiam com a série de literatura contemporânea, que os editores de *Presença* acabaram por engavetar.[3]

Pessoa ficou naturalmente desapontado, em especial consigo mesmo. Por que não conseguia ser mais disciplinado? O que o impedia de dar um formato publicável a um livro, pelo menos um? Mas talvez, pensando melhor, não fosse a hora certa. Seria preciso verificar novamente seu horóscopo. Além disso, ainda havia sentimentos conflitantes sobre o lançamento de um livro. Talvez os críticos o ignorassem, e ninguém o comprasse. Se, por outro lado, a publicação o tornasse famoso, isso seria uma coisa boa? "Tudo é complexo, ou sou eu que o sou", escreveu em nome de Bernardo Soares. "Mas, de qualquer modo, não importa porque, de qualquer modo, nada importa."[4]

Enquanto Pessoa fazia planos novos e nunca realizados para publicar uma ou outra de suas múltiplas obras, Antônio Botto lançava uma série de livros que receberam aplausos de escritores conceituados como Teixeira de Pascoaes, José Régio e o enigmático Manuel Teixeira Gomes (1860-1941), que fora presidente de

Portugal de 1923 a 1925 antes de se exilar na Argélia. O crítico mais dedicado de Botto foi Fernando Pessoa. *Antônio*, uma "novela dramática" sobre dois homens apaixonados lançada em janeiro de 1933, era o quarto livro de Botto a ter um prefácio ou posfácio de Pessoa. Na verdade, Pessoa escreveu dois posfácios diferentes para *Antônio*, o primeiro dos quais reiterava sua obstinada afirmação de que o homoerotismo do autor era de origem *estética*. Ele enfatizava que o amor entre homens baseado na razão — ou "amor pela beleza" — não tinha nada a ver com a atração sexual *instintiva* do "invertido" por outros homens, que rotulou como uma "monstruosidade".[5]

Pessoa não acreditava de verdade que a atração sensual pelo mesmo sexo fosse monstruosa, mas estava tentando defender Botto, e talvez a si mesmo, contra a censura moral. Botto não precisava nem queria esse tipo de defesa, e pode até tê-la considerado ofensiva. Portanto, em vez do primeiro posfácio, que não foi incluído em *Antônio*, Pessoa escreveu um segundo, que apresentava argumentos para mostrar que a história daquele trágico amor era, na verdade, um conto *moral*. E sugeria que o tema do amor entre dois homens, embora chocante para muitos leitores contemporâneos, seria mais facilmente aceito pelas gerações futuras.

Em 1933, Pessoa também se tornou tradutor da poesia de Botto, vertendo para o inglês a quinta edição de *Canções*. Com 89 poemas, tratava-se de uma versão revisada e bastante ampliada da coletânea publicada pela Olisipo dez anos antes. Pessoa foi remunerado por esse trabalho, mas era também, num sentido especial, um trabalho de amor. Lendo suas traduções, não se pode deixar de sentir que ele tirou algum prazer agridoce de sua tarefa, ainda que de forma indireta, como se fosse ele o escritor original de versos como estes:

Meu amor na despedida
Nem uma fala me deu;
Deitou os olhos ao chão
Ficou a chorar mais eu.
Demos as mãos na certeza
De que as dávamos amando.

Embora não seja um feito comparável à sua autotransformação em Alberto Caeiro, Álvaro de Campos ou Ricardo Reis, a capacidade de Pessoa de ser Antônio Botto em inglês era impressionante. Botto ficou exultante com o resultado e anunciaria em 1935 que *Canções* estava para ser lançado por "uma das mais importantes livrarias inglesas".[6] No entanto, apenas treze anos depois, e no Brasil, a tradução de seus poemas por Pessoa seria finalmente impressa.

Certa tarde, enquanto folheava livros na Livraria Inglesa, localizada entre dois dos escritórios em que trabalhava por algumas horas quase todos os dias, Pessoa avistou um exemplar de *Ulysses*, de James Joyce. O escândalo gerado por sua publicação parcial em *The Little Review*, entre 1918 e 1920, pode não ter chamado a atenção de Pessoa, mas em 1933 ele sabia tudo sobre sua fama de livro proibido, julgado obsceno e ainda indisponível no Reino Unido e nos Estados Unidos.* A edição que viu — e comprou — era a da Odyssey Press, publicada em dois volumes em dezembro de 1932, na Alemanha. Ambos chegaram até nós em perfeitas condições, sem sequer a mais leve marca de lápis. A única prova de que Pessoa realmente leu *Ulysses*, ou o suficiente para saber que não queria terminá-lo, é o comentário lacônico que rabiscou, em português, num pedaço de papel:

> A arte de James Joyce, como a de Mallarmé, é a arte fixada no processo do fabrico, no caminho. A mesma sensualidade de *Ulysses* é um sintoma de intermédio. É o delírio onírico, dos psiquiatras, exposto como fim.
>
> Uma literatura de antemanhã.

A reação nada entusiasmada de Pessoa ao livro lembra o comentário de Virginia Woolf num diário escrito logo após o romance completo ter sido publicado pela primeira vez em Paris, em 1922: "Quando podemos comer carne cozida, por que comê-la crua?". Pode nos lembrar também da reação muito mais positiva de Edmund Wilson, na resenha do livro que escreveu para *The New Republic*: "O sr. Joyce consegue dar o efeito de mentes humanas não editadas, vagando sem rumo de uma trivialidade a outra, confundidas e desviadas pela memória, pela sensação e pela inibição. Trata-se, em suma, do raio X mais fiel talvez já feito da consciência humana comum".[7]

* Em dezembro de 1933, um tribunal anulou a proibição nos Estados Unidos, mas no Reino Unido o livro continuou banido até 1936.

Woolf, que tinha outros comentários sarcásticos a fazer sobre *Ulisses*, pode ter ficado abalada porque Joyce havia realizado tão brilhantemente sua própria ambição, que logo seria revelada em obras como *Mrs. Dalloway* (1925) e *Ao farol* (1927), seu romance mais impressionante. Ao contrário desses escritores, Pessoa não estava interessado em *representar* a consciência humana na literatura; ele queria analisá-la e, se possível, expandi-la. O *Livro do desassossego* reflete com frequência sobre a natureza e os limites da consciência e sobre sua relação com o inconsciente. Bernardo Soares lembra repetidamente ao seu leitor ideal que a consciência nos engana, tomando a si mesma, de modo solipsista, como medida da realidade. Somos governados em grande medida, insiste ele, por instintos inconscientes, e nossa vida, como a de qualquer outro animal, depende da dimensão externa.[8] Para Pessoa havia também a realidade, ou a possibilidade real, de uma dimensão espiritual, e todo o nosso drama humano seria um mero análogo de algum outro tipo de vida.

Joyce e Pessoa tinham um traço inusitado em comum: a brontofobia, o medo doentio de trovões. Se irrompesse uma tempestade quando ele e Nora estavam indo para algum lugar de carro, Joyce ordenava que o motorista desse meia-volta e os levasse de volta para casa.[9] Pessoa, por sua vez, não se sentia seguro em meio às convulsões climáticas mesmo quando estava bem abrigado. Certa tarde, ele e José de Almada Negreiros estavam conversando calmamente no Café Martinho da Arcada quando caiu uma tempestade. Almada Negreiros, assertivo em sua arte e impetuoso em seu comportamento, correu para a porta para se deleitar com a chuva jorrando sobre a praça do Comércio enquanto os relâmpagos crepitavam e os trovões ressoavam. Quando se voltou para dizer alguma coisa a Pessoa, parou no meio da frase, espantado por não ver ninguém ali. Olhando mais de perto, notou um sapato preto que sobressaía debaixo da mesa, onde seu trêmulo amigo se escondera.[10]

Joyce e Pessoa, que haviam rejeitado o catolicismo muito cedo, ainda mantinham um sentimento de humildade reverente diante dos caprichos da natureza, e se mostravam inclinados a ver sinais místicos nos detalhes estranhos da vida e significados simbólicos nas coincidências cotidianas. Joyce fez uso dessa inclinação em sua escrita, que está entrelaçada com sinais e símbolos, para transmitir as maravilhas da vida e nossa percepção a respeito. Leu várias obras de místicos e teosofistas, e seus livros, principalmente *Ulysses*, estão cheios de alusões às doutrinas do hermetismo, da cabala e da alquimia, mas também ridicularizava aqueles que, como Yeats, dão grande valor ao ocultismo. Ao que parece, Joyce usava os símbolos e as doutrinas esotéricas como metáforas para o lado oculto da consciência humana e para os mistérios difíceis de decifrar da vida na Terra. Ele não tinha paciência para a ideia de que este mundo era apenas a sombra de algum outro lugar, mais perfeito. Pessoa, por sua vez, usava a escrita para ir em busca de algo que estava antes e além dos símbolos, das palavras e da vida que conhecemos.

A busca de Pessoa por Deus era uma busca pela linguagem, e sua busca pela linguagem era uma busca por Deus. Mas ele não era um inovador linguístico como James Joyce, que inventou milhares de palavras e até novas formas de sintaxe para sua obra mais desafiadora, *Finnegans Wake* (1939). Pessoa expandiu gentilmente os limites do português e do inglês, cunhando neologismos ocasionais e usando palavras de novas maneiras, mas não fez nenhuma tentativa de reinventar a linguagem. Ele aspirava, de forma mais simples, a usar o vocabulário e a gramática com precisão, para tornar a linguagem mais próxima das coisas que denota. Seu projeto linguístico tem algumas semelhanças com o de outro contemporâneo seu, Ludwig Wittgenstein. Alberto Caeiro, em particular, às vezes soa como o esclarecedor compulsivo de *Investigações filosóficas*. No poema 45 de *O guardador de rebanhos*, por exemplo:

Um renque de árvores lá longe, lá para a encosta.
Mas o que é um renque de árvores? Há árvores apenas.
Renque e o plural árvores não são cousas, são nomes.

Em outro poema, o poeta da natureza censura são Francisco de Assis pelo antropomorfismo que permeia seu "Cântico do sol":

Para que hei de chamar minha irmã à água, se ela não é minha irmã?
Para a sentir melhor?
Sinto-a melhor bebendo-a do que chamando-lhe qualquer cousa —
Irmã, ou mãe, ou filha.[11]

Para Pessoa-Caeiro, as palavras são usadas corretamente apenas na medida exata em que são necessárias.

Depois que Caeiro deixou de escrever poesia, em 1930, Bernardo Soares continuou sua campanha em prol de uma linguagem radiográfica, límpida e precisa, embora com um resultado bastante diferente. Caeiro celebrara o mundo exterior, tudo o que se conhece pela visão, pela audição e por outros sentidos. Orgulhava-se de ser "superficial", afirmando que a realidade não tem "profundidade" interior, exceto em nosso pensamento confuso. Soares, vendo tudo com a mesma clareza, internalizou o mundo e depois, numa reviravolta instantânea, externalizou suas sensações. Seu mundo incluía, além de coisas vistas, coisas sonhadas e imaginadas. Caeiro, como um espectador à margem, dissera: "Eis o mundo!". Soares usava sua ciência da linguagem para *tornar-se* o mundo que contemplava de perto, transformando-se nos textos primorosamente escritos que compõem o *Livro do desassossego*: "Sou, em grande parte, a mesma prosa que escrevo. Desenrolo-me em períodos e parágrafos, faço-me pontuações. [...] Tornei-me uma figura de livro, uma vida lida".[12]

Foi uma metamorfose dolorosa, conseguida ao preço de uma solidão intransigente. A tentativa do ajudante de guarda-livros de levar uma vida de fato independente, dedicada apenas às sensações do que viu, sentiu e sonhou — sem concessões —, revelou-se quase insuportável, embora de forma nenhuma infrutífera. "Tanta inconsequência em querer bastar-me! Tanta consciência sarcástica das sensações supostas! Tanto enredo da alma com as sensações",[13] desabafa Soares num momento de exasperação, moldando linguisticamente suas sensações em mais um trecho cintilante de seu suntuoso diário, deixado para quem quer que pudesse comover, inspirar ou pelo menos divertir.

À espreita por trás do solitário convicto sr. Soares estava o não tão solitário Pessoa. O *Livro do desassossego* tende a ser distorcidamente autobiográfico, mas às vezes Pessoa e Soares coincidem com perfeição. Se a experiência descrita em um trecho do livro escrito em 8 de setembro de 1933 aconteceu de fato ou apenas na imaginação de Pessoa faz pouca diferença, mas vou supor aqui que tenha sido factual...

Teca e a família estavam passando o verão, assim como ocorrera no ano anterior, na casa de São João do Estoril e só voltariam a Lisboa em outubro. O pequeno quarto de Pessoa, situado no meio do apartamento da rua Coelho da Rocha, estava tomado por livros e papéis — papéis em seu baú de madeira, e livros e papéis empilhados sobre a mesa, a cômoda e a mesinha de cabeceira. Quando ficava sozinho no apartamento, ele e seus papéis e livros se espalhavam pela sala de jantar, cobrindo quase cada centímetro da mesa oval. Quatro ou cinco cinzeiros transbordavam de bitucas de cigarro. Aqui e ali, um copo vazio ainda cheirava a aguardente. Tarde da noite, depois de terminar de escrever e enquanto a insônia o mantivesse acordado, Pessoa andava de um lado para o outro ou ficava quieto no escuro, fumando. Numa dessas noites de setembro, olhando pela janela para a cidade adormecida, o poeta vê — ou imagina Soares vendo — uma única lâmpada iluminando uma janela alta ao longe. Todas as outras são retângulos pretos. Sem mitigar sua solidão, aquela única luz o faz sentir ao menos um vislumbre de pertinência:

> Um fio invisível me liga ao dono anônimo do candeeiro. Não é a circunstância comum de estarmos ambos acordados: não há nisso uma reciprocidade possível, pois, estando eu à janela no escuro, ele nunca poderia ver-me. É outra coisa, minha só, que se prende um pouco com a sensação de isolamento, que participa da noite e do silêncio, que escolhe aquele candeeiro para ponto de apoio porque é o único ponto de apoio que há.[14]

Pessoa, que sempre se indignara diante da mera ideia de pertencer a um coletivo, qualquer que fosse, configurou no *Livro do desassossego* uma forma de solidariedade absurdamente tênue: indivíduos isolados que, envolvidos pelo silêncio e pelo mistério ou talvez pelo mero nada, percebem que existem outros imersos nesse mesmo mistério, ou nada. Ele atingira um ponto em sua vida em que se identificava com uma "comunidade" — as pessoas solitárias, mal adaptadas e invisíveis do mundo.

Pessoa tratava os amigos com um respeito impecável e se mostrava disposto a fazer qualquer favor que pedissem, mas sua intimidade com eles, que nunca foi profunda, não aumentou quase nada com o tempo e pode até ter diminuído em seus últimos anos. A poesia era seu confidente preferido. Na segunda metade de 1933 (assim como na segunda metade de 1930), o ritmo com que escreveu poemas em seu próprio nome mais que dobrou, para cerca de dez por mês, ritmo que ele manteria ao longo do ano seguinte. Em poema após poema, encontramos Pessoa traçando seu caminho — ou tateando às cegas — entre a vida desperta e a sonhada, entre a consciência e a inconsciência, entre a razão e a emoção, entre o tempo passado e o tempo fugaz. Alguns dos poemas centram-se em sua busca esotérica pelo conhecimento supremo, ou unidade, e prescrevem a abdicação do eu que se conhece como condição para encontrar o verdadeiro eu. Em 1933, Pessoa também começou a escrever, em inglês, "Un Essay on Initiation" [Um ensaio sobre a iniciação]. Depois de explicar que a vida que vivemos é uma morte e um sono, e o mundo que vemos, apenas um símbolo e uma sombra, uma ilusão, ele define a iniciação como um despertar gradual e uma dissipação dessa ilusão. Para retornar pouco a pouco à origem divina, existem três caminhos disponíveis para o iniciado espiritual: misticismo, magia e gnose (ou alquimia). O último caminho é o mais seguro.[15]

Alberto Caeiro consideraria ilusório qualquer um dos três caminhos, pois procuram revelar algo para além do mundo visível, onde nada existe. Para ele, não há realidade senão no mundo que vemos. Sua poesia é um antídoto enfático contra o misticismo, a metafísica e todas as noções de conhecimento superior ou realidades etéreas. Não adianta argumentar que Pessoa, ao deixar de escrever em nome de Caeiro, desacreditou seu ponto de vista; se o heterônimo não se manifestou mais depois de 1930, foi simplesmente porque expressara tudo o que tinha a dizer, com clareza consumada. De modo mais convincente, poderíamos argumentar que o ponto de vista de Caeiro nunca teve nada a ver com Pessoa, que afirmava ter investido seus heterônimos com ideias e sentimentos próprios. O que nos traz de volta à questão de quem — ou o quê — era "Pessoa".

Em um soneto sem título escrito em 22 de setembro de 1933, o poeta se concebe como uma multidão heterogênea de diversos eus — todos são ele e ao mesmo tempo não são — descendo uma vasta escadaria, ignorantes uns dos outros e dele mesmo, que é seu espectador horrorizado, misturado com aquela turba desordenada. E a multidão de eus que são todos ele, mas também não são, continua inchando, continua descendo, numa espécie de pesadelo ontológico. Mas, quando o poeta ultrapassa com sucesso aquela algaravia de vozes, impulsos e personas, acaba sem nenhuma identidade:

Sinto-os a todos dentro em mim mover-me,
E, inúmero prolixo, vou descendo
Até passar por todos e perder-me.

O soneto angustiado contrasta com um poema escrito dois dias antes (e citado quase na íntegra no capítulo 13), no qual encontramos Pessoa *exultante* com sua identidade em permanente mudança: "Viajar! [...] Ser outro constantemente [...] Não pertencer nem a mim!". Segundo esse poema, "Pessoa" é o que quer que seja no momento — às vezes Caeiro ou Campos, às vezes um defensor do sebastianismo e do Quinto Império, às vezes alguém em busca de um caminho religioso. Mas, se o eu poético desses dois poemas nega ou dispensa a noção de um eu duradouro, em um terceiro poema, escrito durante a mesma semana de setembro, ele observa: "Qualquer coisa de obscuro permanece/ No centro do meu ser".[16]

Como fizera ao longo da maior parte da vida, Pessoa se debateu com a questão de quem realmente era, propondo respostas que nunca o convenceram totalmente — e as respostas psicológicas o convenciam ainda menos. Anos antes, ele admitira a "dissociação da personalidade" como uma possível explicação para seu caso, mas o que isso explicava? Muito pouco para o explorador da gnose, que questionava se todo o mundo visível — inclusive todos que estavam nele — não poderia ser uma vasta difusão, ou projeção, existindo apenas na forma como o luar existe em relação à luz do sol.

69.

Quanto mais Pessoa avançava na casa dos quarenta anos, mais facilmente seu eu físico escapava da atenção das pessoas. Usando ternos bem cortados, mas discretos, falava com voz suave, caminhava com passos leves e em nada se destacava na multidão. João Gaspar Simões, quando encontrou Pessoa pela primeira vez, ficou impressionado com a forma como seus pés mal pareciam tocar o chão, como se ele estivesse suspenso por um arame preso a um prego invisível.[1] Pierre Hourcade, que se mudou para Lisboa no final de 1933 para lecionar francês na universidade, passou a ver Pessoa habitualmente no Café Martinho da Arcada, onde costumavam falar de poesia, depois caminhavam juntos por alguns quarteirões após pagar a conta, e ele relataria mais tarde uma sensação estranha: que o poeta, assim que desaparecia na esquina de uma rua do centro da cidade, havia realmente desaparecido, e não estaria à vista se corresse atrás dele.[2]

Se Pessoa fez parecer a Gaspar Simões, Hourcade e outros que o conheceram em seus últimos anos que estava meio ausente, por ter uma substância um pouco etérea, é porque sua mente estava muitas vezes meio voltada para o éter, para as alturas, para um outro mundo, habitado por deuses e semideuses, por anjos e arcanjos, e por nossas próprias almas, de acordo com os herméticos. Um poema que Pessoa escreveu em 9 de maio de 1934 começa assim:

Neste mundo em que esquecemos
Somos sombras de quem somos
E os gestos reais que temos
No mundo em que almas vivemos
São aqui esgares e assomos.

O restante do poema afirma que algumas pessoas excepcionais têm vislumbres ocasionais do que aqueles "esgares" correspondem no outro mundo; podem sentir a conexão entre seu eu celestial e seu eu terreno que é sua sombra. Pessoa era um dos excepcionais — ao menos no universo de sua escrita, sempre cheio de esgares.

Eternamente inseguro quanto à ligação que seu universo escrito poderia ter com o universo como um todo, Pessoa continuava a escrever, e mais do que nunca sobre assuntos esotéricos. É difícil localizar com precisão no tempo as centenas de páginas que produziu para vários ensaios sobre temas esotéricos de 1931 em diante, uma vez que quase nunca os datava, mas ele datava as poesias, e 1934 foi o ano mais rico em poemas sobre outros mundos imateriais. Nesse mesmo ano, escreveu a maior parte, se não a íntegra, de "A hora do Diabo", um diálogo fascinante em que um diabo filosófico afirma que o universo é um hieróglifo indecifrável, que as religiões são todas símbolos da mesma realidade e que ele próprio é "o Deus dos mundos que foram antes do Mundo".[3]

Embora suas especulações espirituais dessem a impressão de que poderiam levá-lo para longe deste mundo, os eventos em Portugal e no resto da Europa chamavam a atenção de Pessoa e o prendiam, pelo menos temporariamente, ao planeta Terra. Às vezes, os interesses espirituais e as preocupações políticas convergiam. Era o que acontecia no caso da maçonaria, que o interessava principalmente em virtude de sua estrutura de grau iniciático para ascender através de sucessivos estágios de conhecimento oculto, mas que estava sob ataque em grande parte do continente por supostas intrigas políticas e por escapar do controle de governos, sobretudo dos autoritários. Em janeiro de 1934, quando a Alemanha nazista seguiu o exemplo da Itália fascista e começou a tomar medidas para exterminar a maçonaria, *A Voz*, um dos principais jornais católicos de Portugal, deu a notícia com uma previsível satisfação. Havia muito tempo que a Igreja decretara a excomunhão ipso facto dos maçons, uma política que permaneceria em vigor até 1983.

Entrando em ação, Pessoa escreveu uma carta ao editor de *A Voz* para apontar que três fraternidades maçônicas dissolvidas pelos nazistas eram especificamente cristãs e não, como sua equipe editorial supunha, associações sem Deus empenhadas em espalhar heresia e derrubar a ordem social estabelecida. Sua supressão, de acordo com Pessoa, estava na verdade de acordo com os "princípios baixamente pagãos" que davam impulso "ao hitlerismo, como ao fascismo, como ao bolchevismo — a tripla prole do Anti-Cristo".[4] Pessoa costumava admirar o espírito pagão da Alemanha tal como era expresso, por exemplo, na música de Wagner. Já não mais. Embora sua carta abordasse um tema oportuno com alguns argumentos persuasivos, *A Voz* a ignorou completamente. Esse mesmo jornal publicara tantas diatribes antimaçônicas quantas seu amigo Alberto da Cunha Dias se dispusera a divulgar.

Antimaçonaria e antissemitismo, que muitas vezes andavam de mãos dadas, ganharam um novo ímpeto na França com o caso Stavisky, que ocupou as primeiras páginas dos jornais em janeiro de 1934. Alexandre Stavisky era um judeu russo e grande vigarista que evitava a prisão graças a subornos e conexões com financistas e políticos, inclusive ministros do governo. Seus crimes foram denunciados em dezembro de 1933, ocasião em que fugiu e foi posteriormente encontrado moribundo num chalé nos Alpes em 8 de janeiro, vítima de homicídio ou suicídio. Grupos de direita, como a Action Française, reagiram às revelações com manifestações contra o governo, que foi forçado a renunciar, e com a difamação de judeus e maçons, que seriam supostamente os principais operadores da rede de fraude e malversação de Stavisky.

Pessoa acompanhou os acontecimentos na França e iniciou um longo ensaio em inglês intitulado "The Jews and Freemasonry" [Os judeus e a maçonaria]. Adotando uma abordagem ampla e mencionando o caso Stavisky apenas de passagem, ele argumentava que não havia nenhuma ligação essencial ou conluio sistemático entre maçons e judeus. Defendia vigorosamente os valores centrais da maçonaria, que reconhecia que nem todos os maçons respeitavam, e defendia de forma ambígua os judeus, ou pelo menos alguns. Se, como um povo "mais inteligente" e "mais coeso", os judeus conseguiam com frequência superar os cristãos, isso era mérito deles. Ao rejeitar a alegação de que trapaceavam para chegar a posições de poder e influência, ele escreveu: "Se os judeus triunfam, é porque nos rendemos sem lutar. Se os judeus são senhores, é porque nos vendemos voluntariamente a eles como escravos". Essa caracterização generalizada e um tanto racista dos judeus como "mais inteligentes" do que outras pessoas também demonstrava uma certa simpatia por eles, mas em outro trecho do mesmo ensaio Pessoa traçou uma distinção ofensiva entre sefarditas e asquenazes:

> Não são os judeus, mas a escória da judiaria, que encontramos em todos os lugares no comando do mundo prático. Para os realmente grandes judeus — os judeus portugueses e espanhóis — os Rothschilds, os Rathenaus, todo o falso lote com nomes alemães e poloneses, são a escória de sua raça e a infâmia de sua religião.[5]

Pessoa orgulhava-se de sua própria ancestralidade judaica, ao mesmo tempo que acusava de desonestos os judeus de língua iídiche de países como França, Alemanha e Polônia. Esse ponto de vista não era exclusivo seu. Sem necessariamente rebaixar seus irmãos asquenazes, muitos judeus da diáspora sefardita consideravam-se os aristocratas do judaísmo. Traçavam suas origens ancestrais, de forma um tanto duvidosa, até a elite dos judeus da antiga Jerusalém e se orgulhavam de sua cultura e tradições religiosas, que haviam evoluído no tolerante e sofisticado mundo erudito da península Ibérica moura. Para os arquitetos da Solução Final, obviamente não havia distinção entre sefarditas e asquenazes.

Conforme já citado, os judeus no Portugal do século XX eram uma pequena minoria, e o antissemitismo não conseguiu se estabelecer por lá, mas a campanha dos nacionalistas para erradicar a maçonaria foi feroz. Ciente de que o presidente da nação, Óscar Carmona, era ele próprio um maçom, Pessoa talvez tenha suposto que a ordem fraternal, embora cada vez mais sob ataque, não corria sério risco de ser suprimida. Nesse caso, não poderia estar mais enganado.

O presidente era uma figura em grande medida cerimonial, sem nenhum poder efetivo, exceto um: poderia demitir o primeiro-ministro. Salazar, no entanto, estava entrincheirado demais no poder para ser removido sem desencadear uma crise nacional, que o general Carmona e o resto das forças militares desejavam evitar a todo custo. Na ausência de partidos políticos viáveis, suprimidos anos antes, Salazar tornou-se praticamente insubstituível. Pessoa reconhecia isso e o aceitava de má vontade junto com seu Estado Novo, cada vez mais invasivo, porém ainda fundamentalmente distinto de outros regimes ditatoriais. Os nazistas na Alemanha e o regime stalinista da União Soviética promoviam o Estado como uma espécie de religião substituta, assim como os fascistas na Itália, ainda que Mussolini não pudesse suplantar a autoridade da Igreja, à qual se curvava, embora de maneira um tanto cínica. Salazar não compartilhava do ideal de um Estado totalitário. Católico devoto, deu continuidade ao processo — iniciado pela ditadura militar — de restabelecer a maior parte dos privilégios institucionais que os republicanos haviam anulado e cimentou uma nova parceria entre Igreja e Estado, que permaneciam separados, mas se apoiavam mutuamente.

O culto à Nossa Senhora de Fátima, oficialmente reconhecido em 1930 e que até hoje atrai centenas de milhares de peregrinos, ajudou a reafirmar o catolicismo como colo materno onde as multidões podiam se confortar, ao mesmo tempo que fomentava o papel complementar de Salazar como pai da nação — às vezes severo, mas sempre justo e afetuoso. Por mais horrorizado que estivesse, Pessoa sabia que as coisas poderiam ser muito piores. Preferia as procissões em honra da Virgem Maria sob o olhar benevolente do professor Salazar a uma sociedade militarizada ou coletivizada à força.

Menos extravagante, menos vaidoso e muito menos sujeito à violência do que seus colegas autocráticos, Salazar ainda assim exibia muitos dos mesmos traços de personalidade deles. Era o que afirmava um dos heterônimos de língua inglesa de Pessoa, Thomas Crosse, em algumas anotações para um estudo sobre ditadores. Mussolini, Hitler, Stálin e Salazar eram todos "personagens desequilibrados", cuja "visão limitada da realidade" poderia, reconhecia ele, fazê-los agir de forma mais eficaz na parte limitada da realidade que viam, mas, qualquer que fosse essa visão, todos compartilhavam do mesmo "ódio à inteligência, porque a inteligência discute". Eram todos "inimigos da liberdade" e, portanto, anti-individualistas, uma vez que "a liberdade, se não é individual, não é nada". A observação mais perspicaz de Pessoa-Crosse era que os ditadores, por natureza, "não têm humor, porque o senso de humor preserva o homem daquela confiança maníaca em si mesmo pela qual ele se promove a ditador". Igualmente típica era sua "vaidade excessiva", mas em Mussolini e Hitler esse traço era "natural", ao passo que em Salazar era "induzido".[6] Na verdade, o ditador português, embora um pouco confiante demais em seus remédios para curar os males da nação, não era um homem vaidoso — até assumir o poder absoluto e adquirir a aura que veio junto.

Antônio Ferro, conforme foi citado aqui, era o responsável pela gestão, pela valorização e pela projeção dessa aura. Um ditador, como ele argumentou de forma bastante convincente, precisava conquistar as massas arrebatando seus corações e inspirando devoção, e era especialmente importante conseguir o apoio dos jovens, uma vez que eles representavam o futuro. Em dezembro de 1933, com apenas dois meses em seu novo emprego de principal propagandista de Salazar, Ferro criou a organização fascista Ação Escolar Vanguarda (AEV). Sua missão era recanalizar o fervor patriótico dos membros mais jovens dos nacional-sindicalistas de extrema direita, ou camisas-azuis, que pouco tempo antes haviam mergulhado num estado de turbulência. A Comissão de Censura forçara o jornal do movimento, *Revolução*, a cessar a publicação no segundo semestre de 1933, e logo depois um grupo dissidente dos camisas-azuis rejeitou a liderança de Francisco Rolão Preto, declarando-se exclusiva e incondicionalmente leal a Salazar.

Em janeiro de 1934, realizou-se no Teatro São Carlos de Lisboa um comício da AEV que atraiu vários milhares de jovens reacionários. Num discurso apaixonado, Ferro, cuja calvície tornava sua grande cabeça mais imponente, assegurou aos presentes que o moderado e sóbrio professor Salazar — cuja conduta impassível não provocaria mais do que um bocejo perplexo num observador imparcial — era na verdade um líder mais revolucionário que Hitler ou Mussolini. Com a multidão agora inflamada, o próprio Salazar discursou, falando com sua voz esganiçada de velho, embora ainda não tivesse completado 45 anos. Um contingente visitante de camisas-negras italianos ergueu os braços na saudação romana.[7]

Nos meses seguintes, a AEV recebeu treinamento militar, organizou marchas patrióticas, estabeleceu contato com grupos de jovens fascistas italianos e alemães nazistas e defendeu a retórica anticomunista, antiliberal e antimaçônica. Eduardo Freitas da Costa — filho da prima de Pessoa Maria Freitas e um dos afilhados que costumava rir de suas palhaçadas e poemas humorísticos — era um membro fervoroso do novo movimento estudantil. Numa reunião de família, depois de ouvir Eduardo falar repetidamente contra diversos perigos para a sociedade, Pessoa enfim se manifestou, discordando do lema da AEV: “Contra o comunismo, contra o demo-liberalismo, contra a maçonaria”. Disse que os jovens e as (muito menos numerosas) jovens, em vez de se declararem contra isso e aquilo, deveriam tomar uma posição *a favor* de alguma coisa, que, no caso deles, sendo nacionalistas, deveria ser a nação portuguesa.[8]

Os estudantes vanguardistas assumiram de fato uma posição propositiva, mas não exatamente em nome da nação. Infectados pelo nacionalismo fetichista, cheio de símbolos e impulsionado pelo culto à personalidade que se espalhou como um vírus por grande parte da Europa, eles promoveram uma veneração mística do Estado Novo e de seu líder. Mesmo assim, Salazar, temendo a infiltração de partidários de Rolão Preto no grupo, restringiu as atividades da AEV, que acabou extinta no final de 1935.[9] Em seu lugar o Estado Novo criaria duas organizações — Mocidade Portuguesa e Mocidade Portuguesa Feminina — nas quais todas as crianças eram filiadas aos sete anos.

A política de desencorajar, transformar e, em última análise, absorver a maior parte dos camisas-azuis fez com que o Estado Novo se deslocasse ainda mais para a direita, tornando-se mais estridentemente nacionalista, um pouco mais intolerante, autoritário e favorável ao uso da força bruta — posturas que os nacional-sindicalistas vinham instando o ditador a adotar. Salazar, no entanto, conseguiu não militarizar seu regime. Graças ao trabalho dedicado de Ferro no Secretariado de Propaganda, podia contar na maioria das vezes com o poder da persuasão, da publicidade, da construção de imagem e da censura. Para os oponentes refratários — rastreados com eficiência pela polícia secreta —, recorria a detenções, prisão e banimento.

Embora suas colônias fossem divulgadas como nunca haviam sido — em junho de 1934, inaugurou-se no Porto uma pródiga Exposição Colonial Portuguesa que apresentava "nativos" seminus trazidos da África —, a nação se tornava mais insular, com menos espaço para pontos de vista divergentes. Enquanto isso, Pessoa, entre janeiro e abril, havia escrito dez novos poemas para *Portugal*, volume que planejava inscrever no concurso de poesia patriótica do Secretariado. O livro estava praticamente terminado. No máximo, havia mais dois ou três poemas para escrever. Mas ainda não tinha editora — ou melhor, nenhum dinheiro para publicar. E, se a questão do financiamento não fosse problema, ele teria encontrado outras desculpas para não concluir o manuscrito. Vivia dizendo a si mesmo que o faria na semana seguinte, ou na outra, e antes que percebesse o prazo para inscrições de 1º de julho havia expirado.

Duas semanas depois, no dia 16 de julho, Pessoa escreveu um poema que marcava uma virada estilística:

Tenho em mim como uma bruma
Que nada é nem contém

A saudade de coisa nenhuma,
O desejo de qualquer bem.

Sou envolvido por ela
Como por um nevoeiro
E vejo luzir a última estrela
Por cima da ponta do meu cinzeiro.

Fumei a vida. Que incerto
Tudo quanto vi ou li!
E todo o mundo é um grande livro aberto
Que em ignorada língua me sorri.

A métrica irregular desses versos causa surpresa. Isso era extremamente incomum na poesia escrita com o próprio nome de Pessoa, mas se tornou menos a partir desse momento, e em seus poemas de 1935 tanto a rima como o ritmo não seguem muitas vezes um padrão discernível. De repente, o poeta se preocupava menos com a forma e menos com a produção de joias literárias — seus poemas serviam a outros propósitos.

O poema aqui citado poderia muito bem ser uma anotação de diário. No verão de 1934, Teca e a família foram uma vez mais para o Estoril, deixando todo o apartamento em Lisboa para Fernando, cujos livros e papéis voltaram a transbordar para a sala de jantar, onde, talvez numa de suas frequentes noites insones, quando o amanhecer se desenhou no horizonte, ele notou a "última estrela" da noite, piscando acima de seu cigarro e de sua vida cada vez mais gasta. Olhando para o passado e para sua presente situação, viu a mesma vasta incerteza, o mesmo mistério ininteligível. Era como se, em sua longa jornada, não tivesse feito nenhum progresso.

Pessoa não se desesperou; ele relaxou. No mesmo mês de julho, escreveu o último texto datado do *Livro do desassossego*, parando no meio da frase após um parágrafo e meio e colocando um ponto de interrogação no alto: nem sequer sabia se queria incluí-lo no livro.[10] Estava cansado de escrever a prosa intelectualmente poderosa, emocionalmente penetrante e linguisticamente meticulosa de sua desassossegada obra-prima, à qual pôs um fim deixando-a inconclusa. Ainda tinha novas ideias sobre como organizar seu material díspar e seguir com planos nebulosos de rever os textos mais antigos, adaptando-os à "vera psicologia" de Bernardo Soares, que assumira a autoria do livro apenas em 1929.[11] Mas estava sem pressa de mexer no livro ou em qualquer outra coisa.

"*Disjecta membra*", declarou Thomas Carlyle, é tudo o que resta "de qualquer Poeta, ou de qualquer homem".[12] O comentário era inspirado no caso de Shakespeare, cuja obra contém momentos frequentes de grandeza absoluta, mas também, inevitavelmente, passagens menos radiantes e imperfeições óbvias. Ao citar Carlyle, o Barão de Teive usou a expressão *disjecta membra* para descrever o "monte incoerente de coisas, afinal, por escrever" que constituía sua pretensa obra literária,[13] entregue às chamas antes do suicídio. A frustração do barão era a do próprio Pessoa — ele criou o heterônimo suicida para fazer um desabafo —, mas, em 1934, isso deu lugar a uma renúncia esperançosa. O que Pessoa escrevera estava escrito. Ele ainda queria completar e burilar suas obras, mas, mesmo que permanecessem fragmentadas e desconexas, poderiam sobreviver como alicerces ou ruínas de algo fabuloso. Assim seria com o *Livro do desassossego*, inacabado e inacabável, deixado para a posteridade num estado tão disperso que demorou quase cinquenta anos até que a primeira edição póstuma visse a luz do dia, em 1982. No entanto, trata-se de uma das maiores realizações de Pessoa, superlativamente fiel à nossa experiência humana precisamente por ser fragmentária, instável e irremediavelmente falha — produto de grandes inspirações, mas também de tentativas fracassadas e abortadas.

Como que querendo zombar de toda a literatura "séria", por volta da mesma época em que deixou de trabalhar no *Livro do desassossego*, Pessoa começou a produzir quadras populares portuguesas — cerca de cem delas apenas nos meses de julho e agosto. Escreveria outras 250 ou mais entre setembro e agosto do ano seguinte. Sua atração por esse gênero não era totalmente nova. Meia dúzia dos primeiros poemas que escreveu em português na idade adulta, no segundo semestre de 1908, eram quadras populares. Na época, ele havia pensado em tentar elaborar uma coleção desses poemas simples de quatro versos, cada linha com sete sílabas, mas, nas décadas que se seguiram, escreveu apenas mais alguns deles, inclusive vários para sua namorada Ofélia Queiroz, e um — já mencionado — para "tia" Lisbela, sua prima do Algarve. Agora, eles jorravam como se viessem de uma corrente subterrânea recém-descoberta.

Tradição que remonta pelo menos aos tempos medievais, as quadras populares portuguesas costumam comentar sobre uma pessoa amada, sobre o amor em geral ou sobre as vicissitudes da vida. Alternadamente melancólicas, humorísticas e didáticas, são ainda uma arte viva, praticada não só por poetas. Há alguns anos, contratei um carpinteiro para refazer o assoalho de tábua corrida de meu apartamento em Lisboa. Em meio a medições, cortes e marteladas, eu era contemplado com uma recitação contínua de quadras que ele mesmo havia composto ou estava compondo naquele momento.

Muitas das quadras de Pessoa se encaixam com perfeição no gênero; outras são sofisticadamente aforísticas ou pungentemente autorreveladoras. Na quadra seguinte, escrita em 11 de julho de 1934, o poeta faz alusão a uma padroeira dos pescadores portugueses, Nossa Senhora da Agonia, cujo santuário se encontra na vila de Viana do Castelo, na costa noroeste:

A Senhora da Agonia
Tem uma imagem na Igreja.
Mas a dor que me agonia
Não tem ninguém quem a veja.[14]

Não havia inteligência e inventividade que pudessem fazer com que as quadras populares de Pessoa se qualificassem como grande poesia — a forma é restritiva demais — e ele não aspirava a nada grande. Estava simplesmente cansado de escrever obras ambiciosas ou a capacidade de realizar grandes obras o abandonara? "Há tanto tempo que não sou capaz/ De escrever um poema extenso!", assim começa um poema de Álvaro de Campos escrito em 9 de agosto. Não eram apenas poemas longos, mas qualquer texto complexo ou concentrado, fosse de poesia ou prosa, que vinha se esquivando de Pessoa e Campos, seu único heterônimo ainda razoavelmente ativo. (Ricardo Reis se aposentara no final de 1933, assinando uma única ode em 1934 e outra em 1935.) As energias intelectuais e criativas de Pessoa estavam sendo canalizadas para outro lugar.

Com base em três livretos de seus poemas anglófonos, inclusive o explicitamente sexual "Epithalamium" e o audaciosamente sensual "Antinous", Aleister Crowley concluíra que Pessoa era um homem de sua estirpe, alguém que poderia encabeçar uma filial portuguesa da Ordo Templi Orientis, recrutar membros e ensinar-lhes os meandros dos rituais de magia sexual da ordem. Embora vários encontros pessoais com o poeta tímido e nada imponente tenham sido suficientes para desiludir o mago inglês dessa ideia precipitada, sua intuição não estava completamente errada. Pessoa optou pela castidade, mas a entendia como uma sexualidade dirigida para dentro que resultava na autofecundação. E, embora seja verdade que recrutar membros e marcar reuniões para uma filial local da OTO ou qualquer outra ordem existente teria sido um anátema para sua personalidade, ele concebeu todos os elementos necessários para uma ordem iniciática de sua própria invenção.

Em 1931, Pessoa havia indicado que a ordem "interna" da Ordem de Cristo portuguesa, que permaneceu adormecida por séculos antes de supostamente ressurgir nos tempos modernos, não tinha estrutura de graus nem ritos de iniciação. Dois ou três anos depois, mudou de ideia. Tomando emprestada a terminologia de outras ordens esotéricas, criou uma série de graus iniciáticos para a secreta e interna Ordem de Cristo — cujo único segredo de verdade era sua inexistência — e alguns testes ou provas associados a cada grau: Neófito, Adepto Menor, Mestre do Átrio e assim por diante. O Adepto Menor, tendo vencido o amor à vida e o medo da morte, poderia se tornar um Mestre do Átrio superando "o apego à personalidade".[15]

Afirmando-se como Mestre do Átrio, Pessoa mapeou retrospectivamente sua ascensão espiritual para chegar a esse estágio num conjunto de anotações escritas em inglês, segundo as quais ele foi iniciado no grau de Neófito desde muito cedo, através de Alberto Caeiro, que lhe conferiu "a inteligência intuitiva do mundo pagão, do mundo tal como é visto". Isso lança uma nova luz sobre a alegação de Pessoa de que Caeiro surgiu em 1914 não só como um poeta surpreendente, mas também como seu mestre pessoal. A revelação de Caeiro, que o ensinou a ver o mundo exatamente como é, era agora reconhecida como o primeiro passo em seu caminho rumo à gnose.

De acordo com as mesmas anotações, só muitos anos depois, em 1931 ou 1932, Pessoa atingiu o grau de Adepto Menor, ao "conquistar o amor à vida". A partir desse ponto, as provações da pobreza, da castidade e da obediência tornaram-se "votos autoimpostos". As anotações indicam 4 de setembro de 1933 como a data provável em que ele ascendeu ao grau de Mestre do Átrio, mas não oferecem nenhuma pista do que exatamente foi feito nesse dia.[16] Talvez tudo o que "aconteceu" tenha sido uma compreensão silenciosa.

A escala de iniciação de Pessoa incluía mais quatro graus, para um total de sete, sendo que o mais alto implicava a "renúncia à divinização", mas ele próprio chegou apenas ao terceiro, o de Mestre do Átrio. Era alto o suficiente para iniciar outros indivíduos, e um ano depois de alcançá-lo, em setembro de 1934, ele criou um rito de iniciação para Neófitos, os quais, vendados e com as mãos no coração, deveriam responder a uma série de perguntas:

> P: Em que crês?
> R: Sou cego.
> P: Quem és?
> R: Sou nu.
> P: O que tens?
> R: Só a mim.
> P: Queres ser recebido nesta ordem para nela teres a luz?
> R: Quero, se ma mostrarem.

As perguntas e respostas continuam nessa mesma linha; transcrevi apenas um trecho. No final do catecismo — aparentemente formulado para nós, seus futuros leitores —, o mestre de cerimônias profere um discurso ritual, que inclui palavras de encorajamento como as seguintes:

> Meu irmão, tudo neste mundo é símbolo e sonho — é símbolo tudo quanto temos, sonho tudo quanto desejamos. O universo inteiro, de que somos parte por castigo e erro, é uma alegoria cujo sentido hoje conheces, visto que teus olhos, por fechados, estão abertos, e teus ouvidos, por oclusos, podem enfim ouvir.[17]

Em outra parte de suas anotações, Pessoa estabeleceu uma estrutura de governo para capítulos internacionais da Ordem de Cristo, no caso de se espalhar de Portugal para o resto da Europa e além.[18] E ele sonhou com outra ordem espiritual conspicuamente patriótica, que tinha oito em vez de sete graus de iniciação, um para cada letra da palavra P O R T U G A L, com L sendo o grau mais baixo e P, o mais alto. Membros da ordem iniciados no quinto grau, T, seriam autorizados a abrir filiais em outros países.[19]

Caso tivesse uma personalidade mais assertiva e agressiva e não estivesse tão empenhado em ser poeta, quase poderíamos imaginar Pessoa como um rival português de Aleister Crowley. Inspirado pelo mago inglês, não só inventou suas próprias ordens espirituais, como traçou planos para sua propagação ao redor do globo — embora nunca tenha iniciado de fato ninguém, exceto talvez ele mesmo. A Abadia de Thelema de Crowley ainda existe — uma ruína coberta de vegetação — em Cefalù, Sicília. Para não ficar atrás, Pessoa, para uma de suas religiões, parece ter concebido uma Abadia da Quintessência virtual,[20] cuja imaterialidade essencial garantia que nunca correria o risco de decadência ou destruição. A religião, para ele, era um esporte competitivo, um sucessor das partidas de faz de conta de críquete e futebol da juventude.

Enquanto Pessoa escrevia freneticamente sobre magia, alquimia, ordens esotéricas e ritos de iniciação, além de inventar suas próprias ordens e ritos, William Butler Yeats, que pertencia de verdade a várias ordens e havia realizado experimentos em magia, preparava-se para lançar um edição muito revisada de *A Vision*. Se tivesse lido essa obra, Pessoa teria ficado maravilhado com o tratamento surpreendentemente original dado ao ciclo cósmico da mudança, retratado como uma interação constante de subjetividade e objetividade, história pessoal e história universal, vida e pós-vida, livre-arbítrio e destino — tudo dotado de correspondências astrológicas e abrangendo eras incomensuráveis. Embora fosse informado pela escrita mediúnica de sua esposa Georgie Hyde-Lees, a estrutura do sistema e o ímpeto para criá-lo vieram de Yeats, assim como o árduo trabalho de apresentá-lo em um texto legível. (Não se trata, no entanto, de uma leitura fácil.) O que Yeats desejava e conseguiu — com alguma ajuda dos "instrutores" astrais de sua mulher — era uma visão unificada e sinfônica da alma humana individual em relação ao tempo e ao universo.

Sem as grandiosas ambições e convicções do poeta irlandês, Fernando Pessoa era mais como um jazzman da verdade superior e oculta, improvisando sobre as doutrinas-padrão do repertório esotérico e introduzindo suas próprias variações, sem se deter em um mesmo ponto por muito tempo. Ele voltava incessantemente aos seus temas preferidos, mas nunca os desenvolveu duas vezes de modo igual. Em vez de se esforçar para alcançar uma unidade abrangente, Pessoa brincava e explorava, dedicando-se à busca pelo próprio prazer da busca e, ao mesmo tempo, criando um contexto transcendente para sua alma solitária. Ao que parece, todas as páginas que dedicou aos ritos de iniciação serviram principalmente como um substituto para a iniciação na vida real que ele nunca teve.

De qualquer modo, os ritos de iniciação eram cerimônias simbólicas que não correspondiam necessariamente a uma compreensão mais profunda do conhecimento oculto. Pessoa considerava esses ritos dispensáveis para os gênios literários e de certa forma até redundantes. Mais do que no caso de qualquer outro gênio, isso era verdadeiro em Shakespeare, considerado por Pessoa o arquetípico "iniciado pela via esquerda", o que significa que sua iniciação espiritual não foi obtida pelo método regular da "via direita" de progressão ascendente através dos graus. Aconteceu espontaneamente, e *Hamlet*, quer o dramaturgo soubesse ou não, era um "drama ritual ou simbólico" da mais alta ordem.[21] Aqui como em outras partes, Shakespeare era o espelho preferido de Pessoa para se contemplar e admirar a si mesmo. Ele também era um "iniciado pela via esquerda" que, em vez de *Hamlet*, *Rei Lear* ou *A tempestade*, criara os dramas simbólicos e rituais que chamou de heterônimos.

Pessoa provava mais uma vez que a literatura pode fazer e ser quase tudo. Na passagem mais intrigante escrita para seu "Ensaio sobre a iniciação", ele comparou os graus ascendentes de iniciação espiritual aos estágios sucessivos de realização poética.[22] O poeta começa adquirindo ferramentas básicas como gramática e cultura literária, atingindo assim o nível de "poesia lírica simples"; depois, progride para formas poéticas mais complexas como a ode, e, por fim, nos estágios superiores, chega à epopeia e à poesia dramática. Esses dois últimos gêneros são superiores por serem "impessoais", exigindo que os poetas não só expressem o que sentem, mas também sintam com intensidade coisas que não sentem pessoalmente de maneira natural.

Mas a forma mais elevada de realização poética, de acordo com a escala iniciática de Pessoa, é "a fusão de toda poesia, lírica, épica e dramática, em algo além de tudo isso". Ele realizou essa fusão sublime em *Mensagem*, enfim publicado no segundo semestre de 1934. Com esse livro, Pessoa, que parecia estar rumando ao anonimato voluntário, envolto por um mundo espiritual que ele mesmo podia perceber apenas de forma vaga, de repente ressurgiu como um poeta notável — e que logo se tornaria famigerado.

70.

Se dependesse apenas de si mesmo, Pessoa nunca teria publicado *Mensagem*, pelo mesmo motivo que nunca publicou *O guardador de rebanhos*, de Alberto Caeiro, ou coletâneas de poesias de Álvaro de Campos e odes de Ricardo Reis, ou um volume das centenas de poemas escritos sob seu próprio nome: inércia. Não era a inércia de quem não consegue começar, mas a de quem não consegue parar — Pessoa era um malabarista incorrigível, que tentava equilibrar dezenas de projetos literários simultaneamente. Parar de fazer malabarismos por tempo suficiente para preparar um livro para publicação significava violar sua própria natureza. Somada à sua inércia, havia uma apreensão antiga e persistente. O que ele havia comentado com a mãe numa carta de 1914 ainda era verdade: tornar-se um autor publicado seria uma mudança, e ele odiava qualquer tipo de alteração em suas circunstâncias externas. Sim, de algum modo conseguira publicar quatro livretos de seus poemas anglófonos, mas eles nunca ameaçaram sua condição de renomado gênio literário que poucas pessoas haviam realmente lido. Publicar em português era uma proposta mais arriscada.

Mensagem, porém, era mais do que um livro que pudesse conferir fama e honra a Pessoa, possibilidade que o fascinava tanto quanto o amedrontava; era um livro que poderia despertar os portugueses de sua letargia e preparar Portugal para ser uma nação com orgulho cultural e consciência espiritual. Ele tinha a obrigação moral de publicá-lo! Assim argumentou Augusto Ferreira Gomes, em cujo apartamento Pessoa se tornara, em tempos recentes, um convidado habitual para o almoço de domingo. "Cuidarei dos detalhes práticos", prometeu o amigo. Tudo o que exigia dele era um texto datilografado para a gráfica.

Ferreira Gomes era o rosto visível de um esforço conjunto. Por trás dele estava o diretor do Secretariado de Propaganda Nacional (SPN), Antônio Ferro, que ansiava por ver o livro de Pessoa publicado rapidamente, para que pudesse concorrer no concurso de promoção da literatura patriótica. O prazo para inscrições fora prorrogado de 1º de julho para 31 de outubro de 1934. Tanto Ferro como Ferreira Gomes, que trabalhava para o SPN como designer gráfico, estavam convencidos de que, com aquele livro intensamente português, seria uma barbada para Pessoa ganhar o prêmio de poesia, e tê-lo do lado "deles" lhes daria o prestígio e o impulso de que precisavam.

Nem todos haviam escolhido lados políticos, mas uma divisão cada vez maior vinha se estabelecendo entre os escritores e artistas portugueses, muitos dos quais se opunham de forma discreta a Salazar e à "política do espírito" nacionalista de seu principal propagandista. Antônio Ferro gostaria de ser uma figura conciliadora no meio artístico e intelectual de Portugal, mas sua função era promover a cultura de forma a beneficiar o regime. Ao investir astutamente dinheiro e cultivar amizades na incipiente indústria cinematográfica de Portugal, havia trazido José Leitão de Barros e outros diretores talentosos para as fileiras do Estado Novo. Em troca de encomendas periódicas, artistas como José de Almada Negreiros preferiam silenciar as opiniões inconvenientes que se sentiam tentados a expressar. As opiniões adversas dos escritores, porém, uma vez que seu meio artístico é a linguagem, eram mais difíceis de esconder. Ferro percebeu que deveria proceder com cautela em relação a Pessoa. Augusto Ferreira Gomes assegurou-lhe que o poeta era partidário do regime, mas sabia também que Pessoa insistia em sua independência total, recusando-se a associar-se em caráter oficial a qualquer grupo cultural ou político. Eles tiveram de convencê-lo de que não havia exigências para o prêmio.

No fim das contas, não foi tão difícil convencer Pessoa. Ele concordou em contribuir com três poemas de seu futuro livro para a edição de julho-agosto de *O Mundo Português*, uma revista patrocinada pelo governo cujo foco especial era o império colonial. E em meados de agosto preparou um texto final datilografado do livro. Leu-o para Ferreira Gomes num dos almoços de domingo, e no dia seguinte o amigo o acompanhou à Editorial Império. Apresentando seu texto datilografado ao proprietário, gerente e impressor chefe, Pessoa se desculpou timidamente por não saber quando poderia pagar a conta. Prometeu quitar o débito o mais rápido possível, em prestações. O impressor acenou com a cabeça e não disse nada; a remuneração pelos seus serviços já havia sido garantida. Sem que o poeta soubesse, Antônio Ferro ia cobrir as despesas de composição e impressão do seu livro com verbas do caixa dois do SPN.[1]

Nas semanas seguintes, Pessoa passou com frequência na gráfica para verificar as provas de página. O mesmo fez Ferreira Gomes, que tinha experiência no ramo e ajudou na concepção e na diagramação. Pessoa fez algumas correções no texto, reescreveu completamente um dos poemas e decidiu no último instante mudar o título do livro de *Portugal* para *Mensagem*. Foi o amigo Alberto da Cunha Dias que o fez repensar o título, lembrando-lhe que o nome de seu querido país tinha sido prostituído por uma sapataria chamada Portugal, cujo lema era "Portugalize os seus pés!".[2] A sapataria, na verdade, era uma questão menor. O verdadeiro problema, como Pessoa percebeu, era que o Portugal de seu livro transcendia o país visível e materialmente pobre de cerca de 92 mil quilômetros quadrados onde as pessoas viviam e trabalhavam e faziam coisas como comprar sapatos. O seu Portugal era uma lição simbólica, uma esperança, uma mensagem. Ele decidiu que esta última palavra captava melhor o espírito de seu livro. E mensagem também era uma abreviatura — assim ele fantasiou em suas anotações particulares — de *mens ag[itat mol]em*, "a mente move a matéria", de Virgílio.[3] O livro de Pessoa, como veremos, era pontuado por epígrafes latinas, e agora o latim estava embutido até no título.

Na mesma página de notas autobiográficas em que atribuía a Alberto da Cunha Dias o fato de desistir do título original, Pessoa destacou que a conversa entre eles se desenrolou num hospital psiquiátrico, como se sugerisse que o desequilíbrio mental do amigo o tornava mais qualificado para dar opiniões valiosas sobre o livro. Com efeito, assim era no mundo segundo Pessoa, cuja *Mensagem* prestes a ser publicada continha um poema de louvor à loucura. É narrado por d. Sebastião, que admite que sua desastrosa campanha militar no Marrocos foi uma aventura insana, mas defende o impulso exaltado que o levou a ela, uma vez que:

Sem a loucura que é o homem
Mais que a besta sadia,
Cadáver adiado que procria?

Cunha Dias, que já se havia internado em um hospício pelo menos uma vez,[4] não era seu único amigo mentalmente instável. Raul Leal havia passado pouco tempo antes uma temporada no hospital psiquiátrico de Lisboa, onde escreveu o que foi talvez a prosa mais vertiginosamente metafísica e menos compreensível que já criara.[5] E José Pacheco, que esteve internado por pouco tempo num hospital psiquiátrico em 1932 e cuja tuberculose voltara com força após um período de remissão, perdera todo o sentido de proporção e tornara-se um fanático religioso. Ou esse camarada da época de *Orpheu* e editor de *Contemporânea* estaria mais lúcido do que nunca? Se ele de fato acreditava em Deus, o que poderia fazer mais sentido do que dedicar seus dias restantes de tuberculose à oração e à adoração?

Enquanto sua saúde permitira, Pacheco assistira à missa todas as manhãs e visitara ocasionalmente o santuário de Nossa Senhora de Fátima, mas em 1934 era um recluso em êxtase e quase não via ninguém a não ser o padre Pio, que conduziria a cerimônia de seu funeral, no dia 29 de setembro.[6] Poucas pessoas compareceram, e Pessoa não foi uma delas, em parte por sua aversão ao catolicismo tradicional — uma religião obscurantista que aprisionava a mente das pessoas "pelo dogma, pelo misticismo ou pela superstição", conforme artigo que esperava publicar em 1935.[7] Contudo, de vez em quando, ele sentia saudade do catolicismo. Sylvia Plath, em seu único romance, usou a redoma para simbolizar a vida que sufoca por falta de liberdade, falta de ar. Pessoa, num poema escrito em abril de 1934, usou a mesma imagem para evocar a sensação acolhedora de estar cercado e protegido pela Igreja desde pequeno, antes de começar a fazer perguntas. Uma das estrofes do poema insinua que seu interesse em "Kabbalahs, gnoses, mistérios, maçonarias" e assim por diante era uma tentativa de preencher o vazio deixado pela fé perdida.[8] Mas não havia como voltar atrás, e um Pacheco supercatolicizado só poderia causar em Pessoa a impressão de ser uma curiosidade exótica. O Pacheco com quem conseguia se relacionar — o que era artista gráfico, editor de revista, promotor de exposições de arte, organizador de conferências, produtor de teatro e entusiasta da cultura — havia morrido alguns anos antes.

Os teatros continuavam a apresentar novas peças, e as editoras continuavam a publicar autores novos e consagrados. E surgiam novas editoras, inclusive uma chamada Editorial Ática, fundada por Luís de Montalvor, outro amigo de Pessoa da época de *Orpheu*. Mas não havia nenhum ativista cultural em Lisboa para substituir José Pacheco, exceto, talvez, Antônio Ferro. Havia quem questionasse se sua vigorosa defesa das artes dentro do Estado Novo era compatível com seu veemente apoio a um modelo de governo antiliberal e ultranacionalista. Mas, fosse qual fosse o veredicto sobre Ferro e sua posição política, não deveria ser possível promover a cultura e o patriotismo ao mesmo tempo? Pessoa não estava tentando fazer exatamente isso por meio do livro que estava agora na gráfica?

Mensagem foi publicado no final de outubro, bem a tempo de ser considerado para o prêmio de poesia Antero de Quental, mas só foi posto à venda em dezembro. No dia 9 desse mês, saiu a primeira crítica do livro, por Alberto da Cunha Dias, que assegurava aos leitores que, embora a maioria deles nunca tivesse ouvido falar de Fernando Pessoa, tratava-se de um dos poucos escritores vivos de Portugal que seria lembrado no futuro.[9] Cinco dias depois, o suplemento literário do *Diário de Lisboa* dedicou uma página inteira a *Mensagem*, publicando três de seus poemas, com três ilustrações de Almada Negreiros e uma curta entrevista com o autor, acompanhada de um retrato. A foto foi creditada a Ferreira Gomes, que tinha armado a entrevista no Café Martinho da Arcada e se mantivera ao lado de Pessoa enquanto a conversa ocorria, numa tarde fria e chuvosa, com o poeta embrulhado numa gabardina surrada. (Embora os ternos fossem impecáveis, e os sapatos, bem engraxados, Pessoa era curiosamente negligente no que dizia respeito às capas de chuva.)[10] Em outro jornal, Ferreira Gomes publicou anonimamente uma breve nota que louvava *Mensagem* como "uma oração à Alma da Pátria e ao Espírito da Raça".[11] Ele e Ferro haviam feito de tudo para que Pessoa publicasse seu livro a tempo de concorrer ao prêmio, e uma boa publicidade poderia ajudar a garantir sua vitória.

Em meio a essa pequena blitz de cobertura favorável, o semanário *Fradique* criticou o SPN por patrocinar um concurso de prêmios que era, em uma palavra, propagandístico, em vez de uma celebração da grande literatura.[12] Os prêmios confeririam, na melhor das hipóteses, um prestígio duvidoso a seus ganhadores. Quando o concurso foi anunciado pela primeira vez, os editores de *Presença* manifestaram a mesma opinião, e Pessoa sem dúvida tinha seus próprios receios. Mas, ainda que o prêmio não tivesse prestígio, ele de qualquer modo gostaria de receber o dinheiro, com o qual poderia pagar as promissórias que acumulava em algumas das firmas para as quais trabalhava,[13] as centenas de escudos que devia ao sr. Trindade da leiteria e os grandes e pequenos empréstimos concedidos por amigos e familiares. Para piorar sua situação financeira, a irmã e o cunhado decidiram ficar na casa de São João do Estoril em vez de regressar a Lisboa no outono. É provável que Teca e Chico — como era conhecido o marido dela pela família e amigos — ainda contribuíssem para o aluguel do apartamento da rua Coelho da Rocha, mas a empregada e as contas passaram a ser de sua exclusiva responsabilidade.

Não foram os encantos românticos da vida junto ao mar que persuadiram o casal a permanecer no Estoril. No inverno fazia frio, eles ficavam um pouco isolados dos amigos e da família, e Chico precisava se deslocar todos os dias para o trabalho em Lisboa. Mas a vida no apartamento com o irmão também tinha seus inconvenientes, pelo menos para Teca. Seu irmão ia e vinha quando queria, continuava fazendo barulho muito depois de todos os outros já estarem na cama, e, embora fizesse o possível para respeitar os outros, sua desorganização pessoal atrapalhava os esforços dela para manter a casa arrumada. Ele havia proibido a empregada de entrar em seu quarto porque, sempre que ela o limpava, deixava inevitavelmente seus papéis espalhados fora de sua misteriosa "ordem", e no fim acabou proibindo a entrada de todos. Para Teca, isso foi a gota d'água. Ela não se importava de cozinhar para ele, subsidiá-lo em alguma medida e lhe dispensar cuidados em geral, mas confidenciou a vários amigos e parentes que toda aquela bagunça em seu quarto — os papéis, os cinzeiros transbordando e as ocasionais garrafas de bebida — era mais do que ela podia tolerar.[14] Ele era um tio carinhoso e atencioso com seus filhos, mas ela precisava se distanciar um pouco dele.

Ele ficou satisfeito com o novo arranjo. A solidão talvez não fosse saudável, mas era preferível. Todos ficaram melhor assim. Chico passava habitualmente no apartamento para pegar a correspondência e verificar como ele estava. Pessoa, que gostava de suas visitas ocasionais aos fins de semana à família da irmã durante o verão, tinha prazer em estender o ritual para o outono e o inverno. Mas, mesmo em São João do Estoril, a solidão o acompanhava. Durante uma de suas visitas, alguém percebeu em determinado momento que ele havia desaparecido. Como não estava no quarto de hóspedes, na sala de estar ou no quintal, devia ter saído para dar um passeio.

"O jantar está quase pronto. Procurarias por Fernando?" — perguntou Teca ao marido quando o céu começou a escurecer; ele logo o encontrou, do outro lado dos trilhos do trem, perto da água, sentado no muro de pedra e olhando para o mar, onde o sol já desaparecera no horizonte.

"Estávamos com medo de que te tiveste perdido", brincou Chico. "Vês alguma coisa interessante por aí?"

"Estava só pensando", disse Fernando, e os dois voltaram juntos para a casa, onde Teca já estava pondo a comida na mesa.[15]

Pessoa raramente escrevia aos dois irmãos, contando com a irmã para ter notícias da vida deles na Inglaterra, mas em 1934 trocou algumas cartas com João, agora conhecido como John, que havia estudado na London School of Economics e trabalhava para um banco comercial britânico.[16] Atuando como agente informal para algumas firmas portuguesas onde sua ocupação habitual era redigir cartas em inglês, Pessoa queria conselhos sobre algumas propostas de negócios. Apesar de não dizer isso explicitamente, ele esperava que fossem do interesse do banco onde o irmão trabalhava. À primeira proposta — a ampliação de uma fábrica portuguesa de pólvora com capital de investimento da Grã-Bretanha —, John Rosa respondeu em março que estava fora do escopo dos interesses de seu banco, e gentilmente lembrou ao irmão que propostas anteriores suas se haviam revelado mal concebidas ou inviáveis.

Pessoa, um pouco desanimado mas ainda não derrotado, voltou à carga em outubro, escrevendo em nome de outra empresa e com cinco novas propostas: financiamento de um banco, exploração de pedreiras de mármore, investimento em florestas de sobreiros, construção de um hotel em Lisboa e a venda de uma grande propriedade rural em Portugal. No último dia do ano, desculpando-se pelo atraso na resposta, John enviou-lhe uma carta de dezesseis páginas que explicava os motivos da dificuldade de obter financiamento britânico para projetos em Portugal, dava várias sugestões sobre quem ele poderia contactar e respostas a várias perguntas relacionadas ao mundo dos negócios. Ciente de que Fernando, quando se tratava de transações comerciais, tinha um toque anti-Midas, John não estava disposto a envolver seu empregador em nada daquilo e lhe implorou que nunca mencionasse o nome do banco em nenhuma negociação. No final de sua carta, John instruía o irmão a destruí-la assim que tivesse lido e assimilado seu conteúdo.[17]

Embora não tenha destruído a carta, Fernando poupou o irmão de mais perguntas. Tampouco buscou negociações com outras pessoas. Depois de ser informado de que, na prática, suas diversas propostas eram irrealistas, desistiu. Sabia desde o início que não iriam a lugar nenhum, mas seu destino o obrigou a tentar, mais uma vez, ser um homem de negócios. A mais misteriosa de todas as suas personas quase poderia ser uma paródia do "anti-self" de Yeats, definido pelo poeta irlandês como uma figura antitética para a qual o eu é atraído e que, em certo sentido, o completa.[18] Sem nenhuma expectativa real de fechar um negócio lucrativo a não ser em sua imaginação, a figura do empresário incompetente era um anti-self que "completava" Pessoa ao não conseguir completar nada — servia como uma espécie de metáfora para uma vida feita de perdas, dívidas, *disjecta membra* — mas na qual prosperava a poesia, como flores silvestres entre ruínas.

Só como especialista em língua inglesa é que Pessoa conseguia ser moderadamente hábil em ganhar dinheiro — redigindo cartas comerciais, traduzindo e, em tempos recentes, lecionando. No início de 1934, começou a dar aulas particulares de inglês para três meninos que estavam tendo problemas na escola. Por duas ou três sessões semanais, realizadas num dos escritórios onde escrevia cartas, Pessoa ganhava 150 escudos por mês. O pagamento era bom para esse tipo de trabalho, mas não aliviava seu endividamento. Qualquer dinheiro que recebia, Pessoa logo gastava — em livros, refeições em restaurantes, vinho e conhaque. Um menino desse grupo, Eduardo Calvet de Magalhães, viria a ser um de seus primeiros editores póstumos, em 1942, e em 1985 publicaria um vívido relato de suas aulas de inglês com o poeta, que duraram quase dois anos.[19] A primeira e mais persistente memória do aluno era o hálito etílico de seu professor: ele percebeu imediatamente que estava na presença de um alcoólatra. Pessoa, tendo relegado o susto com a saúde de 1932 a um passado indiferenciado e longínquo, vinha bebendo mais do que nunca, sem sequer se embriagar, como se fosse um mero combustível para atravessar cada dia.

Calvet de Magalhães relembrou que seu professor particular, além de elucidar as regras da gramática inglesa, falava de literatura, em particular das obras de Edgar Allan Poe, e de sociedades secretas como a dos rosacruzes e a maçonaria, cujos signos e símbolos ele aprendeu a desenhar. Os jogos de cartas eram outro tema frequente de conversa. O professor sabia que os jogos, as sociedades secretas e as histórias de mistério de Poe podiam despertar o interesse de adolescentes entediados com a gramática, e todas eram coisas que nunca deixaram de lhe interessar. Na década de 1930, ele ainda alimentava planos de traduzir coleções de livros de contos e poemas de Poe,[20] escrevia apaixonadamente sobre irmandades secretas e levava a vida da maneira como sempre a viveu, como se tudo fosse um jogo. Em tempos recentes, porém, vinha sofrendo de depressão.[21] Talvez se animasse logo, talvez não. Se tudo corresse de acordo com o planejado, ele seria um poeta premiado — perspectiva que lisonjeava sua vaidade, mas insultava sua alma independente, que sempre se esforçara muito para preservar e proteger.

Dizendo a si mesmo que o prêmio do livro, assim como sua própria publicação, era apenas mais um jogo, Pessoa fez as coisas que fazem os autores recém-publicados e os candidatos a prêmios. Em dezembro, enviou exemplares de *Mensagem* a jornalistas e críticos, além de amigos e parentes. Enviou um livro até mesmo ao primeiro-ministro Salazar, talvez na vaga esperança de que a visão ali retratada de um Portugal espiritualmente avançado pudesse ter algum tipo de influência nas políticas públicas. O ditador respondeu, como fazem os ocupantes de altos cargos do governo, com um cartão de agradecimento pré-impresso.[22] No dia 10 de dezembro, Pessoa deixou dois exemplares — um dedicado a Ofélia Queiroz e outro a Carlos Queiroz — no apartamento junto à praça do Rossio onde ambos viviam com a mãe de Carlos. Assim que percebeu pela descrição da empregada que o entregador era o próprio Pessoa, Ofélia correu para a porta da frente — tarde demais — e depois para a janela da sacada que dava para a rua movimentada, mas foi impossível distinguir o senhor de bigode chaplinesco e óculos redondos de aros de chifre, um pouco encurvado e com uma capa de chuva bege entre os outros pedestres com capa de chuva.

Ele estava a caminho do Hotel Borges, no coração do Chiado, onde deixaria mais um exemplar autografado do livro para a poeta brasileira Cecília Meireles e seu marido português, Fernando Correia Dias. Meireles era uma poeta cuja obra ele admirava. Correia Dias, artista plástico e velho amigo, emigrara para o Brasil em 1914 e casara-se com ela em 1922. Era a primeira viagem de Cecília a Portugal, e ela estava ansiosa por conhecer Pessoa. E Correia Dias queria pôr os assuntos em dia — fazia vinte anos!

Pessoa tinha suas dúvidas. O que ele e Correia Dias tinham para pôr em dia ou rememorar? Nunca haviam sido especialmente próximos, e a amizade durara apenas um ano. Mesmo assim, em março de 1914, um mês antes de se mudar para o Brasil, o artista havia pedido a Pessoa que escrevesse algo para seu caderno de autógrafos. A especialidade de Correia Dias era então a caricatura, o que inspirou o amigo poeta a escrever: "Cada um de nós, na sua vida realizada e humana, não é senão a caricatura da sua própria alma. Somos sempre menos do que somos.

Somos sempre a tradução para grotesco daquilo que quisemos ser, e que, por isso, intimamente e verdadeiramente somos".

Na verdade, quem Pessoa estava mais nervoso em encontrar era Cecília Meireles. Tendo em vista a admiração que nutria por sua poesia, havia uma chance razoavelmente boa de que a Cecília humana, de carne e osso, não estivesse à altura da ideia sublime da poeta que adejava em sua imaginação. E que impressão grotesca ele causaria nela com seus modos tímidos, seus olhos que não a encarariam diretamente, sua risada nervosa, seus dedos amarelados de tanto tabaco? Não, era melhor evitar um encontro cara a cara. Na hora marcada, quando os três deveriam se encontrar num café, ele não apareceu.[23] Melhor, havia decidido, seria que eles voltassem ao Brasil com um exemplar de *Mensagem* e qualquer imagem dele que sua poesia pudesse evocar. Deixou o livro na recepção do hotel, olhou furtivamente ao redor do saguão e saiu de forma tão discreta quanto havia entrado.

Pessoa era naturalmente inconspícuo, sem o menor ar de presunção. Ao levar um exemplar de *Mensagem* à casa de José de Almada Negreiros, a empregada tentou fechar-lhe a porta na cara, confundindo-o com um vendedor de livros de porta em porta. Ao ouvir a comoção, o artista veio até a porta da frente para ver o que estava acontecendo e encontrou Pessoa curvado de tanto rir, brandindo o livro autografado.[24] Trazia uma dedicatória para "o bebê do *Orpheu*", visto que Almada Negreiros fora o mais jovem colaborador da revista.

O primeiríssimo exemplar de *Mensagem* autografado por Pessoa, em meados de novembro, foi para "Augusto Ferreira Gomes, imperialmente, e com um grande abraço amigo e agradecido".[25] "Imperialmente" não só porque sua *Mensagem* ansiava por um iminente Quinto Império português, mas também porque seu amigo publicara pouco tempo antes *Quinto Império*, seu livro de poemas de temática semelhante, para o qual Pessoa escreveu um breve prefácio. O abraço era "agradecido", claro, porque Ferreira Gomes era o parteiro literário sem o qual *Mensagem* talvez nunca houvesse existido, e muito menos se tornar o favorito para ganhar um prêmio. Esse sentimento de gratidão estendeu-se a Antônio Ferro, que também recebeu um exemplar calorosamente autografado.

Ferreira Gomes parecia tão convicto que até Pessoa passou a acreditar que ganharia o prêmio de poesia do SPN, mas o júri escolhido a dedo, presidido por Ferro, contrariou as expectativas. Na verdade, havia dois prêmios de poesia —

um de 5 mil escudos, para um livro de poemas de pelo menos cem páginas, e outro de mil escudos, para uma coletânea mais curta de poemas ou para um só poema. Para eleger o livro de Pessoa ao prêmio maior, Ferreira Gomes instruíra a editora a imprimir seus 44 poemas, nenhum desses longo e alguns com menos de dez versos, de forma que ocupassem pouco mais de cem páginas. Pessoa havia planejado originalmente um livro de 41 poemas; pode ter sido por sugestão de Ferreira Gomes que acrescentou mais alguns, para esticar o comprimento total.

Antônio Ferro abriu a reunião do júri, realizada em 29 de dezembro de 1934 no gabinete do SPN, anunciando as obras em competição para os dois prêmios de poesia. *Mensagem* estava no topo da lista de livros com mais de cem páginas. Mas um dos jurados protestou, observando que havia muitas páginas em branco ou esparsamente impressas no livro de Pessoa. A seguir, Ferro leu as cartas de dois jurados que, impossibilitados de comparecer, enviaram seus votos por correio. Teresa Leitão de Barros, escritora e irmã do cineasta Leitão de Barros, votou em *Mensagem*. Não foi o caso do outro membro ausente do júri, um poeta chamado Alberto Osório de Castro. Embora elogiasse o domínio técnico que Pessoa tinha da forma lírica, considerou seu livro excessivamente "elíptico e hermético", muito "esotérico para diretamente chegar à alma clara e simples do povo português". Ele votou em *A romaria*, de Vasco Reis, com a justificativa de que "desabrocha do solo português como uma delicada *fioretta* franciscana [...] em plena primavera emocional". Vasco Reis era um padre franciscano e missionário. Ignorando se o livro de Pessoa tinha ou não mais de cem páginas, Osório de Castro propunha em sua carta que lhe fosse concedido o prêmio de "segunda categoria", para um poema ou grupo de poemas. Um dos três jurados presentes fisicamente na reunião — Mário Beirão, amigo de Pessoa desde a época de *A Águia* — apoiou as escolhas de Osório de Castro, que prevaleceram por maioria, para consternação de Antônio Ferro.[26]

Augusto Ferreira Gomes ficou duplamente desapontado. Pressupondo que Pessoa ganharia o prêmio da primeira categoria, apresentou seu *Quinto Império*, um livro de cerca de sessenta páginas, de olho no prêmio da segunda categoria. Mas o que realmente o desconcertava, e também a Ferro, era como Pessoa receberia a notícia de que *Mensagem*, apesar de suas maquinações, perdera para uma "delicada *fioretta* franciscana" de poesia, escrita por um noviço literário.

71.

Pessoa levanta-se da máquina de escrever, põe o chapéu e a capa de chuva, anuncia a ninguém em particular "vou ao Abel" e sai do escritório. Já é tarde o bastante para comprar o jornal vespertino, o que ele faz um tanto constrangido, olhando por cima do ombro, sem querer ser visto. Só quando está junto ao balcão do Abel, onde uma taça de vinho tinto é servida sem que ele diga nada a não ser "boa tarde", abre o jornal e descobre que seu livro foi superado, rebaixado à segunda categoria. Ele treme imperceptivelmente, sem revelar nenhuma emoção ao taberneiro, põe uma moeda no balcão e volta ao escritório.

Ou talvez tenha ficado em casa naquele dia, o último de 1934, saído para comprar o jornal no final da tarde e voltado imediatamente ao apartamento para lê-lo em particular, nervoso de excitação, que logo se transformou em decepção — e talvez tristeza, ou raiva, embora mantivesse a cara séria, tentando não demonstrar emoção nem para si mesmo.

Os vencedores dos prêmios literários do SPN haviam sido anunciados algumas horas antes num almoço de gala, uma espécie de aquecimento para quem iria às festas de Ano-Novo. Enquanto comiam e bebiam às custas do governo, os convidados ficaram sabendo que os ganhadores dos prêmios de história, ensaio e jornalismo haviam sido escolhidos por unanimidade. Mas o maior prêmio (10 mil escudos), para o melhor romance com "uma intenção amplamente construtiva", não foi atribuído, uma vez que o júri de ficção considerou que nenhum dos participantes cumpria aquele critério vagamente formulado, que parecia ser o jargão do Estado Novo para algo como "propício ao aprimoramento moral e fervor patriótico".

Diante do excedente do orçamento do prêmio daí resultante, Antônio Ferro decidiu, por iniciativa própria, aumentar o valor do prêmio de poesia de "segunda categoria" de Pessoa para 5 mil escudos, mesmo valor do prêmio de "primeira categoria" (equivalente a 4 mil ou 5 mil dólares de hoje). Justificou sua decisão falando sobre o "alto sentido nacionalista" de *Mensagem*, que acabara na segunda categoria apenas por uma questão técnica de número de páginas. De acordo com as deliberações do júri, lidas em voz alta no almoço, o autor do livro era "uma das personalidades mais originais das letras portuguesas", mas seguia "isolado voluntariamente do grande público".[1] Ferro fizera tudo o que estava ao seu alcance para que o prêmio de Pessoa fosse igual em prestígio ao prêmio da primeira categoria, mas não podia mudar o fato de que a maioria do júri considerara o livro de Vasco Reis superior.

O almoço de gala, os nomes dos vencedores dos prêmios e as considerações dos vários jurados foram noticiados no *Diário de Lisboa*, ao lado de uma matéria segundo a qual o ministro alemão das Relações Exteriores havia dito que seu país, onde Hitler assumira o título de Führer em agosto, não desejava mais do que viver em paz com seus vizinhos. O resto do jornal estava cheio de anúncios para as diversões habituais de réveillon: jantares chiques, bailes, peças de teatro e filmes norte-americanos estrelados por atores como Joan Crawford, Douglas Fairbanks Jr., Jean Harlow e os irmãos Barrymore.

Não sabemos se Pessoa trabalhou em algum escritório naquele dia ou se ficou em casa, mas, no final da tarde de 31 de dezembro, carregando uma pequena mala, ele dirigiu-se à estação ferroviária do Cais do Sodré, apinhada de transeuntes àquela hora do dia, e tomou o trem para São João do Estoril, onde passaria alguns dias com a família da irmã. Apesar de ser indiferente ao Natal e ao Ano-Novo, respeitava fielmente os aniversários da família, e seu sobrinho Luís Miguel faria quatro anos no dia seguinte. Antes de o trem sair da estação, foi saudado pelo cunhado, que acabava de embarcar, de pasta na mão, fazendo seu trajeto habitual para casa após o dia de trabalho em Lisboa.

"Ó Fernando, então...", disse Chico com um sorriso e os braços bem abertos, como se abraçasse algo abstratamente grande e maravilhoso.

Pessoa, que já estava sentado, ergueu para ele os olhos sem expressão. "Então... o quê?"

"O quê?! Não leste os jornais?"

"Li. Ah! É verdade. Deram-me o prêmio", respondeu ele no mesmo tom monótono de antes.[2]

Chico sentou-se ao lado dele e, em 45 minutos, chegaram ao destino. Era uma caminhada de dez minutos a pé da estação até à casa de Chico e Teca, onde Manuela e Luís Miguel aguardavam ansiosamente o tio Fernando, que tentou agir com naturalidade e indiferença, dando pouca importância ao prêmio pelo qual a irmã também o felicitou.

Pessoa invocou a apatia para neutralizar, tanto quanto possível, a desilusão e o constrangimento. Havia criado uma esperança por aquele prêmio, sonhado em ser um poeta de sucesso da maneira como o mundo mede o sucesso, e a esperança o defraudou, o sonho era uma farsa. Num poema amargo escrito em São João do Estoril naquela noite ou no dia seguinte, refletiu:

Fazer um esforço a valer?
Para conquistar o quê?
Uma glória? A ciência? O poder?
O que é que tudo isso é?

Pastor que não és ninguém
Porque ninguém de ti cura,
A frescura que a tua alma tem
Tenho-a também, mas sem frescura.
Mas ao menos guardo
A fidelidade à inocência,
No que não faço ou no que tardo.[3]

Depois de postergar a glória e de não a perseguir durante a maior parte de sua vida, o poeta agora se repreendia por ter tentado alcançá-la, por querer ser alguém. Vasco Reis, o pastor e missionário franciscano de 24 anos que ganhara o prêmio da primeira categoria, podia ser um ninguém, mas um dos membros do júri — conforme noticiado nos jornais — viu sinais em sua obra de um novo Cesário Verde ou Antônio Nobre, dois dos maiores poetas portugueses do século XIX.

Ainda que Pessoa não se arrependesse de publicar seu livro, lamentava ter se enganado, ou se deixado enganar, pensando que seria compreendido e apreciado pelo tipo de gente que compõe as comissões julgadoras de prêmios. Mesmo assim, precisava do dinheiro, e era grato a Ferro por ter quintuplicado o valor de seu prêmio. Pela primeira vez desde o fracasso da Ibis, em 1910, ele estava em boa condição financeira.

Na mesma folha de papel em que rabiscou o poema de Ano-Novo, Pessoa escreveu uma resenha de *A romaria*, de Reis. O *Diário de Lisboa* pedira-lhe um artigo de opinião sobre os prêmios literários em geral, mas Pessoa, não conseguindo pensar num ângulo que o satisfizesse, resolveu escrever um artigo sobre o livro do franciscano. Publicada na edição de 4 de janeiro do jornal, a resenha de Pessoa parabenizava a comissão do prêmio por ter revelado ao público tão "admirável artista" e um "poema adorável". (*A romaria* era um único poema narrativo com a extensão de um livro.) Escolhendo suas palavras com cuidado, o crítico observava um "paganismo cristianíssimo" na poesia de Vasco Reis, uma vez que evidenciava o elemento puramente emocional do paganismo ao mesmo tempo que transbordava da "meiguice religiosa" típica do catolicismo português. Em outras palavras, era uma baboseira sentimental. Pessoa disfarçou seu desdém pelo poema "adorável" com conceitos religiosos que tortuosamente implicavam seu caráter herético. Ele atirou em todas as direções — no jovem poeta, nos jurados que premiaram o livro e no establishment católico conservador —, mas de tal maneira que suas vítimas poderiam pensar que estavam sendo acariciadas, em vez de atacadas. Assim, de forma imediata e astuta, perpetrou sua vingança.

Em 31 de janeiro, João Gaspar Simões publicou um artigo em que criticava Antônio Ferro por nomear pessoas não qualificadas para os vários júris dos prêmios, sobretudo o do prêmio de ficção, que rejeitara todos os romances em competição, inclusive um de sua autoria. Mas o crítico e romancista reservou seus comentários mais devastadores para o surpreendente vencedor do prêmio de poesia, Vasco Reis, um "franciscano tão pobre de talento quanto o fundador da sua ordem era pobre de bens deste mundo". Mas o poeta-sacerdote também tinha seus defensores, um dos quais era o editor e escritor nacionalista João de Castro Osório, e ele mesmo se defendeu em duas réplicas a Gaspar Simões enviadas de seu posto missionário em Moçambique.[4]

Mensagem também gerou opiniões conflitantes. O primeiro resenhista do livro, seu amigo Alberto da Cunha Dias, foi generoso nos elogios, mas temia que a tentativa do poeta de criar "um misticismo nacional" corresse o risco de ser mal interpretada e desejou que o simbolismo de seu livro fosse menos esotérico e mais católico. O segundo crítico do livro foi Luís Pedro Moitinho de Almeida, de 22 anos, cuja coletânea de poemas de 1932, *Acrónios*, incluía um prefácio de Pessoa que não exprimia verdadeira admiração, apenas elogios ambivalentes. Moitinho de Almeida, retribuindo na mesma moeda, iniciava sua resenha saudando *Mensagem* como uma oportunidade para a "Esfinge", seu autor, finalmente se revelar; e concluía dizendo que a Esfinge, afinal, ainda não havia falado: "*Mensagem*, sendo um livro de Fernando Pessoa, não é um livro de Fernando Pessoa, quero eu dizer, que, sendo um livro cheio de lindas poesias que a inteligência de Fernando Pessoa criou, não é, contudo, um livro de poemas que o coração de Fernando Pessoa sentiu".[5]

Podemos reprovar a visão sobre a poesia desse jovem crítico que a reduz a uma arte confessional e fundamentalmente emotiva, mas o teor de sua crítica — de que o fato de Pessoa ser demasiado brilhante poderia atuar em detrimento do autor e de sua obra — foi reiterado por outros. O editor-chefe de *Fradique* escreveria que o poeta de *Mensagem* era "inteligentíssimo... e pouco mais", autor de poemas opacos "que raros decifrarão, e que fatigam sem vantagem".[6]

Escrevendo para o semanário cultural *O Diabo*, a poeta e romancista Alice Ogando emitiu um veredicto diametralmente oposto: "A riqueza poética deste livro é tanta que, ainda que o seu autor nunca mais escrevesse um verso, o seu nome ficaria para sempre ligado à mais rica poesia portuguesa".[7] Um poeta dificilmente poderia aspirar a um elogio maior para um primeiro livro. Ogando elogiava *Mensagem* por sua profundidade intelectual e também por sua excelência artística. Outros resenhistas entusiasmados analisaram a estrutura tripartite do livro, seu simbolismo e a substância da mensagem prometida por seu título. João de Castro Osório admirava *Mensagem* por ser "a completa, total e definitiva expressão" do sebastianismo na poesia.[8] Era uma caracterização adequada: d. Sebastião é mencionado diretamente em nada menos que dez dos poemas do livro.

Narrativa poética da história portuguesa, *Mensagem* devia grande parte de sua inspiração a Mário Beirão, que em 1917 publicara *Lusitânia*, uma coletânea de poemas que evocava vários séculos do passado glorioso de Portugal, em especial a Época dos Descobrimentos.[9] Como jurado do Prêmio de Poesia Antero de Quental, ele deve ter reparado como sua própria obra influenciara a de Pessoa e também como os poemas de seu antigo amigo eram incomparavelmente superiores. Talvez tenha sido esse seu motivo para votar no missionário franciscano para o prêmio da primeira categoria.

Com uma visão ainda mais ampla do que a de Beirão, o livro de Pessoa se propunha a captar, numa série de miniaturas poéticas, a história de Portugal desde suas origens antigas até seu futuro resplandecente. A primeira parte, "Brasão", narra a história do país desde a lendária fundação de Lisboa por Ulisses até a derrota do exército de d. Sebastião no Marrocos, em 1578. Trata-se de uma história dramatizada, com atores-chave como Viriato (um chefe lusitano que defendeu bravamente o oeste da península Ibérica dos invasores romanos), d. Afonso Henriques (coroado em 1139 primeiro rei de Portugal) e o malfadado d. Sebastião, falando na primeira pessoa ou sendo objeto da fala do eu poético em poemas que levam seus nomes ilustres como títulos. A segunda parte, "Mar português", relembra Portugal em seu apogeu de glória como senhor dos mares e descobridor de terras até então desconhecidas dos europeus. "O Encoberto", última parte do livro, aguarda com expectativa o futuro sebastianista e quinto-imperialista de Portugal, mas é tingido pela melancolia, como se, no fim, a nação talvez não conseguisse sair da presente estagnação para reivindicar seu destino legítimo.

Pessoa havia inicialmente intitulado a terceira parte de "Canções da derrota",[10] e alguns dos últimos poemas — em especial "Noite", "Tormenta" e "Nevoeiro" — oscilam entre a expectativa e a resignação. "Nevoeiro", o último poema do livro, lamenta "Este fulgor baço da terra / Que é Portugal a entristecer", uma terra onde

Tudo é incerto e derradeiro.
Tudo é disperso, nada é inteiro.
Ó Portugal, hoje és nevoeiro...

E então vem o verso final, a conclusão do livro: "É a hora!" — a hora de uma reviravolta na sorte de Portugal, a hora da Segunda Vinda de d. Sebastião, a hora do Quinto Império. Mas o anúncio soa um pouco desesperado, ou como a expressão de um mero desejo.

Composto de poemas líricos dramáticos que contam uma história épica, *Mensagem* era um híbrido poético que tentava modernizar e superar *Os lusíadas*, cuja celebração da viagem inaugural de Vasco da Gama à Índia glorificava implicitamente todo o programa das descobertas e explorações oceânicas de Portugal. Embora seja difícil argumentar que Pessoa, na tentativa de se tornar um Super-Camões, tenha conseguido superar a obra-prima camoniana, *Mensagem* em certo sentido é mais vasto, pois abrange toda a história de Portugal e proclama seu futuro imperial. Ao contrário de *Os lusíadas*, que imortalizou o império marítimo português *depois* que já estava em declínio, *Mensagem* imortalizava o Quinto Império *antes* mesmo de existir no tempo e no espaço. Além disso, nunca existiria e nunca poderia existir, espacial e temporalmente, uma vez que, de acordo com Pessoa, era um império "de poetas" e "de gramáticos",[11] um império da linguagem. Isso não significa que ele não esperasse um Quinto Império visível e mundano, mas sua esperança era em si mesma poética, inscrita de forma eloquente nos versos de seu livro e nos seus muitos outros escritos sobre o futuro de Portugal.

"O mito é o nada que é tudo": assim começa o poema em *Mensagem* sobre Ulisses, o mítico fundador de Lisboa, que em tempos antigos era chamado de Ulissipo, nome que se assemelha, mas não tem relação com o do herói grego. Mas esse detalhe não era de forma nenhuma importante: apenas tornava o mito mais poderoso:

Este, que aqui aportou,
Foi por não ser existindo.
Sem existir nos bastou.
Por não ter vindo foi vindo
E nos criou.

Assim a lenda se escorre
A entrar na realidade. [...]

O mesmo princípio se aplica à lenda sebastianista, cujo potencial para elevar o moral da nação dependia, segundo Pessoa, de seu caráter mítico.

Mensagem contém outros símbolos importantes além de d. Sebastião e do Quinto Império. Existem poemas que aludem à busca simbólica de Sir Galahad pelo Santo Graal; às Ilhas Afortunadas da mitologia grega e celta, uma das quais era Avalon, onde o rei Artur dorme até seu glorioso retorno; e ao símbolo central do rosacrucianismo, a rosa crucificada. Pessoa esforçou-se para conferir um sabor claramente esotérico a *Mensagem*, cuja epígrafe de abertura, *Benedictus Dominus Deus noster qui dedit nobis Signum* — "Bendito seja Deus nosso Senhor que nos deu o Sinal" —, e a exortação final, *Valete, Fratres* — "Passai bem, Irmãos" —, são saudações emprestadas dos rituais rosacruzes. As três partes do livro também são precedidas por epígrafes em latim, reveladas a Pessoa numa comunicação de um de seus guias astrais.[12] Assim, *Mensagem*, como *Vision* de Yeats, embora em um grau muito menor, também devia algo aos espíritos das regiões ocultas.

A inclinação esotérica de *Mensagem*, ao universalizar seu tema nacionalista, torna paradoxalmente esse tema um tanto irrelevante. O sexto poema começa com a declaração: "As nações todas são mistérios. / Cada uma é todo o mundo a sós". Portugal, o tema obsessivo e título original do livro, é em si mesmo um símbolo misterioso; significa algo maior. Mas a verdadeira grandeza de *Mensagem* não tem nada a ver com o que seus símbolos representam ou com a mensagem ou mensagens que contém. É simplesmente, como observou um de seus primeiros resenhistas, uma obra magistral de poesia, embora suas estrofes elípticas e seus numerosos aforismos tornem por vezes sua leitura um pouco difícil.

Por mais universal e essencialmente poético que fosse, *Mensagem* é um livro que transborda nacionalismo. Pessoa esperava claramente que o mito que a obra personificava se infiltrasse na realidade política de Portugal e fosse um agente transformador. Mas não estava claro que tipo de transformação ele esperava. Como já salientei, o poeta não deixou nenhum registro escrito, nenhuma imagem de como poderia ser um Portugal redimido, renascido e glorioso. Para nacionalistas de direita como Augusto Ferreira Gomes, o Estado Novo de Salazar era — ou estava a caminho de se tornar — o Quinto Império português anunciado por *Mensagem*. Críticos sem ligações com o regime deduziram com razão que o nacionalismo do livro não era tão sectário, mas tiveram dificuldades para entender as intenções e prioridades de seu autor.

Mensagem confundiu e desiludiu em especial os coeditores de *Presença*, cuja recusa em se posicionar politicamente era em si mesma um posicionamento, uma forma de resistência, num momento em que organizações, publicações e cidadãos notáveis se encontravam sob pressão para se alinharem ao Estado Novo.

O mais jovem dos três editores da revista, Adolfo Casais Monteiro, manifestou sua decepção numa carta a Pessoa enviada em 10 de janeiro de 1935. Ele achava que o livro, apesar de conter alguns excelentes poemas, não representava bem seu autor, dando indevida proeminência a uma faceta secundária de sua personalidade poética. Em sua resposta, três dias depois, Pessoa reconheceu que

> não foi feliz a estreia, que de mim mesmo fiz, com um livro da natureza de *Mensagem*. Sou, de fato, um nacionalista místico, um sebastianista racional. Mas sou, à parte isso, e até em contradição com isso, muitas outras coisas. E essas coisas, pela mesma natureza do livro, a *Mensagem* não as inclui.

Os epítetos com que Pessoa se descreve — "nacionalista místico" e "sebastianista racional" — são pistas úteis para compreender a natureza de seu nacionalismo e a ambição do livro, cujo simbolismo esotérico servia para realçar o mito sebastianista, que era *racionalmente* adotado para energizar a psique nacional. Inclusive, Pessoa justificou a publicação de *Mensagem* antes de seus outros livros dizendo a Casais Monteiro que coincidiu "com um dos momentos críticos [...] da remodelação do subconsciente nacional". Pessoa pode ter acreditado nessa explicação, mas, se o subconsciente português estava naquele momento sendo remodelado, era para pior, permitindo a Salazar permanecer no poder por mais 33 anos, até 1968, quando sofreu um AVC (morrendo dois anos depois). Seu Estado Novo duraria um pouco mais, até 1974.

O mais jovem entre os editores de *Presença* interessava-se menos pelas ideias políticas de Pessoa do que por sua poesia, especialmente a escrita com outros nomes. Em sua carta, perguntara com cautela sobre a gênese dos heterônimos, antes de se apressar em acrescentar que não levaria a mal se o poeta preferisse não responder. Ao contrário, Pessoa se abriu por completo, dedicando mais da metade da resposta — e essa carta de 13 de janeiro foi a mais longa que escreveu na vida — a uma narrativa detalhada sobre como inventou o Chevalier de Pas e outros companheiros literários quando menino, sobre o surgimento de Alberto Caeiro, Ricardo Reis e Álvaro de Campos em 1914, sobre como esses três indivíduos interagiam em seu próprio imaginário, e como, a depender de seu estado de espírito, escrevia na voz de cada um deles, ou ainda na voz de seu semi-heterônimo Bernardo Soares, que, confidenciou, "aparece sempre que estou cansado ou sonolento, de sorte que tenha um pouco suspensas as qualidades de raciocínio e de inibição; aquela prosa é um constante devaneio". (No entanto, havia muitos meses que não escrevia nada na voz do ajudante de guarda-livros.) Pessoa também forneceu esboços biográficos de seus três heterônimos principais: quando e onde nasceram, escolaridade e profissões, e suas características físicas.

A maior parte da história dos heterônimos de Pessoa já foi contada ou citada aqui, mas somente em 1935 seus detalhes foram concluídos. A carta de 13 de janeiro, confiada a Adolfo Casais Monteiro, foi escrita para todos os seus futuros exegetas (um dos quais seria o próprio Casais Monteiro) e leitores em geral. Ansioso por garantir sua preservação para a posteridade, Pessoa fez não uma, mas duas cópias carbono. Estava começando a preparar a si mesmo e sua obra para a eternidade. Essa correspondência preciosa, além de conter a história definitiva da criação dos heterônimos, também incluía sua declaração de fé espiritual mais clara e direta.

O curioso Casais Monteiro também foi atrevido o suficiente para perguntar se o ocultismo interessava ao poeta apenas por seus símbolos poeticamente úteis ou porque ele era um genuíno iniciado espiritual. Pessoa respondeu que, embora não pertencesse a nenhuma ordem iniciática, acreditava "na existência de mundos superiores ao nosso e de habitantes desses mundos". E continuou:

> [Creio] em existências de diversos graus de espiritualidade, sutilizando-se até se chegar a um Ente Supremo, que presumivelmente criou este mundo. Pode ser que haja outros Entes, igualmente Supremos, que hajam criado outros universos, e que esses universos coexistam com o nosso, interpenetradamente ou não. [...] Dadas essas escalas de seres, não creio na comunicação direta com Deus, mas, segundo a nossa afinação espiritual, poderemos ir comunicando com seres cada vez mais altos.

O progresso no mundo oculto, escreveu Pessoa, pode ser alcançado por três caminhos — mágico, místico e alquímico. Ele considerava o último caminho "o mais difícil e o mais perfeito de todos, porque envolve uma transmutação da própria personalidade".

Mas em que consiste o caminho alquímico da autotransformação? Algumas anotações escritas por Pessoa em inglês, provavelmente de 1934, ajudam muito a responder a essa pergunta. Explicam que o adepto, antes de empreender a *magnum opus* de transformar a si mesmo, deve antes de tudo possuir a *prima materia* necessária, definida como "Vida Corporal" ou "vitalidade". Essa matéria é menos simples do que parece. "O Homem e a Mulher necessários para produzi-la devem ser obtidos em si mesmo pelo Adepto", estipula o poeta-alquimista, "seja satanicamente, unindo homo com heterossexualidade; ou divinamente, pela castidade, que une a atividade latente em ser homem com a passividade de não usar essa atividade (sendo assim, como o Deus Criador, homem e mulher *em um*)."

Aleister Crowley seguiu o caminho satânico, realizando sua vitalidade por meio de magia sexual promíscua, tanto com homens como com mulheres. Pessoa preferia o caminho divino da casta androginia, que implica a "absorção seminal" e o que chamava de "autofecundação".[13] Ao longo desta biografia, evitei definir a sexualidade de Pessoa, mas, com base em suas explicações espirituais e como demonstrado por sua própria "prática", é possível afirmar que o poeta, em última análise, não era heterossexual, homossexual, pansexual ou assexual — era monossexual, de maneira andrógina. Os heterônimos podem ser vistos como fruto de sua autofecundação.

Tendo obtido, seja pela via satânica ou divina, a matéria-prima — *vitalidade* — necessária para a autotransformação, o adepto, segundo Pessoa, está pronto para buscar a *magnum opus*, ou Grande Obra, em quatro estágios: putrefação, albação (ou branqueamento), gradação e rubificação (ou ruborização). Emprestados dos rosacruzes, esses estágios correspondem ao "apodrecimento do eu inferior", a "limpeza do eu inferior", a ascensão "do eu em si mesmo" e a "plena realização".[14] Resta saber se o próprio Pessoa tentou seguir esse caminho de quatro etapas para alcançar a *magnum opus*.

Desde que conhecera Aleister Crowley, em 1930, quando começou a mergulhar mais profundamente nos reinos sombrios do mundo espiritual, Pessoa vinha refletindo sobre os méritos relativos dos métodos usados pelos ocultistas para progredir em direção à verdade e a Deus, ou à Unidade. Ficou com a alquimia — entendida como a conversão da vida instintiva e vil em uma existência divina e enobrecida —, vendo aí o caminho mais seguro para chegar a "mundos superiores ao nosso" e, por fim, a um Ser Supremo, mas nunca revelou se o seguiu de fato, e a sério. A Casais Monteiro, disse apenas que era o melhor de todos os caminhos e que acreditava nesses mundos superiores, nessas esferas graduadas da realidade.

As profissões de crença espiritual de Pessoa, assim como suas histórias sobre os heterônimos, podem ser entendidas como atos de fingimento poético — ou, nesse caso, religioso. Para ele, dizer que acreditava em algo significava, no mínimo, que aquilo o atraía intelectualmente, talvez até o fascinasse e o impressionasse como algo que, em termos ideais, *deveria* existir. Esse algo também precisava ser imune à razão analítica; do contrário, sua mente racional o desconstruiria, exaurindo-o de todo o seu encanto. Essas várias condições eram preenchidas pelo oculto, que por definição está além de explicação, suscetível a sondagens, mas não a descobertas positivas — portanto, infinitamente explorável, interpretável e aplicável.[15]

Embora não possamos saber exatamente em que Pessoa acreditava ou quão assíduas eram suas crenças, sua motivação para acreditar não é difícil de compreender. Vejamos os versos iniciais de um poema de Álvaro de Campos que ele escreveu em 5 de janeiro de 1935, apenas oito dias antes de sua extensa carta sobre os heterônimos e o ocultismo:

Não sei se os astros mandam neste mundo,
Nem se as cartas —
As de jogar ou as do Tarot —
Podem revelar qualquer coisa.
Não sei se deitando dados
Se chega a qualquer conclusão.
Mas também não sei
Se vivendo como o comum dos homens
Se atinge qualquer coisa.

Pessoa queria ter uma vida diferente. Aspirava a algumas das mesmas coisas que a maioria das pessoas, como amor, poder e reconhecimento pessoal, mas sua experiência prática dessas coisas era atípica. Ele proibira Ofélia Queiroz de se referir a ele como seu namorado e nunca considerou seriamente o casamento; preferia exercer influência sobre a vida literária e a política de seu país nos bastidores, por escrito, em vez de se tornar uma figura atuante e presente; e não se importava muito em ser famoso em vida, desejando, em vez disso, entrar para a história como um imortal literário.

Seu diário de faculdade de 1906 abundava em desdém pelos "convencionais", por ideias convencionais e maneiras convencionais de ver e fazer. A maioria dos estudantes universitários acaba abandonando sua pretensão de originalidade, de ser fundamentalmente diferente dos outros, mas Pessoa não. Se fosse extrovertido e sensualista, poderia ter viajado pelo mundo e tido sua cota de encontros amorosos imprevisíveis, como Álvaro de Campos. No entanto, até mesmo Campos, um cosmopolita ambivalente, se cansara de vagar, confirmando assim a suspeita de seu inventor de que a vida neste mundo, não importa como alguém a viva, acaba sempre se tornando repetitiva e tediosa. Pessoa preferia viajar na literatura e nas especulações sobre o mundo não corrompido e oculto, do qual o nosso mundo terreno é um reflexo piorado. "Assim como acima, é abaixo", mas com distorções e imperfeições grosseiras. Ele sabia que o mundo oculto poderia afinal ser nada, mas aquele em que vivemos é "metade de nada" e moribundo, de acordo com o poema de *Mensagem* intitulado "Ulisses", que celebra o mito como "o nada que é tudo".

Exultante por receber a longa e reveladora carta de Pessoa de 13 de janeiro, Casais Monteiro respondeu de imediato, encorajado a sondar um pouco mais. Parecia-lhe que a poesia de Pessoa, publicada em intervalos irregulares de acordo com nenhum plano discernível e sob vários nomes, não evoluía, apenas continuava mudando, de uma voz para outra e de um estilo para outro. Seria uma observação justa? Em sua resposta enviada em 20 de janeiro, Pessoa concordou plenamente, afirmando que alguns dos poemas que escrevera aos vinte anos eram tão bons quanto os mais atuais. "Perdi, é certo, algumas simplezas e ingenuidades, que havia nos meus poemas de adolescência; isso, porém, não é evolução, mas envelhecimento", observou ele. Reiterando em parte o que dissera a Gaspar Simões três anos antes, Pessoa explicou a Casais Monteiro seu método poético:

> O que sou essencialmente — por trás das máscaras involuntárias do poeta, do raciocinador e do que mais haja — é dramaturgo. O fenômeno da minha despersonalização instintiva, a que aludi em minha carta anterior, para explicação da existência dos heterônimos, conduz naturalmente a essa definição. Sendo assim, não evoluo, VIAJO. (Por um lapso na tecla das maiúsculas, saiu-me, sem que eu quisesse, essa palavra em letra grande. Está certo, e assim deixo ficar.) Vou mudando de personalidade, vou (aqui é que pode haver evolução) enriquecendo-me na capacidade de criar personalidades novas, novos tipos de fingir que compreendo o mundo, ou, antes, de fingir que se pode compreendê-lo.

Apesar de Pessoa ainda ser um viajante inquieto, sua "capacidade de criar novos personagens" parecia na verdade diminuir, não aumentar, e grandes heterônimos e semi-heterônimos como Alberto Caeiro, Antônio Mora e Bernardo Soares haviam desaparecido por completo de seu mundo da escrita. Mas ele ainda era o ponto de encontro, ou o médium, de uma série de personagens diversificados, inclusive alguns sem nomes individualizados, referidos em sua carta de 13 de janeiro como "as várias subpersonalidades de Fernando Pessoa ele mesmo". Entre eles estavam o poeta cansado do mundo que escrevia *ruba'iyat* no estilo de Omar Khayyám, o versejador que criara centenas de quadras populares portuguesas, o confessor cujos poemas eram um registro transfigurado de suas mudanças de humor e o ocultista que escrevia poemas esotéricos e centenas de páginas sobre cabala, os Templários, rosacrucianismo, maçonaria, ritos de iniciação, magia e alquimia.

Mas o ocultista em Pessoa, tão fervoroso e ativo entre 1931 e 1934, tornou-se apático em 1935, perdendo muito do interesse, se não da fé, no lado oculto das coisas. Não produziu mais poemas esotéricos, e a torrente de especulações sobre esses assuntos virou um mero fio d'água. Outra das "subpersonalidades" do autodenominado dramaturgo deu então um passo à frente e assumiu o centro do palco em sua vida de escritor: o ativista político.

72.

Pessoa escrevia sobre política desde os tempos de estudante no Curso Superior de Letras, quando o desejo de ajudar a derrubar a monarquia e reduzir o poder de sua principal aliada, a Igreja católica, inspirou poemas satíricos e vários ensaios longos, nenhum deles publicado. Quando, na década de 1910, a República vitoriosa gerou mais agitação social e violência motivada pela política do que existia na monarquia que substituiu, Pessoa reagiu com um conjunto diversificado de textos. Eram propostas idealistas, como a de um Quinto Império português, mais adequadas à poesia do que à realidade; ensaios expositivos e analíticos cujo objetivo era explicar, não mudar nada, pelo menos não no curto prazo; e textos de denúncia que às vezes eram tão categoricamente injuriosos que não poderiam ter qualquer efeito prático, pois o que se pode fazer quando tudo está podre até o âmago? Penso aqui no "Ultimatum" de 1917, em que Álvaro de Campos descrevia todos os políticos e intelectuais da Europa como uma "merda" completa e absoluta.

O poeta e polemista também podia ser pragmático, partindo para o ataque contra posturas e ações que ameaçavam os valores que acalentava. Foi assim com o caso da Literatura de Sodoma de 1923, quando redigiu, publicou e distribuiu manifestos em oposição ao movimento estudantil que havia feito campanha para banir os livros de três escritores homoeróticos. No início de 1935, esse último tipo de escritor político — o ativista — ressurgiu para defender a maçonaria e, de forma mais fundamental, o direito de expressar-se, reunir-se e pensar livremente. Agindo como um lobo solitário, seu estilo preferido, ele desencadeou uma polêmica que em última análise não teve efeito na política governamental, mas que ajudou a transformá-lo num dissidente declarado.

Em 19 de janeiro, um projeto de lei para proibir as "associações secretas" foi apresentado na recém-criada Assembleia Nacional, um Parlamento fantoche cujos noventa membros foram eleitos sem oposição. Embora não fosse mencionada no projeto de lei, a maçonaria era a única "associação secreta" visada. Os maçons têm como política manter o silêncio quando sua ordem é atacada, mas o grão-mestre da maçonaria portuguesa, perante a possibilidade de extinção do grupo, escreveu uma carta ao presidente da Assembleia Nacional criticando o projeto de lei e insistindo que os maçons eram íntegros, cidadãos patriotas que não tinham nada a esconder. E, de fato, o autor da carta, José Norton de Matos, era general condecorado do Exército e distinto estadista. A censura impediu que a carta, enviada à Assembleia no dia 31 de janeiro, fosse mencionada em qualquer jornal, mas Pessoa tinha uma cópia, pois um maçom lhe pedira que a traduzisse para o inglês. Talvez fosse intenção deles incluir sua tradução em um dossiê enviado aos líderes maçônicos na Inglaterra e em outros lugares, para informá-los sobre a ameaça à ordem em Portugal.[1]

Pessoa também escreveu sua própria crítica incisiva à lei proposta, junto com uma defesa vigorosa e abrangente da maçonaria. Intitulado "Associações secretas", seu ensaio foi o artigo principal do *Diário de Lisboa* de 4 de fevereiro. O motivo para os censores deixarem passar esse texto é um mistério.[2] Uma resposta plausível é que os líderes do Estado Novo não tinham certeza de que era uma boa ideia suprimir a maçonaria. O presidente Carmona, conforme já citado, era ele próprio um iniciado na ordem, junto com alguns outros participantes do governo, e Salazar nunca se pronunciara contra os maçons. O ditador estava disposto a fazer o que fosse preciso para consolidar seu poder e promover suas políticas, mas não *mais* do que o necessário. Por outro lado, precisava manter sua base política satisfeita. As reações ao artigo de Pessoa esclareceriam a opinião pública sobre o assunto, e confirmariam tratar-se ou não de uma questão de fato importante.

O artigo explicava que laços fraternos e espírito de tolerância, e não um conjunto de dogmas, são o que une os maçons; que suas tendências sociais e políticas variam de país para país, de Grande Loja para Grande Loja, embora a vasta maioria seja apolítica; e que muitos maçons ilustres adotam posições políticas conservadoras, em particular na família real britânica. O artigo também discutia as origens supostamente ocultas da maçonaria e alertava que qualquer tentativa de banir a ordem com certeza seria um tiro no pé, já que os maçons, quando perseguidos, esquecem suas diferenças ideológicas para se defenderem com unhas e dentes. Pessoa insinuava que poderia haver represálias de países como a Grã-Bretanha e os Estados Unidos, onde os maçons eram especialmente numerosos, e inferia uma ligação causal obscura entre a dissolução de Hitler de três Grandes Lojas e as subsequentes divisões dentro do partido nazista. Por ser um país mais fraco, Portugal seria mais suscetível a consequências nefastas se o projeto de lei apresentado à Assembleia Nacional fosse aprovado.

O tiro que de fato saiu pela culatra foi o aviso sinistro de Pessoa sobre a capacidade dos maçons de atacar seus inimigos em conjunto. Era precisamente esse tipo de poder oculto, fora do controle do governo ou da religião, que fazia os antimaçons espumarem de fúria. Confirmando uma das principais objeções que se faziam à maçonaria, o artigo de Pessoa desencadeou uma tempestade de protestos na imprensa de direita. O *Diário da Manhã*, que havia publicado uma resenha elogiosa de *Mensagem* dez dias antes, afirmando que sua frase conclusiva — "É a hora!" — era como "o som do clarim na alvorada, após longa vigília noturna", retirou o elogio em 5 de fevereiro, brincando que o poeta da auspiciosa "hora" tinha um relógio que funcionava devagar e devia ter sido comprado em uma loja maçônica.[3] Em outras palavras, Pessoa estava fora de sintonia com o espírito antimaçônico e do Estado Novo da época. O editor de *Fradique*, um sincero admirador de Pessoa como escritor e intelectual, censurou-o numa carta aberta, afirmando que a "moderna geração" não tinha interesse pela maçonaria, que se tratava no máximo de um "organismo pitoresco", e que o "hino ao ocultismo intelectual" do poeta tinha "um mofento aroma que o divorcia de nós todos".[4]

De fato, Pessoa estava divorciado, por temperamento, da "moderna geração" e pelas mesmas razões por que se via distanciado de todas as outras gerações: ele recusava-se a identificar-se com qualquer grupo de forma duradoura, assim como nunca se fixou num só lugar, numa só ideia, ou num só entusiasmo por muito tempo. Ao contrário de Eliot, que jamais se afastou muito do anglo-catolicismo após sua conversão, em 1927, Pessoa deixava sua mente sempre à solta. O ocultismo, que gerou enorme interesse entre os escritores e artistas do final do século XIX, saíra de moda, daí o comentário do editor do jornal de que o "ocultismo intelectual" de Pessoa era bolorento. Mas o poeta era indiferente a modismos, e vimos como as doutrinas esotéricas e os ritos de iniciação eram meros pontos de partida a partir dos quais ele seguia em direções sempre novas. Ninguém sabia dizer onde estava Pessoa, já que ele estava em constante movimento.

Luís Pedro Moitinho de Almeida, que conhecia o poeta havia mais de dez anos, tinha razão em chamá-lo de esfinge em sua crítica de *Mensagem*. Mas, para muitas das pessoas que viram seu nome ligado a uma defesa ousada da maçonaria, tão ousada que se tornara uma sensação jornalística, Pessoa era menos que isso: era um completo desconhecido. Num toque deliciosamente irônico, alguns até suspeitaram que "Fernando Pessoa" fosse o pseudônimo de uma figura pública que precisava proteger sua verdadeira identidade.

Em 14 de fevereiro, um editor de revista que conhecia Pessoa publicou um artigo cujo título prometia "revelações" sobre "o 'enigmático' poeta de quem toda a gente fala". Começava assegurando aos leitores que o nome de que ninguém nunca tinha ouvido falar, agora "encharcado pelas luzes de mil holofotes", não era um pseudônimo. Uma "minúscula minoria intelectual" lembrava-se dele como o "orientador fleumático, oculto" da geração de *Orpheu*, cujas "novas teorias de arte e literatura" foram amplamente ridicularizadas, mas acabaram prevalecendo. Desde então, o poeta se mantivera discreto, determinado, ao que parecia, a "oculta[r] como um segredo" sua "missão na vida" e "cumpri-la fervorosamente como um desígnio de Deus". Às vezes se encontrava com outros poetas, jornalistas e artistas no Café Martinho da Arcada, onde era o menos falador do grupo, "mas quando fala, esgota a crítica ao objeto em discussão — com um critério estranho, dir-se-ia filtrado por um cérebro [...] doutro planeta".[5]

Caracterizado por jornalistas que o conheciam como uma espécie de alienígena tímido — uma esfinge, um homem que pertencia a outra época, uma figura oculta, um intelecto de outro planeta —, Pessoa viu-se de repente no meio da arena política, atacado com virulência pelos guerreiros a favor da aniquilação da maçonaria. Ele os havia instigado ao escrever em seu artigo que o homem por trás da iniciativa de extermínio das "associações secretas" deveria ser um membro da ordem dos dominicanos, já que suas duras disposições e seu espírito de perseguição estavam de acordo com "as melhores tradições da Inquisição" (que fora em grande parte administrada por padres dominicanos). O autor do projeto de lei era José Cabral, um ex-membro dos camisas-azuis fascistas e agora um leal adepto do Estado Novo. Em suas respostas publicadas ao artigo de Pessoa, José Cabral se referiu a ele como "um *raté* qualquer da literatura e da vida", um "pobre escrevedor" que havia sido explorado pelos maçons a quem "não valeria a pena mencionar-lhe sequer o nome".[6]

Pessoa respondeu a Cabral e a seus outros críticos com uma longa e sinuosa réplica que nunca terminou — e, se a tivesse concluído, nenhum jornal em Portugal poderia publicá-la. De forma voluntária ou inadvertida, a máquina do Estado Novo permitira que o artigo de Pessoa de 4 de fevereiro abrisse uma discussão, mas a furiosa reação dos jornais simpatizantes do regime levou Salazar a concluí-la rapidamente. De acordo com essas instruções, os censores apagaram referências favoráveis ao artigo de Pessoa em vários jornais independentes.[7]

O fato de Pessoa ser um poeta muito respeitado, ainda que pouco conhecido fora do restrito círculo da elite literária lisboeta, complicava as coisas num momento delicado para o Estado Novo em sua relação com a intelectualidade. Estava em curso uma reação contra a "política do espírito" de Antônio Ferro.

Em 31 de janeiro — mesmo dia em que o grão-mestre da maçonaria portuguesa enviou carta à Assembleia Nacional opondo-se ao projeto de lei de proibição das sociedades secretas —, mais de cem jornalistas, professores, escritores e artistas compareceram a um almoço com o objetivo oficial de criar uma associação cultural. O que os unia era a determinação em defender a liberdade artística e intelectual. Apesar de contar com a presença de personalidades conhecidas, o evento foi citado em apenas dois jornais — publicações independentes — e descrito em linguagem necessariamente codificada. O *Diário de Lisboa* noticiou que todos os participantes concordaram em assinar um "documento" sobre "um momentoso problema da Imprensa", a ser enviado à Assembleia Nacional. O misterioso "documento" era, na verdade, um abaixo-assinado contra a censura da imprensa, que teria quase duzentos signatários, inclusive muitas pessoas que não haviam comparecido ao almoço.[8] A Comissão de Censura proibiu qualquer menção direta à petição, que foi discretamente enterrada nos arquivos da Assembleia Nacional.

Mas Antônio Ferro, que havia sido um republicano fervoroso quando se sentava às mesas dos cafés com Mário de Sá-Carneiro e Fernando Pessoa, contra-atacou. Em 24 de fevereiro de 1935, ofereceu um almoço maior e melhor a jornalistas, professores, escritores e artistas pró-regime. Em sua copiosa cobertura do evento, o *Diário da Manhã*, megafone do governo, noticiou que a multidão de mais de duzentas pessoas aplaudiu "delirantemente" Portugal, Salazar, Carmona e o Estado Novo. Em seu discurso à reunião, em que Augusto Ferreira Gomes festejou muito e bebeu fartamente, Ferro vangloriou-se que os presentes ultrapassavam em muito os cerca de cem participantes do almoço de janeiro, os quais acusou, com ironia involuntária, de serem "ditadores intelectuais". O abaixo-assinado para acabar com a censura da imprensa, argumentou ele, era uma tentativa abusiva de usurpar a autoridade do Sindicato Nacional de Jornalistas. Não surpreende que Antônio Ferro fosse o presidente desse "sindicato", criado pelo corporativista Estado Novo no ano anterior.

"Não se iludam!", alertou ele a sua plateia cativa do almoço. "O momento é de guerra, meus senhores! Ou eles, ou nós!"[9] Como diretor-chefe do Secretariado de Propaganda Nacional, Ferro não tinha apenas que seguir a linha: era sua função ajudar a defini-la e a fazer com que os outros a cumprissem. Do contrário, eram inimigos. Não haveria mais como ficar em cima do muro, nem no meio-termo, anunciou em seu discurso. Ou se era a favor do Estado Novo, ou se era contra.

Até pouquíssimo tempo antes, Pessoa estivera sobre o muro, embora com os pés pendurados para o lado leal a Salazar. No rascunho de sua réplica aos que o chamavam de traidor por defender a maçonaria, ele ainda se autodenominava um "situacionista". Embora considerasse intragável boa parte do programa do Estado Novo, aceitava a situação presente e continuava a depositar sua confiança em Salazar, apreciando-o pela "clareza firme de sua inteligência", por sua "firmeza clara da vontade", por suas realizações práticas internas e por ampliar a presença de Portugal no exterior.[10] Essa confiança desmoronou exatamente dois dias antes do almoço nacionalista de Ferro, e devido a outro evento de gala do Estado Novo: a cerimônia de premiação literária do SPN.

A cerimônia realizou-se no dia 21 de fevereiro, às 22h30, o que não era tão tarde para os padrões portugueses. O convite especificava traje de gala, e Pessoa — assim comentou com Manassés Seixas, seu barbeiro — não estava disposto a gastar seu prêmio em dinheiro num smoking. E não teria participado do evento nem que lhe tivessem fornecido um. Ele evitava eventos oficiais e reuniões da alta sociedade, e a cerimônia de premiação se encaixava nas duas categorias.

No dia seguinte, porém, leu sobre o acontecimento no jornal e teve uma explosão silenciosa de raiva. Seu nome e seu prêmio não foram mencionados, o que era justo, já que optara por não comparecer à cerimônia. O que o enfureceu foram as palavras pronunciadas por Salazar, que iniciou seu breve discurso informando aos escritores que suas obras não só deveriam observar "certas limitações", mas também abraçar "algumas diretrizes" definidas pelos "princípios morais e patrióticos" do Estado Novo. Os escritores, segundo o ditador, deveriam ser "criadores de energias cívicas ou morais" e não "sonhadores nostálgicos do abatimento e da decadência", e naquele "momento histórico" particular, era dever deles ajudar a propagar "as bases ideológicas sobre as quais se constrói o novo Portugal". Ele encerrou suas observações sugerindo que muitos escritores fariam bem em escrever menos. E citou Sêneca: "em estantes altas até ao teto, adornam o aposento do preguiçoso todos os arrazoados e crônicas". Pessoa considerou o discurso nada menos do que um ataque aberto contra escritores.

O discurso muito mais longo de Antônio Ferro, também publicado em pelo menos três jornais, era uma versão ampliada da fala de Salazar,[11] mas emoldurado por uma reflexão sobre a chamada "política do espírito". Segundo ele, tratava-se de uma política que se opunha a "tudo que suja o espírito", como "pinturas viciosas". A inquietação, admitiu Ferro, é a força motriz da arte e da literatura, mas deve buscar ordem em vez de desordem, ser construtiva e não destrutiva. Os prêmios literários do Secretariado, lembrou ao público, foram criados para estimular obras com "intenções amplamente construtivas", que podiam ser facilmente deduzidas lendo os discursos de Salazar e "os princípios morais que neles se contêm". Ele encerrou seus comentários anunciando que os organizadores da cerimônia do prêmio, defensores de "uma vida saudável e uma arte saudável", desejavam "declarar guerra publicamente aos déspotas da liberdade do pensamento, aos intelectuais 'livres' cheios de cadeias e preconceitos, aos [...] Narcisos da democracia, envenenadores do Mundo!".

Pessoa sacudiu a cabeça de nojo e horror ao ler os dois discursos durante o café da manhã. Para ele, a liberdade individual era o privilégio mais enobrecedor da vida e o primeiro pré-requisito da arte. Nesse ponto, não havia como ceder. As linhas estavam traçadas, e ele se viu do lado do inimigo. Diante do ataque do Estado Novo à liberdade de expressão e pensamento — amplamente confirmado pelo discurso posterior de Ferro a centenas de intelectuais complacentes reunidos em seu almoço pró-regime —, Pessoa empunhou as únicas armas de que dispunha: pena e tinta, e a máquina de escrever. Além de redigir respostas a seus críticos antimaçônicos para publicação em jornais, onde poderia ser censurado, decidiu respondê-las de forma mais completa em livro, uma vez que os livros não estavam sujeitos à censura prévia. Renunciando à sua postura de apoiador relutante da "situação", passou a asseverar que o projeto de lei contra a maçonaria lhe servia de "trampolim", de pretexto para "atacar certas influências" que punham em perigo "em todo o mundo, a dignidade do Homem e a liberdade do Espírito".[12]

Uma mudança radical estava ocorrendo na vida mental sempre agitada de Pessoa. O teórico político dava lugar ao cidadão preocupado. Afinal, a dignidade e a liberdade humanas eram o que mais importava, e a ameaça contra elas era de longo alcance. É tentador ver uma profecia nas palavras de advertência de Pessoa, mas ele, como quase todos naquele momento, não tinha noção do dano irreparável que a dignidade humana sofreria sob a direção do Führer da Alemanha.

O campo de batalha de Pessoa era Portugal, as palavras escritas eram seus tiros, e o alvo principal desse fogo era Salazar e o Estado Novo, que para o poeta eram praticamente sinônimos. Ao longo do resto do ano, ele escreveu uma série de poemas políticos atacando o ditador e seu regime, às vezes com ódio virulento. Mas o primeiro da série, escrito em 16 de março, não era de todo feroz. Intitulado "Liberdade", atacava sem atacar, deleitando-se com a liberdade que Salazar e Ferro consideravam decadente e perigosa. O poema começava com o fantasma de uma epígrafe: "(*falta uma citação de Sêneca*)". A citação não citada — para contornar os censores — era a que Salazar utilizara em seu recente discurso para insinuar que os intelectuais eram preguiçosos, e os livros de suas bibliotecas, de valor duvidoso. Pessoa concordava plenamente:

Ai que prazer
Não cumprir um dever,
Ter um livro para ler
E não o fazer!
Ler é maçada,
Estudar é nada.
O sol doura
Sem literatura.
O rio corre, bem ou mal,
Sem edição original.
E a brisa, essa,
De tão naturalmente matinal,
Como tem tempo não tem pressa.

Livros são papéis pintados com tinta.
Estudar é uma coisa em que está indistinta
A distinção entre nada e coisa nenhuma.

Quanto é melhor, quando há bruma,
Esperar por D. Sebastião,
Quer venha ou não!

Grande é a poesia, a bondade e as danças...
Mas o melhor do mundo são crianças,
Flores, música, o luar, e o sol, que peca
Só quando, em vez de criar, seca.

O mais do que isto
É Jesus Cristo,
Que não sabia nada de finanças
Nem consta que tivesse biblioteca...

O poema tem rimas, mas ao acaso, e a métrica é totalmente irregular. Tanto na forma como no conteúdo, "Liberdade" é uma rapsódia à espontaneidade, ao desprezo das obrigações e ao gozo desenfreado de tudo o que pode ser o prazer de alguém. É um golpe direto em Salazar, que era ainda o ministro das Finanças, além de primeiro-ministro da nação, e um golpe indireto no próprio Pessoa. "Livros são papéis pintados com tinta" não é um verso jocoso. O poeta estava admitindo que ler e estudar, seus passatempos favoritos, talvez não tivessem valor, exceto como entretenimento. E seu sebastianismo, sugere a estrofe seguinte, talvez fosse um exercício inútil de imaginação. E daí? O poema defende o direito de ser ocioso, de perseguir objetivos inúteis, de ler ou não ler, de dançar ou não dançar, de estar em liberdade no mundo. A última estrofe não é uma profissão de fé religiosa, mas uma homenagem à liberdade personificada por Jesus Cristo, que desrespeitou as regras e regulamentos e pregou o desapego às coisas materiais.

Pessoa deu uma cópia de "Liberdade" a Manuel Mendes, jovem escritor, crítico e artista visual que se encontrava às vezes com ele no Café Martinho da Arcada. Mendes estava intimamente ligado à *Seara Nova*, revista liberal republicana fundada em 1921, e Pessoa, com a timidez habitual, perguntou se seus editores gostariam de publicar seu poema. Apenas uma mudança radical de posição poderia ter tornado essa sugestão remotamente pensável. Embora respeitasse a integridade intelectual de *Seara Nova* e apreciasse sua posição firme contra os imitadores portugueses do fascismo italiano, a publicação sempre se inclinara demais à esquerda para seu gosto. Dois anos antes, em algumas anotações para um artigo sobre o cenário político da época, ele havia criticado a revista por sua fé cega e dogmática na democracia.[13]

Os editores de *Seara Nova* adorariam publicar o poema de Pessoa, mas os censores o rejeitaram por causa do penúltimo verso, com sua referência velada a Salazar.[14] Entrementes, Pessoa estava escrevendo uma poesia que atacava o ditador pelo nome e sem piedade. Um poema de 29 de março, por exemplo, observava que Salazar era feito de *sal* e *azar* e que fazia muito tempo que a chuva havia dissolvido o sal, deixando Portugal com nada além de azar. Outro poema zombava do "tiraninho" e de sua reputação de sobriedade, acusando-o de monopolizar tanto a verdade e a liberdade que essas mercadorias cruciais agora estavam em falta.

Percebendo que não podiam esperar pela posteridade, Pessoa datilografou três dos poemas contra Salazar usando uma grafia moderna e de fácil leitura — em vez da grafia etimológica mais antiga que ele preferia para praticamente todos os seus escritos — e os passou para amigos selecionados, que com toda a cautela os mostraram a outras pessoas e talvez tenham feito cópias para distribuição. Ao menos um desses poemas circulou oralmente, através dos poetas Gil Vaz e Rui Santos, que publicavam em *Presença*. Este último, nascido em Tavira, mas que morava em Lisboa, era um primo distante que Pessoa conhecera havia anos em suas viagens ao Algarve para visitar "tia" Lisbela.[15]

Recitar de memória os poemas potencialmente incriminadores de Pessoa era sem dúvida a forma mais prudente de divulgá-los. Embora Salazar estivesse muito longe de Stálin, que pouco tempo antes sentenciara Óssip Mandelstam ao exílio interno por causa de um poema não publicado que zombava dele, os opositores portugueses precisavam estar cada vez mais vigilantes. A polícia secreta do Estado Novo (cujos métodos de interrogatório e tortura seriam mais tarde aperfeiçoados com a ajuda de conselheiros alemães e italianos) tinha o poder de deter e prender, sem mandado judicial, qualquer pessoa suspeita de pôr em perigo a segurança nacional. O próprio Pessoa receberia a visita da polícia, que lhe deu uma reprimenda, talvez porque tenham visto uma cópia de suas sátiras poéticas, porém mais provavelmente devido à sua colaboração com os maçons. Ele ouviu o sermão em silêncio. "Eu respondia a isto, mas era logo encanado", contou ele ao barbeiro com um toque de satisfação, orgulhoso por ser um dos perseguidos, mas estava exagerando o perigo. A polícia não ousaria prendê-lo.[16]

Pessoa não assinou seus poemas de protesto que circularam secretamente com seu próprio nome, mas como UM SONHADOR NOSTÁLGICO DO ABATIMENTO E DA DECADÊNCIA, o epíteto utilizado por Salazar no seu discurso na cerimônia de entrega do prêmio para caracterizar o tipo de artista mórbido e moralmente indesejável. Para ajudar a promover cidadãos saudáveis e felizes, sem a mácula da decadência, o Estado Novo criou a Fundação Nacional para a Alegria no Trabalho, que patrocinava atividades de lazer e esporte. Fundada em junho de 1935, por coincidência no dia do aniversário de Pessoa, era inspirada nas organizações nacionais de lazer da Itália fascista e da Alemanha nazista. No início do segundo semestre daquele ano, em um breve poema que considerava "governos autoritários" responsáveis por entorpecer a inteligência das pessoas, Álvaro de Campos prestaria uma homenagem irônica em altos brados ao ideal de bem-aventurança saudável do Estado Novo: "Saudação a todos quantos querem ser felizes:/ Saúde e estupidez!".[17]

73.

Pessoa, o agitador político, tinha apenas um objetivo: defender a liberdade humana. Ainda era um conservador, mas agora com outra visão da história recente de Portugal, da humanidade em geral e da relação entre essa história e essa humanidade. Para que ninguém se enganasse sobre sua posição, elaborou um "currículo" esclarecedor, datado de 30 de março de 1935, um dia depois de ter escrito dois poemas impiedosos contra Salazar. Como a maioria dos currículos, o seu é redigido na terceira pessoa, mas, além de informações pessoais e profissionais, inclui resumos de suas opiniões políticas e religiosas. Uma seção intitulada "Ideologia política" o define habilmente como um "conservador do estilo inglês, isto é, liberal dentro do conservantismo e absolutamente antirreacionário". Além disso, informa que considera a monarquia a forma apropriada de governo para "uma nação organicamente imperial como é Portugal" e apoia a República apenas porque uma monarquia seria "completamente inviável".

Esses pontos de vista não eram novos, mas a seção do currículo que lista as publicações do autor revela uma mudança drástica na maneira como via as circunstâncias que levaram ao Estado Novo. De forma lacônica, porém significativa, afirma que *O interregno: Defesa e justificação da ditadura militar em Portugal*, publicado em 1928, "deve ser considerado como não existente". Até bem pouco tempo antes, o autor planejava republicar o panfleto numa versão revisada e em tradução para o inglês.[1] Àquela altura, porém, o considerava uma aberração que precisava eliminar do currículo. A ditadura militar, em vez de dar lugar a uma forma de governo muito diferente e bem melhor, como o poeta sonhava que poderia acontecer, evoluiu para um regime cada vez mais repressivo.

Pessoa concedera o benefício da dúvida a Salazar, benefício que prolongou até 1935, quando os fatos enfim o convenceram do erro. Muito diferente foi o caso de Ezra Pound, que em janeiro, pela Rádio Roma, fizera sua primeira palestra aos Estados Unidos sobre as virtudes da Itália de Mussolini, que logo invadiria a Etiópia e se aliaria à Alemanha nazista, e que o poeta norte-americano continuaria a apoiar, como se estivesse sob um feitiço inquebrável. O poeta português, por mais inclinado a investir em ideias oníricas e irrealistas, às vezes excêntricas, jamais conseguiria ser um seguidor cego de qualquer ideia ou sistema ideológico.

De acordo com a seção de seu currículo intitulada "Posição patriótica", Pessoa ainda era um nacionalista místico que esperava que um "sebastianismo novo" substituísse espiritualmente o catolicismo em Portugal. Mas o parágrafo continua: "Nacionalista que se guia por este lema: Tudo pela Humanidade, nada contra a Nação". Tratava-se de uma variante subversiva do famoso slogan de Salazar, "Tudo pela nação, nada contra a nação", cunhado em 1929 e inspirado em "Tudo no Estado, nada fora do Estado, nada contra o Estado", de Mussolini. Mais do que uma demonstração de desafio, o lema de Pessoa significava uma mudança drástica em suas prioridades. Pela primeira vez em sua vida de escritor, ele punha claramente o interesse da humanidade — entidade que havia considerado alguns anos antes uma "ficção completa"[2] — acima do interesse da nação. Isso mudava a base de seu nacionalismo, revelando-o como, no fundo, talvez sempre tenha sido. Se tudo é para a humanidade, então a visão de um Portugal sebastianista deve ser uma visão poética de ampla aplicação, e a experiência portuguesa celebrada em *Mensagem* deve ser, acima de tudo, um paradigma instrutivo da experiência humana.

Ao apresentar suas opiniões espirituais, o currículo de Pessoa é notável não só pelo que revela, mas também pelo que oculta, obscurece ou alega falsamente. Não se tratava de má-fé; a obscuridade fazia parte de seu método poético, inseparável de sua forma de estar no mundo. Na carta em que repreendeu João Gaspar Simões por confiar demais em Freud (ver capítulo 64), afirmando que as tarefas próprias do crítico são "estudar o artista exclusivamente como artista" e "buscar o que poderemos chamar a explicação central do artista", Pessoa mencionou uma terceira tarefa — a mais curiosa das três. O crítico, escreveu ele, deve cercar seus estudos e suas buscas "de uma leve aura poética de desentendimento", por respeito à "essencial inexplicabilidade da alma humana".[3] Devagar com Freud, advertia Pessoa, não porque a poesia (ou qualquer outra arte) não esteja relacionada aos segredos íntimos do coração humano, mas justamente porque *está*, e esses segredos devem permanecer secretos. "A mais vil de todas as necessidades", escreveu ele num texto para o *Livro do desassossego*, "é a da confidência, a da confissão", mas se tens de confessar teus segredos, então "confessa o que não sentes".[4]

Como que para ajudar os críticos literários a cumprir aquilo que considerava ser a tarefa da crítica, Pessoa envolve-se numa aura de mistério que se torna cada vez menos penetrável à medida que envelhece. Aqueles que passaram algum tempo com ele em seus últimos anos observaram que havia algo peculiar, enigmático, em seu comportamento — o modo como falava, raciocinava e gesticulava —, atribuído por eles ao seu fascínio pelo oculto. Era um fascínio bastante real, mas o fingidor em Pessoa nunca descansava, tornando-o não só enigmático, mas também não confiável quando escrevia sobre sua relação com o oculto. Na longa carta enviada a Adolfo Casais Monteiro em meados de janeiro, ele afirma que não foi iniciado em nenhuma ordem espiritual, mas que lhe foi permitido folhear os rituais dos três primeiros graus dos Templários portugueses, uma ordem militar que não existia havia centenas de anos. Já o currículo que redigiu em 30 de março afirmava, pelo contrário, que ele era "iniciado, por comunicação direta de Mestre a Discípulo, nos três graus menores da (aparentemente extinta) Ordem Templária de Portugal".

Abolida por uma bula papal em 1312, a Ordem dos Templários portuguesa não existia em nenhum lugar, exceto na imaginação fértil de Pessoa e em seus escritos, que também é onde sua suposta iniciação ocorreu, sendo Alberto Caeiro seu mestre. Esse redemoinho de fantasia e falsas declarações — ou de metáforas e idealizações? — obriga-nos a fazer uma pausa e questionar o que significa quando lemos, no mesmo currículo, que Pessoa era um "cristão gnóstico" e "fiel [...] à Tradição Secreta do Cristianismo, que tem íntimas relações com a Tradição Secreta em Israel (a Santa Kabbalah) e com a essência oculta da Maçonaria". "Fiel" significa apenas que ele leu e escreveu sobre todas essas tradições inter-relacionadas com dedicação apaixonada, ou implica algo mais?

Acredito que os caminhos secretos e atalhos do cristianismo gnóstico, da cabala, do rosacrucianismo e de todas as outras tradições esotéricas a que Pessoa reivindicou algum tipo de lealdade eram uma representação da "essencial inexplicabilidade" de seu coração humano. Podemos dizer que a religião oculta era o "correlato objetivo" do eu insondável de Pessoa, ou alma. Havia apenas um problema: a alma, conforme ele sabia, poderia ser uma ficção. Razão pela qual Álvaro de Campos, nas suas "Notas para a memória de meu mestre Caeiro", ousaria dizer que "Fernando Pessoa [...] não existe, propriamente falando".

Os heterônimos não são mencionados no currículo de 30 de março de Pessoa. A história definitiva deles já havia sido contada em sua carta de 13 de janeiro. Além de elaborar esses dois documentos, que contêm todo o registro de seu ser pessoal, literário, espiritual e patriótico como queria que fosse lembrado, Pessoa passou a organizar seu legado ao mundo, separando seus papéis e agrupando-os em grandes envelopes rotulados: "Prosa política", "Livro do desassossego", "Astrologia (teoria e prática)" e assim por diante.[5] Sua saúde não andava muito bem: ele havia desenvolvido uma tosse de fumante, seguia bebendo demais e sentia que o fim poderia estar se aproximando. Tinha 46 anos, porém parecia pelo menos uma década mais velho. "Um velhinho simpático, de olhos inteligentes e perscrutadores" é como seria lembrado, dezesseis anos depois, pelo jornalista do *Diário de Lisboa* que o entrevistara em dezembro de 1934.[6]

Pessoa sempre acreditara que viveria até por volta dos setenta anos, pois era o que seus horóscopos repetidamente previam, mas confidenciou a Raul Leal que o biênio 1933-35 era um período conturbado. Uma lista de "aspectos" (ângulos) entre o Sol, que era seu "dador de vida", e os outros corpos celestes em seu mapa astrológico indicava que a segunda metade de 1935 seria especialmente repleta de adversidades. Supondo que sobrevivesse àquele ano, poderia então esperar viver até uma idade avançada.[7]

Embora com menos tenacidade que as estrelas, os números também encantavam Pessoa, que possuía um livro intitulado *The Kabala of Numbers*. Ele fazia apenas incursões ocasionais pela numerologia, mas estava supersticiosamente atento a padrões numéricos e coincidências em datas, e pouco tempo antes se dera conta de que 1935 estava predestinado a ser um ano dos mais significativos. Ele observou, em inglês:

> Cada ano que termina em 5 foi importante na minha vida.
> 1895 — segundo casamento da mãe; resultado — África.
> 1905 — regresso a Lisboa.
> 1915 — *Orpheu*.
> 1925 — morte da mãe.
> Todos são começos de períodos.[8]

Um arrepio percorreu minha espinha quando vi esse documento pela primeira vez.

Em 1935, Pessoa levava a mesma vida que em 1934 ou 1933, só que as coisas não eram mais as mesmas, porque *ele* estava diferente. Continuava a escrever sem trégua e a inventar novos projetos de publicação, mas a natureza de seus textos e projetos mudou. O observador político opinativo, porém distanciado, dos últimos anos estava se tornando um *écrivain engagé*, um escritor que se envolve ativamente no ambiente social e político do momento. Ao mesmo tempo, e em aparente contradição com esse engajamento, ele se entregava cada vez mais à saudade, que, não fazia muito tempo, afirmara nunca sentir senão de passagem, como atitude literária.

Um dos objetos de sua nostalgia era *Orpheu*. Março de 1935 marcou o vigésimo aniversário de seu primeiro número. Para comemorar a data, José de Almada Negreiros publicou um artigo sobre o papel de *Orpheu* como "o pioneiro do movimento moderno em Portugal", ilustrado com um pergaminho que listava os escritores e artistas que contribuíram para a revista. Puseram-se cruzes ao lado dos nomes dos falecidos — seis dos doze colaboradores, nenhum dos quais viveu até os cinquenta anos.[9] A perda mais recente, num acidente de automóvel no Rio de Janeiro, havia sido a do poeta brasileiro Ronald de Carvalho, coeditor do primeiro número. Luís de Montalvor, velho amigo e colega editor de Carvalho, publicou uma homenagem a ele em que recordava com carinho os tempos que passaram juntos em Copacabana, quando ainda eram jovens poetas idealistas e compartilhavam do sonho de uma revista literária diferente, concretizado em *Orpheu*.[10]

Pessoa guardava memórias um tanto semelhantes daqueles mesmos anos, centradas em Mário de Sá-Carneiro e em seus próprios planos, em constante mutação, de publicarem uma revista, sonho que enfim se materializou em *Orpheu*, e ocorreu-lhe lançar um número de aniversário, *Orpheu do Vigésimo Ano*. Mas não era da revista em si que sentia falta, e sim da empolgação em torno de todo o empreendimento. Era a sensação de que a vida, aos 26 anos, era um romance digressivo à maneira de *The Pickwick Papers*, em cujas páginas tudo o que ele sonhava ainda poderia ser escrito. Era, acima de tudo, a experiência de uma amizade que lhe despertara sentimentos que nunca conhecera.

Pessoa descartou a ideia de um número especial para homenagear a revista e, em seu lugar, escreveu uma elegia poética, "Sá-Carneiro", precedida de uma epígrafe: "Nesse número de *Orpheu* que há de ser feito com sóis e estrelas em um mundo novo". Carregado de páthos, o poema não era tanto sobre a figura trágica de Mário de Sá-Carneiro, mas sobre o que ele significara e ainda significava para Pessoa. Falando diretamente ao amigo que morrera havia muito tempo, o poeta expressa sua esperança fervorosa de que suas almas se encontrem novamente; descreve a situação difícil de sua vida atual, na qual sente que não é apenas ele mesmo, mas ambos, inextricavelmente unidos, embora os dois sejam agora apenas um deles, dolorosamente sozinho; e termina com uma confissão:

Ah, meu maior amigo, nunca mais
Na paisagem sepulta desta vida
Encontrarei uma alma tão querida
Às coisas que em meu ser são reais.

...

Porque há em nós, por mais que consigamos
Sermos nós mesmos a sós sem nostalgia,
Um desejo de termos companhia —
O amigo enorme que a falar amamos.[11]

A última estrofe sugere que era costume de Pessoa não ceder à nostalgia. Ele dissera a João Gaspar Simões que não gostava de olhar para trás porque era "por índole, e no sentido direto da palavra, futurista".[12] Em 1935, porém, deixou as memórias passarem por sua mente como filmes antigos. Eram uma espécie de companhia, enquanto seu futuro era um borrão. Ele tampouco estava com um humor "futurista" em relação a Portugal. Até pouco tempo antes, e a despeito das tribulações pelas quais a nação estava passando, ele esperara com ansiedade por sua regeneração. "Chamada", um longo poema escrito em sua maior parte em 1934, mas concluído nos primeiros meses de 1935, ainda ressoava com otimismo, convocando todas as forças místicas de Portugal para a concretização do Quinto Império, visto que "o futuro é já presente / Na visão de quem sabe ver". Pouco tempo depois, nem mesmo Pessoa era capaz de ouvir a chamada ou imaginar o alvorecer de um Quinto Império português.

A guerra de Pessoa contra o governo por impedir a liberdade de expressão e de reunião e por violar o livre pensamento era um esforço solitário. A maioria de seus parentes e amigos próximos estava do lado do regime ou então não tomara partido.

Trabalhando como jornalista e artista gráfico para publicações do Estado Novo, Augusto Ferreira Gomes estava em sintonia ideológica com seu empregador. Para Alberto da Cunha Dias, o único defeito de Salazar era não ser mais parecido com Mussolini. Para Raul Leal, monarquista inabalável, tudo o que faltava ao ditador era uma coroa. Mário Saa, que ficava cada vez menos em Lisboa e mais em sua propriedade no interior, exaltou o "glorioso consulado de Salazar" num discurso proferido na Câmara Municipal local.[13] Apesar de não se interessar por política, Carlos Queiroz foi obrigado a aderir passivamente ao governo desde que começara a trabalhar como diretor de programação da Emissora Nacional, a estação estatal de rádio sobre a qual Pessoa escreveu um poema sarcástico, desejando que pelo menos uma vez o locutor contasse aos ouvintes "o que Salazar *não* disse".[14] José de Almada Negreiros insistia em palestras e escritos que os artistas deviam ter total liberdade para seguir seus caminhos individuais, mas em artigo de revista intitulado "Mística coletiva" afirmou que países com governos autoritários e nacionalistas estavam se reconectando com suas "profundezas místicas" e que "[a] unidade espiritual da Europa entra hoje na sua maioridade".[15] Ele poderia muito bem ter intitulado seu artigo "Delírio coletivo". Até Antônio Botto parecia um partidário do Estado Novo, tendo afirmado numa entrevista publicada em 22 de março de 1935 que estava trabalhando "num livro sobre o extraordinário chefe político e alto espírito que é Oliveira Salazar, senhor da minha maior admiração".[16]

Sem dúvida, esses e outros amigos pensavam que Pessoa, agora oposicionista, estava exagerando, além de morder a mão que o alimentava. Afinal, os censores permitiram a publicação de seu incendiário artigo contra a legislação antimaçônica, embora tivessem posteriormente barrado as referências favoráveis ao texto, e o governo atribuíra-lhe um prêmio de 5 mil escudos. Era preciso admitir que o regime de Salazar, graças a Antônio Ferro, estava alocando mais dinheiro à cultura. Em março, o Secretariado de Propaganda realizou sua I Exposição de Arte Moderna, provando que a "política do espírito" de Ferro buscava promover a inovação na arte, em vez de ratificar gostos burgueses estabelecidos — não obstante sua ressalva, em fevereiro, contra as pinturas "viciosas". Embora Almada Negreiros tenha optado por não expor suas obras na mostra, num discurso feito no banquete oficial observou com satisfação que "vejo pela primeira vez na minha terra os poderes públicos ao lado da arte mais nova de Portugal".[17]

O SPN continuaria a ser um apoiador confiável da arte e dos artistas contemporâneos, por meio de exposições e trabalhos encomendados. Pintores, designers, fotógrafos, cineastas e escritores foram recrutados para construir o mito de um império colonial português eficiente, moderno e harmonioso, além da imagem de um Portugal pacífico e bucólico onde os camponeses lavravam a terra, cuidavam do gado, colhiam uvas e teciam cestos com alegria, cantando canções tradicionais e dançando nas horas vagas.

O mito do império benevolente teve equivalentes em outras partes da Europa. Potências imperiais como França, Bélgica e Reino Unido organizaram eventos semelhantes à Exposição Colonial Portuguesa de 1934. Mais peculiarmente português era o mito da felicidade rural doméstica, propagado tanto no país como no exterior. Em 1935, realizou-se estrategicamente em Genebra, sede da Liga das Nações, uma Exposição de Arte Popular Portuguesa, cujo conteúdo viria a constituir o núcleo de um Museu de Arte Popular criado em Lisboa na década de 1940. Exposições artísticas de ferramentas agrícolas, trajes tradicionais, artesanato local e outras facetas da vida rural portuguesa transmitiam a imagem de um mundo idílico e atemporal. Contudo, um grande número de pessoas que realmente habitavam aquele mundo não estava feliz nem em paz com sua situação indigente, analfabeta e insalubre.

Pessoa quase nunca manifestava preocupação com o bem-estar material dos pobres de Portugal, fossem eles urbanos ou rurais. Mas, tendo em vista que uma de suas objeções fundamentais ao regime de Salazar era seu ataque à liberdade e, portanto, à dignidade humana, estava fadado a desaprovar a instrumentalização do povo para criar uma imagem que não correspondia à realidade. Em julho, ele escreveria uma sátira poética sobre o Estado Novo que apontava as discrepâncias entre o que o governo afirmava ser o "novo" estado de coisas e o que a nação e seu povo de fato vivenciavam. Uma das estrofes do poema zomba do império colonial de Portugal ao observar que seus últimos "colonos" eram os dissidentes políticos exilados; outra estrofe acusa a máquina de propaganda de pôr um rosto alegre na fome.[18]

O Estado Novo era elogiado no país e no exterior por colocar Portugal no caminho da prosperidade,[19] mas, quando Pessoa olhou para o caminho que a nação estava tomando, percebeu um empobrecimento espiritual e uma claustrofobia imbecilizante.

74.

Ao contrário do que declarou a um jornalista do *Diário de Lisboa*, Antônio Botto não estava escrevendo um livro sobre Salazar. Não sabemos se disse isso para obter favores do regime ou simplesmente como uma provocação. Provavelmente as duas coisas. Em todo caso, como seria excitante elogiar o próprio homem que, com um golpe de caneta, poderia fazer com que seus livros "indecentes" fossem sumariamente banidos! A censura do Estado Novo costumava ter motivação política, mas o romance de estreia de José Régio — o mais incansável defensor de Botto depois de Fernando Pessoa — fora arrancado pouco tempo antes das prateleiras das livrarias em virtude de seu homoerotismo.[1] O livro mais recente de Botto, uma coletânea de poemas intitulada *Ciúme*, era homoerótico na mesma medida, e ainda mais sensual, tornando-o mais sujeito a desviar os jovens do caminho sexualmente reto e estreito. No entanto, os censores, por algum motivo desconhecido, o deixaram em paz. Se tivessem proibido o livro, Pessoa sem dúvida teria protestado em nome do amigo. Mas, não obstante sua oposição à censura governamental, Pessoa acalentava em si um censor moral que o impedia de pensar, sentir ou agir como Antônio Botto.

Ciúme foi publicado em junho de 1934. Trazia um posfácio entusiasmado de José Régio, que o *Diário de Lisboa* republicou em meados de julho. Poucos dias depois, Tomás Ribeiro Colaço, editor-chefe do semanário cultural *Fradique*, respondeu ao panegírico de Régio com um artigo beligerante, "Antônio Botto — um poeta que não existe", em que exigia saber onde estava a poesia. Se os poemas de Botto fossem dirigidos a uma mulher em vez de a um homem, argumentou, ninguém jamais teria prestado a menor atenção, já que não tinham valor poético. Seu único charme, para aqueles que o apreciavam, era o homoerotismo. Para Régio, esse parecia mesmo ser o principal encanto. Seu elogio ao último livro de Botto centrava-se no fato de que, então, "melhor se liberta sua sinceridade", tanto que "pode renovar o escândalo suscitado pelas suas primeiras canções". Ele se referia à reação homofóbica a *Canções*, de Botto, publicado em 1921 e republicado no ano seguinte pela Olisipo de Pessoa. A "irremediável sinceridade" de Botto, que pode "arrepiar a moralidade burguesa", era obviamente um eufemismo para a homossexualidade declarada do autor.

Colaço concluía sua crítica devastadora à poesia de Botto oferecendo as colunas de seu jornal a quem quisesse argumentar o contrário, e assim se seguiu um prolongado debate literário. Pessoa ia entrar na briga, mas abandonou um artigo escrito pela metade para *Fradique*, na qual a discussão se prolongou até março de 1935. Nesse mesmo mês, publicou no *Diário de Lisboa* uma elegante defesa, sintética e engenhosa, da poesia de Botto como *poesia*, mas sem invalidar a intuição original de Colaço. Se mulheres, em vez de homens, tivessem inspirado o sensualismo de Botto, certamente teria perdido muitos de seus leitores, inclusive Pessoa e José Régio, que pareciam estar competindo entre si no fervor pela promoção do autor. Régio acabaria publicando um livro com suas críticas reunidas do poeta. Em 1935, Pessoa planejava publicar seu próprio compêndio de quase tudo o que havia escrito sobre Botto e esperava traduzir para o inglês dois dos últimos livros do autor: a coletânea de poesia *Ciúmes* e *Antônio,* sua "novela dramática" homoerótica de 1933.[2]

Embora nunca mais tenha traduzido Botto para o inglês, Pessoa verteu três poemas de *Ciúme* para o francês. Eis o mais curto do trio:

Tudo na vida te encanta
És feliz,
Ris,
Tudo é teu!

E eu —
Que sofro e tenho amargamente sofrido,

Não terei o direito de procurar
Um grande prazer proibido?

Se Pessoa, ao traduzir esse poema, fez a si mesmo a pergunta contida na segunda estrofe, a resposta foi não. Tendo aceitado que a castidade era sua vocação, não tinha o direito de buscar prazeres "proibidos". De acordo com algumas anotações escritas em inglês e datadas de 1934, nem mesmo a masturbação era permitida para o homem casto — exceto se, conjeturou ele, fosse possível fazê-lo sem sentir prazer. Atos sexuais dos mais variados tipos faziam parte do trabalho espiritual diário de um adepto da magia negra como Aleister Crowley. Pessoa, no entanto, tinha vocação para a magia branca e, para um mago branco superior, todo sexo era tabu.

Contudo, nem todo sexo era igualmente tabu. O defensor da magia branca e da castidade escolheu o sexo entre homens para uma condenação especial, definindo-o como um ato contrário à "Lei da Natureza" e "o cúmulo da indecência e da falta de castidade, até mesmo para o *vas* usado" (*vas* é "vaso" em latim).[3] Conforme já citado, Pessoa, apesar de celebrar o amor entre homens na sua poesia e de defender seus amigos homossexuais, nunca poderia ter aceitado para si a ideia de um encontro sexual com outro homem. A erupção de homofobia em suas anotações sobre magia branca versus magia negra corrobora essa observação, mas acredito que seu propósito prático era servir de consolo. Aquela voz severa do julgamento, brotando de algum lugar do fundo de sua psique, assegurava a Pessoa, caso tivesse dúvidas, de que fizera bem em não provar o fruto proibido que mais o tentava.

A castidade de Pessoa não era algo tranquilo, livre de toda turbulência. Em 1935, todos os amores que ele nunca provara, assim como aqueles que experimentara de forma temerosa, voltaram para assombrá-lo. Mas, embora se arrependesse de ter perdido os prazeres do sexo, aquilo de que mais se lembrava e sentia falta — aquilo que desejava ter conhecido mais — era o prazer do afeto que sentira por certos homens e pelo menos por uma mulher, Ofélia Queiroz. Alguns anos mais tarde, Raul Leal escreveria que Pessoa se sentia mais atraído pelos homens do que pelas mulheres, mas preferia não tomar nenhuma atitude nesse sentido. Embora dotado de um grau incomum de "magnetismo intelectual", seu falecido amigo não tinha "nenhum magnetismo de ordem sensual". Querendo evitar a humilhação de um amor carnal que só poderia ser insatisfatório para a outra pessoa, preferia refrear constantemente "os ímpetos violentos da carne". Pessoa deu uma explicação semelhante e ao mesmo tempo diferente para seu pouco interesse pela sexualidade, atribuindo-o à "pouca importância que sempre dei a mim mesmo, como ente físico e social".[4]

Antônio Botto, que nunca foi de segurar a língua, teria dado a conhecer a todo mundo se Pessoa alguma vez se houvesse insinuado para ele ou qualquer outro. A única fofoca que fez nesse sentido foi que Fernando se mostrava sempre receptivo a rapazes. Ele certamente gostava da companhia de jovens, inclusive, em anos recentes, do próprio Botto, assim como de Carlos Queiroz, Pierre Hourcade (que partira para o Brasil em janeiro) e Manuel Mendes — mas a maioria das pessoas, à medida que envelhecem, não gosta de ter alguns amigos mais novos? Tanto Botto como Leal, caso tal declaração sirva para alguma coisa, alegaram que Pessoa tinha um pênis pequeno, o que não quer dizer que o tenham visto nu. "Olhando para a virilha", explicou Leal, "não se conseguia ver nada lá." O que isso significa, visto que Pessoa não usava calças justas, é simplesmente que Leal nunca o viu com uma ereção. Seus "ímpetos violentos da carne" talvez não fossem, como afirma Pessoa, tão violentos.[5]

No dia 5 de abril Pessoa escreveu um poema curto, mas enorme:

O amor é que é essencial.
O sexo é só um acidente.
Pode ser igual
Ou diferente.
O homem não é um animal:
É uma carne inteligente,
Embora às vezes doente.

De acordo com essas palavras, que foram as últimas que Pessoa escreveu sobre a questão da atração sexual de qualquer tipo, tudo é permitido, uma vez que o ser humano não está preso ao imperativo biológico da procriação. Agora sabemos que outros animais também não estão: centenas de espécies se envolvem em comportamentos homoeróticos e outras condutas sexuais não destinadas à procriação. Para Pessoa, no entanto, a questão não era apenas que a orientação sexual não é importante. O sexo em si não necessariamente tem alguma relevância. O amor é o que importa. A ideia de "carne inteligente" — que implica que também pode haver uma inteligência carnal e sensualizada — lembra a visão futurista de Pessoa de um amor regido pela "razão", e não pelo instinto sexual. Foi o amor que experimentou com Mário de Sá-Carneiro, e provavelmente com mais ninguém.

Uma semana depois de escrever que "O amor é que é essencial", Pessoa recebeu uma carta de seu meio-irmão John Rosa. A cunhada de John, Madge Anderson, que também morava em Londres, chegaria de navio a Lisboa no dia 15 de abril. Se o tempo estivesse bom, pretendia passar três ou quatro semanas no Estoril; caso contrário, seguiria em direção à Espanha. Ele contava com Fernando, ou então com sua irmã Teca, para encontrar a viajante e ajudá-la a se instalar num hotel, se ela optasse por ficar. "Tenho certeza que você vai gostar dela e ela está muito ansiosa para conhecer todos vocês." Madge Mary Moncrieff Anderson — mulher alta e esguia de trinta anos, com cabelos castanho-avermelhados e um rosto de feições duras, mas bonito, como que esculpido — estava especialmente ansiosa para conhecer Fernando Pessoa, o poeta. Interessava-se por literatura e filosofia, matérias que estudara para se formar em St. Andrews, a universidade mais antiga da Escócia, antes de se colocar a serviço do Ministério das Relações Exteriores britânico. Isso não fazia dela uma espiã, mas o fato é que trabalhava na área de inteligência secreta. Além de uma figura intrigante, ainda era solteira.[6]

O tempo estava agradável, um pouco fresco mas com muito sol, e Madge Anderson decidiu passar as férias em Portugal. Encontrou-se com Pessoa algumas vezes ao chegar, e, embora não haja detalhes disponíveis a respeito, eles evidentemente se deram bem. De qualquer modo, Madge considerou o poeta uma companhia estimulante e esperava ansiosamente o encontro seguinte, que ele sempre adiava. Perto do final de abril, enquanto ela passava os dias deitada na praia ou caminhando à beira-mar, comendo peixes recém-pescados, lendo um dos livros que trouxera para a viagem e talvez pensando em um novo encontro com Pessoa, que continuava a postergá-lo, ele escreveu, do nada, três poemas de amor, dois em francês, um em inglês. Todos foram escritos em versos simples e leves, e os conflitos amorosos de dois dos eus poéticos também eram elementares, banais. O poema em inglês, datado de 28 de abril, começa assim:

Was it just a kiss?
Was it more than this?

Was he just too kind?
*Were you just too blind?**

E segue assim por mais 35 versos, nos quais um homem ciumento promete perdoar sua amada se ela confessar os detalhes de suas escapadas com outro. O eu poético de um dos poemas em francês, escrito no mesmo dia, lamenta que a mulher de quem gosta já esteja casada. Construídos em torno de tramas convencionais, ambos parecem exercícios estranhos de saudade — de experiências banais de amor que o poeta nunca experimentara.

O outro poema de amor em francês, escrito dois dias antes, é narrado por um homem que se parece mais com o poeta que conhecemos, pois admite que a mulher que ama pode ser fruto de sua própria imaginação. Em 27 de abril, Pessoa escreveu um terceiro poema nesse idioma, também uma espécie de poema de amor, dirigido à sua falecida mãe, com quem sonha reencontrar-se, não como adulto, mas como um menino aninhado para sempre nos seus braços.

Talvez a glamorosa, independente e ligeiramente misteriosa Madge tivesse deixado Pessoa com vontade de amar, ou com vontade de imaginar-se enamorado. E talvez os seus poemas de amor, sobretudo aquele para sua mãe, tenham sido em parte desencadeados pela época e lugar em que foram escritos: a primavera em São João do Estoril, na casa de Teca e Chico, aonde fora passar o último fim de semana de abril. Sua meia-irmã e seu cunhado formavam um casal feliz e amoroso, com dois filhos igualmente felizes, todos morando numa casa com quintal e jardim, como a da Tenth Avenue, em Durban, último endereço de Pessoa na África do Sul antes de voltar para Lisboa, em 1905. Teca tinha então nove anos, a mesma idade que sua sobrinha Mimi tinha agora. Seu meio-irmão mais velho, Luís Miguel, estava então com quatro anos, a mesma idade de seu sobrinho agora, e que também se chamava Luís Miguel.

Sempre que o tio Fernando aparecia para uma de suas visitas de fim de semana, Mimi tentava fazer com que ele fosse seu companheiro de brincadeiras e às vezes conseguia. Uma vez, ele até a levou à vizinha praia do Tamariz, onde havia uma área especial de recreação para crianças, além de cafés e restaurantes à

* "Foi apenas um beijo?/ Foi mais do que isso?/ Ele foi gentil demais?/ Tu estavas cega demais?" (N. T.)

beira-mar. Em seu terno escuro, parecia completamente deslocado entre tantas pessoas dedicadas a expor-se ao sol e se divertir, mas, ainda que percebesse como os outros o olhavam, ele não se importava com isso.[7] Naquele fim de semana de abril em que escreveu poemas de amor em francês e inglês, Mimi não o deixou sozinho. Ela rabiscou algumas coisas nas margens de seus poemas. Por exemplo: "O tio joga comigo para eu dizer a mamã que o tio porta-se bem".[8]

Mas ele não estava se comportando como Teca queria. Ela insistiu para que ele visitasse Madge, cujo hotel ficava a uma curta distância a pé. Talvez amanhã, disse ele, ou talvez — pensou — depois de amanhã. Em vez disso, trabalhou em seus poemas, brincou com Mimi e Luís Miguel, conversou com Chico, comeu bem e voltou para Lisboa. Madge ficou mais três semanas no Estoril, perguntando sobre Pessoa sempre que via ou falava com Teca, até finalmente voltar para a Inglaterra.[9]

Teca repreendeu tantas vezes seu irmão pelo tratamento vergonhoso que dispensara à cunhada de John, que estava sozinha nas férias e teria gostado mais de sua companhia, que ele finalmente lhe escreveu uma carta.

> Minha querida Madge:
>
> Há muito tempo que desejo escrever-lhe, mas, como nunca sei realmente o que o tempo é, esse elemento desconhecido se arrastou até agora. Isso ocorre geralmente quando não fazemos nada.
>
> Minha carta será simplesmente um pedido de desculpas. Você chegou aqui quando eu estava afundando e ficou aqui até eu afundar. Desde então, voltei à superfície, mas seria difícil dizer que superfície é essa. Lamento muito por tudo o que aconteceu, ou seja, minha descortesia em desaparecer, mas você não perdeu nada com meu desaparecimento, que foi a melhor ação que alguns resquícios de decência poderiam ditar a um homem praticamente perdido para o resto dela.
>
> Embora eu tenha subido à superfície aparente, agora estou pronto para afundar de novo, e dessa vez, creio eu, definitivamente. Gostaria que se lembrasse de mim com caridade cristã e não com simples desprezo humano, embora esse fosse o sentimento justo e adequado, no mundo tal como ele é.
>
> Atenciosamente,
>
> Fernando[10]

O tempo de fato se arrastara. Já era setembro quando Pessoa enfim enviou sua carta de desculpas, à qual ela respondeu com uma carta levemente coquete que o repreendia por seu "truque do afundamento", chamava-o de "velho bobo dramático" e encerrou saudando-o com "ternura".[11]

Dramático ou não, Pessoa estava realmente afundando. Era como seu horóscopo havia previsto: 1935 seria um ano difícil, em especial em sua segunda metade. Ele estava indisposto tanto psicológica como fisicamente — anêmico, com problemas digestivos e o moral em queda. Não obstante seu ceticismo em relação às curas milagrosas creditadas a Nossa Senhora de Fátima, era uma potencial presa fácil de panaceias para recuperar a saúde, e em tempos recentes vinha recortando anúncios de jornal de vários tônicos duvidosos, inclusive de um vinho nutritivo de carne e águas minerais que garantiam o rejuvenescimento de praticamente todos os órgãos do corpo. Digo "*potencial* presa fácil" porque Pessoa, sempre hesitante e procrastinador, quase nunca concretizou suas intenções de experimentar remédios que o tornassem um novo homem. E ainda bem. Em 1935, considerou a ideia de fazer uma cura nas Termas Radium, um balneário termal no norte do país conhecido por ter uma das águas mais radioativas da Europa, que muitas pessoas ainda acreditavam ser maravilhosamente revigorantes.[12]

O clima político era opressor para um espírito livre como Pessoa, que não via nenhuma mudança no futuro próximo que pudesse ajudar a melhorar seu ânimo. Em abril, a Assembleia Nacional aprovou por unanimidade a lei contra as "associações secretas", que entrou em vigor em 21 de maio. No mês seguinte, o marido de Teca, Chico, assim como todos os funcionários públicos e militares, foi obrigado a declarar por escrito que não pertencia nem nunca pertenceria a uma sociedade secreta (ou seja, uma loja maçônica), conforme definido no Artigo 2 e assim por diante.[13] Em 8 de julho, Pessoa datilografou um breve prefácio para uma versão corrigida e anotada do artigo de jornal que havia escrito contra a lei quando fora proposta. De fato, o artigo foi reeditado, em forma de folheto publicado clandestinamente e distribuído pelos maçons com o título de *A Maçonaria vista por Fernando Pessoa*, mas não incluía o prefácio nem as anotações.[14] Sem dúvida, se cansaram de esperar que ele terminasse e entregasse esses adendos. De qualquer forma, já era tarde demais para que panfletos de qualquer tipo salvassem a maçonaria, que permaneceria ilegal em Portugal até 1974.

Apenas uma pequena minoria de compatriotas de Pessoa compartilhava de sua preocupação com os direitos dos maçons, que eram considerados alguns dos principais agitadores sociais da Espanha, um país polarizado em facções beligerantes de extrema direita e extrema esquerda que em breve estariam em guerra civil. Quanto à advertência em seu artigo de que a lei contra as "associações secretas" prejudicaria as relações de Portugal com o Reino Unido, tendo em vista a forte tradição maçônica daquele país e seu respeito pelos valores liberais, os fatos não confirmaram essa previsão. A Grã-Bretanha queria Portugal como um escudo contra a propagação do comunismo — não se importaria com a supressão da maçonaria e com algumas restrições ao que as pessoas podiam dizer ou fazer.

Salazar, de acordo com a maioria dos observadores ocidentais, inclusive britânicos, estava fazendo um bom trabalho. Em maio de 1935, T. S. Eliot iniciou negociações com o Secretariado de Propaganda para a edição da Faber and Faber de *Salazar: Portugal and Her Leader*. Era esse o título escolhido para a série de entrevistas de Antônio Ferro com o ditador, que em breve estariam disponíveis em inglês. Três anos depois, Eliot passaria três semanas em Portugal, a convite de Ferro, para ser jurado do Prêmio Camões, atribuído pelo SPN a um livro sobre Portugal de autoria de um estrangeiro. Em sua carta de agradecimento a Ferro e sua esposa pela hospitalidade, Eliot comentaria sobre "a grande beleza de seu país", "o charme de seu povo" e "a força de um governo esclarecido e previdente". Suas "impressões de respeito e admiração pelo dr. Salazar, formadas pela leitura, foram confirmadas por ter o privilégio de encontrá-lo".[15]

Caso fosse possível ignorar a opressão política de seu regime e o uso crescente da vigilância policial, sem dúvida havia muito para admirar em Salazar, inclusive seu caráter em grande medida honesto, sua capacidade de manter o Exército sob controle e seu sucesso inegável em deixar as finanças de Portugal em bom estado. Mas seu conservadorismo fiscal, além do controle estatal excessivo sobre a economia, resultaria em duas décadas de relativa estagnação. No final dos anos 1950, a política econômica do Estado Novo mudaria de curso, estimulando mais crescimento. Pessoa não poderia prever o futuro econômico de seu país e não era com a economia que se preocupava. Ele temia pela alma da nação. Salazar havia feito seu trabalho, e direito, mas deveria deixar o governo para indivíduos mais competentes: Pessoa afirmou exatamente isso numa carta dirigida ao presidente Carmona, o único que podia legalmente destituir o ditador do poder. Havia de fato um Estado Novo, argumentou Pessoa, uma vez que tal estado de coisas nunca tinho sido visto. Ninguém poderia imaginar que a paz e a ordem nas ruas e infraestruturas melhores "tinham que ser compradas por tão alto preço — o da venda a retalho da alma portuguesa".[16]

Caso Pessoa terminasse e postasse sua carta, e se chegasse mesmo à mesa do presidente, podemos imaginar Carmona sacudindo a cabeça com um suspiro ao lê-la. Na verdade, ele e os outros generais condecorados responsáveis pela usurpação do poder do Estado em 1926 não pretendiam instalar uma ditadura permanente. Mas o fato é que Salazar estava mantendo o país num rumo constante naqueles tempos perigosos, enquanto a Espanha estava à beira do caos. E o que o autor da carta queria dizer com "venda a retalho da alma portuguesa"? Os ditados que os poetas inventam!

No início de junho, o poeta escreveu um dos poemas mais sombrios de sua carreira, "Elegia na sombra", que um estudioso português acertadamente definiu como "uma espécie de anti-*Mensagem*".[17] Ao contrário de seu livro premiado, a elegia de Pessoa não homenageia com destaque individual os heróis do início da história de Portugal e suas façanhas marítimas. Lembra deles apenas coletivamente, como as figuras sombrias de um sonho fabuloso não mais acessível ao sonhador. "Os heróis resplandecem à distância / Num passado impossível de se ver", mesmo com "os olhos da fé ou os da ânsia". Nos recônditos de sua imaginação, o poeta talvez ainda ansiasse pelo retorno de d. Sebastião, ou pelo ressurgimento português que o retorno mítico do rei simbolizava, mas sua fé havia sido fatalmente abalada. Seu poema mais recente era um hino de despedida a um país desmoralizado, sem nenhum sinal de esperança no horizonte visível, uma pátria "postergada", segundo uma de suas estrofes, para algum futuro indefinido.

Como sempre em junho, mas naquele ano com mais pompa que de costume, o povo lotou as praças e as ruas para festejar os santos populares, com mais folia do que religião. Em 13 de junho festeja-se santo Antônio, o padroeiro dos namorados e o santo mais popular de Lisboa; em 24 de junho, são João Batista, o santo preferido do Porto; e em 29 de junho, são Pedro, o protetor dos pescadores, venerado em muitas cidades litorâneas. As festas, cujos rituais tradicionais incluem saltar sobre pequenas fogueiras e presentear a amada com um pote de manjerico e um poema de quatro versos, têm origens remotas, possivelmente ligadas a antigos ritos de fertilidade na época do solstício de verão. Muitas das centenas de quadras populares de Pessoa são do tipo escrito para namorados no mês de junho. As festas em homenagem aos santos populares se intensificaram com a chegada do Estado Novo, que tomou medidas para promover essa manifestação do folclore urbano e se apropriar dela. Numa revista publicada em 9 de junho de 1935, uma Comissão Executiva das Festas de Lisboa, criada pouco tempo antes, alardeava sua missão de "ir ao povo dizer-lhe como há de fazer para transformar sua alegria expansiva e rude no ritmo de uma obra de arte".[18]

Naquele mesmo dia, Pessoa escreveu três longos poemas em que se dirigia a cada um dos três santos venerados. Longe de colaborar com o programa governamental de idealização e oficialização da cultura portuguesa, usou sua poesia para disparar contra a Igreja e o Estado Novo. Em seu poema a santo Antônio, escreveu que os portugueses o amavam não como um franciscano apostólico, pregando sermões, mas apenas como seu "pagão encanto", um protetor dos bebedores de vinho e dos casais apaixonados. Ele informava que são João Batista, além de ser o Precursor de Jesus — e, infelizmente, da "cruel multidão negramente infinita" do clero católico que surgiu mais tarde —, também era um maçom de coração, uma vez que a primeira Grande Loja maçônica da Inglaterra foi fundada em 1717 no dia em que se celebra o santo. Por isso, o poeta, que se identificava como um templário, se comprazia em apertar a mão dele como um irmão em mistérios ocultos heréticos. Quanto a são Pedro, a quem Jesus deu as chaves do paraíso, Pessoa o chamava de "carcereiro do céu", dizia que ele mesmo abominava a ideia de ficar trancado em qualquer lugar, "aqui ou ali", e lançava um desafio prometeico:

Se tens poder milagroso,
Se essas chaves abrem tudo,
Deixa esse céu lastimoso.
Deixa de vez esse céu,
Desce até à humanidade
E abre-lhe, enfim, no maior gesto teu,
As portas da Justiça e da Verdade.

Como Pessoa estava distante dos dias em que desprezava a mera ideia de corrigir as injustiças no mundo! "Aceito a injustiça como aceito uma pedra não ser redonda", declarou Alberto Caeiro num poema que data de cerca de 1919, quando Pessoa trabalhava nos ensaios "Contra a democracia" e "Apologia dos tiranos".[19] Em 1935, ao assumir a causa da justiça, ele de certa forma dava uma reviravolta, retornando às ambições nobres e generosas da juventude, quando em nome de Alexander Search assinou um "vínculo vitalício" que o comprometia a "fazer o bem à humanidade". Mas a postura de Pessoa em relação a essa entidade coletiva não era a mesma. Quando jovem, especialmente quando escrevia como Alexander Search, a humanidade era uma multidão abstrata muito distante de sua própria vida; ele pairava acima de tudo. Em 1935, Pessoa reconhecia-se como membro da espécie — não um dos mais sociáveis, porém ainda assim uma parte essencial e indissociável dela. A humanidade, gostando ele ou não, era uma família.

Em 13 de junho, dia da festa de santo Antônio, um impressionante cortejo retratando cenas da história medieval de Portugal desfilou pelas ruas enfeitadas de Lisboa, e à noite houve fogos de artifício que se refletiram na superfície negra e vítrea do Tejo. Pessoa, que completou 47 anos por volta das três e quinze desse dia, almoçou tranquilamente com o amigo Alberto da Cunha Dias no Restaurante Pessoa,[20] que frequentava havia mais de vinte anos e que o atraíra pelo nome. Como de costume, recebeu um telegrama de Ofélia Queiroz: "Muitos parabéns e saudades da Ophelia". No dia seguinte, quando ela completou 35 anos, ele respondeu, como de costume, por telegrama: "Muito obrigado e identicamente com saudades Fernando".

Pessoa continuava a encontrar-se com Antônio Botto, Raul Leal e Augusto Ferreira Gomes, embora com intervalos mais longos do que antes. Via outros amigos apenas esporadicamente e, com frequência, sentava-se a uma mesa vazia no Café Martinho da Arcada, um pouco desiludido por ninguém aparecer, e também um pouco aliviado. Ele nunca deixou de ser tímido e jamais aceitou ser menos do que resolutamente reservado, o que seus amigos entendiam e respeitavam. Como ele não revelava nada sobre sua vida privada, ninguém se sentia no direito de ou inclinado a falar sobre a própria vida. A conversa era intelectual, com algumas brincadeiras. No entanto, Pessoa era um bom ouvinte para aqueles poucos amigos, como Alberto da Cunha Dias, que falavam livremente sobre problemas pessoais. Segundo Carlos Queiroz, ninguém se atrevia a indagar sobre as tribulações de Pessoa, ou mesmo a fazer perguntas inócuas que arriscassem ser invasivas, como "Que faz esta noite?".[21]

75.

Todas as noites, antes de subir as escadas para seu apartamento, Pessoa, com uma pasta de couro debaixo do braço, parava na leiteria da esquina, A Morgadinha, e pedia ao sr. Trindade dois pãezinhos, um pouco de presunto fatiado, uma pequena peça de queijo, um maço de cigarros Bom, fósforos e três decilitros de Macieira, um conhaque barato. Para o último item, ele tirava de sua pasta surrada uma garrafinha. Os pãezinhos, o presunto e o queijo eram seu jantar. Ele fumava os cigarros e tomava o conhaque enquanto escrevia. Quando a bebida acabava, encerrava a noite e ia para a cama — às duas, três ou quatro da manhã.

Aos domingos, quando a maioria das lojas fechava, o barbeiro Manassés ia ao apartamento para fazer a barba de Pessoa e também algumas tarefas domésticas leves, esvaziando os cinzeiros e recolhendo copos abandonados. Em seguida, ia à leiteria para reabastecer sua garrafa e comprar mais pão, queijo e cigarros. O sr. Trindade mantinha um registro das compras do cliente. De vez em quando Pessoa pagava uma parte do que devia, e, com o dinheiro do prêmio ganho com *Mensagem*, saldou todas as dívidas. Em meados do ano, já estava acumulando novas.[1]

Trindade, Manassés e os empregados dos cinco ou seis escritórios onde trabalhava sempre consideraram Pessoa um homem simpático e espirituoso, de aspecto esmerado e geralmente de bom humor, apesar das frequentes bolsas sob os olhos por não dormir o suficiente. Mas, se por acaso cruzassem com ele na rua, havia chance de que ele não notasse a presença deles ou então desviasse o olhar para evitá-los, sem saber o que dizer ou como se comportar sem os móveis e adereços dos ambientes em que costumavam interagir. E, mesmo nesses ambientes familiares, ele às vezes se recolhia ao próprio mundo de pensamentos, subitamente alheio ao que o rodeava.[2]

Exteriormente, o poeta continuava, no início do segundo semestre de 1935, a ser o homem cordial e distante de sempre. Vestido com seu terno escuro, como de costume, comparecia todos os dias aos escritórios, fazia os outros sorrirem com seu humor britânico e sua gentileza e mantinha sua distância habitual de tudo. Por dentro, porém, estava se tornando menos rígido, mais caloroso e vulnerável. Um dia, conversando com Carlos Queiroz, perguntou por Ofélia e deixou escapar, emocionado: "Bela alma! bela alma!". Carlos, surpreso, mal soube o que responder.[3] No final de julho, Pessoa — um ávido ouvinte de rádio, que só pouco tempo antes se tornara um aparelho corriqueiro entre as famílias de classe média de Lisboa — escutou um cantor francês cantarolando com uma "melancólica voz" que o fez sentir "a atração de banalidade e céu". A letra da canção era pura estupidez, escreveu ele num poema, mas seus olhos se encheram de lágrimas. E por que não chorar?

Mas não, não quero chorar.
Um poeta ter lágrimas
Perante um cantar!
Que vergonha para a poesia!
Mas o coração
Com o que quero nada quer,
E vai na esteira de essa voz e melodia
Sem eu saber.

Ao lado desse poema, ele rabiscou um dístico isolado em inglês: "All our thoughts and gestures sink / In the universal drink" [Todos os nossos pensamentos e gestos afundam / Na bebida universal].[4]

A palavra "bebida" não era apenas uma metáfora. Segundo sua primeira carta a Madge Anderson, Pessoa havia começado a afundar em abril e, nesse mesmo mês, teve uma leve crise de delirium tremens.* Os sintomas começaram na casa da irmã em São João do Estoril e inspiraram um poema cômico e ligeiramente inquietante:

D.T.

The other day indeed,
With my shoe, on the wall,
I killed a centipede
Which was not there at all.
How can that be?
It's very simple, you see —
Just the beginning of D.T.

When the pink alligator
And the tiger without a head
Begin to take stature
And demand to be fed,
As I have no shoes
Fit to kill those,
I think I'll start thinking:
*Should I stop drinking?***

O poema continua nessa veia jocosa por mais quatro estrofes. Quando Pessoa, três anos antes, sofrera uma síncope e ficara de cama por várias semanas, isso o assustou; mas, quando afligido por uma síndrome que indicava um perigo não menos sério para sua saúde, ele a desprezava. Rui Santos, um dos jovens escritores

* Delirium tremens refere-se hoje ao pior estágio da síndrome de abstinência alcoólica. Na época de Pessoa, o termo, menos restrito, podia ser aplicado ao delírio e a outros sintomas experimentados por indivíduos que ainda estavam abusando do álcool.

** "Outro dia, eu bem o sei,/ Na parede, com sapato,/ A centopeia matei/ Que nem lá estava de facto./ Mas como pode isso ser?/ Bem simples de perceber —/ É o começo de D.T.// Quando o róseo jacaré/ E o tigre sem cabeça/ Começarem a ter pé/ E comendo tudo depressa,/ Sapatos eu não vou ter/ Ao tamanho de os matar,/ Começarei a pensar:/ Devo deixar de beber?" (Trad. de Luísa Freire) que partilhava o desgosto dele por Salazar, foi testemunha de seu delirium tremens. Algum tempo depois de todos os sintomas terem passado, Pessoa explicou ao jovem amigo que, de acordo com seu entendimento sobre o assunto, o quadro podia reaparecer regularmente num bebedor esporádico, enquanto para um alcoólatra o primeiro episódio era um aviso; o segundo seria fatal. "E você vê-me, Rui, renunciar à aguardente?"[5]

É provável que tenha sido o médico particular de Pessoa, seu primo Jaime Neves, quem lhe disse que o delirium tremens, num alcoólatra, era a maneira de o corpo dizer "Já basta, caso contrário...!". Fernando morava a poucas quadras de Jaime e às vezes almoçava com ele e sua família no fim de semana. "Você está destruindo seu fígado", o médico o alertou repetidamente. Pessoa fingia ouvir com atenção, como se quisesse fazer um esforço para beber menos, mas acreditava que a vida dependia do destino. Beber, na pior das hipóteses, era o instrumento do destino.

Depois de um verão angustiante, Pessoa animou-se com a visita do meio-irmão Luís Miguel, ou Louis Michael, que chegou de Londres com sua esposa Eva[6] no dia 2 de setembro. Fernando não via nenhum dos irmãos desde 1920, quando vieram da África para Lisboa com a irmã e a mãe e todos viveram juntos durante várias semanas na rua Coelho da Rocha. Haviam conversado horas e horas sobre Durban, Pretória, a Lisboa que conheceram quando crianças, a Lisboa atual e Londres, onde os dois irmãos mais novos iam continuar os estudos. Louis Michael formou-se em engenharia química na Universidade de Londres em 1923 e casou-se em 1932. Tímido como Fernando Pessoa, também gostava de literatura e até escrevia um pouco de poesia.[7] Ele não se levava a sério como escritor, mas incentivou o irmão, insistindo que deveria se esforçar mais para publicar, tanto em inglês como em português. Pessoa mostrou-lhe um pouco de sua poesia e recitou alguns versos do jocoso "D.T." para fazer o irmão e sua esposa rirem.[8]

Alcoólatra em segredo Pessoa não era: ele ostentava seu vício. Ao ser apresentado à futura nora de Jaime Neves, ele disse: "Não me conhece? Eu sou o primo bêbado da família".[9] Mas ninguém nunca o vira embriagado.

Louis Michael e Eva passaram nove dias entre Lisboa e o Estoril. Aleister Crowley também havia ficado no balneário litorâneo, e Pessoa regalou os veranistas com histórias sobre o carismático mago. Um dos passeios em família foi ao espetacular Mosteiro dos Jerônimos de Belém, cuja construção, iniciada por d. Manuel I por volta de 1500, se deu no local de uma antiga igreja onde Vasco da Gama e outros navegadores passavam a noite em oração antes de partirem do porto adjacente para suas viagens de descobrimento. A chamada arquitetura manuelina do mosteiro homenageia os marinheiros ao incluir motivos náuticos — cordas enroladas e retorcidas, correntes, âncoras, instrumentos de navegação, corais, algas marinhas, criaturas do mar — em suas molduras e colunas intrincadamente talhadas, que nunca deixam de surpreender um olho atento. Pessoa, que estava mergulhado em tudo o que tinha a ver com a aventura marítima de Portugal, era o guia perfeito para o irmão e a cunhada.

As fotos do passeio mostram Pessoa elegantemente vestido em um terno de três peças, sisudo, inexpressivo, com um cigarro sempre na mão. Teca e Eva têm o ar descontraído de gente em férias. Mas quem parece mais feliz no grupo é Lhi, como Pessoa ainda chamava Louis Michael. O poeta estava emocionado por se reencontrar com a irmã e conhecer melhor o meio-irmão, com quem quase nunca havia convivido, exceto quando era garotinho.

Assim que voltou para a Inglaterra, Louis Michael escreveu ao irmão para lembrá-lo de que havia prometido preparar suas obras em inglês para possível publicação na Grã-Bretanha.

> O que te disse ainda é válido — estou bastante preparado para atuar como teu agente literário aqui e acho que deverias pelo menos tentar. O mercado inglês é enorme e, ao conquistares um mínimo de reconhecimento, verás que é imensamente lucrativo.
>
> Há outro ponto que quero enfatizar. Se tiveres outra chance de vir à Inglaterra, não a percas. Deixa-nos saber o mais rápido possível e nós arranjaremos as coisas para ti.[10]

Apesar do incentivo do irmão, Pessoa não parecia mais interessado em ir à Inglaterra, mas aceitou a proposta de Louis Michael de atuar como seu agente literário. Em 10 de outubro, escreveu de volta para dizer que estava ocupado "classificando e agrupando" todos os seus papéis, espalhando-os em mesas, cadeiras e até mesmo no chão para realizar a tarefa, que segundo afirmou estava a um quarto de ser concluída. Só quando os papéis estivessem em ordem ele estaria pronto para começar a tentar publicar seus trabalhos, tanto em inglês como em português. Antes de terminar sua carta, perguntou a Louis Michael se ele poderia descobrir o que acontecera com Aleister Crowley. Desde que perderam contato, Pessoa nunca mais tinha lido nada sobre ele.[11] Teria sido difícil para Michael descobrir muita coisa sobre Crowley, que fora declarado falido em abril, levava uma vida tranquila e não era mais um assunto digno de nota. Hoje ele tem milhares de seguidores e muitos de seus livros voltaram a ser impressos, mas quando morreu, em 1947, apenas uma dezena de pessoas compareceu ao funeral.

Um dia antes de escrever ao irmão, Pessoa havia enviado outra carta a Madge Anderson, anexando uma cópia de "D.T.". Ele explicava que o poema fora escrito no final de abril, ou seja, quando ela se encontrava em Lisboa e ele evitava sua presença, ao mesmo tempo que, por coincidência, escrevia alguns poemas de amor ligeiros. "D.T." é uma espécie de poema de amor, embora apenas na quarta estrofe se descubra que o eu poético está falando com uma possível amante:

Your love might
Make me better than I
Can be or can try.
But we never know —
Darling, I don't know
If the sugar of your heart
Would not turn out candy...
So I let my heart smart
*And I drink brandy.**

O poeta esclarecia em sua carta a Madge que não gostava muito de doces. E assim seu poema, nessa estrofe, torna-se de repente uma confissão inesperada: ele bebe porque tem medo de experimentar o amor, teme não gostar — seja com Madge ou com qualquer outra pessoa. Claro, há uma primeira vez para tudo. Agora era Pessoa quem estava flertando. Ele alegava que seu poema "por acaso é sincero

* "Poderia o teu afeto/ A ser melhor me levar/ Do que sou eu a tentar./ Mas nós nunca saberemos/ Amor, não sei pelo menos,/ Se o doce em teu coração/ Caramelo de repente.../ Pois que sofra o coração/ Enquanto bebo aguardente." (Trad. de Luísa Freire)

o suficiente, embora contenha uma boa dose de novas bobagens dramáticas", e dizia ainda que "na verdade, não estou afundando agora. Com efeito, estou me sentindo muito melhor em todos os sentidos".[12]

Pessoa, acima de tudo, estava *sentindo*. Tinha recuperado para si a faculdade da emoção que por tanto tempo relegara a Álvaro de Campos, e era estimulante sentir diretamente, mesmo (ou sobretudo) quando as coisas que sentia lhe doíam no coração. Em vez de se proteger contra lembranças perturbadoras, ou desviá-las para os alter egos que haviam povoado sua vida de escritor, ele passou a receber de bom grado esse ataque frontal, que o atingiu com toda a força em meados de setembro.

Poucos dias depois de Lhi e Eva Rosa terem encerrado as férias e voltado para a Inglaterra, Pessoa ouviu no rádio "Un Soir à Lima", do compositor belga Félix Godefroid — uma serenata para piano solo que sua mãe costumava tocar em Durban. É uma espécie de bolero, animado, mas com uma parte central dolorosa em um tom menor. Tudo o que Pessoa estava fazendo e pensando parou enquanto ele ouvia, paralisado. As notas que subiam e desciam em um teclado visualizado mentalmente, baixinho e depois em voz alta, staccato ou legato, o dominaram como uma maré irresistível e o carregaram em um flashback para a sala de estar da casa com amplas varandas na Tenth Avenue, em Durban. Enquanto sua mãe tocava atentamente "Un Soir à Lima", seu padrasto reclinava "seu corpo basto / De atleta sossegado e são" na poltrona maior e fumava, sua irmã, enrolada em outra cadeira, fingia estar dormindo, seus irmãos mais moços, ainda garotinhos, dormiam de verdade, e ele ficava perto da janela, notando que o "grande luar da África fazia / A encosta arborizada reluzente". Era a primeira vez desde que deixara a África que a poesia de Pessoa fazia uma menção mínima aos anos em que lá vivera.[13]

"Sou a cena nua onde passam vários atores representando várias peças", escrevera Pessoa anos atrás num trecho do *Livro do desassossego*,[14] mas todos os atores o haviam abandonado, ele estava completamente sozinho naquele palco, e a peça era sua própria vida, a vida que de fato vivera. Os mais de trezentos versos de seu poema intitulado "Un Soir à Lima" são um solilóquio, com apartes frequentes para a mãe eternamente ausente, como aqui:

Mãe, mãe, fui teu menino
Tão bem dobrado
Na sua educação

E hoje sou o trapo que o Destino
Fez enrolado e atirado
Para um canto do chão.

Jazo, mesquinho,
Mas ao meu coração
Sobe, num torvelinho
A memória de quanto ouvi do que há
No que há de carícia, de lar, de ninho,
Ao relembrar o ouvi, hoje, meu Deus, sozinho,
"Un Soir à Lima".

"Un Soir à Lima" é um dos grandes monumentos inacabados de Pessoa, consistindo em cerca de uma dezena de trechos que ele nunca reuniu em um todo completo. Foi finalmente notado, transcrito e publicado por um atento arqueólogo pessoano no ano de 2000,[15] meio século depois que o primeiro biógrafo do poeta propôs a nostalgia pela infância perdida como o principal motor de sua produção lírica — uma tese que o poema na verdade não apoia. João Gaspar Simões argumentou que Pessoa sentia muita saudade de sua primeira infância, antes que o pai morresse e a mãe se apaixonasse pelo "intruso", o padrasto. Mas "Un Soir à Lima" evoca uma cena de quando Pessoa tinha cerca de dezesseis anos, e evoca João Miguel Rosa, o segundo marido da mãe, com franca admiração: "Que homem! que alma! que coração!".

Pessoa entregava-se à saudade de todas as pessoas e coisas que mais prezara na vida, de todos os períodos, inclusive de sua primeira infância. Em outubro, escreveria "Pedrouços", poema sobre a casa daquele bairro onde costumava ficar com tio Cunha e tia Maria, com quintal grande para brincar e quarto só para ele, recipiente privilegiado do amor e da atenção dos dois.

Outro poema de outubro, escrito na véspera de "Pedrouços", homenageava a lembrança de sua relação com Ofélia, cujas mais de 250 cartas de amor a seu Fernandinho, ou Nininho, ou Querido Amor, ele guardava, como evidências muito apreciadas do que vivera com ela.

Todas as cartas de amor são
Ridículas.

Não seriam cartas de amor se não fossem
Ridículas.

Também escrevi em meu tempo cartas de amor,
Como as outras,
Ridículas.

As cartas de amor, se há amor,
Têm de ser
Ridículas.

O restante do poema afirma, entre outras coisas, que aqueles que nunca escreveram cartas de amor são mais ridículos do que aqueles que o fizeram.

É preciso lembrar que Pessoa nunca teve o menor medo de parecer ridículo aos olhos dos outros, mas temia ser convencional, ou vulgar, aos seus próprios olhos. Todos os seus temores, defesas e adereços de cena estavam derretendo. Seu poema "ridículo" era assinado por Álvaro de Campos, um adereço quase humano que em tempos recentes não tinha nada de sua própria lavra a dizer. Os poemas de Campos escritos em 24 de junho, 28 de agosto e 12 de setembro de 1935 ecoavam fielmente o que o próprio Pessoa estava sentindo: cansaço, incerteza e tontura, tanto mental como física. O poema de outubro sobre as cartas de amor de Pessoa expunha Campos por completo. Ao usurpar o lugar do escritor da carta, o engenheiro naval e antigo sabotador do romance de seu romance com Ofélia estava na prática aniquilando a si próprio, ou a Pessoa, o que dava no mesmo. Àquela altura, seus nomes eram intercambiáveis, tornando "Álvaro de Campos" redundante, supérfluo. Tendo feito sua confissão e prestado homenagem a Ofélia, seu papel estava cumprido, e ele não assinou mais poemas. (Mas seu nome ainda apareceria como o do autor de mais um texto em prosa.)

Pessoa colocou os vários trechos de "Un Soir à Lima" num envelope intitulado "Intimidade", categoria que poderia abranger outros poemas recentes que tratam de seu mundo privado de ligações afetivas, como "Pedrouços", a elegia à sua amizade com Sá-Carneiro, ou o poema que celebrou suas cartas de amor a Ofélia. Exceto na adolescência, quando aprendeu a escrever imitando e retrabalhando poemas alheios, Pessoa costumava recorrer a seus pensamentos e emoções como matéria-prima de sua poesia, mas retirava, distorcia ou transformava os contextos originais, num processo que descreveu como "despersonalização". Agora, porém, estava disposto a usar experiências autobiográficas diretas, e não reprocessadas.[16]

O pensamento político de Pessoa também tomou um rumo novo, bastante surpreendente, como revelam dois artigos que teriam agitado muito as águas da opinião pública, em especial entre os partidários de governos autoritários, se ele tivesse conseguido publicá-los. Eles também desestruturam nossa visão de Pessoa. Sua postura em relação à raça humana tinha mudado desde o início do ano, mas a mudança é tão radical em "Nacionalismo liberal" e "O caso é muito simples" que mal podemos acreditar que foram realmente escritos por Pessoa.

"Nacionalismo liberal" era um termo novo em seu vocabulário político. Apenas seis meses antes, no currículo que elaborou sobre sua vida pessoal, profissional e ideológica, ele se definira como um conservador "liberal" — ou seja, um defensor dos direitos e liberdades individuais —, mas também como proponente de um "nacionalismo místico", fundado no mito do retorno simbólico de d. Sebastião. Embora não haja provas de que alguma vez tenha renunciado ao sebastianismo, esse conceito e a palavra "místico" estão ausentes nas mais de vinte páginas que Pessoa escreveu sobre o novo tipo de nacionalismo que tão fervorosamente passou a defender, como um homem que, depois de muito pesquisar, enfim descobre a verdade. Ele destilou a essência dessa verdade num novo lema em três partes: "Tudo pelo Indivíduo, nada contra a Sociedade; tudo pela Humanidade, nada contra a Nação; tudo pela Igualdade, nada contra a Liberdade".

Igualdade? Tudo pela *igualdade*? Pessoa havia endossado a ideia de igualdade espiritual em seus ensaios sobre iniciação e ordens esotéricas, mas nunca, em todos os seus escritos, havia defendido a igualdade política e social. O teórico que sempre se inclinou para modelos aristocráticos de governo, que via o proletariado como uma espécie de rebanho humano que precisava ser dirigido por uma elite esclarecida, escreveu em "Nacionalismo liberal" que a nação vale "a soma de seus indivíduos", o que parece suspeitamente democrático.[17]

Por mais surpresos que fiquemos por encontrar Pessoa exaltando os ideais de humanitarismo, igualdade e respeito por todos os indivíduos, surpreende-nos ainda mais ver como ele aplicou esses ideais a um caso real que estava então muito presente nos noticiários: a invasão não provocada da Etiópia por Mussolini, que levou à guerra e à eventual anexação do país africano. Depois de mais de vinte anos de luta, a Itália finalmente subjugara toda a Líbia. A conquista da Etiópia — limitada ao norte e ao sudeste pela Eritreia e pela Somália, também possessões italianas — faria da Itália uma grande potência colonial. De início, a imprensa de direita portuguesa apoiou as pretensões dos italianos em relação ao país governado por Haile Selassie. Só depois que o ministro das Relações Exteriores português foi incumbido de presidir a comissão da Liga das Nações que condenou a Itália é que o governo de Salazar e seus apoiadores denunciaram de forma tímida e relutante a agressão fascista. A invasão iniciou-se em 3 de outubro de 1935, e nesse mesmo mês Pessoa começou a escrever "O caso é muito simples", em que ridicularizava as duas principais justificativas de Mussolini para declarar guerra à Etiópia: primeiro, que a Itália, superpovoada, precisava de mais espaço para seu povo e, em segundo lugar, que os etíopes eram selvagens que, uma vez conquistados, a Itália faria o favor de civilizar.

Se os italianos fossem verdadeiramente civilizados, contrapôs Pessoa, teriam menos filhos e assim resolveriam seu problema populacional. Quanto à alegada selvageria dos etíopes, é verdade que alguns praticavam a escravatura, e Pessoa concordava que era imoral tratar seres humanos como coisas, mas salientou que a Itália fascista fazia o mesmo ao subjugar as pessoas ao Estado. Além disso, era "a fatalidade de todos os povos imperialistas que, ao fazer os outros escravos, a si mesmo se fazem escravos". No parágrafo mais extraordinário do artigo, Pessoa escreveu que "nós todos, homens, que neste mundo vivemos opressos" pelos mais afortunados e poderosos — "que somos todos nós neste mundo, senão abexins?". Entre "nós" e "eles" (os abissínios ou etíopes), ele via uma "vasta e larga fraternidade humana".

Também aqui, perplexos, nos perguntamos se estamos lendo palavras que são de fato de Fernando Pessoa, o mesmo que, em 1916, afirmara ser justificável escravizar os zulus e os moçambicanos nativos, visto que não significam "coisa alguma de útil neste mundo" a não ser mão de obra braçal para "servir os fins da civilização", mas que agora abraçava e se identificava com os abissínios oprimidos. Não há precedente em toda a sua obra de uma visão tão ampla e inclusiva.[18] A mudança em como enxergava o mundo e seus habitantes foi acompanhada por uma transformação semelhante na maneira como via a si mesmo: ainda como um gênio e poeta altamente civilizado, mas também, por fim, como um homem comum.

Apesar de sua nova determinação de pôr suas ideias e palavras a serviço da luta contra a opressão e a injustiça, seus velhos hábitos de escrita não mudaram, e Pessoa nunca terminou "O caso é muito simples". Porém, concluiu um artigo mais curto que, com a mesma eficácia, criticava a invasão da Etiópia pelo Duce, recorrendo às próprias palavras do ditador. Em 1913, quando Mussolini ainda era um esquerdista e editor-chefe de um jornal socialista, denunciara a invasão italiana de Trípoli como uma "perversão moral", uma "reles guerra de conquista" que revelava a fraqueza subjacente da Itália, uma vez que "as nações fortes têm o sentido das proporções". Pessoa citou essas observações num artigo mordazmente intitulado "Profecia italiana", já que Mussolini, 22 anos depois, estava levando a Itália a outra "reles guerra de conquista", dessa vez contra a Etiópia.[19] Ele enviou seu artigo a um dos jornais independentes de Lisboa, mas a Comissão de Censura bloqueou sua publicação.[20] Tendo se curvado à pressão internacional para condenar oficialmente a invasão italiana de uma nação soberana, o Estado Novo estava fazendo de tudo para não antagonizar ainda mais seu amigo fascista. A fotografia assinada e emoldurada de Mussolini acomodava-se confortavelmente do lado direito da mesa de Salazar, onde continuaria até a Segunda Guerra Mundial, quando deu lugar a um retrato do papa Pio XII, eleito em 1939.

Pessoa não publicara quase nada de literatura desde *Mensagem*, ainda que várias revistas e jornais teriam aceitado de bom grado quaisquer poemas ou textos em prosa que quisesse apresentar. O prêmio que ganhara conferiu respeitabilidade a seu nome, e poderia ter sido um trampolim para publicar outros livros e se firmar como um grande autor contemporâneo. Em vez disso, o escritor laureado retraiu-se para as sombras do renome literário — um importante poeta de Portugal cuja obra quase ninguém conhecia. José Régio escreveu-lhe em junho sugerindo que mandasse algo para o próximo número de *Presença*. Já fazia mais de um ano desde que alguma obra sua havia aparecido nas páginas da revista. Pessoa não respondeu. Um dos coeditores de Régio, Adolfo Casais Monteiro, também lhe escreveu uma carta, e o terceiro coeditor, João Gaspar Simões, que se mudara para Lisboa em março para trabalhar como revisor na Imprensa Nacional, encontrou-se com Pessoa para instá-lo a escrever para *Presença*.

Cedendo à insistência, Pessoa estava finalmente se preparando para enviar colaborações à revista, mas, como explicou em carta a Casais Monteiro no dia 30 de outubro, algo acabara de acontecer — "sucedeu há cinco minutos" — que o fez decidir por não publicar mais nada em Portugal, fosse em periódicos ou em livro. E, no parágrafo seguinte, relembrava o discurso odioso de Salazar na cerimônia de premiação literária do governo realizada em fevereiro, em que dissera que os escritores não deveriam apenas se abster de contestar os princípios morais e patrióticos do Estado Novo, mas também usá-los como diretrizes para o quê e como escrever. Pessoa não terminou essa carta, deixando-nos no escuro sobre o que "sucedeu há cinco minutos" que o levou à dramática decisão de deixar de publicar no próprio país, mas um provável candidato ao fatídico evento é a censura a "Profecia italiana". Ao que parece, ele deu um telefonema para questionar como os censores poderiam desautorizar um artigo que reafirmava factualmente o que o próprio Mussolini havia escrito.[21] Insatisfeito com a resposta que obteve, comunicou a Casais Monteiro, nessa carta inacabada, que o Estado Novo era o culpado pelo seu desaparecimento definitivo das páginas de *Presença*.

"Tenho estado velho por causa do Estado Novo", escreveu ele em outra carta não enviada a um poeta mais jovem.[22] Nos oito meses anteriores, mais ou menos, o controle cada vez mais rígido do Estado Novo sobre a nação o havia motivado a escrever poemas de protesto e textos em prosa defendendo a liberdade humana contra formas variadas de tirania. Mas ele passara a suspeitar que todos os seus esforços eram inúteis, uma vez que seus valores estavam em descompasso com a época, que favorecia as ideologias nacionalistas em detrimento da autoexpressão individual.

Na segunda semana de novembro, Pessoa escreveria seu último e mais desesperador poema sobre o regime de Salazar, "Poema de amor em Estado Novo" — um Estado em que as diretrizes do ditador e as instituições sufocantes criadas por seu governo corporativista se infiltravam até mesmo no campo dos afetos humanos, fazendo uma completa paródia do amor.

76.

Até o fim, a literatura ainda exercia atração sobre Pessoa, por mais desiludido que se sentisse. Ele podia ver apenas problemas e confusão no horizonte, podia duvidar da existência de quaisquer deuses, que o mundo tivesse alguma importância ou que sua vida tivesse algum sentido, mas as palavras ainda o encantavam, cobrando sua lealdade e exigindo ser enunciadas. Embora se ressentisse profundamente por ser vítima da censura, não cumpriu sua ameaça de parar de publicar por completo em seu país natal. No segundo semestre de 1935, aceitou participar e ajudar a organizar o terceiro e último número da revista *Sudoeste*, que homenageava *Orpheu* e *Presença* apresentando novos trabalhos de escritores associados a cada uma das duas publicações.

José de Almada Negreiros, fundador e editor de *Sudoeste*, confiou a parte de *Orpheu* a Pessoa, que explicou numa breve introdução que havia obtido colaborações de todos os escritores portugueses publicados na lendária revista, com exceção de Armando Côrtes-Rodrigues.[1] Ele atribuía essa omissão à geografia, visto que Côrtes-Rodrigues vivia nos longínquos Açores, e aproveitou para saudar o velho amigo e companheiro de café. Mas se tratava de uma saudação ambígua, acompanhada de uma advertência ao poeta para não se envolver muito no "catolicismo campestre", para que não se tornasse uma das "vítimas literárias da pieguice fruste e asiática de S. Francisco de Assis, um dos mais venenosos e traiçoeiros inimigos da mentalidade ocidental". O escritor açoriano publicara pouco tempo antes *Cântico das fontes*, cujos poemas correspondiam plenamente ao seu título franciscano.

Pessoa estava abandonando seu elitismo e apreciava, como nunca antes, as virtudes da simplicidade e da solidariedade, mas essas mudanças não implicavam qualquer flexibilização que fosse em sua insistência na clareza conceitual e no rigor intelectual. Ele respeitava o amor de são Francisco pela natureza, mas se opunha à humanização e à espiritualização do mundo natural em nome de uma narrativa religiosa abrangente demais.

As colaborações de Pessoa para *Sudoeste* 3, publicada na primeira semana de novembro, incluíam um poema escrito em seu próprio nome, além de um texto enganosamente intitulado "Nota ao acaso" assinado por Álvaro de Campos, que abordava a questão da sinceridade na literatura. A nota tinha como alvo não declarado os dois antigos editores de *Presença*, ambos obcecados pela questão da sinceridade — Régio e Gaspar Simões — e talvez também Côrtes-Rodrigues. O engenheiro naval afirmava que "sinceridade intelectual, e essa é que importa no poeta", nada tem a ver com o modo convencional de sentir das pessoas e que "o único poeta inteiramente sincero do mundo" era Alberto Caeiro, que sequer existia de fato. O também inexistente Campos deixava a cargo dos leitores de sua nota ponderar se a irrealidade de Caeiro o tornava menos ou mais sincero.

Um tríptico de sonetos de Pessoa intitulado "No túmulo de Christian Rosenkreutz" também estava previsto para a *Sudoeste* 3, mas ou ele os retirou na última hora ou foram excluídos por falta de espaço. Outra possibilidade, menos provável, é que os censores tenham feito objeção à sua teologia herética — gnóstica ou hermética:

Deus é o Homem de outro Deus maior.
Adão Supremo, também teve Queda;
Também, como foi nosso Criador,
Foi criado, e a Verdade lhe morreu.

Pessoa não escrevera nenhum poema esotérico desde 1934, e foi provavelmente nesse ano, ou em 1933, que escreveu seu tríptico sem data em homenagem ao fundador da Fraternidade Rosacruz, cujo cadáver, segundo a lenda, estava inteiro e não corrompido quando membros da ordem abriram o túmulo, 120 anos após sua morte.[2] Independentemente de quando foram escritos os três poemas, a intenção de Pessoa de publicá-los em novembro de 1935 confirma que ele ainda acreditava, pelo menos de forma idealizada, em um mundo oculto, cujos "diversos graus de espiritualidade" descreveu em sua carta de 13 de janeiro de 1935 a Adolfo Casais Monteiro e era evocado com vividez em seu tríptico. Mas acreditava nisso com cada vez menos entusiasmo. Seu fascínio antes ardente por rosacrucianismo, cabala e outros sistemas de conhecimento oculto era agora apenas um pequeno leito de brasas.

Embora sua carta de 13 de janeiro tivesse endossado a alquimia como o caminho superior para alcançar níveis mais elevados de espiritualidade, Pessoa, durante seus meses restantes de vida, parece ter seguido o que ele referiu em suas anotações sobre o ocultismo como sendo o método "direto" de progresso espiritual, aquele que "abdica da magia e da alquimia". Esse é "o caminho simples", conforme escreveu, e aqueles que o seguem reconhecem o Verbo exatamente "como nos é dado, como múltiplo e não um, como membros de Osíris, Deuses muitos". Em vez de tentar reunir o corpo do deus Osíris — cujo cadáver foi cortado em pedaços e espalhado por todo o Egito — eles aceitam a natureza fragmentária e múltipla do Verbo divino. E aceitar "o Verbo como Verbo", conclui Pessoa, é aceitar "o Mundo como Mundo".[3] Essa sabedoria lembra a lição do mestre heterônimo Alberto Caeiro, que viu e aceitou que "a Natureza é partes sem um todo".

A jornada espiritual de Pessoa lembra o ditado zen segundo o qual antes de se estudar o zen montanhas são montanhas e águas são águas; ao estudar o zen, as montanhas não são mais montanhas e as águas não são mais águas; após a iluminação, as montanhas voltam a ser montanhas e as águas voltam a ser águas. Pessoa, claro, nunca chegou a nada nem remotamente parecido com a iluminação zen-budista. O que alcançou, de forma bem mais modesta, foi a consciência da leveza da realidade, e ele próprio foi ficando cada vez mais leve. Vemos isso em seus poemas de 1935, de tom mais coloquial, às vezes humorístico, e com frequência rimando de forma irregular, indiferente.

Mas no dia 13 de novembro Pessoa escreveu um poema nada coloquial. Era uma ode assinada por Ricardo Reis, cuja dicção sempre foi formal:

Vivem em nós inúmeros;
Se penso ou sinto, ignoro
Quem é que pensa ou sente.

Sou somente o lugar
Onde se sente ou pensa.

Tenho mais almas que uma.
Há mais eus do que eu mesmo.
Existo todavia
Indiferente a todos.
Faço-os calar: eu falo.

Os impulsos cruzados
Do que sinto ou não sinto
Disputam em quem sou.
Ignoro-os. Nada ditam
A quem me sei: eu escrevo.

Era a primeira ode de Reis que Pessoa escrevia em mais de um ano, e seria a última. De acordo com o romance maravilhosamente engenhoso *O ano da morte de Ricardo Reis*, de José Saramago, esse heterônimo, após receber a notícia da morte de seu criador, voltaria do Brasil para Lisboa, acompanharia à distância os acontecimentos que levaram à guerra civil na vizinha Espanha, participaria de discussões filosóficas com o fantasma de Pessoa e o seguiria para o cemitério em 1936. Na verdade, ele desapareceu de fato com a escrita dessa ode, que traz as marcas de seu estilo habitual, mas quem fala não é Ricardo Reis: é Fernando Pessoa, a dizer-nos o que significa para ele ser um poeta de muitas vozes e o que significa *ser*, simplesmente.

Na primeira estrofe da ode, o poeta se define como um lugar neutro e anônimo ocupado por incontáveis seres aparentemente autônomos. As duas estrofes seguintes revelam que esses seres são ele mesmo, ou melhor, são um burburinho de eles rivais e conflitantes, a quem silencia falando, a quem transcende escrevendo. Esse drama envolve não só os heterônimos, mas todas as vozes murmurantes que o tornam quem é. Contudo, ele só *é*, só existe positivamente, no momento em que sobe ao palco e atua, falando ou escrevendo.

Os heterônimos eram heterônimos, Pessoa sempre insistiu, porque não eram ele. Tinham opiniões diferentes, concebiam o mundo de forma distinta e interagiam de outras maneiras com a vida. Foi assim durante muitos anos, mas as máscaras haviam se dissolvido, o jogo acabara, deixando apenas Pessoa com seus "impulsos cruzados" do que sentia ou não sentia.

Desde o primeiro semestre de 1935, a saúde e o estado de ânimo de Pessoa oscilavam como um navio instável. As dores abdominais atacavam inesperadamente e do mesmo modo abrupto diminuíam; ondas de depressão o engolfavam, depois recuavam. No início de setembro, durante a visita de seu irmão, ele estava se sentindo bem e disposto, mas no final do mês Teca e Chico, que foram a Lisboa a fim de procurar tratamento para o filho pequeno, bastante doente, surpreenderam-se ao ver como Fernando parecia abatido. Ficaram sabendo que uma noite ele havia desmaiado no banheiro, que estava trancado, de modo que a porta teve de ser arrombada. Felizmente, acordou logo.[4] Na segunda semana de outubro, Pessoa e seu sobrinho se sentiam bem melhor. Talvez tenha sido durante a visita da família a Lisboa que Mimi escreveu um bilhete a lápis, encontrado entre os papéis dele, dizendo a seu "querido tio" que gostaria que ele bebesse menos vinho no jantar.[5] O bilhete devia ter sido ideia da mãe da menina; fazia anos que Teca passava sermões no irmão mais velho por causa da bebida.

No dia 16 de novembro, um sábado, Mimi fez dez anos, e Pessoa pegou o trem para ir à casa da irmã a fim de participar da comemoração. Ele ficou por duas noites, estava com boa aparência e comeu bem, para alívio de Teca, mas algo o atormentava. Na terça-feira, um dia após o regresso a Lisboa, ele escreveu seu último poema em português, que começa assim:

Há doenças piores que as doenças,
Há dores que não doem, nem na alma,
Mas que são dolorosas mais que as outras.

Existem angústias sonhadas e sensações imaginadas mais reais do que qualquer coisa que a vida põe em nosso caminho, continua o poeta em versos sucessivos, antes de saudar inutilmente "o que não foi, nem pôde ser, e é tudo". E conclui o poema com um último pedido e sua justificativa: "Dá-me mais vinho, porque a vida é nada".

Ele havia chegado de novo ao ponto de partida, que nunca realmente deixara: um sentimento opressor de que a vida não é suficiente. Algumas pessoas, no final de suas vidas, abraçam a religião. Fernando Pessoa, após anos de peregrinações filosóficas, literárias, políticas e espirituais, finalmente abraçou a própria vida, com todas as coisas em comum que o ligavam a gente que conhecia e que não conhecia. Mas isso continuava a ser de uma insuficiência terrível.

Naquela semana, ele recebeu uma carta de Madge Anderson (endereçada a "Fernando my Dear") em resposta à sua missiva de 9 de outubro.[6] Ela agradecia pelo poema "D.T.", desculpava-se pelo atraso na resposta, afirmando que "dedicava muitos pensamentos" a ele cada vez que pretendia, mas não conseguia, escrever, e anunciava que nos últimos tempos estava se sentindo da mesma forma que ele quando escrevera sua primeira carta: deprimida. Mencionava que sua irmã, Eileen, e seu meio-irmão John haviam retornado recentemente de suas férias em Maiorca, e gostaria de poder "partir para uma visita a todos vocês novamente", pois estava cansada de seu trabalho. "Escreva-me outro pequeno poema em breve e me ensine como recuperar meu ânimo como tentei fazer por você!", dizia ela em conclusão. E, por fim: "Dê meu amor a toda a família, não se esquecendo de você mesmo".

Madge inseriu palavras carinhosas na medida para manter a diversão do flerte, sem sinalizar nenhum interesse em algo mais sério. Pessoa, em outras circunstâncias, teria gostado de continuar flertando dessa mesma maneira despreocupada. Madge era inteligente e agradavelmente imprevisível.

No dia 22 de novembro, poucos dias depois de receber a carta de Madge, Pessoa escreveu seu último poema, em inglês:

The happy sun is shining,
The fields are green and gay,
But my poor heart is pining
For something far away.
It's pining for you,
It's pining just for your kiss.
It does not matter if you're true
To this.
*What matters is just you.**

* "O sol feliz está a brilhar,/ O campo é verde e contente,/ Mas tenho o peito a ansiar/ Por algo que está ausente./ Anseia por ti somente,/ Anseia por beijos teus./ Não importa se és fiel/ A isto./ O que importa é tu somente." (Trad. de Alice Freire)

Há mais duas estrofes, que são variações desta e igualmente insípidas.[7] Qualquer um dos poemas juvenis de Pessoa em inglês assinados por Alexander Search é mais interessante. Até mesmo o primeiro poema que escreveu, "Separado de ti", aos doze anos, não é inferior em termos poéticos. "Tenho a náusea física da humanidade vulgar, que é, aliás, a única que há", escreveu Pessoa no *Livro do desassossego* em 1930,[8] mas sua recente aceitação e identificação com essa mesma humanidade o levavam a sentir prazer — sem ironia — em escrever poemas sobre assuntos corriqueiros, inclusive o amor. Teria Madge Anderson inspirado esse e outros poemas de amor de Pessoa? Possivelmente sim. O que não quer dizer que ele estivesse apaixonado.

Pessoa produziu uma notável série de poemas de amor no segundo semestre de 1935, em inglês, francês e português. Mas, como os que escreveu em abril, durante a visita de Madge a Portugal, adotam pontos de vista que se alternam o tempo todo, explorando o fenômeno do amor em vez de refletir sobre uma experiência concreta a seu respeito. Mesmo quando o eu poético anseia por um "tu" individualizado, a pessoa amada em geral acaba se revelando teórica ou ilusória. Num poema de agosto, escrito em português, o eu poético evoca nostalgicamente uma amante do passado cujos lábios, ele admite, "já os não sei amar/ Por nunca os ter amado". Em outro poema, afirma sentir falta de uma mulher amada "sem saber se existes".[9]

As mulheres dos poemas de amor de Pessoa de 1935 costumam ser incorpóreas, mas um poema que ele escreveu em francês descreve a amada como uma loira de olhos azuis. Termina num dilema:

Mais qu'y faire? Je t'aime bien
De mon amour toujours lointain.
Laisse-moi te le dire en vain,
*Ma blonde.**[10]

Essa afeição sentida à distância poderia ser por Madge Anderson como poderia ser por qualquer outra amante hipotética ou imaginária, e de qualquer modo impossível, não por causa de obstáculos geográficos ou outras barreiras, mas por-

* "O que fazer? Eu te amo muito/ Com meu amor sempre distante./ Deixa-me dizer-te em vão,/ Minha loira." (N. T.)

que Pessoa sempre correu na direção oposta. Se alguma vez houve uma exceção que comprovou a regra, foi Ofélia Queiroz, uma namorada que ele logo decidiu manter à distância, oferecendo-lhe sua companhia em doses constantes, mas estritamente homeopáticas.

"O que importa é o amor", dera-se conta Pessoa num poema do início de abril, pouco antes de conhecer Madge, e sua forma de "vivenciar" esse sentimento aos 47 anos foi escrever a respeito em três línguas diferentes, e a partir de diversas perspectivas, numa efusão de versos amorosos, alguns bastante inteligentes, alguns engraçados, alguns piegas e sem brilho poético. Todos os cenários imaginários eram aparentemente heterossexuais. Isso se devia ao fato de sua libido agora tender nessa direção? Ou o contrário? Esses poemas pouco ou nada tinham a ver com libido. O último poema de Pessoa, cujas três estrofes terminam com o verso "O que importa é tu somente" — um "tu" cujo gênero não está definido —, era na prática, se não intencionalmente, uma declaração abstrata de amor a todos nós. "Sim", ele estava dizendo, "posso ser como todo mundo. Posso até escrever poemas medíocres sobre o amor, como este. Sim, humanidade, estou contigo." Porém não por muito mais tempo.

No dia 27 de novembro, uma quarta-feira, Pessoa deveria regressar a São João do Estoril, dessa vez para o aniversário de 39 anos da irmã. Teca estava de cama com uma fratura na perna, depois de sofrer uma queda feia no dia seguinte à última visita dele, mas mesmo assim ela e sua família iam comemorar.

Eles esperaram e esperaram por ele em vão, e teriam ligado para a vizinha que morava do outro lado do corredor, Virgínia Sena Pereira, mas o telefone estava quebrado. Pessoa tinha dito alguns dias antes que estava um pouco indisposto e, na manhã seguinte, Chico foi ao apartamento em Lisboa ver o que se passava. Encontrou Pessoa na cama, mas aparentemente recuperado após uma noite de vômitos e dores abdominais excruciantes que seu primo, Jaime Neves, diagnosticou como "cólica hepática". A vizinha do telefone, que conhecia o dr. Neves, ligou para ele apesar dos protestos do doente de que não era nada.

Pessoa disse a Chico que a crise havia passado, perguntou por Teca, e lembrou-se, um pouco depois, de pedir para alguém mandar um telegrama com votos de feliz aniversário atrasados. Na sexta-feira, seu amigo Armando Teixeira Rebelo visitou-o e constatou que ele piorara novamente. Ligaram de novo para

Jaime Neves, que o examinou e decidiu que ele deveria ir para o hospital. Pessoa achou que não era necessário, que estaria melhor no dia seguinte, mas o médico insistiu. Tudo bem, assentiu o paciente, mas primeiro ele precisava fazer a barba.[11] Então foram buscar Manassés, seu barbeiro, que veio com seu conjunto de instrumentos, disse a seu cliente preferido para relaxar, enrolou um pano limpo e fresco em volta de seu pescoço, espalhou a espuma sobre seu rosto, passou habilmente a lâmina em suas bochechas, seu queixo e pescoço enquanto conversava um pouco, como sempre, e por fim o enxugou.

"Pronto, sr. Pessoa, está tudo pronto!"

Carlos Moitinho de Almeida e Francisco Gouveia, um importador e exportador de têxteis para quem Pessoa também escrevia cartas, providenciaram sua internação num quarto privado do Hospital Saint Louis, fundado originalmente para atender marinheiros franceses e residentes de Lisboa de nacionalidade francesa. Administrado pelas Filles de la Charité, uma ordem de freiras francesas, e localizado no que fora um luxuoso palácio do Bairro Alto, era um dos hospitais particulares mais caros da cidade.[12] A conta seria paga por Moitinho de Almeida, que inspirara o sr. Vasques, dono do armazém de tecidos cujo ajudante guarda-livros Bernardo Soares havia profeticamente descrito num trecho do *Livro do desassossego* como um empresário obstinado capaz de provocar a ruína de outra pessoa por causa de um bom negócio, mas também de praticar a generosidade quando era devida.[13] Eles juntaram algumas das coisas de Pessoa — roupas, artigos de higiene e a pasta de couro que ele carregava para todos os lugares — e o ajudaram a entrar no carro de Moitinho de Almeida.

Pessoa recebeu várias visitas naquela tarde, inclusive do cunhado, e foi provavelmente à noite, ainda escorado na cama do hospital depois que todos se foram, que escreveu numa folha de papel a data, "29-XI-1935", seguida por apenas uma frase, em inglês: "I know not what to-morrow will bring" [Não sei o que o amanhã trará]. Foram as últimas palavras escritas por Pessoa. Alguns estudiosos propuseram que ele parafraseou Horácio ou algum outro autor da Antiguidade com consciência aguda de como toda a vida é frágil e incerta.[14] Mas ele poderia facilmente estar repetindo o sentimento expresso por sua própria criação clássica, Ricardo Reis:

Temo, Lídia, o destino. Nada é certo.
Em qualquer hora pode suceder-nos
O que nos tudo mude.

"Não sei o que o amanhã trará" também repete o que o pai de Pessoa, dominado pela febre tuberculosa e calafrios, escreveu numa carta à esposa na véspera de sua morte: "Não sei o que isto será".

O que quer que possa ter inspirado o último escrito de Pessoa, o fato de tê-lo datado, como costumava fazer com suas obras literárias, nos incentiva a lê-lo como um poema de um único verso. Se inicialmente pretendia escrever mais, percebeu depois de sete palavras que tinha comunicado tudo o que havia para dizer. Pessoa sabia que estava morrendo — se não no dia seguinte, então no outro ou dois dias depois. Mas e *então*? Era uma pergunta que sempre o perseguira.

Pessoa faleceu no dia seguinte, 30 de novembro, por volta das 20h30, na presença do dr. Jaime Neves, de um segundo médico e uma enfermeira, além de Francisco Gouveia e seu sócio Victor da Silva Carvalho, que o consideravam um amigo,[15] da mesma forma que a maioria dos empresários para quem ele trabalhava. Foram eles, mais do que seus amigos literários, os que o acompanharam em sua última passagem — do apartamento ao hospital e para o além. Chico, seu cunhado, saíra do hospital por volta das seis e meia, acreditando que o estado dele era estável, e recebeu a notícia da morte em São João do Estoril.

Embora o cartório de registros públicos aponte "obstrução intestinal" como a causa imediata da morte de Pessoa, várias biografias citaram cólica hepática — o diagnóstico de seu problema quando foi internado no hospital — ou mesmo cirrose. Cólica hepática é um termo confuso, que significa um ataque da vesícula biliar (que por si só não causaria a morte) e não uma dor causada pelo fígado, e isso sem dúvida contribuiu para a ideia equivocada de que Pessoa morreu de cirrose. Ele não tinha os sintomas dessa doença. Teca escreveria a Louis Michael que a morte de seu irmão se deveu a "alguns problemas horríveis de fígado", mas isso foi no máximo um fator contribuinte.[16] É provável que a causa direta da morte tenha sido de fato uma obstrução intestinal. Outra possibilidade é pancreatite aguda, resultante do consumo excessivo de álcool.[17]

Os enterros em Portugal costumam ser realizados dentro de 48 horas, e o de Pessoa estava marcado para as onze da manhã de 2 de dezembro, uma segunda-feira. Como 1º de dezembro era feriado comemorativo da restauração da independência de Portugal da Espanha em 1640, nenhum jornal vespertino foi publicado naquele dia e nenhum diário matutino no dia seguinte, mas houve um breve anúncio da morte do poeta no rádio,[18] e a notícia foi correndo boca a boca. Carlos Queiroz soube do que acontecera no domingo e ligou para casa a fim de contar à sua mãe e à tia Ofélia, que reagiu aos gritos, um pouco fora de si, e chorou por muito tempo, pois ainda o amava e nunca perdera a esperança. Se soubesse que ele estava no hospital, ela o teria visitado — foi o que disse anos depois, numa entrevista —, mas preferiu não ser vista no funeral.[19] Naquela época, esperava-se que as mulheres portuguesas guardassem luto em casa.

O funeral ocorreu no Cemitério dos Prazeres, perto de onde Pessoa morara nos quinze anos anteriores. Luís de Montalvor, em nome dos sobreviventes de *Orpheu*, declamou um breve elogio a um grupo variado de cerca de sessenta pessoas. Entre os parentes de Pessoa estavam Francisco (Chico) Caetano Dias, Jaime Neves, Victoriano Braga e Eduardo Freitas da Costa — este último um defensor perpétuo de Salazar e também divulgador e editor da obra de Pessoa. Entre os amigos literários ligados a *Orpheu* estavam presentes José de Almada Negreiros, Raul Leal, Augusto Ferreira Gomes, Antônio Ferro e Alfredo Guisado (que Pessoa pouco vira em anos recentes). Dois amigos mais velhos e não tão literários de Pessoa também estavam presentes: seu colega de faculdade Armando Teixeira Rebelo e o engenheiro Geraldo Coelho de Jesus. Outro velho amigo presente foi Alberto da Cunha Dias. E havia escritores que ele só conhecera nos anos 1920 ou 1930, como Antônio Botto e João Gaspar Simões, além de Rui Santos e Gil Vaz, que em segredo colocavam em circulação alguns de seus poemas contra Salazar.

Misturado aos parentes, tipos literários e jornalistas, estava presente um contingente considerável de empresários em cujos escritórios e máquinas de escrever o falecido havia escrito alguns de seus melhores poemas e obras em prosa. E lá estava Manassés Seixas, seu fiel barbeiro, que fechou por algumas horas a barbearia para não perder a despedida solene. Somente duas mulheres compareceram ao enterro; uma delas era Emília, a empregada residente e mãe solteira que nunca esqueceu a gentileza de seu ex-empregador para com sua filha Claudina, em 1917. Na única fotografia conhecida do funeral, ela está olhando direta e desafiadoramente para a câmera.[20]

Os restos mortais de Pessoa foram depositados no jazigo da família, juntando-se aos de Joaquim, seu pai, cuja linhagem terminava; de Jorge, seu irmão morto na infância; de Madalena Henriqueta e Maria Clara, meias-irmãs falecidas na primeira infância; de tia Maria e tio Cunha, que eram como segundos mãe e pai; de tia Rita, a solteirona convicta que lhe fizera empréstimos que ele nunca pagou; e de vovó Dionísia, que comprara o jazigo.

Mais tarde naquele dia, os jornais noturnos publicaram os primeiros relatos da partida abrupta de Pessoa. O *Diário de Lisboa* relatou: "morreu anteontem em silêncio, como sempre viveu, fugindo à publicidade e afogando-se na morte discretamente, tal como passara na vida". O artigo resumia essa vida, elogiava muito a obra de Pessoa e destacava a honra que fora para o jornal publicar, no início do ano, sua "crítica inteligente" ao projeto de lei apresentado à Assembleia Nacional que tornaria a maçonaria ilegal.

Na manhã seguinte, *A Voz*, que havia apoiado fervorosamente o mesmo projeto de lei, afirmou em seu obituário que esse artigo de Pessoa era "deplorável" e não deveria, de forma alguma, ser levado a sério; tratava-se apenas de "uma 'boutade' do humorista do *Orpheu*". Embora também apoiasse a legislação para proibir a maçonaria, além do resto do programa político do Estado Novo, o *Diário de Notícias* manifestava apenas admiração pelo escritor "extraordinário" que "era sempre o mais novo de todos os novos que em volta dele se sentavam" numa mesa do Café Martinho da Arcada. "Tudo nele era inesperado. Desde a sua vida, até aos seus poemas, até à sua morte."[21]

O semanário *Bandarra*, subsidiado pelo Secretariado de Propaganda Nacional para promover as artes e as letras segundo a "política do espírito" de Ferro, reconheceu que a morte de Pessoa foi "uma perda irreparável para a inteligência nacional" e previu, de forma acertada: seu "nome irá crescendo à medida que o tempo for passando". Mas o título do obituário do jornal o chamava de "O Grande Poeta Nacionalista" e perversamente homenageava sua memória ao republicar, ao longo das quatro edições seguintes, *O interregno: Defesa e justificação da ditadura militar em Portugal*. O fato de Pessoa ter renegado esse livreto no currículo que havia elaborado oito meses antes de sua morte ainda não era de conhecimento público, e apoiadores de Salazar dentro e perto da família de Pessoa garantiram que não viesse à tona por várias décadas.[22] Apenas um pequeno grupo da intelectualidade portuguesa sabia que Pessoa se opunha de maneira categórica a Salazar e seu Estado Novo. A estigmatização de Pessoa como poeta nacionalista impediu que sua fama de escritor de estatura universal crescesse com mais rapidez.

Pessoa não deixou testamento, nem bens pessoais, exceto sua biblioteca e seus papéis. A família pagou os seiscentos escudos que ele devia à leiteria da esquina. Mal sabiam eles o valor inestimável de sua produção literária sobrevivente, apenas uma fração da qual havia sido publicada. O famoso baú deixado por Pessoa estava repleto de manuscritos, mas continha menos da metade de seus poemas, escritos em prosa, traduções, cartas preservadas e outros documentos, que somam ao todo quase 30 mil folhas de papel.[23] Várias centenas dessas folhas consistem em seus planos de publicação não realizados. Planejar, como sonhar, era muito mais agradável para Pessoa do que a tediosa tarefa de dar passos concretos para realizar objetivos práticos como a publicação. Que outros cuidassem da tarefa de tornar suas obras disponíveis. Seu trabalho era escrevê-las.

Num poema de 1915 que começa com "Se eu morrer novo", Alberto Caeiro reflete sobre a vida póstuma dos seus poemas:

Mesmo que os meus versos nunca sejam impressos,
Eles lá terão a sua beleza, se forem belos.
Mas eles não podem ser belos e ficar por imprimir,
Porque as raízes podem estar debaixo da terra
Mas as flores florescem ao ar livre e à vista.
Tem que ser assim por força. Nada o pode impedir.

Pessoa tinha pelo menos tanta fé quanto Caeiro no valor intrínseco da literatura e no seu poder de prevalecer. Se era seu destino morrer aos 47 anos, então o destino cuidaria de sua poesia, do *Livro do desassossego*, e do resto de sua produção literária. Mas o destino agiu lentamente, e muitas de suas obras em prosa inacabadas e fragmentadas ainda não foram publicadas. Algumas não podem ser publicadas como obras separadas, pois se ramificaram ou se metamorfosearam, tornando-se estranhas configurações de duas ou mais obras muito diferentes.

Quanto ao homem por trás dessa literatura extravagante que floresceu, monstruosa e esplendorosa, em tantas formas diferentes e sob dezenas de nomes, ele também sobreviveu à sua morte e permanece "à vista". No entanto, é como a carta roubada do conto de Poe: fácil de perder se você olhar demais. Pessoa afirmava ser um médium impessoal, um canal através do qual diversas vozes contrastantes falavam, ou escreviam, e ele dizia a seus amigos que os poemas lhe "aconteciam".[24] Qualquer um que vasculhar os manuscritos originais dos poemas de Pessoa logo perceberá como eles tomavam forma espontaneamente, mas também como ele revisava de forma obsessiva o que escrevia antes de enviar para publicação. Em sua última entrevista publicada, cerca de um ano antes de sua morte, Pessoa explicou que escrevia "por impulso, por intuição", após o que "o autor dá lugar ao crítico". Esse método de escrita não é incomum. Incomum era a capacidade de Pessoa de criticar a própria obra com objetividade sublime, como se fosse obra de um desconhecido. E Pessoa era, de certo modo, um estranho para si mesmo. Sua timidez, sua vacilação e sua extrema reserva não eram meros acidentes de temperamento: estavam aliados à sua descrença em um eu confiável e cognoscível.

Em vez de se afirmar através de uma personalidade vívida, de elaborar um conjunto de convicções definidas que, juntas, poderiam constituir uma identidade palpável ("*Isto* é Pessoa"), e de cultivar uma rica vida "interior", que poderia então partilhar ou não partilhar com os outros, Pessoa exteriorizava imediatamente por meio de sua escrita tudo o que sentia, pensava e sonhava. Sua autodefinição como poeta impessoal — um médium, um canal — era exata. A maior parte do que escreveu, porém, era de caráter absolutamente pessoal.

"Nunca mostrei o que sou", anunciou Pessoa aos seus futuros leitores em 1912, e em certo sentido era verdade, uma vez que não havia um "eu" definitivo e permanente a ser revelado. Mas, em outro sentido, a declaração era claramente falsa. Há uma fotografia de Pessoa de 1914 que ele descreve, numa dedicatória para tia Anica, como uma "provisória representação visível" de si próprio. Os escritos de Pessoa eram, em geral, representações verbais provisórias de sua alma. Na verdade, ele nunca parou de nos mostrar quem era ou tentava ser. Seus poemas e peças em prosa eram *ele*, sua própria pessoa, ou os fragmentos dessa pessoa, ou de Pessoa, que não existia como tal. Sua vida sexual? Sua vida espiritual? Elas podem ser encontradas em seus escritos, e em *nenhum outro lugar*. Não há um Pessoa secreto para o biógrafo revelar.

Fernando Pessoa era um experimentalista, cuja própria vida foi o objeto permanente de suas investigações. Cada um dos heterônimos era um experimento, da mesma forma que cada um dos pontos de vista filosóficos, políticos, literários e religiosos que ele adotou e abandonou sucessivamente. Sua relação com Ofélia Queiroz foi um experimento. O mesmo pode ser dito da correspondência recém-começada com Madge Anderson. Suas tentativas de ser um homem de negócios. Suas comunicações com espíritos astrais. Seu envolvimento com Aleister Crowley, contrapondo sua inclinação à magia branca ao fascínio irresistível do mestre britânico da magia negra. Tudo era experimento, e ele registrou a maioria de seus procedimentos e resultados como um cientista do amor, do comércio, da religião e assim por diante.

O que se destaca no registro que deixou é a natureza dinâmica de todas as suas observações e conclusões. Elas — assim como ele — eram instáveis, transitórias, sempre sujeitas a revisão. Por essa razão, elas — assim como ele — nunca poderiam ser aprisionadas em qualquer escola de pensamento, ação ou arte. Sempre em movimento, o poeta-cientista nem sequer pertencia a si mesmo, recusando-se a ser limitado por suas próprias conclusões. Segundo o *Livro do desassossego*: "Pertencer — eis a banalidade. Credo, ideal, mulher ou profissão — tudo isso é a cela e as algemas. Ser é estar livre".[25] E, no entanto, Pessoa, sem esposa, sem credo ou profissão convencional, tentou abraçar a banalidade no seu último ano de vida, pertencendo, tanto quanto lhe era possível, à humanidade comum e corriqueira. Foi seu experimento definitivo, seu teste supremo de liberdade — a liberdade de si mesmo —, depois do qual ele, neste mundo, não poderia ir mais longe.

Epílogo

Madge Anderson logo se apaixonou por Fred Winterbotham, um ex-espião britânico com quem se casou em 1939. Ambos foram incorporados à equipe de decifradores de códigos nazistas de Bletchley Park, à qual se atribui o encurtamento da guerra na Europa em um a dois anos. Divorciada em 1946 e sem filhos, morou na Argentina, na Espanha e em Cuba, atraindo admiradores por onde passava, mas nunca se casou novamente. Morreu em Londres em julho de 1988, semanas após o centenário do nascimento de Pessoa.[1]

Luís de Montalvor convenceu os herdeiros de Pessoa a confiar à sua pequena editora, Edições Ática, a tarefa de lançar as *Obras completas* do escritor. Montalvor e João Gaspar Simões foram os coeditores dos primeiros cinco volumes da coleção, todos dedicados à poesia, publicados entre 1942 e 1946. A Ática passou a publicar volumes de prosa de Pessoa e mais poesia nas décadas seguintes, e o *Livro do desassossego* em 1982. No entanto, nenhum destes últimos foi editado por Montalvor, que morreu em 1947, junto com sua esposa e seu único filho, em circunstâncias misteriosas: voltando para casa após a missa dominical no carro da família, com o filho do casal ao volante, saíram inexplicavelmente da via e caíram no Tejo, morrendo afogados. O serviço fúnebre, com a presença de centenas de pessoas, ocorreu na igreja onde Pessoa fora batizado.[2]

João Gaspar Simões ganhou fama como crítico e historiador literário prolífico, original e às vezes polêmico. Sua biografia fundamental de Pessoa, publicada em 1950, teve o grande mérito de chamar a atenção para um autor cuja verdadeira estatura ainda não era reconhecida, mas familiares e amigos do poeta contestaram a imagem que transmitiu de um homem por vezes desvalido, desgrenhado e visivelmente bêbado. Em 1972, Gaspar Simões, que sempre considerou os heterônimos "insinceros", uma manobra mistificadora, fez a predição de que seu apelo "exótico" passaria com o tempo. Ele morreu em 1987.[3]

Henriqueta Madalena Nogueira Rosa Dias, conhecida pelos familiares como Teca, foi a guardiã do arquivo literário do irmão durante 44 anos. Ela recebia em sua casa não apenas editores, mas também pesquisadores que desejavam consultar os milhares de papéis armazenados no baú de madeira de Pessoa, numa pequena mala e num armário. Em 1979, o governo português comprou o arquivo e transferiu-o para a Biblioteca Nacional. Entrevistada em 1985, no quinquagésimo aniversário da morte de Pessoa, afirmou que, "embora ele não se mostrasse trágico — até era um bem disposto —, a verdade é que dá tristeza pensar naquelas horas todas, tantas horas, passadas sozinho".[4] Ela morreu em 1992 (bem depois do marido, que se foi em 1969). Deixou a filha Manuela Nogueira, única sobrinha de Pessoa, e Luís Miguel Rosa Dias, único sobrinho do escritor, que morreu em 2019.

Augusto Ferreira Gomes visitou Teca alguns dias depois do funeral do irmão e tentou consolá-la dizendo que "o Fernando tinha de morrer, ele sabia demais". Estava se referindo ao conhecimento sobre o oculto. Em 1941, publicou seu último livro, uma mistura de antigas profecias interpretadas para se adequar às circunstâncias da Segunda Guerra Mundial. Era dedicado ao "astrólogo Fernando Pessoa". Continuou a trabalhar para o Secretariado de Propaganda Nacional, voltou a casar-se após a morte da primeira mulher, Marcelle, e morreu em 1953. Raul Leal e José de Almada Negreiros estiveram entre as muitas pessoas que compareceram ao funeral de Pessoa.[5]

Alberto da Cunha Dias teve o privilégio de ser tema do último artigo publicado por Pessoa — uma avaliação simpática de um futuro livro — e objeto de nada menos que cinco leituras de horóscopo elaboradas pelo poeta-astrólogo entre os meses de agosto e novembro de 1935. Psicologicamente frágil e sem sorte no amor, Cunha Dias levou uma "vida agitada e inquieta", que terminou em 1947 após uma doença prolongada, segundo seu obituário.[6]

Antônio Botto continuou a publicar, mas a qualidade de sua poesia declinou e sua situação financeira deteriorou-se. Em 1942, foi despedido do emprego público que mantinha por escrever e recitar poemas durante o trabalho e por dirigir "galanteios e frases de sentido equívoco a um colega seu, denunciando tendências condenadas pela moral social". Cinco anos depois, imigrou com sua concubina Carminda Silva Rodrigues para o Brasil, onde ganhou a vida com jornalismo, eventos culturais e seus parcos royalties, mudando-se para novos endereços sempre que não conseguia pagar o aluguel. Megalomaníaco, afirmava ser um poeta muito melhor do que Pessoa, a quem censurava por ser demasiado cerebral, mas também recordava com carinho as muitas horas que passaram juntos em Lisboa. Num ensaio inacabado sobre Pessoa, de 24 de fevereiro de 1959, escreveu que os dois eram "mais do que amigos ou irmãos que se adorassem".[7] Sete dias depois, ao atravessar a avenida Nossa Senhora de Copacabana, foi atropelado por um caminhão e entrou em coma, morrendo duas semanas depois, aos 61 anos.

Mário Saa, então administrador ativo de suas propriedades rurais no Alentejo, não compareceu ao funeral de Pessoa. Mas, numa elegia escrita logo a seguir, ele volta ao Café Martinho da Arcada e olha melancolicamente para a mesa agora vazia onde se sentavam e debatiam ideias. Perto do final do texto, escreve: "E, por mais que isto nos pareça absurdo, Ele, o Fernando, nascerá depois da morte de nós todos e no mesmo momento em que morreu. Nasceu depois da Nossa Futura Morte".[8] Além de cuidar de suas fazendas, Saa passou grande parte do resto da vida pesquisando e escrevendo uma enorme obra de seis volumes sobre as estradas romanas da Lusitânia. Morreu em 1971.

Raul Leal, também conhecido como profeta Henoch, preencheu obsessivamente longas e estreitas folhas de papel com dissertações sobre a Era de Paracleto, ou "terceiro reinado divino". Em 1960, publicou *Sindicalismo personalista: Plano de salvação do mundo*, livro dedicado a Fernando Pessoa que pedia a fusão do individualismo, do socialismo e do corporativismo fascista. Embora suas roupas estivessem às vezes esfarrapadas — uma pensão irrisória e seus artigos publicados lhe valiam uma renda escassa —, Leal mantinha as maneiras aristocráticas que lhe foram inculcadas pela criação abastada. Morava com um ex-boxeador e treinador, que fora seu amante, e passava as tardes de seus últimos anos em cafés, onde tinha seguidores entre jovens poetas. Suas leituras de horóscopo previam que morreria em 1967, mas a morte veio buscá-lo três anos antes, num hospital público de Lisboa. Onze pessoas compareceram ao funeral. Deixou milhares de páginas de obras ainda inéditas.[9]

Geraldo Coelho de Jesus, assim como Leal e Pessoa, nunca aprendeu a ser uma pessoa organizada e "responsável". Continuou ganhando um bom dinheiro como engenheiro de minas e gastando tudo em Paris, onde permanecia por longos períodos. Em Lisboa, visitava muito ocasionalmente seu sobrinho José Coelho Pacheco, que estivera ligado ao grupo *Orpheu* e ganhava uma vida confortável vendendo automóveis. Para essas aparições sem aviso, Coelho Pacheco tinha à mão uma garrafa de absinto, a bebida preferida do tio. O engenheiro não teve filhos com Germaine, sua esposa francesa muito mais jovem, que morreu de tuberculose em 1946; ele morreu três anos depois, afastado da maior parte da família.[10]

José de Almada Negreiros, o jovem inquieto e rebelde que vestia roupas extravagantes, organizava palestras que mais pareciam happenings, raspava a cabeça e denunciava tudo e todos em voz alta, acalmou-se e ganhou um ar de respeitabilidade, além de uma reputação muito merecida como um dos grandes artistas portugueses do século XX. Em 1941, o Secretariado de Propaganda Nacional organizou uma retrospectiva de seus desenhos, e ele logo recebeu encomendas para fazer grandes obras de arte pública. Em 1954, pintou seu quadro mais famoso — de Pessoa sentado à mesa de um café com um exemplar de *Orpheu* 2 — para o restaurante Irmãos Unidos, onde se reunia o grupo de *Orpheu*. Em 1970, quando o estabelecimento fechou as portas e o quadro foi leiloado, obteve o preço mais elevado já pago por uma obra de um artista português vivo. Vários meses depois, o artista adoeceu e foi internado no Hospital Saint Louis, onde morreu no mesmo quarto que Fernando Pessoa.[11]

Carlos Queiroz, cujo primeiro livro de poemas saiu no segundo semestre de 1935, ficou encantado ao saber que Pessoa havia escrito uma resenha favorável sobre ele pouco antes de sua morte. (O texto foi publicado postumamente.) Fernando sempre foi um amigo generoso para Carlos, que publicou uma sentida

"Carta à memória de Fernando Pessoa" no número de julho de 1936 de *Presença*, inteiramente dedicado ao escritor recém-falecido. Na mesma edição, publicou também trechos das cartas de amor de Pessoa, sem revelar que sua tia era a destinatária. Queiroz foi jornalista cultural da Emissora Nacional portuguesa, e foi nessa qualidade que o Comissariat Général de Tourisme da França o convidou a ir a Paris em 1949. Foi uma ocasião emocionante, sua primeira visita à capital francesa, mas terminou em tragédia: um AVC gravíssimo e fatal. Ele tinha 42 anos e deixou cinco filhos pequenos.[12]

Ofélia Queiroz, com a ajuda do sobrinho, conseguiu um emprego no Secretariado de Propaganda Nacional em 1936, onde trabalhou por quase vinte anos. Através do emprego, conheceu um homem chamado Soares — Augusto, não Bernardo — e casou-se com ele em 1938. Foi uma união feliz, que durou até a morte dele, em 1955, mas depois ela admitiu que nunca o amou realmente, não como amara Pessoa.[13] Depois de ter insistido durante anos que as cartas de amor dele deveriam ser divulgadas somente após sua morte, mudou de ideia quando se aproximava dos oitenta anos e autorizou sua publicação. Algumas pessoas, entre elas a irmã de Pessoa, reagiram com indignação, acreditando que as cartas de amor deveriam permanecer privadas. Ofélia morreu em 1991, com 91 anos, e foi sepultada no cemitério que serve a metade leste de Lisboa. Vinte e cinco anos depois, no Dia dos Namorados, a Câmara Municipal de Lisboa transferiu seus restos mortais para o Cemitério dos Prazeres, onde puderam repousar em maior sossego, perto do jazigo da família do poeta. Mas Fernando Pessoa já não estava mais lá. Em 1985, seus restos mortais foram exumados e transferidos para o majestoso Mosteiro dos Jerônimos, onde sua nova "família" incluía Vasco da Gama, Luís de Camões, d. Sebastião e outros heróis sepultados da orgulhosa história de Portugal. Na morte, assim como em vida, ele se esquivou de Ofélia.

Agradecimentos

Meu trabalho inicial de pesquisa no Arquivo Pessoa teve o apoio de José Blanco, da Fundação Calouste Gulbenkian de Portugal, e por membros da Equipa Pessoa, que iniciou uma edição crítica das obras de Pessoa sob a direção de Ivo Castro no final da década de 1980. Dois livros que li por volta dessa época me impressionaram profundamente: *Fernando Pessoa revisitado*, de Eduardo Lourenço (1973), e *Fernando Pessoa: Aquém do eu, além do outro*, de Leyla Perrone-Moisés (1982). Igualmente impressionado fiquei com o ensaio sobre Pessoa de Octavio Paz, "El desconocido de si mismo" (1961). Essas três obras, por mais diferentes que sejam, sugeriram-me que Pessoa jamais poderia ser capturado, apreendido, compreendido. Espero ter escrito um livro que pelo menos ajude o leitor a *sentir* Pessoa.

Antes e depois da virada do século, fiz parte de um grupo de pesquisadores e editores de Pessoa sediado na Universidade Nova de Lisboa e liderado por Teresa Rita Lopes. Rita Lopes, Manuela Parreira da Silva, Fernando Cabral Martins, Luísa Medeiros e Paula Cristina Costa ensinaram-me as artes de decifrar a caligrafia de Pessoa e mapear seus labirínticos papéis. A equipe editorial da Assírio & Alvim — onde tive o privilégio de trabalhar com Hermínio Monteiro, Graça Manta, Manuel Rosa, Lúcia Pinho e Melo e Vasco David, entre outros — possibilitou-me publicar numerosas edições da obra de Pessoa, a começar pelo *Livro do desassossego* e, em 2003, um compêndio dos escritos autobiográficos e mediúnicos de Pessoa em que enfoquei, pela primeira vez, o poeta como sujeito biográfico. Clara Ferreira Alves, ex-diretora da Casa Fernando Pessoa, incentivou-me a escrever mais sobre a vida e obra do poeta, e em 2008 publiquei, junto com Joaquim Vieira, uma fotobiografia de Pessoa. Vieira foi o responsável pelas imagens, eu escrevi o texto.

Em 2007, meu agente literário Jim Rutman me incitou a elaborar uma proposta de uma biografia completa em inglês, que eu ingenuamente pensei que levaria dois ou três anos para ser concluída — não doze ou treze. O projeto logo despertou o interesse de algumas editoras norte-americanas, mas Jim me incentivou a trabalhar com a Liveright / W. W. Norton, cujo editor-chefe era, segundo me garantiu, um mago editorial. Em minha viagem seguinte a Nova York, fechei um acordo nos escritórios da Norton na Quinta Avenida e, no dia seguinte, encontrei por acaso um dos assistentes de Robert Weil num evento literário. "Deixe-me adverti-lo", disse o assistente recém-saído da faculdade com um sorriso levemente malicioso. "Você pode escrever como James Joyce, mas Bob Weil ainda terá pelo menos uma sugestão a fazer em quase todas as páginas do seu manuscrito." Como não escrevo como Joyce, ele teve muito mais sugestões a fazer, mas não se limitou a mexer nas frases: foi um mentor paciente e brilhante. Sua caligrafia, para minha divertida consternação, era tão difícil de decifrar quanto a de Pessoa.

Em 2010, fiz uma viagem a Durban, onde desapareceram as casas em que morou Pessoa e os prédios da escola em que estudou. Mas o arquiteto Bryan Lee, encorajado por Ester Lee, conseguiu descobrir projetos de construção, mapas e uma riqueza de informações sobre a antiga Durban. Bryan recrutou outros moradores da cidade para trabalhar em meu auxílio — Lenn Mostert, Arthur Gammage, Shelagh Spencer e o arquiteto-historiador Brian Kearney. Elias de Sousa, cônsul honorário de Portugal em Durban, pôs-me em contato com os Lee e gentilmente facilitou-me o acesso aos arquivos consulares. João Gouveia proporcionou-me apoio logístico. Jeremy Oddy, o arquivista da Durban High School (o prédio não é o mesmo, mas a escola ainda está bem viva), descobriu registros e fotos antigos. Rebecca Naidoo ajudou-me a abrir caminho no arquivo de fotos do Old Court House Museum, e a atenciosa equipe da Biblioteca Africana Killie Campbell, onde passei muitas tardes, atendeu aos meus inúmeros pedidos de livros e jornais. Em Johannesburgo, Carlos Pereira Marques e Stephen Gray levaram-me a algumas fontes bibliográficas úteis, inclusive à Coleção Africana da Biblioteca Brenthurst. Nibs van der Spuy, um durbanense que conheci em Lisboa há vários anos, rastreou diversas informações e um livro esgotado em viagens à sua cidade natal.

Em Portugal, minha pesquisa na Biblioteca Nacional ficou muito mais fácil graças a Fátima Lopes, Luís Sá e Manuela Rêgo. Toda a equipe da Casa Fernando Pessoa — em particular os bibliotecários Teresa Monteiro e José Correia, a atual diretora Clara Riso e a diretora anterior Inês Pedrosa — esteve sempre disposta a ajudar. O mesmo vale para os funcionários da Hemeroteca Municipal, da Biblioteca de Arte da Fundação Gulbenkian, do Arquivo Histórico Militar e do Arquivo Histórico da Marinha, todos localizados em Lisboa. Os arquivos online da Fundação Mário Soares e a Edição Digital de Fernando Pessoa foram outros recursos valiosos. Passei um dia longo e inesperadamente fecundo a consultar o Arquivo António Ferro, da Fundação António Quadros, em Rio Maior. Divulgador fervoroso da cultura portuguesa e do ditador Oliveira Salazar, Ferro continua a ser uma figura acaloradamente debatida, e saúdo a fundação, dirigida por Mafalda Ferro, por disponibilizar seus documentos a todos os pesquisadores, sem restrições.

José Bernardo Távora permitiu-me consultar à vontade a riquíssima coleção de manuscritos e primeiras edições reunida por seu pai, o arquiteto Fernando Távora. Luísa Castro e Manuel Andrade Neves mostraram-me a pequena mas valiosa coleção de cartas da família e outros documentos do bisavô, Jaime de Andrade Neves. Maria da Graça Queiroz, filha de Carlos Queiroz e sobrinha-neta de Ofélia, deixou-me ver as cartas que estão em sua posse. A Fundação Arquivo Paes Teles cedeu-me gentilmente acesso às cartas recebidas por Mário Saa, enquanto Elisabete J. Santos Pereira proporcionou-me alguns dados biográficos desse escritor.

O Museu-Biblioteca Condes de Castro Guimarães, o Centro de Documentação e Informação da Administração do Porto de Lisboa, o Centro Hospital Psiquiátrico de Lisboa e a Casa de Saúde de Telhal sempre responderam devidamente aos meus pedidos de informação; o mesmo pode ser dito do site oficial de T. S. Eliot, do Bletchley Park Trust e da Divisão de Coleções Especiais da Universidade St. Andrews.

Zetho Cunha Gonçalves e, mais recentemente, João Macdonald compartilharam alguns achados de suas pesquisas e me deram pistas importantes. Dos muitos estudiosos de Pessoa cujas obras publicadas contribuíram de alguma forma para esta biografia (ver Fontes e referências), estou especialmente em débito com José Barreto, por documentar com cuidado a complexa evolução do pensamento político de Pessoa. Isabel Murteira França, por outro lado, revelou o lado mais intimista do autor. Em meados da década de 1980, ela teve a inspirada ideia de entrevistar sua avó — irmã de Pessoa — e outras pessoas que conheceram o poeta como um homem comum, embora, é evidente, ele fosse tudo menos comum.

Fiquei sabendo muita coisa sobre as relações de Pessoa com seus primos, tias e tios maternos com Margarida Soares Couto, Madalena Gonçalves e Miguel Freitas da Costa. Por informações sobre o lado paterno da família, em particular da prima que ele conhecia como "tia" Lisbela, estou em dívida com Maria Manuela Pessoa Chaves Ortega, além de Isabel e Inês Sarmento.

Ana Rita Palmeirim, Maria do Céu Estibeira, Ricardo Marques, Marina Tavares Dias, Helder Macedo, Jorge Uribe, Pedro Sepúlveda, Arnaldo Saraiva, Aníbal Frias, Marianna Silvano, Sally Bolton, Vincent Barletta, Anabela Almeida, João Rui de Sousa, Maria Fernanda de Abreu, Mark Sabine, Chris Davies (bisneto de Eugen Sandow) e Fernando Cabral Martins contribuíram para a minha pesquisa. Rita Marrone deu-me uma cópia de sua tese sobre Pessoa e a tradição do esoterismo ocidental, recomendou-me algumas leituras sobre o assunto e trocou impressões comigo sobre a datação dos escritos esotéricos de Pessoa. João Concha interpretou gentilmente várias cartas astrológicas de Pessoa. Jorge Ferreira foi meu guia aos cemitérios de Lisboa e desenterrou dados de óbitos dos cartórios de registro civil. Quatro sobrinhas de Madge Anderson responderam a perguntas sobre essa misteriosa mulher que Pessoa conheceu em 1935.

As conversas, assim como os esclarecedores ensaios, de dois escritores e estudiosos de Pessoa com quem fiz amizade nos últimos anos de suas vidas — Robert Bréchon (1920-2012) e Antonio Tabucchi (1943-2012) — ajudaram a aguçar e dar vida à minha visão de Pessoa. O diálogo prosseguiu com outros estudiosos, como Maria José de Lancastre, Anna M. Klobucka, António Feijó, Luísa Freire, Hanmin Kim, Caio Gagliardi, Mariana Gray de Castro e Victor K. Mendes — e outros cujos nomes já mencionei.

Gostaria de relembrar cinco pessoas, recentemente falecidas, que estiveram de algum modo ligadas à fase de redação deste livro: meu irmão Robert J. Zenith, em cuja casa no Arizona esbocei vários capítulos; Ana Maria Freitas, amiga e estudiosa de Pessoa; Luís Miguel Rosa Dias, único sobrinho de Pessoa; Bryan Lee, o arquiteto de Durban acima mencionado; e Manuela Rocha, uma querida amiga que colaborou comigo como revisora e tradutora.

Tive a sorte de ter dois leitores maravilhosos, além do meu editor. Adam Mahler fez sugestões incisivas para a versão integral de meu manuscrito, enquanto Martin Earl, que lera as primeiras versões dos primeiros capítulos, ofereceu comentários e críticas soberbos sobre o que deveria ser a versão final. Ao longo do processo, Martin demonstrou por mim um novo nível de apoio moral. Meus outros amigos de Portugal, da Itália, do Brasil, da China, do Reino Unido, da Irlanda e dos Estados Unidos também me deram ânimo, ou pelo menos suportaram com paciência meus estranhos humores e frequentes ausências. Pela ajuda na obtenção das imagens fotográficas, estou em dívida com Maria José de Lancastre, Manuel Rosa, Joaquim Vieira, Jorge Garcia e Fátima Campos. Luísa Freire gentilmente permitiu que fossem citadas algumas de suas traduções para o português da poesia anglófona de Pessoa. Pedro Maia Soares revelou-se um tradutor muito sensível às nuances do inglês e altamente capaz de as reproduzir em português.

Agradeço imensamente a todas as pessoas mencionadas ou implicadas nos parágrafos anteriores, mas reservo os meus mais sinceros agradecimentos a Manuela Nogueira, sobrinha de Pessoa, que me mostrou todas as cartas e outros papéis em poder da família e partilhou comigo suas memórias, suas opiniões francas e sua amizade. Jamais esquecerei as muitas tardes em que tomamos chá inglês na casa construída pelos pais dela, em São João do Estoril, onde costumava brincar com Fernando Pessoa quando tinha oito e nove anos e era uma menina alta para a idade.

Notas

A maioria das cartas preservadas de Pessoa foi publicada em *Correspondência, 1905-1922* e *Correspondência, 1923-1935*, ou em *Cartas*, v. 7 de *Obra essencial de Fernando Pessoa*.

Salvo indicação em contrário, as cartas enviadas para Pessoa por sua mãe, pelo padrasto e pela meia-irmã, bem como as trocadas entre seus familiares maternos, são inéditas e pertencem à Coleção de Cartas da Família Pessoa. Todas as cartas que ele trocou com Ofélia Queiroz foram publicadas em: Pessoa e Queiroz, *Correspondência amorosa completa, 1919-1935*. As cartas que ele recebeu de Mário de Sá-Carneiro foram publicadas em *Cartas de Mário de Sá-Carneiro a Fernando Pessoa* (2001) e em outras edições.

Os artigos, ensaios e outras obras em prosa de Pessoa publicados durante a sua vida podem ser encontrados em *Crítica*, em *Prosa publicada em vida* (v. 3 da *Obra essencial*), e na Edição Digital online de Fernando Pessoa. Seus diários e muitos textos autobiográficos encontram-se em *Escritos autobiográficos, automáticos e de reflexão pessoal*. Os livros da biblioteca pessoal de Pessoa, salvo indicação em contrário, podem ser consultados online no site da Casa Fernando Pessoa.

Informações bibliográficas completas para as obras acima, assim como para as obras frequentemente citadas na lista abaixo, encontram-se mais à frente, na parte de Fontes e Referências.

Em minhas frequentes referências ao Arquivo Fernando Pessoa, os números *depois* da barra indicam os documentos contidos no envelope cujo número de catálogo aparece *antes* da barra. Por exemplo, "doc. 134A/93v" refere-se ao verso (v) do documento 93, localizado no envelope 134A. No caso dos cadernos de Pessoa, os números *depois* da barra correspondem às folhas do caderno cujo número de catálogo aparece *antes* da barra. "Caderno 144B/50-51" refere-se às folhas 50 e 51 do caderno catalogado sob o número 144B.

ABREVIAÇÕES USADAS NAS NOTAS

CA — Pessoa, *Cartas astrológicas*
caderno — Caderno do Arquivo Fernando Pessoa
CHP — Coleção dos Herdeiros de Pessoa
DL — *Diário de Lisboa*
DN — *Diário de Notícias* (Lisboa)
doc. — Documento do Arquivo Fernando Pessoa
EA — Pessoa, *Escritos autobiográficos, automáticos e de reflexão pessoal*
env. — Envelope do Arquivo Fernando Pessoa
Exílios — Jennings, *Os dois exílios: Fernando Pessoa na África do Sul*
Fascismo — Pessoa, *Sobre fascismo, a ditadura militar e Salazar*
Foto FP — Zenith e Vieira, *Fotobiografia de Fernando Pessoa*
Génio — Pessoa, *Escritos sobre génio e loucura*
Imagens — Manuela Nogueira, *Fernando Pessoa: Imagens de uma vida*
Intimidade — França, Isabel Murteira, *Fernando Pessoa na intimidade*
LDD — Pessoa, *Livro do desassossego*
Notas — Costa, Eduardo Freitas da, *Fernando Pessoa: Notas a uma biografia romanceada.*
Objectos — Pizarro, Ferrari e Cardiello, *Os objectos de Fernando Pessoa*
OE — Pessoa, *Obra essencial de Fernando Pessoa* (7 vols.)
TNM — *The Natal Mercury* (Durban)
Vida — Simões, *Vida e obra de Fernando Pessoa*

PRÓLOGO [pp. 23-38]

1. Carta assinada por Campos e publicada em *Contemporânea*, out. 1922, p. 4.
2. Arthur Rimbaud para Georges Izambard, 13 maio 1871.
3. *LDD*, trecho 310.
4. *OE*, v. 5, p. 149.
5. Docs. $27^{18}A^{3}$/51-52; 20/12. EA, pp. 76-78. Embora pareçam aplicar-se ao próprio Pessoa, as falas citadas fazem parte de um texto escrito tendo em mente um conto ("A porta").
6. *LDD*, trechos 23 e 331.
7. *LDD*, trecho 247.
8. Doc. 133B/36; publicado pela primeira vez em *OE*, v. 5, p.11.

O ESTRANGEIRO NATO (1888-1905) [pp. 39-224]

I. [pp. 41-58]

1. *DN*, 14 jun. 1888, p. 1. Sobre os fortes ventos: *Diário Ilustrado*, 14 jun. 1888, p. 3.
2. *LDD*, trecho 438.

3. *LDD*, trecho 138.

4. *LDD*, trechos 259 e 30.

5. *Vida*, p. 36.

6. Obituários em *O Comércio de Portugal*, 29 jun. 1884, p. 2, e em DN, 29 jun. 1884, p. 1. Verbetes sobre Luiz Antônio Nogueira na *Encyclopedia portugueza illustrada* (Porto: Lemos & Cia., 1900-1909) e *Portugal: Diccionario historico, chorographico, heraldico, biographico, bibliographico, numismatico e artistico* (Lisboa: João Romano Torres & Cia., 1911). Um dos obituários afirma erroneamente que seu filho Luís Antônio Jr. faleceu com a idade de dezessete anos em 1883. Ele nasceu em 1863 e faleceu em 30 mar. 1882. O filho mais velho, Guilherme Pinheiro Nogueira, faleceu em 18 fev. 1870, aos quinze anos.

7. Entrevista com Manuela Nogueira, sobrinha de Pessoa, repetindo uma história que ouviu de sua mãe.

8. *DN*, 14 jul. 1893, p. 1.

9. Manuel Cadafaz de Matos, *Joaquim Seabra Pessoa ou o engenho sensível*, p.22. Bernhardt interpretou a condessa Marthe de Rocca em *L'Aveu*, peça de sua própria autoria; as reações da crítica foram variadas.

10. Dossiê ("Processo Individual") sobre Joaquim Antônio de Araújo, Arquivo Histórico Militar. Fernandes (1975) menciona um José de Seabra Pessoa, irmão do pai de Pessoa. Fernando Pessoa traçou de próprio punho uma árvore genealógica que inclui um tio paterno, "J. Pessoa", cuja morte é atribuída à tuberculose (doc. 134A/93v), reproduzido em *Génio*, p. 323 e *Foto FP*, p. 41.

11. Henrique Marques, *Memórias de um editor*, pp. 97-105. Fluência de Seabra em francês e italiano: *DN*, 14 jul. 1893, p. 1.

12. Os livros são mencionados na carta de Madalena Pinheiro Nogueira à filha datada de 14 nov. 1893.

13. CHP. Cada álbum correspondia a uma temporada de representações, geralmente de setembro ou outubro a junho, com notícias ocasionais nos meses de verão.

14. A porcelana é mencionada na carta de Madalena Pinheiro Nogueira, datada de 16 mar. 1894, à filha, mãe de Pessoa.

15. *EA*, p. 204; as notas autobiográficas são datadas de 30 mar. 1935. Manuel, irmão mais moço de Sancho Pessoa da Cunha, é o antepassado patrilinear de Fernando Pessoa daquela geração, mas Sancho é também um antepassado de sangue, uma vez que sua filha, Rosa Maria Pessoa, era esposa do filho de Manuel, Diogo Nunes da Cunha Pessoa, o próximo na linha de sucessão masculina. O sobrenome "Da Cunha" na linhagem de Pessoa remonta no mínimo a Pero da Cunha, fidalgo ao serviço de d. Manuel I (1495-1521) e d. João III (1521-1557). Alguns cristãos-novos eram membros da nobreza, o que pode ter sido o caso de Pero da Cunha. Se não foi, então ele ou seu filho se casaram com uma cristã-nova, de acordo com as evidências genealógicas.

16. Ofir Chagas, *Tavira: Memórias de uma cidade*, verbete sobre Jacques Pessoa.

17. O trecho citado (doc. 19/59v.) é de seu ensaio inacabado "Erostratus", em Pessoa, *Heróstrato*, p. 182.

18. Carta de 8 fev. 1918. De acordo com os mapas que recebeu do *British Journal of Astrology*, Pessoa nasceu às 15h11m49 e foi concebido em 20 set. 1887, à 1h47m34s da manhã (doc. S5/87). Em um mapa que fez para si mesmo, ele chegou a uma "época pré-natal" que era cerca de sete minutos anterior (caderno 144X/9). *CA*, pp. 43, 47-49.

19. Doc. 28/99. Caderno 144C2-8v. *EA*, p. 45.

20. Um dos santinhos (CHP) foi reproduzido em Maria José de Lancastre, *Fernando Pessoa: Uma fotobiografia*, p. 41

21. *Vida*, pp. 33, 45. *Notas*, pp. 28-29. *Exílios*, p. 23.

22. Uma carta de sua mãe para Maria Nogueira Pessoa, datada de 14 dez. 1893, indica que Dionísia havia sido em algum momento — provavelmente em 1892, mas talvez ainda antes — internada numa clínica por tempo indeterminado.

23. Foi a irmã de Pessoa quem relatou que as duas empregadas eram idosas (*Intimidade*, p. 21). Numa carta à filha (mãe de Pessoa), datada de 14 dez. 1893, Madalena Pinheiro Nogueira, que vivera intermitentemente em Lisboa nos anos anteriores, recorda que "parece que não havia semana nenhuma em que [Joana] não estivesse de cama 2 ou 3 dias". Em carta escrita um mês antes, com data de 15 nov. 1893, ela lembra à filha que havia sido infelicíssima em seu casamento, exceto durante o primeiro ano. A mãe de Pessoa tinha tendência a chorar quando estava infeliz, como revela em cartas para a irmã, datadas de 19 fev. 1895 e 4 mar. 1895.

24. Joaquim Seabra Pessoa publicou uma nota de agradecimento ao dr. Joaquim de Andrade Neves pelo tratamento recebido (recorte guardado pelos herdeiros de Neves — jornal e data desconhecidos). A informação de que ele era homeopata veio de um obituário (*DN*, 7 set. 1892, p. 4).

25. Ideia mencionada, por exemplo, em "Uma teoria metafísica" (docs. 22/21-22) e em carta datada de 13 jan. 1935 a Adolfo Casais Monteiro.

26. A Belle Époque, que vai do final da Guerra Franco-Prussiana, em 1871, até a eclosão da Primeira Guerra Mundial, é às vezes definida de forma mais restrita como o período 1890-1914.

27. *DN*, 6 jun. 1888.

28. *Intimidade*, p. 30.

29. Numa página de anotações (doc. S6/16) que liga acontecimentos autobiográficos às suas conjunções astrológicas, Pessoa escreveu: "Out. 1892 (termina de aprender [a] ler?)".

30. Relatado por um familiar em *Acção*, 19 jun. 1937, p. 8. A identidade do amigo da família, Álvaro Franco, é revelada em *Notas*, p. 36.

2. [pp. 59-72]

1. As informações sobre Lisbela foram obtidas em conversas e entrevistas com Inês e Isabel Sarmento, e com Maria Manuela Pessoa Chaves. Informações sobre o marido de Lisbela, Romão Aurelio da Cruz Machado, obtidas em seu dossiê ("Processo Individual") no Arquivo Histórico Militar. Foi tia Anica, através da filha Maria Madalena, quem contou a Pessoa que ele havia viajado ao Algarve aos dois anos de idade (doc. Anexo IV/20v).

2. *Correio da Noite*, 6 set. 1887.

3. João Korth, de ascendência holandesa, mas natural de Angra do Heroísmo (Pedro de Merelim, *Fernando Pessoa e a Terceira*, p. 14), praticava medicina em Lisboa havia pelo menos dez anos.

4. Obituários publicados no DN e *Correio da Noite* em 14 jul. 1893. O registro de óbito de Joaquim Seabra Pessoa informa que ele não recebeu a extrema-unção da Igreja. As cartas que escreveu de Caneças e Telheiras (vila que hoje faz parte de Lisboa) foram publicadas em Cadafaz de Matos, *Joaquim Seabra Pessoa ou o engenho sensível*.

5. Ida Fuller (1867-1922) era cunhada de Loïe Fuller (1862-1928), outra e mais conhecida dançarina "serpentina". Informações sobre as duas dançarinas do blog "Red Poulaine's Musings", dis-

ponível em: <http://redpoulaine.blogspot.com/2013/07/ida-pinckney-fuller-belle-epoque.html>. Acesso em nov. 18, A performance de Fuller em Lisboa foi descrita em *Ocidente* (Lisboa), 21 jul. 1893, p. 162.

6. *LDD*, trecho 30.

7. Leilão citado em carta de Madalena Pinheiro Nogueira à filha, datada de 16 mar. 1894. A informação sobre os móveis transferidos para o novo apartamento está na carta de Madalena à filha com data de 28 jul. 1894.

8. A possibilidade de meningite é mencionada em carta de Anica para a irmã, datada de 2 jan. 1894 para a irmã. Sugeriu-se que a vacina contra a varíola pode ter contribuído para sua morte, mas a reação adversa mais visível de Jorge — uma erupção na pele — desaparecera havia muito tempo.

9. *DN*, 3 jan. 1894, p. 1.

10. A dependência econômica de Maria em relação à sogra é mencionada em cartas de Madalena Pinheiro Nogueira para a filha, datadas de 5 mar. 1894 e 3 out. 1894.

11. *Notas*, p. 37.

12. O poema "Só!" que Maria Madalena escreveu em 27 ago. 1894, um dia depois de ter escrito "Desejos!", um ardente poema de amor a João Miguel Rosa, foi publicado como se fosse em memória do primeiro marido (*Imagens*, p. 31). Com certeza, não era esse o caso. O "frio da sepultura" mencionado na primeira estrofe do poema não é uma referência à morte do primeiro marido, mas uma metáfora para o que o eu lírico sente em sua alma "quando de ti me aparto", como ela explica em outra estrofe, escrita no tempo presente. Ela está, na verdade, descrevendo a circunstância de estar sozinha depois de ter desfrutado da companhia de seu amante. Além disso, o motivo do cemitério reaparece exatamente na mesma formulação da conclusão de seu poema "O teu cigarro", dedicado "Ao meu amado e adorado João" e datado de 24 jan. 1895 (CHP).

13. Cartas de Madalena Nogueira Pinheiro à filha, datadas de 15 abr. 1894 e 2 dez. 1894.

14. Os movimentos do *Liberal* e de João Miguel Rosa estão registrados nas Ordens da Armada de 1894 e, com mais detalhes, no Livro Mestre C, p. 131, no Arquivo Histórico da Marinha, em Lisboa.

15. Por exemplo, carta de Maria Pinheiro Nogueira para a filha, datada de 13 jul. 1894.

16. Madalena Pinheiro Nogueira à filha Anica, 3 jan. 1895.

17. *Jornal do Comércio*, 16 fev. 1893, p. 2.

18. Coleção Jaime de Andrade Neves.

19. A Medalha de Ouro Rainha Dona Amélia foi atribuída a Rosa em 1896. A informação da viagem foi extraída de cartas da mãe de Pessoa à irmã, Anica, datadas de 19 fev. 1895 e 18 mar. 1895. Sobre o levante moçambicano e a reação portuguesa, ver António Enes, *A Guerra de África em 1895* (Lisboa: Typographia do "Dia," 1898), esp. pp. 25-26, 108-09.

20. *Anuário diplomático e português consular* de 1916-17; dossiê sobre João Rosa no Arquivo Histórico da Marinha.

3. [pp. 73-83]

1. Carta de Madalena Pinheiro Nogueira a Anica Nogueira de Freitas, datada de 3 jan. 1895.

2. "Beg. knowl. m. & st-f" [Começando a conhecer mãe e padrasto], ele datilografou a propósito de uma conjunção planetária ocorrida depois que completou seis anos (doc. $90^1/62$).

3. *Vida*, parte I, cap. 3.

4. O que Maria escreveu foi deduzido a partir da resposta de sua mãe, datada de 28 jul. 1894.

5. Carta datada de 21 jan. 1894 e publicada em Teresa Rita Lopes e Maria Fernanda Abreu, *Fernando Pessoa, hóspede e peregrino*, p. 41.

6. Do poema que começa com "Bem sei que tudo é natural".

7. *LDD*, trechos 278 e 118.

8. Poema intitulado "Diluente", datado de 29 ago. 1929.

9. *Foto FP*, pp. 34, 39.

10. Madalena Pinheiro Nogueira citou o comentário da filha em carta datada de 15 nov. 1894.

11. *EA*, p. 68.

12. O soneto da tia-avó Maria, e suas observações a respeito da personalidade dela, foi publicado em: Fernando Pessoa, *Cartas de Fernando Pessoa a Armando Côrtes-Rodrigues*, p. 75.

13. *Jornal do Comércio*, 26 fev. 1895, p. 2. A ópera era *Crispino e la Comare*, dos irmãos Ricci, popular na época, mas raramente apresentada depois do século XIX. A ida de Fernando à ópera com o tio é mencionada em carta de Maria Nogueira Pessoa para sua irmã Anica, datada de 4 mar. 1895.

14. Os detalhes da relação de Pessoa com tio Cunha e tia Maria podem ser encontrados nas cartas de sua mãe, como a datada de 4 mar. 1895 para Anica, e nas cartas de tio Cunha para o sobrinho, duas das quais foram publicadas em *Imagens*, pp. 35-36. Os jornais fictícios vinculados a partidos políticos inventados (abordados mais adiante) datam de 1909.

15. De um prefácio inacabado para uma publicação não realizada de obras de heterônimos de Pessoa. Foi erroneamente publicado como um rascunho de uma carta sua a Adolfo Casais Monteiro datada de 13 jan. 1935.

16. Duas cartas, datadas de 20 jul. 1896 e 22 mar. 1897, encontram-se em *Imagens*, pp. 35-36. Outras correspondências ainda não publicadas do tio Cunha (CHP) fornecem um quadro mais completo dos jogos de realidade alternativa que ele fazia com o sobrinho; excertos em Manuela Nogueira, *O meu tio Fernando Pessoa*, pp. 101-5.

17. Os detalhes nos dois parágrafos anteriores foram extraídos de cartas familiares não publicadas, datadas de 1894 a 1896.

4. [pp. 84-96]

1. Jorge Martins, "O Caso Dreyfus em França e Portugal", *História*, n. 70, 2004.

2. *Notas*, p. 38.

3. Docs. $49A^5/55$ (datado de 1 ago. 1918); 133A/60.

4. Maria Nogueira Pessoa para Anica Nogueira de Freitas, 19, ago. 1895.

5. Os registros da embarcação no Arquivo Histórico da Marinha, Caixa 499, indicam que o *Liberal* partiu de Lourenço Marques para Durban em 16 jul. 1893, onde chegou no dia 18, e iniciou a viagem de regresso em 16 de agosto. Segundo o Arquivo Consular Português em Durban, em abril de 1895, a Castle Shipping Line, cujos navios navegavam entre a Europa e o sul da África, apresentou queixa formal contra o antecessor imediato de João Rosa por não ter despachado o atestado de saúde de que um dos seus vapores precisava para partir. Rosa foi nomeado cônsul alguns meses depois desse episódio.

6. O vestido de veludo preto é mencionado nas cartas de Anica para a irmã datadas de 16 out. 1894 e 2 dez. 1894. Segundo a carta de Maria Madalena datada de 4 out. 1895 a Anica, ela ainda não conhecera Henrique Rosa.

7. Vovó Madalena constava da lista de passageiros do *Açor*, que partiu de Lisboa com destino aos Açores em 5 jan. 1896, conforme relata Pedro da Silveira em Merelim, *Fernando Pessoa e a Terceira*, p. 90. As informações sobre Dionísia foram extraídas das cartas de Maria Nogueira Pessoa para sua irmã Anica datadas de 19 abr. 1895 e 8 maio 1895. Registros de internações hospitalares (agora na Torre do Tombo): folha 137, n. de registro 1365; folha 142, n. de registro 1412. O diário de receitas e despesas de Dionísia mantido por Maria Pinheiro Nogueira pertence aos herdeiros de Pessoa.

8. Essa história, que circulou entre os membros da família, foi publicada na imprensa dois anos após a morte do poeta (*Acção*, 19 jun. 1937, p. 8).

9. *LDD*, trecho 165.

10. *The Scramble for Africa*, de Thomas Pakenham, é um excelente estudo, embora não aborde a disputa luso-britânica que culminou no Ultimato Britânico.

11. Nuno Severiano Teixeira, "Política externa e política interna no Portugal de 1890: o Ultimatum Inglês", *Análise Social*, v. 23, n. 4, pp. 687-719, 1987.

12. Doc. 133E/84.

5. [pp. 97-112]

1. *Intimidade*, p. 27.

2. *The Standard* (Londres), 22 jan. 1896, p. 1. *Diário de Notícias* (Funchal), 31 jan. 1896, p. 2.

3. A carta datada de 31 ago. 1896 do tio Cunha a Fernando refere-se aos dois "espiões" que avistaram na viagem de ida (CHP).

4. O historiador James Bryce descreveu sua viagem de 1895 no *Hawarden* e sua chegada à Cidade do Cabo em *Impressions of South Africa*, pp. 189-90.

5. A chegada do *Hawarden* foi relatada em *TNM*, 21 fev. 1896 e 22 fev. 1896, na seção de notícias marítimas. Jennings, em dois dos seus livros sobre Pessoa, afirma que os navios a vapor não entravam em Port Natal, o porto de Durban, antes de 1904, ano em que foram finalmente concluídas as monumentais obras de engenharia. Na verdade, na década de 1890, navios a vapor de médio porte, como o *Hawarden*, já faziam escalas semanais nesse porto. Mas a profundidade média das águas variava de acordo com as marés e a época do ano, e mesmo vapores de médio porte eram às vezes obrigados a permanecer no ancoradouro externo, de onde balsas transportavam passageiros e cargas até os cais. Bryce, Impressions of South Africa, pp. 180, 282-3.

6. "Tersilian [sic] House, em Ridge Road" é mencionada em *Vida*, p. 63. Uma pesquisa na junta de escrituras de Durban, realizada em meu nome por Bryan Lee e Lenn Mostart, indica que um certo John Francis Hitchens possuía a propriedade "Tresilian", no número 60 da South Ridge Road (hoje Mazisi Kunene Road), antes de 1902. Minha descrição da casa baseia-se na leitura do arquiteto Lee de uma fotografia aérea de 1931 da Tresilian House e arredores. A casa foi demolida algum tempo depois. Sobre o estilo de casa típico da época: Franco Frescura e Barbara Maude-Stone, *Durban: Once upon a Time*, p. 109.

7. *Natal Almanac, Directory, and Yearly Register*, anos 1896 a 1900.

8. *Imagens*, p. 35.

9. Dois obituários de primeira página foram publicados em 26 jan. 1898, no *Correio da Noite* e no *DN*. José Luciano de Castro, líder dos progressistas e então primeiro-ministro, compareceu ao funeral do tio Cunha.

10. Os nomes dos trabalhadores estão registrados nos Arquivos Consulares Portugueses em Durban.

11. Malyn Newitt, *A History of Mozambique* (Bloomington: Indiana University Press, 1995), pp. 482-5. A. H. de Oliveira Marques, *História de Portugal* (Lisboa: Palas Editores, 1986), v. 3, p. 195.

12. Lei de Registro de Servidores nº 2, 1888.

13. De acordo com a irmã de Pessoa, em *Intimidade*, p. 60.

14. Bryce, *Impressions of South Africa*, p. 283-5.

15. Yvonne Miller, *Dear Old Durban*, pp. 6, 10, 32. As memórias de Miller remontam a 1910. Pessoa viveria em Durban até 1905.

16. Em 11 maio 1896, o *TNM* noticiou: "Eles estão tão satisfeitos com a cidade e o clima que a sra. e a srta. Clemens ficarão aqui mais duas semanas". A estada de Twain na África do Sul foi pesquisada e contada em detalhes divertidos por Coleman O. Parsons em "Mark Twain: Traveler in South Africa", *Mississippi Quarterly*, inverno 1975-76.

17. Esse livro está na biblioteca pessoal de Pessoa, na Casa Fernando Pessoa. Os herdeiros de Pessoa possuem o sumário remanescente de outro livro de Twain adquirido por ele em Durban, *The Celebrated Jumping Frog of Calaveras County, and Other Sketches*.

18. A correspondência de Pessoa para sua avó materna não sobreviveu, mas ele guardou uma carta que ela lhe escreveu, datada de 15 ago. 1896.

19. Vários livros de poesia portuguesa que pertenceram a Pessoa em Durban foram preservados e estão em sua biblioteca pessoal mantida na Casa Fernando Pessoa; outro está na Biblioteca Nacional de Portugal.

20. *TNM*, 21 dez. 1898. Os prêmios, inclusive um de exame anual, foram concedidos para cada uma das cinco classes no "kindergarten" (escola primária). Fernando Pessoa estava na "primeira classe", ou quinto ano. Seu prêmio de latim foi um livro de Joseph Smith Fletcher, *The Remarkable Adventure of Walter Trelawney*. Os outros dois também podem ter sido livros.

21. Insatisfeito com os dois últimos versos, Fernando os riscou.

22. Docs. 28/69-70. *EA*, pp. 66-9.

6. [pp. 113-9]

1. Na verdade, a grande maioria dos passageiros indianos já estava estabelecida na África do Sul ou então vinha para se juntar a parentes.

2. Gandhi se referiria ao episódio da estação de trem como tendo ocorrido sete dias após sua chegada a Durban. Os historiadores comprovaram que aconteceu na verdade em 7 de junho, duas semanas após sua chegada. John Laband e Robert Haswell (Orgs.), *Pietermaritzburg 1838-1988: A New Portrait of an African City* (Pietermaritzburg: University Of Natal Press; Shuter & Shooter, 1988), p. 201

3. Em *The Story of My Experiments with Truth*, Gandhi cita 22 de maio de 1894 como a data de fundação do Congresso. Sua fundação formal ocorreu na verdade em 22 de agosto.

4. *TNM*, 14 jan. 1897, pp. 4-5.

5. *Time*, 31 mar. 1930. Ele voltaria a aparecer na capa de 5 jan. 1931 como o Homem do Ano.

6. Docs. 55H/64-65. *Foto FP*, pp. 66-7.

7. *LDD*, trecho 258.

8. Ver Leela Gandhi, "Pessoa's Gandhi: Meditating on a Lost Heteronym", para reflexões sobre o encontro de Pessoa com Gandhi à luz da afirmação de Alain Badiou de que o pensamento filosófico "ainda não é *digno de Pessoa*" (Alain Badiou, "A Philosophical Task: To Be Contemporaries of Pessoa, p. 36).

7. [pp. 120-30]

1. A irmã de Pessoa relatou que a família já morava na West Street na época de seu nascimento (*Intimidade*, p. 30), mas o *Natal Almanac, Directory and Yearly Register* indica que um alfaiate ocupou o local pelo menos até 1897. Não há fotos conhecidas da fachada da casa da West Street, mas um mapa da seguradora Charles Goad da cidade de Durban em 1931 (mantido na Biblioteca Don Africana em Durban) e fotos aéreas mostram que a edificação era conforme descrita no texto. (Devo essa informação ao arquiteto e historiador de Durban Brian Kearney.) Em 1935, a casa deu lugar a um showroom de automóveis; uma oficina mecânica ocupa o local atualmente. Minha cronologia dos sucessivos domicílios de Pessoa em Durban foi estabelecida através de recordações de familiares, documentos encontrados nos arquivos de Pessoa, registros de edificações de Durban, listas de endereços em diretórios anuais de Natal e informações (incompletas e nem sempre precisas) fornecidas a Gaspar Simões pelo cônsul de Portugal em Durban em 1949 (a carta do cônsul está na Coleção Fernando Távora).

2. A mãe de Pessoa recordaria seus passeios à praia da baía em uma carta ao filho datada de 15 jul. 1911.

3. A mãe de Pessoa parece ter escrito sua poesia em arroubos ocasionais. A maioria de seus poemas conhecidos é de dois períodos, 1894 a 1895 (CHP) e de 12 jul 1898 a 6 mar. 1899 (Biblioteca Pública e Arquivo Regional de Ponta Delgada).

4. *TNM*, 24 dez. 1898.

5. Carta de H. D. Jennings a Alexandrino Severino, datada de 17 maio 1965, em Severino, *Fernando Pessoa na África do Sul* (1970), pp. 121-3.

6. Eric Anderson Walker, *The Cambridge History of the British Empire*, v. 8 (Cambridge: Cambridge University Press, 1963), pp. 275-7.

7. Doc. 97/34. Pessoa, *Ultimatum e páginas de sociologia política*, p. 186.

8. Jeremy J. Oddy, *Where the Baobab Grows at Durban High School*, p. 40; Ernest A. Belcher e G. Churton Collins, *The Durban High School Record 1866-1906*, pp. 56-8.

9. Hubert Dudley Jennings, *The D.H.S. Story 1866-1966*, pp. 83, 85; Jennings, *Fernando Pessoa in Durban*, pp. 9-10; *Exílios*, p. 201.

10. Oddy, *Where the Baobab Grows at Durban High School*, p. 40.

11. *LDD*, trecho 237.

12. Carta a Adolfo Casais Monteiro datada de 20 jan. 1935.

13. H. J. Ogden, *The War Against the Dutch Republics in South Africa* (Manchester: National Reform Union, 1901), p. 40

14. Doc. 55H/80. Pessoa, *Ultimatum e páginas de sociologia política*, p. 238.

8. [pp. 131-47]

1. "Joseph Chamberlain", datado de fevereiro de 1905.

2. Byron Farwell, "Taking Sides in the Boer War", *American Heritage*, abr. 1976 (e-book consultado online).

3. *Ultimatum* (1917).

4. Meu resumo da guerra baseia-se na leitura dos eventos feita por Thomas Pakenham em *The Boer War*.

5. Clifford Geerdts, citado em Hubert Dudley Jennings, *Fernando Pessoa in Durban*, p. 20.

6. *Collected Works of Mahatma Gandhi*, v. 2 (Nova Delhi: Publications Division Government of India, 1999) (e-book, consultado online).

7. John Wassermann e Biran Kearney (Orgs.), *A Warrior's Gateway: Durban and the Anglo-Boer War*, p. 380, citando Peter Warwick, *Black People and the South African War* 1899-1902 (Cambridge: Cambridge University Press, 1983), pp. 127-8.

8. As informações sobre refugiados europeus, indianos e africanos nativos são de Wasserman e Kearney, *A Warrior's Gateway*, pp. 251-2, 381. Somente sobre refugiados indianos: Coolam Vahed, "Natal's Indians, the Empire and the South African War, 1899-1902", *New Contree*, v. 45, set. 1999, pp. 185-216 (consultado online).

9. Frescura e Maude-Stone, *Durban: Once upon a Time*, p. 119.

10. Wassermann e Kearney, *A Warrior's Gateway*, p. 248.

11. *LDD*, trechos 132, 138 e 420.

12. *TNM*, 25 dez. 1899, p. 5.

13. Wassermann e Kearney, *A Warrior's Gateway*, p. 247.

14. Caderno 144B. C. Mazansky, "Cigarette Cards and South African Military History", *Military History Journal* (Kengray, África do Sul), v. 8, n. 2, dez. de 1989 (consultado online).

15. *Diário Ilustrado*, 29 mar. 1901, p. 3. Fernando Costa, *Portugal e a Guerra Anglo-Boer*.

16. Caderno 144B / 8-9.

17. O romance de Sand aparece nas anotações de Pessoa como um livro de leitura escolar de 1901 (caderno 144B/15). O "L." na assinatura de Pessoa também aparece em dois livros didáticos de latim que ele usou em 1904: *Revised Latin Primer* e *A Practical Introduction to Latin Prose Composition*. Ver Jennings, *Fernando Pessoa in Durban*, pp. 19-20.

18. Wassermann e Kearney, *A Warrior's Gateway*, p. 272. Site do Museu da Guerra Anglo-Boer, disponível em: <http://www.anglo-boer.co.za/>. Pakenham, *Boer War*, pp. 493-510, 572-3.

19. "A Opinião Pública", *A Acção*, Lisboa, 4 ago. 1919; *OE*, v. 3, pp. 315-34.

20. Em 1914, Pessoa diria ao amigo Amando Côrtes-Rodrigues que, com exceção da quadra para a mãe quando tinha sete anos, não produziu poesia até 1901. Um poema intitulado "Anamnesis" foi repetida e erroneamente citado como tendo sido escrito e datado por Pessoa no mesmo dia de "Separated from Thee"; na verdade, foi escrito em 1915.

21. As doze páginas remanescentes do jornal de brincadeira foram reproduzidas em Richard Zenith (Org.), *Fernando Pessoa: O editor, o escritor e os seus leitores*, pp. 134-6. Com exceção do caderno de esportes, obra do próprio Pessoa, localizei facilmente todo o conteúdo em inglês do jornal em vários jornais do período postados na internet, bem como parte do conteúdo em francês.

22. Pessoa referiu-se mais de uma vez a sua afeição por *The Pickwick Papers*. Em entrevista de 1988 (Henriqueta Madalena Rosa Dias a Maria Ivone de Ornellas de Andrade, "Ele sabia o valor que tinha"), a irmã de Pessoa relatou que o livro estava muito gasto de tanto ser lido, mas seu paradeiro atual é desconhecido.

23. Doc. 48B/134.

24. *LDD*, trecho 195.

25. Doc. 19/97. Pessoa, *Páginas de estética e de teoria e crítica literárias*, p. 308.

26. *LDD*, "Nossa Senhora do Silêncio".

27. Severino, *Fernando Pessoa na África do Sul* (1970), p. 143. *Imagens*, p. 39.

28. "Relatório do Semestre findo em 26 de junho de 1901", reproduzido em *Exílios*, p. 187.

29. "Correspondência expedida para o Ministério dos Negócios Estrangeiros de 27 de outubro de 1896 a 22 de agosto de 1903", Arquivo Consular Português, Durban.

30. A data de partida do *König*, mencionada na carta do cônsul, é confirmada pela seção de notícias marítimas do *TNM*, 2 ago. 1901. Sobre a morte da irmã de Pessoa, ver *Intimidade*, p. 51.

9. [pp. 148-63]

1. *Jornal do Comércio*, 14 set. 1901, p. 1.

2. Um recibo de aluguel que foi preservado (CHP) sugere que a família Rosa pode não ter ocupado o apartamento na rua de Pedrouços até 1º de janeiro de 1902, e o *Anuário comercial de Portugal, Ilhas e Ultramar* de 1902 (compilado no final de 1901) lista "Miguel Rosa, capitão-tenente da armada" como residente no Estoril. É possível que a família Rosa tenha passado os últimos meses de 1901 no Estoril, que faz parte da mesma linha ferroviária costeira de Pedrouços, enquanto Fernando ficava com as tias-avós e a avó. João Miguel Rosa, no entanto, era capitão titular (desde 1895), não capitão-tenente.

3. Numa carta à filha Anica datada de 13 jun. 1894, Madalena Pinheiro Nogueira mandou lembranças a Lisbela, que fora de Tavira para Lisboa. Desconhece-se o paradeiro das cartas de Pessoa a "tia" Lisbela, mas uma herdeira que as tinha em seu poder lembra-se de ter lido uma correspondência enviada de Durban na qual Fernando agradecia a hospitalidade que lhe foi prestada quando esteve em Tavira. Ver Amadeu Fernandes, "Fernando Pessoa e Tavira", p. 9. Isso sugere que visitou Tavira no verão de 1902, talvez pela segunda vez durante suas férias em Portugal, pouco antes de regressar a Durban.

4. Júlio Leopoldo Rosa, três anos mais velho que João Miguel Rosa, era engenheiro civil e condutor de obras públicas, casado, mas sem filhos. Obituário em *DN*, 8 nov. 1912, p. 4.

5. Cópias de *O Pimpão* pertencentes a Henrique Rosa estão agora sob custódia dos herdeiros de Pessoa.

6. Fac-símiles dos jornais fictícios de Pessoa de 1902 publicados em Teresa Rita Lopes, *Pessoa por conhecer*, pp. 130-45. Os números de *O Palrador* encontram-se no Arquivo Pessoa (docs. 87/23-25). Os exemplares remanescentes de *A Palavra*, examinados mais adiante, estão na CHP.

7. *Revised Latin Primer*. A cartilha também tem assinaturas do próprio Pessoa e de seu heterônimo C. R. Anon.

8. Diabo Azul era pseudônimo do escritor português Narciso de Lacerda (1858-1913) usado em várias coletâneas de contos publicadas entre 1899 e 1902. Porém, não era o único a fornecer os contos atribuídos ao Diabo Azul em *O Pimpão*. Ver Jorge Abreu, *Boémia jornalística* (Lisboa: Guimarães, 1927), cap. 4.

9. Datado de 5 jul. 1902.

10. Richard Zenith, "A Sonnet from the English", in: Cláudia Pazos Alonso e Stephen Parkinson (Orgs.), *Reading Literature in Portuguese — Commentaries in Honor of Tom Earle* (Londres: Legenda, 2013), pp. 169-75.

11. Entre os colaboradores de *O Palrador* com pseudônimos emprestados de jornalistas reais estava não só o Diabo Azul, mas também Pad Zé, que era a abreviatura de Padre José, o apelido de Alberto Costa (1877-1908), um estudante de Direito da Universidade de Coimbra famoso por sua extravagância boêmia e inteligência vivaz. Em 1899, Costa lançara três números da satírica *A Revista do Civil* e, em 1905, publicaria um relato zombeteiro dos seus tempos de universidade, *O Livro do dr. Assis*, muito apreciado por Pessoa.

12. Guiomar Silvano Pamplona Corte Real, uma parente distante que viu Pessoa durante a visita da família à Terceira, descreve-o em Merelim, *Fernando Pessoa e a Terceira*, pp. 119-23.

13. Ibid., pp. 20-1, 87-107. *Intimidade*, p. 52.

14. Richard Zenith, "Quando, onde e como ela passa", in: Caio Gagliardi (Org.), *Fernando Pessoa & Cia. não heterônima*, pp. 69-81. Jorge de Sena foi o primeiro estudioso a notar a conexão entre "Quando ela passa" e o poema de Antônio Nobre. Ver seu *Fernando Pessoa & Cia heterónima*, p. 283, A tradução parcial da "Elegia" de Gray feita por Pessoa está no caderno 153/7-8.

15. Caderno 144B/49v-50v.

16. Henriqueta Rosa Dias a Maria Ivone de Ornellas de Andrade, "Ele sabia o valor que tinha", p. 6.

17. *Intimidade*, p. 54. Sobre o regresso a Lisboa, ver Pedro da Silveira, em Merelim, *Fernando Pessoa e a Terceira*, p. 104.

18. Ele havia copiado o título, o preço e as despesas de envio do álbum em seu caderno de anotações (caderno 144B/42). Imagem em fac-símile do álbum de selos, assinado e datado por Pessoa, em *Foto FP*, p. 68.

19. Fac-símile em *Imagens*, p. 40.

20. Maria Nogueira Rosa a Fernando Pessoa, 11 maio 1913.

21. O caderno de anotações que ele estava usando em 1902 contém as soluções para equações e problemas matemáticos retirados de um livro didático de português (caderno 144B/50-56).

22. Números de 27 ago., 24 set., 5 out. e 26 nov., sempre na p. 7.

10. [pp. 164-74]

1. Decreto governamental de 24 dez. 1901 (informações do Arquivo Histórico Militar). O documento que concede a Pessoa essa isenção está reproduzido em Maria José de Lancastre, *Fernando Pessoa: Uma fotobiografia*, p. 106, e em *Foto FP*, p. 50.

2. O *TNM*, jornal matutino, informou em 16 de out. 1902 que o *Herzog* estava "fora" do porto e dois dias depois que estava "no porto".

3. W. P. M. Henderson, *Durban: Fifty Years' Municipal History*, pp. 116, 210-215. Brian Kearney, "Bamboo Square: A Documentary Narrative", *Journal of Natal and Zulu History*, v. 20, pp. 29-64, 2002 (consultado online). João Miguel Rosa, em carta dirigida às autoridades portuguesas datada de 30 nov. 1902, informou que o primeiro caso de peste fora oficialmente confirmado; a doença ressurgiria em abril de 1904, mas numa escala muito menor.

4. "School Vacations/ Commercial School," *TNM*, edição semanal, 1 jan. 1904, p. 14.

5. *Vida*, pp. 80-1. Carlos Pittella, "Mr. Ormond: The Testimonial from a Classmate of Fernando Pessoa", *Pessoa Plural*, outono 2017, pp. 194-235.

6. Jennings, *Fernando Pessoa in Durban*, p. 18.

7. *Vida*, p. 80. Pittella, "Mr. Ormond ", p. 211.

8. Esta carta (doc. 114^{3}/3) foi transcrita na íntegra em *OE*, v. 7, pp. 31-3.

9. *The Natal Who's Who*; *1908 South African Who's Who*. Ver também artigos no *Sydney Morning Herald*, 3 out. 1885, *West Coast Times*, 10 fev. 1890, e *The Queenslander* (Brisbane), 21 jan. 1891 (todos consultados online).

10. Caderno 153/20, 26 e 66. Nessa última página, uma anotação rasurada indica que Effield seria o autor de uma peça sem título. *Foto FP*, p. 65, contém um fac-símile de "The Miner's Song", conforme publicado em *TNM*. Pedido manuscrito: doc. $49D^{2}$/18v. Envelope endereçado a Effield em Durban: doc. 134/1.

11. Caderno 153/23. Docs. 77/20-1.

12. Caderno 153/8v, 27-9. "Martin Kéravas" era um potencial pseudoautor além do título de um romance. Vários exemplos de sua assinatura encontram-se no verso do exemplar de Pessoa de *Pittman's Shorthand*.

13. Caderno 153/9v-10.

14. Caderno 153/12.

II. [pp. 175-97]

1. Christine Alexander, introdução a *Tales of Glass Town, Angria and Gondal: Selected Early Writings*, das Brontë (Londres: Oxford, 2010). David Daiches, introdução a *Wuthering Heights*, de Emily Brontë (Londres: Penguin, 1985).

2. Caderno 144R/1-13v.

3. Encontrei informações sobre a publicação em fascículos da história em <http://www.friardale.co.uk/BFL> e <http://www.philsp.com/homeville>. A história completa foi publicada mais tarde em livro, em 1906, e um exemplar encontra-se na coleção de "dime novels" da biblioteca da Universidade de Stanford, onde Vincent Barletta gentilmente disponibilizou para mim uma cópia digitalizada da obra. Para uma discussão mais detalhada, ver Richard Zenith, "Barrowby, Boys' Books, and How to Make Literature", in: Patricio Ferrari e Jerónimo Pizarro, (Orgs.), *Fernando Pessoa as English Reader and Writer*, pp. 15-29.

4. Caderno 144R.

5. Docs. 104/38; 133M/39; $49B^{2}$/46v.

6. A relação entre os dois homens foi a base da peça *Edward II*, de Christopher Marlowe.

7. Doc. 49D^{1}/56.

8. Docs. 13A/37v; 146/72v; 100/4.

9. Havia também uma única assinatura, datada de 1908, para um certo Martin Gaveston (doc. 92Q/31v). Os três versos citados encontram-se no doc. 49D^{1}/56. Para o trecho de "Ensaio sobre Poesia" encimado pelo nome de Gaveston, ver. doc. 13A/37v.

10. Três romances de Yreka Jim foram publicados por volta de 1900 na Boy's First-Rate Pocket Library. *Tom Wallis, a Tale of the South Seas* foi publicado em 1900 pelo escritor australiano Louis Becke.

11. Caderno 144R/10v, 11r, 15v, 22-23. No que parece ser o placar da primeira partida de "Derby", Gould ganha a então considerável quantia de trinta libras esterlinas, o que descarta a possibilidade de alguma aposta real estar acontecendo. A irmã de Pessoa lembrou que a família às vezes jogava "Derby" à noite, após o jantar (*Intimidade*, pp. 67-8).

12. O Cato Lodge Cricket Club foi citado na seção de esportes do jornal de Pessoa em abril de 1901. As listas elaboradas por Pessoa datam de ago. 1903 (caderno 144R/19v, 20). Existem pelo menos duas planilhas de pontuação remanescentes de meados de 1904 de partidas de críquete envolvendo jogadores nas tabelas de 1903 (caderno 144S/15v, 16r, 17v, 18r). Outras marcações de pontuação, com nomes de diferentes jogadores, datam de 1904-05 (docs. 14^{6}/76; 27^{9}D^{2}/51v, 52v; 49D^{1}/19). Nenhum dos nomes completos nas anotações de Pessoa pode ser encontrado nos diretórios de Durban da década de 1910, época em que os colegas de classe de Pessoa já seriam adultos com emprego remunerado.

13. Doc. 124/39-42.

14. *Natal Almanac, Directory e Yearly Register*, 1903, 1904 e 1905.

15. Como os poemas que apareciam no *TNM*, a coluna de quebra-cabeça fazia parte de uma página literária e de opinião intitulada "Man on the Moon", publicada todos os sábados na edição diária e novamente na sexta-feira seguinte na edição semanal. Os projetos literários de Henderson Carr são mencionados no caderno 144R/14-15.

16. *LDD*, trecho 114.

17. Doc. 28A/2.

18. Doc. 49A^{1}/3. Pessoa, *Poemas ingleses*, v. 2, p. 173.

19. A maioria dos fragmentos do drama em verso *Marino* foi publicada em Pessoa, *Poemas ingleses*, v. 2, pp. 183-9, 193, 200. Entre as passagens não publicadas estão as dos docs. 11^{10}MA/31, 38, 42. O inacabado "Vincenzo" foi publicado em Pessoa, *Poemas ingleses*, v. 2, pp. 200-3. Para a versão posterior em cinco atos de *Marino*, Pessoa escreveu alguns trechos inéditos e descrições de enredo (em env. 11^{10}MA). Um plano de publicação que inclui o poema "Vincenzo" (doc. 48C/6) data do final de 1907 ou início de 1908. O exemplar ainda preservado de Pessoa das obras poéticas completas de Byron (que inclui a peça em verso *Marino Faliero*) é uma edição de 1905, mas sabemos que ele começou a ler Byron muitos anos antes.

20. O currículo ampliado da Escola de Comércio foi noticiado em *TNM*, 1 jan. 1904, p. 14.

21. Cópias guardadas por Pessoa do exame e seus resultados impressos: docs. 28/71-87. Fac-símile dos termos oficiais do prêmio: Severino, *Fernando Pessoa na África do Sul* (1970), p. 179. Informação sobre o número de candidatos fornecido pela Junta de Matrícula de Pretória a Gaspar Simões (*Vida*, nota da p. 79).

22. Fac-símile de carta em Teresa Rita Lopes, *Fernando Pessoa: A biblioteca impossível* (Cascais: Câmara Municipal, 2010), apêndice III.

23. O *Palgrave's Golden Treasury* e dez outros livros didáticos da Série VI foram preservados na biblioteca pessoal de Pessoa. Partes do Exame Intermediário para 1904 e o programa de leituras obrigatórias estão em Severino, *Fernando Pessoa na África do Sul* (1970), pp. 166-78.

24. Para o resultado dos exames ver *Exílios*, p. 194. O livro dado como prêmio foi *The Nile Quest*, de Harry Johnston.

25. Pessoa também publicou alguns acrósticos na revista (docs. 133I/52v, 53v). Um fac-símile do ensaio de Macaulay foi publicado em Severino, *Fernando Pessoa e o mar português*, pp. 64-7.

26. Jennings, *Fernando Pessoa in Durban*, p. 20. A carta de Geerdts (docs. Anexo IV/25-28) foi publicada em *EA*, pp. 394-400.

27. Carta do dr. Antunes para Hardress O'Grady: *EA*, pp. 66-8. O nome de O'Grady aparece em uma pequena lista de cartas que Pessoa pretendia escrever em 1907 (doc. 28/99v).

28. Joaquim Vieira, *Portugal século XX: Anos 1900-1910*, p. 96. Wassermann e Kearney (Orgs.), *A Warrior's Gateway*, p. 261.

29. Numa palestra proferida em 1986 na Universidade de Natal em Durban (agora parte da Universidade de KwaZulu-Natal), Alexandrino Severino relatou ter visto a carta de Storm no início dos anos 1960, quando os papéis de Pessoa ainda estavam sob custódia de sua irmã. A correspondência "era endereçada a um psiquiatra de Lisboa que havia escrito para perguntar sobre o estado mental de um sr. Pessoa. A carta era muito lisonjeira para esse sr. Pessoa. Obviamente, o psiquiatra era o próprio Pessoa, agindo por intermédio de um de seus heterônimos, tentando descobrir por meio de um estratagema o que os outros pensavam dele". Severino, *Fernando Pessoa e o mar português*, p. 91. O sr. e a sra. Storm são mencionados nas cartas que Pessoa recebeu de sua mãe em 1912. O casal tinha um filho chamado William, que era oito anos mais velho que Fernando, mas ele não é citado nas cartas da mãe de Pessoa e não parece ter havido nenhuma amizade entre eles. Sem dúvida, foi William Sr. que foi convidado a avaliar a saúde mental de Fernando quando adolescente.

30. *Exílios*, pp. 197-98 (fac-símile); *EA*, 390-92. O paradeiro atual desta carta é desconhecido.

31. Docs. 133F/65v; 27^9D^2/46v.

32. Caderno 144S/12v.

33. *LDD*, trecho 457.

12. [pp. 198-209]

1. A adoção do esquema estrófico de Milton por Pessoa e as várias imagens da ode "Natividade" são discutidas em Patricio Ferrari, "Fernando Pessoa, poète-lecteur-théoricien: Des expériences métriques et rythmiques entre-langues", *Loxias*, v. 30, 19 set. 2010 (consultado online).

2. Doc. 19/67. Pessoa, *Heróstrato*, pp. 195-6.

3. Doc. 127F/1. Hubert Jennings, que publicou o rondó (*Exílios*, p. 134), relatou que O'Grady atuou na opereta, mas o nome do professor de francês não consta do programa.

4. Docs. $49B^2$/91; $49B^4$/33-34, 36, 40, 57, 99a, 100. Caderno 144S/13v. A maior parte dos fragmentos estão transcritos em Pessoa, *Poemas ingleses*, v. 2, pp. 176-8.

5. "A ceifeira", conforme publicado em 1925 (*Athena*, v. 3, datado de dez. 1924).

6. Pessoa elaborou uma lista de influências em 1914. *EA*, p. 150.

7. Este poema foi iniciado em 1904 (cadernos 144S/10v-11; 153/51v-54v), mas revisto, com acréscimo de versos, após o regresso de Pessoa a Lisboa, em 1905. Docs. $49B^2$/94v, 78B/39-43. Cadernos 144J/8v, 24; 144T/19v-20. Transcrito em Pessoa, *Poemas ingleses*, v. 2, pp. 99-104. Três trechos adicionais em CHP.

8. A maior parte do material "Gahu" não foi publicada. Docs. 27^9D^2 / 43v; $49B^2$ / 40v; $49B^6$ / 42-44; $49D^2$ / 37; 133E/75. Um fac-símile do doc. $49B^6$/43 foi publicado em *Exílios*, p. 204.

9. Pessoa mais tarde mudou o título do soneto para "The Death of the Titan".

10. *Intimidade*, p. 68.

11. Docs. 13A/30v; $49B^6$/57. Caderno 144S/18v. Transcrito em Pessoa, *Poemas ingleses*, v. 2, pp. 165-66.

12. Há um rascunho pela metade da carta de 14 jul., que pode ou não ter sido finalizada e enviada (CHP). O Arquivo Pessoa contém um rascunho muito incipiente da mesma carta, datado de 13 jul. (doc. $49B^2$/5v).

13. O título e um parágrafo de abertura, assinados por K. P. Effield, encontram-se no verso de um fragmento de "Ode to the Storm" (doc. $49B^4$/100v). Há um esboço do ensaio, datável de 1904, mas sem a assinatura de Effield, no caderno 144S/4v.

14. O nome "S. P. Stool" está escrito abaixo de "Atlantis" num manuscrito (doc. $49B^4$/37) que também contém alguns versos da "Ode to the Storm".

15. Uma história de Herbert Flowerdew (1866-1917), "The Black Deed-Box", em que um sargento Byng do Departamento de Polícia de Nova York persegue um famoso arrombador de cofres, foi publicada no *Utica Observer*, 22 mar. 1900, no *South Wales Echo*, 25 ago. 1900, p. 4, e decerto em outros jornais. São necessárias mais pesquisas para determinar se essa história, ou outras com o sargento Byng como protagonista, poderia ter sido lida por Pessoa em Durban.

16. A maior parte dos trechos escritos para "The Case of the Science Master" foi publicada por Gianluca Miraglia na *Revista da BN*, set.-dez.1988, pp. 43-72; Jerónimo Pizarro publicou outros trechos em *Génio*, pp. 492-502. Os trechos anteriores, assinados por Horace James Faber ou por Faber e C. R. Anon, encontram-se em env. 27^9D^2. O Doc.13A/68v contém outro trecho antigo assinado por Faber, cujo nome foi posteriormente apagado. Sobre os cvs de Faber e Anon, ver doc. 48B/153.

17. O título "Plausibility of All Philosophies", com uma nota afirmando que o ensaio foi motivado "pela teoria de Helvétius do dr. Nabos", aparece numa folha de manuscrito datável de 1904 (doc. 48A/66); o verso da folha contém o início do ensaio planejado.

18. De seu prefácio a *Aspectos*. Pessoa, *OE*, v. 5, p. 145.

13. [pp. 210-24]

1. Docs. $49B^4$/36v, 40v.

2. Chinua Thelwall, "The Young Men Must Blacken their Faces: The Blackface Minstrel Show in Preindustrial South Africa", *The Drama Review*, verão 2013, pp. 66-85 (consultado online).

3. O relato aqui descrito foi feito pela irmã de Pessoa em *Intimidade*, p. 60. A sobrinha de Pessoa lembra de sua mãe contar uma história bem diferente, em que todas as crianças se fantasiaram

e Fernando não correu atrás dos criados, que foram contatados no dia seguinte por seu padrasto. Manuela Nogueira, *O melhor do mundo são as crianças*, p. 53.

4. O nome desse personagem talvez tenha sido inspirado em *quebrantahuesos*, a palavra espanhola para o abutre barbudo (literalmente, "quebra-ossos").

5. *Intimidade*, p. 67. A irmã de Pessoa contou que sua mãe tocava músicas de Mozart, Beethoven e Liszt, entre outros.

6. Belcher e Collins, *The Durban High School Record 1866-1906*, pp. 66-7.

7. João de Freitas fora ao continente em busca de tratamento e faleceu em Lisboa em 21 fev. 1904.

8. Doc. 49B^{1}/16.

9. H. S. Hall e S. R. Knight, *Elementary Algebra for Schools* (Londres: MacMillan 1898).

10. Os termos e condições da Exposição foram publicados no *Natal Almanac, Directory e Yearly Register* de 1903, p. 280.

11. David L. Chapman, *Sandow the Magnificent* (Urbana: University of Illinois Press, 1994), pp. 153-5. O *Evening Post* de Wellington, Nova Zelândia, noticiou em 10 dez. 1904 (p. 13) que a recente viagem de Sandow à África do Sul incluíra "visitas à Cidade do Cabo, Durban, Joanesburgo, Port Elizabeth, East London e Delagoa Bay".

12. Carta publicada em Pessoa, *Correspondência inédita*, p. 203 (doc. 79/7v.). A menção da tabela de medidas indica que *Strength and How to Obtain It* foi o livro que Pessoa encomendou e recebeu.

13. Jon Stallworthy, *Between the Lines: Yeats's Poetry in the Making* (Nova York: Oxford University Press, 1963), p. 14. Reiner Stach, *Kafka: The Early Years* (Princeton University Press, 2017), p. 278. Lyndall Gordon, *T. S. Elliot* (Nova York: W. W. Norton, 2000), p. 30.

14. Pessoa guardou a carta, utilizando posteriormente o verso e parte da frente para anotações literárias e rabiscos (docs. 48A/44v-47v). Sobre os suportes expansores do tórax, ver doc. 133C/33.

15. No final de 1904 ou no início de 1905, Pessoa usou cerca de vinte páginas de depoimentos sobre os benefícios do sistema Macdonald Smith para fazer um caderno (144B^{2}), escrevendo no verso em branco das páginas.

16. Docs. 27^{21}K^{4}/1-4 (em inglês).

17. Sobre "império" como quadro de referência arraigado de Pessoa em razão de sua formação, ver Stefan Helgesson, "Pessoa, Anon, and the Natal Colony: Retracing an Imperial Matrix", in: Ferrari e Pizarro (Orgs.), *Fernando Pessoa as English Reader and Writer*, pp. 30-46.

18. Doc. 114^{1}/81.

19. Docs. 27^{22}Z^{5}/1-3.

20. Doc. 18/61. Pessoa, *Páginas de estética*, p. 81. Pessoa fez dois mapas astrais de Ruskin (doc. Sinais 6/61v e caderno 144/P3) e leu *The Life of John Ruskin*, de W. G. Collingwood.

21. Citado na p. 192 de *Modern Humanists*, de John M. Robertson, na biblioteca pessoal de Pessoa.

22. Doc. 27^{21}L^{4}/19v. Inacabado e não publicado.

23. Docs. 27^{21}O^{4}/1-4. Inacabado e não publicado.

24. Docs. 48C/12; 124/26. Pessoa, *Teoria da heteronímia*, pp. 356-7.

25. *LDD*, trecho 299.

26. Verbete sobre Storm em *The Natal Who's Who*, p. 189.

14. [pp. 227-41]

1. "Lisbon revisited (1926)".

2. *Ilustração Portuguesa*, 31 jul. 1905, p. 620.

3. Uma das primeiras salas de cinema, o Salão da Avenida, foi inaugurada em 1898, mas durou apenas um ano. Alguns teatros tradicionais também exibiam filmes.

4. *Diário Ilustrado*, 10 set. 1905, p. 1; *Ilustração Portuguesa*, 18 set. 1905, p. 732. A indústria do tabaco era uma importante fonte de receita para o Tesouro e uma fonte de subornos e propinas para os que estavam no poder. Maria Filomena Mónica, "Capitalistas e industriais (1870-1914)", *Análise Social*, v. 33, n. 5, pp. 819-863, 1987.

5. O registro das finanças de Dionísia por tia Maria contém referências à sua empregada alemã (CHP). Pessoa fez uma referência ocasional a ela em algumas anotações de 1907 (doc.134/68v).

6. Sobre a frequência escolar e o desempenho de Pessoa no Curso Superior de Letras, ver Luís Prista, "Pessoa e o Curso Superior de Letras". Sobre a história do Curso e a distinção entre alunos voluntários e ordinários, ver Francisco Adolpho Coelho, *Le Cours Supérieur de Lettres: Mémoire* (Paris: Aillaud et Cie., 1900), e Manuel Busquets de Aguilar, *O Curso Superior de Letras (1858-1911)* (Lisboa: Faculdade de Letras, 1939).

7. O neto de Beatriz, Rodrigo Miquelino, contou-me que seu pai era metade inglês e sua mãe, de ascendência irlandesa, norueguesa, francesa e escocesa em igual medida. Informações sobre o período consular de Eduardo Teixeira Rebelo em Pretória encontradas no *Anuário Diplomático e Consular Português* para 1889-1890 e 1891.

8. Doc. $49A^7$/28; publicado em Hubert Dudley Jennings, *Fernando Pessoa: The Poet with Many Faces*. Embora não tenha terminado o poema, Pessoa incluiria "To a Prostitute" em listas de poemas atribuídos a Alexandre Search. No entanto, esse heterônimo ainda não existia na época em que o poema foi (parcialmente) escrito.

9. "Harlot's Song", escrita em português (exceto pelo título em inglês) em 1 jul. 1910.

10. Doc. 133D/76v.

11. Doc. 133N/19v.

12. *LDD*, trechos 195 e 317; Pessoa, *Páginas de estética*, pp. 307-08.

13. Quando o arquivo de Pessoa ainda estava em poder da irmã, ao lado de um rascunho de sua carta a *Punch* foi encontrada uma cópia da "Elegy on the Marriage of My Dear Friend Mr. Jinks" (*Exílios*, p. 94). Não há provas, no entanto, de que Pessoa tenha realmente enviado cópias de sua carta (docs. 114^3/25-26) e poema (docs. 78B/53-60).

14. *Imagens*, pp. 55-57.

15. Anotações no diário de 16, 20, 21 mar. e 12, 13 e 27 abr. O diário de 1906 (docs. 22/74; 13A/41-58) foi publicado em *EA*, pp. 24-26.

16. Docs. 48B/123, 127, 129.

15. [pp. 242-51]

1. O livro que atacava as convenções era *Palavras cínicas* (1905), de Albino Forjaz de Sampaio (1884-1931).

2. As informações sobre Henrique Rosa são do Arquivo Histórico Militar. A dedicatória num manuscrito de poesia inédito no seu arquivo literário (na Biblioteca Nacional de Portugal) indica que viveu com Augusta de 1881 até a morte dela, em 1919.

3. Doc. 15B^{3}/90 (em inglês).

4. Doc. 49C^{1}/40.

5. No entanto, fez alguns comentários ocasionais em seu exemplar de uma tradução francesa de *The Descent of Man, and Selection in Relation to Sex*, de Darwin.

6. Ana Leonor Pereira, *Darwin em Portugal (1865-1914)* (Coimbra: Almedina, 2001).

7. O slogan é muitas vezes atribuído ao próprio Haeckel, mas não se encontra em nenhuma de suas obras publicadas. De qualquer forma, Haeckel era um fervoroso defensor da eugenia.

8. De acordo com uma lista de "Memoranda" de 1913 (doc. 28A/9).

9. Docs. 92D/45-46; Pessoa, *Da República*, p. 158.

10. Jennings, *Fernando Pessoa: The Poet with Many Faces*, p. 67.

11. Caderno 144N/7-8. Diário de Pessoa de 1906 (docs. 22/74; 13A/41-58).

12. Rousseau e a maioria dos outros autores citados são mencionados no diário de 1906; o nome de Chateaubriand aparece numa lista da mesma época (caderno 144B^{2}/11).

13. Docs. 27^{11}L^{2}/1-3.

14. Docs. 134B/28v; 23/13v; 48B/123; 133G/39.

16. [pp. 252-70]

1. O primeiro biógrafo de Pessoa relatou que a família chegou de Durban em outubro de 1906, mas os registros do consulado em Durban e os arquivos diplomáticos de Lisboa indicam que eles partiram em 22 maio 1906, viajando no *Admiral*, um navio alemão que fez escala em Lisboa em 1º de jul. Doc. 90^{1}/62.

2. No trecho "Educação sentimental".

3. Trecho intitulado "O rio da posse".

4. Pessoa guardou o envelope pardo enviado pelo atacadista G. Delpy a Mário. Doc. 133J/34v.

5. Doc. 11^{7}EN/7v.

6. Doc. 115^{1}/18.

7. Docs. 15A/33v e 49B^{1}/83v.

8. Caderno 144N/13-17. Docs. 14^{6}/63v, 64, 66v; 24/14v. EA, p. 46-52. *Génio*, pp. 620-1.

9. Várias folhas com essas medidas estão na CHP. Pessoa já havia registrado as suas próprias medidas cranianas, as da tia-avó Maria e da tia Anica. Doc. 90^{1}/80. *Notas*, p. 161.

10. Prista, "Pessoa e o Curso Superior de Letras", pp. 173-77. *Foto FP*, p. 84.

11. Docs. 22/74v; 13A/56v. Cadernos 144B^{2} e 144C^{2}.

12. Caderno 144H.

13. Docs. 13A/1-20.

14. Esse e vários votos semelhantes fazem parte de um "vínculo vitalício" descrito no capítulo 18.

15. Eliot fez suas observações em palestra proferida em Harvard em 17 fev. 1933. Ver Eliot, *The Use of Poetry and the Use of Criticism* (Londres: Faber & Faber, 1964), p. 89.

16. Doc. 74B/41.

17. Os muitos trechos que Pessoa escreveu para o seu *Prometheus Rebound* estão em env. 11[12]PR. A primeira vez que trabalhou com empenho na peça foi no final de 1916, mas os primeiros fragmentos datam de pelo menos 1907, e a obra é mencionada numa lista de projetos elaborada nesse mesmo ano (doc. 48B/129).

18. Do poema "Às vezes medito", de 29 abr. 1928.

19. Doc. 22/45a. Pessoa, *Textos filosóficos*, v. 1, pp. 68-9.

20. Docs. 22/48-49. Pessoa, *Textos filosóficos*, v. 1, pp. 73-4.

21. Doc. 35/30. Reproduzido em Rita Lopes, *Pessoa por conhecer*, p. 225.

22. Docs. 22/39; 23/32. Pessoa, *Textos filosóficos*, v. 1, pp. 55, 186. O caderno inaugurado por Alexander Search em set. 1906 contém o esboço de uma obra filosófica intitulada mais sucintamente *The World as Power* (caderno 144H/39v).

23. *EA*, p. 21.

24. Docs. 22 / 45-6, 50, 53-7. Pessoa, *Textos filosóficos*, v. 1, pp. 67-72, 74-5, 80-3.

25. Os textos escritos para *Extent and Causes of Portuguese Decay* podem ser encontrados principalmente em envs. 92N-92Q; citação no doc. 92Q/72.

26. Rui Ramos, *D. Carlos*, pp. 262-63.

27. Docs. 92O/84-91.

28. A causa da morte de Maria Clara, em 11 dez. 1906, consta em *Intimidade*, p. 59. O aborto espontâneo de Maria Madalena ocorreu em 19 jan. 1907, segundo os autos do sepultamento (devo essa informação a Jorge Ferreira).

29. Carta datada de 5 nov. 1910, parcialmente publicada em *Imagens*, p. 68.

30. Uma carta da mãe de Pessoa ao filho datada de 28 abr. 1912 confirma a partida de Lisboa em 25 abr. 1907.

31. A sua perda de interesse é mencionada numa nota no final de um rascunho incompleto de uma carta à mãe, escrita no início do segundo semestre de 1907 (doc. 138A/47v). *EA*, p. 408.

32. João Maria Nogueira Rosa, "Fernando Pessoa — Como eu o conheci", p. 233.

33. Doc. 92O/88.

17. [pp. 271-85]

1. A irmã de Pessoa relatou que seus pais ficaram muito decepcionados com a decisão dele de abandonar os estudos (Henriqueta Rosa Dias a Maria Ivone de Ornellas de Andrade, "Ele sabia o valor que tinha", p. 6). Um rascunho de uma carta de Pessoa à mãe (docs. 138A/46-47) dá-nos uma ideia dos tons ofendidos e ofensivos das cartas efetivamente trocadas.

2. Docs. 133I/57; 133F/53v. Caderno 144T/33v.

3. Doc. 78B/55. Pessoa, *Poemas ingleses*, v. 2, pp. 9-13 (introdução do editor).

4. Uma transcrição de "A Very Original Dinner" foi publicada num apêndice de *Adverse Genres in Fernando Pessoa*, de K. David Jackson. O primeiro capítulo do livro analisa o conto à luz dos

estudos etnográficos de cientistas como Darwin e as teorizações de Freud em obras como *Totem e tabu* e *O mal-estar na civilização*.

5. Max Nordau, *Degeneration*, livro 2, cap. 3, p. 128.

6. *OE*, v. 3, pp. 211-212. A resposta de Pessoa à enquete foi publicada seis meses após sua morte.

7. Nordau, *Degeneration*, livro 2, cap. 3, p. 127.

8. *Ibid.*, livro 2, cap. 3, p. 101.

9. Doc. 134/44.

10. Docs. 134/59-60. *Génio*, pp. 682-85. Pessoa consultou o artigo "Folie du doute avec délire du toucher", de Antoine Ritti (1844-1920), no *Dictionnaire encyclopédique des sciences médicales*, v. 3 (Paris: Éd. G. Masson et P. Asselin, 1879), pp. 339-48.

11. Docs. 134/13, 40. *Génio*, pp. 48, 50.

12. Docs. 134/41. *Génio*, pp. 51.

13. Docs. 134/41; 134A/93v. *Génio*, pp. 51, 323.

14. *Genio e follia* [Gênio e loucura], de Lombroso, foi publicado em 1864. *L'uomo di genio*, publicado em italiano em 1888, era uma versão bastante expandida da obra anterior.

15. Em 1906, Pessoa havia lido, em edição francesa, *O homem delinquente*, de Lombroso.

16. Pessoa leu uma edição de 1893 do livro de Nisbet e uma edição de 1897 do livro de Hirsch (publicado pela primeira vez em alemão, em 1894). Jerónimo Pizarro faz um relato minucioso das leituras de Pessoa durante esse período em *Fernando Pessoa: Entre génio e loucura*.

17. Caderno 144Z/7.

18. Carta datada de 11 dez. 1931 a João Gaspar Simões.

19. Docs. 15B3/1-2. Caderno 144Z/19. *Génio*, pp. 189, 375-6.

20. Em 1909, Pessoa iniciou um artigo (inacabado) que refutava alguns dos principais argumentos apresentados em *Degeneração*, de Nordau (docs. 14^1/89-90). *Génio*, pp. 380-1.

21. Cinco dos seis títulos de Nordau estão na biblioteca pessoal de Pessoa. Ele tinha um exemplar em dois volumes de uma edição francesa de *Degeneração*, que vendeu algum tempo depois de 1910 (doc. 93/100v).

22. Doc. 20/84. Essa enquete literária, assim como a última mencionada, não foi impressa durante sua vida. Pessoa, *Páginas íntimas*, pp. 122-4.

23. *LDD*, trecho 305.

18. [pp. 286-303]

1. Fernando Pessoa, "O que um milionário americano fez em Portugal", *Fama* (Lisboa), 10 mar. 1933, p. 24.

2. João Lobo Antunes, *Egas Moniz* (Lisboa: Gradiva, 2010), p. 108.

3. Caderno 144T/30. A carta foi enviada em 26 ago. 1907. Cerca de 25 anos depois, a Fundação Bernarr Macfadden faria uma exibição do método do fundador com um grupo de cinquenta meninos portugueses órfãos, que passaram seis meses num acampamento infantil a oeste de Lisboa, em 1931-1932. Pessoa escreveria com entusiasmo sobre os resultados alcançados e sobre o próprio MacFadden para uma revista portuguesa. "O que um milionário americano fez em Portugal", pp. 22-4.

4. Caderno 144T/51-52. Familiares e amigos relataram que Pessoa sempre tomava banho frio (*Intimidade*, p. 250).

5. Imperial Shoulder Brace: doc. 135/42. O "aparelho Pulvermacher" aparece numa lista de 1908 de coisas para levar numa viagem planejada para Londres (doc. 92Y/58v). Uma vez que o "aparelho" era comercializado para uso diário, não como um item de viagem, presume-se que Pessoa já possuía um deles.

6. Além de outros psiquiatras portugueses, Pessoa depreciava Egas Moniz também como neurologista, acusando-o de nunca ter tido uma ideia original e de apenas papaguear os outros. Docs. 15B³/81-85; *Génio*, pp. 397-8.

7. Docs. 138A/46-47. *EA*, pp. 63-5.

8. *LDD*, trecho 77.

9. Caderno 144T/24-29v (em inglês).

10. Docs. 49A¹/47v, 48v; 49D¹/44v.

11. Carta de Mascaró (CHP) transcrita em *Imagens*, p. 53. O *Anuário comercial de Portugal Ilhas e Ultramar*, de 1920, lista Aniceto Mascaró como diretor da R. G. Dun em Portugal. Posteriormente, ele viria a ser diretor da R. G. Dun na Espanha, para onde levou a família. Sua mulher, Laurinda, faleceu e foi sepultada em Madri em março de 1931. Filho de um conceituado oftalmologista que fundara uma pequena escola para cegos em Lisboa, Mascaró também trabalhava como oculista.

12. Caderno 144I/7. Doc.137E/58 (publicado em *Foto FP*, p. 93).

13. Caderno 144T/42, 51. Ver também doc. 133M/30. As primeiras anotações de Pessoa sobre seus sistemas de taquigrafia podem ser encontradas principalmente em envs. 128 e 128C e no caderno 144L.

14. Docs. 14⁶/40v; 49D¹/48v; 75A/31v; 133F/53v. Caderno 144J/2v.

15. Doc. 79/10v. Informação sobre o novo endereço obtida com Margarida Soares Couto, cuja mãe vivia com a família de Anica em 1906-07.

16. Caderno 144J/31-32. Essas anotações foram escritas no final de 1907, em inglês.

17. *Poems by Walt Whitman* (Londres: Review of Reviews Office, c.1895), pp. 33-4.

18. Caderno 144T/52. Docs. 48C/18; 20/9; 133C/19. Pessoa, *Teoria da heteronímia*, pp. 358-9.

19. Docs. 26/90v-91.

20. *EA*, p. 82.

21. *A Vanguarda*, 1 jan. 1908, p. 1.

19. [pp. 304-18]

1. Ramos, *D. Carlos*, pp. 313-9.

2. O livro de Pessoa citava outro estudo psiquiátrico de Franco, *Um caso de loucura epiléptica*, publicado em 1907 pelo médico português Arthur Leitão. O exemplar de Pessoa da obra (em env. 108C) tem a assinatura de Alexander Search.

3. Doc. 92P/70.

4. *The Graphic*, 29 fev. 1908, p. 17.

5. Docs. 92Y/36, 41. Muitas outras páginas defendendo o regicídio, algumas delas contemporâneas, outras datando de 1909, podem ser encontradas em env. 92Y.

6. Pessoa guardou uma cópia datilografada do artigo enviado (doc. 124/7), na qual registrou a data e o conteúdo do cartão que a acompanhava.

7. "Lisbon Murders", *Daily Telegraph*, 11 mar. 1908, p. 11.

8. Docs. 92J/23-24. Caderno 144I/7, 63. O jornal republicano *Vanguarda* noticiou em 30 mar. 1908 que mais de 50 mil pessoas compareceram à manifestação.

9. Doc. 92H/46. No topo do rascunho desse artigo inacabado, Pessoa anotou a data e o nome do jornal *A Luta*, 27 fev. 1908, onde leu sobre os "Sofrimentos do povo russo".

10. Pessoa-Search criticou o primeiro dos quatro volumes de *La Folie de Jésus* (1908-1915), que causou sensação e foi imediatamente traduzido em Portugal. Os trechos escritos para o panfleto foram transcritos em *Génio*, pp. 244-56.

11. "Trois chansons mortes", *Contemporânea*, jan.-mar. 1923. Pessoa escreveu cerca de vinte poemas completos em francês, bem como muitos outros poemas inacabados e fragmentos de poemas, todos reunidos em *Poèmes français*.

12. Ver, sobre esse tema, a esclarecedora introdução a Pessoa, *Obras de Jean Seul*, pp. 7-36.

13. No livro 5, "O século xx", cap. Nordau acreditava que esse pior cenário possível de decadência futura seria evitado.

14. Docs. 92S/71-72 (em inglês).

15. Charles James Search também deveria traduzir *El estudiante de Salamanca*, de José de Espronceda, um projeto anteriormente confiado a Alexander.

16. Caderno 144I/61v, 62r. Doc. 92Y/58v. Pessoa escreveu as duas listas em inglês.

17. O Arquivo Pessoa contém pelo menos cinco referências à correspondência de Pessoa com Sprigg, Pedrick & Co., e uma para o Quill Club. Docs. 48H/49; 92P/35v; 92W/29v; 133M/1v. Caderno 144I/3. Sobre a família Search, ver Pessoa, *Teoria da heteronímia*, p. 69.

20. [pp. 319-27]

1. "Influências", 1914. *EA*, p. 150.

2. Doc. 138A/6.

3. Posfácio e apêndices de Quental, *Os sonetos completos de Antero de Quental, com tradução parcial em língua inglesa por Fernando Pessoa* (Org. de Patricio Ferrari. Lisboa: Guimarães, 2010).

4. Pessoa, *Cartas a Armando Côrtes-Rodrigues*, p. 76.

5. O exemplar de Pessoa de *Dr. Faustus* foi publicado em 1912.

6. Doc. 29/96. Pessoa, *Fausto*, p. 231, 502.

7. *Novo Almanach de Lembranças Luso-Brazileiro para o Anno de 1909*, p. 144.

8. Pessoa publicou outro enigma poético do Dr. Nabos no almanaque de 1910, p. 277.

9. Os editores de Pessoa, *Eu sou uma antologia*, pp. 709-10, afirmam que nem *O Progresso* nem *A Civilização* eram obra sua, que, segundo eles, adquiriu exemplares por causa da gozação com sua capacidade poética. Mas, embora tenha guardado apenas um exemplar de *A Civilização*, onde aparecia a sátira, guardou dois exemplares do terceiro número de *O Progresso*, além de exemplares avulsos dos dois primeiros números, nos quais não encontramos referências a ele. Além disso, várias correções nos jornais foram feitas em sua caligrafia. Como o mimeógrafo pertencia a Mário, é concebível que esse primo e vários outros o tivessem usado para produzir a brincadeira, mas não estava em sua capacidade de imaginação inventar partidos políticos oponentes, um governo de faz de conta e discursos políticos zombeteiros. Os primos podem ter contribuído com alguma coisa para o projeto, mas é óbvio que a ideia foi de Pessoa.

10. A vida de Clara Alves Soares (1891-1977) em Lisboa, as suas impressões de Pessoa e as idas à Trafaria foram-me relatadas pela filha, Margarida Soares Couto. Pessoa enviava correspondência à Trafaria já em agosto de 1907 (caderno 144T/30), e as cartas ainda preservadas de sua mãe indicam que tia Anica e seus primos-irmãos continuaram a ir para lá pelo menos até setembro de 1912.

11. Doc. 93/13.

12. A rua Bella da Rainha é a atual rua da Prata. Mário logo mudou seu escritório para a rua do Carmo, número 35, 2º andar. Os documentos ligados à agência de mineração podem ser encontrados principalmente em envs. 137B-137D do Arquivo Pessoa.

21. [pp. 328-38]

1. João Maria Nogueira Rosa, "Fernando Pessoa — Como eu o conheci, p. 232; António Mega Ferreira, *Fazer pela vida*, p. 51

2. Doc. 137E/58. Mega Ferreira, *Fazer pela vida*, pp. 55-56, 215-6.

3. Sua rejeição à oferta de emprego e o salário que receberia são mencionados na carta de Maria Nogueira Rosa a Pessoa datada de 12 jan. 1913. Eduardo Freitas da Costa (*Notas*, p. 61) afirmou que o salário inicial era maior: 40 mil réis mensais.

4. Doc. 49A²/37. O manuscrito contém vários finais alternativos, todos preservando a noção da apatia como reinante suprema.

5. Caderno 144M/31v. Mega Ferreira, *Fazer pela vida*, pp. 57-58.

6. Caderno 144M/1v. Mega Ferreira, *Fazer pela vida*, pp. 41-65, traz o relato mais completo da compra da máquina e dos equipamentos adicionais por Pessoa.

7. Caderno 144M. *Revista Lusitânia* e *Revista Íbis* eram nomes alternativos para a revista.

8. Doc. S2/23.

9. Os planos de publicação de Pessoa para a Íbis encontram-se no caderno 144V e nos docs. 48A/11; 48B/130-133, 148; 55D/101v; 93/51.

10. O título *Tratado de Luta, Sistema Yvetot*, atribuído a Miguel Otto e não a Carlos Otto, aparece em uma incipiente lista de livros da Íbis que foi rasurada (caderno 144V/5). As páginas efetivamente escritas para o tratado (docs. 124/56-59), com um título um pouco diferente, foram assinadas por Carlos.

11. Zenith (Org.), *Fernando Pessoa: O editor*, pp. 150-1.

12. O nome do pesquisador é Rui Sena, de Loulé. Dois anos depois, a pesquisadora Ana Rita Palmeirim descobriu que a Empresa Íbis publicou o primeiro número de *A Mosca* (16 mar. 1910) e vários números de *A Comédia* em abril e maio de 1910; ambas foram revistas obscuras e efêmeras publicadas em Lisboa.

13. Zenith, *Fernando Pessoa: O editor*, p. 155.

14. Docs. 28A/10; 66D/6v; 92A/87v.

15. Doc. 11¹⁴X/8v, 8av.

16. O doc. 11¹⁴X/8a contém o esboço inicial do primeiro quarteto do soneto "How Many Masks Wear We", datado de 5 ago. e aqui citado. Nove sonetos adicionais que entrariam na coletânea *35 Sonnets* (sonetos 1, 4, 11, 13, 14, 18, 23, 25 e 27) foram escritos entre 6 e 15 ago. (ver a esse respeito a introdução a Pessoa, *Poemas ingleses*, v. 1, pp. 8-9. Naquele mesmo mês, Pessoa escreveu ainda outros sonetos em inglês não incluídos em *35 Sonnets*.

17. Doc. 11^{14}X/9. Escrito, em inglês, na mesma seção que o documento mencionado nas duas notas anteriores.

18. Doc. 93/51. A maior parte do material para este poema fragmentário pode ser encontrada em envs. 11^{7}EN e 11^{7}ENP (transcritos por Nicolás Barbosa, Jerónimo Pizarro, Carlos Pittella e Rui Sousa em "Portugal, o primeiro aviso de *Mensagem*", *Pessoa Plural*, primavera 2020, pp. 76-229). O doc. 11^{7}EN/71 contém um epílogo (fragmentário), seguido da data de ago.-set. 1910, mas Pessoa escreveria estrofes adicionais para o poema até pelo menos 1918 (doc. 44/36).

22. [pp. 339-49]

1. Doc. Anexo IV/6.

2. Docs. 56/36-37. O poema, datado de 26 out. 1909, foi publicado em Teresa Rita Lopes, *Pessoa por conhecer*, p. 219.

3. Entre minhas fontes de informação sobre a República portuguesa estão Douglas Wheeler, *Republican Portugal: A Political History, 1910-1926*, e Rui Ramos, *História de Portugal: A segunda fundação (1890-1926)*.

4. Doc. 92W/63.

5. Doc. 92B/53. As anotações de Pessoa referem-se a um artigo publicado em *A Capital*, 10 fev. 1911, p. 1. O autor, Abel Sebroza, temia que um partido republicano conservador defendesse o retorno aos valores da monarquia e das classes privilegiadas.

6. Arnaldo Saraiva, *Fernando Pessoa, tradutor de poetas*, reproduz e discute muitas das traduções de Pessoa publicadas na *Biblioteca*. O Arquivo Pessoa contém quatro cartas de Kellogg datadas de 21 jul. 1911 a 19 fev. 1912 (docs. 115^{1}/20-21; 66A/8v; 115^{8}/43). Deduziu-se a chegada de Kellogg em maio de 1911 a partir de uma lista de passageiros (consultada em ancestry.com), indicando que ele chegou a Southampton de Nova York em 3 maio 1911 e tinha uma passagem para Lisboa.

7. Hoje, a igreja sem teto abriga um museu arqueológico.

8. Sua carta de 12 jan. 1913 mencionaria uma carta anterior dele que falava dessa repulsa.

9. Entrevista com Margarida Soares Couto.

10. Cadernos 144V/55 e 144I/63v.

11. Soneto intitulado "Junho de 1911".

23. [pp. 350-63]

1. Antônio Mora era o nome do protagonista num trecho escrito para a narrativa de Cascais; em outros trechos, o nome do protagonista era dr. Gama Nobre. Não está claro qual veio primeiro e qual Pessoa finalmente escolheu, se é que de fato se decidiu por algum. Ele nunca terminou a história, mas Gama Nobre ressurgiria na década de 1920 como o protagonista perturbado de uma narrativa bem diferente, que se passa numa cidade próxima: "Na Casa de Saúde de Caxias". Caxias fica a meio caminho entre Lisboa e Cascais.

2. Doc. $27^{9}E^{2}$/20. A fobia sexual de Marcos Alves é aparente em vários trechos de fato escritos e ainda mais em anotações para trechos não escritos: docs. $27^{9}E^{2}$/1, 2, 7, 9, 10. Praticamente

todo o material do romance foi publicado em *Génio*, pp. 526-47, e em Pessoa, *A porta e outras ficções*, pp. 203-30, 282-4.

3. É possível que Pessoa tenha "lido" Krafft-Ebing somente através de outros escritores, como Nordau e Lombroso.

4. Ele abandonou o projeto por volta de 1920.

5. A peça consta dos planos de publicação ao longo da vida de Pessoa, e parte de pelo menos uma cena foi escrita em seu último ano de vida, em 4 jan. 1935 (doc. 11^{5}D/71).

6. Doc. 11^{4}D/51v.

7. Doc. 11^{4}D/16v.

8. Doc. 11^{4}D/80v.

9. Docs. 11^{5}D/42, 38; 11^{4}D/95.

10. Doc. 11^{5}D/83 (em inglês).

11. Caderneta (1911-1913) na Casa Fernando Pessoa. Página reproduzida em *Objectos*, p. 150.

12. Docs. 16A/29-30.

13. Docs. 92J/2; 133M/76.

14. As cartas desse período da mãe de Pessoa para o filho mencionam que tia Anica estava às voltas com as tias-avós Rita e Maria. Sua carta de 2 set. 1911 dá a entender que Pessoa fora morar com a tia e os primos pelo menos um mês antes. Ele já começara a receber correspondências no endereço deles em junho.

15. Docs. 151/1; 11^{7}EN/92. Caderno 144V/4.

16. De um texto intitulado "Os homens dos cafés", doc. 55F/28. Docs. 55F/27, 29-30 também pertencem ao ensaio embrionário, nesse caso intitulado "Vida de café".

17. Armando Côrtes-Rodrigues, "Encontro", p. 11. Côrtes-Rodrigues afirmou que se encontrava quase diariamente com Pessoa entre 1910 e 1915 (mas o diário de Pessoa de 1913 prova que isso não é verdade). Recorri a Anabela Almeida, *Armando Côrtes-Rodrigues, vida e obra do poeta açoriano de Orpheu*, para obter informações biográficas e bibliográficas a seu respeito.

18. O lugar da música na escrita e no pensamento de Pessoa, em particular no que se refere à poesia, é examinado no primeiro capítulo de Rita Patrício, *Episódios: Da teorização estética em Fernando Pessoa* (Vila Nova de Familicão: Humus, 2012).

19. Ver as entrevistas publicadas de Signa Teixeira Rebelo.

20. Pierre Hourcade, *Temas de literatura portuguesa*, p. 134. Manuel Mendes, *Sobre a oficina do escritor*, p. 11. Luís da Câmara Reis, "Boletim", p. 333. Carlos Lobo de Oliveira, "Fernando Pessoa, tradutor e astrólogo", *Boletim da Academia Portuguesa de Ex-Libris*, jan. 1959, p. 16. Devo a Caio Gagliardi a comparação do sorriso de Pessoa ao da *Mona Lisa*.

21. O Arquivo Pessoa contém cópia carbono somente da 14ª página da carta ao tio (doc. 28/92). Uma referência à viagem de Pessoa ao Algarve indica que foi escrita no último trimestre de 1914.

22. "Refugees in Spain", *Daily Telegraph*, 4 out. 1911, p. 11.

23. Doc. 48D/25. As dezenas de páginas escritas para o ensaio, a maioria delas inéditas, estão concentradas nos envs. 130-132.

24. Doc. 92W/50 (citado). Ver também docs. 92B/16-17; 92E/41-42, 65; 92W/22-23; 92X/49-50, 100. Pessoa atribuiu a autoria do ensaio a um certo Gervásio Guedes ou, alternativamente, a L. Guerreiro.

25. Docs. 48H/7-8.

26. Porém, continuou trabalhando em "Oligarquia das bestas" até 1915 (doc. 133M/97v).

24. [pp. 364-71]

1. *Vida*, p. 145. *Notas*, p. 62. Kellogg ainda se encontrava em Lisboa em 7 jun. 1912, quando enviou carta ao estadista republicano Bernardino Machado (consultada online em casacomum.org), informando que embarcaria para o Brasil no segundo semestre. Ele postergou sua viagem, partindo em 9 jan. 1913 de Dover, na Inglaterra, para o Rio de Janeiro no *Zeelandia* (de acordo com listas de passageiros consultadas em ancestry.com). Ele e Teixeira Rebelo devem ter viajado para Londres por volta de 1 jul.

2. *Objectos*, p. 122.

3. *A Águia* foi relançada em jan. 1912 como órgão oficial do grupo Renascença Portuguesa, fundado no ano anterior. O grupo e sua revista abriam espaço para a diversidade de opiniões, e a influência inicialmente forte de Pascoaes diminuiria com o tempo. Seu nome verdadeiro era Joaquim Pereira Teixeira de Vasconcelos.

4. Na anotação de seu diário de 4 mar. 1913, Pessoa menciona ter emprestado seu exemplar do número de 1 abr. 1911 de *A Águia* a um editor de revista (doc. 133L/44v).

5. Pascoaes, "Renascença", *A Águia*, jan. 1912, p. 33.

25. [pp. 372-8]

1. Carta de Pascoaes datada de 21 out. 1912. *Imagens*, p. 75.

2. Antônio Cobeira, "Fernando Pessoa, vulgo 'o Pessoa', e a sua ironia transcendente". Mais tarde, ele escreveria e publicaria um ou outro poema.

3. Entrevista em *O Primeiro de Janeiro*, 24 maio 1950, p. 3.

4. Noticiado no *Comércio do Porto,* 30 nov. 1985, que dá a revista brasileira *Fatos* (talvez *Fatos e Fotos*) como fonte original.

5. Cobeira, "Fernando Pessoa".

6. François Castex, *Mário de Sá-Carneiro*, pp. 13-42.

7. Doc. 38/37. Soneto publicado em Pessoa, *Poesia: 1902-1917*, p. 121, numa transcrição ligeiramente diferente. Parte do segundo poema foi publicada numa nota de fim em ibid., p. 452. Poemas republicados em Victor Correia, *Homossexualidade e homoerotismo em Fernando Pessoa* (Lisboa: Colibri, 2018), pp. 141-2, mas erroneamente datados de 11 fev. 1919.

8. *Non amabam et amare amabam*, no livro III. A frase aparece, em latim, em "Gostava de gostar de gostar", de Campos.

26. [pp. 379-93]

1. Os nomes das pessoas que se despediram de Sá-Carneiro foram mencionados num pequeno anúncio de primeira página publicado no dia seguinte em *O Mundo*.

2. Entre os livros que Pessoa comprou estão W. C. Rivers, *Walt Whitman's Anomaly* (1913) e Robert H. Sherard, *Oscar Wilde: The Story of an Unhappy Friendship* (1909).

3. Doc. 57/19a.

4. Nasceu em 17 ago. 1896, de acordo com sua certidão de nascimento, embora seu ano de nascimento seja frequentemente mencionado como sendo 1895. Morreu em 1956.

5. A pintura é datada de 27 mar. 1912 no verso da tela. Uma nota pessoal de Pessoa de set. 1912 (doc. 57/19v) diz "Quadro casa Castañé", o que talvez seja um lembrete para pegar o quadro.

6. *República*, 21 set. 1912, p. 1. A caricatura acompanhava uma das réplicas de Pessoa defendendo a sua afirmação de que em breve surgiria um Super-Camões que mudaria a face da literatura portuguesa.

7. Relatado por Sá-Carneiro em carta de 5 jul. 1913 ao amigo Gilberto Rola (publicada em *Vértice*, jan. 1966). Ele também aludiu ao caso na carta de 21 abr. 1913 a Pessoa.

8. Um recorte da notícia, cuja fonte não consegui identificar, permanece preservado entre seus papéis (CHP).

9. Doc. 28/95.

10. Em 30 mar. 1913 Pessoa escreveu que "Coelho" prometera lhe emprestar 130 mil-réis (cerca de 130 dólares na época, equivalentes a 3500 dólares em moeda de hoje) para viagens que pretendia fazer à Inglaterra e ao Algarve. A anotação do diário no dia seguinte afirma que esse mesmo Coelho, afinal, emprestou-lhe apenas 2 mil-réis. Tratava-se de um dos sete empréstimos de Geraldo Coelho de Jesus mencionados em duas listas detalhadas de dívidas pendentes elaboradas por Pessoa em 1913, uma nos primeiros meses do ano (docs. 28A/8-10) e a segunda em 15 nov. 1913 (CHP).

11. Em julho daquele ano, apresentou à agência um relatório técnico sobre uma mina de cobre (docs. 137C/14-22).

12. Anahory (1884-1969) largou a odontologia e a incipiente carreira literária para ingressar no serviço das relações exteriores português, que o levou para a França, onde foi cônsul de Portugal em Sète e em Rouen. Demitido do cargo em 1935 por emitir passaportes falsos a opositores de Salazar, passou uma temporada na Espanha, trabalhou para a seção portuguesa do Partido Comunista em Paris e foi detido quando regressou a Portugal. Informações biográficas, parte das quais consta do processo da polícia secreta portuguesa sobre Anahory, compiladas por Antônio Paula Brito, estão disponíveis em: <http://www.olhaocubista.pt/personalidades/TextosFFL/Israel_Anahory.htm> (acesso em 6 abr. 2015). O endereço de Anahory em Sète consta de uma lista compilada por Pessoa em 1923 (doc. 75/71v). Referências à sua obra literária (poemas e uma peça): docs. 48D/14; 48H/42. Pessoa fez um mapa astral para Anahory: doc. S7/43.

13. Do poema "The King of Gaps".

14. Edward Ayres d'Abreu, *Ruy Coelho (1889-1986): O compositor da geração d'*Orpheu, Universidade Nova de Lisboa, 2014, pp. 24-44. Dissertação de mestrado.

15. Um exemplo típico foi a resenha publicada em *A Capital*, 13 jun. 1913, p. 1.

16. Em "Nota ao acaso", assinada por Álvaro de Campos e publicada em 1935. Em textos redigidos em inglês e datando de 1912-1914, Pessoa escreveu que Camões era "italiano" ou "italianizado" (docs. 19/110v; 20/83v).

27. [pp. 394-407]

1. Doc. 130/23.

2. Anotação no diário de 3 abr. 1913. O diário de 1913 (docs. 20/18-45) foi publicado em *EA*, pp. 106-33.

3. Sá-Carneiro transmitiu esse comentário a Pessoa em carta de 6 jun. 1913.

4. Anotações de 8 mar. e 27 fev.

5. Docs. $27^{22}C^{6}$/1-2.

6. *LDD*, trecho 345.

7. *Aberdeen Daily Journal*, 19 jan. 1922.

8. A meia dúzia de sonetos escritos em 14 maio 1913 (docs. 40/33-34) foi inadvertidamente publicada como um único poema fragmentário com mais de noventa versos em Pessoa, *Poesia: 1902-1917*, pp. 174-7. Em seu estudo sobre a poética do amor de Pessoa, Aníbal Frias interpreta a Vênus-Efebo do primeiro soneto da série como um híbrido "ontológico e gramatical", feminino e masculino, em contínua tensão (pp. 96ss.). Se entendi a análise corretamente, ele considera que o desejo do eu poético não é tanto por um indivíduo hipotético, mas exatamente por essa confusão de gêneros e pela liberação (não só sexual) que isso representa. Trata-se de uma hipótese fascinante, mas toda a série de sonetos mostra claramente o eu poético tentando fazer com que uma relação entre pessoas do mesmo sexo se encaixe no paradigma heterossexual, com um homem desempenhando o papel masculino e o outro, o feminino.

9. Jacques d'Adelswärd-Fersen, fundador e editor-chefe de *Akademos*, primeiro periódico gay publicado na França, fala de "l'Autre Amour" no primeiro número, 15 jan. 1909, p. 68.

10. A edição norte-americana do livro de Hyde, recorrendo a outro eufemismo, ganhou o título de *The Love That Dared Not Speak Its Name* [O amor que não ousou falar seu nome].

11. Doc. 55/38.

12. Maria Nogueira Rosa a Fernando Pessoa, 16 mar. 1913.

13. Ibid.

14. *La inferioridad mental de la mujer*, tradução para o espanhol de *Über den physiologischen Schwachsinn des Weibes*, do neurologista alemão Paul Julius Möbius (1853-1907). Pessoa também tinha *La indigencia espiritual del sexo femenino*, do médico espanhol Roberto Nóvoa Santos (1885-1933). José Barreto, *Misoginia e anti-feminismo em Fernando Pessoa*, discute esses e outros livros misóginos da biblioteca de Pessoa, além de todos os indícios de misoginia em seus próprios escritos.

15. Docs. $15B^{1}$/82-83; Barreto, *Misoginia e anti-feminismo*, pp. 131-3.

16. Docs. 55/36-38. O texto completo, que é um diálogo, foi publicado em Barreto, *Misoginia e anti-feminismo*, pp. 123-9.

17. Na carta de Maria Nogueira Rosa de 20 abr. 1913, ela cita essas palavras de Pessoa para ele.

18. *Poemas em prosa* de Wilde (todos menos "O professor de sabedoria") na tradução de Pessoa para o português: docs. $27^{12}T^{2}$/1-2; 27^{23}/13; 94/7-11, 14-15. Planos para traduzir outras obras de Wilde: docs. 55L/5v; 175; 179. Ver também "Traducções" (CHP), em pessoadigital.pt (CP 248). Pessoa traduziu um trecho curto de *De Profundis*: doc. 23/66.

19. Doc. 18/50. Pessoa, *Páginas de estética e de teoria e crítica literárias*, pp. 67-69. Pessoa traduziu "Up at a Villa — Down in the City", de Browning, para a *Biblioteca Internacional de Obras Célebres*, v. 20, pp. 9890-92. Ele pretendia traduzir outros poemas de Browning para seus próprios projetos de publicação (docs. 48/8, 10, 56; 77/1-2; 93/89-90). Ver também "Traducções" (CHP), em pessoadigital.pt (CP 248).

20. Docs. 14E/64, 73, 69.

21. A biblioteca de Pessoa contém o livro de Gide sobre Wilde (1910), que ele leu com atenção, além de *Corydon*, a defesa da homossexualidade feita por Gide em 1924.

22. Doc. 14E/62.

23. "Wilde fez mais com suas excentricidades pessoais do que com suas obras." Nordau, *Degeneration*, livro III, cap. 3, pp. 317ss.

24. A carta, escrita em 1890, era para Beatrice Allhusen e referia-se à primeira versão de *The Picture of Dorian Gray*, publicada na *Lippincott's Monthly Magazine*.

25. Devo várias de minhas observações sobre Wilde e Pessoa a "Oscar Wilde, Fernando Pessoa and the Art of Lying", de Mariana de Castro (*Estudos Portugueses*, v. 22, n. 2, 2006, pp. 219-49) e à dissertação de doutorado de Jorge Uribe, *Um drama da crítica: Oscar Wilde, Walter Pater e Matthew Arnold, lidos por Fernando Pessoa* (Lisboa: Universidade de Lisboa, 2014).

28. [pp. 408-17]

1. Pessoa mencionou a sua correspondência com Lisbela em cartas à mãe, a qual, em carta de 16 fev. 1913, o incentiva a visitá-la, visto que "não tem estado contigo desde que és homem".

2. Doc. 92A/87v.

3. As visitas de Lisbela a Lisboa são mencionadas em cartas da mãe a Pessoa. Seu último empréstimo constava do rol de dívidas que Pessoa elaborou em 15 nov. 1913 (CHP).

4. Teresa Rita Lopes, *Fernando Pessoa et le drame symboliste: Héritage et création*, relatou ter visto anotações para a peça *Briareu* datadas já de 1908. Isso é possível, mas não as encontrei no Arquivo Pessoa. As cenas escritas por Pessoa para sua trilogia incluem também diálogos de um gigante da sua invenção, Livôr.

5. Claudia J. Fischer, "Auto-tradução e experimentação interlinguística na génese d'*O Marinheiro* de Fernando Pessoa", *Pessoa Plural*, primavera 2012, pp. 1-69; "Os caminhos d'*O Marinheiro* entre criação e auto-tradução", in: Richard Zenith, Fátima Lopes e Manuela Rêgo, *Os caminhos de Orphey*, pp. 59-68.

6. Doc. 48G/6. Caderno 144P/51v.

7. Doc. 48D/57. Esse projeto data de 1911 ou 1912.

8. É o que afirma o próprio Pessoa em sua carta inacabada a Yeats (doc. 114^3/72). James H. Cousins, "William Butler Yeats: The Celtic Lyrist", *The Poetry Review*, abr. de 1912, foi uma fonte provável de informação, de acordo com Patrícia Silva McNeill, *Yeats and Pessoa: Parallel Poetic Styles*, p. 2

9. Docs. 11^{14}X/6-7.

10. Doc. 28/95v.

11. Docs. 90^6/197-198.

12. Docs. 90^5/100-101; S4/15v.

13. Doc. 20/83. Pessoa, *Páginas íntimas*, p. 119.

14. Embora impresso em novembro de 1913, as folhas de rosto de *A confissão de Lúcio* e de *Dispersão* indicam 1914 como o ano de publicação.

15. Lista na CHP.

16. Pessoa, *300 Provérbios*, org. de Orlando Silva (Vergada: Gráfica da Vergada, 1996); Pessoa, *Provérbios Portugueses*, org. de Jerónimo Pizarro e Patricio Ferrari (Lisboa: Ática, 2010).

29. [pp. 418-27]

1. Dirigido por Stelios Charalambopoulos.

2. Doc. 20/17. *EA*, pp. 186-7.

3. "A imoralidade das biografias", publicado em Pessoa, *Páginas de estética*, pp. 131-2 (doc. 19/15). As biografias, de acordo com esse ensaio inacabado, são moralmente problemáticas, não porque façam associações indevidas entre gênio artístico e comportamentos excêntricos ou desvios da "normalidade" psicológica, mas porque essas conexões, que muitas vezes são válidas, podem induzir os aspirantes a escritores a imitar os estilos de vida de Baudelaire, Verlaine e Oscar Wilde na vã esperança de adquirir um pouco da genialidade deles.

4. Docs. 25/134; 48A/48; S3/43v.

5. Docs. 138A/66, 131/35a.

6. Li o ano de seu nascimento, dado no doc. $27^{16}W^2$/ 42v, como sendo 1868.

7. Pessoa, *Quaresma, Decifrador*.

8. Doc. 133G/52, datado do verão de 1912, contém uma referência ao panfleto que ele planejava escrever sobre o assunto.

9. Caderno $144D^2$/16-17.

10. Aqui e em outros pontos, acompanho Mariana Gray de Castro, *Fernando Pessoa's Shakespeare: The Invention of Heteronyms*, pp. 74-109, em sua excelente análise de Pessoa e a questão da autoria de Shakespeare.

11. Docs. 48E/29; 48B/22.

12. Doc. 138/77.

13. Alexander Search, conforme já citado, surgiu em 1906, mas lhe foi atribuída retrospectivamente uma série de poemas anglófonos escritos em 1904 e 1905. Sobre a família Wyatt, ver Pessoa, *Teoria da heteronímia*, pp. 78-9.

30. [pp. 428-42]

1. O cabeçalho é reproduzido em Marina Tavares Dias, *Mário de Sá-Carneiro — Fotobiografia*, p. 144.

2. *A Renascença*, fev. 1914. Foi o primeiro e único número da revista, fundada por José Coelho Pacheco e Fernando Carvalho Mourão, dois jovens escritores do círculo literário de Pessoa. "O sino da minha aldeia", discutido no cap. 1, foi o outro poema publicado por Pessoa na revista, que, apesar do título, não tinha qualquer ligação com o grupo Renascença Portuguesa do poeta Teixeira de Pascoaes.

3. Em texto publicado pela primeira vez em *Tricórnio*, Lisboa, 1952, pp. 17-22 (paradeiro do original desconhecido).

4. Os dramas estáticos foram reunidos em Pessoa, *Teatro estático*.

5. *O marinheiro* consta de uma lista de obras com data de fev. 1914 (doc. 48I/5), momento em que devia estar em grande parte concebido, se não totalmente concluído.

6. Ivo Castro, "O corpus de *O guardador de rebanhos* depositado na Biblioteca Nacional", *Revista da Biblioteca Nacional*, v. 2, n. 1, 1982, pp. 17-61.

7. Do poema XXXIX de *O guardador de rebanhos*.

8. Doc. 14B/62a (em inglês).

9. *LDD*, trechos 195, 285, 317.

10. A carta de 4 out. 1914 de Pessoa a Côrtes-Rodrigues, que explica como Ferro foi enganado, também dá a entender que alguns poemas estavam circulando entre leitores que pensavam que Caeiro era de carne e osso.

11. Doc. 68A/3.

12. Docs. 21/98-103, publicado em *OE*, v. 5, pp. 166-170. Doc. 14B/62, transcrito em adendo a Richard Zenith, "Pessoa and Walt Whitman Revisited", in: Mariana Gray de Castro (Org.), *Fernando Pessoas's Modernity Without Frontiers*, pp. 49-50.

13. Na referida entrevista que supostamente concedeu em Vigo (docs. 68A/8-10; 14^3/100; 68A/5, 4v).

14. Merton, "Translator's Note", *New Directions in Prose and Poetry 19* (Nova York: New Directions, 1966), p. 299. Sobre Merton e Pessoa, ver George Monteiro, *The Presence of Pessoa: English, American and South African Literary Responses*, pp. 32-40.

15. Leyla Perrone-Moisés, *Fernando Pessoa: Aquém do eu, além do outro*, no capítulo "Caeiro zen".

16. Doc. $50A^1$/21a.

17. O intersecionismo é aludido em três cartões-postais que Sá-Carneiro mandou para Côrtes-Rodrigues entre 2 e 28 mar. de 1914, e *Europa* no terceiro cartão. Reproduzido em apêndice de Anabela Almeida, *Armando Côrtes-Rodrigues, vida e obra do poeta açoriano de Orpheu*.

18. Doc. 48I/5.

19. Doc. 67/30. Os poemas, os de número XXIV e XXV de *O guardador de rebanhos*, foram datados de 13 mar. 1914.

31. [pp. 443-9]

1. Entrevista com Margarida Soares Couto.

2. Uma das anotações do diário de Pessoa mostra que Raul da Costa ficou lá pelo menos alguns dias em fevereiro de 1913. Talvez estivesse morando com eles.

3. Isso é uma conjectura da minha parte, uma vez que o novo apartamento de tia Anica era consideravelmente menor. Sabemos com certeza que Rita, ao morrer em 1916, morava com Carolina.

4. *Notas*, pp. 161-2; Carta de Pessoa para tia Anica datada de 24 jun. 1916. Em abril de 2011, a filha e uma neta de Clara Alves Soares me contaram sobre seu relato das sessões espíritas, que ela costumava mencionar com frequência.

5. Prefácio para a coleção planejada de obras intitulada "Aspectos".

6. O *Manifesto del futurismo* de Marinetti foi publicado em Milão e Bolonha algumas semanas antes de aparecer em francês. A primeira tradução portuguesa do manifesto surgiu em 5 ago. de 1909, mas no *Diário dos Açores*, longe do continente (Pedro da Silveira, "O que soubemos logo em 1909 do Futurismo", *Revista da Biblioteca Nacional*, n. 1, pp. 90-103, 1981). Fernando Cabral Martins, "Futurismo", in: Cabral Martins (Org.), *Dicionário de Fernando Pessoa e do modernismo português*, pp. 301-2.

7. A esta versão preliminar (docs. 66/80-81) acrescentei a mesma pontuação (pontos de exclamação, principalmente) que Pessoa acrescentaria à versão final.

8. Poema sem título que começa "Amem outros a graça feminina", 23 fev. 1914 (doc. 41/40).

9. Sua data de nascimento foi inicialmente 13 de outubro, mas Pessoa posteriormente alterou-a para o dia 15. Nietzsche nasceu em 15 de outubro de 1844.

10. "Você hoje vai falar com o Álvaro de Campos", advertia Pessoa às vezes a Alfredo Guisado, um amigo próximo e colaborador em 1914-15. Guisado, porém, não entrou em detalhes sobre o estilo de conversa de Campos. Ver Guisado, "Fernando Pessoa e a sua influência na literatura moderna".

32. [pp. 450-60]

1. Richard Zenith, "A verdadeira partida a Sá-Carneiro", *Colóquio-Letras*, maio-ago. 2017, pp. 135-42.

2. "O sentimento da natureza" (docs. 14^{5}/77-78; 40/25; 55M/28a; 150/1-3).

3. As respectivas explicações encontram-se na terceira das "Notas" de Campos, publicadas por Pessoa em *Presença*, jan.-fev. 1931, e no prefácio inacabado de Reis aos poemas de Caeiro (em particular, docs. 21/68, 116).

4. A correlação dos três heterônimos com diferentes horários do dia foi notada pela primeira vez por Antônio M. Feijó, num artigo publicado em 1999 e incluído em *Uma admiração pastoril*, pp. 127-8. "Ode à noite" foi um título que Pessoa usou a certa altura para os seus "Excertos de duas odes", de 30 jun. 1914 e publicada postumamente.

33. [pp. 461-71]

1. Doc. 48G/32. Caderno $144D^{2}$/41v. É possível que o sumário tenha sido elaborado no início do segundo semestre de 1914.

2. Pessoa conservou uma cópia parcial dessa carta (doc. 92I/5).

3. Doc. 14B/5. No fim, Pessoa não mencionou os heterônimos em suas cartas a Crowley, mas as palavras citadas foram escritas tendo-o em mente como possível destinatário.

4. Doc. 27^{23}/120.

SONHADOR E CIVILIZADOR (1914-1925) [pp. 473-718]

34. [pp. 475-85]

1. A história da batalha e do mito sebastianista a que deu origem é narrada com maestria em Ruth MacKay, *The Baker Who Pretended to Be King of Portugal* (Chicago: University of Chicago Press, 2012).

2. Sampaio Bruno, *O Encoberto* (Porto: Liv. Moreira, 1904), p. 167.

3. Sampaio Bruno, pseudônimo de José Pereira de Sampaio, respondeu com uma carta cordial, recomendando seu livro *O Encoberto*, que Pessoa tinha e já lera. Pessoa também leu do mesmo

autor *O Brasil mental*, que critica o positivismo do filósofo francês Augusto Comte (doc. 55I/53), e pretendia ler *A ideia de Deus* (doc. 93/87), em que Bruno formulava seu próprio sistema de crenças.

4. O exemplar de *L'Occultisme hier et aujourd'hui* de Pessoa, carimbado com o monograma A. S., pertencia à "biblioteca" de Alexander Search. O cap. 4 de *Demi-fous et demi-responsables* [Semiloucos e semirresponsáveis] (1907), de Grasset, examinava a "semi-insanidade" em dezenas de escritores, filósofos e músicos renomados.

5. Numa carta inacabada para Sá-Carneiro de 6 dez. 1915, Pessoa mencionava ter lido esse livro "há muito tempo".

6. Doc. 29/28v.

7. "Muito importante", anotou Pessoa numa contracapa de seu exemplar de *The Rosacrucians*, com a indicação do número da página (377) em que se encontra o trecho citado, que o impressionou especialmente quando releu o livro, em 1917 (caderno 144Y/29).

8. Doc. $27^{19}M^{3}$/8v. Esse e outros trechos de "O filósofo hermético" foram publicados em Pessoa, *Rosea Cruz*, pp. 29-35.

9. Yvette Centeno, "'Episódios/ A múmia' ou o hermetismo em Fernando Pessoa", em *Fernando Pessoa: Os trezentos e outros ensaios*, pp. 33-64.

10. Visitei a casa da Mesquita com Isabel e Inês Sarmento em setembro de 2011. A viagem de Pessoa, em setembro de 1914, é mencionada em carta a Côrtes-Rodrigues de 4 out. 1914.

11. Uma cópia impressa e emoldurada da quadra, com a menção de que foi "inspirada e escrita" naquela casa branca no alto do morro, ainda estava pendurada em uma de suas paredes em 2011. Há uma cópia manuscrita da quadra no Arquivo Pessoa (doc. 17/39).

12. Entrevista com Maria Manuela Pessoa Chaves Ortega, que viveu com Lisbela na infância. As memórias da entrevistada são do que ela ouviu de outros membros da família. Ela confirmou a informação dada por Pedro da Silveira (Merelim, *Fernando Pessoa e a Terceira*, p. 107) de que seu primo Rui Santos, poeta que conhecera Pessoa, guardava as suas cartas a Lisbela, que pretendia publicar, mas elas desapareceram depois que ele morreu, em 1962.

35. [pp. 486-96]

1. Doc. 20/51. *EA*, pp. 147-9.

2. *A Águia* publicara uma resenha desfavorável do primeiro livro de poemas de Sá-Carneiro na edição de jun. 1914.

3. De acordo com sua carta de 4 jan. 1915 a Côrtes-Rodrigues.

4. Jorge de Sena, *Fernando Pessoa e Cia. heterónima*, p. 94. António M. Feijó, *Uma admiração pastoril pelo diabo*, pp. 38ss.

5. Caderno 144C/15. Pessoa, *Sensacionismo*, p. 286.

6. Doc. 14^{5}/30, datado de 1917.

7. César Porto, "Fernando Pessoa e astrologia".

8. Paulo Cardoso, em *CA* e outras publicações, analisou e tabulou meticulosamente a produção astrológica de Pessoa.

9. Doc. 28/94. Virginia Rosa Teixeira (1852-1925) era o verdadeiro nome da vidente.

10. A busca de Yeats pela unidade do ser é um tema norteador da biografia de Richard Ellmann.

11. Caderno 144C/7v-11.

36. [pp. 497-512]

1. Cartas e outros documentos relacionados à fundação de *Orpheu* podem ser encontrados em Arnaldo Saraiva, *O modernismo brasileiro e o modernismo*, e Richard Zenith, Fátima Lopes e Manuela Rêgo (Orgs.), *Os caminhos de Orpheu*. Steffen Dix (Org.), *1915 — O ano de Orpheu*, contém ensaios sobre o ano da fundação de *Orpheu* e sobre os escritores e artistas ligados à revista.

2. O restaurante fechou em 1970, e o hotel, em 1974.

3. Pessoa registrou esses detalhes numa pseudoentrevista escrita muitos anos depois, publicada em Pessoa, *Sobre Orpheu*, pp. 148-54, e em outros lugares. O original está na Coleção Fernando Távora.

4. Carta a Adolfo Casais Monteiro, 13 jan. 1935.

5. *O Jornal*, 6 abr. 1915, p. 1.

6. Gustavo Nobre, "José 'Pacheko'", in: Daniel Pires e António Braz de Oliveira (Orgs.), *Pacheko, Almada e "Contemporânea"* (Lisboa: Centro Nacional de Cultura/Bertrand, 1993), pp. 43-57. *Ilustração*, 1ago.1929, p. 36. José Almada Negreiros, *Conversas com Sarah Affonso*, p. 99.

7. *Dispersão* (1913) e *Céu em Fogo* (1915).

8. Docs. 48G/29; 57A/5. Zenith, Lopes e Rêgo, *Os caminhos de Orpheu*, pp. 191-4. *A Ideia Nacional*, 27 mar, 1915, p. 128.

9. Antônio Sardinha, Hipólito Raposo e Vasco de Carvalho.

10. Bernardino Machado, um democrata moderado que foi primeiro-ministro por dez meses em 1914, tentou mitigar a hostilidade do governo em relação aos líderes e às atividades da Igreja, mas o Parlamento não permitiu alterações na Lei de 1911 sobre a Separação das Igrejas do Estado.

11. Docs. 92I/6-9. Outras anotações sobre a teoria, escritas entre meados de 1914 e 1915, nos docs. 16/24v; 92C/23-29; 92E/45; 92I/1, 3-5; 92L/61; 92M/1-4, 6-11.

12. Na verdade, ao que parece foi Pessoa que, quando solicitado pelo editor a se explicar, simplesmente se demitiu. Augusto Ferreira Gomes, "Nunca passou miséria", p. 2.

13. Doc. 92J/34. Os jornais que consultei mencionavam a Cruz Vermelha, mas não que seu pessoal foi alvejado.

14. Material para o ensaio, ainda em grande parte inédito, encontra-se nos docs. 12^1/10; 92H/99-100; 92I/38, 41-42; 92J/30-47; 92M/12; e no Caderno 144A/27v-28v.

15. Doc. 55I/34. Pessoa, *Sobre Portugal*, pp. 226-7.

16. Assim afirmou Pessoa, por exemplo, no doc. 57A/24v. Pessoa, *Sensacionismo*, p. 302.

17. Docs. 12^1/14, 32, 49, 60, 80; 55B/78v. Pessoa, *O regresso dos deuses*, "Dissertação a favor da Alemanha", pp. 195-229. Pessoa, *Sensacionismo*, p. 137.

18. A maior parte dessas páginas foi publicada em Pessoa, *O regresso dos deuses*; outras foram publicadas em Pessoa, *Ultimatum e páginas de sociologia política*, pp. 223-40. Há outras páginas (como os docs. 55G/66-67) que ainda não foram publicadas.

19. Docs. 20/81-82. Pessoa, *O regresso dos deuses*, pp. 255-7. Pessoa não publicou, nem mesmo terminou, a crítica de Mora sobre *Orpheu*.

20. Essa questão é discutida por Maria Irene Ramalho em *Poetas do Atlântico*, cap.3.

21. Caderno 144A/26.

37. [pp. 513-22]

1. Caderno 144X/44v. Docs. 21/135; S6/20v.

2. Mário de Sá-Carneiro para Fernando Pessoa, 31 dez. 1912.

3. Docs. 21/122v, 123v. Pessoa, *Prosa escolhida de Álvaro de Campos*, pp. 122-4.

4. Poema datado de 4 abr. 1929.

5. Wilde estava citando o último verso do poema "Two Loves" (1894), de lorde Alfred Douglas.

6. Pinharanda Gomes, *Filologia e filosofia*, pp. 25-45.

7. Caderno 144X/64v.

8. *CA*, pp. 206-218.

9. Ibid., pp. 150-5. *Caderno* 144Y/50v.

10. Doc. 14E/66.

11. De uma carta de 1906 para seu irmão; citado em Richard Ellmann, *James Joyce*, p. 241.

38. [pp. 523-32]

1. Pessoa fez essa afirmação numa bibliografia das obras de Sá-Carneiro publicada em *Presença*, em nov. 1928. Blague ou não, o longo poema gerou algumas interpretações fascinantes.

2. *LDD*, trecho 289.

3. Um poema de Campos datado de 9 ago. 1934 menciona a estrutura pindárica subjacente à "Ode marítima". Sigo a divisão das três seções — estrofe, antístrofe e epodo — estabelecida por Pauly Ellen Bothe em sua tese de mestrado *Poesia y musicalidad en las poéticas modernistas de Fernando Pessoa y T. S. Eliot: la Ode Marítima* (Lisboa: Faculdade de Letras, Universidade de Lisboa, 2003).

4. Docs. 74/18-23. A intenção de Pessoa de publicar uma versão em português de *O médico e o monstro* é mencionada em seus planos para a Íbis, em 1910 (caderno 144V/7), e novamente em 1915 (doc. 133M/97).

5. Creio que a primeira atriz a recitá-la, em 1938, foi Manuela Porto (1908-1950), filha de César Porto, amigo astrólogo de Pessoa.

6. De um prefácio para uma antologia planejada em inglês intitulada *The Portuguese "Sensationists"*. *OE*, v. 5, pp. 189-90.

7. *O Mundo*, 7 jul. 1915.

8. A alegação aparece no prefácio de uma antologia de escritos "sensacionistas" datada de 1916 (*OE*, v. 5, p. 186). Gaspar Simões (*Vida*, pp. 595-6) escreveu que membros da Carbonária portuguesa visitaram o restaurante, mas essa organização já se dissolvera.

9. Por exemplo, Robert Herrick, "The Face of Paris", *Chicago Tribune*, 11 jul. 1915, p. 5, reproduzido em Robert J. Young, *Under Siege: Portraits of Civilian Life in France during World War I* (Nova York: Berghahn, 2000), pp. 42-4 (consultado online).

39. [pp. 533-43]

1. Barley não respondeu a esta carta, se é que foi enviada, mas enviou uma resposta a uma carta semelhante enviada (ou reenviada) por Pessoa em jan. 1916.

2. Doc. 87/68, *c.* ago. 1915.

3. "Mundo interior" era também o título de um conto inacabado de Sá-Carneiro que Pessoa muito admirava; o original se perdeu.

4. Docs. 90^{1}/25-28. As "considerações" de Baldaya foram escritas em inglês.

5. Caderno 144P/46-9.

6. Sobre a escassez de alimentos e outras necessidades durante a guerra, ver Rui Ramos, *História de Portugal: A segunda fundação*, pp. 519-23.

7. Docs. 55A/94; 55H/82; 135/20-22. José Barreto, "Germanófilo ou aliadófilo", *Pessoa Plural*, outono 2014, pp. 152-215, inclui transcrições do apelo publicado em *O Mundo* e da réplica inacabada de Pessoa.

8. "Crónica da vida que passa", *O Jornal*, 8 abr. 1915, p. 1.

9. Pessoa guardava uma cópia datilografada da carta (Pessoa, *Sensacionismo*, p. 661). Seus herdeiros possuem uma cópia escrita à mão e uma cópia datilografada das regras de Estratégia. A intenção de Pessoa de apresentar Estratégia, Oposição e outros jogos para Gamage é mencionada numa lista de coisas a fazer datada de 1915 (docs. 133M/96-98).

10. Docs. 90^{2}/33; 133M/98v.

11. *O Século* e *A Capital*, 22 ago. 1915.

12. O rascunho datilografado da carta conservado por Pessoa não tem data, mas ele quase com certeza a enviou em agosto. A correspondência de Lisboa para Macau demorava mais de um mês para chegar.

13. Os dois números (CHP) foram citados em carta de Sá-Carneiro a Pessoa datada de 10 ago. 1915.

40. [pp. 544-52]

1. Doc. 114^{1}/79. Esse rascunho foi publicado em Pessoa, *OE*, v. 7, pp. 151-2, com uma data conjectural de ago.-set. de 1916, mas quase certamente foi escrito no segundo semestre de 1915.

2. Doc. 52/3v. De início, Pessoa pensou em incluir alguns poemas de Alexander Search em *The Mad Fiddler*, mas logo abandonou essa ideia. Ainda estava muito incerto de como organizar seus poemas anglófonos para publicação. Um plano para um livro chamado *"Antinous" and Other Poems*, também datado de 1915, inclui uma seção intitulada "The Mad Fiddler" (doc. 31/90).

3. O recebimento e a rejeição dos poemas por John Lane são mencionados no registro do diário de Pessoa de 3 nov. 1915 e na carta de Sá-Carneiro a Pessoa de 24 dez. 1915. O Arquivo Pessoa contém o original e a cópia carbono de uma carta de apresentação a um editor não especificado, datada de 27 dez. 1915 (docs. 114^{1}/61-63). Talvez ele estivesse em dúvida sobre o envio, ou pode ter mandado outra carta semelhante com a apresentação de sua obra.

4. Docs. 114^{1}/116-118; 48G/9. É provável que ele nunca tenha enviado nenhuma de suas cartas destinadas a críticos literários.

5. Docs. 26B/8; 54A/85-86.

6. Doc. 90^1/16.

7. Docs. 133M/96v-97; 90^1/1.

8. O Arquivo Pessoa contém uma tradução datilografada em inglês da cena inicial (doc. 74/75), além de uma cópia manuscrita da peça original, possivelmente escrita por Braga (env. Anexo D). Parte do ensaio sobre drama de Pessoa inspirado por *Octavio* (docs. 14A/45-53; 18/62-113) foi publicada em Pessoa, *Páginas de estética*, pp. 85-111.

9. Com estreia inicialmente prevista para o final de 1915, *Octavio* estreou em maio de 1916 no Teatro Nacional de Lisboa, onde teve seis apresentações.

10. O diário de 1915 (caderno 144X/140v-143) foi publicado em *EA*, pp. 156-72.

11. O diário traz somente o sobrenome do autor, James, mas não há registro de Pessoa ter lido alguma coisa de Henry James. *Varieties of Religious Experience* é mencionado em seus papéis como um livro que planejava ler (doc. 93/87).

12. Pablo Javier Pérez López, "Fernando Pessoa e Iván de Nogales: el encuentro de la vida y la literatura". In: Antonio Saéz Delgado e Jerónimo Pizarro (Orgs.), *Fernando Pessoa em Espanha*. Lisboa: Biblioteca Nacional de Portugal; Babel, 2014, pp. 39-62.

13. Docs. S3/19, 138M/98.

14. Doc. 138M/98v.

41. [pp. 553-64]

1. Se lhe houvessem telegrafado logo depois do derrame, ele teria anotado o fato em seu diário, mantido entre 1 nov. e 7 dez. A anotação de 1 dez. menciona a mãe, mas apenas com referência a uma carta que ela havia enviado na primeira semana de novembro. O padrasto de Pessoa, em sua carta datada de 24 nov. 1915, escreveu que o derrame ocorreu no dia 9.

2. O número de março de 1925 de *Contemporânea* noticiava que exemplares de *Orpheu* e do romance de Sá-Carneiro *A confissão de Lúcio* foram encontrados na mochila de Carlos Franco. Desaparecido em ação em 4 jul. 1916, o cadáver de Franco nunca foi recuperado. Os dados de sua morte (descobertos por Carlos Silveira) podem ser consultados no site "Mémoire des hommes" do Ministério da Defesa francês.

3. Doc. 90^2/67. Dois meses e meio depois, em 29 de maio, Pessoa faria um horóscopo para saber se tinha chance de ser convocado (doc. S6/94). Os astros, para seu grande alívio, responderam negativamente.

4. Um obituário publicado no jornal lisboeta *O Século*, em 1º maio 1916, informava que Araújo conseguira que Sá-Carneiro fosse levado para um hospital, mas que morreu no caminho. Existem imprecisões comprovadas no obituário; baseei-me no relato detalhado que Araújo enviou em sua carta de 10 maio a Pessoa.

5. A carta pertence a um colecionador particular. Está reproduzida em Maria José de Lancastre, *Fernando Pessoa: Uma fotobiografia*, p. 179.

6. O colecionador e pesquisador François Castex encontrou-se com José de Araújo na década de 1960 e tentou, sem sucesso, fazê-lo revelar o verdadeiro motivo do suicídio. Sá-Carneiro, *Cartas a Maria e outra correspondência inédita*, p. 14.

7. O café é mencionado na carta de Carlos Ferreira datada de 20 maio 1916 a Pessoa (Coleção Fernando Távora; publicada em Sá-Carneiro, "Cartas inéditas a Fernando Pessoa", p. 564). Marina Tavares Dias, a pesquisadora que fez o trabalho mais completo sobre a vida de Sá-Carneiro, revelou o nome da tal amiga em Sá-Carneiro, *Cartas a Maria*, p. 16.

8. Carta de José Araújo a Pessoa datada de 18 dez. 1916, em Sá-Carneiro, "Cartas inéditas", p. 570.

9. Foi o que ele contou ao primeiro biógrafo de Pessoa.

10. Uma carta completa de Pessoa a Sá-Carneiro, datada de 14 mar. 1916, sobreviveu em cópia datilografada feita pelo remetente para que pudesse adaptar partes dela para o *Livro do desassossego*.

11. *Le Figaro*, 30 abr. 1916, p. 3. *Le Temps*, 1 maio 1916, p. 3. *Le Petit Parisien*, 1 maio 1916, p. 2. *Le Petit Journal*, 1 maio 1916, p. 2. *República*, 29 abr. 1916, p. 2. Também foram publicados obituários em *DN*, 28 abr. 1916, p. 2, e *O Século*, 1 maio 1916, p. 2.

12. Doc. 905/6. A plaquete planejada nunca foi publicada.

13. A confiança de Pessoa nesses poderes foi reforçada por alguns livros de autoajuda espiritual que ele comprou em abril: *The Magic Seven* e *The Magnet*, ambos da autora anglo-americana Lida Abbie Churchill, e *Creative Thought*, de W. J. Colville. Os três livros, nos quais Pessoa fez abundantes marcações a caneta e a lápis, contêm capítulos sobre magnetismo interno, a aura humana, o poder da sugestão e assim por diante.

14. De acordo com a carta de Pessoa referida no parágrafo seguinte, foi no final de março. A evidência do manuscrito indica que pode ter sido mais tarde, talvez no final de abril ou maio.

15. Pessoa conhecia Santana pelo menos desde 1910, quando ele lhe emprestou algum dinheiro para a falida Íbis (doc. 92A/87v).

16. Doc. 28/101.

42. [pp. 565-77]

1. As comunicações citadas nas páginas a seguir, a menos que haja referência em contrário, estão publicadas em *EA*.

2. George Mills Harper, *The Making of Yeats's 'A Vision': A Study of the Automatic Script*. Londres: Macmillan, 1987, 2 v.

3. Doc. 90^{4}/24. Wardour arriscou várias outras datas de nascimento possíveis antes de definir 30 jul. 1903 como "a data certa".

4. Richard Ellmann, *Yeats: The Man and the Masks*, pp. 223-5.

5. Docs. 42/28a; 58/12v; 66D/14.

6. *Notas*, pp. 73-6.

7. Rhian Atkins examina esse trecho e o livro de Maistre em "Going Nowhere in *Voyage autour de ma chambre* e 'Viagem Nunca Feita'", in: David G. Frier (Org.), *Pessoa in an Intertextual Web*, (London: Legenda, 2012), pp. 82-98. Pessoa possuía dois exemplares do livro de Maistre.

8. A única pessoa que poderia ter sugerido esse pintor a Pessoa era José Pacheco. No segundo semestre de 1916, Pacheco abriu uma galeria de arte em Lisboa que expôs obras de Almada Negreiros e outros modernistas, mas não de Souza-Cardoso.

9. Foi somente em 2015 que Marta Soares descobriu as fotografias, no arquivo de Souza-Cardoso, das quatro pinturas escolhidas. Estão reproduzidas em Richard Zenith, Fátima Lopes e Manuela Rêgo (Orgs.), *Os caminhos de Orpheu*, pp. 95-108. Pessoa tinha seis poemas datilografados de Pessanha, mas planejava incluir alguns outros de uma lista de treze poemas adicionais (docs. 151; 41/25v). As férias de Pessanha em Portugal duraram do final de 1915 a meados de 1916. O dossiê sobre Camilo Pessanha da Biblioteca Nacional de Portugal, que inclui uma excelente cronologia montada por Daniel Pires, pode ser consultado online.

10. A antologia foi publicada no início do mesmo ano nos Estados Unidos em *The Glebe*.

11. As cartas de apresentação referem-se a dois livretos da Poetry Bookshop, dos poetas imagistas Richard Aldington e F. S. Flint, publicados em dezembro de 1915 e adquiridos por Pessoa. Uma das cartas afirma que *Orpheu* 2 "data de junho de 1915, mas conseguimos publicar a terceira, que sairá em alguns dias". Esses dados tornam possível datar as cartas de apresentação entre agosto e setembro de 1916. Docs. 114^2/90, 62. *OE*, v. 7, pp. 149-51.

12. Doc. 114^1/112. O rascunho preservado está inacabado. É possível, mas improvável, que Pessoa tenha concluído e enviado a carta.

13. Docs. 20/86-87. A carta provavelmente nunca foi enviada.

14. Editado por Augusto Santa-Rita, poeta e irmão de Santa Rita Pintor. Entre os fundadores da revista estavam Alfredo Guisado, Armando Côrtes-Rodrigues e Antônio Ferro. A primeira edição também foi a última.

15. Outros pesquisadores acreditam que ele pode ter surgido um ou dois anos antes.

16. Docs. 48/9, 17. A antologia incluía escritores que haviam publicado em *Orpheu* 1 ou 2, ou cujo trabalho estava programado para aparecer em *Orpheu* 3.

17. *OE*, v. 5, pp. 187-97.

43. [pp. 578-92]

1. "O mago e o louco", de José Barreto, faz um relato detalhado da internação forçada de Cunha Dias e uma visão geral de sua vida e sua relação com Pessoa.

2. Doc. 48A/34.

3. *Athena* teve o subtítulo alternativo de *Cadernos de Cultura Superior* (docs. 48G/26; 87/68). Alguns dos planos remanescentes para a revista podem ser datados de 1915, com base na máquina de escrever e na tinta da fita (docs. 48B/11; 48G/33; 87/68).

4. Carta a Harold Monro (doc. 114^2/90). O autor do prefácio da antologia afirma: "*Orpheu* é uma revista trimestral da qual, embora tenha começado há um ano e meio, saíram apenas três números".

5. *República*, 23/8/1916, p. 1 (anúncio descoberto por João Macdonald). Docs. 87/28-29, 42, 46. Pessoa, *Sensacionismo*, pp. 78-9, 479.

6. Docs. 90^6/59-60. Leal mudou-se inicialmente para Sevilha (doc. 115^2/81-86) e de lá para Madri. Pessoa aludiu à tentativa de suicídio de Leal em sua leitura astrológica e na carta de 4 set. 1916 a Côrtes-Rodrigues.

7. Foi o que Leal escreveu em carta de 27 jan. 1916 a Sá-Carneiro, que a encaminhou a Pessoa (docs. 115^2/81-86).

8. *LDD*, trecho 430.

9. Leal a Sá-Carneiro, 27 jan. 1916. A carta foi publicada em Mário Cesariny, *O virgem negra* (Lisboa: Assírio & Alvim, 1989), pp. 93-104.

10. Doc. 49B⁶/19. Publicado pela primeira vez em 2007 (*OE*, v. 5, p. 440).

11. *A Ordem*, 6 dez. 1916.

12. Docs. 48H/49; 55D/88-107. Ver Ana Maria Freitas, "Fernando Pessoa e a polémica Cadbury", *Revista de Estudos Anglo-Portugueses*, n. 23, pp. 349-58, 2014.

13. Doc. 55D/91. Ao criticar o tratamento dado aos trabalhadores "no Rand" (doc. 55D/91v), Pessoa talvez tenha pensado não só nos negros africanos, mas também (como sugere Freitas, "Fernando Pessoa e a polémica Cadbury") nos milhares de trabalhadores chineses trazidos para as minas entre 1904 e 1910. O artigo de Pessoa também insistia que as injustiças cometidas na África Ocidental Portuguesa deveriam ser imputadas não ao seu país, mas à monarquia corrupta e decadente que o governava na época.

14. Por exemplo, em "A opinião pública", um artigo publicado em 1919, e no doc. 110/5.

15. Doc. $49B^7$/6v.

16. Doc. 55B/88. Pessoa, *Sobre Portugal*, p. 217.

17. José Paulo Cavalcanti Filho, *Fernando Pessoa — Uma quase autobiografia*, p. 53, dá a entender que um livro da biblioteca de Pessoa, *Racial Supremacy, Being Studies in Imperialism* (1905), de John George Godard, promovia a ideia da supremacia branca. Na verdade, é o contrário. O livro era uma crítica contundente ao imperialismo britânico e à noção de supremacia branca que o justificava.

18. Doc. 110/41. De uma "Carta Aberta" inacabada e não publicada para Woodrow Wilson, examinada mais adiante.

19. Doc. 19/64. Do estudo de Pessoa sobre a imortalidade literária intitulado *Erostratus*, examinado mais adiante.

20. Doc. 92M/65.

21. De um poema fragmentário que começa "Ora por nós, ora por nós" (caderno 144Y/39).

22. Doc. 58/27. Escrito em português e datado de 26 fev. 1917.

44. [pp. 593-602]

1. Doc. 55/91.

2. Os projetos de livros são todos mencionados no caderno 144Y.

3. Doc. S4/9 contém os dois mapas astrais. O de *The Mad Fiddler* refere-se ao seu "Registro" às 14h14. "Chegada na Inglaterra: 21 ou 22-V-1917", escreveu ele no mapa, em inglês.

4. Doc. 90^4/50v.

5. Doc. 90^3/40.

6. Docs. $113P^1$/3-6.

7. Doc. 15^2/66.

8. Ana Rita Palmeirim, *José Coelho Pacheco: O falso semi-heterónimo de Pessoa*, é a melhor fonte de informação sobre a vida e obra literária de Coelho Pacheco.

9. Um envelope impresso no Arquivo Pessoa (doc. 133C/52v) é a única prova que pude encontrar da tentativa de Coelho de Jesus de vender automóveis.

10. Pessoa elaborou um mapa astral para a data de fundação da empresa: 21 ago. 1917 (doc. S5/41).

11. Doc. S4/73v.

12. Docs. 124A/42v; S6/55v. A pergunta foi formulada em inglês.

13. *LDD*, trecho 429. Pessoa datou-o de 18 set. 1917.

14. Doc. 8/3. O verso do manuscrito contém uma lista de artigos para promover Alberto Caeiro que data de 1914.

45. [pp. 603-11]

1. "É doce e apropriado morrer pela pátria" (de uma ode de Horácio).

2. O fundador e diretor oficial foi, no entanto, o artista (e futuro cineasta) Carlos Filipe Porfírio (1895-1970), que obteve financiamento para a revista através de um amigo. A maior parte dos textos publicados, inclusive o "Ultimatum", foi reunida no início do segundo semestre de 1917. Ver João Macdonald, "Porfírio & Santa Rita Lda.: um exame à produção de Portugal Futurista", *Convocarte* (Lisboa), pp. 316-34, set. 2019.

3. Em 1919, quando já sofria de esquizofrenia aguda, ele faria um curto solo de dança num hotel da Suíça.

4. *A Monarquia*, 2 nov. 1917, p. 1 (descoberto recentemente por João Macdonald). Pessoa fez um mapa astral para *Portugal Futurista* com detalhes sobre a sua breve existência (doc. 90^2/32).

5. Quando algumas provas de páginas do frustrado número foram finalmente publicadas, em 1953, os estudiosos concluíram que o misterioso C. Pacheco, autor do poema "Para além doutro oceano", era outro heterônimo de Fernando Pessoa. Em 2011, Ana Rita Palmeirim apresentou os manuscritos originais do poema, de autoria de seu avô, o esquecido José Coelho Pacheco. Palmeirim, *José Coelho Pacheco: O falso semi-heterónimo de Pessoa*, pp. 161-78.

6. *A Situação*, 25 maio 1917. Citado em Sidônio Pais, *Um ano de ditadura: Discursos e alocuções* (Lisboa: Lusitânia, 1924), p. 61.

7. Doc. 90^4/31. *Notas*, pp. 85-7. O *Anuário Comercial* de 1919 (compilado no final de 1918) lista o escritório de Sengo no mesmo prédio e no mesmo andar que o de Pessoa. O endereço do escritório de Sengo está registrado no Arquivo Pessoa, em papel timbrado da leiteria de Sengo, ao lado da qual Pessoa morou brevemente no final de 1916 (doc. 133C/58v). Pessoa também fez o mapa astral de Sengo (doc. S5/88v).

8. Alberto da Cunha Dias, *Outono*, p. 30.

9. Docs. 48/30; 110/5v, 96.

10. Carlos Jorge Alves Lopes, *Os portugueses na Grande Guerra* (Universidade Aberta de Lisboa, 2012, tese de mestrado), consultado online.

46. [pp. 612-23]

1. Docs. 90^4/52-53 (em inglês).

2. O que Pessoa escreveu de fato foi um esboço narrativo detalhado para um estudo de caso completo que nunca realizou. A máquina de escrever e a fita de tinta permitem datar a versão

datilografada do esboço (docs. 54A/78-82) de 1918. A versão preliminar (doc. 54B/23) foi provavelmente escrita naquele mesmo ano.

3. Essa recomendação do além ocorre repetidamente e de forma duradoura, até 1934 (doc. 62B/33).

4. Doc. 43/1v.

5. Cadernos 144X/54; 144Y/20.

6. Docs. 110/69-72.

7. Doc. S5/43 (em inglês).

8. A recepção de *Antinous: A Poem* é examinada em George Monteiro, "Fernando Pessoa, He Had His Nerve".

9. "Falência?", *O Tempo*, 13 out. 1918, p. 1; "Lógica... futurista", *Diário Nacional*, 14 out. 1918, p. 1.

10. Doc. 113P[1]/22.

11. Doc. 92D/60.

12. Doc. 87/66. *Minerva* era um título alternativo para esse projeto de revista. A colaboração de Craveiro (doc. 113P[1]/21) foi publicada em Pessoa, *Eu sou uma antologia*, org. de Jerónimo Pizarro e Patricio Ferrari, pp. 544-5.

13. Doc. 5/83.

14. Declaração feita em sua carta a Casais Monteiro datada de 13 jan. 1935 sobre a origem dos heterônimos. Pessoa, na mesma carta, definiu Álvaro de Campos como "o mais histericamente histérico de mim", porém se adaptava melhor ao mundo moderno do que os demais.

15. Essa ideia foi desenvolvida por Leo Marx em "Melville's Parable of the Walls", *Sewanee Review*, outono 1953; reimpresso em *Melville's Short Novels*, org. De Dan McCall (Nova York: W.W. Norton, 2002), pp. 239-56.

16. Maria Nogueira Rosa a Fernando Pessoa, 23 nov. 1918.

17. *O Primeiro de Janeiro*, 26 out. 1918, p. 2, e *O Dia* (Lisboa), 28 out. 1918, publicaram breves obituários, enquanto alguns outros jornais publicaram notas de falecimento sucintas. João Macdonald, "Os obituários de Amadeo", *Machina*, maio 2020 (revista online).

18. Alfredo Guisado a Antônio Ferro, com data de 15 nov. 1918 (carta no Arquivo António Ferro).

19. *A Capital*, 11 nov. 1918, pp. 1-2.

20. Seus restos mortais seriam transferidos para o Panteão Nacional em 1966.

47. [pp. 624-35]

1. Antônio Machado Santos, o reputado fundador da República, se afastara de Pais e do seu governo alguns meses antes e, de qualquer modo, não estaria disposto a governar como ditador.

2. Doc. 92V/3.

3. Doc. 55J/12.

4. Doc. 110/38.

5. Em seu discurso de 14 jun. 1917 junto ao Monumento a Washington, por exemplo, ou em seu discurso ao Congresso em 4 dez. 1917.

6. Docs. 110A/1, 12.

7. No primeiro semestre de 1919, Pessoa reorganizou suas cartas abertas sob um novo título, *Five Epistles to the Boeotians* [Cinco epístolas aos beócios]. Os beócios eram um povo proverbial-

mente obtuso da Grécia Antiga, e os beócios modernos, segundo Pessoa, eram todos aqueles que consideravam Wilson, Lloyd George e Clemenceau estadistas válidos e respeitáveis (doc. 111/11).

8. Docs. 55J/36; 92B/73-74; 92U/49-50, 77-79; 92V/1; 112/4-8. Listado nos planos de publicação: docs. 48H/2, 18; doc. 182; caderno 144G/38.

9. Doc. 92V/17 (em inglês).

10. Docs. 123/43; 55G/29 (ponto 6).

11. Caderno 144G/7-8.

12. Docs. 133G/93; 11^{11}MU/1-6; 27^{23}/126-27. Pessoa, *Argumentos para filmes*, pp. 24-30, 39-48, 93-6.

13. Docs. 87A/7-10. Caderno 144G/13v. Doc. 55I/18v.

14. Caderno 144G/8v. *Diógenes* e *Portugal* eram ambos títulos possíveis para essa revista. Docs. 48I/19-20; 92V/4; 136/62.

15. Cartas de Pessoa a Coelho de Jesus datadas de 10 ago. 1919 e 12 ago. 1919. Cópias de dois outros jornais sidonistas, *A Época* e *O Jornal*, também foram para a fogueira (*A Capital*, 10 ago. 1919, p. 1).

16. Doc. 55I/100.

17. Doc. 42/26. Fragmentos poéticos e nota publicados em Pessoa, *Poesia: 1902-1917*, pp. 353-4, 466-7.

18. Um dos poemas pertence à Coleção Fernando Távora; outro está na CHP; quatro outros (docs. 42/47; 43/13, 47-48; 44 / 5-6) foram publicados em Pessoa, *Poesia: 1918-1930*, pp. 22, 51-7. O material sobre Juliano foi publicado em edição crítica por Carlos Pittella em *Pessoa Plural*, outono 2017, pp. 457-488.

19. Doc. 55G/29.

20. Doc. 111/10v. "First Epistle to the Boeotians" (em inglês).

21. Todo o arquivo foi digitalizado alguns anos depois.

22. Docs. 43/50-1. Publiquei o poema, junto com uma tradução para o inglês, em *Lusosex: Gender and Sexuality in the Portuguese-Speaking World*, org. de Susan Canty Quinlan e Fernando Arenas (Minneapolis: University of Minnesota Press, 2002), pp. 47-53.

23. Carta de Bentley a Pessoa datada de 3 ago. 1918 (doc. 115^{1}/19). Publicado em Pessoa, *Correspondência inédita*, p. 208. Bentley foi o editor-chefe de *Portugal: A Monthy Review of the Country, its Colonies, Commerce, History, Literature and Art*, publicado em Londres em 1915-1916. Os *35 Sonnets* de Pessoa causaram uma impressão melhor em Bentley.

48. [pp. 636-50]

1. Caderno 144G/17-25. Ele fez essas anotações em inglês.

2. Caderno 144G / 22v, 19, 23.

3. Esse era o título da edição norte-americana (1911). A edição original britânica (1908-1910) chamava-se simplesmente *The Children's Encyclopaedia*.

4. Embora a enciclopédia só tenha sido publicada em 1925, a maior parte do trabalho de Pessoa data de 1919. O arquivo de Raul Proença, que supervisionou a equipe de tradutores em Portugal, contém os manuscritos originais de algumas das traduções de Pessoa. Além do poema

"O avô e o neto", assinado por Pessoa, a enciclopédia inclui alguns poemas não assinados que talvez sejam dele.

5. Doc. 114[1]/96. Pessoa, *Correspondência*, 1905-1922, p. 271.

6. Pessoa a Victoriano Braga, 25 jan. 1919 (carta na Coleção Antônio Miranda, Santo Tirso). Um fac-símile e uma transcrição foram publicados em *Pessoa Plural*, outono 2019, pp. 391-2.

7. Carta da mãe de Pessoa datada de 15/jul.-18 ago. 1919; *Notas*, p. 63. Sobre o breve mandato do reitor Joaquim José Coelho de Carvalho (1855-1934), ver Manuel Augusto Rodrigues, "A República e a autonomia da Universidade", *Biblos: Revista da Faculdade de Letras da Universidade de Coimbra*, v. 8, 2010, pp. 95-126 (consultado online).

8. Detalhes registrados numa caderneta na Casa Fernando Pessoa. Reproduzido em *Objectos*, pp. 164-207.

9. O Grande Hotel de Faro, descrito na *Revista de turismo*, maio 1920, pp. 132-4.

10. Em 30 ago. 1919, Pessoa escreveu de Faro uma carta a Luís de Montalvor em que explicava vagamente o motivo de sua viagem (Coleção Fernando Távora). A caderneta referida duas notas atrás menciona sua intenção de pesquisar conservas de peixe e outros produtos algarvios (*Objectos*, pp. 164-5).

11. A carta de Pessoa de 10 ago. 1919 a Geraldo Coelho de Jesus menciona seus aposentos apertados; EA, pp. 180, 450-451. Pessoa decidiu despedir Emília em agosto. *Objectos*, pp. 195-9, 204, 183.

12. A carta de Pessoa para Ofélia Queiroz de 19 mar. 1920 sugere que ele estava morando em uma casa de família.

13. Cartas de Maria Nogueira Rosa para Pessoa datadas de 15 jul. 1919 e 19 dez. 1919.

14. Pessoa a Ofélia Queiroz, 22 mar. 1920.

15. Cartas de Maria Nogueira Rosa para Pessoa datada de 14 out. 1919 e 19 dez. 1919.

16. A empresa de importação e exportação havia anunciado em *A Acção*, 19 maio 1919.

17. Do trecho intitulado "O major".

18. Pessoa e Queiroz, *Correspondência amorosa completa, 1919-1935*, p. 15-6.

19. Ibid.

20. Doc. 49A[5]/73.

21. Ofélia Queiroz, *Cartas de amor de Ofélia a Fernando Pessoa*, p. 156.

22. Pessoa e Queiroz, *Correspondência amorosa completa*, pp. 17-8. As anotações de Pessoa foram feitas em 19 fev. 1920, quando fez uma leitura de horóscopo a respeito de sua relação com Ofélia (caderno 144G/26v-28).

23. Pessoa e Queiroz, *Correspondência amorosa completa*, p. 22

24. Ofélia Queiroz para Pessoa, 23 mar. 1920.

25. *LDD*, trecho 138.

26. Franz Kafka para Felice Bauer, 11 nov. 1912.

27. Ofélia Queiroz para Pessoa, 23 mar. 1920.

28. O *Lourenço Marques* era um dos navios alemães apreendidos pelos portugueses em 1916.

29. *Intimidade*, p. 235.

30. Docs. 28A/10v; 92R/4v; 92A/87v.

31. Michael (Luís Miguel) Rosa para Hubert D. Jennings, 20 nov. 1966; publicado em *Pessoa Plural*, outono 2015, pp. 253-257.

32. Pessoa e Queiroz, *Correspondência amorosa completa*, p. 21.

33. Cartas datadas de 13 maio 1920, 18 maio 1920 e 30 maio 1920.

49. [pp. 651-60]

1. Ofélia Queiroz a Pessoa, 1º jun. 1920.

2. Caderno 144G/9, 40. As anotações pessoais (CHP) deixam clara sua intenção de abandonar Cosmópolis em favor da Olisipo.

3. Docs. 137D/44-47, discutido em António Mega Ferreira, *Fazer pela vida*, pp. 76-79, e publicado em Pessoa, *Fernando Pessoa: O comércio*, pp. 154-9.

4. Doc. 48/44v. O endereço exato era rua da Boa Vista, número 102, 2º andar à esquerda.

5. Três envelopes de empresas estrangeiras endereçados à Olisipo e com carimbo dos correios de outubro e novembro de 1920 estão no Arquivo: docs. 104/30v; $49B^5$/83v; $49C^1$/6av. O último é da Veloce Ltd. Pessoa, sem dúvida, também contatou outras firmas.

6. Publicado por Heinemann na Loeb Classical Library. N. R. Paton foi o tradutor.

7. Caderno 144T/3.

8. Doc. 125A/13.

9. Todos os trechos para "Impermanence" encontrados em Pessoa, *Heróstrato*.

10. É possível que Pessoa tenha escrito o prefácio em 1919, mas não antes, pois alude à imigração de Ricardo Reis para as Américas, ocorrida após o esmagamento da Monarquia do Norte, em fevereiro de 1919.

11. Queiroz a Pessoa, 3 jun. 1920.

12. *LDD*, trecho 112.

13. Docs. $49B^5$/83; $49C^1$/6-6a. Ambos os poemas estão incompletos.

50. [pp. 661-72]

1. Docs. 58/57-61. Em sua maior parte inédita, mas dois trechos escritos em 1917 foram transcritos em Teresa Rita Lopes, *Pessoa por conhecer*, pp. 90-2. A peça consta de vários planos editoriais, inclusive um da Olisipo de 1921. Docs. 44/47; 48B/25; 137A/22. Caderno 144G/38.

2. Por exemplo, em seu artigo "As algemas", publicado em 1926.

3. Antônio Ferro, "Sinfonia heroica", *O Jornal*, 5 dez. 1919, p. 1. Por um tempo, Ferro foi o redator principal desse jornal sidonista.

4. Partes da tradução de Pessoa para o inglês (CHP) foram publicadas por Jerónimo Pizarro e Sara Afonso Ferreira em "A génese d'*A invenção do dia claro* e o estabelecimento de *Invention of the Bright Day*", in: Jerónimo Pizarro (Org.), *Fernando Pessoa: o guardador de papéis* (Lisboa: Texto Editores, 2009), pp. 283-338.

5. Anna Klobucka descobriu essa resenha. O seu livro *O mundo gay de António Botto* traz uma discussão aprofundada sobre a recepção crítica de Botto e outros aspectos da sua vida e obra.

6. Doc. 133I/35.

7. *O Primeiro de Janeiro*, 3 maio 1921, p. 6 e 4 maio 1921, p. 6.

8. Docs. 137A/13-20, 52-57.

9. Docs. 137A/21-24.

10. "O caso da janela estreita", em Pessoa, *Quaresma, Decifrador*, p. 356 (doc. 27^6S/4). A mesma afirmação aparece num trecho do ensaio de Pessoa "O sentido de Sidonismo" (doc. 92B/72).

11. Docs. 55J/54, 56-59; 55A/101.

12. Doc. 48B/23v.

13. "Unser Nachwuchs", *Neue Freie Presse* (Viena), 25 dez. 1909.

14. Doc. 53B/70. Mais da metade do material escrito para o ensaio (docs. 53B/55-71, 92v) foi transcrita em Yvette Centeno, *Fernando Pessoa: Os trezentos e outros ensaios*, pp. 119-143. Trechos adicionais: docs. 26/20-21 e 55J/85-89.

15. Doc. 53B/57.

16. E possivelmente em outras línguas: doc. 137A/23. Pessoa, *Fernando Pessoa: O comércio e a publicidade*, pp 161-62.

17. *Exílios*, p. 183. O paradeiro atual desse estudo genealógico é desconhecido.

18. Mário Saa, *A invasão dos judeus*, pp. 291-95, 298. Um exemplar desse livro encontra-se na biblioteca pessoal de Pessoa.

19. "O perigo judeu", *A Batalha*, 13 fev. 1925, p. 1. Um crítico do mesmo jornal considerou o livro de Saa inequivocamente antissemita (*A Batalha*, 23 mar. 1925, Supl. Lit., p. 4).

20. Docs. 134A/26-28, 55J/54v.

21. Em sua extensa carta aberta a Woodrow Wilson (doc. 110/30).

22. Doc. 53B/56.

51. [pp. 673-9]

1. *DN*, 20 dez. 1921.

2. Docs. 137D/70-71.

3. *Ilustração Portuguesa*, 10 dez. 1921, p. 81; *DL*, 17 dez. 1921, p. 1.

4. Docs. 115^{1}/26; 115^{8}/33. *Imagens*, p. 98.

5. Foi o que contou a Ofélia Queiroz.

6. Docs. 137B/75-79; 137D/48-51. António Mega Ferreira, *Fazer pela vida*, pp. 83-84. A proposta datilografada e datada de Pessoa foi quase certamente enviada, embora eu não tenha conseguido encontrar nenhuma prova conclusiva nesse sentido. O catálogo em um volume da exposição, *Livro d'Oiro e Catálogo Oficial — Exposição Internacional do Rio de Janeiro: Secção Portuguesa*, foi publicado pelo Comissariado Geral do Governo em agosto de 1922.

7. A proposta de Pessoa era, na verdade, uma versão atualizada e ampliada de sua ideia para uma Companhia de Produtos Portugueses, que ele queria lançar através da Olisipo quando ainda era uma agência comercial, e não uma pequena editora. Docs. 137/80-90, 137A/1-12, 38-41, 50. Mega Ferreira, *Fazer pela vida*, pp. 92-95. A resposta de Eduardo Ramires dos Reis (115^{1}/52-53) foi publicada em Pessoa, *Correspondência Inédita*, pp. 210-1.

8. Apenas a última página do original datilografado permanece preservada no Arquivo Pessoa (doc. 27^{2}D/14). A história provavelmente germinou em sua mente em 1921 (docs. 48/40-41).

9. A definição de Pessoa provém de uma carta não terminada a José Pacheco (doc. 114^{3}/9-10) publicada em Pessoa, *Correspondência, 1905-1922*, p. 410-1.

10. O livro, *As doutrinas anarquistas*, de Paul Eltzbacher (1908), está assinado por Alexander Search e encontra-se na biblioteca pessoal de Pessoa.

11. Doc. 48B/62.

12. Max Stirner era o pseudônimo de Johann Kaspar Schmidt (1806-1856).

52. [pp. 680-91]

1. A revista é datada de outubro, mas só foi distribuída no início de novembro. Sobre o artigo de Maia e o "díptico" Pessoa-Botto que o instigou, ver Anna Klobucka, *O mundo gay de Antônio Botto*, pp. 108-12.

2. Registrado na Biblioteca Nacional em 17 nov. 1922 (doc. Anexo IV/10). Embora o colofão afirme que foi composto e impresso em janeiro de 1922, o livro só foi lançado (e talvez impresso) em novembro.

3. Doc. 135C/28. A carta de Pessoa para Botto datada de 21 nov. 1922 menciona o folheto, impresso pelo menos seis meses antes e datado da "primavera de 1922", a época do ano em que o livro foi originalmente programado para ser publicado.

4. Doc. Anexo A/1.

5. Registrado na Biblioteca Nacional em 17 fev. 1923 e vendido por pelo menos uma livraria a partir dessa data (docs. Anexo IV/13, 18).

6. *DL*, 14 fev. 1923, p. 8. *A Capital* (14 fev. 1923, p. 2), noticiou que dezoito homens foram detidos.

7. Marcelo Caetano, "'Arte' sem moral nenhuma", *Ordem Nova*, n. 4-5, pp. 156-8, jun.-jul. 1926. O artigo de Caetano é citado em Judith Teixeira, *Poemas*, p. 250.

8. *DL*, 10 fev. 1922, p. 5. *A Capital*, 5 fev. 1923, p. 1. *DL*, 6 fev. 1923, p. 4.

9. *A Época*, 22 fev. 1923, transcrito em Zetho Cunha Gonçalves, *Notícia do maior escândalo erótico-social do século XX em Portugal*, pp. 107-9.

10. *A Capital*, 5 mar. 1923, p. 2. Antônio Botto, *Canções*, pp. 148-49. Docs. 55D/13, 24; 115^3/24; Anexo IV/15, 17, 18.

11. *A Época*, 6 mar. 1923, p. 1. Uma cópia do manifesto encontra-se no Arquivo Pessoa (doc. Anexo A/69).

12. Docs. 48D/60-65; 75/71v. José Barreto, "Os destinatários dos panfletos pessoanos em 1923", *Pessoa Plural*, outono 2016, pp. 628-703.

13. No ensaio de Pessoa "Erostratus".

14. Devo essa observação a Anna Klobucka.

15. Pessoa para Botto, 21 nov. 1922. Em duas cartas posteriores de Pessoa a Cabral Metello, ele enviou saudações aos pais do jovem, que evidentemente conhecera na propriedade da família.

16. *Contemporânea* 8 foi datada de fev. 1923, mas só foi efetivamente publicada em meados de maio (*DL*, 22 maio 1923, p. 1).

17. L. P. Moitinho de Almeida, *Fernando Pessoa no cinquentenário da sua morte*, pp. 79, 82.

18. Essa ode começa com "A flor que és, não a que dás, eu quero", e é datada de 21 out. 1923. O texto em prosa de Campos (doc. 71A/34) foi publicado em Teresa Rita Lopes, *Pessoa por conhecer*, p. 475.

53. [pp. 692-704]

1. *DL*, 15 jun. 1922, p. 5.

2. A casa de Teixeira é descrita por um entrevistador na *Revista Portuguesa*, 24 mar. 1923, pp. 16-8; a entrevista foi reimpressa em Teixeira, *Poemas*, pp. 236-8.

3. Entrevista no *Diário da Manhã*, 14 set. 1952, pp. 6-8. Citado por Antonio Sáez Delgado, *Pessoa y España*, p. 99; esse livro faz um relato completo das relações literárias e publicações mencionadas nesta passagem.

4. Valle para Pessoa, 10 nov. 1924 (doc. 115^{8}/39).

5. As resenhas espanholas foram mencionadas em *DL*, 7 set. 1923, p.1, e 18 set. 1923, p. 1. Quando esteve em Lisboa, Valle elaborou uma lista de críticos e poetas espanhóis, a quem Pessoa enviou exemplares do livro de Botto.

6. *DL*, 3 ago. 1923, p. 5. "Poetas de hoje" foi o título de sua palestra.

7. A carta, ainda preservada no arquivo de Adriano del Valle e reproduzida por Sáez Delgado em *Fernando Pessoa e Espanha* (Lousã: Editora Licorne, 2011), p. 149, data de agosto ou setembro de 1923.

8. Docs. Anexo IV/14, 16, 19.

9. *Diário do Senado*, seção n. 66, 20 jul. 1923, p. 4 (consultado online em: <http://debates.parlamento.pt>).

10. *The Washington Post*, 10 ago. 1923, p. 8. O *New York Times*, 10 maio 1923, p. 25, também comentou sobre a melhora do serviço ferroviário na Itália.

11. *Portugal*, 2 jun. 1923, pp. 3-5; 9 jun. 1923, p. 3; 16 jun. 1923, p. 5; 23 jun. 1923, pp. 5-6. Saa escreveu sob o pseudônimo de M. D'Erval, um quase anagrama de Ervedal, um vilarejo próximo à propriedade onde ele cresceu e para onde por fim retornaria. Ferreira Gomes assinou várias de suas contribuições como "C. S.", ou Carlos Sequeira, mesmo pseudônimo que usou como tradutor de contos de Edgar Allan Poe. Sobre o fascismo português, referindo-me àqueles que realmente abraçaram esse termo, ver Ernesto Castro Leal, *António Ferro: Espaço politico e imaginário social (1918-1932)*, pp. 113-64, e Luís Reis Torgal, *Estados novos, Estado Novo: ensaios de história política e cultural*, v. 1 (Coimbra: Universidade de Coimbra, 2009), pp. 87-104.

12. Ver "Como organizar Portugal" e "A opinião pública", bem como os docs. 21/25-26 (assinado por R. Reis), 55/83-84; 55H/78; 92M/45v.

13. A entrevista de Ferro com Mussolini saiu na primeira página de *A Capital*, 5 dez. 1923. As edições de *A Capital* de 15 nov. 1923 a 8 dez. 1923 contêm outras entrevistas e relatos da viagem de Ferro, além de diferentes artigos elogiando Mussolini.

14. Doc. 133E/12. Publicado em *Fascismo*, p. 57.

15. *DN*, 26 fev. 1923, p. 2 (doc. 135C/103). A conexão feita entre o recorte da notícia e a hostilidade de Pessoa para com Mussolini foi proposta por José Barreto em "O fascismo e o salazarismo vistos por Fernando Pessoa", Academia.edu, pp. 5-6.

16. Ver, por exemplo, *DL*, 20 jul. 1923, p. 7; *A Capital*, 8 dez. 1923, p. 1

17. Doc. 104/1.

18. Jorge Uribe (Org.), *Trovas do Bandarra* (Lisboa: Guimarães, 2010), é uma reprodução da edição de 1866 que Pessoa tinha (docs. 125B/67-100) e inclui algumas de suas anotações e outros textos relevantes. A outra edição encontrada no Arquivo Pessoa (docs. 125B/101-145) foi publicada em 1911. Os escritos de Pessoa sobre Bandarra e as interpretações de seus poemas proféticos estão guardados principalmente nos envs. 125, 125A e 125B do Arquivo. Sua seleção de quadras fundamentais de Nostradamus, algumas das quais ele anotou: docs. 125/20-24, 86; 125B/22-26, 44, 49-52.

19. A ideia de uma edição das *Trovas do Bandarra* comentada por Raphael Baldaya ocorreu pela primeira vez a Pessoa por volta de 1918 (doc. 90^{1}/8). Ele esperava publicar essa edição, nunca concluída, como um livro da Olisipo (docs. 20/65; 48I/17; 137A/21).

20. Doc. 125B/11. Pessoa, *Sobre Portugal*, pp. 205-6.

21. O nome de Lamim aparece num livro de 1810 sobre sebastianismo consultado por Pessoa. Docs. 125/2-3. Pessoa, *Sebastianismo*, pp. 147-54.

22. Docs. 125A/30, 83; 125B/11. Pessoa, *Sobre Portugal*, pp. 180-3, 205.

23. Doc. 125B/19.

24. O Arquivo Pessoa contém rascunhos de suas respostas (docs. 55F/41; 55I/47-50; 125/10).

54. [pp. 705-17]

1. *Intimidade*, pp. 115, 118. Fernando Gaspar, "Divididos na vida e na morte", p. 49R. Entrevista com Margarida Soares Couto.

2. Arquivo Histórico da Marinha, Livro Mestre do Corpo de Engenheiros Construtores Navais 2, folhas 98v-100, 159-159v.

3. *Intimidade*, p. 117

4. Eduardo Freitas da Costa a Carlos Queiroz, correspondência datada de 20 ago. 1936 (Coleção Maria da Graça Queiroz). O autor da carta lembrava-se de Pessoa recitando poemas para ele e outros primos "por volta de 1923", mas do final de 1920 ao início de 1924 ele e seus pais estiveram na Itália.

5. Docs. 87/72; 48B/110.

6. Doc. 48B/26. "Loucura" é o título desse poema.

7. *DL*, 3 nov. 1924, p. 5. *A Capital*, 3 nov. 1924, p. 2.

8. Pessoa a Bentley, carta de 31 out. 1924. Bentley havia mudado recentemente de Lisboa de volta para a Inglaterra.

9. "The Three Metamorphoses", *Thus Spoke Zarathustra*, in: Friedrich Nietzsche, *The Portable Nietzsche*. (Nova York: Penguin, 1988).

10. *Vida*, p. 541; Henriqueta Rosa Dias a Maria Ivone de Ornellas Andrade, "Ele sabia o valor que tinha", p. 6.

11. *DN*, p. 5. *Imagens*, p. 103.

12. Doc. 115^{1}/73 (carta datada de 31 jul. 1925). Publicada em Pessoa, *Correspondência inédita*, pp. 50-52.

13. Doc. 14E/5. Há uma breve nota para a pretensa edição em que os "familiares" de Caeiro assinam-se com as iniciais A. L. C. e J. C. (doc. 21/75).

ESPIRITUALISTA E HUMANISTA (1925-1935) [pp. 719-1001]

55. [pp. 721-36]

1. Antônio Cobeira, "Fernando Pessoa, vulgo 'o Pessoa', e a sua ironia transcendente", p. 5. Cobeira saíra de Lisboa havia muitos anos para ser professor de ensino médio em Santarém e, mais tarde, no Porto.

2. Docs. 14^{2}/94; 55D/65-67; 87/39; 87A/ 18.

3. Docs. 49B^{1}/39, 95-96; 49B^{4}/9.

4. Carta de 1 dez. 1925 (Coleção Jaime de Andrade Neves). Pessoa escreveu que sua sobrinha morrera de "intoxicação intestinal".

5. Entrevista com Manuela Nogueira.

6. As anotações para o sistema de condensação de código de Pessoa encontram-se principalmente no env. 128A. A resposta de Eden Fischer (doc. 115^2/11) é datada de 14 nov. 1925.

7. Patente 14345, registrada em 26 out. 1925. Fac-símiles e transcrições de documentos relevantes em *Objectos*, pp. 97-103.

8. Docs. 27^3K/1-5. O Arquivo Pessoa contém as anotações de um amigo jornalista que compareceu ao julgamento (docs. 137/51-72).

9. Pessoa a Guérin Frères, carta de 6 mar. 1926 (docs. 137B/11-15). Docs. 137B/35-39, 42-46, 48-49. Essas e outras invenções estão descritas em António Mega Ferreira, *Fazer pela vida*, pp. 103-17.

10. Docs. 137B/35-39, 42-46, 48-49. Essas e outras invenções estão descritas em Mega Ferreira, *Fazer pela vida*, pp. 103-17.

11. Hernâni Carqueja, "Francisco José Caetano Dias", *Revisores & Empresas*, n. 23, out.-dez. 2003, pp. 5-6.

12. Pessoa, "Palavras iniciais", *Revista de Comércio e Contabilidade*, n. 1, 25 jan. 1926, p. 6.

13. Este artigo foi publicado no sexto número.

14. Docs. 138/22-26; 138A/7-9. Pessoa, *Selected Prose*, pp. 197-99.

15. Os fascículos foram publicados entre janeiro de 1926 e fevereiro de 1927. Foi sem dúvida o entusiasmo por *The Scarlet Letter* manifestado por Francisco Costa em carta datada de 31 jul. 1925 que inspirou Pessoa a traduzi-la, com o título de *A letra encarnada*.

16. José Fonseca e Costa, *Os mistérios de Lisboa, ou What the Tourist Should See*, 2009.

17. Raul Proença, *Guia de Portugal*, v. 1, *Lisboa e arredores* (Lisboa: Biblioteca Nacional, 1924). Esse livro ainda está em catálogo e continua sendo uma valiosa obra de referência, embora algumas informações estejam desatualizadas. O guia de Pessoa, publicado pela primeira vez em edição bilíngue, em 1992 (*Lisboa: O que o turista deve ver*), assinala que a revista *Ilustração* "começou muito recentemente": seu primeiro número saiu em janeiro de 1926.

18. LDD, trecho 330. Caderno 144C/13v.

19. Três odes de Reis datadas de 13 jun. 1925 em algumas edições foram na verdade escritas em 13 jun. 1928, de acordo com o manuscrito. Os sonetos de Campos, difíceis de datar, pertencem a uma sequência intitulada "Barrow-on-Furness".

20. O número de junho só foi publicado no final de julho (*Sol: Bissemanário Republicano*, 25 jul. 1926, p. 9).

21. Entrevista com Maria da Graça Queiroz, filha de Carlos Queiroz que era próxima de Ofélia, sua tia-avó.

22. Doc. 87/95a.

23. Onésimo Teotóni Almeida, *Pessoa, Portugal e o futuro* , pp. 135-49, argumenta convincentemente que Pessoa deve ter lido Georges-Eugène Sorel (1847-1922), um filósofo francês que em *Réflexions sur la violence* (1908) teorizou o poder dos mitos nacionais para mobilizar as pessoas e efetuar mudanças revolucionárias. Embora outro livro de Sorel seja brevemente mencionado nas anotações de Pessoa (doc. 133G/49), não há prova de que ele tenha de fato lido alguma coisa desse autor. Mas o conceito dele e de Sorel do poder energizador dos mitos nacionais é surpreendentemente semelhante.

24. No *Jornal do Comércio e das Colónias*.

56. [pp. 737-52]

1. Docs. 92I/15-16. *Fascismo*, pp. 68-74.

2. O jornal diário foi precedido, nos meses de julho e agosto, de um fugaz periódico bissemanal também intitulado *Sol*, no qual Pessoa (como mostra José Barreto) publicou um pequeno manifesto anônimo em que declarava, para benefício dos generais no poder, que o indivíduo é a "única verdadeira realidade social" (*Sol*, 4 ago. 1926, p. 2). Celestino Soares (1898-1962), escritor e diplomata que serviu em diversas missões nos Estados Unidos, cumpriria mais tarde pena de prisão por participar de duas tentativas de derrubada de Salazar, em outubro de 1946 e abril de 1947.

3. *Sol*, 20/ nov. 1926, pp. 1-2. Foi somente em 2012 que a criação de Angioletti por Pessoa veio à tona, por meio do artigo de José, Barreto "Mussolini é um louco".

4. O visitante era Ezio Maria Gray (1885-1969), coronel da milícia fascista conhecida como camisas-negras e participante da Marcha sobre Roma. Ele se dirigiu à comunidade italiana de Lisboa como parte de sua missão de criar na cidade um *fascio*, ou liga fascista. Sua palestra foi relatada em detalhe em *DN*, 19 nov. 1926, p. 1.

5. *DN*, 21 nov. 1926, p. 4. *Sol*, 22 nov. 1926, p. 1.

6. O verdadeiro Angioletti, assim como o crítico forjado, nunca publicou no *Mercure de France*, mas havia publicado pouco tempo a sua primeira "Italian Chronicle" em *The Criterion*, de T. S. Eliot (na edição de jun. 1926), o que levanta a intrigante possibilidade de Pessoa ser um leitor ocasional daquele periódico, no qual "The Waste Land" foi impresso pela primeira vez, em 1922. O cronista, porém, assinou apenas como G. B. Angioletti; seu primeiro nome completo está ausente de *The Criterion*. Deve ter sido através de uma publicação italiana que Pessoa descobriu Giovanni B. Angioletti (que se tornaria um ficcionista de sucesso).

7. *LDD*, trecho 209.

8. *Answers*, 18 set. 1926, p. 14. Em 2017, Sally Bolton gentilmente pesquisou os arquivos do jornal na Biblioteca Bodleian de Oxford e localizou a carta publicada que motivou a resposta de Pessoa (doc. 138/65), publicada em *EA*, pp. 182-6.

9. Pessoa e Queiroz, *Correspondência completa*, pp. 15-6.

10. João Maria Nogueira Rosa, "Fernando Pessoa — Como eu o conheci", p. 231. *Intimidade*, pp. 314-315.

11. *Correio da Noite*, 18 ago. 1926, p. 5; 21 ago. 1926, pp. 5, 8; 22 ago. 1926, p. 1; 24 ago. 1926, p. 5. *A Reacção*, 28 ago. 1926, p. 1.

12. Botto foi funcionário público em Angola durante a maior parte de 1924 e parte de 1925.

13. *A Batalha*, 2 set. 1925, p. 2.

14. Doc. 104/50.

15. Para mais informações sobre Luis Fernando de Orleans y Borbón e seu caso com Botto, ver Anna Klobucka, *O mundo gay de António Botto*, pp. 41-9.

16. Sobre as origens e a história do fado, ver o abalizado *Para uma história do Fado*, de Rui Vieira Nery (Lisboa: Público, 2004; ed. revista Lisboa: INCM, 2012). A cidade de Coimbra tem um estilo próprio e muito diferente de fado, cantado pelos alunos da universidade.

17. Antônio Botto, "O verdadeiro Fernando Pessoa." Existem duas versões ligeiramente diferentes desse ensaio, parcialmente transcritas e publicadas por Maria José de Lancastre, "Pessoa e Botto: Análise de uma mitografia", in: Maria José de Lancastre, Silvano Peloso e Ugo Serani

(Orgs.), *E vós, tágides minhas: Miscellanea in onore di Luciana Stegagno Picchio* (Viareggio: M. Baroni, 1999), pp. 393-404.

18. Doc. S7/38. *CA*, pp. 249-250.

19. A carta de Pessoa para Botto datada de 8 mar. 1927 está na Coleção Fernando Távora. Cópias dessa e de sua segunda carta a Botto, datada de 25 mar. 1927, estão na CHP e foram publicadas em Botto, *Canções*, pp. 155-63.

20. Esse formato, desenvolvido no século XIX, consistia em um mote de quatro versos, cada um deles repetido no verso final de quatro estrofes sucessivas de dez versos.

21. Pessoa guardou a cópia carbono do poema; suponho que tenha enviado o original a *Sempre Fixe*, o único veículo que poderia aceitar publicá-lo. Ele tinha um título alternativo e mais contundente para o seu fado, "Cantiga do 'Bristol'", que aludia ao edifício que serviu de quartel general da rebelião de fevereiro em Lisboa. *Fascismo*, p. 94.

22. Mário Eloy (1900-1951), que passou longos períodos em Berlim entre 1927 e 1931, foi o pintor expressionista mais importante de Portugal. O dadaísmo não teve adeptos portugueses dignos de nota.

23. João Gaspar Simões, *Retratos de poetas que conheci*, pp. 52-3. Gaspar Simões, *José Régio e a história do movimento da "Presença"* (Porto: Brasília, 1977), pp. 56, 209-10.

57. [pp. 753-64]

1. Pessoa a Luís Miguel Rosa, carta datada de 7 jan. 1929 (CPH). Pessoa anexou uma cópia da carta para que Luís Miguel a passasse ao irmão João.

2. João Rui de Sousa, *Fernando Pessoa: Empregado de escritório*, pp. 54-5. Manuel Martins da Hora e Gina de Freitas, "Recordando Pessoa, *Eva*, dez. 1971, p. 47-51.

3. A loja de Abel ficava no cruzamento da rua dos Fanqueiros com a rua de São Nicolau.

4. O contrato de vinte anos da Companhia havia expirado no primeiro semestre de 1926, mas seu controle sobre o setor prosseguiu até março de 1927, quando o regime militar mudou os termos do acordo e permitiu um único concorrente, criando assim um duopólio.

5. Pessoa guardou cópias carbono não assinadas de três cartas para Burley, duas delas datadas de 6 jan. 1927 e a última datada de 20 jan. 1927 (CHP).

6. Arquivo Militar Histórico, Caixa 4213, Processo 131/69.

7. L. P. Moitinho de Almeida, *Fernando Pessoa no cinquentenário da sua morte*, pp. 24, 69, 78-9.

8. *Manuel Martins da Hora: Publicitário* (Lisboa: Câmara Municipal, 1997); Martins da Hora, "Fernando Pessoa: Correspondente comercial", *Flama*, 31 dez. 1965, pp. 10-11; Martins da Hora, "Recordando Fernando Pessoa". Em 1927, a General Motors assinou um contrato mundial com a agência de publicidade de Nova York J. Walter Thompson, que contratou a Hora Agency para ser sua subagência em Portugal.

9. Pessoa, *Contos completos*. O folheto foi provavelmente impresso no final de 1928 ou em 1929.

10. Moitinho de Almeida, Fernando Pessoa no cinquentenário da sua morte, pp. 49-53. O slogan de Pessoa apareceu pela primeira vez no *DL* na edição de 16 jul. 1927, p. 4, e pela quarta e última vez em 5 ago. 1927, p. 4. O mesmo slogan foi publicado no *DN* (quatro edições entre 17 jul. 1927 e 7 ago. 1927, sempre na p. 2) e em *O Século* (quatro edições entre 17 jul. 1927 e 14 ago. 1927,

sempre na página 3). Esses são os únicos três jornais que verifiquei, com a ajuda de Marianna Silvano. É provável que o slogan tenha sido impresso também em cartazes publicitários.

11. O dr. Ricardo Jorge, Diretor-Geral de Saúde, emitiu seu parecer em 23 dez. 1927. Carlos Alberto Pires Costa, *A droga, o poder político e os partidos em Portugal* (Lisboa: Instituto da Droga e da Toxicodependência, 2007), pp. 78-80.

12. O livro de entrevistas *À volta das ditaduras* foi publicado em 28 maio 1927, no primeiro aniversário do golpe que instaurou a ditadura militar em Portugal. Ferro e Câmara tornaram-se amigos em Angola em 1918, quando este último era governador colonial e Ferro, seu secretário-geral.

13. A carta de Pessoa para José Régio datada de 3 maio 1928 afirma que ele escreveu o manifesto a pedido de alguém "muito meu amigo". Antônio Botto, "O verdadeiro Fernando Pessoa", identificou o solicitante como sendo Coelho de Jesus.

14. José Barreto, "A publicação de *O Interregno* no contexto político de 1927-1928", *Pessoa Plural*, outono 2012, pp. 174-207.

15. *DL*, 7 abr. 1928, p. 8.

16. "Afonso Lopes Vieira. O poeta nacionalista", *O "Notícias" Ilustrado*, 3 jun. 1928, p. 8. O Arquivo Pessoa contém o original manuscrito do artigo (docs. 125A/26-29). Pessoa, *Sebastianismo*, pp. 156-9.

17. David Davidson e Herbert Aldersmith, *The Great Pyramid*, 4ª ed. (Londres: Williams & Norgate, 1927), gravuras LXVC e LXVI, encontradas entre as páginas 390 e 391; ver também pp. x, 26, 366, 387, 394, 400, 456.

18. *DN*, 8 jun. 1928, pp. 1, 5. Fabrizio Boscaglia, "Fernando Pessoa, Blas Infante e Al-Mu'tamid", *Colóquio Letras*, jan.-abr. 2016, pp. 148-60.

19. Esse e outros eventos iminentes, desconhecidamente importantes, também foram "selados" em 29 maio 1928, início da "Tribulação Final", de acordo com Davidson e Aldersmith, *The Great Pyramid*. *O "Notícias" Ilustrado*, 15 jul. 1928, p. 22; 22 jul. 1928, p. 15. O Arquivo Pessoa contém um texto datilografado somente do segundo dos dois artigos sobre Al-Mu'tamid (doc. 125/1), mas o primeiro também foi, sem dúvida, escrito por ele. Pessoa, *Sebastianismo*, pp. 295-9. Devido a protestos de católicos, a planejada homenagem a Al-Mu'tamid em Silves foi cancelada.

20. Trecho escrito para prefácio de *Aspectos*, coletânea planejada de suas obras heterônimas (doc. 20/73).

21. Doc. 92D/3.

58. [pp. 765-75]

1. *DN*, 26 abr. 1927. Rui Sousa, "O jogo como problema na segunda metade de 1920 na interpretação de Fernando Pessoa", *Pessoa Plural*, outono 2020, pp. 427-505.

2. Manuel Domingos de Moura Teixeira, *Mundanismo, transgressão e boémia em Lisboa dos anos 20 — o clube noturno como paradigma* (Lisboa: Universidade Lusófona, 2012, pp. 29-36. Dissertação de Mestrado. Consultado online). O jogo ainda foi tolerado por um tempo na Maxim's, a maior e mais antiga casa noturna, e a última a fechar, em 1933.

3. Antônio Soares (1894-1978), grande amigo de Augusto Ferreira Gomes, havia criado a capa do livreto de Pessoa *Antinous: A Poem*.

4. António Mega Ferreira, *Fazer pela vida*, pp. 135-45.

5. Doc. 92M/69, publicado em *Fascismo*, p. 136.

6. *LDD*, trechos 303, 322, 91.

7. "*Orpheu* como mera base", escreveu Pessoa sobre os seus planos rapidamente abortados de uma nova revista (doc. 122/10v), cujo título não especificou.

8. Pessoa, *A educação do estoico: o único manuscrito do Barão de Teive* (Lisboa: Assírio & Alvim, 2018), pp. 26, 48.

9. Pessoa leu *La Jeune Parque* [A jovem parca] e outros poemas de Valéry, que considerou uma continuação desinteressante da obra de Mallarmé (doc. 14E/27). É possível que tenha lido algumas das reflexões de Monsieur Teste publicadas durante sua vida — em um volume de 1926 intitulado *Monsieur Teste*, por exemplo.

10. Doc. 59/45v.

11. Pessoa, *A educação do estoico*, pp. 22-3, 29, 37.

12. A imagem pintada está reproduzida em Maria José de Lancastre, *Fernando Pessoa: Uma fotobiografia*, p. 283, e em cores em *Objectos*, p. 35. Pessoa guardava, entre os seus papéis (doc. $113P^2/20$), uma transcrição datilografada do título de nobreza conferido ao seu trisavô em 1799 e publicado no *Arquivo Heráldico Genealógico* (1872) do visconde de Sanches de Baena, pp. 361-2. Esse título menciona Leonor Francisca Coelho de Ataíde na linhagem de Pessoa, como observado pela primeira vez por Jerónimo Pizarro.

13. L. P. Moitinho de Almeida, *Fernando Pessoa no cinquentenário da sua morte*, p. 28. Carlos Lobo de Oliveira, "Fernando Pessoa e a sua genealogia", *Boletim da Academia Portuguesa de Ex-Libris*, v. 3, 24 abr. 1963, p. 81. A intenção de Pessoa de adquirir um ou mais anéis e de consertar um que já estava em sua posse está registrada em um bloco de notas que ele usou em 1919 (*Objectos*, pp. 204-5).

14. Pessoa, *A educação do estoico*. Manuela Parreira da Silva, especialista na obra de Pessoa, ajudou-me a decifrar os manuscritos originais.

15. Trecho intitulado "Exame de consciência". Ver também *LDD*, trecho 446.

59. [pp. 776-90]

1. Docs. $27^{21}L^4/19$; 48/4.

2. Thomas Hunter Weir, *Omar Khayyám The Poet*, 1926. O exemplar de Pessoa de *Rubáiyát of Omar Khayyám*, de FitzGerald, é uma reimpressão de 1928 de uma edição de 1910. Ver Fabrizio Boscaglia, "Fernando Pessoa and Islam: An Introductory Overview with a Crictical Edition of Twelve Documents". Sobre os livros de Pessoa sobre cultura islâmica e do Oriente Médio, ver, além de Boscaglia, "Anexo I" de Antonio Cardiello, "Os orientes de Fernando Pessoa", *Pessoa Plural*, primavera 2016, pp. 182-84.

3. Doc. 14C/40 (em inglês).

4. Pessoa, *Rubaiyat*, reúne todos os *ruba'iyat* originais e traduzidos de Pessoa, além dos textos em prosa que escreveu sobre Khayyám.

5. Pessoa incluiu três trechos de seu prefácio inacabado em um envelope com material para o *Livro do desassossego* (trechos 446-448). A passagem citada é do trecho 446.

6. *DL*, 24 dez. 1928, p. 32.

7. *O "Notícias" Ilustrado*, 30 dez. 1928, p. 15.

8. Bilhete de agradecimento publicada em *Imagens*, p. 106. A carta datada de 17 jan. 1929 de Pessoa a seu meio-irmão Luís Miguel (CHP) explica o desentendimento e a reconciliação entre ele e sua irmã.

9. Pessoa e Queiroz, *Correspondência amorosa completa, 1919-1935*, p. 25.

10. Albino Lapa e Rogério de Figueirôa Rego também foram sócios fundadores da Solução Editora. Rego assumiu a empresa de Saa e tornou-se editor-chefe da revista a partir do quinto número, publicado em agosto de 1929. Ver Elisabete J. Santos Pereira, "Mário Saa (1893-1971): Um intelectual português na sociedade do século XX", pp. 56-57; Albino Lapa, "A última blague de José Pacheco", *DL*, 3 maio 1935, Supl. Lit., p. 3.

11. Botto publicaria a *Antologia* completa em 1944, complementando-a com poemas de Pessoa, de seus heterônimos e de mais oito poetas.

12. Larbaud passou um mês em Lisboa no início de 1926. Antônio Ferro e Almada Negreiros falaram ambos num banquete em sua homenagem; Pessoa odiava e evitava banquetes.

13. *LDD*, trecho 340.

14. Caderno 144G/29, 39.

15. L. P. Moitinho de Almeida, *Fernando Pessoa no cinquentenário da sua morte*, pp. 55-67.

16. *LDD*, trechos 3 e 5.

17. *LDD*, trecho 420.

18. *LDD*, trecho 1.

19. *LDD*, trecho 379.

20. Antônio Ferro, "Alguns precursores", *O "Notícias" Ilustrado*, 24 fev. 1929, pp. 11, 4.

21. José Rebelo de Bettencourt, *O mundo das imagens* (Lisboa: Ressurgimento, 1928), pp. 75-8. Um exemplar do livro, assinado pelo autor em agosto de 1928, está na biblioteca pessoal de Pessoa.

22. Antes de aparecer no livro *Temas*, Gaspar Simões publicou o seu ensaio sobre Pessoa em *A Águia*, jan.-mar. 1929, pp. 221-8.

23. *LDD*, trecho 145.

24. O incêndio criminoso ocorreu no século IV a.C., mas na verdade foi o Templo de Ártemis reconstruído, que permaneceu de pé até o século V d.C., que ganhou renome como uma das Sete Maravilhas do Mundo Antigo.

25. Docs. $15B^3/77\text{-}80$. Alguns trechos podem ser datados de março de 1929; um deles data de 1930 ou 1931. O título do ensaio consta de uma lista de planos de publicação (CHP; disponível online em pessoadigital.pt, CP 14). Foi inicialmente intitulado "Anteros, or the Future of Attraction" (doc. $15B^3/86$).

26. Doc. 107/23. *OE*, v. 3, p. 252.

27. *Fedro* está no topo de uma lista de nove diálogos de Platão que Pessoa elaborou quando estudava filosofia no Curso Superior de Letras, em 1906-07 (doc. $15^3/28a$).

28. Doc. 64/99v.

29. Edward Carpenter, *The Intermediate Sex* (Londres: Sonnenschein, 1908), cap. 2. Ver também Carpenter, *Love's Coming-of-Age* (Manchester: Labour, 1896). Fernando Beleza alertou-me para a possível influência de Carpenter em Pessoa.

60. [pp. 791-801]

1. Luís de Montalvor casara-se em 1910. Em 1928, faleceu a segunda mulher de Alberto da Cunha Dias.

2. Mário Saa, *Poesia e alguma prosa*, pp. 327-28; João Gaspar Simões, *Retratos de poetas que conheci*, pp. 183-84. Saa e sua esposa casaram-se legalmente em 1951.

3. Certidão de casamento reproduzida em Ana Rita Palmeirim, *José Coelho Pacheco: O falso semi-heterónimo de Pessoa*, p. 86.

4. Pessoa ajudou com parte da papelada necessária ao casamento, que se realizou em Paris. Ver cartas de Ferreira Gomes a Pessoa de outubro e novembro de 1930 em Pessoa, *O mistério da Boca do Inferno*, pp. 123-170. Marcelle Ferreira Gomes enviou da França para Pessoa um postal sem data (doc. $115^2/63$) dizendo que ansiava por conhecê-lo.

5. Pinharanda Gomes, esboço biográfico em *No claro-escuro das profecias*, de Augusto Ferreira Gomes, p. 155.

6. Entrevista com Beatriz Costa em *Semanário*, 24 jan. 1986, pp. 32-33. Beatriz Costa, *Sem papas na língua* (Lisboa: Europa-América, 1975), pp. 54, 58. É difícil dizer quando Costa começou a frequentar o café, mas provavelmente não antes de 1930. Suas cartas e postais que se encontram no arquivo de Saa datam de entre 1933 e 1940.

7. *LDD*, trechos 277 e 410. Ver também trechos 59 e 360.

8. "A tragédia temporária do poeta António Botto", *O Jornal do Repórter X*, 26 out. 1929, pp. 1, 3. As erupções cutâneas deviam-se provavelmente à sífilis, ainda em estágios iniciais, mas parece que Botto sofria também de tuberculose. O médico recomendou-lhe que fizesse um tratamento no Sanatório Sousa Martins, especializado no tratamento da tuberculose. As cartas de Botto a Ferro, escritas durante e após a sua doença, encontram-se no Arquivo António Ferro.

9. Gaspar Simões, *Retratos de poetas que conheci*, p. 125

10. O hospital psiquiátrico de Telhal, perto de Sintra, ainda permanece em funcionamento. Rilhafoles, rebatizado como Hospital Miguel Bombarda em 1911, era o único estabelecimento de saúde mental de Lisboa durante a vida de Pessoa.

11. Cartas de Ofélia Queiroz a Pessoa datadas de 15, 16, 26, 30, 31 out. e 1º nov. 1929. O "cartão de visitas" que ela fez para Álvaro de Campos está reproduzido em Pessoa e Queiroz, *Correspondência amorosa completa*, p. 37

12. Carta datada de 17 dez. 1929.

13. *LDD*, trecho 235.

14. Cartas datadas de 9 out. e 23 out. 1929.

61. [pp. 802-14]

1. Extraído do *London Herald* e do *Daily Mail*, ambos em sua edição de 25 out. 1929.

2. Lloyd George pertencia ao Partido Liberal, e Churchill, ao Partido Conservador. Ramsay MacDonald, o então primeiro-ministro e membro do Partido Trabalhista, foi o político a quem Pessoa planejou enviar seu questionário. Docs. 48H/3-4; 55E/17, 14. *Fascismo*, pp. 146-50.

3. Fac-símile da carta, datada de 14 dez. 1930, publicado em Manuel Martins da Hora, "Fernando Pessoa: Correspondente comercial", p. 10.

4. A empresa Manuel Martins da Hora Ltda., situada na rua da Prata, foi fundada em 1927. Nuno Cardal e Rita Fragoso de Almeida, *Grupo McCann Portugal: 65 anos de publicidade* (Lisboa: Texto Editora, 1994), pp. 11-4. A firma anterior de Martins da Hora chamava-se Empresa Central de Publicidade (doc. 92M/58v).

5. *LDD*, trecho 9.

6. Entre esses escritórios estavam o da Moitinho de Almeida, o da Agência Hora e o da Toscano & Co. (posteriormente Toscano & Cruz).

7. Ofélia Queiroz para Pessoa, carta de 2 mar. 1930. Docs. 46/48v; 120/42v. Algumas das coisas removidas estavam guardadas num apartamento da família do cunhado, na rua Campo de Ourique, número 18. João Nogueira Rosa, o meio-irmão de Pessoa que nunca mais o viu depois de 1920, afirmaria em 1968 que Fernando morou em quartos alugados enquanto a família da irmã estava em Évora, mas Manuela Nogueira disse-me ter absoluta certeza de que seu tio Pessoa morou na rua Coelho da Rocha de 1920 a 1935, sem interrupções.

8. Queiroz para Pessoa, cartas datadas de 15 ago. e 14 set. 1930.

9. *LDD*, trecho 100.

10. A troca de presentes é relatada na carta de Ofélia, datada de 12 jul. 1930, ao sobrinho Carlos, que em 1928 se mudara para a cidade de Santarém, onde terminaria finalmente o ensino secundário. Documento original na Coleção Maria da Graça Queiroz.

11. Docs. 133F/86; 133B/97. Ofélia recordaria a última vez que se beijaram nas cartas a Pessoa de 14 set. e 7 out. 1930.

12. João Gaspar Simões, que proferiu uma palestra nesse Salão, realizado na Sociedade Nacional de Belas Artes, recordaria que o evento aconteceu em junho, mas na verdade foi de 12 a 30 de maio. Ver José-Augusto França, *Os anos 20 em Portugal*, pp. 370-5, e França, *A arte em Portugal no século XX* (Lisboa: Bertrand, 1974), pp. 195-7.

13. José Gaspar Simões, *Retratos de poetas que conheci*, pp. 57-64; António Quadros, *Fernando Pessoa: Vida, personalidade e génio*, p.143. No primeiro relato publicado de Gaspar Simões sobre o encontro (Gaspar Simões, "Imagem rectificada do poeta Fernando Pessoa"), ele contou ter ficado com a impressão de que Pessoa tentou apresentar-se como Campos sem sucesso.

14. Pierre Hourcade, *Temas de literatura portuguesa*, pp. 134, 157.

15. Hourcade, "Rencontre avec Fernando Pessoa", *Contacts*, n. 3, jun. 1930, pp. 40-2.

16. Creio que essa qualidade escultural foi notada pela primeira vez por Antônio Feijó, num ensaio de 1999 republicado como o cap. 3 de seu *Uma admiração pastoril pelo diabo (Pessoa e Pascoaes)*.

17. Carta a Adolfo Casais Monteiro datada de 13 jan. 1935.

18. "Carta da corcunda para o serralheiro" (docs. 95/7-9). Teresa Rita Lopes, *Pessoa por conhecer*, pp. 256-8.

19. Victor K. Mendes, "The Ecology of Writing: Maria José's Fernando Pessoa", in: Mariana Gray de Castro, *Fernando Pessoa's Modernuty Without Frontiers*, pp. 201-213. A carta de Maria José, única obra a ela atribuída por Pessoa, ocupa três páginas e meia datilografadas mas tem a assinatura dela.

20. *LDD*, trecho 56.

21. Doc. 208.

62. [pp. 815-34]

1. Na revista semanal *John Bull*, 24 mar. 1923.

2. A maioria das cartas trocadas entre Pessoa e Crowley, Mandrake Press e associados de Crowley foi publicada pelo sobrinho de Pessoa, Luís Miguel Rosa Dias (Miguel Roza), em *Encontro Magick*, edição revisada (Lisboa: Assírio & Alvim, 2010). Steffen Dix publicou uma edição completa e mais rigorosa: Pessoa, *O mistério da Boca do Inferno: Correspondência e novela policial*. Ambos os lados da correspondência (cópias carbono, no caso das cartas de Pessoa) encontram-se no Arquivo Pessoa, docs. 190-311.

3. O Arquivo Pessoa contém uma cópia carbono da carta de Leal (doc. 113F/62-66). Publicada, com introdução e notas, por Manuela Parreira da Silva (separata de *A Ideia*, n. 75-76, Lisboa, 2015).

4. De acordo com um documento escrito por Crowley em janeiro de 1937, ele pretendia, em sua viagem a Lisboa, criar "uma sede para a Ordem sob o comando de dom Fernando Pessoa". Marco Pasi, o estudioso que descobriu esse documento, acredita que Crowley "sem dúvida se referia à Ordo Templi Orientis" (Pasi, *Aleister Crowley and the Temptation of Politics*, pp. 19, 104). É concebível que Crowley se referisse, em vez disso, à sua ordem A.∴A.∴, mas, embora as duas ordens fossem separadas, ambas estavam imbuídas das doutrinas de Thelema e atraíam muitos discípulos em comum.

5. Marco Pasi, "Ordo Templi Orientis", in: Wouter J. Hanegraaff (Org.), *Dictionary of Gnosis and Western Esotericism*, pp. 898-906. Hugh Urban, "Unleashing the Beast: Aleister Crowley, Tantra and Sex Magic in Late Victorian England", *Esoterica: The Journal of Esoteric Studies*, v. 5, 2003, pp. 138-92. (disponível em: <http://www.esoteric.msu.edu/VolumeV/Unleashing_the_Beast.htm>; acesso em 5 maio 2017).

6. Marco Pasi, "September 1930, Lisbon: Aleister Crowley's Lost Diary of his Portuguese Trip", *Pessoa Plural*, primavera 2012, pp. 253-83.

7. Doc. 215. Conforme observado por Pasi, *Aleister Crowley and the Temptation of Politics*, p. 193, nota 59, o símbolo astrológico usado para datar essa carta corresponde a 3 de setembro.

8. Doc. 295. *CA*, pp. 266-71.

9. A anotação no diário de Crowley daquele dia continua: "À noite, Iniciação". Alguns estudiosos sugeriram que essa Iniciação era a de Raul Leal (que na sua carta datada de 15 jan. 1930 de fato manifestou o desejo de ser iniciado por Crowley), que se deu no quarto alugado de Leal, e que Pessoa foi possivelmente iniciado na mesma ocasião. Mas, de acordo com os dois relatos de Leal sobre suas relações com Crowley, eles só se encontraram uma vez, no Café Martinho da Arcada, tendo Pessoa ido ao seu quarto algum tempo antes, provavelmente na véspera, para informá-lo do encontro, ao qual ele e Hanni Jaeger também estavam presentes. ("Carta de Raul Leal", *Persona*, n. 7, ago. 1982, p. 55; Jorge de Sena e Raul Leal, *Correspondência, 1957-1960*, pp. 39-41.) A iniciação mencionada na anotação do diário de Crowley era sem dúvida a de Hanni Jaeger ("À noite" — de volta ao hotel no Estoril) em um novo rito sexual, ou para um grau espiritual acompanhado de um ato sexual mágico. O diário continua relatando, em latim, uma sessão de sexo anal que foi um "começo" para תמא [emet], palavra hebraica que significa "verdade". No dia seguinte, uma quarta-feira, Jaeger teve sua primeira "visão astral".

10. O prospecto foi enviado, a pedido de Crowley, na esperança de que Pessoa pudesse ter amigos ricos interessados em investir.

11. "Dá a surpresa de ser", datado de 10 set. 1930.

12. *DL*, 27 set. 1930, p. 5. *DN*, 27 set. 1930, p. 6 e 28 set. 1930, p. 1. *O Século*, 28 set. 1930, p. 6. *O "Notícias" Ilustrado*, 4 out. 1930, pp. 1, 8, 10, 14. Em dezembro, uma nova revista chamada *Girassol* também publicou uma reportagem sobre o desaparecimento de Crowley (16 dez. 1930).

13. Um jornal de domingo especializado em notícias sensacionalistas; a história foi publicada na p. 5.

14. Recorte no Arquivo Pessoa (doc. 250). Pessoa, *O mistério*, p. 125.

15. Israel Regardie, secretário de Crowley em Londres (1907-1985), tentou em vão conseguir publicidade para a história. Ele escreveu a Pessoa em 27 out. 1930: "Todos os jornais pressentem que uma trama ardilosa está sendo arquitetada e, por isso, se recusam a mencioná-la".

16. *O Século*, 28 set. 1930, p. 6.

17. Karl Germer (1885-1962) sucederia Crowley na chefia da Ordo Templi Orientis. Regardie (1907-1985) escreveria uma biografia de Crowley e republicaria várias de suas obras; ele também lançaria uma edição em quatro volumes sobre os ensinamentos, ritos e cerimônias da Ordem da Aurora Dourada.

18. *DL*, 27 set. 1930, pp. 5, 8.

19. A novela incompleta (docs. 315-387) foi publicada em Pessoa, *O mistério*, pp. 377-437.

20. Christopher Isherwood, *Diaries*, org. de Katherine Bucknell, v. 1, *1939-1960* (Londres: Methuen, 1996), p. 550.

21. Arthur E. Waite, *The Brotherhood of the Rosy Cross*, (1924) e Frans Wittemans, *Histoire des Rose-Croix* de (1925). Mais tarde, compraria livros de Waite sobre a maçonaria e sobre a lenda e o simbolismo espiritual do Santo Graal.

22. Docs. 54/37-38, 55-58, 60-63, que datam da segunda metade de 1925.

23. Essa verdade estava mais bem ilustrada em *Liber 777*, um compêndio de tabelas que correlacionavam uma série de símbolos religiosos, mitos e fenômenos naturais uns com os outros e com aspectos da cabala. Pessoa comprou *Liber 777* em 1917 sem saber que era de Crowley, que o publicara anonimamente.

24. O poema foi incluído na carta de Pessoa de 20 out. 1930 para "Karl Germer". Pessoa endereçou suas cartas a Germer, com quem Crowley estava morando enquanto mantinham a farsa do suicídio.

25. O capítulo 27 cita o trecho em questão em sua totalidade.

26. Doc. 48D/34. Já em 1917, Pessoa havia planejado um livro contendo cinco grandes poemas em inglês que tratavam do amor e da afeição humana: "Antinous", "Epithalamium", "Prayer to a Fair Body", "Divineness" e "Spring 1917" (docs. 31/93-94; 48B/64; 48D/30). Ver Aníbal Frias, *Fernando Pessoa et le Quint-Empire de l'amour*, para reflexões sobre o "Quinto Império do Amor" de Pessoa.

27. Doc. 299. Pessoa, *O mistério*, p. 301.

28. CHP. Fac-símile publicado pela primeira vez em *Intimidade*, p. 190.

63. [pp. 835-48]

1. Pessoa telefonara para a residência onde ambos moravam com Joaquina, a mãe de Carlos. A carta sugere que Ofélia estava em casa quando Pessoa ligou, mas ele não pediu para falar com ela.

2. Mário Domingues, "Profecias fatídicas de um árabe", *Repórter X*, 4 abr. 1931, pp. 8-9, 14.

3. Luís da Câmara Reis, "Boletim". Câmara Reis (1885-1961) foi membro fundador e editor por muito tempo de *Seara Nova*. Os jantares, realizados na casa de Fernando Lobo de Ávila Lima, membro da Junta de Educação Nacional de Portugal, também são mencionados nas cartas de Ofélia Queiroz a Pessoa.

4. Sobre o papel de Pessoa como agente lisboeta da Monarquia do Norte: *Eco de Estremoz*, 30 dez. 1972, pp. 1, 4; ampliado em "A abusiva apropriação da Esquerda da figura ímpar de Fernando Pessoa", *Cidade de Tomar*, 8 fev. 1980, pp. 6, 9, e em "Evocando Fernando Pessoa", *O Comércio de Gaia*, 18 ago. 1989, última página. Sobre Pessoa guardando o corpo de Pais: "Evocando Fernando Pessoa", *Cidade de Tomar*, 27 maio 1988, p. 7.

5. Os artigos foram publicados em seis jornais: *Eco de Estremoz*, 1972-1973; *Cidade de Tomar*, 1980-1990; *Notícias de Guimarães*, fev.-abr. 1984; *O Comércio de Gaia*, 1984-1989; *Consciência Nacional*, out.-dez. 1985; e *Jornal da Bairrada*, jul. 1985-mar. 1986. Há, sem dúvida, mais artigos que não consegui encontrar, nesses e possivelmente em outros jornais.

6. L. P. Moitinho de Almeida, *Fernando Pessoa no cinquentenário da sua morte*, p. 101.

7. Sobre o bordel: *Cidade de Tomar*, 15 jul. 1983, p. 8. Sobre suas roupas puídas (embora imaculadamente limpas): *Eco de Estremoz*, 9 dez. 1972, pp. 1, 6. Sobre seus quartos miseráveis: *Eco de Estremoz*, 26 maio 1973, pp. 1, 3; 9 jun. 1973, p. 8.

8. Enquanto examinava milhares de edições de jornais regionais obscuros para descobrir todos os artigos que Bourbon escreveu sobre Pessoa, me deparei com um texto não relacionado em que ele praticamente admitia ser um negacionista do Holocausto, opinando que Hitler tinha sido "objeto de muitas difamações e calúnias". Ver "A exposição de aguarelas de Adolfo Hitler", *O Comércio de Gaia*, 15 fev. 1985, pp. 1, 5. É provável que Bourbon, graças a um amigo comum, tenha encontrado Pessoa em várias ocasiões, talvez no Café Montanha, e algumas de suas afirmações sobre o que foi dito nessas reuniões podem ser verdadeiras, mas é impossível saber quais.

9. Mais de um leitor atento fez essa associação. Ver especialmente Paul Muldoon, "In the Hall of Mirrors: 'Autopsicography' by Fernando Pessoa", *New England Review*, outono 2002, pp. 38-52.

10. Doc. 48/2, datável de 1930.

11. Docs. 12^{1}/79; 48B/18, 22, 34, 62v.

12. *LDD*, trecho 149, datado de 3 mar. 1931. Ver também doc. 15^{2}/63.

13. O Arquivo Pessoa contém listas de pedidos e faturas de alguns dos livros que comprou (docs. 28A/4; 93A/2; Anexo IV/1-2).

14. Trata-se da segunda estrofe de "Oiço passar o vento na noite", datado de 24 set. 1923.

15. *LDD*, trecho 443, escrito em 1915.

16. Doc. 54/78. Ver também doc. 53/69.

17. O Novo Testamento em inglês de Pessoa era a edição Westcott-Hort (1881), que praticamente todas as edições críticas posteriores seguiram de perto.

18. Em "currículo" autobiográfico datado de 30 mar. 1935. *EA*, pp. 203-6.

19. Doc. 54B/12.

20. *LDD*, trecho 144, datado de 1 fev. 1931.

21. Docs. 53B/37-38, 41-42.

22. Docs. 54/42, 46.

23. Doc. 54A/18.

24. Doc. 54/99.

64. [pp. 849-63]

1. Yeats foi o padrinho de Georgie Hyde-Lees quando ela entrou para a ordem, em 1915, dois anos antes de se casarem.

2. *LDD*, trecho 263.

3. *LDD*, trecho 262.

4. As semelhanças e diferenças entre o pensamento de Pessoa e o pensamento budista são cuidadosamente examinadas em Paulo Borges, *Do vazio ao Cais Absoluto ou Fernando Pessoa entre Oriente e Ocidente*, pp. 15-71. Buda é o personagem central de um dos "dramas estáticos" mais interessantes de Pessoa, *Sakyamuni*, porém ele revela pouca compreensão das doutrinas budistas básicas. Ver Pessoa, *Teatro estático*, pp. 153-68.

5. Os escritos de Pessoa citaram o versículo de são Paulo (Filipenses 2:12) em pelo menos três ocasiões diferentes (docs. 26B/51; 55D/25v; 125B/19).

6. Docs. 92M/49-50, 68. *Fascismo*, pp. 161-4.

7. *LDD*, trecho 259.

8. Docs. 125A/15; 143/14; 123/96.

9. J. A. Moreira de Castro, *Nova selecta portugueza* (Porto: Typ. de José da Silva Mendonça, 1896), pp. 209-10.

10. Essa lembrança era, sem dúvida, de Pessoa, mas ele a relatou por intermédio de Bernardo Soares, no mesmo trecho do *Livro do desassossego* em que declarou que a sua nação não era Portugal, mas a língua portuguesa.

11. Doc. 14E/53.

12. Pessoa possuía e estudou a *Milton's Prosody*, de Robert Bridges, e *Classical Meters in English Verse*, de William Johnson Stone, publicados juntos pela Oxford University Press em 1901.

13. *Observações sobre um caso de neurose obsessiva ["O Homem dos ratos"], Uma recordação de infância de Leonardo da Vinci e outros textos (1909-1910)*. Trad. de Paulo César de Souza. São Paulo: Companhia das Letras, 2013, pp. 147-8.

14. Ibid., pp. 69, 133. Freud, *Un souvenir d'enfance de Léonard de Vinci* (Paris: Gallimard, 1927), pp. 27-8, 204.

15. Docs. 133D/17-20. Embora sem data, as comunicações foram escritas em papel com a marca-d'água Grahams Bond Registered, muito utilizado por Pessoa em 1931 para trechos do *Livro do desassossego*, vários poemas e outros textos.

16. No ano seguinte à morte de Pessoa, Gaspar Simões publicou, em *Presença* (jul. 1936, pp. 17-22), a longa carta que recebera e um extenso artigo contestando alguns dos argumentos que apresentava.

17. *LDD*, trecho 260.

18. O ensaio de Eliot era uma resenha de *The Problem of "Hamlet"*, de John M. Robertson (1919). Pessoa possuía esse livro e *"Hamlet" Once More* (1923), do mesmo Robertson, que cita a resenha de Eliot, mas não o conceito de "correlato objetivo". É muito provável, mas não comprovado, que Pessoa tenha lido o ensaio de Eliot sobre Hamlet.

19. De sua biografia sobre Roger Fry (1940). Encontrei a observação no magnífico ensaio de James Woods sobre Woolf (em sua coletânea *The Broken Estate*, de 1999).

20. Para minha caracterização e minhas impressões de Eliot, baseei-me em grande parte na biografia admiravelmente imparcial de Lyndall Gordon, *T. S. Eliot: An Imperfect Life*. Para efeito da

comparação que traço com Pessoa, meu tratamento de Eliot adquire um tom mais crítico, menos simpático.

65. [pp. 864-74]

1. Docs. Anexo IV/1-3, 7.

2. José Luís Cardoso, "The Great Depression in Portugal: Diagnoses and Remedies", in: Michalis Psalidopoulos (Org.), *The Great Depression in Europe: Economic Thought and Policy in a National Context* (Atenas: Alpha Bank, 2012), pp. 361-393 (consultado online).

3. "Eleazar Kamenezky, o apóstolo da vida simples", *Jornal do Brasil*, 29 dez. 1915 (artigo no Arquivo Kamenezky, E43/27).

4. Alguns anos mais tarde, ele atuaria em vários filmes portugueses, fazendo o papel de um russo. Morreu em 1957 e foi sepultado no Cemitério Israelita de Lisboa. Esboço biográfico baseado em documentos do Arquivo Kamenezky e no artigo "Figuras excêntricas da nossa terra", *Ilustração*, 16 out. 1928, pp. 20-1.

5. Em 1991, a versão inglesa incompleta de Pessoa (envs. 80-82) foi traduzida para o italiano e publicada como um romance de sua autoria: Pessoa, *Eliezer* (Roma: Lucarini, 1991). Ver Ivo Castro, João Dionísio e Luís Prista, "Eliezer: Ascensão e queda de um romance pessoano", *Revista da Biblioteca Nacional*, v. 7, n. 1, 1992, pp. 75-136.

6. Traduções dos poemas líricos de Kamenezky por Pessoa: docs. 91/1-115. Poemas em prosa de Kamenezky e traduções dos mesmos por Pessoa: docs. 94/5-6, 17-63, 66-73. (O Arquivo Kamenezky contém os manuscritos datilografados originais das traduções de Pessoa.)

7. Docs 28/3; 48B/92, 113v, 149v; 55F/53v, 54. Caderno 153/58.

8. Pessoa também datilografou alguns dos poemas para o livro, serviço pelo qual sem dúvida foi pago.

9. *DL*, 29 fev. 1932, p. 1.

10. *Cartas que me foram devolvidas*.

11. Em sua introdução a Pessoa, *Poemas ingleses* (Lisboa: Ática, 1974), Jorge de Sena sugeriu pela primeira vez, com base em um argumento um pouco diferente, que Botto poderia ser visto como um heterônimo de Pessoa. Sena, *Fernando Pessoa e Cia. heterónima*, p. 328.

12. Carta de Botto para Ferro datada de 3 fev. 1930 (Arquivo António Ferro). Sobre Botto e Carminda Rodrigues, ver Anna Klobucka, *O mundo gay de António Botto*, pp. 152-9.

13. Manuela Nogueira, *O meu tio*, p. 62

14. O ritual da barbearia foi descrito pela primeira vez por Henriqueta Rosa Dias, irmã de Pessoa e mãe de Manuela. Os relatos da própria Manuela Nogueira sobre o ritual diferem em alguns dos detalhes. *Intimidade*, p. 313; Nogueira, *O meu tio*, pp. 59-60.

15. Entrevista com Manuela Nogueira.

16. Signa Teixeira Rebelo a Nuno Coutinho, "Nunca me disse que era Alberto Caeiro", *ABC de Bairro*, 5 dez. 1985, p. 6.

17. *LDD*, trechos 50, 130.

18. *LDD*, trechos 24, 279, 18.

19. Ela era tia-avó do poeta e estudioso Jorge de Sena. Ver Sena, *Fernando Pessoa e Cia. Heterónima*, pp. 159-160.

20. A funerária, Agência Barata, cuidaria do funeral de Pessoa; Esteves foi citado como declarante em sua certidão de óbito.

21. *LDD*, trecho 317.

66. [pp. 875-82]

1. O dossiê sobre a carreira militar de Mário Freitas registra os longos períodos de licença médica que antecederam sua morte. Arquivo Histórico Militar, Caixa 2190.

2. Segundo sua irmã Teca, citado em *Intimidade*, p. 241. Ver também *LDD*, trecho 208.

3. Docs. S2/19-20.

4. Docs. 90^1/61; 90^2/87, 89, 98; S2/37, 43, 49-51; S3/83; S6/7.

5. Doc. 90^1/55 (em inglês).

6. Filipe Ribeiro de Meneses, *Salazar*, p. 79.

7. A história desse movimento é minuciosamente descrita em António Costa Pinto, *Os camisas azuis e Salazar*.

8. Numa nova revista, *Fama*, cujo diretor era Augusto Ferreira Gomes.

9. Doc. 48B/34.

10. Docs. S2/14-16 consistem em leituras de horóscopos feitas em 13, 16 e 17 ago. 1932.

11. *O Século*, 1º set. 1932, p. 10; Pessoa guardou essa notícia (doc. 135/82). Antônio Navarro, poeta e admirador, contaria mais tarde que o trabalho autônomo de redator de cartas de Pessoa rendia-lhe cerca de trezentos escudos por mês (*DL*, 22 jan. 1937, Supl. Lit., pp. 3-4). Trata-se de um valor implausivelmente baixo, uma vez que Pessoa, por meio expediente, pedira oitocentos escudos por mês ao escritório de J. Walter Thompson em Madri em 1929.

12. Arquivo do Museu Condes de Castro Guimarães. Em sua entrevista a Inês Pedrosa, Signa Teixeira Rebelo afirmaria que entregou pessoalmente os formulários de seu pai e de seu padrinho, Fernando Pessoa ("Foi *ele* que me meteu o bichinho dos policiais", *Jornal de Letras*, 10-17 fev. 1986). Fac-símile do dossiê de candidatura de Pessoa em Teresa Rita Lopes, *Fernando Pessoa: a biblioteca impossível* (Cascais: Câmara Municipal, 1995).

13. Pereira Faisca, *Exílio*, p. 50.

14. Doc. 90^1/58. Pessoa possuía a impressão de 1930 do *Livro de magia branca* da sra. John Le Breton, publicado originalmente em 1919.

15. A biblioteca contém cerca de 2800 volumes. Bonvalot (1893-1934) foi nomeado diretor interino. Em seus artigos pouquíssimo confiáveis sobre um grupo que supostamente se reunia no Café Montanha de Lisboa, Francisco Peixoto Bourbon relatou que Pessoa, algum tempo depois de saber que não havia sido escolhido para o trabalho, deitou a cabeça sobre uma mesa e chorou profusamente (*Eco de Estremoz*, 10 fev. 1973, p. 6). Isso é apenas um pouco menos implausível do que a história de ele ter uma prostituta de estimação num bordel.

16. Doc. 29/12. Escrito em 9 nov. 1932.

17. Doc. 54A/4.

18. Docs. 54/19; 54A/4.

19. Doc. 54A/2.

20. Docs. 54A/3, 9.

67. [pp. 883-91]

1. Antônio Ferro, "Política do espírito", *DN*, 21 nov. 1932, p. 1.

2. Luís Manuel Gaspar, cronologia da vida e obra do artista, in: Mariana Pinto dos Santos (Org.), *José de Almada Negreiros: Uma maneira de ser moderno*. Lisboa: Fundação Gulbenkian; Sistema Solar, 2017, p. 395.

3. "Um ponto no *i* do futurismo", *DL*, 25 nov. 1932, pp. 5, 8.

4. Pessoa para Ferro, carta datada de 11 mar. 1933. Três anos antes, em 7 abr. 1930, Pessoa escrevera a Ferro para cumprimentá-lo por uma série de entrevistas realizadas na Espanha e, de uma forma mais geral, pelo seu estilo vívido de jornalismo.

5. Docs. 92M/77, 74-76. Tanto Teresa Rita Lopes (em Pessoa, *Pessoa inédito*, pp. 365-6) como José Barreto (em *Fascismo*, pp. 179-80) datam esses dois documentos de por volta de 1932-3. Eles podem estar certos, mas minha estimativa é 1934-5.

6. Docs. 92/64-67. *Fascismo*, p. 186-91.

7. Doc. 92M/77. *Fascismo*, p. 180.

8. Os outros três artistas eram Jorge Barradas (1894-1971), Stuart Carvalhais (1887-1961) e Francisco Keil do Amaral (1910-1975). *Diário da Manhã*, 15 mar. 1933, p. 2; 16 mar. 1933, p. 3.

9. *Diário da Manhã*, 10 mar. 1933, p. 3.

10. Doc. 92I/51. Jerónimo Pizarro, *Fernando Pessoa: Entre génio e loucura*, p. 216.

11. Mário Matos e Lemos, *Jornais diários portugueses do século XX*, p. 234.

12. Ellen Sapega, "Staging Memory", in: *Consensus and Debate in Salazar's Portugal* (University Park: Pennsylvania State University Press, 2008), pp. 9-45.

13. As regras dos prêmios foram anunciadas em *DN*, 29 nov. 1933, p. 1 e outros jornais.

14. Doc. 92F/52. Publicado pela primeira vez em *Expresso*, suplemento "40 anos após a morte de Fernando Pessoa", 6 dez. 1975, p. 1.

68. [pp. 892-902]

1. Docs. 51/89; 133F/28v.

2. *Cahiers du Sud*, jan. de 1933, pp. 66-73. Além dos poemas de Campos e Caeiro, a seleção traduzida incluía as duas últimas estrofes de "O último sortilégio", de Pessoa, erroneamente identificado como sendo de autoria de Caeiro.

3. A coletânea de Sá-Carneiro foi anunciada em *Presença* em 1933 e teria sem dúvida sido publicada imediatamente, caso Pessoa tivesse entregado seu prefácio. *Presença* acabaria publicando *Indícios de oiro* em 1937, sem prefácio, e com o acréscimo dos chamados "Últimos poemas" de Sá-Carneiro, a maioria dos quais Pessoa havia publicado em *Athena*."

4. *LDD*, trecho 338.

5. Docs. 107/23-25. *OE*, v. 3, pp. 252-4.

6. Antônio Botto, *Canções*, pp. 17, 325. *DL*, 12 jul. 1935, p. 4.

7. Wilson, "Ulysses", *The New Republic*, 5 jul. 1922, pp. 164-6.

8. *LDD*, trecho 150 (entre outros).

9. Richard Ellmann, *James Joyce*, p. 528.

10. José de Almada Negreiros, *Textos de intervenção*. Lisboa: Estampa, 1972, p. 173.

11. Poema datado de 21 maio 1917.

12. *LDD*, trecho 193.

13. *LDD*, trecho 79.

14. *LDD*, trecho 441.

15. Docs. 54B/7, 16v; 54/97; 54A/51, 52, 61. As transcrições dos textos que Pessoa fez para "Um ensaio sobre a iniciação", *Subsolo* e *O caminho da Serpente*, podem ser encontradas em Yvette Centeno, *Fernando Pessoa: Magia e fantasia*.

16. Poema datado de 23 set. 1933.

69. [pp. 903-16]

1. José Gaspar Simões, "Imagem rectificada do poeta Fernando Pessoa".

2. Pierre Hourcade, *Temas de literatura portuguesa*, p. 158.

3. Docs. 27^{7}W/11-12, 6, 9. Pessoa, *A hora do diabo*, pp. 25-6, 29.

4. O Arquivo Pessoa contém uma cópia carbono da carta de Pessoa, datada de 28 jan. 1934 (docs. 114^{3}/65-66). O artigo referido na carta foi publicado em *A Voz*, 24 jan. 1934, p. 2. *Fascismo*, pp. 225-6.

5. "The Jews and Freemasonry": docs. 53/14-18, 20-43; 53A/17, 66-8, 83-7. Trechos citados: docs. 53/14, 32. Na última frase citada, para fins de clareza, substituí duas vírgulas por travessões.

6. Docs. 92A/62-64; 92E/55-58. *Fascismo*, pp. 209-213. Esses trechos não têm a assinatura de Thomas Crosse, mas "Dictatorships" aparece em uma lista de artigos de Crosse datando de cerca de 1934 (doc. 143/13).

7. *Avante!*, 3 fev. 1934, pp. 3-5, 7-8. A reunião realizou-se em 28 de janeiro.

8. "Fernando Pessoa", *Avante!*, 16 dez. 1935, pp. 3, 6.

9. António Costa Pinto, *Os camisas azuis e Salazar*, cap. 5. Filipe Ribeiro de Meneses, *Salazar*, pp. 128-29.

10. *LDD*, trecho 473.

11. Doc. 2/60. *LDD*, Apêndice.

12. Thomas Carlyle, "The Hero as Poet". Pessoa leu essa palestra quando era estudante em Durban. Carlyle tomou emprestada de Horácio a expressão em latim.

13. Doc. 6/6. Pessoa, *A educação do estoico*, pp. 48-9.

14. Doc. 17/41v, datado de 11 jul. 1934.

15. Doc. 54/44.

16. Doc. 53B/25 (em inglês).

17. Docs. 53/63; 54B/4. Perguntas adicionais, respostas e falas do ritual inventado: docs. 26/101; 53/62, 64, 65, 89. Duas das folhas são datadas de 3 set. 1934. A maior parte do ritual foi transcrita em Teresa Rita Lopes, *Pessoa por conhecer*, pp. 98-104.

18. Doc. 54A/91 (em inglês).

19. Doc. 53/81.

20. Em algumas anotações sobre os graus iniciáticos, Pessoa imaginou um "Abade da Quintessência" (doc. 53A/59).

21. Docs. 54B/20 (em inglês); 53/9v (em inglês); 53A/59.

22. Docs. 54B/17-18. Ver também o texto que se inicia com "Dividiu Aristóteles" (docs. 16/61-62), em *OE*, v. 5, pp. 150-1.

70. [pp. 917-27]

1. José Blanco, "A verdade sobre a *Mensagem*", Fundação António Quadros (consultado online). "No XIV aniversário da morte de Fernando Pessoa: Algumas revelações curiosas do seu primeiro impressor Armando de Figueiredo", *Átomo*, 30 nov. 1949, p. 16. Uma data a lápis no manuscrito datilografado de *Mensagem* — 23 ago. 1934 — parece indicar o dia, uma quinta-feira, em que foi recebido pela gráfica, embora uma carta de Augusto Ferreira Gomes a João Gaspar Simões datada de 7 nov. 1949 (Arquivo Alberto Serpa, Biblioteca Municipal do Porto; publicado em *Pessoa Plural*, primavera 2018, pp. 335-6) sugira que foi entregue à gráfica numa segunda-feira.

2. Doc. 125A/25. O poema reescrito por Pessoa foi "Afonso de Albuquerque", em homenagem ao general (*c.* 1452-1515) que conquistou Goa e outras terras indianas para os portugueses.

3. Docs. 17/51v; 90^5/83v.

4. No verão de 1926, na Casa de Saúde de Telhal.

5. Fac-símiles de duas páginas e uma transcrição parcial desse extravagante texto em prosa confiado a Pessoa (CHP) foram publicados por Rui Lopes, "Inéditos de Raul Leal", *Pessoa Plural*, primavera 2013, pp. 77-9.

6. *DL*, 28 set. 1934, p. 4. *Novidades*, 29 set. 1934, p. 6. *DN*, 30 set. 1934, p. 6.

7. O artigo intitulava-se "Marcha sobre Roma". Docs. 26/29-31; 48B/ 90.

8. "A Igreja Católica cobriu como uma redoma", datado de 20 abr. 1934.

9. "*Mensagem* (poemas)", *A Voz*, 9 dez. 1934, p. 8.

10. *DL*, 14 dez. 1934, Supl. Lit., p. 5; 6 set. 1950, p. 9. Anabela Mota Ribeiro e Susana Sena, "O senhor Pessoa", p. 25.

11. *O "Notícias" Ilustrado*, 23 dez. 1934, p. 9.

12. *Fradique*, 20 dez. 1934, p. 1.

13. L. P. Moitinho de Almeida, *Fernando Pessoa no cinquentenário da sua morte*, pp. 43-8.

14. Entrevista com Margarida Soares Couto.

15. Esse incidente me foi relatado por Manuela Nogueira, sobrinha de Pessoa, que o escutou de seus pais.

16. O empregador de John Rosa era Helbert, Wagg & Co. Ltd., em Londres. De 1924 a 1928, ele trabalhou para o Ottoman Bank, em Istambul, e mais tarde para o Colonial Office, ajudando a planejar seu desastroso "projeto do amendoim", por meio do qual a Grã-Bretanha, para aliviar a escassez de óleo de cozinha no pós-guerra, tentou cultivar amendoim em Tanganica (hoje parte da Tanzânia). Ele conheceu Eileen Anderson (1902-1987) na London School of Economics e se casou com ela após um longo namoro, em 1929. O casal não teve filhos.

17. Cópias carbono das cartas de Pessoa (datadas de 2 fev. 1934, 28 fev. 1934 e 24 out. 1934) e as cartas originais de John Rosa (datadas de 5 mar. 1934 e 31 dez. 1934) estão na CHP; fac-símiles das cópias carbono podem ser vistos nos Hubert Jennings Papers ("Transcriptions by Xerox [T2b]") do Repositório Digital da Brown University. No caso da fábrica de pólvora, Pessoa atuava em nome de Francisco Camelo, proprietário da Sociedade Africana de Pólvora. Para as demais propostas comerciais, ele foi um intermediário da firma Gouveia & Carvalho.

18. Patricia Silva McNeill, *Yeats and Pessoa: Parallel Poetic Styles*, pp. 70, 111, 166, justapõe o anti-self de Yeats com o uso de heterônimos por Pessoa.

19. *Jornal de Letras*, 26 nov.-2 dez. 1985, p. 11; *Expresso*, 4 jun. 1988, "Revista", p. 49. Foi através do primo Victoriano Braga que Pessoa conseguiu esse trabalho de professor particular. Calvet de Magalhães foi cofundador da Editora Confluência, que em 1942 publicaria *Poesia*, uma antologia de poemas de Pessoa que haviam saído em periódicos.

20. Docs. 48D/16 (data de 1933 ou mais tarde) e 63/31 (data de jul. 1935).

21. Na carta de Pessoa para Adolfo Casais Monteiro datada de 24 dez. 1934, ele afirma que havia vários meses que sofria de "uma crise neurastênica".

22. Doc. 115[8]/62.

23. O texto integral da contribuição de Pessoa para o caderno de autógrafos foi publicado em Arnaldo Saraiva, *O modernismo brasileiro e o modernismo português*, pp. 343-4. Cecília Meireles e Correia Dias chegaram a Portugal no dia 9 de outubro e retornaram ao Brasil no dia 21 de dezembro. Em Lisboa, Meireles proferiu três palestras. Após a morte dela, em 1964, o segundo marido da poeta espalhou a história de que Pessoa havia deixado um bilhete no hotel dela atribuindo o fato de não ter comparecido ao café a uma leitura de horóscopo que o advertia de que eles não deveriam se encontrar. Meireles, no relato a Armando Côrtes-Rodrigues sobre a espera em vão por Pessoa, não faz referência a esse bilhete. Leila Vilas Boas Gouvêa, *Cecília em Portugal: Ensaio biográfico sobre a presença de Cecília Meireles na terra de Camões, Antero e Pessoa* (São Paulo: Editora Iluminuras, 2011), pp. 57, 66; Saraiva (2015), p. 201.

24. Maria José Almada Negreiros, *Conversa com Sarah Affonso*, pp. 98-9.

25. Uma imagem facsimilar da dedicatória, datada de 18 nov. 1934, foi publicada em *Objectos*, p. 230.

26. As atas das deliberações do júri encontram-se arquivadas na Fundação António Quadros e podem ser consultadas online.

71. [pp. 928-41]

1. *DL*, 31 dez. 1934, p. 16.

2. *Avante!*, 16 dez. 1935, pp. 3, 6.

3. Doc. 47/23v. Pessoa, *Poesia: 1931-1935 e não datada*, pp. 441-2.

4. Gaspar Simões, "João Gaspar Simões depõe acerca dos Prémios Literários" *Fradique*, 31 jan. 1935, pp. 5, 7; para as reações e respostas ao texto, *Fradique*, 14 mar. 1935, pp. 1, 7; 4 abr. 1935, pp. 1, 5; 30 maio. 1935, p. 5. João de Castro Osório, "Um missionário poeta", *DL*, Supl. Lit., 22 fev. 1935, p. 6. Vasco Reis, cujo nome verdadeiro era Manuel Reis Ventura, deixaria o sacerdócio, se casaria e fixaria residência em Angola, onde foi jornalista e escreveu romances colonialistas, além de poesia.

5. *Avante !*, 13 jan. 1935, p. 5. Almeida assinou suas resenhas com o pseudônimo de Fernando Trigueiros. Ver também L. P. Moitinho de Almeida, *Fernando Pessoa no cinquentenário da sua morte*, pp. 84-5.

6. *Fradique*, 6 jun. 1935, p. 5

7. Alice Ogando, "Mensagem — Poemas de Fernando Pessoa", *O Diabo*, 27 jan. 1935, p. 4.

8. João Castro Osório, "A *Mensagem* do Desejado: o sentimento sebastianista na moderna poesia", *DL*, 12 abr. 1935, Supl. Lit., p. 6.

9. Caio Gagliardi, "Mário Beirão e Fernando Pessoa: *Lusitânia* intertexto de *Mensagem*", *Pessoa Plural*, primavera 2014, pp. 70-87.

10. Caderno 144Q/42v.

11. Doc. 125A/13. Pessoa, *Sobre Portugal*, p. 240.

12. Doc. 133A/37. A comunicação também incluía a frase "*Valete, Fratres*".

13. Doc. 54A/56 (em inglês). Ver também docs. 53B/44-45.

14. Arthur E. Waite, *The Brotherhood of the Rosy Cross* (1924; na biblioteca pessoal de Pessoa), pp. 449-450. Doc. 53A/69 (em inglês). Num trecho para um ensaio sobre Goethe, Pessoa delineou um "processo alquímico" semelhante em quatro etapas para atingir a genialidade (doc. 19/4). Pessoa, *Sobre a arte literária* (Lisboa: Assírio & Alvim, 2018), pp.164-5.

15. Sobre a "fé" de Pessoa no oculto, ver ensaio de Adolfo Casais Monteiro "O insincero verídico", de 1954, in: Casais Monteiro, *A poesia de Fernando Pessoa* (Lisboa: INCM, 1985), pp. 87-106.

72. [pp. 942-52]

1. Docs. 113P[1]/87-90; 113I/31-36.

2. Maria José da Graça Ferreira do Amaral (1908-2001), que trabalhava num dos escritórios onde Pessoa escrevia cartas comerciais, relatou que o artigo foi publicado graças a uma amiga sua que trabalhava na Comissão de Censura (*Intimidade*, p. 151). Mas, como Barreto aponta, os censores eram todos oficiais do Exército e rigorosamente fiéis aos ideais do Estado Novo; ver seu posfácio a Pessoa, *Associações secretas e outros escritos*, pp. 239-288.

3. *Diário da Manhã*, 25 jan. 1935, p. 3; 5 fev. 1935, p. 1.

4. *Fradique*, 14 fev. 1935, p. 1.

5. *X: Semanário de Grandes Reportagens*, 14 fev. 1935, p. 4. O artigo não assinado é do editor-chefe da revista, Reinaldo Ferreira (1897-1935), popularmente conhecido como Repórter X.

6. José Cabral, "Chove no templo...", *A Voz*, 6 fev. 1935, p. 1. José Cabral, "O projecto de lei sobre associações secretas. O sr. dr. José Cabral responde ao artigo do sr. Fernando Pessoa", *DL*, 7 fev. 1935, pp. 1, 4.

7. *Foto FP*, pp. 218-19, contém fac-símiles de documentos relevantes da Direção Geral dos Serviços de Censura à Imprensa, arquivados na Torre do Tombo.

8. *DL*, 1 fev. 1935, p. 5. *O Diabo*, 3 fev. 1935, p. 1 e 10 fev. 1935, p. 8. Barreto, em seu posfácio de Pessoa, *Associações secretas*, pp. 250-1.

9. *Diário da Manhã*, 25 fev. 1935, pp. 1, 3, 4, 6.

10. Docs. 92L/94, 89-90.

11. *DN*, 22 fev. 1935, pp. 1, 4. *Diário da Manhã*, 22 fev. 1935, pp. 1, 2, 7. *A Voz*, 22 fev. 1935, pp. 1, 6. O discurso de Salazar era composto de trechos de um prefácio para uma coleção de seus discursos que seria publicada em março. As palavras de Sêneca foram tiradas do cap. 9 de *De Tranquillitate Animi* (*Sobre a tranquilidade da alma*).

12. Doc. 129/51. *Fascismo*, pp. 265-66. Essas palavras faziam parte de um artigo (inacabado) que Pessoa esperava publicar no *DL*.

13. Doc. 92L/85.

14. Quase dois anos após a morte do poeta, em 11 set. 1937, um censor menos atento permitiu que *Seara Nova* publicasse "Liberdade".

15. Pedro da Silveira relatou a história da publicação do poema "Liberdade" e da circulação oral de um dos poemas contra Salazar de Pessoa em "Nota adicional", *Seara Nova*, jul. 1974, p. 20. Sobre Rui Santos, ver Pedro da Silveira, in: Pedro Merelim, *Fernando Pessoa e a Terceira*, p. 107. Santos era primo de Maria Adelaide dos Santos Ortega, filha de Maria da Cruz Pessoa Chaves, que foi criada por Lisbela Pessoa Machado.

16. Manassés Ferreira de Seixas, "Este homem foi barbeiro de Fernando Pessoa", entrevista ao *Correio da Manhã*, 8 ago. 1979, p. 7.

17. "Saudação a todos quantos querem ser felizes", datável de set. 1935 (caderno 144F/4v).

73. [pp. 953-61]

1. Docs. 48B/34; 92A/26; 92U/34; 111/34-35; 143/13. Ver também "Apontamentos para publicações" (CHP), em <pessoadigital.pt> (CP 808).

2. Doc. 15^{1}/87, por volta de 1925. Em outro lugar ele escrevera, também em português: "Só existem nações; não existe humanidade" (doc. 23/42). Ver também docs. 23/43; 55H/3-4.

3. Pessoa a Gaspar Simões, datada de 11 dez. 1931.

4. *LDD*, trecho 349.

5. Docs. 92H/48; 90^{4}/47.

6. Artur Portela, *DL*, 6 set. 1950, p. 9.

7. Raul Leal a João Gaspar Simões, carta datada de 23-24 jul. 1950, publicada em *Persona* 7, ago. 1982, pp. 54-57. *CA*, pp. 64-66. Cf. doc. S3/78.

8. Doc. S2/3.

9. José de Almada Negreiros, "Um aniversário: *Orpheu*", *DL*, 8 mar. 1935, Supl. Lit., pp. 1, 7. Apenas cinco nomes no pergaminho estavam marcados com cruzes, mas sem o conhecimento de Almada Negreiros um sexto colaborador, o poeta brasileiro Eduardo Guimaraens, também falecera, em 1928.

10. Luís de Montalvor, "Um poeta que morre: Ronald de Carvalho", *DL*, 22 fev. 1935, Supl. Lit., p. 1.

11. Com base nas características físicas do manuscrito, a elegia — não datada — foi escrita no primeiro semestre de 1935.

12. Pessoa a Gaspar Simões, carta datada de 11 dez. 1931.

13. O discurso foi proferido em Avis, em 7 jul. 1935. Santos Pereira, "Mário Saa (1893-1971)", pp. 60-1.

14. "À Emissora Nacional", um poema que data do segundo semestre de 1935.

15. *Sudoeste: cadernos de Almada Negreiros*, n. 1, jun. 1935, pp. 30-31. No segundo número da revista, publicado em outubro, Almada Negreiros respondeu a uma reação negativa contra "Misticismo coletivo" alegando que as suas afirmações tão claramente articuladas não eram de fato afirmações; tratava-se de uma "fotografia" verbal, não de uma apologia, do panorama político da Europa de então.

16. *DL*, 22 mar. 1935, Supl. Lit. p. 5.

17. A exposição, organizada pelo SPN e realizada na Sociedade Nacional de Belas Artes, ocorreu de 16 de março a 1º de abril. A intervenção de Almada Negreiros foi feita no banquete oficial, em 23 de março, e publicada no *DL*, 29 mar. 1935, Supl. Lit., p. 7.

18. "Sim, é o Estado Novo, e o povo", datado de 29 jul. 1935.

19. Para um exemplo de elogio no exterior, ver o semanário londrino *The Sphere*, 6 abr. 1935, pp. 18, 46.

74. [pp. 962-73]

1. O romance de Régio, *Jogo da cabra cega*, foi publicado em outubro de 1934 e proibido em dezembro.

2. Docs. 48/25; 63/31.

3. Doc. 54B/10.

4. Pessoa a Gaspar Simões, carta datada de 11 dez. 1931.

5. As impressões de Raul Leal sobre a sexualidade de Pessoa encontram-se nas páginas 47-8 de um ensaio inédito guardado na Coleção Fernando Távora. Os comentários de Botto sobre a receptividade de Pessoa a homens jovens e sobre seu pênis supostamente diminuto foram relatados por Jorge de Sena, *Fernando Pessoa e Cia. heterónima*, p. 431. O poeta Herberto Helder (1930-2015) repetiu-me mais de uma vez o que Raul Leal lhe dissera sobre o tamanho do pênis de Pessoa.

6. Uma nota de rodapé em Ofélia Queiroz, *Cartas de amor de Ofélia a Fernando Pessoa*, p. 256, relata erroneamente que Madge Anderson esteve em Portugal em novembro de 1929 e que se divorciou por volta dessa época. A carta de João Nogueira Rosa a Pessoa, datada de 10 abr. 1935, deixa claro que ele e Teca nunca haviam encontrado sua cunhada, que permaneceu solteira até 1939. As informações sobre os estudos de Anderson foram fornecidas pela divisão de Coleções Especiais do Biblioteca da Universidade de St Andrews. (Ela recebeu seu diploma em 1926.) De acordo com Jonathan Byrne, funcionário da área de história oral do Bletchley Park Trust, Anderson aparentemente já trabalhava para a Escola de Códigos e Criptogramas do Governo e possivelmente para o MI6 (o Serviço Secreto de Inteligência) antes da guerra (e-mail, dez. 2017).

7. Pereira Faisca, *Exílio*, p. 52.

8. Docs. 49A^{7}/11; 50A^{1}/28.

9. Listas de passageiros (disponíveis em <ancestry.com>) mostram que Madge Anderson partiu no *Dempo* de Southampton em 12 abr. 1935 com destino a Lisboa e que viajou de volta no *Sibajak*, chegando a Southampton em 26 maio 1935.

10. Esta não é a carta propriamente dita que Pessoa enviou, mas sim a transcrição de um rascunho datilografado, com correções (CHP). Várias frases incompletas e rasuradas no rascunho provam que foi sua irmã quem o pressionou a escrever: "Pela indignação permanente de Teca contra mim, deduzo que fui culpado [...]" e "Tudo o que quero realmente dizer é que não sei bem o que eu disse ou fiz durante o tempo em que você esteve aqui [...]".

11. Resposta de Madge na CHP. A certa altura, ela também lhe enviou um postal sem data (doc. 115^{2}/97), transcrito em José Barreto, "A última paixão de Fernando Pessoa", *Pessoa Plural*, outono 2017, pp. 596-641.

12. Docs. 135/75, 70v, 72. O recorte no arquivo de Pessoa sobre vinho nutritivo de carne não pode ser datado com certeza; os recortes que ele guardou de uma água milagrosamente terapêutica e do balneário radioativo datam de 1935. Na época em que este livro foi escrito, o outrora suntuoso hotel balneário, abandonado na década de 1950, era uma carcaça macabra à beira do colapso numa encosta não muito longe da aldeia medieval de Sortelha.

13. Documento assinado em 14 jun. 1935. Arquivo Histórico Militar, Caixa 4213, Processo 131/69.

14. A versão em panfleto corrigia muitos erros de tipografia presentes no jornal.

15. Eliot a Ferro, carta datada de 27 maio 1938. Arquivo António Ferro.

16. Oito trechos que fariam parte da carta de Pessoa ao presidente (docs. 92M/28-33, 41-43, 80-82; 92E/53-54), todos datáveis de jul. 1935 ou mais tarde, foram publicados em *Fascismo*, pp. 276- 82.

17. José Blanco, citado em Robert Bréchon, *Étrange étranger: Une biographie de Fernando Pessoa*, p. 530.

18. *O "Notícias" Ilustrado*, 9 jun. 1935, p. 12.

19. O inacabado "Contra a democracia" de Pessoa já foi mencionado anteriormente. Além do contemporâneo "Apologia dos tiranos", Pessoa escreveu trechos de "Cinco diálogos sobre a tirania". Ambas as obras, inacabadas e apenas parcialmente publicadas, foram escritas em português. O citado poema de Caeiro ("Ontem o pregador de verdades dele"), que estimo ser de 1919, pode ter sido escrito depois, até 1923.

20. Alberto da Cunha Dias, *Outono*, p. 80. O restaurante fechou as portas em 2015.

21. Carlos Queiroz, "Carta à memória de Fernando Pessoa", p. 11.

75. [pp. 974-86]

1. António Trindade a José Vicente, "Traços para um retrato", *A Comarca de Aganil*, 30 nov. 1965, p. 5; Manassés Ferreira de Seixas, "Este homem foi barbeiro de Fernando Pessoa", entrevista a *Correio da Manhã*, 8 out. 1979, p. 7. Ver também entrevistas de Luís Sttau Monteiro com Trindade e Ferreira de Seixas para o episódio "A Casa de Fernando Pessoa", da série *O Homem É um Mundo*, veiculado pela RTP 1 em 25 jan. 1981 (consultado online). A Leiteria A Morgadinha, segundo Trindade, estabeleceu-se na rua Coelho da Rocha, números 2 e 4, em 1921.

2. Entrevista com Maria José da Graça Ferreira do Amaral (funcionária da empresa Gouveia & Carvalho), realizada por Luís Sttau Monteiro para "Fernando Pessoa", episódio da série *O Homem É um Mundo*, veiculado pela RTP 1 em 27 set. 1981 (consultado online). Entrevista com Ferreira do Amaral em *Intimidade*, p. 150.

3. Carlos Queiroz, "Carta à memória de Fernando Pessoa", p. 11.

4. Doc. 63/31v.

5. Conforme relatado por Alfredo Margarido em Fernando Pessoa, *Santo António, São João, São Pedro* (Lisboa: A Regra do Jogo, 1986), p. 85, nota 38. No último capítulo de sua biografia, Gaspar Simões escreve que Pessoa "fora acometido de um breve ataque de *delirium tremens*" na casa da sua irmã em São João do Estoril (*Vida*, último capítulo). Numa carta datada de 9 out. 1935 a Madge Anderson, Pessoa indicou que "D.T." foi escrito em abril e era, ao menos em parte, autobiográfico. O tipo de papel, o estilo de caneta e a caligrafia do manuscrito original correspondem aos de vários poemas já mencionados escritos em São João do Estoril no final de abril.

6. Eva Frances Hunt (*c*. 1909-1986). Ela e o marido, casados em 1932, não tiveram filhos.

7. Manuela Nogueira, sobrinha de Pessoa, mostrou-me poemas escritos por Luís Miguel Rosa nas décadas posteriores à morte de Pessoa.

8. Mencionado numa carta inacabada que Pessoa escreveu a Luís Miguel, datada 15 out. 1935.

9. *Intimidade*, p. 295.

10. Louis Michael Rosa a Pessoa, carta datada de 15 set. 1935 (Arquivo de Pessoa, doc. 115^2/109). Pessoa, *Correspondência inédita*, p. 128. Louis Michael e Eva moravam nos arredores de Londres.

11. Uma cópia carbono da carta que Pessoa escreveu ao irmão está na CHP. Louis Michael disse ao estudioso Alexandrino Severino que Pessoa pensava em ir morar com ele e a mulher; no entanto, sua última carta para Pessoa não contém um convite explícito, apenas uma oferta para "arranjar as coisas" para ele caso fosse para a Inglaterra, e a resposta de Pessoa não manifesta tal intenção, apesar da alegação do biógrafo Ángel Crespo em contrário. Alexandrino E. Severino, Fernando Pessoa na *África do Sul*, pp. 147-8; Ángel Crespo, *La vida plural de Fernando Pessoa*, p. 310.

12. O que foi preservado não é a carta propriamente dita de Pessoa, mas seu rascunho da carta (CHP), que comprovadamente ele enviou, junto com o poema "D.T.".

13. Refiro-me à parte da África onde ele viveu. Por volta de 1912, Pessoa escreveu um conjunto de quatro sonetos inacabados, "Ao Cabo da Boa Esperança", evocando as três vezes que deu a volta ao cabo em suas viagens de e para Durban. Docs. 37/20-21. Pessoa, *Poesia: 1931-1935 e não datada*, pp. 461-3.

14. *LDD*, trecho 299.

15. Pessoa, *Poemas de Fernando Pessoa: 1934-1935*, pp. 232-41. Uma parte do poema, sem título, já havia sido publicada em 1973.

16. Docs. 48B/90; 66/102. Caderno 144F/2.

17. Doc. 55/87. Esse e os trechos de "Nacionalismo Liberal" (inacabado) foram publicados em *Fascismo*, pp. 354-72.

18. Docs. 92W/6; 92X/73. José Barreto, "Fernando Pessoa e a invasão da Abissínia pela Itália fascista", *Análise Social*, v. 44, n. 193, out. 2009, pp. 693-718. *Fascismo*, pp. 341-350. O jornal *Bandarra*, sustentado pelo regime, apoiou as pretensões da Itália à Etiópia em editorial publicado em 31 ago. 1935, p. 1; quando mais tarde se opôs à invasão, ressaltou a manutenção da simpatia de Portugal pelo fascismo italiano (26 out. 1935, p. 1).

19. As declarações de Mussolini de 1913, publicadas no jornal italiano *Avanti*, foram citadas num jornal inglês em 19 out. 1935 e transmitidas a Pessoa por um empresário luso-inglês chamado Amsinck Allen. Docs. 92X/78-79; 115^1/1-2.

20. O artigo de Pessoa foi publicado pela primeira vez em Sobral Cunha e Sousa (1985), pp. 121-2, com uma nota informando que os censores haviam proibido sua publicação no *DL*. Tudo sugere que essa informação é verdadeira, mas não consegui encontrar nenhum documento que o comprove de forma conclusiva.

21. Na mesma folha de papel em que listou suas fontes para o artigo censurado, Pessoa anotou o número de telefone da Comissão de Censura à Imprensa (caderno 144F/1v).

22. A carta era dirigida a Antônio Marques Matias (1911-1982), coeditor da revista *Momento*, na qual Pessoa publicou dois poemas.

76. [pp. 987-1001]

1. Os dois colaboradores brasileiros de *Orpheu*, ambos falecidos, não estavam representados na edição.

2. Pessoa preparou um manuscrito datilografado corrigido e final do tríptico (docs. 118/62-65) para *Sudoeste* no segundo semestre de 1935. O manuscrito original datilografado (docs. 118/60-61), a julgar pelo papel, máquina de escrever e tinta de fita, foi produzido um ou dois anos antes.

3. Doc. 54/79. Ver também doc. 54A/17.

4. O relato de Gaspar Simões em sua biografia de 1950 (*Vida*, p. 662) não diz quem encontrou Pessoa trancado no banheiro — provavelmente a empregada que vinha todas as manhãs. Em ensaio pouco confiável de 1974 ("Fernando Pessoa", in: *Retratos de poetas*, pp. 45-88), Gaspar Simões situaria esse evento muito mais próximo da morte de Pessoa, mas seu momento é vago na biografia. Cartas enviadas por Chico e Teca a parentes indicam que Pessoa estava muito doente no final de setembro, mas se recuperou e parecia saudável entre a segunda semana de outubro e seu declínio repentino e fatal. Carta de Chico a Luís Miguel, datada de 27 abr. 1936, parcialmente transcrita em *Imagens*, p. 116. Carta de Teca a Jaime Neves, datada de 13 dez. 1935, Coleção Jaime de Andrade Neves.

5. Doc. 115^2/16. O bilhete diz textualmente: "Rua Coelho da Rocha, N. 16 1º Dto: Meu qurido [sic] tio tinha muito gosto que o tio deixa-se [sic] de beber tanto vinho e tam bem [sic] de fazer ges [sic] ao jantar". Confrontada com o bilhete, a sua autora, em janeiro de 2018, achou que "ges" poderia ser uma abreviação para "gestos". Outra possibilidade seria a palavra "gás" mal escrita.

6. Doc. 115^2/108. A carta de Anderson era datada de 14 nov. 1935.

7. Doc. $49A^7$/19. Pessoa, *English Poetry*, pp. 202-203. Quase todas as outras edições omitiram a terceira estrofe.

8. *LDD*, trecho 62.

9. Os poemas citados datam de 10 ago. 1935 e 3 nov. 1935.

10. Do poema "Le sourire de tes yeux bleus", sem data, mas certamente escrito em 1935.

11. *Intimidade*, p. 325; "Afinal como era Fernando Pessoa?" (entrevista com a irmã de Pessoa), *Silex* (Lisboa), mar. 1980, pp. 26-7. Jorge de Sena, *Fernando Pessoa e Cia. heterónima*, p. 160. *Notas*, pp. 117-9. Eduardo Freitas da Costa afirmou que o telegrama nunca chegou a Teca, pois o menino jornaleiro encarregado de o enviar embolsou o dinheiro, mas a própria Teca diria mais tarde que o recebeu. Ela contou que o marido, na manhã do dia 28, encontrou Pessoa na cama; Freitas da Costa escreveu que Pessoa já estava de pé outra vez.

12. O palácio foi convertido em hospital em 1867. Costa-Sacadura, *Subsídios para a história do Hospital de S. Luiz dos Franceses* (Coimbra: Coimbra Editora, 1933).

13. *LDD*, trecho 303. Maria José de Lancastre, *Fernando Pessoa: Uma fotobiografia*, p. 306; Anabela Mota Ribeiro e Susana Sena, "O senhor Pessoa", p. 24

14. Antônio M. Feijó, por exemplo, notou uma possível ligação entre a declaração de Pessoa e "*Quod sit futurum cras fugere quaerere*", de Horácio ("Não pergunte o que o amanhã pode trazer"), de *Odes* I.9.13: ver Feijó, *Uma admiração pastoril pelo diabo (Pessoa e Pascoaes)*, p. 75.

15. *Notas*, p. 119. Pessoa referiu-se a ambos como amigos e descreveu a natureza da firma deles na carta de 24 out. 1934 a seu irmão John Rosa.

16. Teca afirmaria em entrevista que seu irmão foi diagnosticado com uma possível cirrose incipiente no início da década de 1920 (*Intimidade*, p. 240). Em seguida, mencionou seus ataques ocasionais de "cólica hepática". Em outras palavras, ela mesma confundia dor na vesícula biliar com problemas no fígado.

17. Essa hipótese foi defendida de forma convincente por Francisco Manuel da Fonseca Ferreira, *Fernando Pessoa: A penumbra do génio*. Menos convincente é sua rejeição da obstrução intes-

tinal — a causa da morte apontada pelo dr. Jaime Neves no "Boletim de Óbito", arquivado na Quinta Conservatória do Registo Civil de Lisboa — por ter decorrido um tempo demasiado curto. A carta de Teca datada de 5 dez. 1935 para Louis Michael e Eva Rosa revela que seu problema começou vários dias antes do aniversário dela, portanto, cerca de uma semana antes de sua morte. Isso é confirmado por João Gaspar Simões, que escreveu em abril de 1936 que, vários dias antes da morte de Pessoa, ele e Almada Negreiros tentaram encontrá-lo no Café Martinho da Arcada, onde foram informados de que o poeta devia estar doente, pois não havia aparecido nos dois dias anteriores (Gaspar Simões, "Imagem rectificada do poeta Fernando Pessoa"). Na sua biografia de 1950, Gaspar Simões mudaria sua história, dizendo que no dia 27 de novembro Almada Negreiros se encontrou com Pessoa no referido café (*Vida*, p. 661). Em 1974, quatro anos após a morte de Almada Negreiros, ele voltaria a alterar a narrativa, afirmando que tanto ele como Almada Negreiros estiveram com Pessoa no café no dia 28 de novembro, às quatro da tarde (*Retratos de poetas*, pp. 77-82, 113). Acredito na primeira versão de Gaspar Simões. Quanto à segunda, Almada Negreiros tinha notoriamente uma memória ruim para guardar datas. A terceira versão é uma ficção evidente.

18. Signa Teixeira Rebelo a Nuno Coutinho, "Nunca me disse que era Alberto Caeiro", p. 6.

19. Ofélia Queiroz a Maria Graça de Queiroz, "O mistério duma pessoa", *Jornal de Letras*, 12 nov. 1985, p. 4. Outro mito sobre Pessoa, de criação recente, é que as freiras francesas telefonaram para Ofélia Queiroz para lhe dizer que Pessoa havia morrido, que ela foi ao hospital para velar o cadáver dele até a manhã seguinte, e que lhe deram um livrinho de poemas encontrado no pijama do morto como lembrança. Tudo isso é desmascarado em Richard Zenith, "Fernando e Ofélia: Amor em tempos necrológicos", *Expresso*, 30 jun. 2012, suplemento "Atual", pp. 30-1.

20. *Foto FP*, p. 228. Emília foi identificada por Eduardo Freitas da Costa (*Notas*, p. 123). Cunha Dias foi visto no funeral por Luís Pedro Moitinho de Almeida (*Fernando Pessoa no cinquentenário da sua morte*, p. 37). Mais de cinquenta outras pessoas foram citadas nos obituários publicados após o enterro. A maioria deles foi reimpressa na *Revista da Biblioteca Nacional*, set.-dez. 1988, pp. 227-47.

21. *DL*, 2 dez. 1935, p. 6. *A Voz*, 3 dez. 1935, p. 8. *DN*, 3 dez. 1935, p. 1.

22. Foi sem dúvida Eduardo Freitas da Costa, afilhado e primo de Pessoa outrora afastado, o responsável pela edição do panfleto, em 1940, da elegia "À memória do Presidente-Rei Sidónio Pais", que Pessoa publicara em *A Acção*, em 1920. O panfleto incluía uma versão mutilada do currículo de março de 1935 de Pessoa; faltavam o repúdio claramente declarado pelo autor ao *Interregno* e sua rejeição ao slogan de Salazar "Tudo pela nação; nada contra a nação".

23. Louis Michael Rosa, que dedicaria um tempo considerável a inventariar a obra do falecido irmão, afirmou numa entrevista em 1971, quando os arquivos ainda pertenciam aos herdeiros de Pessoa, que eles continham mais de 36 mil folhas manuscritas e enchiam três baús (*Flama*, 19 fev. 1971, pp. 42, 48), mas não há como garantir a exatidão desse número, que pode estar inflado. A maior parte dessas folhas manuscritas foi adquirida pelo governo português em 1979 e constitui o Arquivo Pessoa, alojado na Biblioteca Nacional de Portugal, que mais tarde obteve também outros manuscritos. Atualmente, o Arquivo tem mais de 28 500 itens, dos quais pelo menos 2500 não são manuscritos de Pessoa, mas sim coisas que ele guardou entre os seus papéis: recortes de jornais, panfletos e outras publicações, bem como cartas, poemas e textos em prosa de outros escritores. Alguns dos manuscritos originais de Pessoa são propriedade de colecionadores privados, enquanto outros foram publicados, mas estão desaparecidos. Vinte e nove cadernos, também no Arquivo Pessoa, contêm mais de 1500 folhas adicionais de sua escrita.

24. Carlos Queiroz, em fala radiofônica de 9 dez. 1935 e publicada no panfleto *Homenagem a Fernando Pessoa* (Coimbra: Presença, 1936), p. 18. Ver também Manuel Mendes, *Sobre a oficina do escritor*, pp. 11-12.

25. *LDD*, trecho 236.

EPÍLOGO [pp. 1002-6]

1. Informações sobre a vida de Anderson fornecidas por quatro de suas sobrinhas: Tessa Morris-Suzuki, Morag Young, Hilary Morris e Judy Knapp.

2. *Diário Popular*, 2 mar. 1947, pp. 1, 12; 5 mar. 1947, p. 12. O jornal afirmou que "milhares" de pessoas compareceram ao funeral, o que é certamente um exagero.

3. *Diário Popular*, 1 jun. 1972, p. 9.

4. Henriqueta Rosa Dias a Maria Ivone de Ornellas Andrade, "Ele sabia o valor que tinha", p. 7.

5. *Intimidade*, p. 237. Pinharanda Gomes, esboço biográfico em Augusto Ferreira Gomes, *No claro-escuro das profecias*. *DN*, 2 fev. 1953, p. 6; 3 fev. 1953, p. 6.

6. *DL*, 11 nov. 1935, Supl. Lit., p. 2. Docs. S4/47 (ver também caderno 144F/4); S4/48; S5/1; S5/3; S5/4. *DL*, 12 jun. 1947, p. 2. *A Voz*, 13 jun. 1947, pp. 1, 6.

7. Antônio Botto, "O verdadeiro Fernando Pessoa".

8. A elegia foi escrita parte em verso, parte em prosa; publicada em *Persona* (Porto), 4 jan. 1981, pp. 27-8. Saa retrabalhou o texto e fez dele um poema mais curto que exclui as alusões pessoais que citei: ver Saa, *Poesia e alguma prosa*, pp. 188-9.

9. Pinharanda Gomes, *Um d'Orpheu: Raul Leal*. Pinharanda Gomes, *Filologia e filosofia*, pp. 25-56. Manuela Parreira da Silva, "A propósito de uma carta inédita de Raul Leal para José de Almada Negreiros", *Colóquio/Letras*, jan.-abr. 2014, pp. 32-41. Helder Macedo contou-me em conversa, confirmada por e-mail de janeiro de 2018, que Francisco de Brito, o ex-boxeador, acompanhou Leal ao Café Gelo, em Lisboa, onde se encontrava habitualmente com Macedo, Mário Cesariny, Herberto Helder, Luiz Pacheco e outros jovens poetas. Sobre o ano previsto por Leal para sua morte, ver Jorge Sena e Raul Leal, *Correspondência, 1957-1960*, pp. 9, 60.

10. Docs. 137E/65-69. Ana Rita Palmeirim, *José Coelho Pacheco: O falso semi-heterónimo de Pessoa*, pp. 84-88. Em 2018, Palmeirim — que compartilhou comigo as memórias da família de Coelho de Jesus — descobriu finalmente as datas de morte dele e de sua esposa francesa.

11. Maria José Almada Negreiros, *Conversas com Sarah Affonso*, p. 99. O quadro leiloado encontra-se agora na Casa Fernando Pessoa. O artista fez uma segunda versão da obra, que se encontra no museu da Fundação Calouste Gulbenkian.

12. A resenha de Pessoa sobre *Desaparecido*, de Queiroz, foi publicada pela primeira vez em 1938. Sua morte foi noticiada em *DL*, 28 out. 1949, p. 6.

13. Ofélia Queiroz a Maria da Graça Queiroz, "O mistério duma pessoa", p. 4.

Fontes e referências

UMA NOTA SOBRE FONTES PRIMÁRIAS

Minha fonte biográfica mais importante foi o Arquivo Fernando Pessoa ("Espólio E3") da Biblioteca Nacional de Portugal, que contém milhares de documentos divididos em várias centenas de envelopes, além de cerca de trinta cadernos que datam desde a época em que Pessoa era adolescente em Durban até o mês de sua morte em Lisboa.

No momento em que esta biografia foi para o prelo, era possível consultar online (em <purl.pt/1000/1/>) cópias digitais dos cadernos de Pessoa e dos documentos com poemas atribuídos a seu heterônimo Alberto Caeiro. Ao consultar esses artigos, especialmente os cadernos, o leitor interessado pode ter uma ideia da natureza multifacetada, multilíngue e em geral caótica da vida literária de Pessoa. O resto do Arquivo Pessoa será em algum momento disponibilizado online; enquanto isso, pode ser consultado livremente na Biblioteca Nacional.

Minhas fontes primárias incluem, naturalmente, dezenas de artigos encontrados em jornais e revistas antigos, devidamente referidos na seção de notas. A *Pessoana* de José Blanco (2008) foi essencial para localizar entrevistas publicadas e relatos em primeira mão de pessoas que conheceram Pessoa.

OUTROS ARQUIVOS E COLEÇÕES PRIVADAS

Arquivo António Botto, Biblioteca Nacional de Portugal, Lisboa.
Arquivo António Ferro, Fundação António Quadros, em Rio Maior.
Arquivo Armando Côrtes-Rodrigues, Biblioteca e Arquivo Regional de Ponta Delgada, Açores. Inclui cartas de Fernando Pessoa, Sá-Carneiro e outros.

Arquivo Consular Português, Durban. Inclui a correspondência enviada e recebida por João Miguel Rosa e os registros que guardou durante a sua gestão no consulado.

Arquivo Eliezer Kamenezky, na Biblioteca Nacional de Portugal, Lisboa.

Arquivo Histórico da Marinha, Lisboa.

Arquivo Histórico Militar, Lisboa.

Arquivo Raul Proença, Biblioteca Nacional de Portugal, Lisboa. Inclui manuscritos originais com traduções de Pessoa para o *Tesouro da Juventude* (1925), uma adaptação de *The Book of Knowledge: The Children's Encyclopedia* (1912).

Coleção Bia e Pedro Corrêa do Lago, Rio de Janeiro. Contém todas as cartas e cartões trocados entre Fernando Pessoa e Ofélia Queiroz.

Coleção de Cartas da Família Pessoa. Contém cartas trocadas entre a mãe de Pessoa e sua irmã (tia Anica), cartas de sua avó materna para sua mãe, algumas cartas trocadas entre outros parentes e cartas que ele recebeu da mãe, do padrasto e dos irmãos, todas enviadas da África do Sul. As mais de 150 cartas e cartões enviados a Pessoa pela mãe datam de novembro de 1910 a outubro de 1913 e de março de 1915 a janeiro de 1920. As cartas que ela lhe escreveu nos outros anos se perderam. Essa coleção, atualmente em minha posse, será doada à Biblioteca Nacional de Portugal.

Coleção dos Herdeiros de Pessoa. Um acervo de mais de 150 folhas com anotações e textos literários de Pessoa, além de cartas e outros documentos que estavam em seu poder. Grande parte dessa coleção foi transferida para a Biblioteca Nacional de Portugal no momento da impressão deste livro.

Casa Fernando Pessoa, Lisboa. O prédio onde Pessoa morou em seus últimos quinze anos abriga agora uma exposição permanente, espaços para eventos culturais e uma biblioteca. Seu acervo contém blocos de notas utilizados por Pessoa, documentos diversos, primeiras edições de obras que publicou, objetos pessoais e mais de mil livros da sua biblioteca pessoal, mais da metade em inglês. Os livros foram digitalizados e podem ser consultados online.

Coleção Fernando Távora, Porto. Abrange cartas, manuscritos originais, primeiras edições e outros materiais pertencentes a Pessoa e a seus amigos, especialmente Raul Leal.

Coleção Jaime de Andrade Neves, Lisboa. Inclui cartas de Pessoa e outros membros da família.

Coleção Maria da Graça Queiroz, Lisboa. Contém cartas para o pai, o poeta Carlos Queiroz Ribeiro, sobrinho de Ofélia Queiroz.

Arquivo Mário Saa, Fundação Arquivo Paes Teles, Ervedal. Contém obras literárias, sua biblioteca pessoal e cartas de vários modernistas portugueses.

Torre do Tombo (Arquivo Nacional de Portugal), Lisboa. Em seu vasto acervo encontra-se de tudo, desde registros de nascimento e óbito até registros da Comissão de Censura do Estado Novo.

ENTREVISTAS E CONVERSAS PESSOAIS

Manuela Nogueira: sobrinha de Pessoa, que tinha dez anos quando ele morreu. Foram diversas conversas ao longo da elaboração desta biografia.

Margarida Clara Alves Soares Couto: filha de Clara Alves Soares, melhor amiga de Maria Freitas, prima-irmã de Pessoa. Entrevista em 9 abr. 2011.

Isabel e Inês Sarmento: descendentes colaterais de Lisbela Pessoa Machado e herdeiras de parte (junto com seu irmão José) da quinta de sua propriedade nas proximidades de Tavira. Foram várias conversas em 2011.

Maria Manuela Pessoa Chaves Ortega Rocha Couto: filha de Maria da Cruz Pessoa Chaves mas criada, nos seus primeiros anos, por Lisbela Pessoa Machado. Entrevista por telefone em 15 jan. 2011.

OBRAS DE FERNANDO PESSOA

Argumentos para filmes. Org. de Patricio Ferrari e Claudia J. Fischer. Lisboa: Ática, 2011.

Associações Secretas e outros escritos. Org. de José Barreto. Lisboa: Ática, 2011.

Cartas astrológicas. Org. de Paulo Cardoso. Lisboa: Bertrand, 2011. Explica como o interesse de Pessoa pela astrologia se desenvolveu e discute muitos dos mapas astrais que ele fez de si mesmo, seus heterônimos, seus amigos e pessoas famosas.

Cartas de Fernando Pessoa a Armando Côrtes-Rodrigues. Lisboa: Horizonte, 1985.

Contos completos. Org. de Zetho Cunha Gonçalves. Lisboa: Antígona, 2012.

Correspondência, 1905-1922. Org. de Manuela Parreira da Silva. Lisboa: Assírio & Alvim, 1999.

Correspondência, 1923-1935. Org. de Manuela Parreira da Silva. Lisboa: Assírio & Alvim, 1999.

Correspondência inédita. Org. de Manuela Parreira da Silva. Lisboa: Horizonte, 1996.

Crítica. Org. de Fernando Cabral Martins. Lisboa: Assírio & Alvim, 2000.

Da República (1910-1935). Org. de Joel Serrão, Maria Isabel Rocheta e Maria Paula Morão. Lisboa: Ática, 1978.

A educação do estoico: O único manuscrito do Barão de Teive. Org. de Richard Zenith. Lisboa: Assírio & Alvim, 2018 [1.ed. 1999].

English Poetry. Org. De Richard Zenith. Lisboa: Assírio & Alvim, 2016.

Escritos autobiográficos, automáticos e de reflexão pessoal. Org. de Richard Zenith. Lisboa: Assírio & Alvim, 2014 [1. ed. 2003]. Inclui os três diários de Pessoa, muitos outros escritos autobiográficos e uma seleção das comunicações que ele supostamente recebeu de espíritos astrais.

Escritos sobre génio e loucura. Org. de Jerónimo Pizarro. Lisboa: INCM, 2006. Inclui praticamente todos os escritos de Pessoa sobre genialidade e loucura.

Eu sou uma antologia. Org. de Jerónimo Pizarro e Patricio Ferrari. Lisboa: Tinta-da-china, 2013.

Fausto. Org. de Carlos Pittella. Lisboa: Tinta-da-china, 2018.

Fernando Pessoa: O comércio e a publicidade. Org. António Mega Ferreira. Lisboa: Cinevoz, 1986.

Heróstrato e a busca da imortalidade. Org. de Richard Zenith. Lisboa: Assírio & Alvim, 2000.

A hora do diabo. Org. de Teresa Rita Lopes. Lisboa: Assírio & Alvim, 1997.

Lisboa: O que o turista deve ver. Org. de Teresa Rita Lopes. Lisboa: Livros Horizonte, 1992.

Livro do desassossego. Org. R. Zenith. Lisboa: Assírio & Alvim, 1998. [Ed. bras: São Paulo: Companhia das Letras, 2011].

O mistério da Boca do Inferno: Correspondência e novela policial. Org.de Steffen Dix. Lisboa: Tinta-da--china, 2019.

Obra essencial de Fernando Pessoa. Org. de Richard Zenith. Lisboa: Assírio & Alvim; Círculo de Leitores, 2006-2007. 7 v. Uma ampla seleção da poesia e prosa de Pessoa que inclui praticamente todas as obras publicadas durante sua vida. Luísa Freire é a tradutora do v. 6, *Poesia inglesa*.

Obras de Jean Seul de Méluret. Org. de Jerónimo Pizarro e Rita Patrício. Lisboa: INCM, 2006. Edição crítica dos três ensaios assinados por Jean Seul.

Páginas de estética e de teoria e crítica literárias. Org. de Georg Rudolf Lind e Jacinto do Prado Coelho. Lisboa: Ática, 1973 [1. ed., 1966].

Páginas intimas e de auto-interpretação. Org. de Georg Rudolf Lind e Jacinto do Prado Coelho. Lisboa: Ática, 1966.

Pessoa inédito. Org. de Teresa Rita Lopes. Lisboa: Horizonte, 1993.

Poemas de Fernando Pessoa: 1934-1935. Org. de Luís Prista. Lisboa: INCM, 2000.

Poemas ingleses, v. 1. Org. de João Dionísio. Lisboa: INCM, 1993. Edição crítica dos poemas anglófonos publicados por Pessoa em quatro livretos.

Poemas ingleses, v. 2. Org. de João Dionísio. Lisboa: INCM, 1997. Edição crítica da poesia anglófona assinada por Alexander Search.

Poèmes français. Org. de Patricio Ferrari. Paris: La Différence, 2014.

Poesia: 1902-1917. Org. de Manuela Parreira da Silva, Ana Maria Freitas e Madalena Dine. Lisboa: Assírio & Alvim, 2005.

Poesia: 1918-1930. Org. de Manuela Parreira da Silva, Ana Maria Freitas e Madalena Dine. Lisboa: Assírio & Alvim, 2005.

Poesia: 1931-1935 e não datada. Org.de Manuela Parreira da Silva, Ana Maria Freitas e Madalena Dine. Lisboa: Assírio & Alvim, 2006.

Poesia: Alexander Search. Org. e trad. Luísa Freire. Lisboa: Assírio & Alvim, 1999.

A Porta e outras ficções. Org. de Ana Maria Freitas. Lisboa: Assírio & Alvim, 2017.

Prosa escolhida de Álvaro de Campos. Org. de Fernando Cabral Martins e Richard Zenith. Lisboa: Assírio & Alvim, 2015.

Quaresma, Decifrador. Org. de Ana Maria Freitas. Lisboa: Assírio & Alvim, 2008. Reunião dos contos policiais em que Abílio Quaresma era o detetive contratado.

O regresso dos deuses e outros escritos de Antônio Mora. Org. de Manuela Parreira da Silva. Lisboa: Assírio & Alvim, 2013.

Rosea Cruz. Org. de Pedro Teixeira da Mota. Lisboa: Manuel Lencastre, 1989.

Rubaiyat. Org. de Maria Aliete Galhoz. Lisboa: INCM, 2008.

Sebastianismo e Quinto Império. Org. de Jorge Uribe e Pedro Sepúlveda. Lisboa: Ática, 2011.

The Selected Prose of Fernando Pessoa. Trad. para o inglês de Richard Zenith. Nova York: Grove Press, 2001. Inclui diversos escritos fundamentais de Pessoa sobre si mesmo e seus heterônimos, *O marinheiro*, "Ultimatum", de Álvaro de Campos, comunicações de espíritos astrais, "O banqueiro anarquista", cartas selecionadas, e "Carta da corcunda para o serralheiro", assinada por Maria José.

Sensacionismo e outros ismos. Org. de Jerónimo Pizarro. Lisboa: INCM, 2009.

Sobre o fascismo, a ditadura militar e Salazar. Org. de José Barreto. Lisboa: Tinta-da-china, 2015. Contém mais de trezentas páginas de textos — muitos publicados pela primeira vez — com as opiniões de Pessoa sobre fascismo, ditadura e Antônio de Oliveira Salazar.

Sobre Orpheu e o sensacionismo. Org. de Fernando Cabral Martins e Richard Zenith. Lisboa: Assírio & Alvim, 2015.

Sobre Portugal. Org. de Joel Serrão, Maria Isabel Rocheta e Maria Paula Morão. Lisboa: Ática, 1978.

Teatro estático. Org. de Filipa de Freitas e Patricio Ferrari. Lisboa: Tinta-da-china, 2017.

Teoria da heteronímia. Org. de Fernando Cabral Martins e Richard Zenith. Lisboa: Assírio & Alvim, 2012.

Textos filosóficos. Org. de Antônio Pina Coelho. Lisboa: Ática, 1968. 2 v.

Ultimatum e páginas de sociologia política. Org. de Joel Serrão, Maria Isabel Rocheta e Maria Paula Morão. Lisboa: Ática, 1980.

Com Ofélia Queiroz. *Correspondência amorosa completa, 1919-1935*. Org. de Richard Zenith. Rio de Janeiro: Capivara, 2013. Inclui fac-símiles das 48 cartas que Fernando escreveu para Ofélia Queiroz, mais de trezentas cartas e cartões de Ofélia para Pessoa e o relato dela sobre a relação dos dois, extraído de uma entrevista publicada pela primeira vez em 1978.

OBRAS CITADAS DE OUTROS AUTORES

Esta lista exclui as obras da biblioteca pessoal de Pessoa, que podem ser encontradas online no site da Casa Fernando Pessoa. Para algumas outras obras, principalmente aquelas consultadas apenas de passagem, a informação bibliográfica encontra-se na seção de notas. Os artigos em periódicos que são basicamente entrevistas são listados pelo nome do entrevistado.

ALMEIDA, Anabela. *Armando Côrtes-Rodrigues, vida e obra do poeta açoriano de Orpheu*. Vila Franca do Campo: Ilha Nova, 2019.

ALMEIDA, L. P. Moitinho de. *Fernando Pessoa no cinquentenário da sua morte*. Coimbra: Coimbra Editora, 1985.

ALMEIDA, Onésimo Teotônio. *Pessoa, Portugal e o futuro*. Lisboa: Gradiva, 2014.

Anuário comercial de Portugal Ilhas e Ultramar. Lisboa: Tip. do Anuário. Esse anuário, além de listar negócios e informações úteis para comerciantes, incluía o endereço e número do telefone particular de pessoas.

Anuário diplomático e consular português. Lisboa: Ministério dos Negócios Estrangeiros. Publicação anual.

BADIOU, Alain. "A Philosophical Task: To Be Contemporaries of Pessoa". In: ______. *Handbook of Inaesthetics*, pp. 36-45. Trad. para o inglês de Alberto Toscano. Stanford: Stanford Univ. Press, 2005. [Edição original em francês publicada em 1998.]

BARRETO, José. "O mago e o louco: Fernando Pessoa e Alberto da Cunha Dias". *Pessoa Plural*, primavera 2012, pp. 70-138.

______. *Misoginia e anti-feminismo em Fernando Pessoa*. Lisboa: Ática, 2011.

______. "Mussolini é um louco: Uma entrevista desconhecida de Fernando Pessoa com um antifascista italiano". *Pessoa Plural*, primavera 2012, pp. 225-252.

BELCHER, Ernest A.; COLLINS, G. Churton. *The Durban High School Record 1866-1906*. Durban: Durban High School, 1906.

BLANCO, José. *Pessoana*. Lisboa: Assírio & Alvim, 2008. 2 v. Uma enorme bibliografia dos livros e artigos sobre Pessoa e sua obra publicada antes de 2005.

BORGES, Paulo. *Do vazio ao Cais Absoluto ou Fernando Pessoa entre Oriente e Ocidente*. Lisboa: Âncora, 2017.

BOSCAGLIA, Fabrizio. "Fernando Pessoa and Islam: An Introductory Overview with a Critical Edition of Twelve Documents". *Pessoa Plural*, primavera 2016, pp. 37-106.

BOTTO, Antônio. *Canções*. Trad. Fernando Pessoa; Org. de Jerónimo Pizarro e Nuno Ribeiro. Lisboa: Guimarães, 2010.

BOTTO, Antônio. "O verdadeiro Fernando Pessoa". Ensaio inacabado no Arquivo Botto (E12/198), 1959.

BRECHON, Robert. Étrange étranger: *Une biographie de Fernando Pessoa*. Paris: Christian Bourgois, 1996. Ao mesmo tempo temática e cronológica, a biografia de Bréchon não tinha como preocupação desencavar novas informações sobre Pessoa, mas com mapear sua variegada obra literária.

BRYCE, James. *Impressions of South Africa*. Londres: Macmillan, 1899 [1. ed. 1897].

CASTEX, François. *Mário de Sá-Carneiro: Lisboane 1890-Paris 1916*. Paris: Centre Culturel Calouste Gulbenkian, 1999.

CASTRO, Mariana Gray de, ed. *Fernando Pessoa's Modernity Without Frontiers*. Woodbridge, Inglaterra: Tamesis, 2013.

______. *Fernando Pessoa's Shakespeare: The Invention of the Heteronyms*. Londres: Critical, Cultural and Communications Press, 2015.

CENTENO, Yvette. *Fernando Pessoa: Magia e fantasia*. Porto: Asa, 2003. Reúne ensaios e transcrições dos escritos esotéricos de Pessoa publicados pela autora em décadas anteriores.

______. *Fernando Pessoa: Os Trezentos e outros ensaios*. Lisboa: Presença, 1988.

CHAGAS, Ofir. *Tavira: Memórias de uma Cidade*. Tavira: Tipografia Tavirense, 2004.

COBEIRA, Antônio. "Fernando Pessoa, vulgo 'o Pessoa', e a sua ironia transcendente", *O Comércio do Porto*, 11 ago. 1953, p. 5.

CÔRTES-RODRIGUES, Armando. "Encontro". Entrevista a *Diário da Manhã*, 25 dez. / 1960, pp. 11, 24.

COSTA, Eduardo Freitas da. *Fernando Pessoa: Notas a uma biografia romanceada*. Lisboa: Guimarães, 1951. Escrito pelo filho da prima Maria de Pessoa, esse livro questionou (e muitas vezes corrigiu) muitos dos fatos apresentados na biografia de João Gaspar Simões publicada no ano anterior.

COSTA, Fernando. *Portugal e a Guerra Anglo-Boer (1899-1902)*. Lisboa: Cosmos, 1998.

CRESPO, Ángel. *La vida plural de Fernando Pessoa*. Barcelona: Seix Barral, 1988. A segunda biografia relevante de Pessoa situa melhor o poeta em seu tempo e lugar, moderando a abordagem mais psicológica de João Gaspar Simões.

CUNHA, Teresa Sobral; SOUSA, João Rui de (Orgs.). *Fernando Pessoa: O último ano*. Lisboa: Biblioteca Nacional, 1985. Catálogo de exposição.

DELGADO, Antonio Sáez. *Pessoa y España*. Valencia: Pre-textos, 2015.

DIAS, Alberto da Cunha. *Outono*. Lisboa: Delta, 1944.

DIAS, Henriqueta Madalena Rosa. "Ele sabia o valor que tinha". *Jornal de Letras*, 26/nov.-2 dez. 1988, pp. 6-7. Entrevista a Maria Ivone de Ornellas de Andrade.

DIAS, Marina Tavares. *Mário de Sá-Carneiro — Fotobiografia*. Lisboa: Quimera, 1988.

DIX, Steffen (Org.). *1915 — O ano do Orpheu*. Lisboa: Tinta-da-china, 2015.

ELLMANN, Richard. *James Joyce*. Londres: Oxford Univ. Press, 1966 [1. ed. 1959].

______. *Yeats: The Man and the Masks*. Nova York: W. W. Norton, 1999 [1. ed. 1948].

FAISCA, Pereira. *Exílio*. Lisboa: Organizações, 1944.

FEIJÓ, António M. *Uma admiração pastoril pelo diabo (Pessoa e Pascoaes)*. Lisboa: INCM, 2015.

FERNANDES, Amadeu. "Fernando Pessoa e Tavira". *O Tavira*, 23 dez. 1975, pp. 1, 9.

FERRARI, Patricio; PIZARRO, Jerónimo (Orgs.). *Fernando Pessoa as English Reader and Writer (Portuguese Literary and Cultural Studies* 28). Dartmouth, Mass.: Tagus Press, 2015.

FERREIRA, António Mega. *Fazer pela vida*. Lisboa: Assírio & Alvim, 2005. Narra as tentativas de Pessoa de ser editor, homem de negócios, publicitário e inventor.

FERREIRA, Francisco Manuel da Fonseca. *Fernando Pessoa: A penumbra do génio*. Lisboa: Horizonte, 2002 [(1. ed. 1995].

FILHO, José Paulo Cavalcanti. *Fernando Pessoa — Uma quase autobiografia*. Porto: Porto Editora, 2012. Conta a história da existência mundana de Pessoa citando direta e abundantemente suas obras literárias. O apartamento em que ele nasceu em 1888, por exemplo, é descrito no parágrafo inicial como tendo "papel velho das paredes", que é como Bernardo Soares descreve seu quarto alugado num trecho do *Livro do desassossego* escrito em 1930. E há um "relógio sonolento" na parede, retirado de um poema escrito por volta de 1912.

FRANÇA, Isabel Murteira. *Fernando Pessoa na intimidade*. Lisboa: Dom Quixote, 1987. Baseado em entrevistas com a irmã de Pessoa e outros parentes e conhecidos.

FRANÇA, José-Augusto. *Os anos 20 em Portugal*. Lisboa: Presença, 1992.

FRESCURA, Franco; MAUDE-STONE, Barbara. *Durban: Once upon a Time*. Durban: Archetype, 2013.

FRIAS, Aníbal. *Fernando Pessoa et le Quint-Empire de l'amour*. Paris: Petra, 2012.

GANDHI, Leela. "Pessoa's Gandhi: Meditating on a Lost Heteronym". In: OWEN, Hilary; KLOBUCKA, Anna M. (Orgs.). *Gender, Empire and Postcolony: Luso-Afro-Brazilian Intersections*. Nova York: Palgrave Macmillan, 2014.

GASPAR, Fernando. "Divididos na vida e na morte". *Expresso*, 4 jun. 1988, pp. 48R-52R. Artigo baseado em entrevistas com parentes e amigos que conheceram Pessoa.

GOMES, Augusto Ferreira. "Nunca passou miséria". *Diário da Manhã*, 28 ago. 1950, pp. 1-2. Esta entrevista, realizada por Óscar Paxeco, contesta com veemência a imagem de um poeta indigente e bêbado que surge ocasionalmente na biografia de Pessoa escrita por João Gaspar Simões, que acabava de ser publicada.

GOMES, Pinharanda. "Esboço biográfico". In: GOMES, Augusto Ferreira. *No claro-escuro das profecias*. Lisboa: Roma Editora, 2005, pp. 153-8.

______. *Filologia e filosofia*. Braga: Pax, 1966.

______. *Um d'Orpheu: Raul Leal*. Lisboa: Academia Portuguesa de Ex Libris, 1965.

GONÇALVES, Zetho Cunha. *Notícia do maior escândalo erótico-social do século XX em Portugal*. Lisboa: Letra Livre, 2014.

GORDON, Lyndall. *T.S. Eliot: An Imperfect Life*. Nova York: W. W. Norton, 2000.

GUISADO, Alfredo. "Fernando Pessoa e a sua influência na literatura moderna". *O Diabo*, 15 dez. 1935, p. 1.

HANEGRAAFF, Wouter J. (Org.). *Dictionary of Gnosis & Western Esotericism*. Leiden: Brill, 2006. Contém mais de 1200 páginas escritas por uma equipe de estudiosos admiravelmente objetivos.

HENDERSON, W.P.M. *Durban: Fifty Years' Municipal History*. Durban: Robinson & Co., 1904.

HORA, Manuel Martins da. "Fernando Pessoa: Correspondente comercial". *Flama*, 31 dez. 1965, pp. 10-1. Entrevista.

______. "Recordando Fernando Pessoa". *Eva*, dez. 1971, pp. 47-51. Entrevista a Gina de Freitas.

HOURCADE, Pierre. *Temas de literatura portuguesa*. Lisboa: Moraes, 1978.

JACKSON, K. David. *Adverse Genres in Fernando Pessoa*. Nova York: Oxford University Press, 2010. Mostra que a originalidade de Pessoa consistia muitas vezes em subverter os gêneros literários tradicionais.

JENNINGS, Hubert Dudley. *The D.H.S. Story 1866-1966*. Durban: Durban High School and Old Boys' Memorial Trust, 1966. Jennings, que lecionou na Durban High School de 1923 a 1935, dedicou várias páginas desse livro a Pessoa, um poeta ainda praticamente desconhecido na África do Sul.

JENNINGS, Hubert Dudley. *Os dois exílios: Fernando Pessoa na África do Sul*. Porto: Fundação Eng. António de Almeida, 1984. Lança luz sobre muitos detalhes da vida de Pessoa em Durban.

______. *Fernando Pessoa in Durban*. Durban: Durban Corporation, 1986. Versão condensada de *Os dois exílios*, com uma seleção de poemas de Pessoa traduzidos para o inglês.

______. *Fernando Pessoa: The Poet with Many Faces*. Ed. de Carlos Pittella. Lisboa: Tinta-da-china, 2019. Escrita no início dos anos 1970, essa breve biografia foi encontrada entre os papéis de Jennings em 2013, mais de duas décadas após sua morte.

KLOBUCKA, Anna. *O mundo gay de António Botto*. Lisboa: Documenta, 2018.

LANCASTRE, Maria José de. *Fernando Pessoa: Uma fotobiografia*. Lisboa: INCM, 1981. Essa fotobiografia inaugurou o novo gênero da fotobiografia.

LEAL, Ernesto Castro. *António Ferro: Espaço político e imaginário social (1918-1932)*. Lisboa: Cosmos, 1994.

LEMOS, Mário Matos e. *Jornais diários portugueses do século XX*. Coimbra: Ariadne, 2006.

LOPES, Teresa Rita. *Fernando Pessoa et le drame symboliste: Héritage et création*. Paris: Fondation Calouste Gulbenkian, 1985 [1. ed. 1977].

______. *Pessoa por conhecer*. Lisboa: Estampa, 1990. v. 2. Obra fundamental nos estudos de Pessoa, esse livro revelou um universo de heterônimos pessoanos e autores fictícios muito maior do que se poderia imaginar. Contém dezenas de poemas até então desconhecidos e textos em prosa de "autores" igualmente desconhecidos até então. (No v. 1, que não é citado na seção de notas deste livro, Rita Lopes delineia e explica a dinâmica do que Pessoa chamou de seu "drama em gente, em vez de em atos".)

LOPES, Teresa Rita; ABREU, Maria Fernanda de. *Fernando Pessoa, hóspede e peregrino*. Lisboa: Instituto Português do Livro, 1983. Catálogo de uma exposição em Madri, em 1981.

LOURENÇO, Eduardo. *Fernando Pessoa revisitado*. Porto: Inova, 1973.

MARQUES, Henrique. *Memórias de um editor*. Lisboa: Livraria Central, 1935.

MARTINS, Fernando Cabral (Org.). *Dicionário de Fernando Pessoa e do modernismo português*. Lisboa: Caminho, 2008. Um enorme compêndio de artigos sobre as várias facetas de Pessoa e de sua obra, e sobre o modernismo português de forma mais ampla.

MATOS, Manuel Cadafaz de. *Joaquim Seabra Pessoa ou o engenho sensível*. Porto: Fundação Eng. António de Almeida, 1988. Transcrições de todas as cartas que o pai de Pessoa enviou à esposa quando procurava tratamento fora de Lisboa para a tuberculose em estágio avançado.

MCNEILL, Patricia Silva. *Yeats and Pessoa: Parallel Poetic Styles*. Londres: Legenda, 2010.

MENDES, Manuel. "Sobre a oficina do escritor". Palestra proferida em 1966. Viseu: Tip. Guerra, 1967.

MENESES, Filipe Ribeiro de. *Salazar: A Political Biography*. Nova York: Enigma, 2009.

MERELIM, Pedro de. *Fernando Pessoa e a Terceira: Figuras do ramo materno do poeta*. Angra do Heroísmo: Col. Ínsula, v. 7, 1974. Contém informações genealógicas e outras sobre os parentes maternos de Pessoa. Alguns dos capítulos mais importantes foram escritos pelo poeta, pesquisador e bibliotecário Pedro da Silveira.

MILLER, Yvonne. *Dear Old Durban*. Pietermaritzburg: [s.n.], 1985. Imagens fornecidas por Barbara Maude-Stone.

MONTEIRO, George. "Fernando Pessoa, He Had His Nerve". In: KLOBUCKA, Anna; SABINE, Mark (Orgs.). *Embodying Pessoa: Corporeality, Gender, Sexuality*. Toronto: University of Toronto Press, 2007.

______. *The Presence of Pessoa: English, American and South African Literary Responses*. Lexington: University Press of Kentucky, 1998.

Natal Almanac, Directory, and Yearly Register. Pietermaritzburg: P. Davis & Sons, 1896-1905.

The Natal Who's Who. Durban: The Natal Who's Who Publishing Company, 1906.

NEGREIROS, Maria José Almada. *Conversas com Sarah Affonso*. Lisboa: Arcadia, 1982.

NOGUEIRA, Manuela. *Fernando Pessoa: Imagens de uma vida*. Lisboa: Assírio & Alvim, 2005. Fac-símiles de cartas e outros documentos da vida de Pessoa.

______. *O melhor do mundo são as crianças*. Lisboa: Assírio & Alvim, 1998.

______. *O meu tio Fernando Pessoa*. Vila Nova de Familicão: Centro Atlântico, 2015.

NORDAU, Max. *Degeneration*. Trad. para o inglês de George L. Moss. Lincoln: University of Nebraska Press, 1993 [1. ed. 1895].

ODDY, Jeremy J. *Where the Baobab Grows at Durban High School*. Durban: Learning Matters, 2008.

PAKENHAM, Thomas. *The Boer War*. Londres: Grove Weidenfeld & Nicolson, 1979.

______. *The Scramble for Africa*. Nova York: Random House, 1991.

PALMEIRIM, Ana Rita. *José Coelho Pacheco: O falso semi-heterónimo de Pessoa*. Lisboa: Biblioteca Nacional de Portugal, 2016.

PASI, Marco. *Aleister Crowley and the Temptation of Politics*. Durham, England: Acumen Publishing, 2014. O cap. 4, "The Mouth of Hell", cobre o encontro Pessoa-Crowley. O primeiro capítulo faz um esboço excelente e factualmente rigoroso da vida de Crowley.

PEREIRA, Elisabete J. Santos. *Mário Saa (1893-1971): Um intelectual português na sociedade do século XX*. Évora: Universidade de Évora, 2010. Tese de Mestrado.

PERRONE-MOISÉS, Leyla. *Fernando Pessoa: Aquém do eu, além do outro*. São Paulo: Martins Fontes, 2011 [1. ed. 1982].

Pessoa Plural. Ed. de Onésimo Almeida, Paulo de Medeiros e Jerónimo Pizarro. Periódico online de estudos sobre Pessoa fundado em 2012 na Brown University e publicado semestralmente.

PINTO, Antônio Costa. *Os camisas azuis e Salazar*. Lisboa: Edições 70, 2015.

PIZARRO, Jerónimo. *Fernando Pessoa: Entre génio e loucura*. Lisboa: INCM, 2007. Apresenta um relato completo do interesse de Pessoa em fisionomia, frenologia, psicologia e psicopatologias.

PIZARRO, Jerónimo; FERRARI, Patricio; CARDIELLO, Antonio. *Os objectos de Fernando Pessoa*. Lisboa: Dom Quixote, 2013. Imagens fac-similares de objetos e documentos ligados a Pessoa e pertencentes à Casa Fernando Pessoa.

PORTO, César. "Fernando Pessoa e a astrologia". *O Diabo*, 1 nov. 1936, p. 2.

PRISTA, Luís. "Pessoa e o Curso Superior de Letras". In: SIMÕES, Manuel; CASTRO, Ivo; PINTO CORREIA, João David (Orgs.) *Memória dos afectos: Homenagem da cultura portuguesa ao Prof. Giuseppe Tavani*. Lisboa: Edições Colibri, 2001, pp. 157-85.

QUADROS, António. *Fernando Pessoa: Vida, personalidade e génio*. Lisboa: Arcádia, 1981. Em certo sentido, um precursor de José Paulo Cavalcanti Filho, Quadros descreveu sua obra — que em muitas passagens é uma colagem de citações de poemas e da prosa de Pessoa — como "uma espécie de 'biografia autobiográfica'", mas, em vez de retratar a vida cotidiana externa de Pessoa, tenta revelar sua vida "interior" e seu ser espiritual.

QUEIROZ, Carlos. "Carta à memória de Fernando Pessoa". *Presença*, jul. 1936, pp. 9-11.

QUEIROZ, Ofélia. *Cartas de amor de Ofélia a Fernando Pessoa*. Org. de Manuela Nogueira e Maria de Conceição Azevedo. Lisboa: Assírio & Alvim, 1996.

______. "O mistério duma pessoa". *Jornal de Letras*, 12 nov. 1985, p. 4. Entrevista a Maria da Graça Queiroz.

RAMALHO, Maria Irene. *Poetas do Atlântico: Fernando Pessoa e o modernismo norte-americano*. Porto: Afrontamento, 2008.

RAMOS, Rui. *D. Carlos*. Lisboa: Círculo de Leitores, 2006.

______. *História de Portugal: A segunda fundação (1890-1926)*. Lisboa: Círculo de Leitores, 1994.

REBELO, Signa Teixeira. "Fernando Pessoa não era hipocondríaco". *O Primeiro de Janeiro* (Porto), 5 jul. 1988, p. 1. Entrevista a Luísa Ferreira.

______. "Foi *ele* que me meteu o bichinho dos policiais". *Jornal de Letras*, 10-17 fev. 1986, pp. 2-3. Entrevista a Inês Pedrosa.

______. "Nunca me disse que era Alberto Caeiro". *ABC do Bairro* (Lisboa), 5 dez. 1985, p. 6. Entrevista a Nuno Coutinho.

REIS, Luís da Câmara. "Boletim". *Seara Nova*, 10 jun. 1939, p. 333.

RIBEIRO, Anabela Mota; SENA, Susana. "O senhor Pessoa". *Tabacaria*, primavera 2003, pp. 18-32. Artigo baseado numa entrevista com Luís Pedro Moitinho de Almeida.

ROSA, João Maria Nogueira. "Fernando Pessoa — Como eu o conheci". *Ocidente*, (Lisboa), nov. de 1969, pp. 227-236. Essa tradução para o português de uma palestra, "Fernando Pessoa — As I Knew Him", proferida em 1968 na Universidade de Cardiff, inclui algumas lembranças pessoais fascinantes e alguma informações de segunda mão não muito confiáveis.

SAA, Mário. *Poesia e alguma prosa*. Org. de João Rui de Sousa. Lisboa: INCM, 2006.

SÁ-CARNEIRO, Mário de. *Cartas a Maria e outra correspondência inédita*. Org. de François Castex e Marina Tavares Dias. Lisboa: Quimera, 1992.

______. *Cartas de Mário de Sá-Carneiro a Fernando Pessoa*. Org. de Manuela Parreira da Silva. Lisboa: Assírio & Alvim, 2001.

______. *Poesia completa de Mário de Sá-Carneiro*. Anexos 5-10 ("Cartas inéditas a Fernando Pessoa, sobre a morte de Mário de Sá-Carneiro"). Org. de Ricardo Vasconcelos. Lisboa: Tinta-da-china, 2017, pp. 559-71.

SANTOS, Irene Ramalho. Atlantic Poets: Fernando Pessoa's Turn in Anglo-American Modernism. Hanover, NH: University Press of New England, 2003

SARAIVA, Arnaldo. *Fernando Pessoa, tradutor de poetas*. Porto: Lello, 1996.

______. *O modernismo brasileiro e o modernismo português*. Lisboa: INCM, 2015 [1. ed. 1986].

SEIXAS, Manassés Ferreira de. "Este homem foi barbeiro de Fernando Pessoa". Entrevista a *Correio da Manhã*, 8 out; 1979, p. 7.

SENA, Jorge de. *Fernando Pessoa & Cia. heterónima*. Lisboa: Edições 70, 1984 [1. ed. 1982].

SENA, Jorge; LEAL, Raul. *Correspondência, 1957-1960*. Lisboa: Guerra e Paz, 2010.

SEVERINO, Alexandrino E. *Fernando Pessoa e o mar português*. Porto: Fundação Eng. António de Almeida, 1988.

______. *Fernando Pessoa na África do Sul*. Marília: Faculdade de Filosofia, Ciências e Letras, 1970. v. 2.

______. *Fernando Pessoa na África do Sul*. Lisboa: Dom Quixote, 1983. Trata-se de um livro bastante diferente daquele que Severino publicou em 1970.

SIMÕES, João Gaspar. "Imagem rectificada do poeta Fernando Pessoa". *Diário de Lisboa*, 17 abr. 1936, Supl. Lit., p. 2.

______. *Retratos de poetas que conheci*. Lisboa: Brasília, 1974.

______. *Vida e obra de Fernando Pessoa*. Lisboa: Bertrand, 1971 [(1. ed. 1950]. Primeira biografia de Pessoa, descrita no prólogo deste livro.

SOUSA, João Rui de. *Fernando Pessoa: Empregado de escritório*. Lisboa: Assírio & Alvim, 2010. Relato detalhado de todos os escritórios de Lisboa em que Pessoa trabalhou.

TEIXEIRA, Judith. *Poemas*. Ed. Maria Jorge. Lisboa: & etc., 1996. Inclui informações bem pesquisadas sobre o escândalo da Literatura de Sodoma.

TRINDADE, Antônio. "Traços para um retrato". *A Comarca de Arganil*, 30 nov. 1965, pp. 1, 5. Entrevista a José Vicente.

VIEIRA, Joaquim. *Portugal século XX: Anos 1900-1910*. Lisboa: Círculo de Leitores, 2010. Esse e os dois volumes seguintes da série, que cobrem 1910-1920 e 1920-1930, oferecem um relato sucinto, mas vívido e ilustrado com fotos, de como Portugal e a sociedade portuguesa evoluíram naqueles tempos turbulentos.

WASSERMANN, Johan, e Brian Kearney (Orgs.). *A Warrior's Gateway: Durban and the Anglo-Boer War 1899-1902*. Pretoria: Protea, 2002.

WHEELER, Douglas L. *Republican Portugal: A Political History 1910-1926*. Madison: University of Wisconsin Press, 1978.

ZENITH, Richard (Org.). *Fernando Pessoa: O editor, o escritor e os seus leitores*. Lisboa: Fundação Calouste Gulbenkian, 2012.

______. "Quando, onde e como ela passa". In: GAGLIARDI, Caio (Org.). *Fernando Pessoa & Cia. não heterônima*. São Paulo: Madalena, 2019.

ZENITH, Richard; LOPES, Fátima; RÊGO, Manuela (Orgs.). *Os caminhos de Orpheu*. Lisboa: Biblioteca Nacional de Portugal; Babel, 2015. Catálogo de exposição.

ZENITH, Richard; VIEIRA, Joaquim. *Fotobiografia de Fernando Pessoa*. São Paulo: Companhia das Letras, 2009. Inclui conteúdo sobre Durban que não se encontra na edição portuguesa original de 2008 (em que o nome de Vieira aparece em primeiro lugar).

Heterônimos e outras *dramatis personae*

Pessoa criou três heterônimos de fato e de direito — Alberto Caeiro, Ricardo Reis e Álvaro de Campos — e dezenas de outros autores fictícios, alguns dos quais foram presenças duradouras, enquanto outros saíram rapidamente de cena. A lista a seguir, em ordem alfabética de primeiro nome, inclui a maioria dos autores fictícios mencionados nas páginas desta biografia, nas quais se descrevem com mais detalhes os papéis que desempenharam e seus escritos.

A. A. CROSSE

Concorrente nos jogos de palavras publicados por vários jornais ingleses.

A. L. R.

Conhecido apenas por suas iniciais, A. L. R. foi listado como o tradutor e comentarista de uma edição em português de *Os protocolos dos sábios de Sião*, um documento fraudulento que pretendia revelar que judeus proeminentes estavam conspirando para desestabilizar e dominar o mundo. Essa obra estava entre os muitos livros que Pessoa esperava publicar pela Olisipo, uma pequena editora fundada em 1921.

ALBERTO CAEIRO

Nascido em Lisboa em 16 de abril de 1889, Alberto Caeiro da Silva morava com uma tia-avó numa casa branca na zona rural a nordeste de Lisboa, e morreu de tuberculose em 1915. Poeta com pouca educação formal que acreditava que as coisas são exatamente o que parecem ser, Caeiro surgiu em março de 1914 e foi imediatamente reconhecido por Pessoa como seu "mestre". Foi também mestre de Álvaro de Campos e Ricardo Reis. Além de *O guardador de rebanhos*, que contém

49 poemas, Caeiro é autor de uma coletânea menor, *O pastor amoroso*, além de dezenas de *Poemas inconjuntos*.

ALEXANDER SEARCH

Nascido em Lisboa no mesmo dia que Fernando Pessoa, Search surgiu em 1906 e logo suplantou Charles Robert Anon como principal heterônimo de língua inglesa de Pessoa. Ativo até 1910, assinou bem mais de uma centena de poemas, inclusive muitos que foram escritos entre 1903 e 1905 e originalmente atribuídos a C. R. Anon. Search também escreveu o conto "A Very Original Dinner" e vários ensaios.

ÁLVARO DE CAMPOS

O mais intenso, opinativo e prolífico dos heterônimos, Álvaro de Campos surgiu em 1914, cerca de três meses depois de Caeiro. Nascido em 15 de outubro de 1890 em Tavira, cidade do Algarve onde se concentravam os parentes paternos de Pessoa, Campos estudou engenharia na Escócia, viajou para o Extremo Oriente, viveu por um tempo em Londres, trabalhou como engenheiro naval no norte da Inglaterra e acabou por estabelecer-se em Lisboa. Sentia atração sexual tanto por homens como por mulheres e reclamava que, não importava o quanto visse, sentisse e saboreasse, precisava ver, sentir e saborear ainda mais. Além de poesia, escreveu e publicou textos provocativos em prosa em que às vezes questionava as opiniões de Fernando Pessoa.

ANTÔNIO MORA

Em um conto que Pessoa começou a escrever em 1909, Mora era um lunático obcecado pela Grécia que usava uma toga e vivia num hospício. O conto não foi adiante, mas seis anos depois Mora ressuscitou e se tornou um heterônimo que, junto com Ricardo Reis, defendeu uma renovação do paganismo no mundo moderno. Foi também autor de uma dissertação a favor da Alemanha na Primeira Guerra Mundial.

BARÃO DE TEIVE

O 14º barão de Teive, que ganhou vida num caderno usado por Pessoa em 1928, morava numa quinta em Portugal, mas já havia passado uma temporada em Paris, onde travou um duelo com um marquês francês. Frustrado por sua timidez com as mulheres e ainda mais por suas deficiências como escritor, ateou fogo em todas as suas obras literárias e suicidou-se, mas não sem antes escrever uma obra final e desconexa em que explicava seus motivos.

BERNARDO SOARES

Citado brevemente em 1920 como contista, o nome de Bernardo Soares desapareceu logo em seguida, mas ressurgiu em 1929 como autor do *Livro do desassossego*. As anotações de Pessoa indicam que trechos do *Livro* escritos na década de 1910 e originalmente atribuídos a Vicente Guedes passaram a ser propriedade literária de Soares, que trabalhava como ajudante de guarda-livros na Baixa lisboeta, na rua dos Douradores. Homem de hábitos solitários, morava num quarto alugado no quarto andar na mesma rua.

CARLOS OTTO

Criado em 1909 para colaborar com os jornais que Pessoa pretendia lançar no ano seguinte, Otto, além de escrever poesia e traduzir, foi autor de um tratado sobre luta livre.

CHARLES JAMES SEARCH

Nascido em 18 de abril de 1886, esse irmão mais velho de Alexander Search surgiu em 1908 como tradutor da literatura portuguesa (principalmente) para o inglês.

CHARLES ROBERT ANON

Ativo entre o final de 1903 e 1906, foi o primeiro autor fictício com uma extensa produção literária, tanto em poesia como em prosa, toda em inglês. O *Natal Mercury* publicou um de seus poemas em julho de 1904, mas rejeitou três sonetos enviados ao jornal um ano depois. Acompanhou Pessoa em sua volta a Lisboa, no segundo semestre de 1905.

CHEVALIER DE PAS

Pessoa, com apenas cinco ou seis anos, escreveu para si mesmo cartas em nome desse cavaleiro francês, um dos seus companheiros imaginários de infância.

DAVID MERRICK

Inventado em 1903, foi encarregado de escrever um romance, dois volumes de contos, um livro de peças teatrais e uma coletânea de poesia. Suas incumbências de escrita não avançaram ou foram transferidas para outros autores fictícios.

EDUARDO LANÇA

Supostamente nascido no Brasil em 1875, Lança mudou-se já adulto para Portugal, onde começou a publicar poesia e prosa. Alguns de seus poemas foram incluídos em *O Palrador*, jornal caseiro de Pessoa, em 1902.

FAUSTINO ANTUNES (DR.)

Esse psiquiatra escreveu cartas em 1907 a pelo menos três conhecidos de Pessoa em Durban, solicitando informações confidenciais sobre o caráter e o comportamento de seu paciente (Pessoa), que desenvolvera graves problemas mentais depois de deixar a África do Sul.

FREDERICK WYATT

Inglês residente em Lisboa e cuja maneira excêntrica de se vestir suscitava sorrisos nos transeuntes, Wyatt surgiu em 1913. No ano seguinte, foi-lhe atribuída a autoria de 21 poemas em inglês anteriormente assinados por Alexander Search.

FREDERICO REIS

Autor de uma apreciação crítica da poesia de seu irmão Ricardo, Frederico escreveu também um panfleto sobre a chamada Escola de Lisboa, que consistia nos três principais heterônimos: Alberto Caeiro, Álvaro de Campos e Ricardo Reis.

FREI MAURICE

Atormentado por dúvidas sobre a existência de Deus, esse monge, que escreveu trechos em prosa para *O Livro de Frei Maurice*, foi uma presença inquietante na vida real de Pessoa, de acordo com um texto autobiográfico de 1907.

GAUDÊNCIO NABOS (DR.)

Piadista e autor de poemas e esquetes humorísticos, Nabos escrevia em inglês quando surgiu em Durban, em 1904, mas depois passou a escrever também em português. Praticou medicina durante vários anos em Londres, e foi dessa cidade que enviou uma longa carta a Pessoa em 1906. Nabos manteve-se ativo até cerca de 1914.

GAVESTON

Os papéis de Pessoa de 1904 a 1910 contêm dezenas de assinaturas para esse personagem misterioso — ligado por seu criador a Piers Gaveston (1284-1312), o favorito do rei Edward II da Grã-Bretanha —, mas não assinou nenhuma obra literária.

GIOVANNI B. ANGIOLETTI

Esse crítico italiano antifascista roubou a identidade de um crítico literário de verdade radicado em Milão chamado Giovanni Battista Angioletti (1896-1961) e exilou-se em Portugal. Numa entrevista publicada por um jornal lisboeta no segundo semestre de 1926, ele declarou que Mussolini era um louco e descreveu alguns dos aspectos deploráveis de seu regime.

HENRY MORE

Esse espírito astral, cuja encarnação terrena foi Henry More, o platonista de Cambridge (1614-1687), começou a comunicar-se com Pessoa por escrita mediúnica em 1916.

HORACE JAMES FABER

Autor de contos policiais e coautor ocasional com Charles Robert Anon em Durban.

I. I. CROSSE

Crítico inglês que elogiou a poesia de Alberto Caeiro e Álvaro de Campos.

J. G. HENDERSON CARR

Tramou com Tagus para que ele ganhasse o Prêmio Puzzle. Estava programado para ser o autor de alguns "Ensaios sobre a razão" que nunca se materializaram.

JEAN SEUL DE MÉLURET

O único heterônimo francês de Pessoa, nascido em 1º de agosto de 1885, surgiu em 1908 como autor de três ensaios meio satíricos, meio sérios sobre a depravação sexual na França.

JOÃO CRAVEIRO

Autor de comentários políticos destinados a uma revista que Pessoa pensou vagamente em lançar em 1918.

JOAQUIM MOURA-COSTA

Escreveu poemas satíricos contra a monarquia e a Igreja católica para dois jornais que Pessoa queria, mas não conseguiu, lançar em 1910.

KARL P. EFFIELD

O primeiro autor fictício de Pessoa a escrever em inglês e o primeiro a assinar um poema publicado em um jornal de verdade, *The Natal Mercury* (Durban), em julho de 1903. Nascido em Boston, Massachusetts, Effield viajou para o Leste Asiático e a Austrália.

LUCAS MERRICK

Presumivelmente irmão de DAVID MERRICK, Lucas deveria escrever uma série de contos, mas sua autoria foi transferida para Sidney Parkinson Stool e Charles Robert Anon.

MARIA JOSÉ

Corcunda de dezenove anos que sofria de tuberculose e artrite incapacitante, Maria José passava os dias junto a uma janela do primeiro andar e sentia o coração palpitar cada vez que o sr. Antônio, um belo serralheiro, passava a caminho ou de volta do trabalho. Embora não tivesse intenção de enviá-la, ela escreveu-lhe uma longa e comovente carta, em 1929 ou 1930, na qual descrevia sua existência patética e seu ardente sentimento de amor.

PANCRÁCIO (DR.)

Autor de seis poemas e dois epigramas publicados em jornais fictícios de Pessoa, entre 1902 e 1905.

PANTALEÃO

Pantaleão foi criado em 1908 como autor português de ensaios políticos, cartas fictícias, máximas e reflexões.

PERO BOTELHO

Autor de contos e cartas que datam de cerca de 1913.

PIP

Autor de um poema "publicado" no jornal caseiro *O Palrador* quando Pessoa tinha treze anos.

RAPHAEL BALDAYA

Dotado de longa barba e fluente tanto em inglês como em português, esse estudante de astrologia e ocultismo recebeu as primeiras atribuições de escritor no final de 1914 ou no início de 1915. Pessoa posteriormente traçou planos (nunca realizados) para vender leituras de horóscopo de Baldaya pelo correio.

RICARDO REIS

Escritor de odes clássicas ao estilo de Horácio, Ricardo Sequeira Reis apareceu em Pessoa em junho de 1914, alguns dias ou semanas depois de Álvaro de Campos. Nasceu no Porto em 19 de setembro de 1887, estudou medicina, mas tornou-se professor de latim para o ensino secundário, emigrou para o Brasil em 1919, e ainda vivia nas Américas, talvez no Peru, quando Pessoa morreu, em 1935. Além de suas odes rigorosamente metrificadas, que aconselhavam a aceitação pacífica de tudo o que os deuses ordenavam, escreveu ensaios defendendo um renascimento moderno do paganismo. Escreveu longamente sobre a genialidade de Alberto Caeiro, seu muito admirado mestre, mas entrou em desavenças com Álvaro de Campos sobre vários temas literários.

SHER HENAY

Sua tarefa era compilar e apresentar uma *Antologia sensacionista* em língua inglesa, concebida em 1916, que deveria incluir obras de Pessoa e de seus companheiros "sensacionistas".

SIDNEY PARKINSON STOOL

Escritor fracassado, inventado em Durban em 1903, participou das atividades esportivas virtuais de Pessoa e acabaria emigrando para Washington, D.C.

TAGUS (TEJO)

Inventor e solucionador de charadas, ganhou o Prêmio Puzzle Column, concedido pelo *The Natal Mercury* (Durban) em dezembro de 1903.

THOMAS CROSSE

Criado por volta de 1916, Thomas Crosse escreveu ensaios sobre história, literatura portuguesa e outros temas para o mundo de língua inglesa. Estava escalado também para traduzir os *Poemas completos de Alberto Caeiro* e, embora tenha fracassado nessa tarefa, escreveu algumas páginas para um "Prefácio do tradutor".

VICENTE GUEDES

Concebido em 1909, na mesma época de Joaquim Moura-Costa e Carlos Otto, Guedes era poeta, contista e tradutor da malsucedida Empreza Ibis, que faliu em meados de 1910. Em 1914, Guedes seria designado autor do *Livro do desassossego*, posto que ocupou até 1920, quando saiu de circulação.

VODUÍSTA

Henry More e Wardour lutaram para proteger Pessoa desse espírito maléfico, para que as comunicações dele não desencaminhassem o discípulo.

W. W. AUSTIN

Morou por um tempo na Austrália, onde conheceu Karl P. Effield, que era minerador. Austin enviou "The Miner's Song", de Effield, junto com uma carta de apresentação, para o *The Natal Mercury*.

WARDOUR

Como Henry Moore, esse espírito astral enviou mensagens prevendo que Pessoa se encontraria e teria relações sexuais com uma ou outra mulher. Em pelo menos uma ocasião, atuou também como instrutor de poesia.

WILLIAM JINKS

Amigo de Charles Robert Anon e charlatão promotor de uma vida saudável, acabou numa prisão em Londres, de onde escreveu, em abril de 1905, uma carta em inglês cheia de erros ortográficos cômicos.

Créditos das imagens

Todos os esforços foram feitos para reconhecer os direitos autorais das imagens. A editora agradece qualquer informação relativa à autoria, titularidade e/ ou outros dados, se comprometendo a incluí-los em edições futuras.

CADERNO DE FOTOS

p. 1 (acima): Marina Tavares Dias, *A Lisboa de Fernando Pessoa* (Lisboa: Assírio & Alvim, 1998), pp. 116-7.
p. 1 (abaixo): João Gaspar Simões, *Vida e obra de Fernando Pessoa* (Lisboa: Bertrand, 1971).
pp. 2, 3, 4 (acima), 6, 8, 9 (abaixo), 11 (acima, à esquerda), 19 (acima), 24 (abaixo), 30 (acima) e 31: Cortesia de Manuela Nogueira.
pp. 4 (abaixo), 7 (abaixo), 32 (abaixo): Cortesia Assírio & Alvim.
p. 5 (acima): *The Natal Mercury*, Edição Semanal, 9 dez. 1904.
p. 5 (abaixo): Museu de História, Durban, África do Sul.
p. 7 (acima): *The Natal Mercury*, Edição Semanal, 15 jul. 1904.
p. 9 (acima): Biblioteca do Congresso.
pp. 10 (acima, abaixo à esquerda), 12, 14, 15 (acima), 18 (acima à esquerda), 19 (abaixo à esquerda), 24 (acima à direita), 25 (abaixo à esquerda): Cortesia da Biblioteca Nacional de Portugal.
pp. 10 (abaixo à direita), 22 (acima à direita), 22 (abaixo), 23 (acima), 26 (acima à esquerda), 27 (abaixo), 28 (abaixo), 32 (acima): Cortesia da Casa Fernando Pessoa.
p. 11 (acima à direita): Isabel Murteira França, *Fernando Pessoa na intimidade* (Lisboa: Dom quixote, 1987).

p. 11 (abaixo): *Ilustração Portuguesa*, 17 out. 1910, p. 509.

p. 13 (acima à esquerda): Cortesia de Nuno Fevereiro.

p. 13 (acima à direita): Fundação Mário Soares.

pp. 13 (abaixo), 15 (abaixo): *Orpheu*. Lisboa: Ática, 1971.

p. 16: *O Notícias Ilustrado*, 24 fev. 1929, p. 8. Global Media Group.

p. 17: *Ilustração Portuguesa*, 12 fev. 1917.

p. 18 (acima à direita): Cortesia da Fundação Calouste Gulbenkian.

p. 18 (abaixo): Joaquim Matos Chaves, *Santa Rita Pintor: Vida e obra* (Lisboa: Quimera, 1989), p. 58.

p. 19 (abaixo à direita): Henrique Pereira Ribeiro, *Factos e não palavras* (Lisboa: Tip. do Anuário Comercial, 1916), p. 3.

pp. 20, 26 (acima à direita), 29: Cortesia de Maria da Graça Queiroz.

pp. 21, 22 (acima à esquerda), 23 (abaixo), 25 (abaixo à direita), 27 (acima): Cortesia de Maria José de Lancastre.

p. 24 (acima à esquerda): Bibliotecas Municipais de Lisboa (Hemeroteca).

p. 25 (acima): Cortesia do Arquivo Histórico Municipal de Cascais.

p. 26 (abaixo): *O Notícias Ilustrado*, 23 dez. 1928. Global Media Group.

p. 28 (acima): Fundação Antônio Quadros.

p. 30 (abaixo): Cortesia de família de Madge Anderson. Fotografia de Heloise O'Keeffe.

Índice remissivo

Números de página em *itálico* indicam fotografias; números de página seguidos de *m* indicam mapas.

Sobre o autor

Richard Zenith nasceu em Washington, D.C., em 1956, e vive desde 1987 em Lisboa. Considerado um dos principais especialistas na obra de Fernando Pessoa, revelou muitos textos inéditos do autor e organizou diversas edições de sua poesia e de sua prosa, incluindo o *Livro do desassossego*.

Zenith traduziu para o inglês a poesia de João Cabral de Melo Neto e Carlos Drummond de Andrade. É também tradutor de Luís Vaz de Camões, de Sophia de Mello Breyner Andresen, de poetas portugueses contemporâneos e do próprio Fernando Pessoa. Em 2012, foi laureado com o prestigioso Prémio Pessoa.

ESTA OBRA FOI COMPOSTA EM DANTE POR ACOMTE E IMPRESSA PELA GEOGRÁFICA EM OFSETE SOBRE PAPEL PÓLEN SOFT DA SUZANO S.A. PARA A EDITORA SCHWARCZ EM NOVEMBRO DE 2022

FSC
www.fsc.org
MISTO
Papel produzido a partir de fontes responsáveis
FSC® C019498

A marca FSC® é a garantia de que a madeira utilizada na fabricação do papel deste livro provém de florestas que foram gerenciadas de maneira ambientalmente correta, socialmente justa e economicamente viável, além de outras fontes de origem controlada.